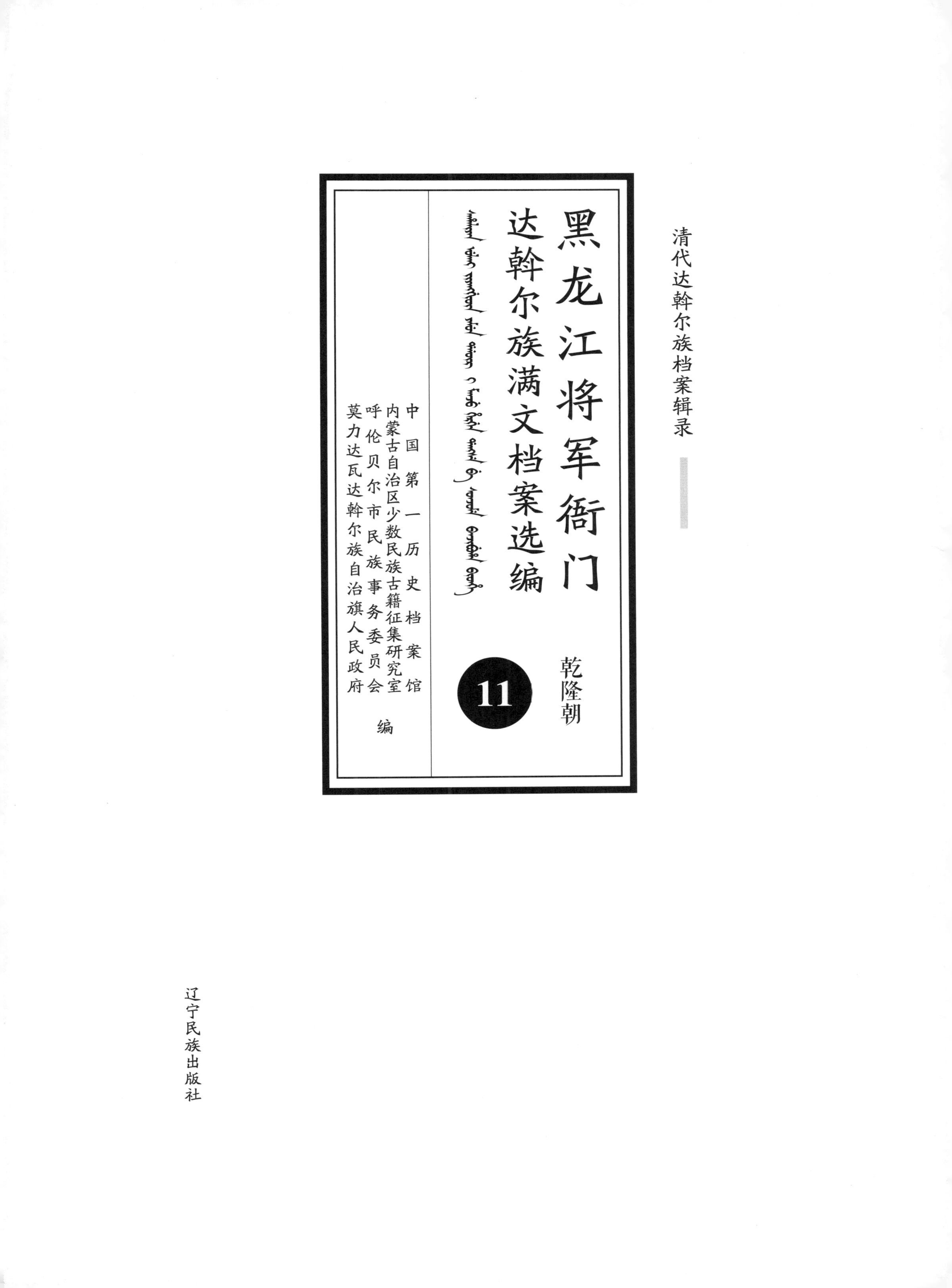

清代达斡尔族档案辑录

黑龙江将军衙门达斡尔族满文档案选编

乾隆朝

11

中国第一历史档案馆
内蒙古自治区少数民族古籍征集研究室
呼伦贝尔市民族事务委员会
莫力达瓦达斡尔族自治旗人民政府
编

辽宁民族出版社

目　录

一一〇二　黑龙江将军衙门为造送选取布特哈技艺娴熟索伦达斡尔官兵花名册事咨理藩院文
乾隆二十六年五月十七日 ……1
一一〇三　黑龙江将军衙门为拣选布特哈达斡尔披甲默色穆保等补授无品笔帖式事咨吏部文
乾隆二十六年五月二十七日 ……5
一一〇四　呼兰城守尉车尔库为拣选满洲索伦达斡尔等官兵随进木兰行围并报送花名册事呈黑龙江将军衙门文
乾隆二十六年五月二十八日 ……8
一一〇五　黑龙江副都统衙门为拣选满洲索伦达斡尔等官兵随进木兰行围并报送花名册事咨黑龙江将军衙门文
乾隆二十六年六月初三日 ……10
一一〇六　黑龙江将军衙门为派遣随进木兰围索伦达斡尔等官兵至京城事咨兵部文
乾隆二十六年六月十三日 ……12
一一〇七　正黄满洲旗为留驻京城达斡尔护军毕萨尔凯请假回籍接家眷并令限期返回事咨黑龙江将军衙门文
乾隆二十六年七月初四日 ……16
一一〇八　黑龙江将军衙门为令查明出征喀什噶尔后走散跟役达斡尔巴

勒口供虚实事咨黑龙江副都统衙门文
乾隆二十六年七月初七日……20
一一〇九　黑龙江将军衙门为留驻京城达斡尔护军毕萨尔凯请假回籍接家眷并令限期返回事札布特哈索伦达斡尔副都统衔总管文
乾隆二十六年七月十二日……31
一一一〇　布特哈索伦达斡尔副都统衔总管萨垒为查明有无类此达斡尔玛齐父子三人出征二人亡故情形事咨呈黑龙江将军衙门文
乾隆二十六年七月十四日……35
一一一一　黑龙江将军衙门为令补报送佐领骁骑校等缺应补满洲达斡尔等官员履历考语事咨黑龙江副都统衙门文（附单一件）
乾隆二十六年七月十七日……51
一一一二　黑龙江将军衙门为达斡尔骁骑校出缺令将年满仓官蒙库勒图送齐齐哈尔备选事札布特哈索伦达斡尔副都统衔总管文
乾隆二十六年七月十七日……56
一一一三　黑龙江副都统衙门为查明本处并无达斡尔库图勒巴勒等员事咨黑龙江将军衙门文
乾隆二十六年七月二十四日……57
一一一四　布特哈索伦达斡尔副都统衔总管萨垒为查报本处并无达斡尔库图勒巴勒等员事咨呈黑龙江将军衙门文
乾隆二十六年八月初一日……67
一一一五　布特哈索伦达斡尔副都统衔总管萨垒为报索伦达斡尔等捕貂丁数并派员解送貂皮事咨呈黑龙江将军衙门文
乾隆二十六年八月初三日……77
一一一六　黑龙江将军衙门为镶蓝旗达斡尔佐领古鲁穆保出缺准以老喀补授事咨黑龙江副都统衙门文
乾隆二十六年八月初十日……81
一一一七　布特哈索伦达斡尔副都统衔总管萨垒为请嗣后春秋捕貂索伦

达斡尔等按窝棚发给验票核对办理事咨呈黑龙江将军衙门文
乾隆二十六年八月十九日 ……………………………………………………………83
一一一八 黑龙江将军衙门为允准布特哈索伦达斡尔官缺嗣后按季拣员补放事札布特哈索伦达斡尔副都统衔总管文
乾隆二十六年八月二十一日 …………………………………………………………89
一一一九 暂护呼伦贝尔副都统衔总管关防额外总管锡通阿为查报本处并无达斡尔库图勒巴勒等人事呈黑龙江将军衙门文
乾隆二十六年八月二十四日 …………………………………………………………93
一一二〇 黑龙江将军衙门为报布特哈索伦达斡尔等捕貂丁数并派员解送貂皮事咨理藩院文
乾隆二十六年八月二十六日 …………………………………………………………106
一一二一 黑龙江将军衙门为布特哈镶黄旗世管达斡尔佐领托尼逊病故出缺查明源流拟定正陪人员引见事咨理藩院文
乾隆二十六年八月二十八日 …………………………………………………………111
一一二二 黑龙江将军衙门为布特哈正白旗达斡尔公中佐领散达保病故出缺查明源流拟定正陪人员引见事咨理藩院文
乾隆二十六年八月二十八日 …………………………………………………………121
一一二三 黑龙江将军衙门为索伦总管达斡尔阿尔噶勒沁暂以总管衔补授索伦副总管事札布特哈索伦达斡尔总管等文
乾隆二十六年九月初二日 ……………………………………………………………128
一一二四 黑龙江将军衙门为齐齐哈尔城正蓝旗哈勒扎佐领下达斡尔骁骑校库尔布德依升迁出缺拟定正陪人员引见事咨兵部文
乾隆二十六年九月初四日 ……………………………………………………………132
一一二五 黑龙江将军衙门为黑龙江城正黄旗散达佐领下达斡尔骁骑校玛济勒图升迁出缺拟定正陪人员引见事咨兵部文
乾隆二十六年九月初四日 ……………………………………………………………136
一一二六 户部为办理索伦达斡尔官兵应还马价银并造送数目清册事咨

黑龙江将军文
乾隆二十六年九月初四日 ……140
一一二七　墨尔根副都统衙门为支拨库银发给新授满洲达斡尔等官员俸饷事咨黑龙江将军衙门文
乾隆二十六年九月十四日 ……146
一一二八　黑龙江将军绰尔多等奏请布特哈索伦总管达斡尔阿尔噶勒沁调补墨尔根城正红旗协领折
乾隆二十六年九月十五日 ……156
一一二九　黑龙江将军衙门为出征阵亡索伦达斡尔等官兵分别议叙事札暂护黑龙江副都统印务协领舒德勒文（附单一件）
乾隆二十六年九月二十三日 ……160
一一三〇　黑龙江将军衙门为查报齐齐哈尔墨尔根黑龙江三城满洲达斡尔等世管佐领源流执照事咨兵部文（附单一件）
乾隆二十六年十月十六日 ……245
一一三一　吏部为准正黄旗达斡尔席尔博图佐领下披甲莫色穆保等补授布特哈无品级笔帖式事咨黑龙江将军文
乾隆二十六年十月 ……257
一一三二　黑龙江将军衙门为新授布特哈索伦副总管达斡尔阿尔噶勒沁等员补入名册领取俸银事咨盛京户部文
乾隆二十六年十一月初六日 ……259
一一三三　黑龙江将军衙门为领取新补齐齐哈尔满洲达斡尔佐领骁骑校笔帖式等员俸银事咨盛京户部文
乾隆二十六年十一月初六日 ……264
一一三四　黑龙江将军衙门为领取新补墨尔根等城满洲达斡尔防御骁骑校等员俸银事咨盛京户部文
乾隆二十六年十一月初六日 ……277
一一三五　护理墨尔根副都统印务副都统衔协领阿迪穆保为咨送满洲达

斡尔等官学生所写字事呈黑龙江将军衙门文
乾隆二十六年十一月初八日 ……288
一一三六 黑龙江将军衙门为领取出征亡故索伦达斡尔等官兵赏银事咨户部文（附册一件）
乾隆二十六年十一月初十日 ……291
一一三七 黑龙江将军衙门为令查办达斡尔兵丁历年比丁隐瞒另立户情弊由事札暂护黑龙江副都统印务协领舒德勒文
乾隆二十七年正月初四日 ……392
一一三八 兵部为准令索伦总管达斡尔阿尔噶勒沁调补墨尔根正红旗协领事咨黑龙江将军文
乾隆二十七年正月十一日 ……401
一一三九 理藩院为布特哈正白旗达斡尔佐领散达保出缺准以拟定人员补授事咨黑龙江将军文
乾隆二十七年正月十一日 ……405
一一四〇 黑龙江将军衙门为布特哈正白旗达斡尔佐领散达保出缺照例拣员坐补事札布特哈索伦达斡尔总管文
乾隆二十七年正月二十二日 ……407
一一四一 黑龙江将军衙门为报送防御佐领等员缺应选满洲达斡尔等官员履历考语事札暂护黑龙江副都统印务协领舒德勒文（附单一件）
乾隆二十七年二月初五日 ……410
一一四二 户部为本年布特哈索伦达斡尔等所贡貂皮足数不及等第仍照例赏赐事咨黑龙江将军文（附来文一件）
乾隆二十七年二月十七日 ……414
一一四三 黑龙江将军衙门为查明布特哈索伦达斡尔鄂伦春佐领源流执照并造册送部事咨兵部文（附册一件）
乾隆二十七年四月初五日 ……425

一一四四　黑龙江将军衙门为查明达斡尔库雅喇等佐领源流执照并造册送部事咨兵部文（附册一件）
乾隆二十七年四月二十八日 ……445
一一四五　黑龙江副都统衙门为请每月拨给年迈无法当差另户达斡尔苏锡图等银两事咨黑龙江将军衙门文
乾隆二十七年五月初三日 ……460
一一四六　黑龙江将军衙门为造送选取布特哈技艺娴熟索伦达斡尔等官兵花名册事咨理藩院文
乾隆二十七年五月十二日 ……463
一一四七　户部为详查出征撤回索伦达斡尔官兵自军营领取马驼内有无理应交还者情由事咨黑龙江将军文
乾隆二十七年五月十二日 ……467
一一四八　黑龙江将军衙门为令拣选满洲索伦达斡尔官兵随进木兰围并造送花名册事咨黑龙江副都统衙门文
乾隆二十七年闰五月初四日 ……474
一一四九　布特哈索伦达斡尔总管噶布舒等为赈济索伦达斡尔粮石请照官价偿还银两事咨呈黑龙江将军衙门文
乾隆二十七年闰五月十六日 ……482
一一五〇　黑龙江将军衙门为选派黑龙江满洲索伦达斡尔等官兵随进木兰围事咨兵部文
乾隆二十七年六月初二日 ……485
一一五一　布特哈索伦达斡尔副都统衔总管萨垒等为查报拨入京城正白满洲旗护军达斡尔杜尔格齐效力及三代情形事咨呈黑龙江将军衙门文
乾隆二十七年七月二十日 ……489

一一五二　黑龙江将军衙门为令报送佐领骁骑校等缺应选满洲达斡尔等员履历考语事咨黑龙江副都统文（附单一件）
乾隆二十七年七月二十一日 ……491
一一五三　呼兰城守尉车尔库为查明本处无应补黑龙江镶黄旗达斡尔佐领缺人员事呈黑龙江将军衙门文
乾隆二十七年八月二十二日 ……495
一一五四　墨尔根副都统衙门为解送满洲达斡尔等官学生所写字事咨黑龙江将军衙门文
乾隆二十七年八月二十三日 ……497
一一五五　黑龙江将军衙门为报布特哈索伦达斡尔等捕貂丁数并派员解送貂皮事咨理藩院文
乾隆二十七年八月二十四日 ……499
一一五六　黑龙江副都统衙门为黑龙江镶红旗达斡尔佐领达色革职出缺报送拟选骁骑校克尼图事咨黑龙江将军衙门文
乾隆二十七年八月二十九日 ……505
一一五七　墨尔根副都统衙门为黑龙江镶红旗达斡尔佐领达色革职出缺报送拟选骁骑校乌济穆保事咨黑龙江将军衙门文
乾隆二十七年八月二十九日 ……508
一一五八　墨尔根副都统衙门为报送佐领骁骑校缺应选满洲达斡尔等员履历考语事咨黑龙江将军衙门文
乾隆二十七年八月二十九日 ……511
一一五九　墨尔根副都统衙门为支取新授满洲达斡尔等官员俸饷银事咨黑龙江将军衙门文
乾隆二十七年九月十三日 ……519
一一六〇　墨尔根副都统衙门为挑选达斡尔领催委任顶戴官员事咨黑龙江将军衙门文（附履历单一件）
乾隆二十七年九月十六日 ……527

一一六一　布特哈索伦达斡尔总管噶布舒等为黑龙江佐领达色出缺拟选达斡尔云骑尉席尔库勒等员事咨呈黑龙江将军衙门文
乾隆二十七年九月二十一日……530
一一六二　黑龙江将军衙门为齐齐哈尔墨尔根等处满洲达斡尔等员军政考核并造册报送事咨兵部文（附册一件）
乾隆二十七年九月二十二日……535
一一六三　黑龙江将军衙门为造送齐齐哈尔布特哈等处满洲达斡尔等比丁册事咨户部文
乾隆二十七年九月二十八日……546
一一六四　黑龙江将军衙门为造送造送黑龙江各处镶黄旗满洲达斡尔等比丁册事咨镶黄旗满洲都统衙门文
乾隆二十七年九月二十八日……552
一一六五　黑龙江将军衙门为领催乌杜穆保补授达斡尔骁骑校索煖所遗员缺事咨正白旗满洲都统衙门文
乾隆二十七年十月二十四日……566
一一六六　黑龙江将军衙门为领取新授协领达斡尔阿尔噶勒沁等员俸银事咨盛京户部文
乾隆二十七年十一月十三日……569
一一六七　黑龙江将军衙门为领取新授满洲达斡尔等官员俸银事咨盛京户部文
乾隆二十七年十一月十三日……576
一一六八　黑龙江将军国多欢题镶红旗达斡尔世管佐领巴颜穆保当差懒散不守本分拟请革退本
乾隆二十七年十二月初九日……658
一一六九　黑龙江将军衙门为造送各城满洲索伦达斡尔等兵丁数目清册事咨兵部文（附清册一件）
乾隆二十七年十二月十五日……661

一一七〇　黑龙江将军衙门为令挑选索伦达斡尔官兵携眷移驻伊犁并查报花名年龄事札布特哈索伦达斡尔总管等文
乾隆二十八年正月十五日 ······689
一一七一　黑龙江将军衙门为令查明移驻京城达斡尔杜尔格齐等人家口数目并造册送报事咨管带呼伦贝尔索伦巴尔虎官兵副都统衔总管文
乾隆二十八年正月二十八日 ······704
一一七二　黑龙江将军衙门为查明布特哈索伦达斡尔折银偿还借债欠粮事札布特哈总管等文
乾隆二十八年二月初二日 ······708

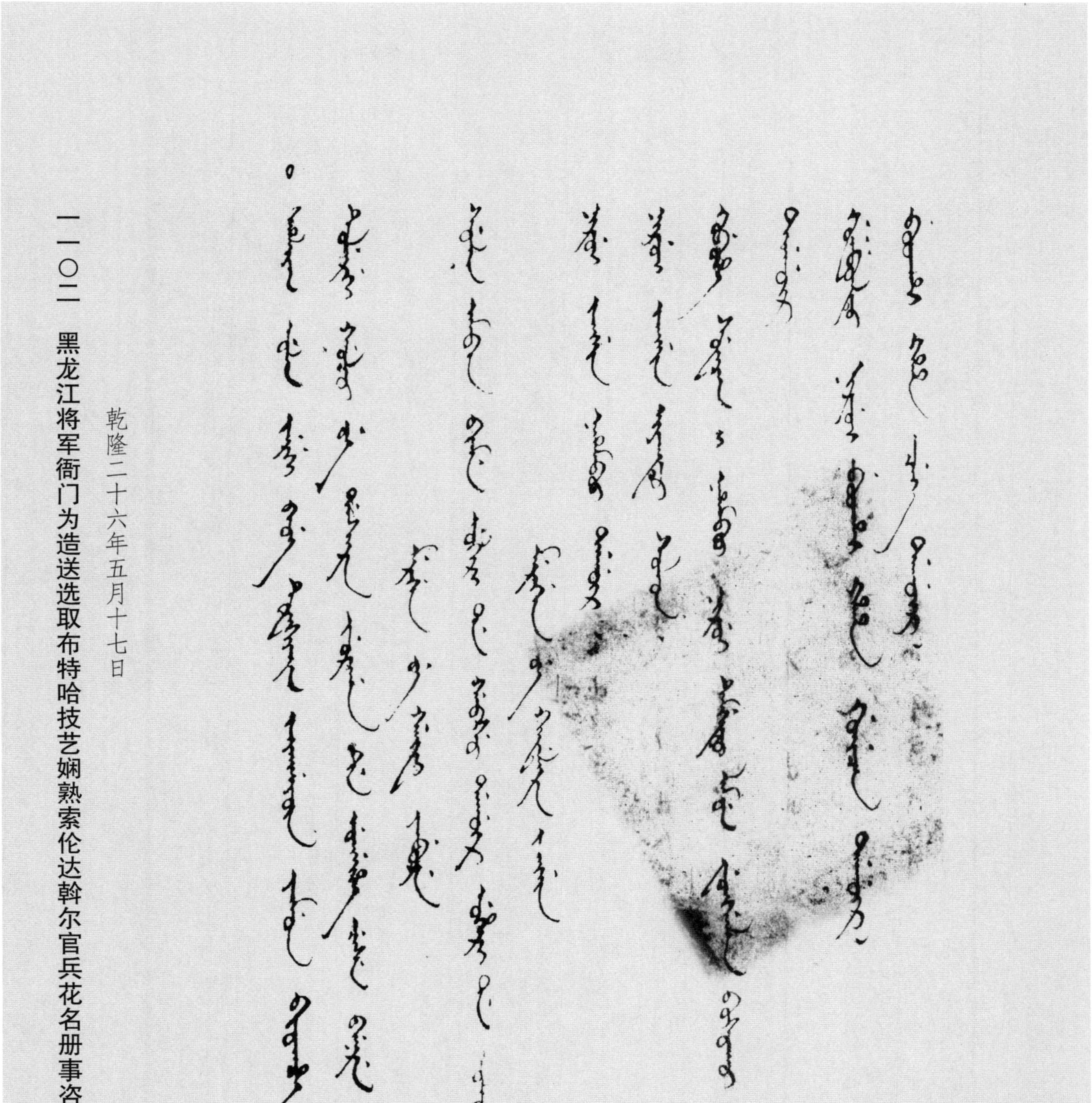

一一〇二 黑龙江将军衙门为造送选取布特哈技艺娴熟索伦达斡尔官兵花名册事咨理藩院文

乾隆二十六年五月十七日

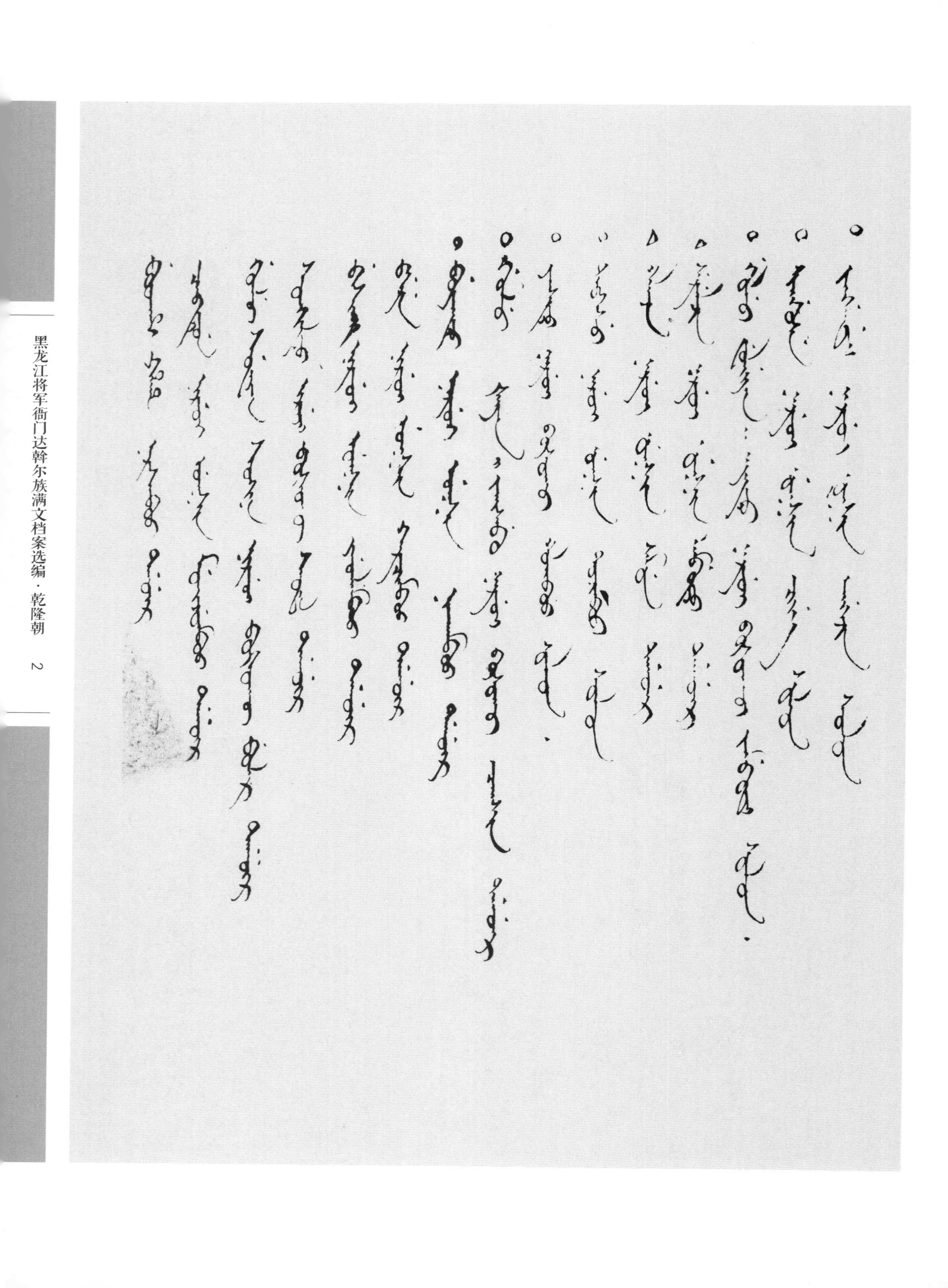

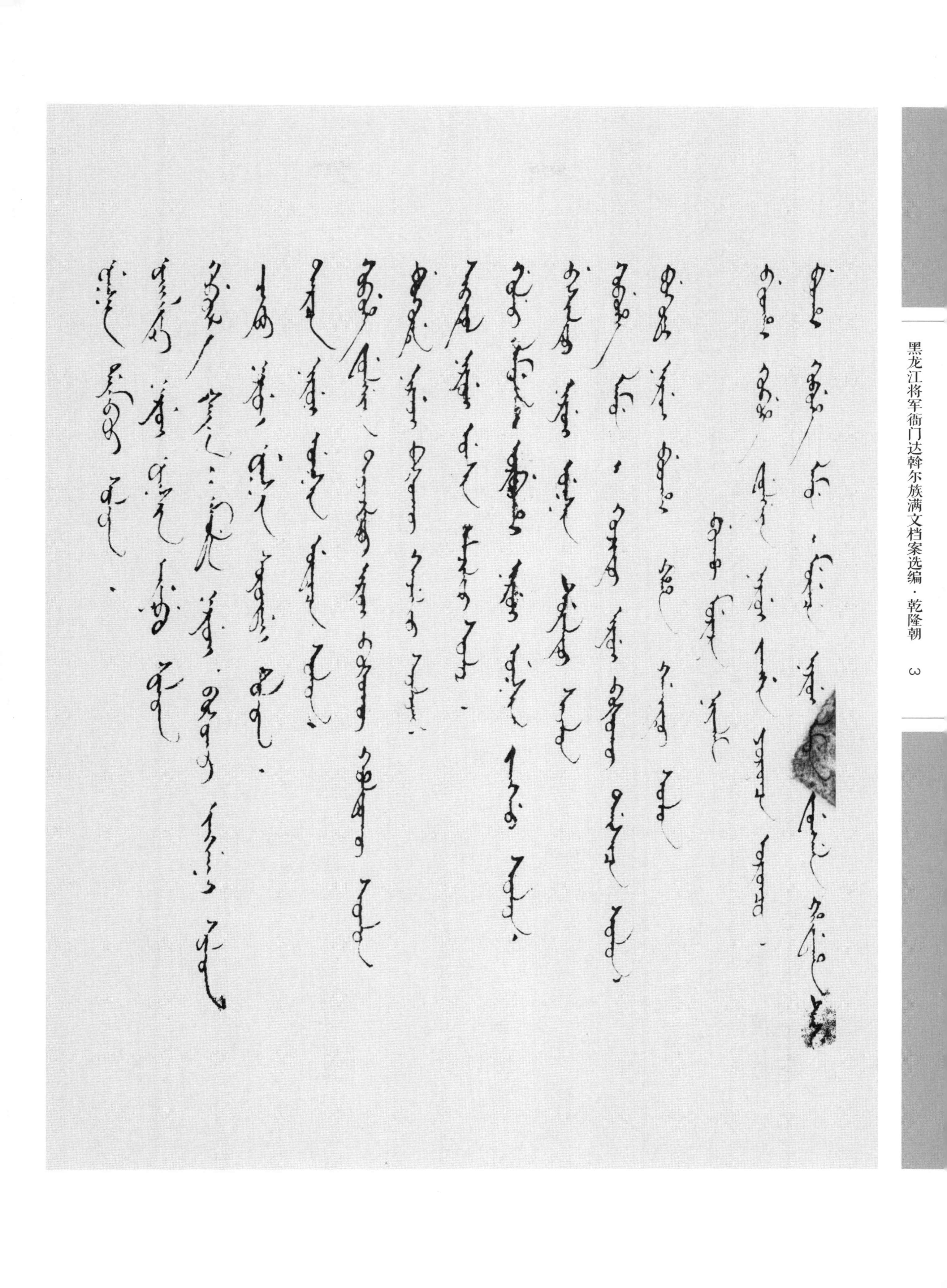

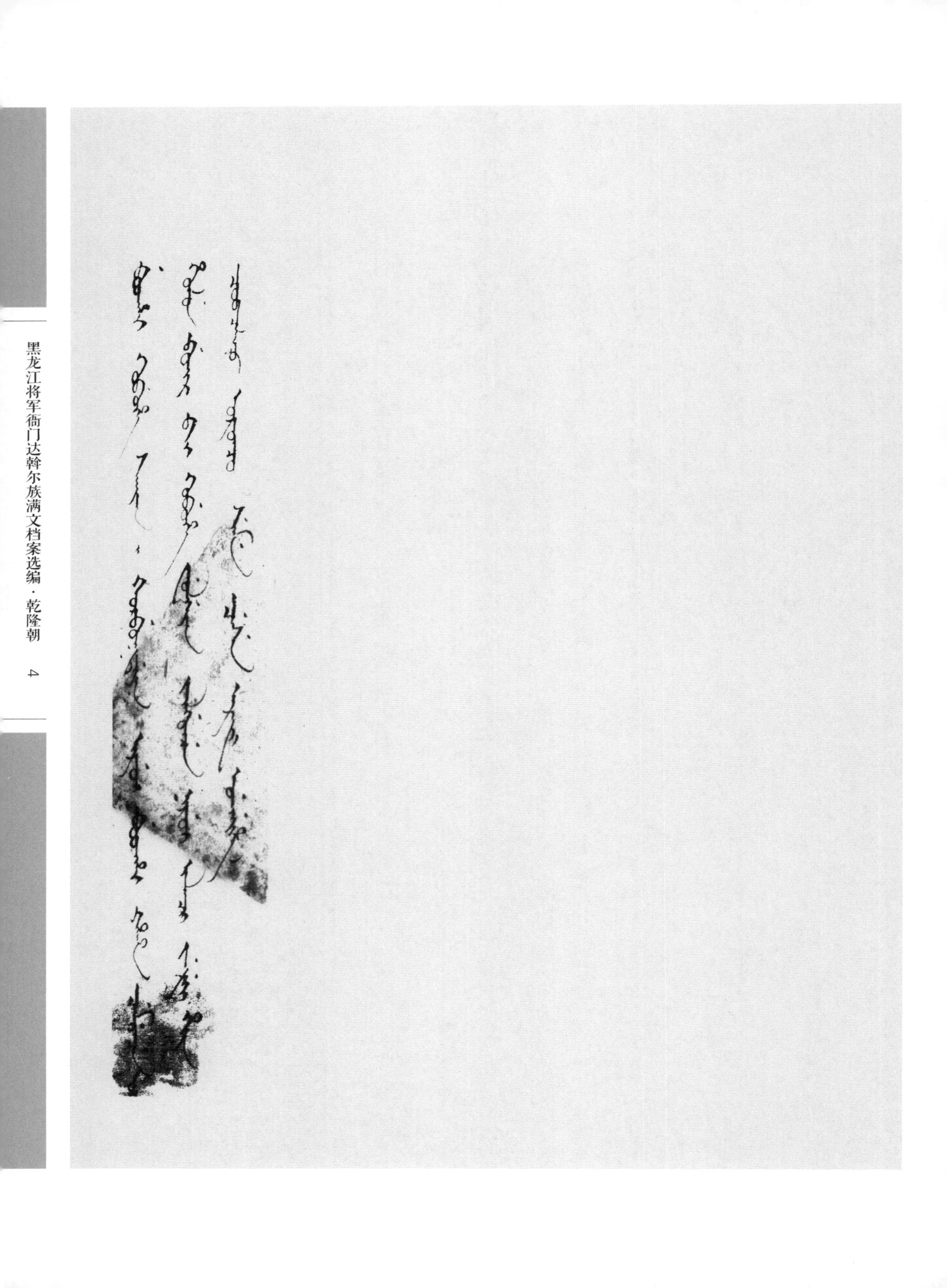

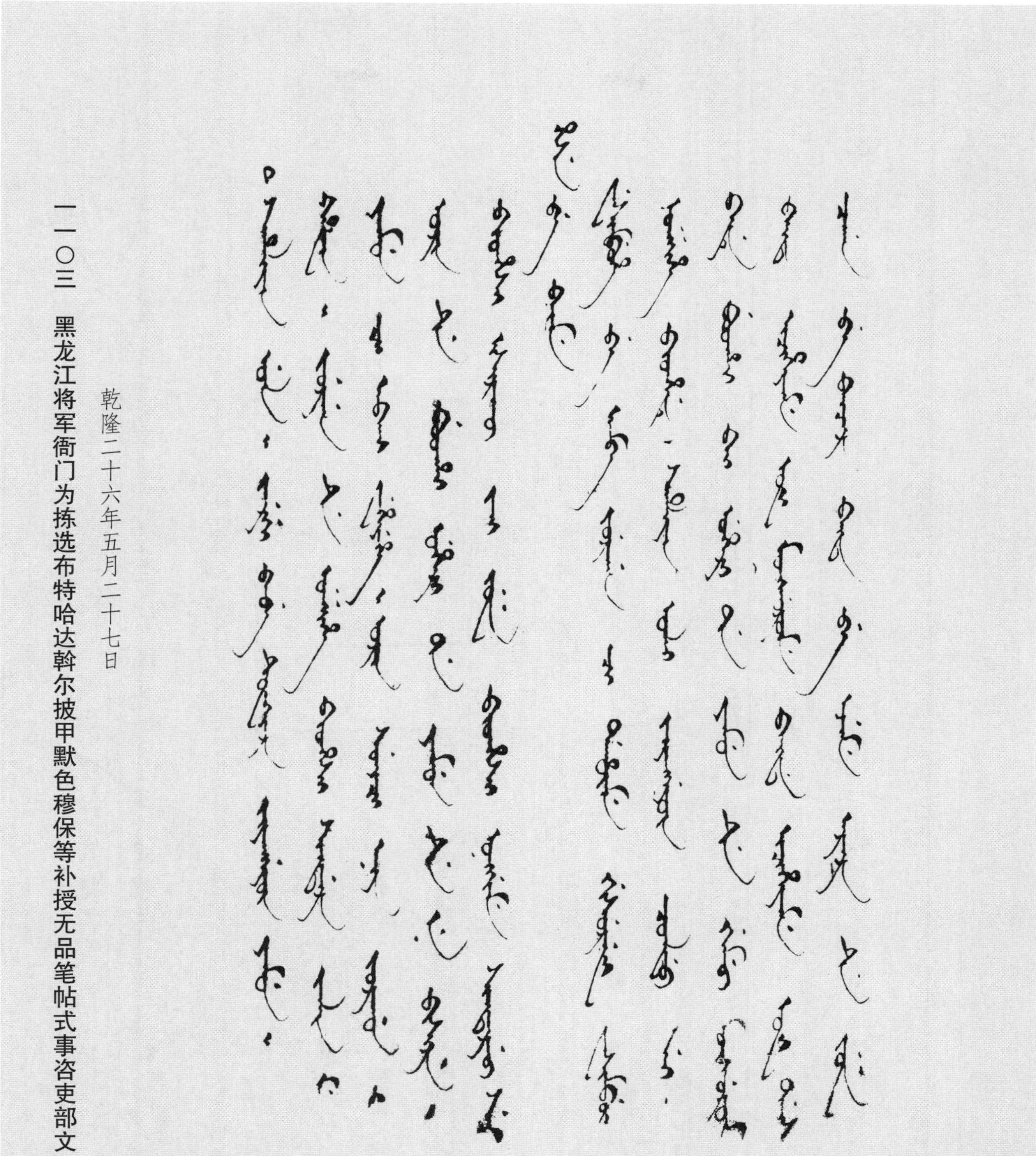

一一〇三 黑龙江将军衙门为拣选布特哈达斡尔披甲默色穆保等补授无品笔帖式事咨吏部文

乾隆二十六年五月二十七日

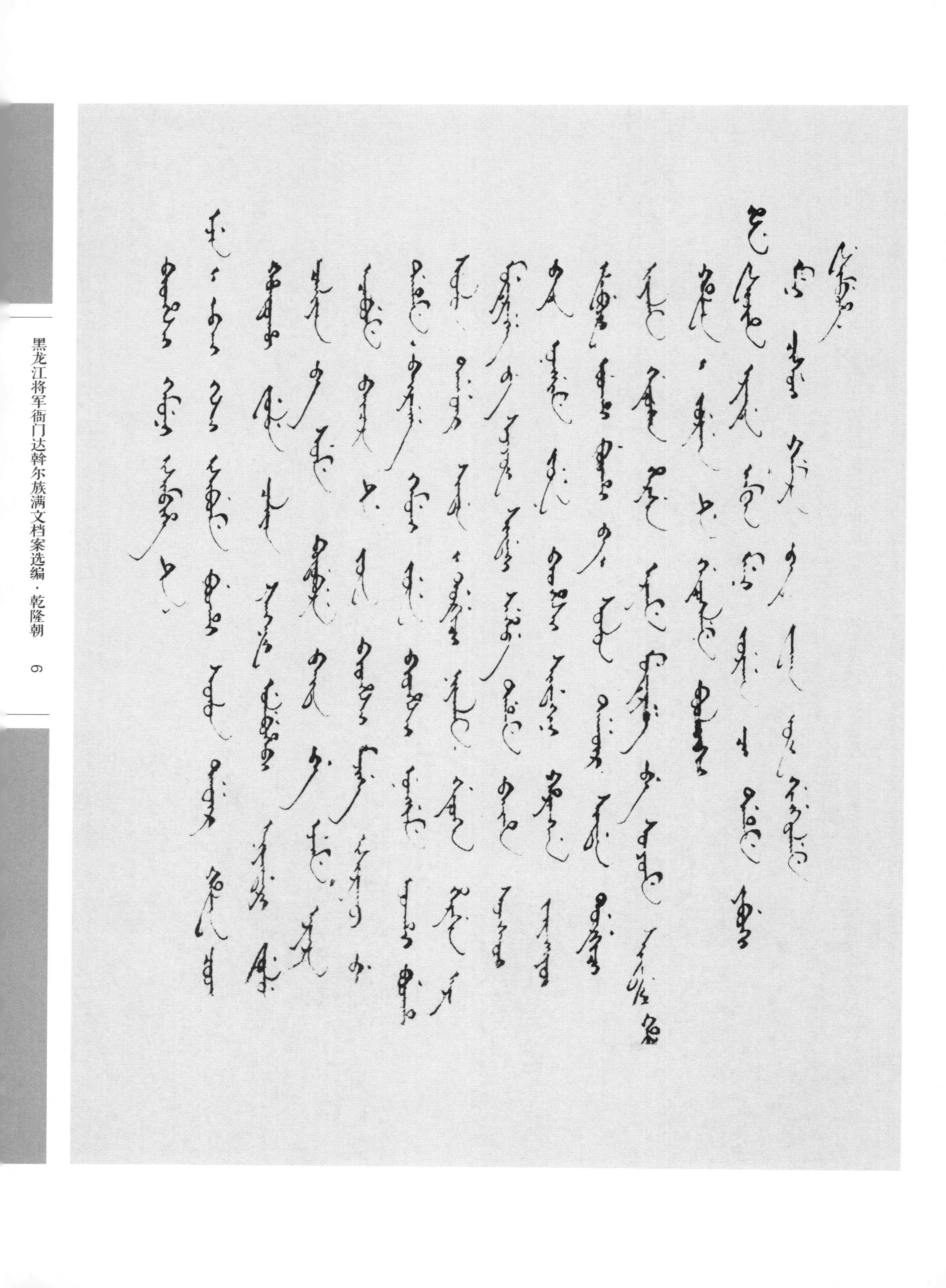

[illegible]

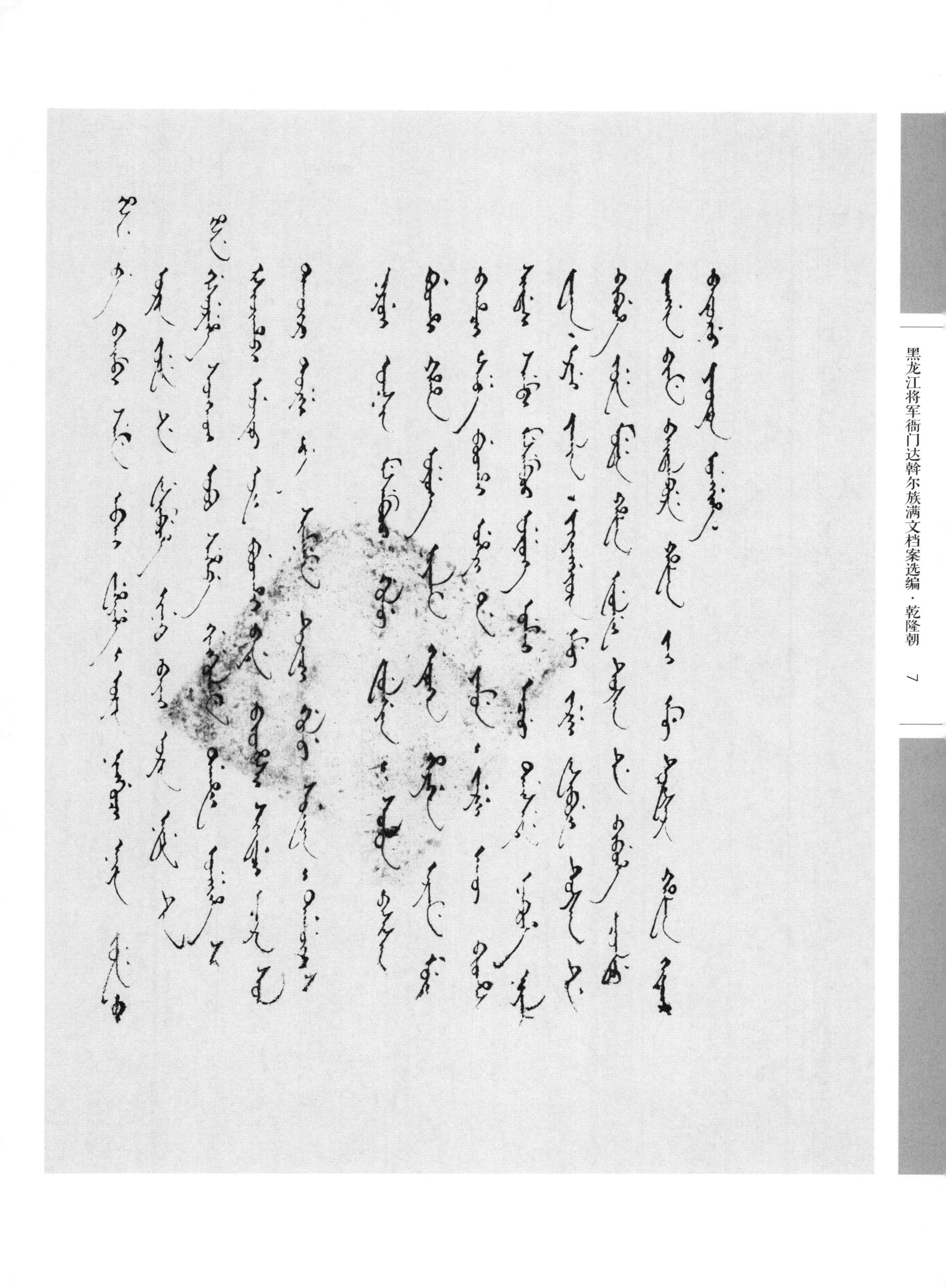

[illegible]

一一〇四 呼兰城守尉车尔库为拣选满洲索伦达斡尔等官兵随进木兰行围并报送花名册事呈黑龙江将军衙门文

乾隆二十六年五月二十八日

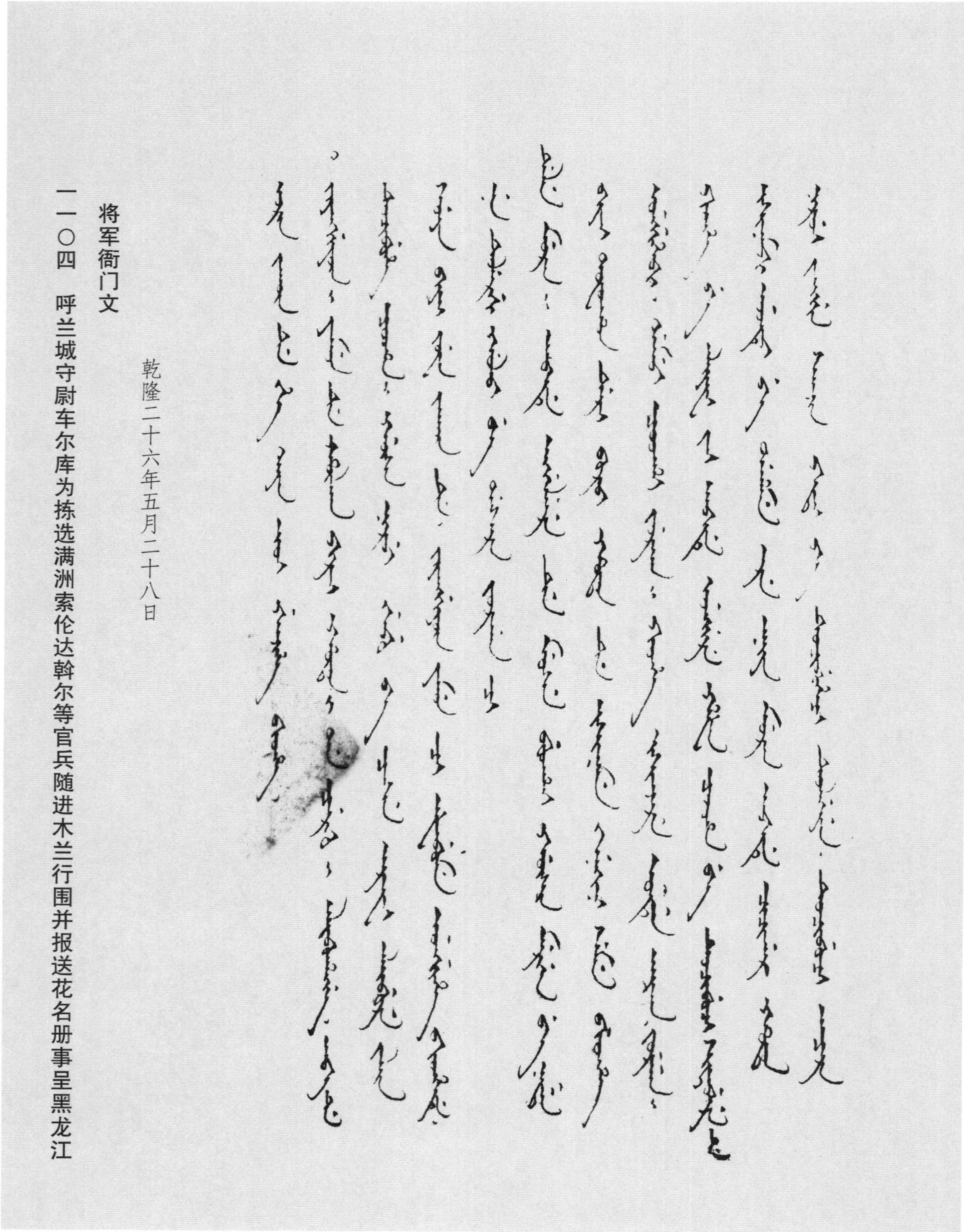

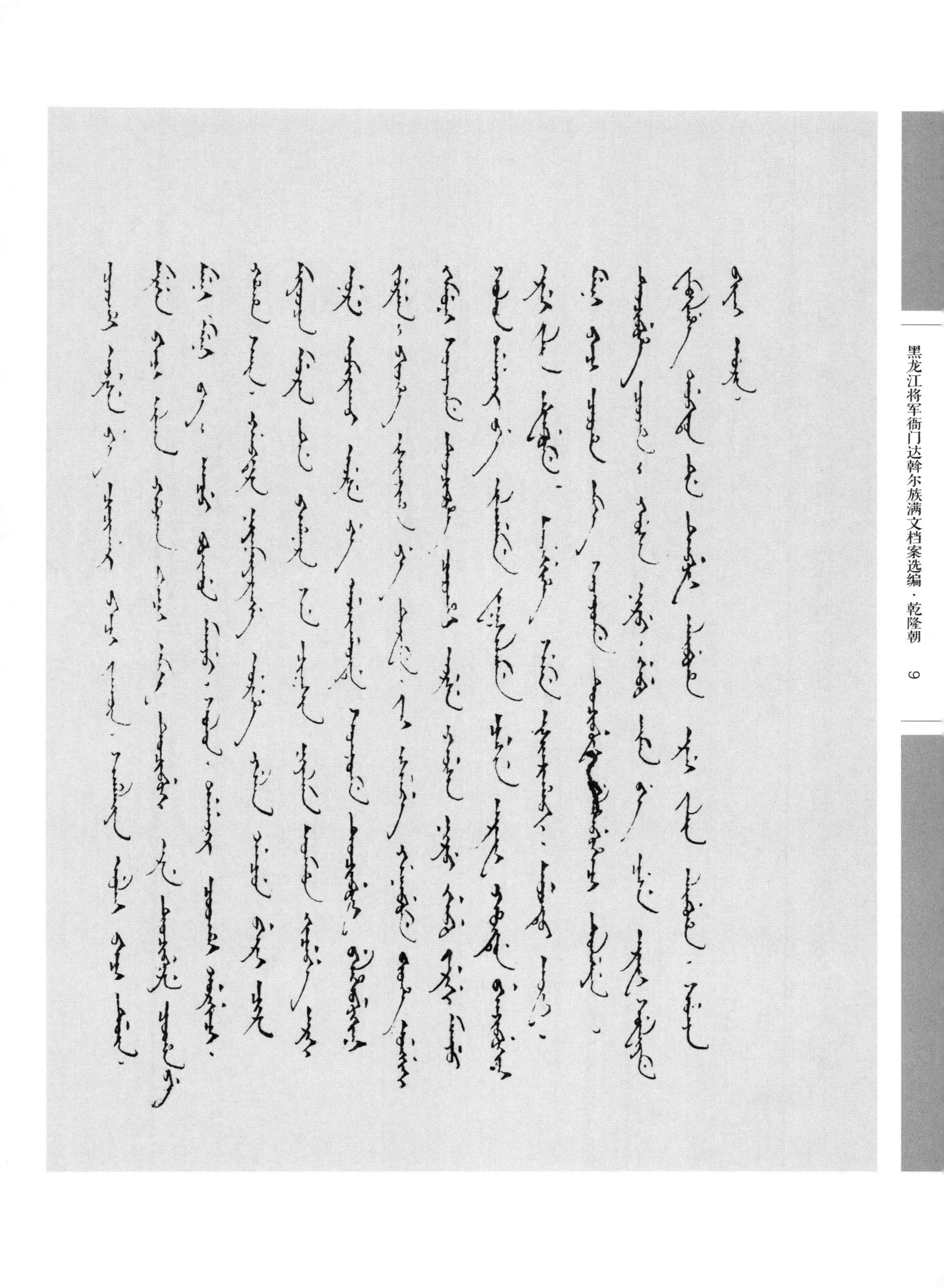

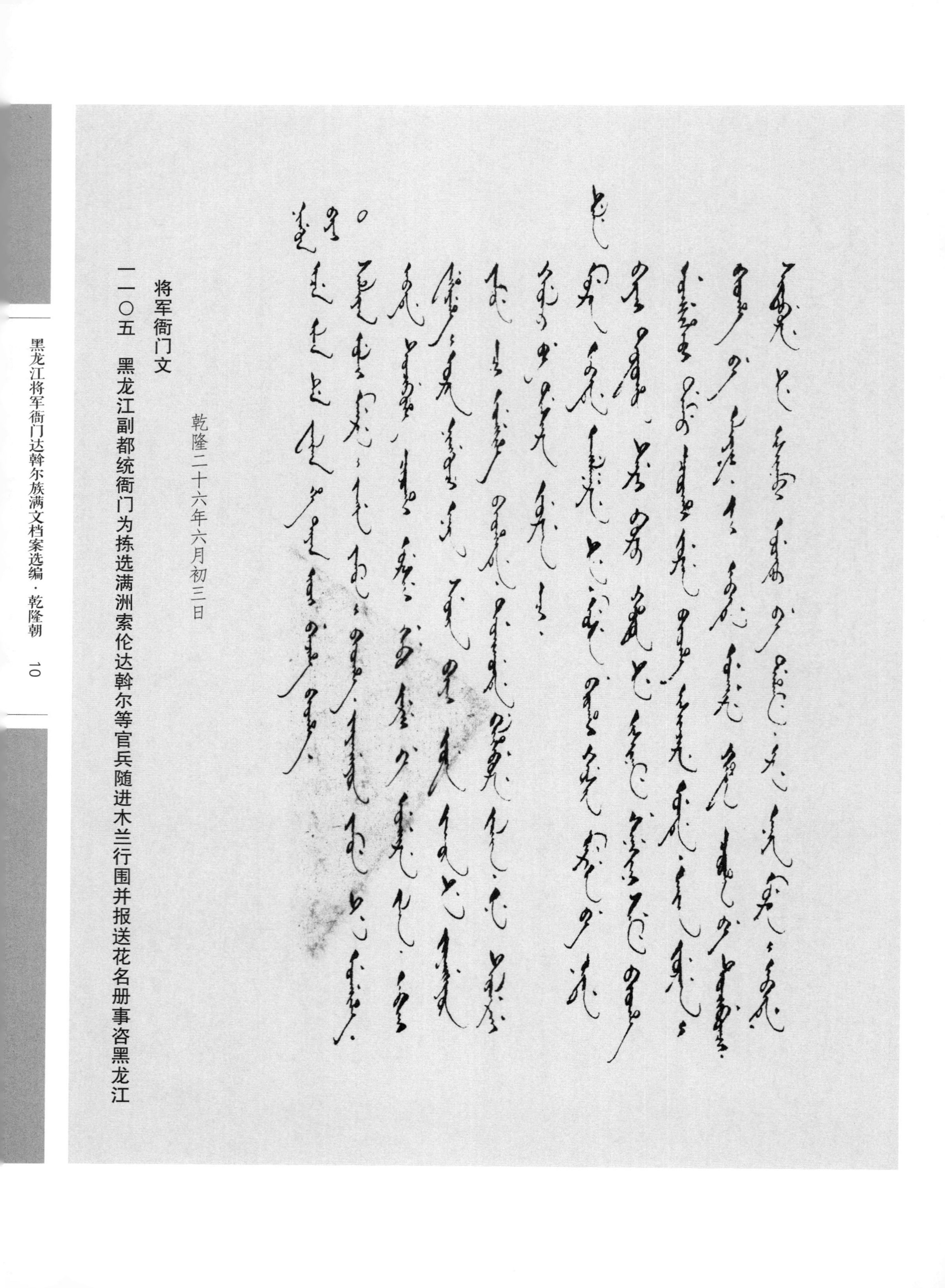

一一〇五 黑龙江副都统衙门为拣选满洲索伦达斡尔等官兵随进木兰行围并报送花名册事咨黑龙江将军衙门文

乾隆二十六年六月初三日

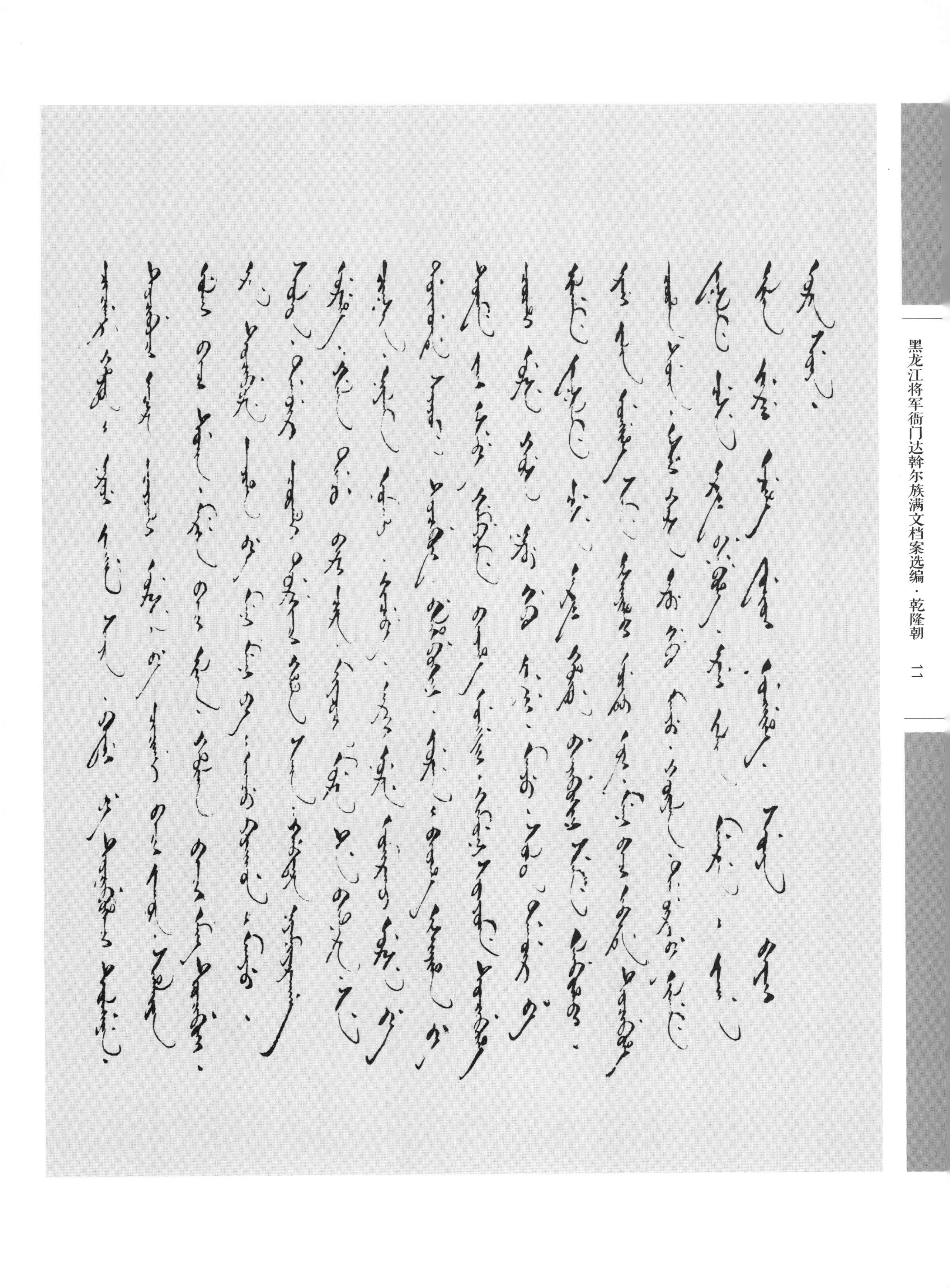

[illegible]

一一〇六　黑龙江将军衙门为派遣随进木兰围索伦达斡尔等官兵至京城事咨兵部文

乾隆二十六年六月十三日

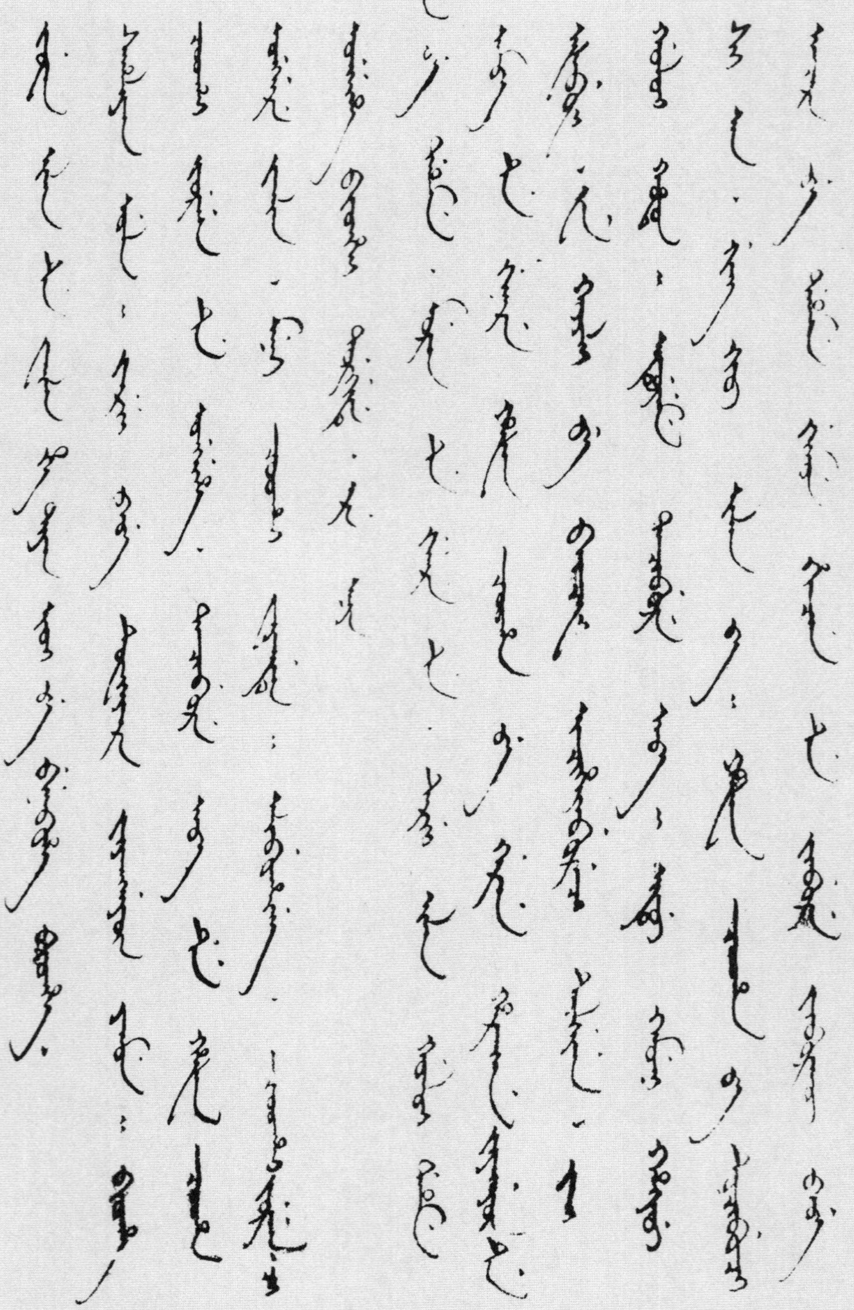

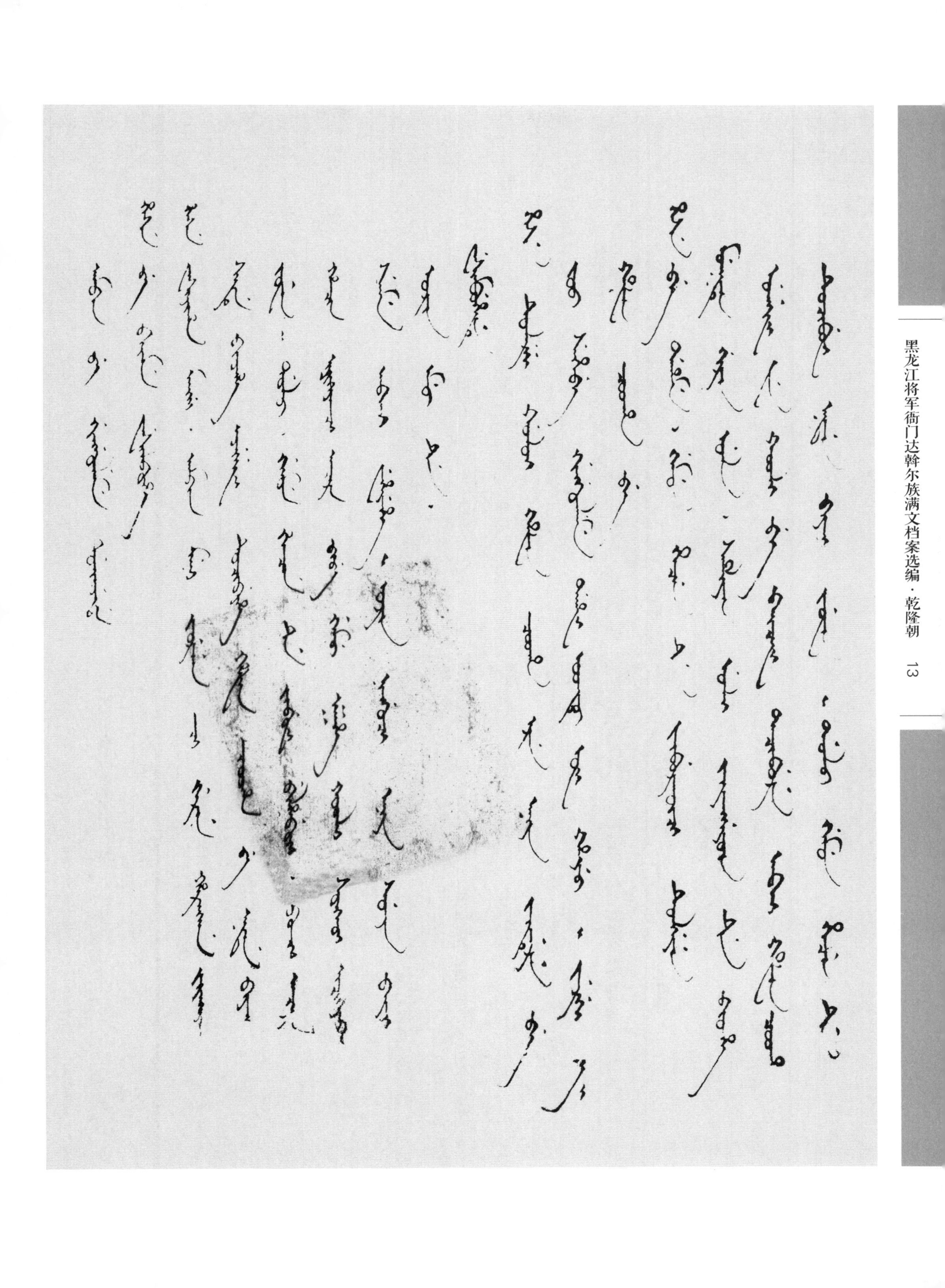

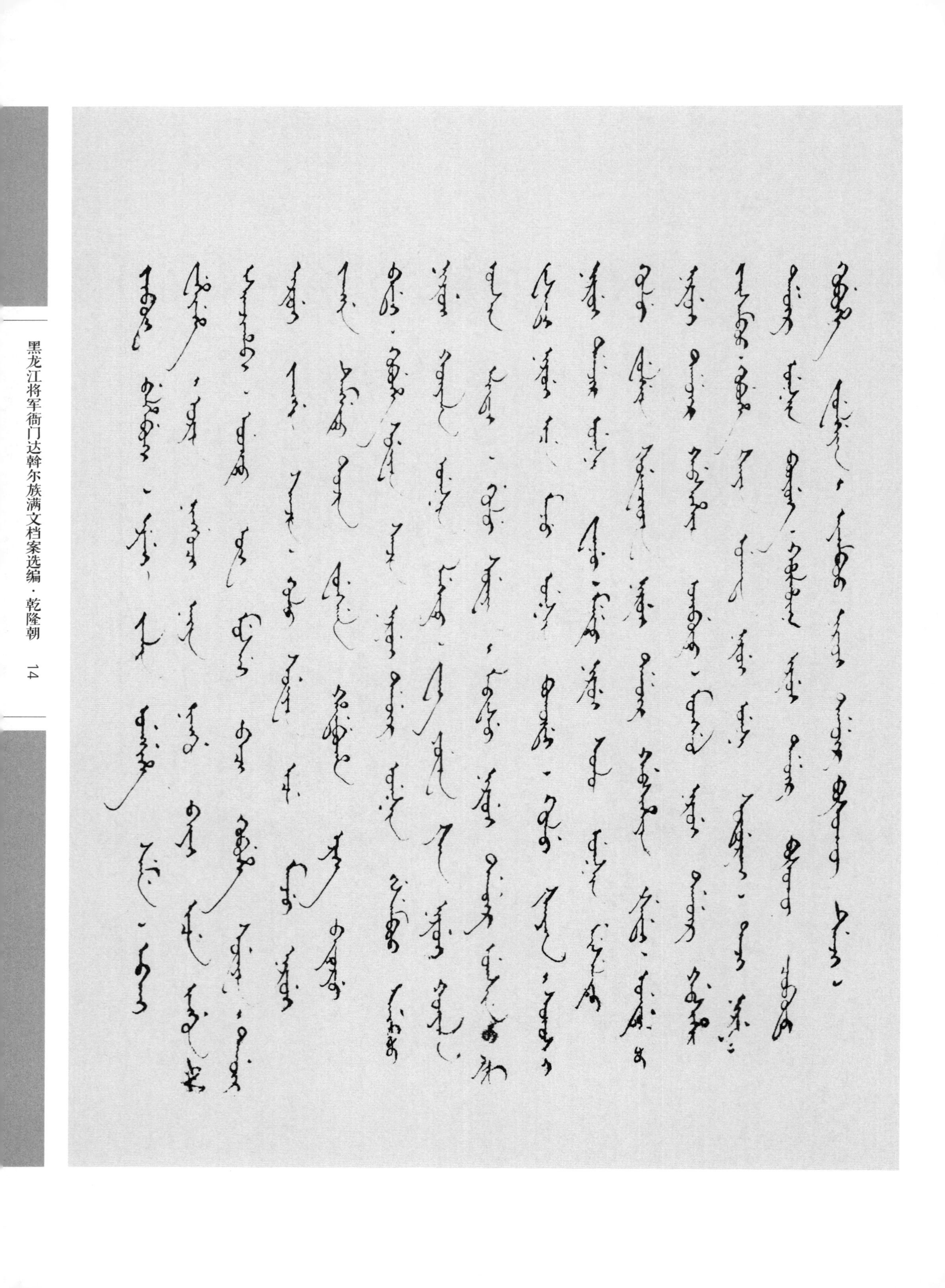

[illegible]

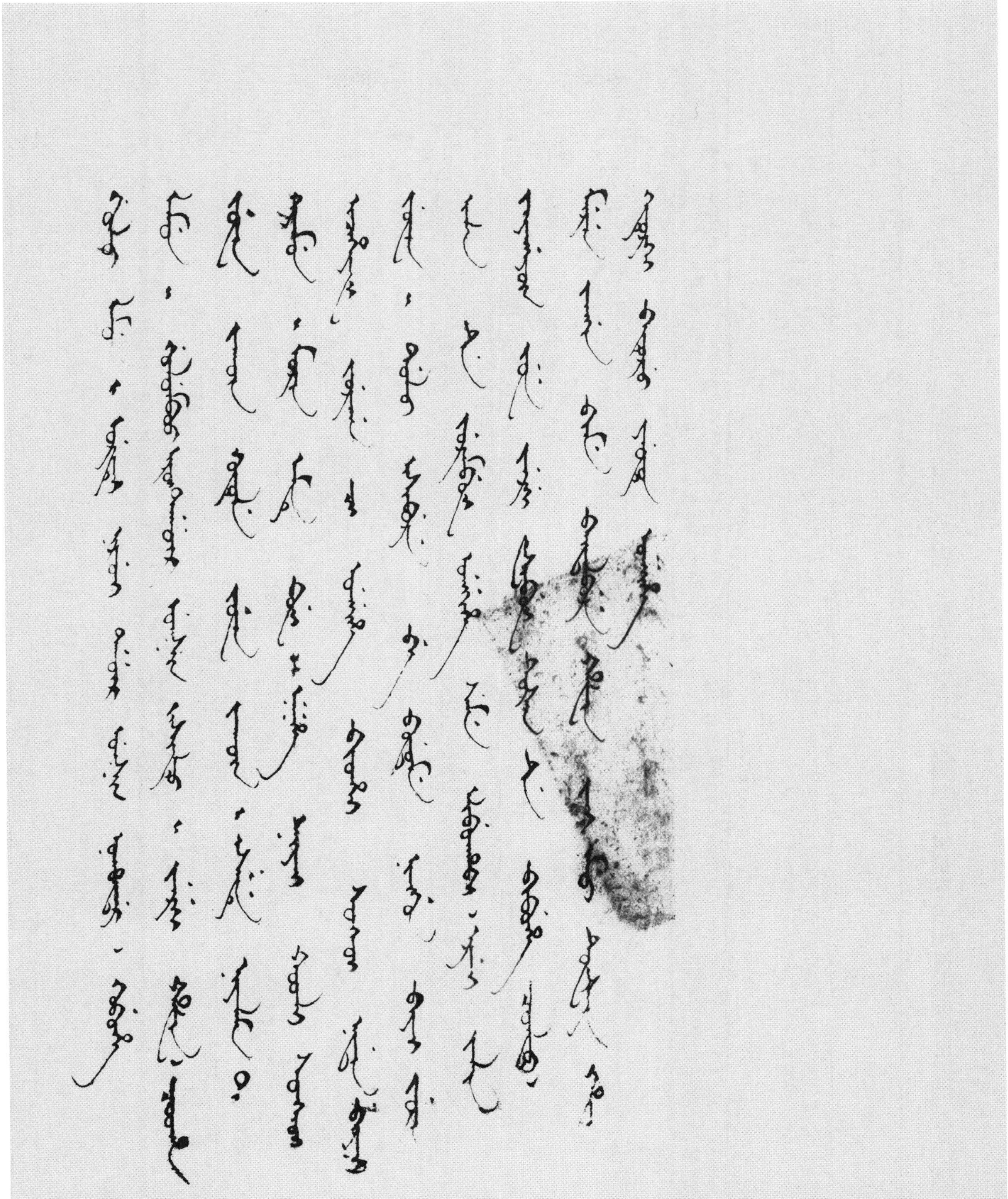

乾隆二十六年七月初四日

衙门文

一一〇七　正黄满洲旗为留驻京城达斡尔护军毕萨尔凯请假回籍接家眷并令限期返回事咨黑龙江将军

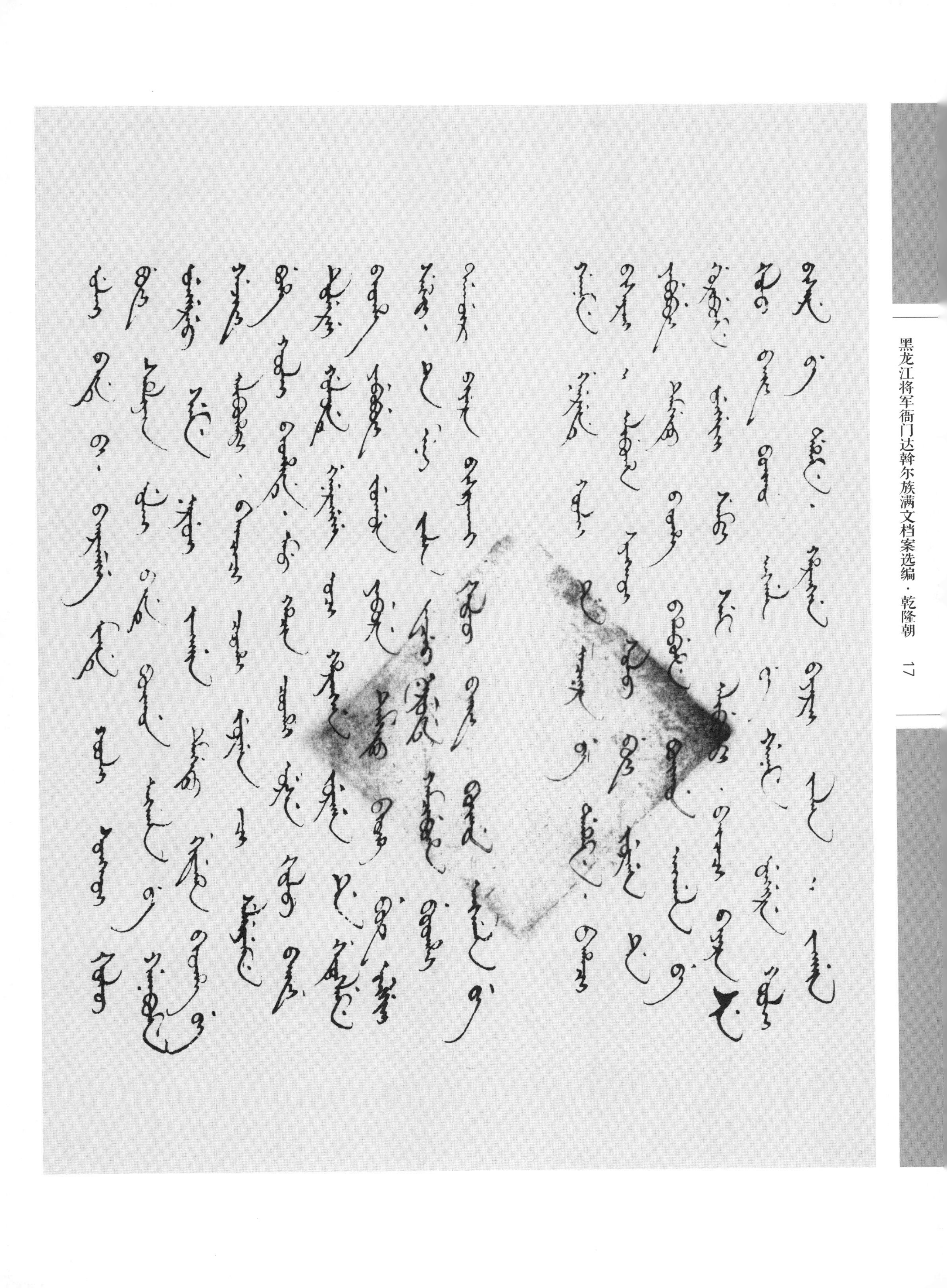

[illegible]

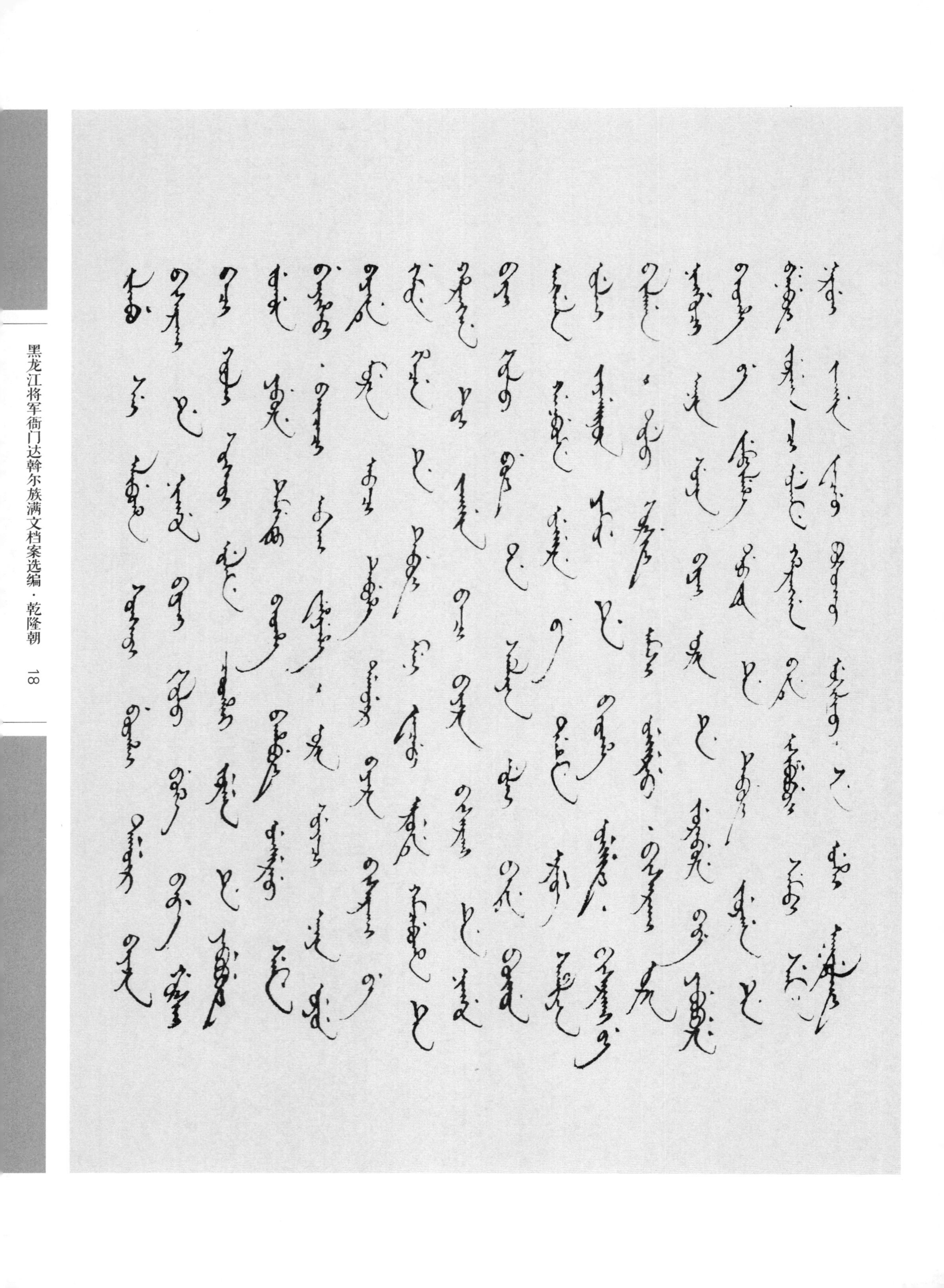

[illegible]

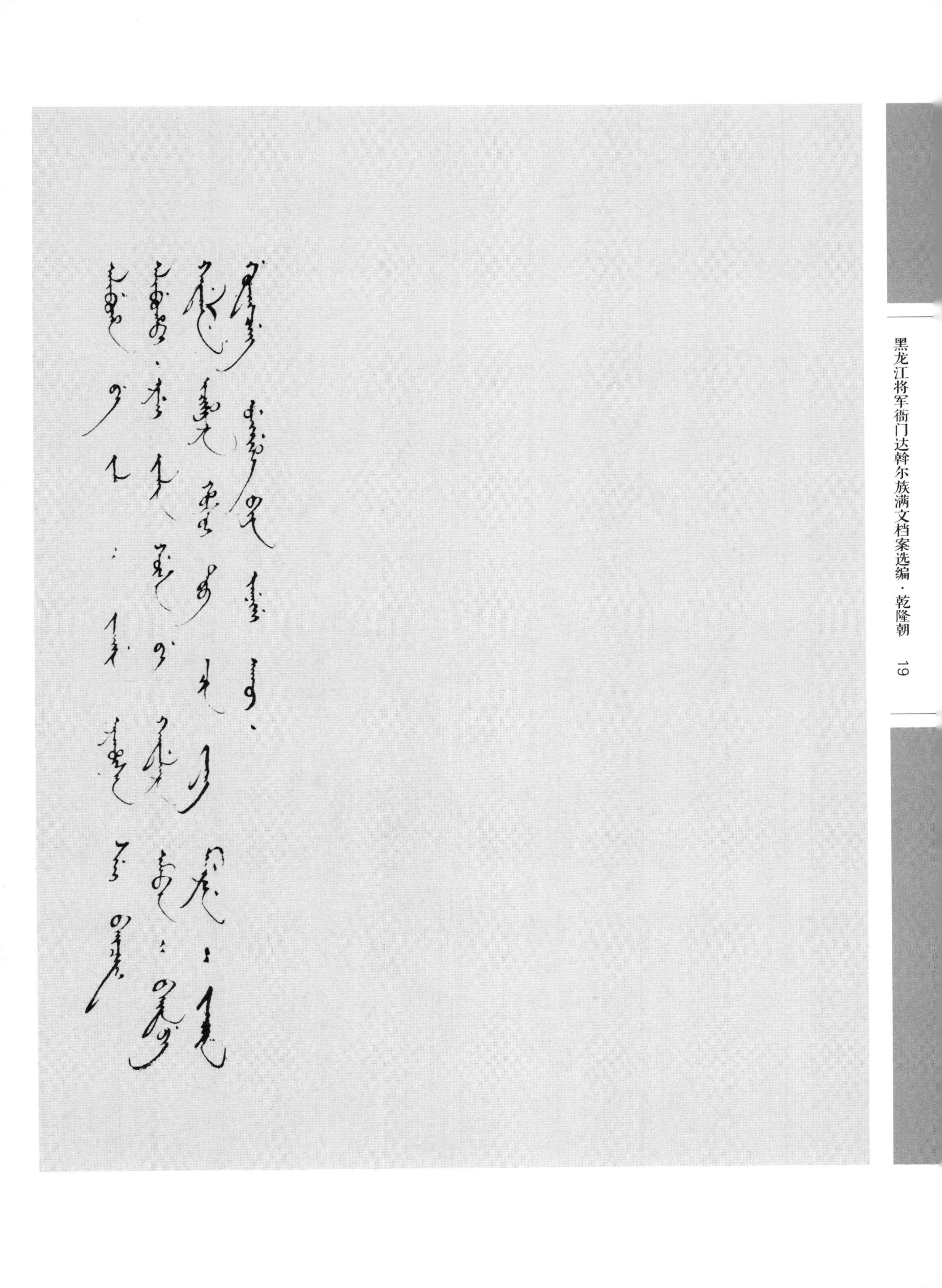

一一〇八 黑龙江将军衙门为令查明出征喀什噶尔后走散跟役达斡尔巴勒口供虚实事咨黑龙江副都统

衙门文

乾隆二十六年七月初七日

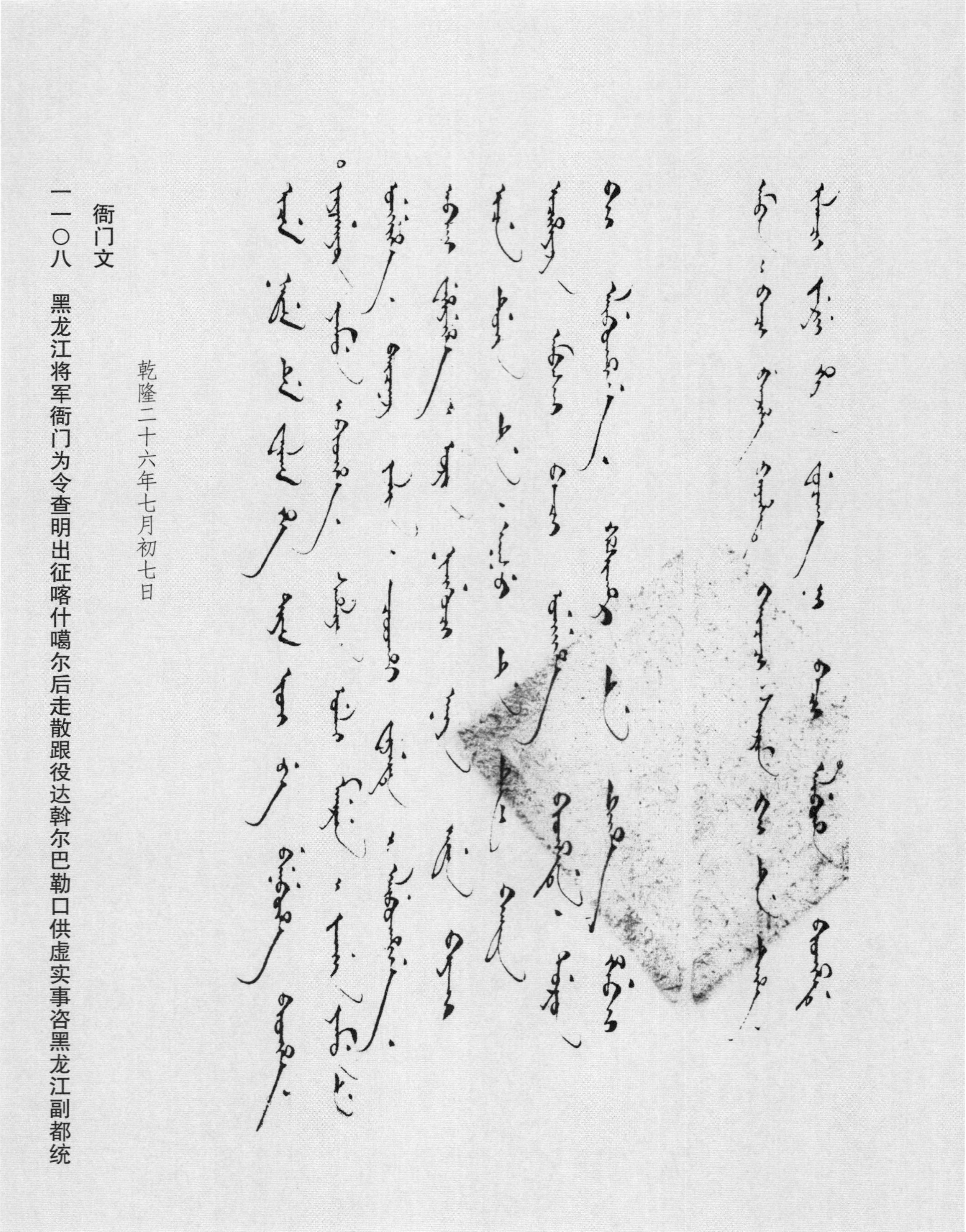

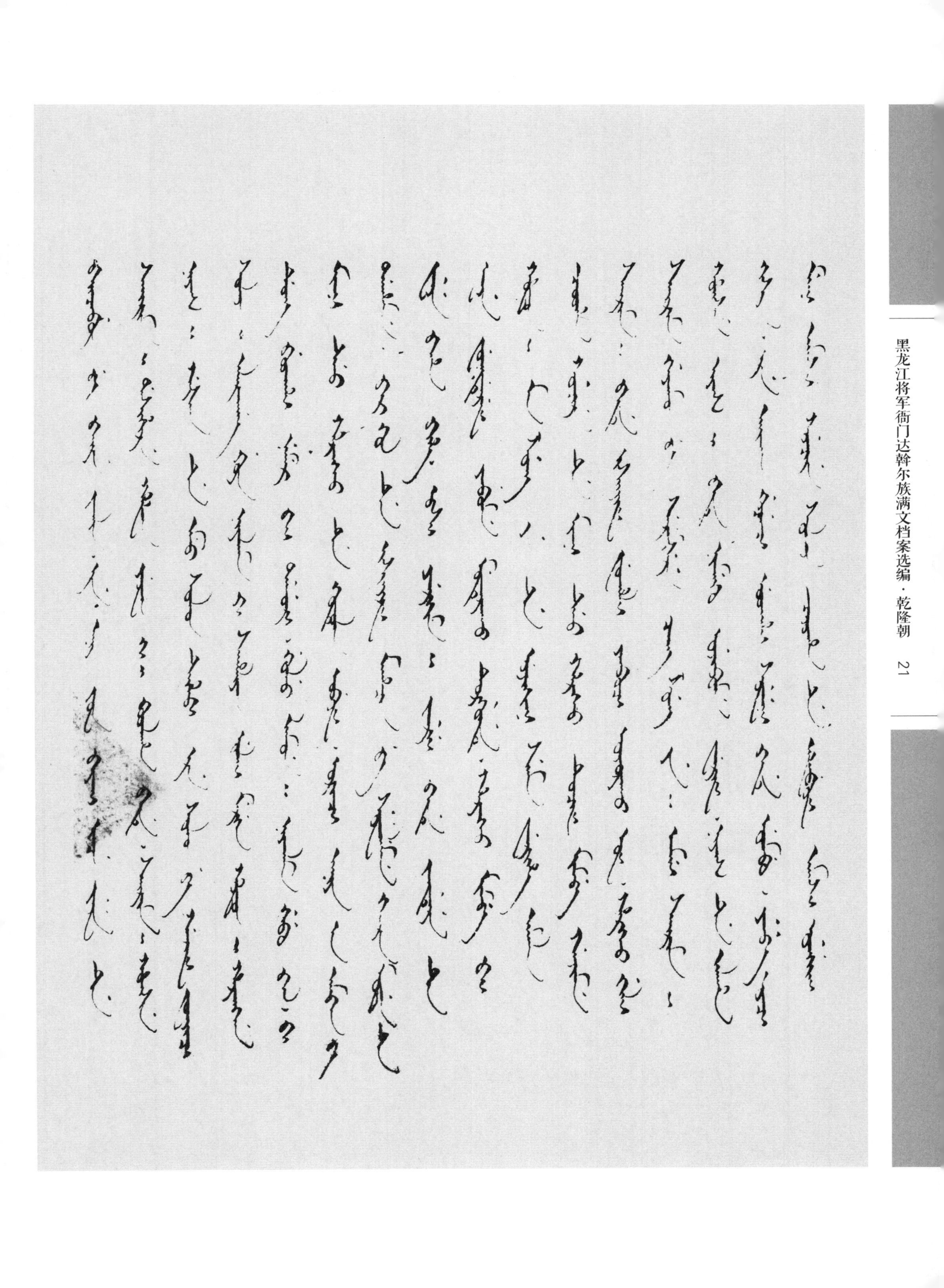

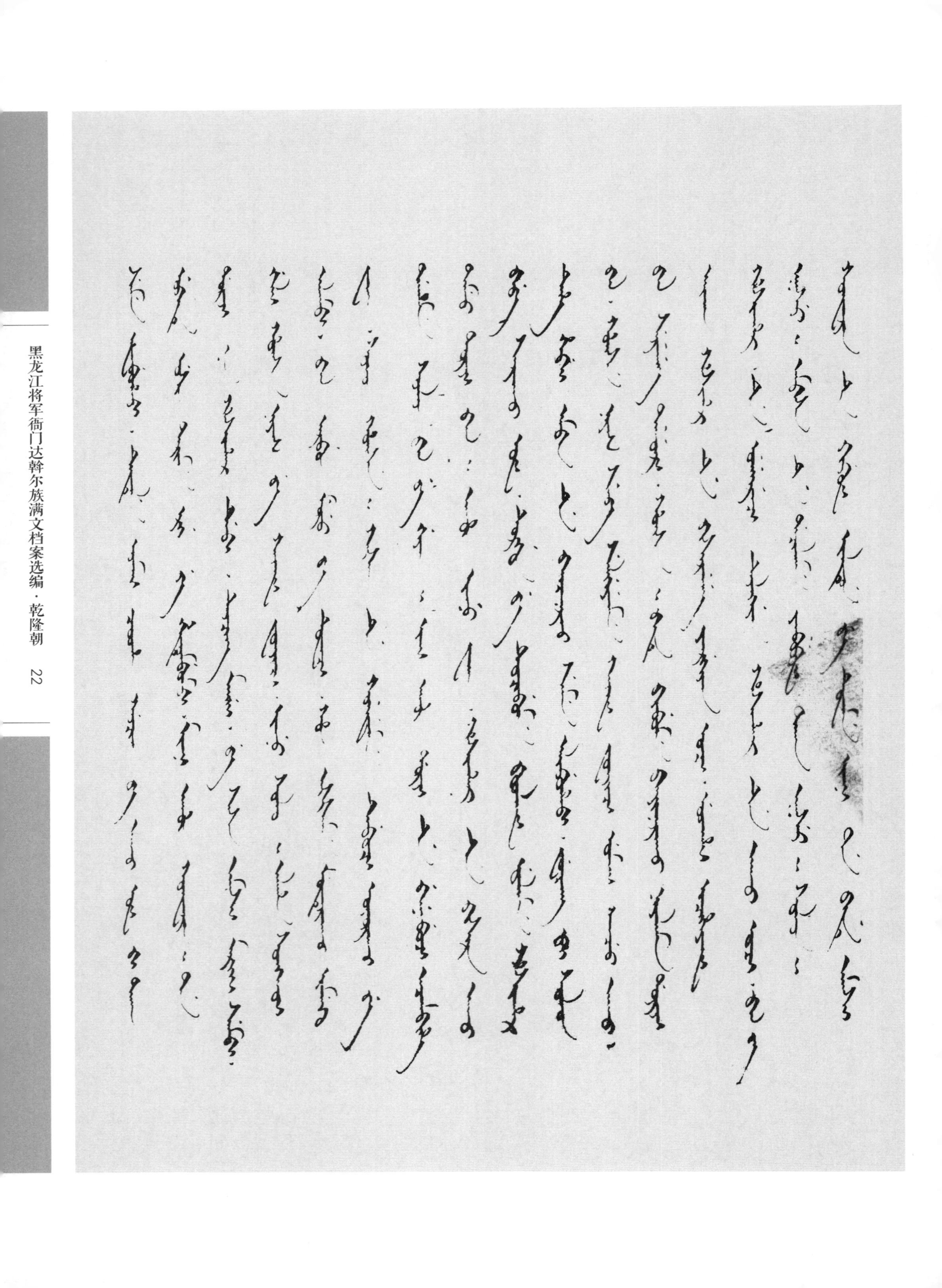

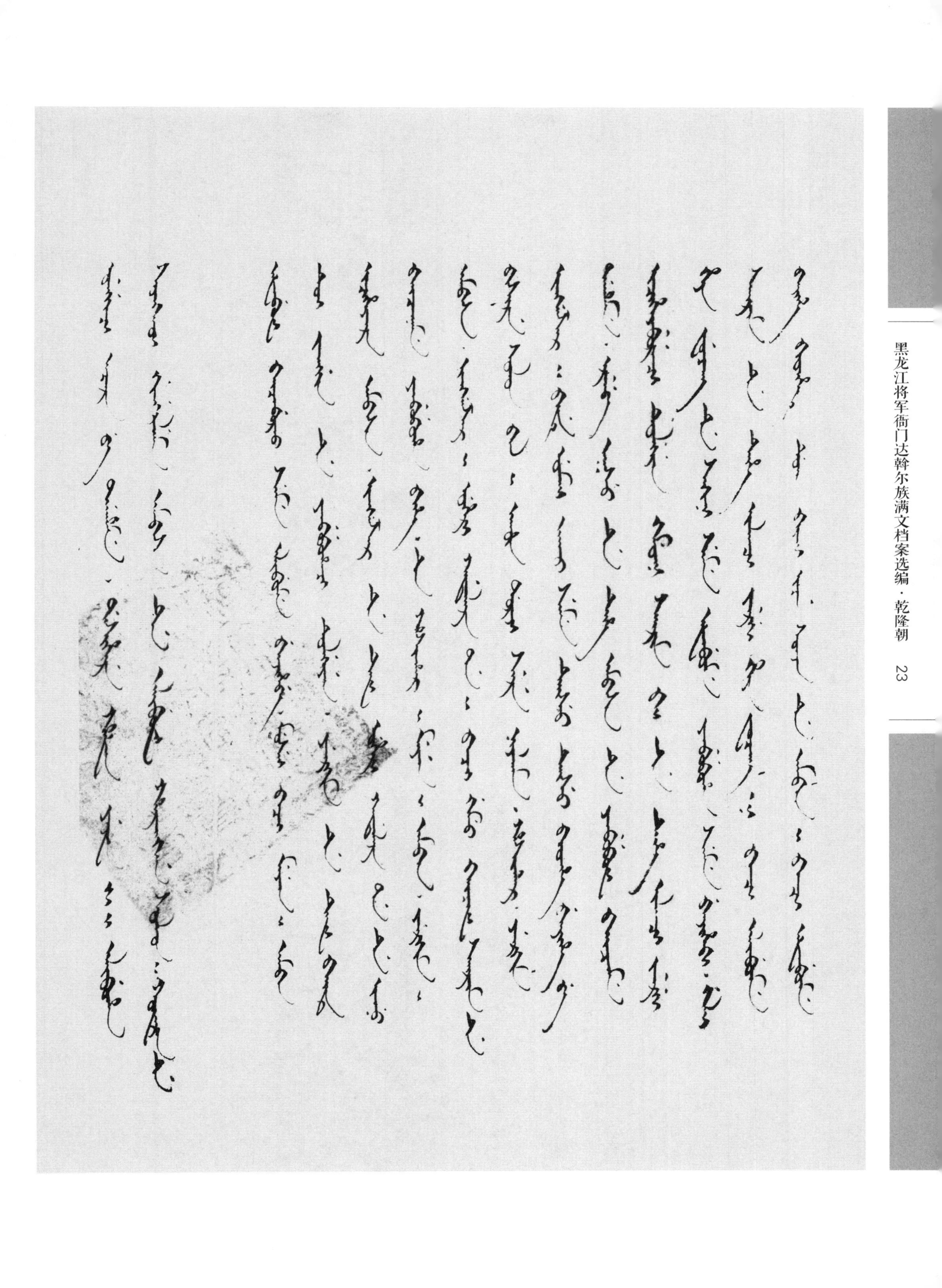

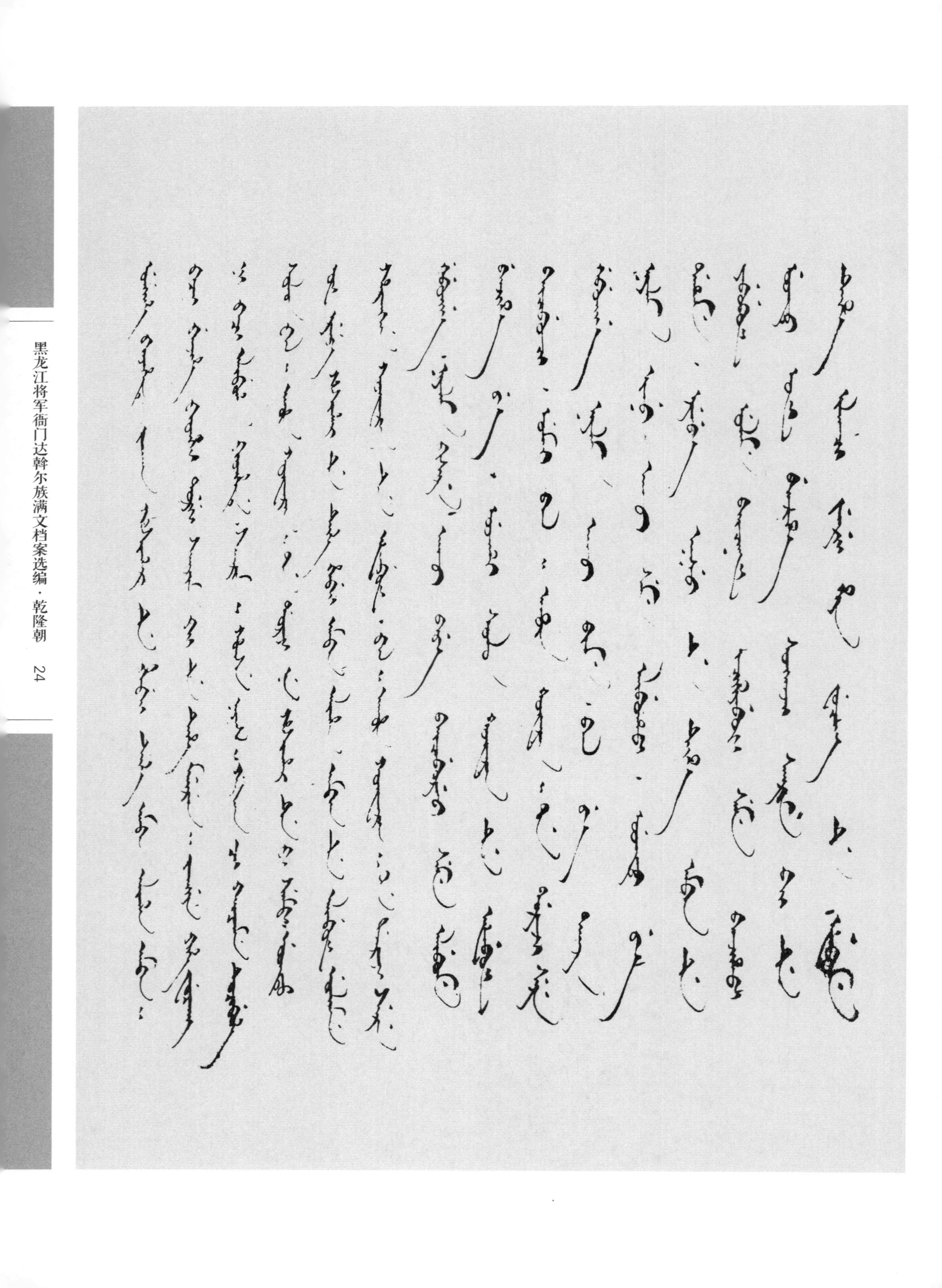

[illegible]

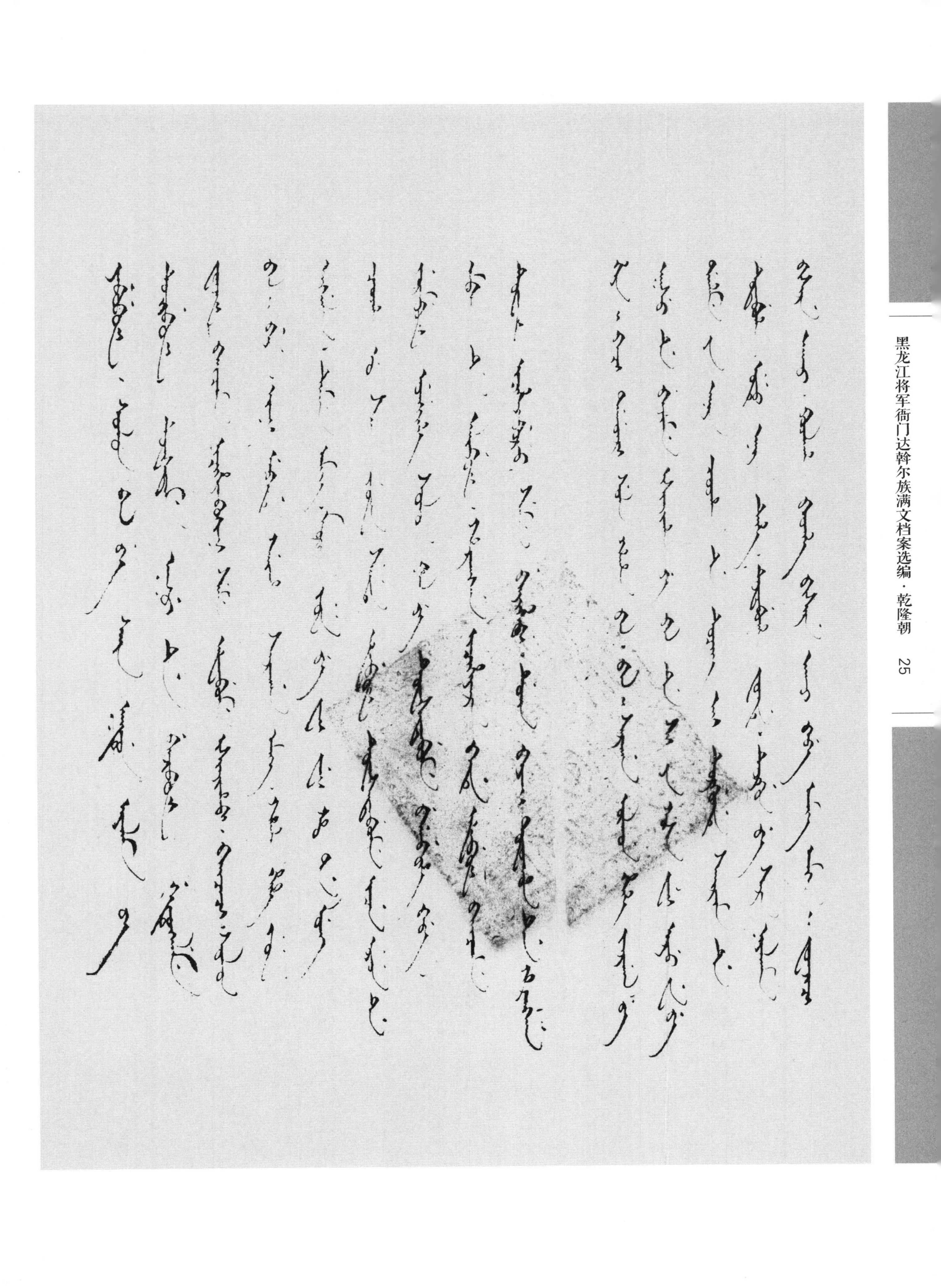

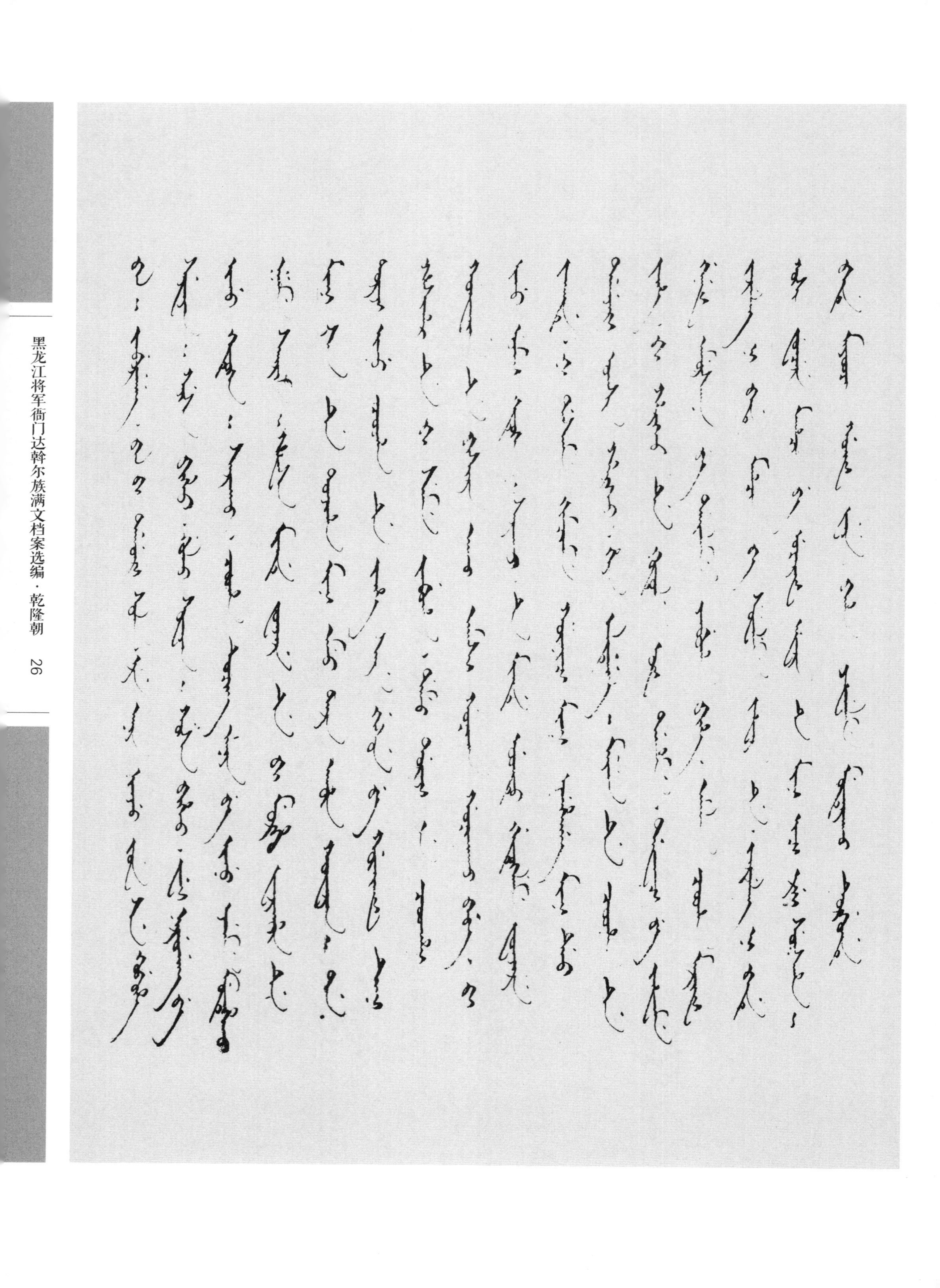

[illegible]

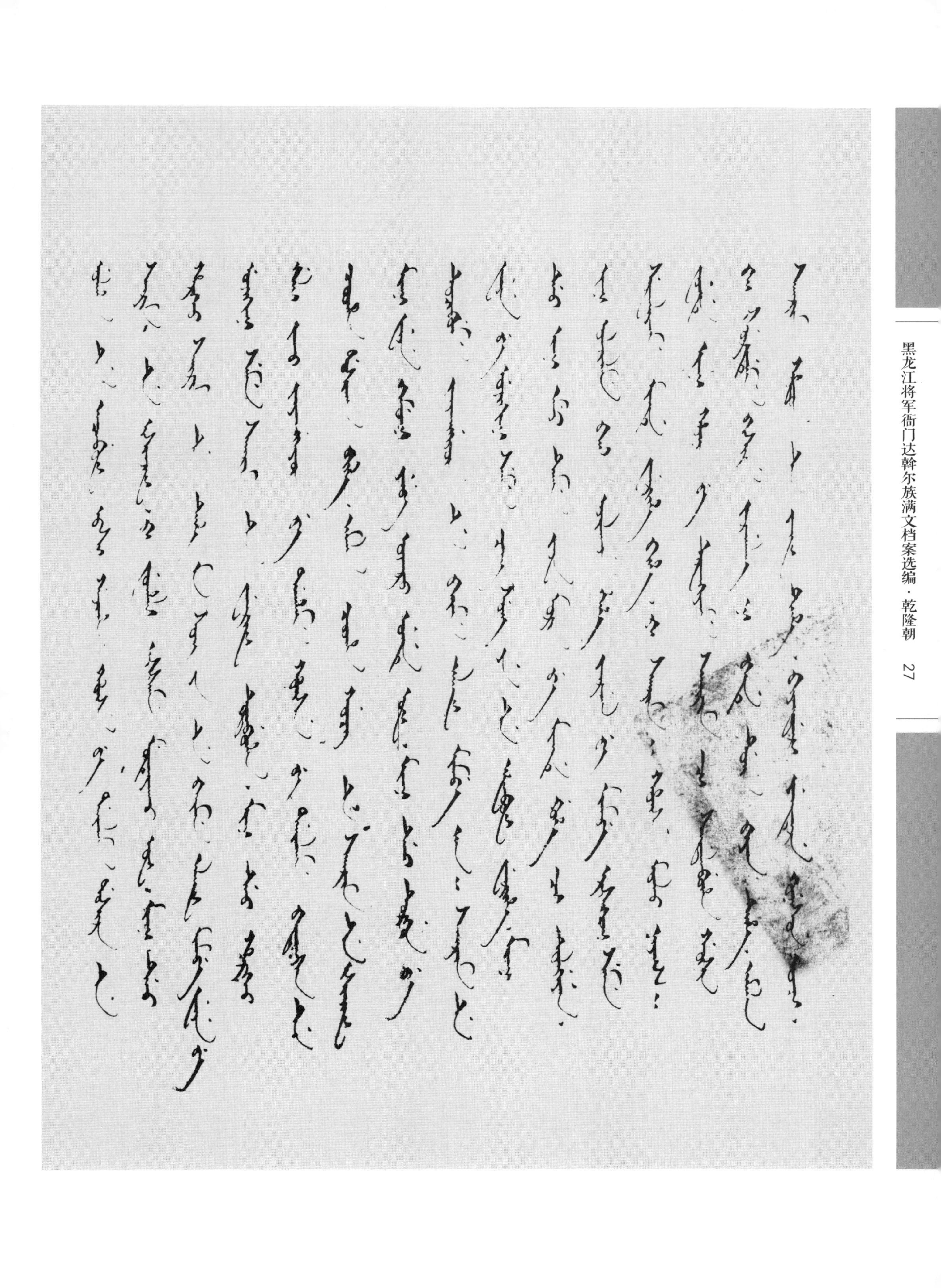

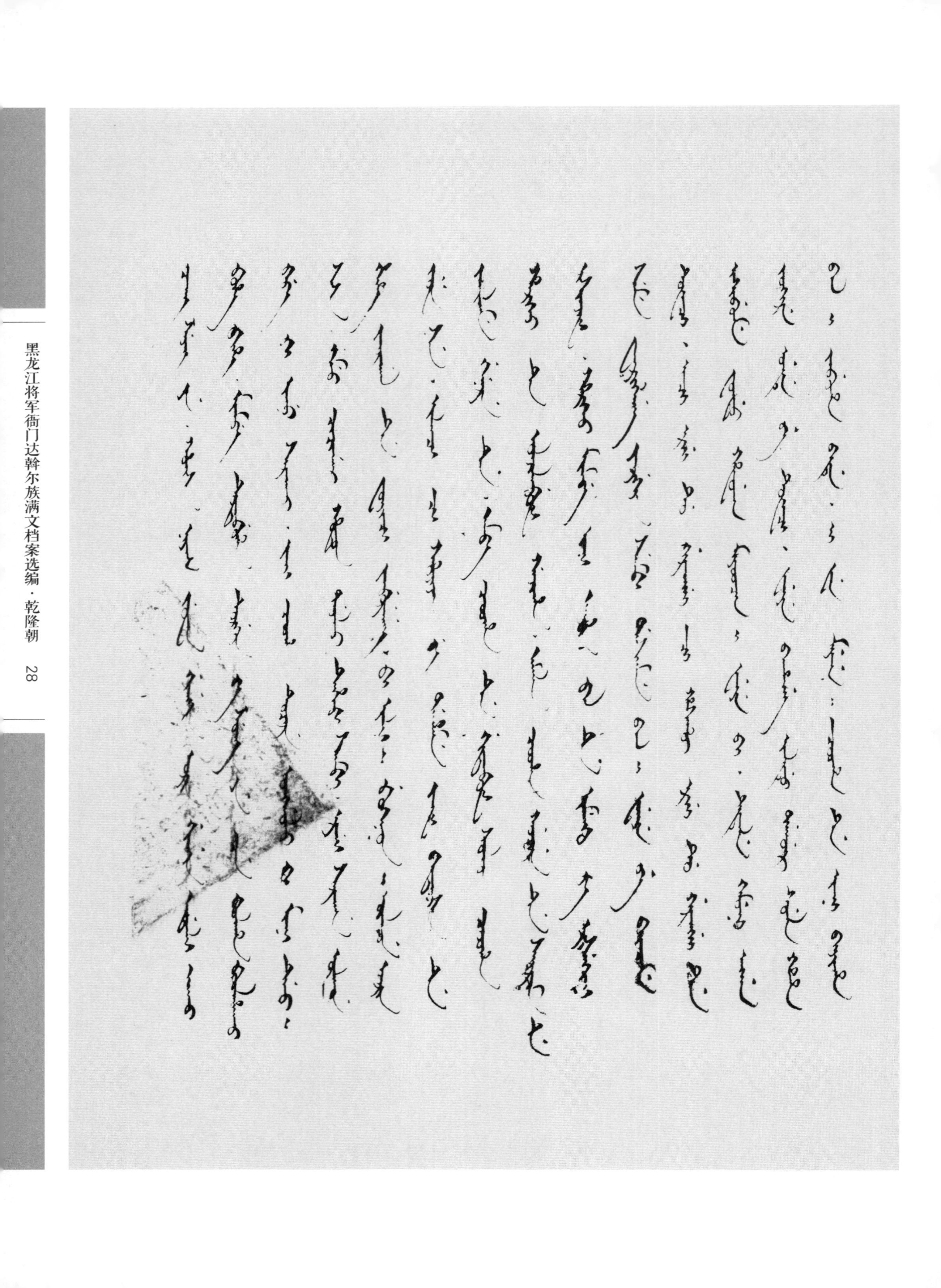

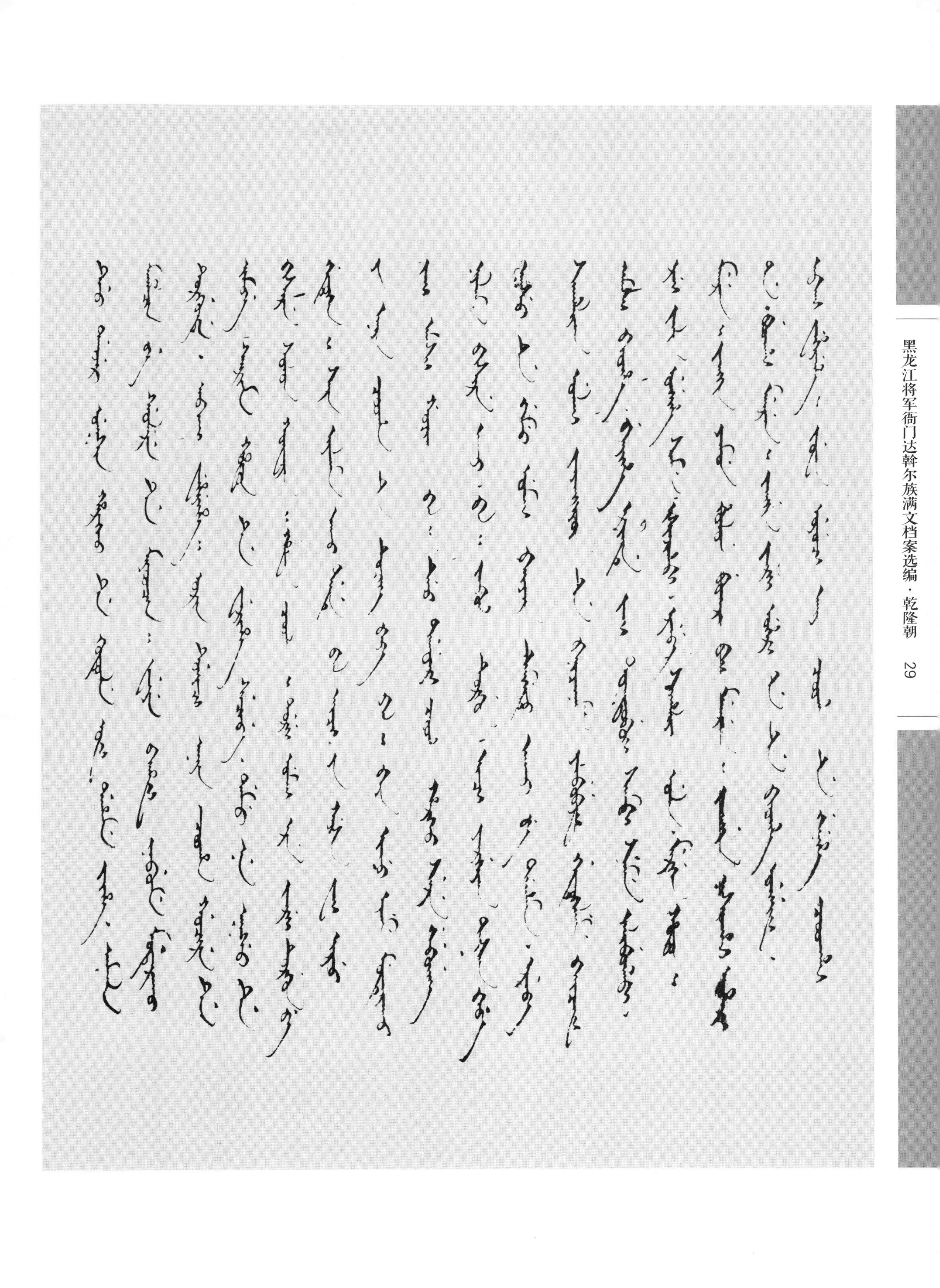

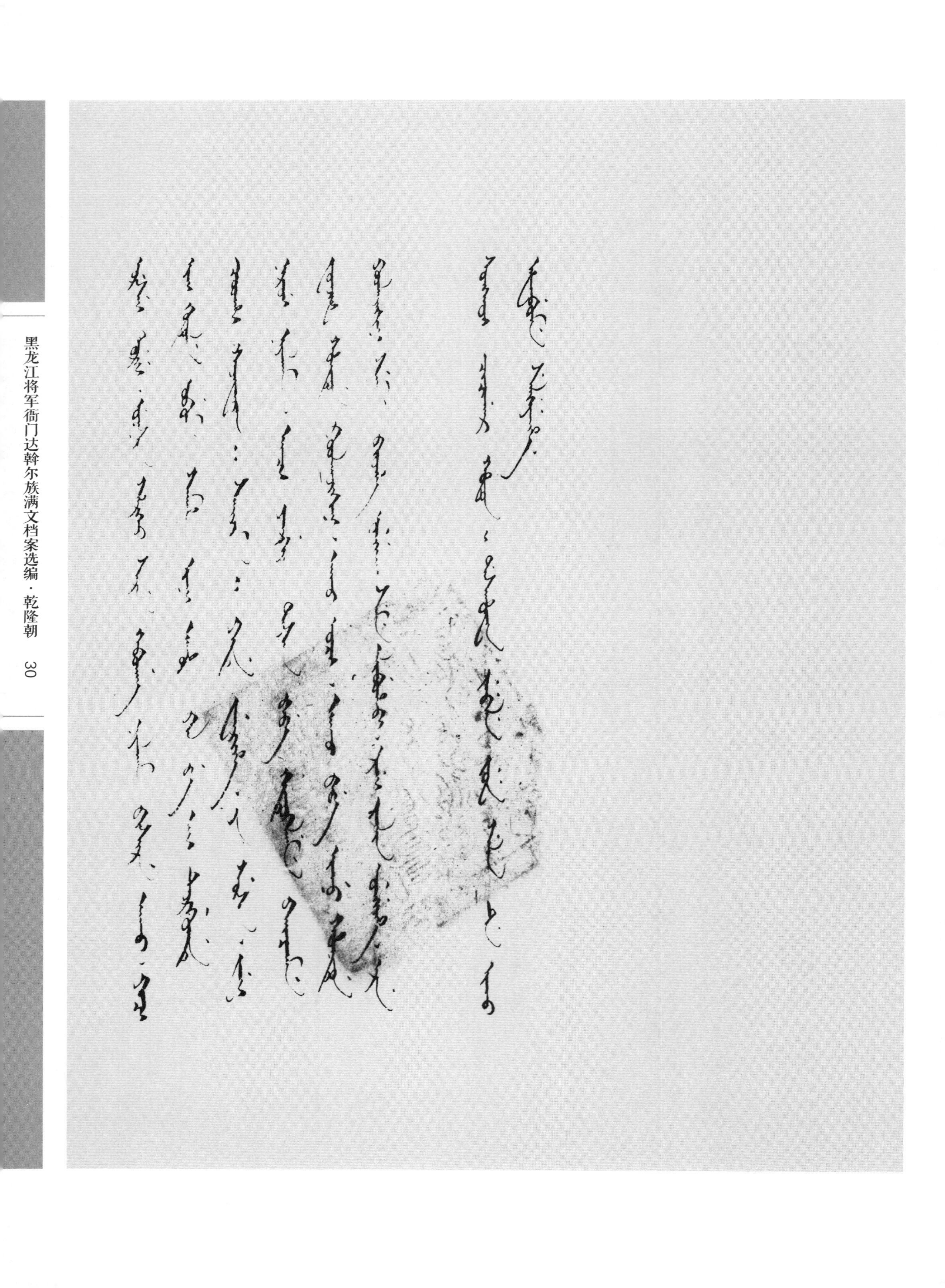

[illegible]

一一〇九 黑龙江将军衙门为留驻京城达斡尔护军毕萨尔凯请假回籍接家眷并令限期返回事札布特哈索伦达斡尔副都统衔总管文

乾隆二十六年七月十二日

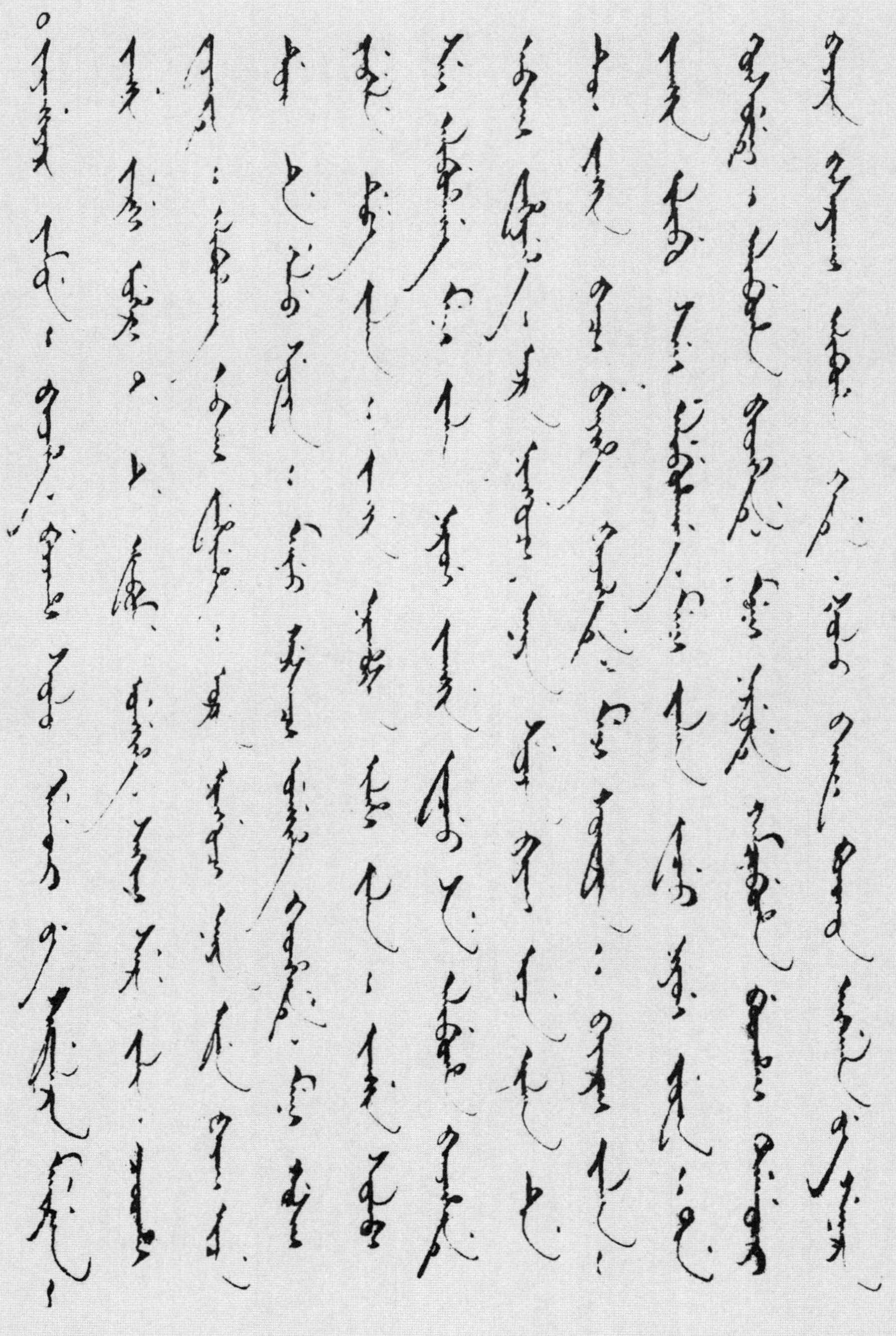

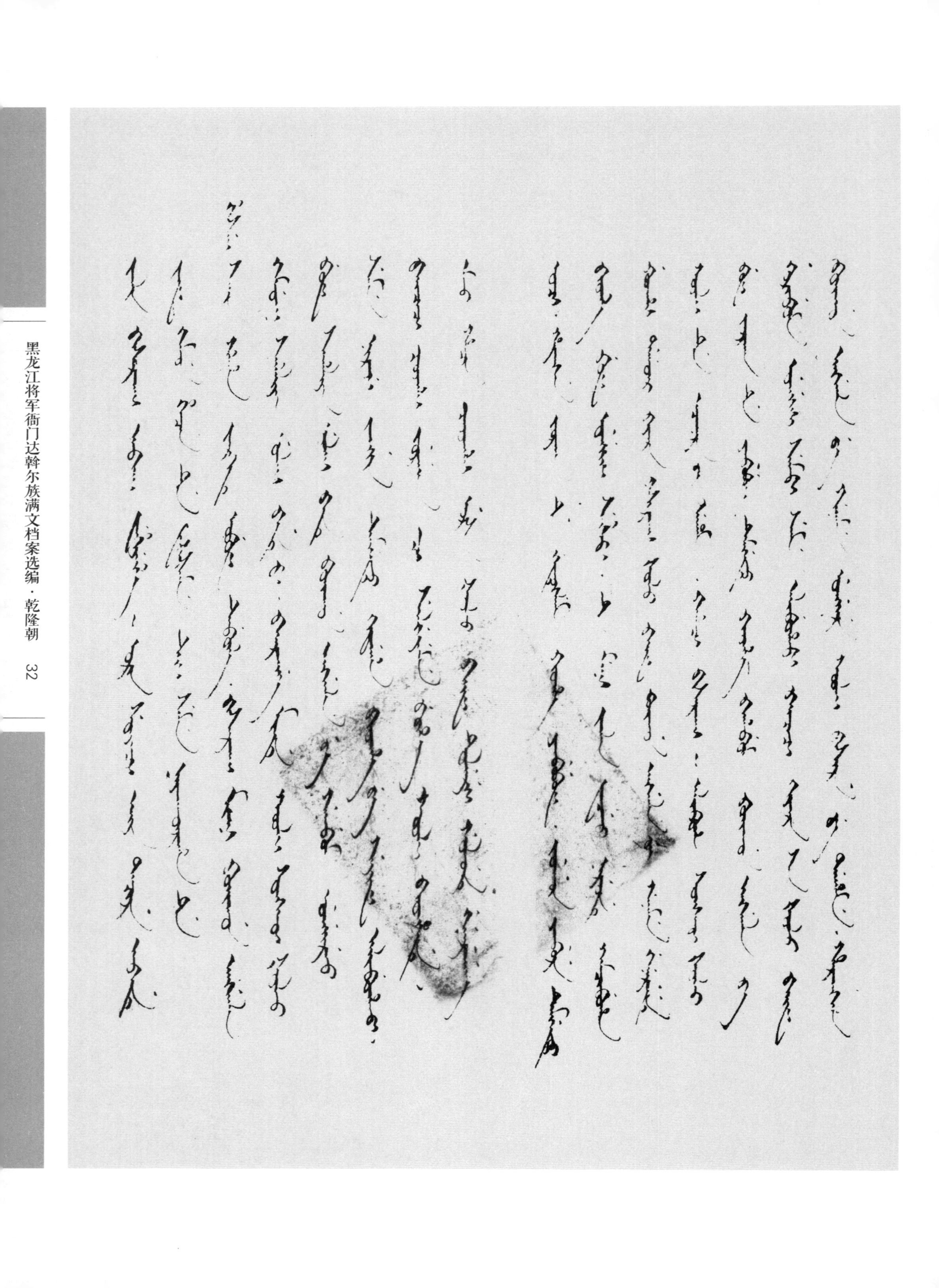

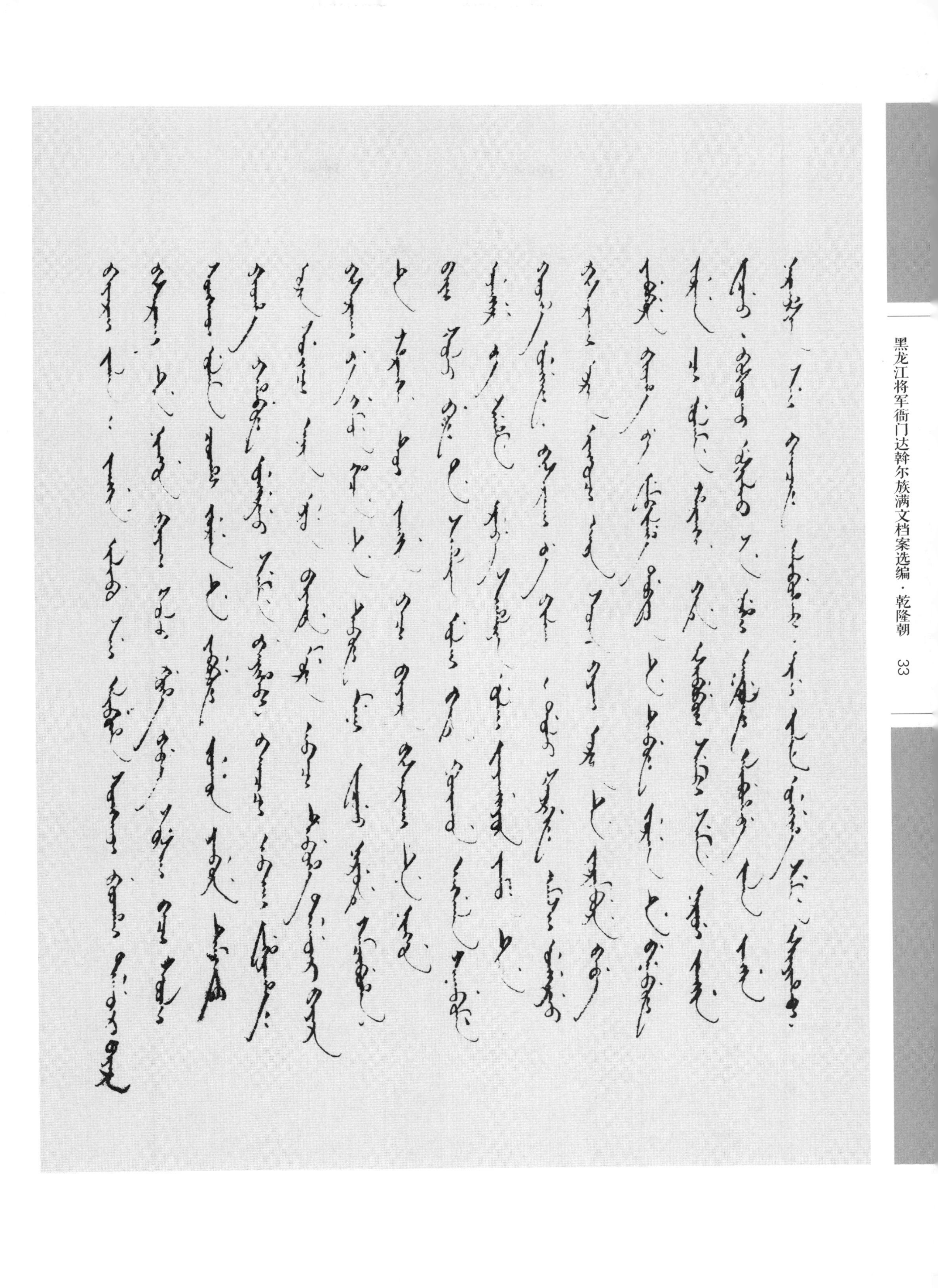

[illegible]

[illegible]

一一一〇 布特哈索伦达斡尔副都统衔总管萨垒为查明有无类此达斡尔玛齐父子三人出征二人亡故情形事咨呈黑龙江将军衙门文

乾隆二十六年七月十四日

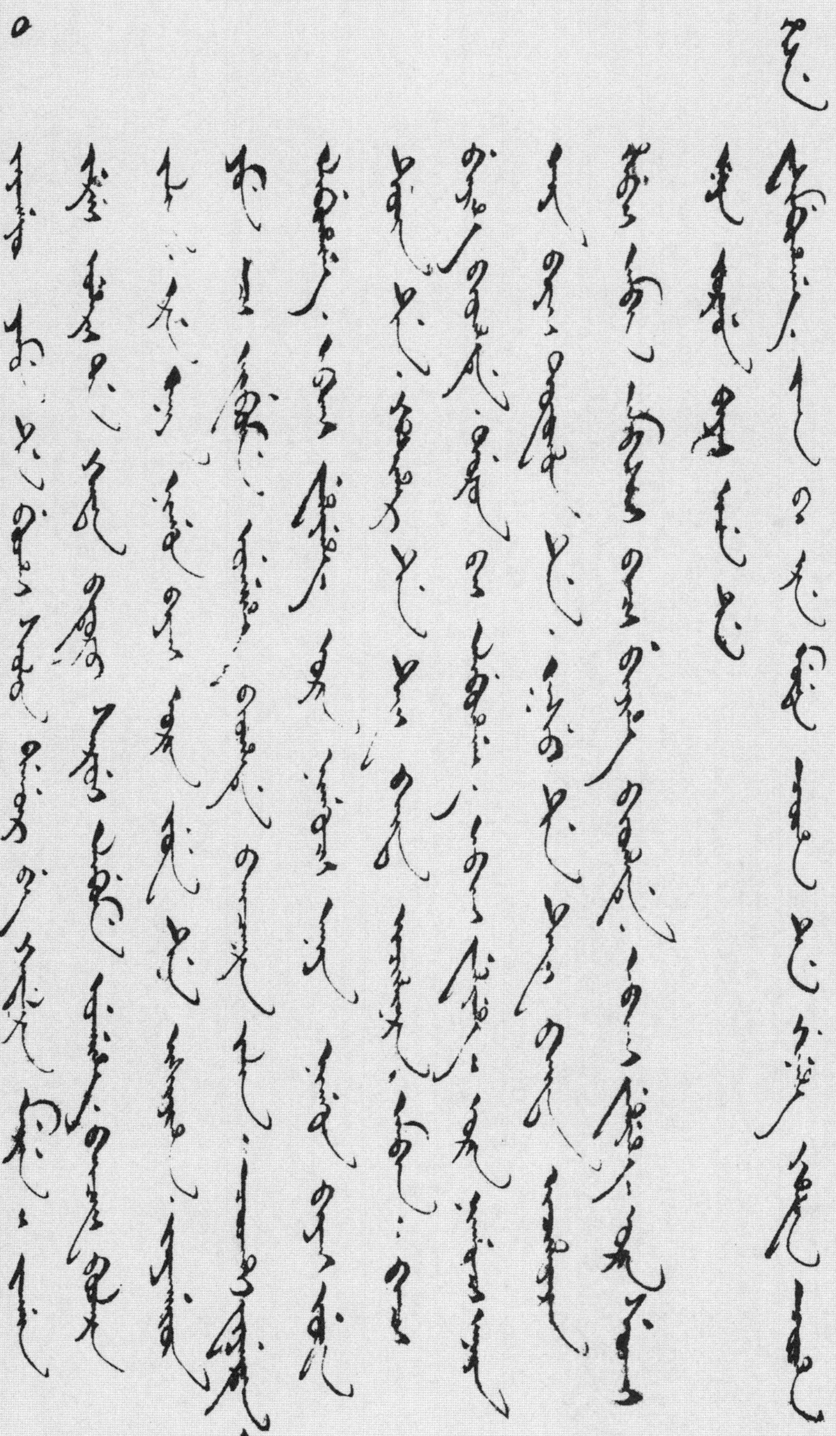

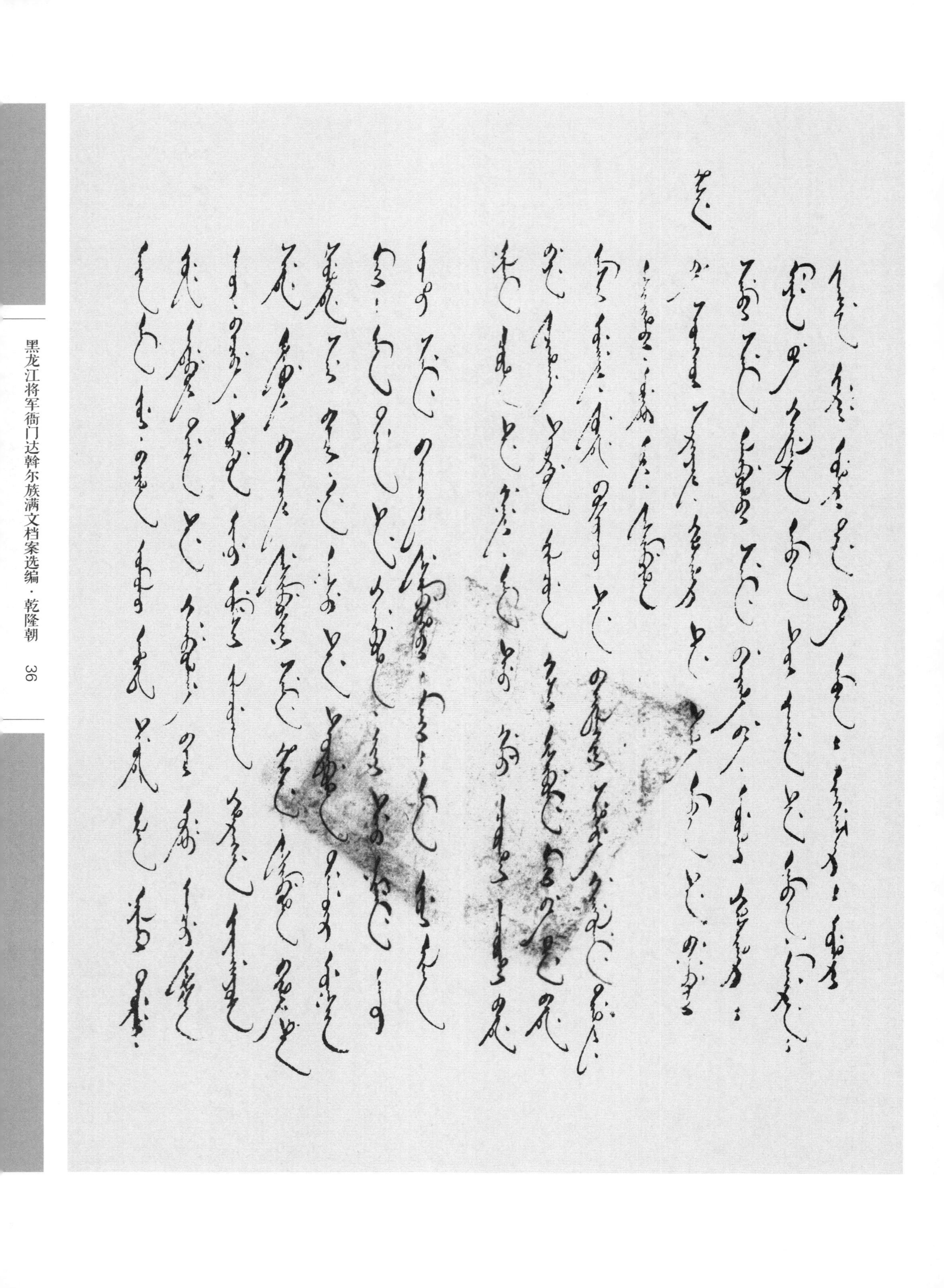

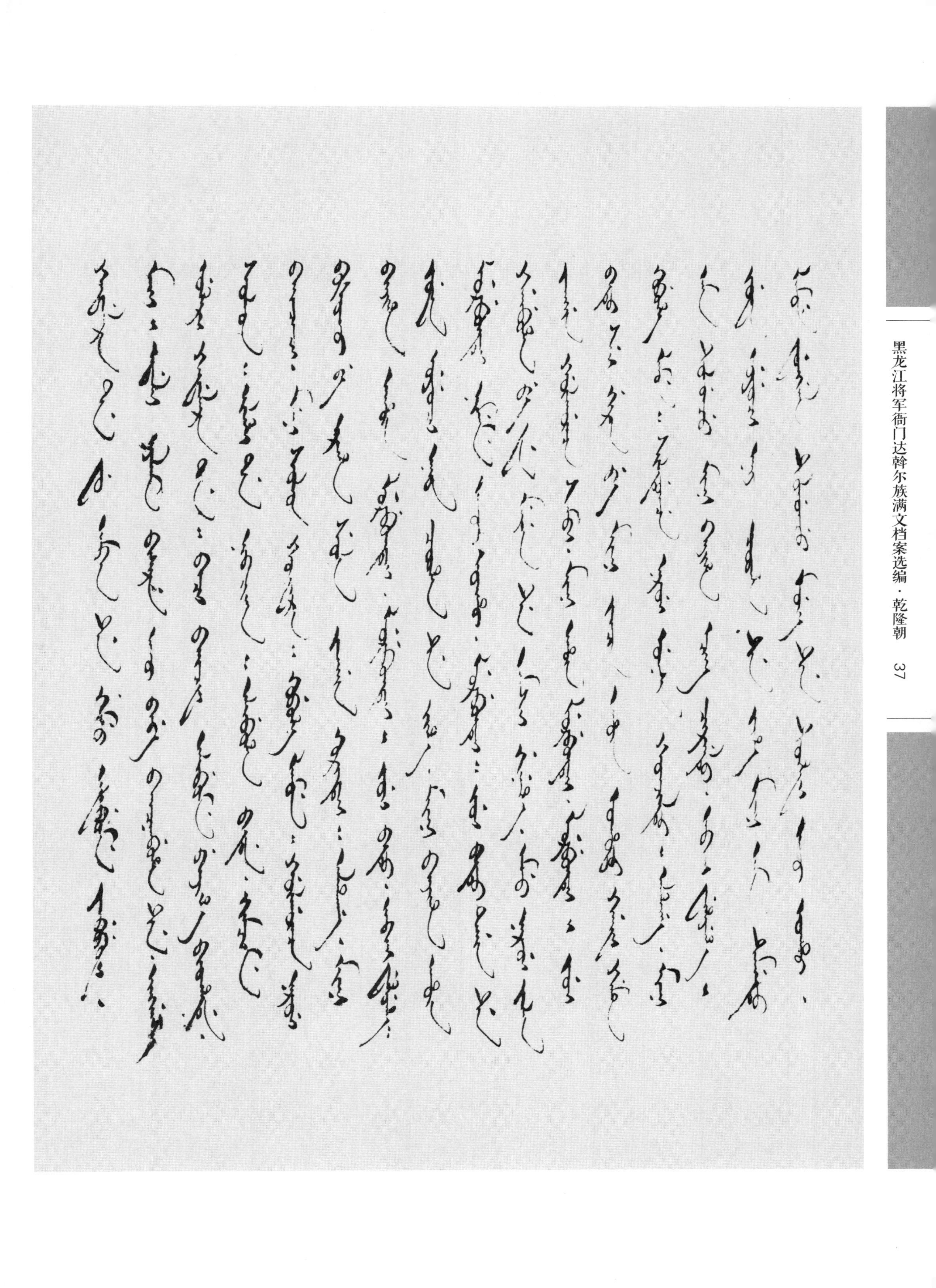

[illegible]

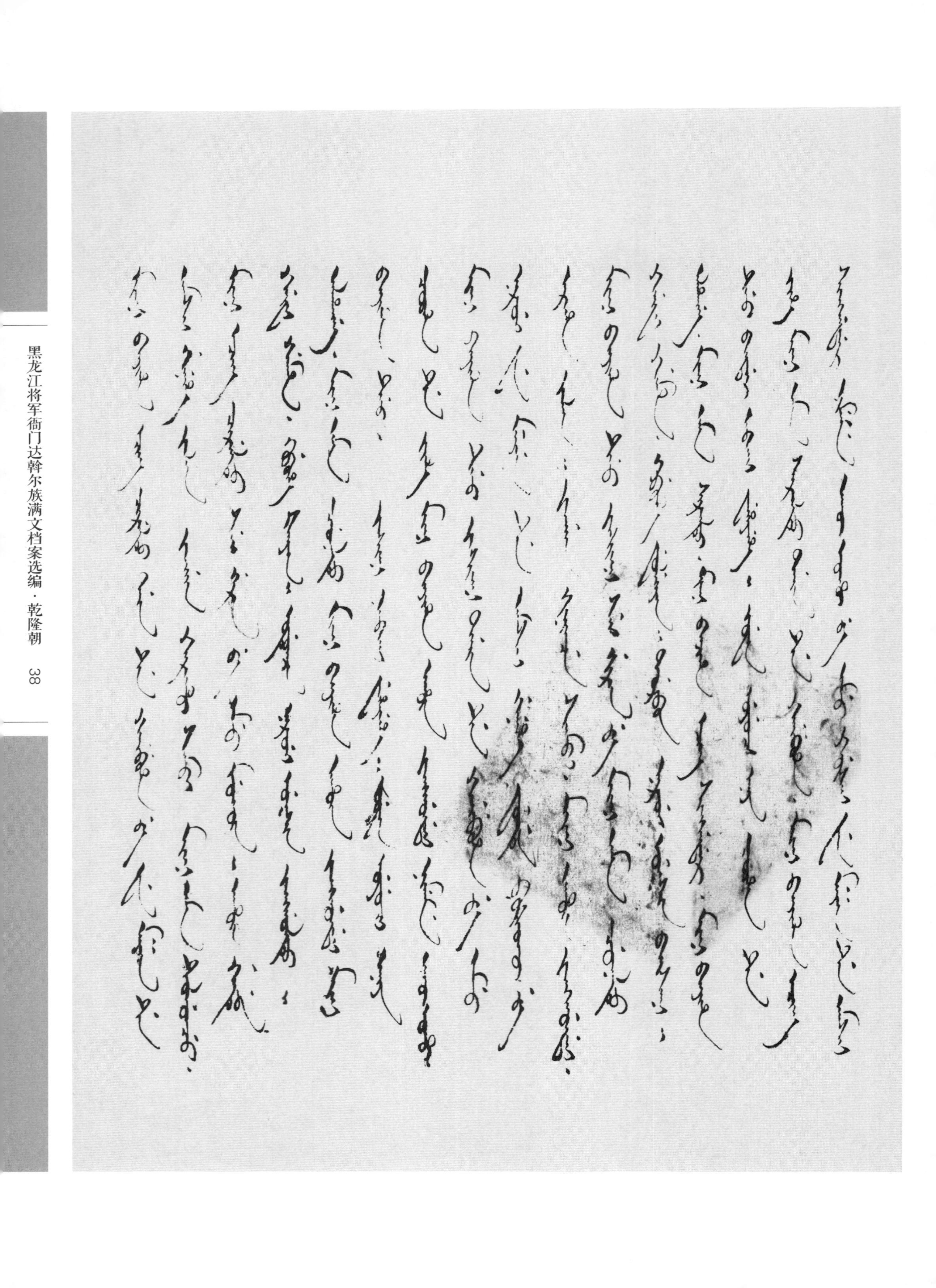

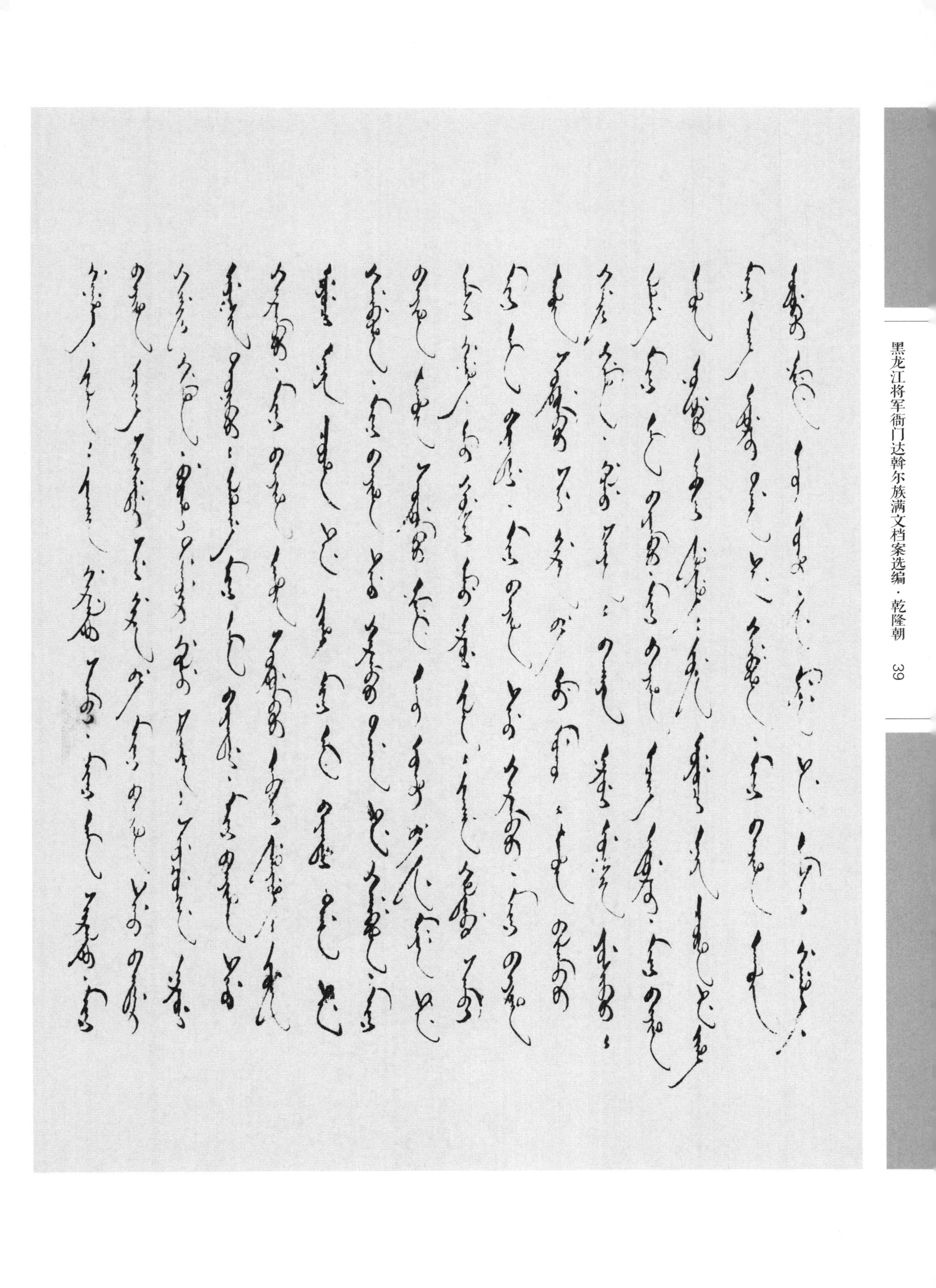

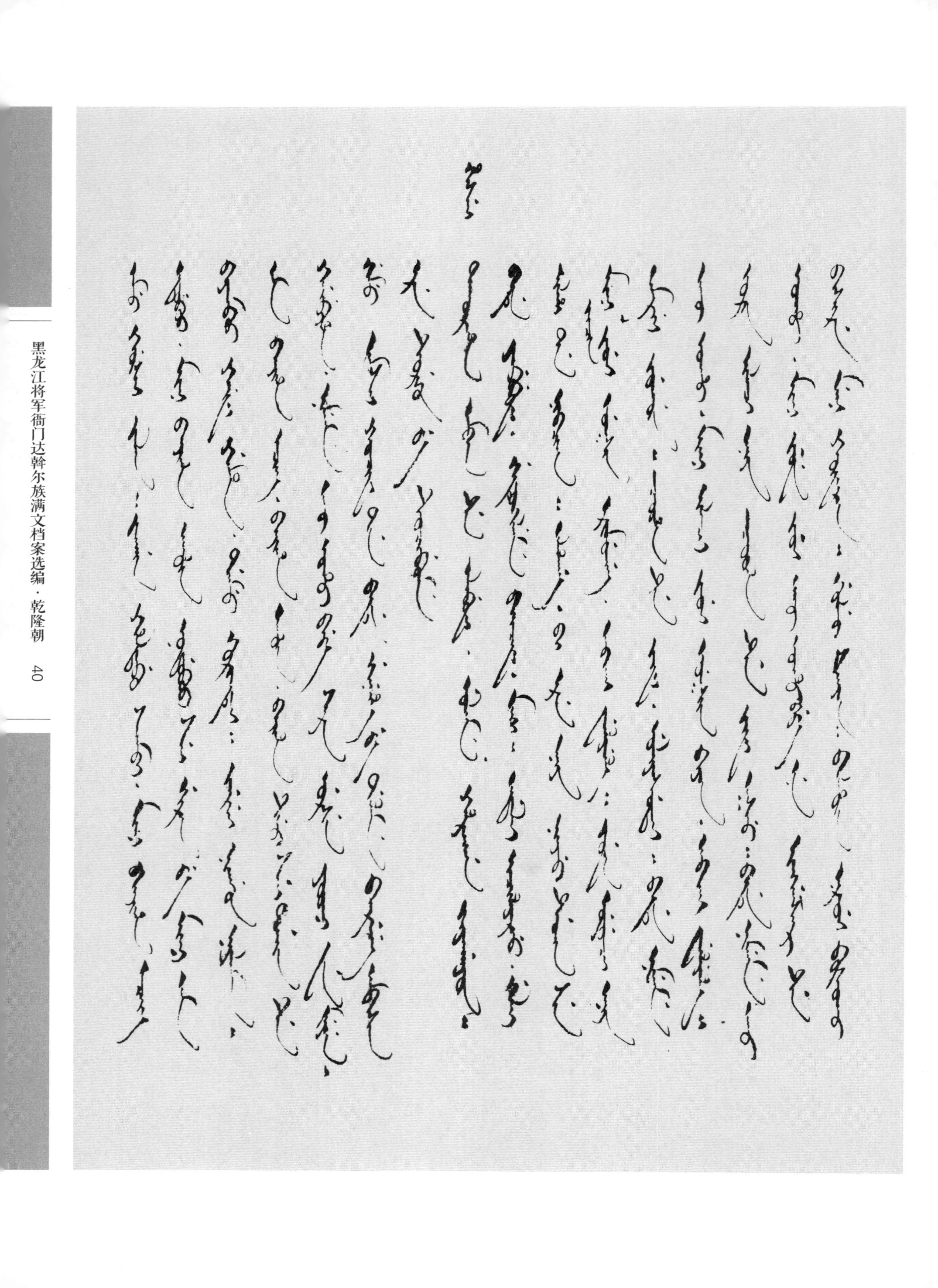

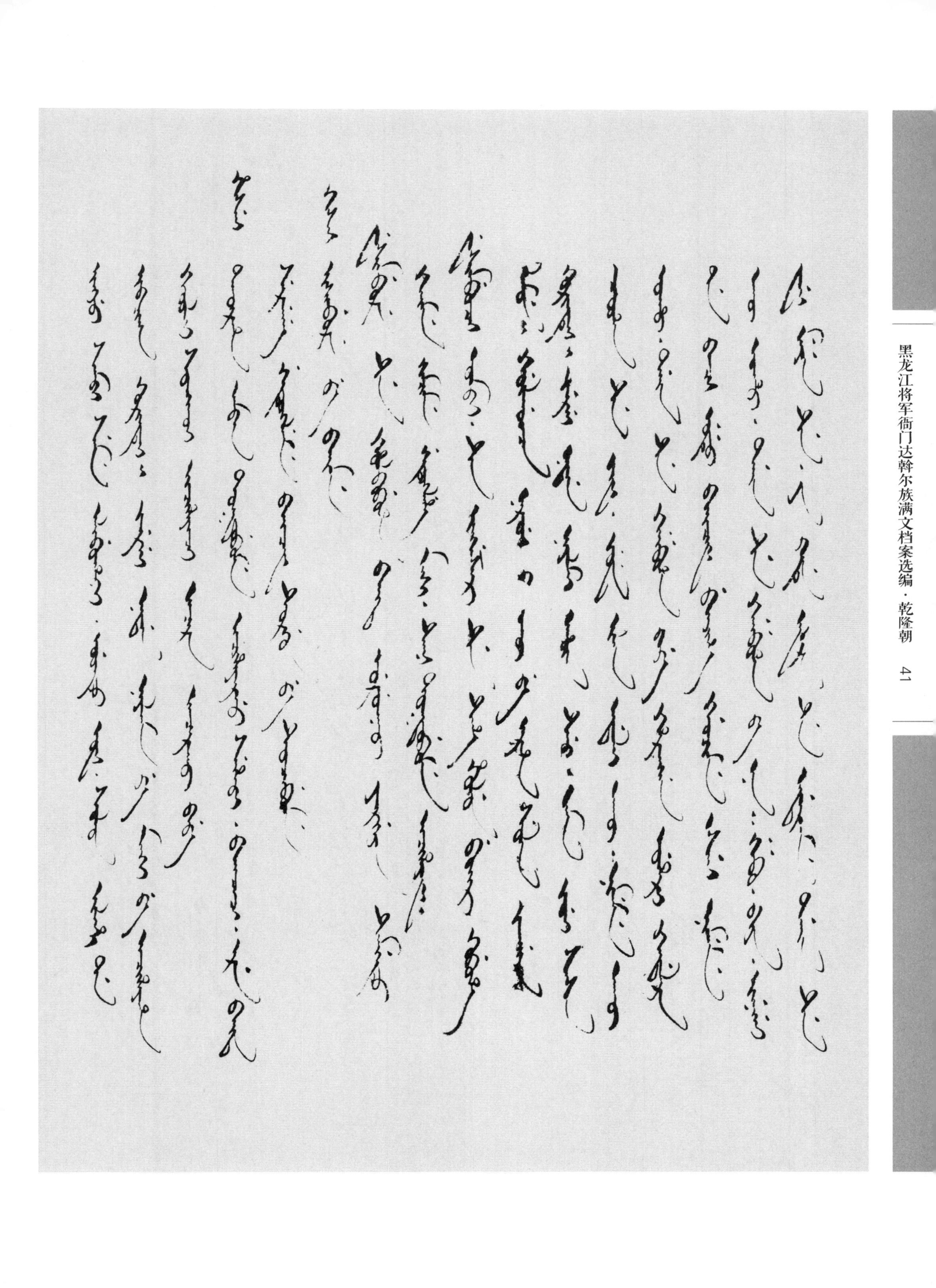

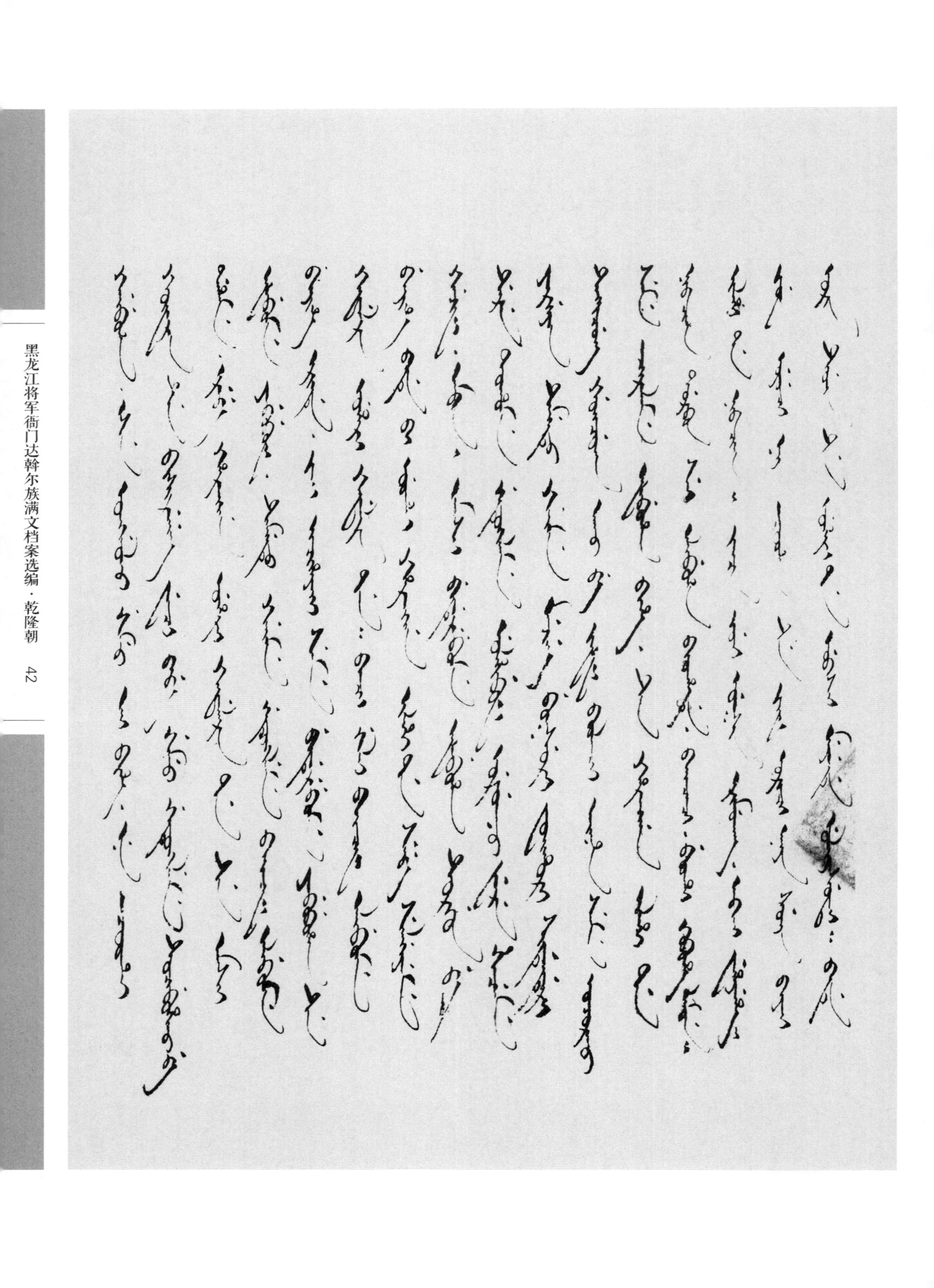

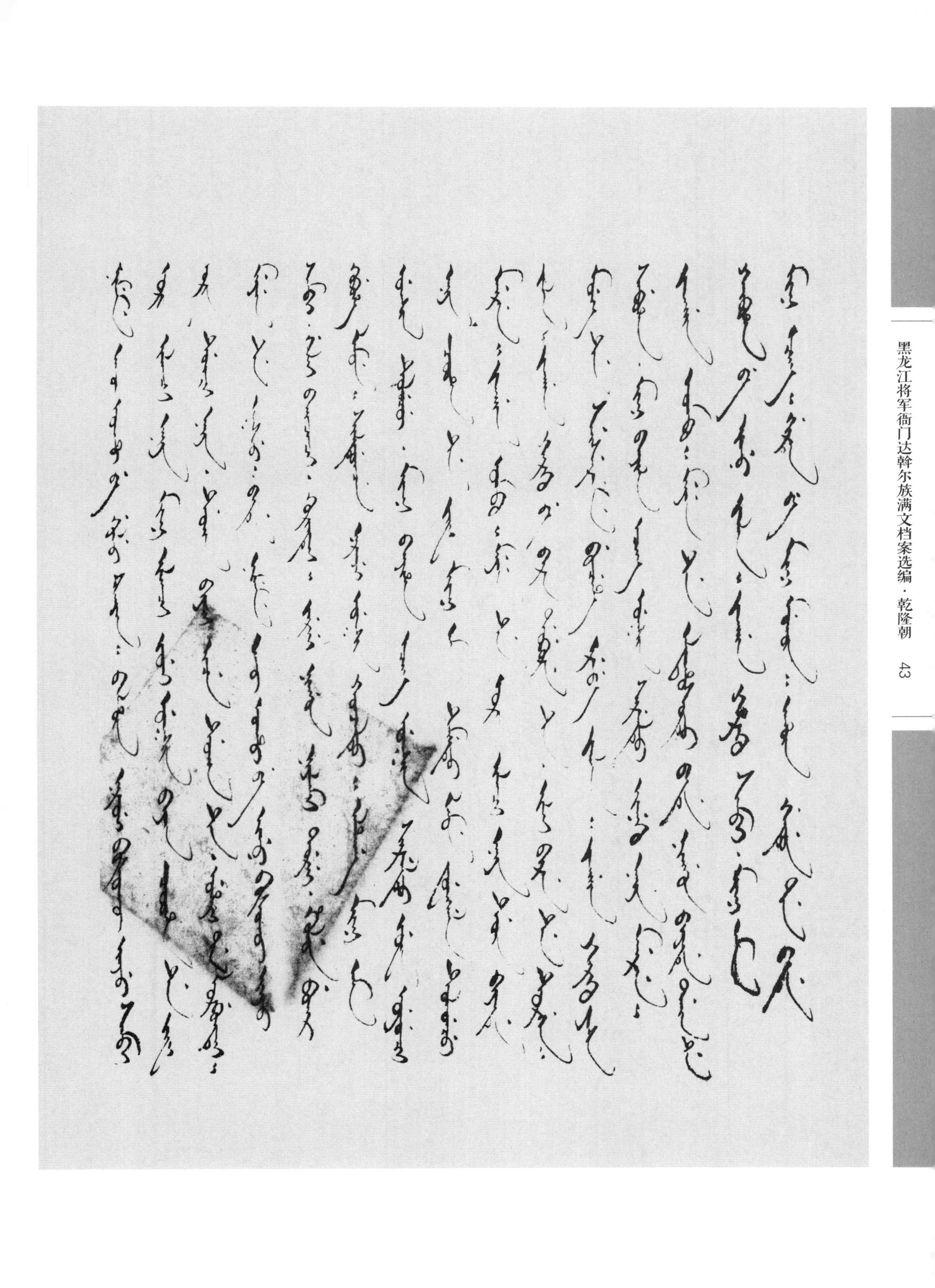

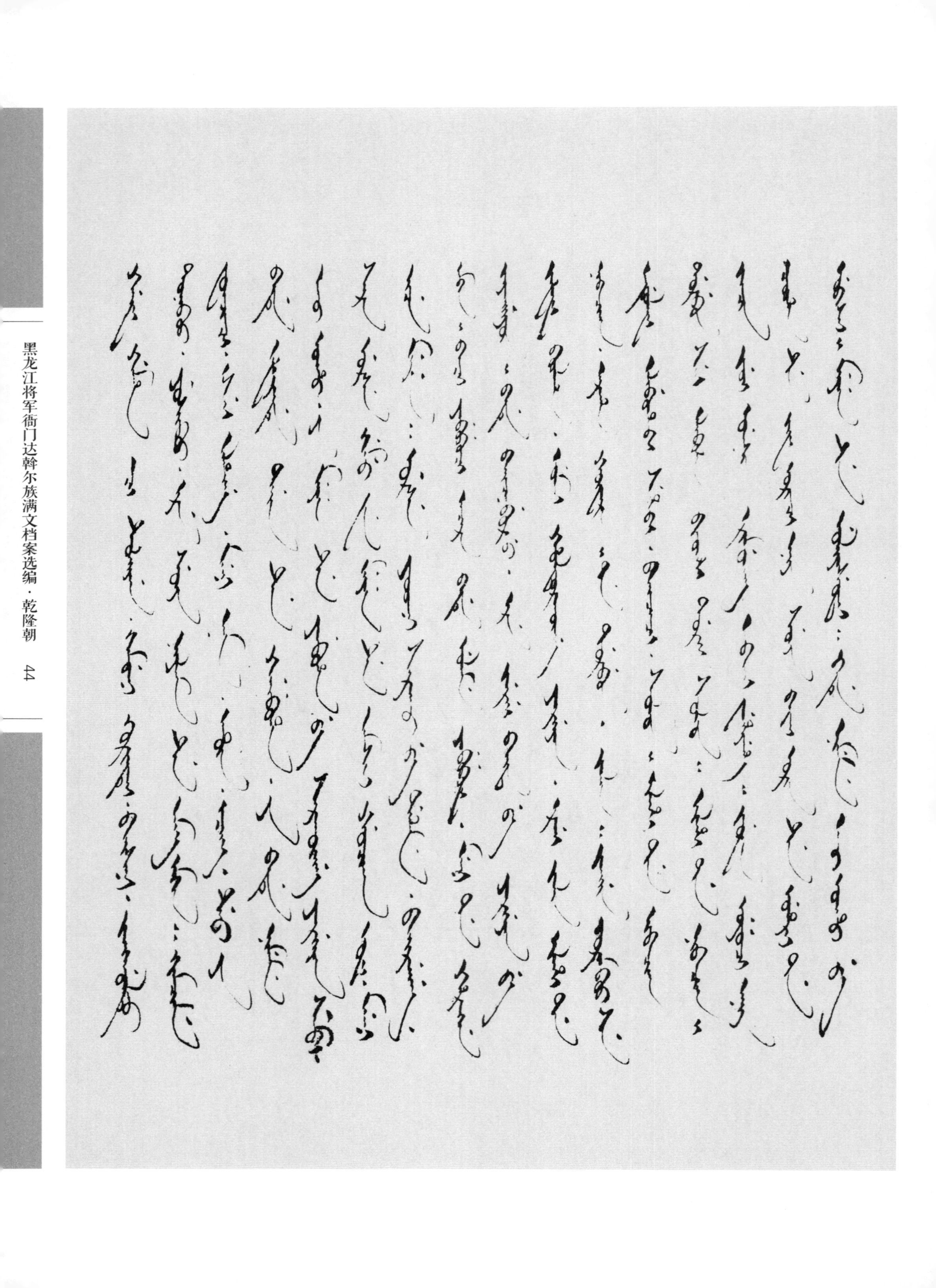

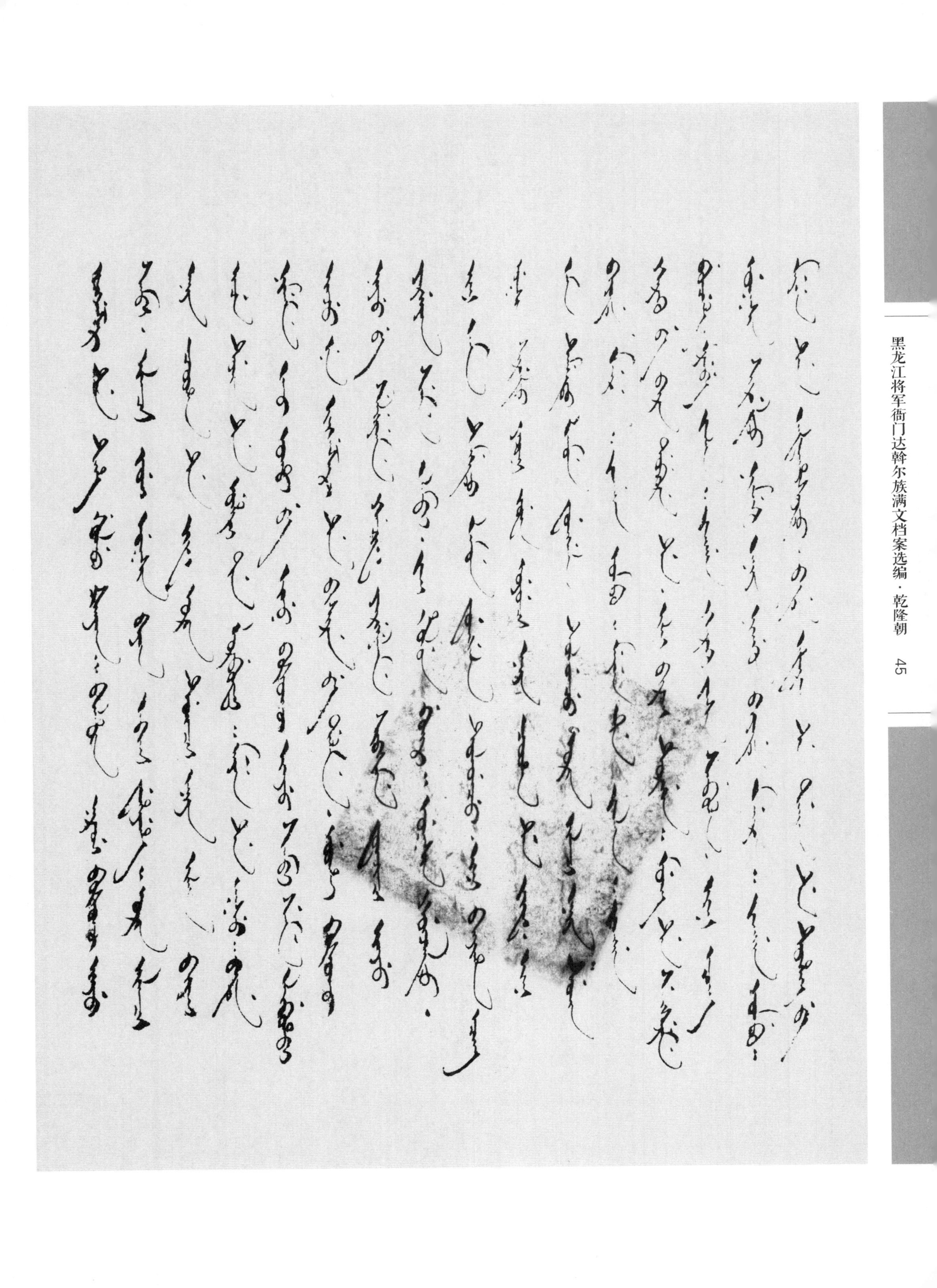

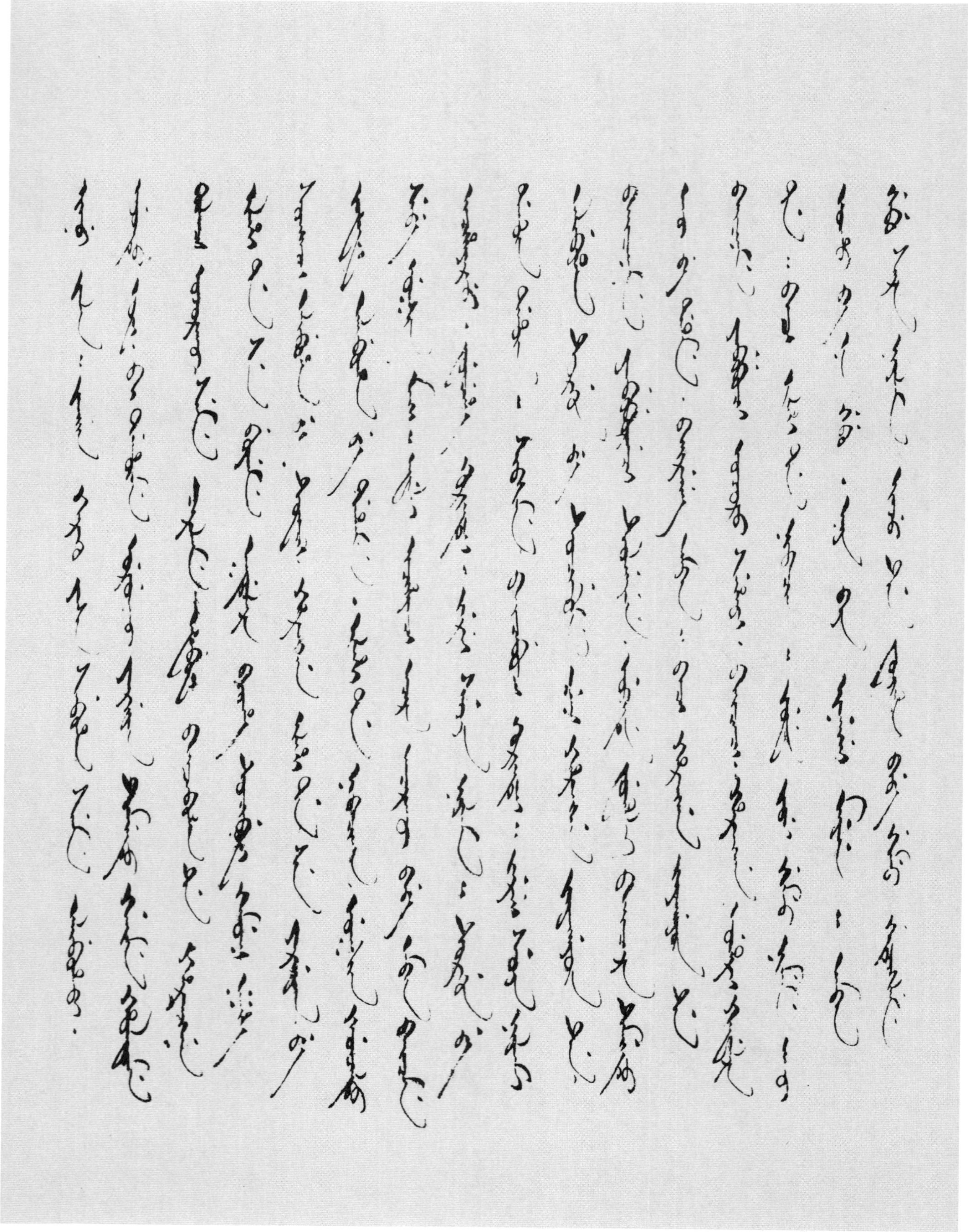

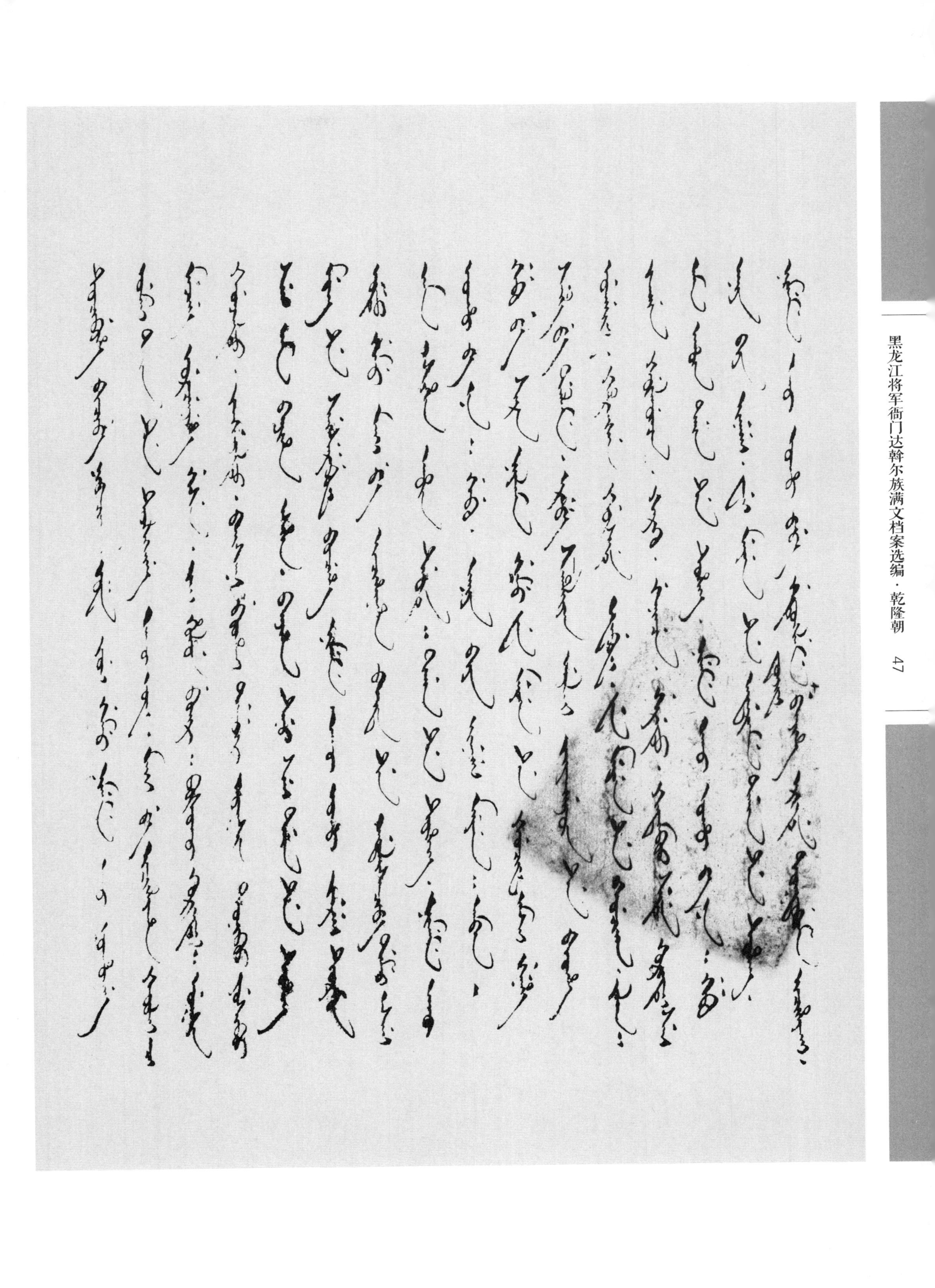

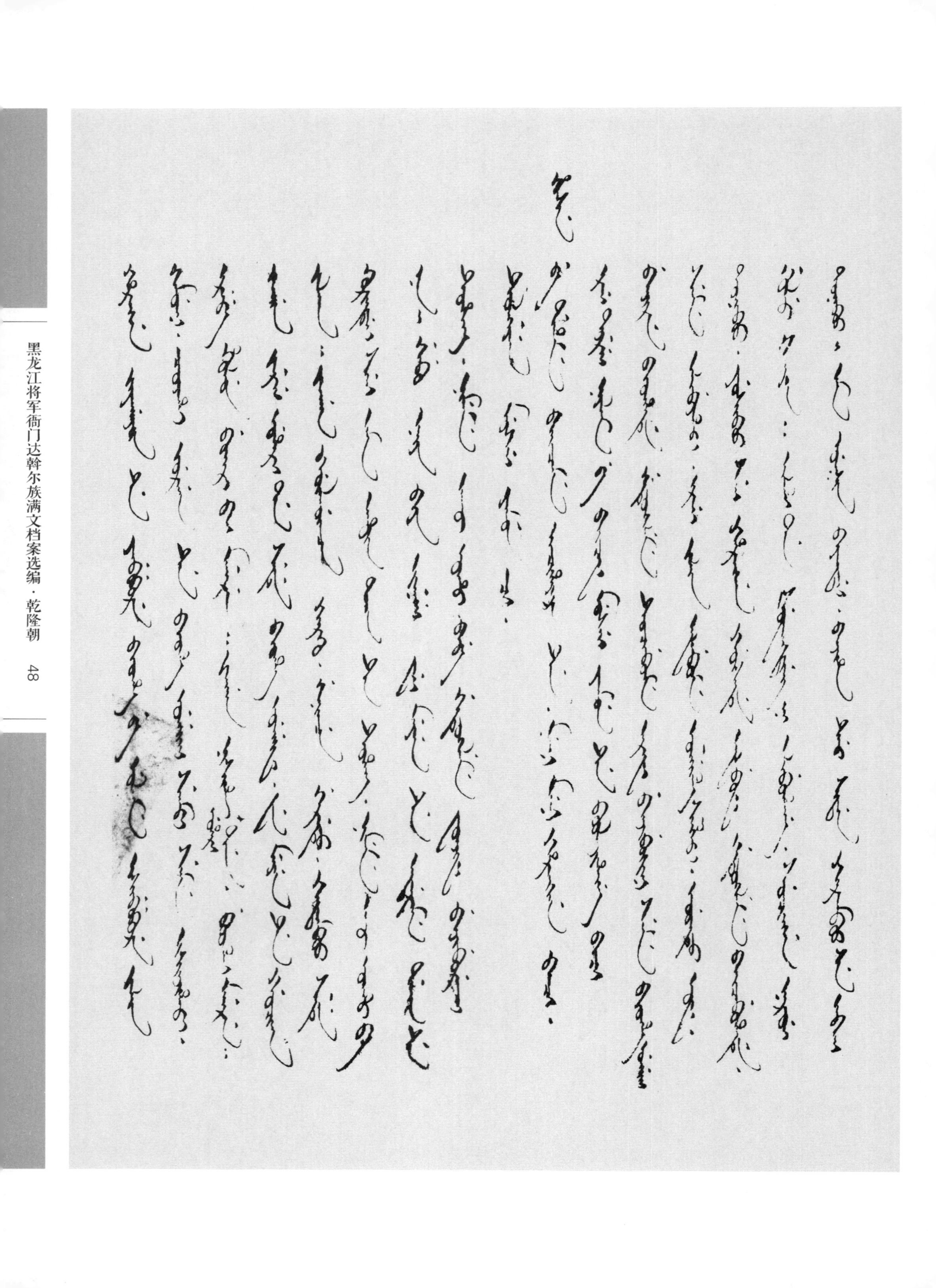

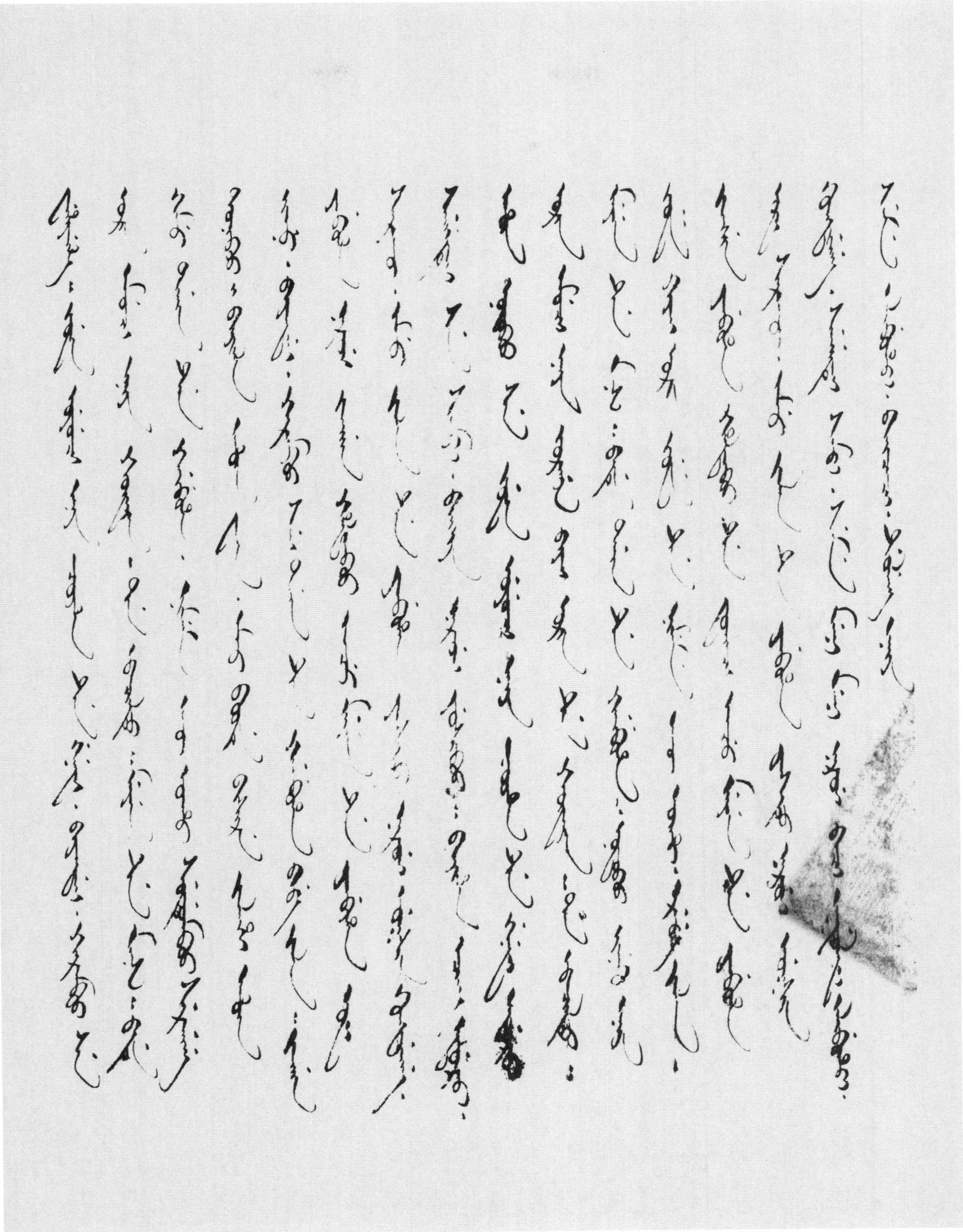

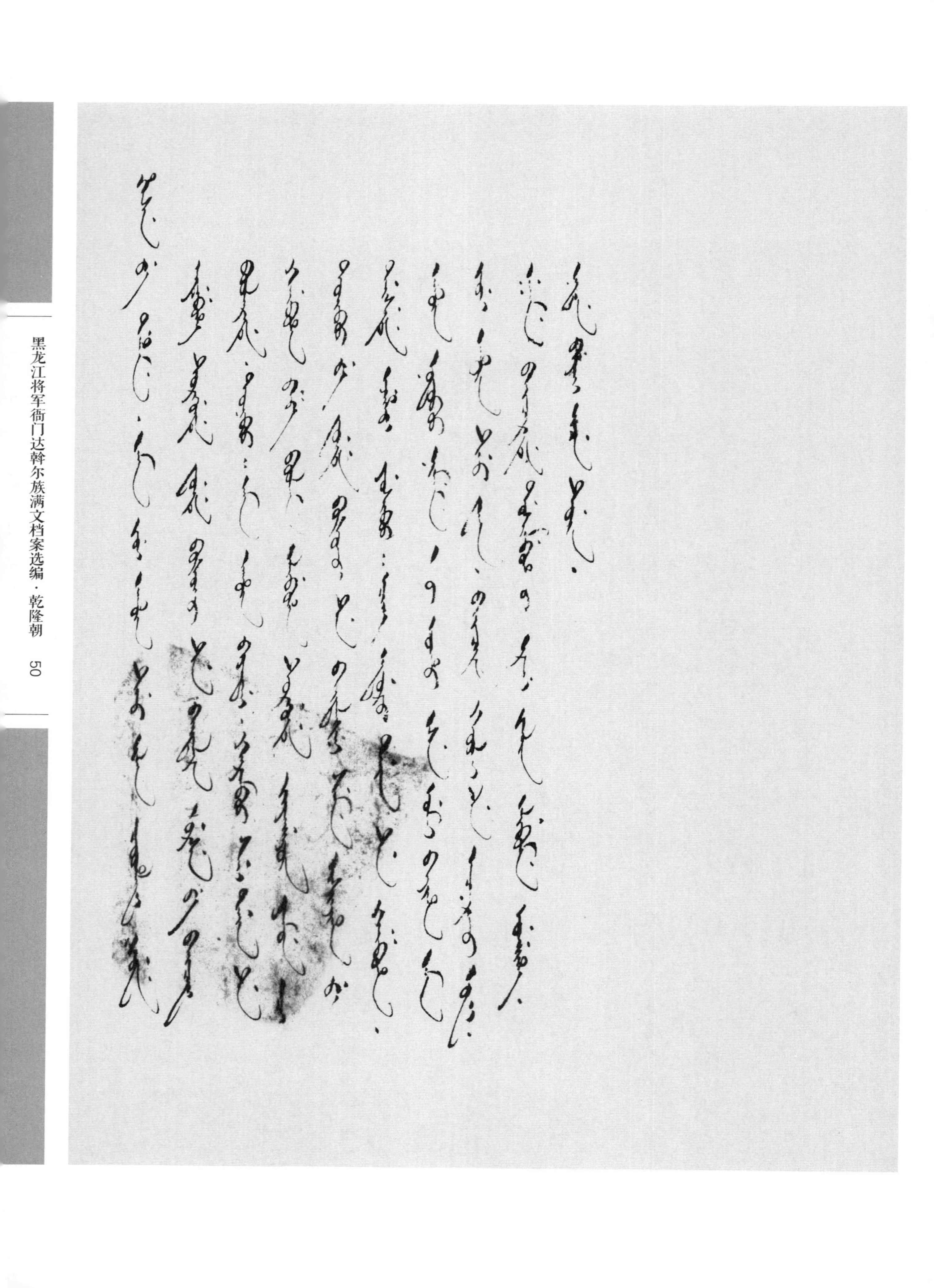

一一一 黑龙江将军衙门为令补报送佐领骁骑校等缺应补满洲达斡尔等官员履历考语事咨黑龙江副都统衙门文（附单一件）

乾隆二十六年七月十七日

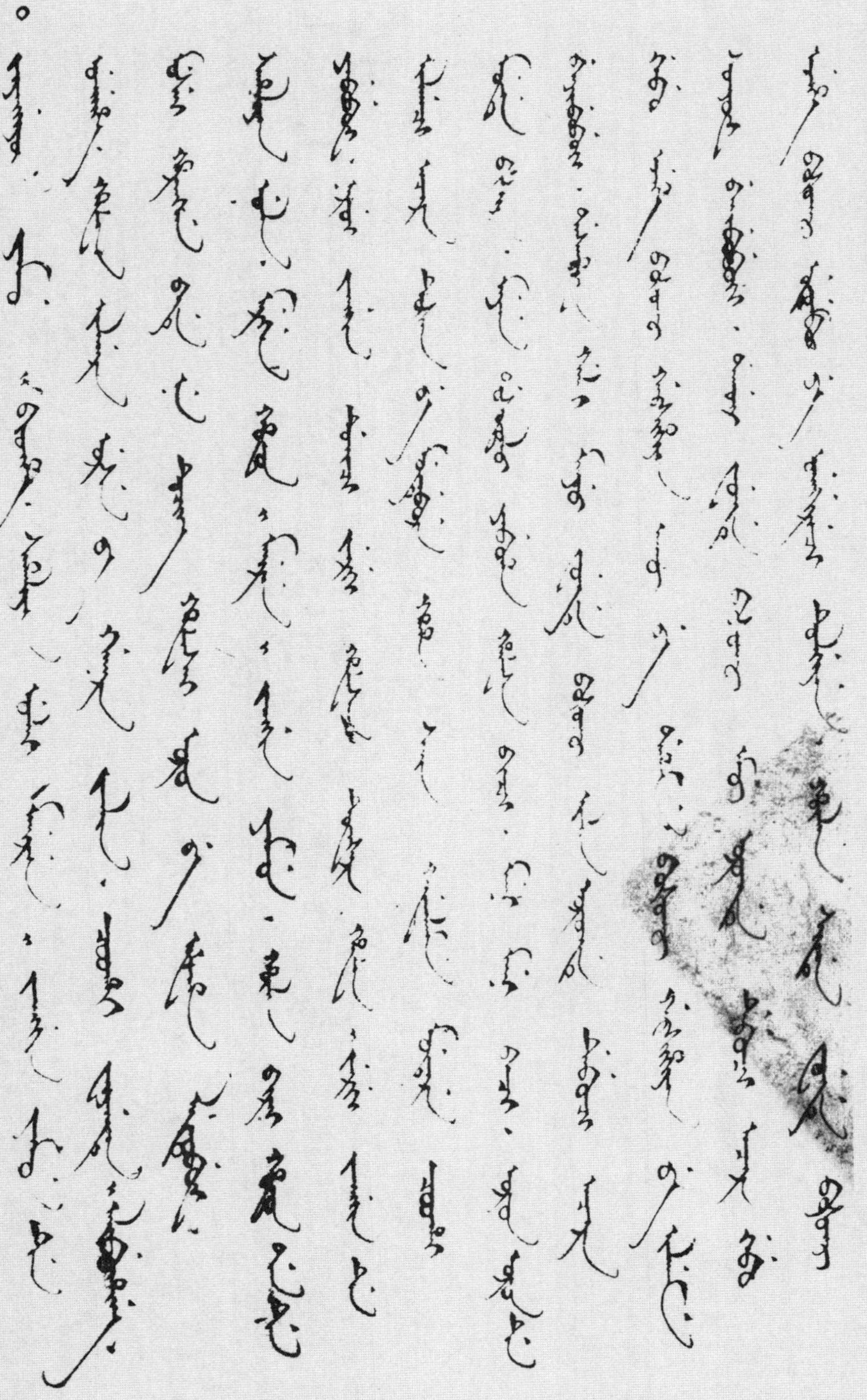

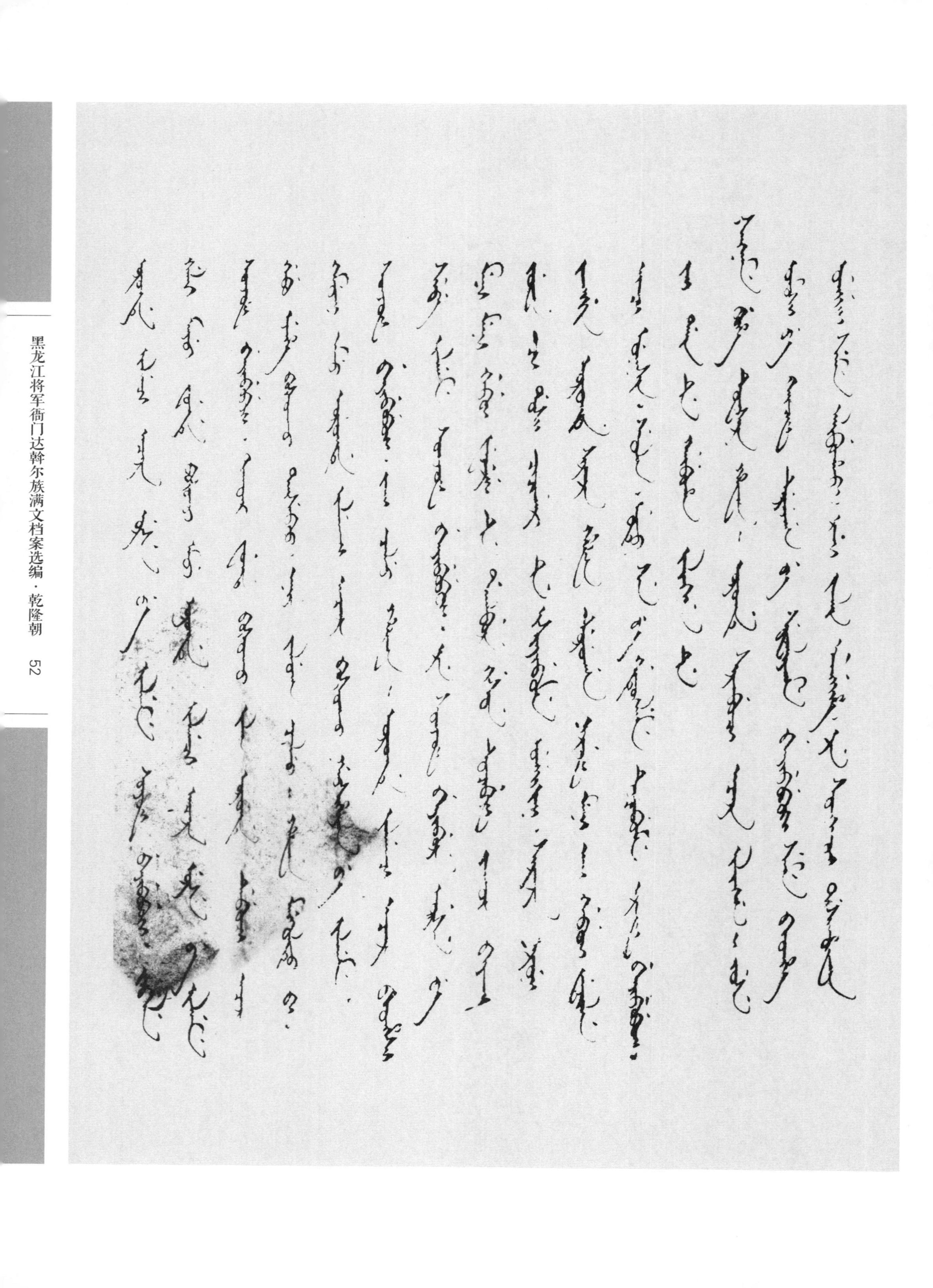

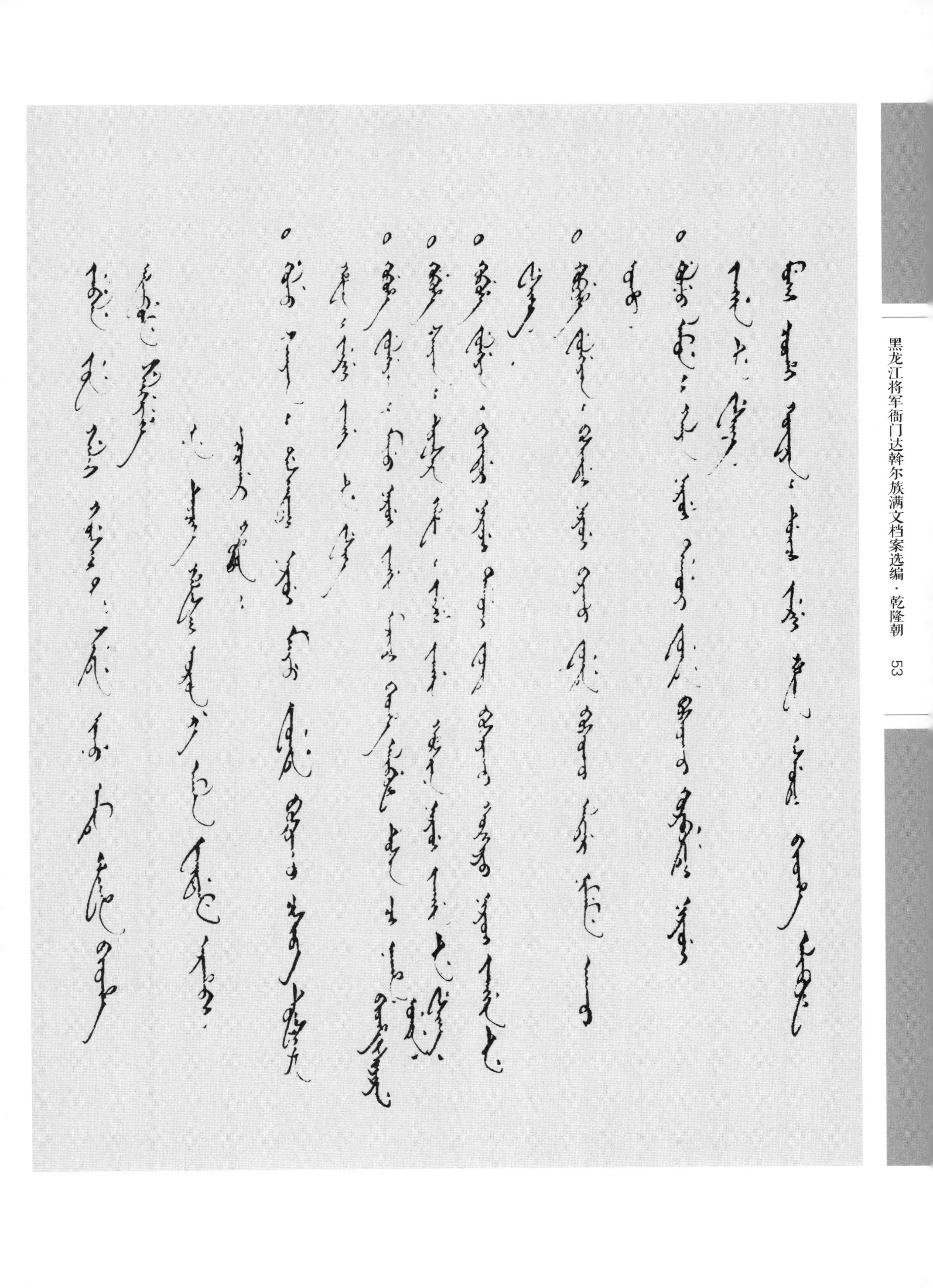

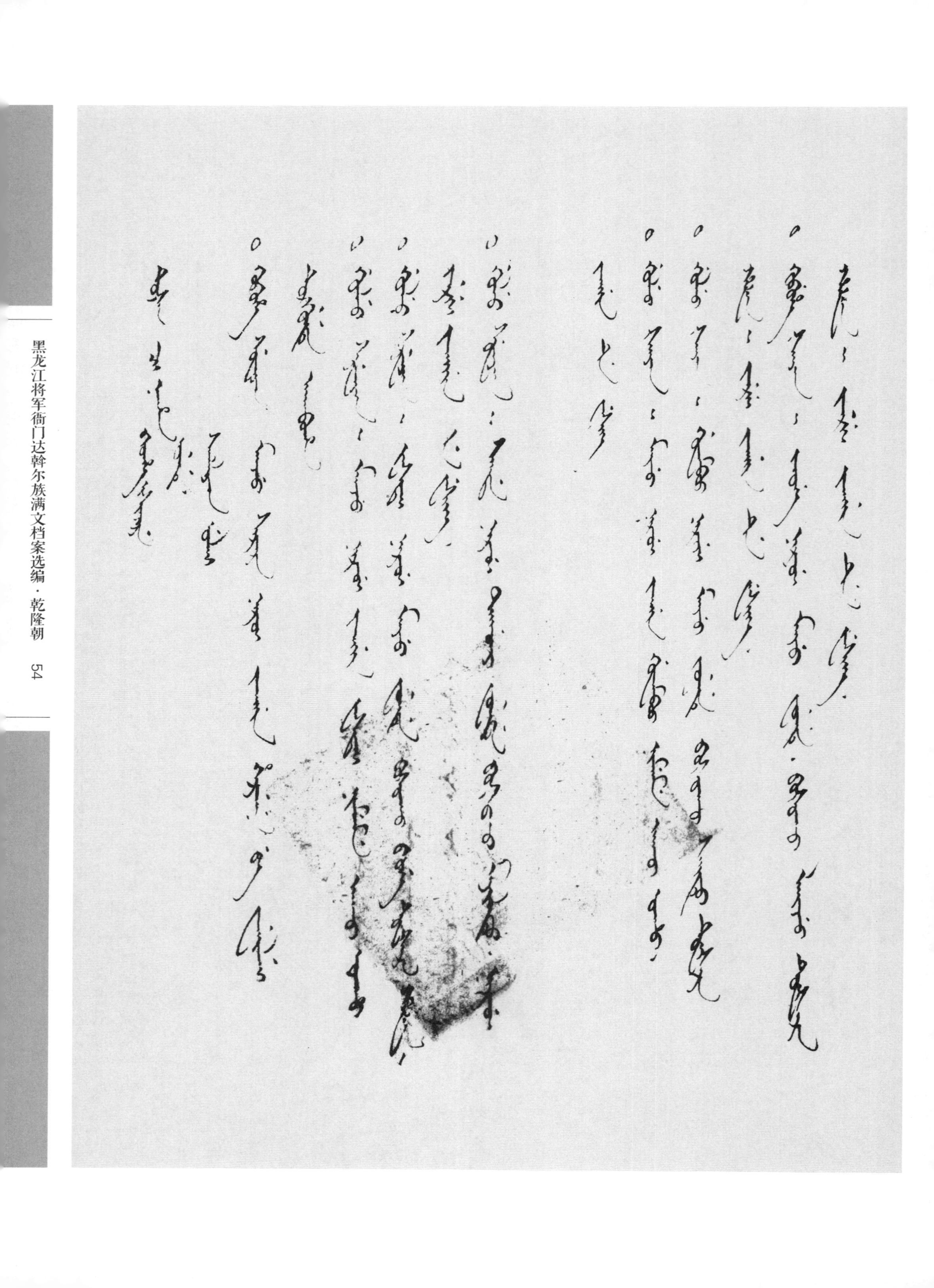

[illegible]

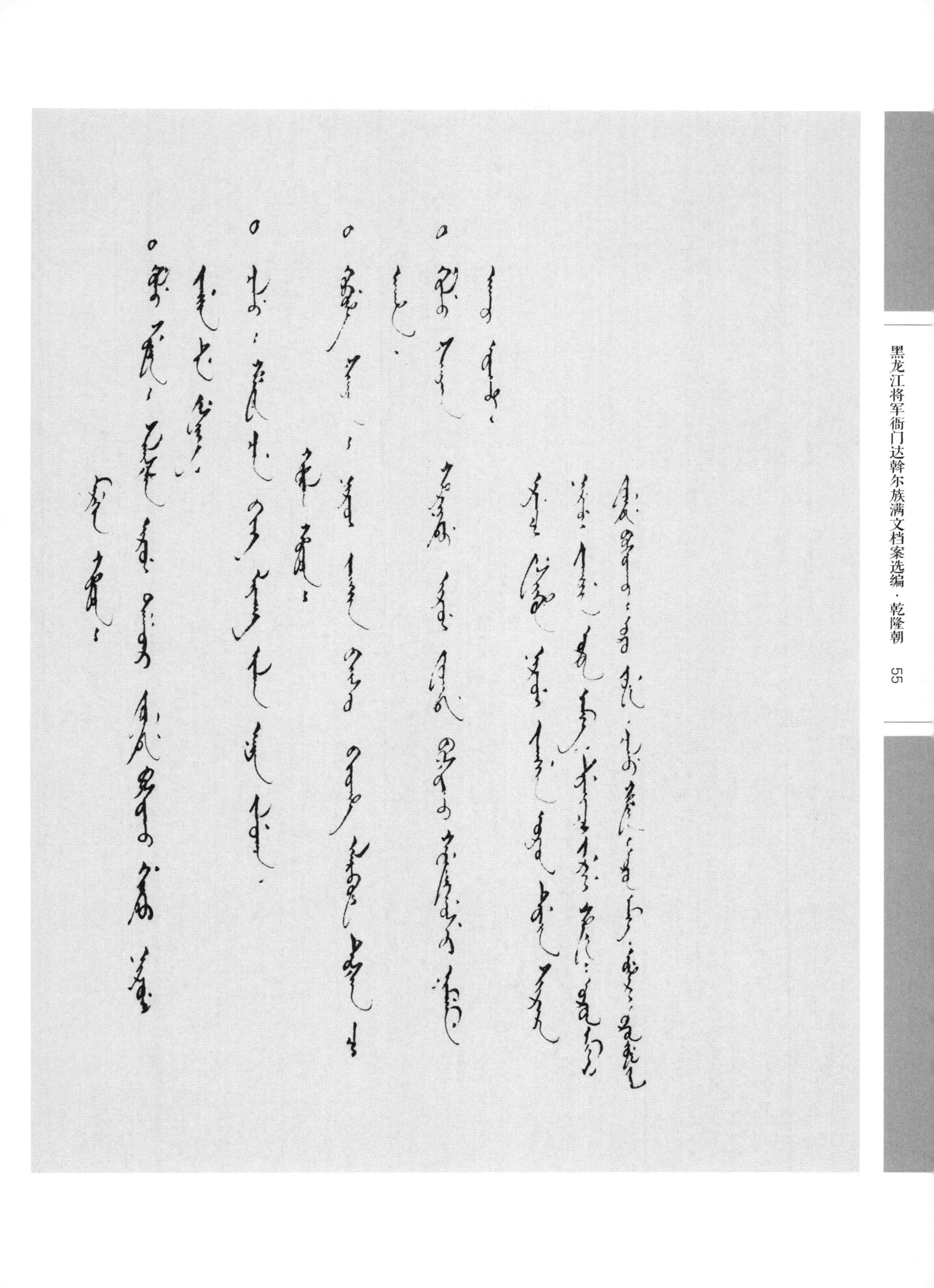

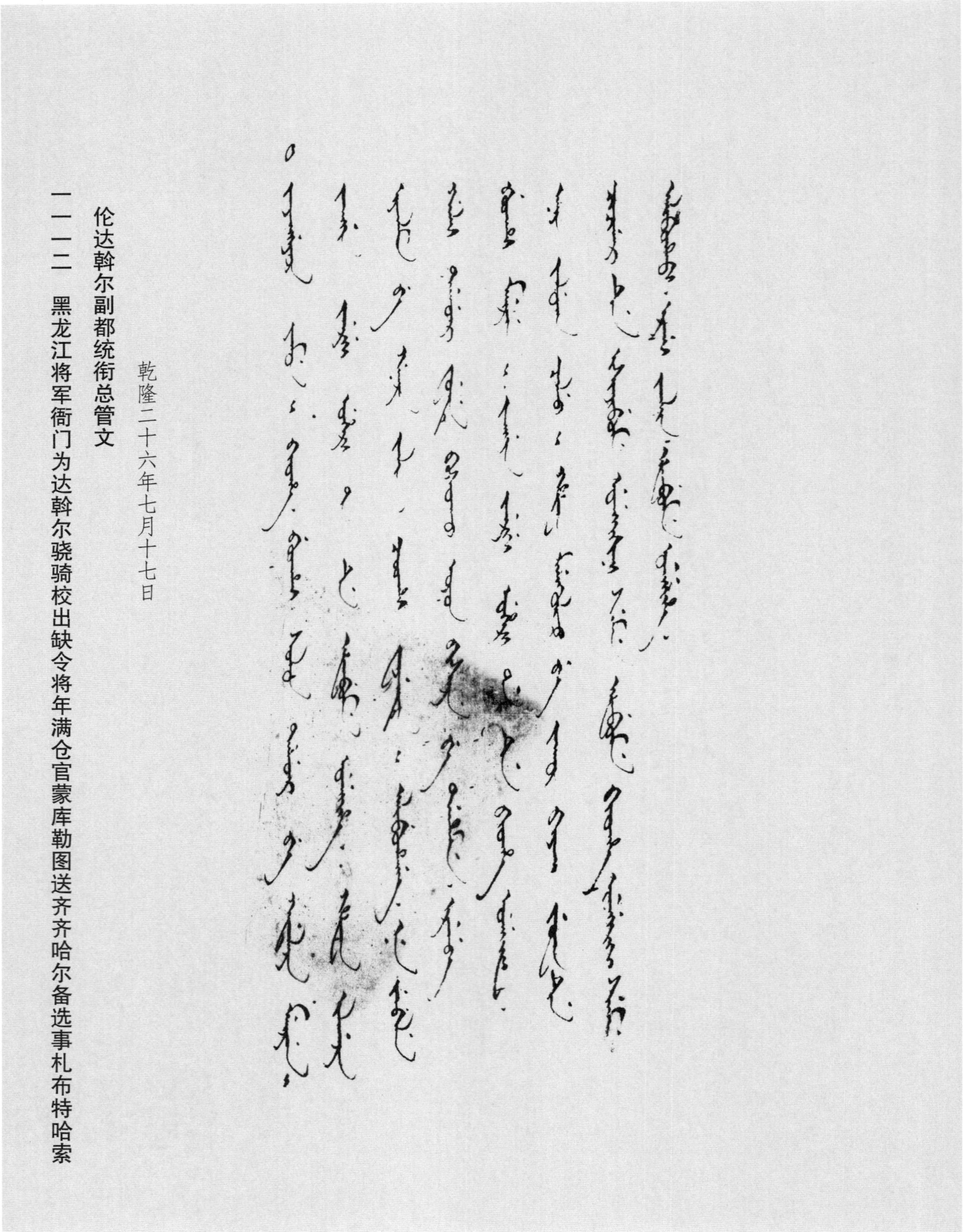

一一一二 黑龙江将军衙门为达斡尔骁骑校出缺令将年满仓官蒙库勒图送齐齐哈尔备选事札布特哈索伦达斡尔副都统衔总管文

乾隆二十六年七月十七日

一一一三 黑龙江副都统衙门为查明本处并无达斡尔库图勒巴勒等员事咨黑龙江将军衙门文

乾隆二十六年七月二十四日

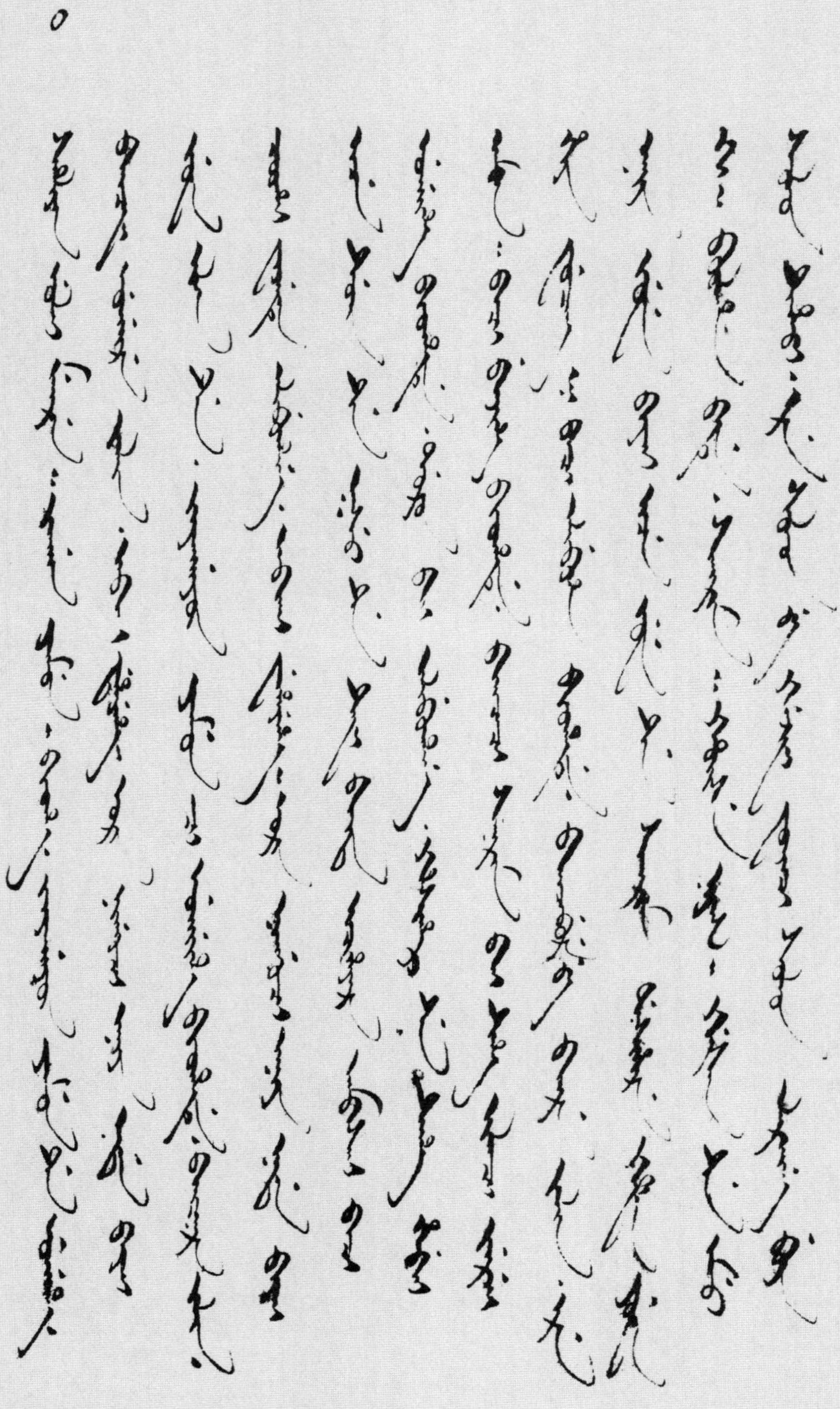

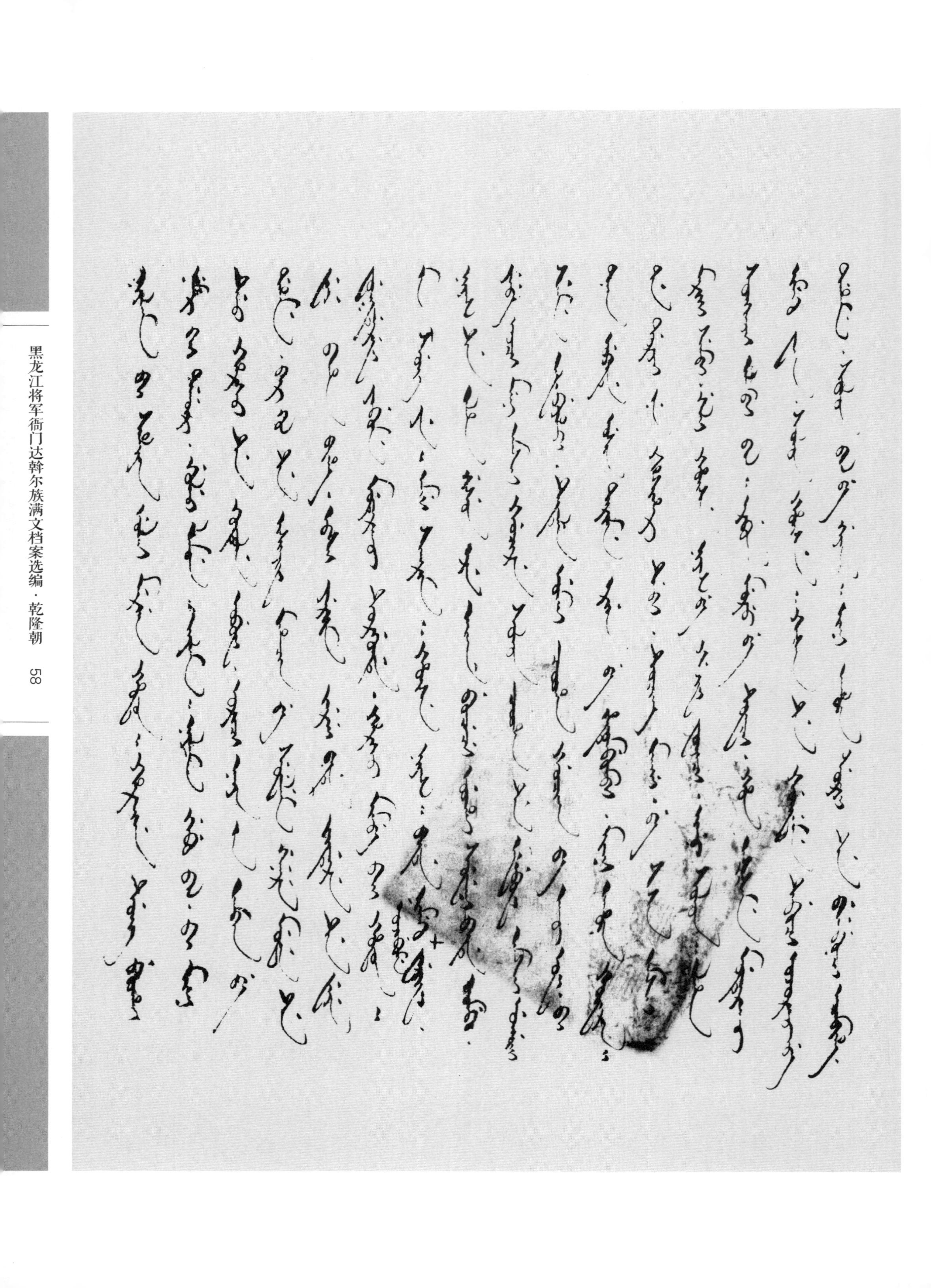

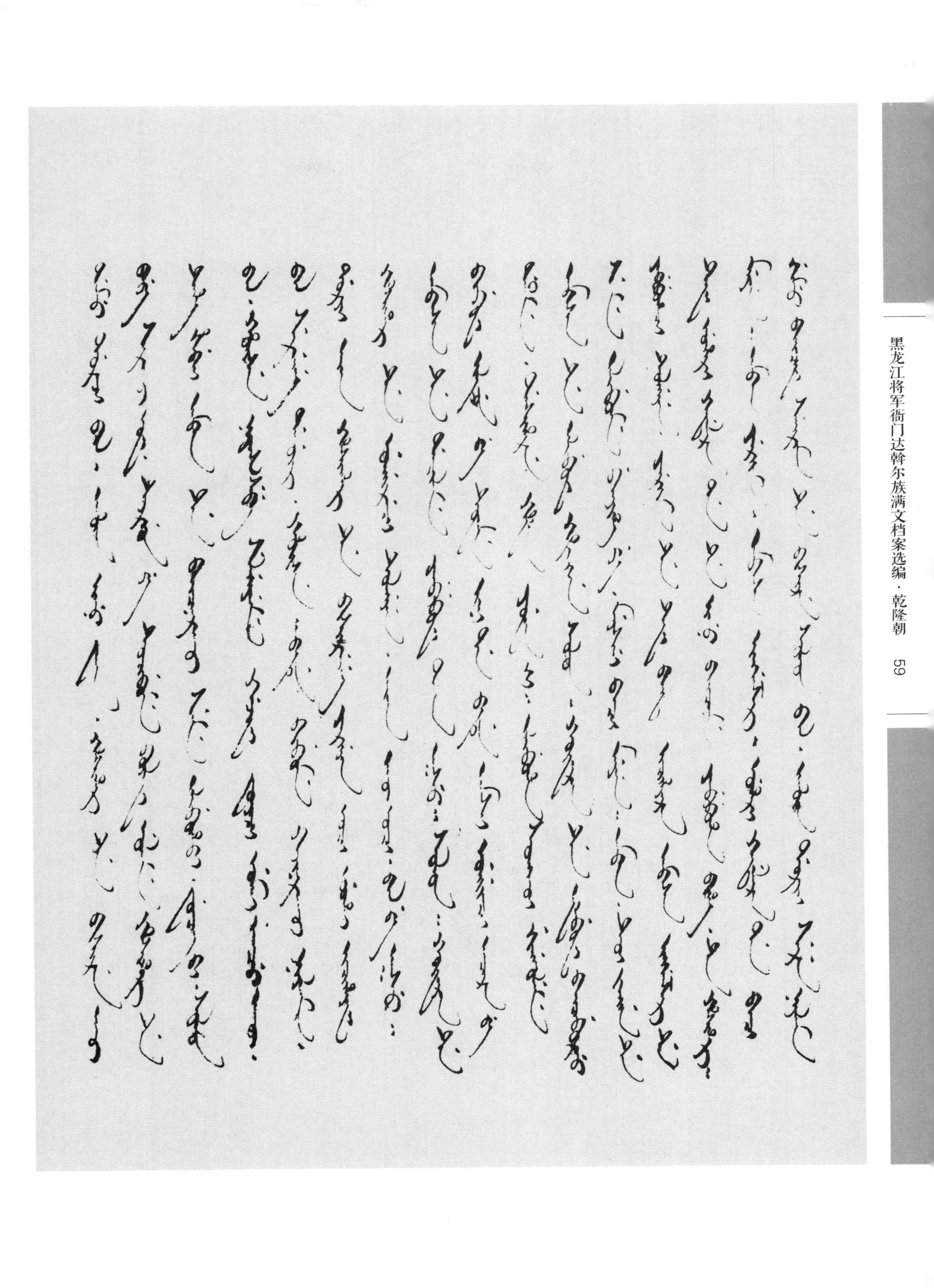

[illegible]

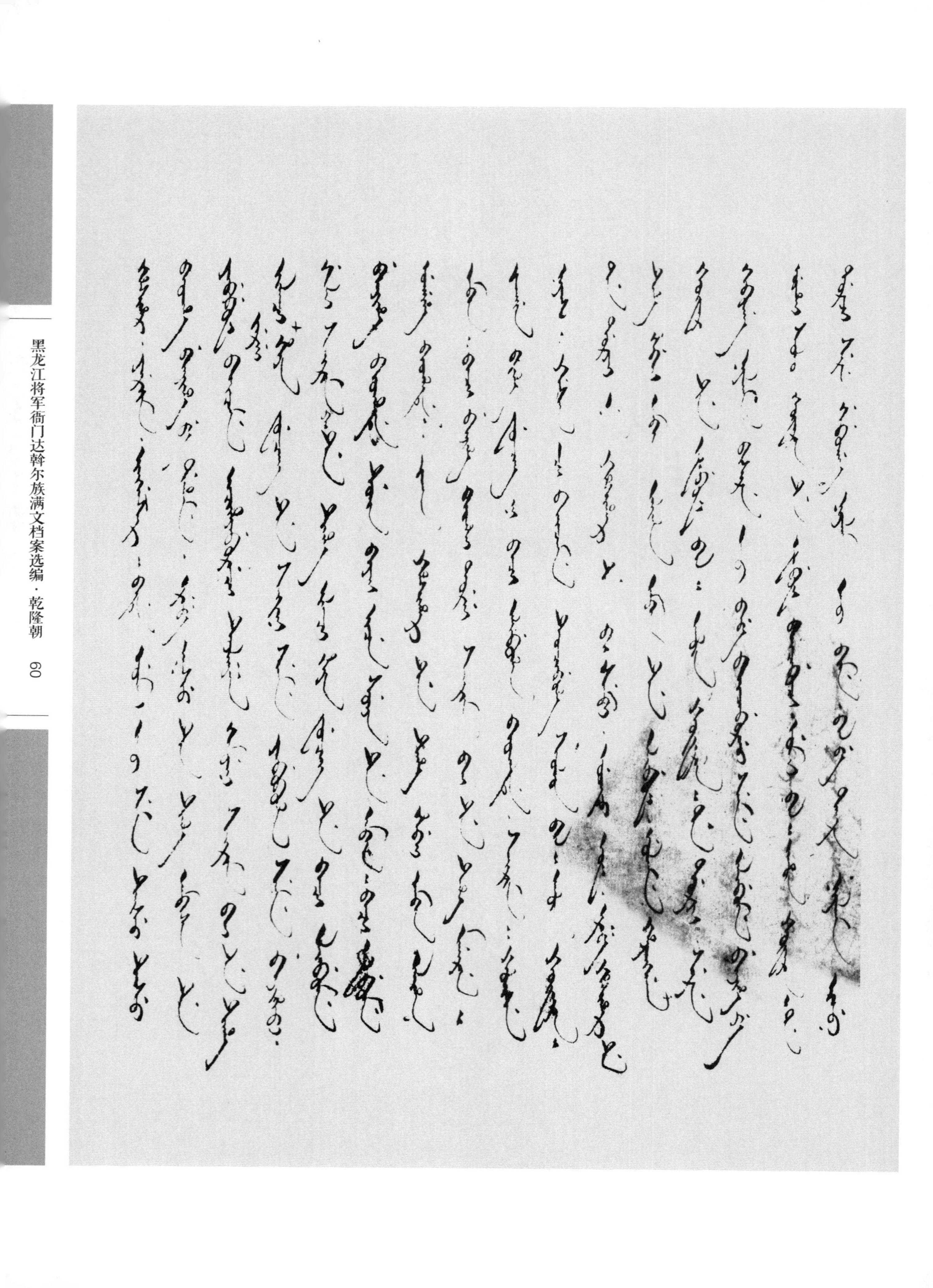

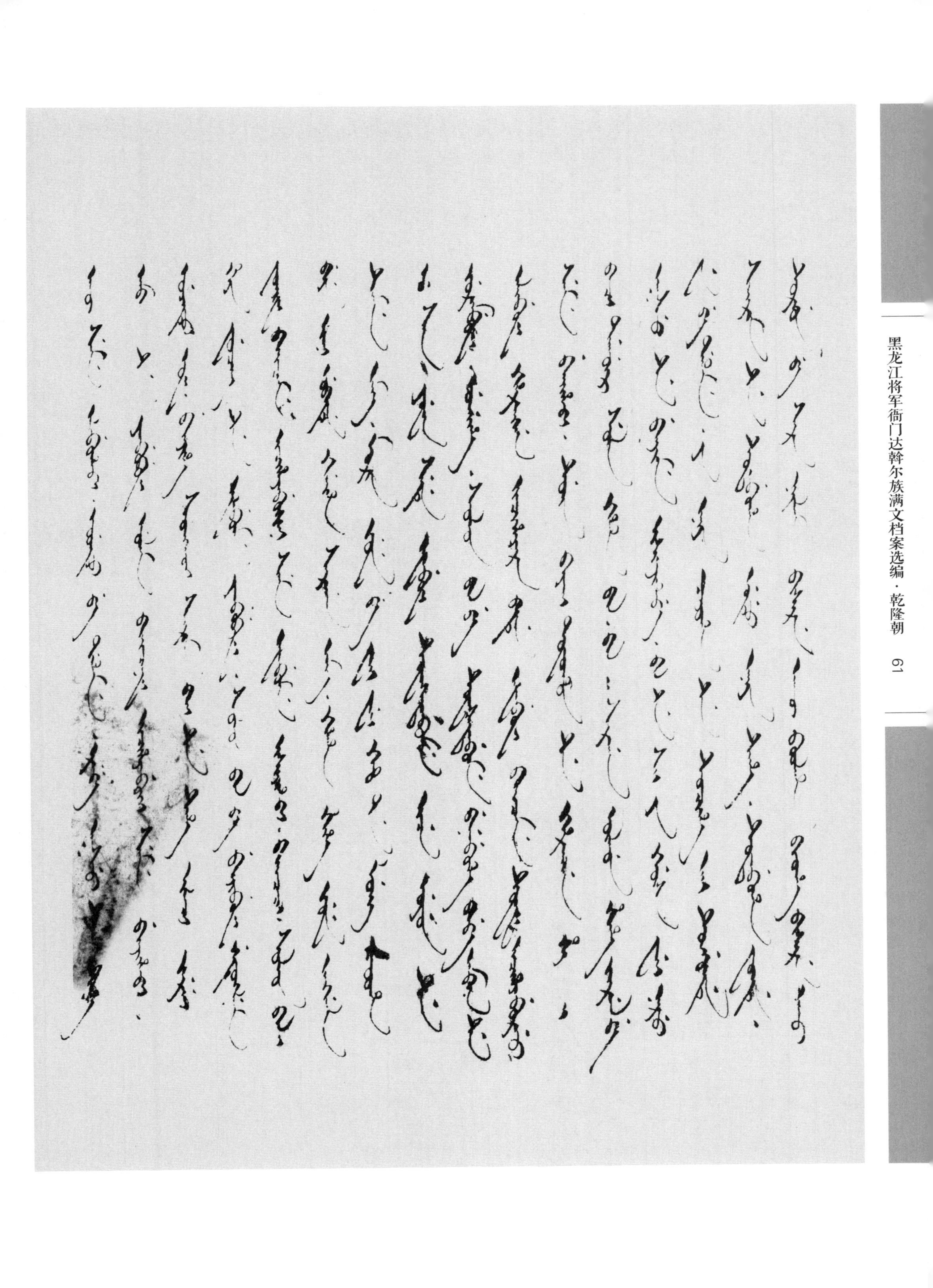

[illegible]

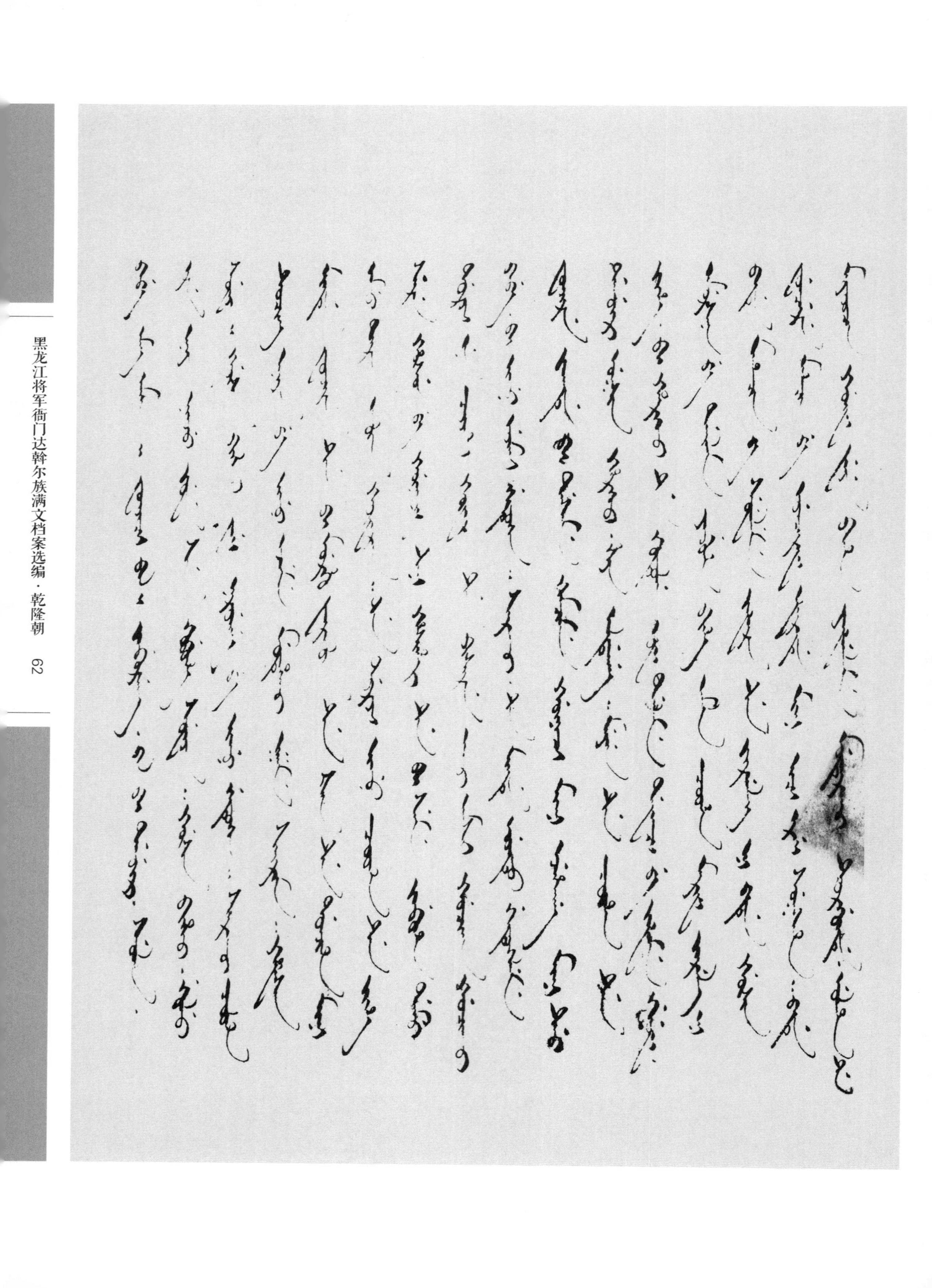

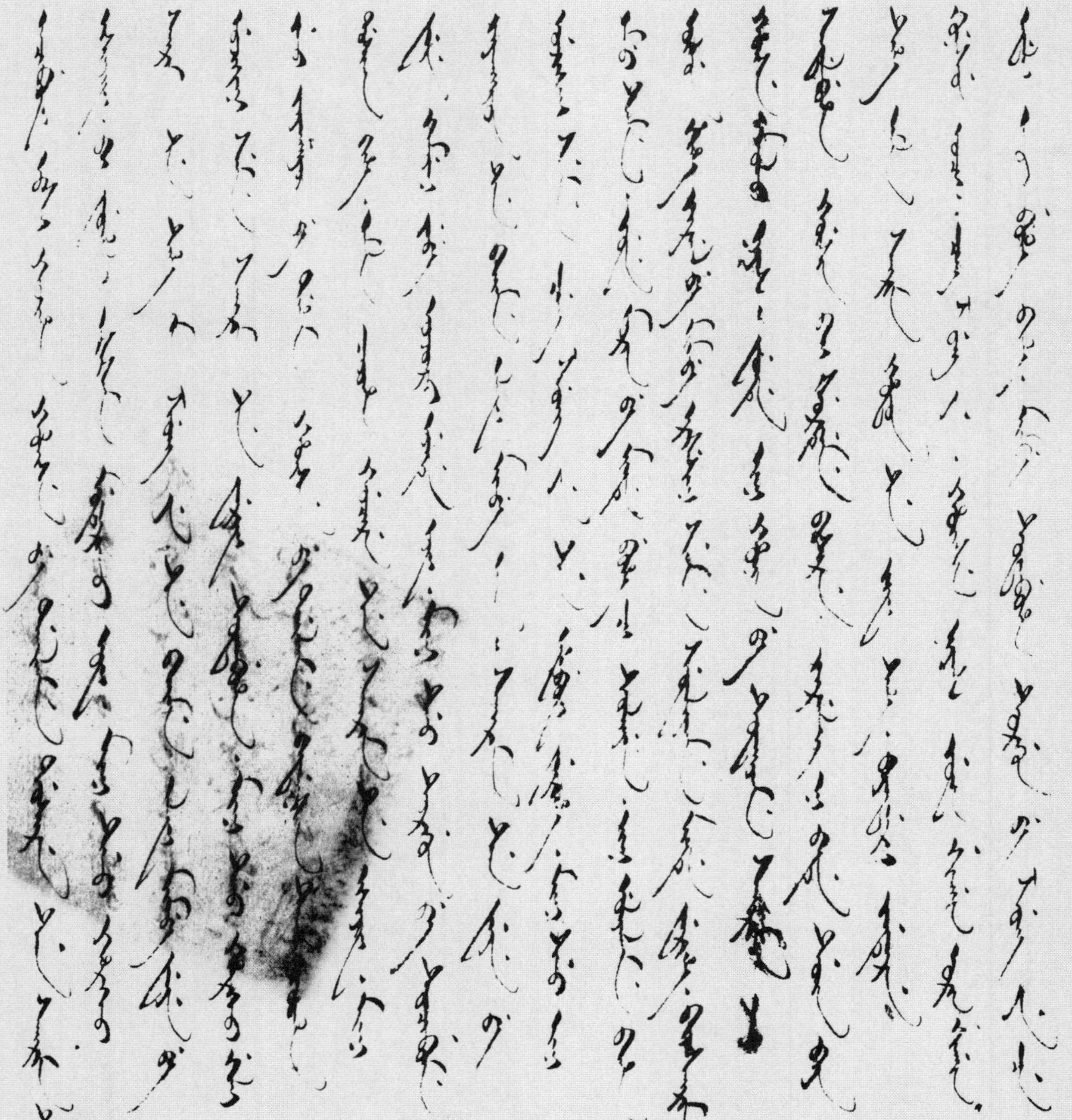

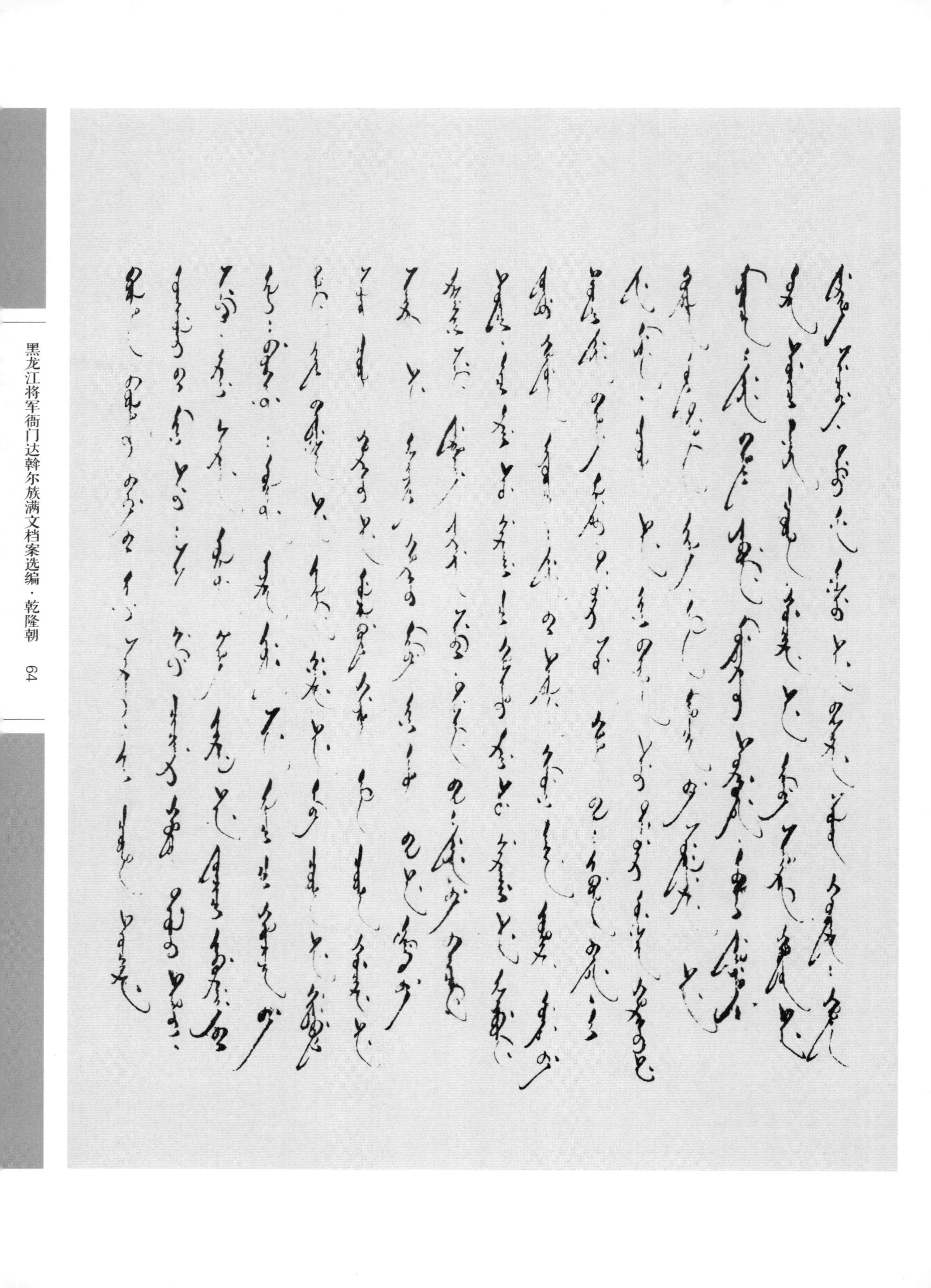

[illegible]

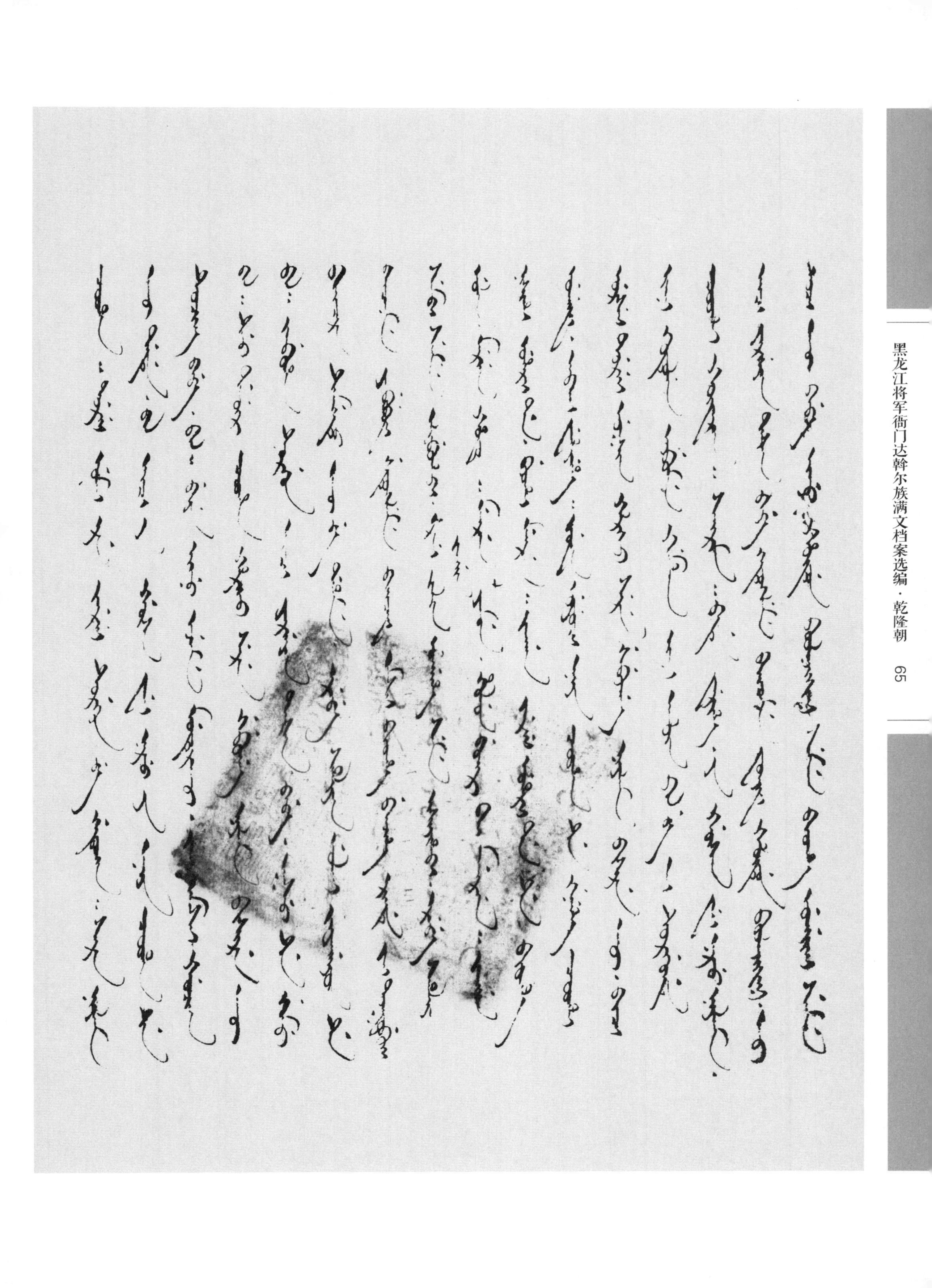

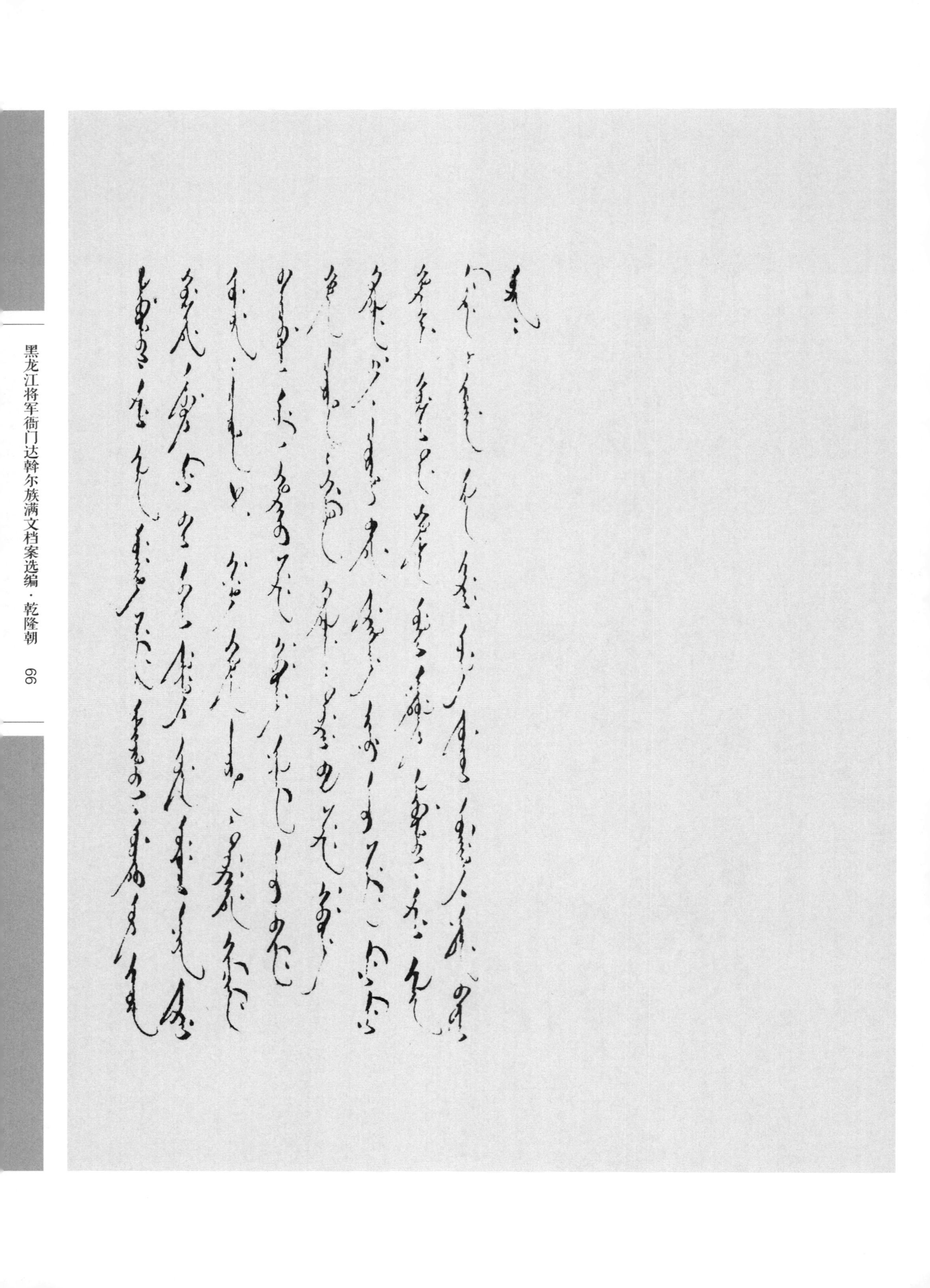

一一一四 布特哈索伦达斡尔副都统衔总管萨垒为查报本处并无达斡尔库图勒巴勒等员事咨呈黑龙江将军衙门文

乾隆二十六年八月初一日

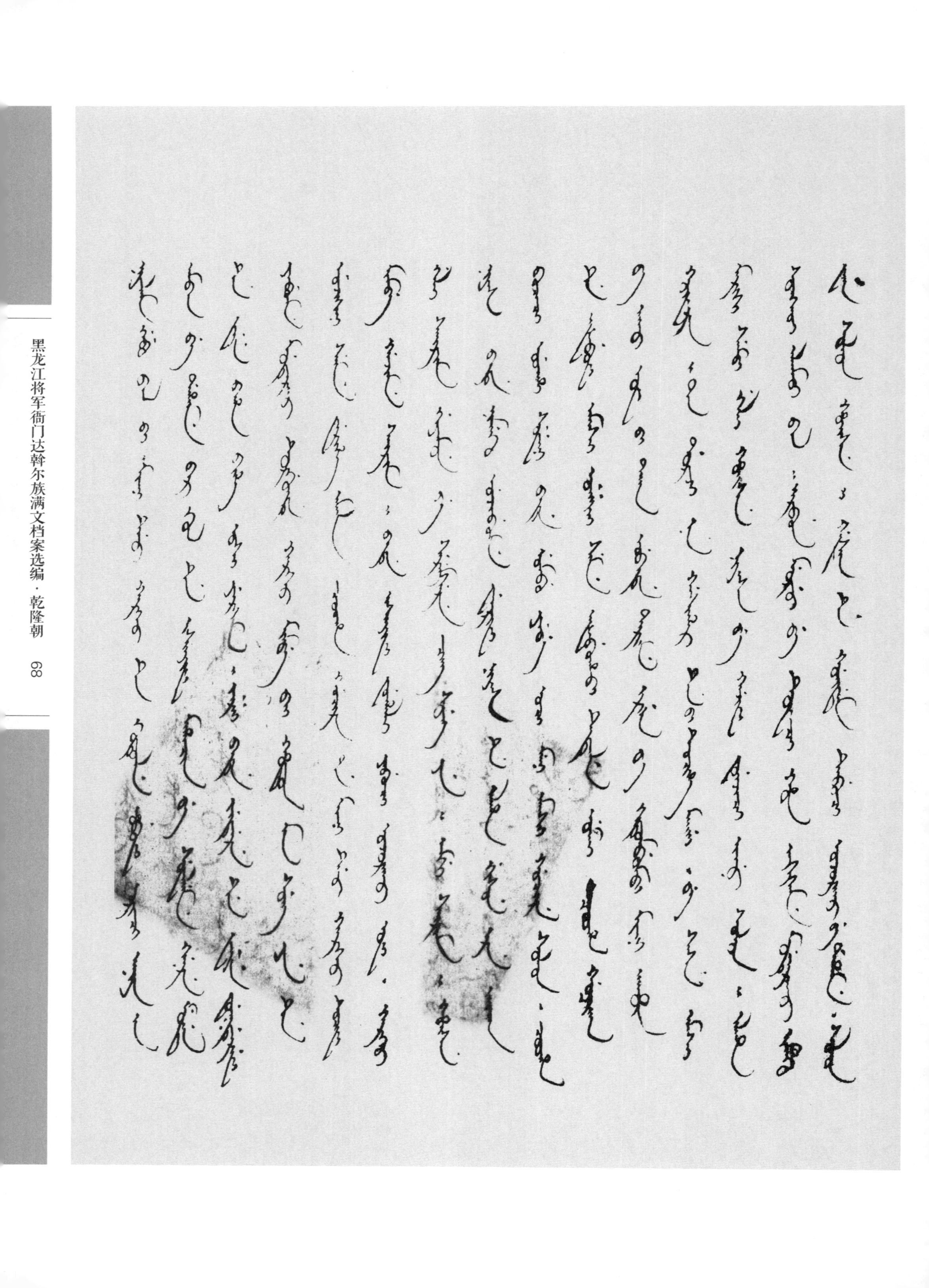

[illegible]

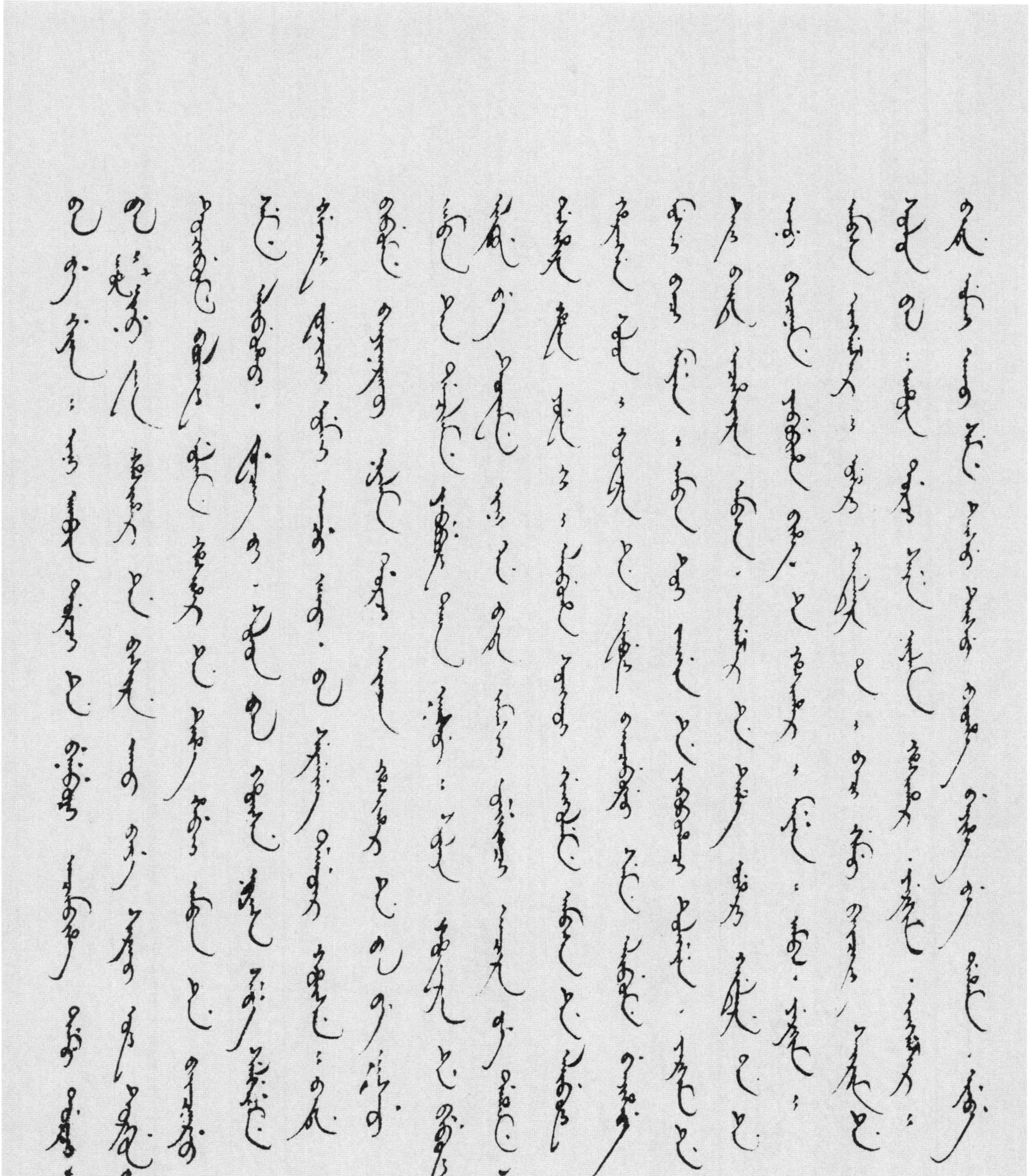

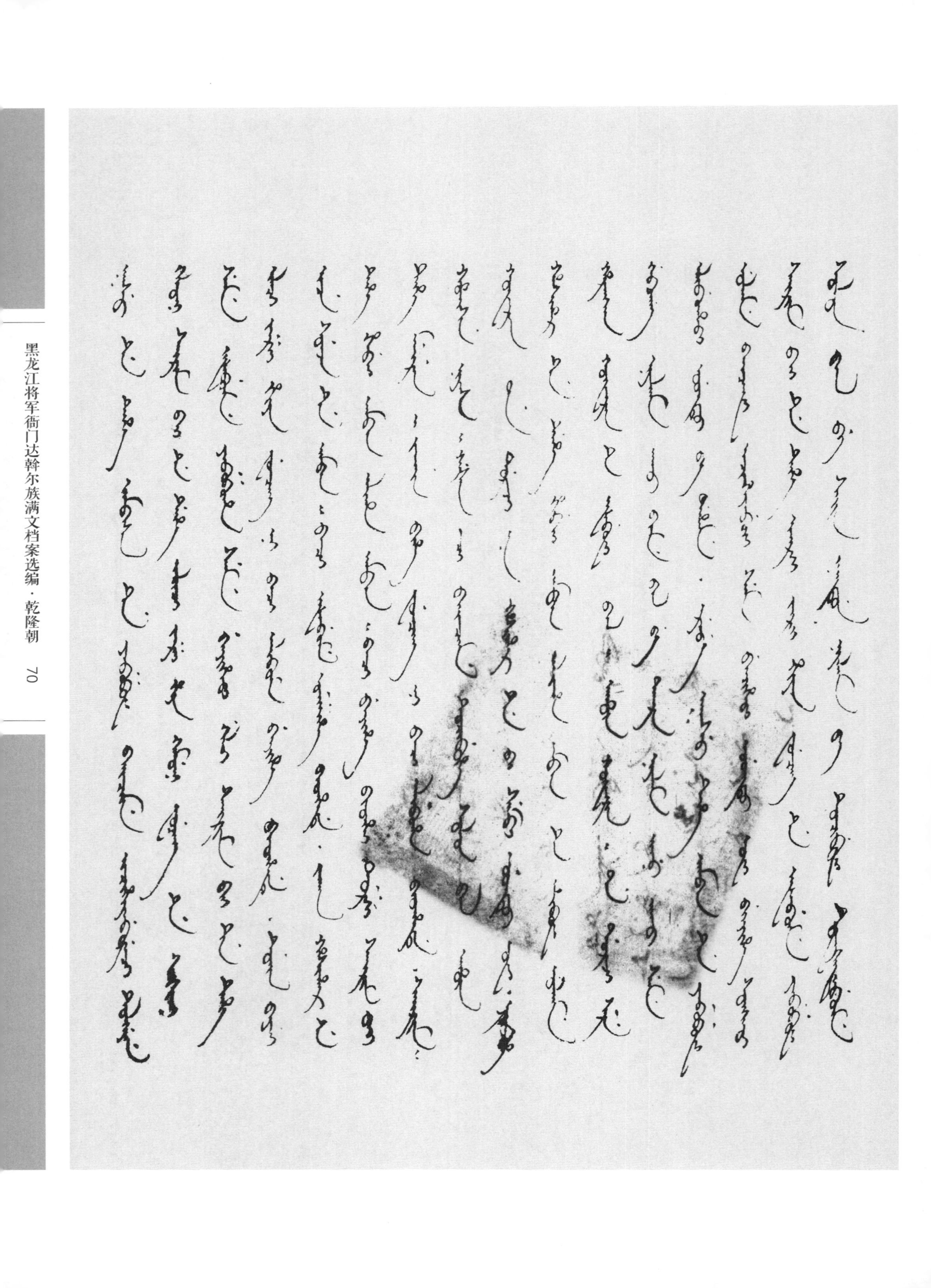

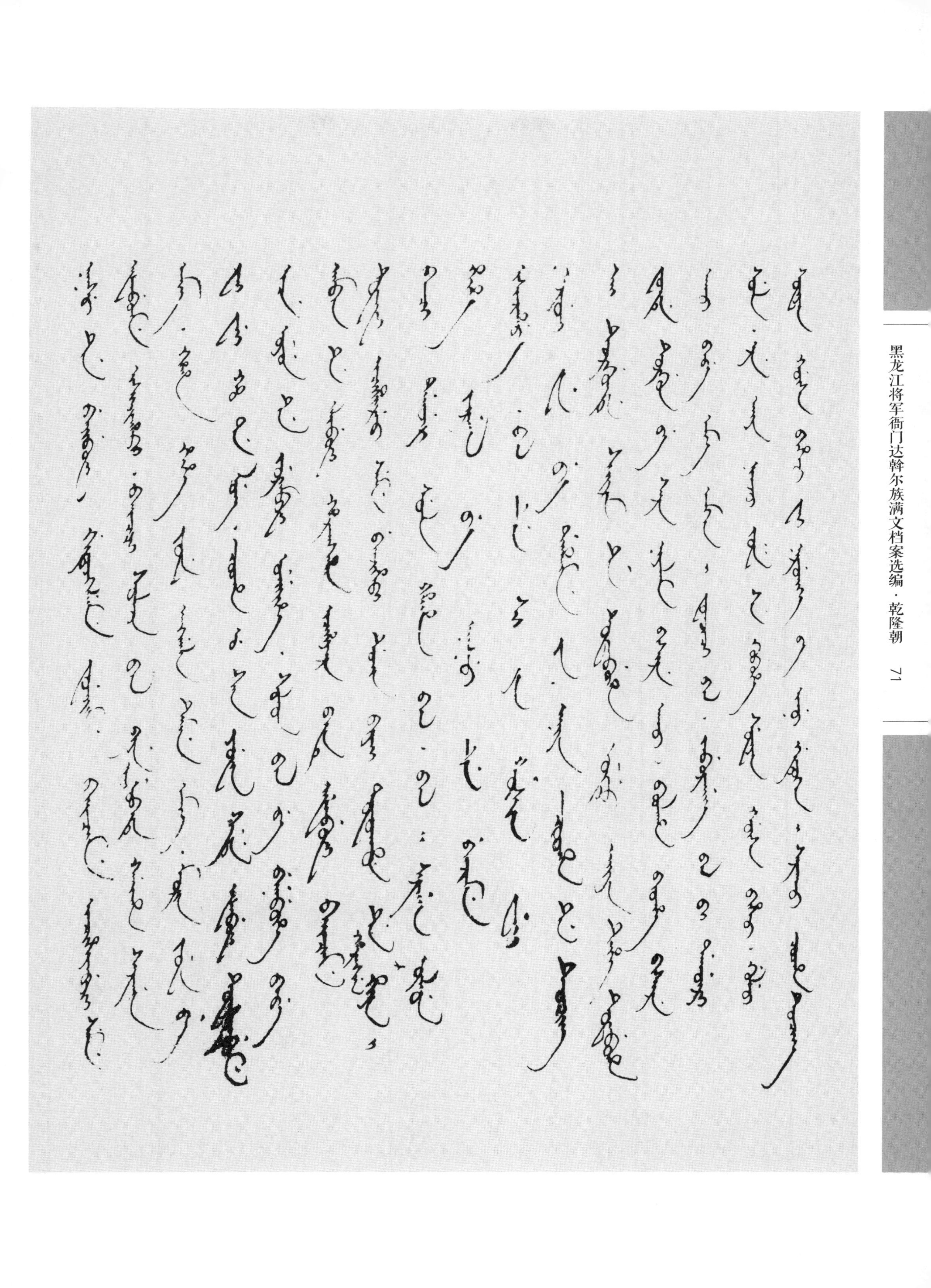

[illegible]

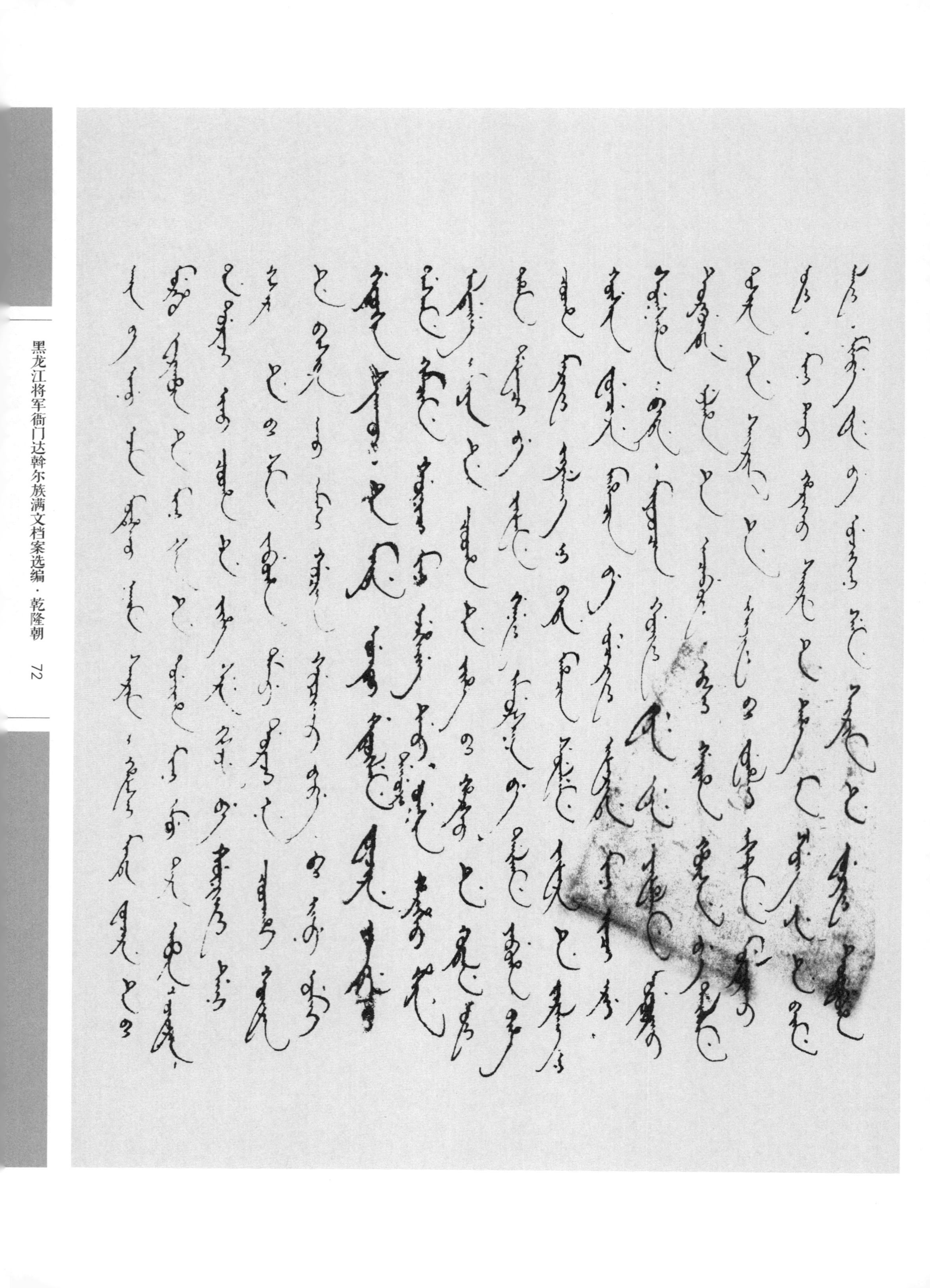

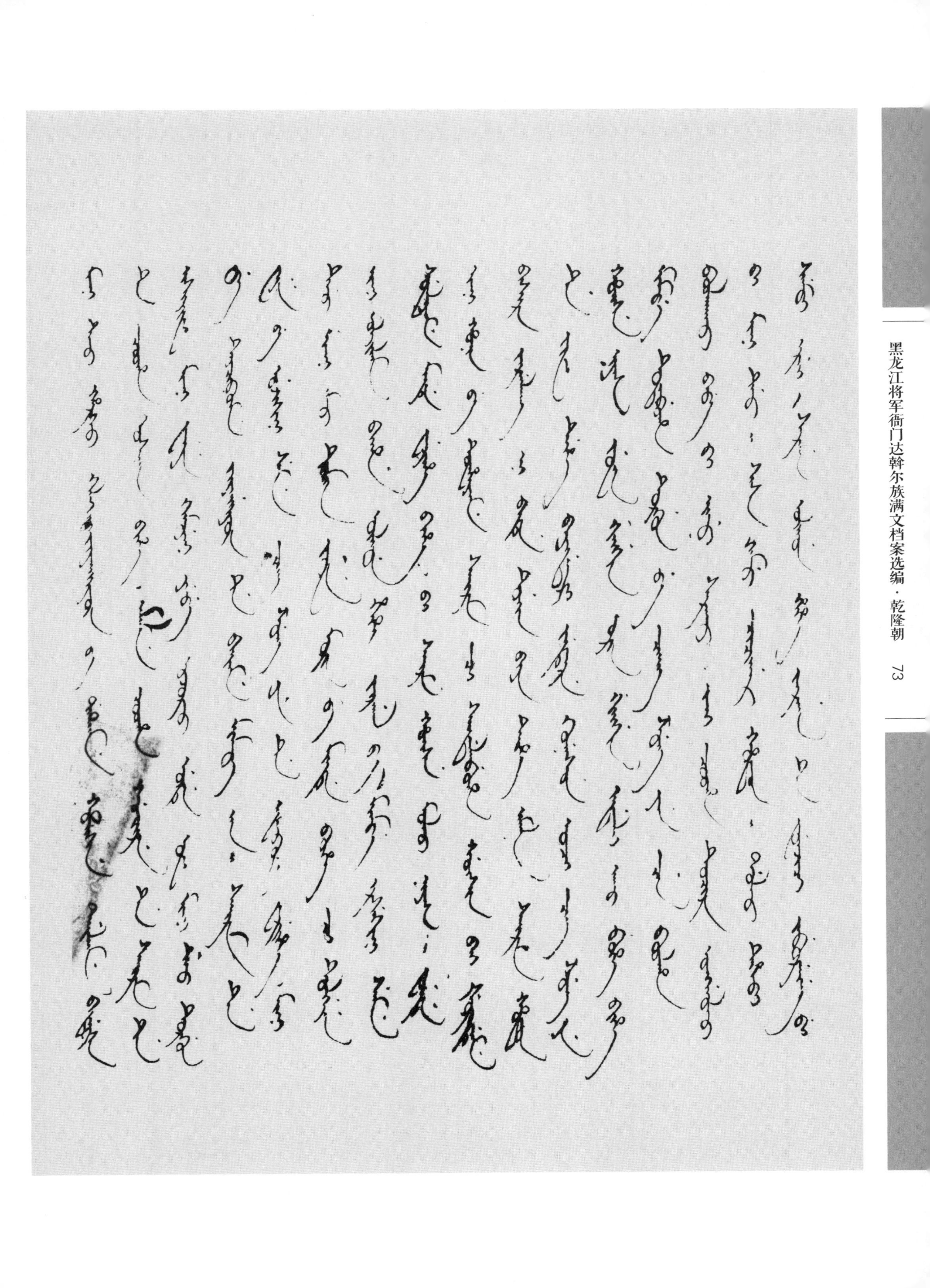

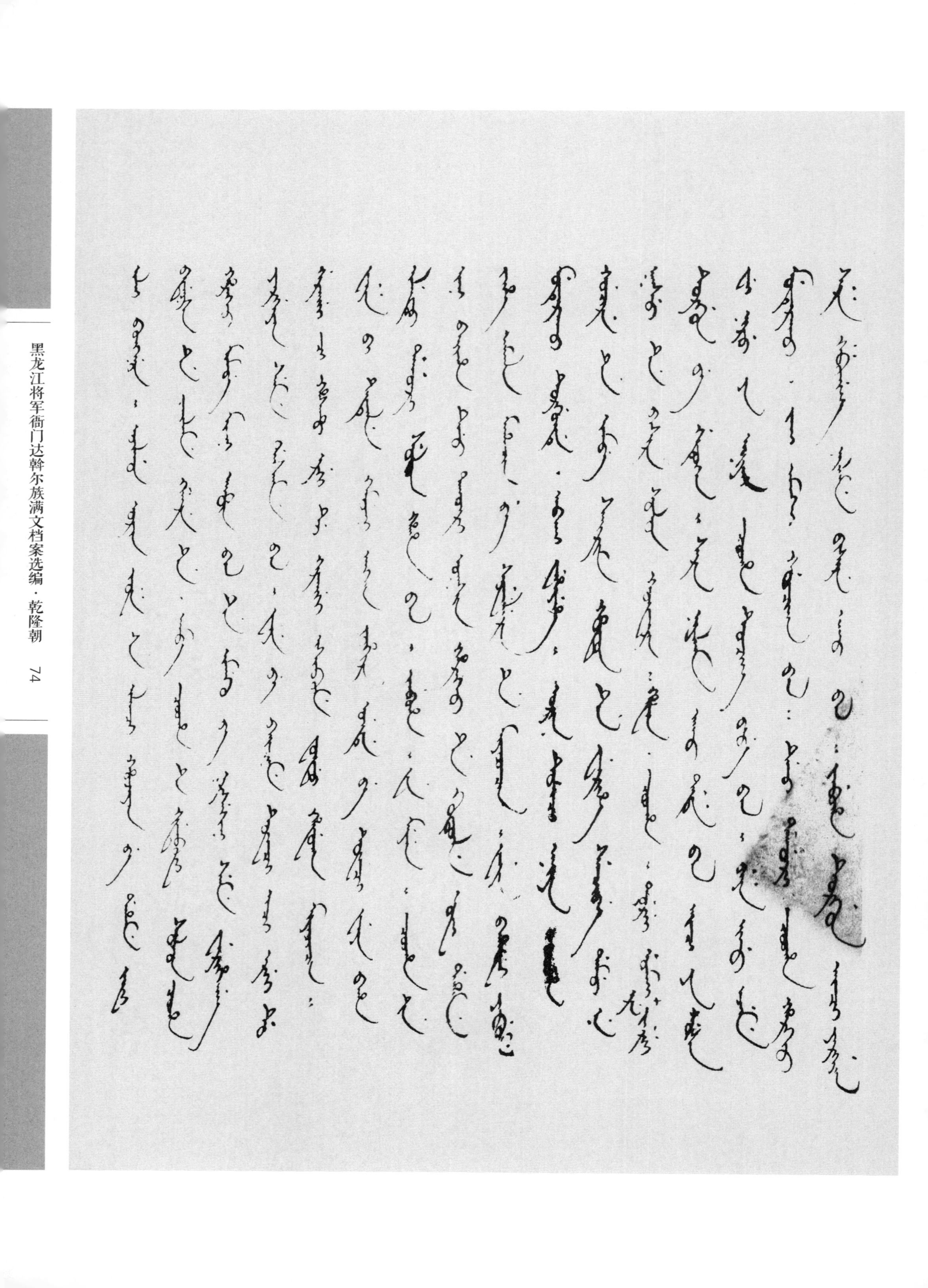

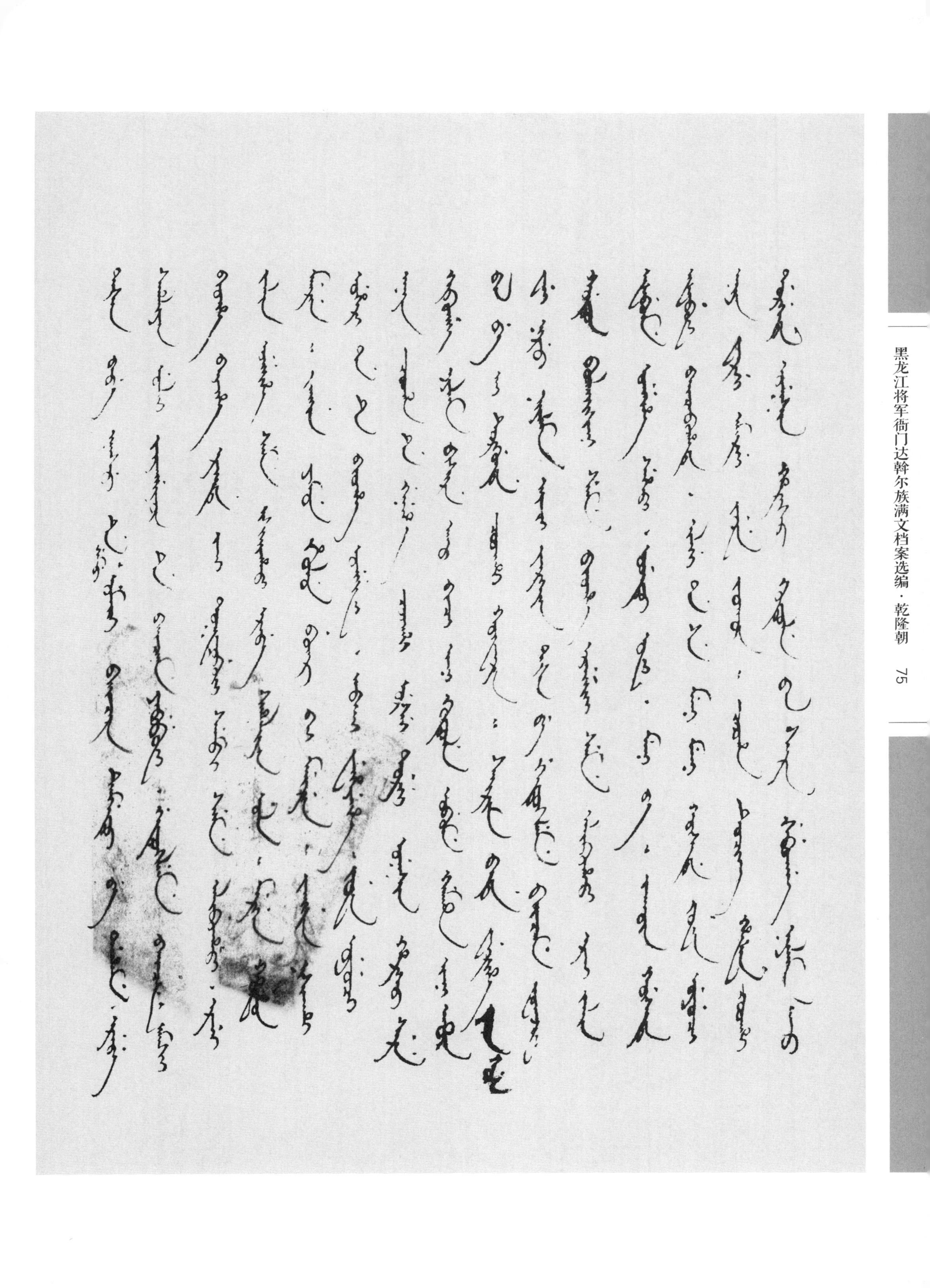

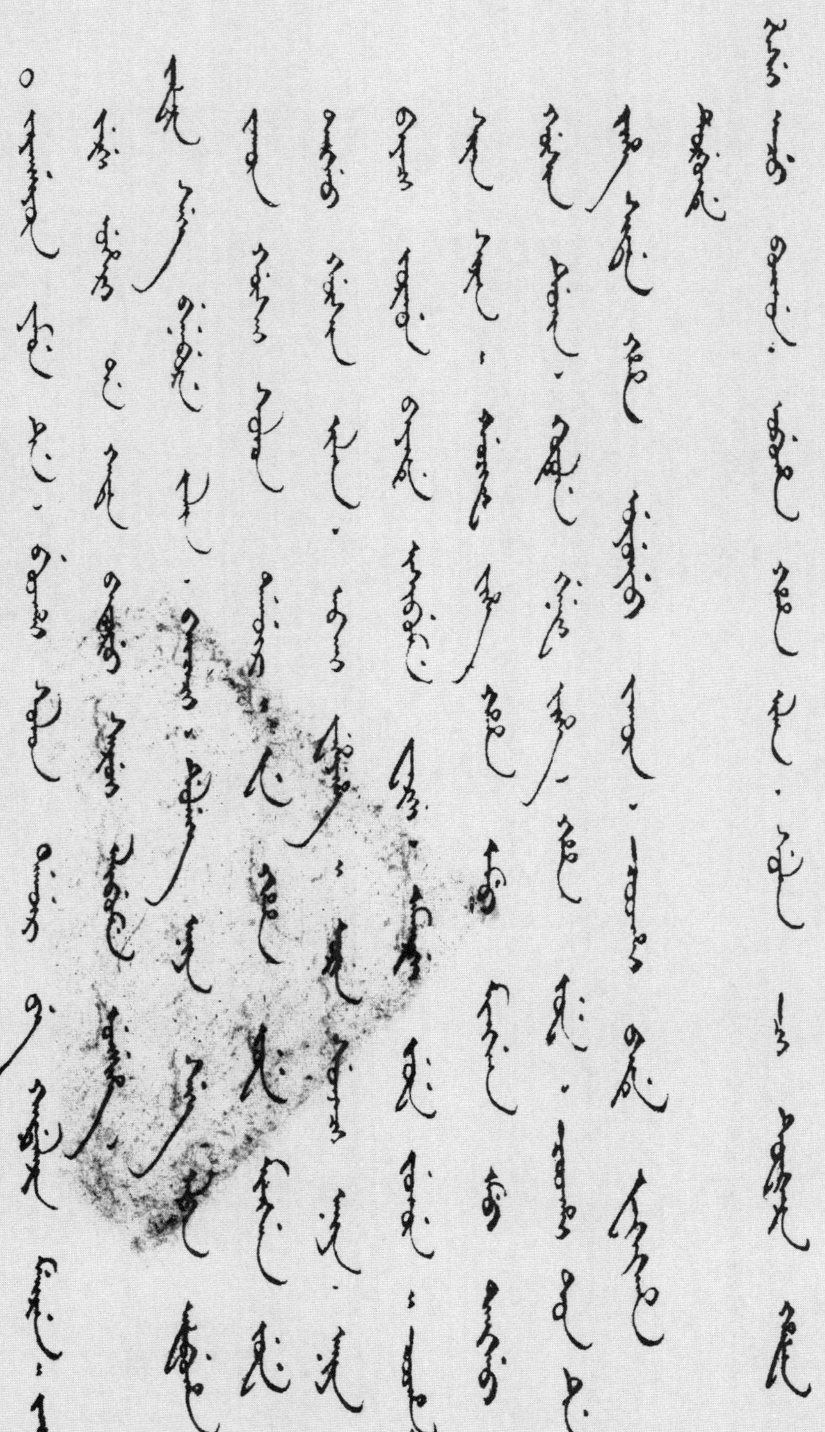

一一一五　布特哈索伦达斡尔副都统衔总管萨垒为报索伦达斡尔等捕貂丁数并派员解送貂皮事咨呈黑龙江将军衙门文

乾隆二十六年八月初三日

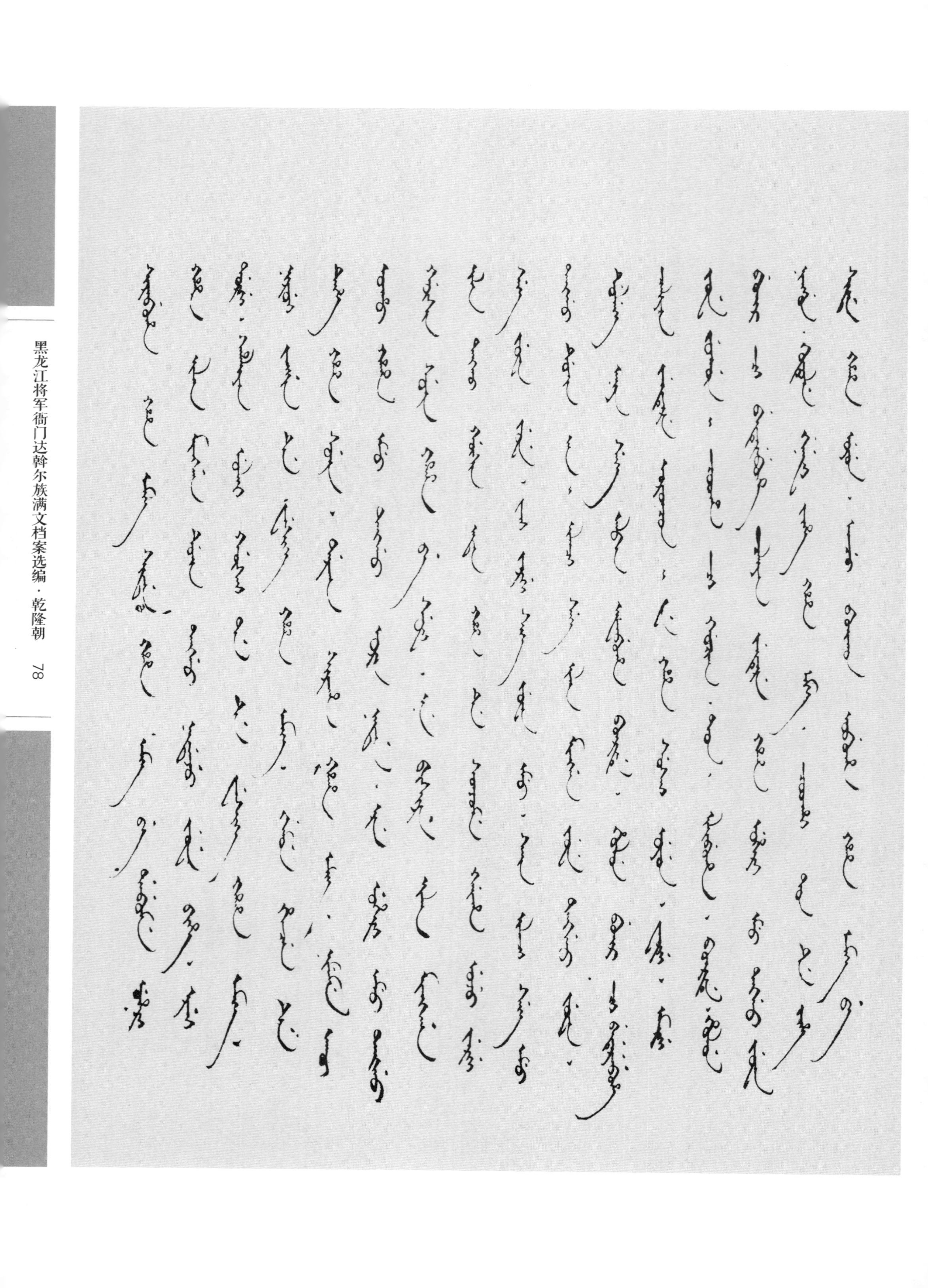

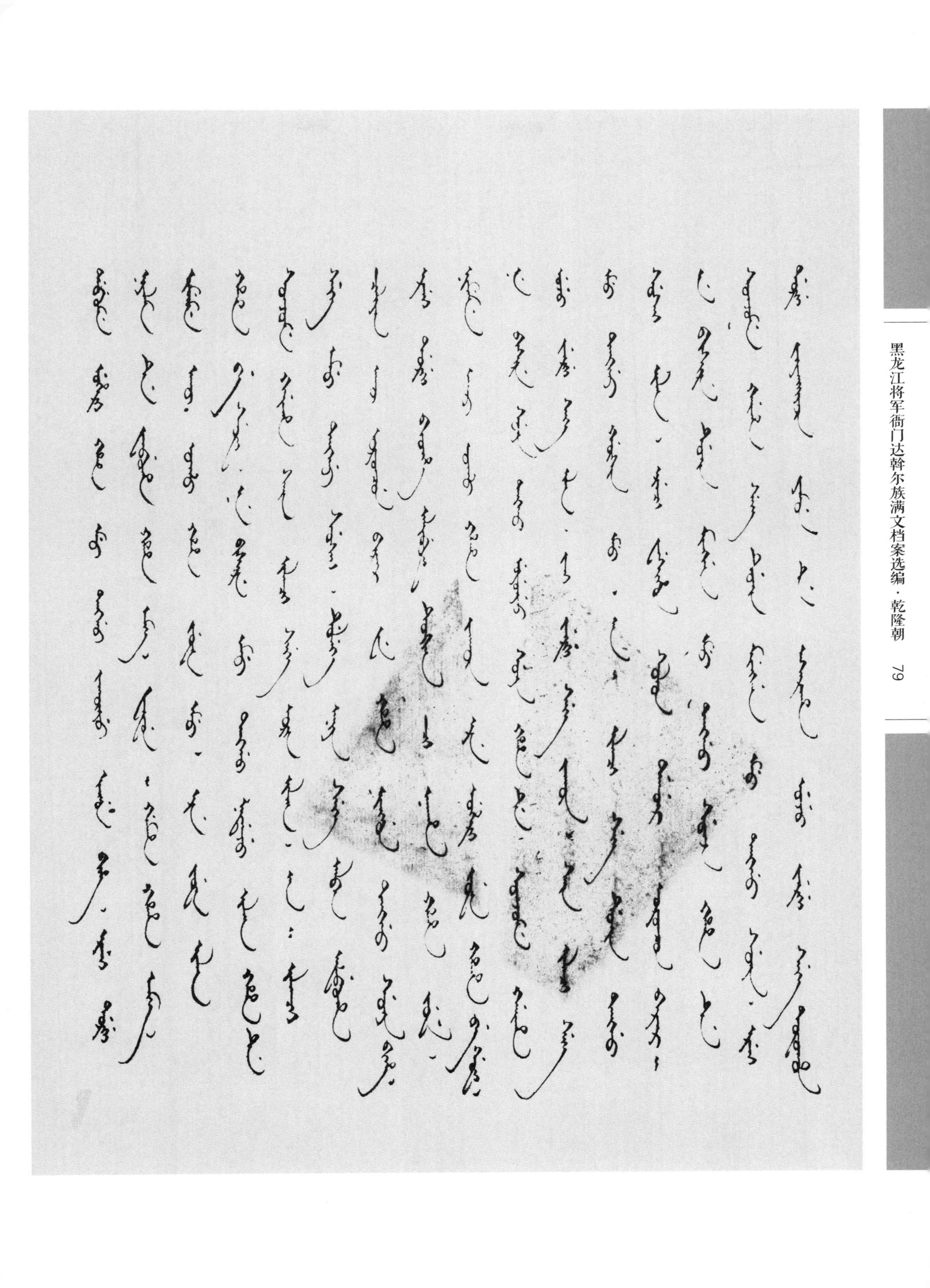

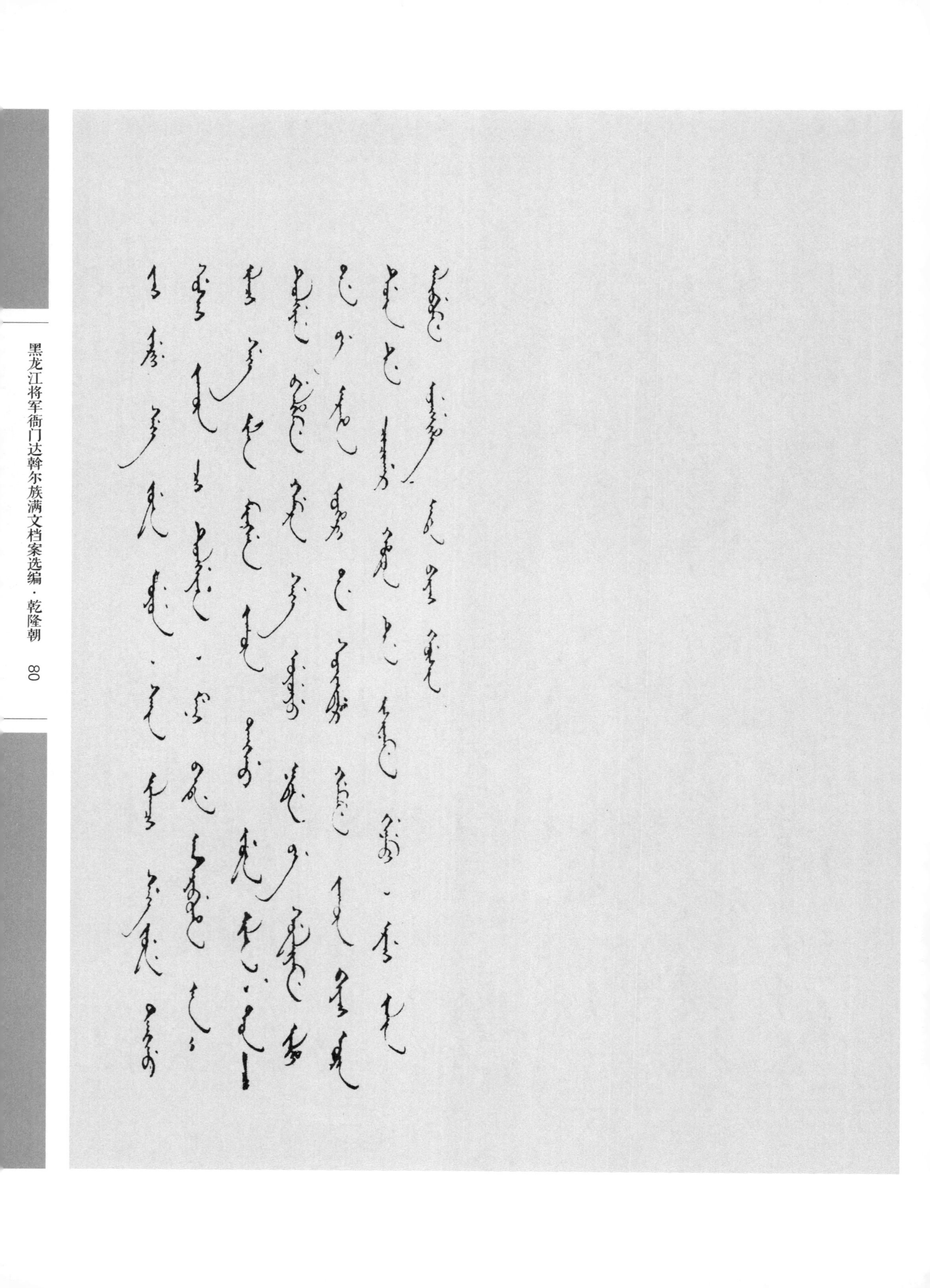

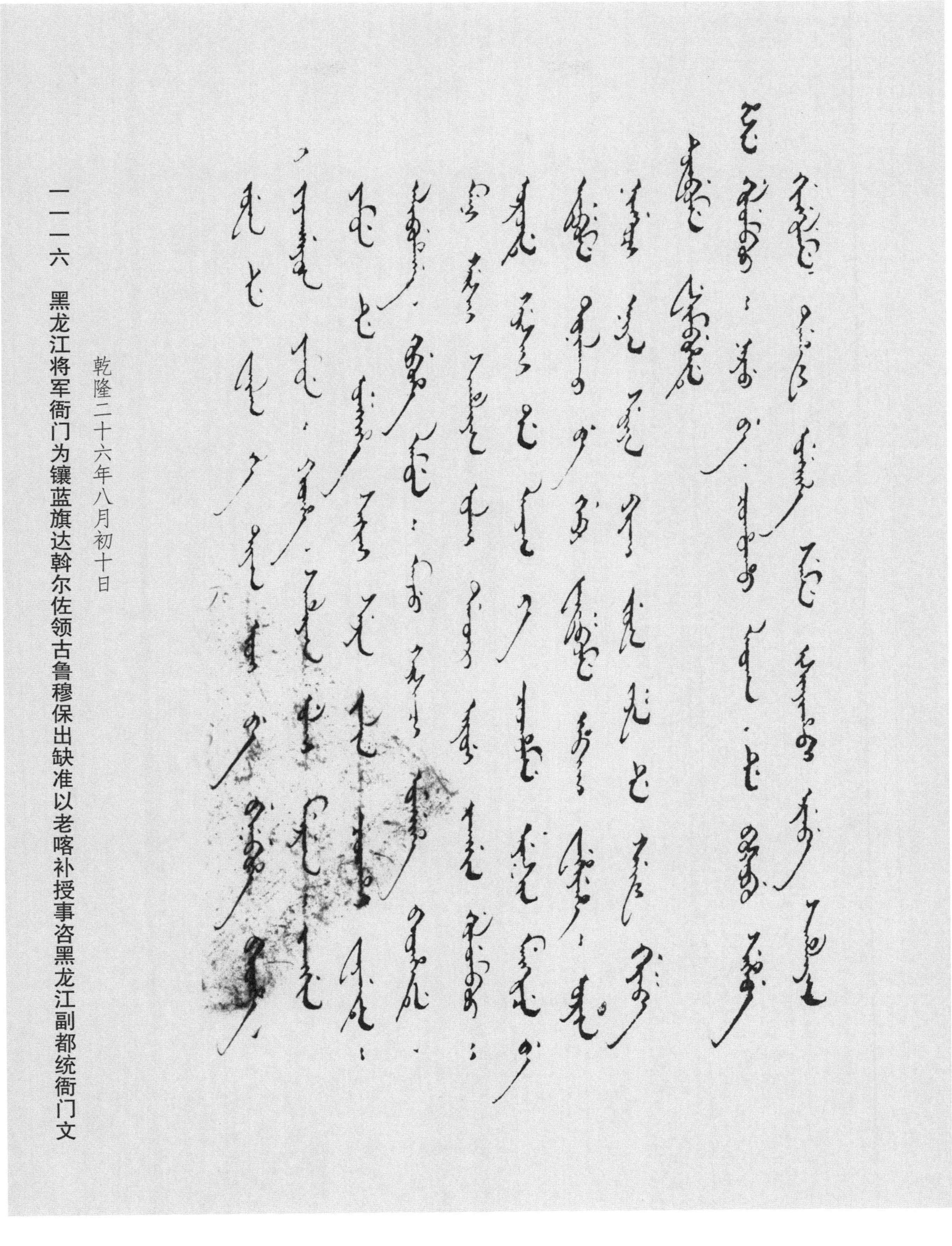

一一一六 黑龙江将军衙门为镶蓝旗达斡尔佐领古鲁穆保出缺准以老喀补授事咨黑龙江副都统衙门文

乾隆二十六年八月初十日

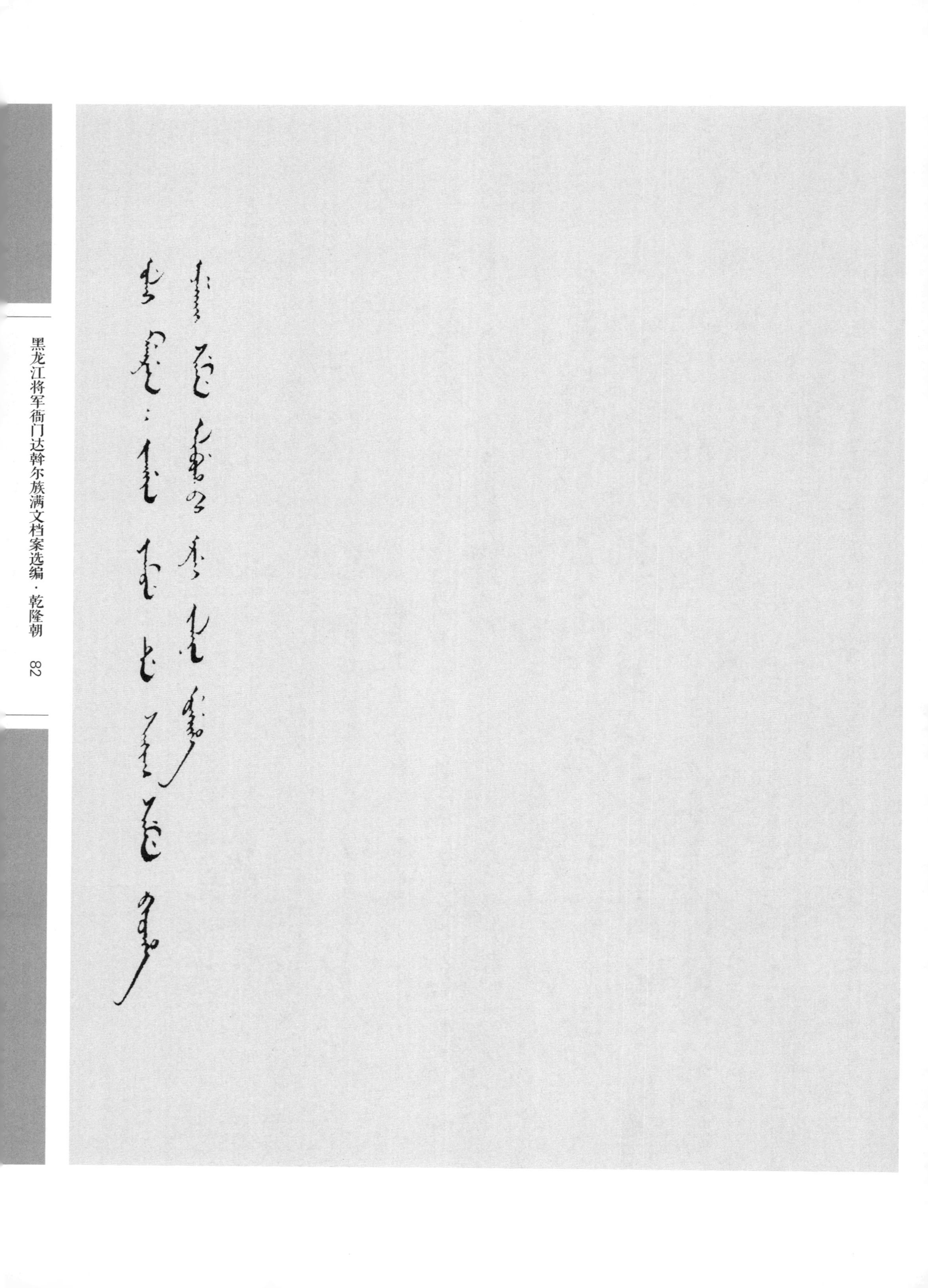

一一一七 布特哈索伦达斡尔副都统衔总管萨垒为请嗣后春秋捕貂索伦达斡尔等按窝棚发给验票核对

办理事咨呈黑龙江将军衙门文

乾隆二十六年八月十九日

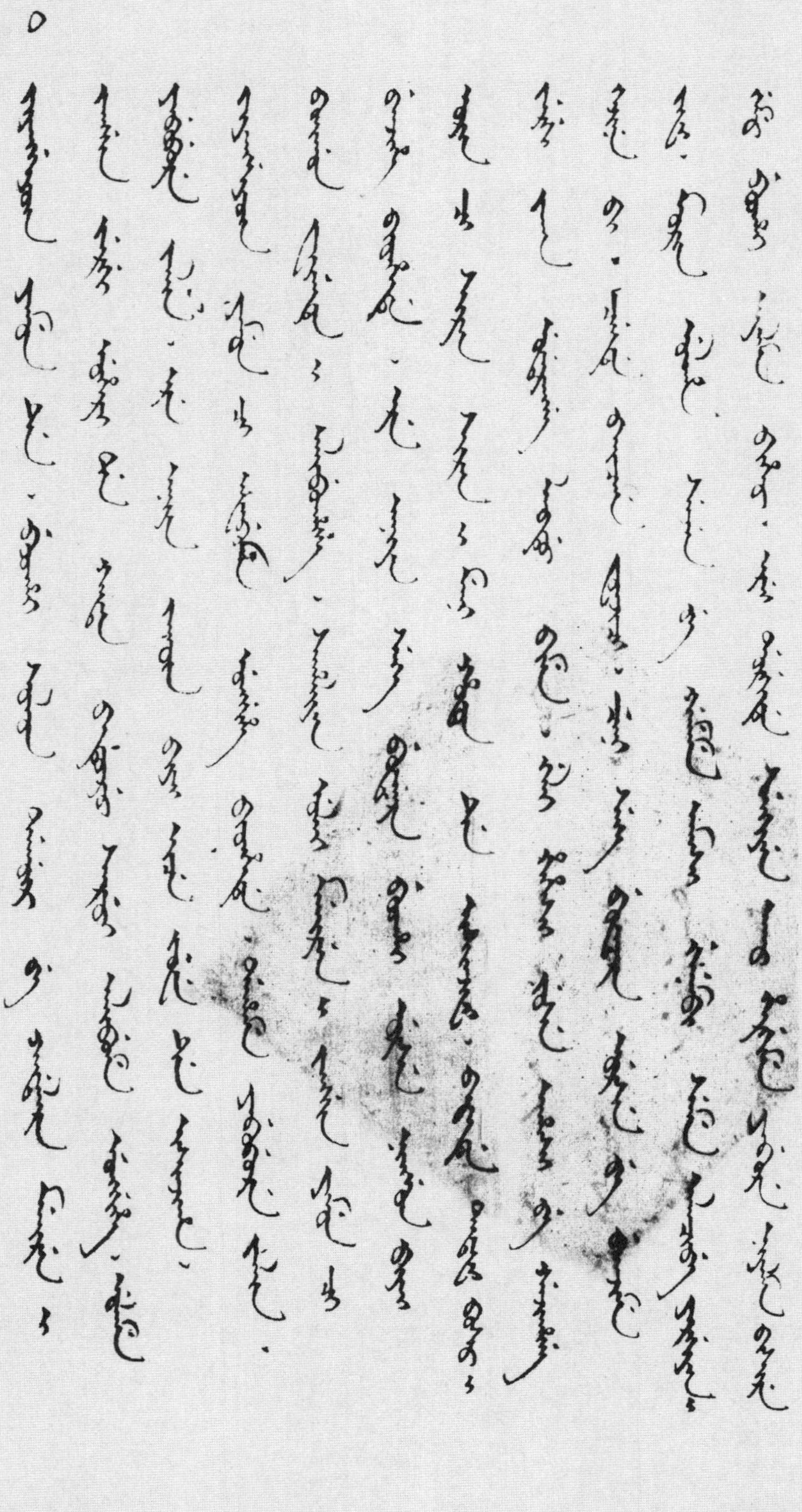

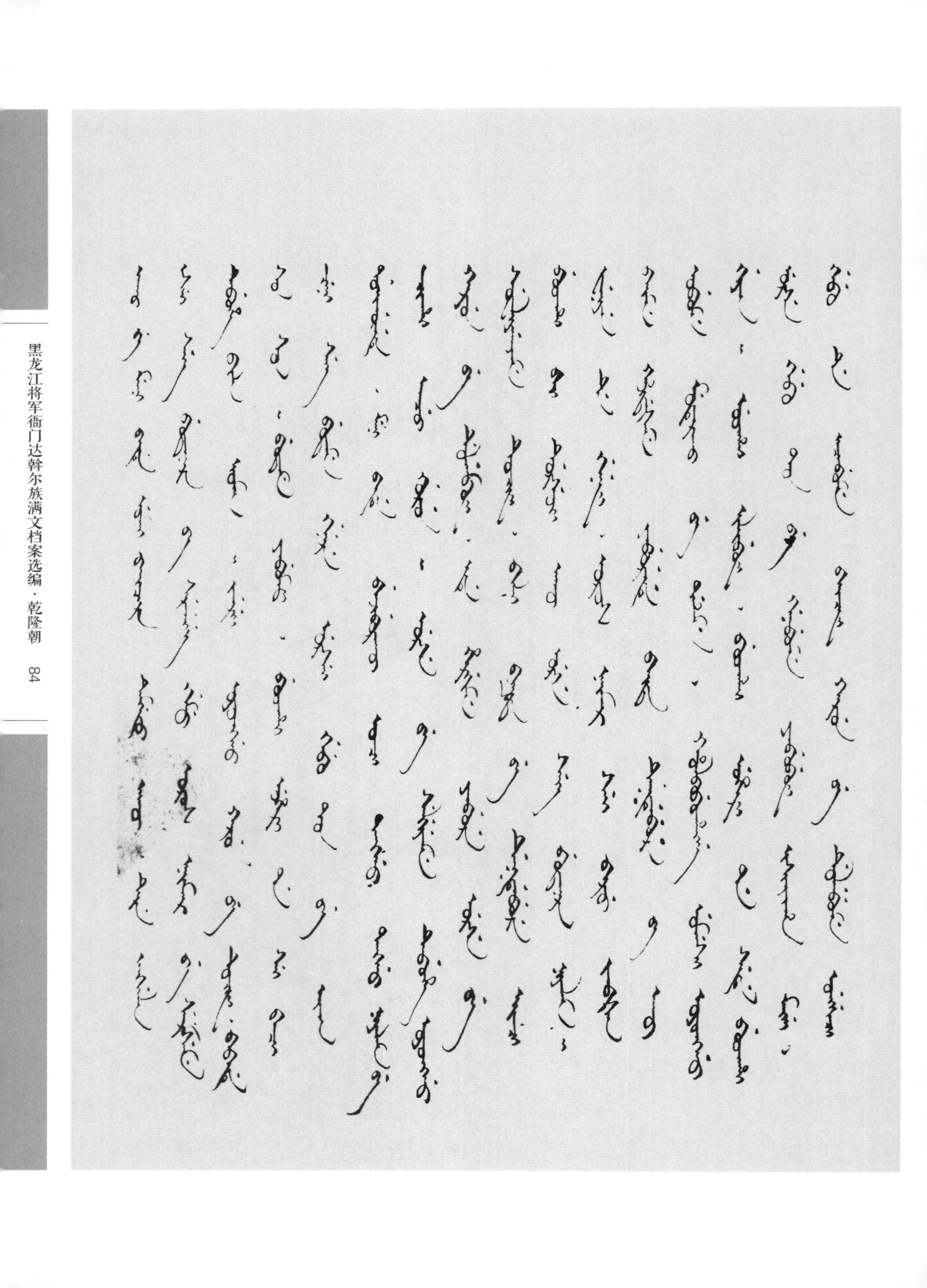

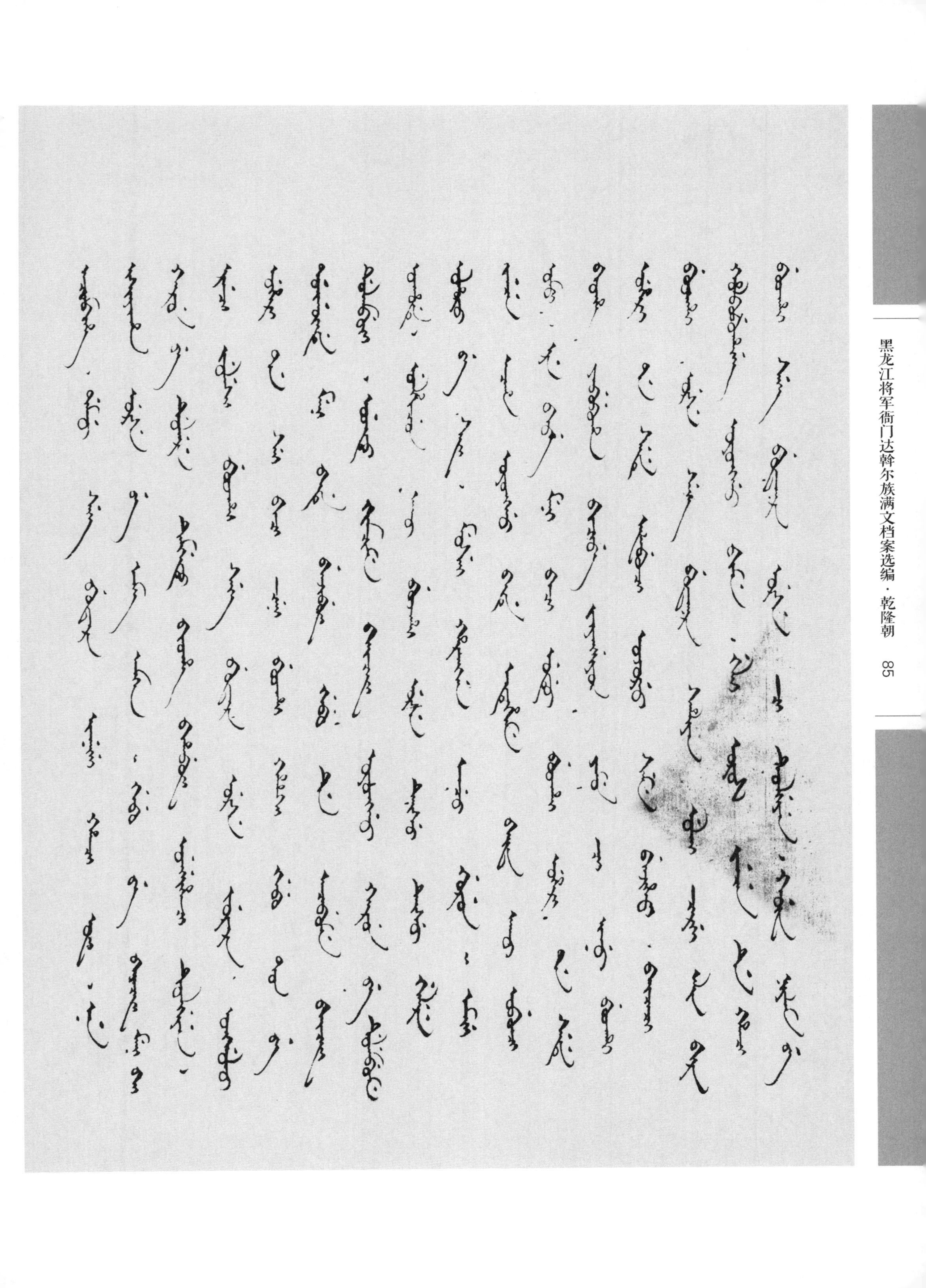

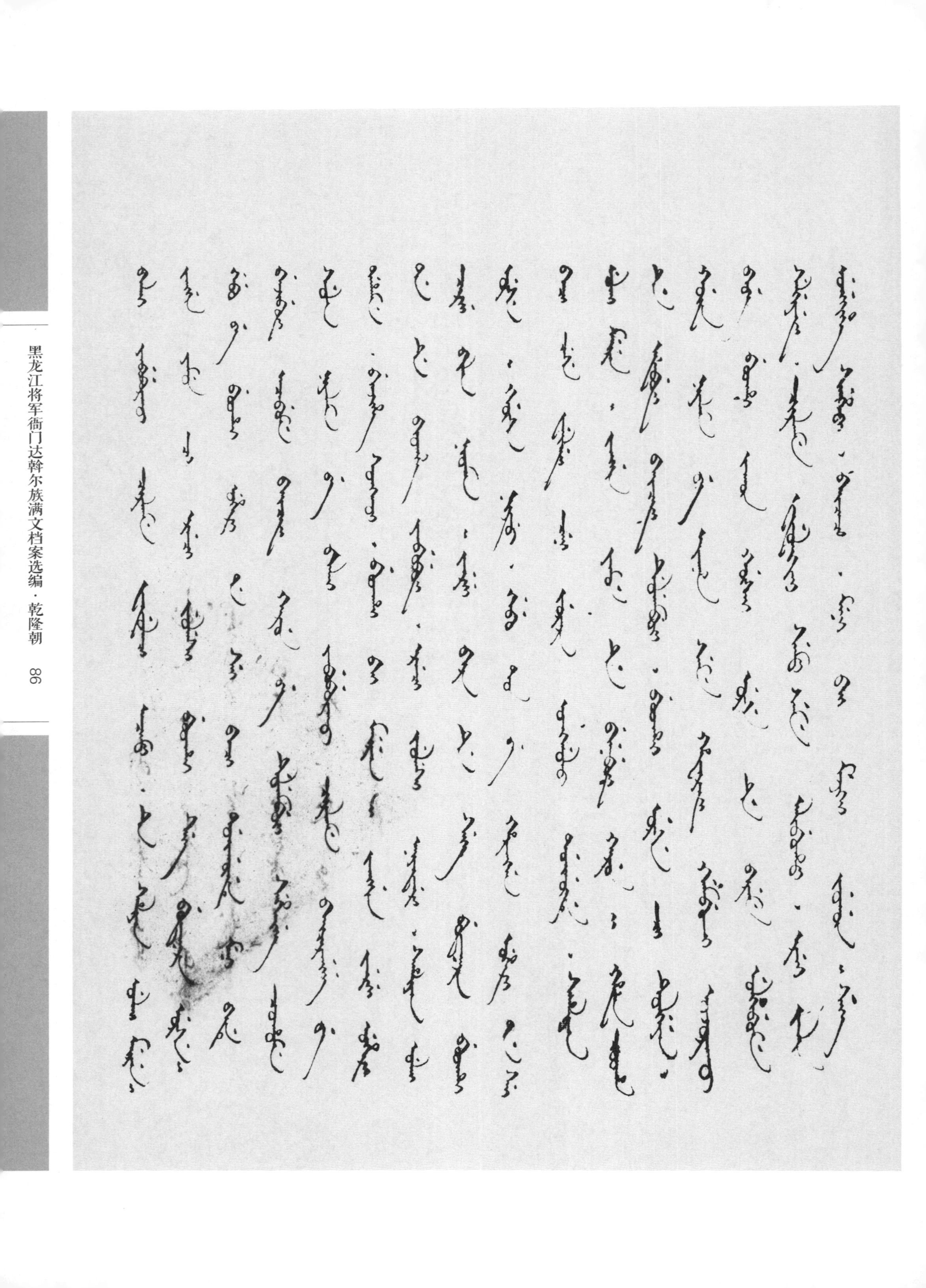

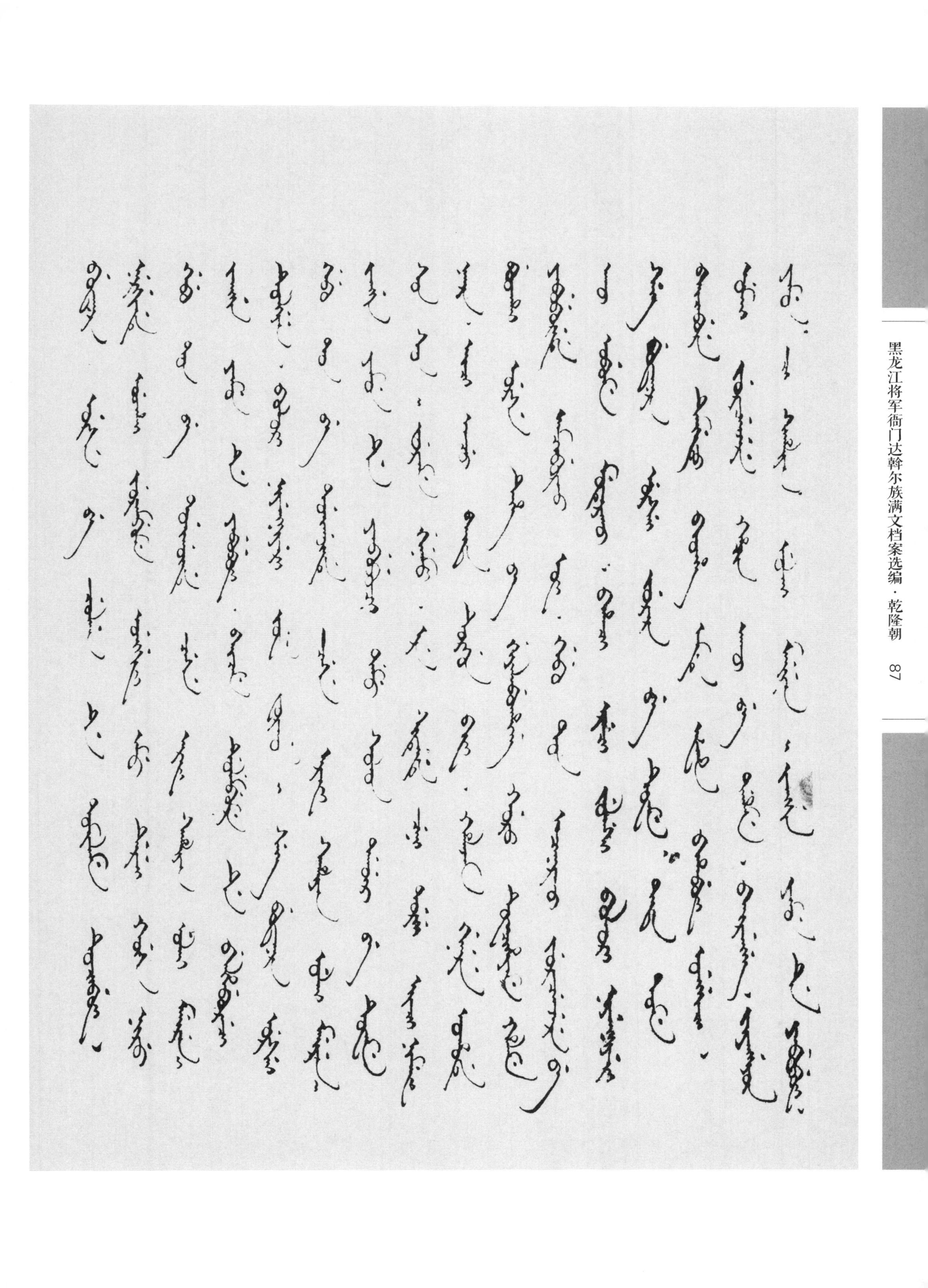

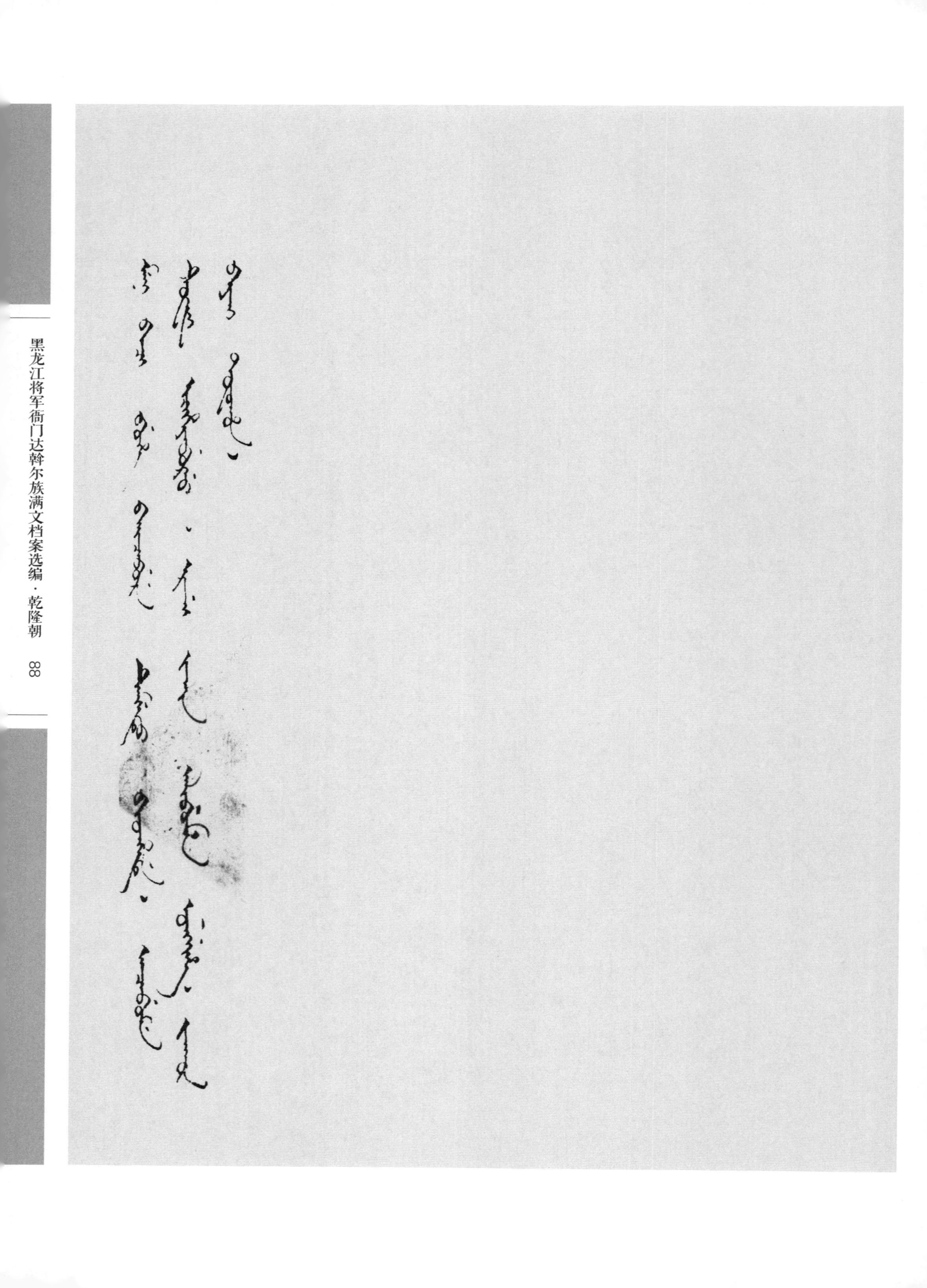

一一一八 黑龙江将军衙门为允准布特哈索伦达斡尔官缺嗣后按季拣员补放事札布特哈索伦达斡尔副都统衔总管文

乾隆二十六年八月二十一日

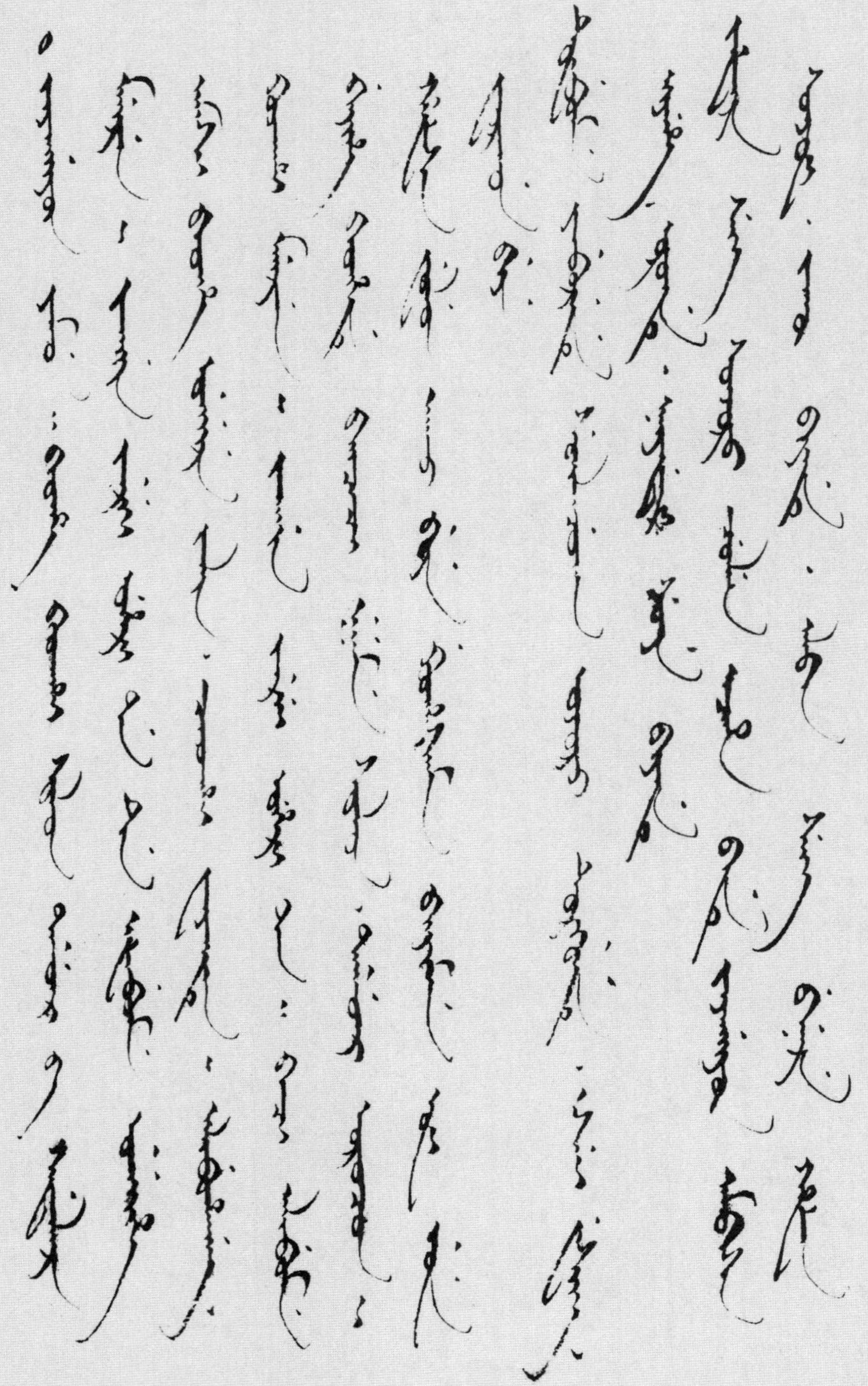

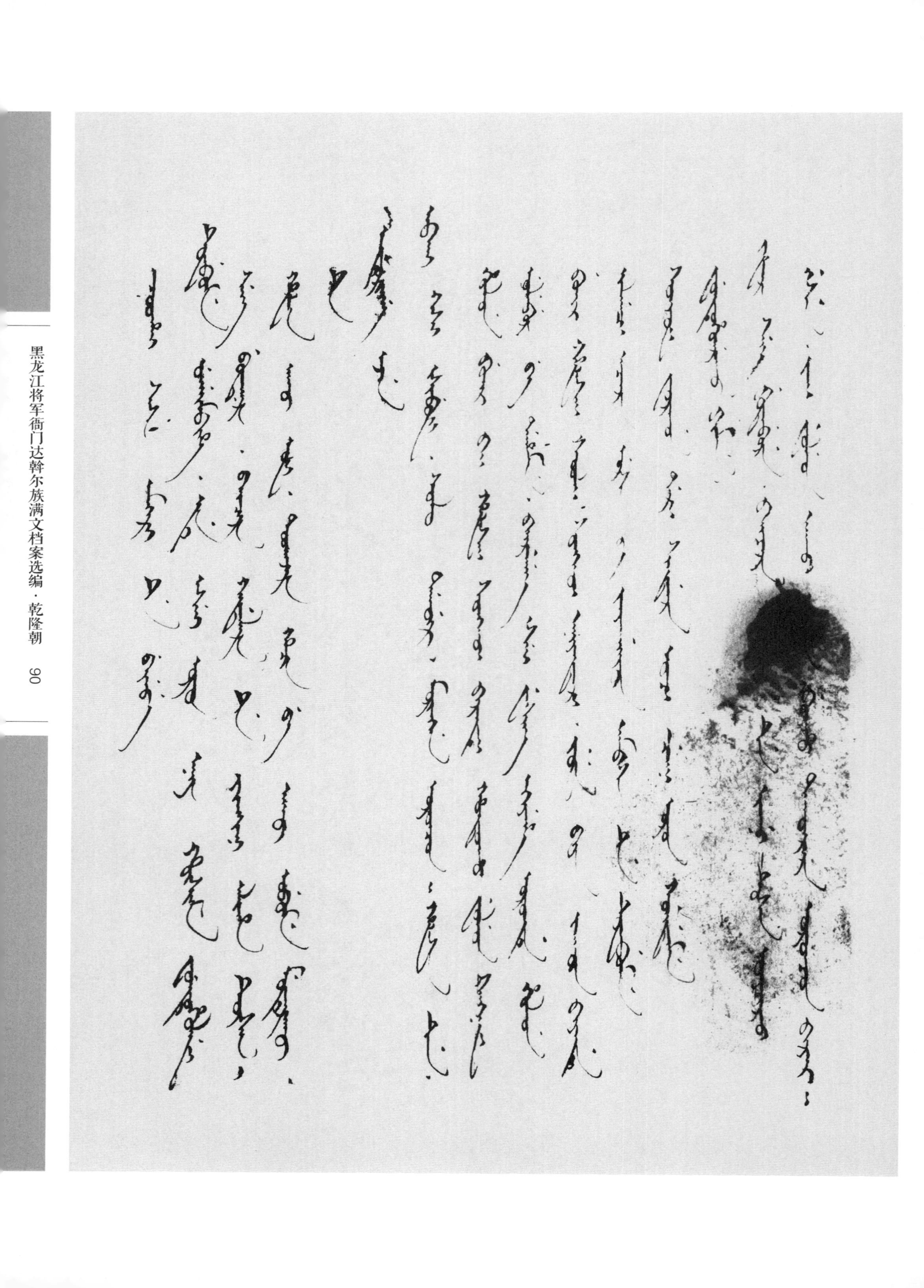

[illegible]

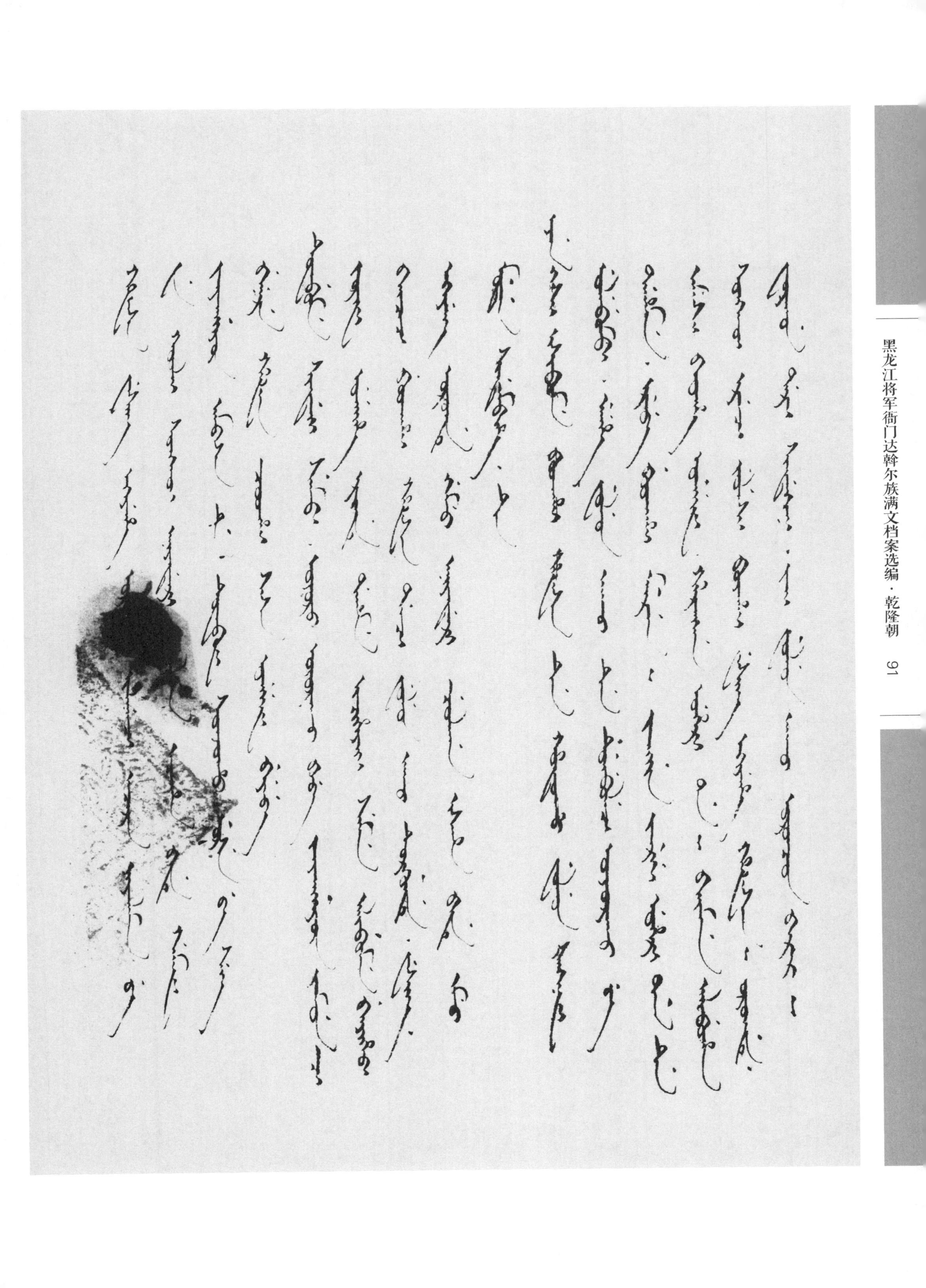

ᠰᡝᡵᡝ ᠵᠠᠯᡳᠨ ᡤᡳᠩᡤᡠᠯᡝᠮᡝ ᠸᡝᠰᡳᠮᠪᡠᡥᡝ ᡥᡝᠰᡝ ᠪᡝ ᠪᠠᡳᠮᠪᡳ

ᠠᠪᡴᠠᡳ ᠸᡝᡥᡳᠶᡝᡥᡝ ᡳ [illegible]

一一一九 暂护呼伦贝尔副都统衔总管关防额外总管锡通阿为查报本处并无达斡尔库图勒巴勒等人事呈黑龙江将军衙门文

乾隆二十六年八月二十四日

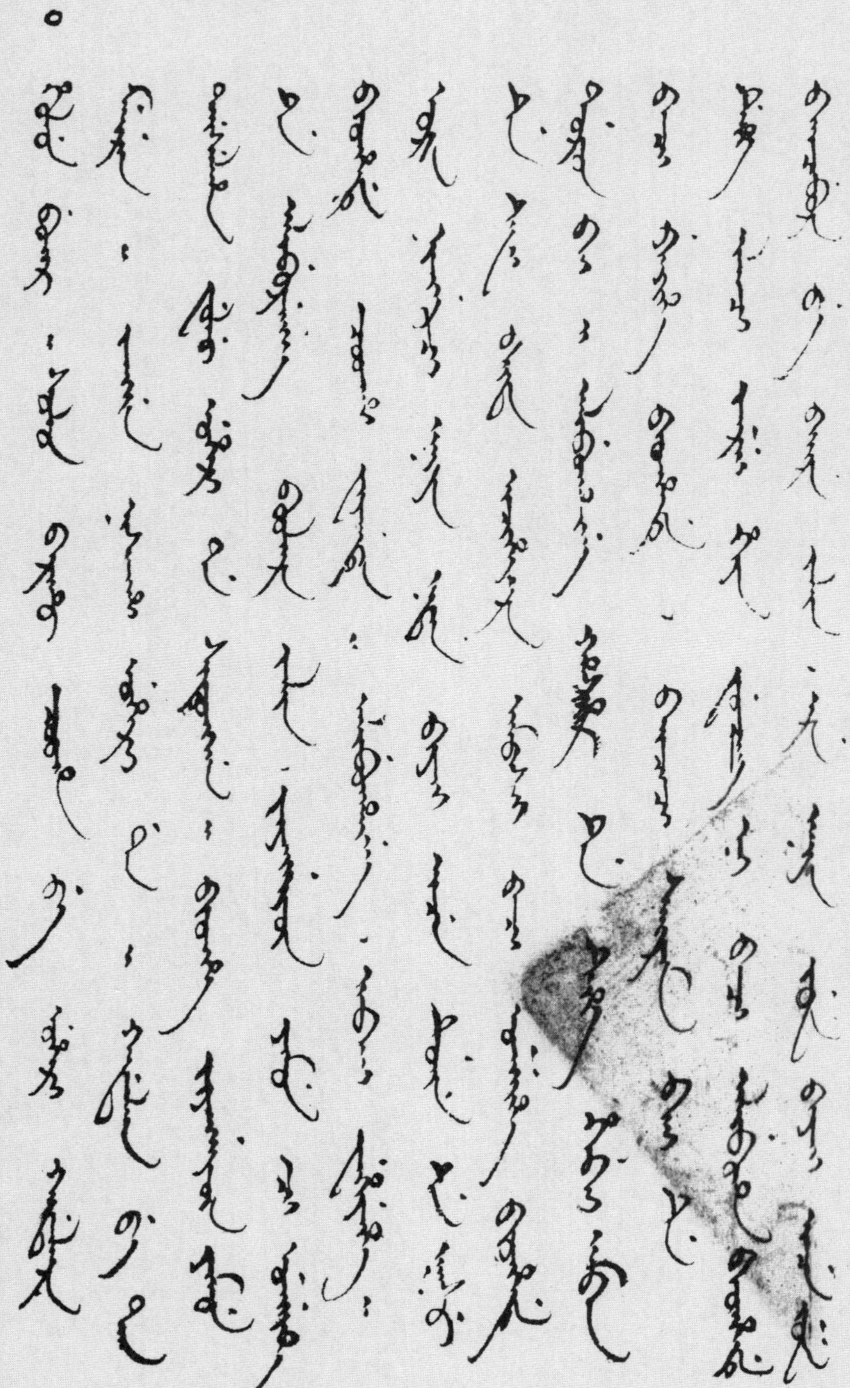

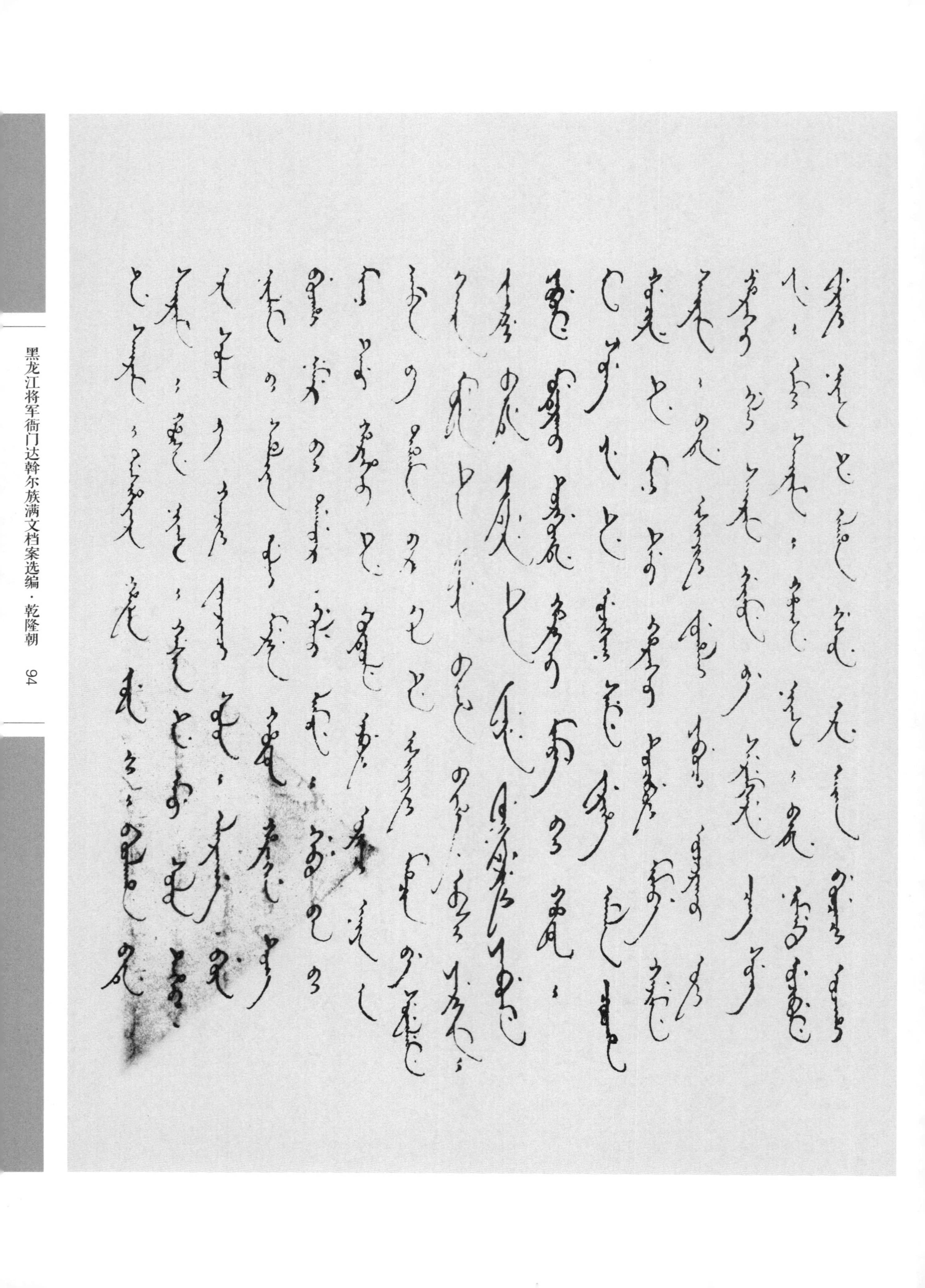

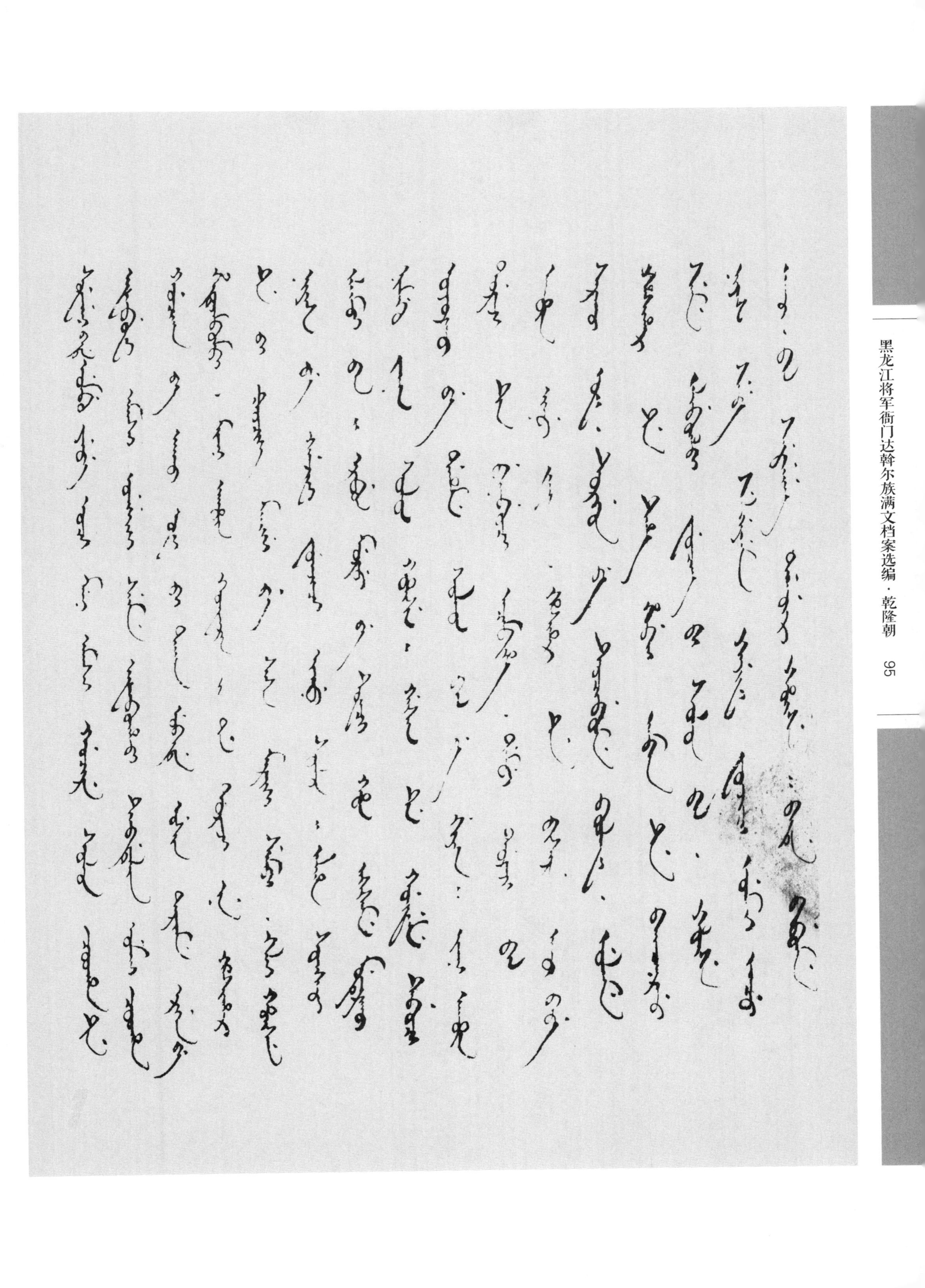

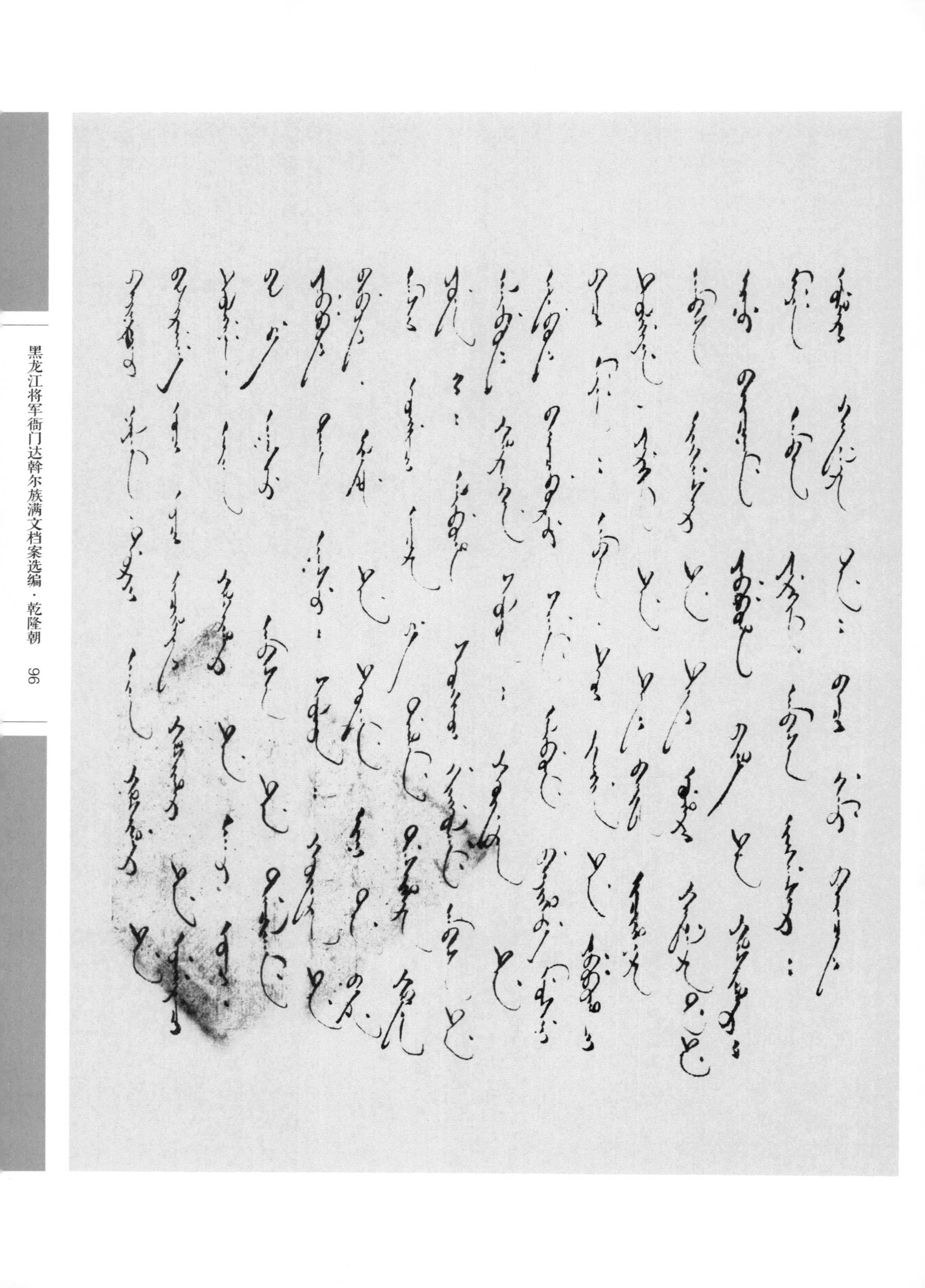

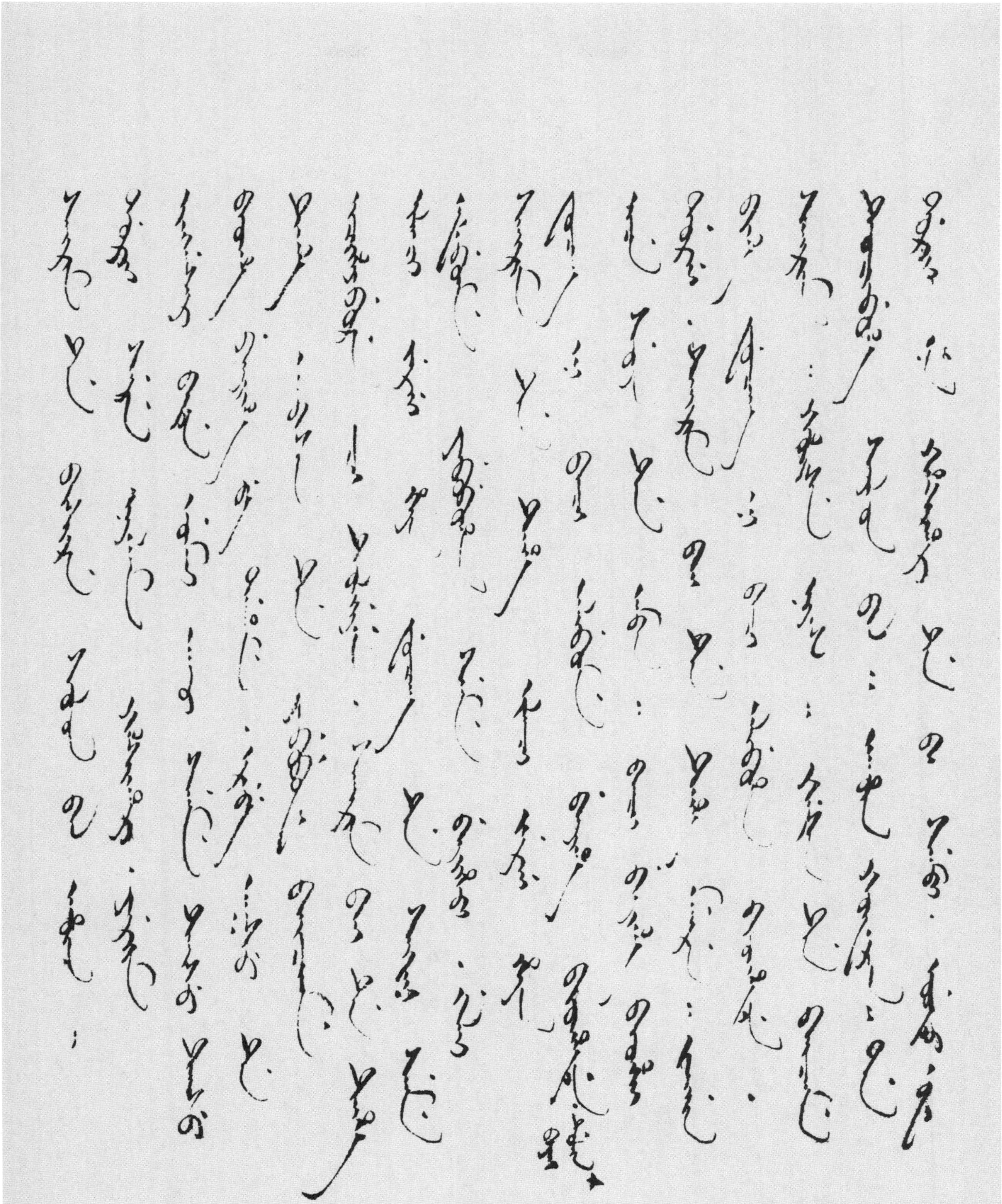

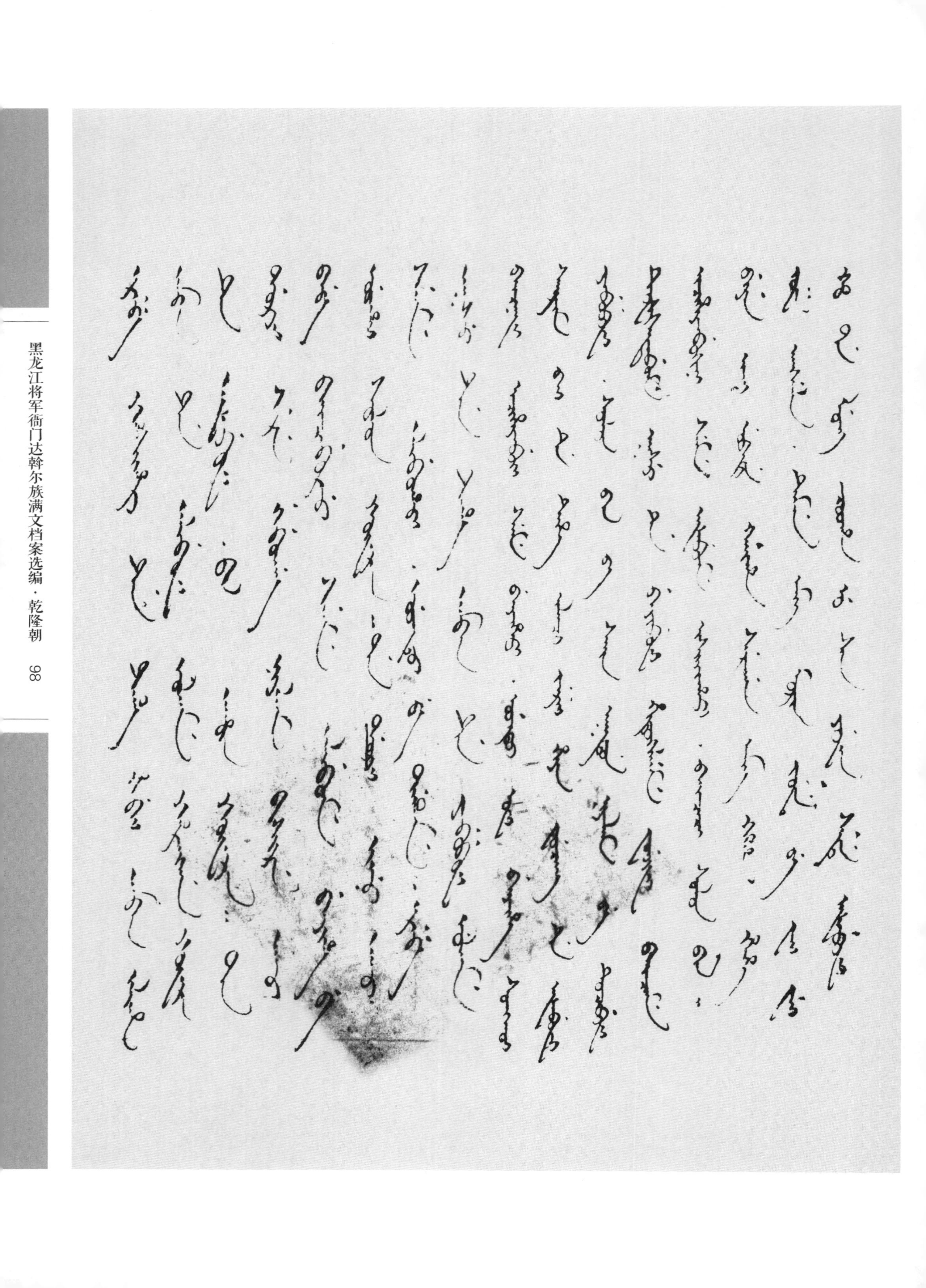

[illegible]

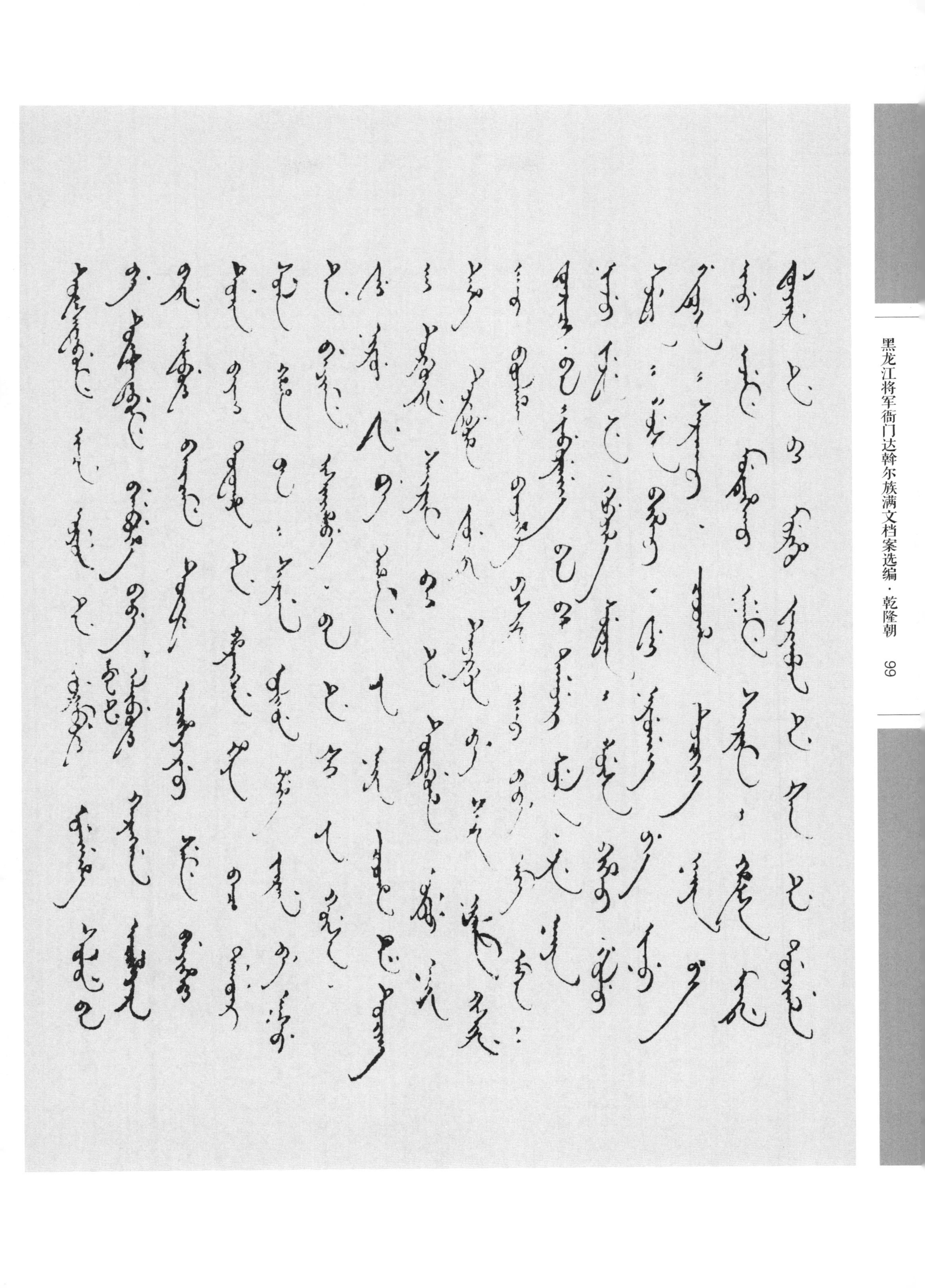

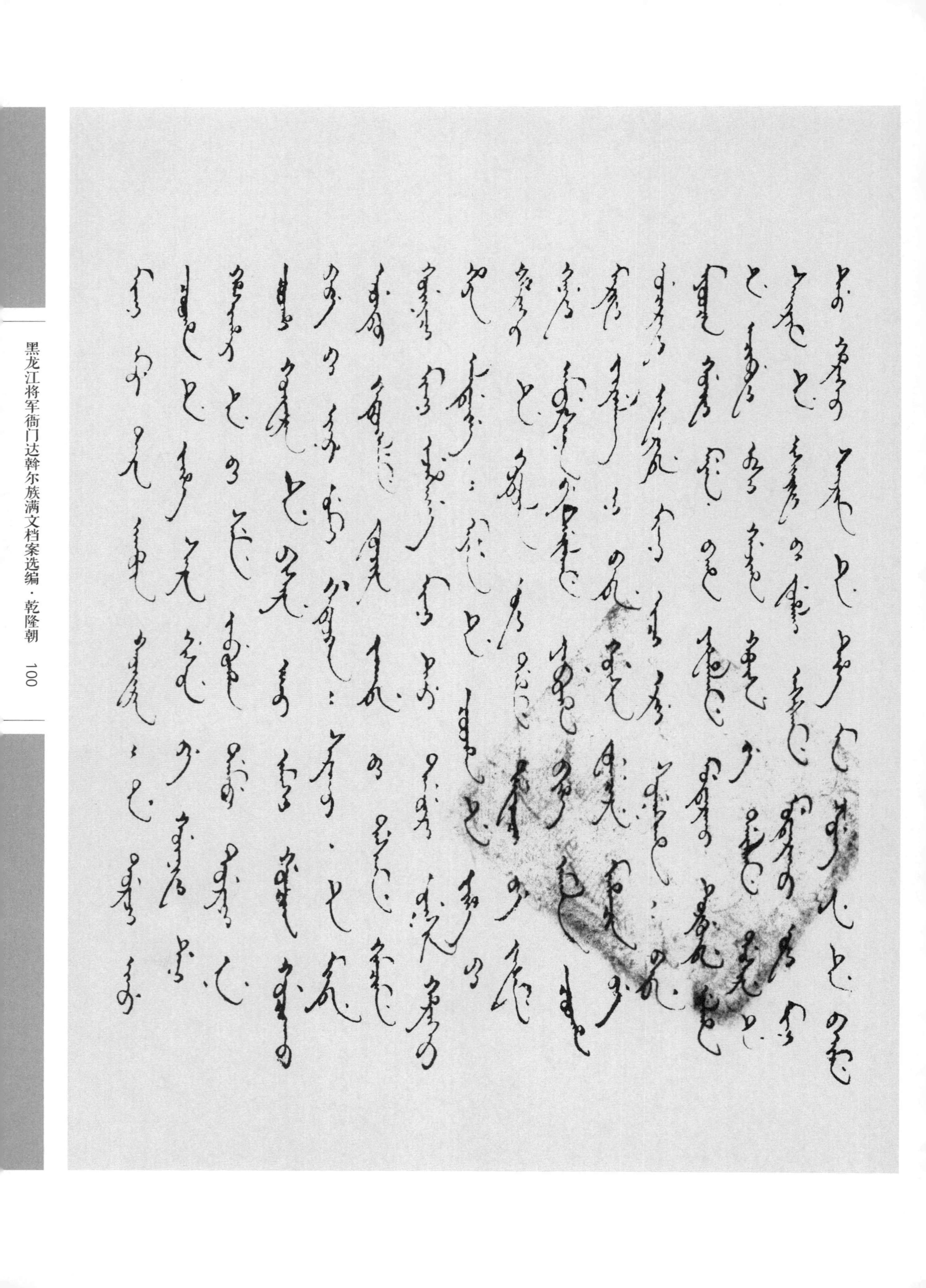

[illegible]

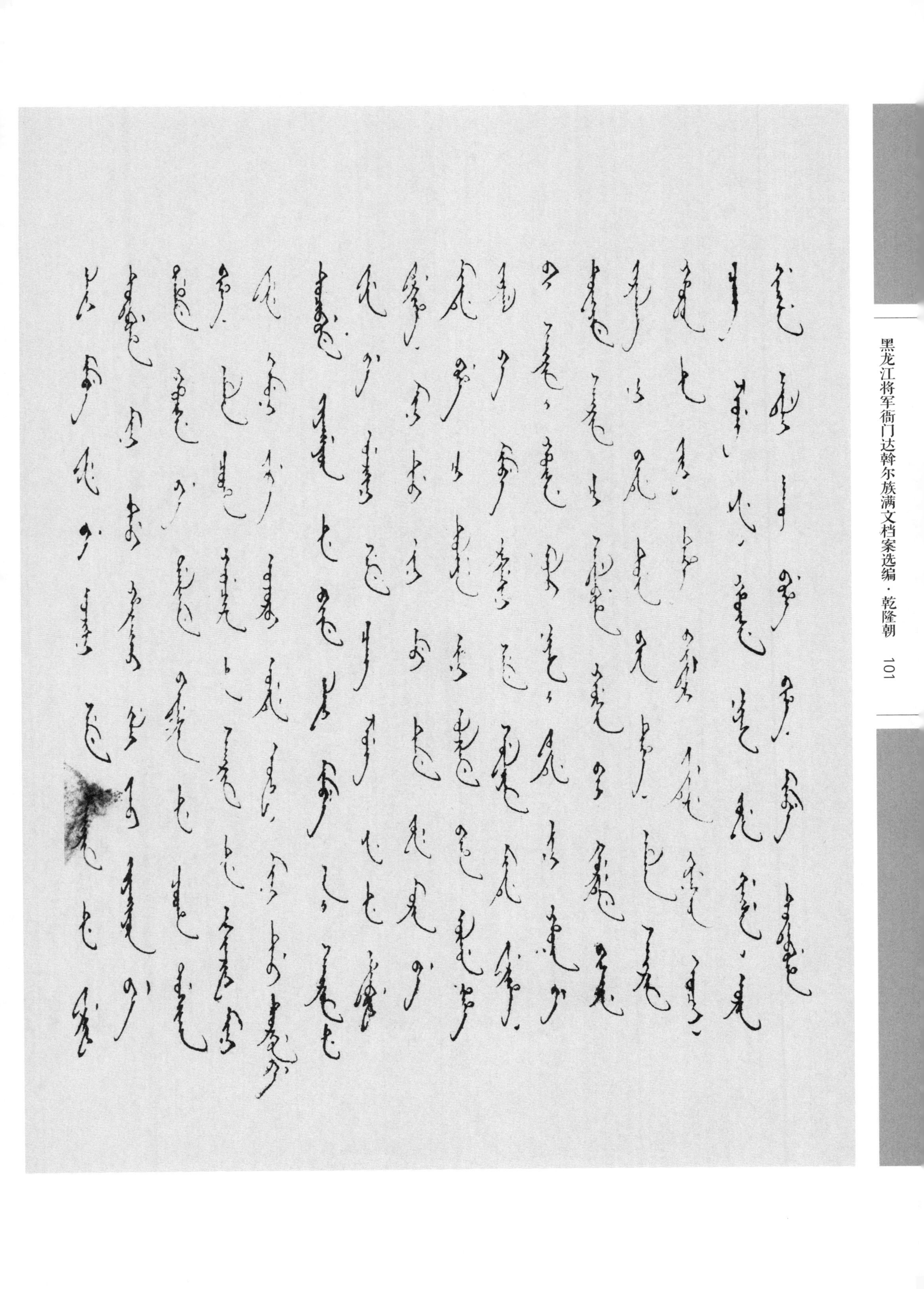

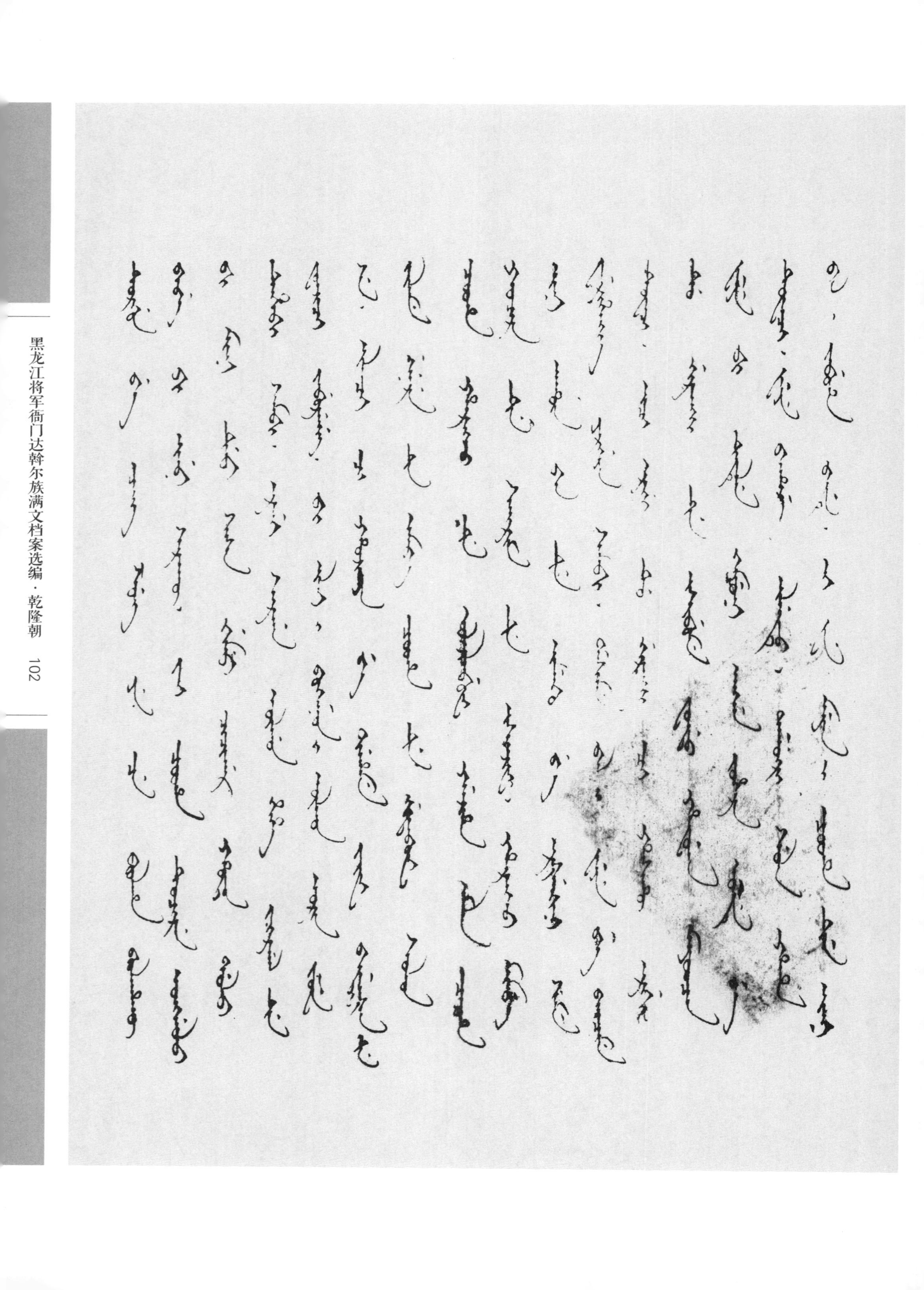

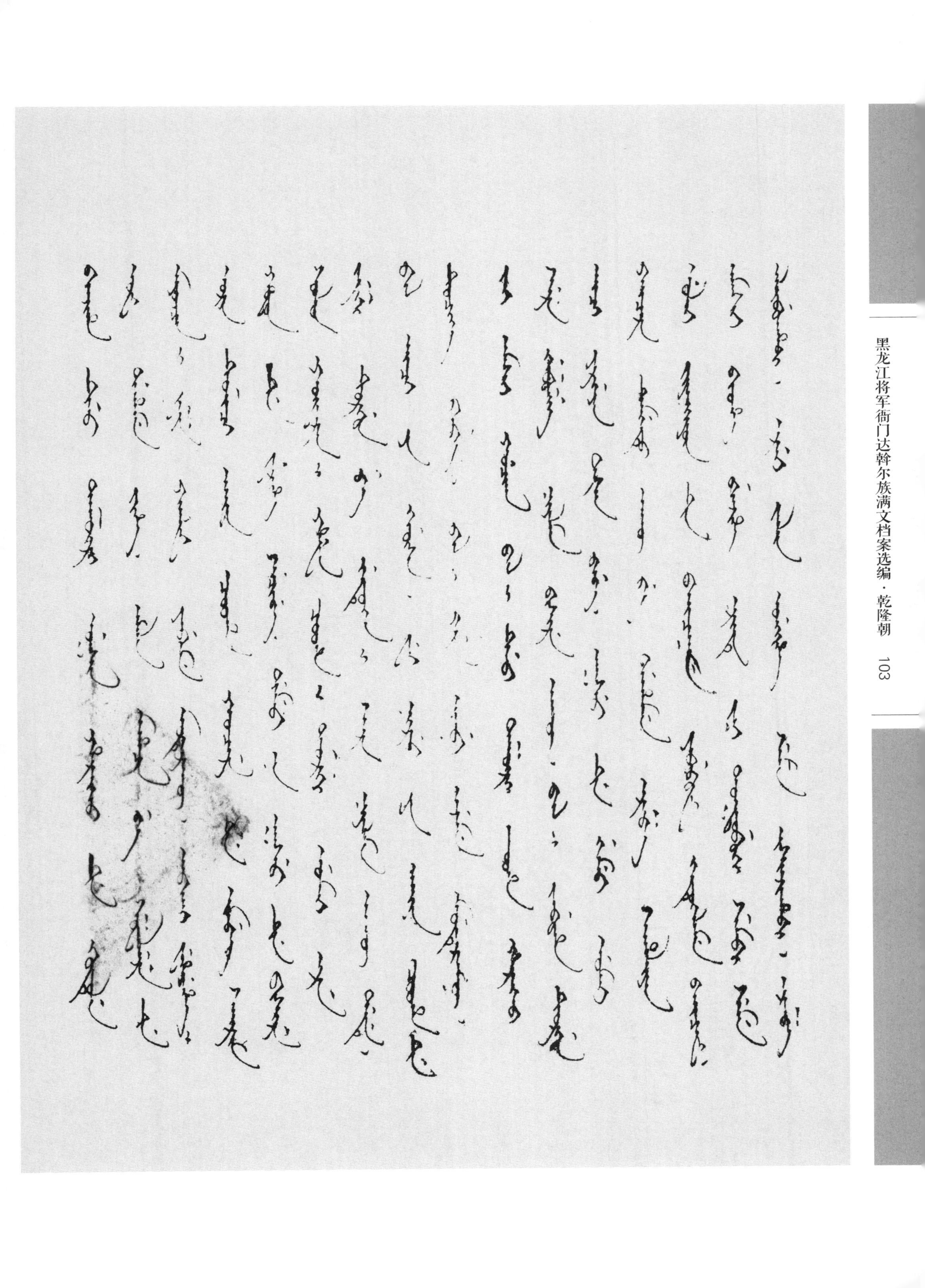

[illegible]

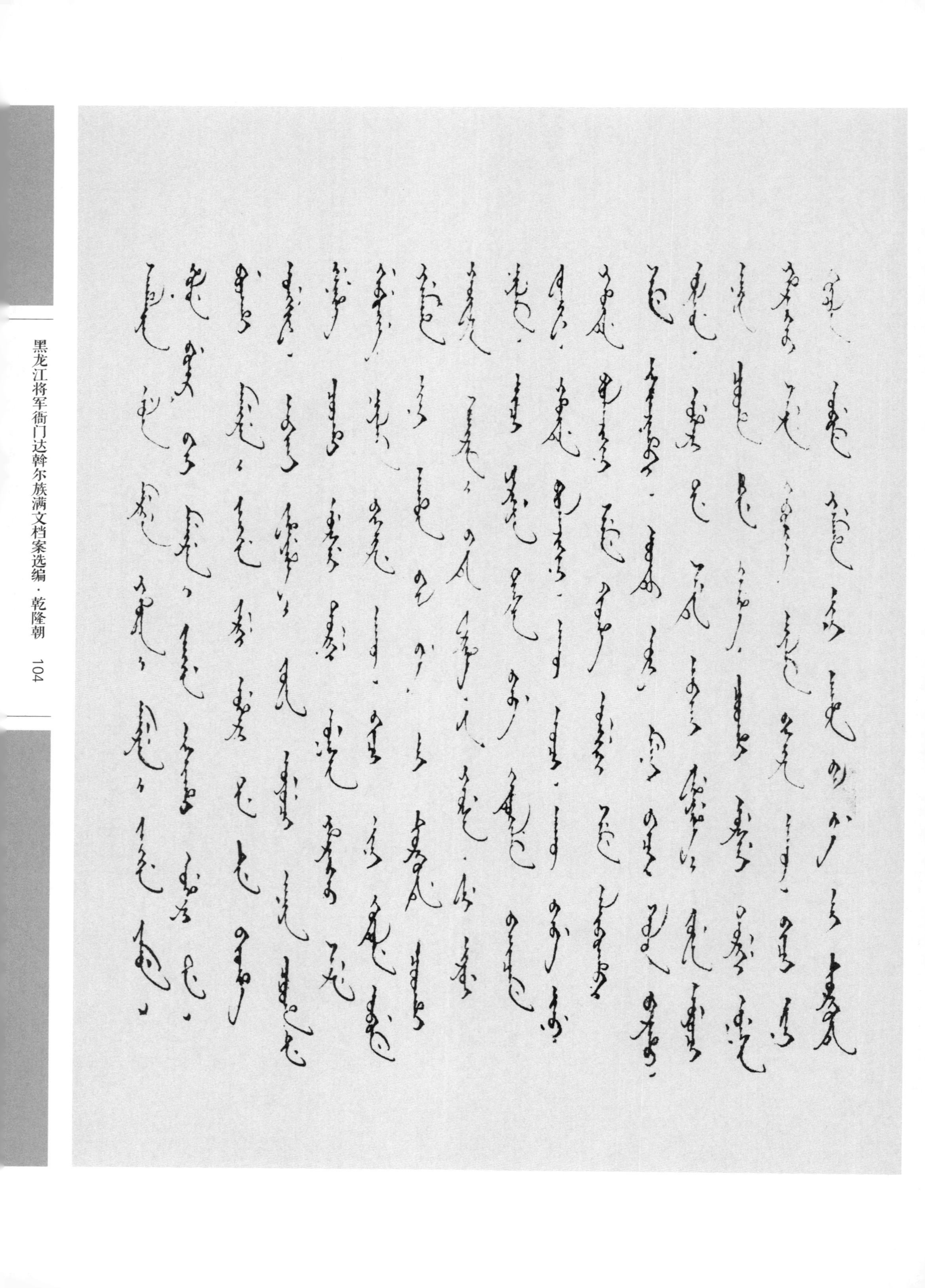

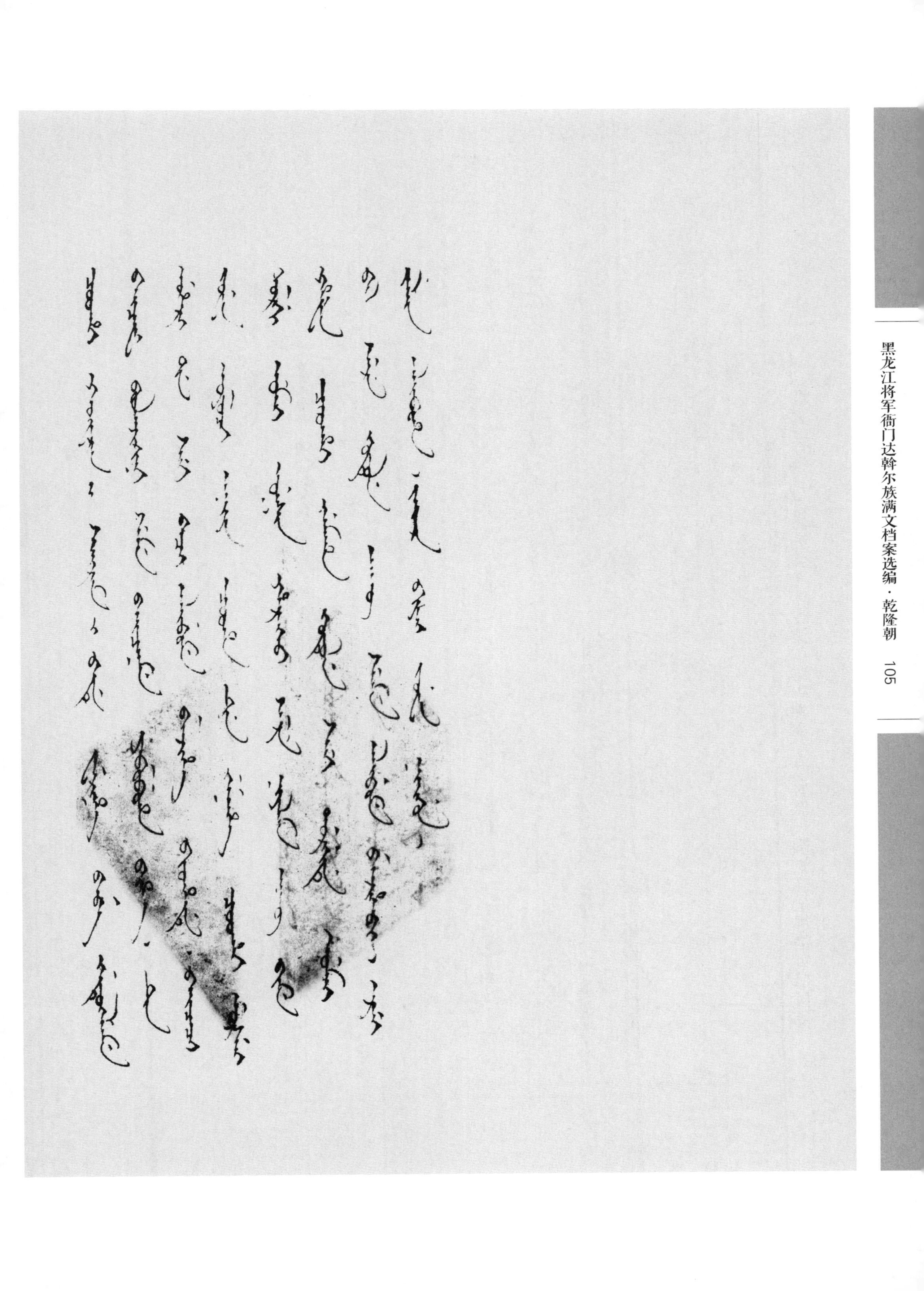

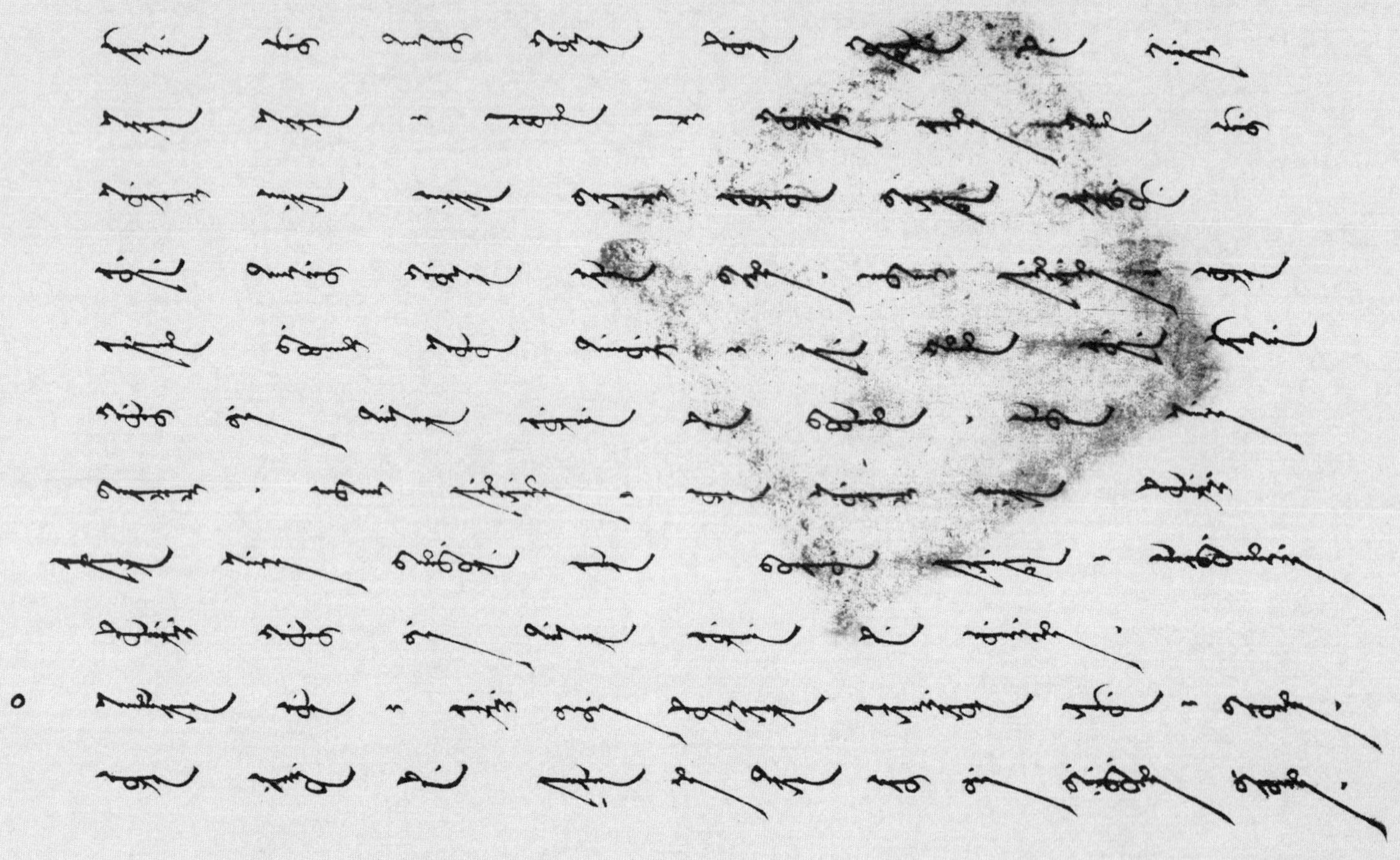

乾隆二十六年八月二十六日

一一二〇 黑龙江将军衙门为报布特哈索伦达斡尔等捕貂丁数并派员解送貂皮事咨理藩院文

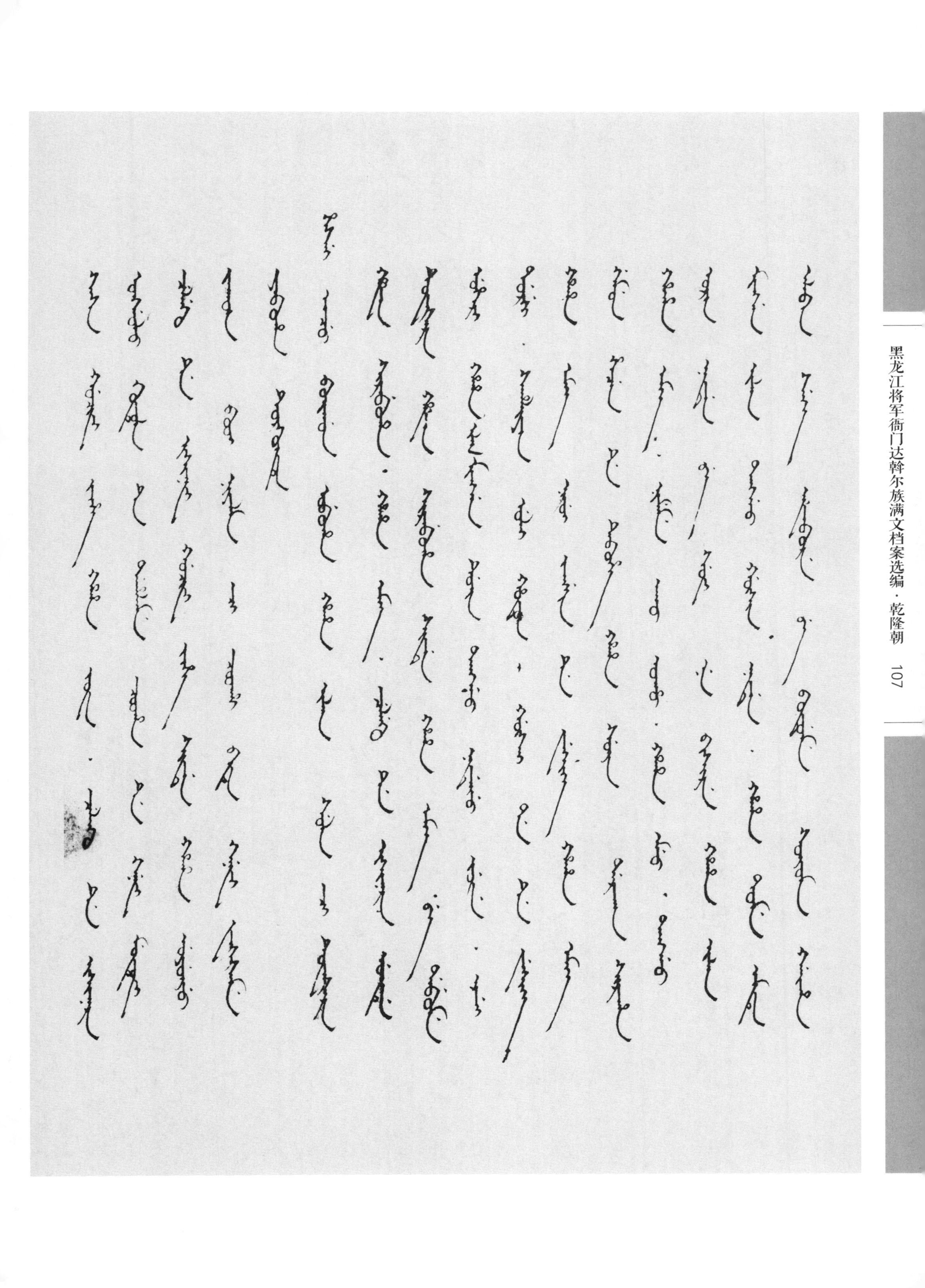

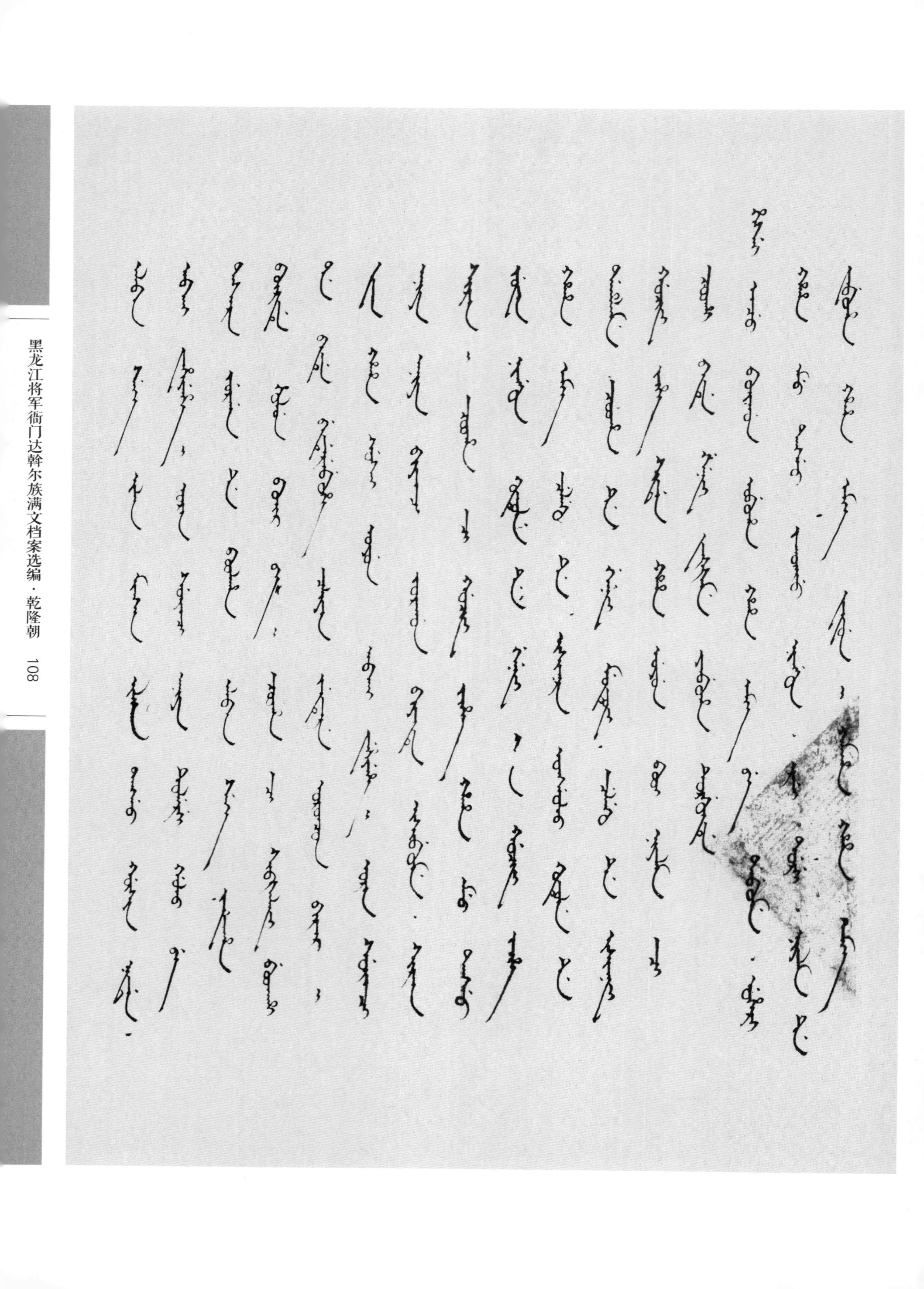

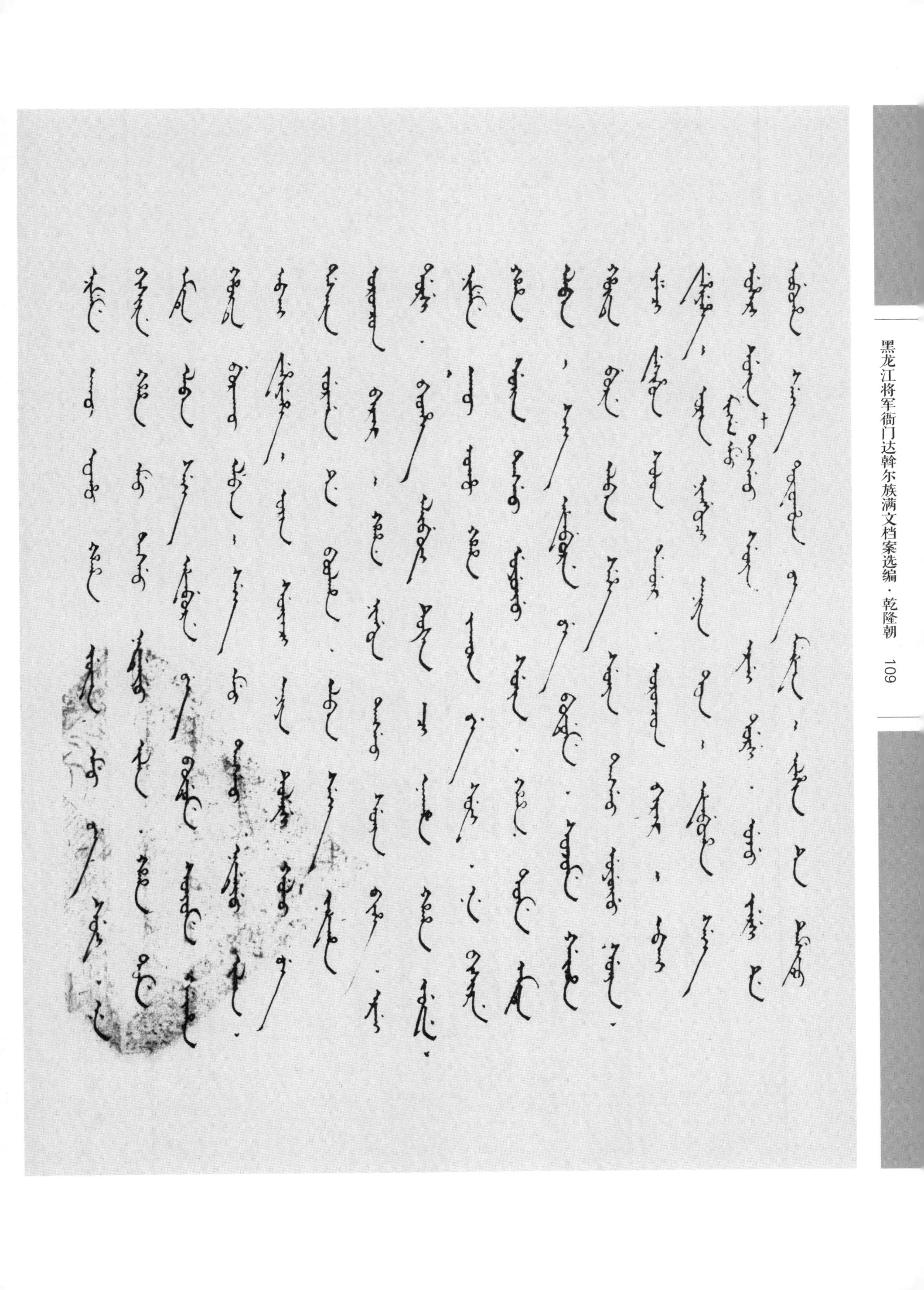

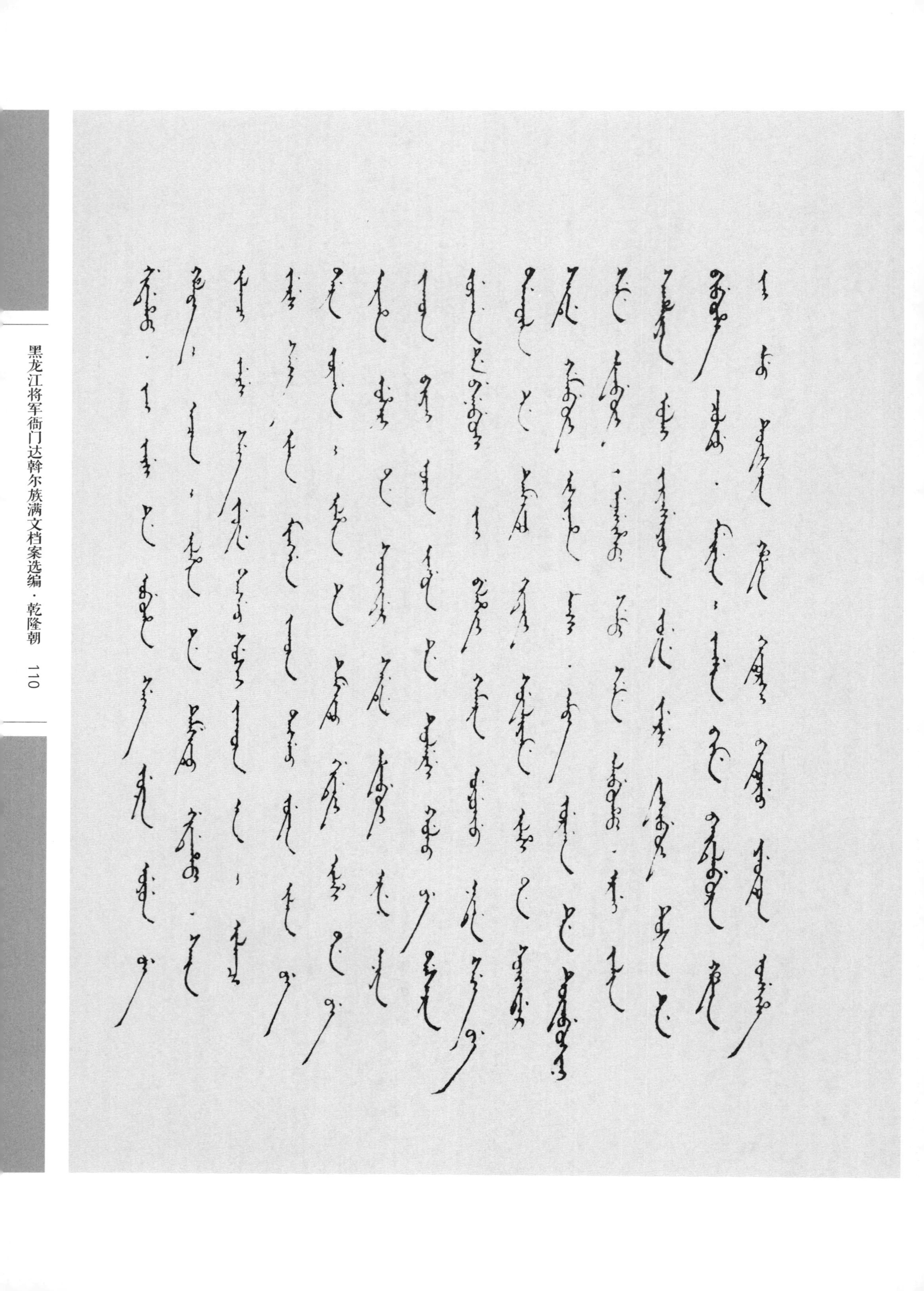

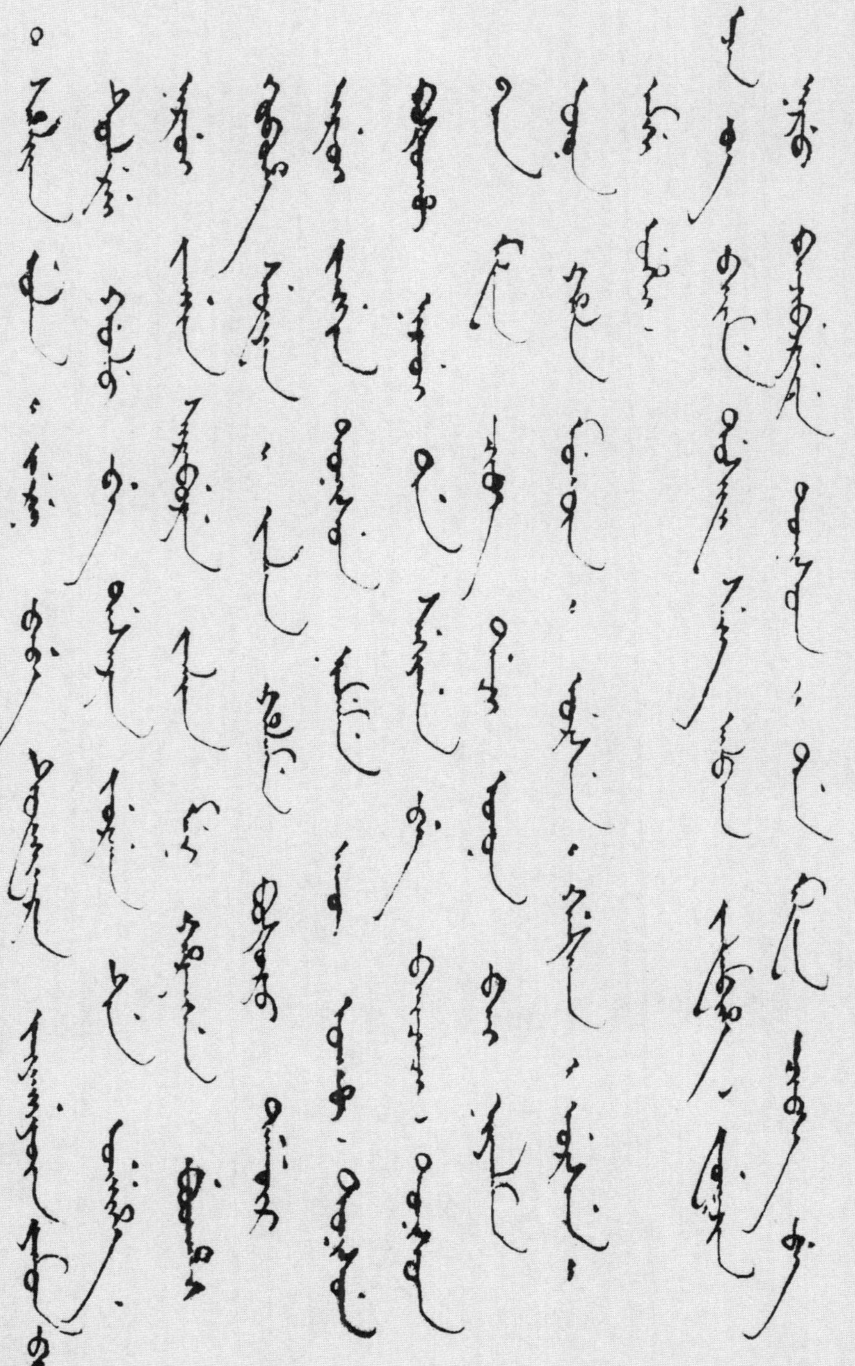

乾隆二十六年八月二十八日

一一二一 黑龙江将军衙门为布特哈镶黄旗世管达斡尔佐领托尼逊病故出缺查明源流拟定正陪人员引见事咨理藩院文

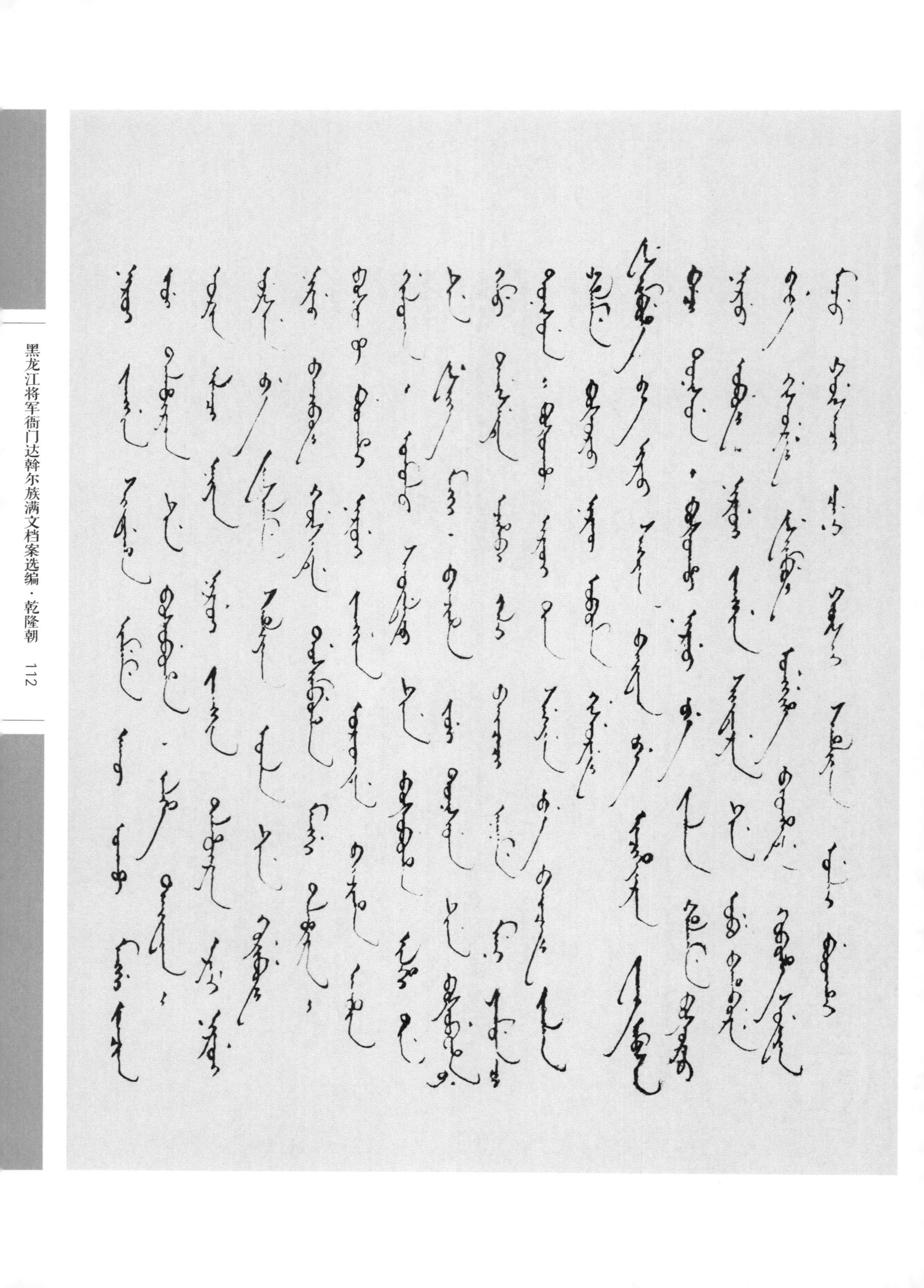

[illegible]

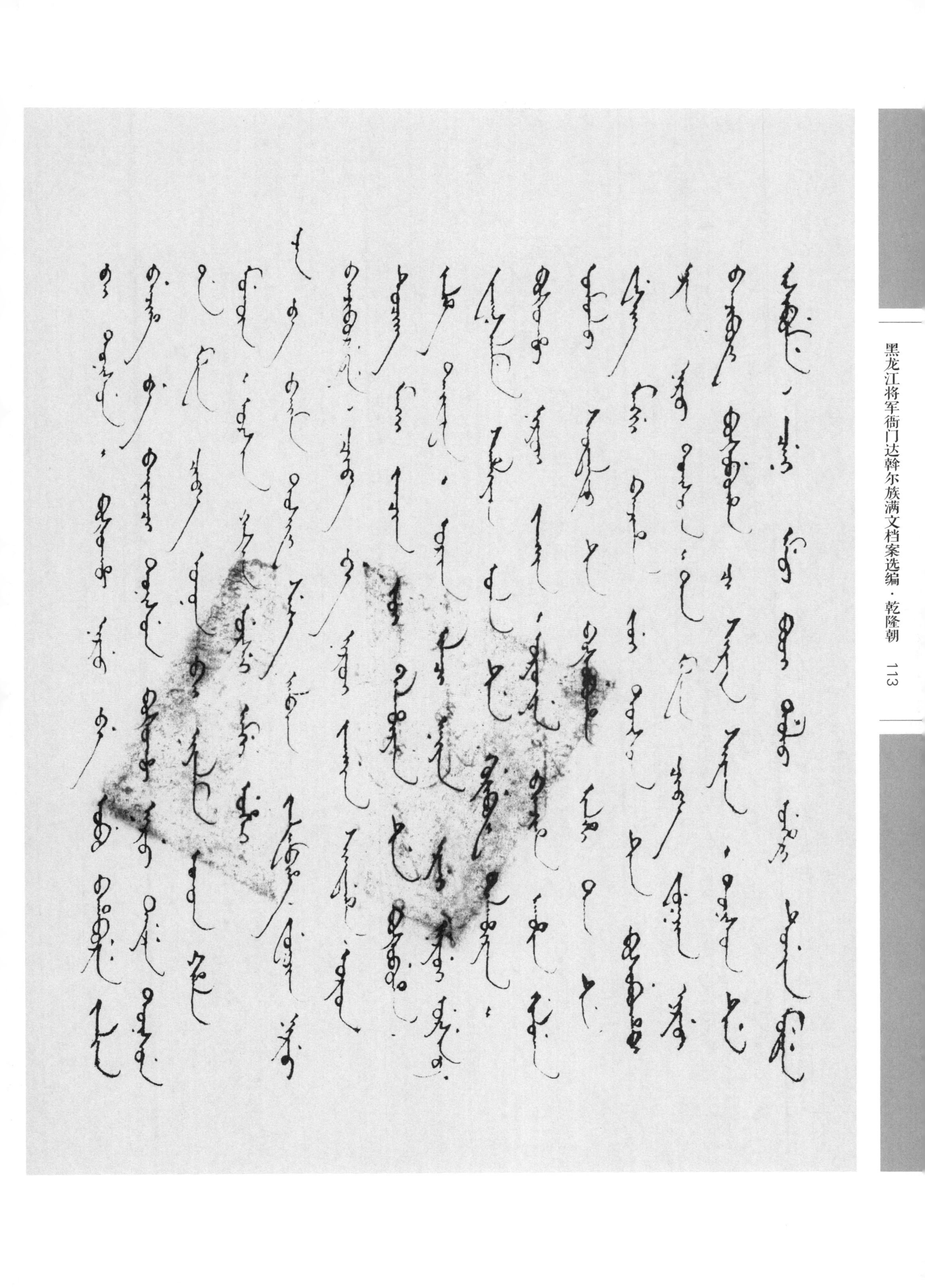

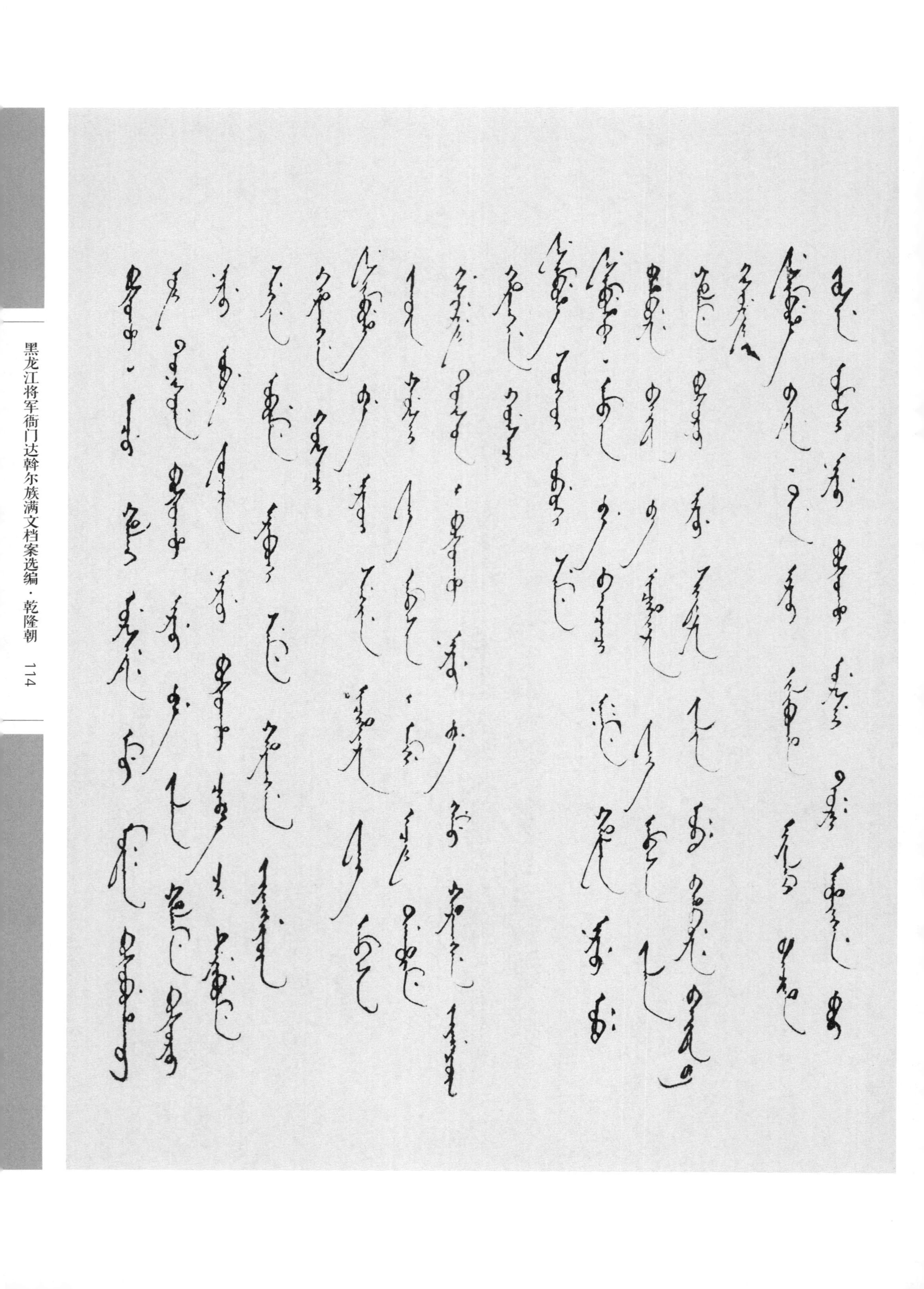

[illegible]

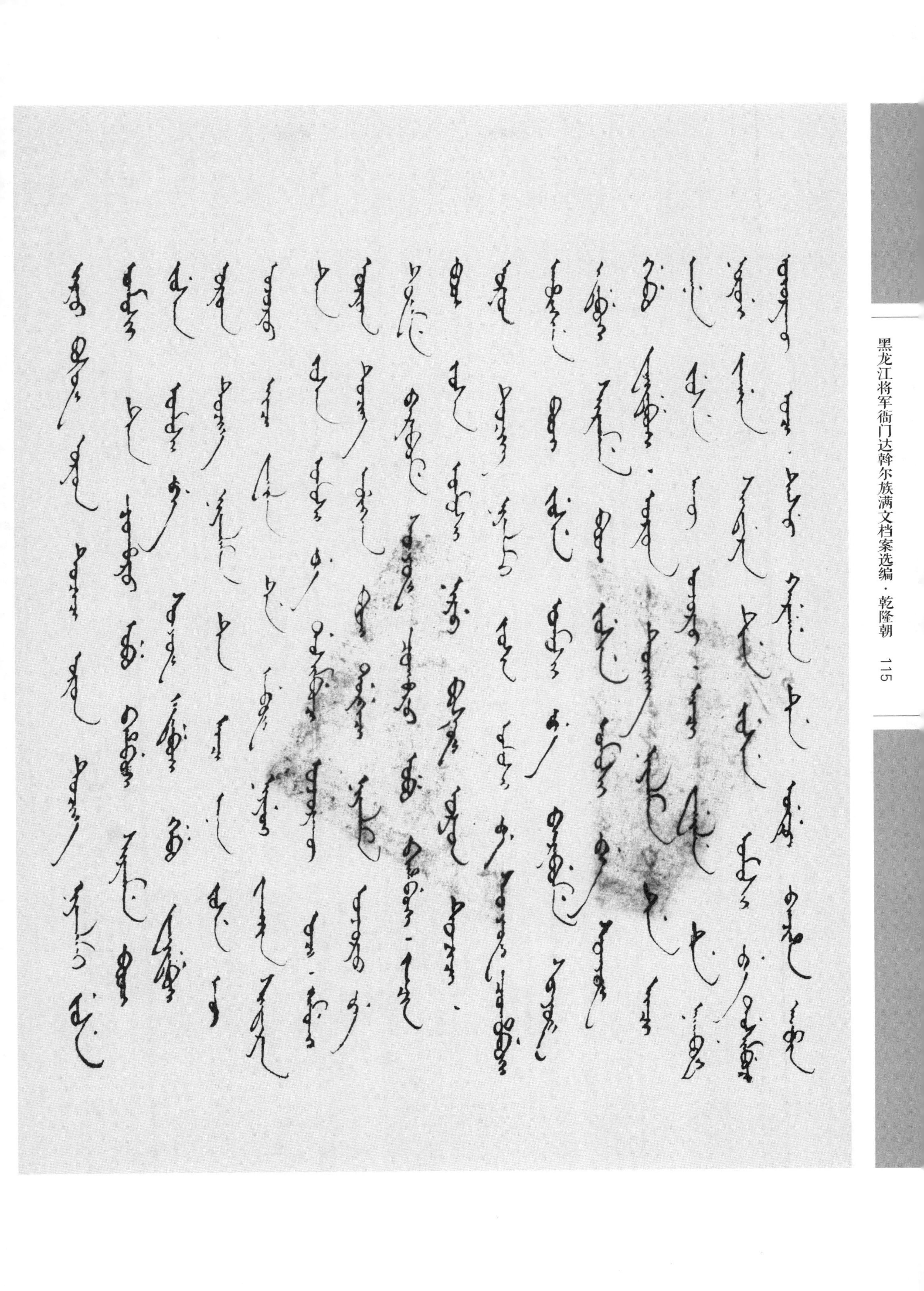

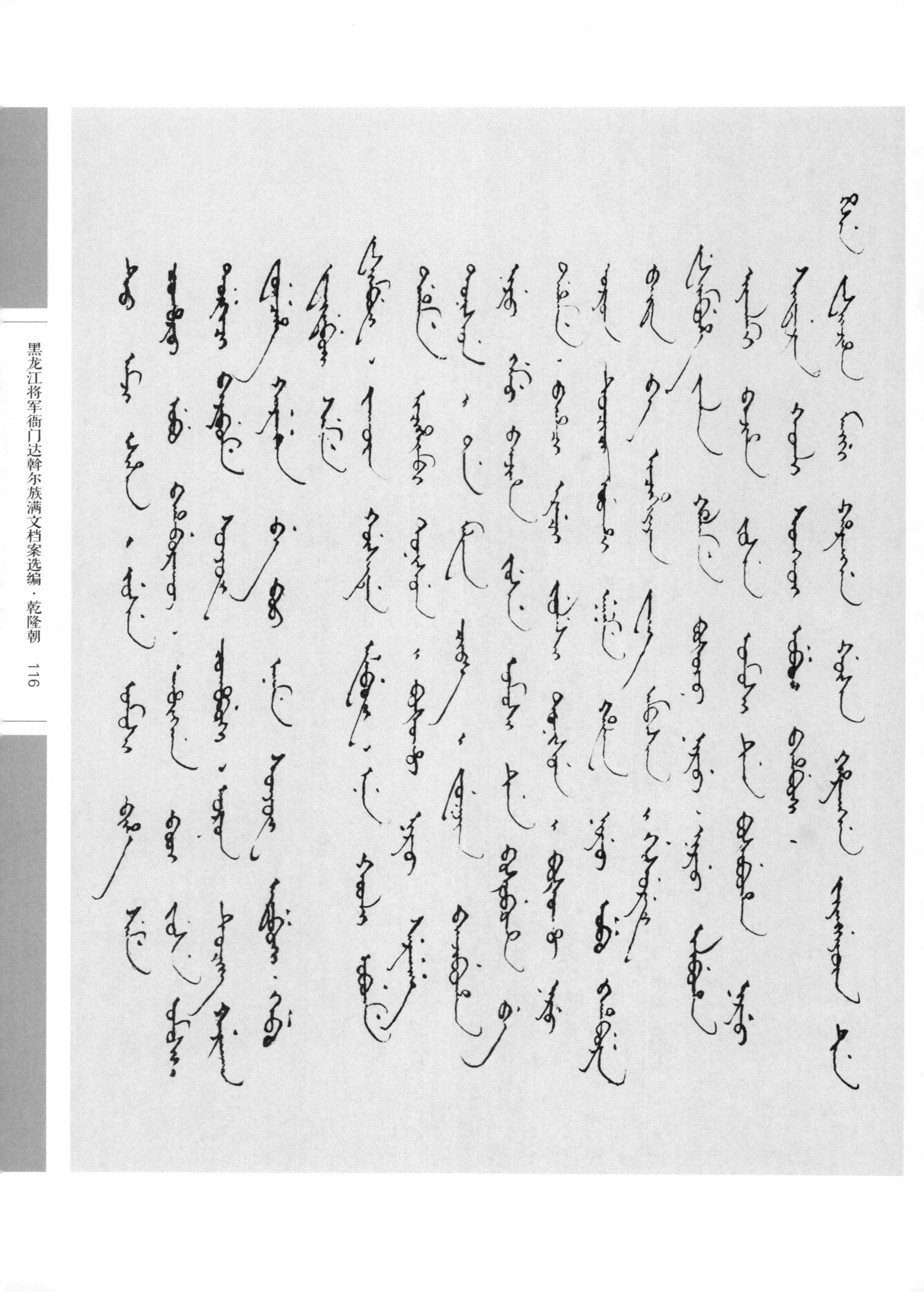

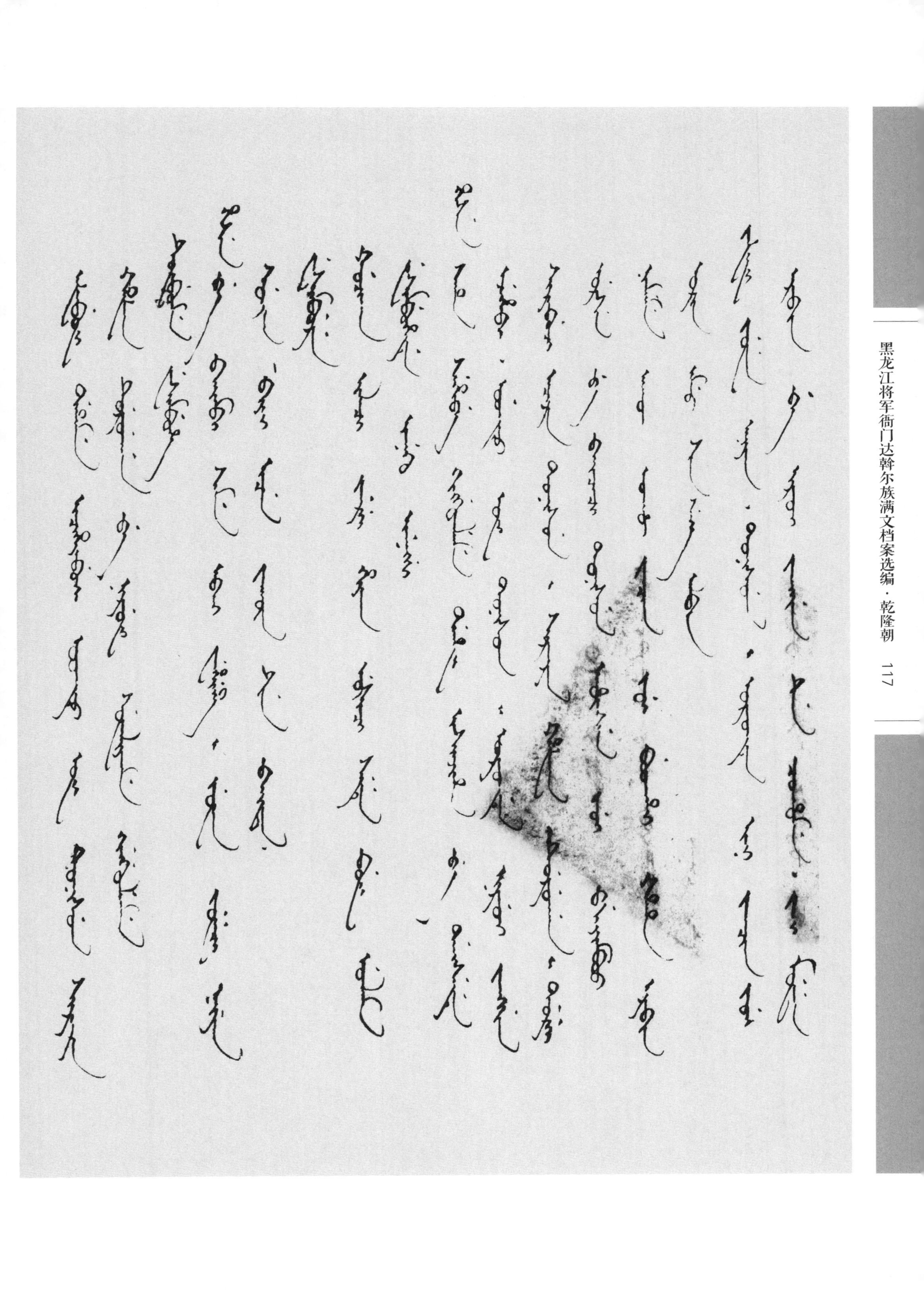

[illegible]

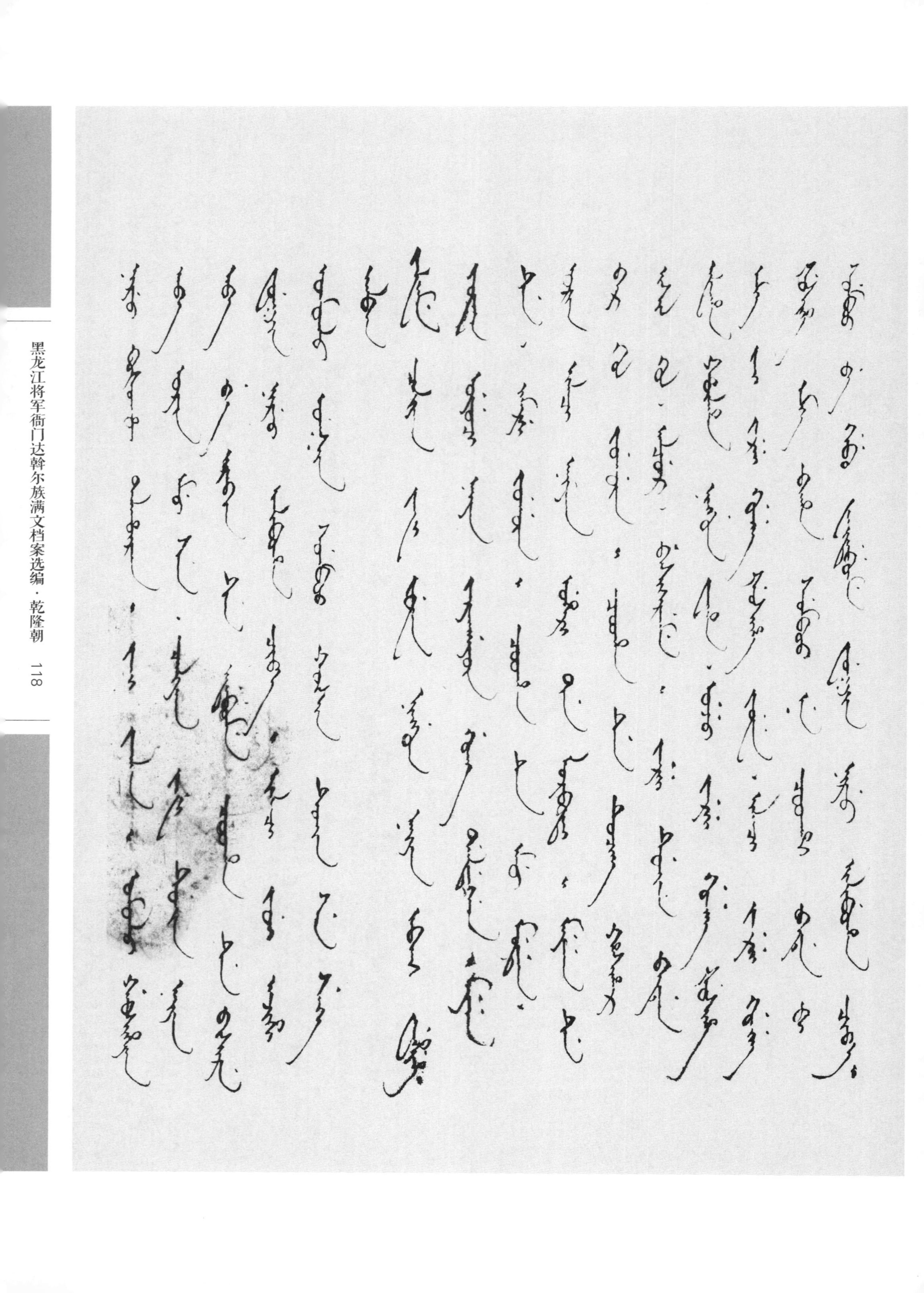

[illegible]

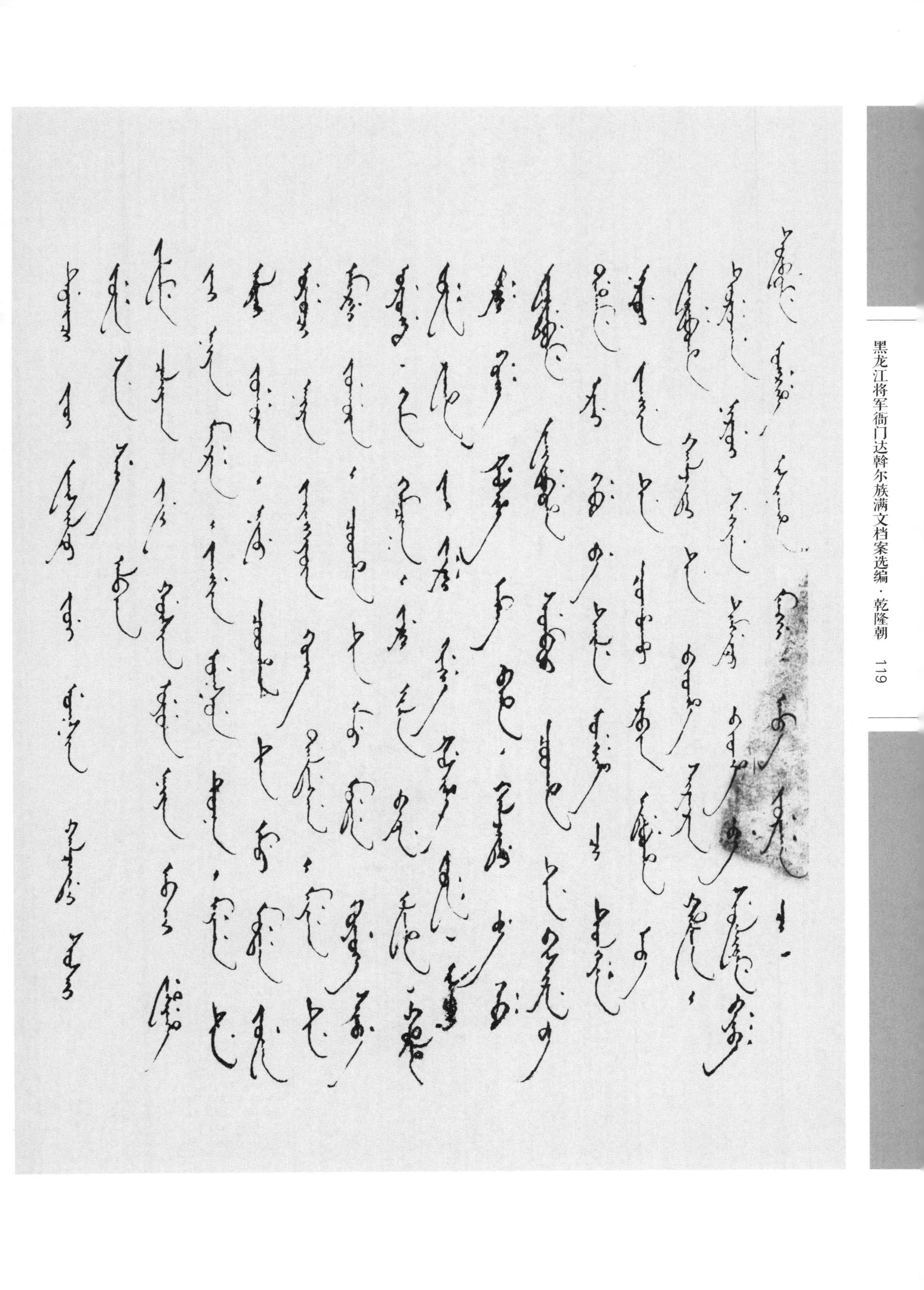

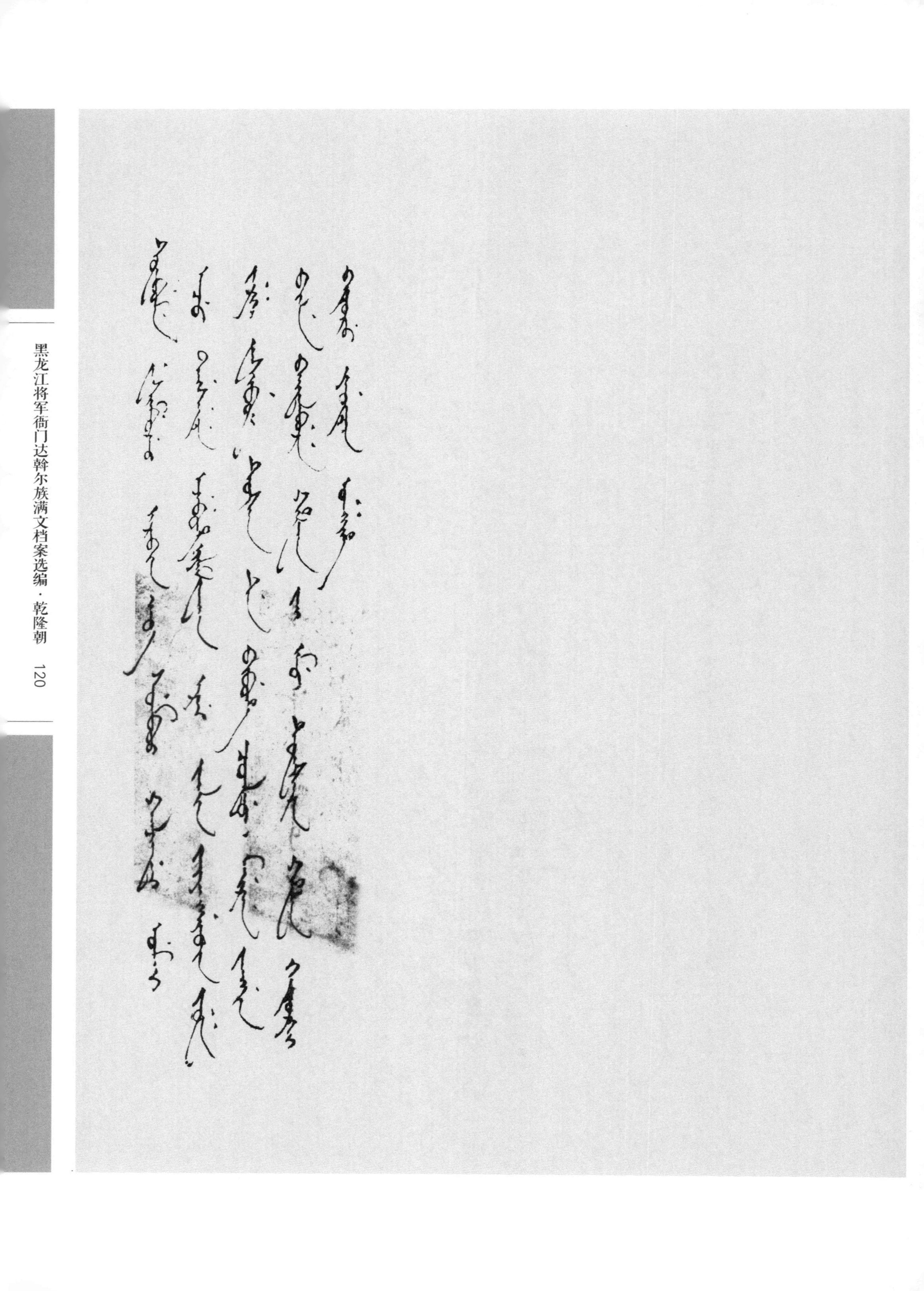

一一二二 黑龙江将军衙门为布特哈正白旗达斡尔公中佐领散达保病故出缺查明源流拟定正陪人员引见事咨理藩院文

乾隆二十六年八月二十八日

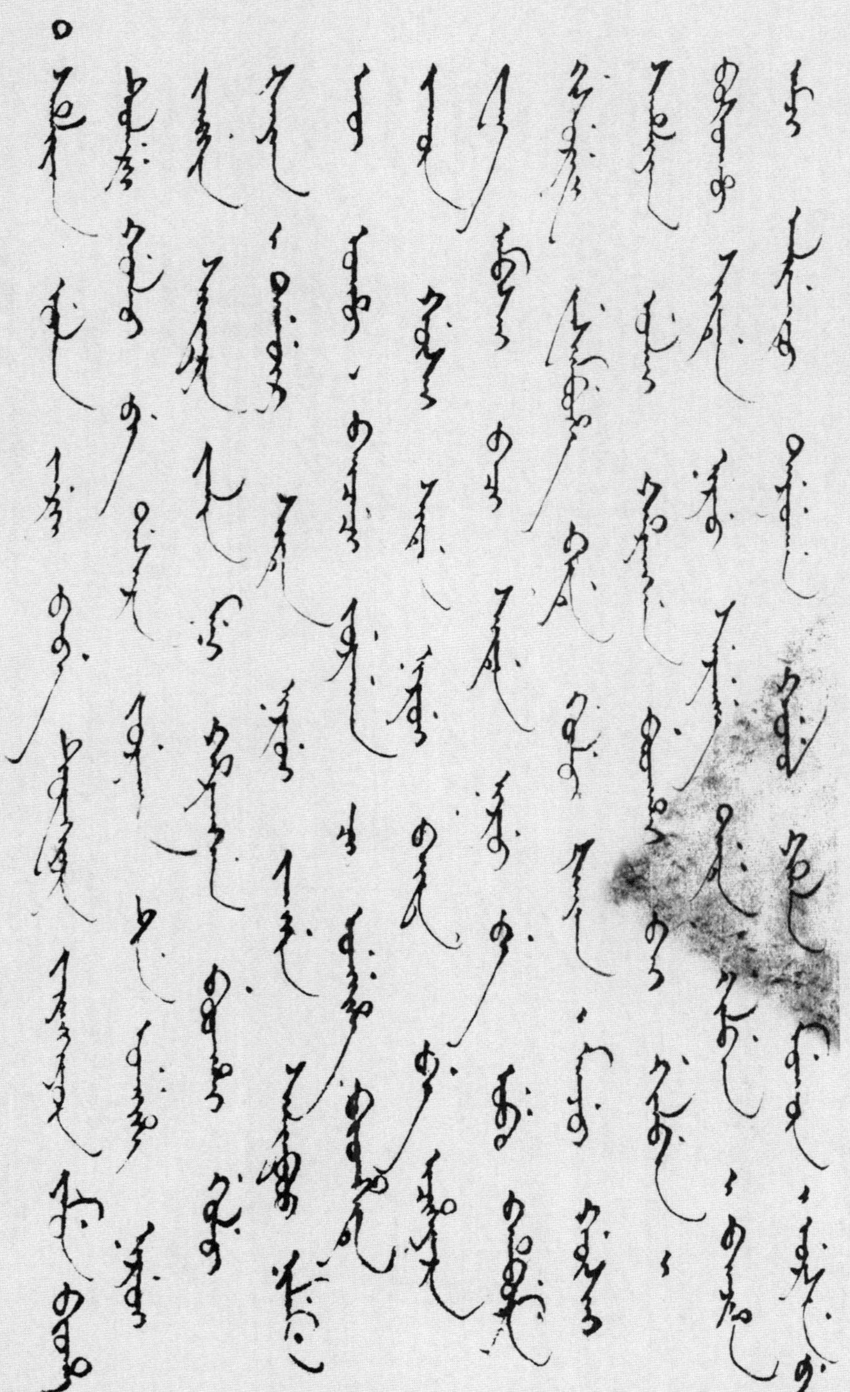

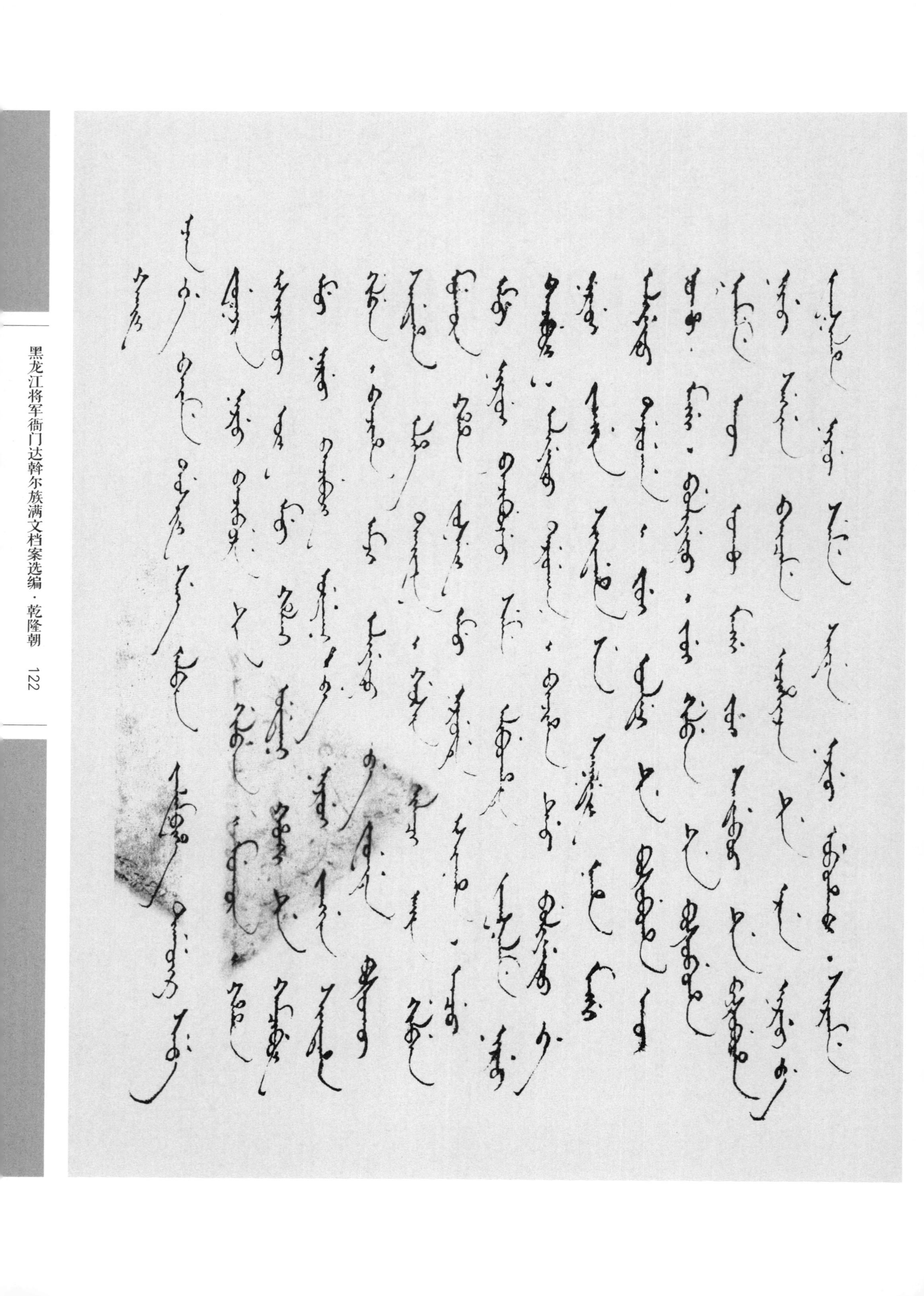

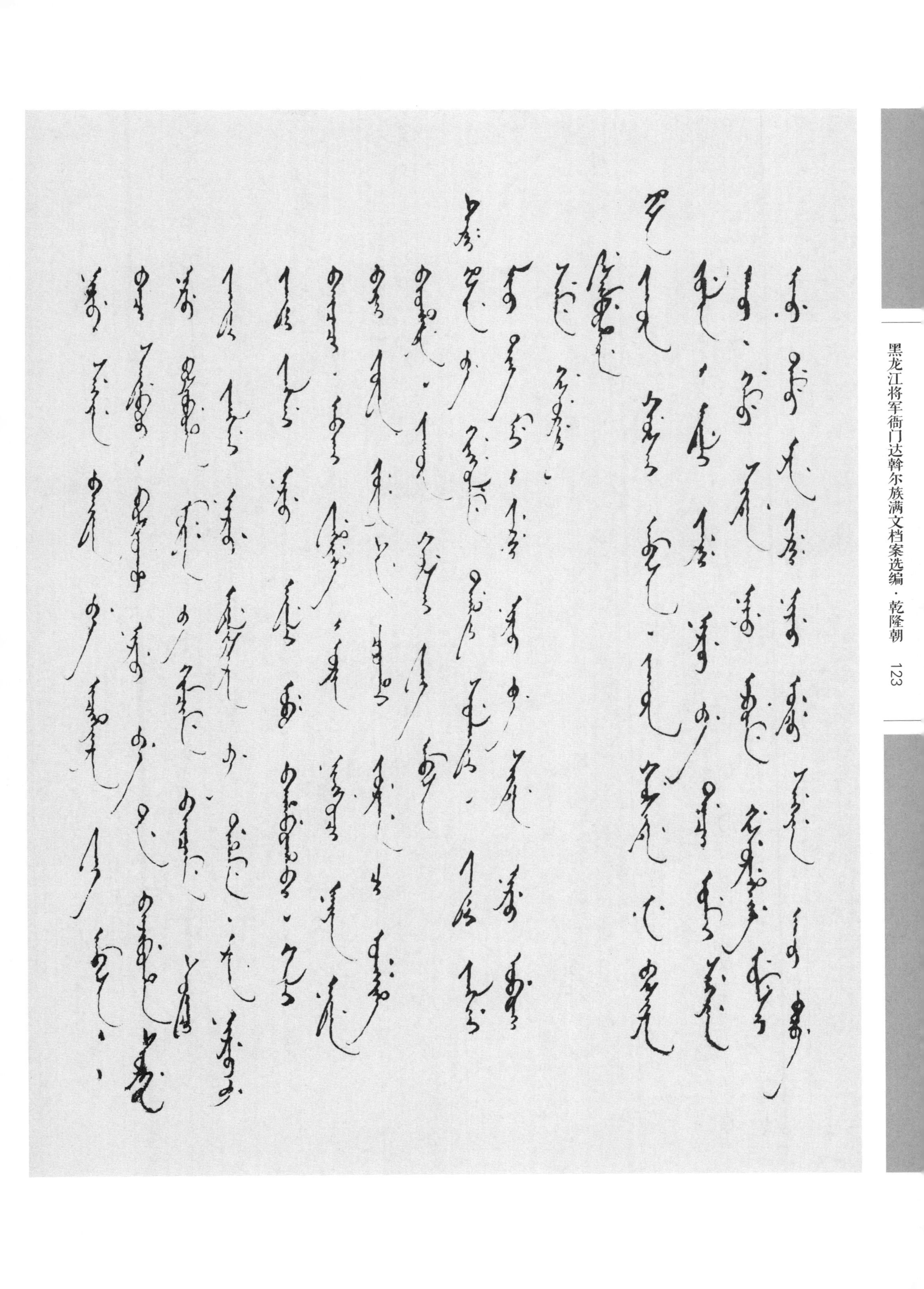

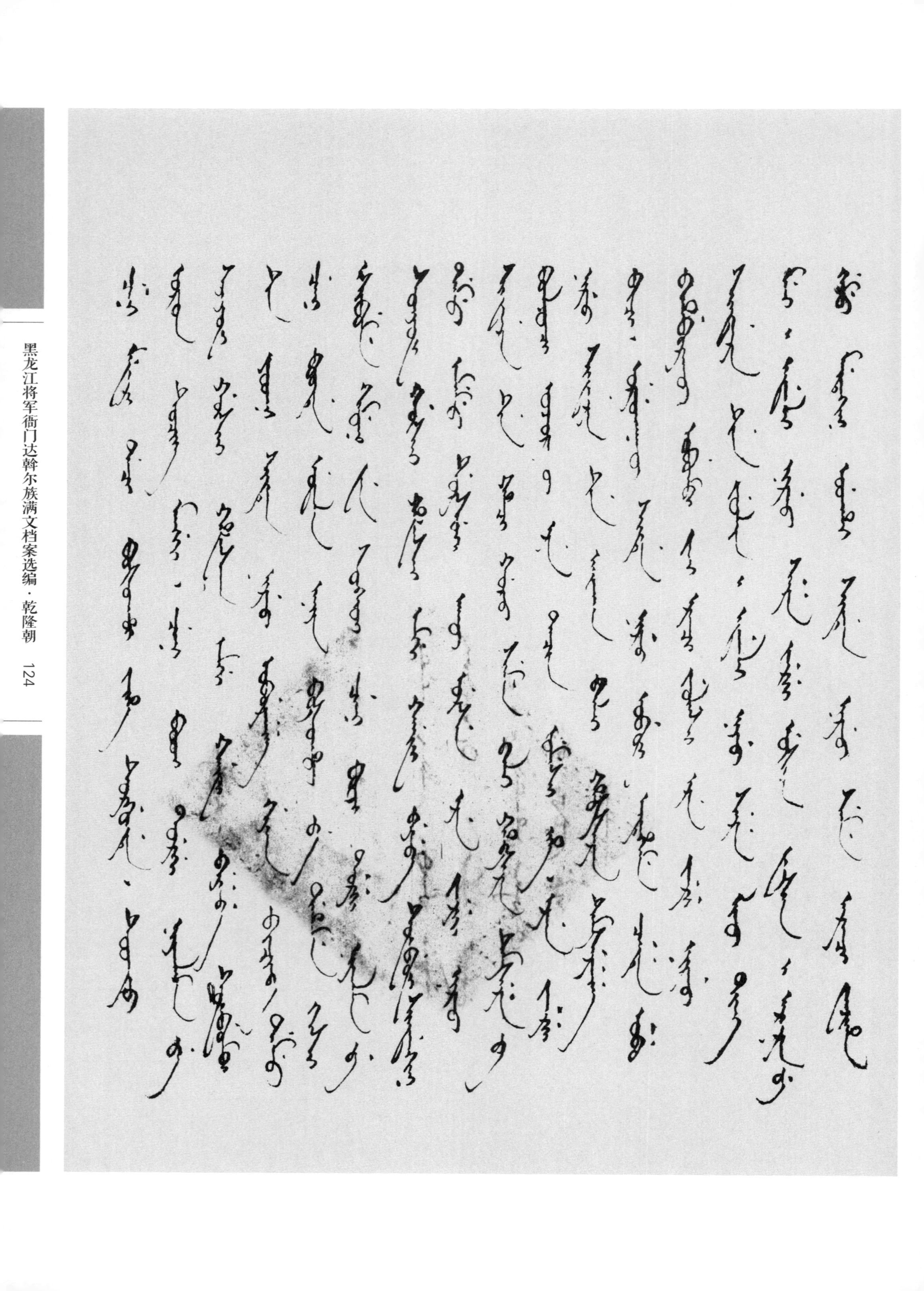

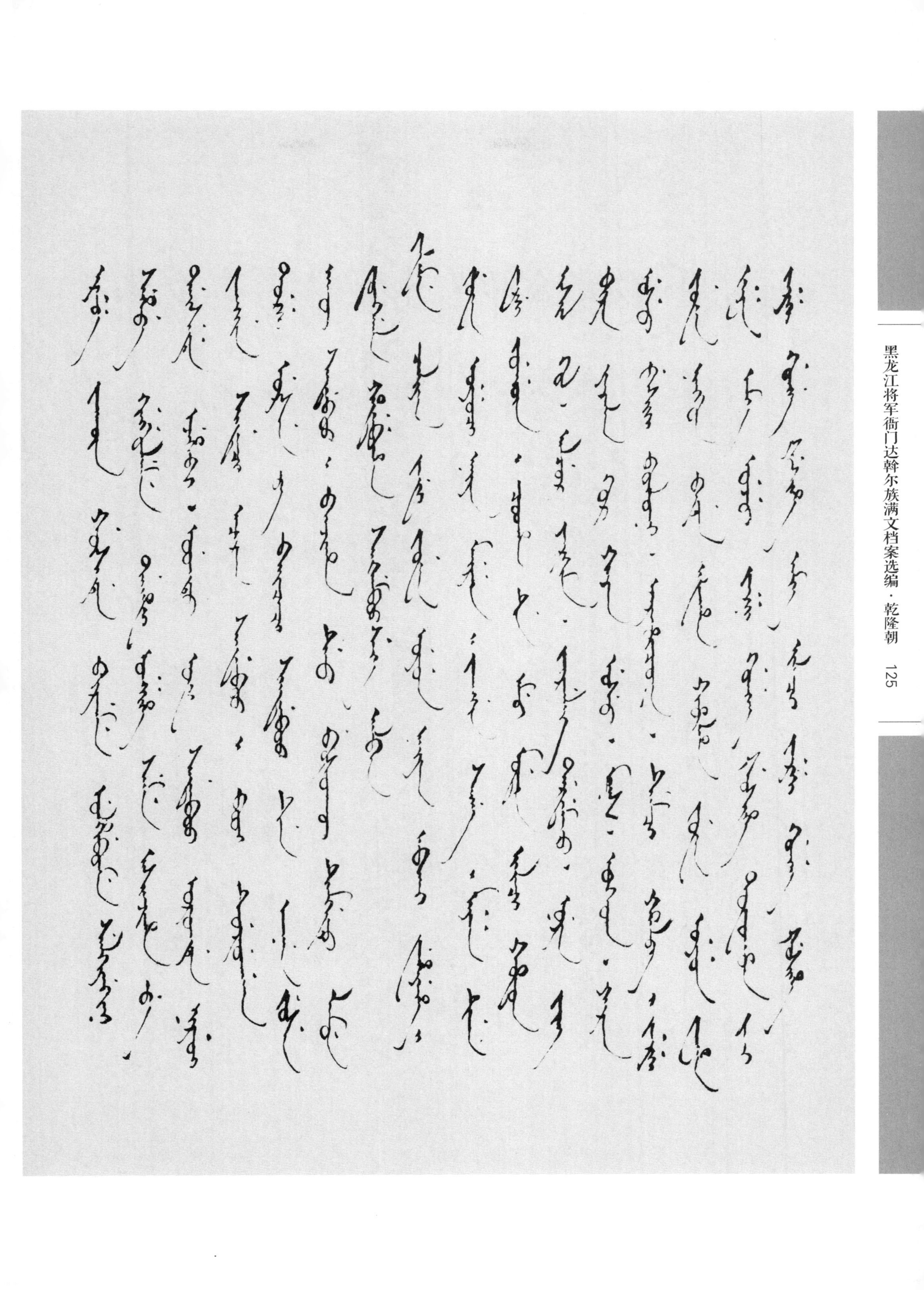

[illegible]

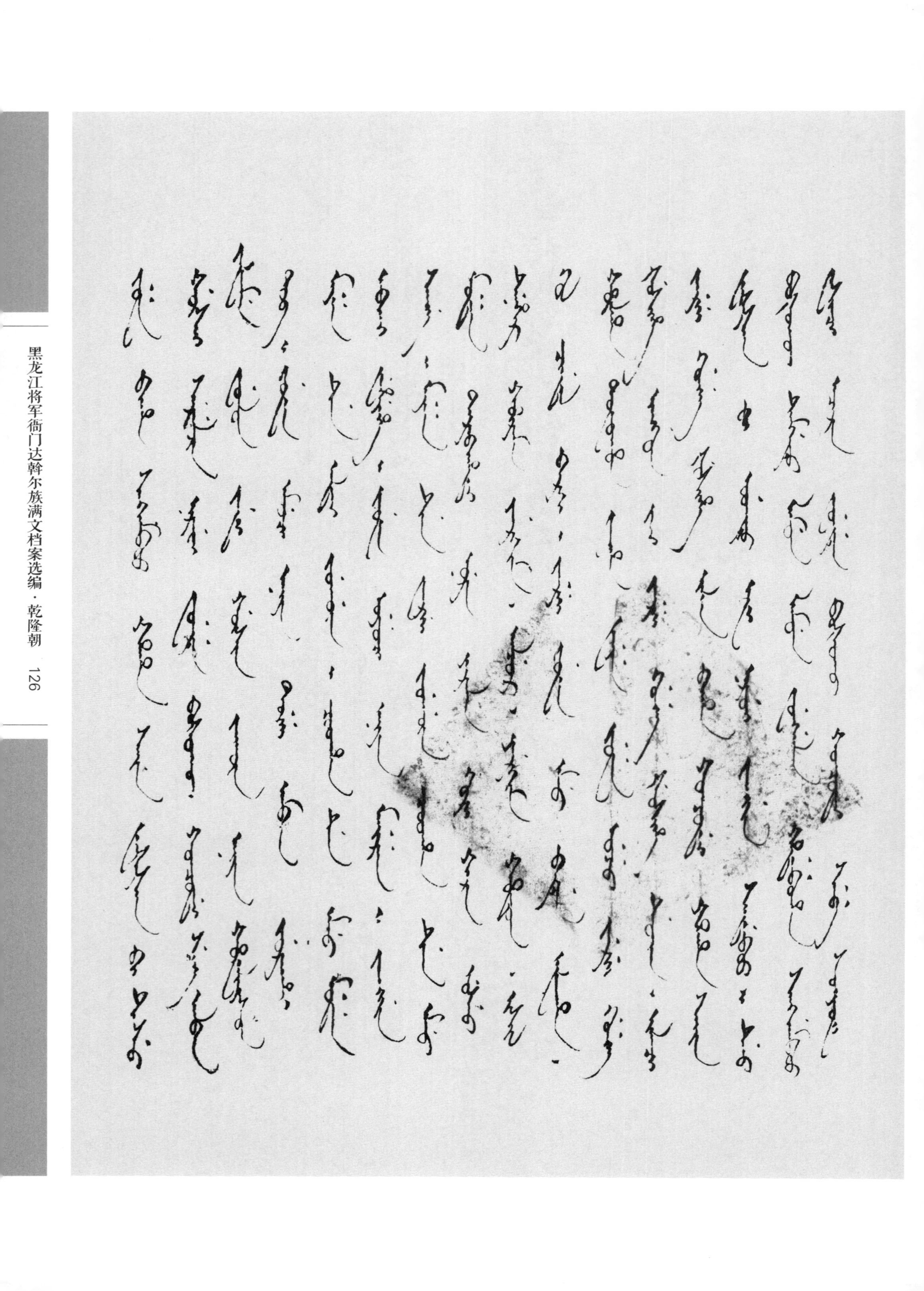

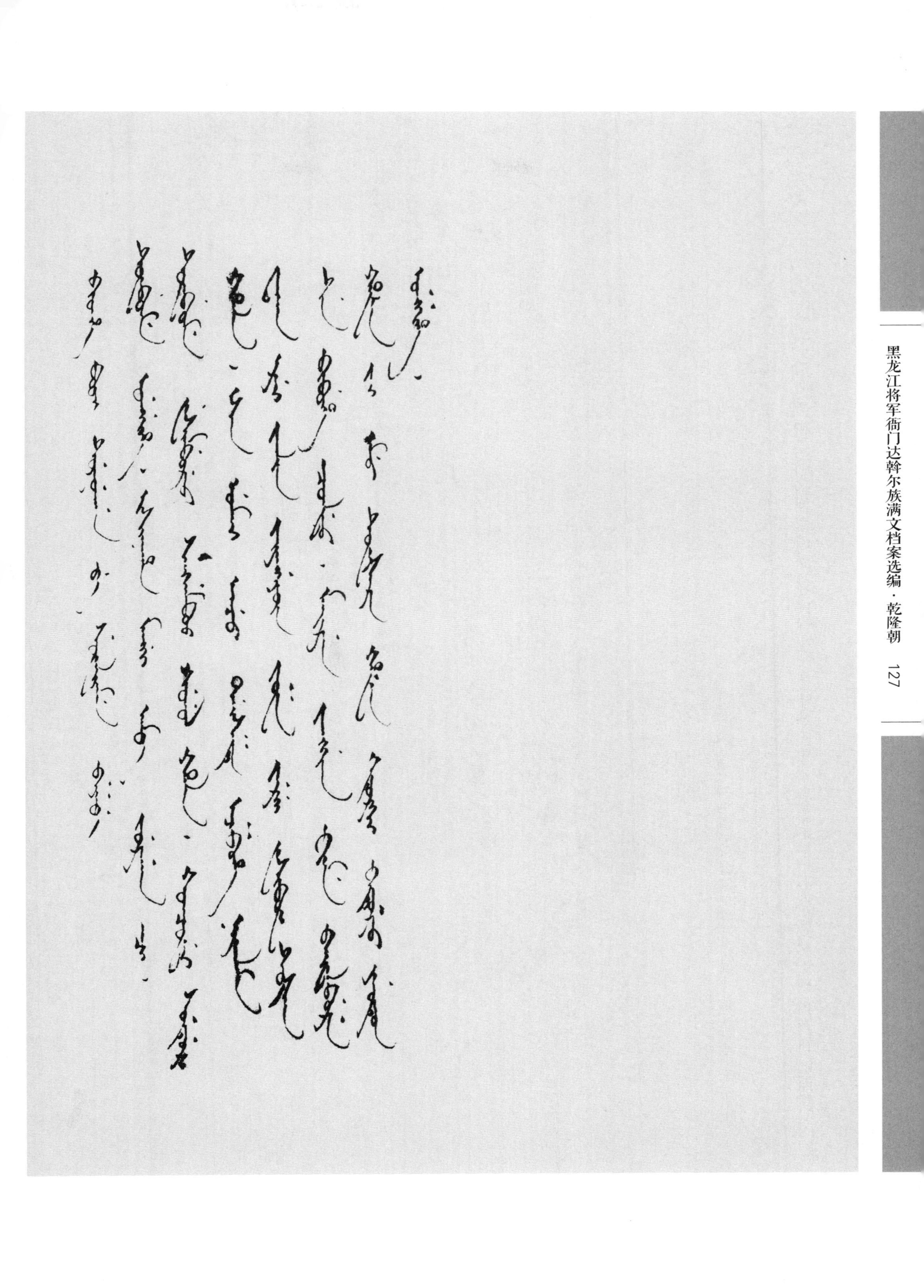

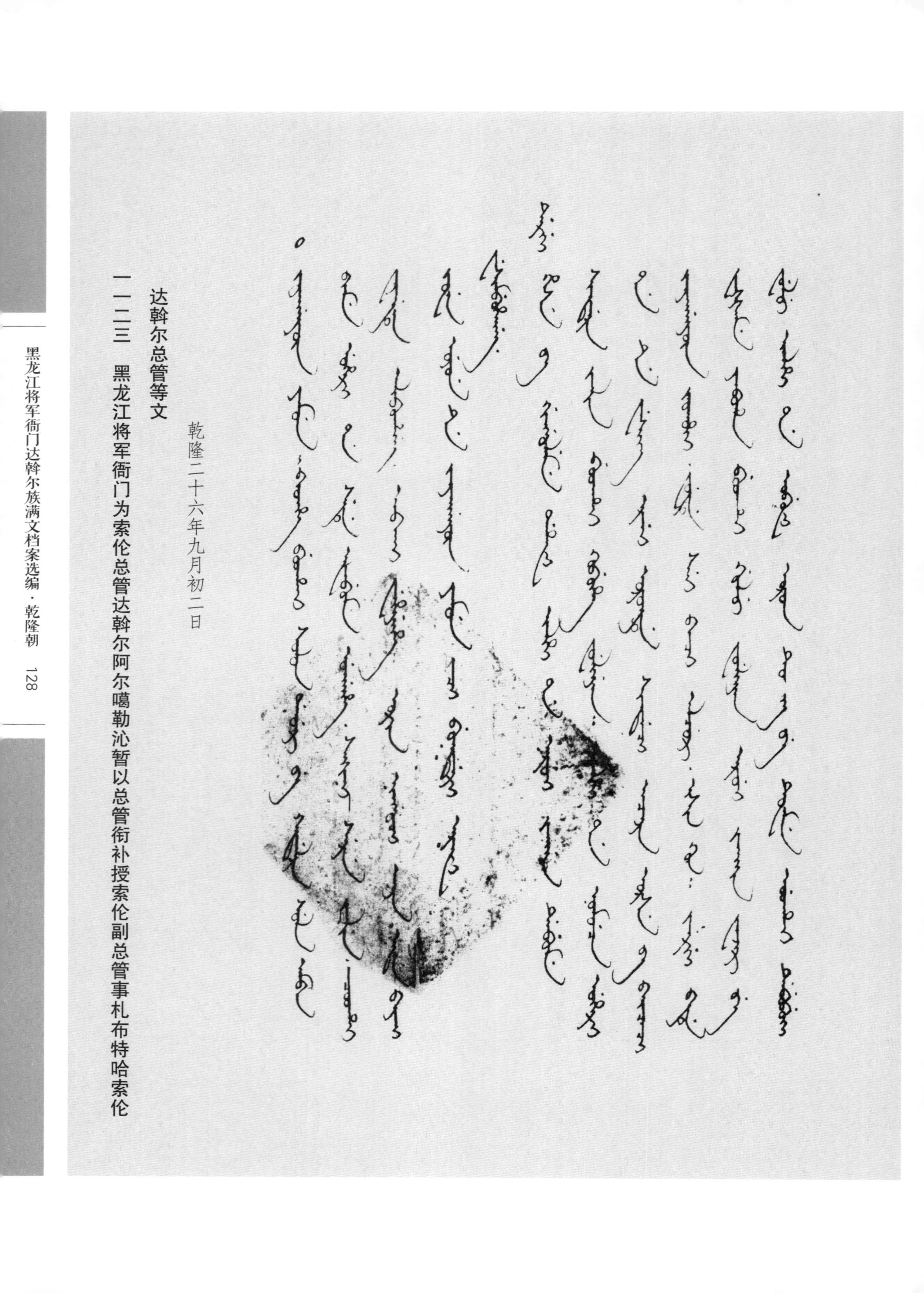

一一二三　黑龙江将军衙门为索伦总管达斡尔阿尔噶勒沁暂以总管衔补授索伦副总管事札布特哈索伦达斡尔总管等文

乾隆二十六年九月初二日

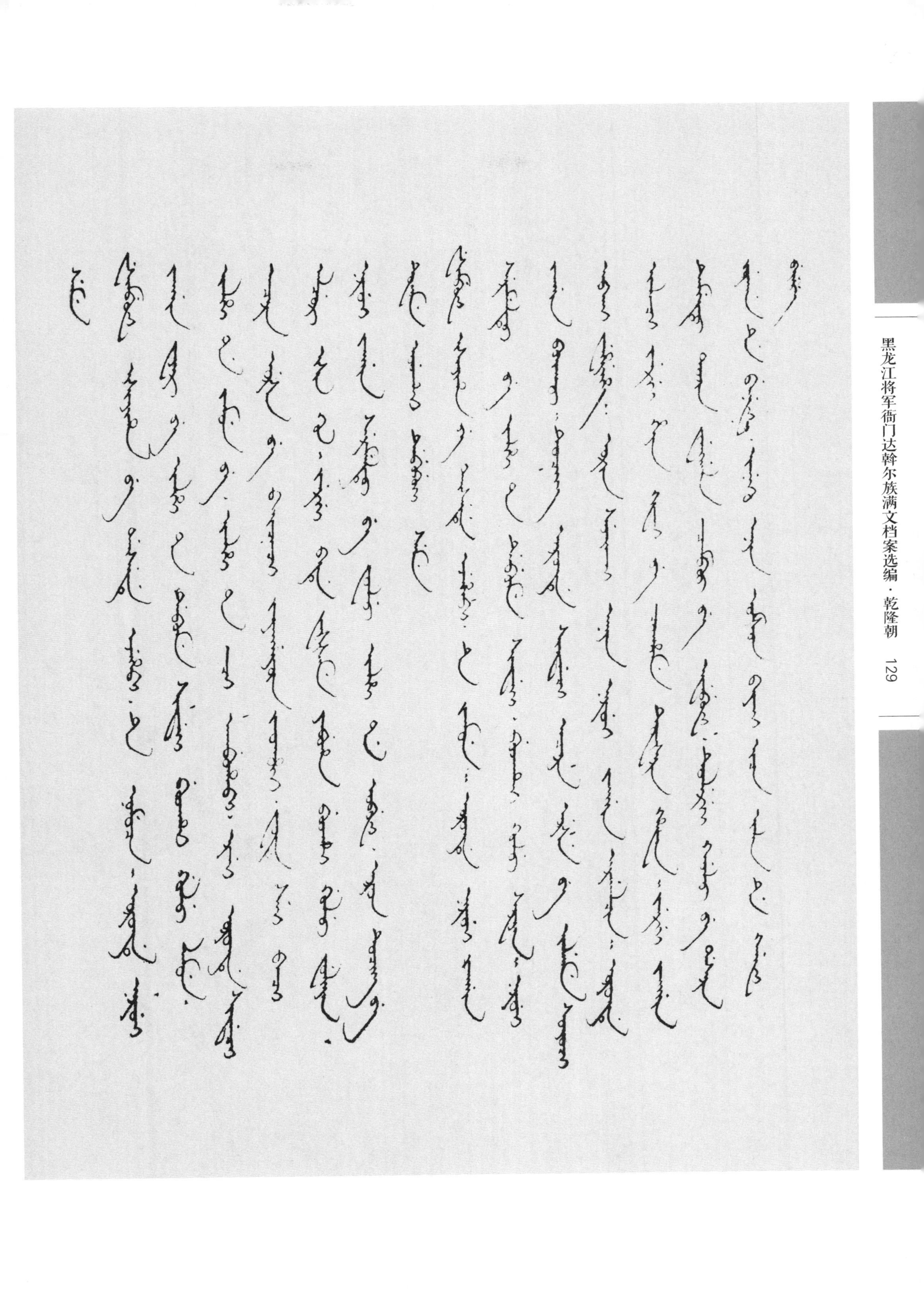

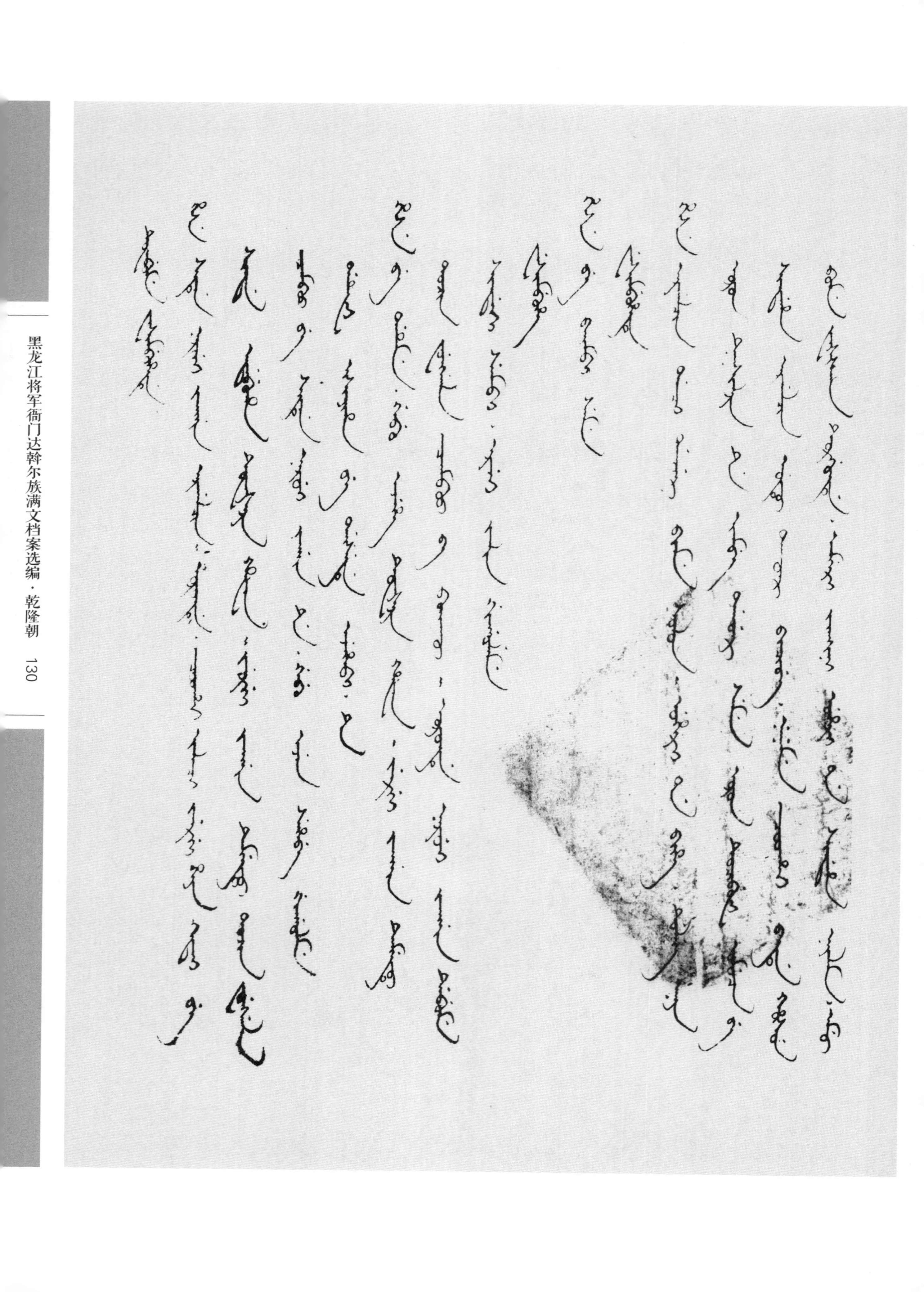

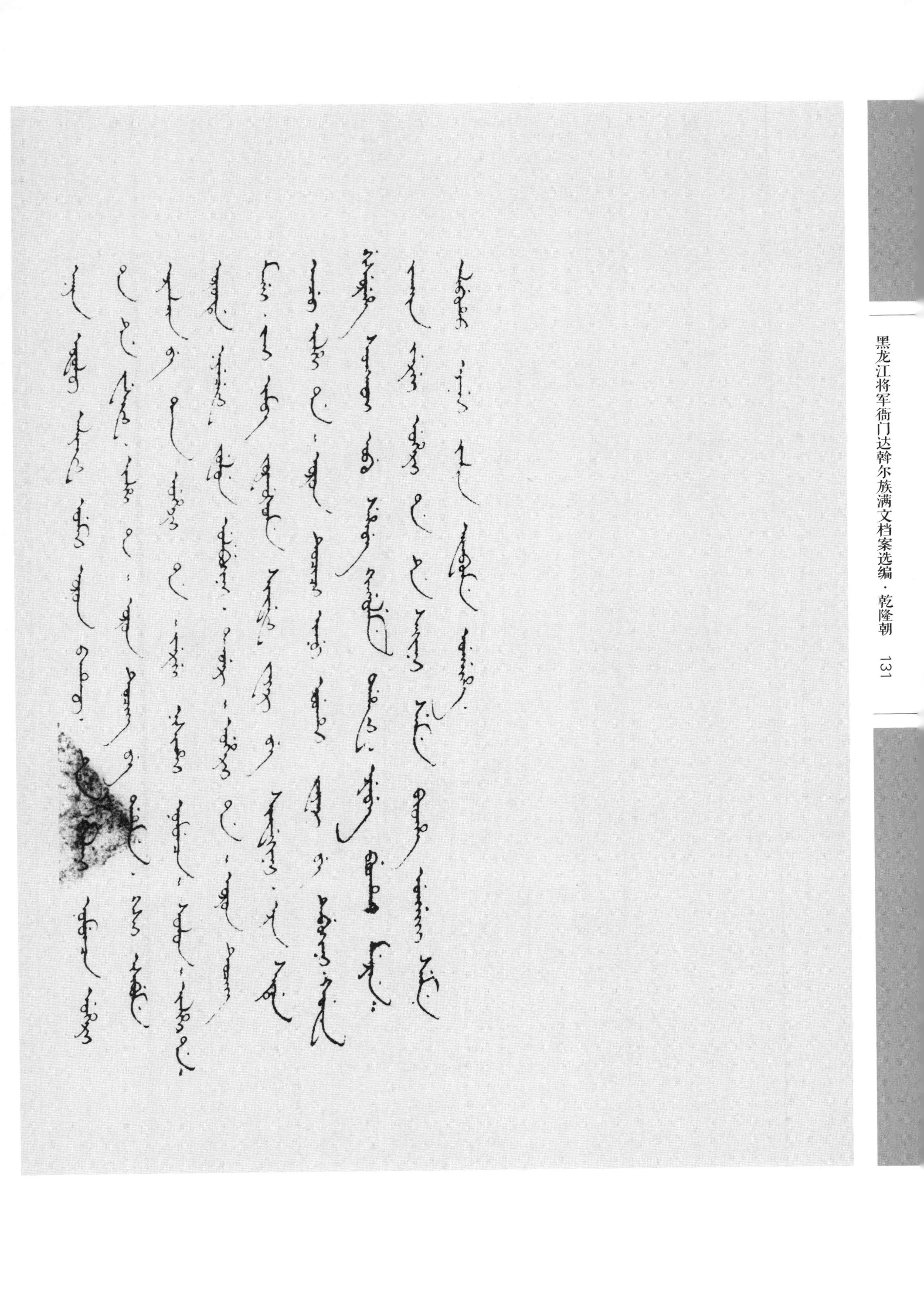

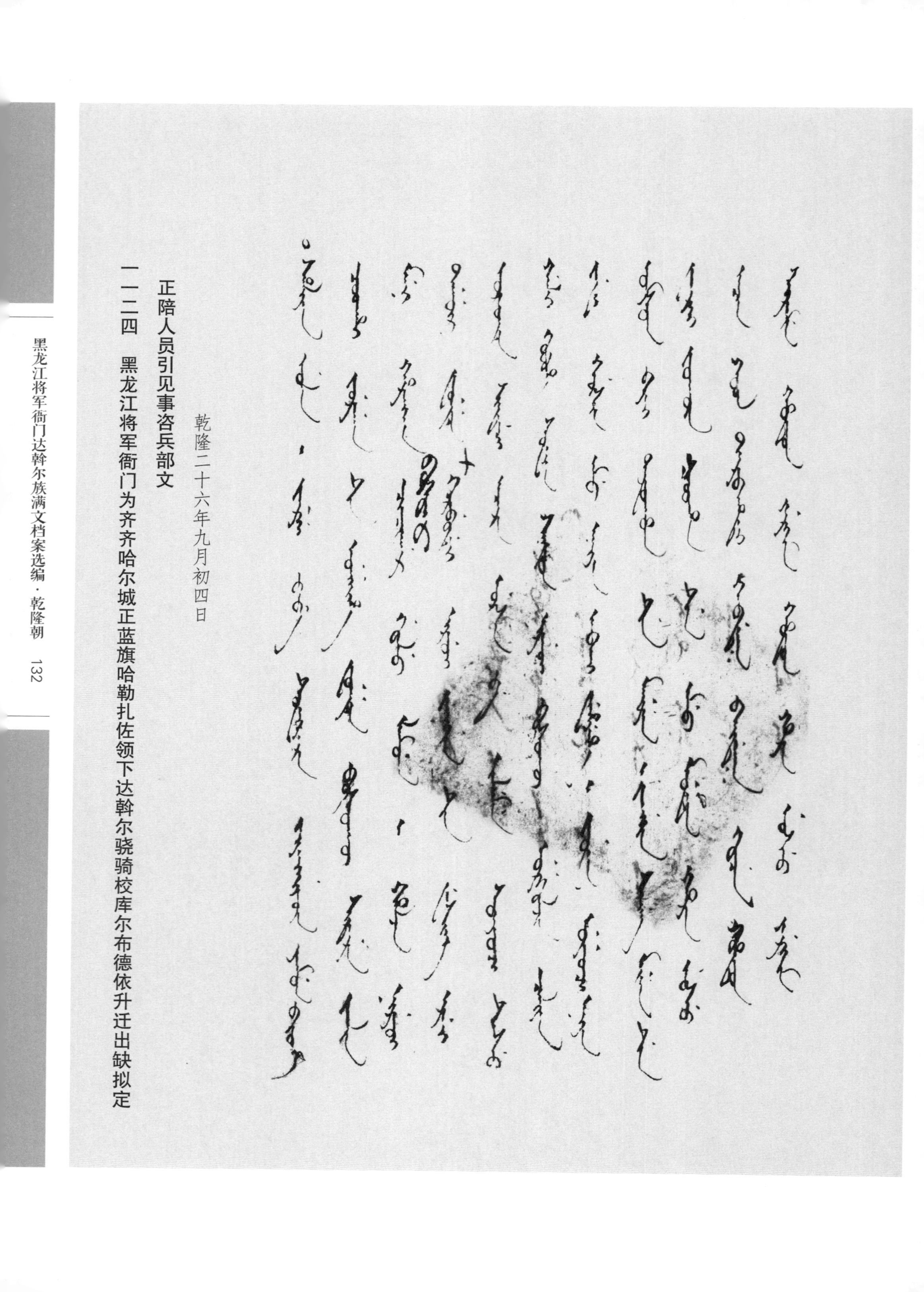

乾隆二十六年九月初四日

一二四 黑龙江将军衙门为齐齐哈尔城正蓝旗哈勒扎佐领下达斡尔骁骑校库尔布德依升迁出缺拟定正陪人员引见事咨兵部文

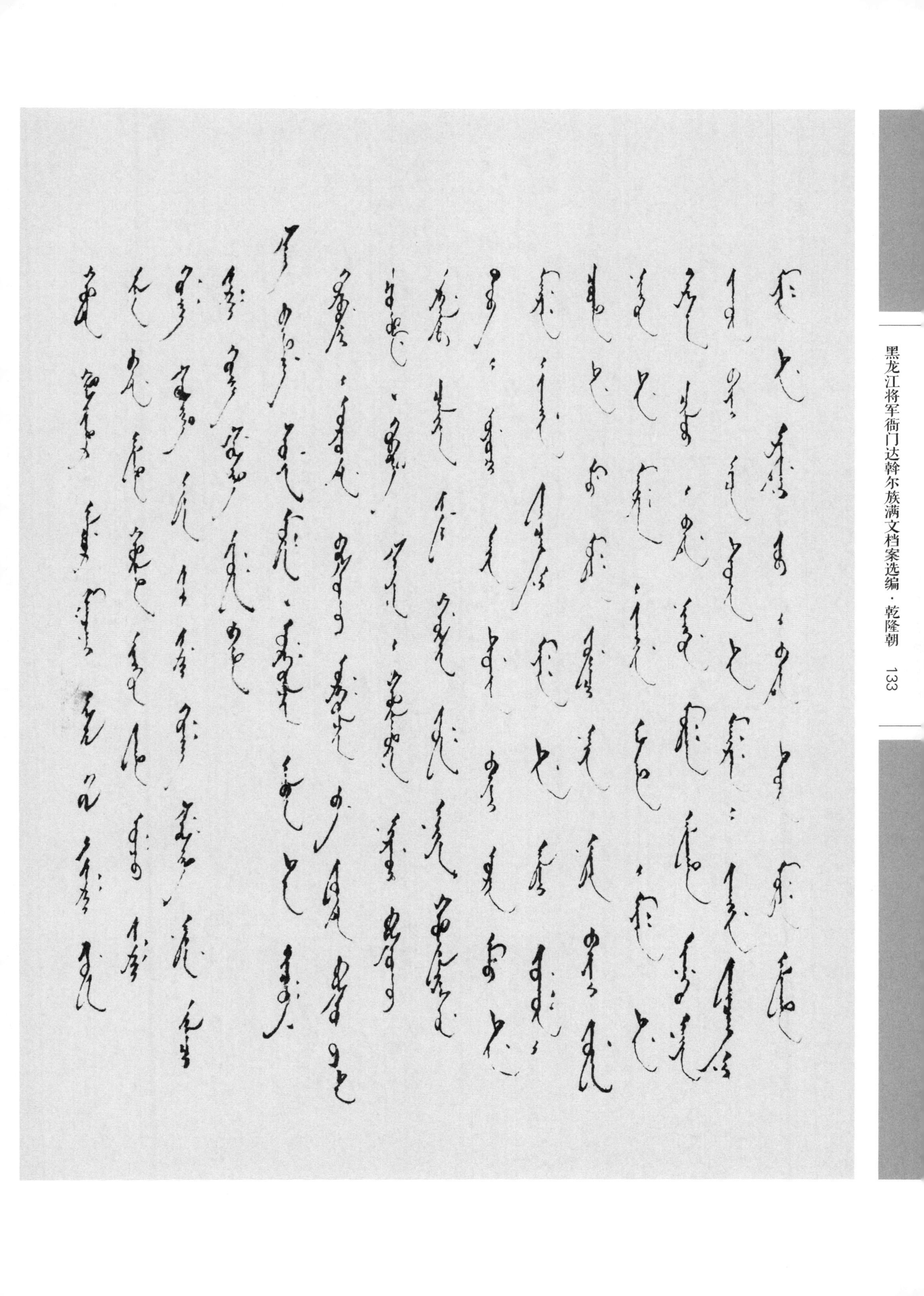

[illegible]

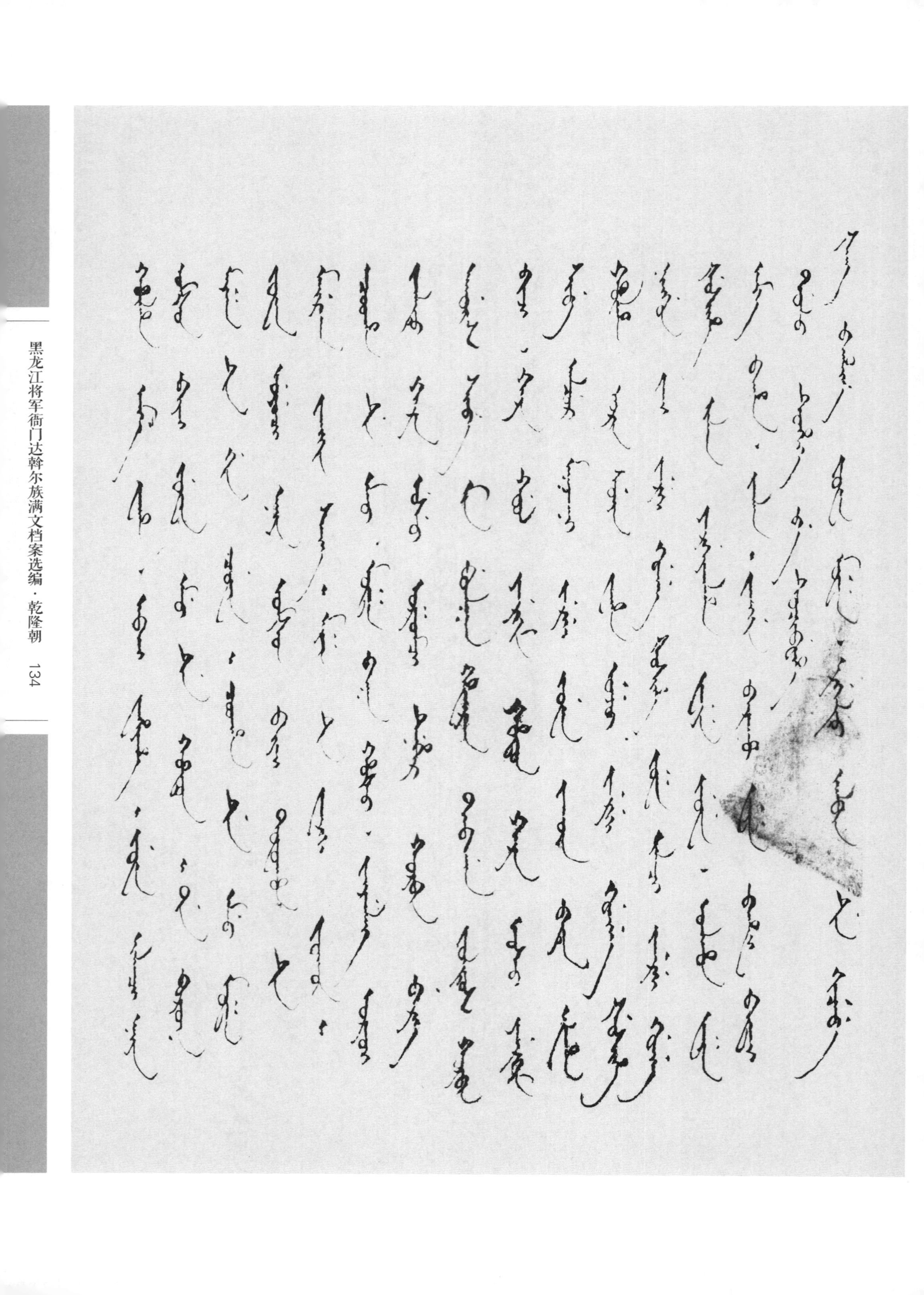

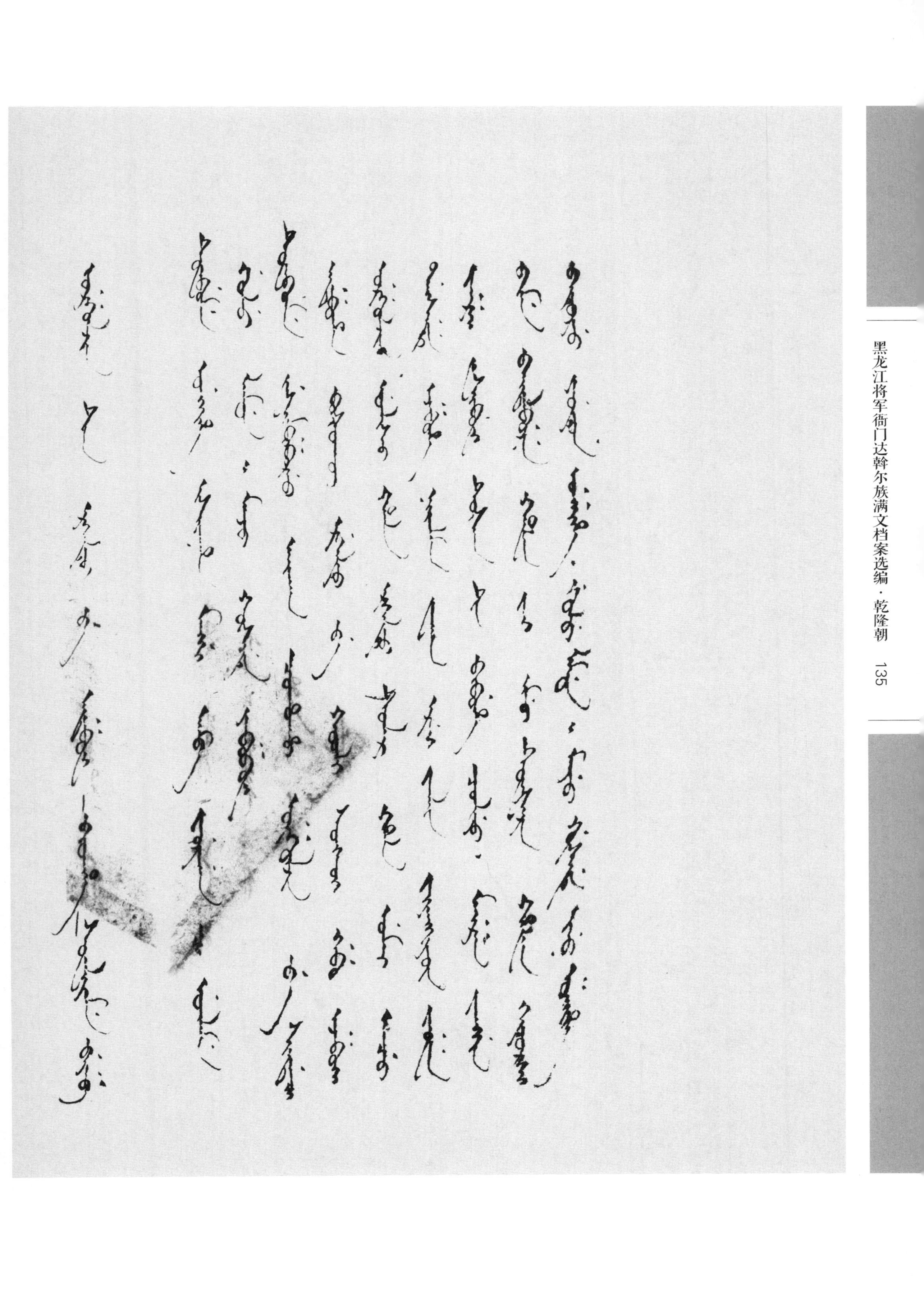

[illegible]

[illegible]

[illegible]

[illegible]

[illegible]

[illegible]

[illegible]

[illegible]

[illegible]

[illegible]

[illegible]

[illegible]

[illegible]

一一二五　黑龙江将军衙门为黑龙江城正黄旗散达佐领下达斡尔骁骑校玛济勒图升迁出缺拟定正陪人员引见事咨兵部文

乾隆二十六年九月初四日

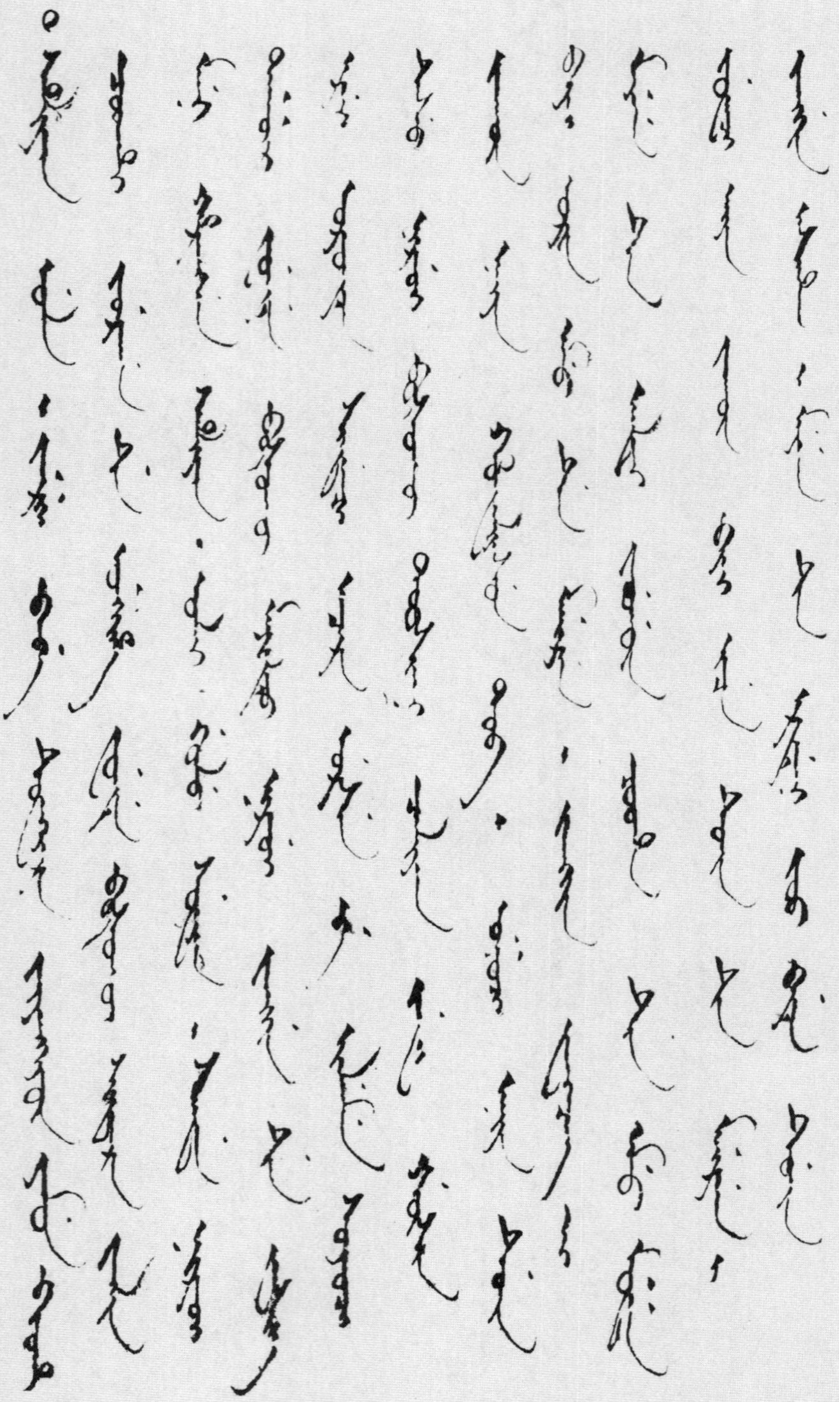

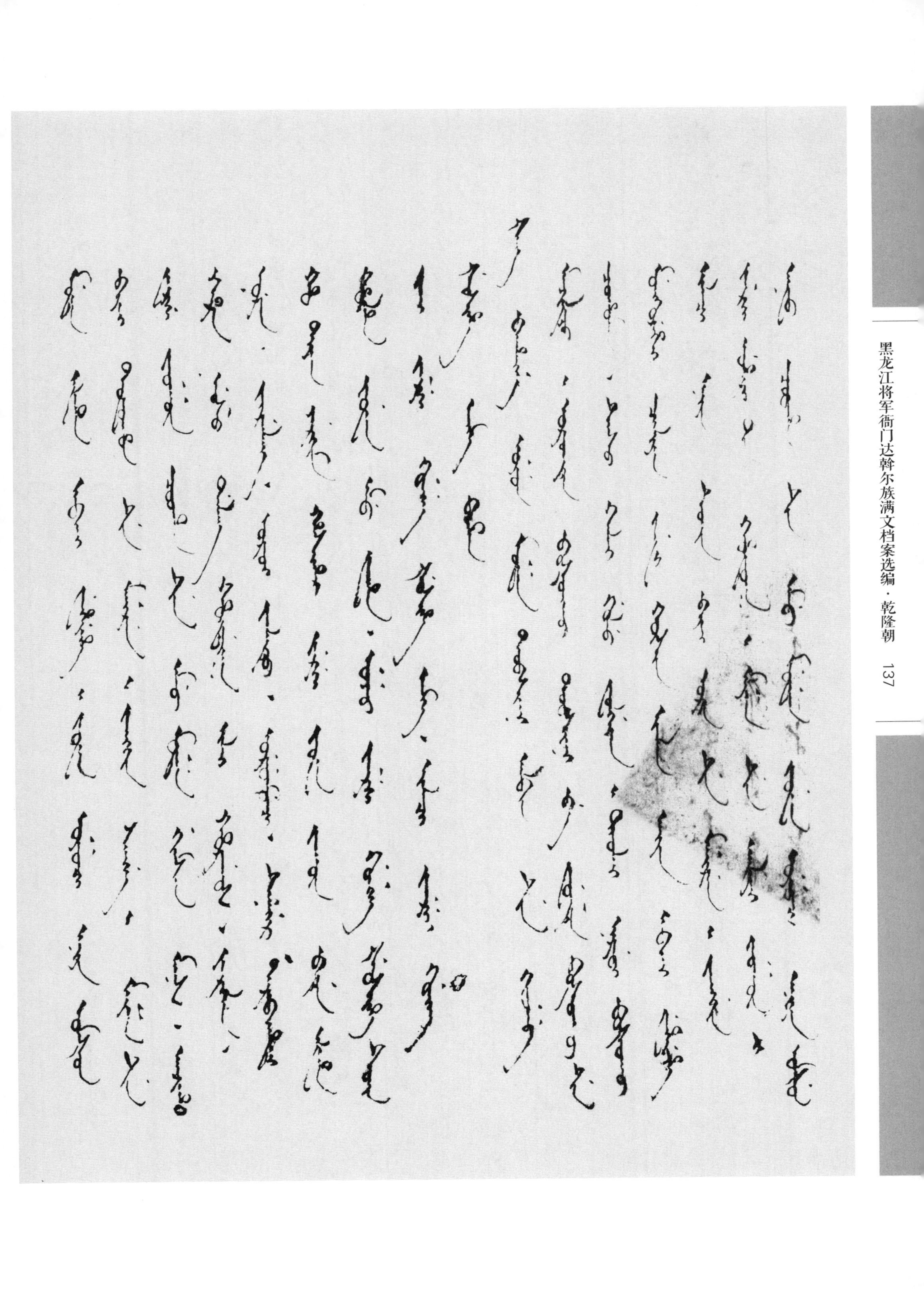

[illegible]

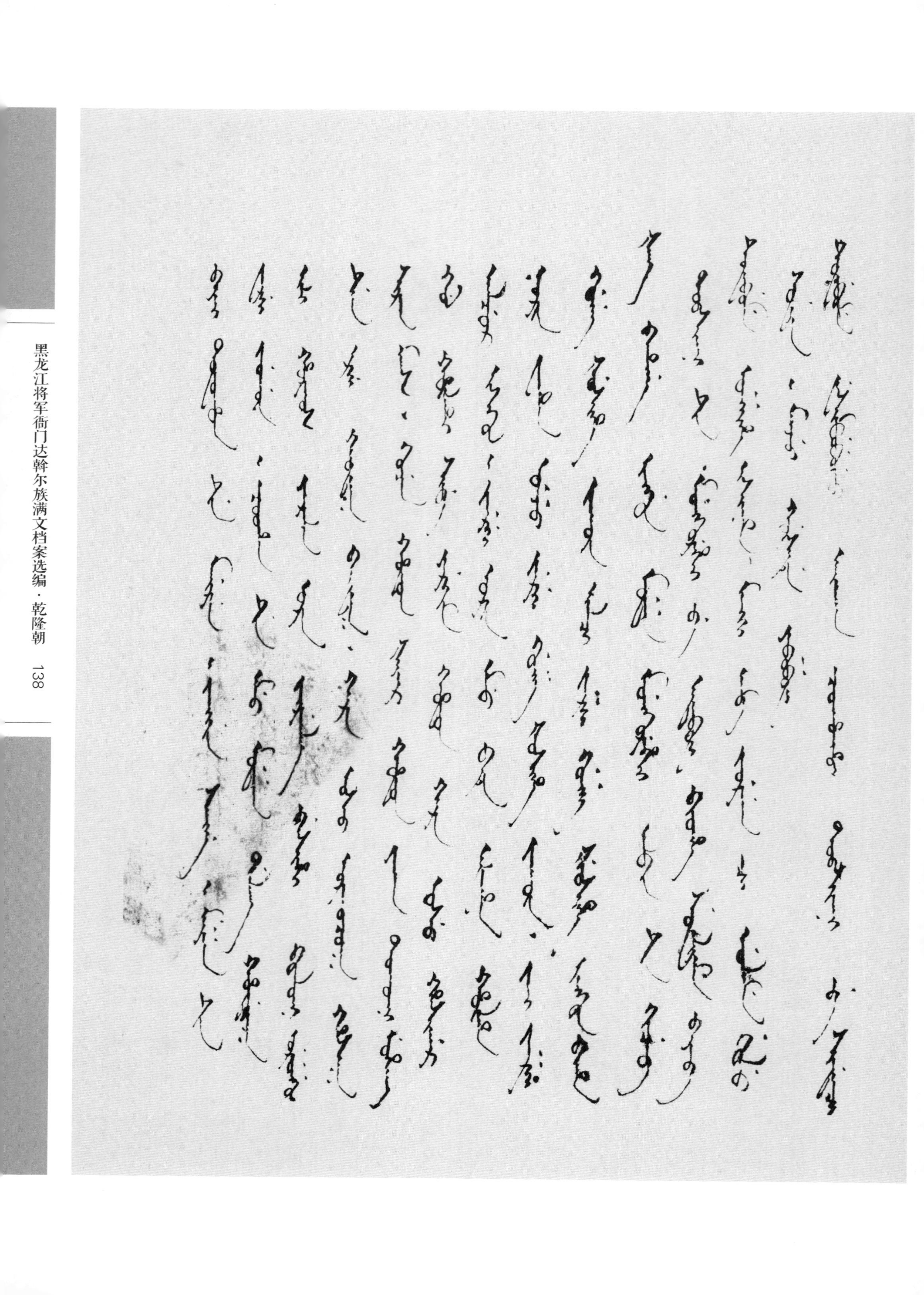

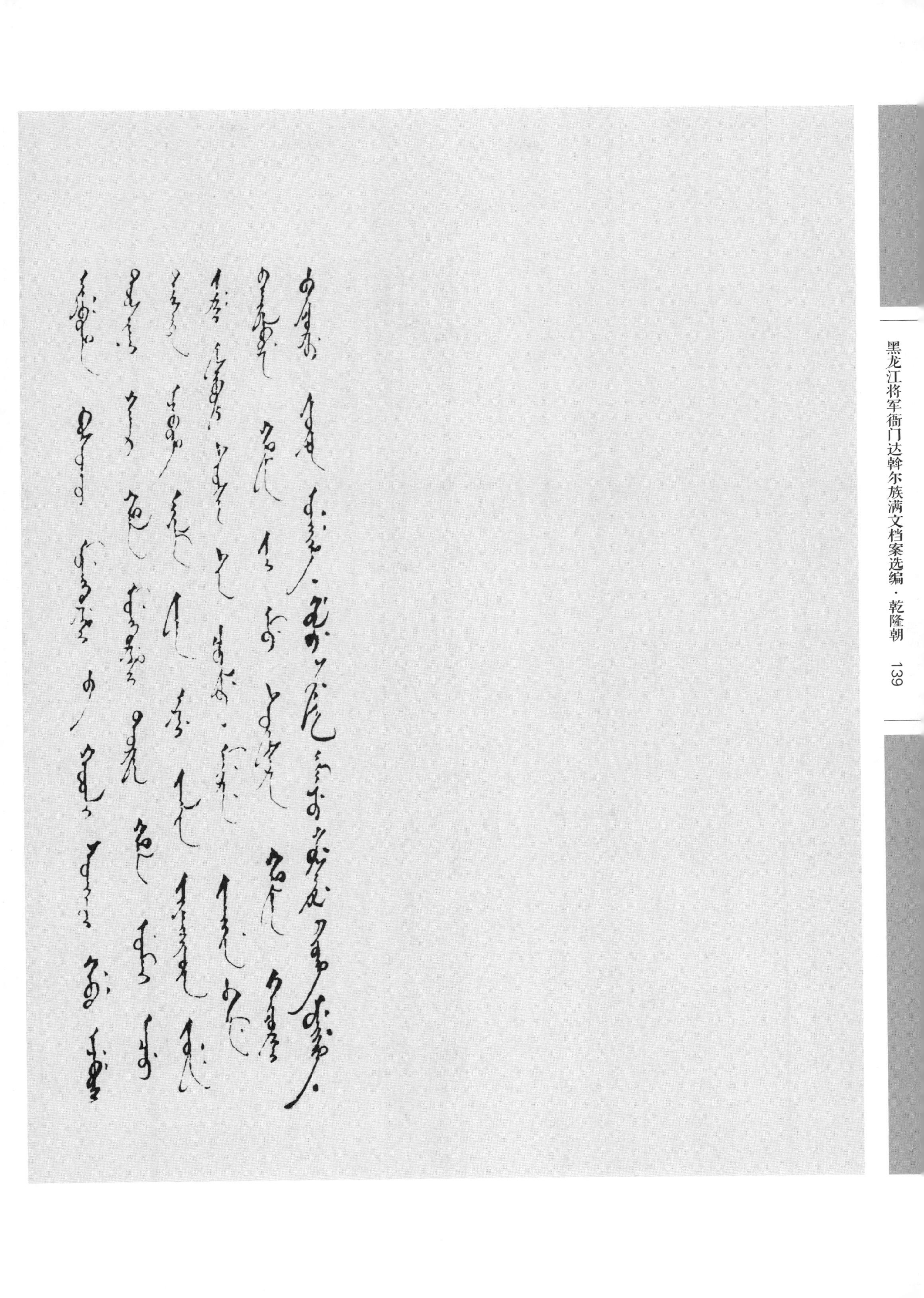

[illegible]

一一二六　户部为办理索伦达斡尔官兵应还马价银并造送数目清册事咨黑龙江将军文

乾隆二十六年九月初四日

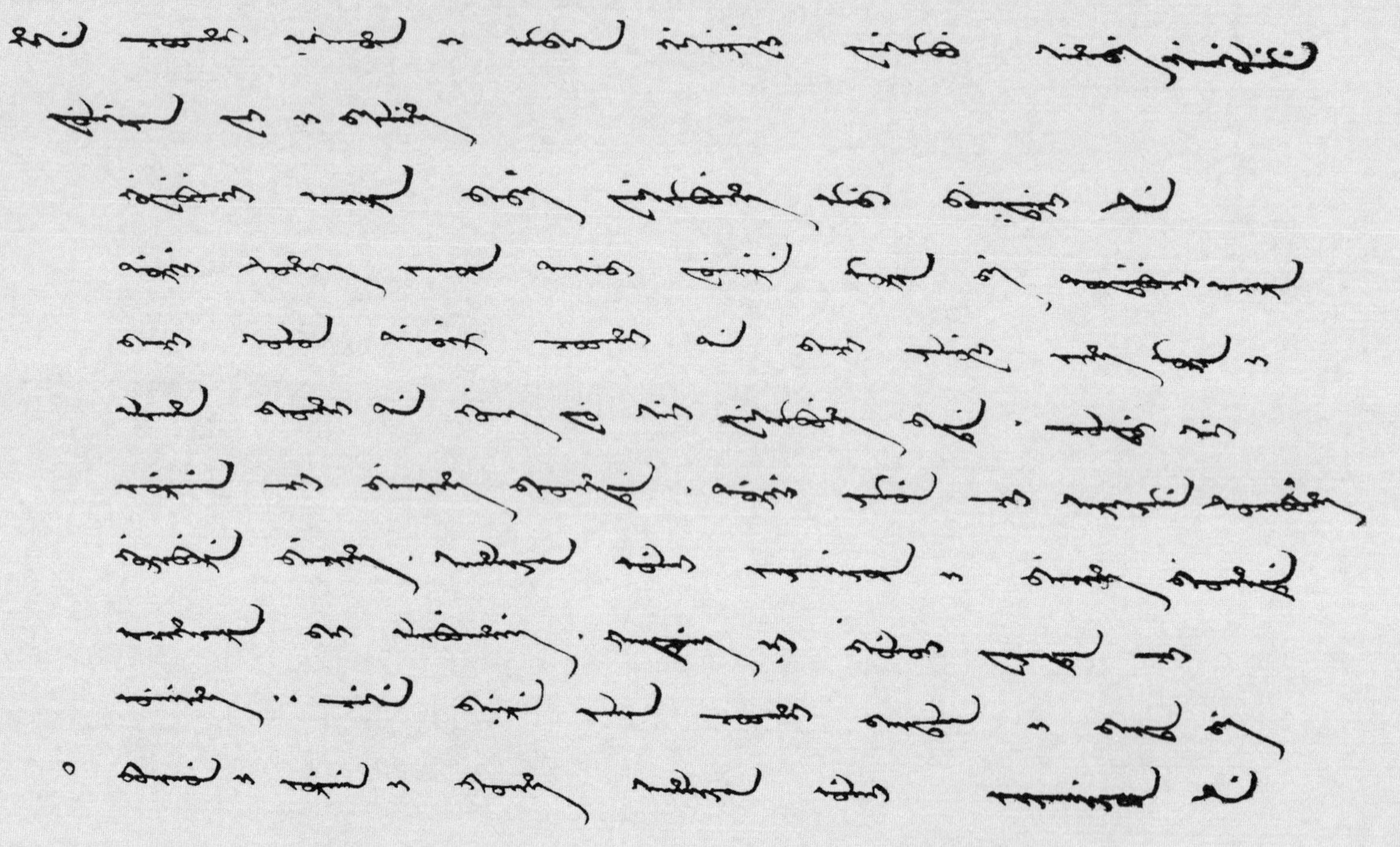

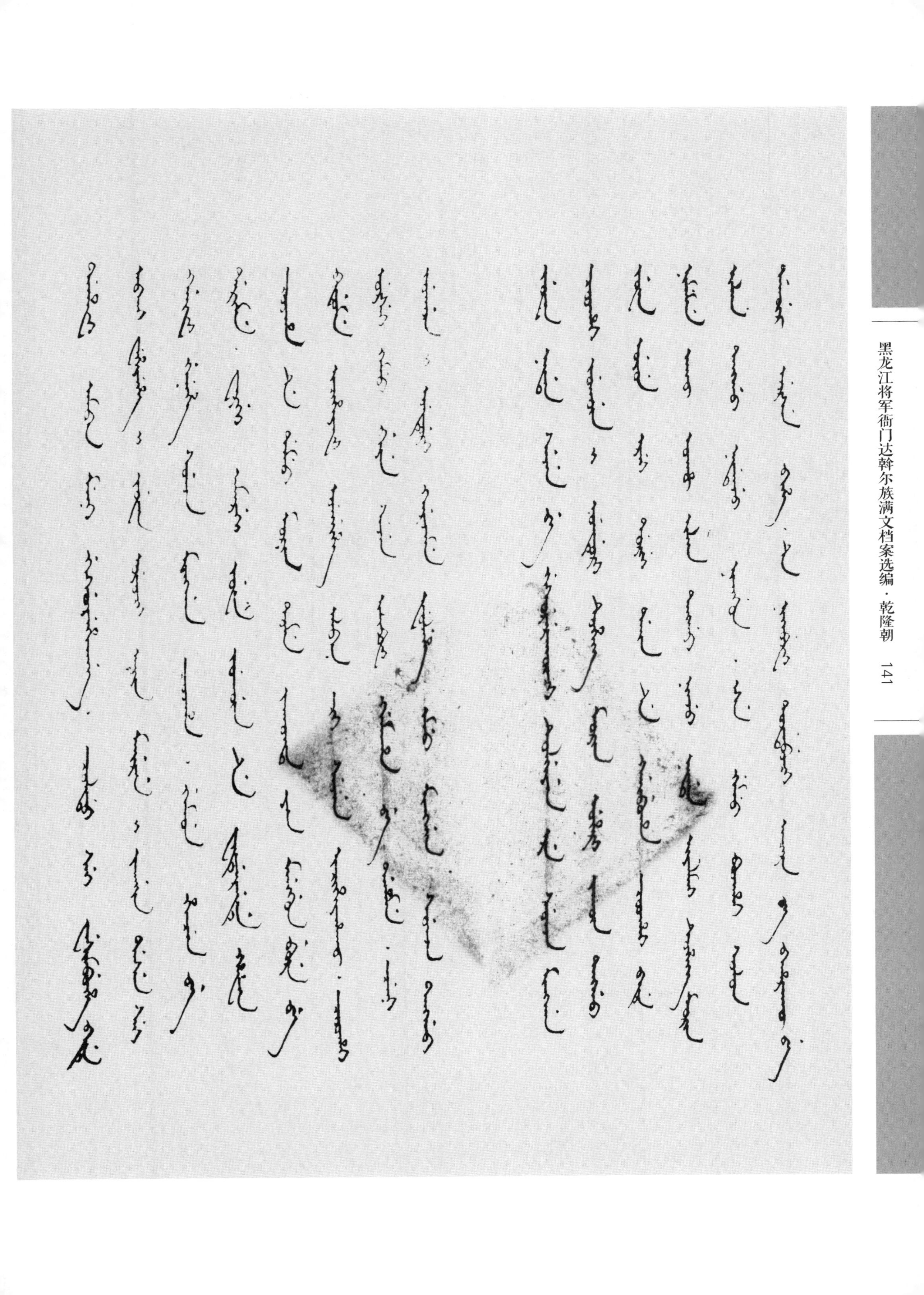

[illegible]

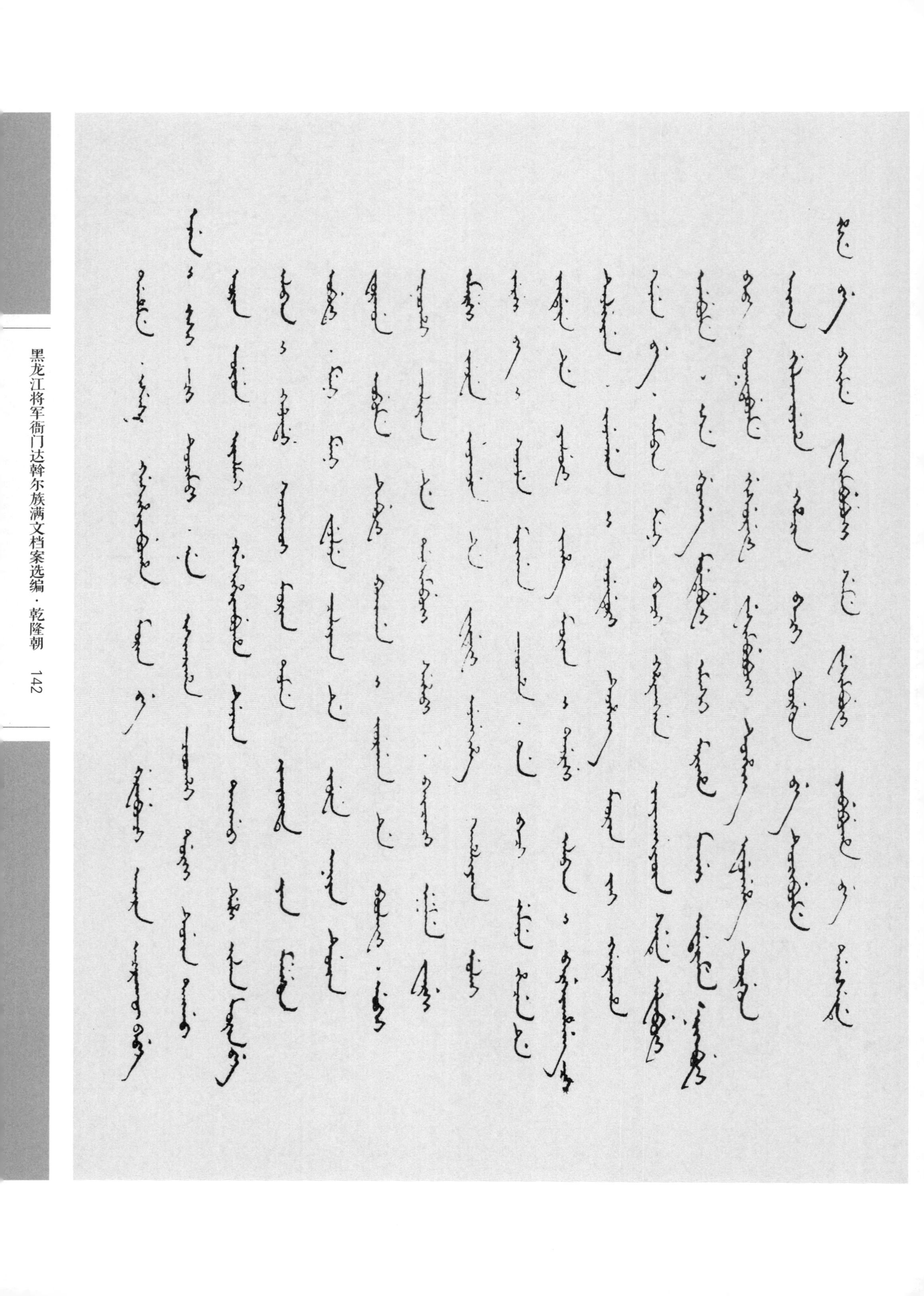

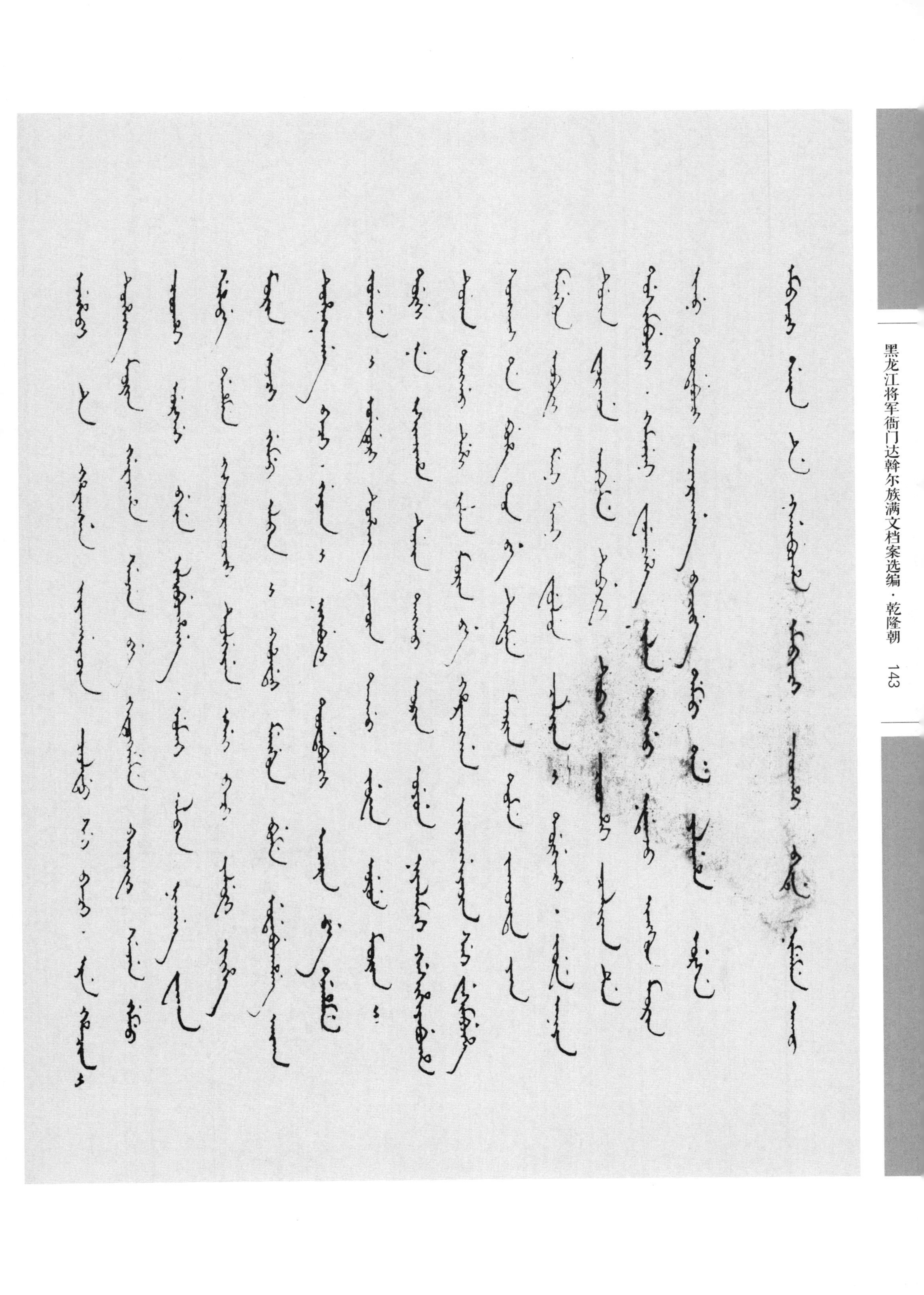

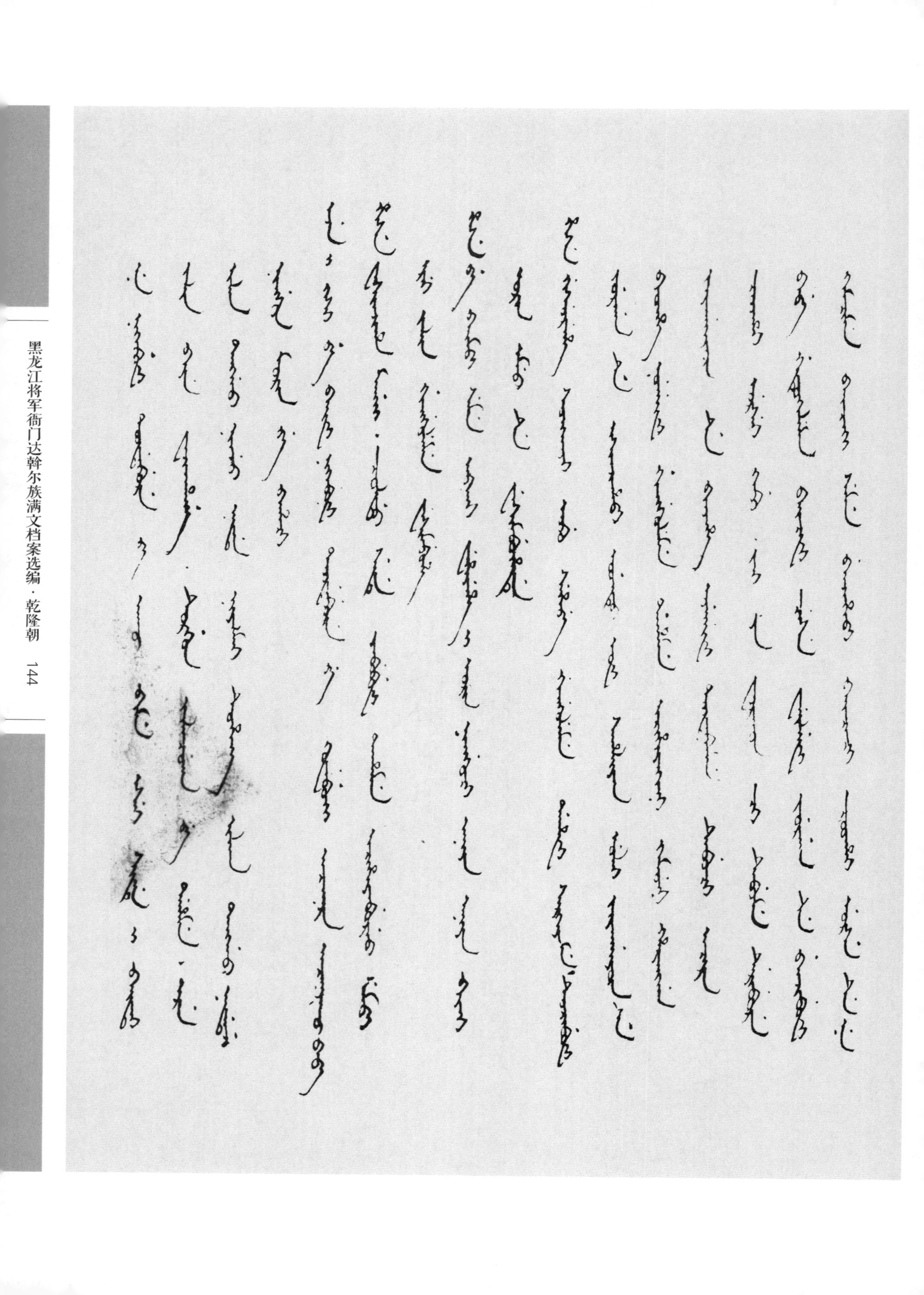

[illegible]

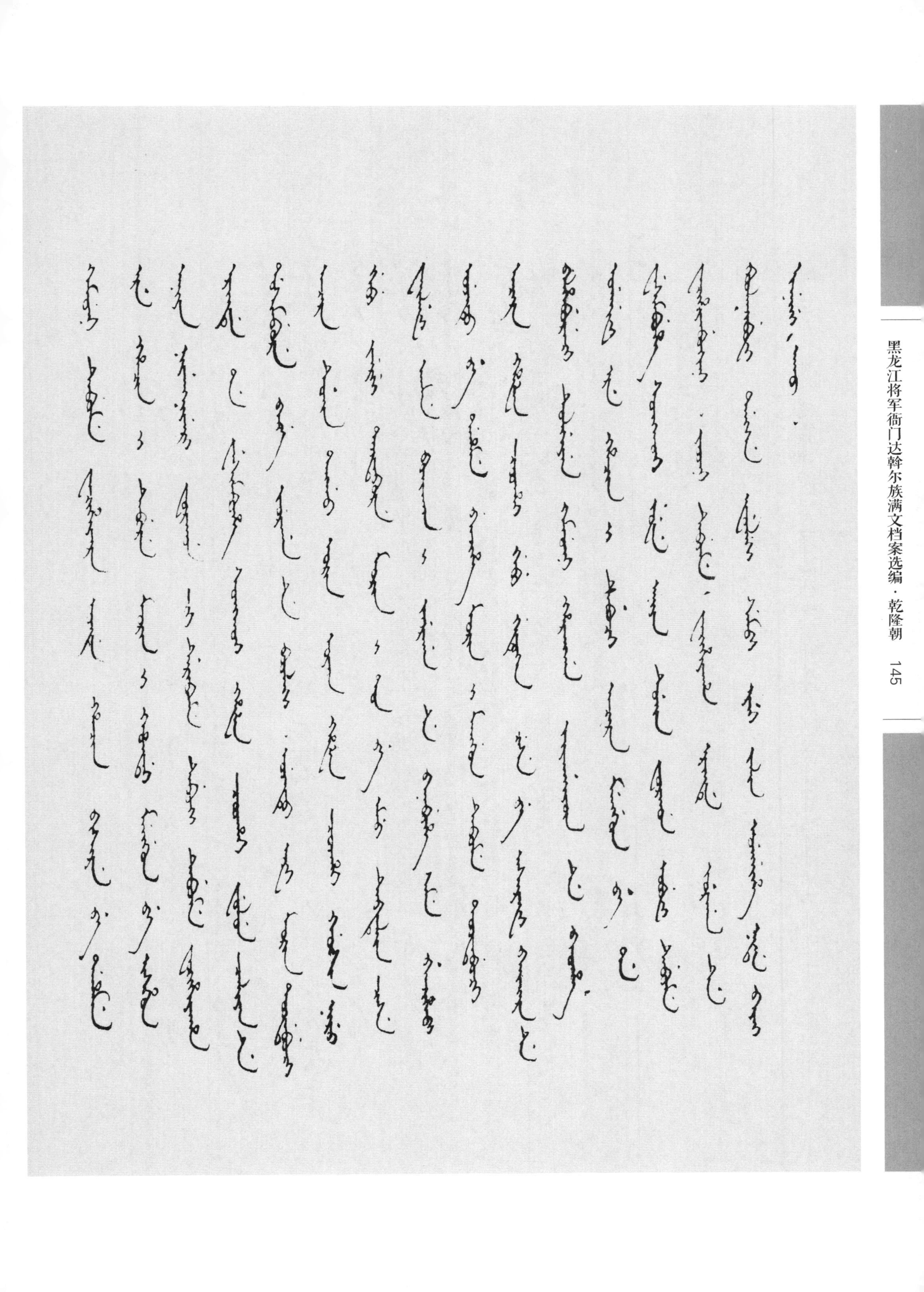

[illegible]

一一二七 墨尔根副都统衙门为支拨库银发给新授满洲达斡尔等官员俸饷事咨黑龙江将军衙门文

乾隆二十六年九月十四日

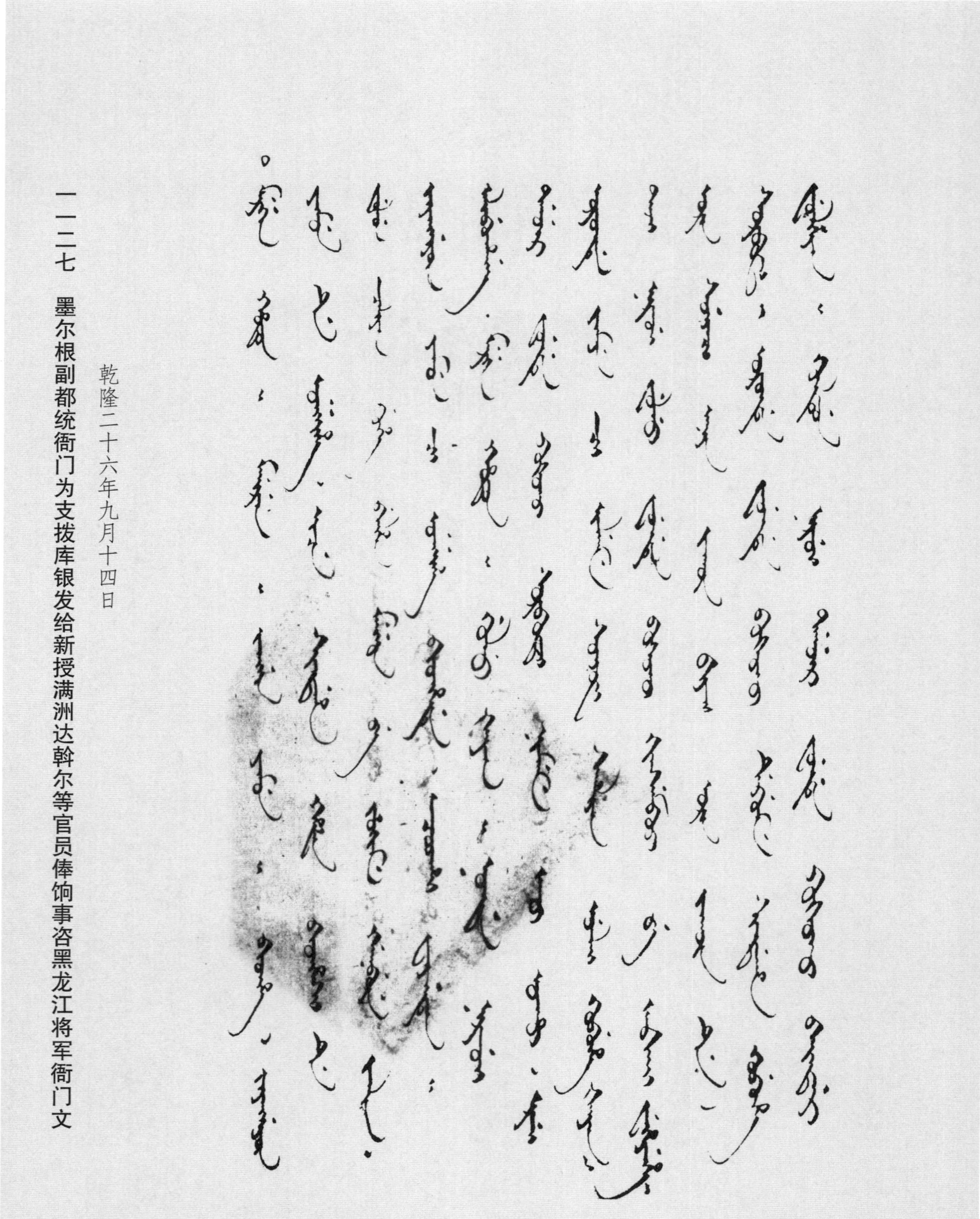

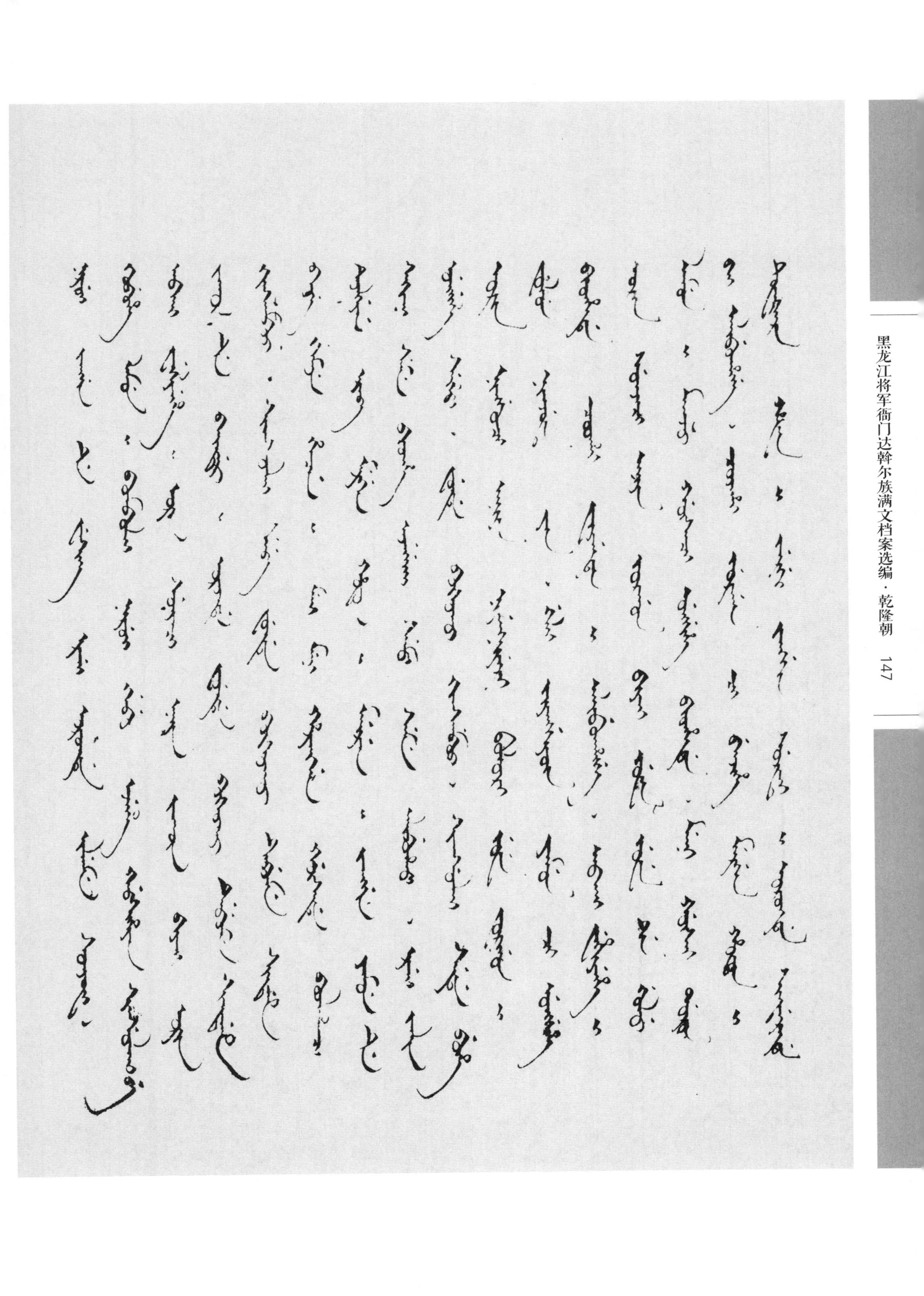

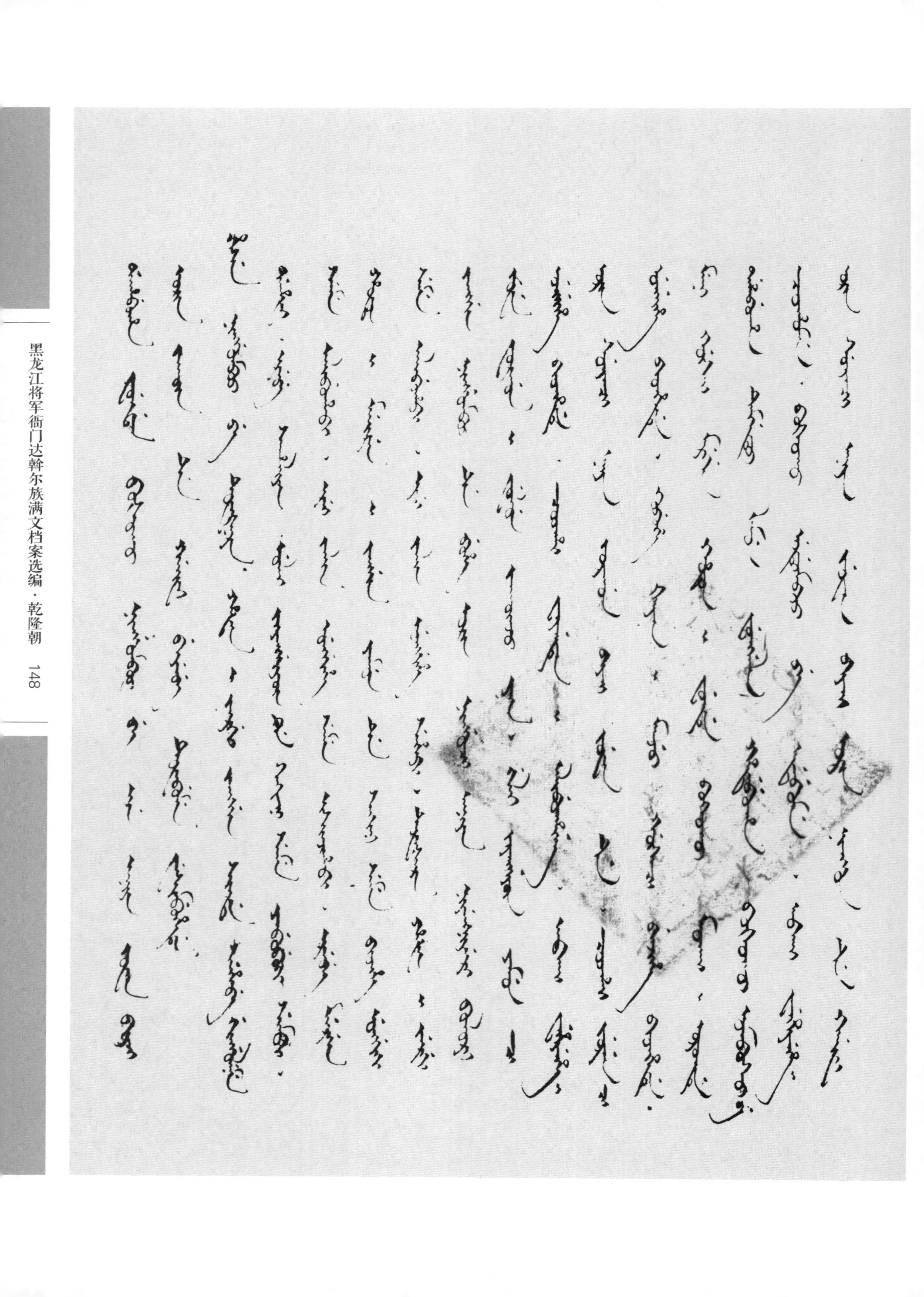

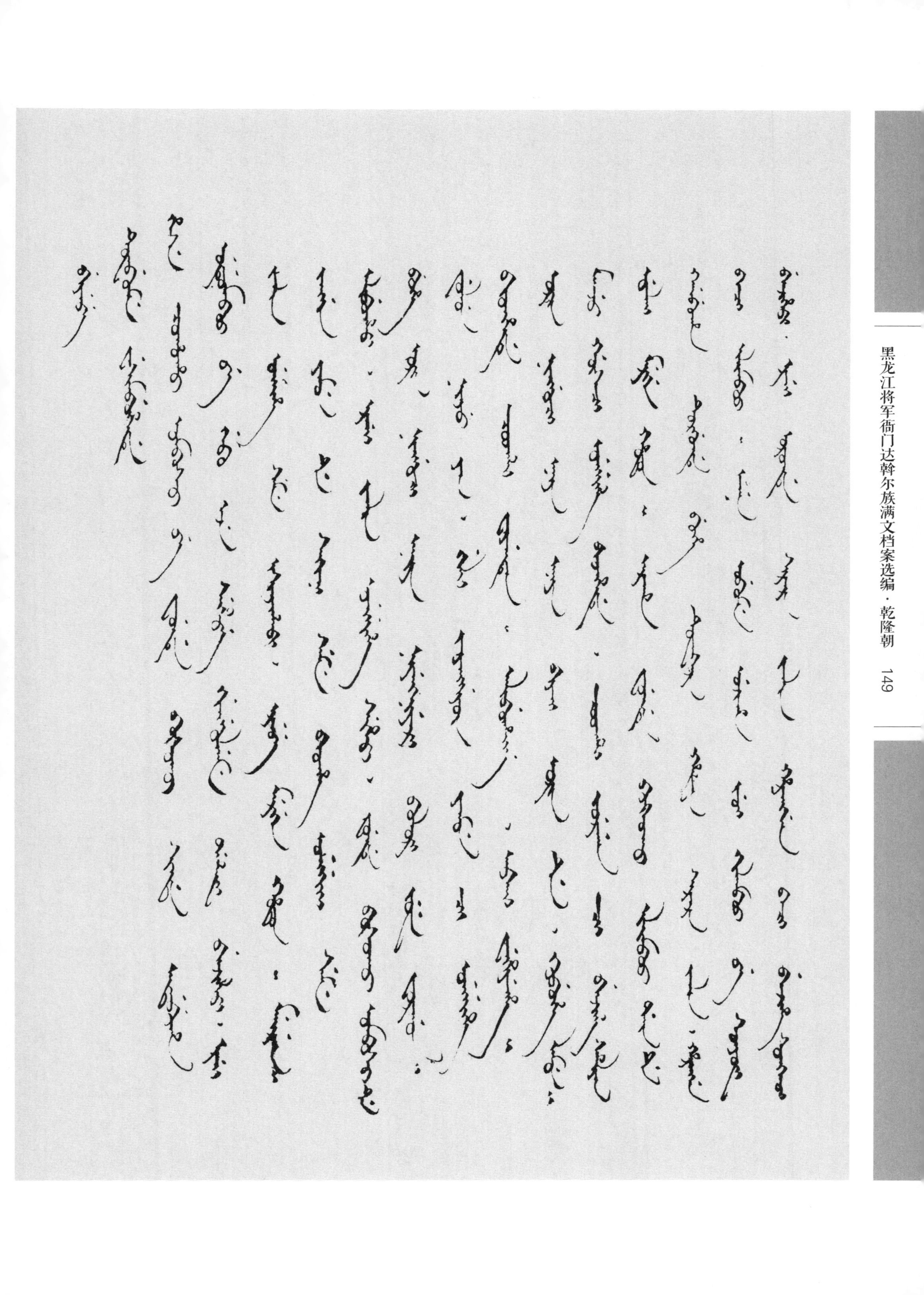

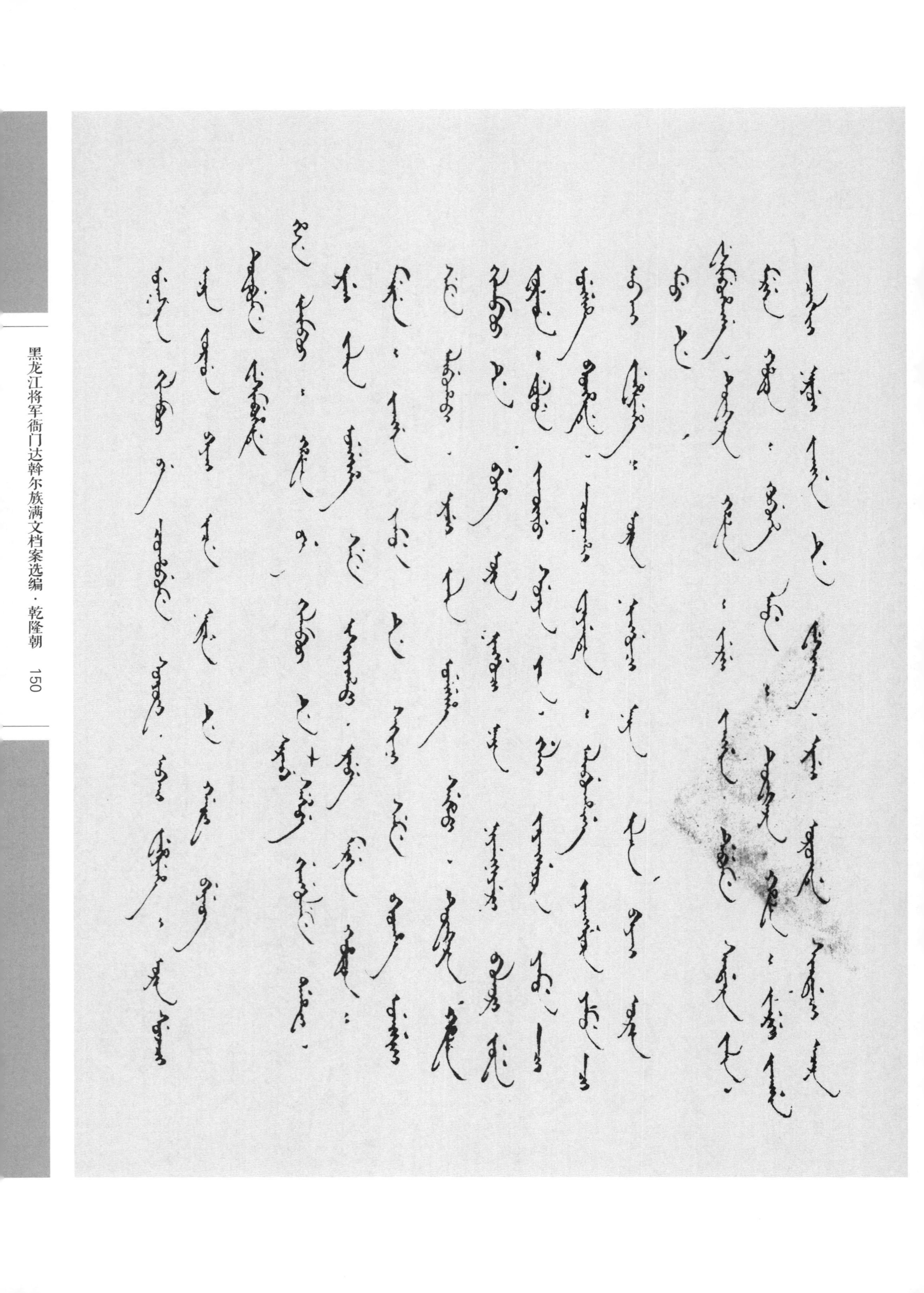

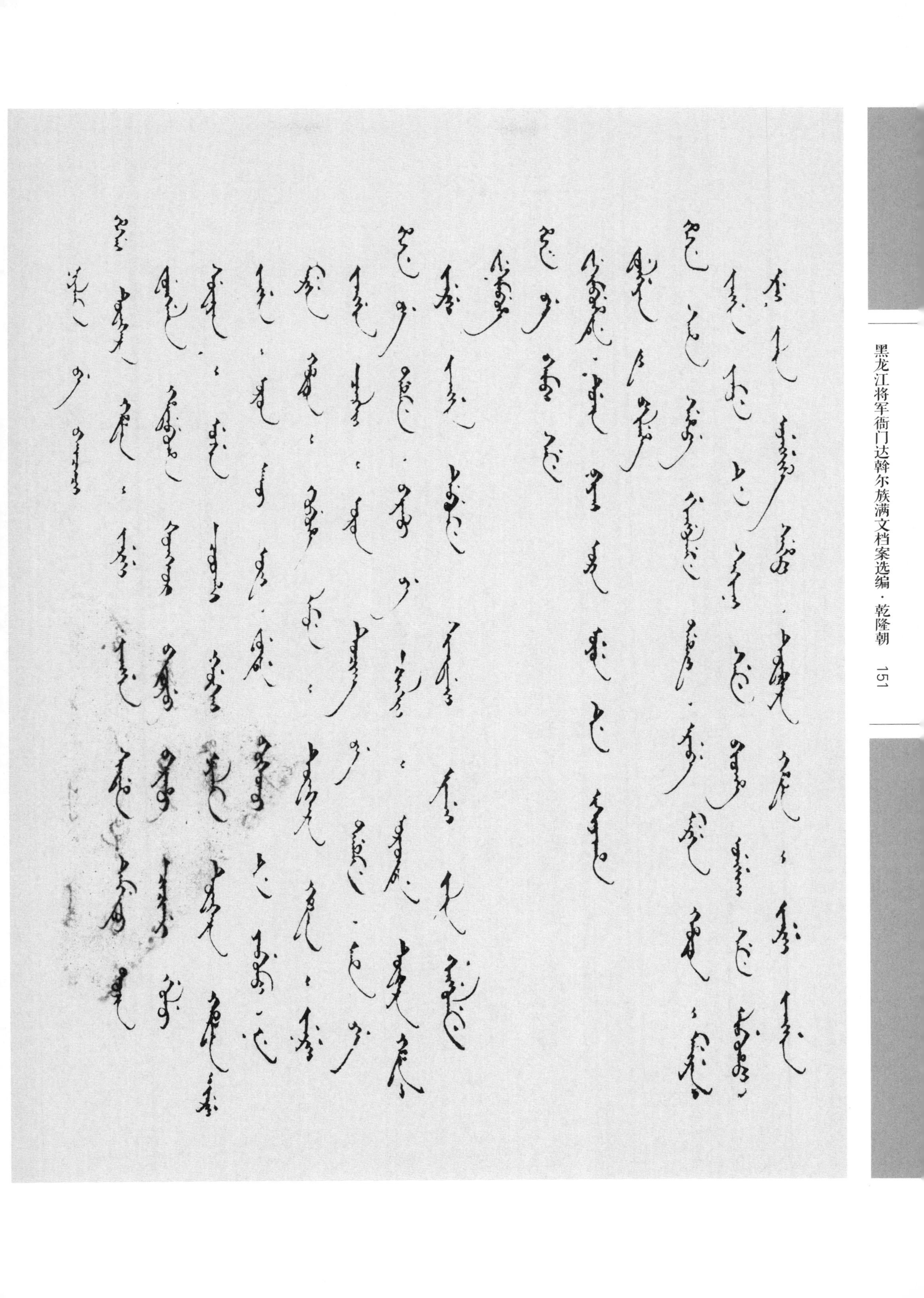

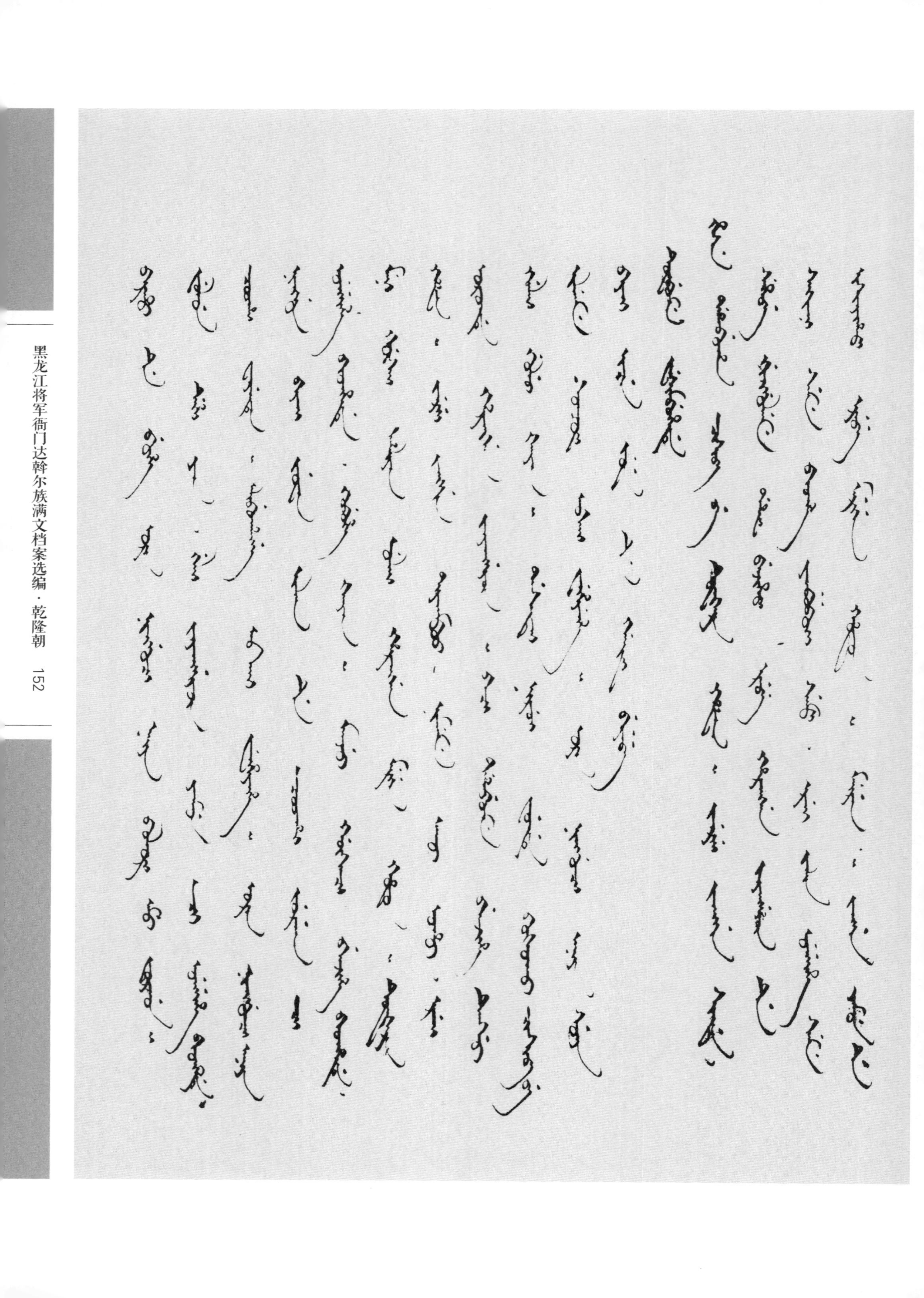

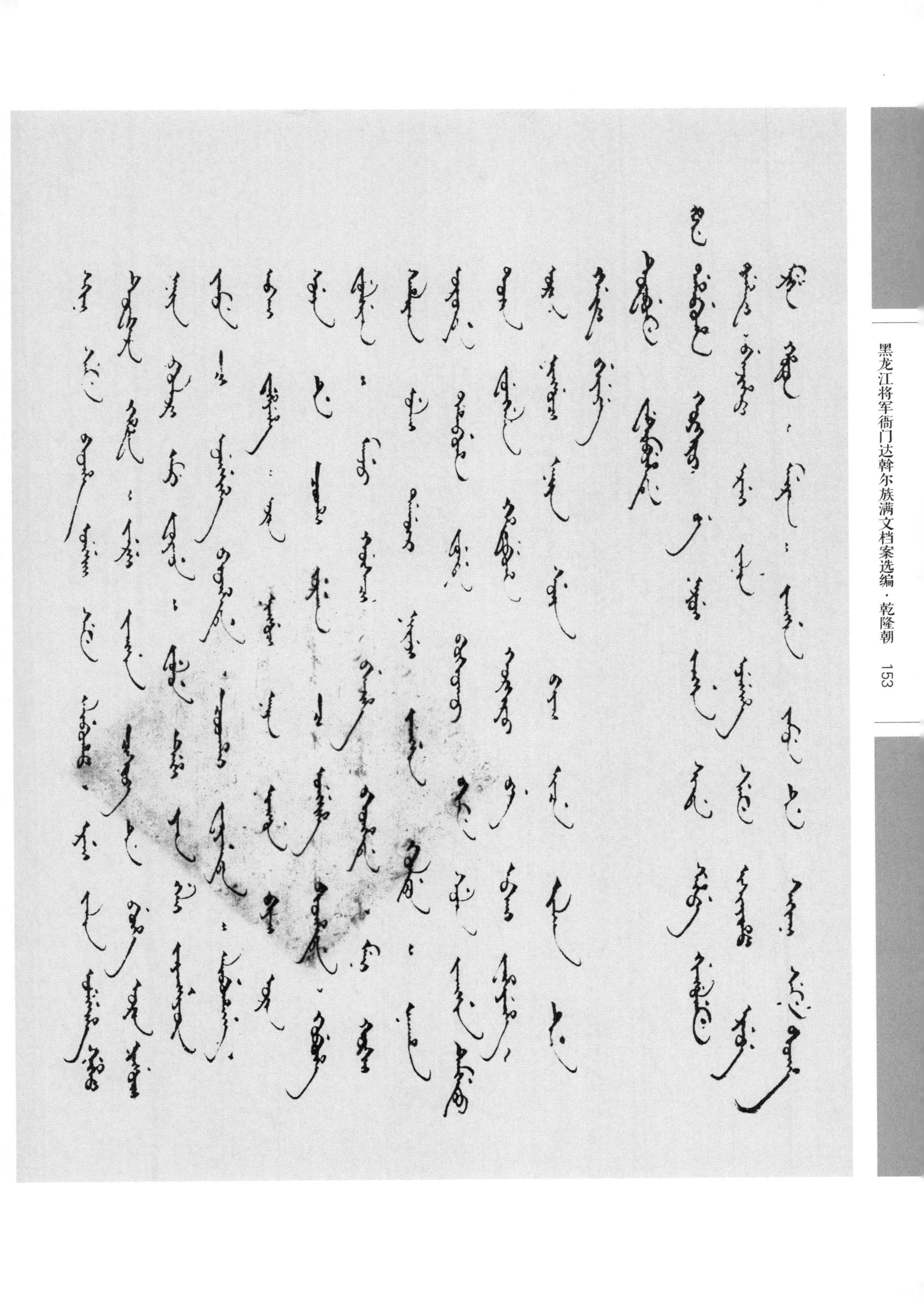

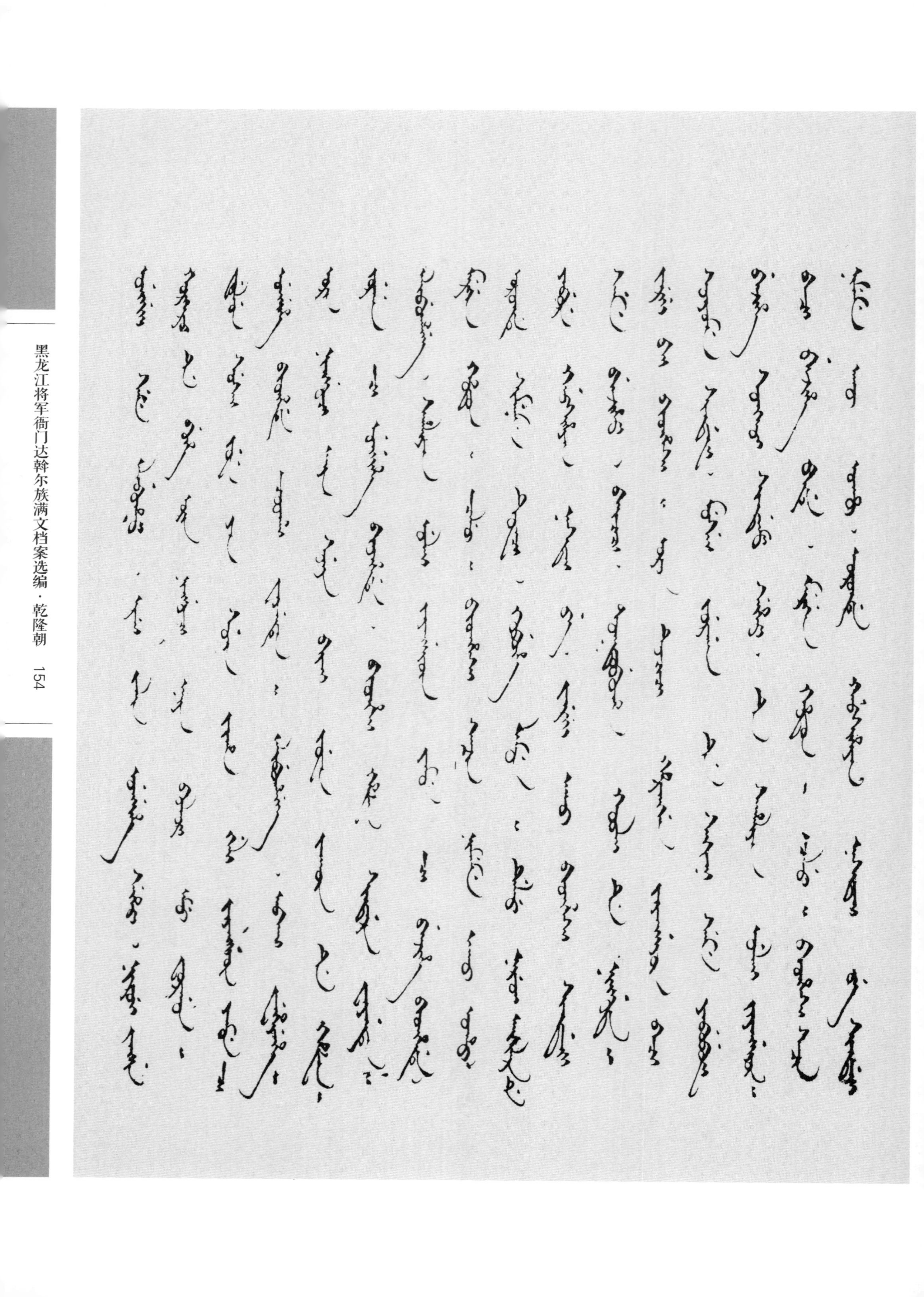

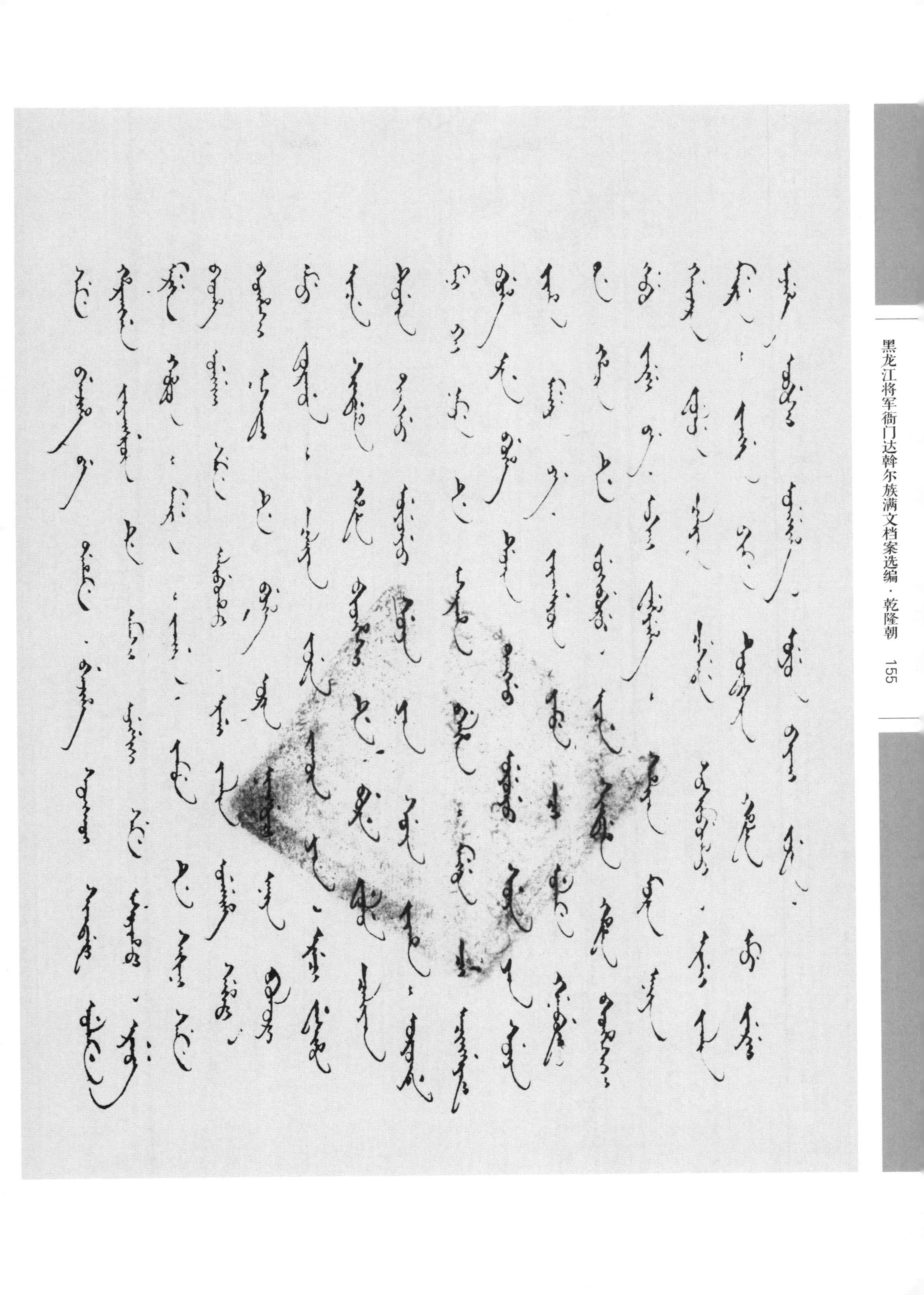

一一二八　黑龙江将军绰尔多等奏请布特哈索伦总管达斡尔阿尔噶勒沁调补墨尔根城正红旗协领折

乾隆二十六年九月十五日

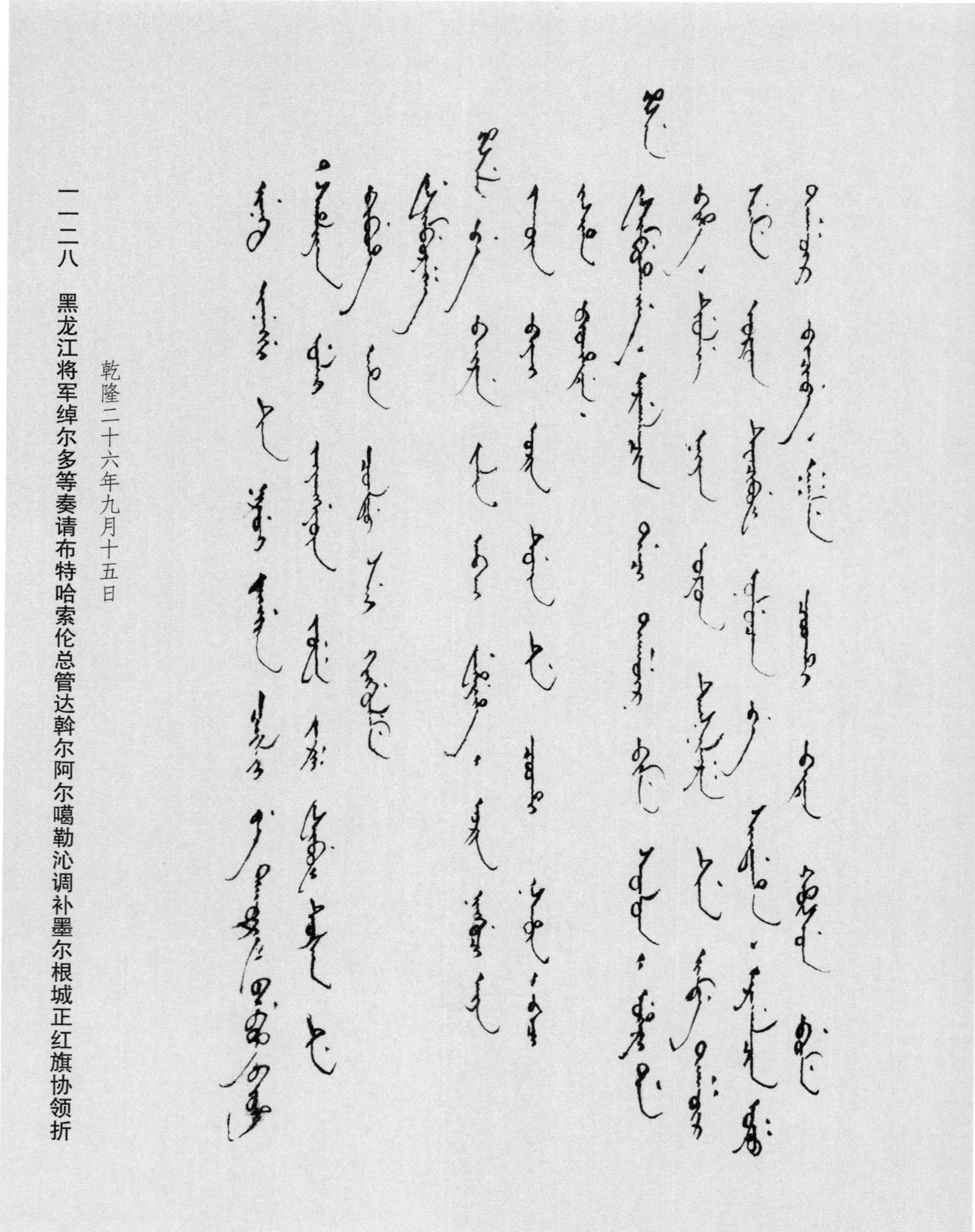

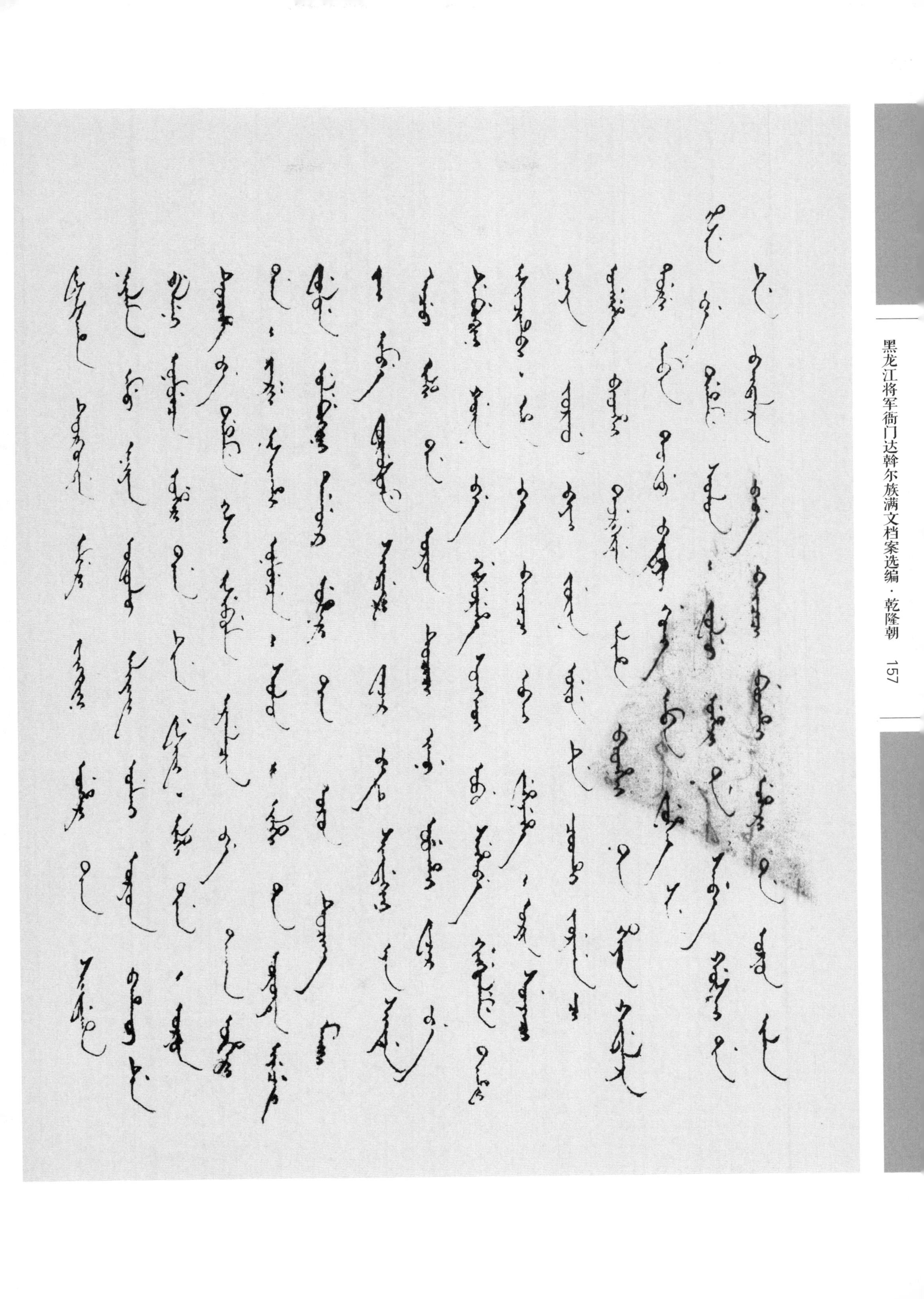

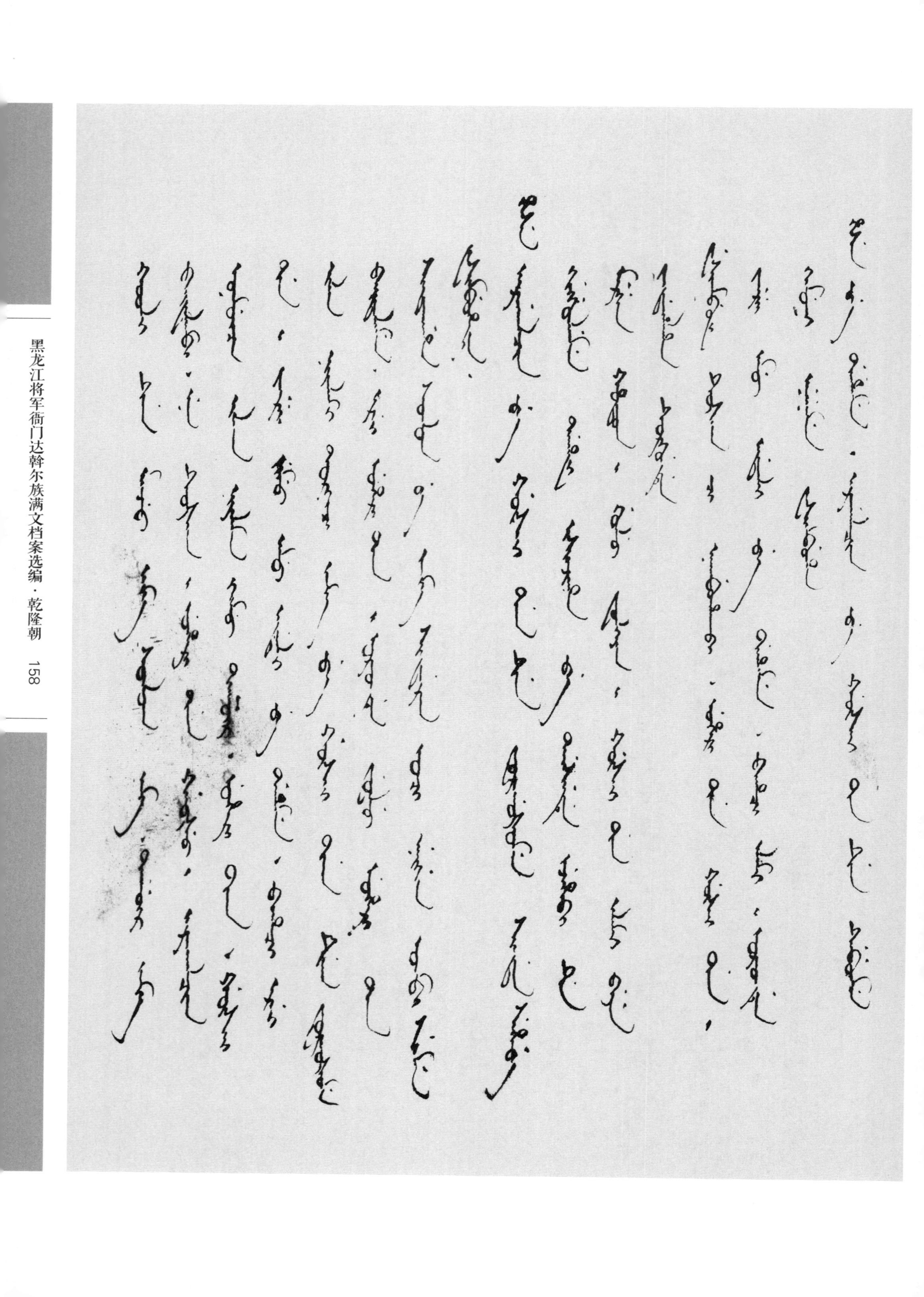

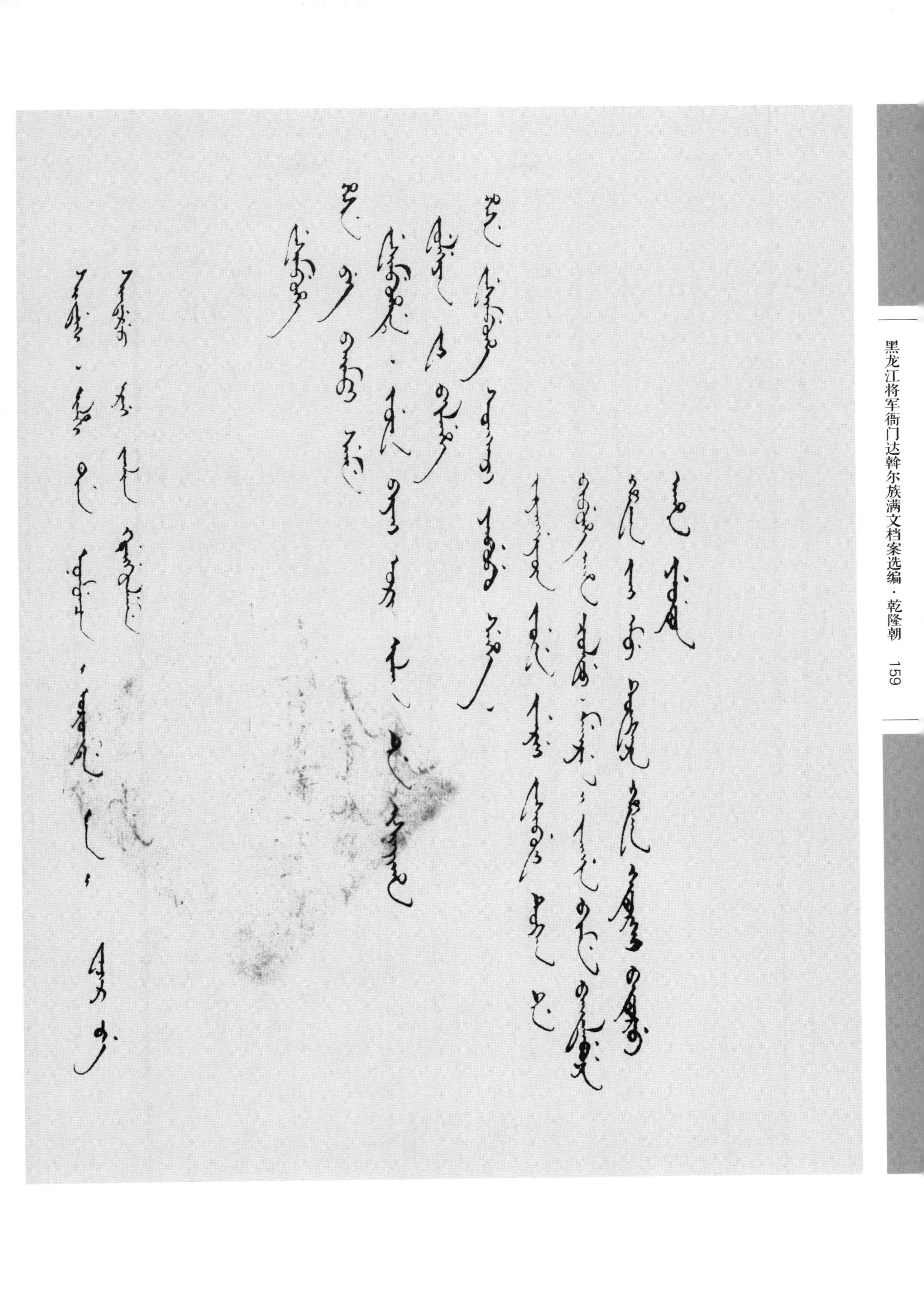

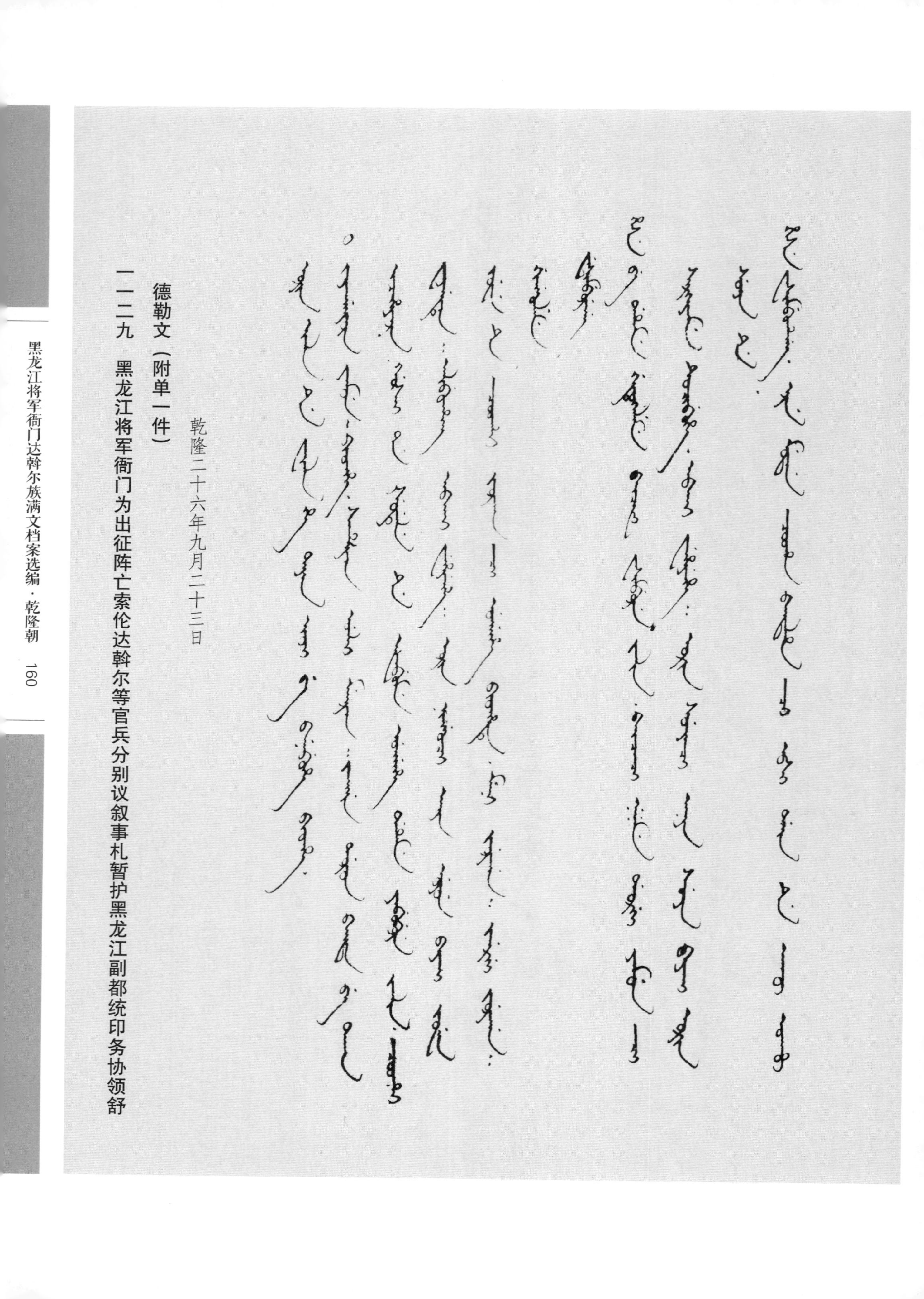

一一二九 黑龙江将军衙门为出征阵亡索伦达斡尔等官兵分别议叙事札暂护黑龙江副都统印务协领舒德勒文（附单一件）

乾隆二十六年九月二十三日

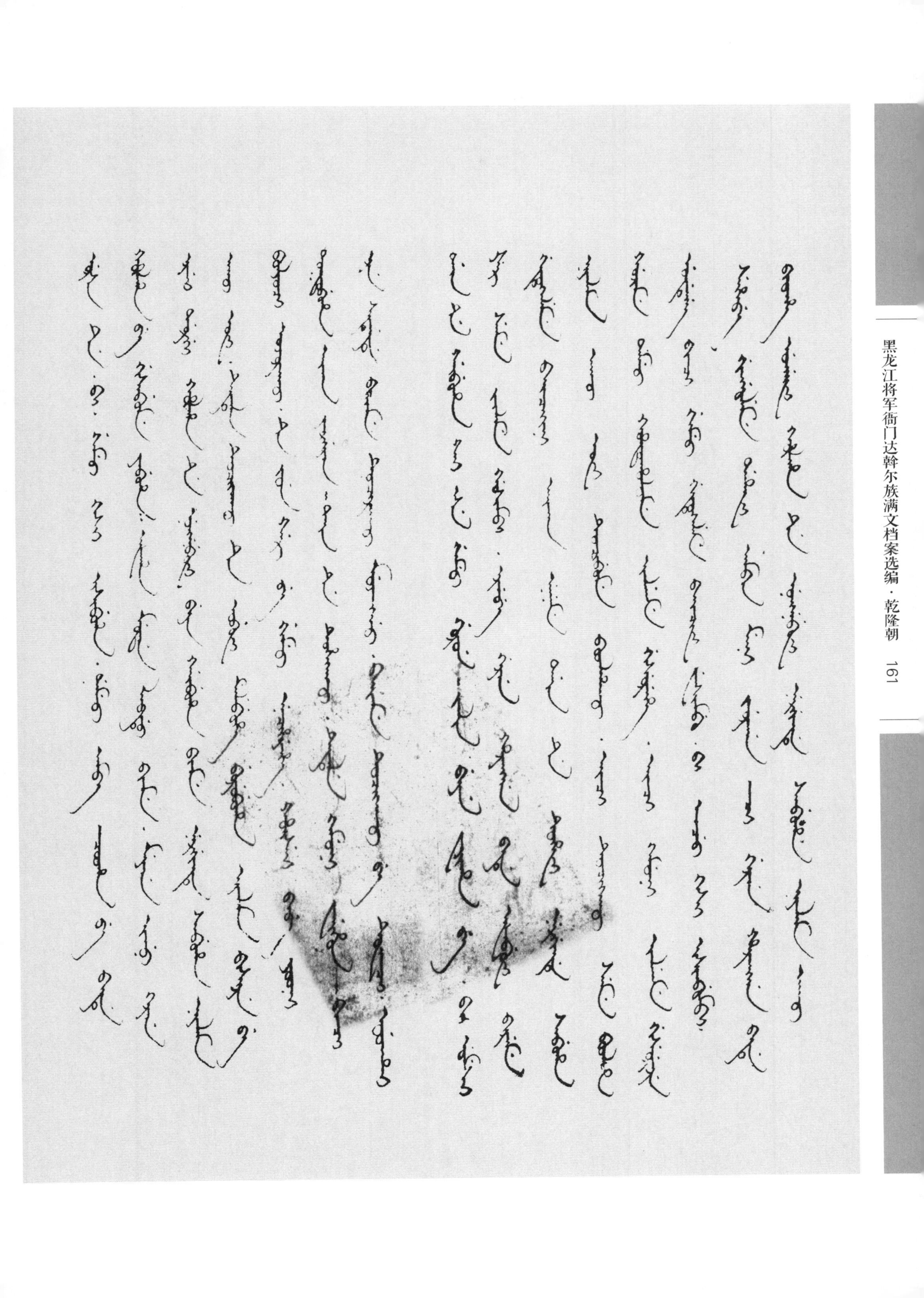

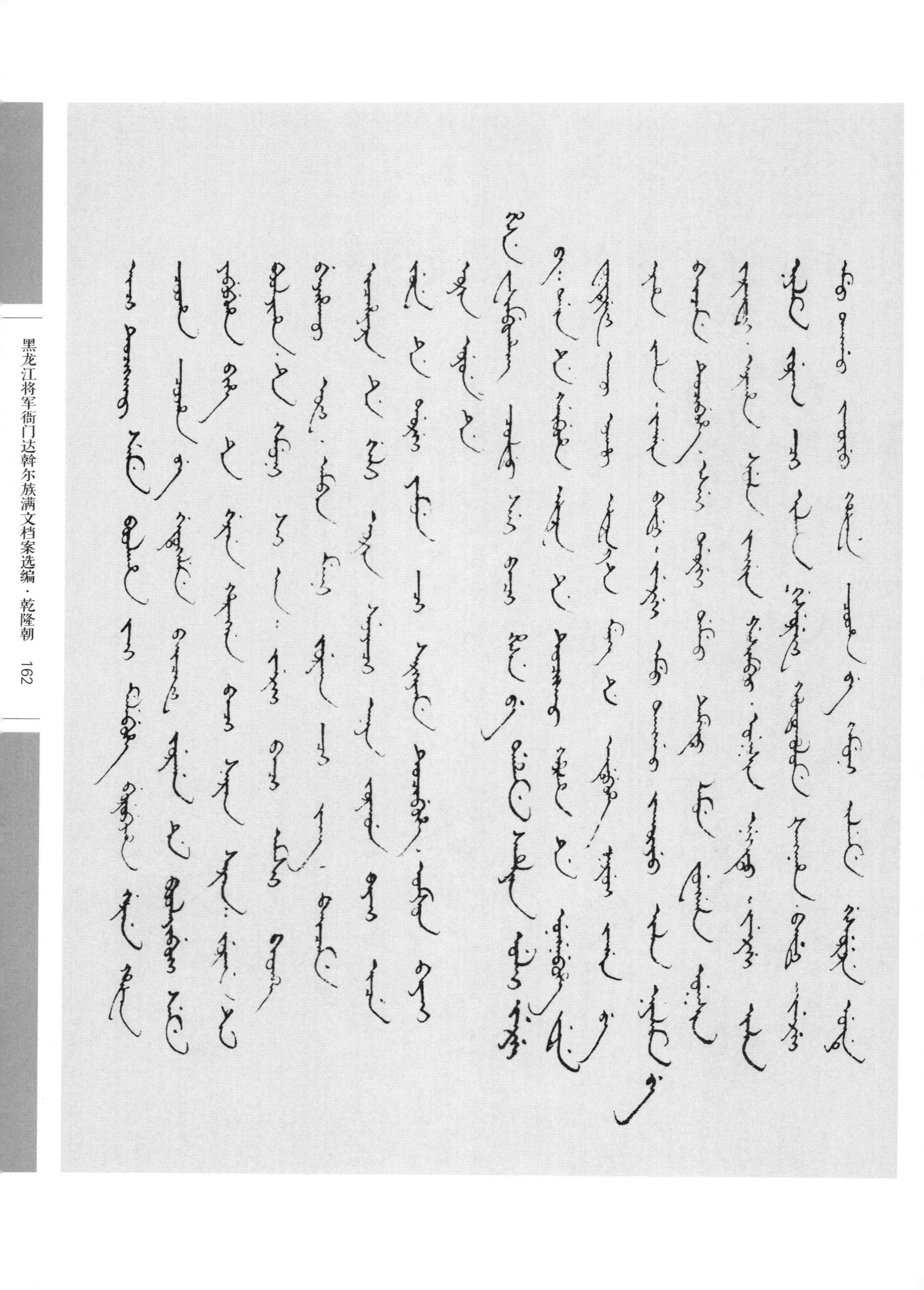

[illegible]

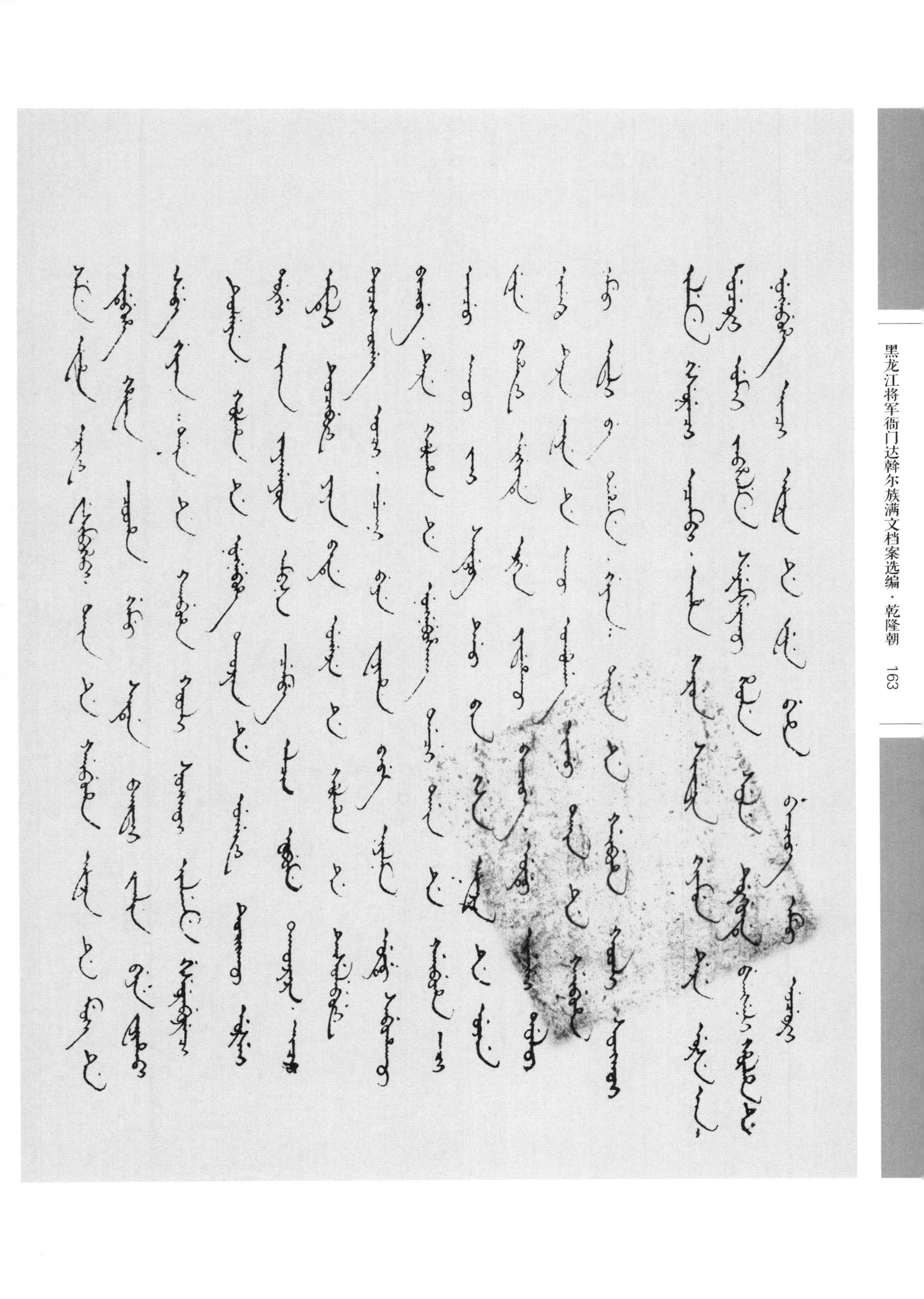

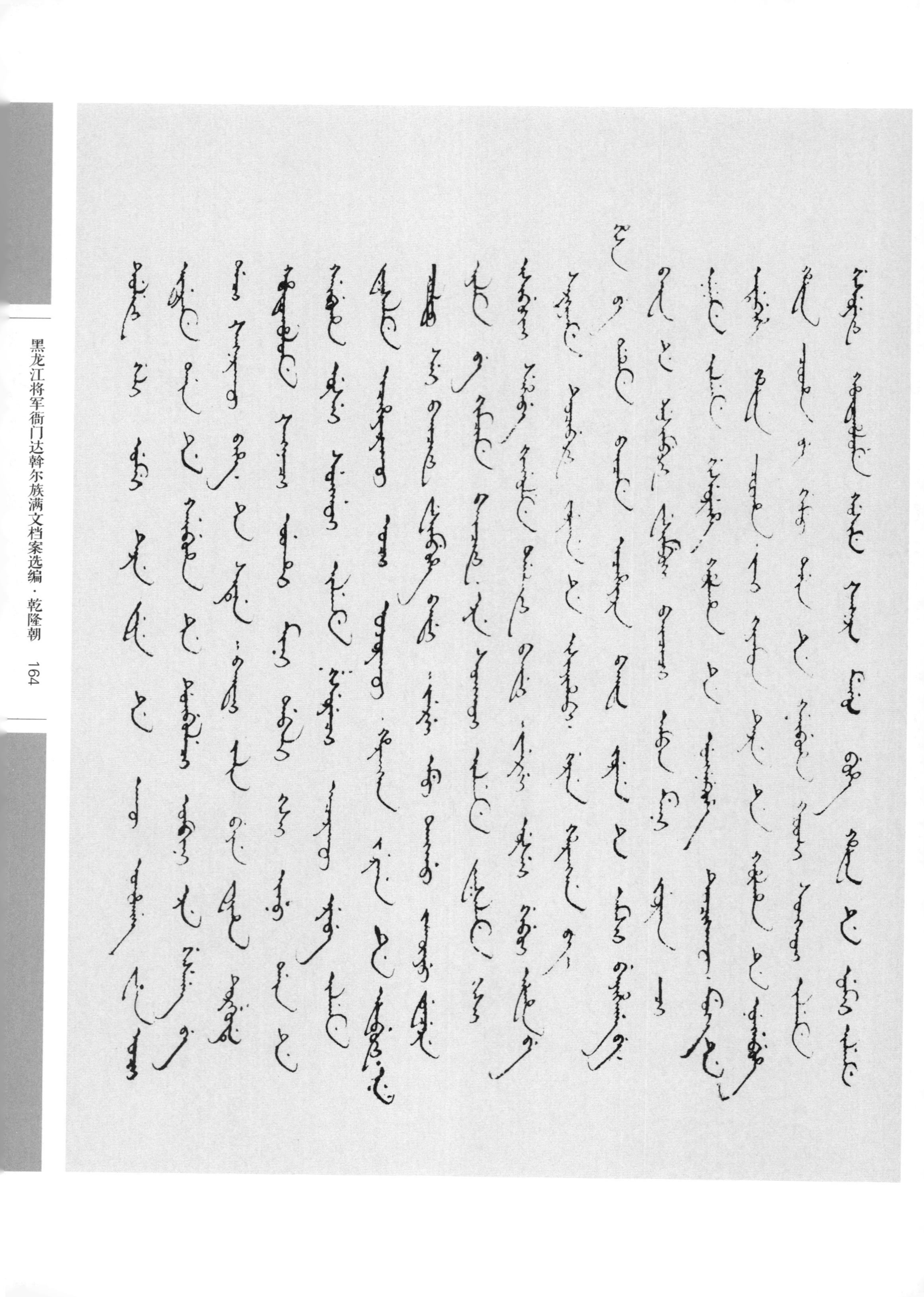

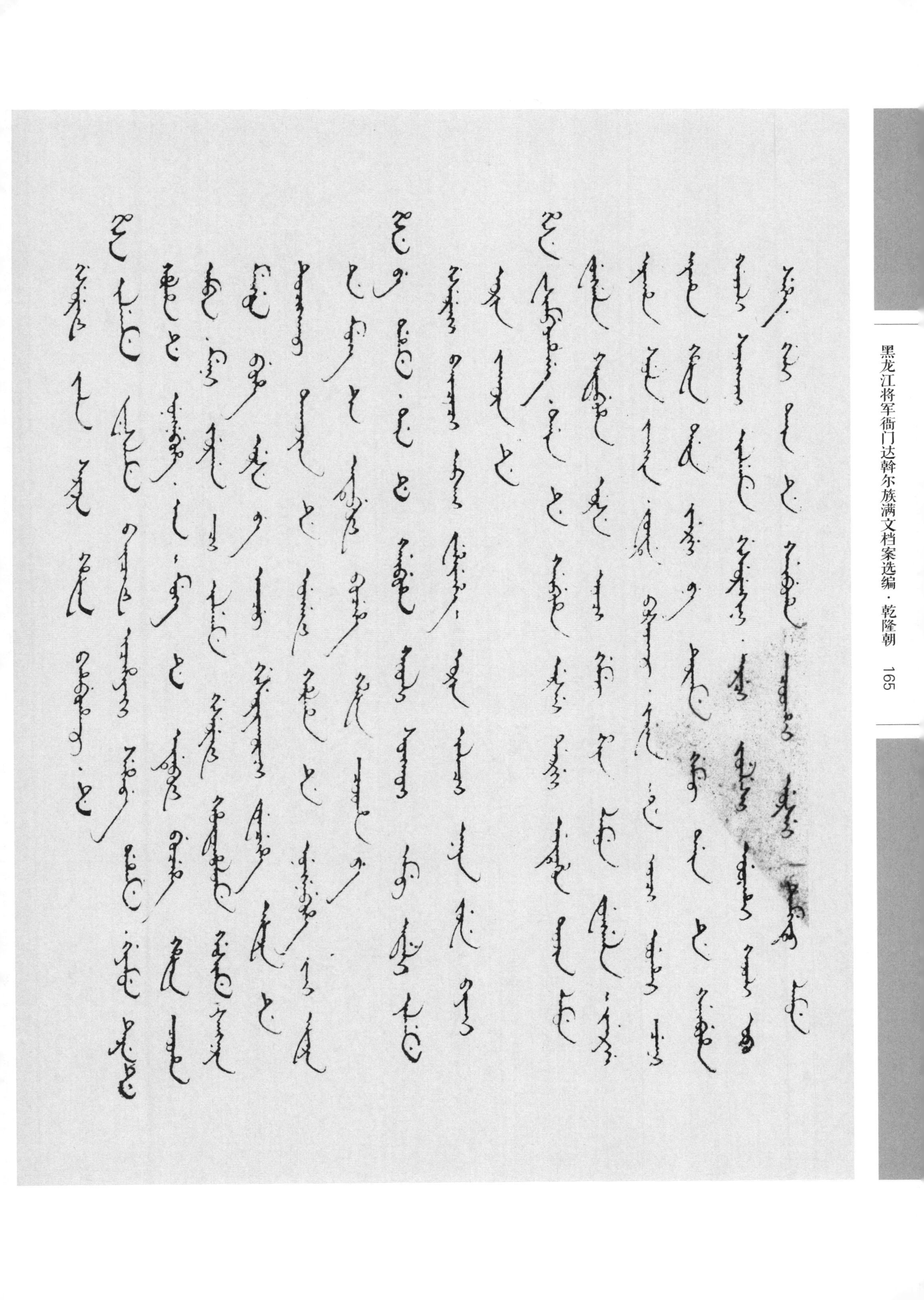

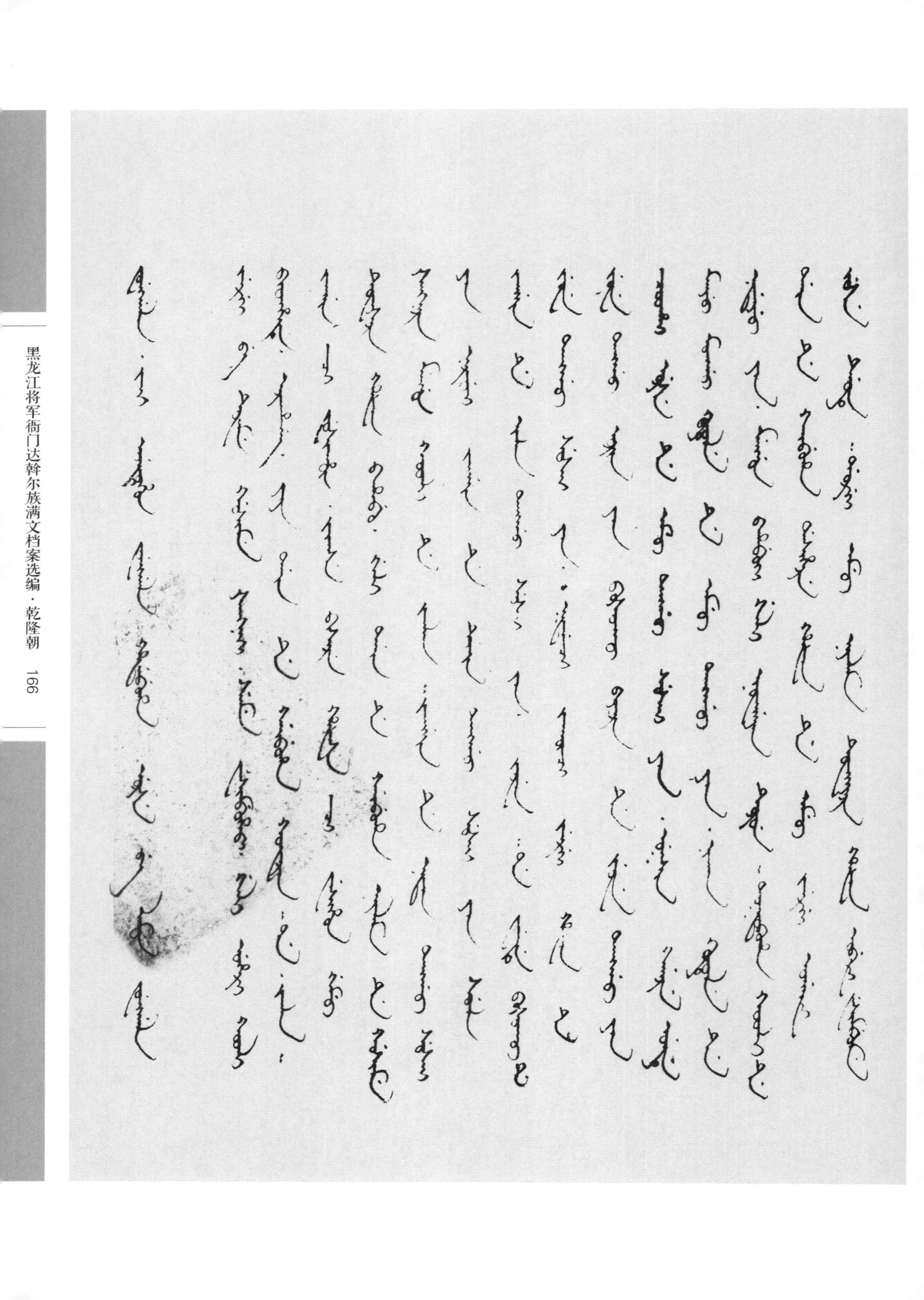

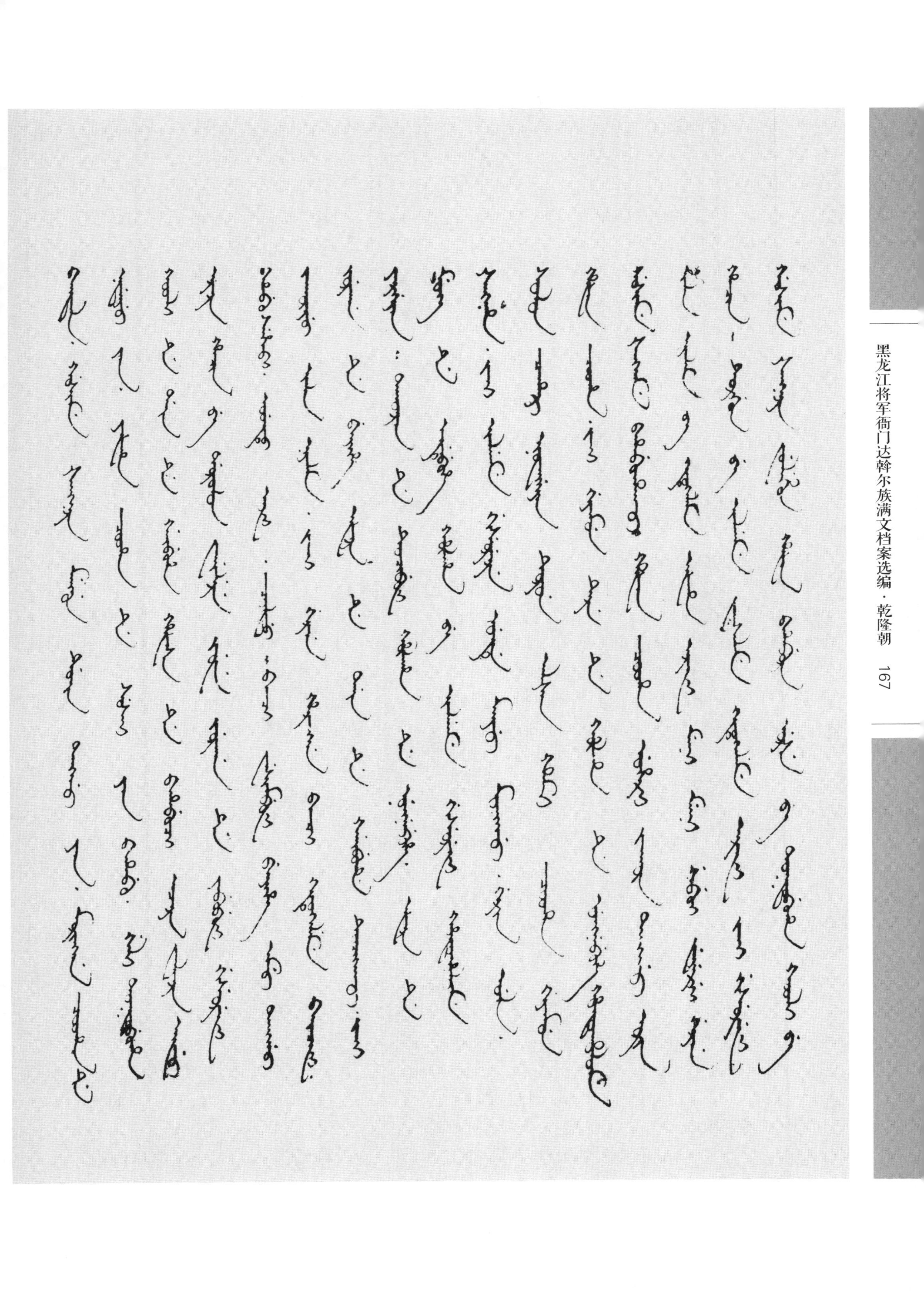

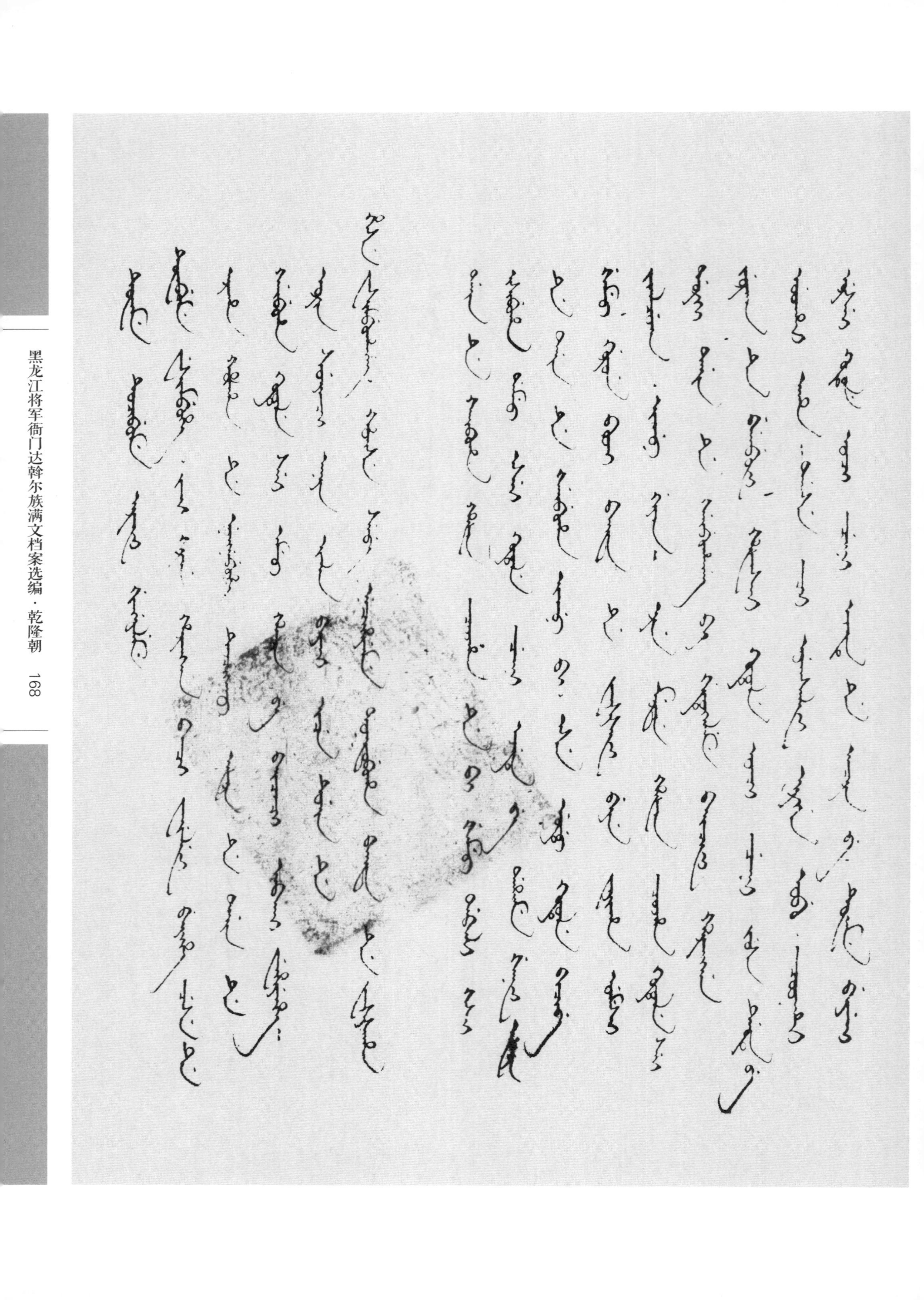

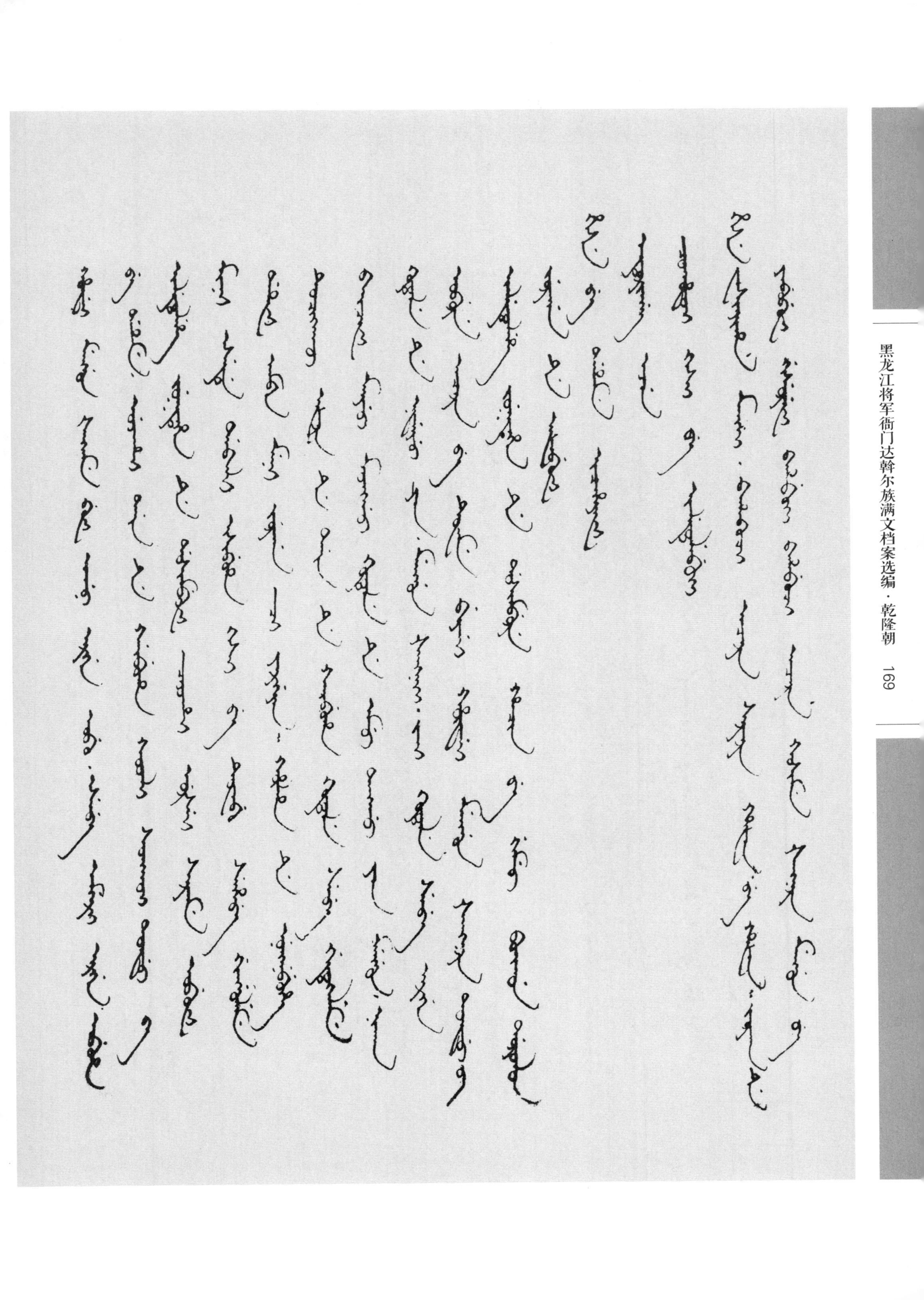

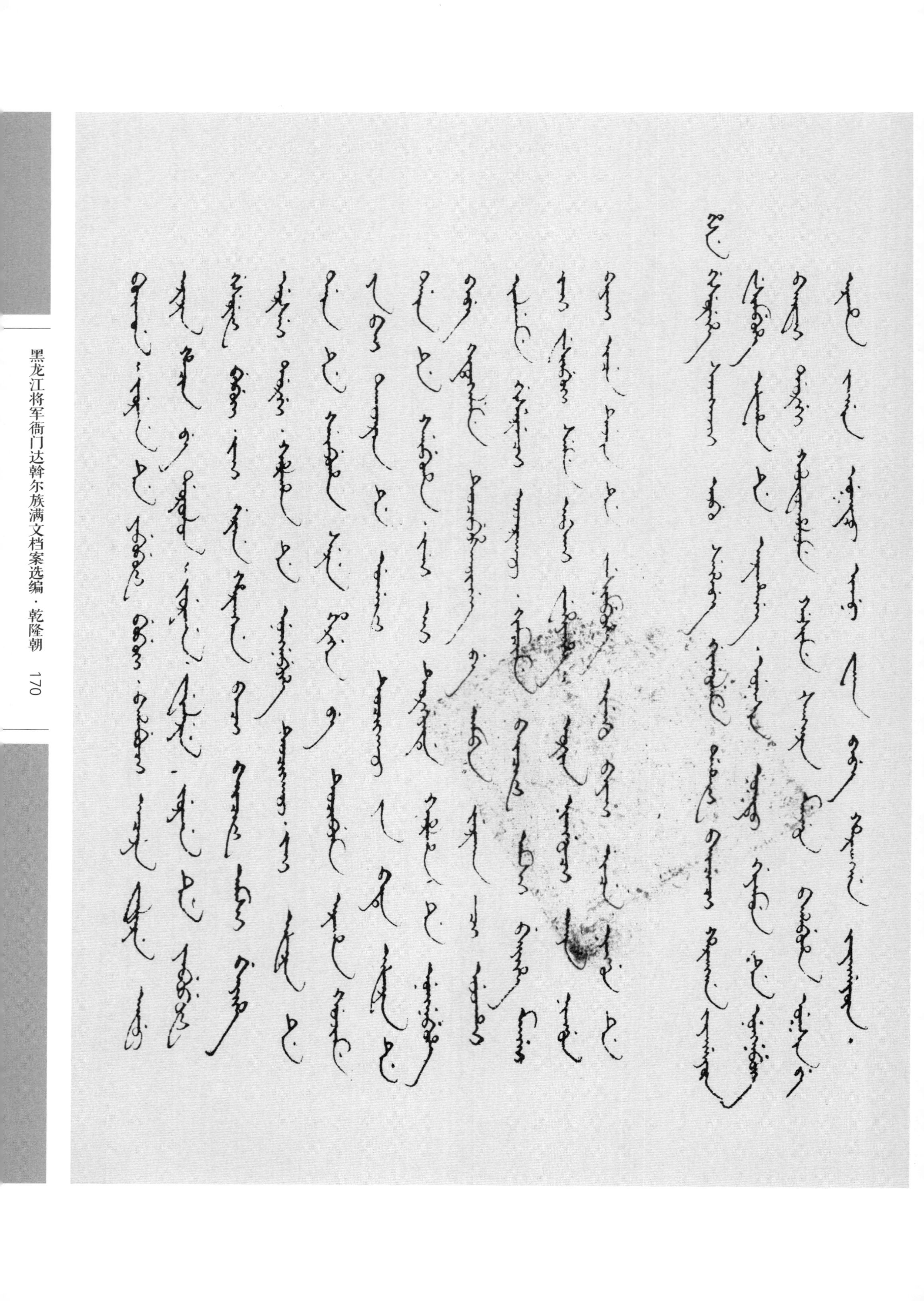

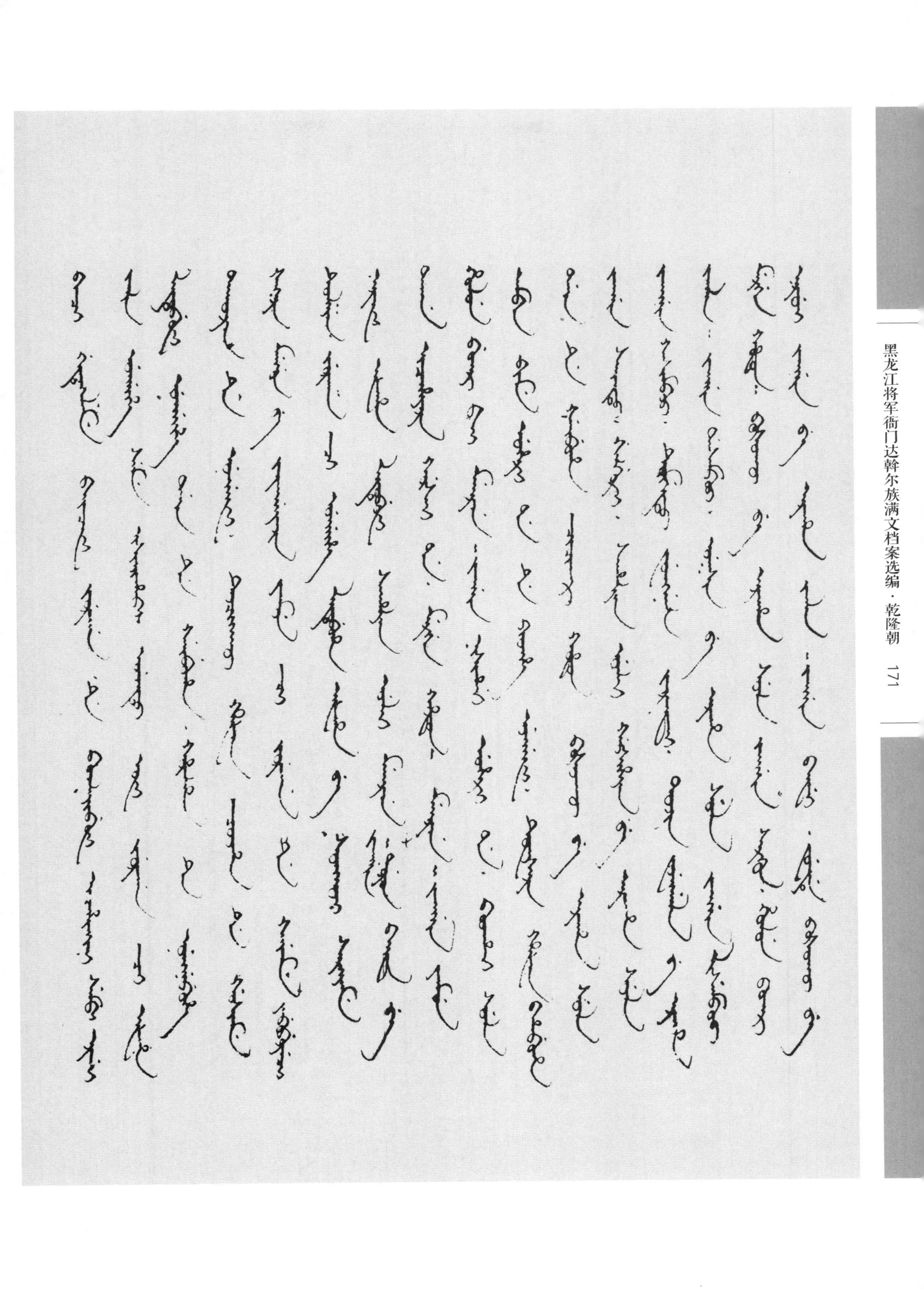

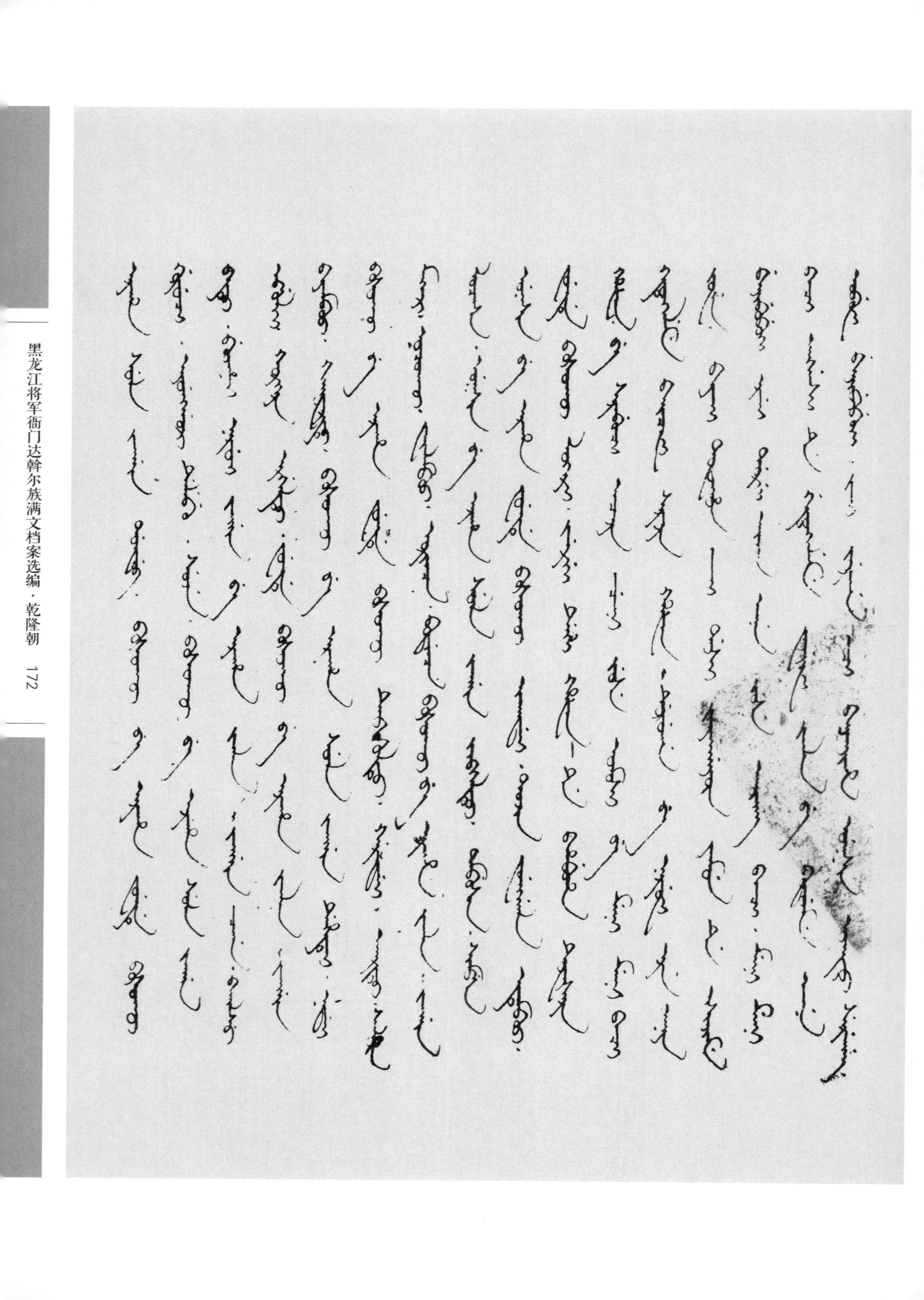

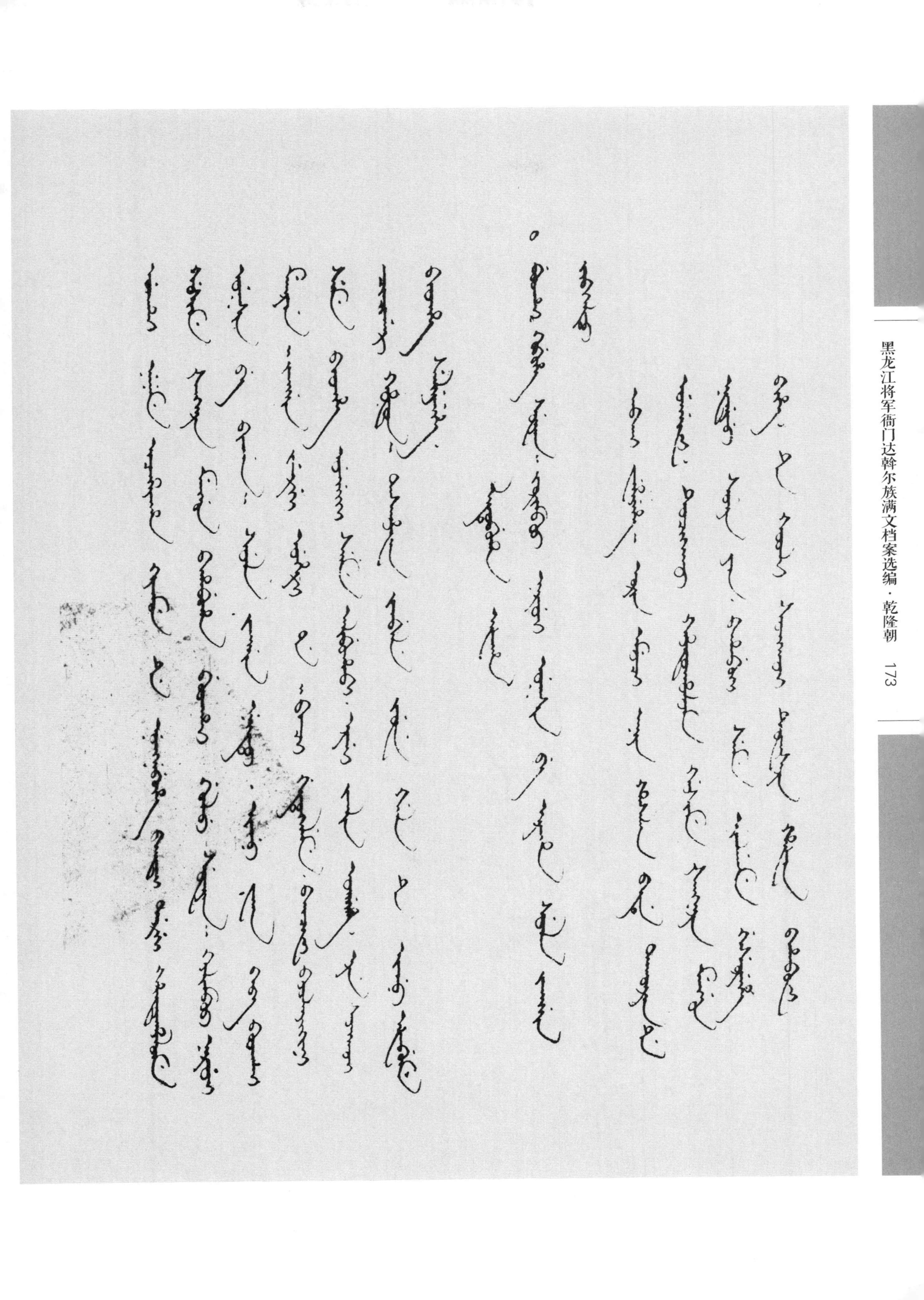

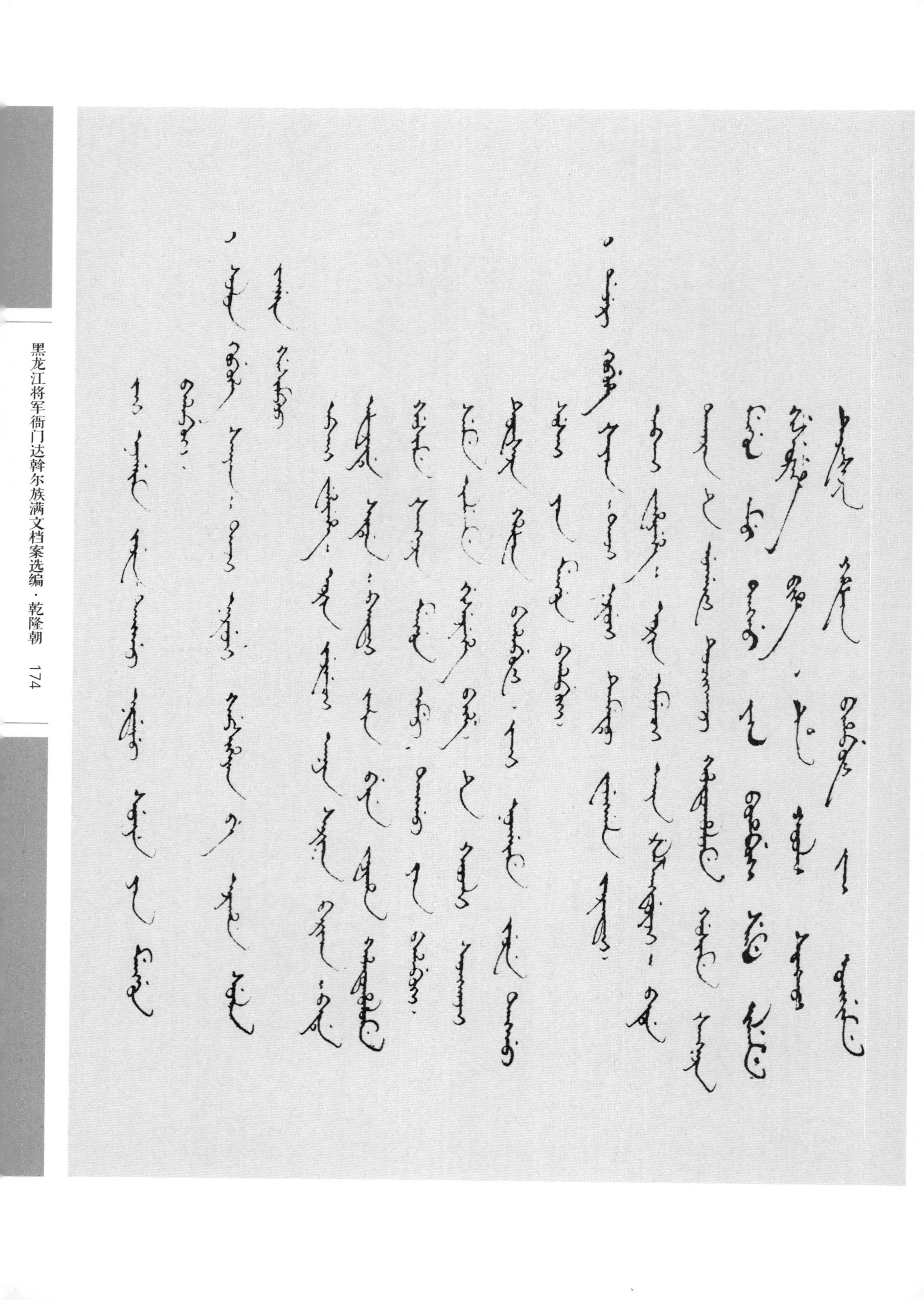

[illegible]

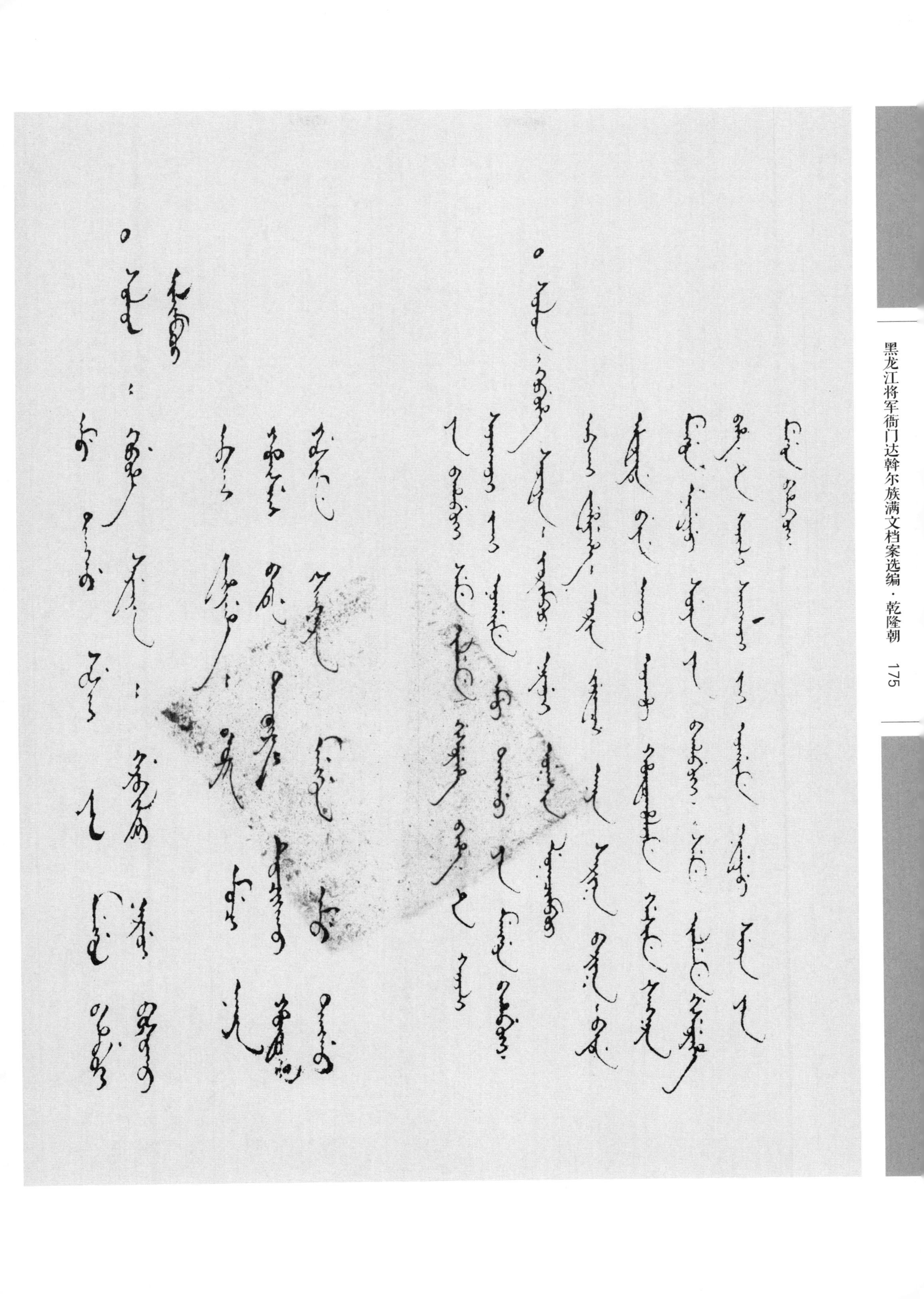

[illegible]

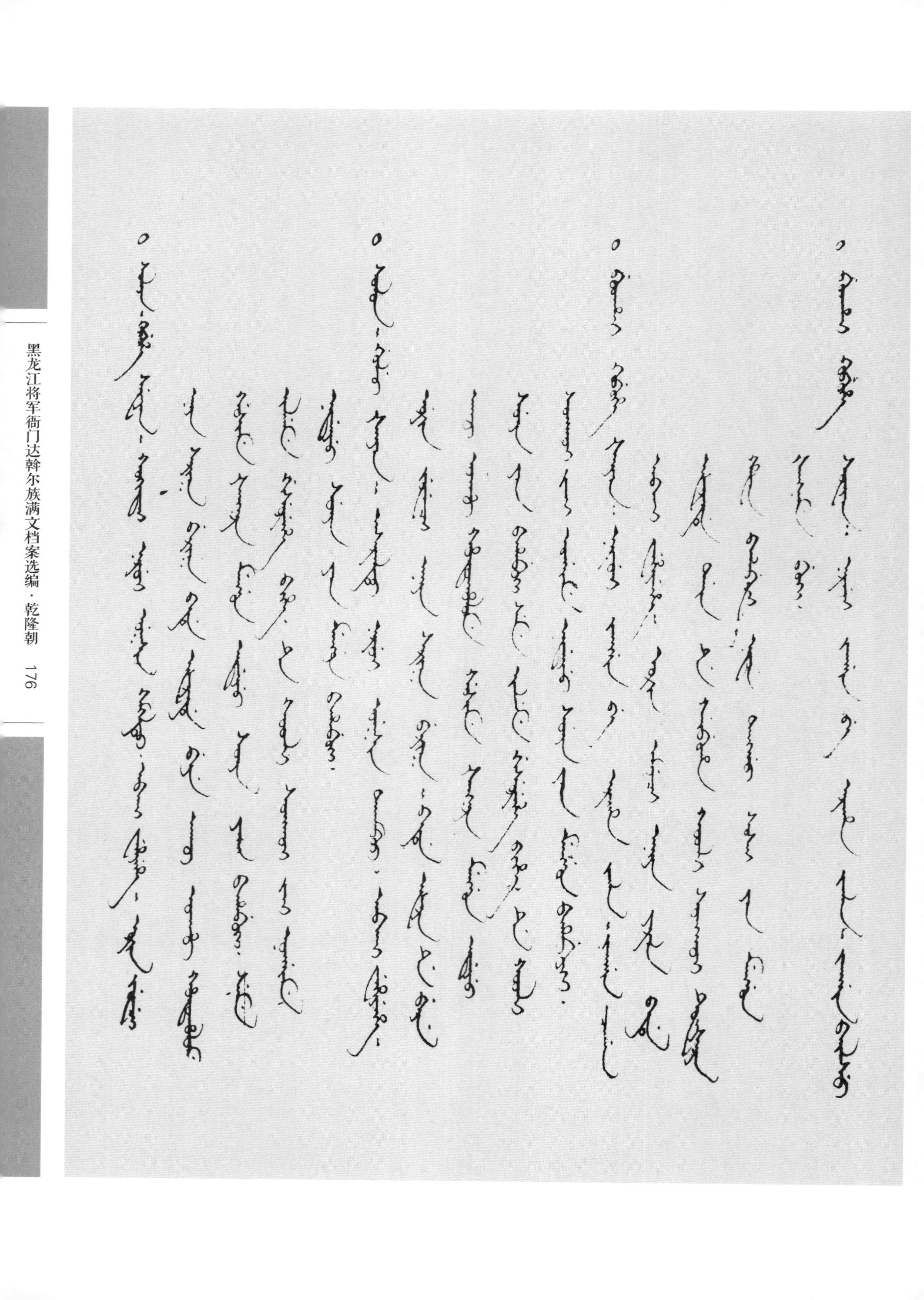

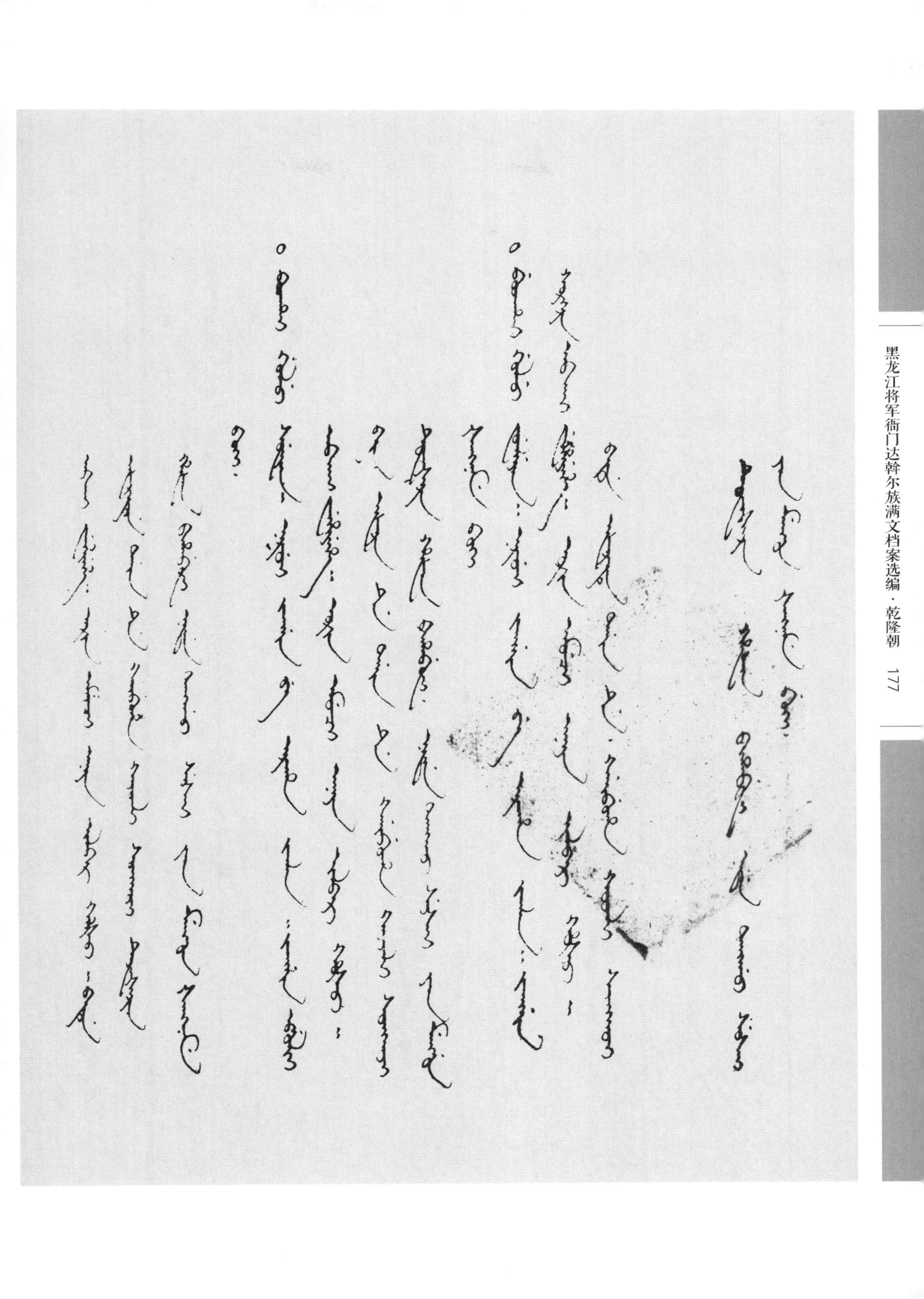

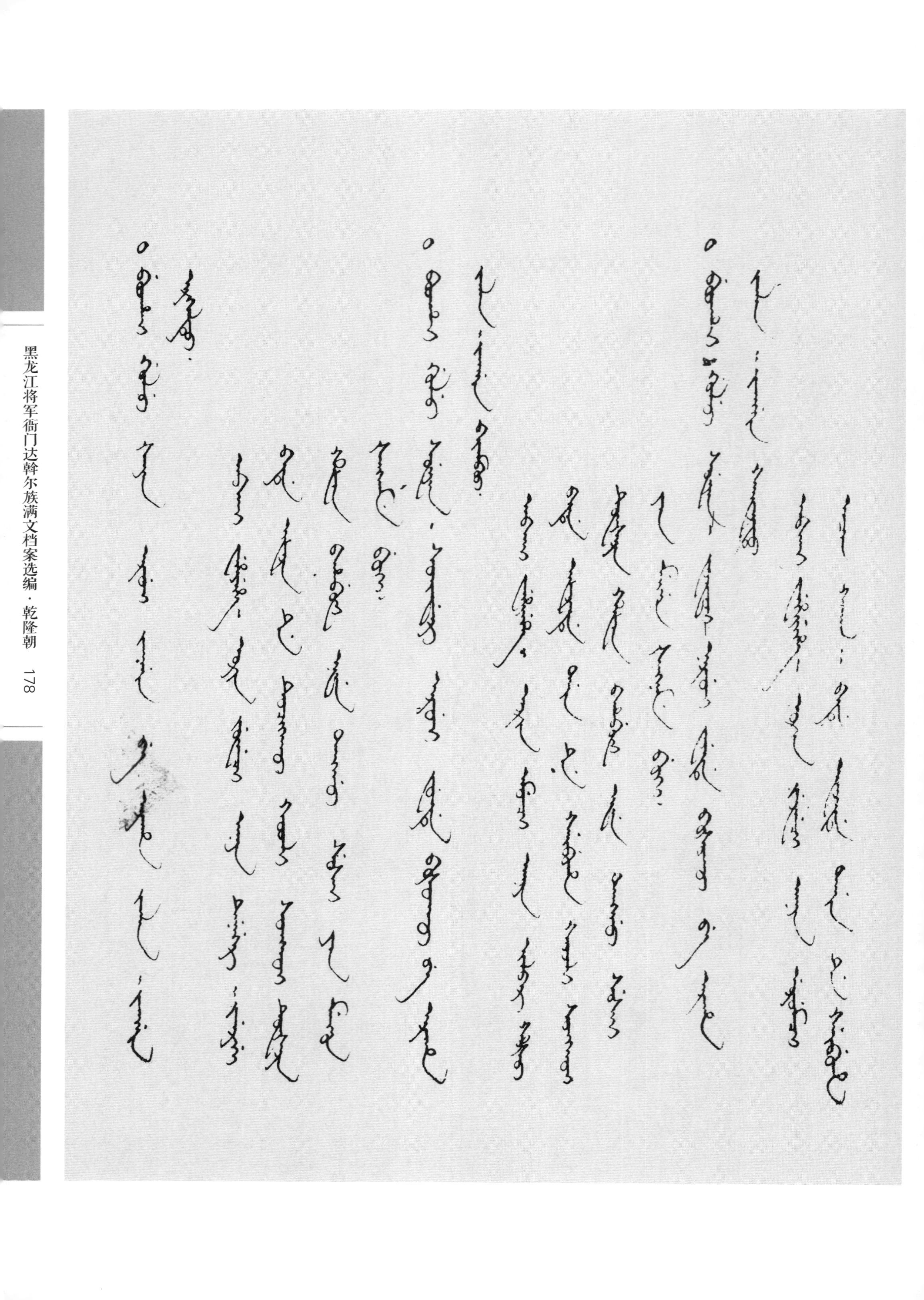

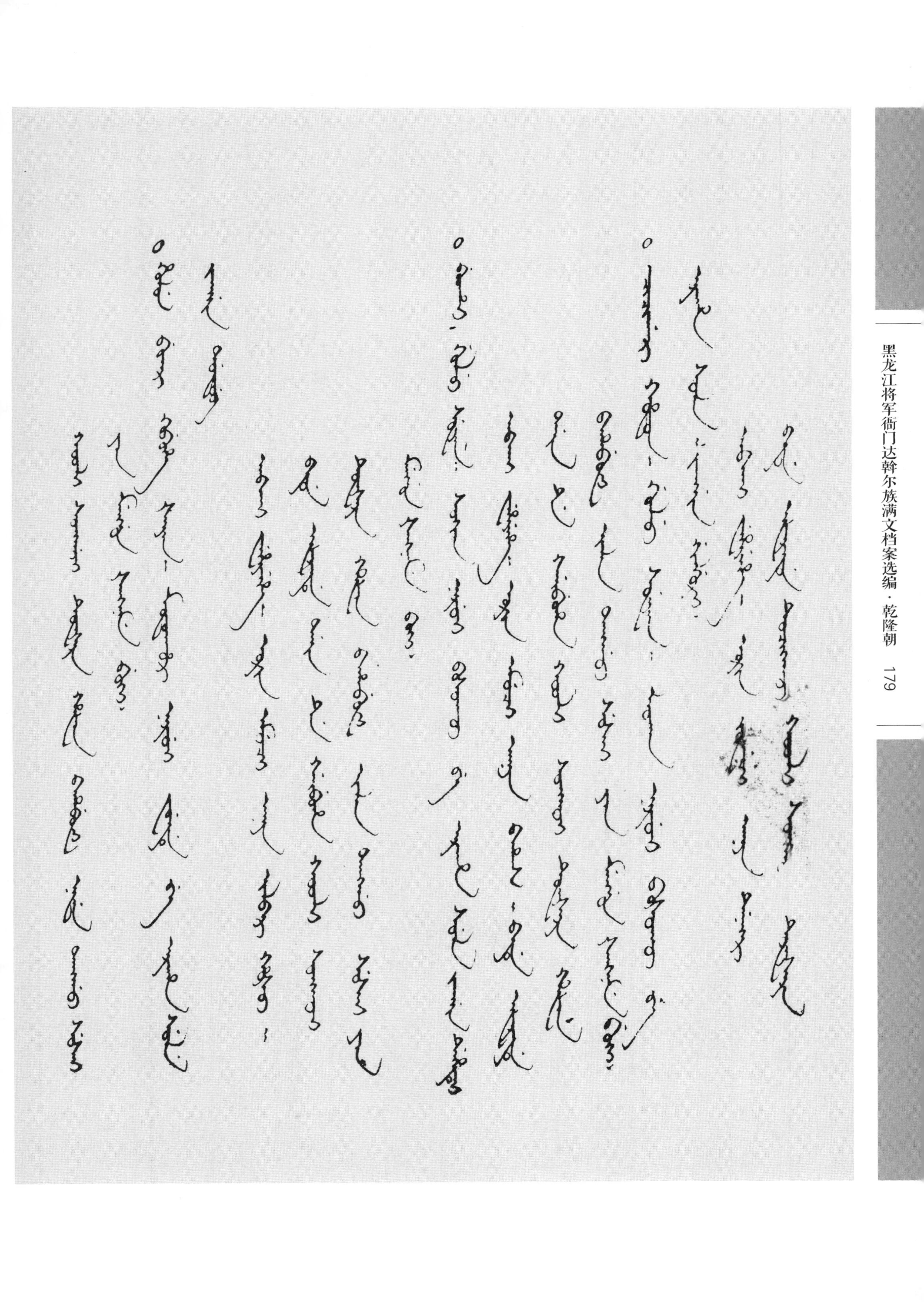

[illegible]

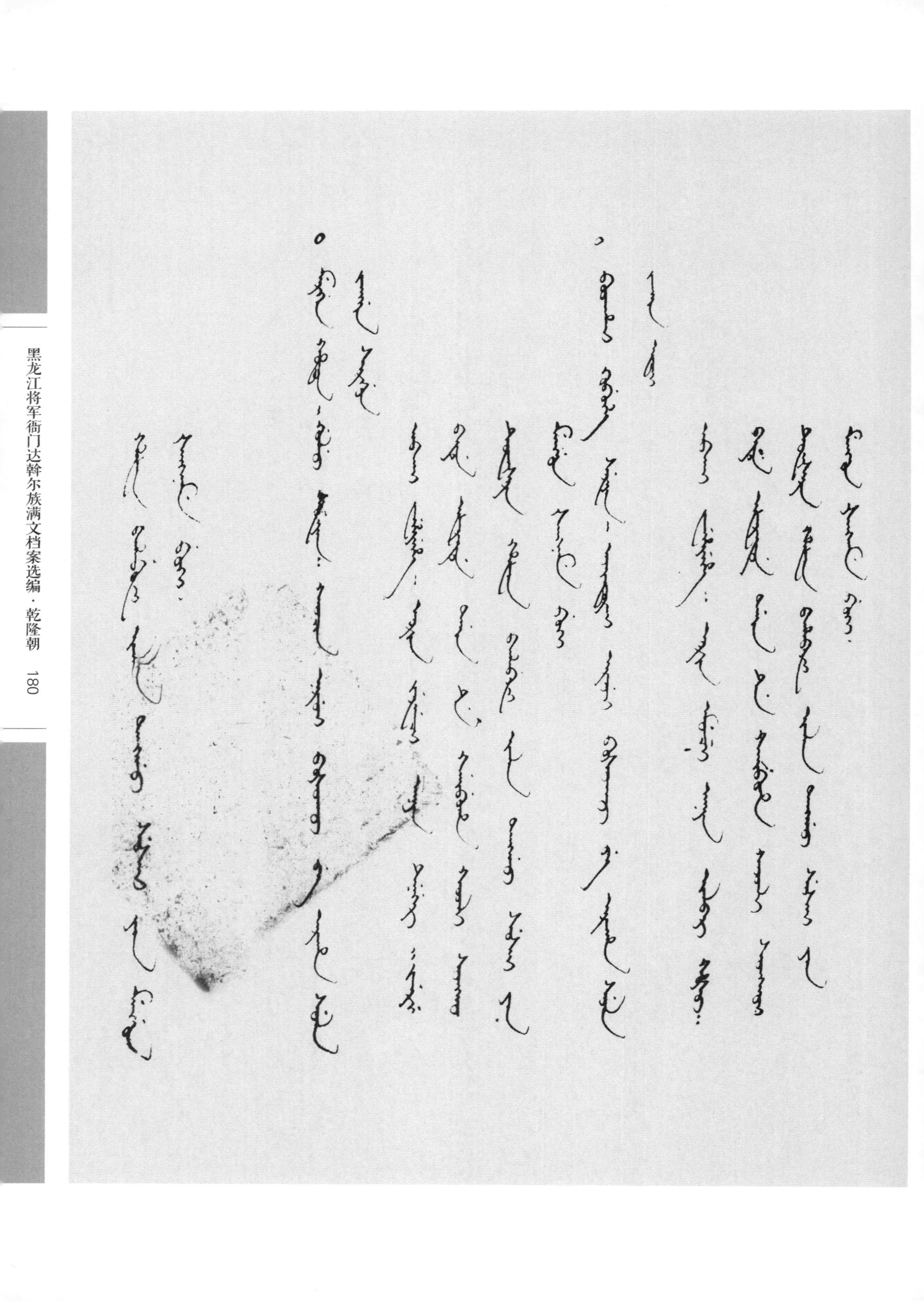

[illegible]

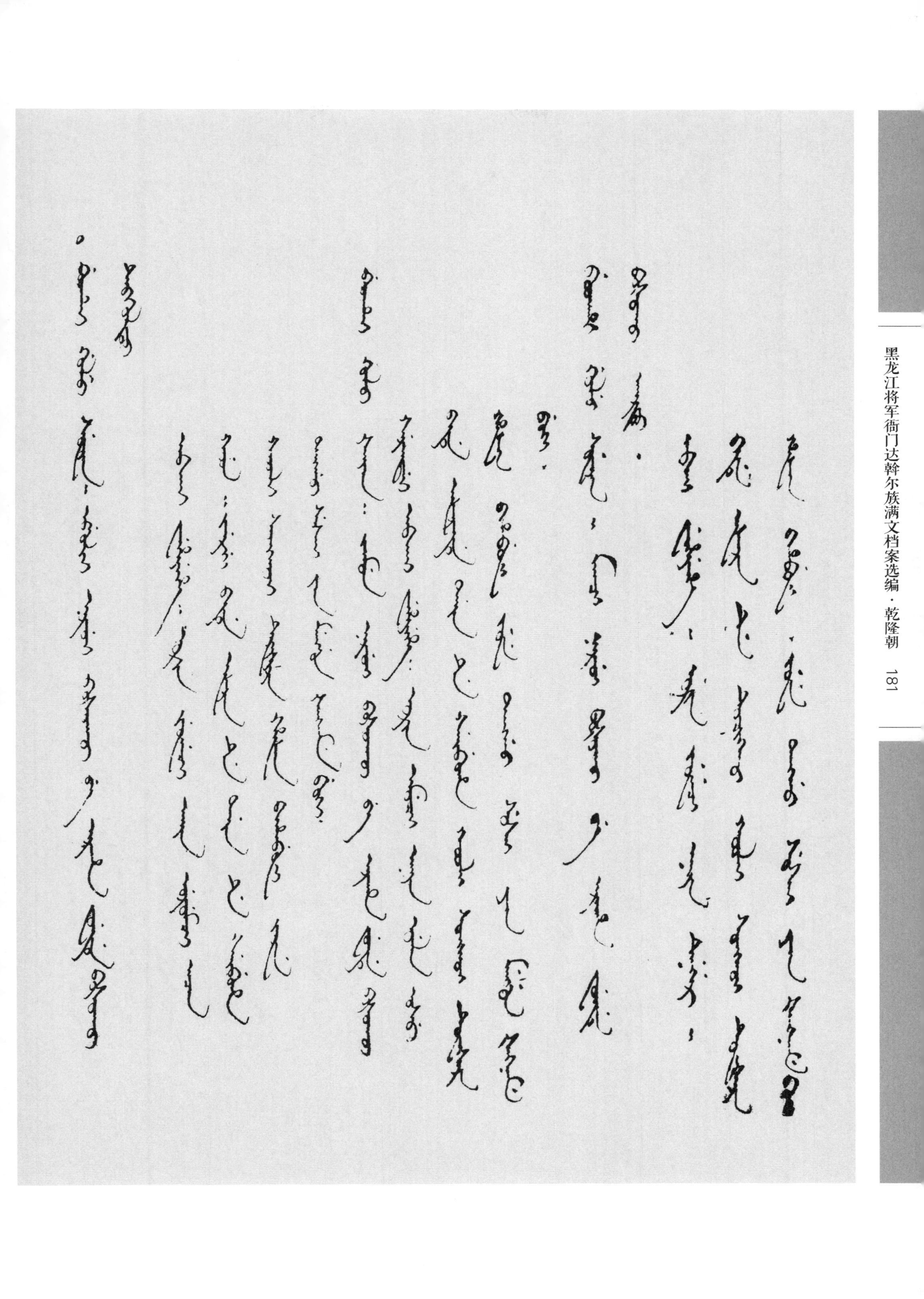

[illegible]

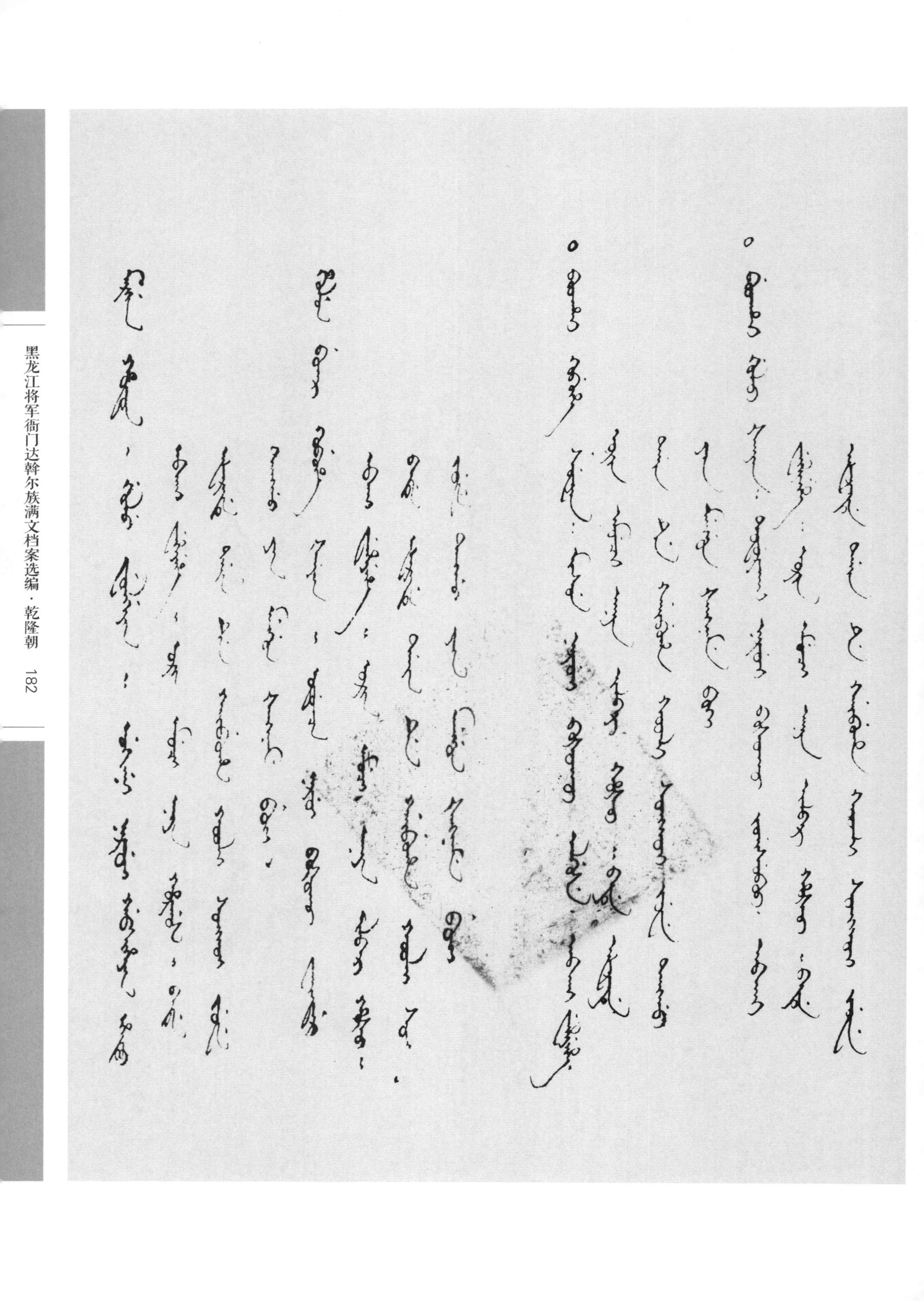

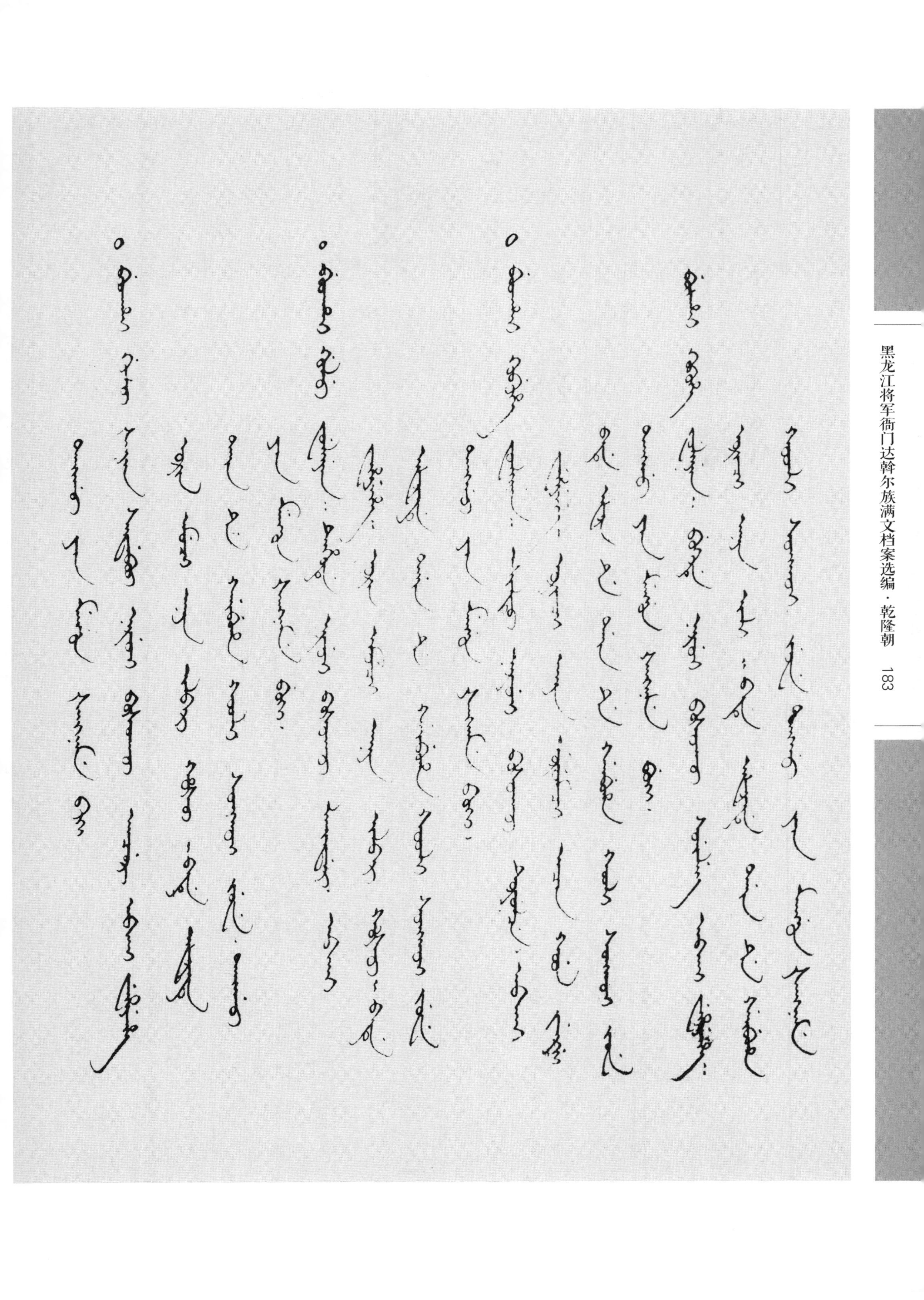

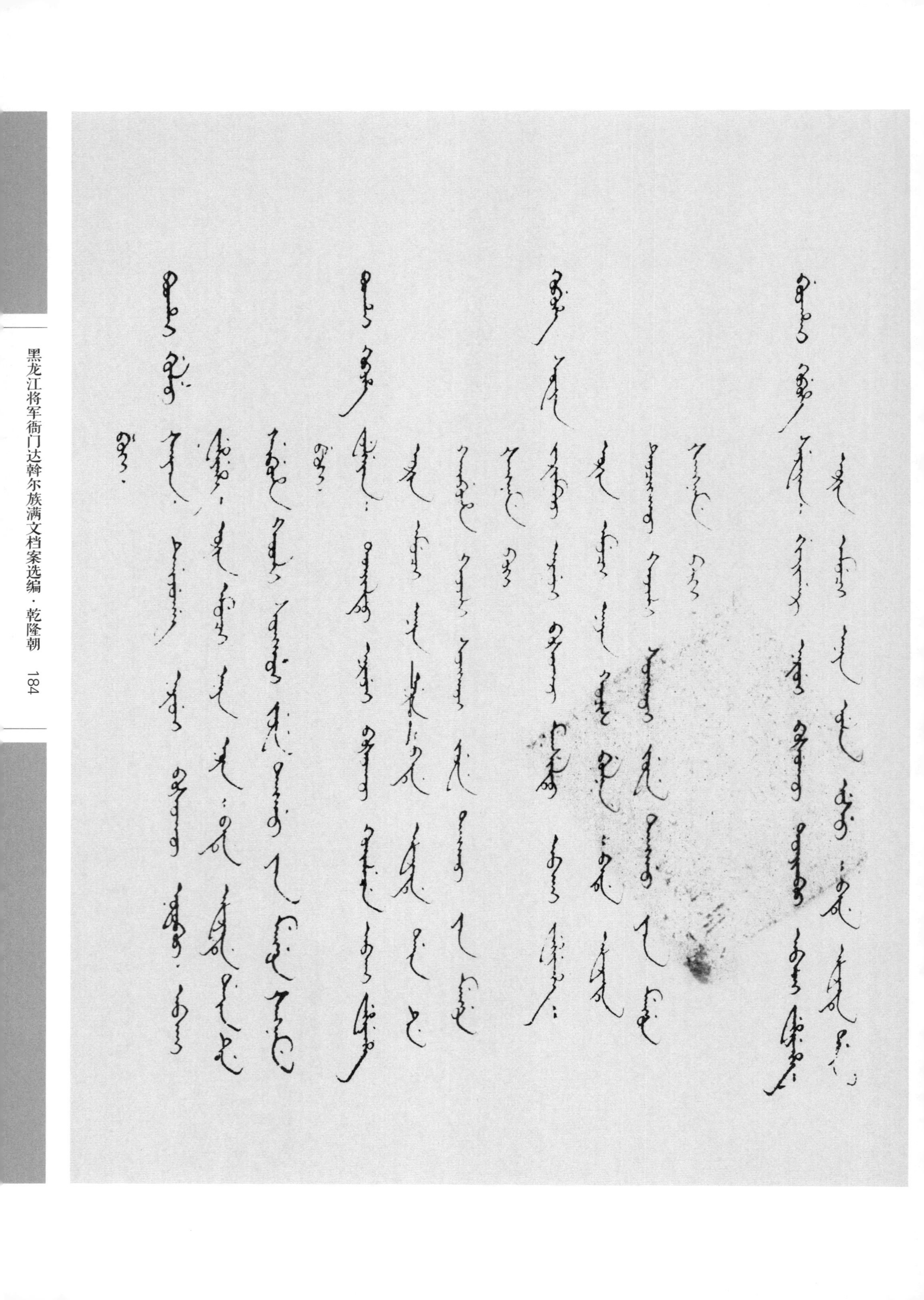

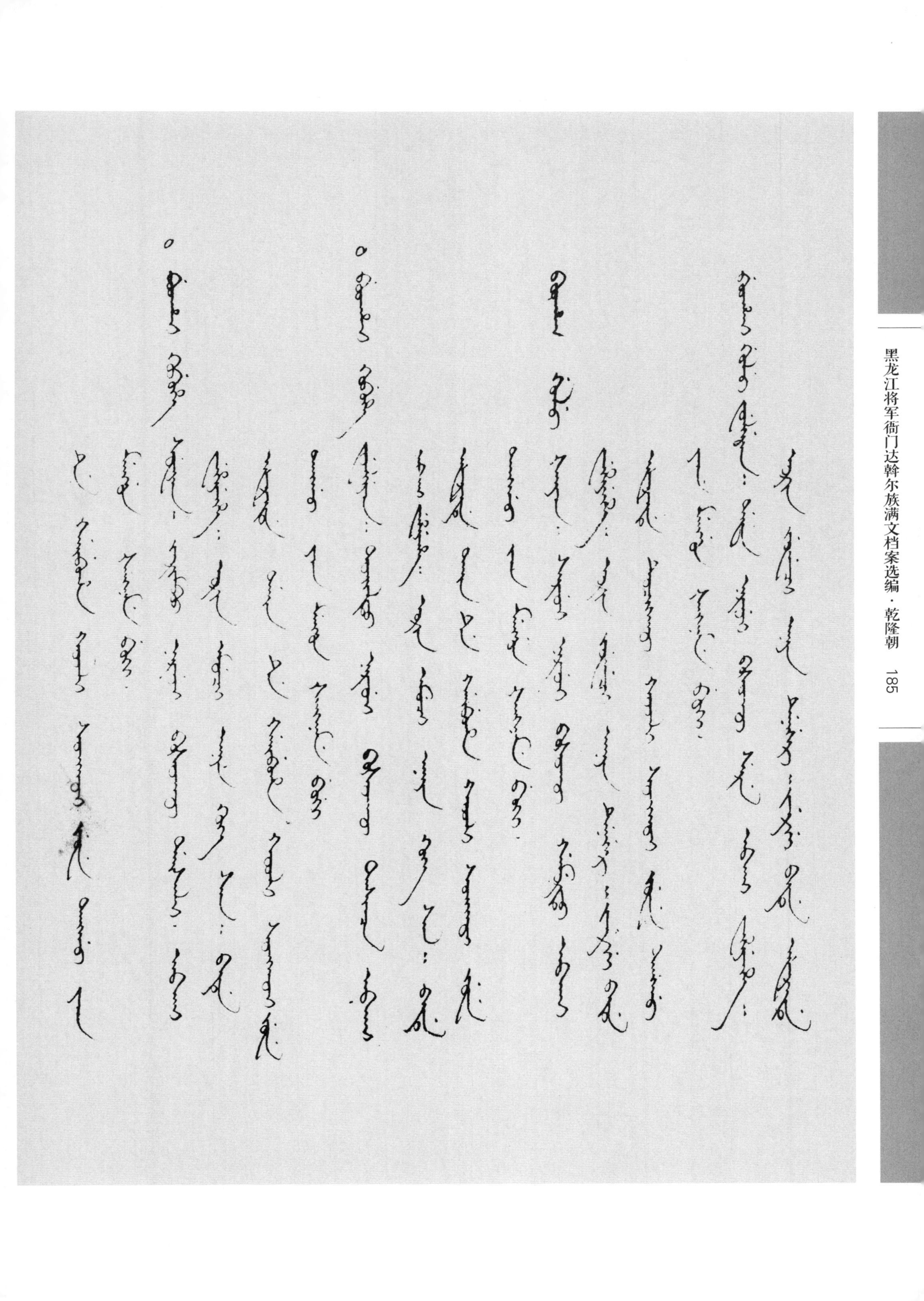

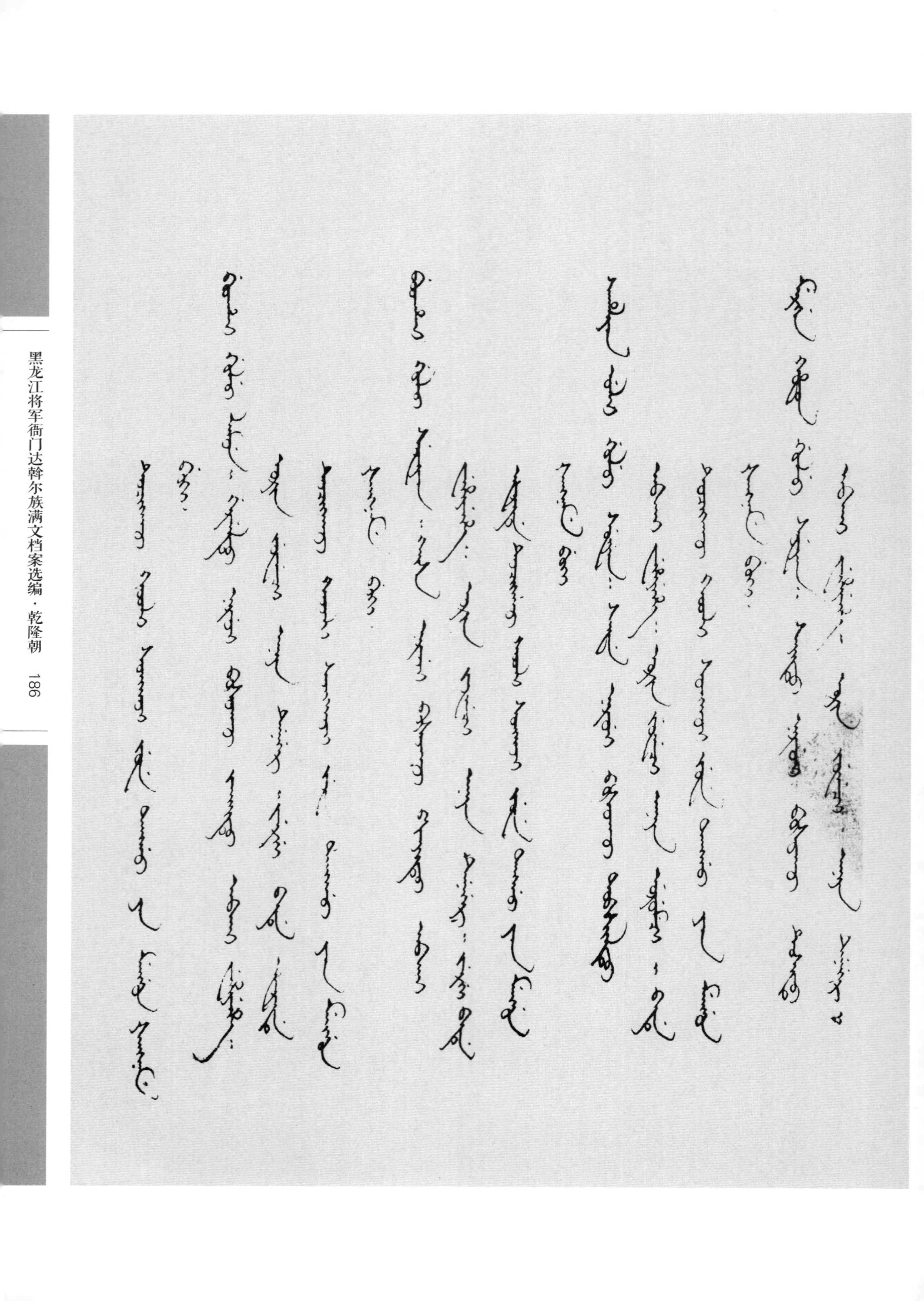

[illegible] ᡳ [illegible]

ᠪᡝ᠉

[illegible]

[illegible]

[illegible]

ᠪᡝ᠉

[illegible]

[illegible]

[illegible]

ᠪᡝ᠉

[illegible]

[illegible]

[illegible]

ᠪᡝ᠉

[illegible]

ᠨᡳᠶᠠᠯᠮᠠ [illegible]

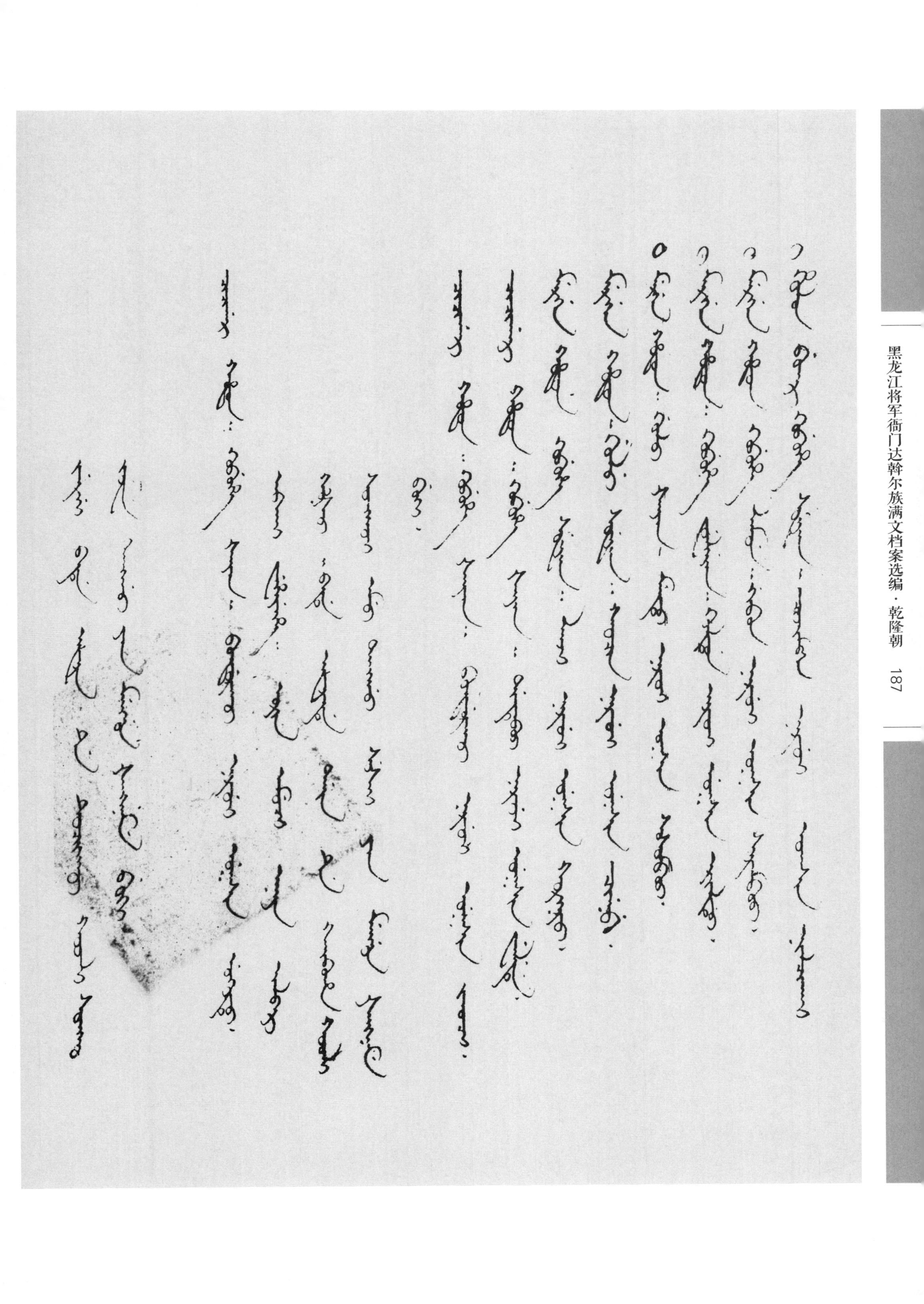

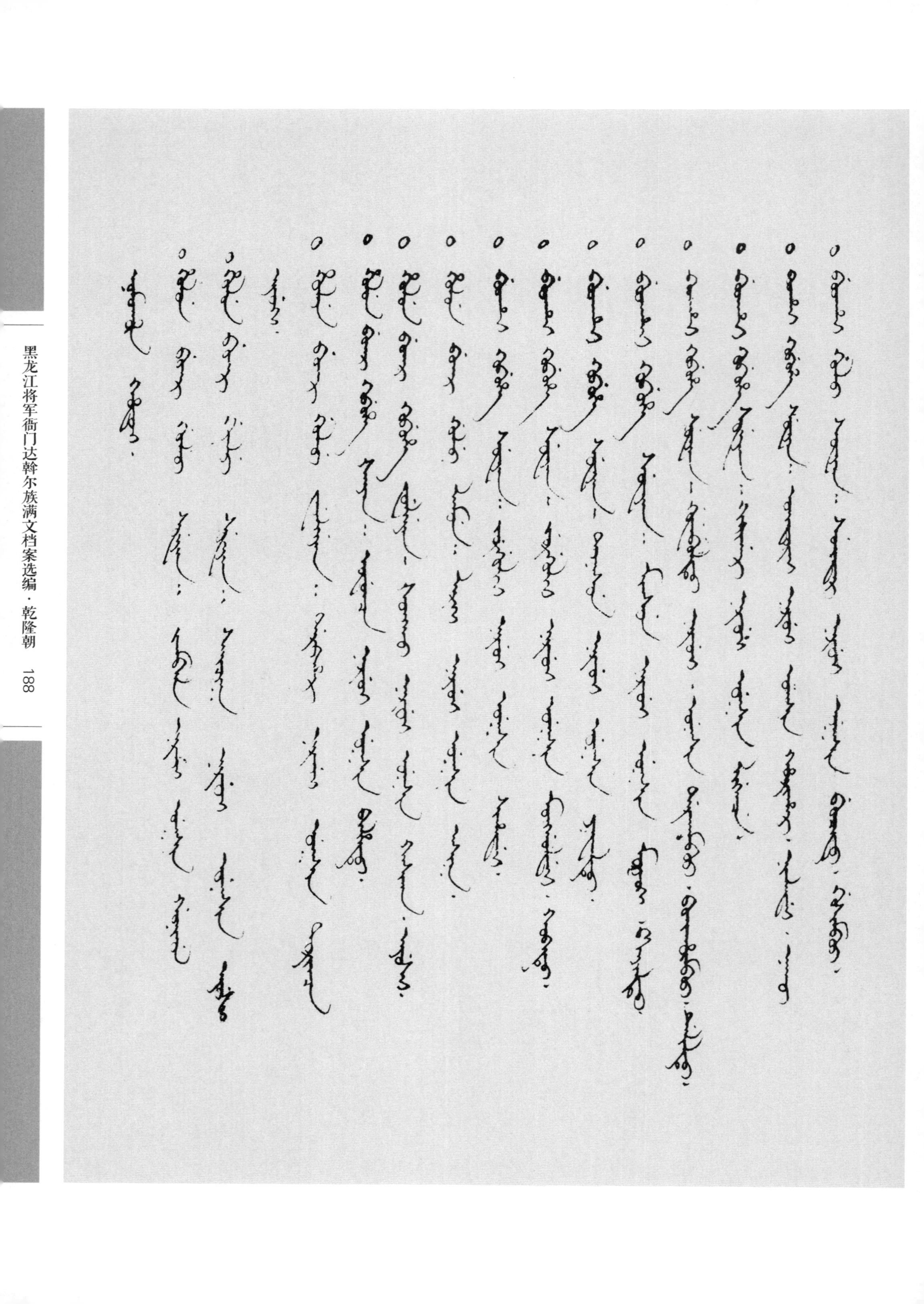

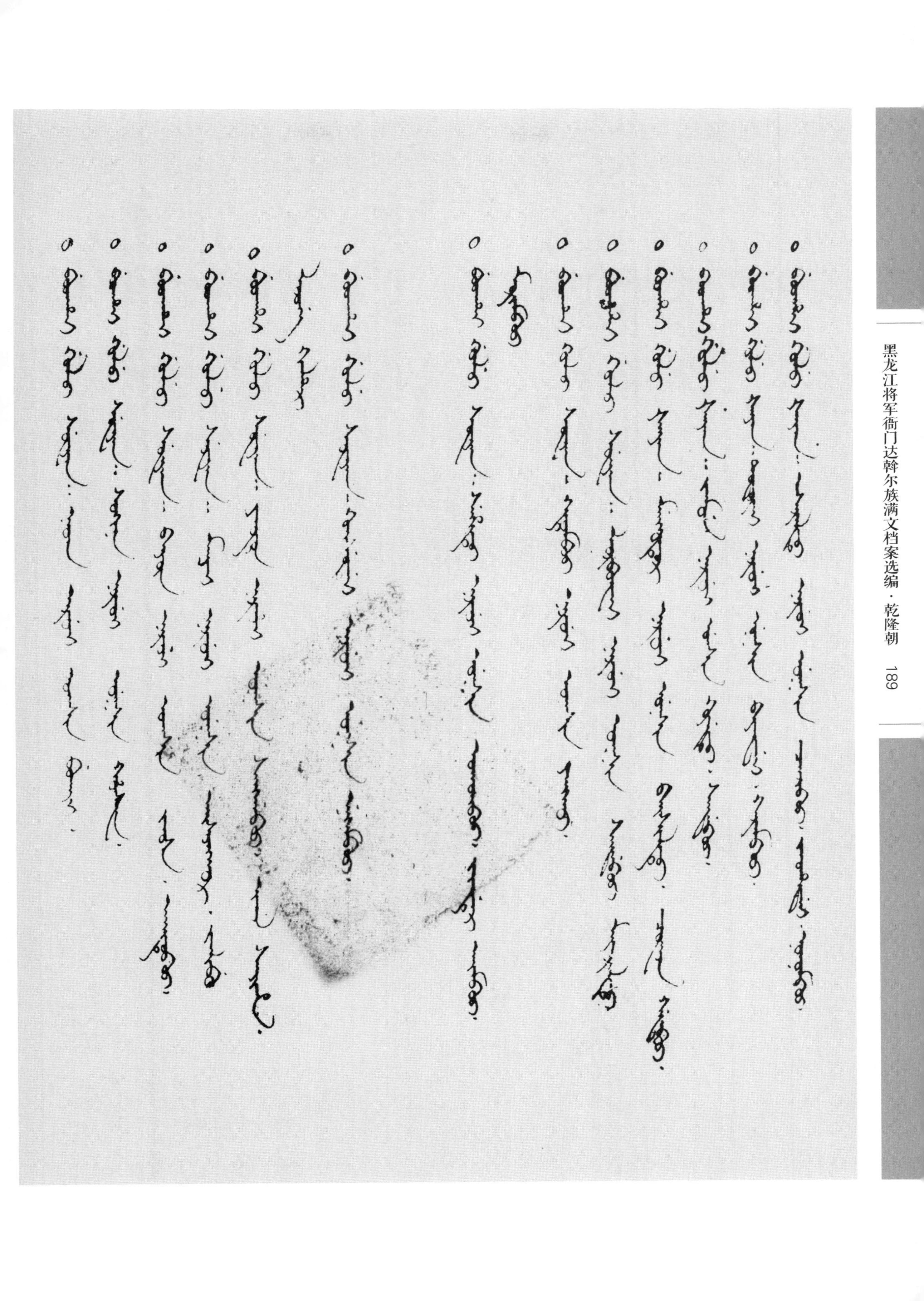

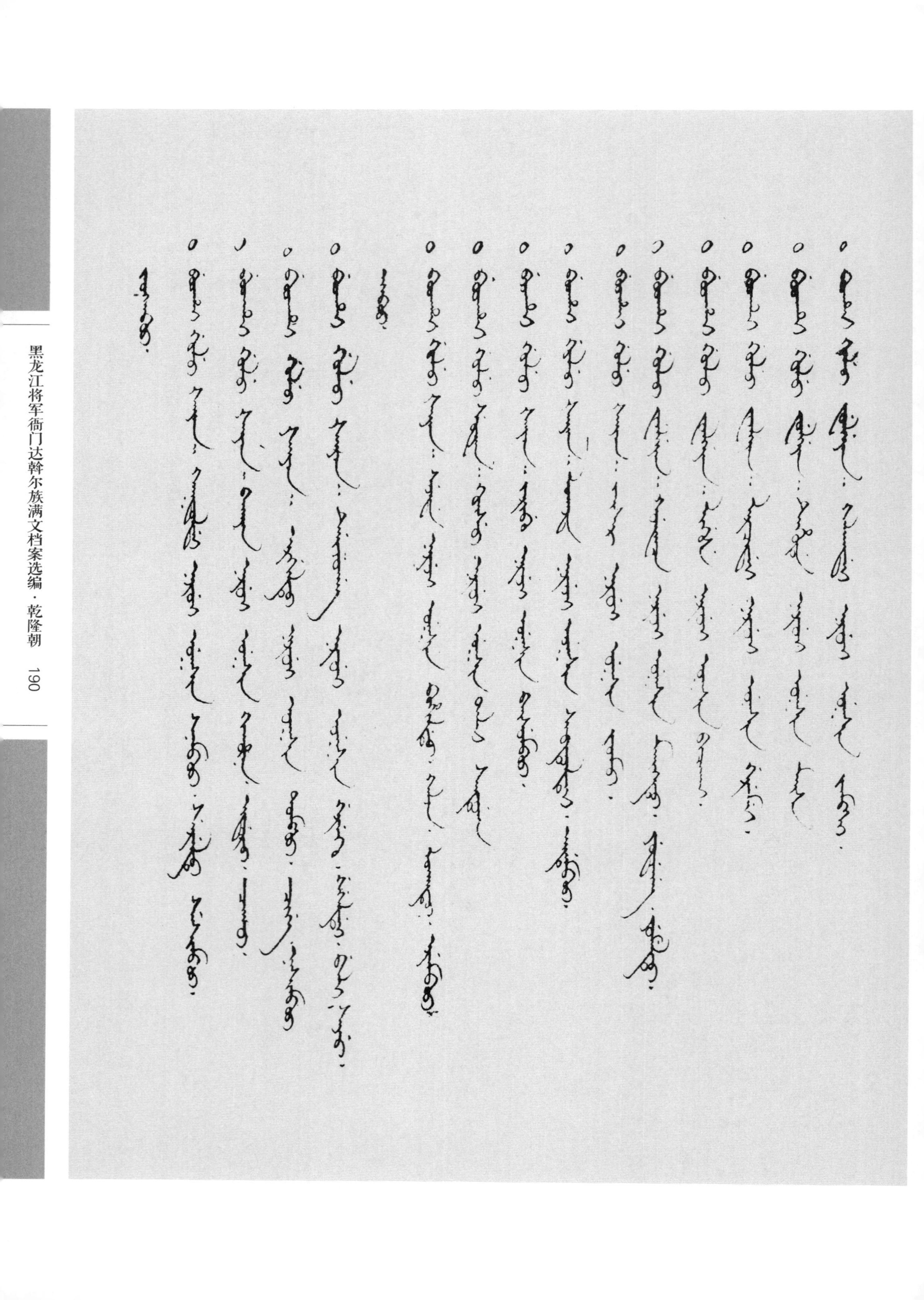

○ [illegible]

○ [illegible]

○ [illegible]

○ [illegible]

○ [illegible]

○ [illegible]

○ [illegible]

○ [illegible]

○ [illegible]

○ [illegible]

○ [illegible]

○ [illegible]

○ [illegible]

○ [illegible]

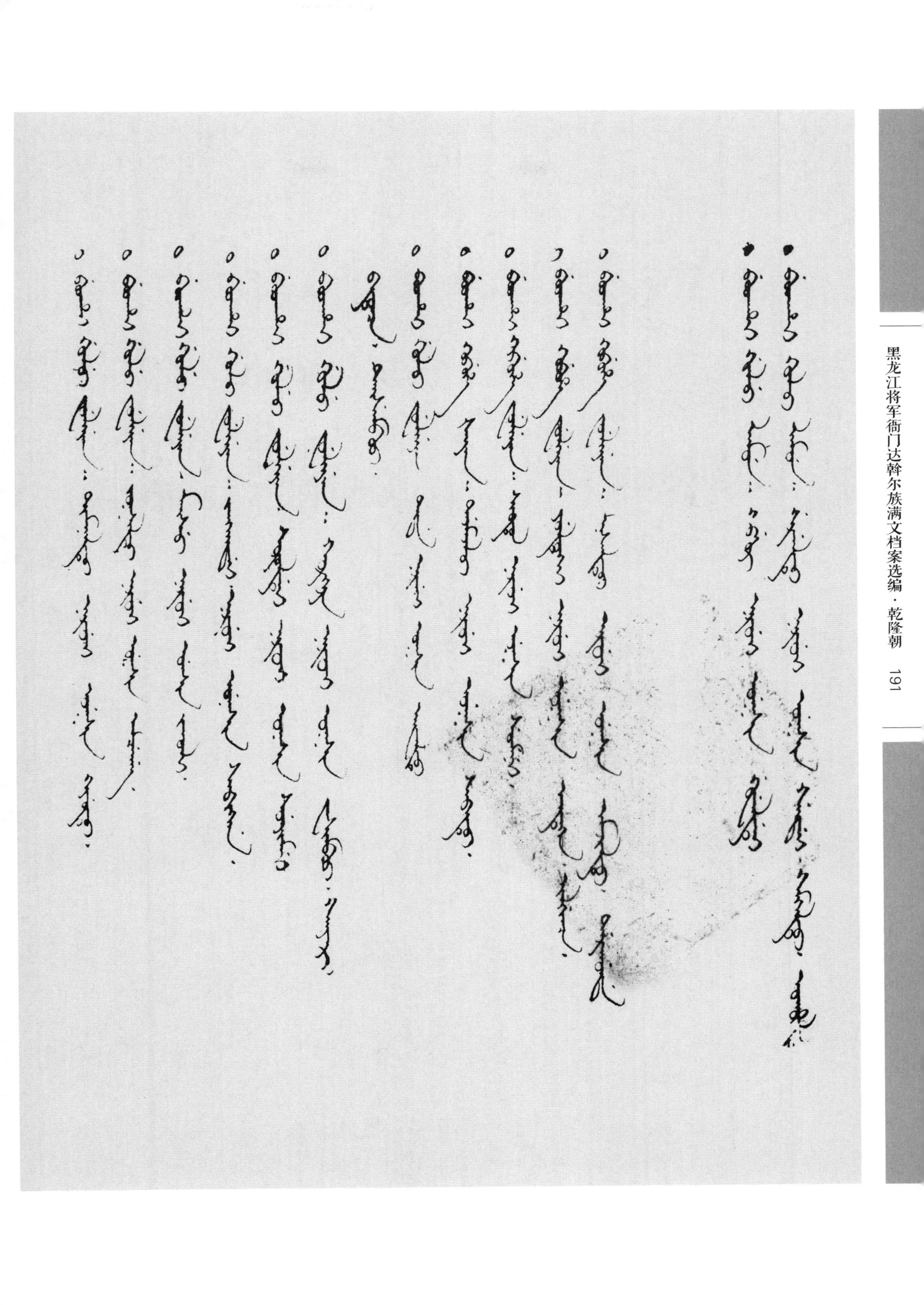

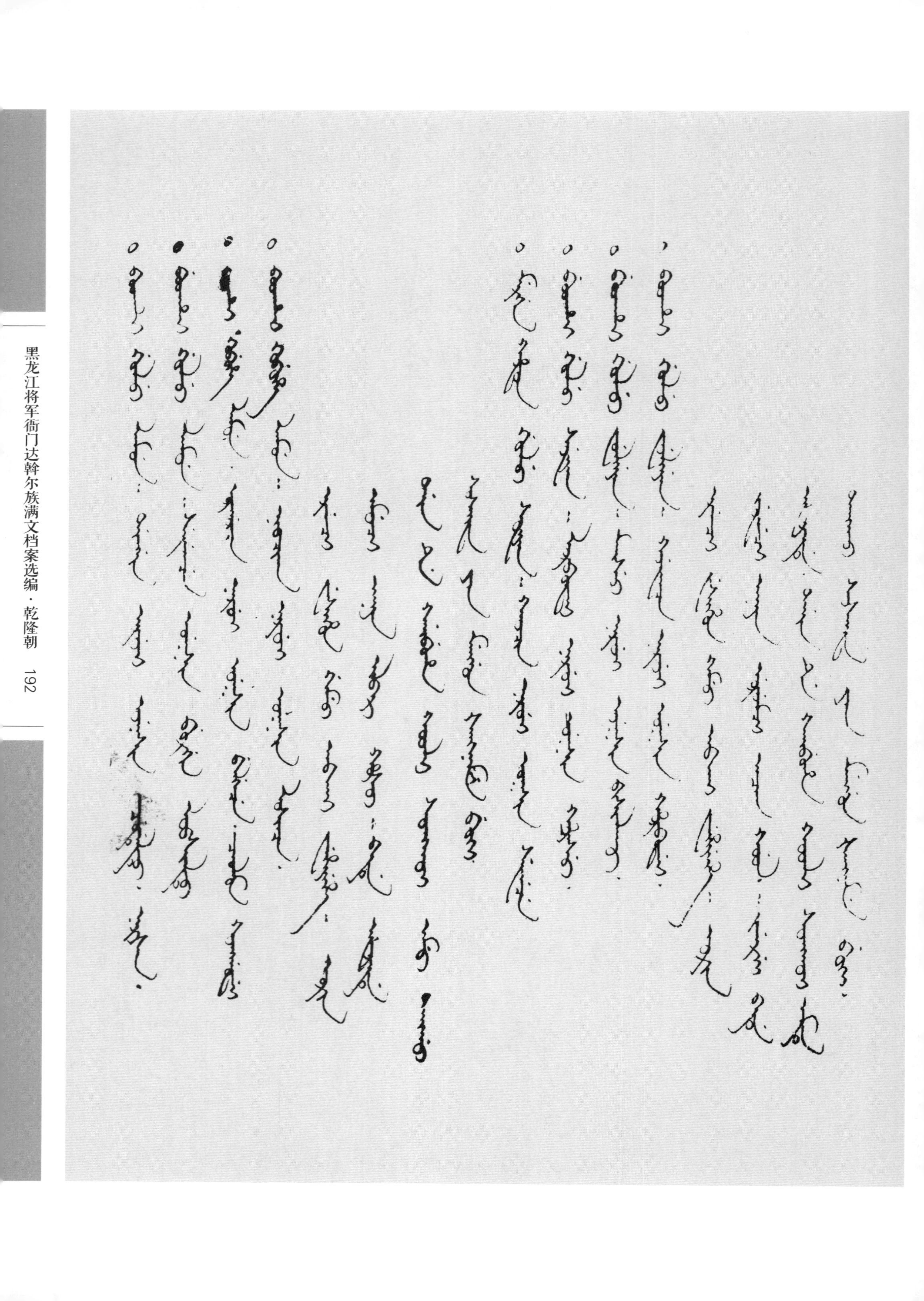

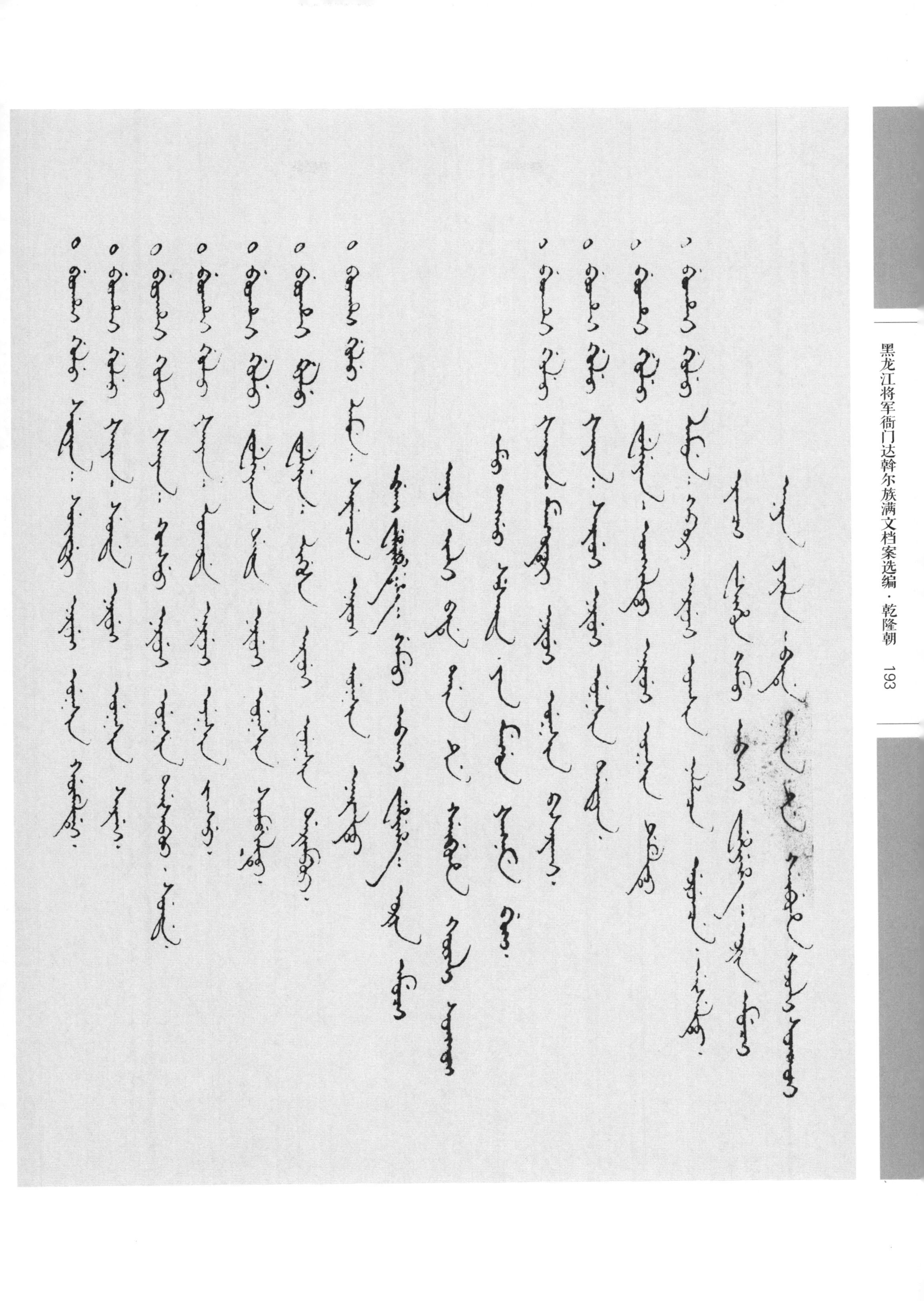

[illegible]

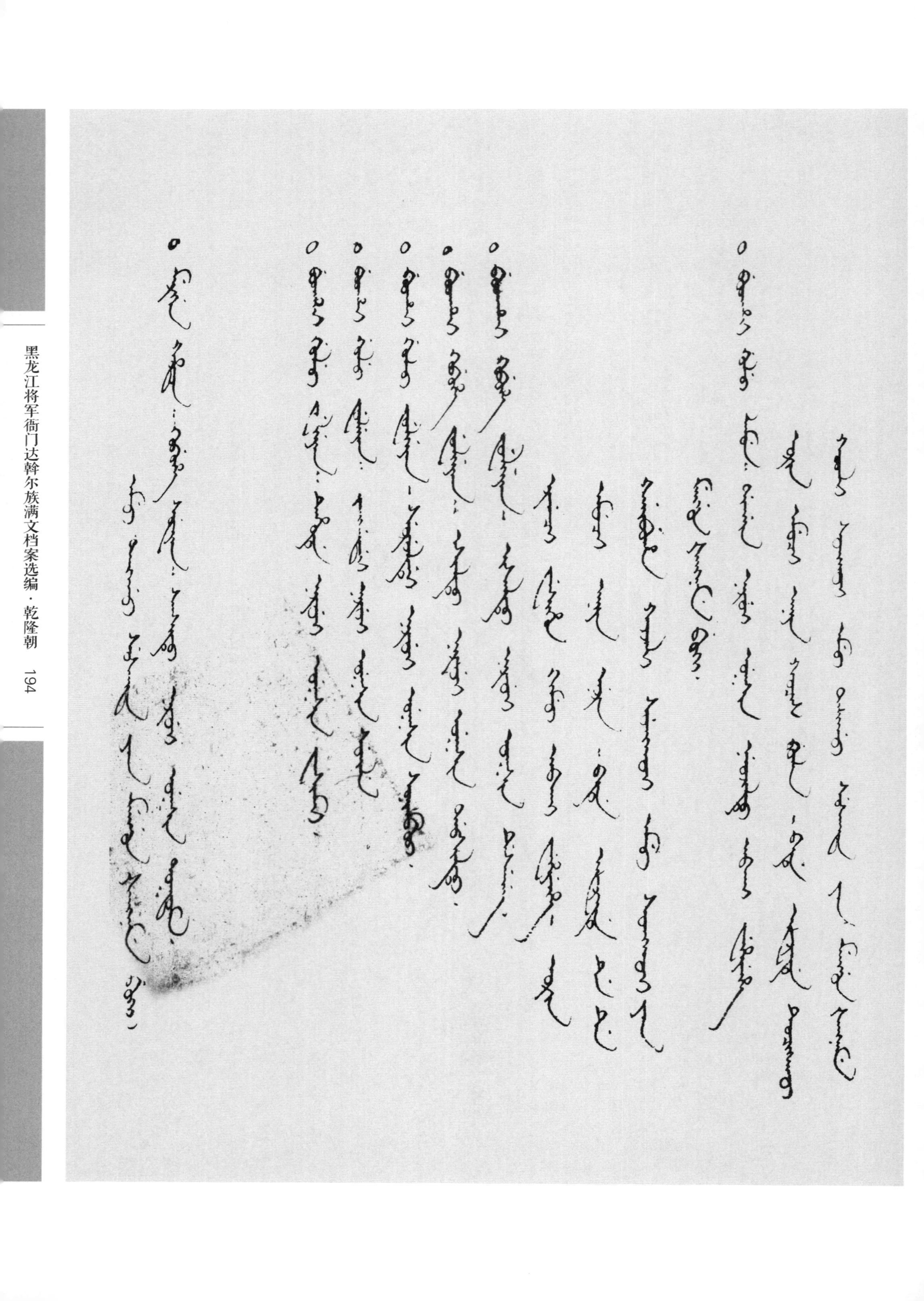

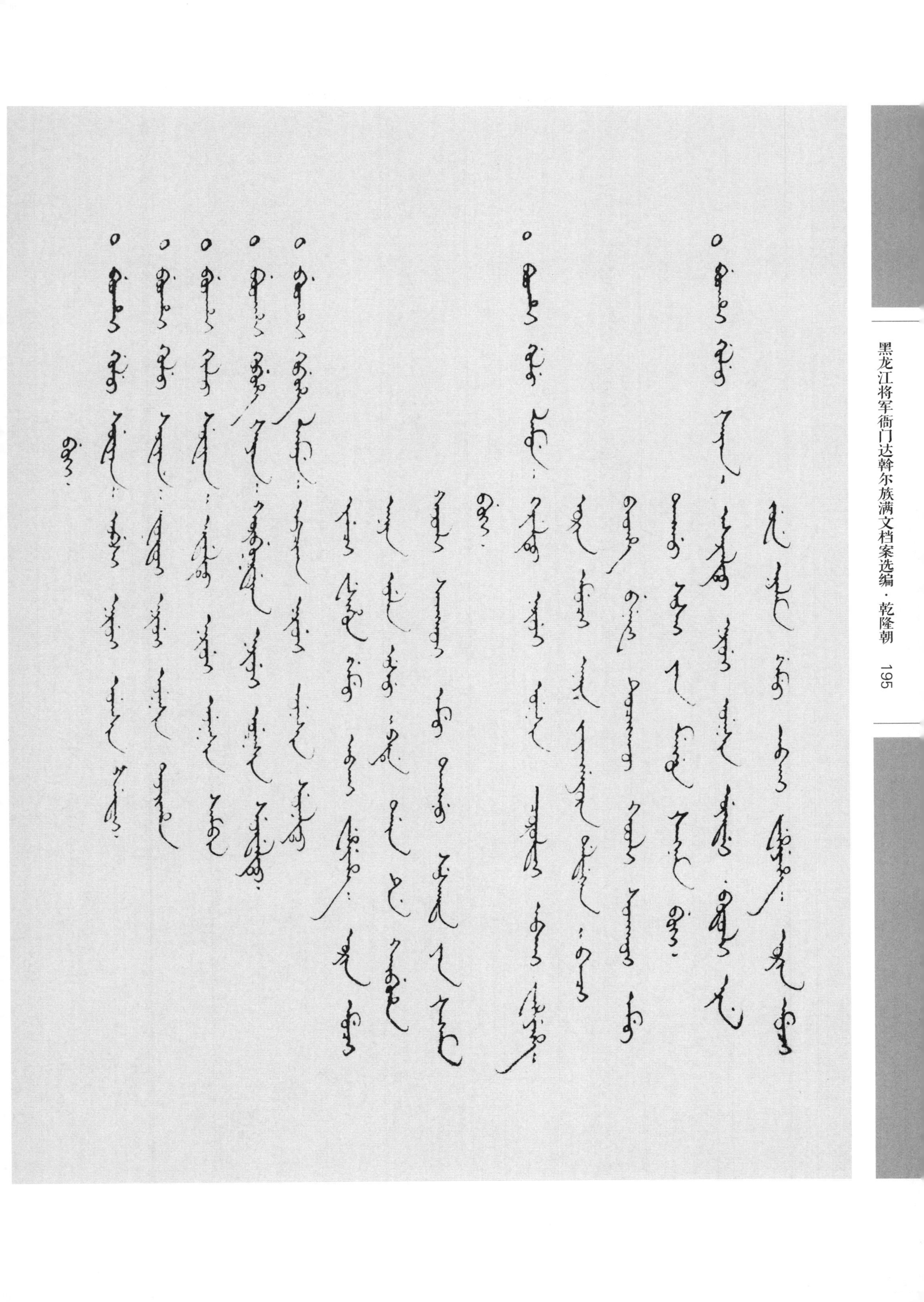

[illegible]

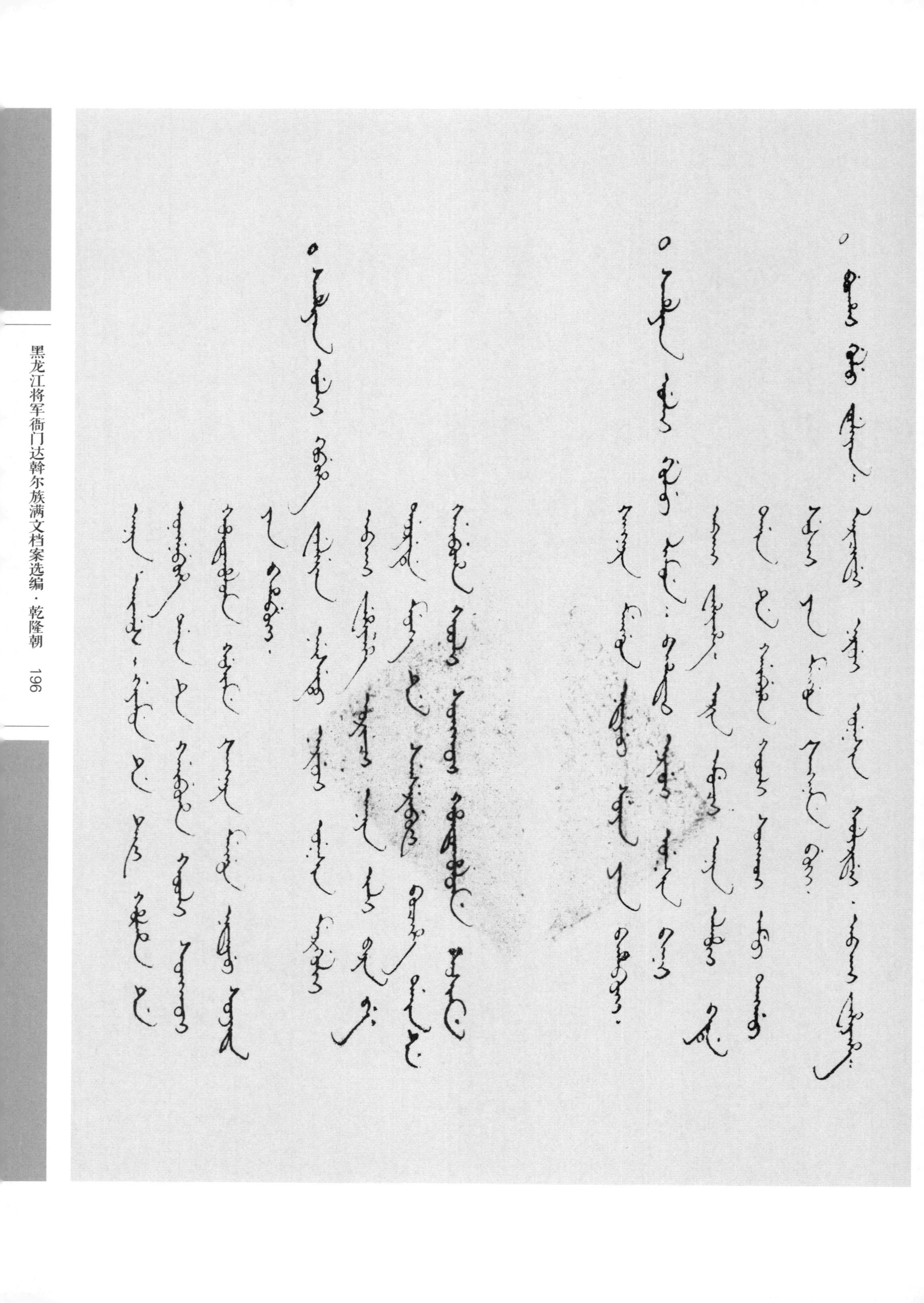

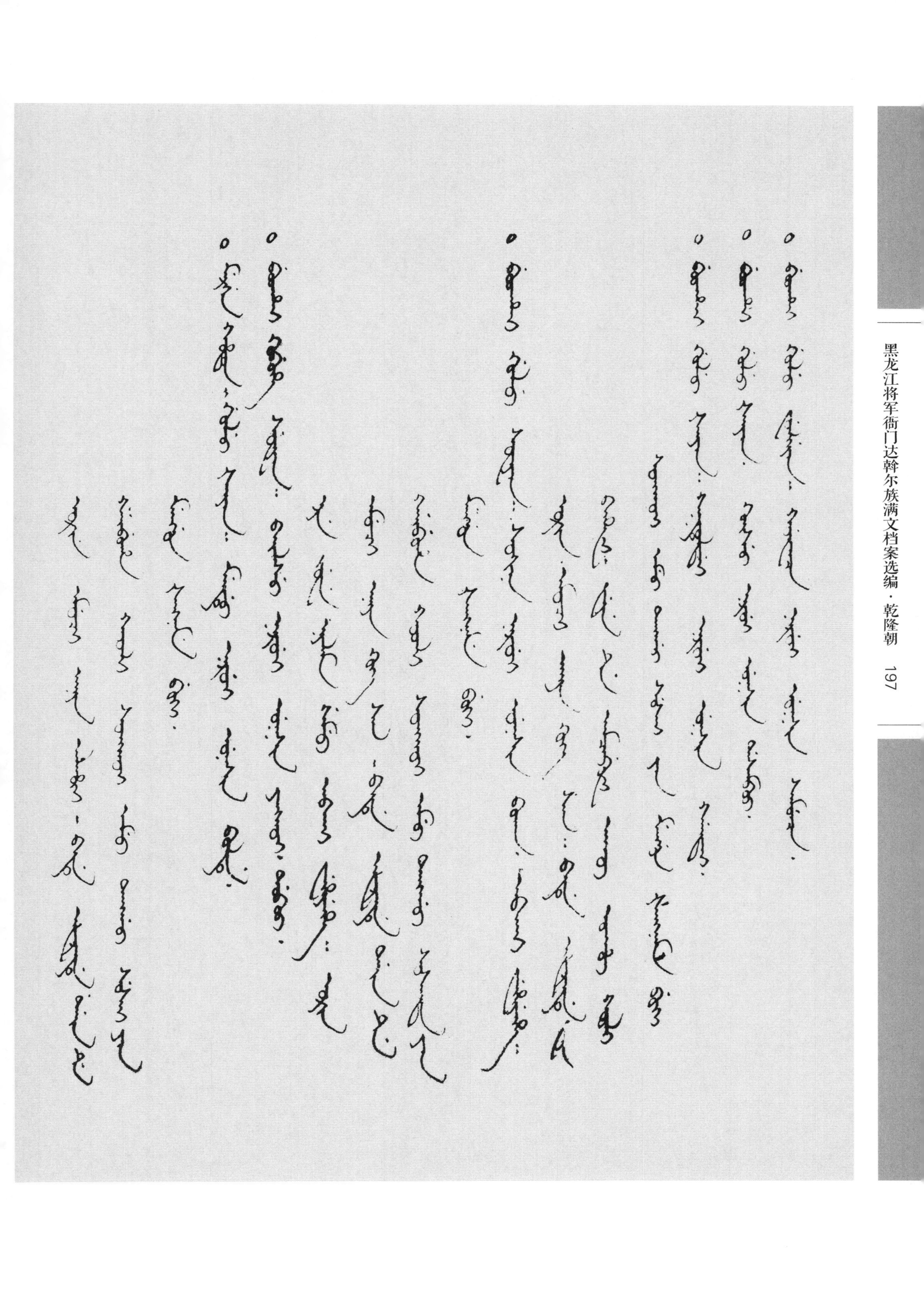

[illegible]

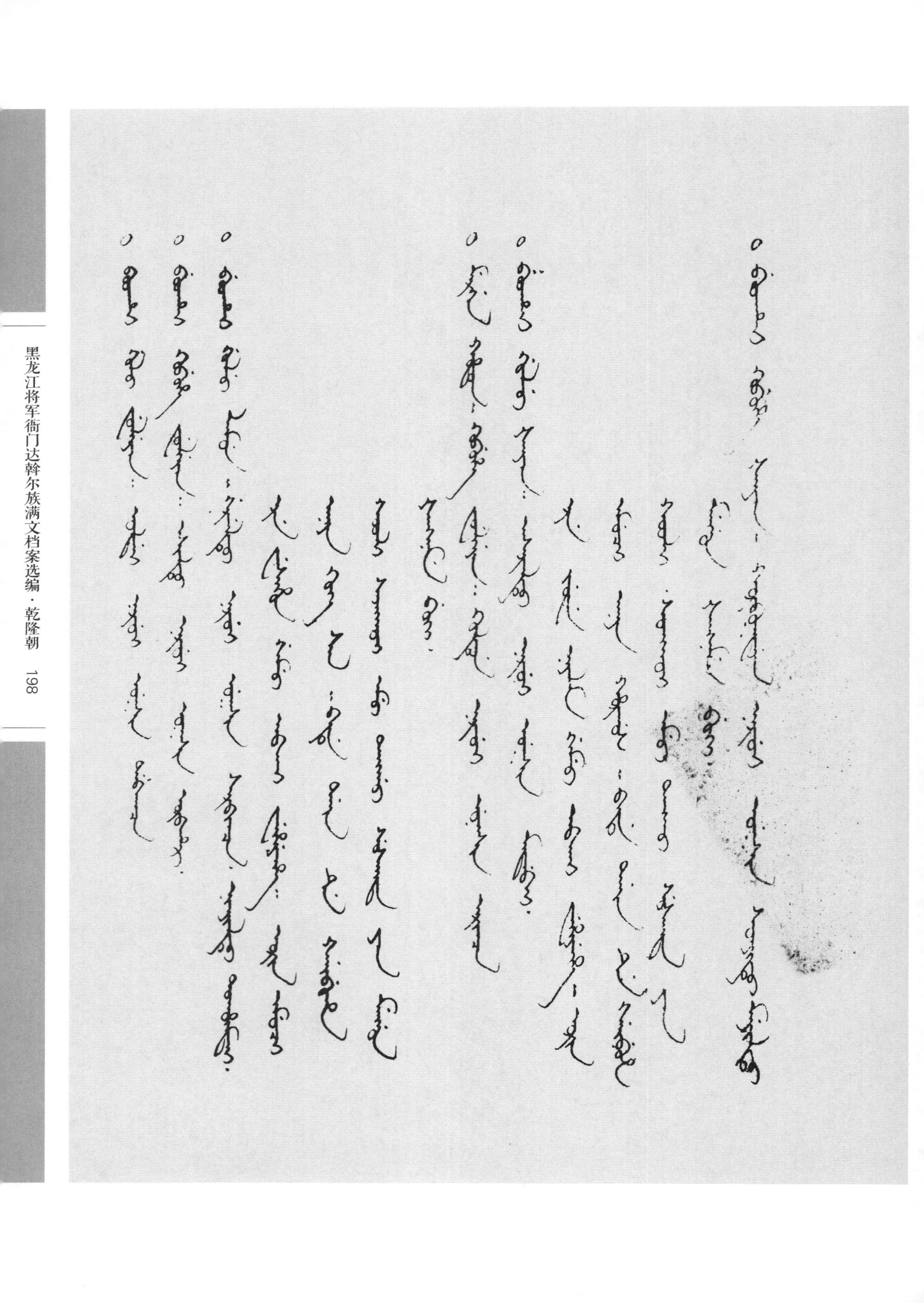

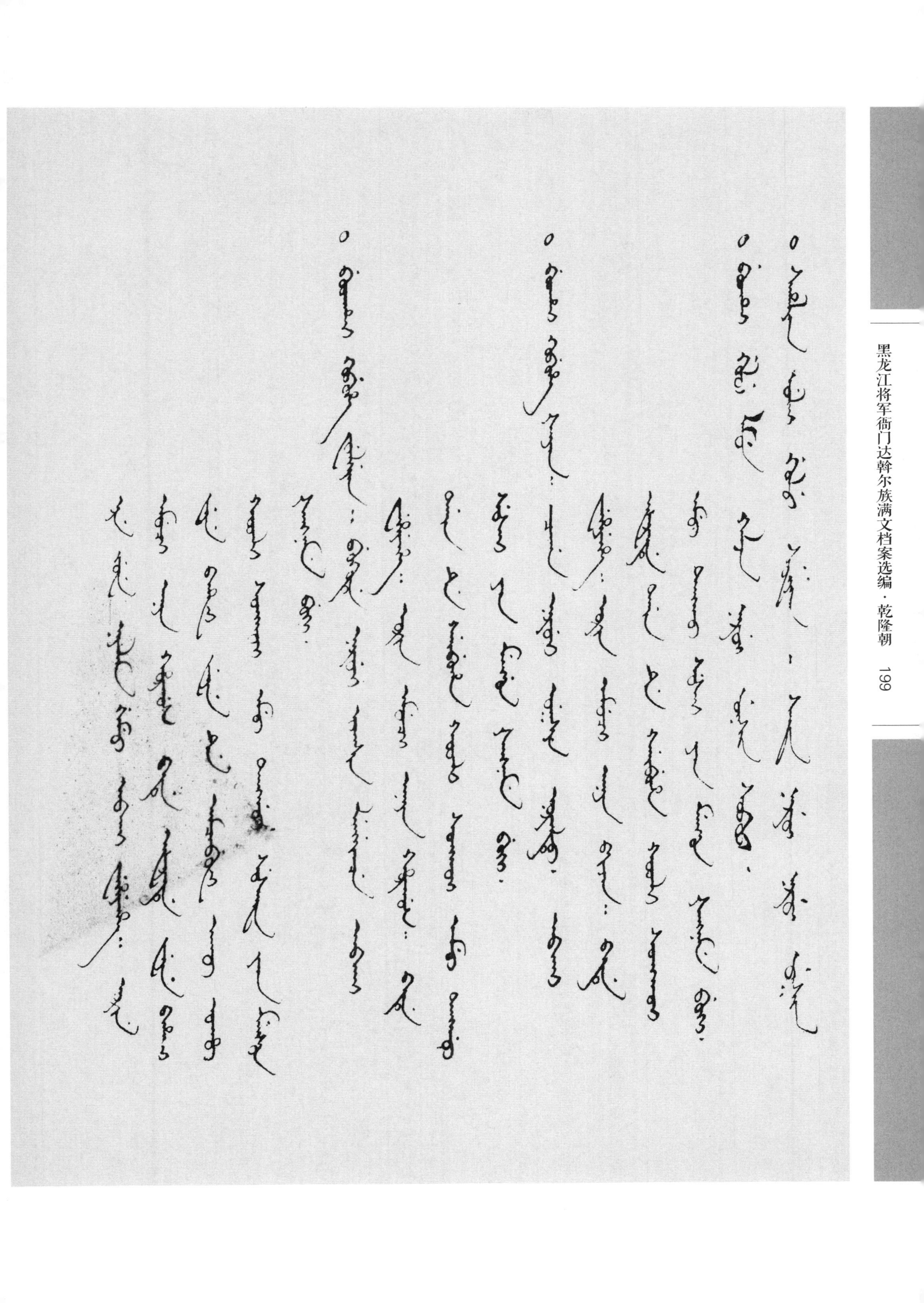

[illegible]

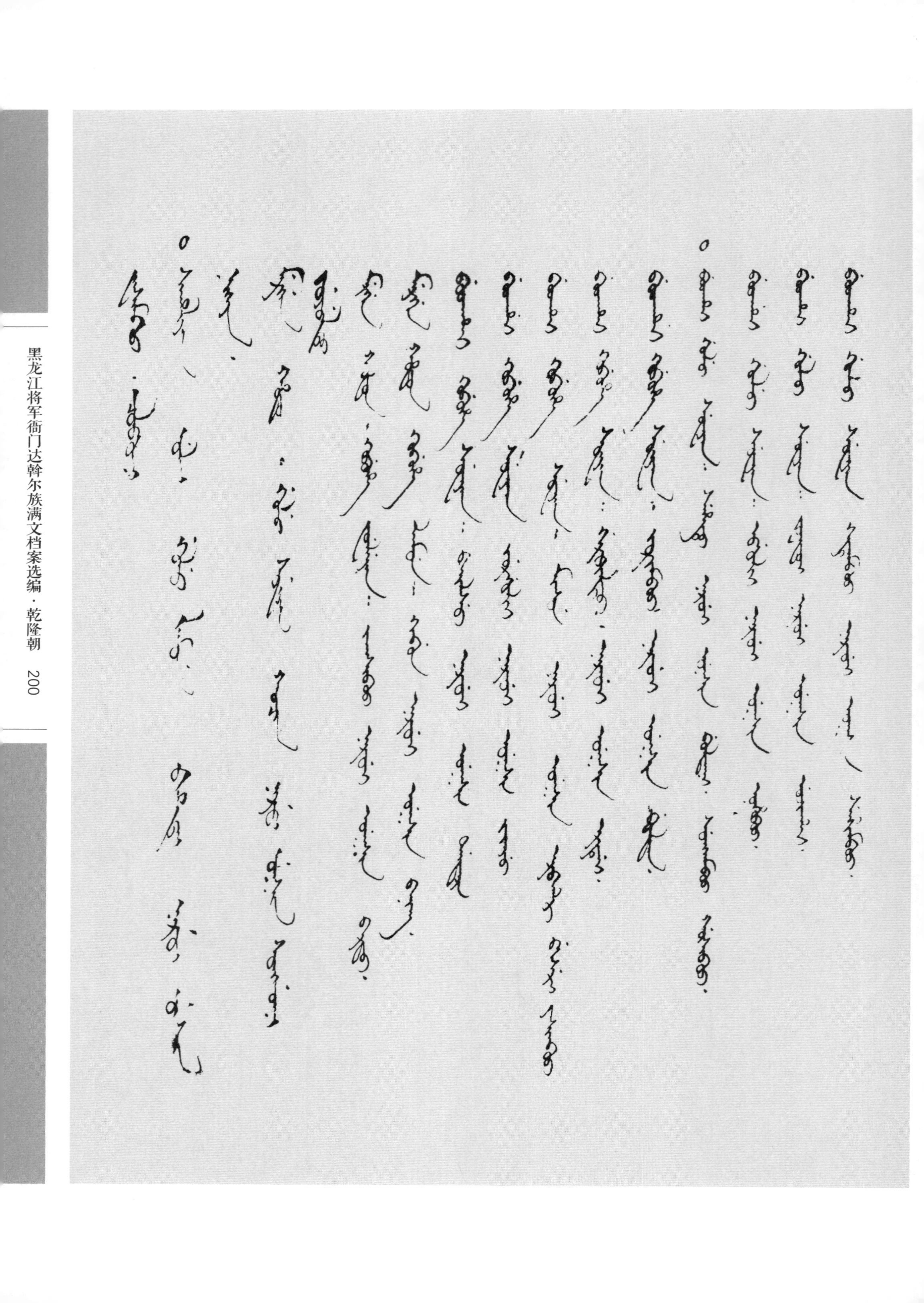

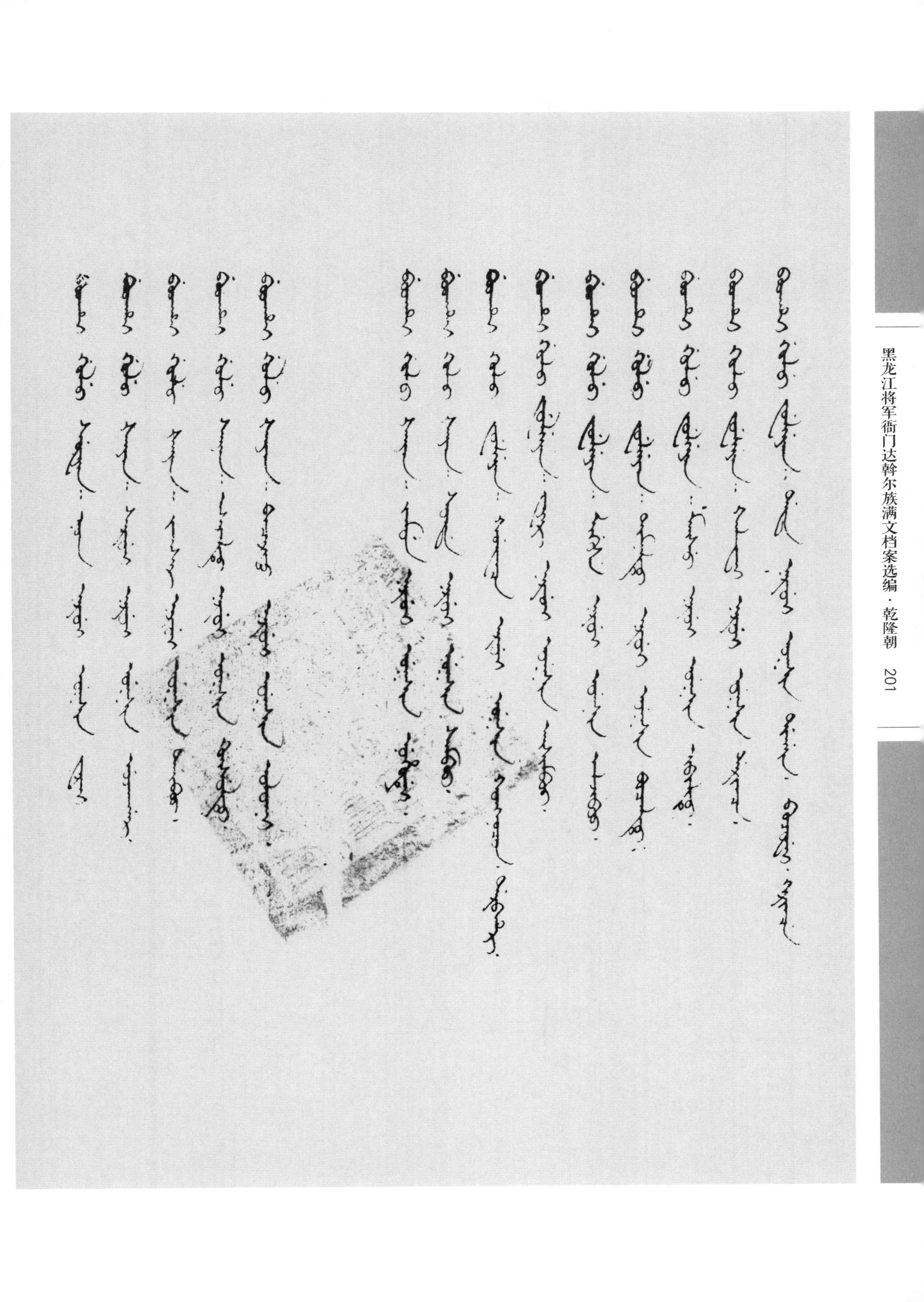

[illegible]
[illegible]
[illegible]
[illegible]
[illegible]
[illegible]
[illegible]
[illegible]
[illegible]
[illegible]
[illegible]
[illegible]
[illegible]
[illegible]
[illegible]

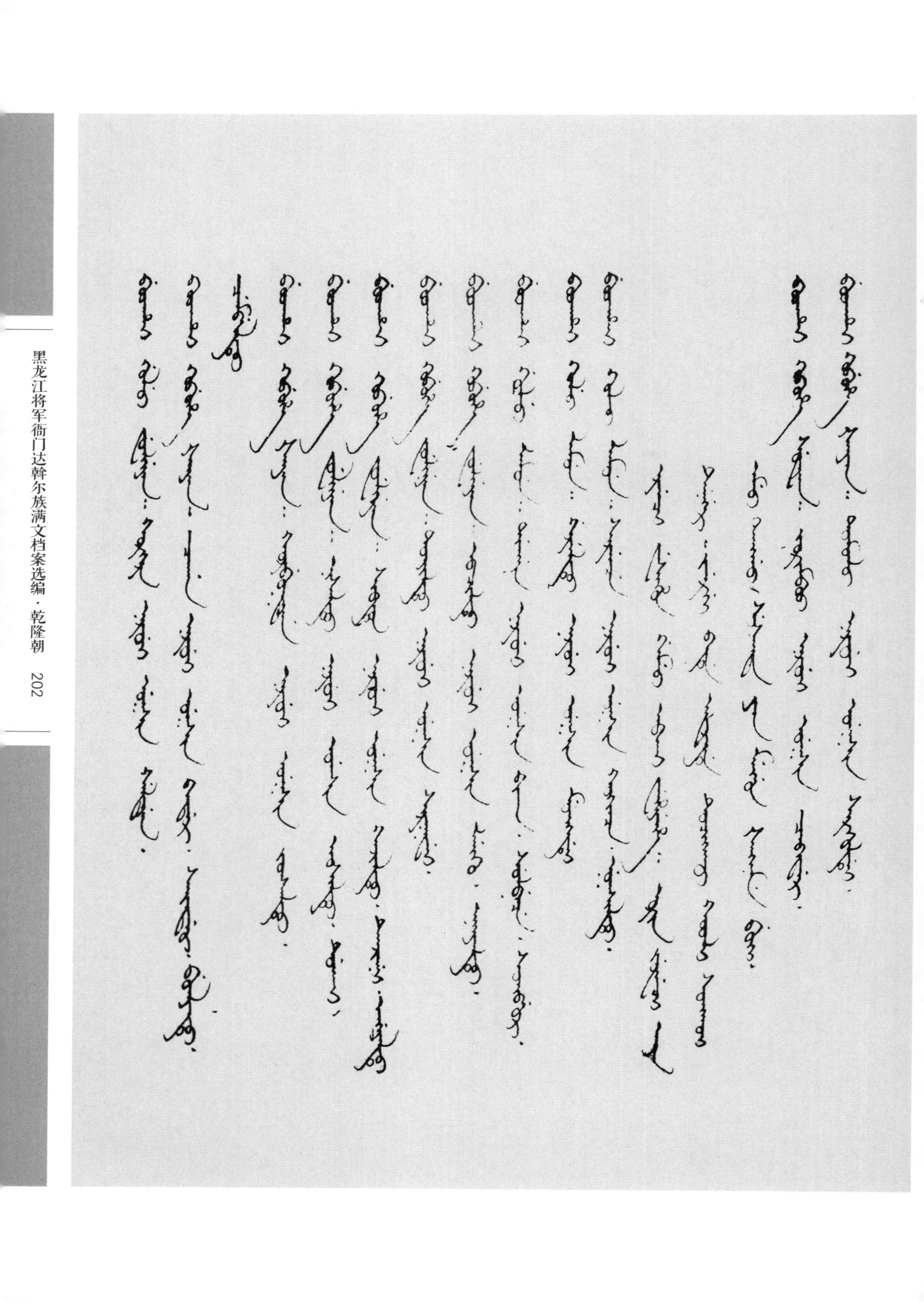

[illegible]

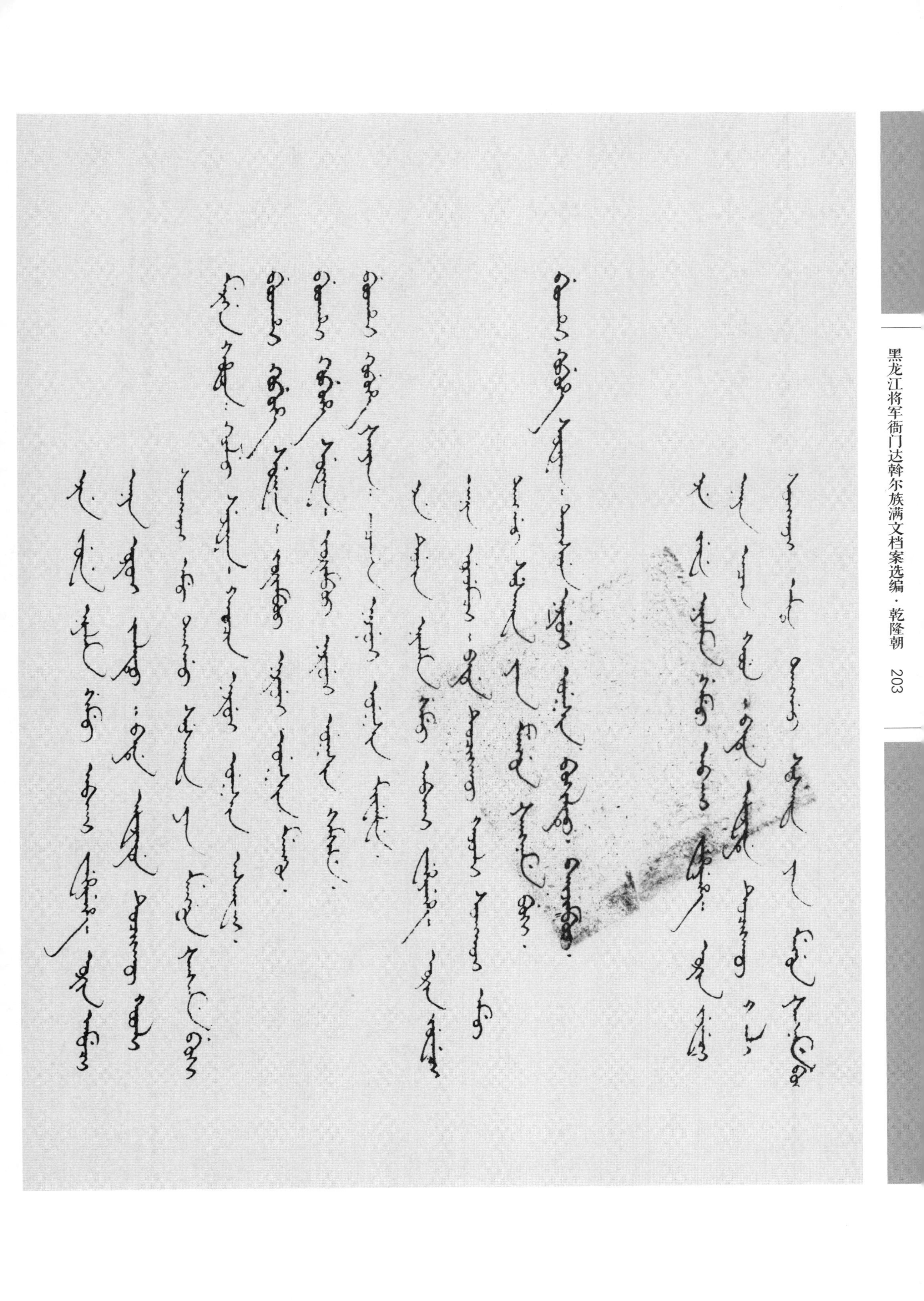

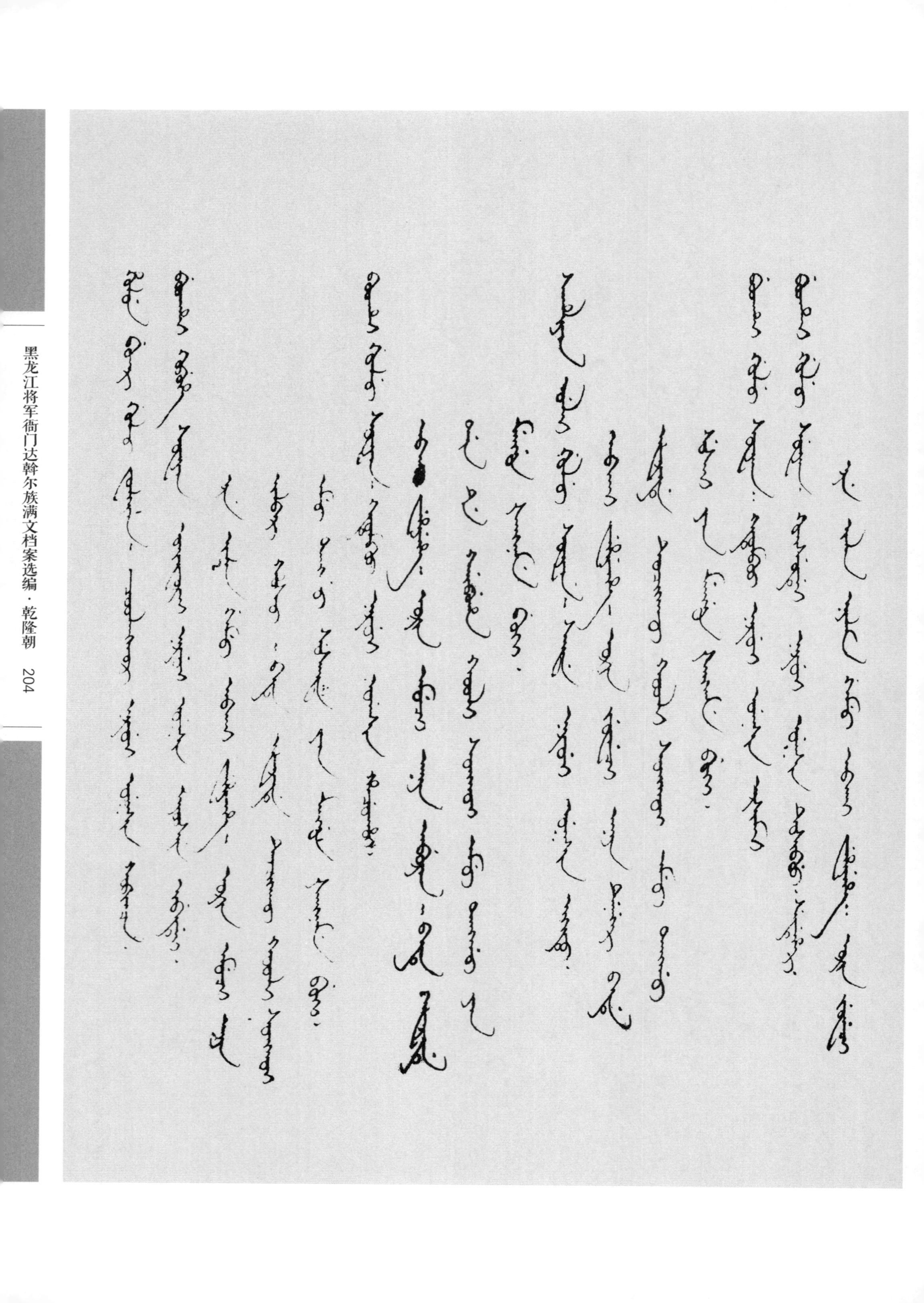

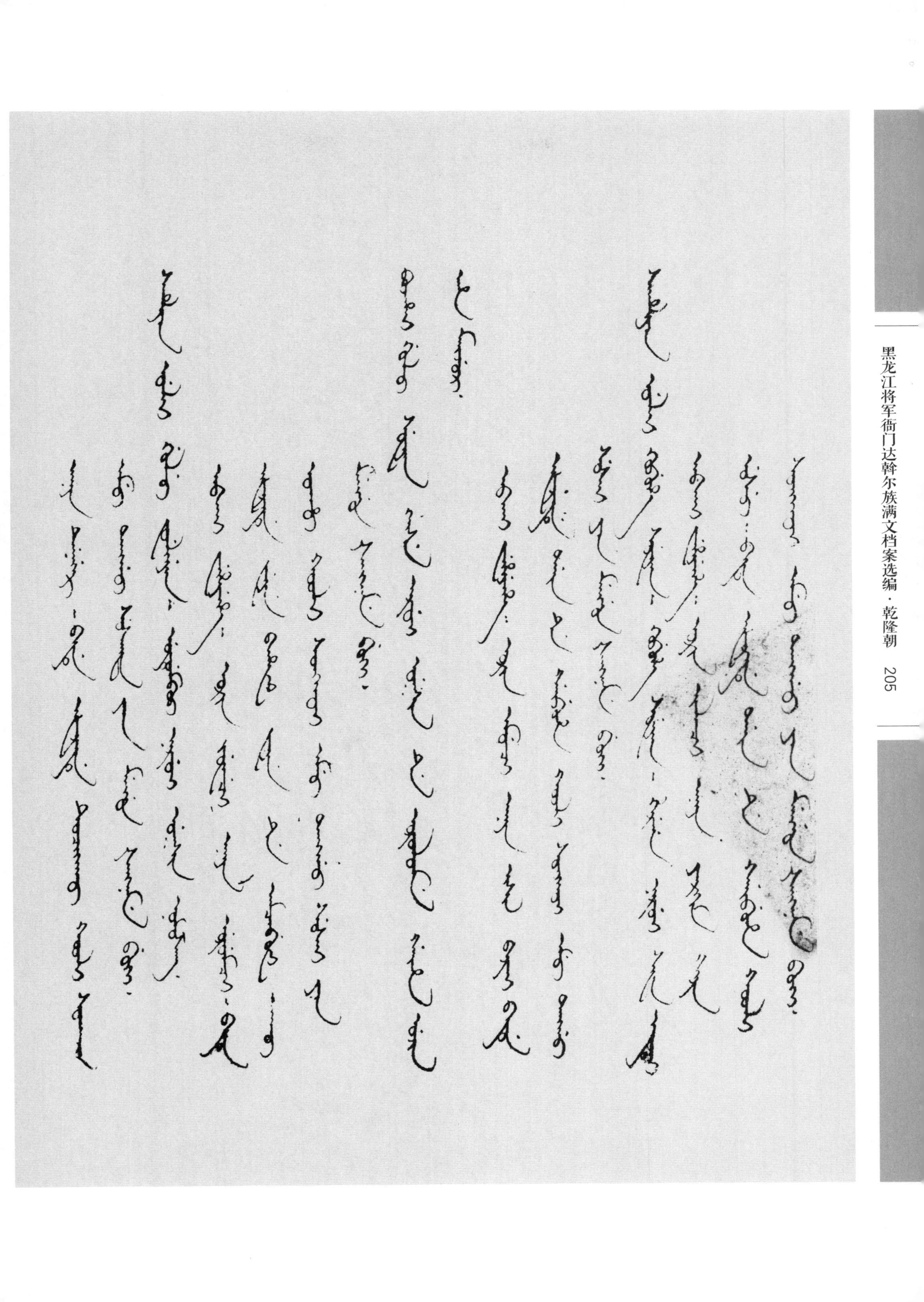

[illegible]

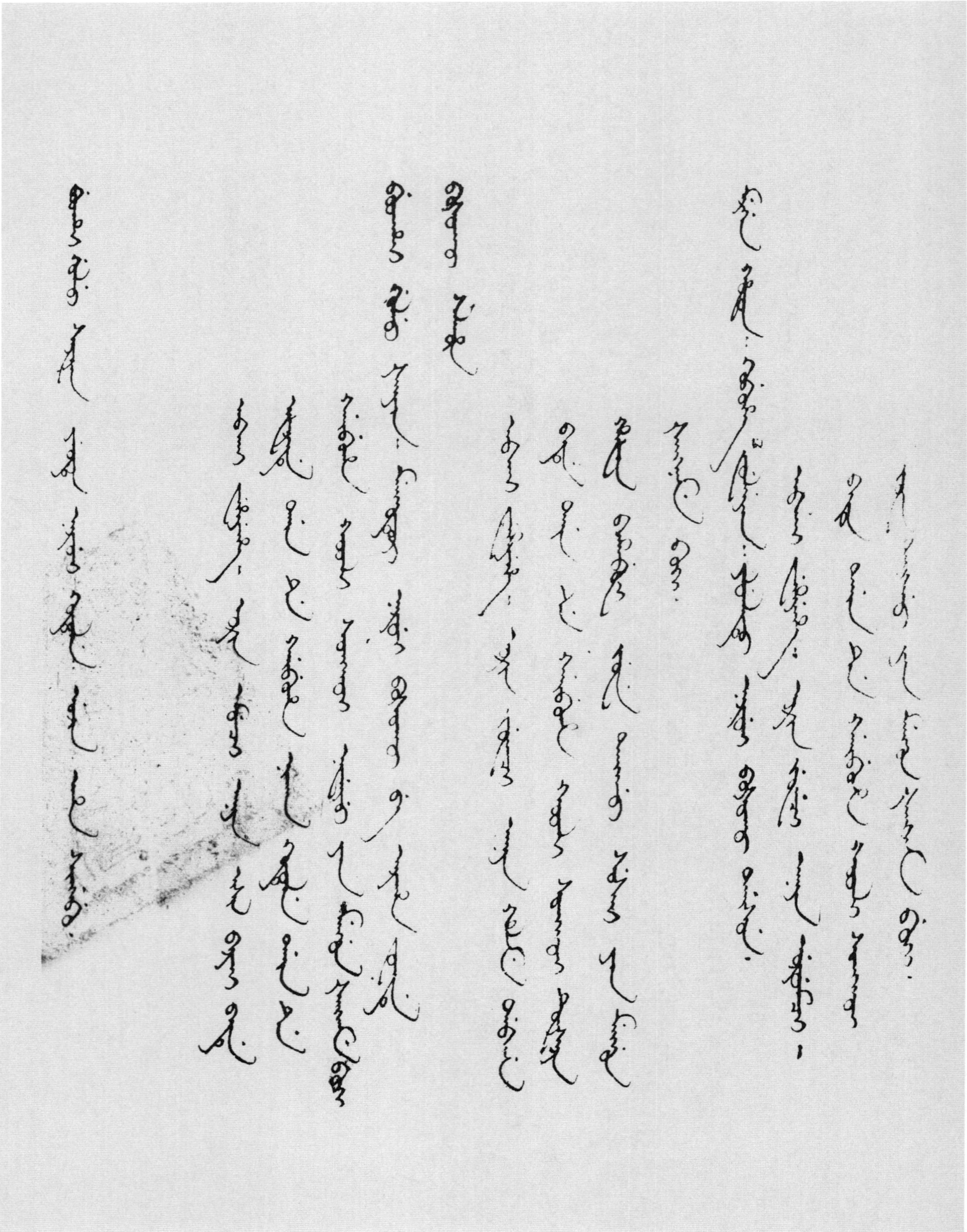

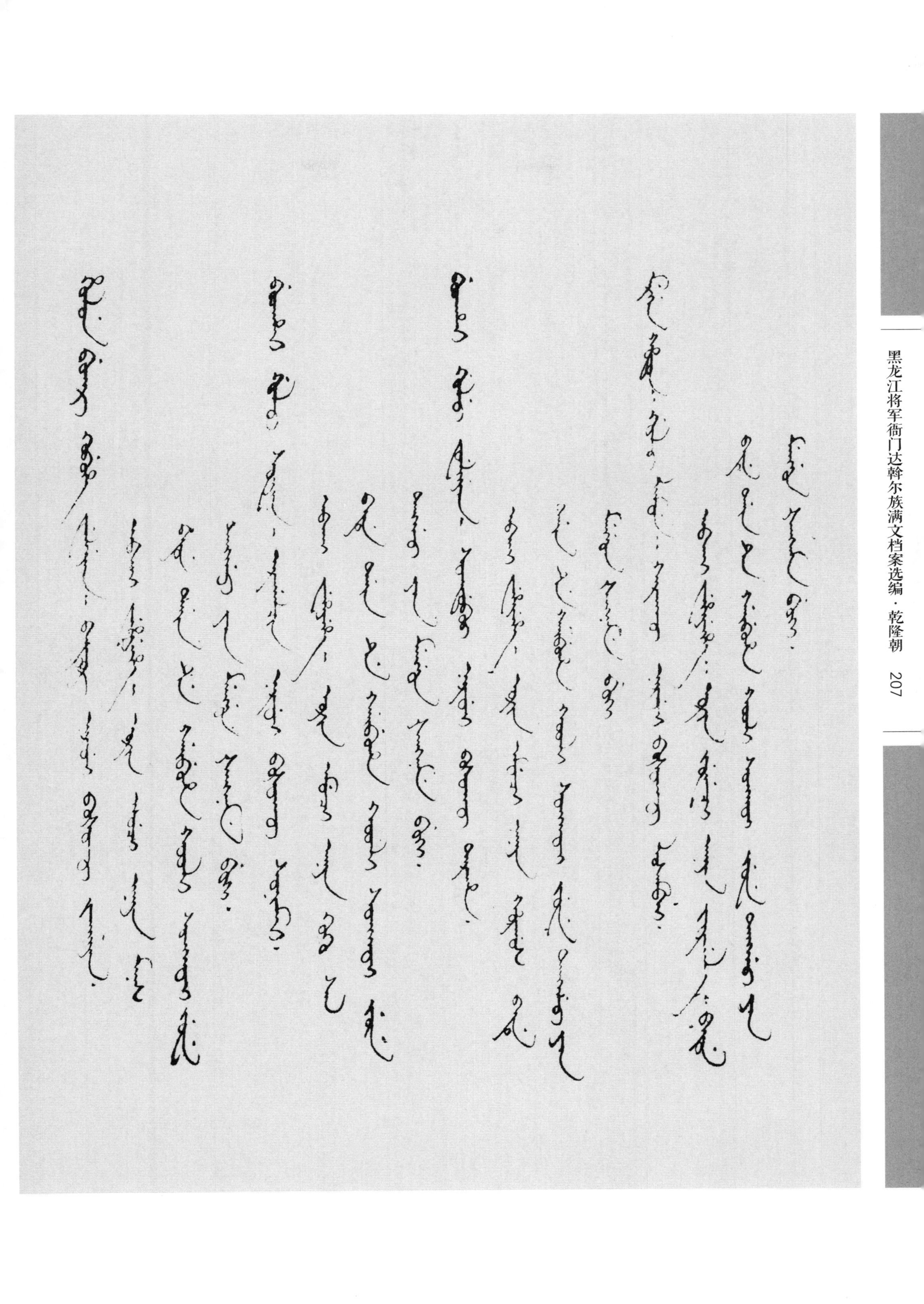

[illegible]

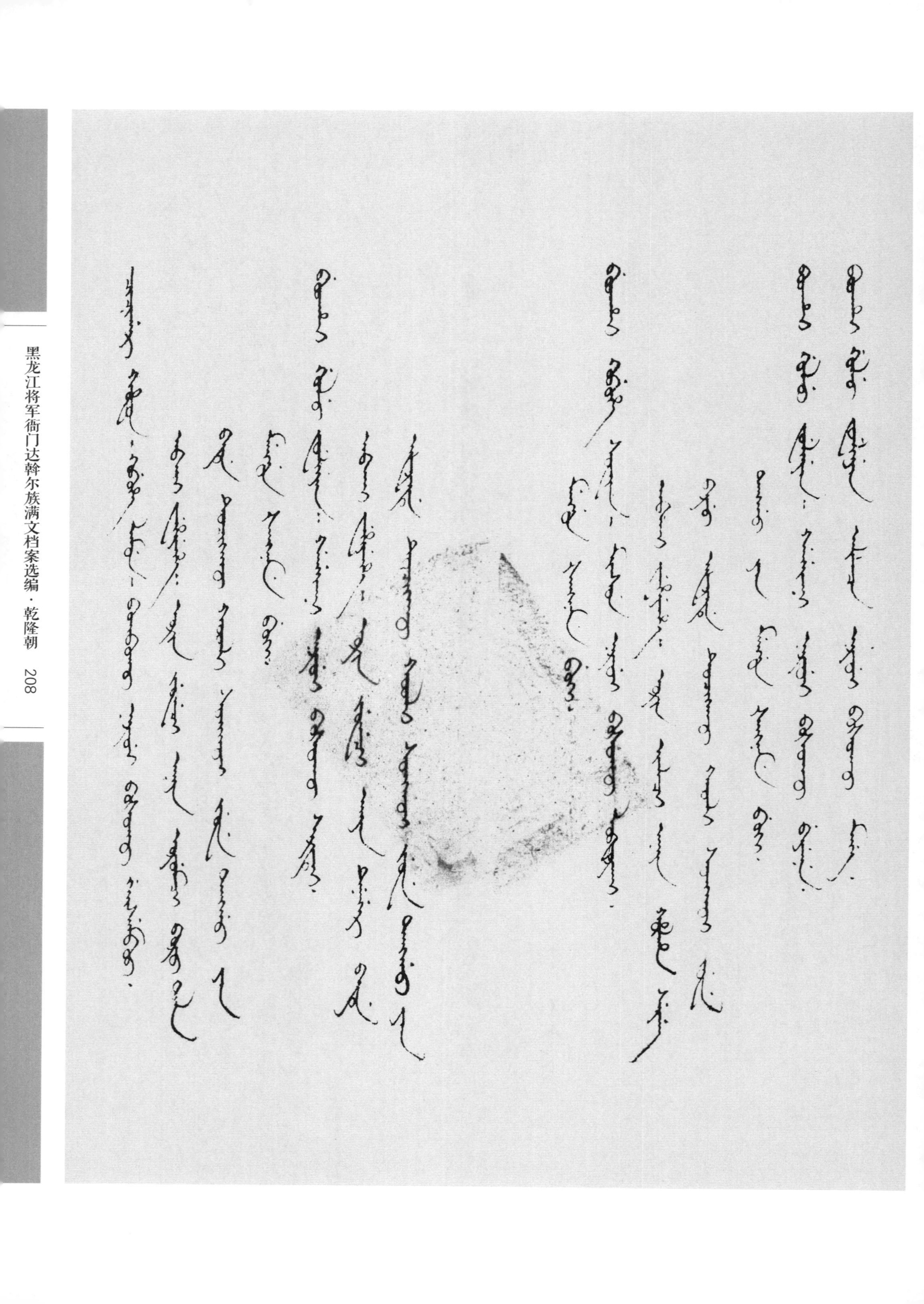

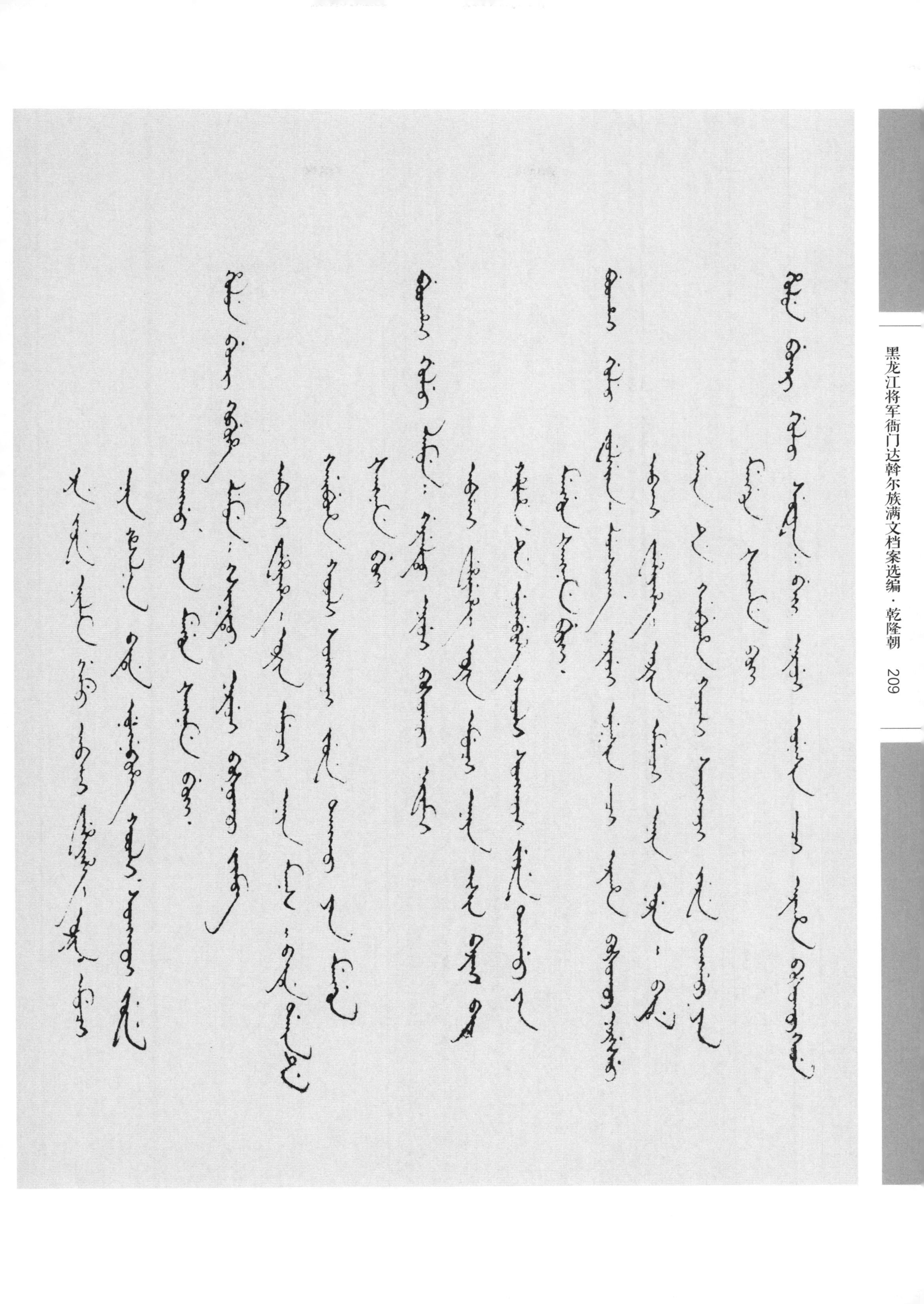

[illegible]

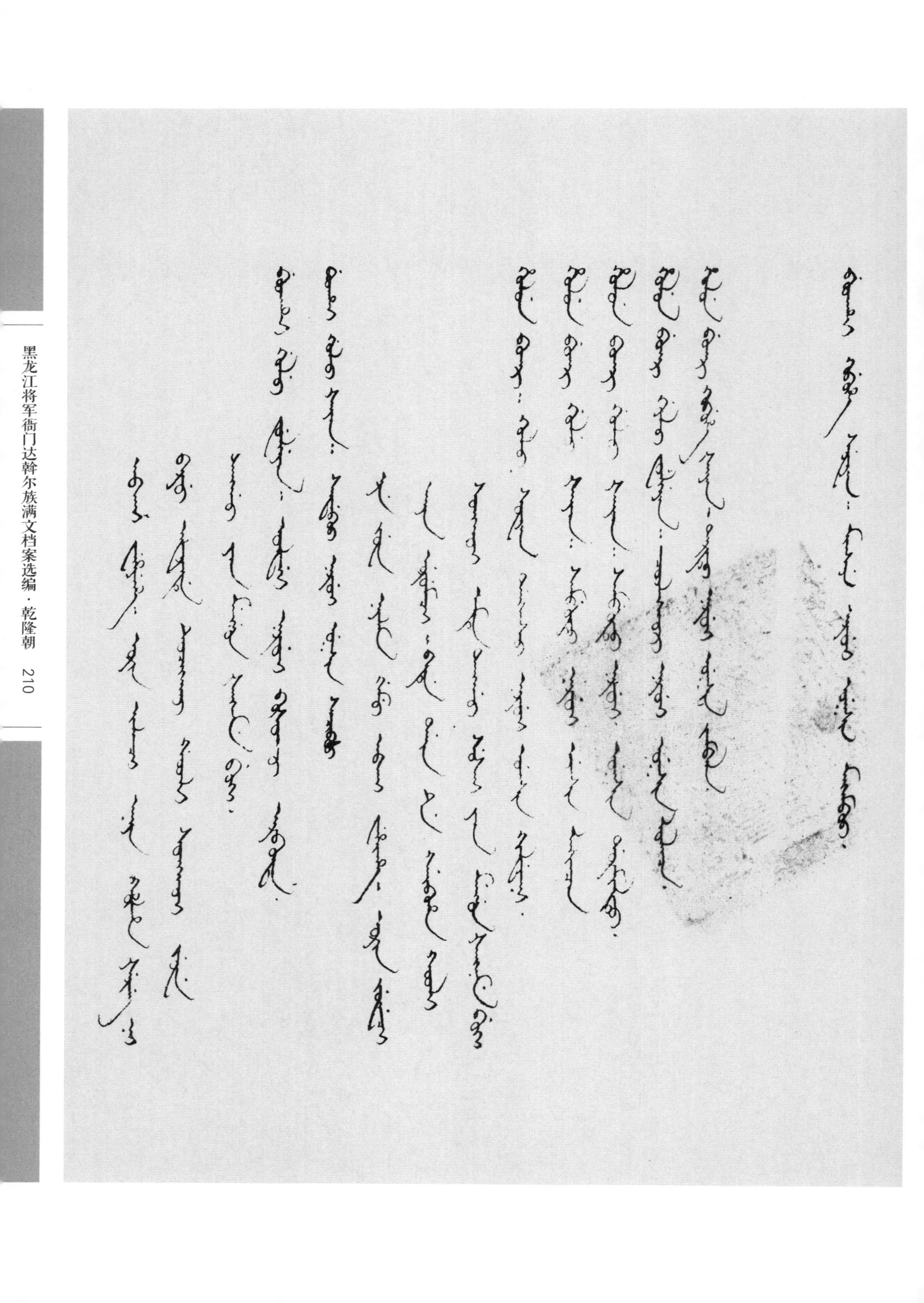

[illegible]

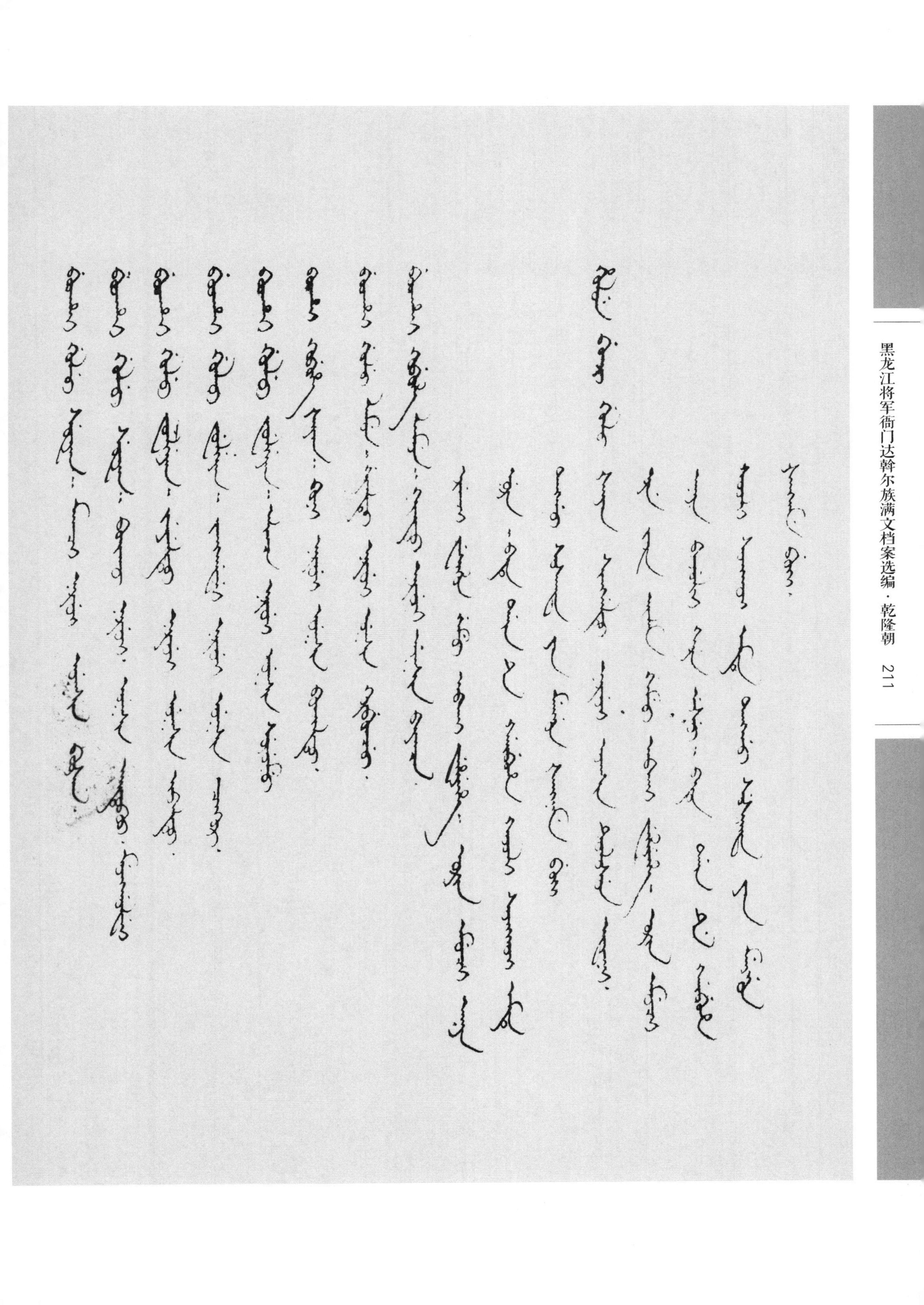

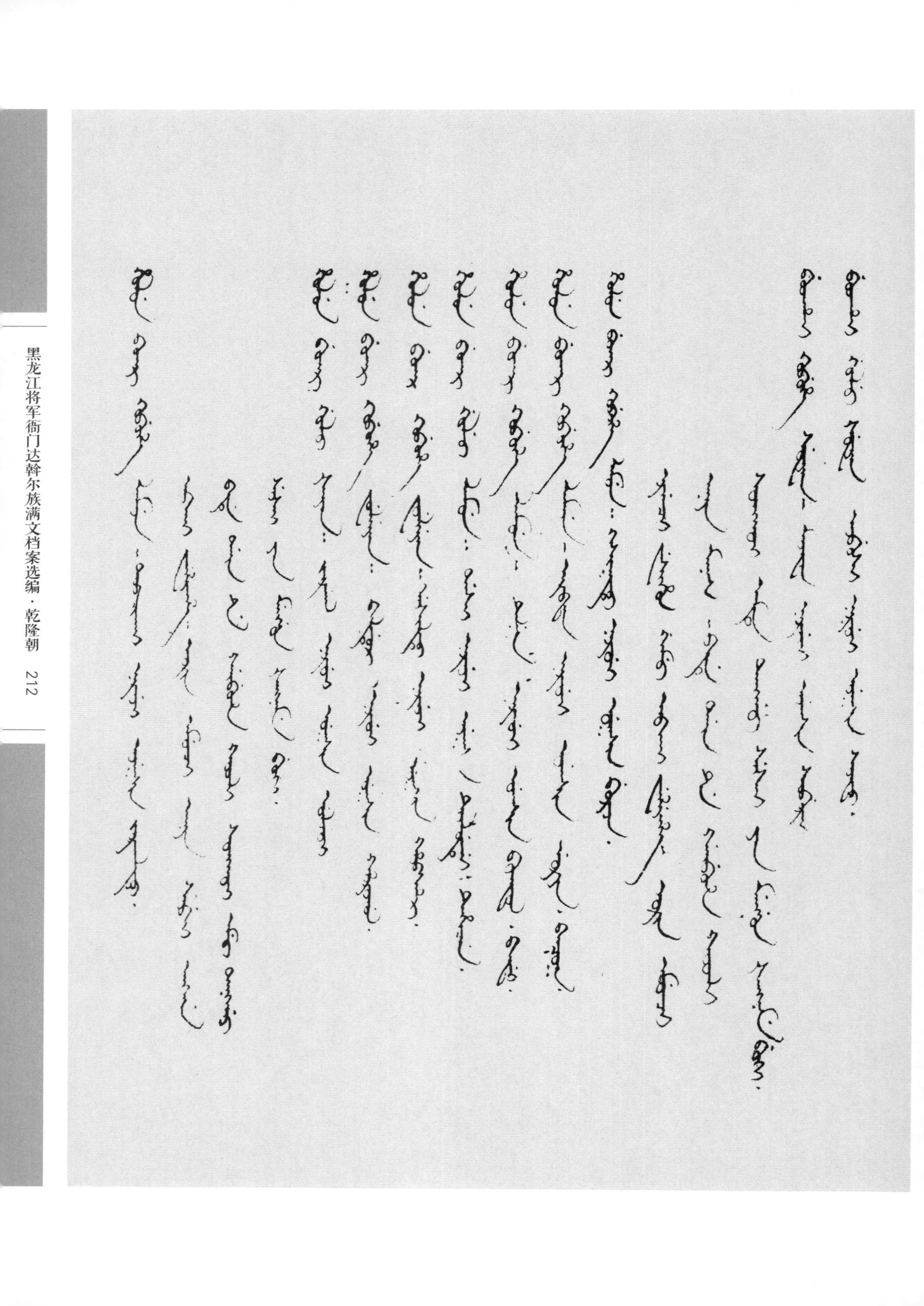

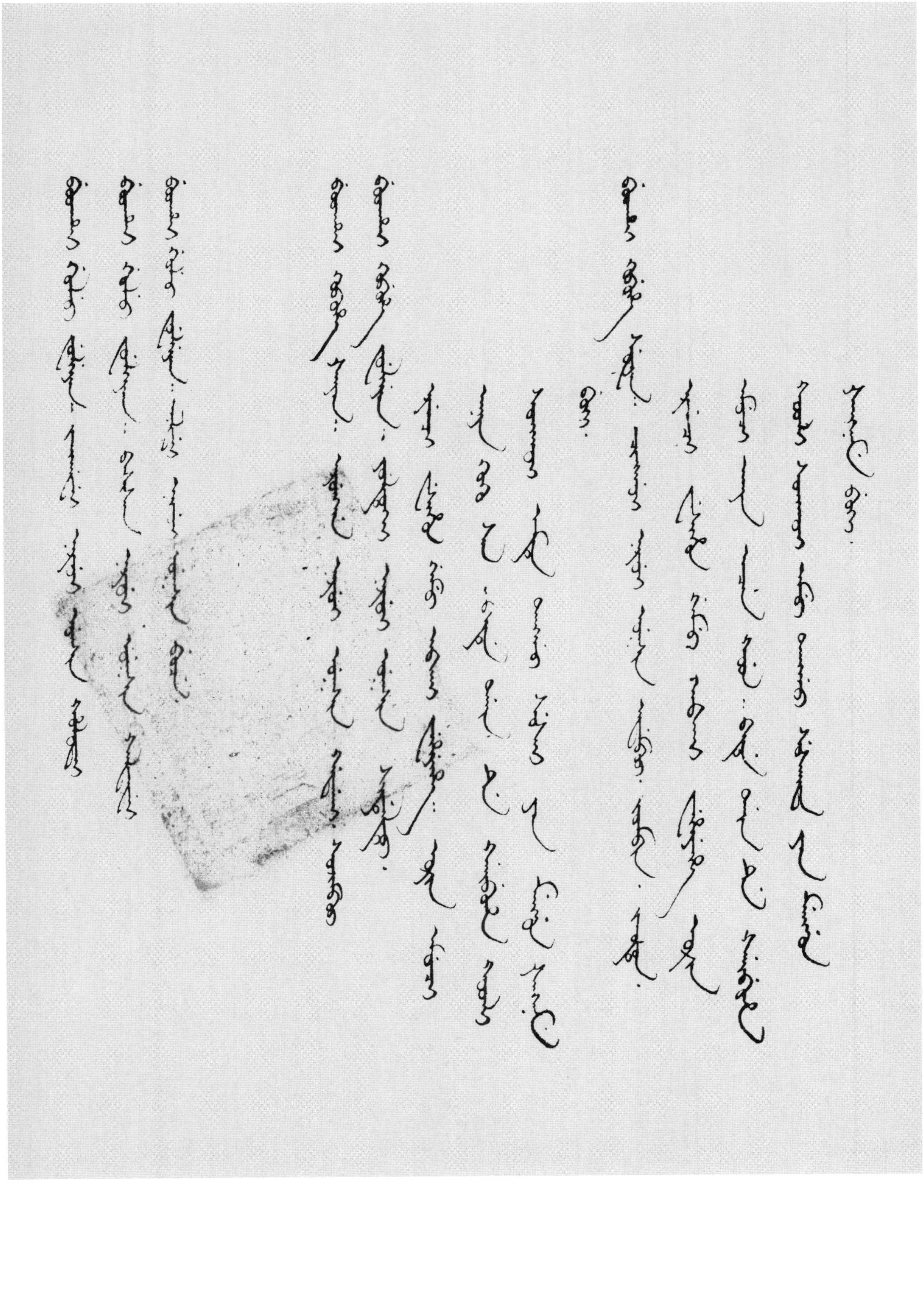

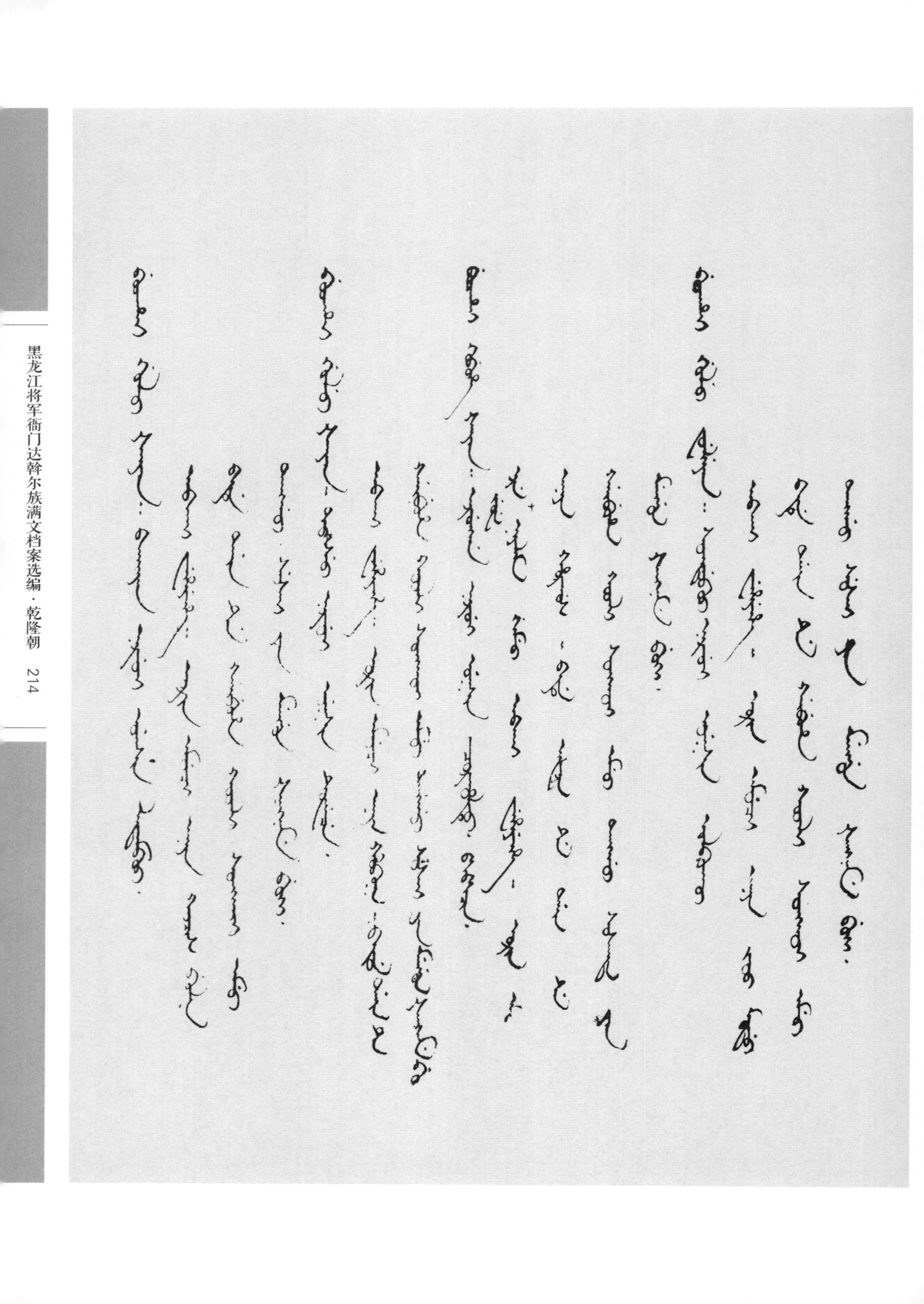

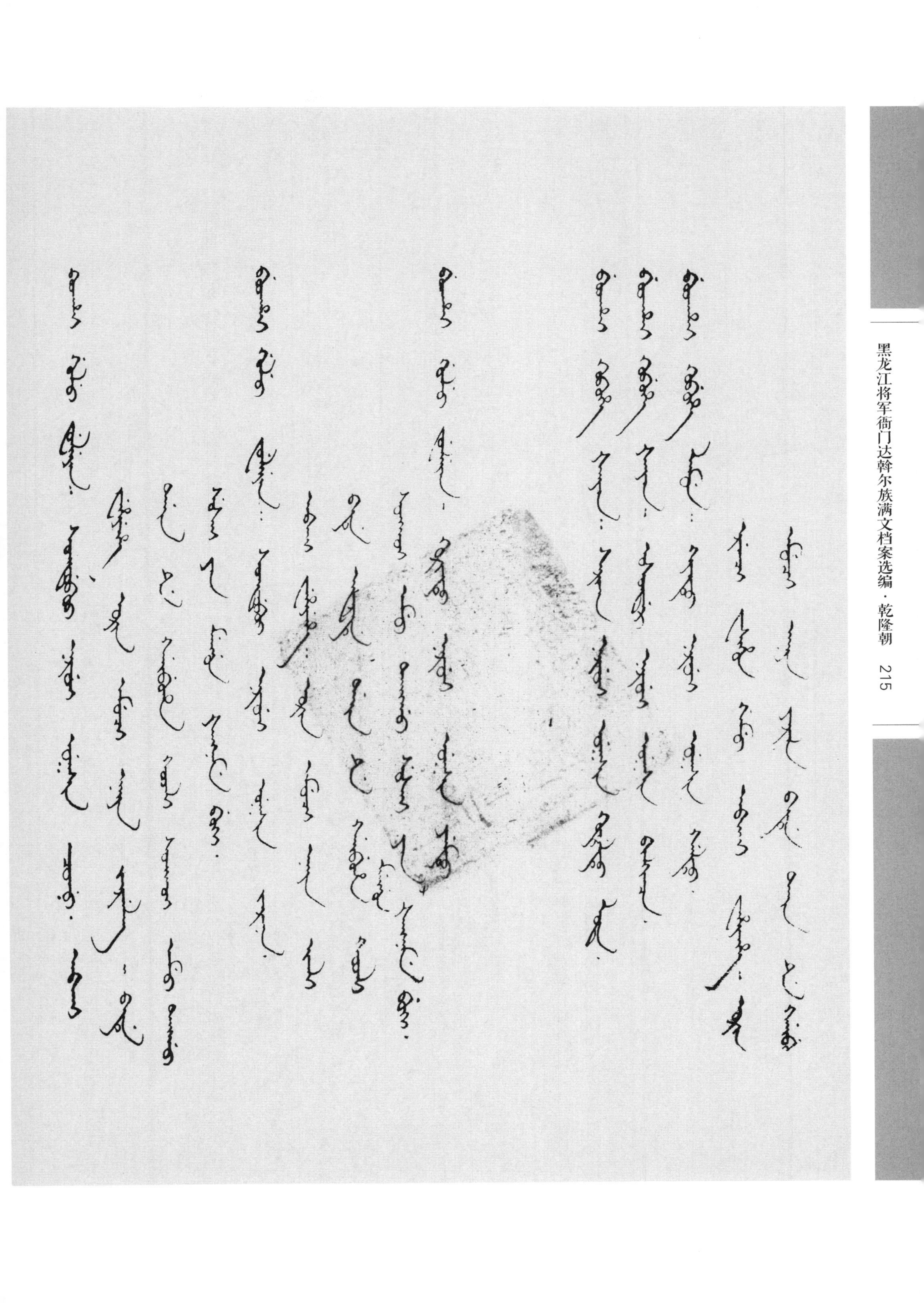

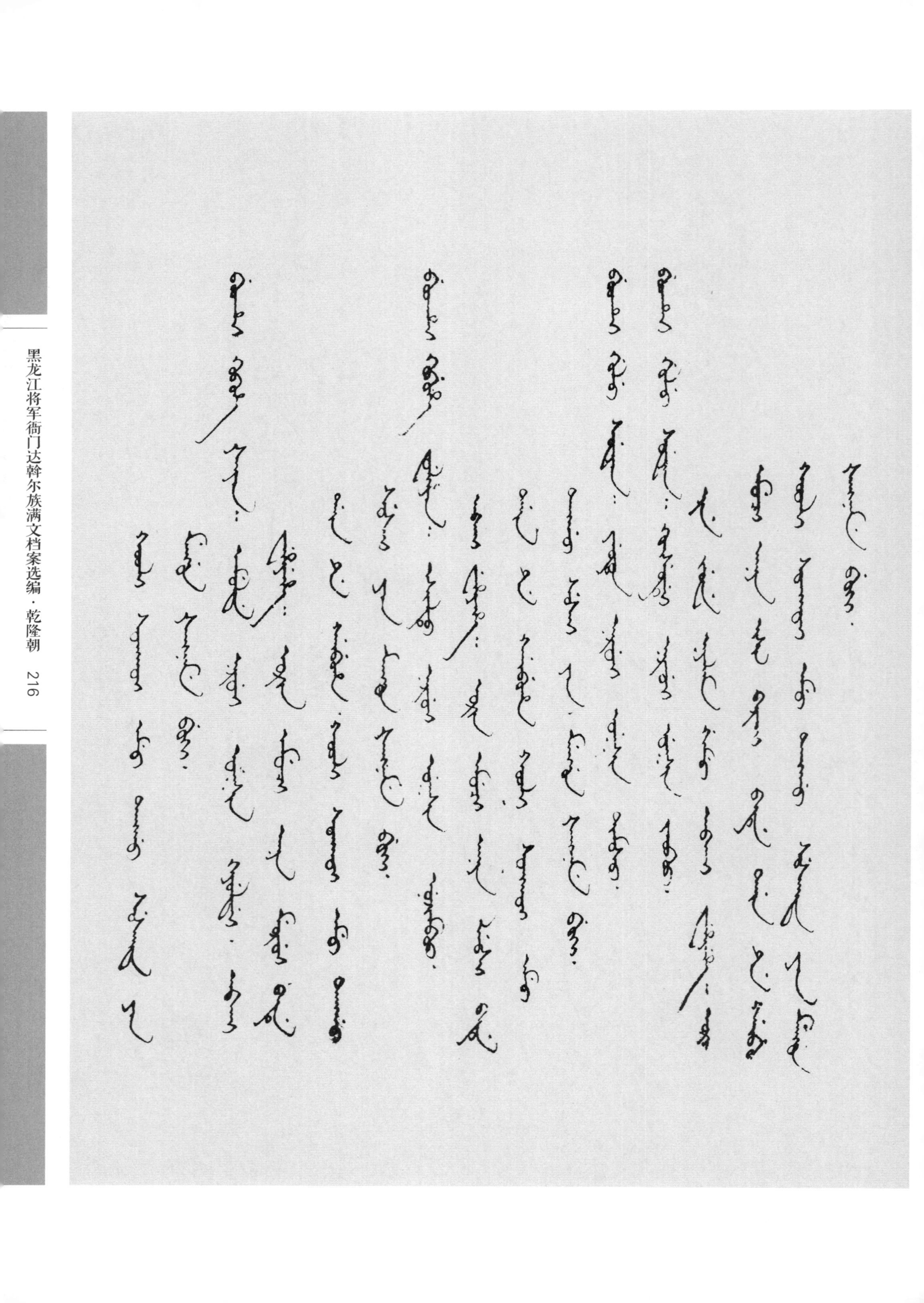

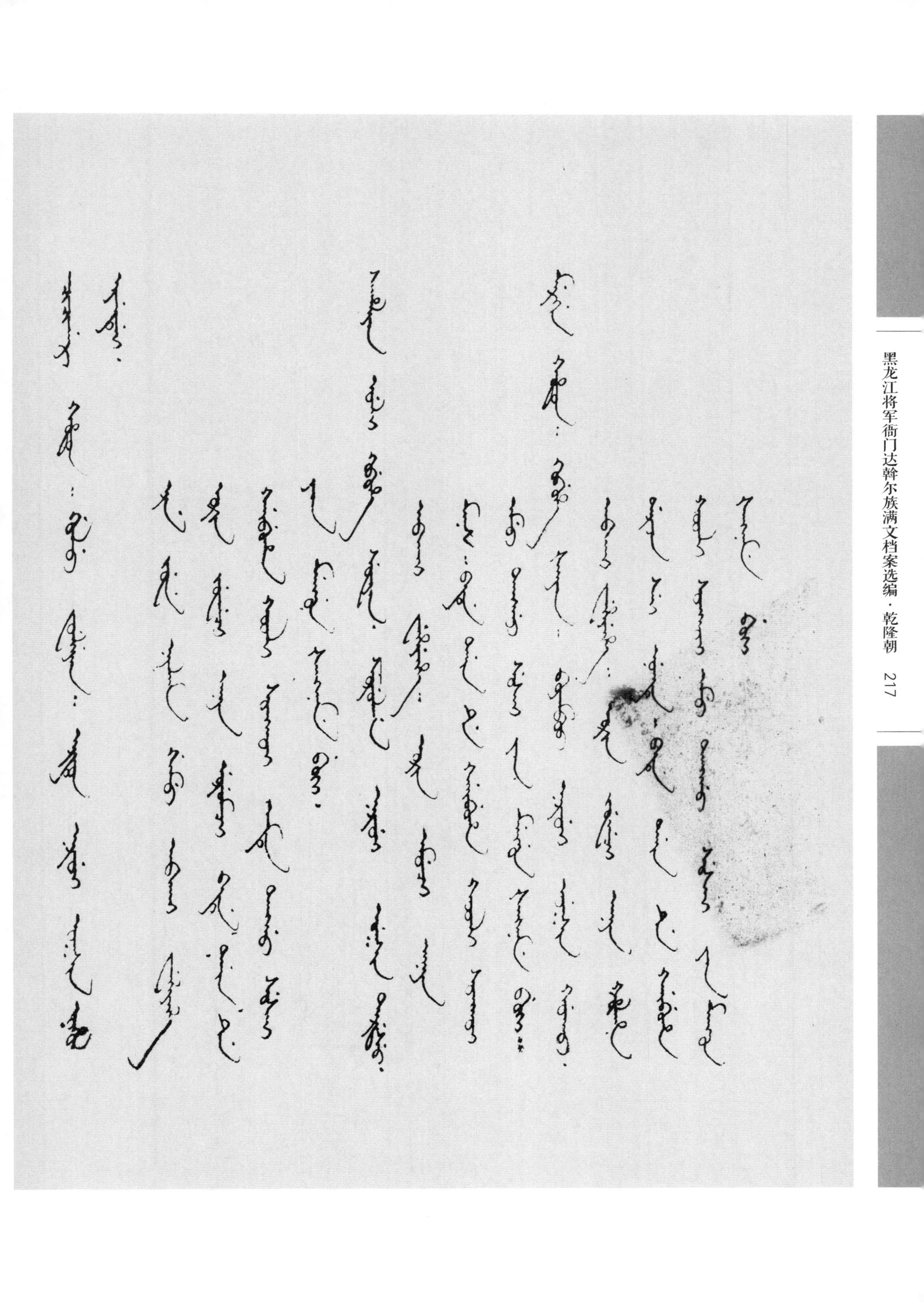

[illegible]

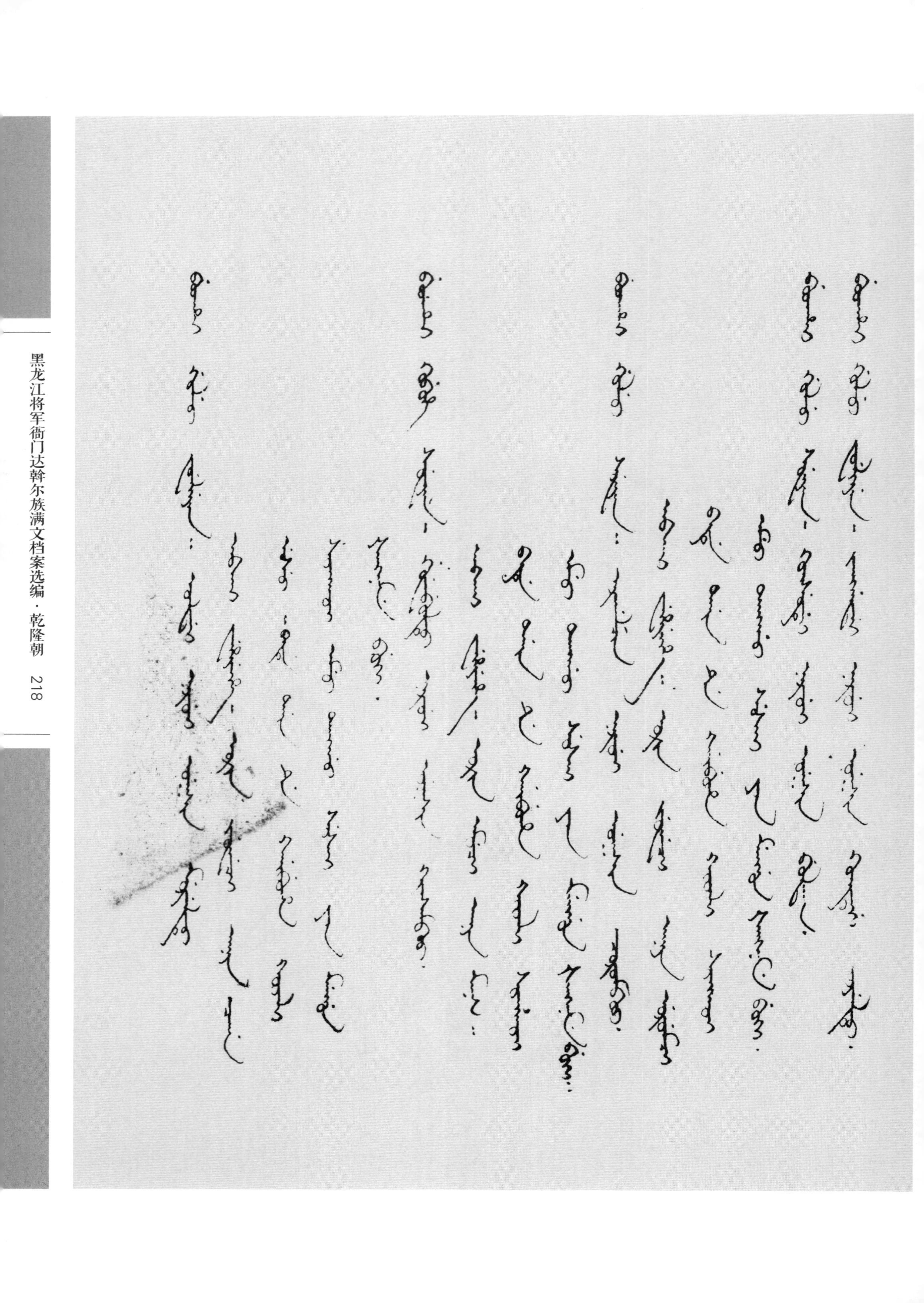

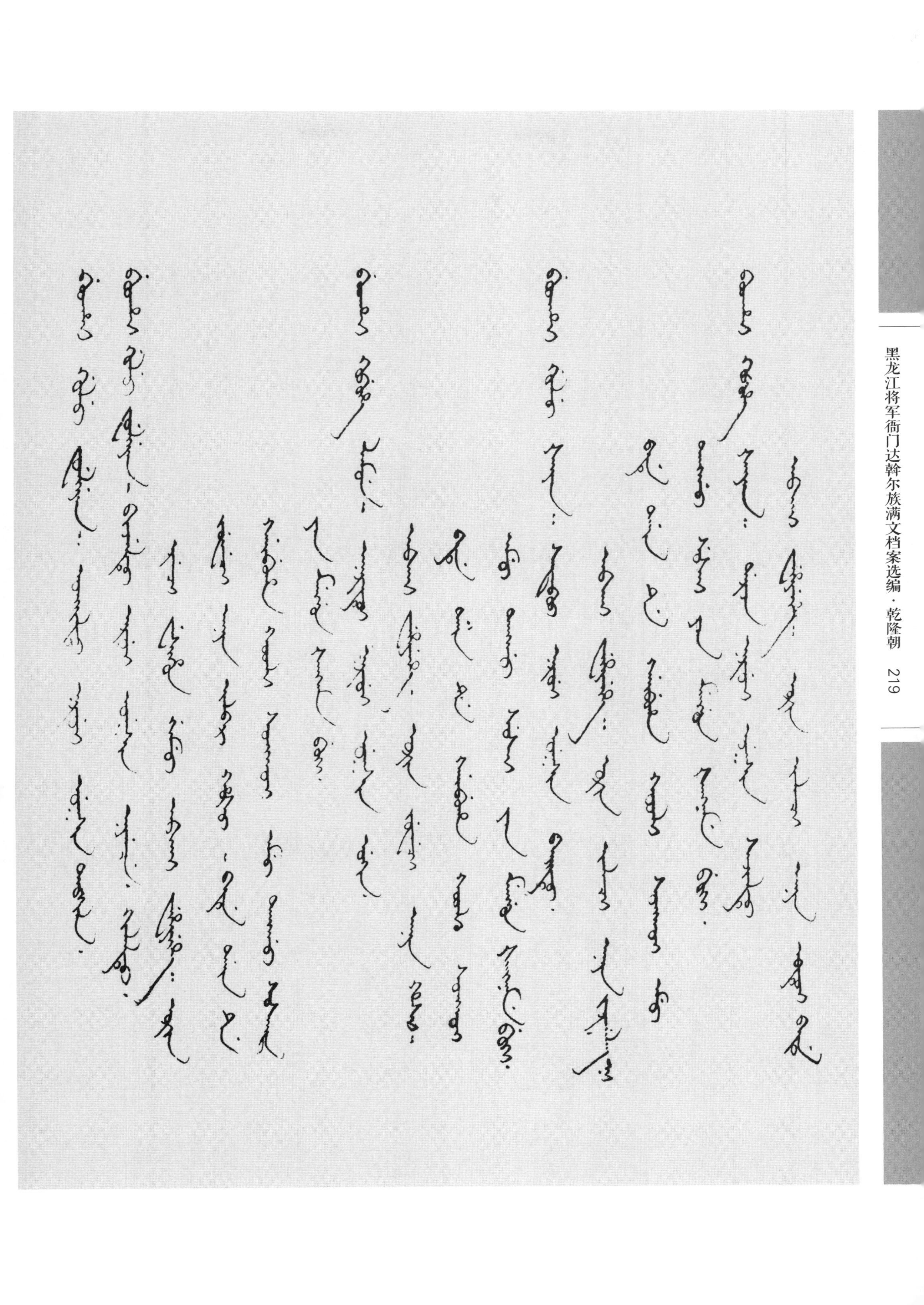

[illegible]

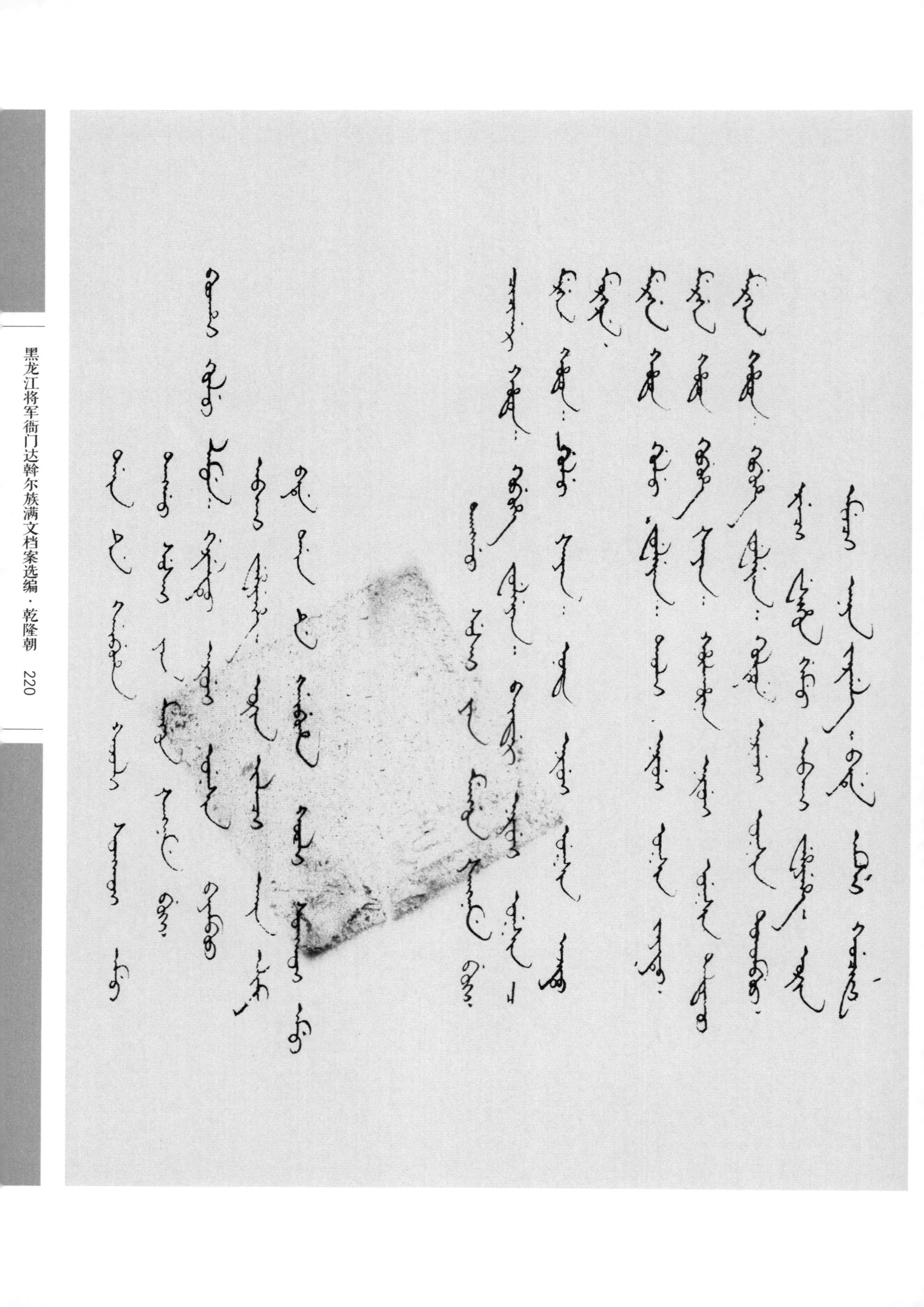

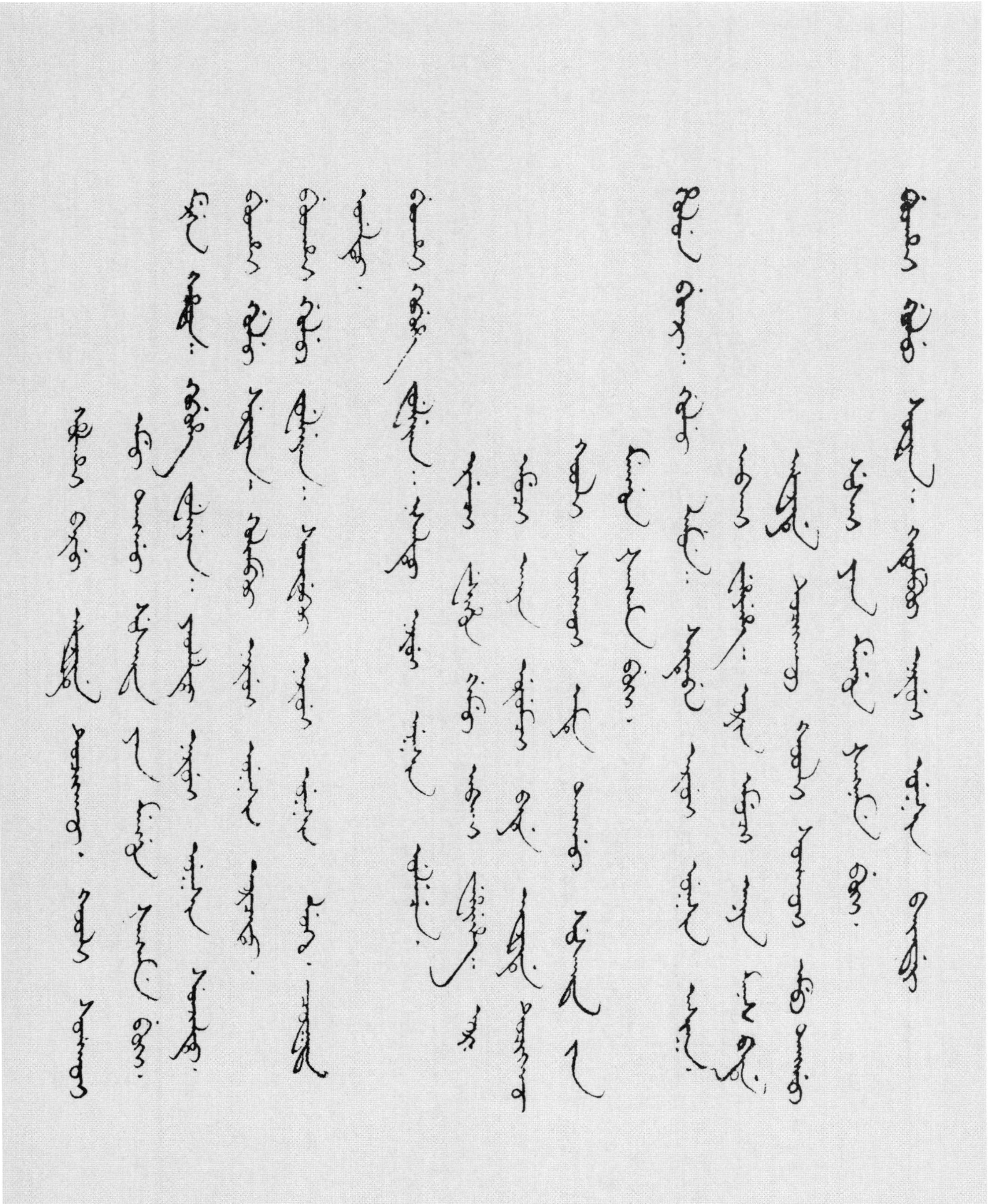

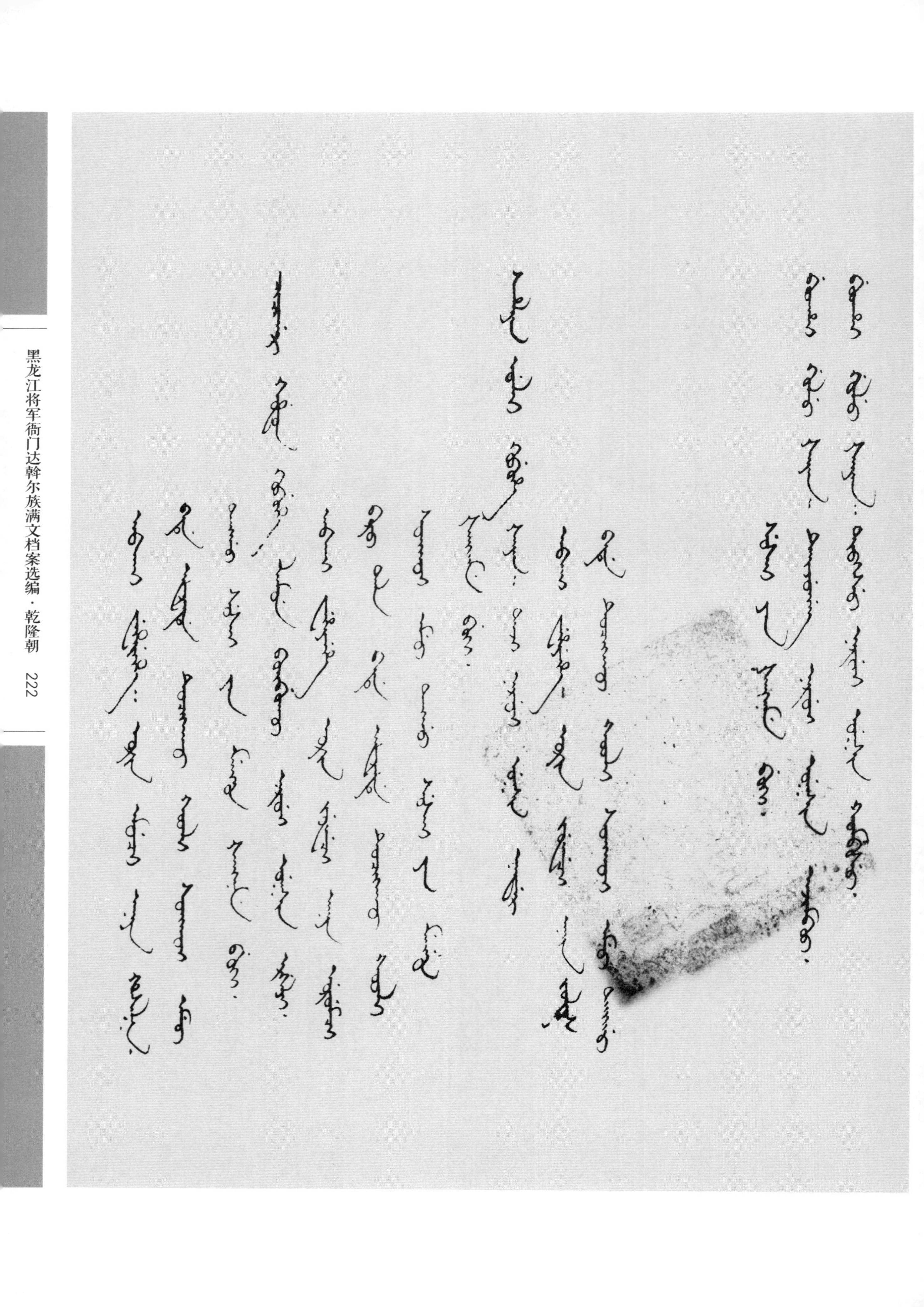

[illegible]

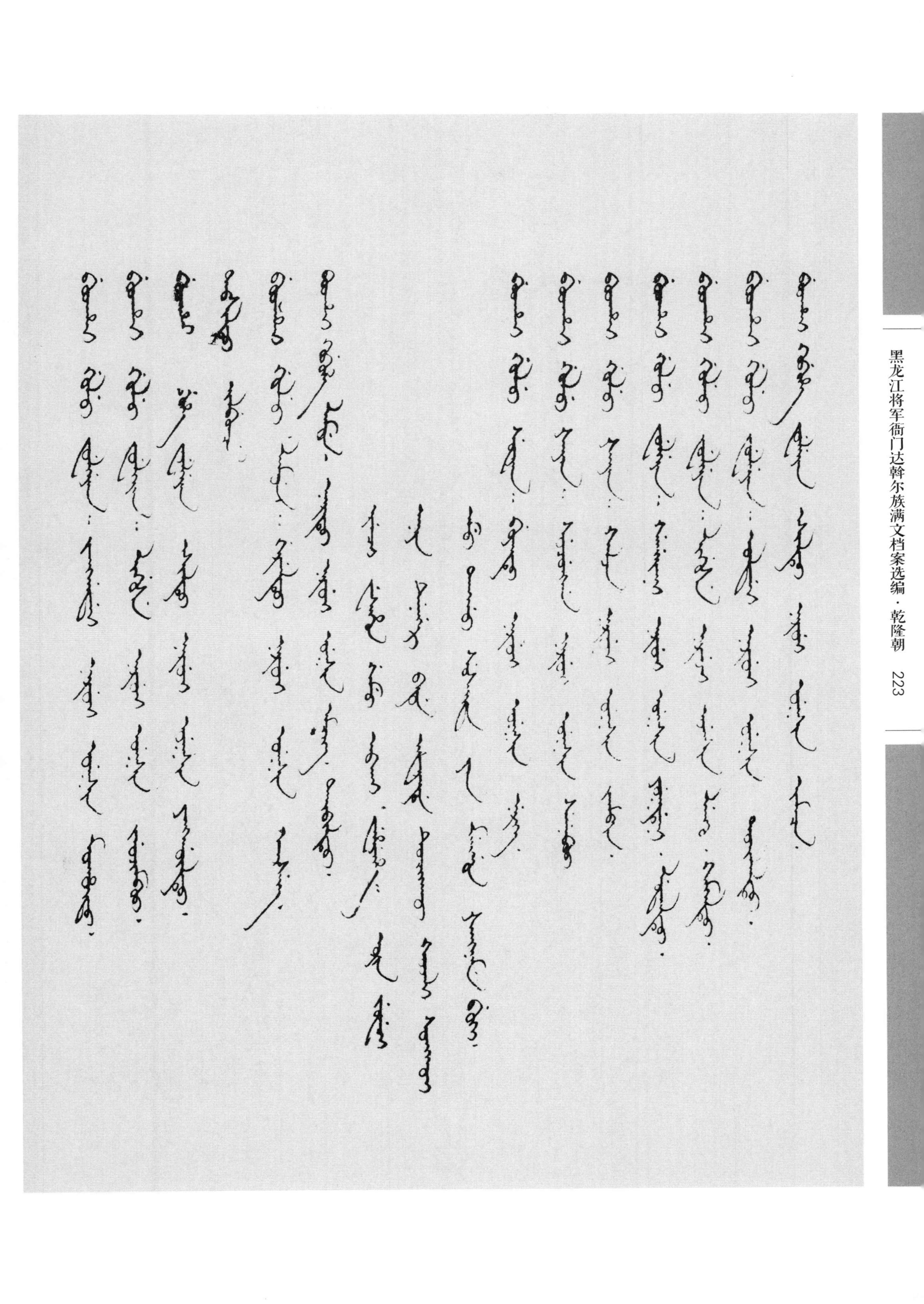

[illegible]

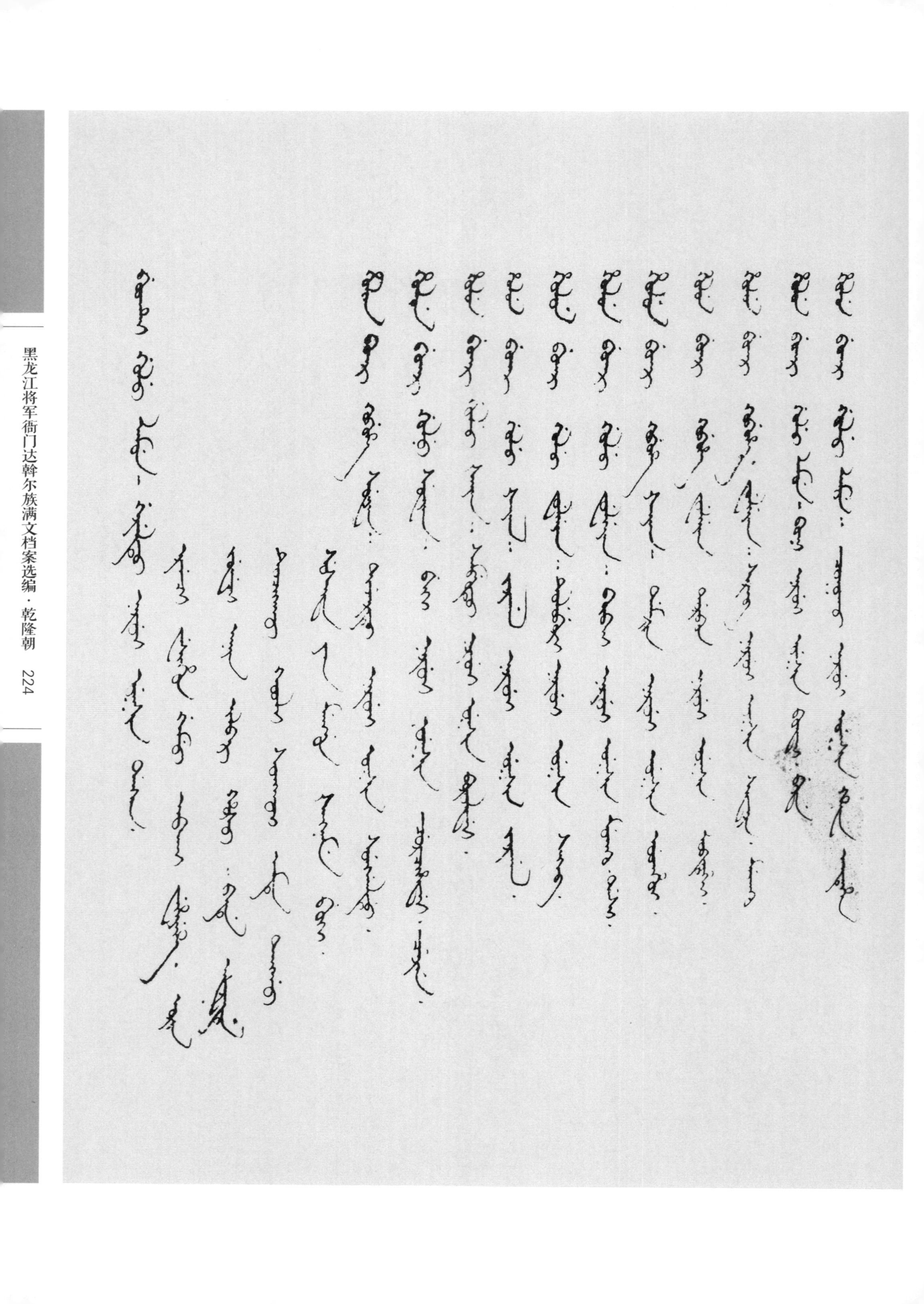

[illegible]

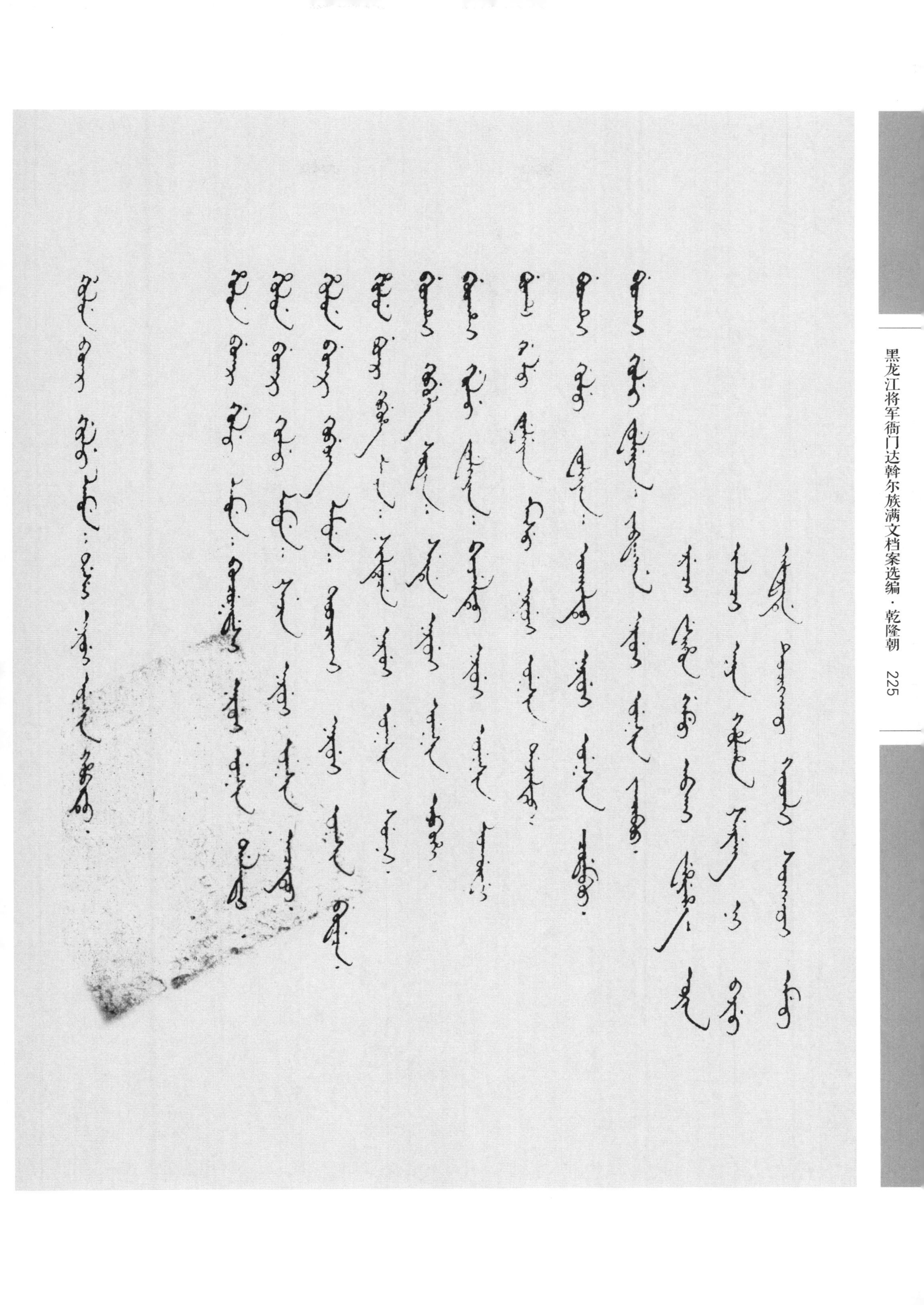

[illegible]

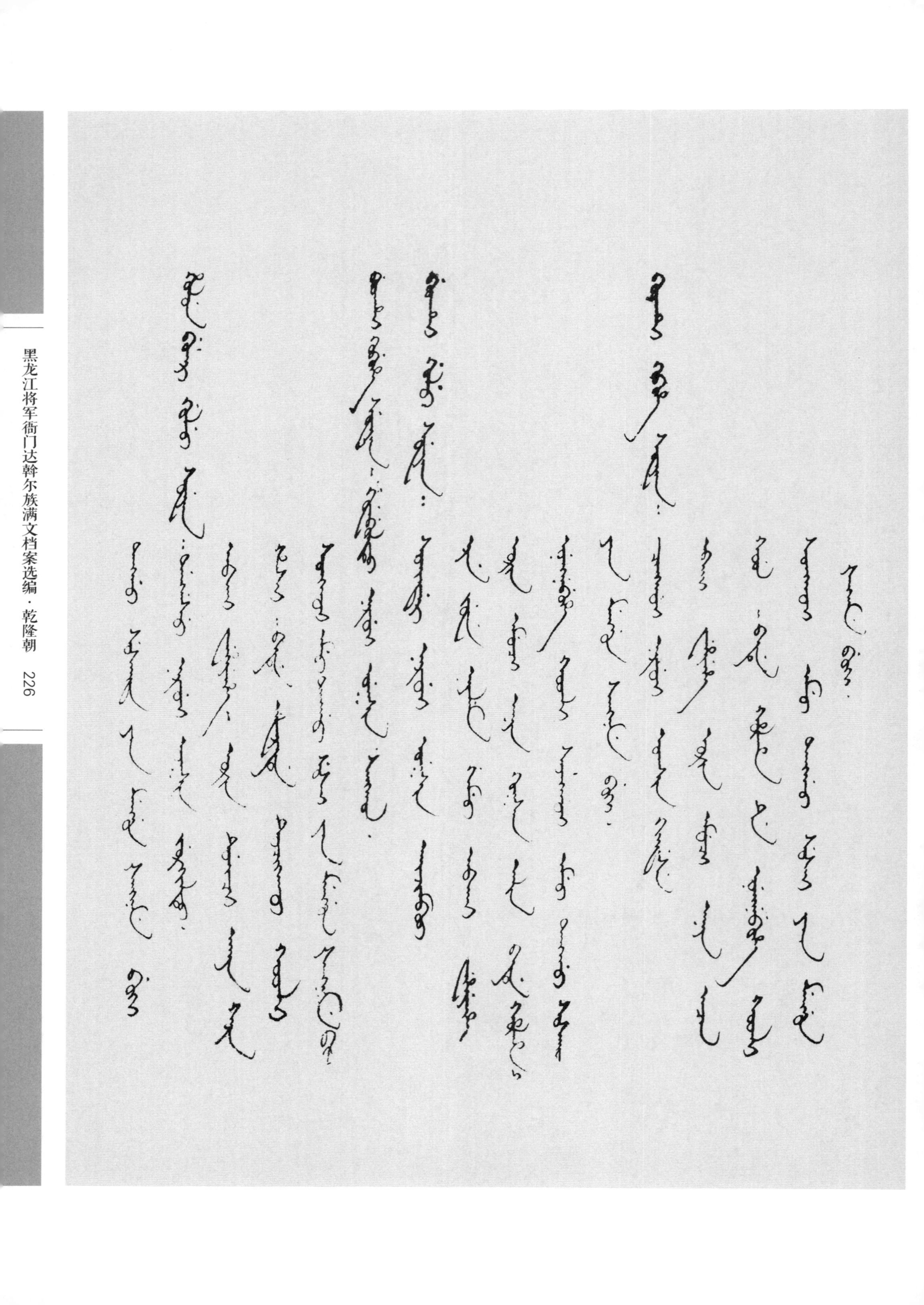

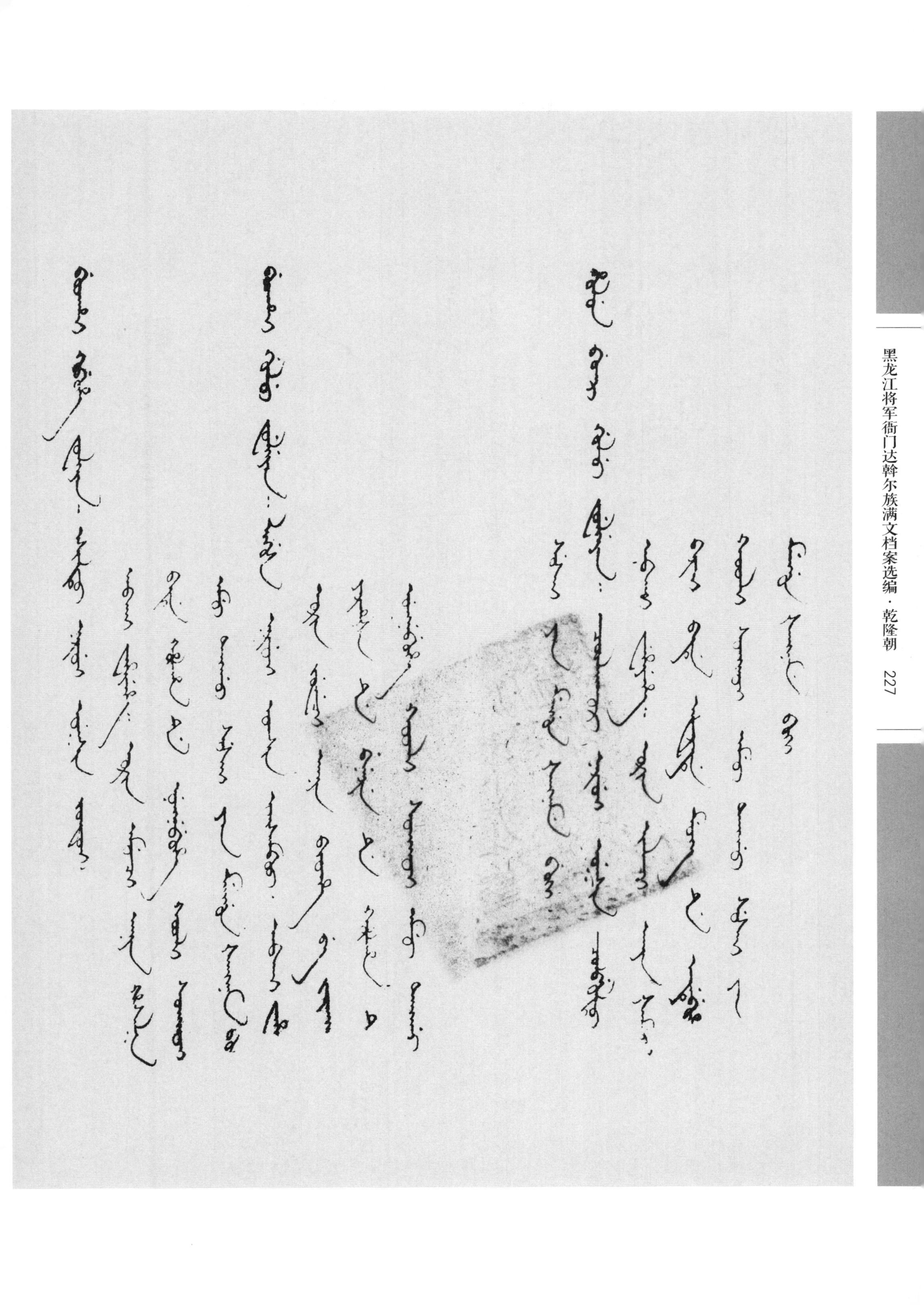

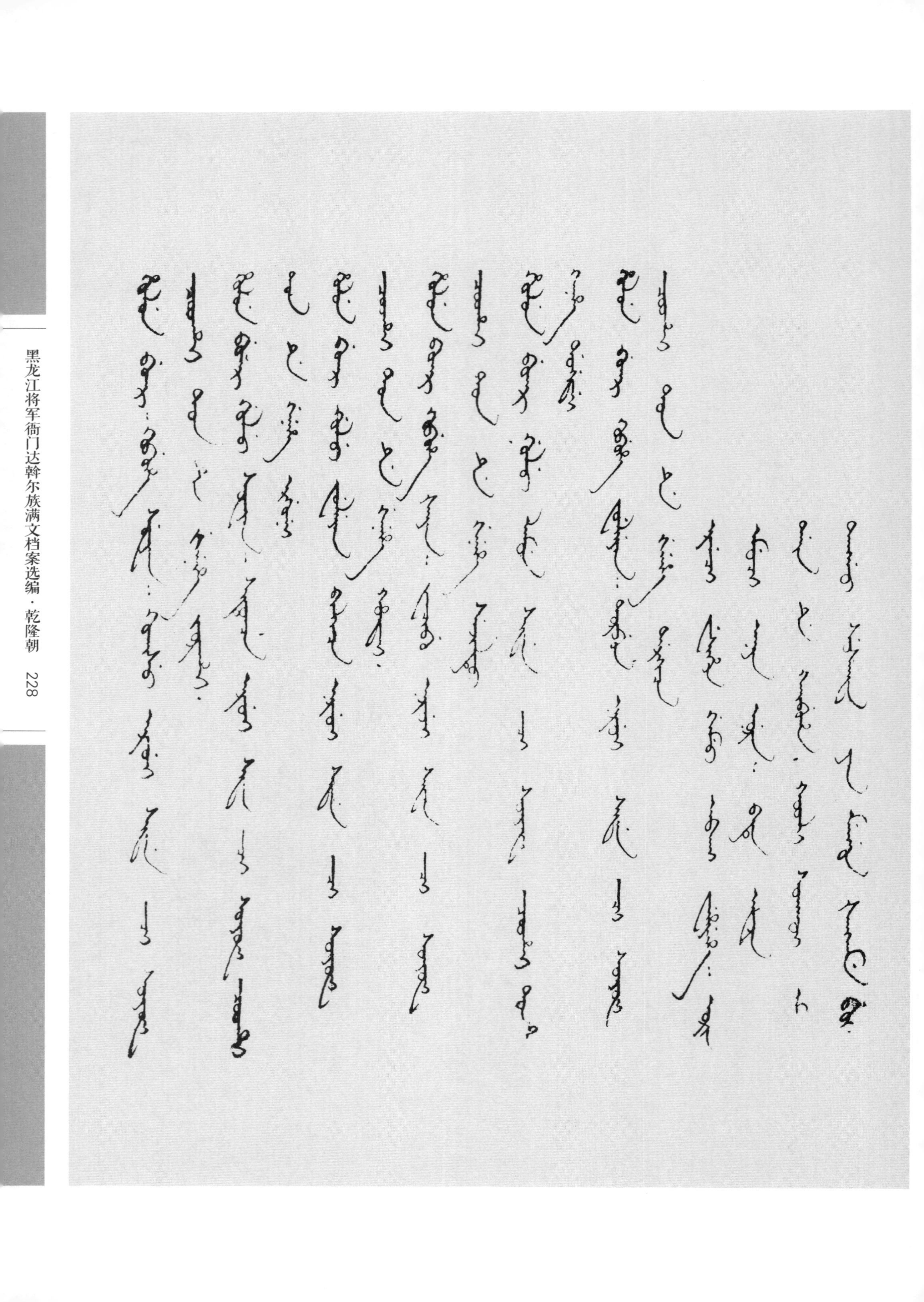

[illegible]

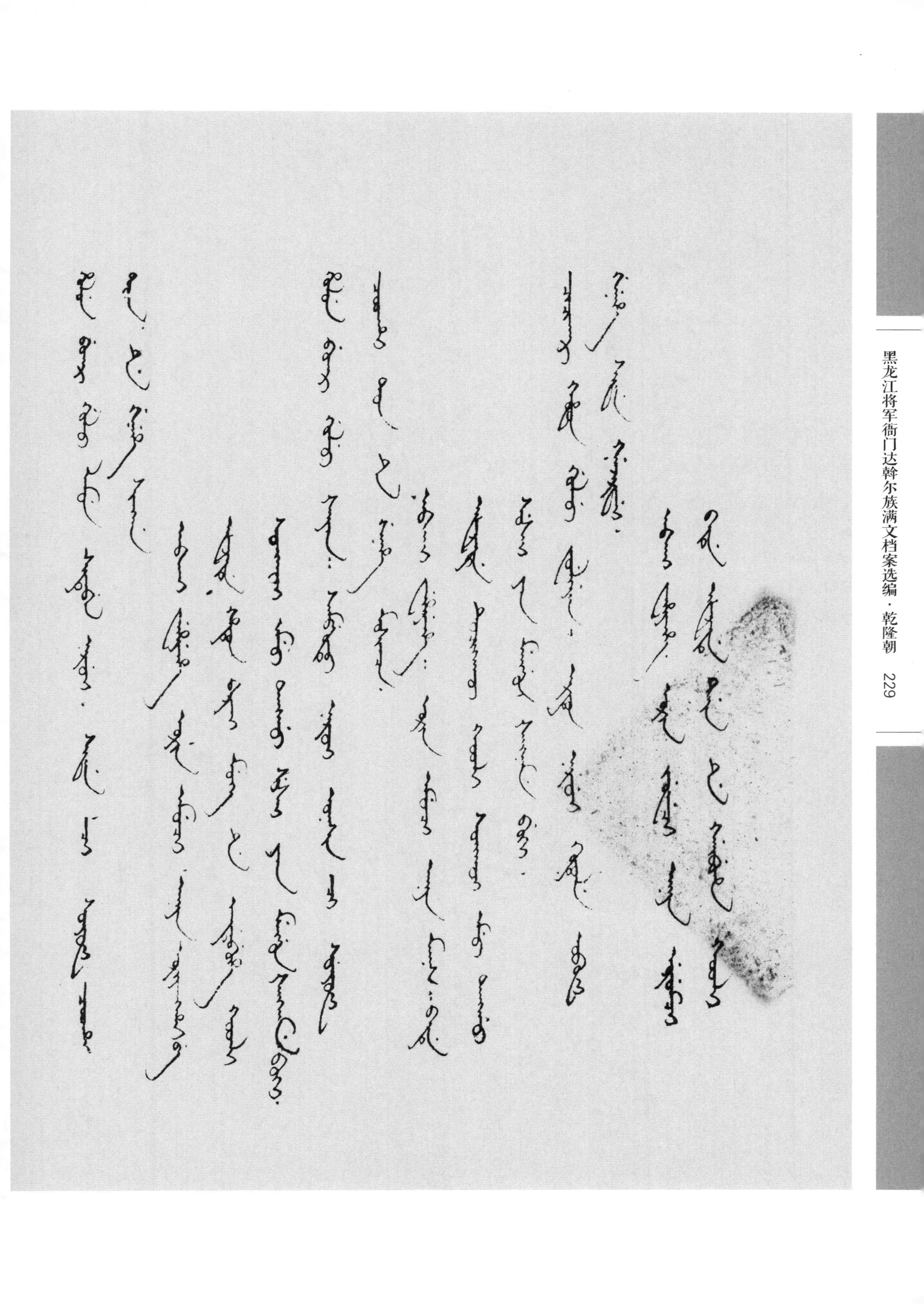

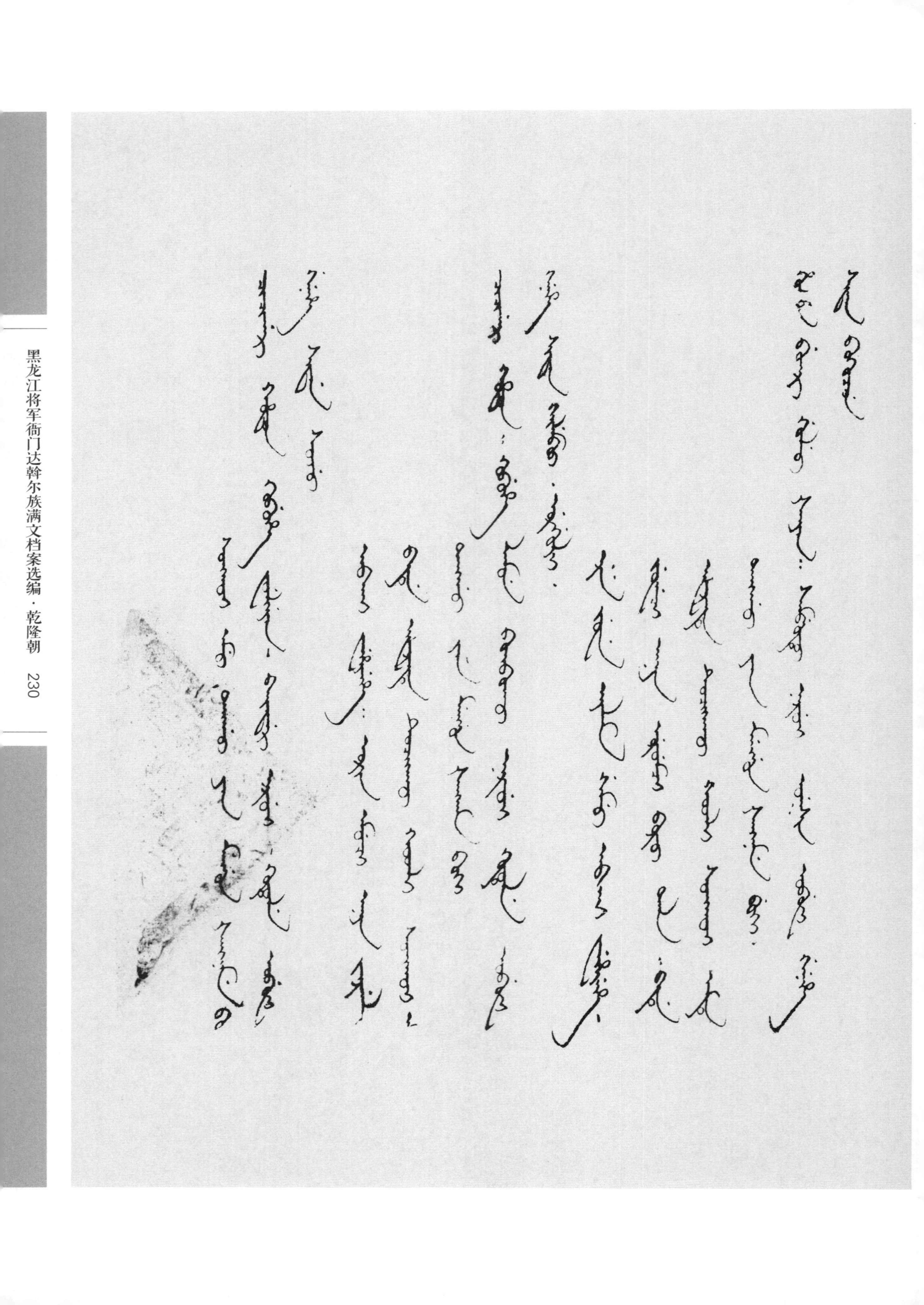

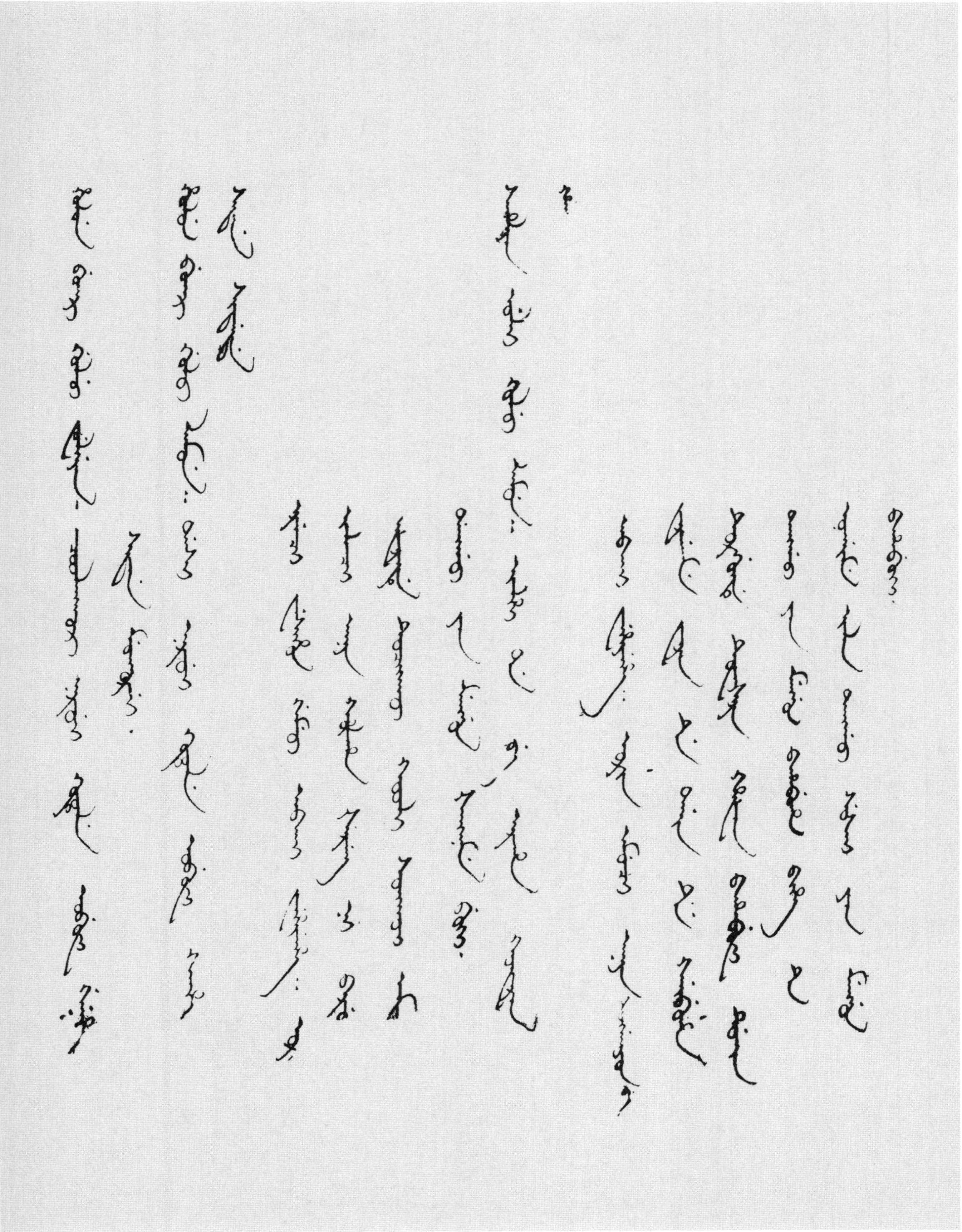

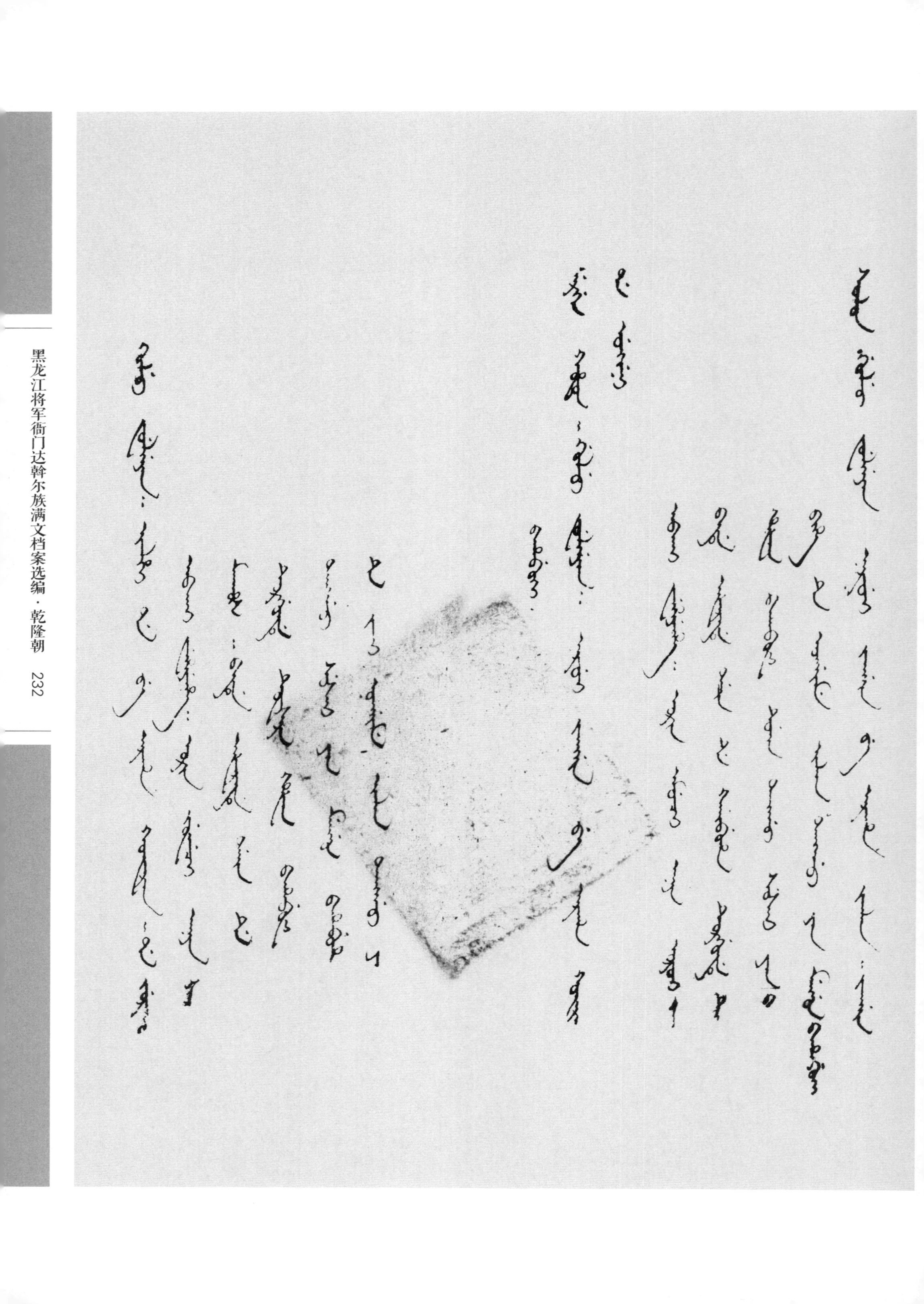

[illegible]

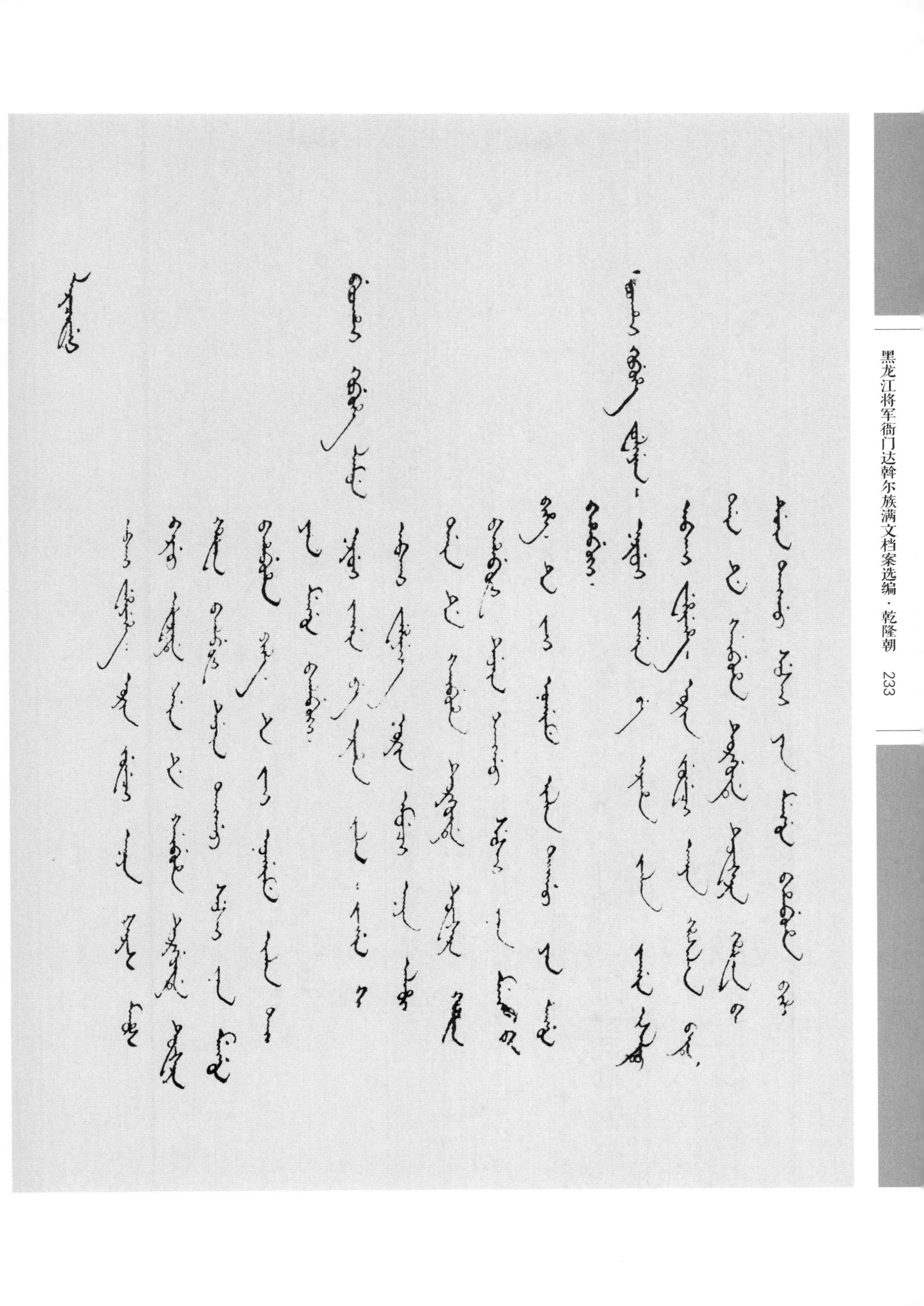

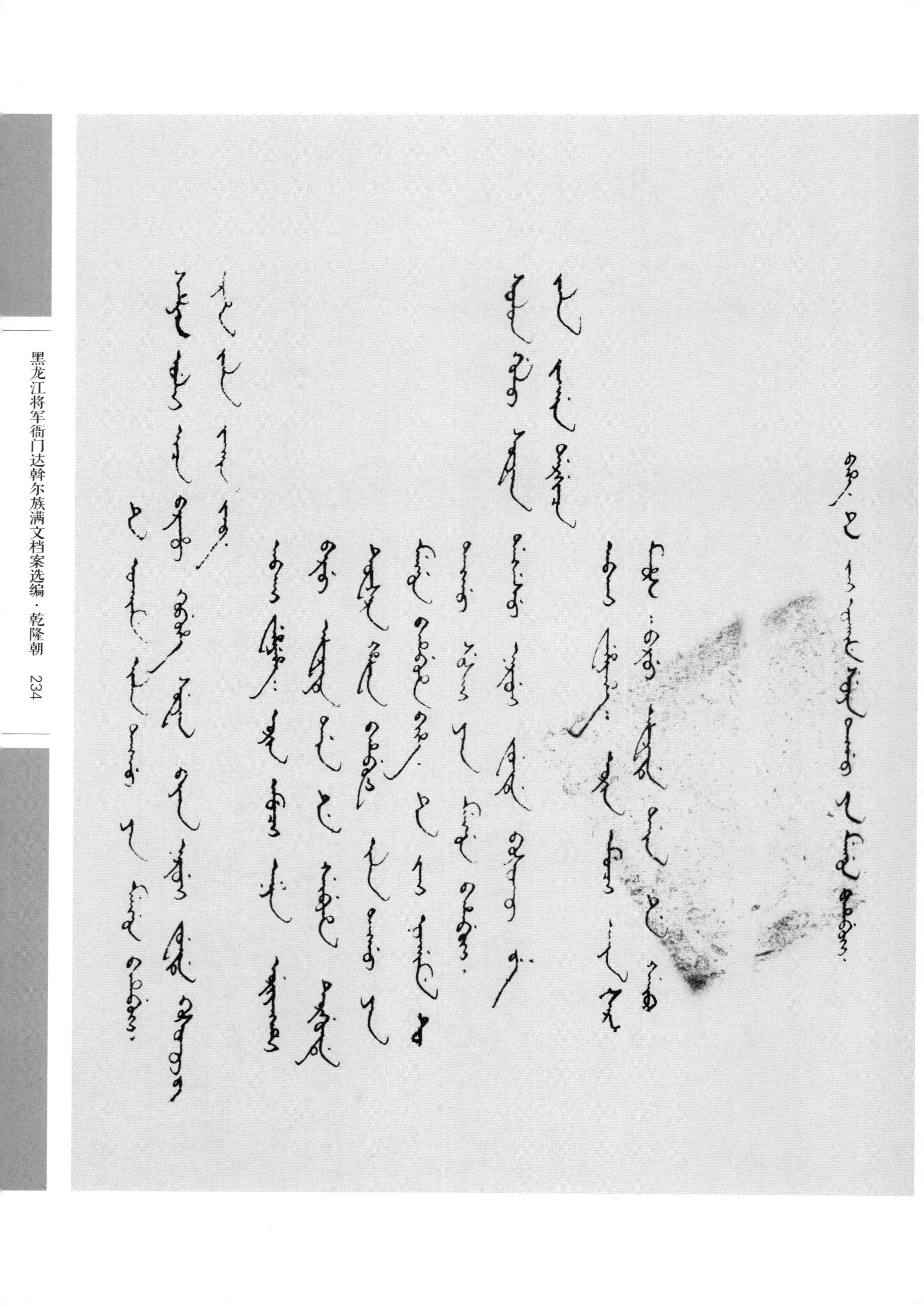

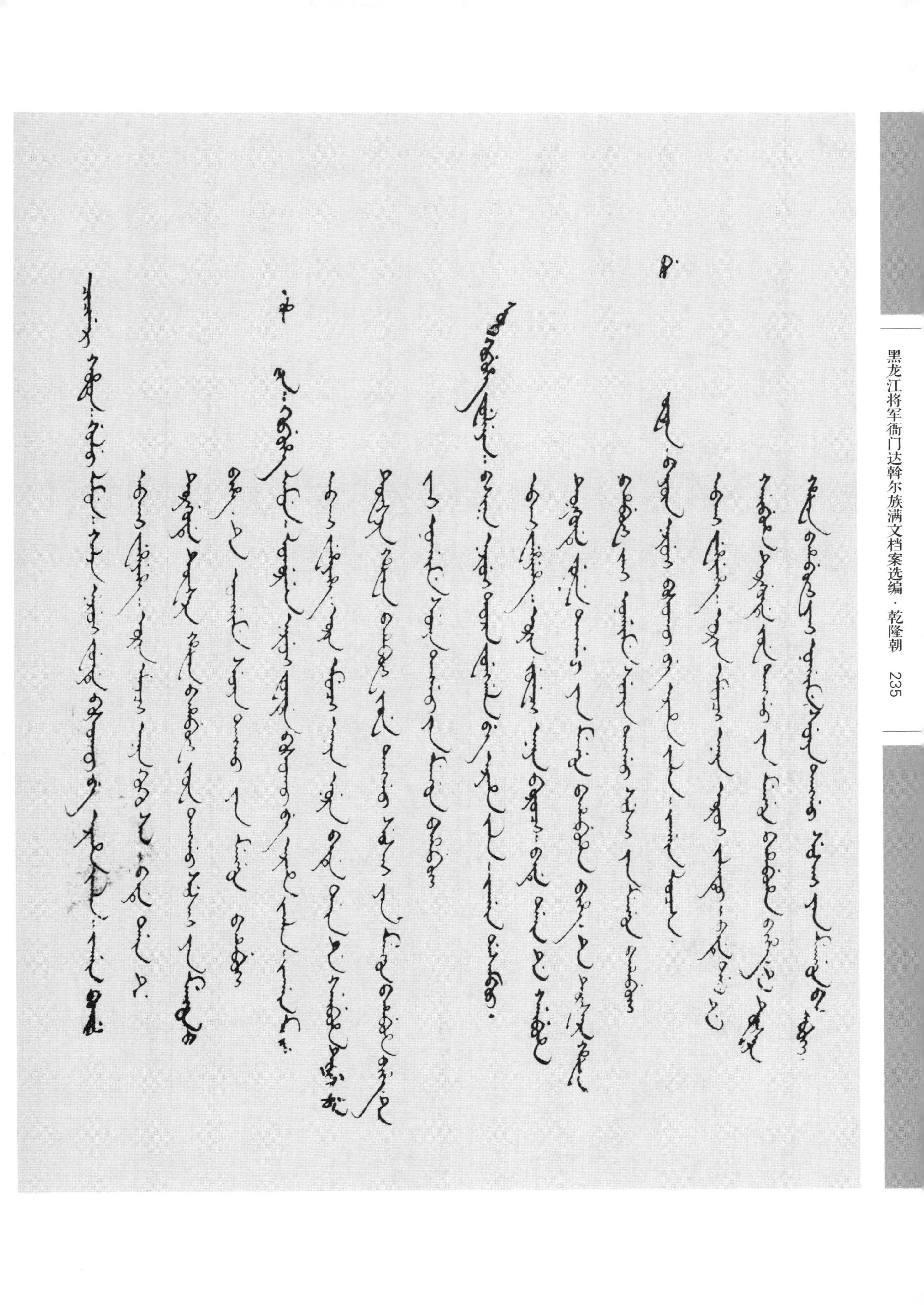

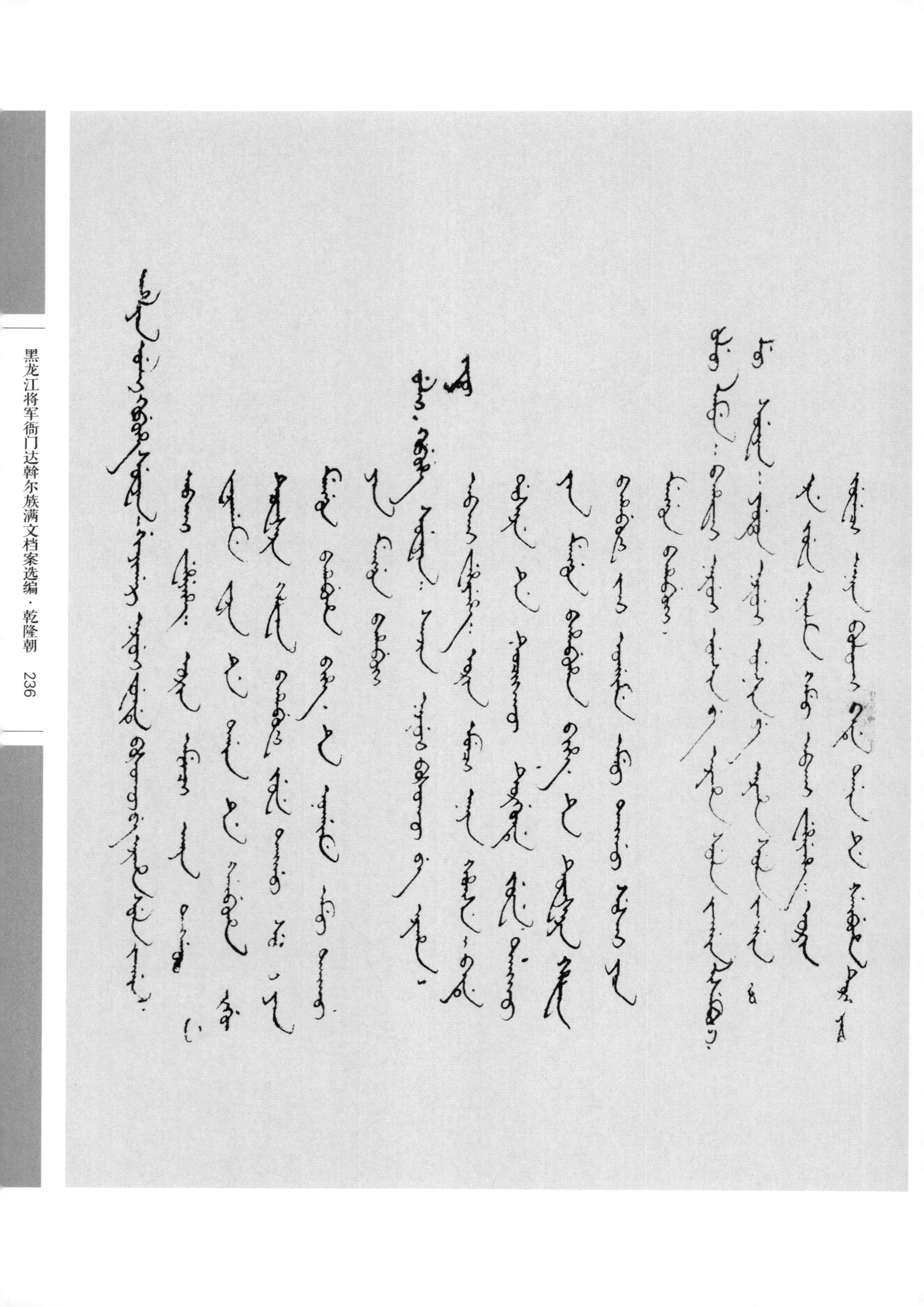

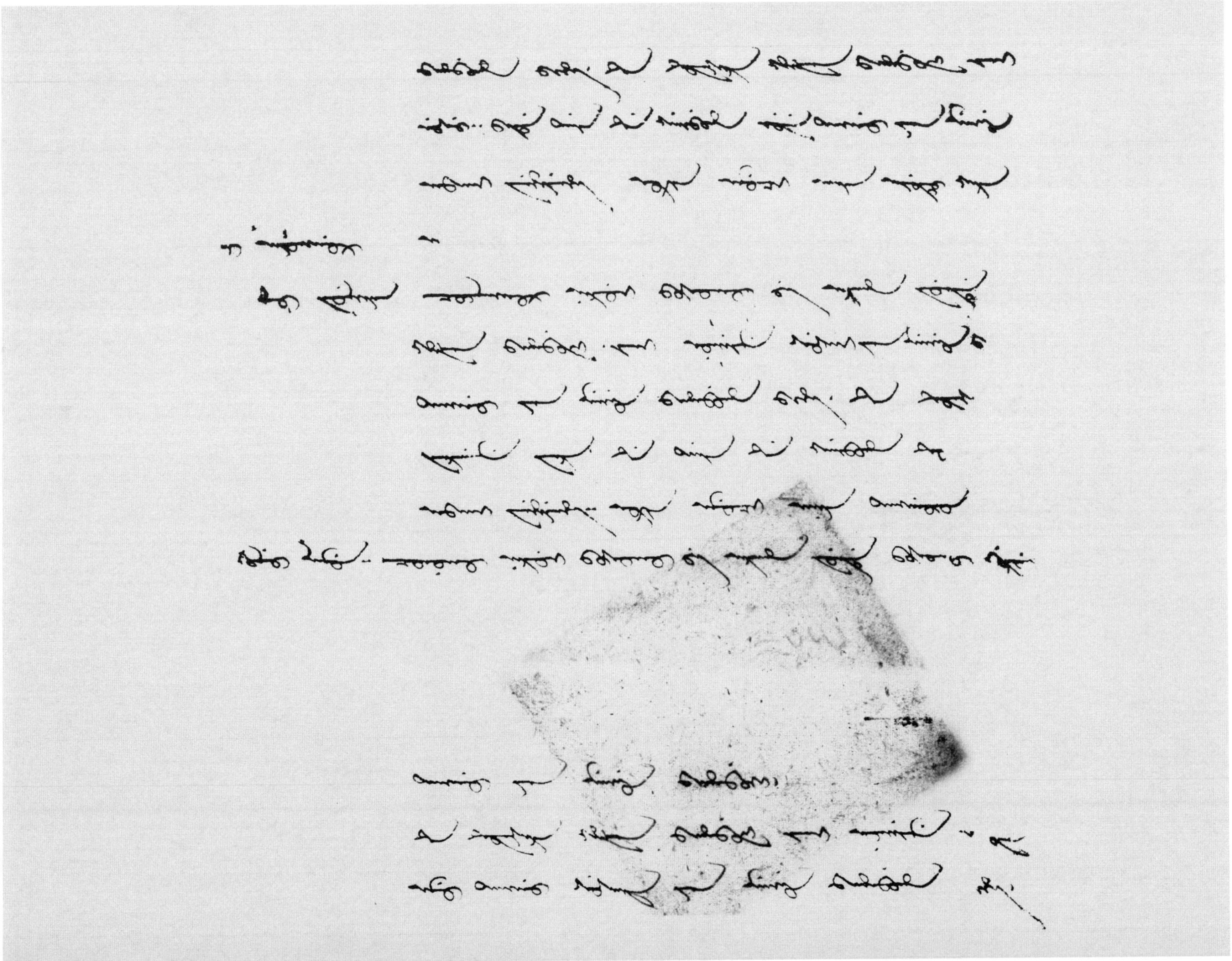

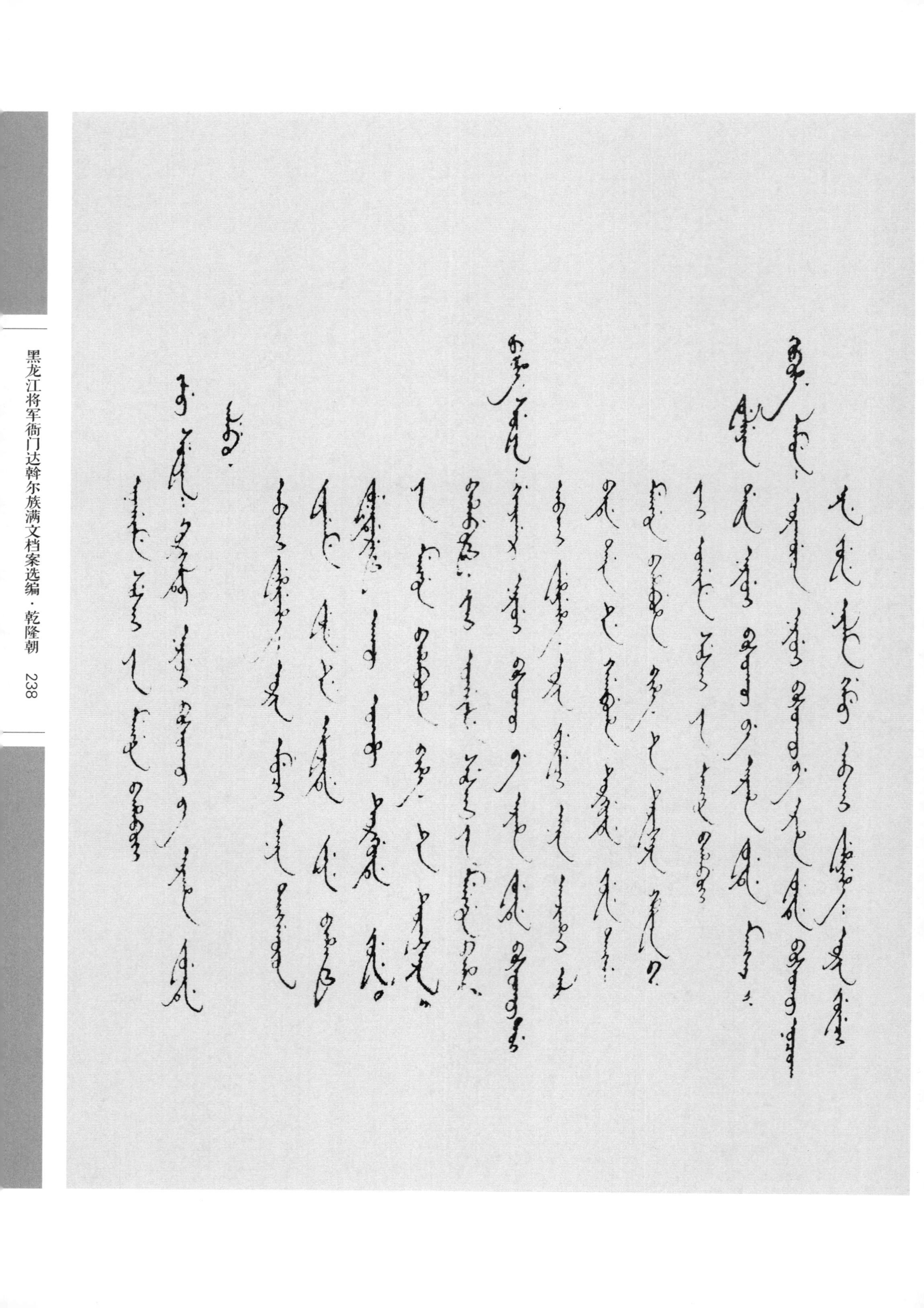

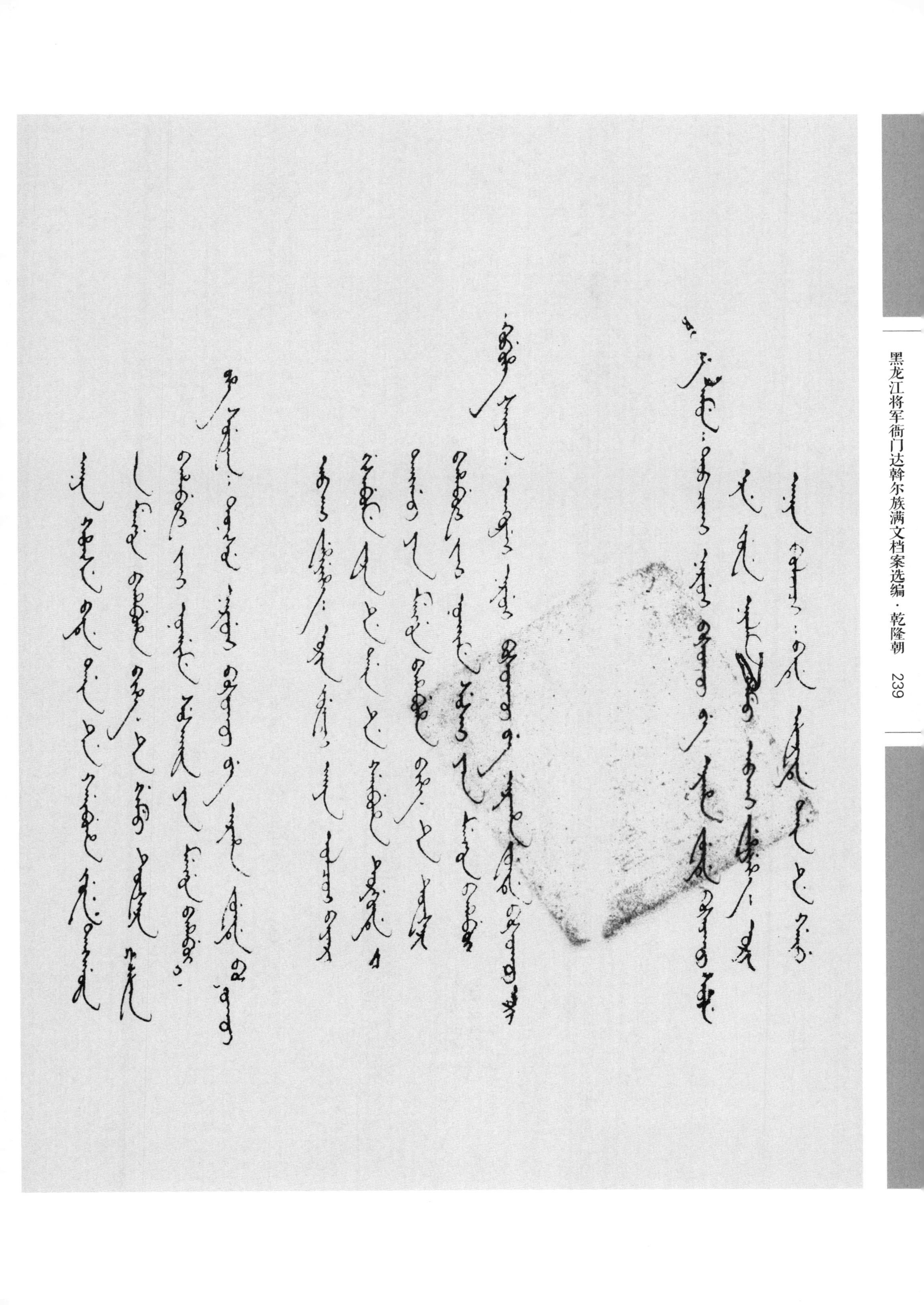

[illegible]

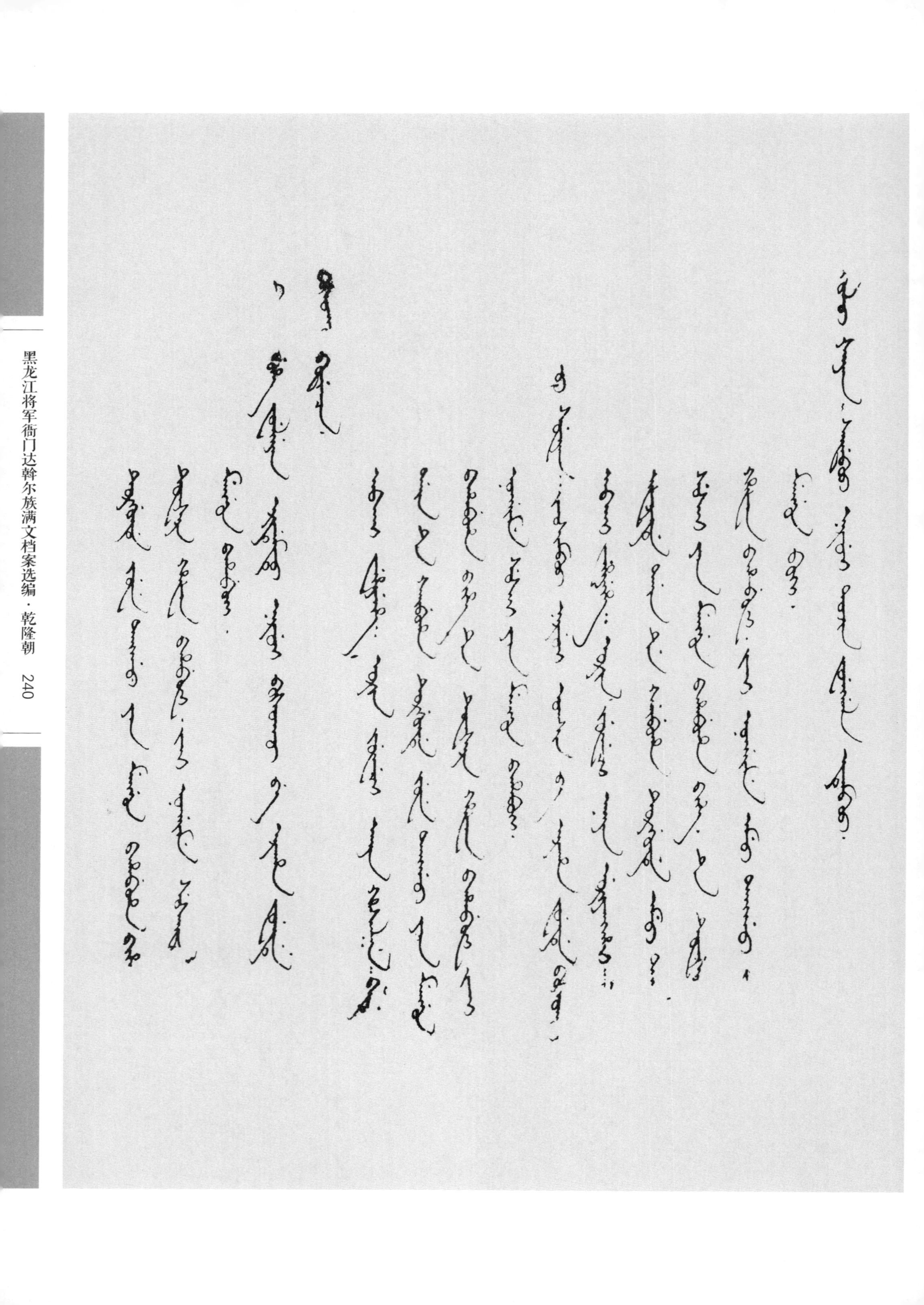

[illegible]

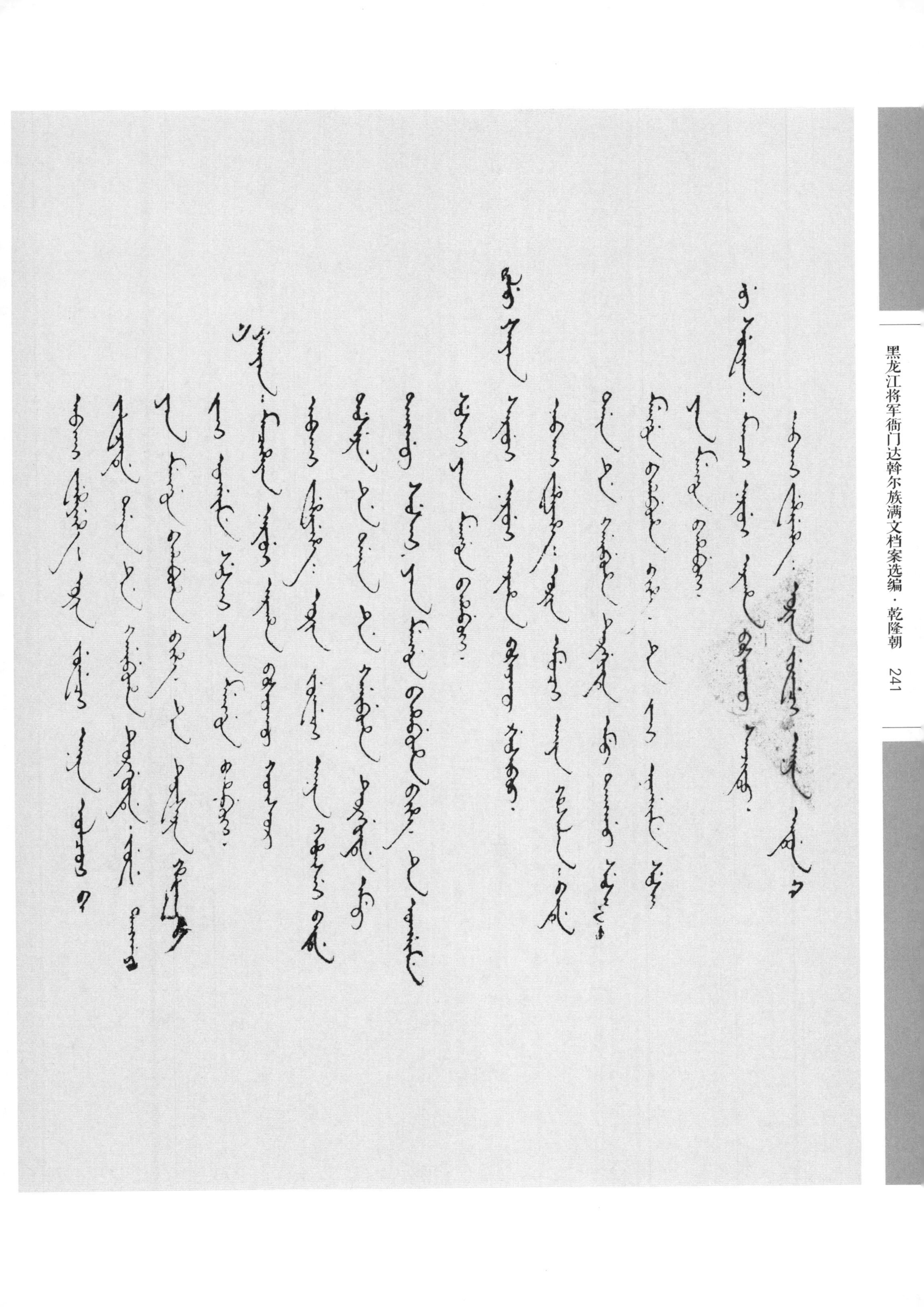

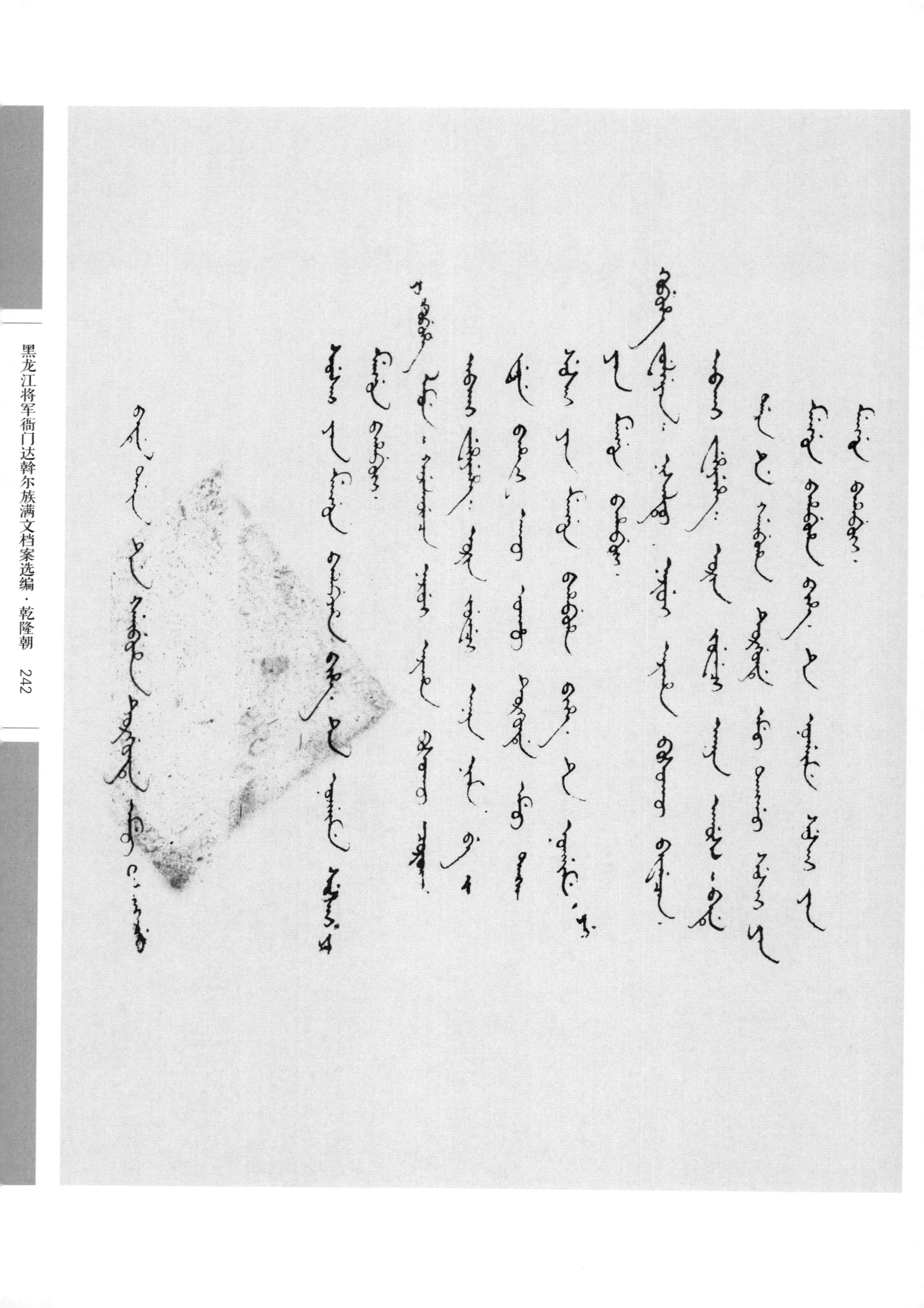

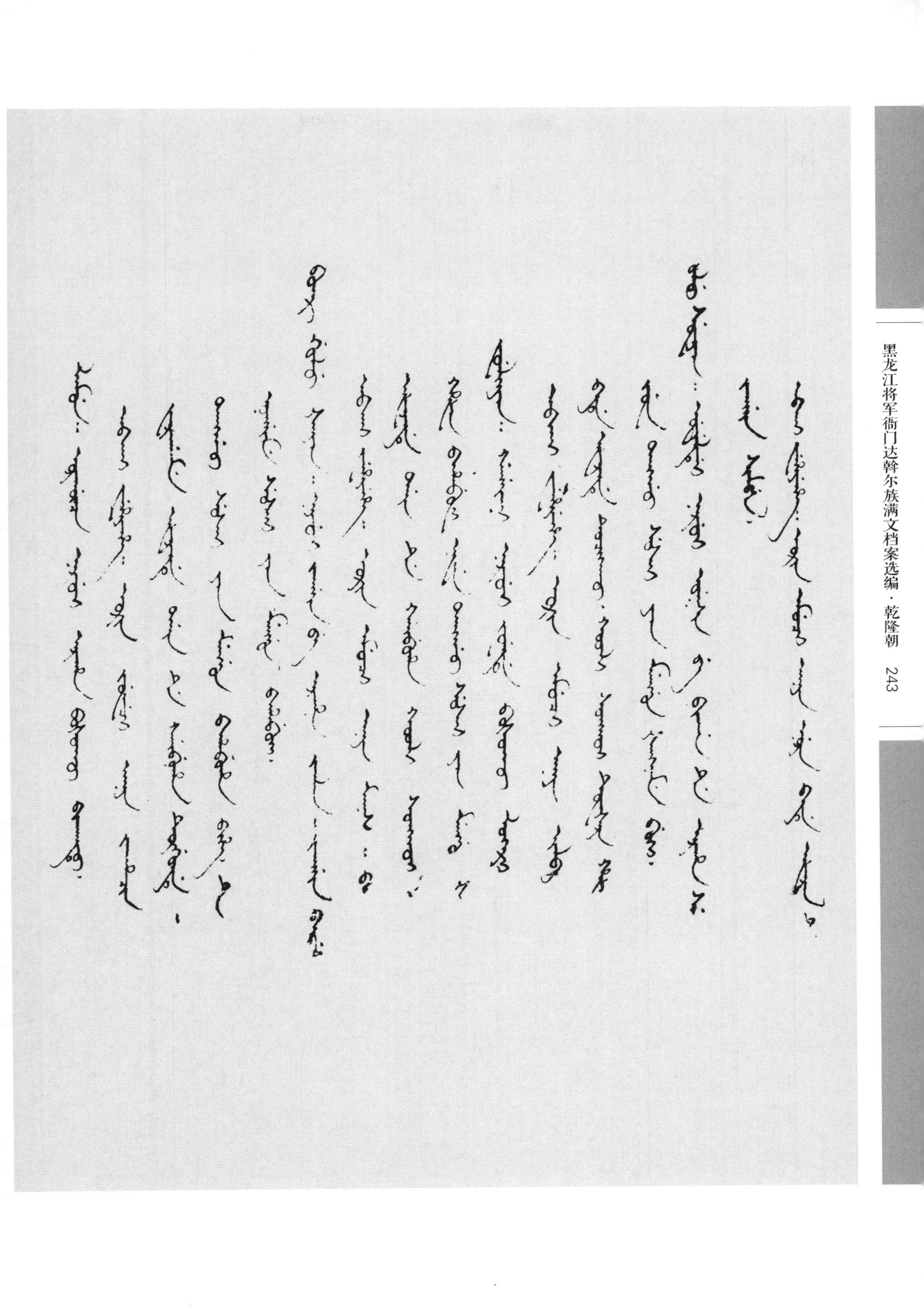

[illegible]

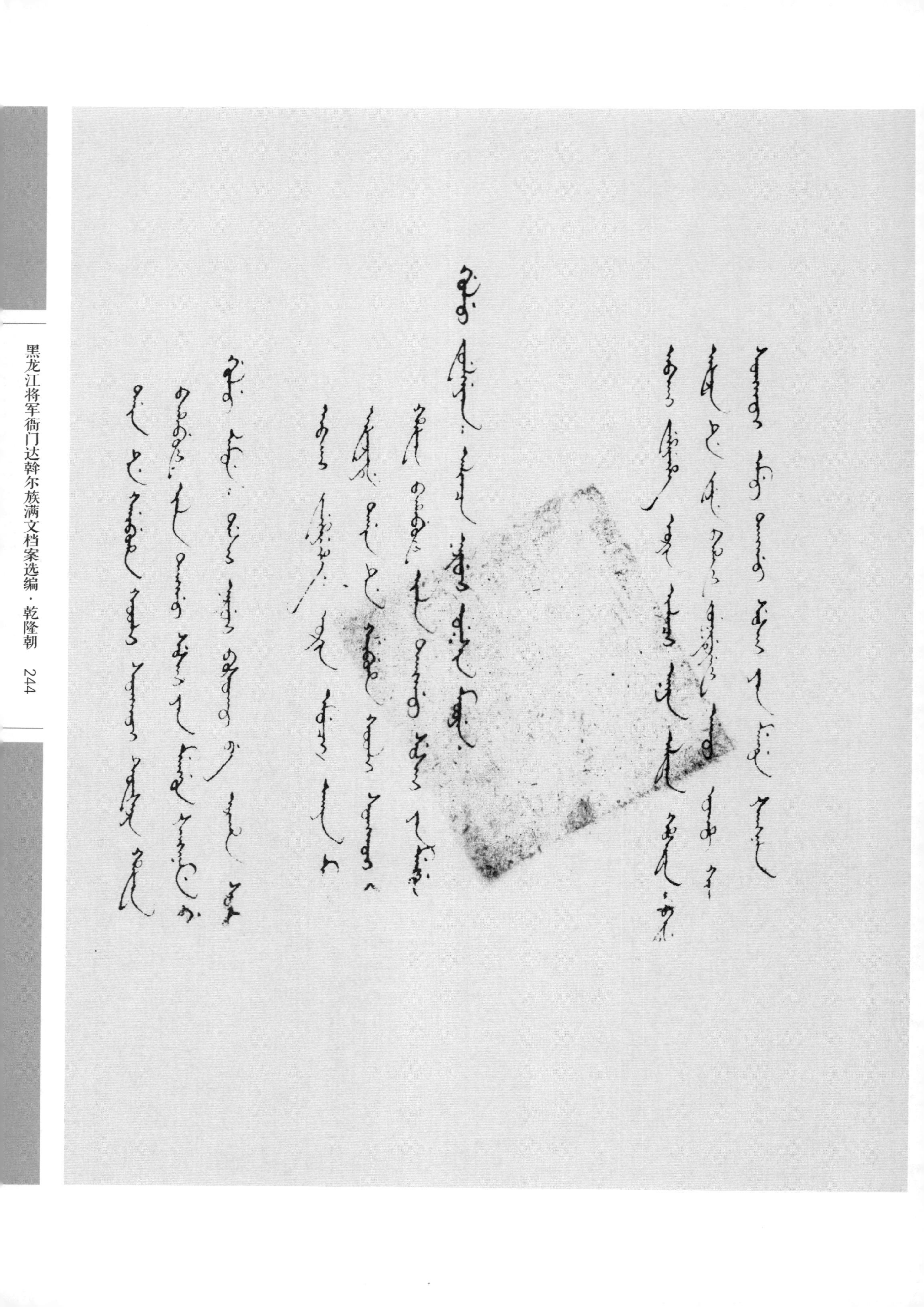

一一三〇　黑龙江将军衙门为查报齐齐哈尔墨尔根黑龙江三城满洲达斡尔等世管佐领源流执照事咨兵部文（附单一件）

乾隆二十六年十月十六日

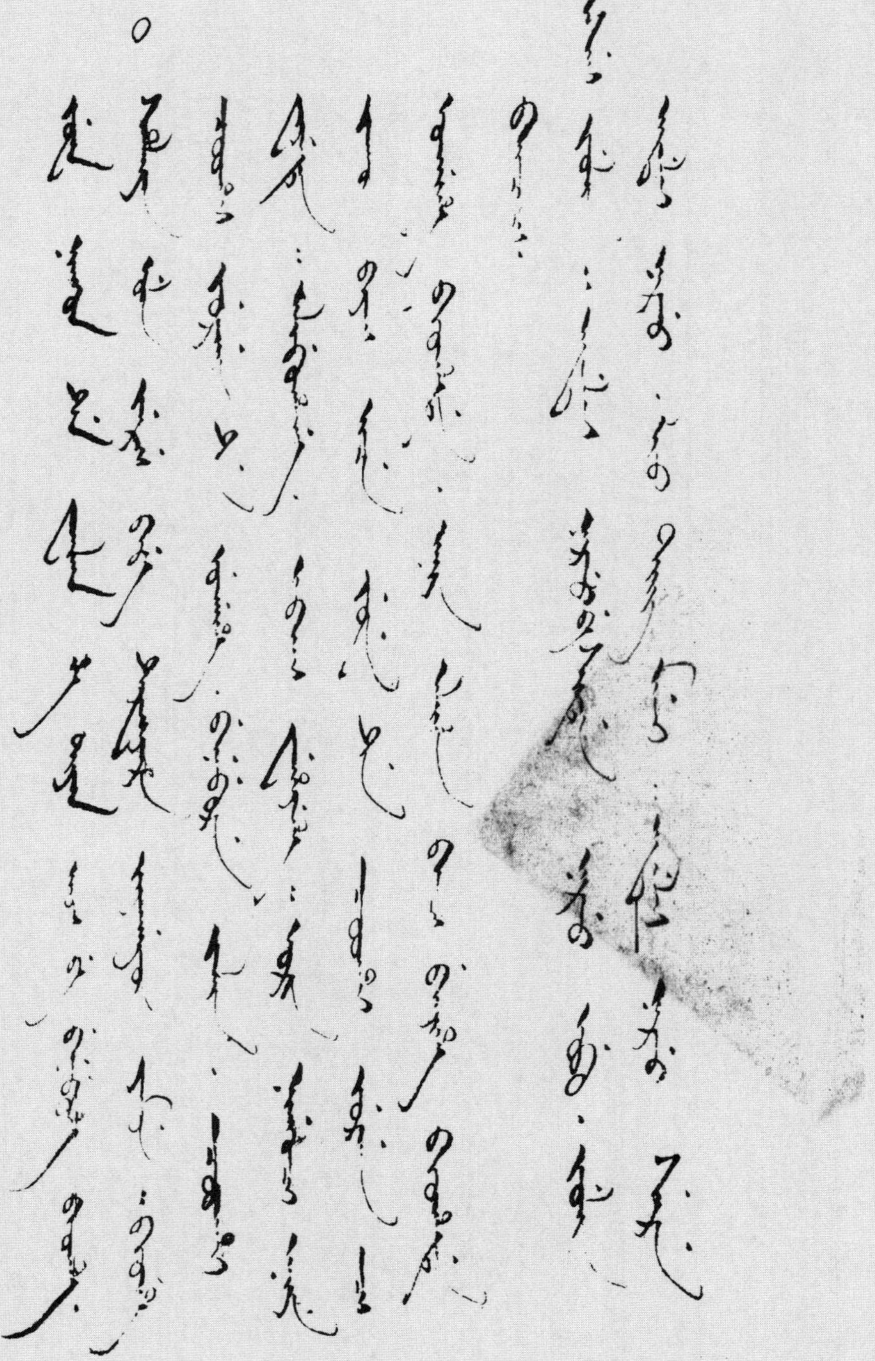

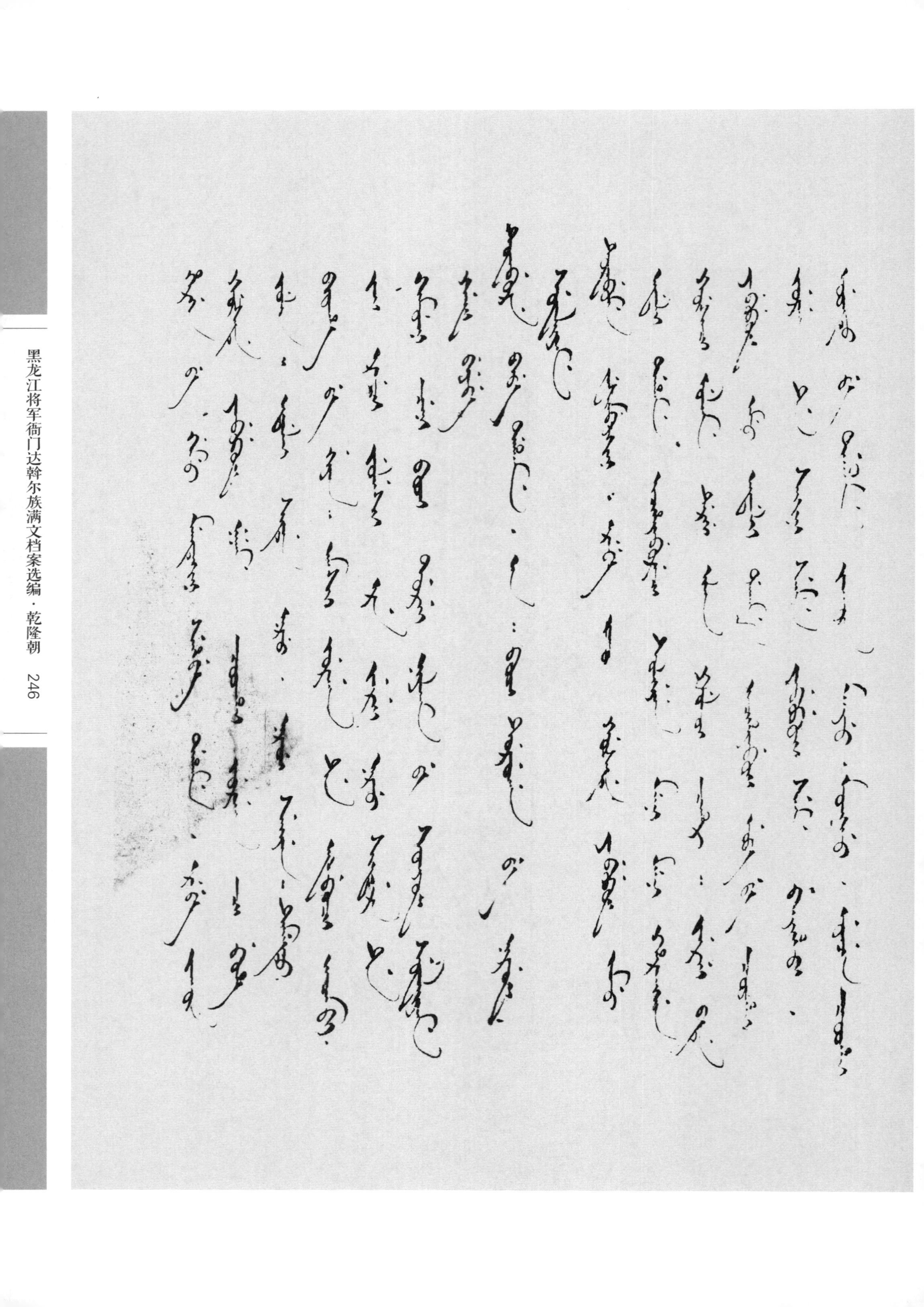

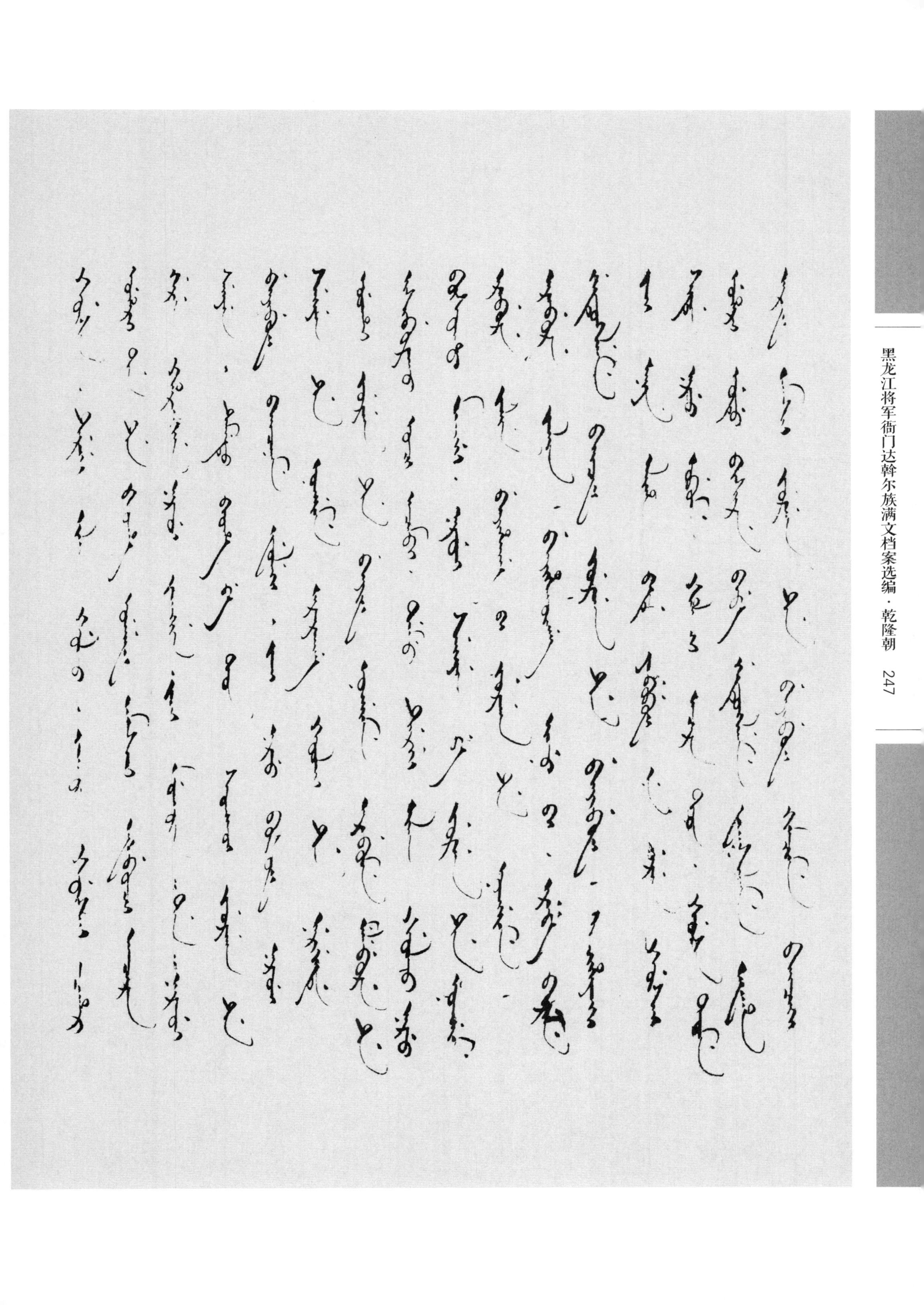

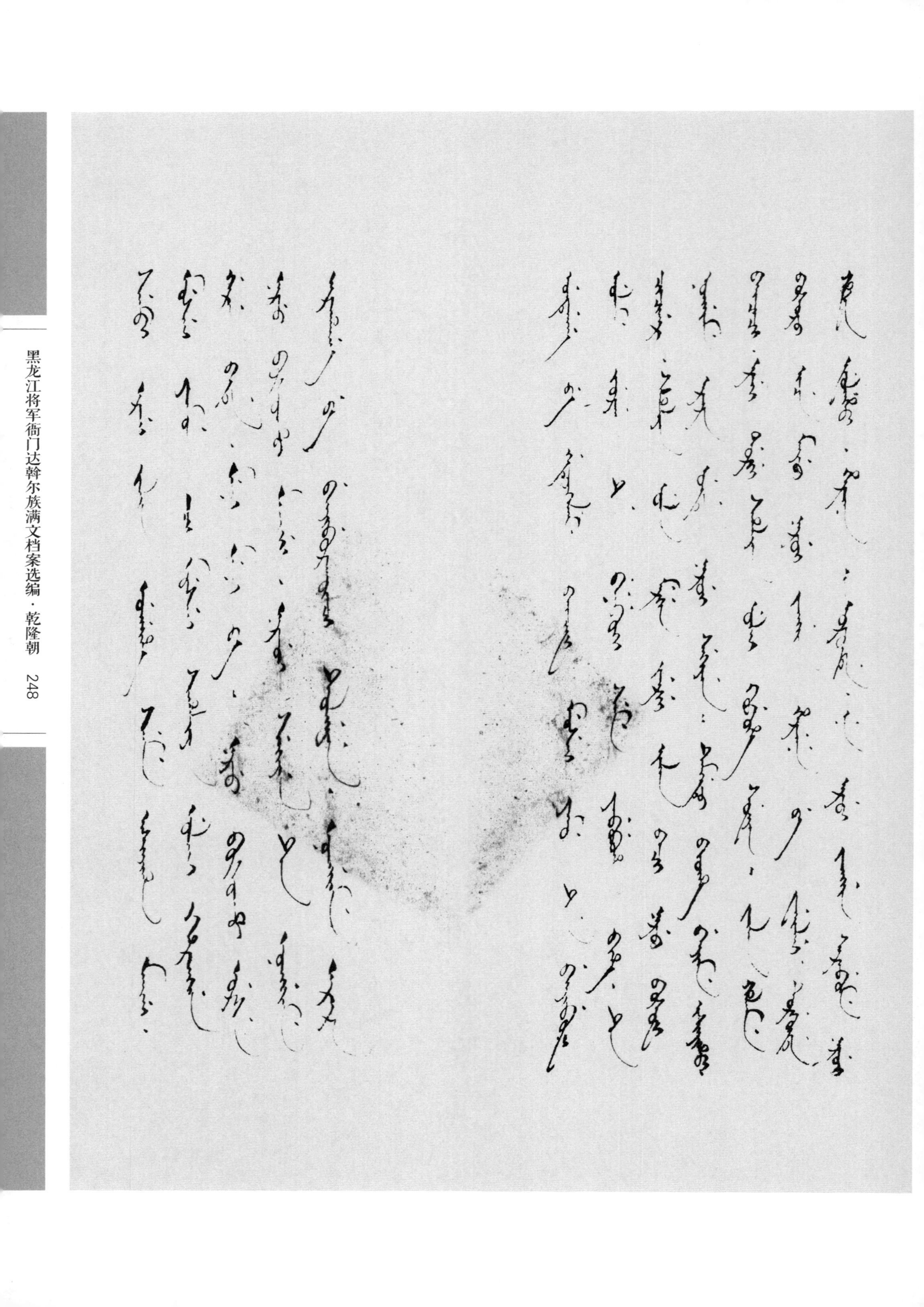

[illegible]

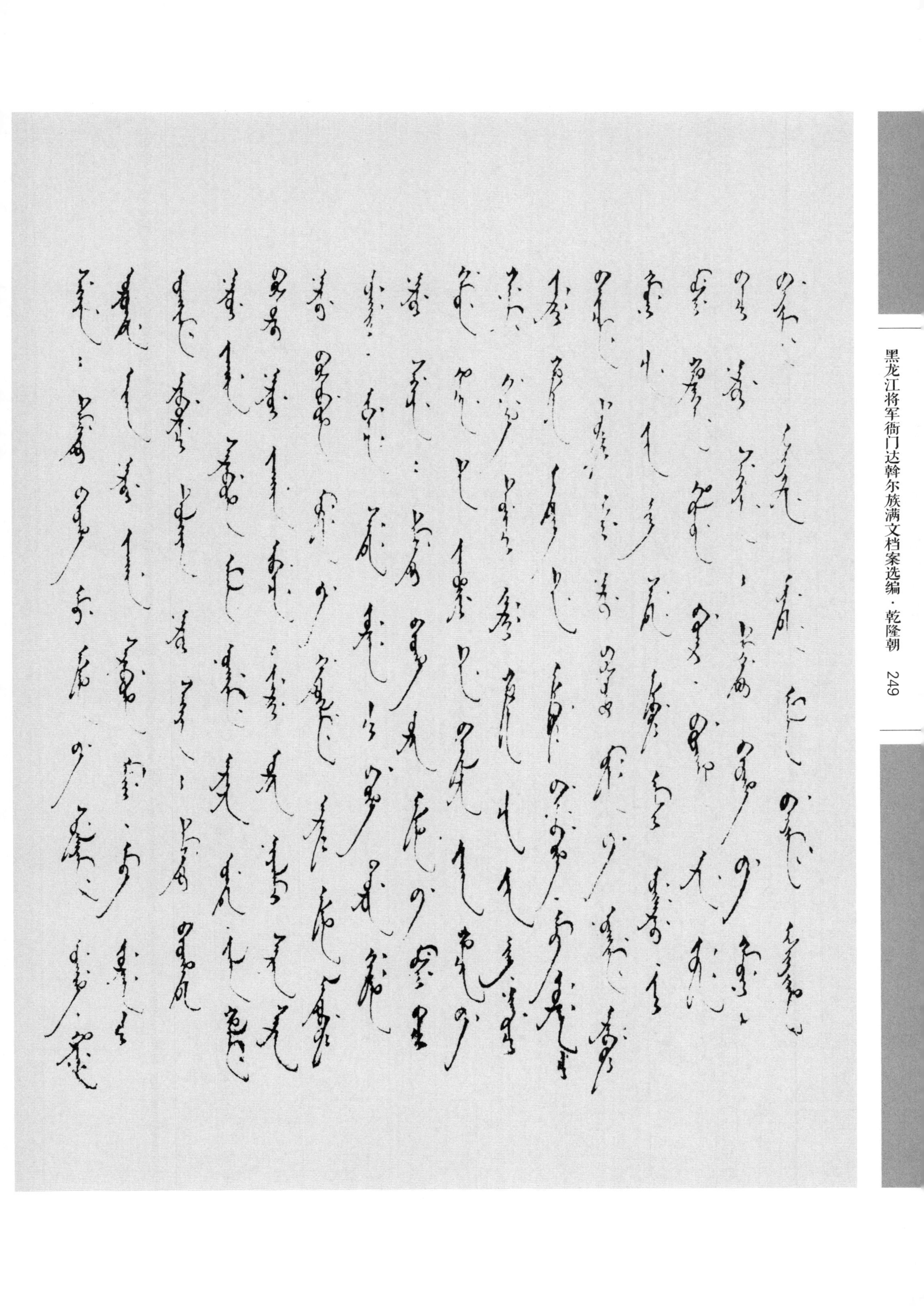

[illegible]

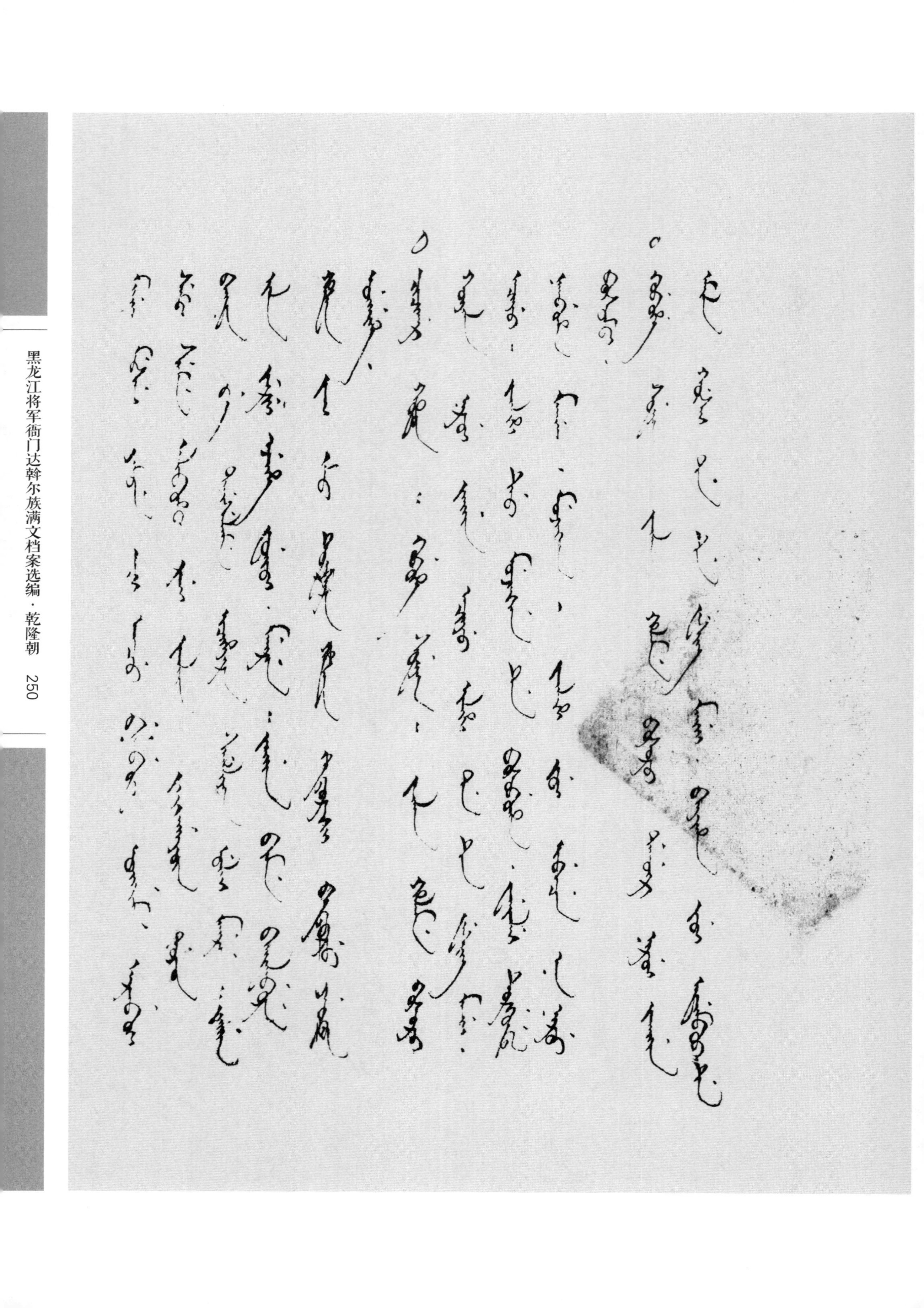

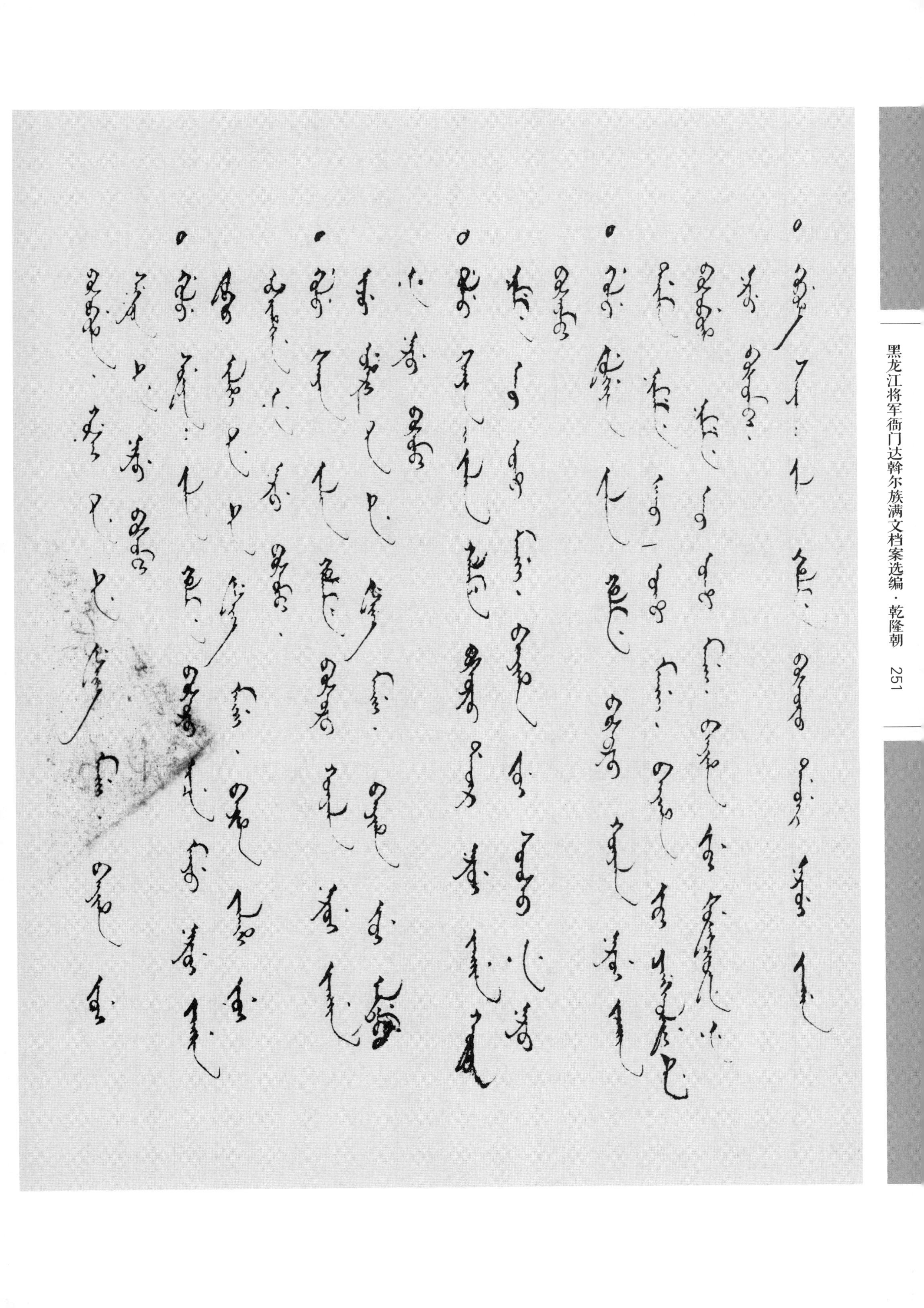

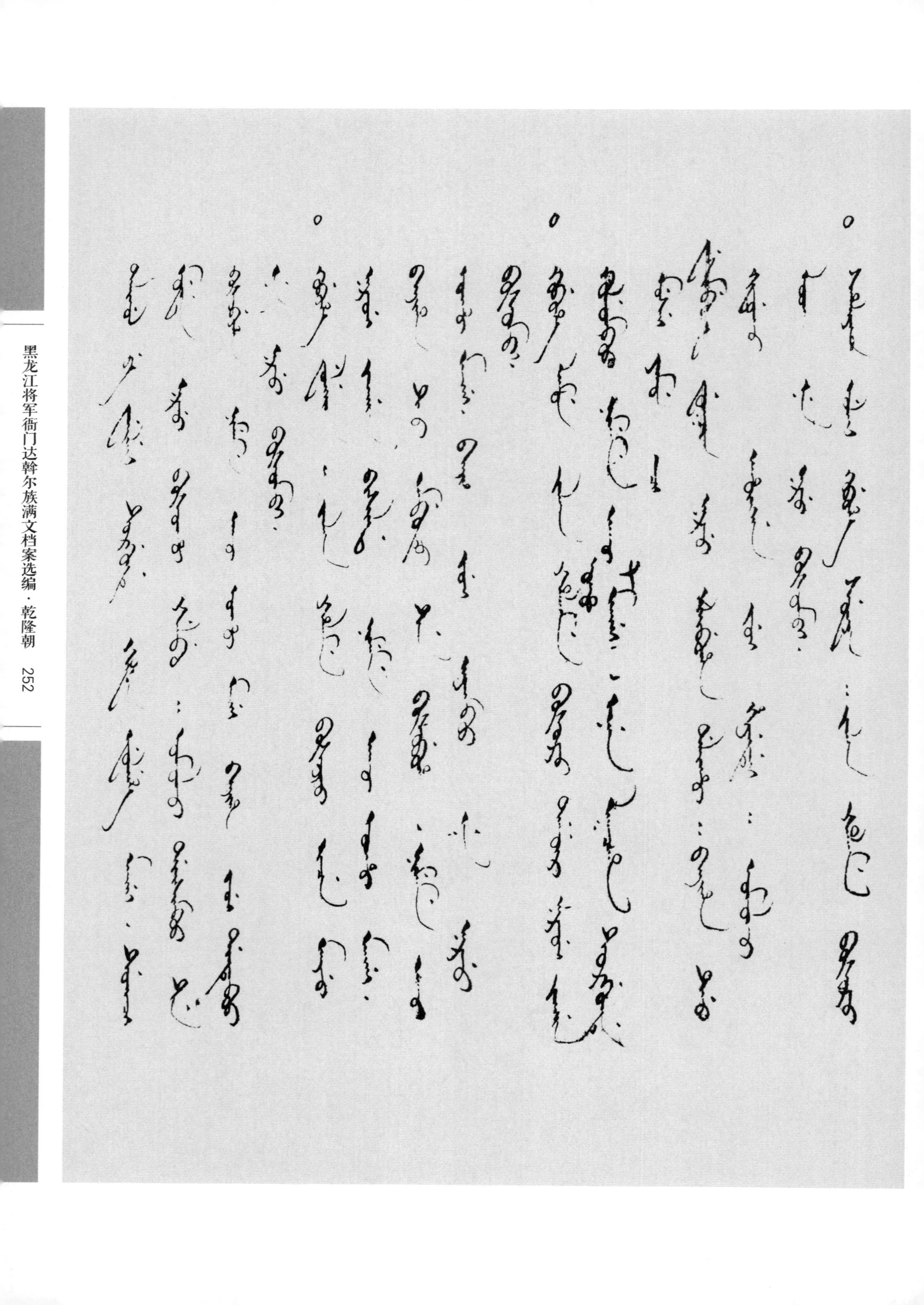

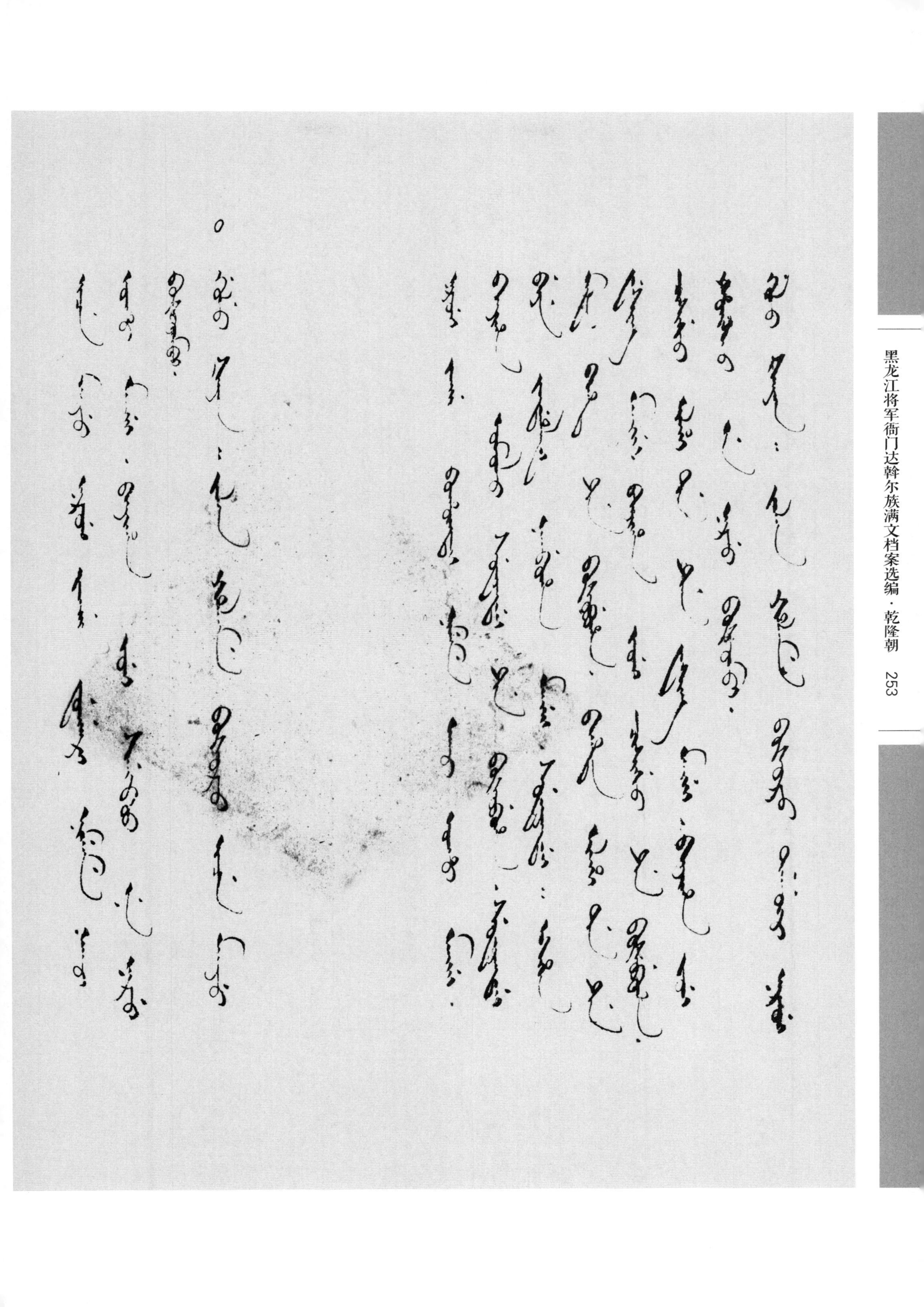

[illegible]

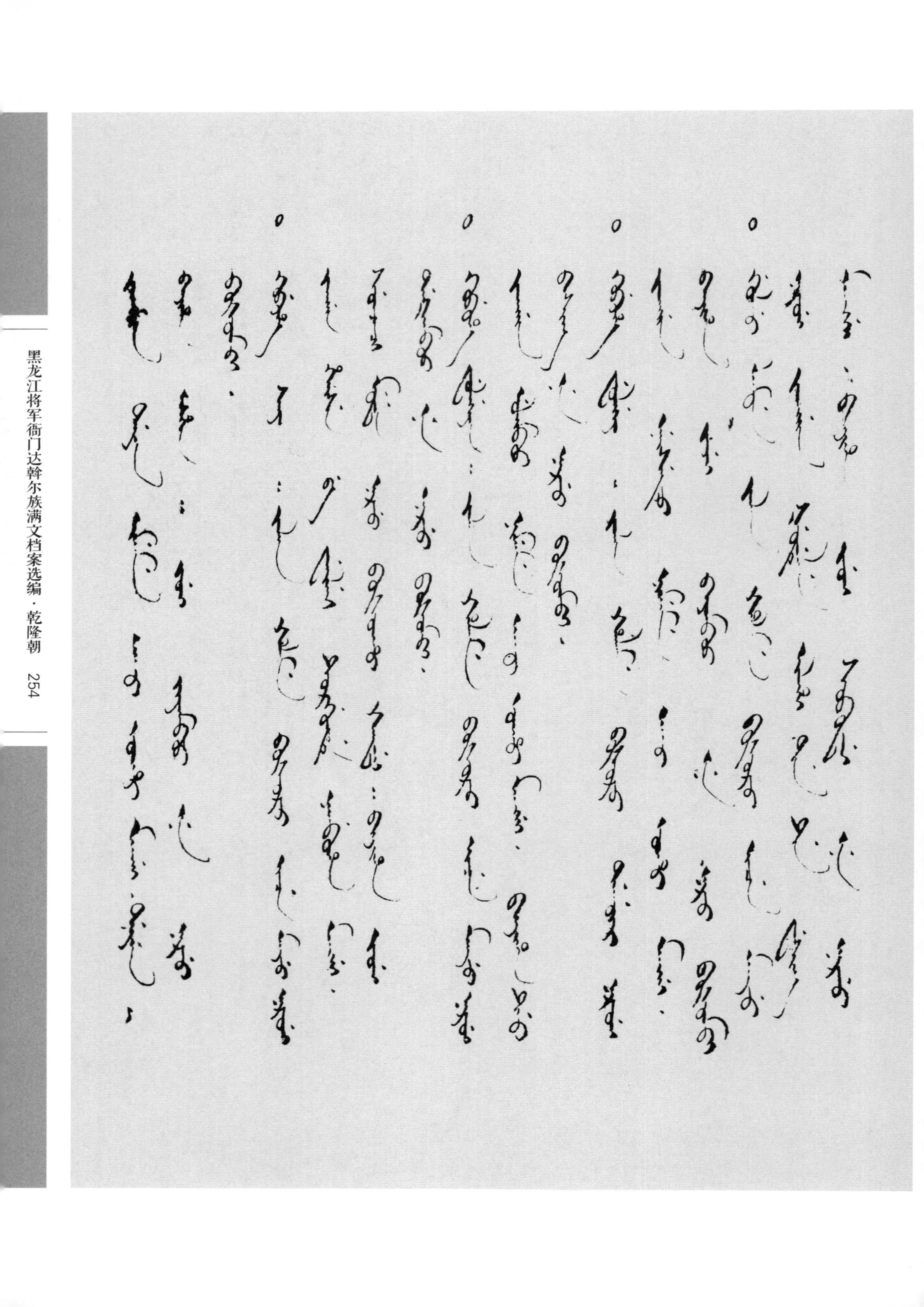

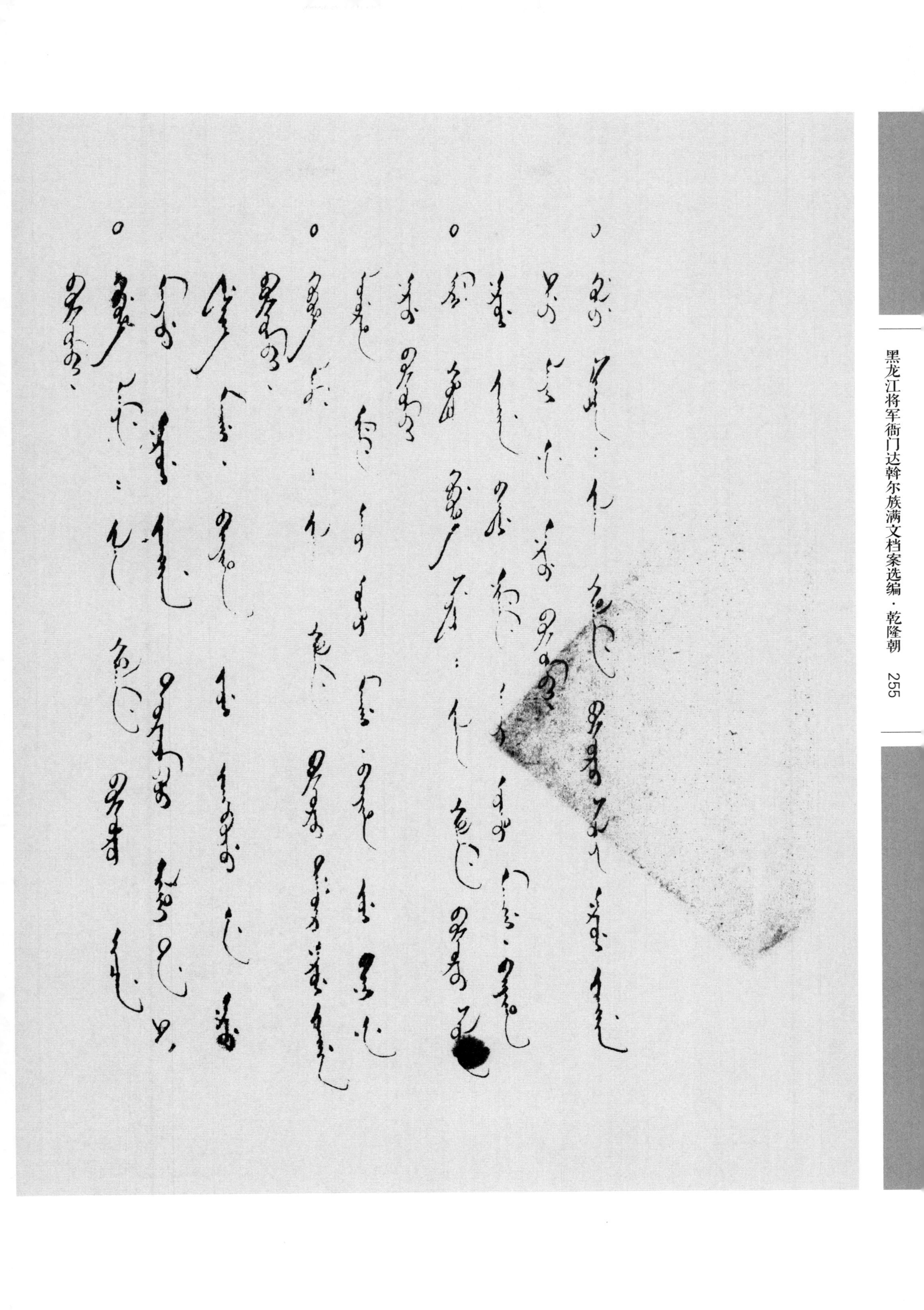

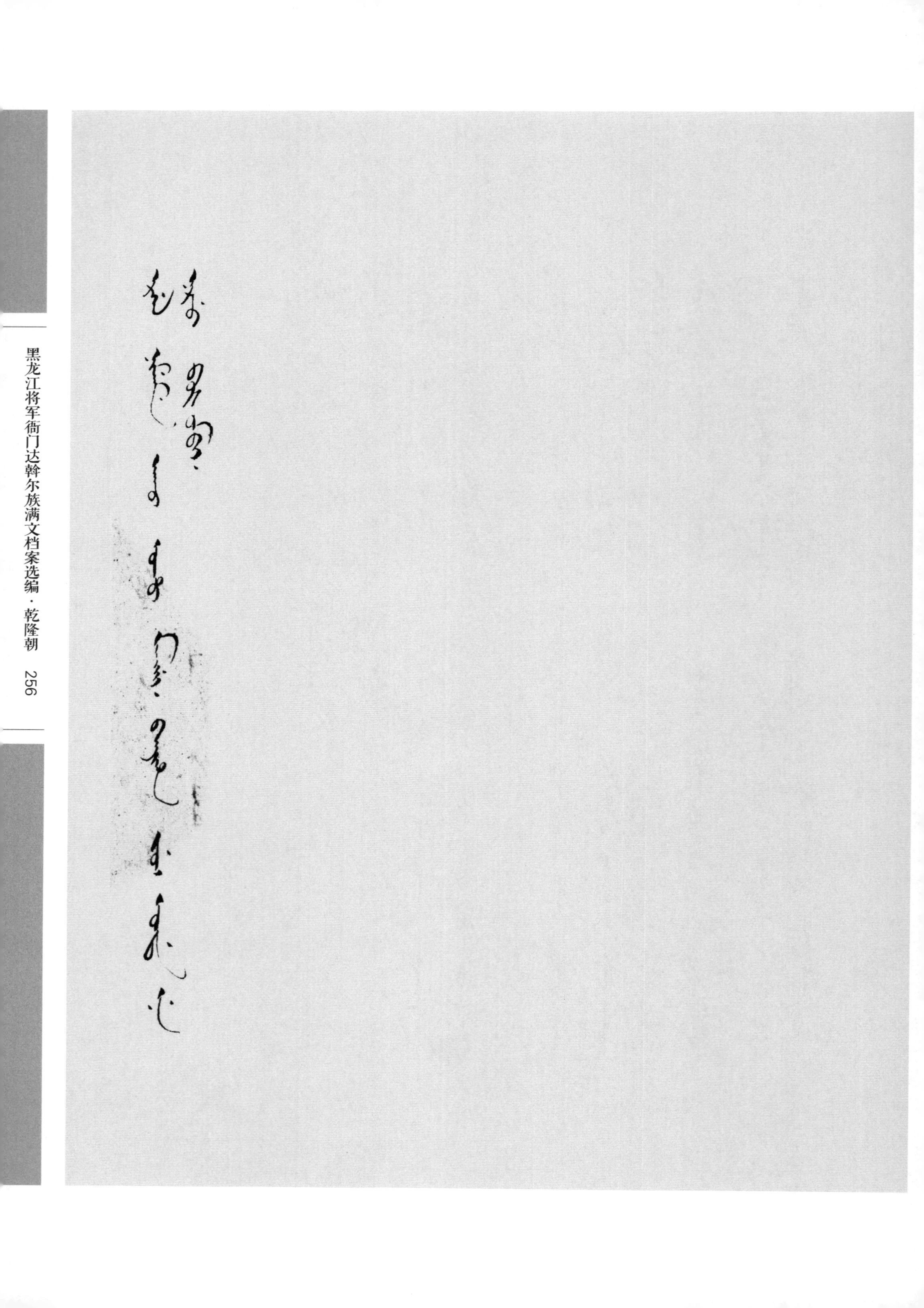

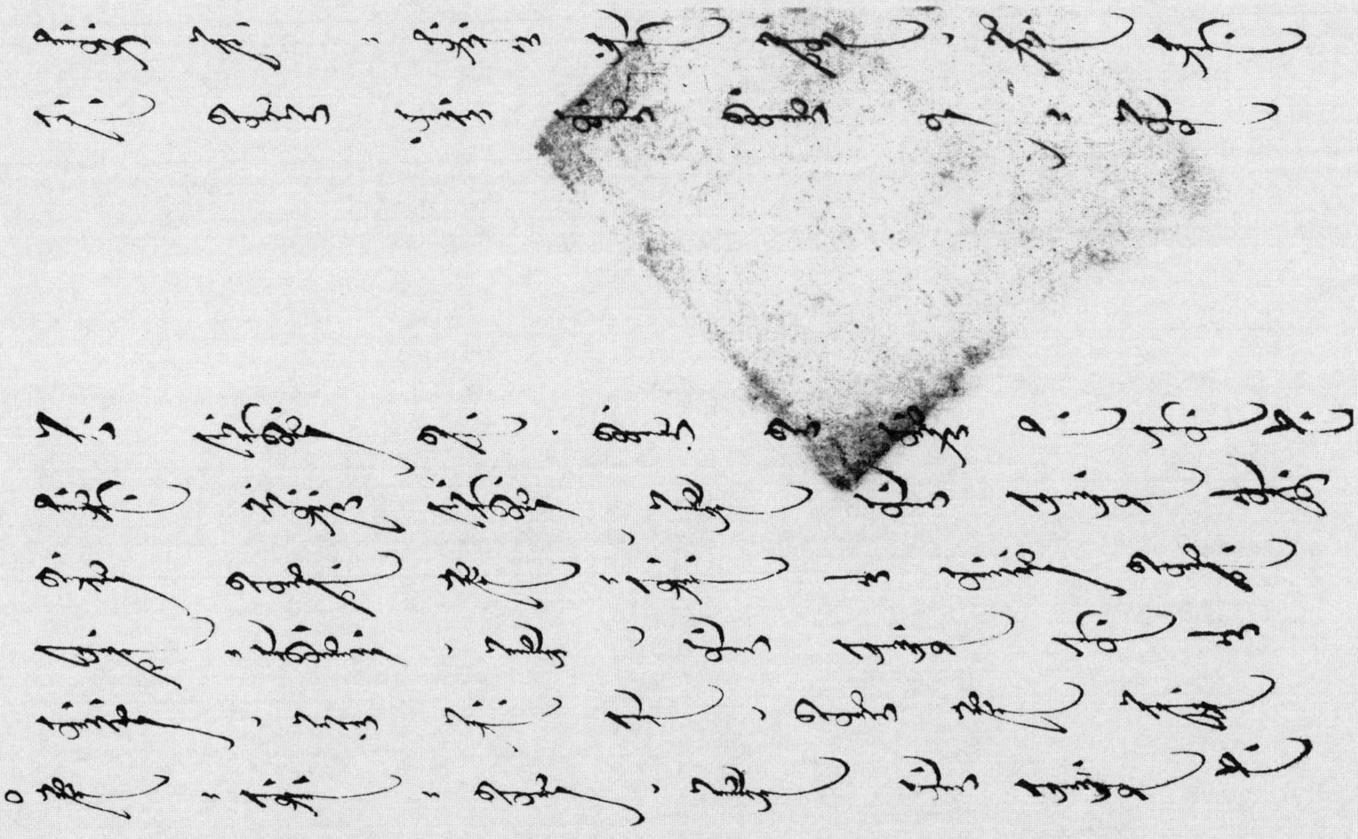

一一三一 吏部为准正黄旗达斡尔席尔博图佐领下披甲莫色穆保等补授布特哈无品级笔帖式事咨黑龙江将军文

乾隆二十六年十月

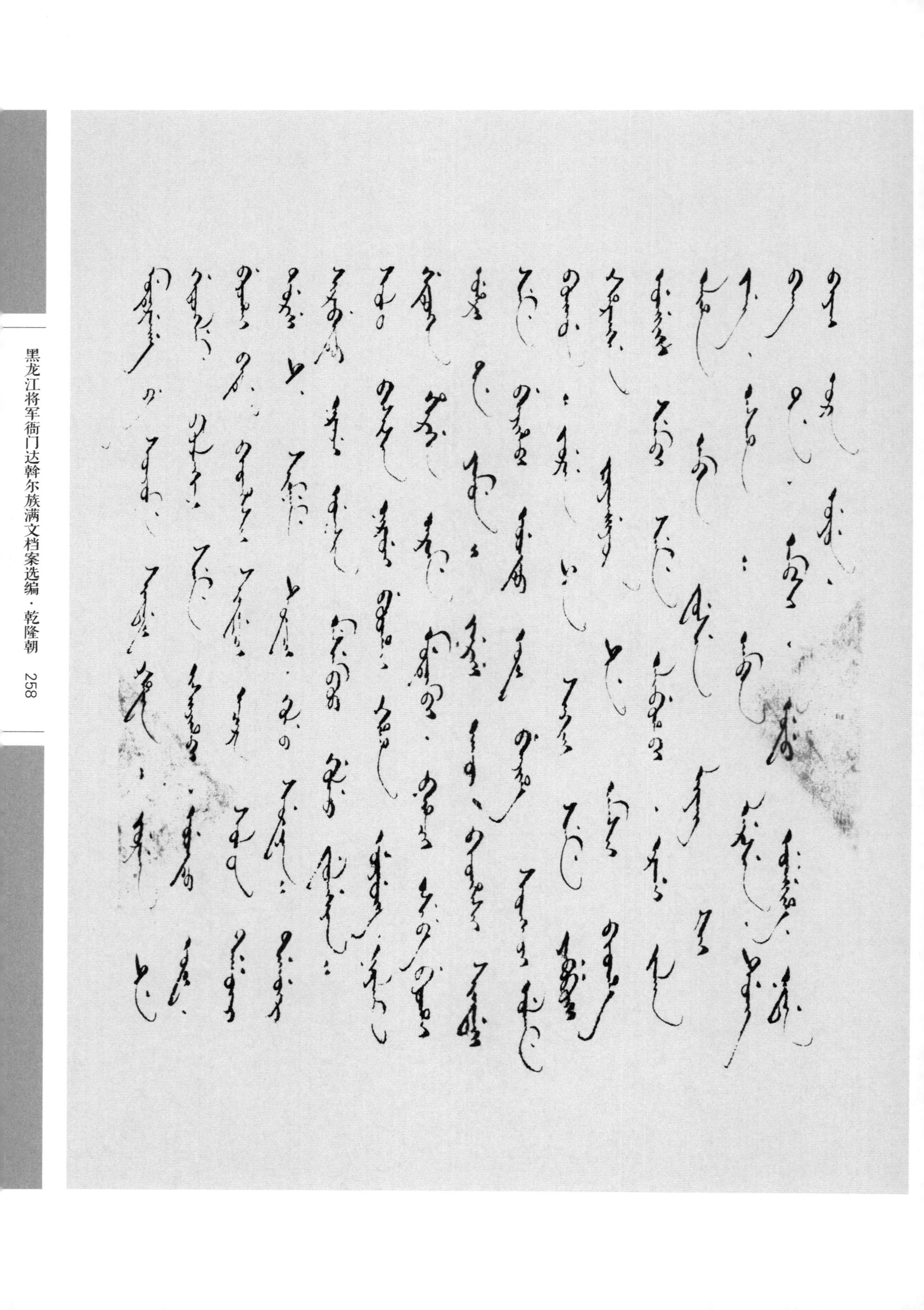

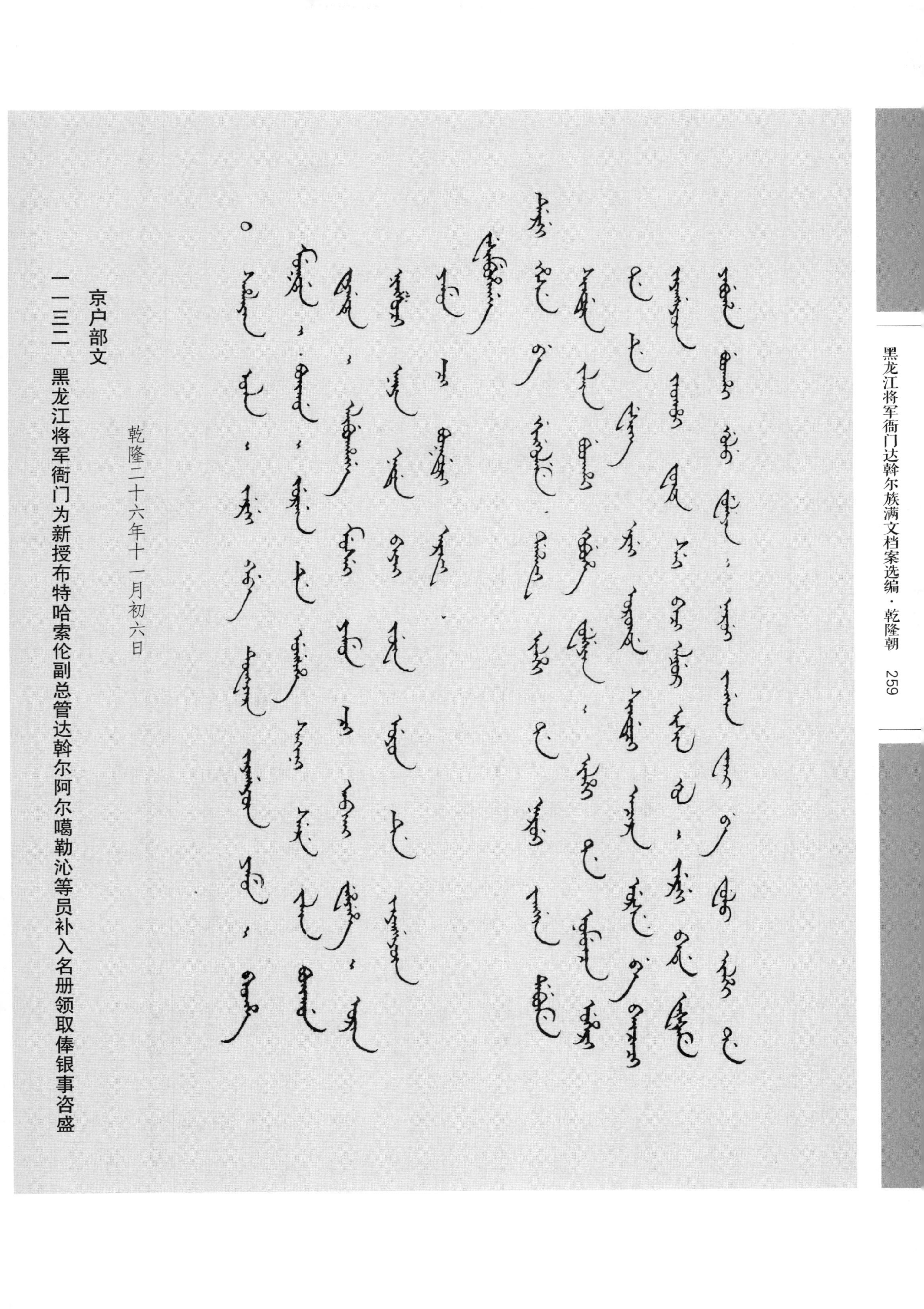

一一三二 黑龙江将军衙门为新授布特哈索伦副总管达斡尔阿尔噶勒沁等员补入名册领取俸银事咨盛京户部文

乾隆二十六年十一月初六日

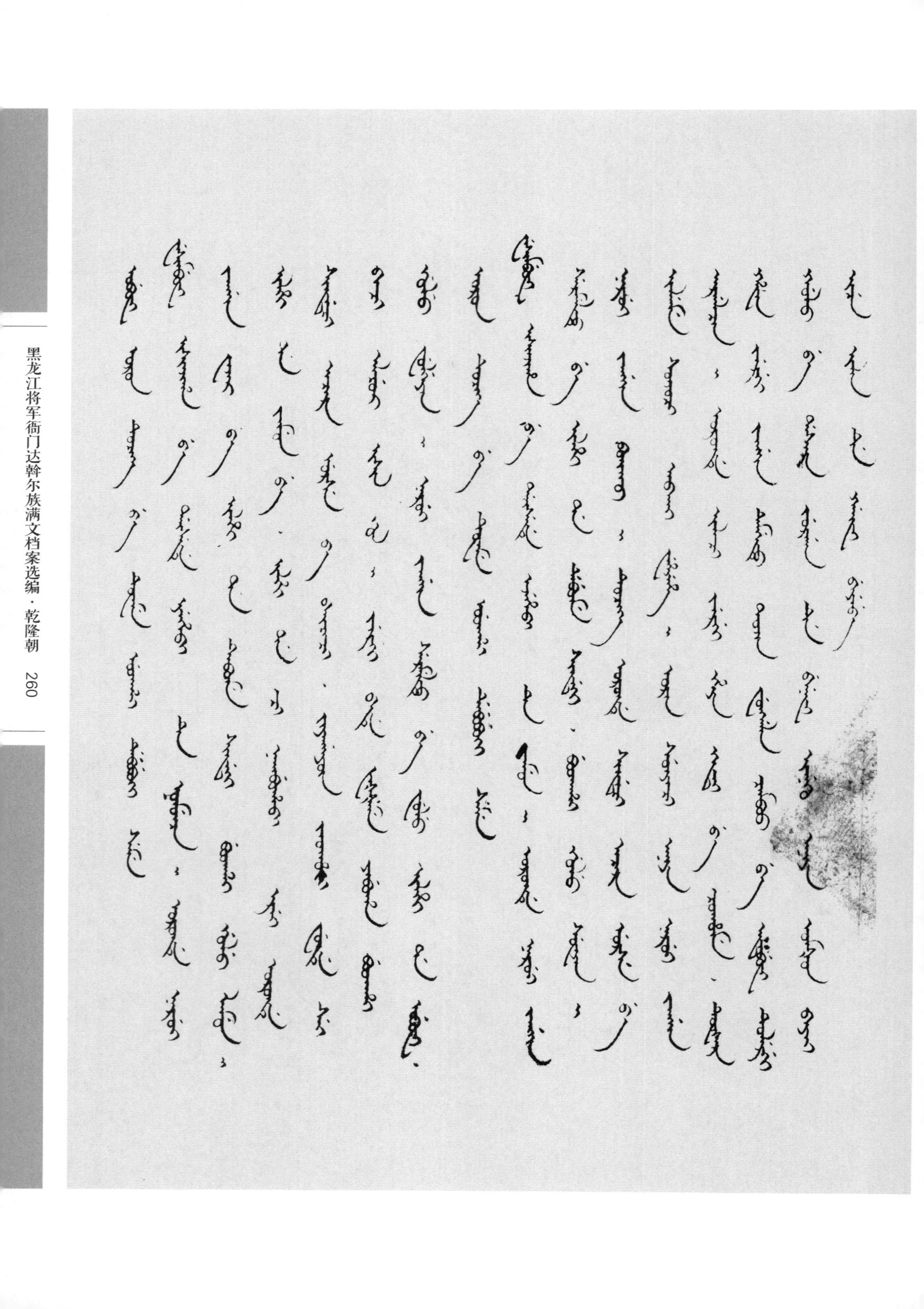

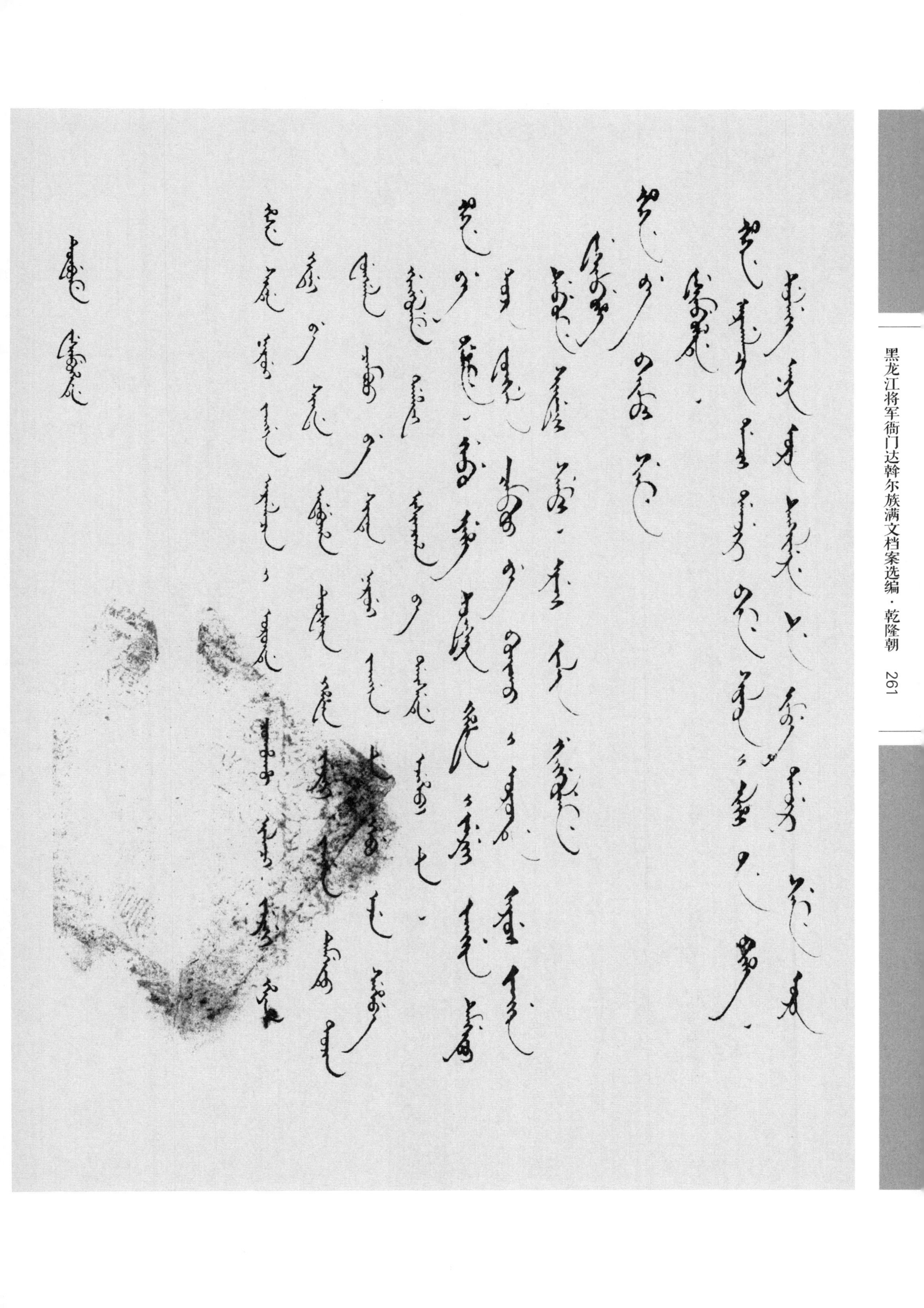

[illegible]

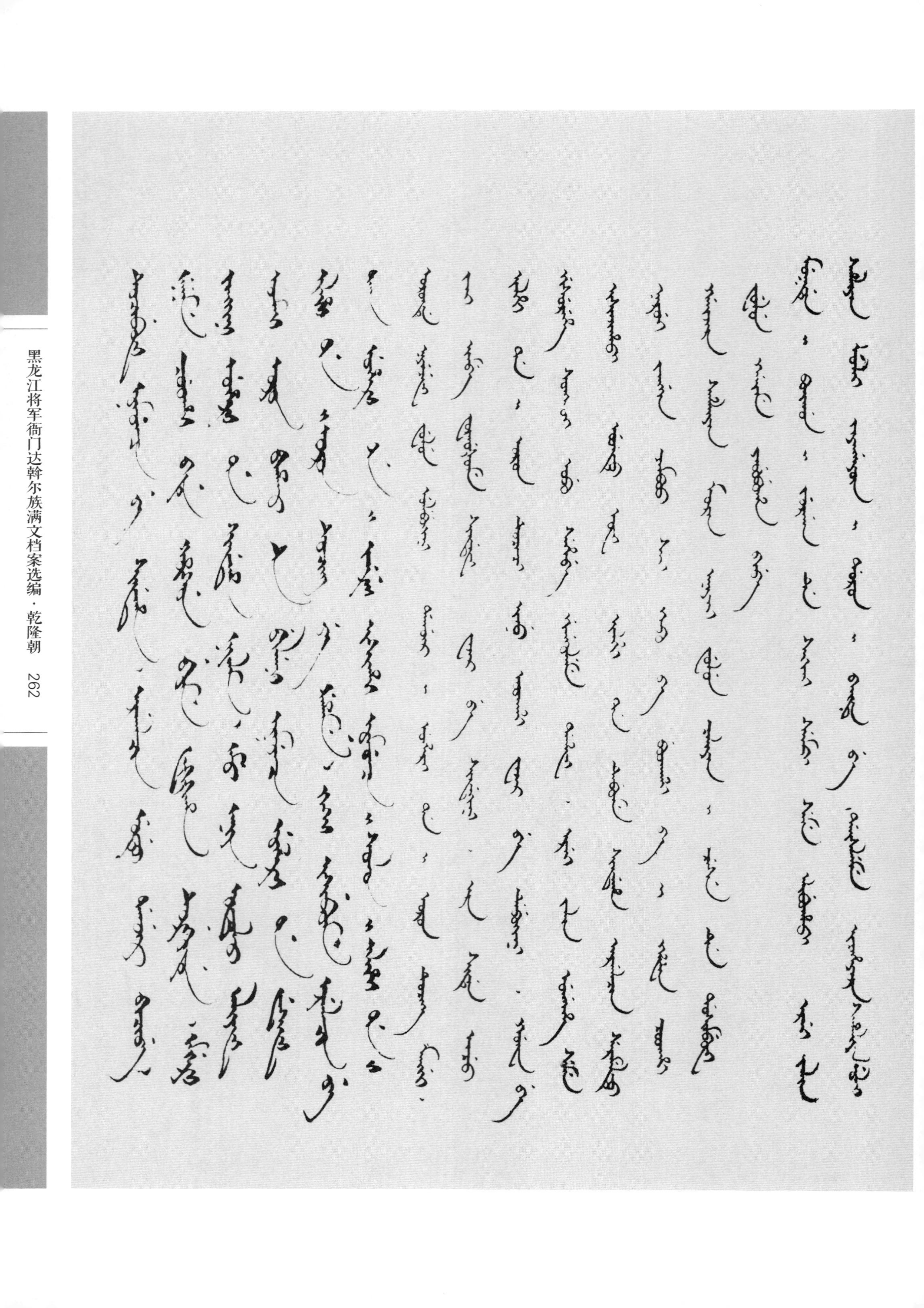

ᡥᡝᠰᡝ ᠄ ᠰᠠᡥᠠ ᠰᡝᡥᡝ ᠪᡳᡥᡝ ᡤᡳᠰᡠᠨ ᠪᡳ ᡥᡝᠰᡝ ᠄ ᠰᠠᡥᠠ ᠪᡳᡥᡝ

ᠪᠣᡧᠣᡴᡡ ᡠᡴᠰᡳᠨ ᠨᡳ ᠪᡳᠶᠠ ᡤᡡᠰᠠ ᡠᡴᠰᡳᠨ ᡤᡝᡵᡝᠨ ᠪᠣᡤᠣᠨ ᡳᠨᡝᠩᡤᡳ ᠸᡝᠰᡳᠮᠪᡠᡥᡝ

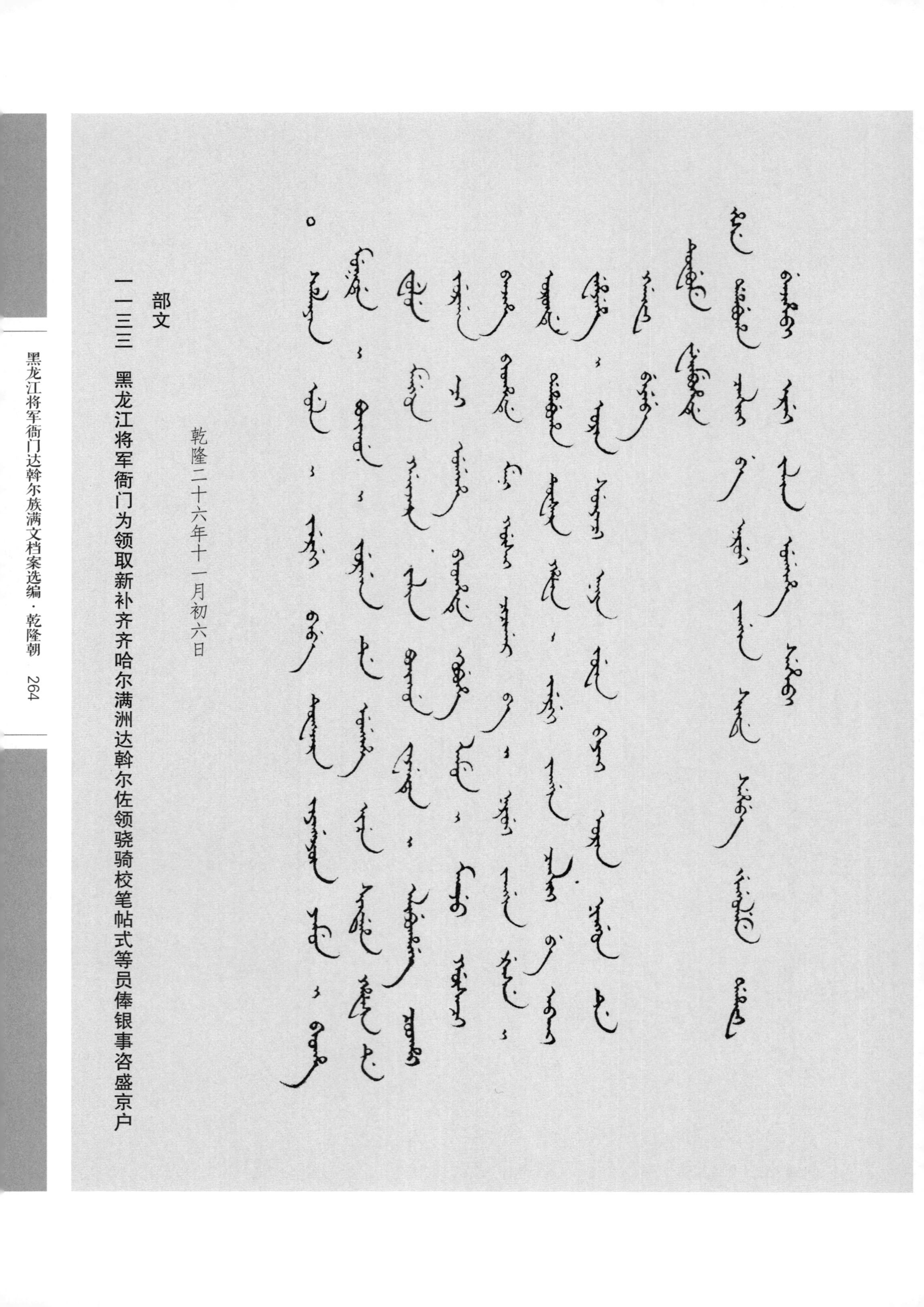

一一三三　黑龙江将军衙门为领取新补齐齐哈尔满洲达斡尔佐领骁骑校笔帖式等员俸银事咨盛京户部文

乾隆二十六年十一月初六日

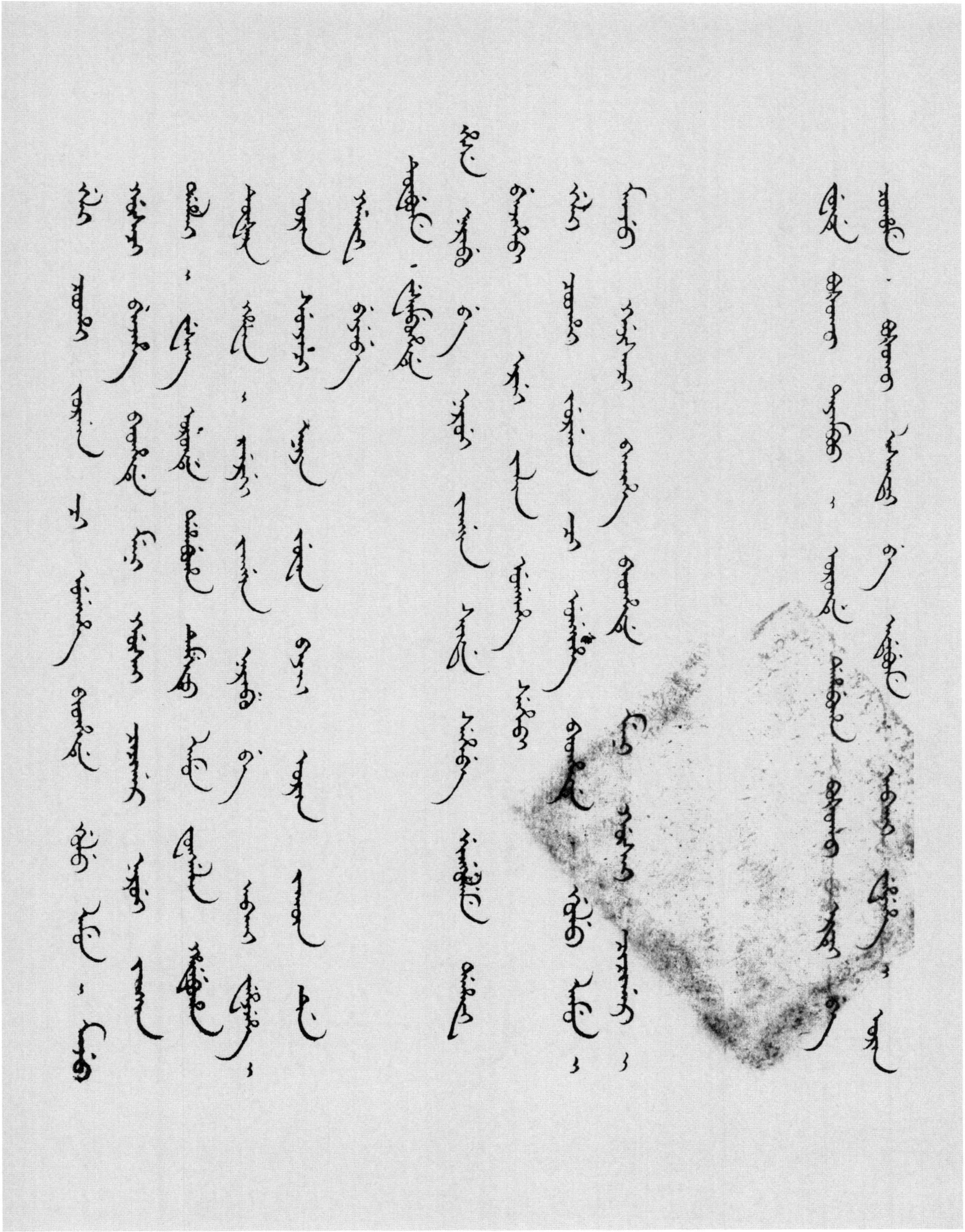

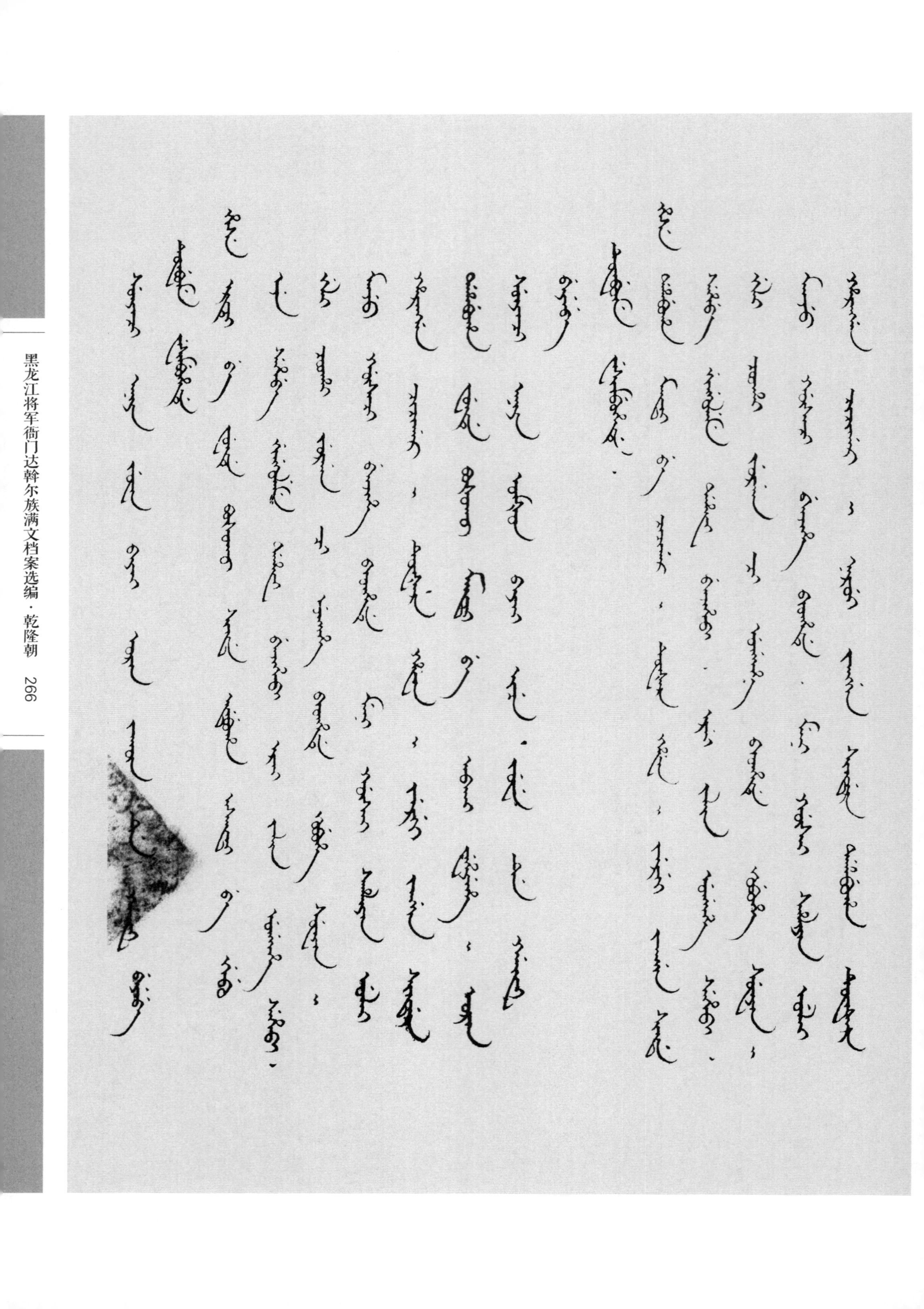

[illegible]
[illegible]
[illegible]
[illegible]
[illegible]
[illegible]
[illegible]
[illegible]
[illegible]
[illegible]
[illegible]
[illegible]
[illegible]
[illegible]

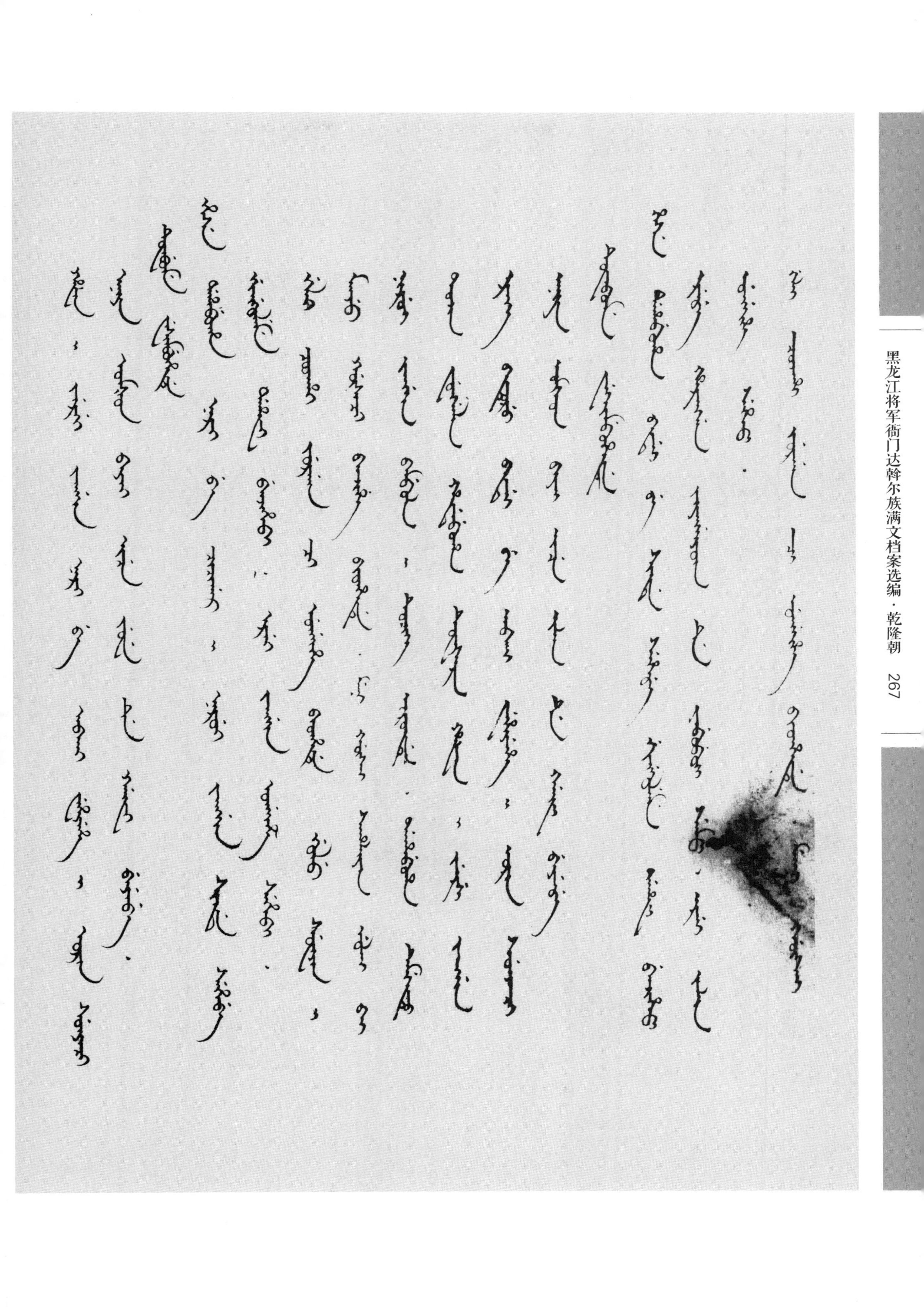

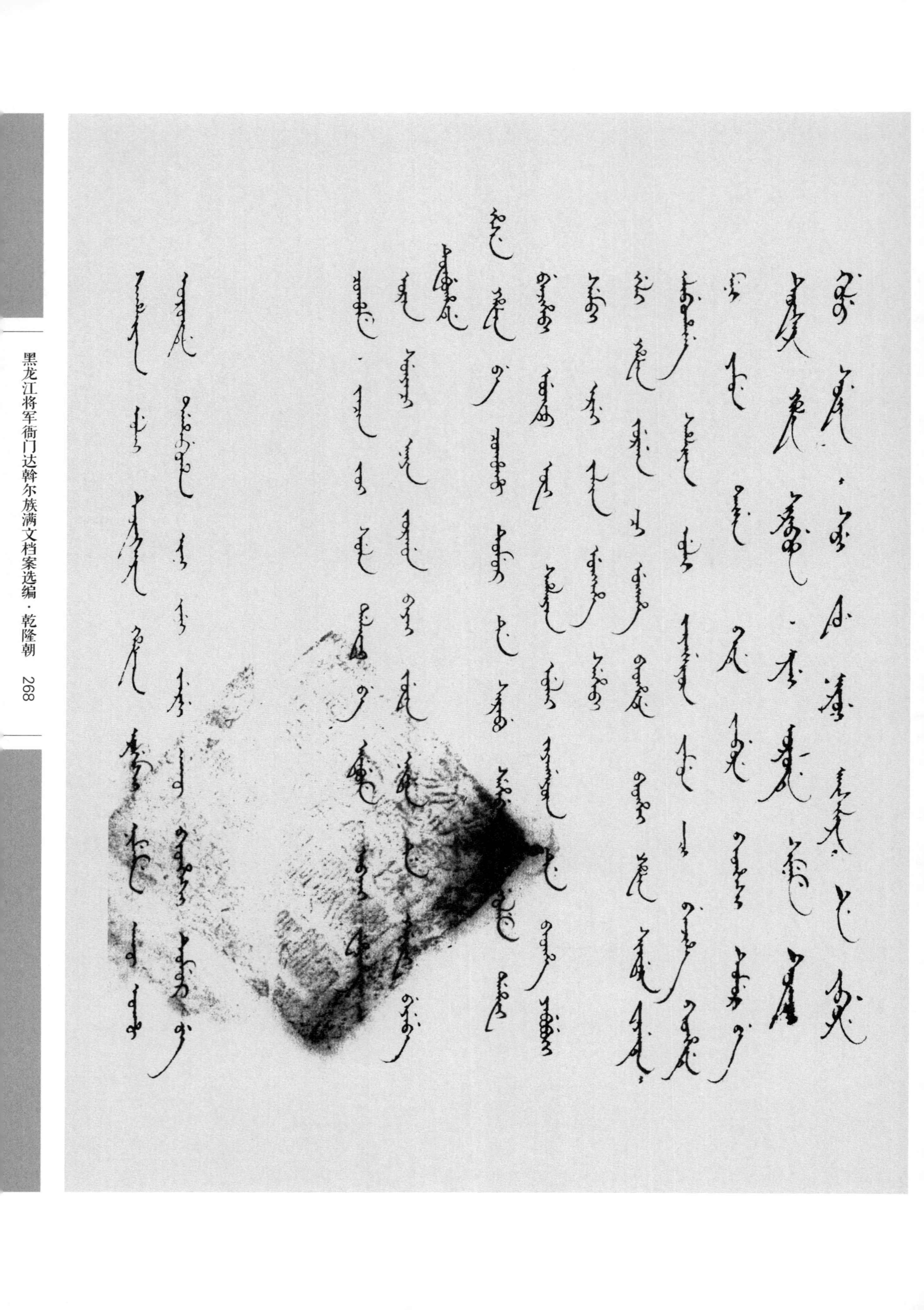

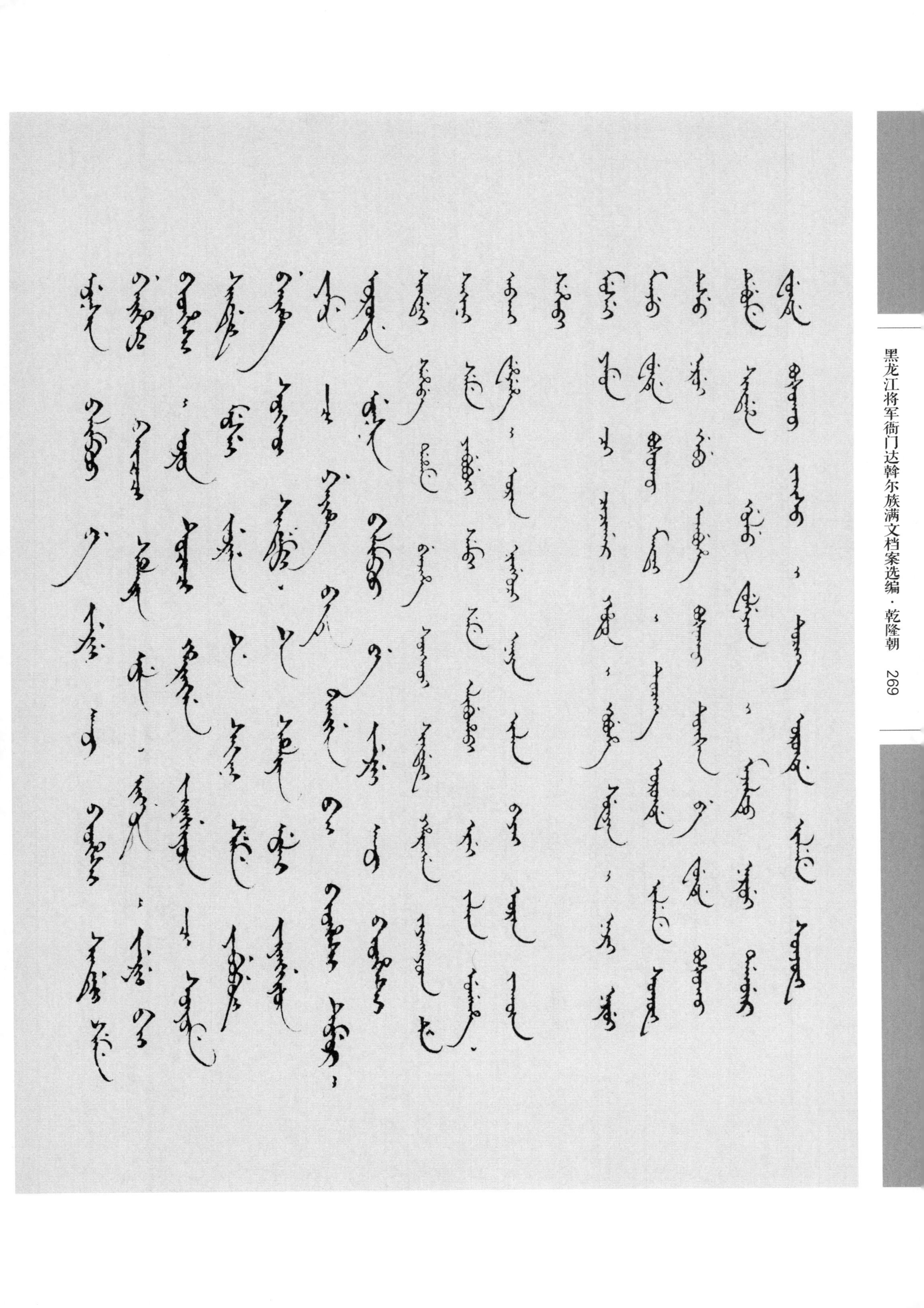

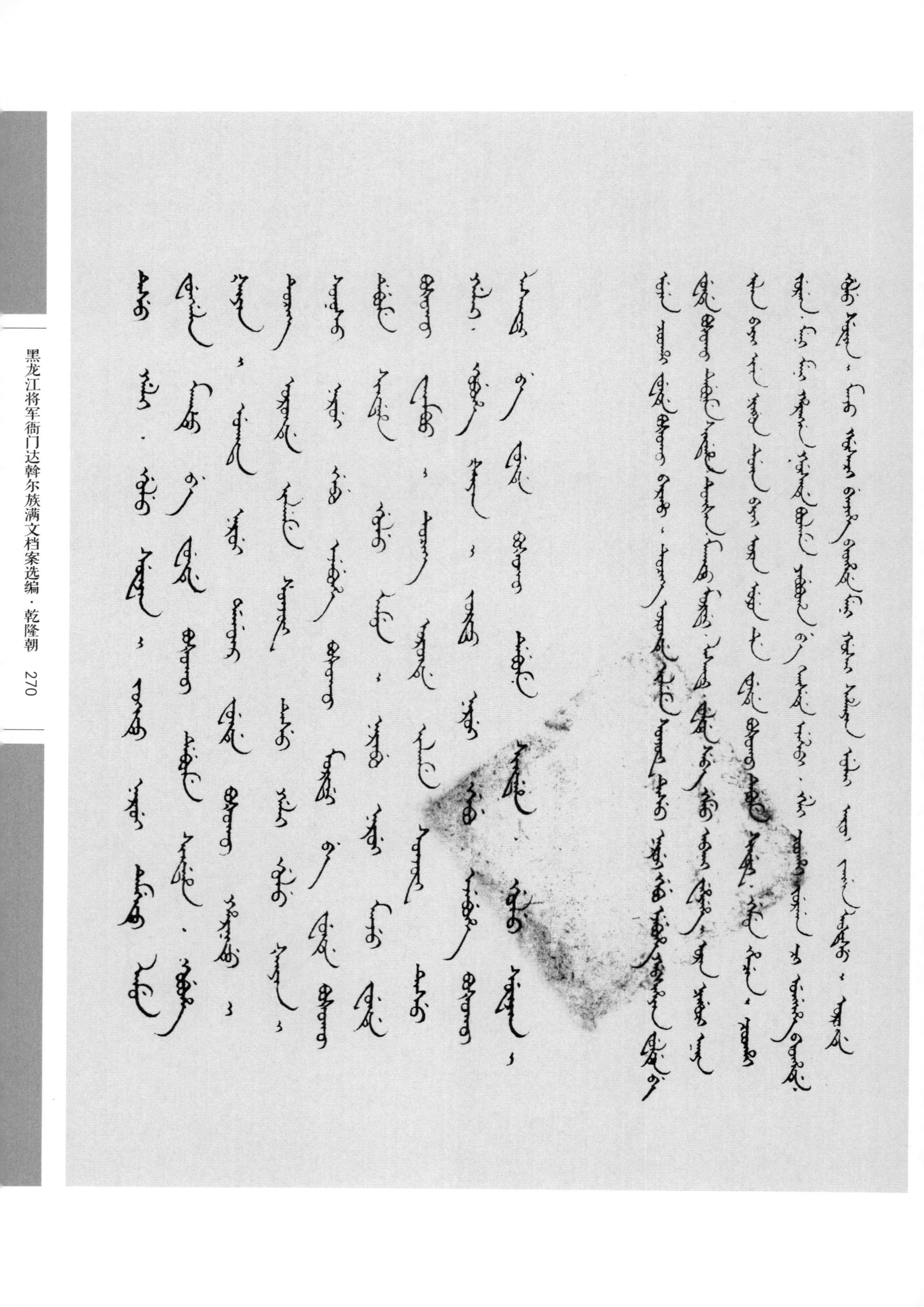

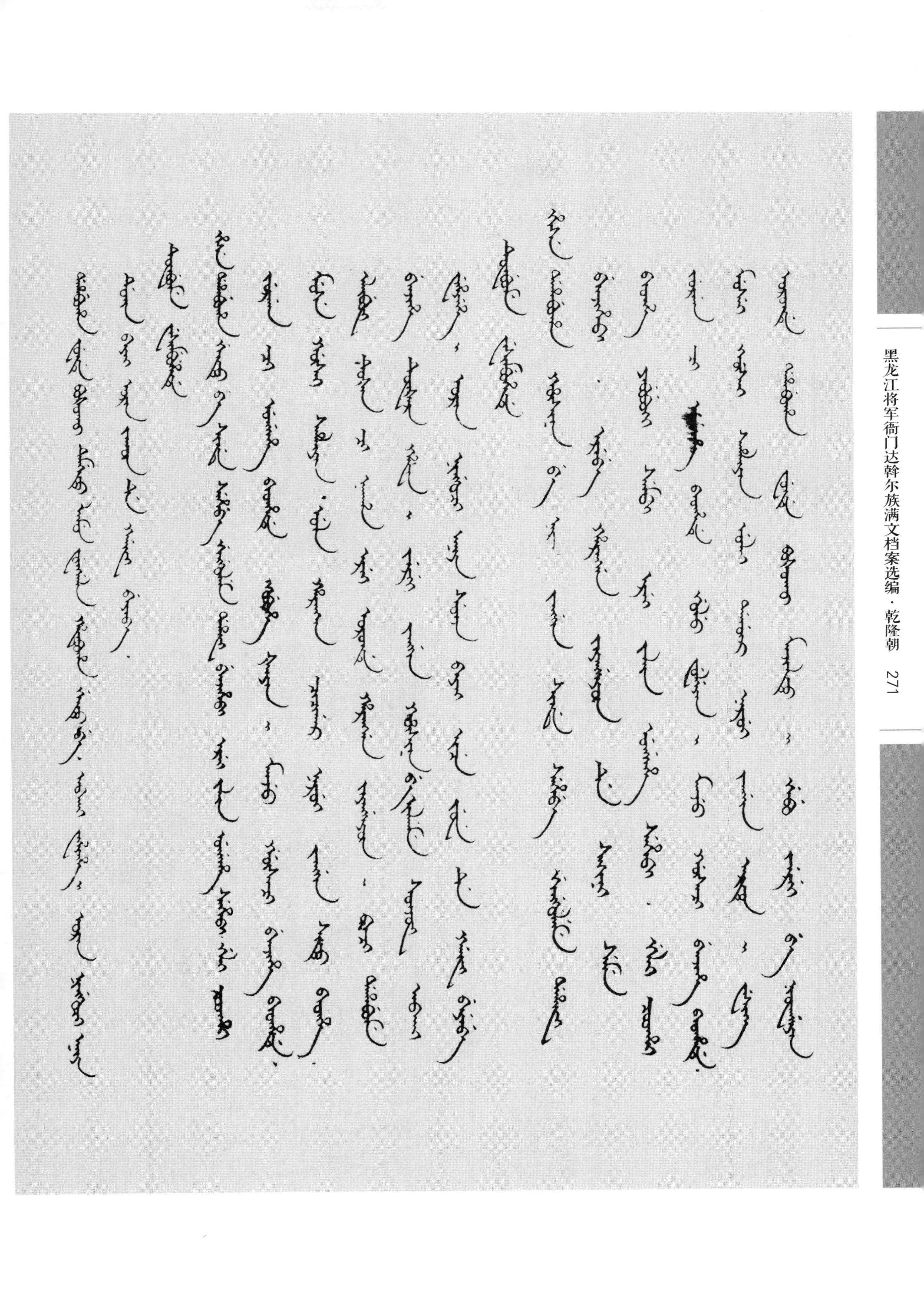

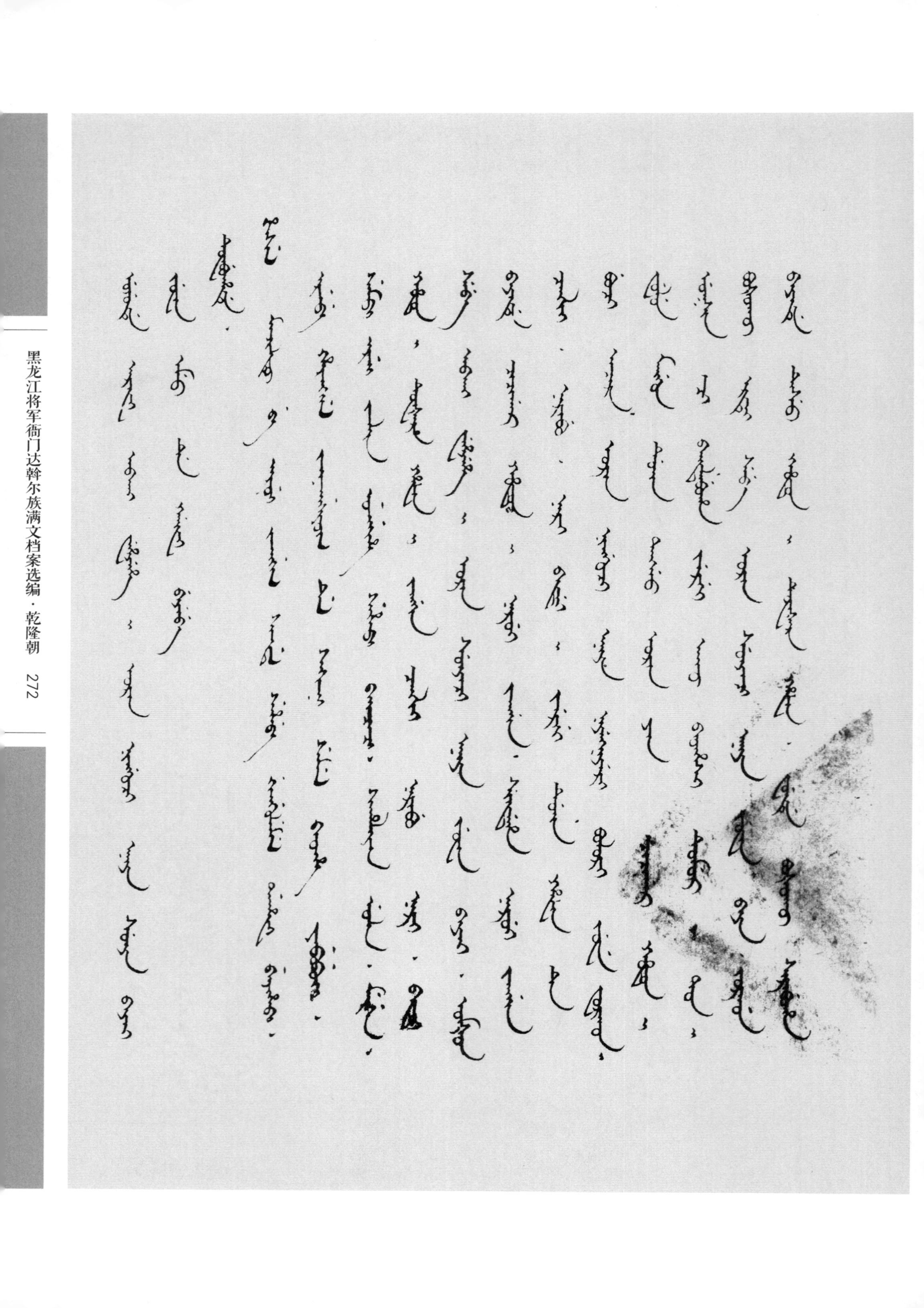

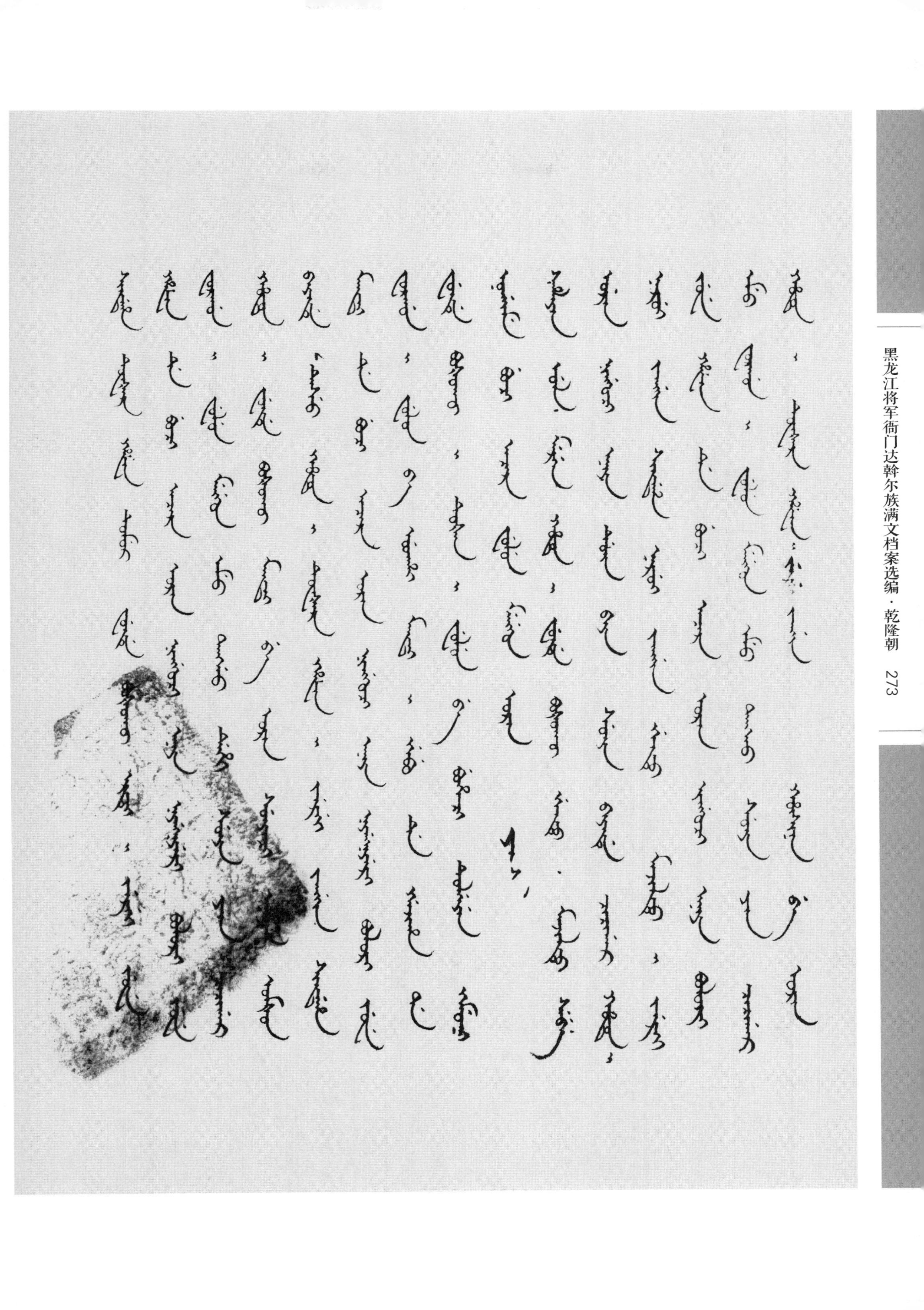

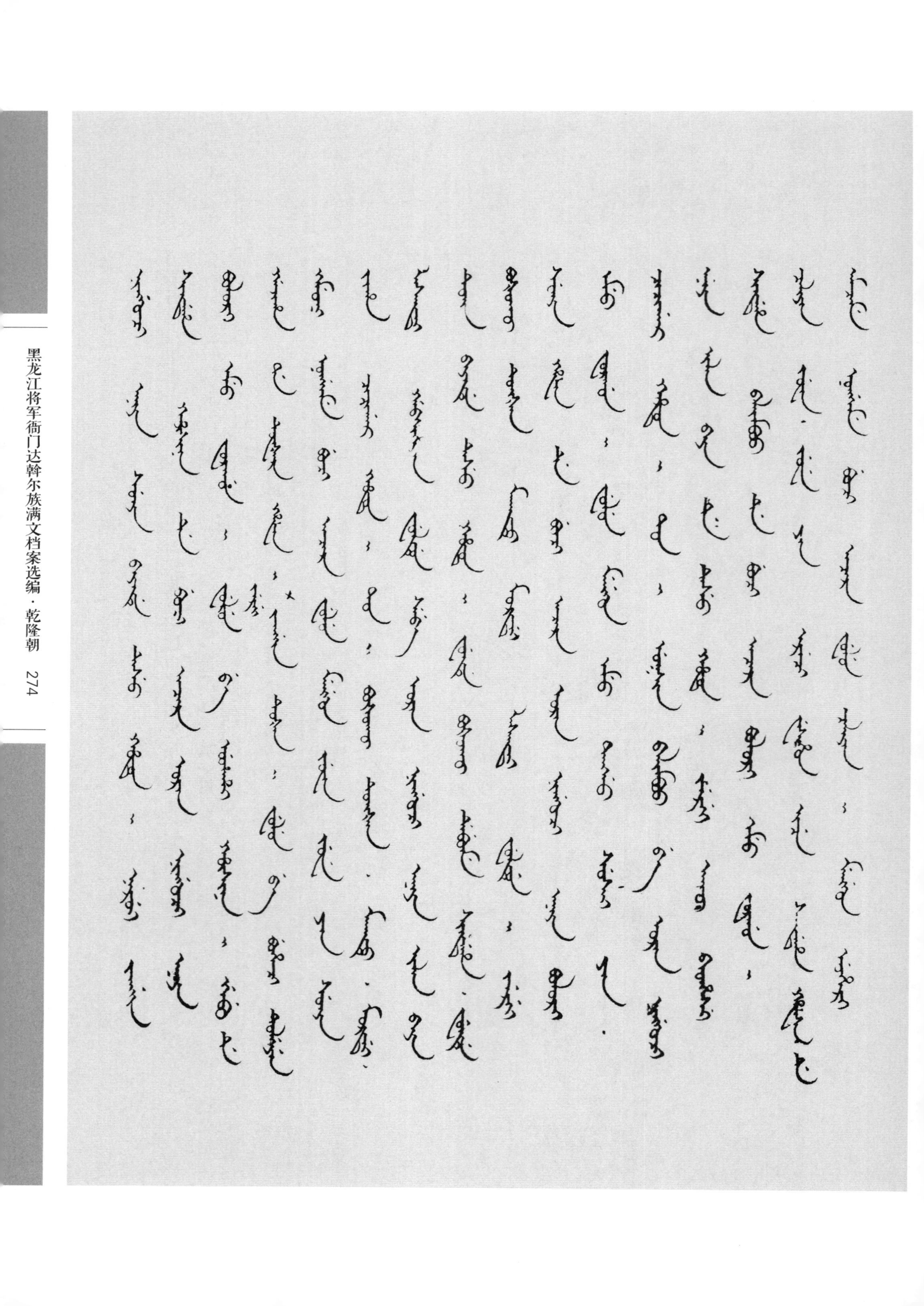

[illegible]

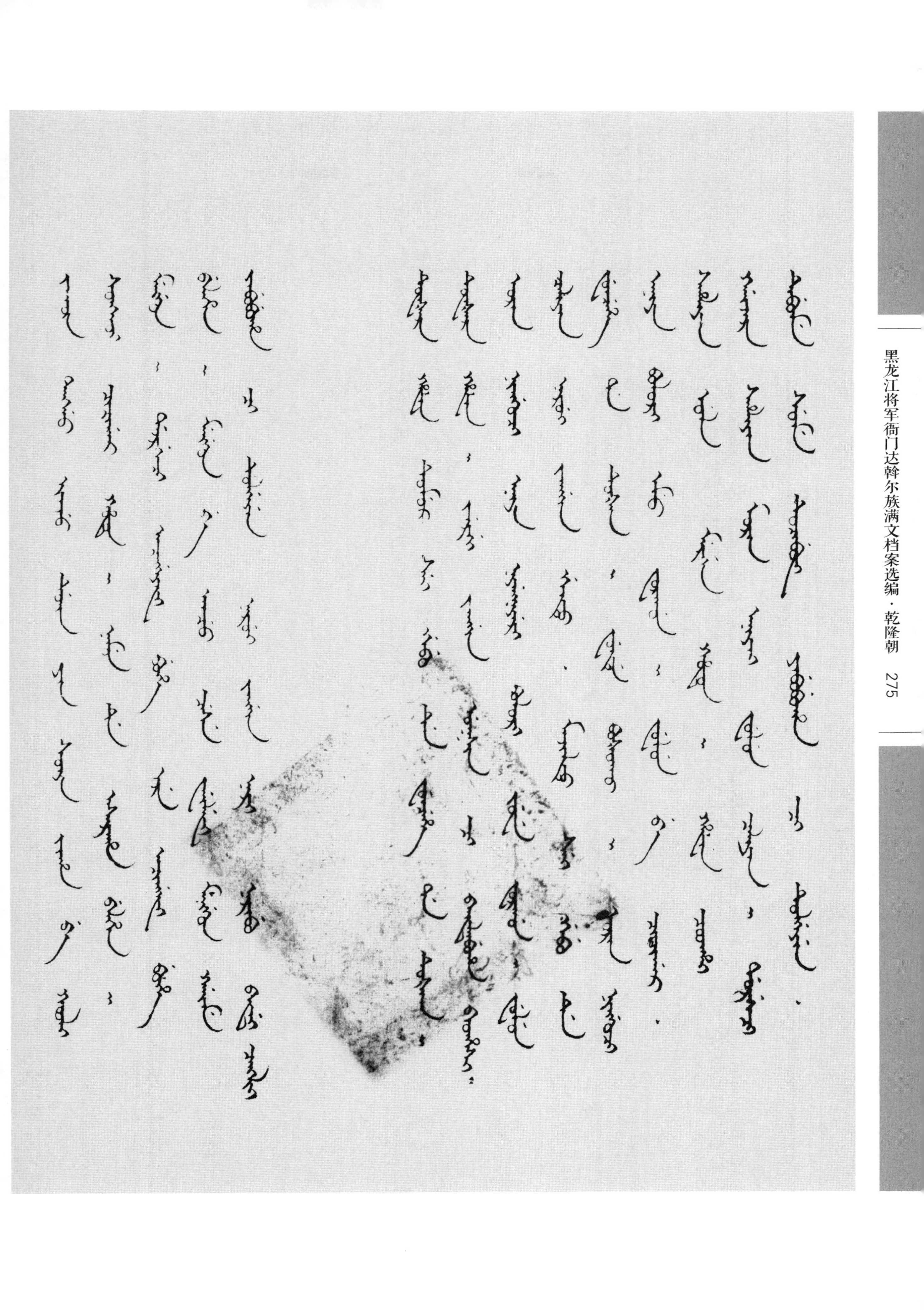

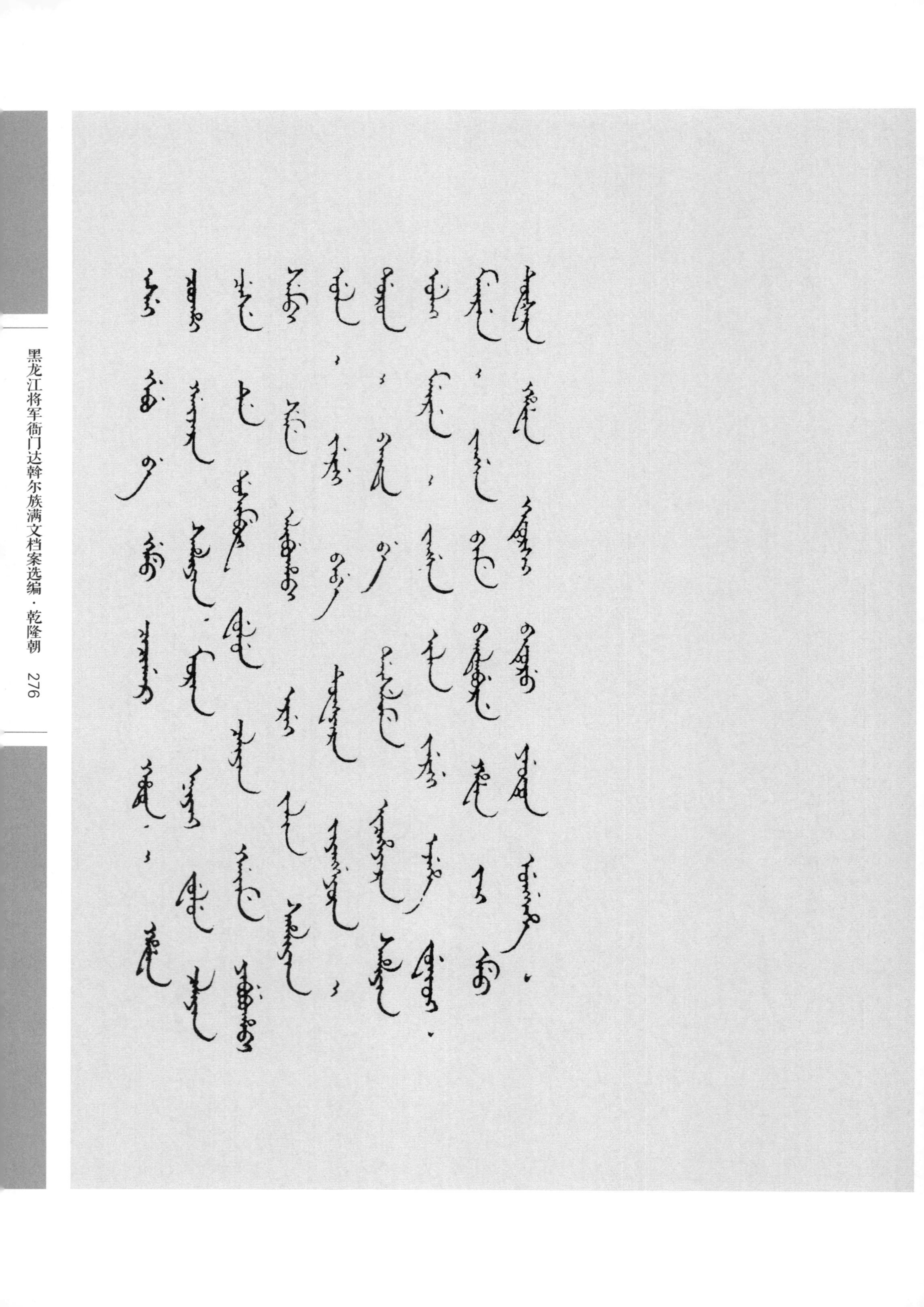

一一三四 黑龙江将军衙门为领取新补墨尔根等城满洲达斡尔防御骁骑校等员俸银事咨盛京户部文

乾隆二十六年十一月初六日

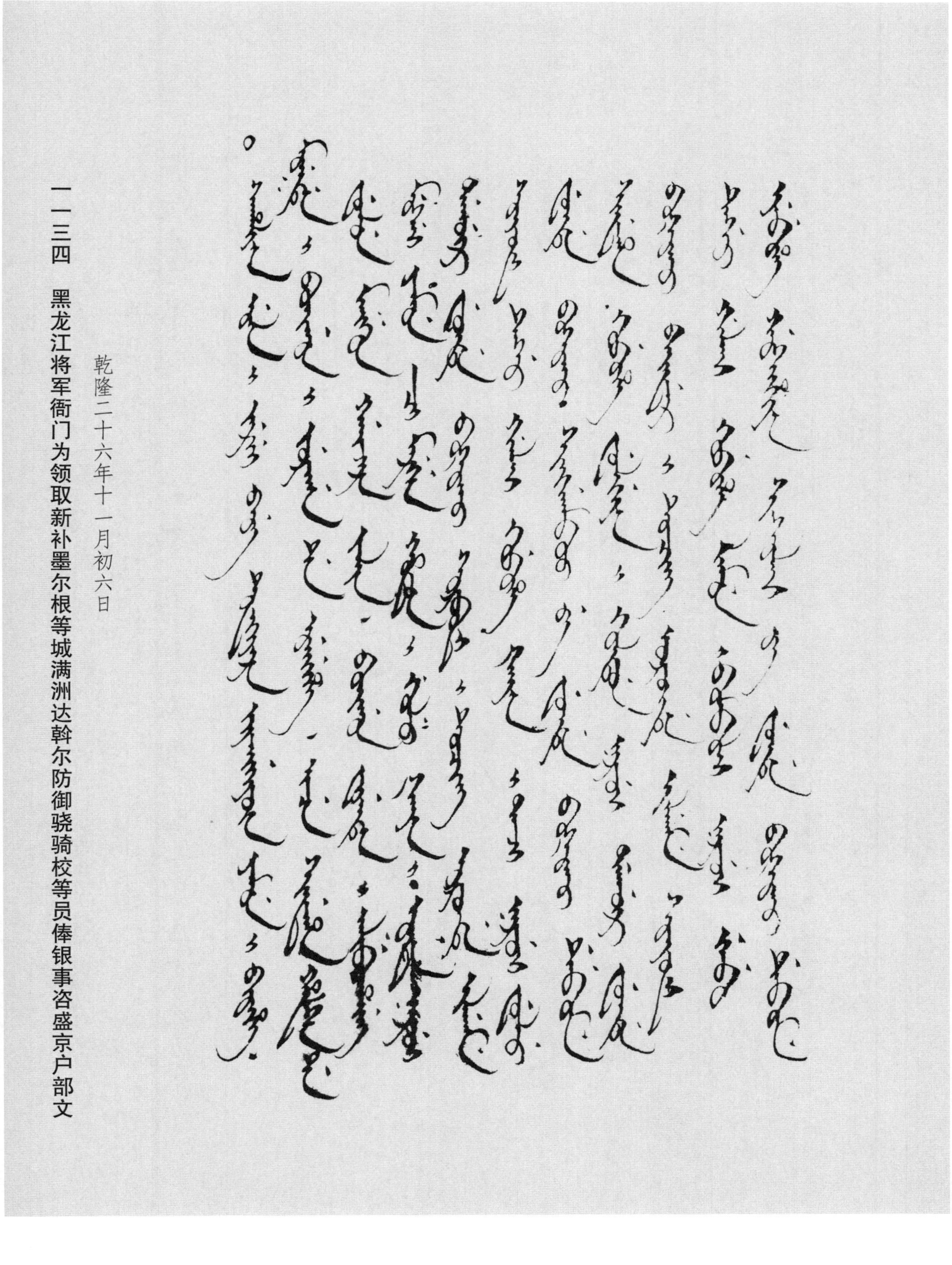

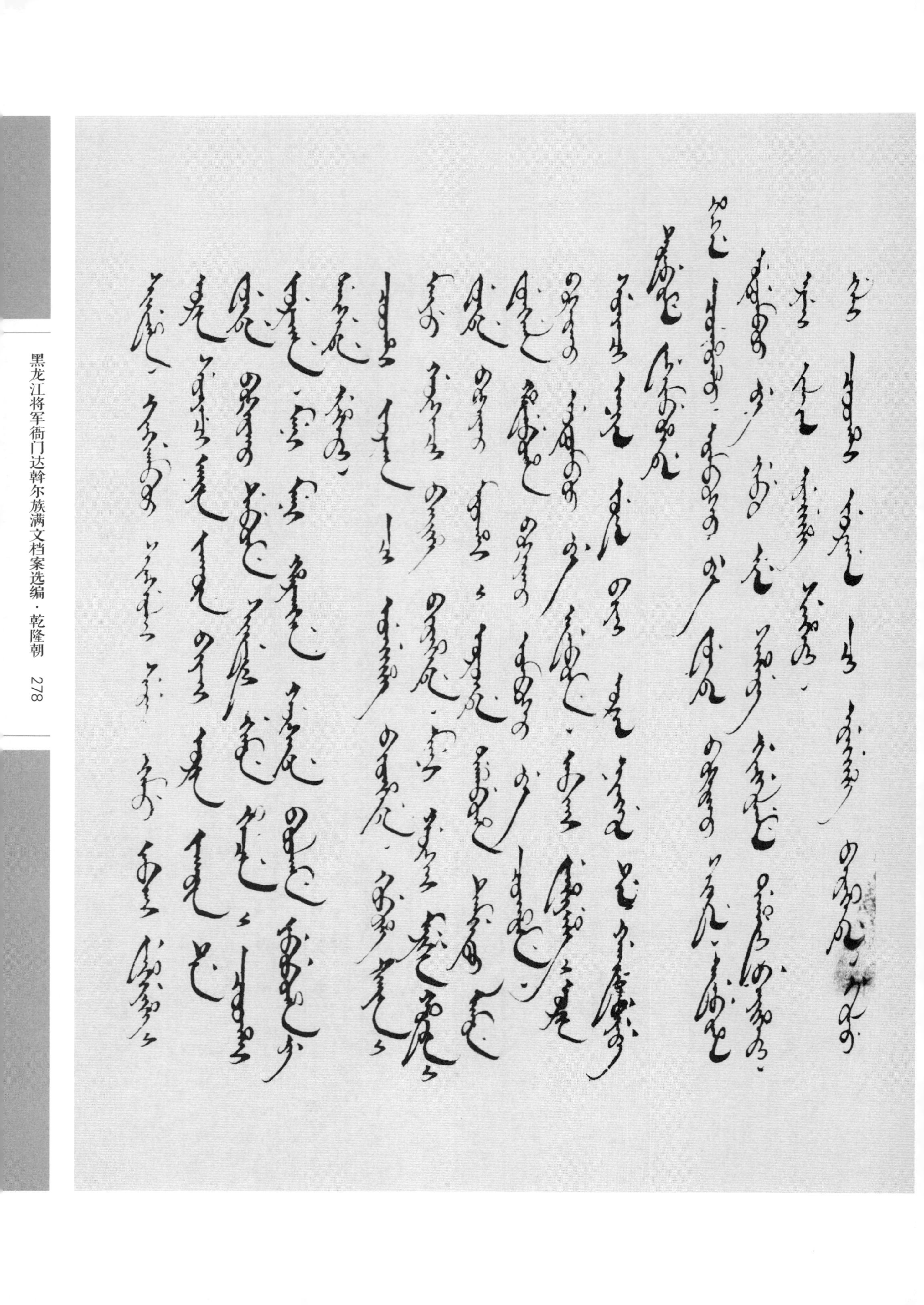

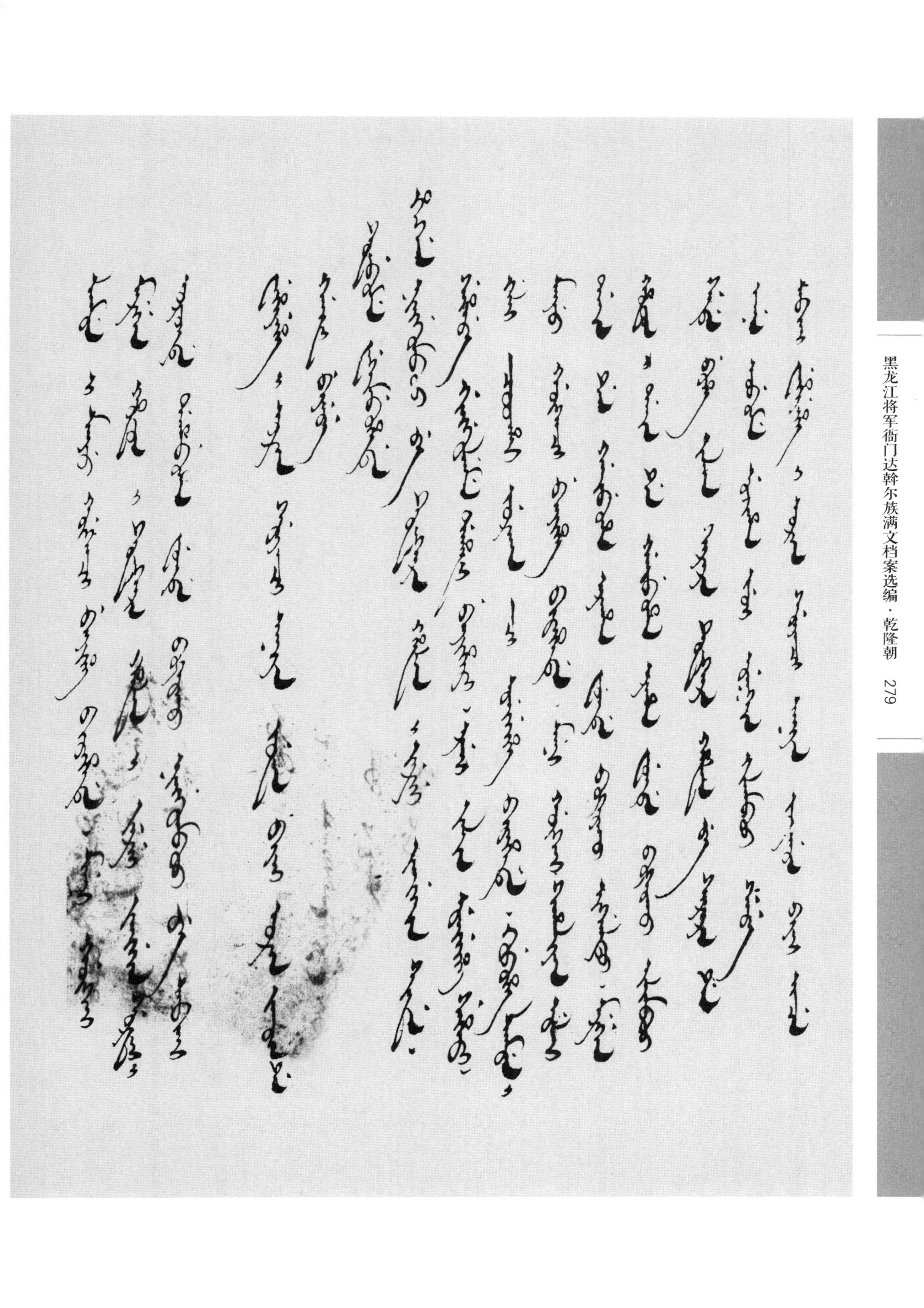

[illegible]

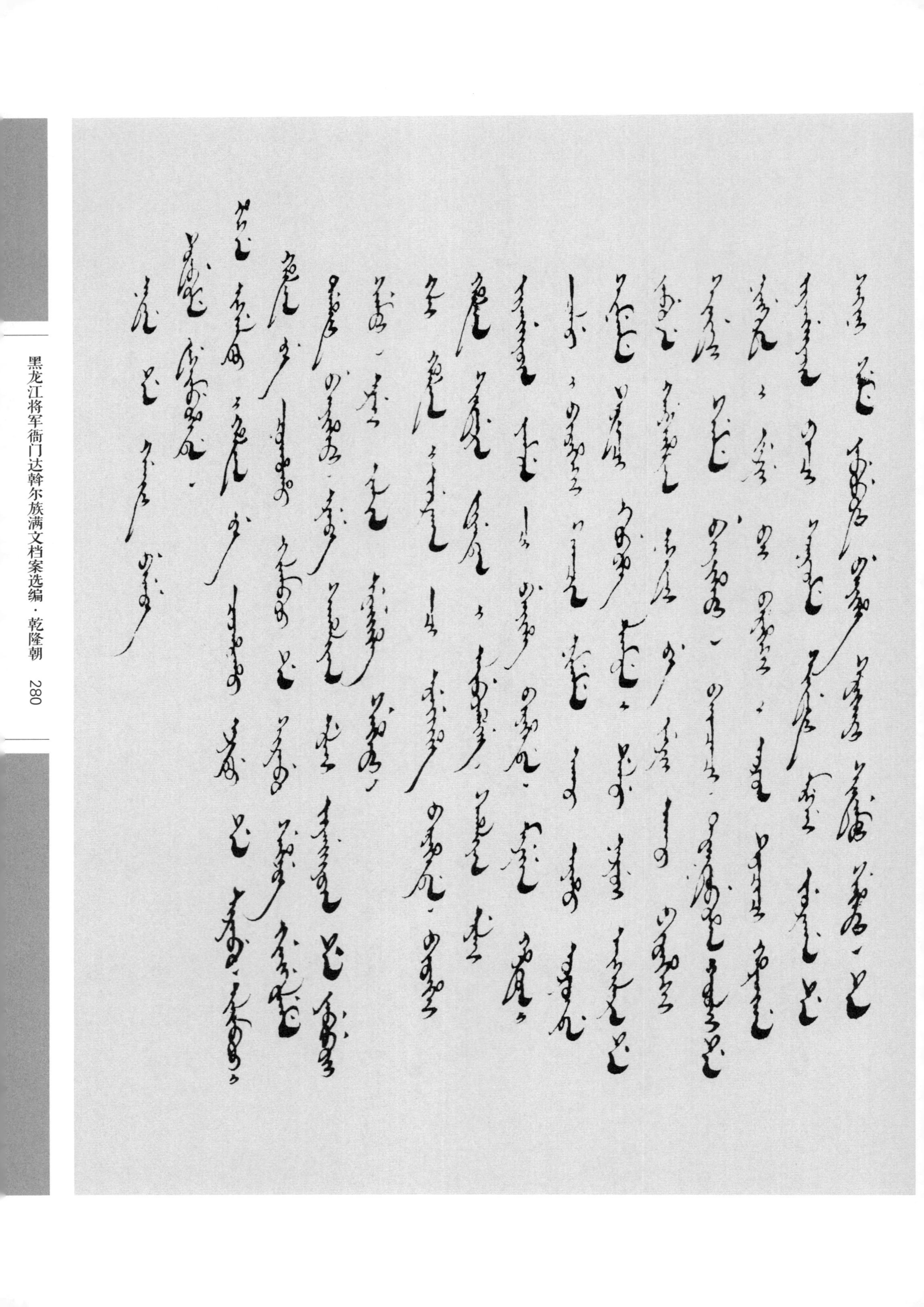

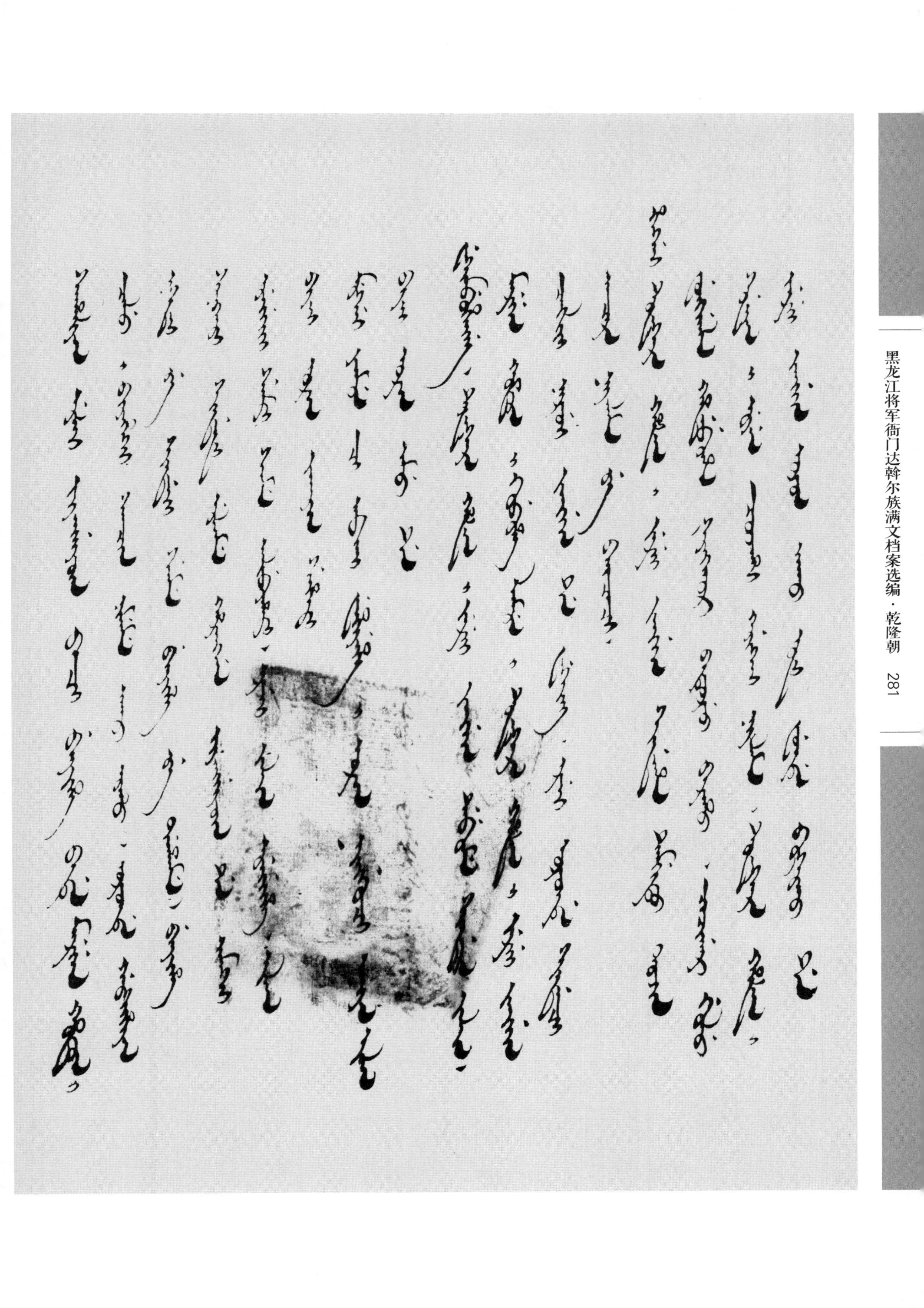

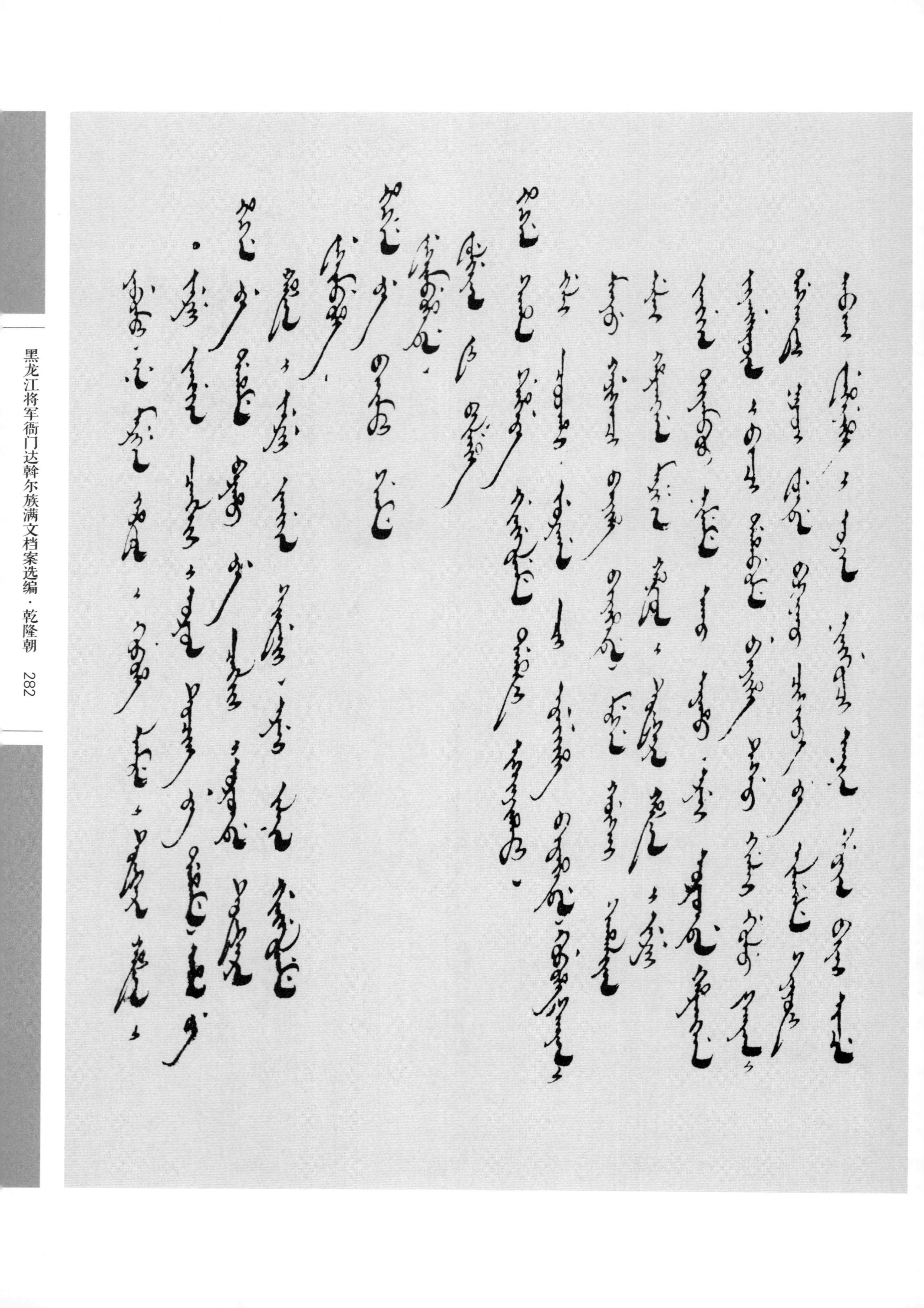

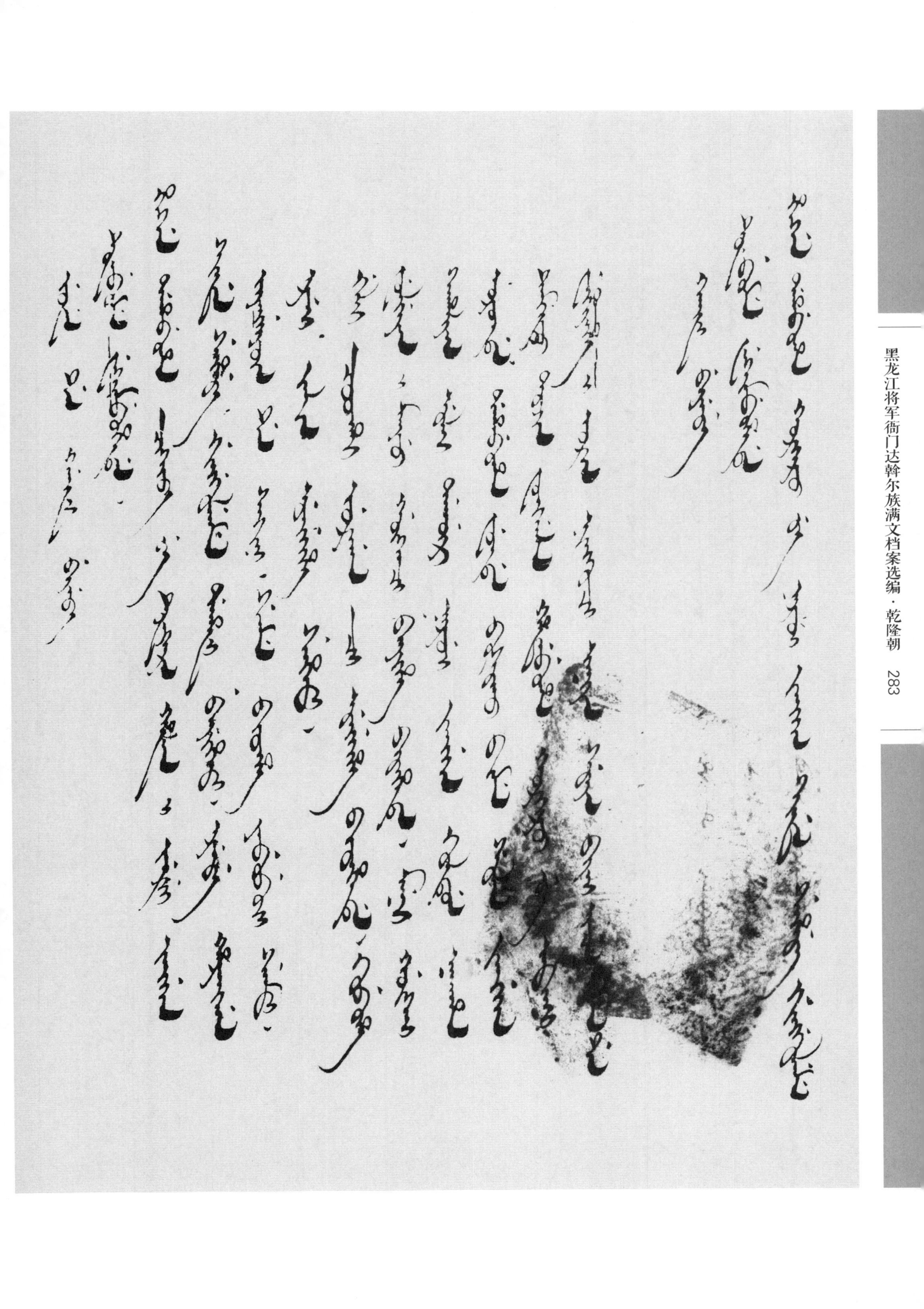

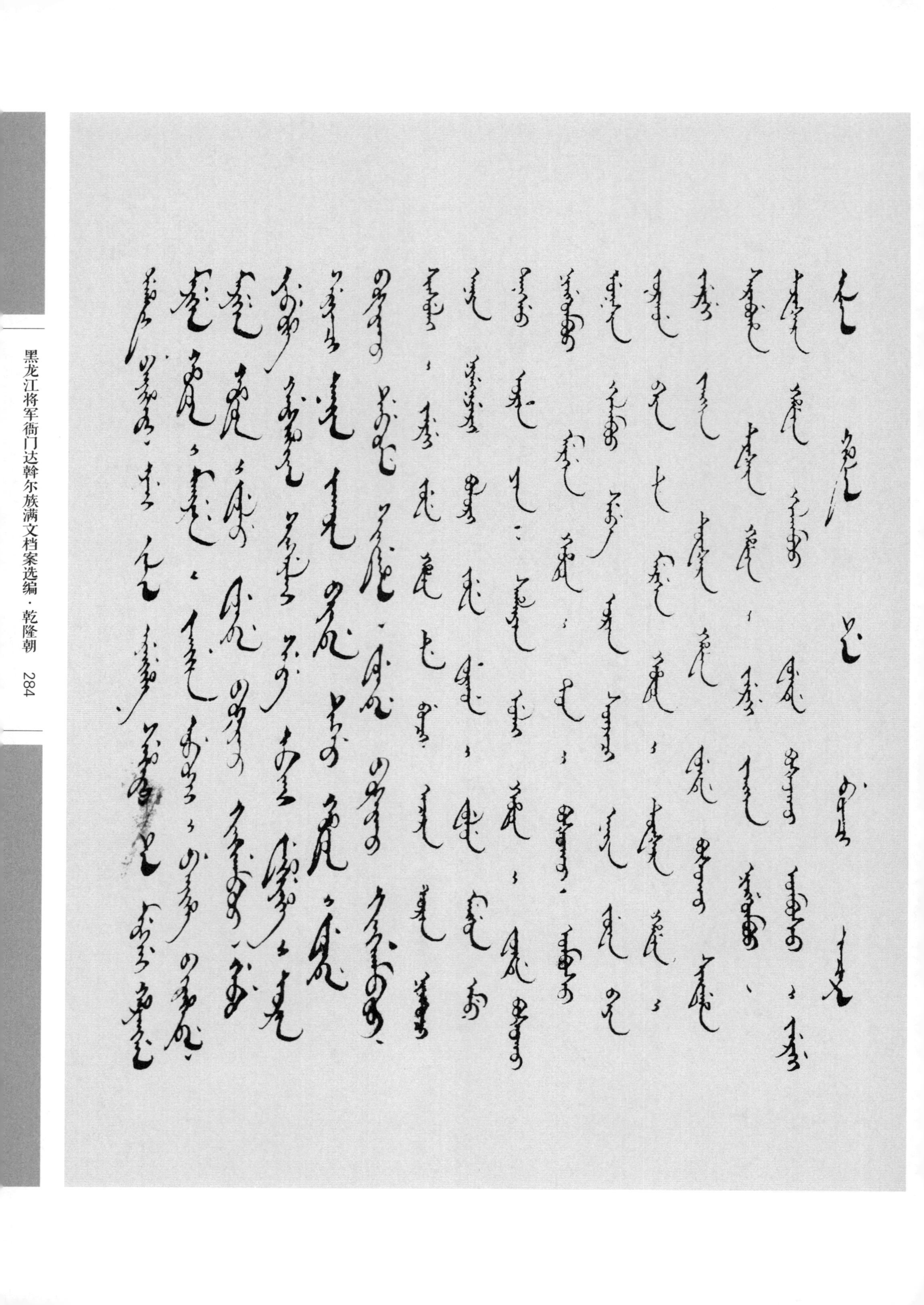

[illegible]

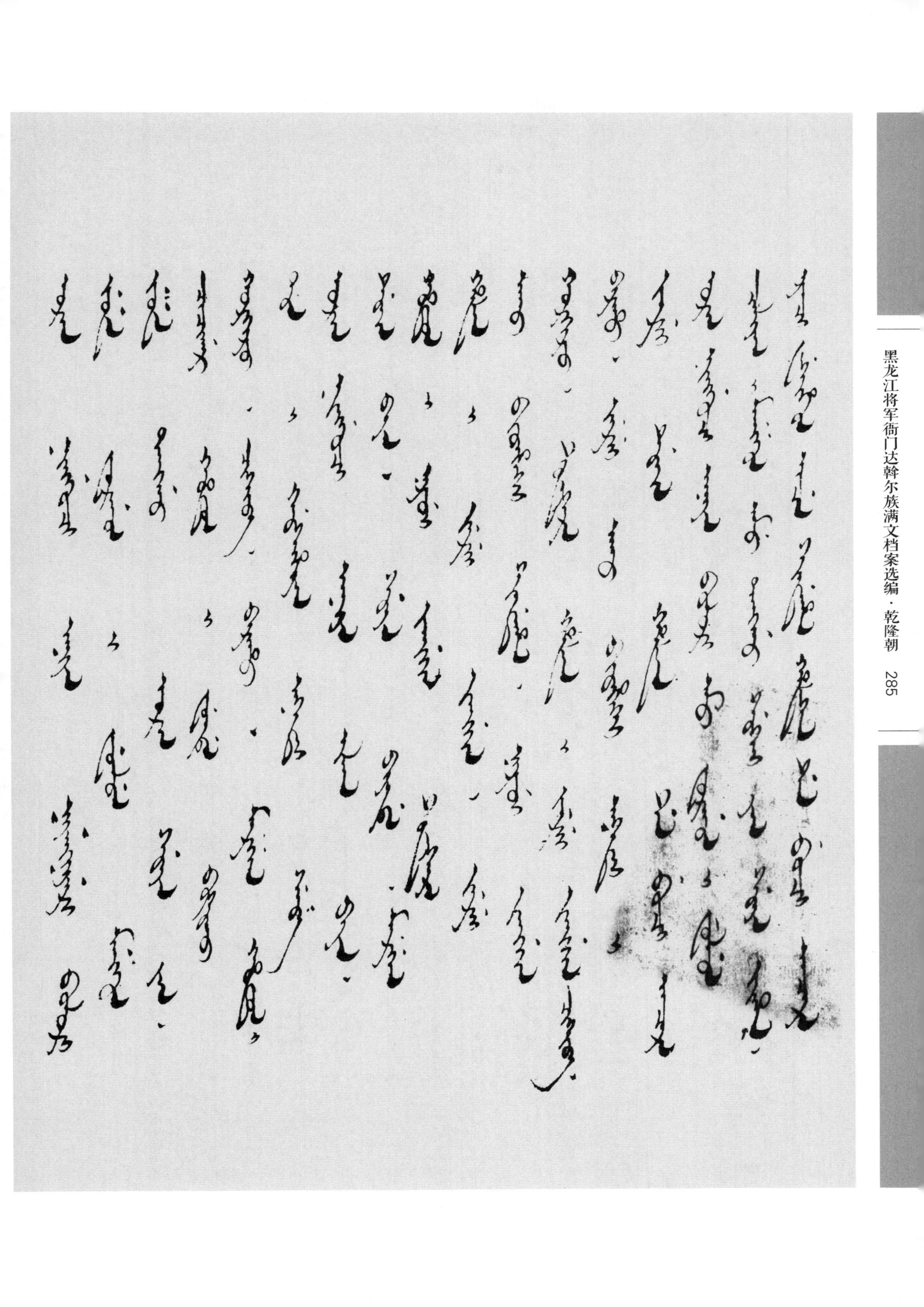

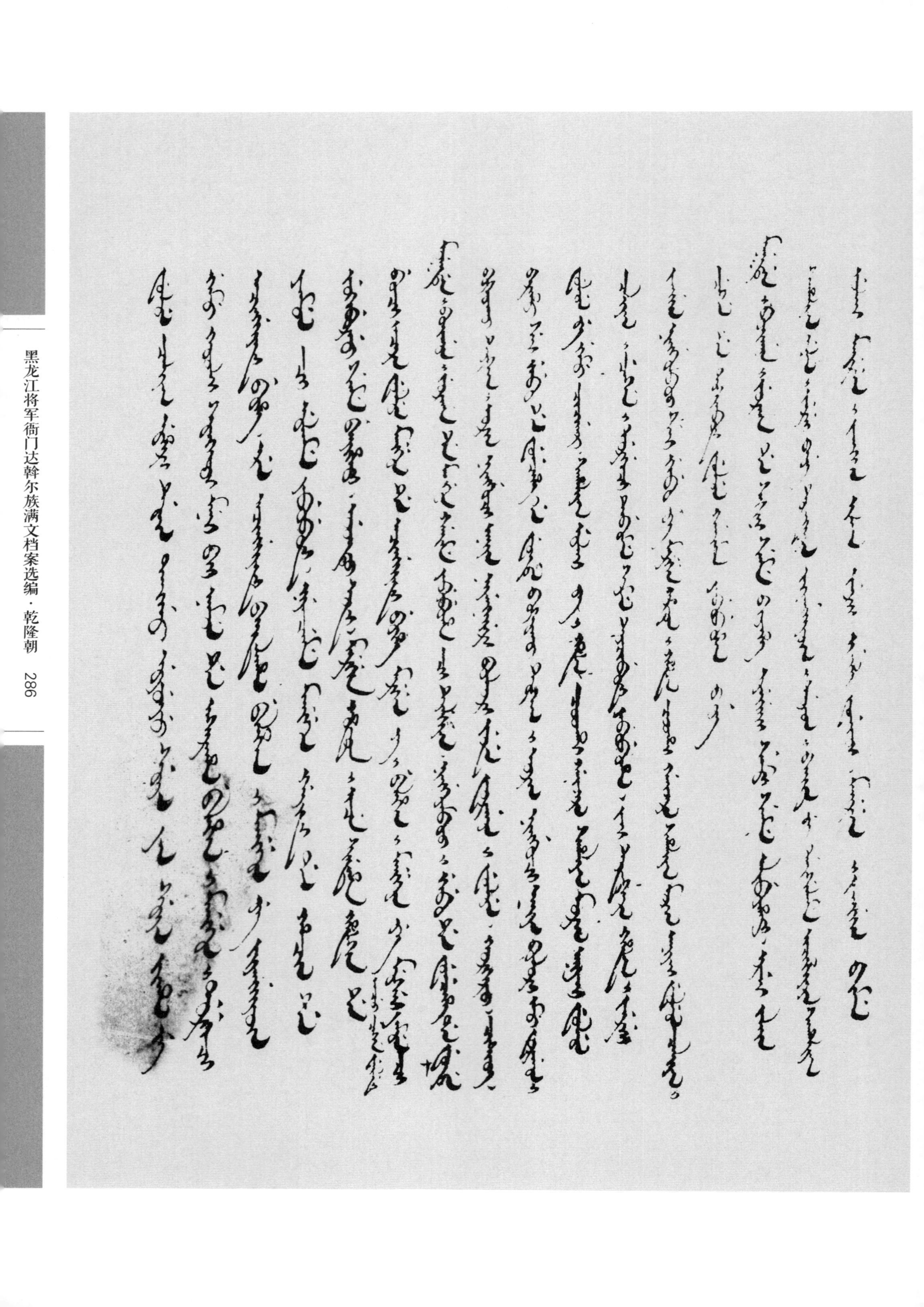

[illegible]

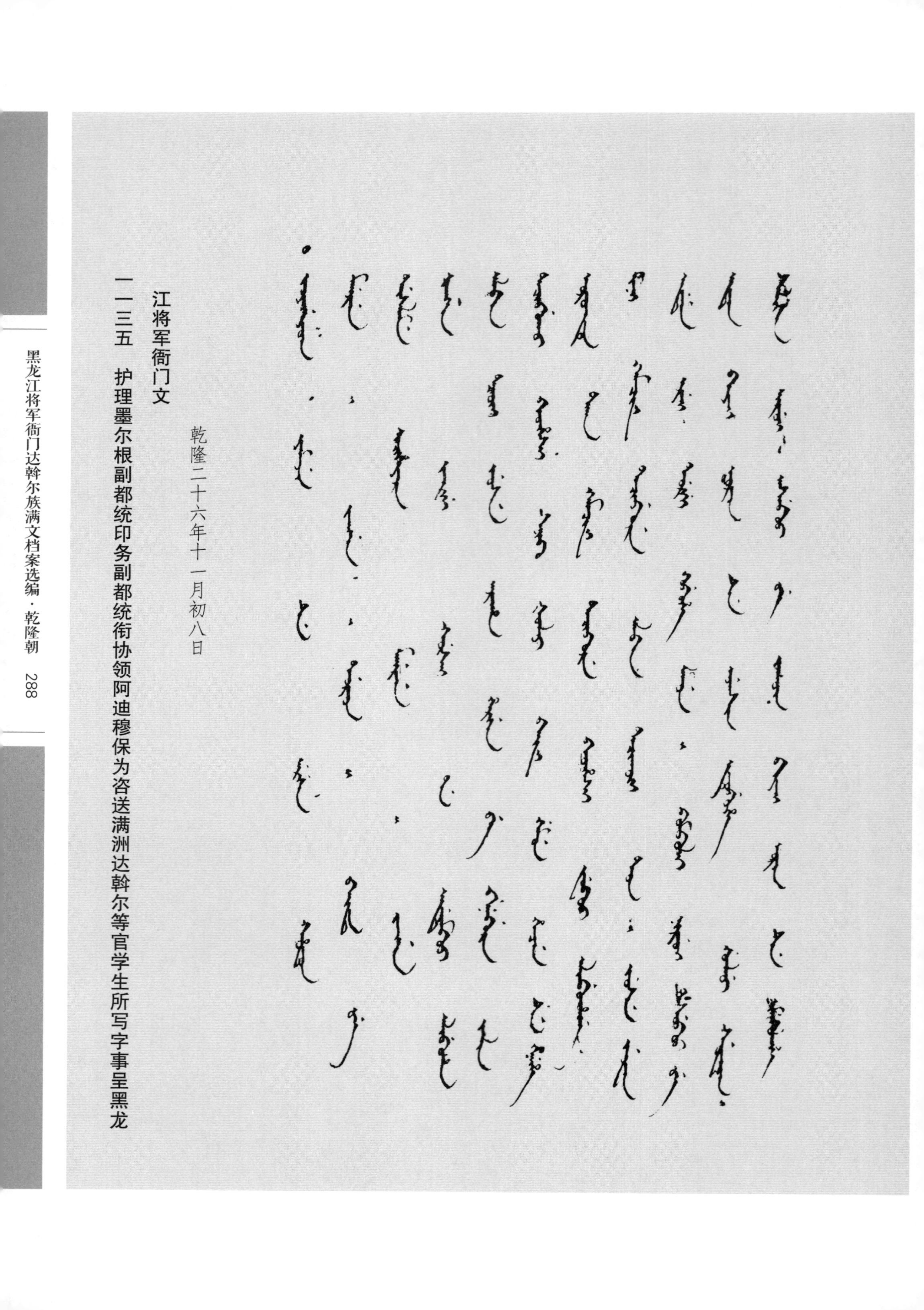

一一三五 护理墨尔根副都统印务副都统衔协领阿迪穆保为咨送满洲达斡尔等官学生所写字事呈黑龙江将军衙门文

乾隆二十六年十一月初八日

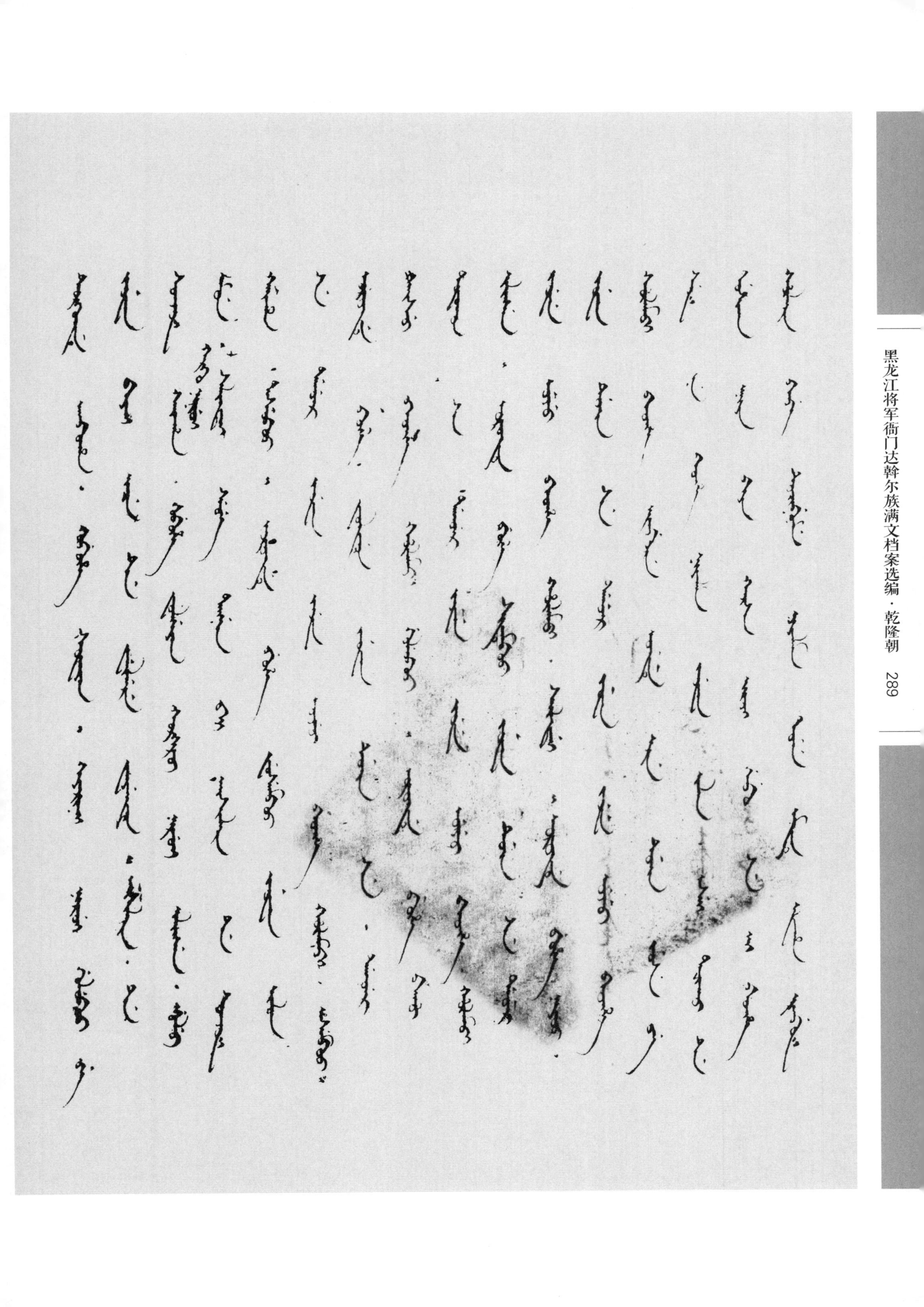

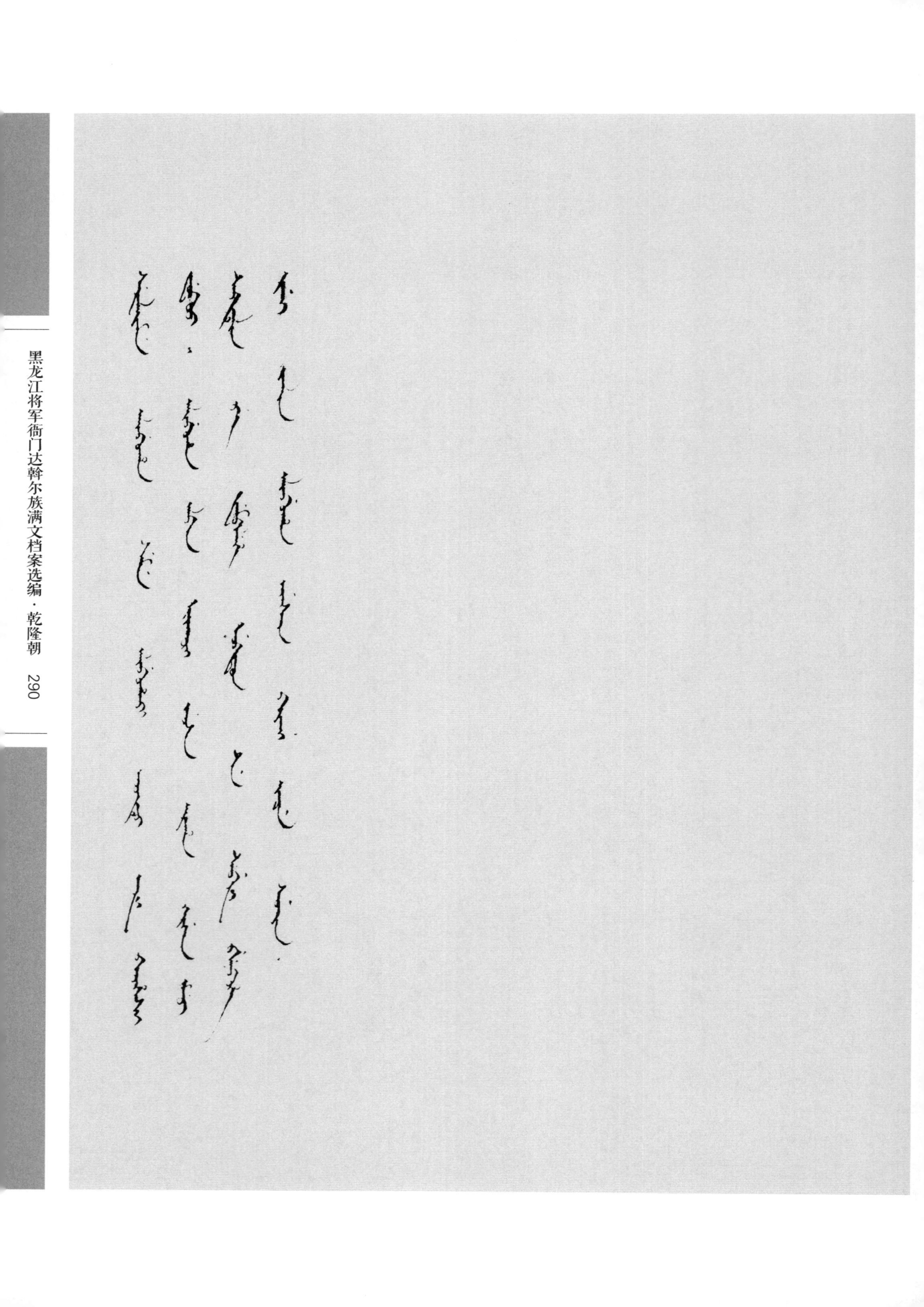

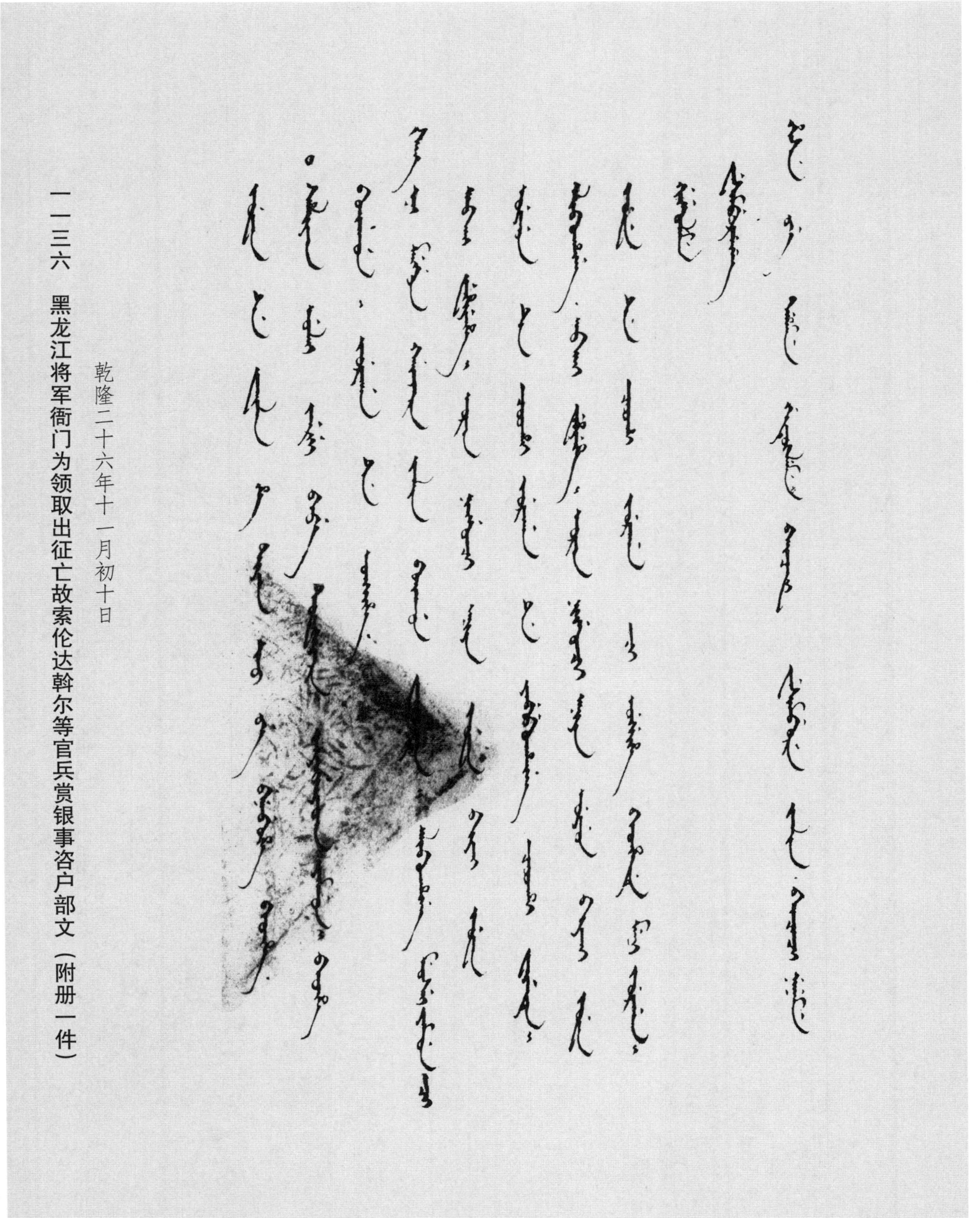

一一三六 黑龙江将军衙门为领取出征亡故索伦达斡尔等官兵赏银事咨户部文（附册一件）

乾隆二十六年十一月初十日

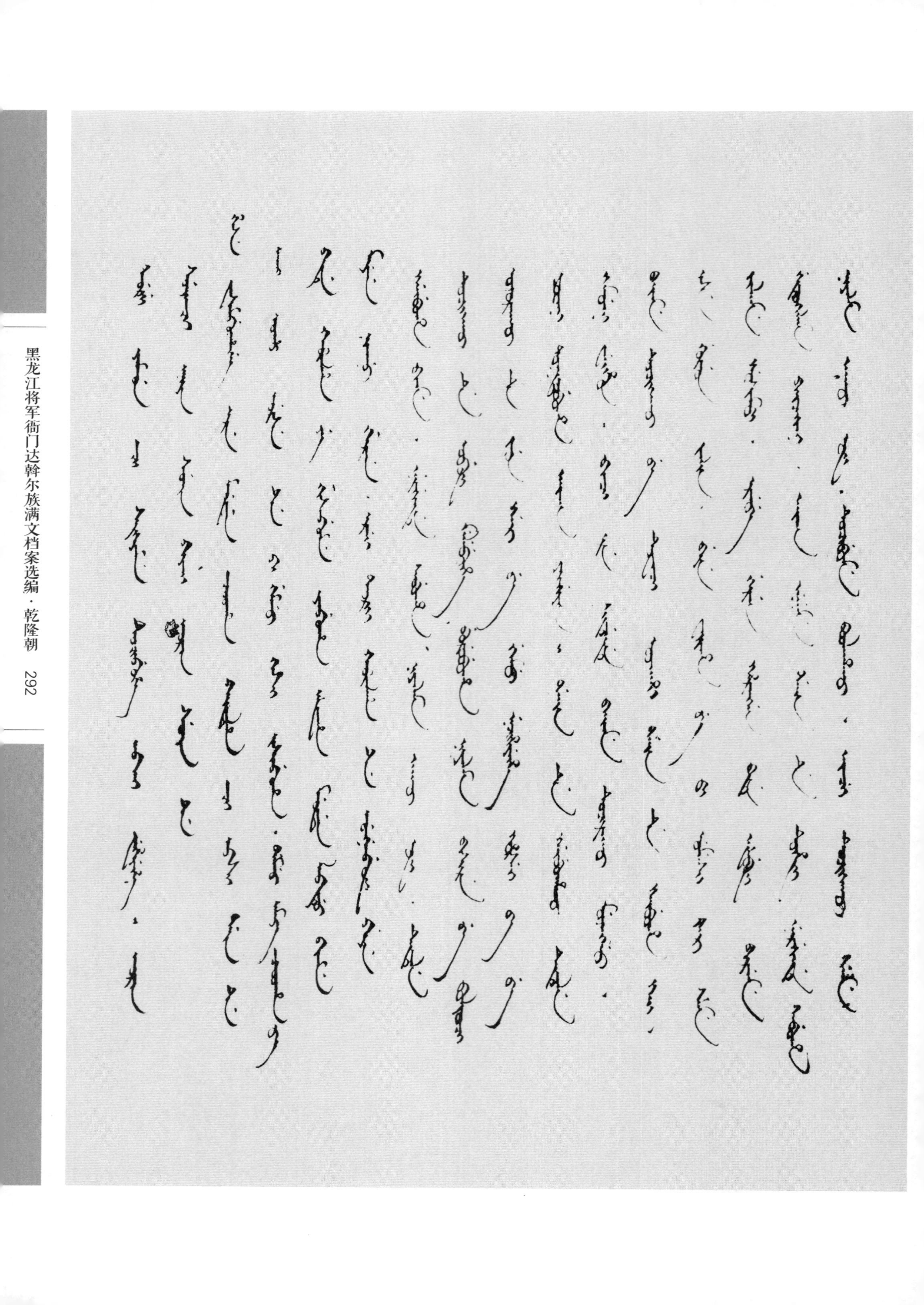

[illegible]

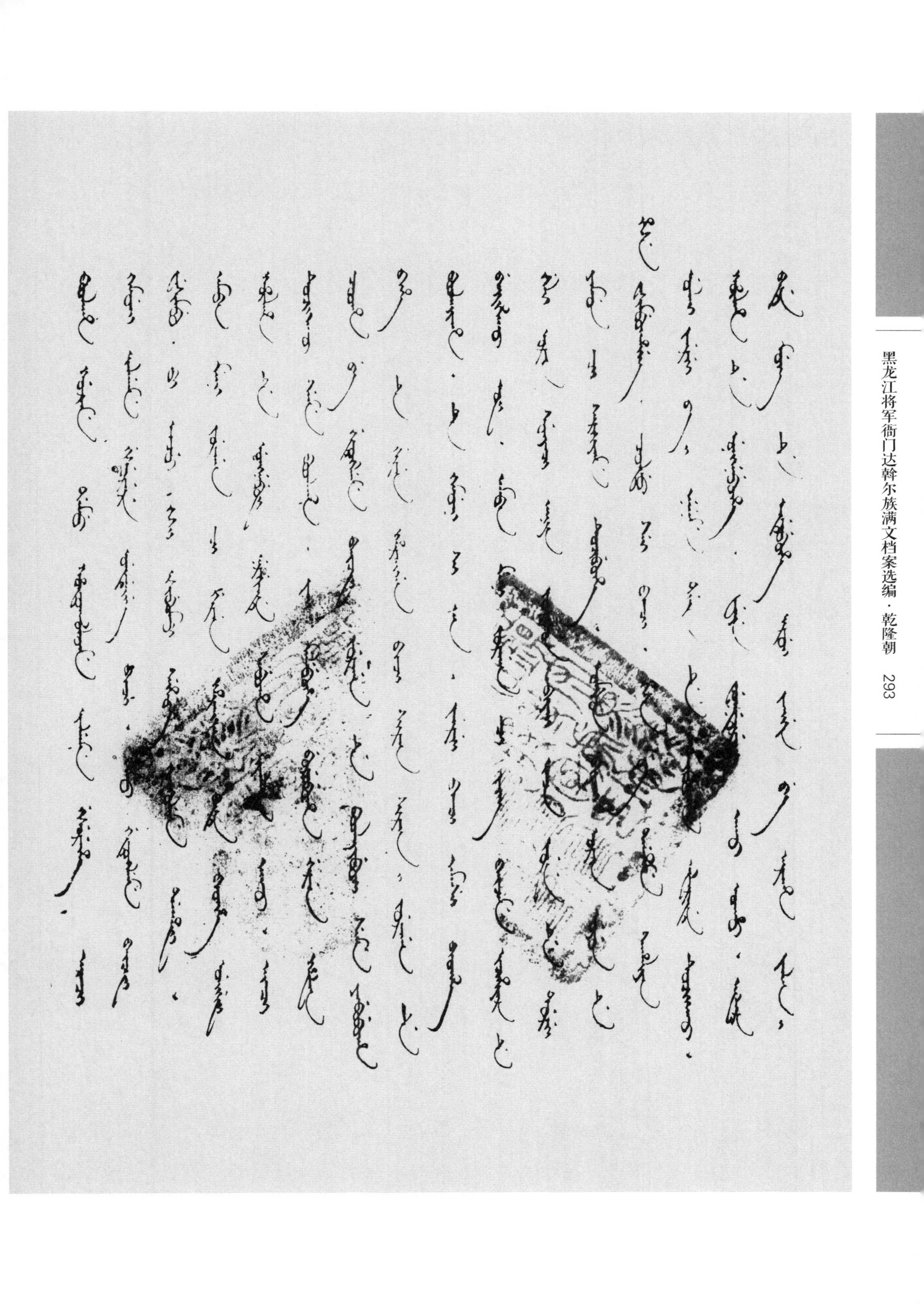

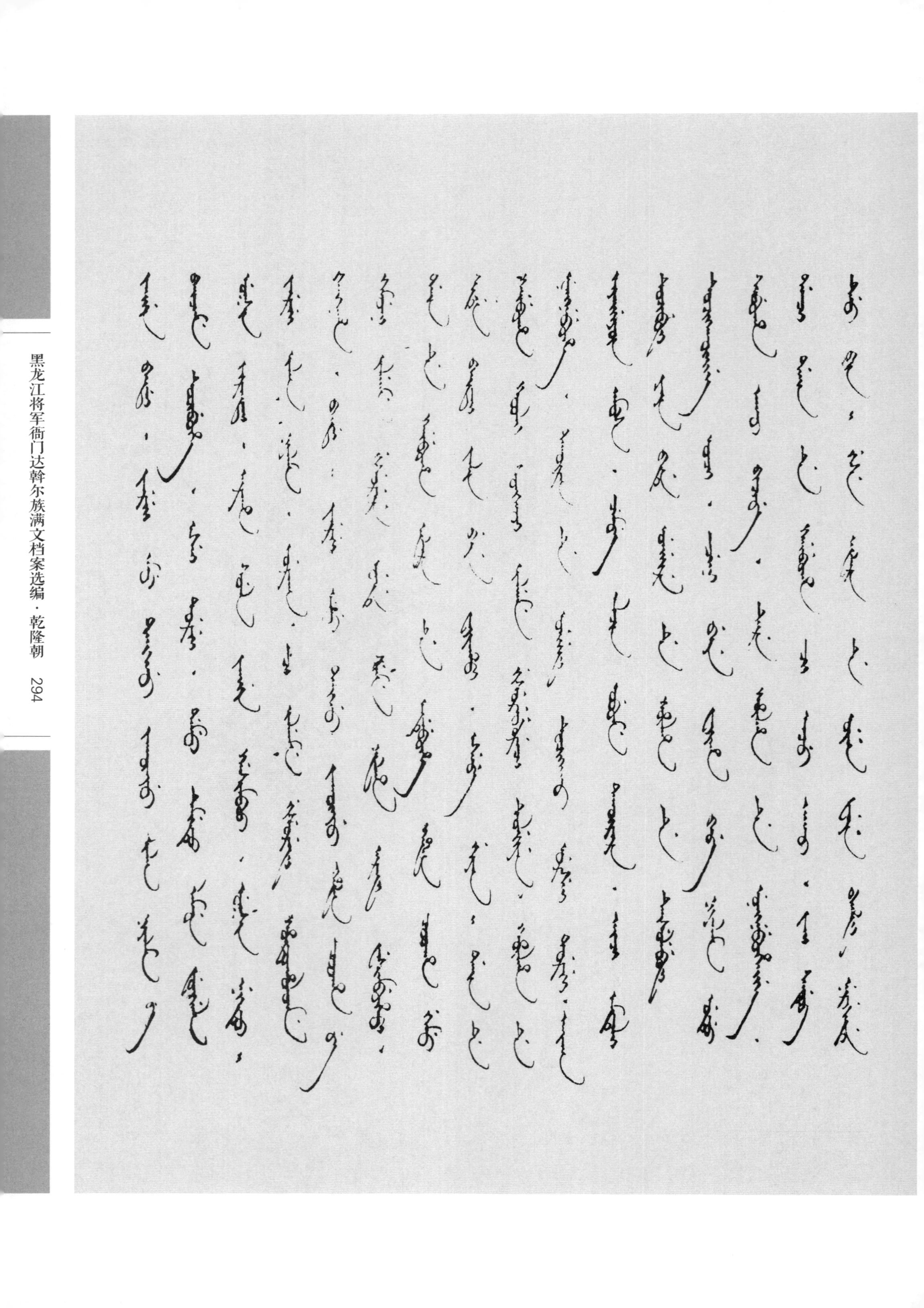

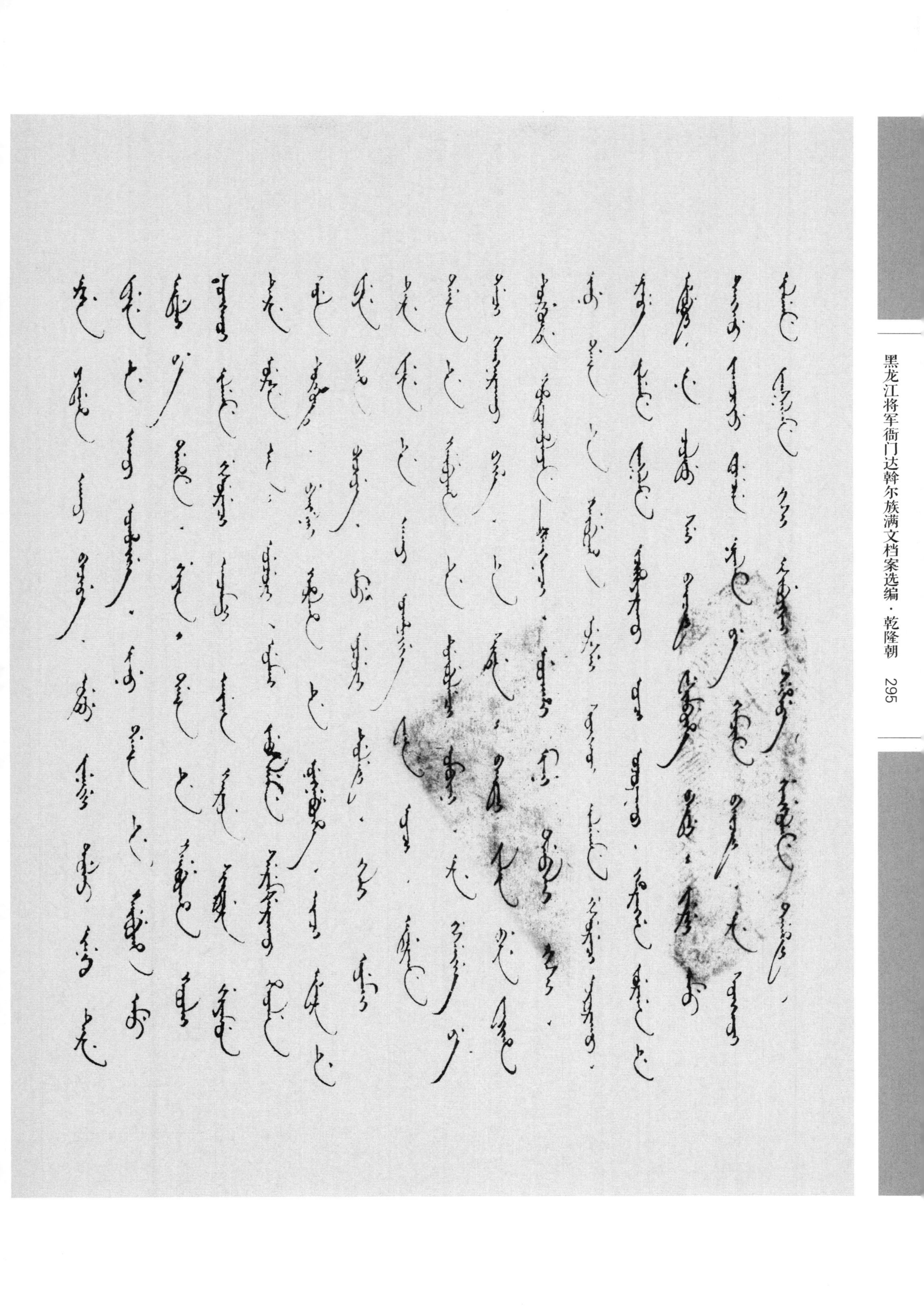

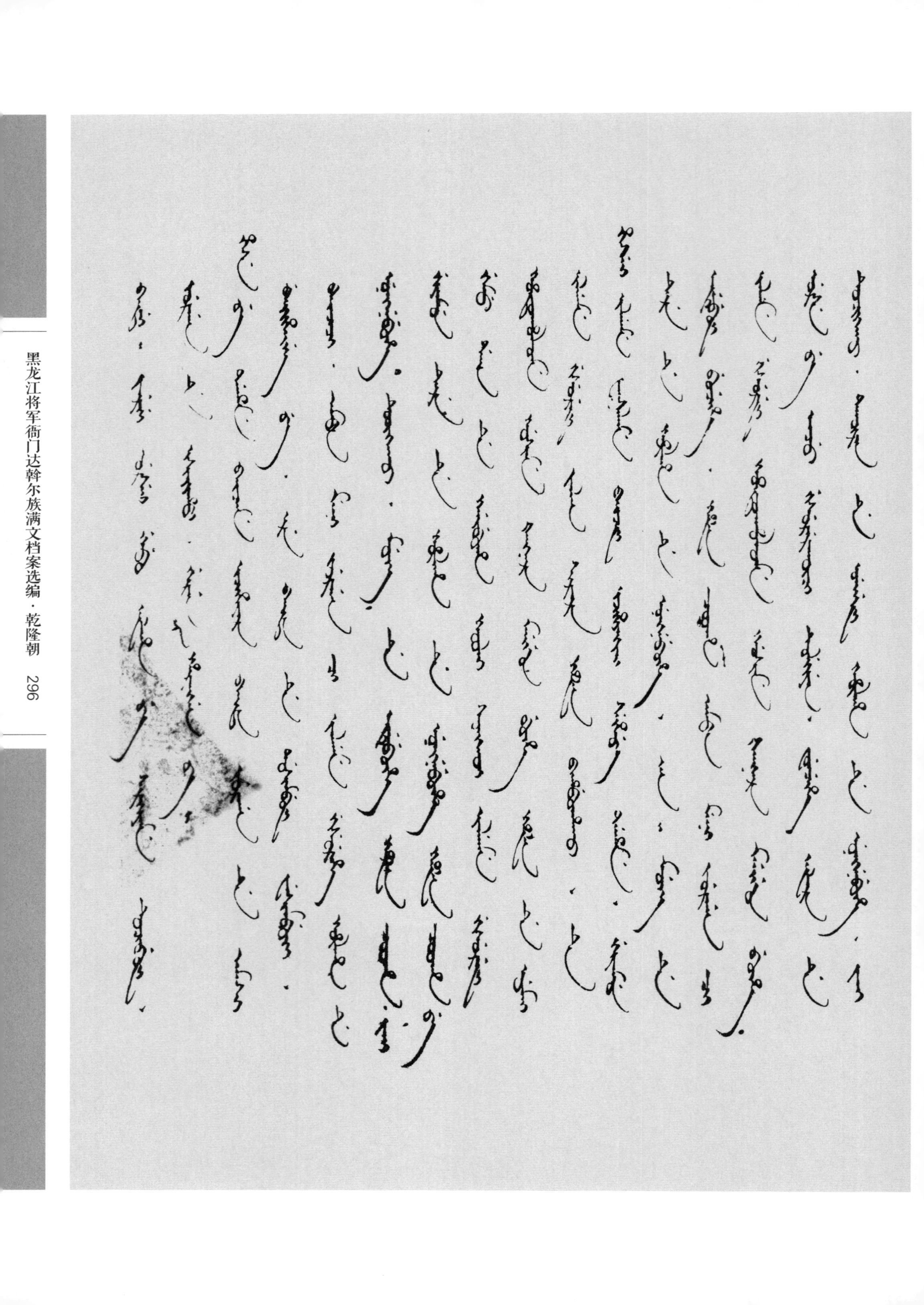

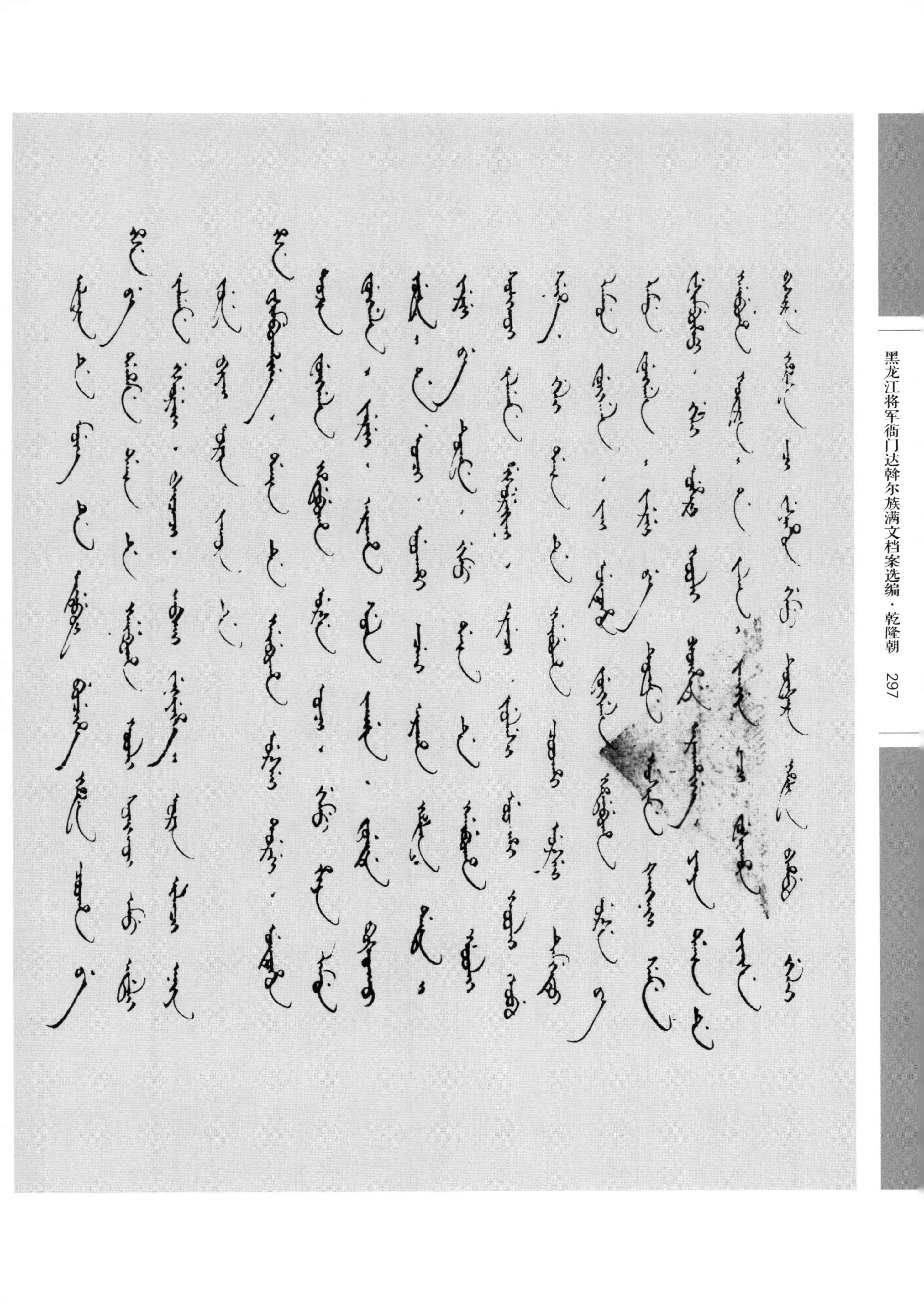

[illegible]

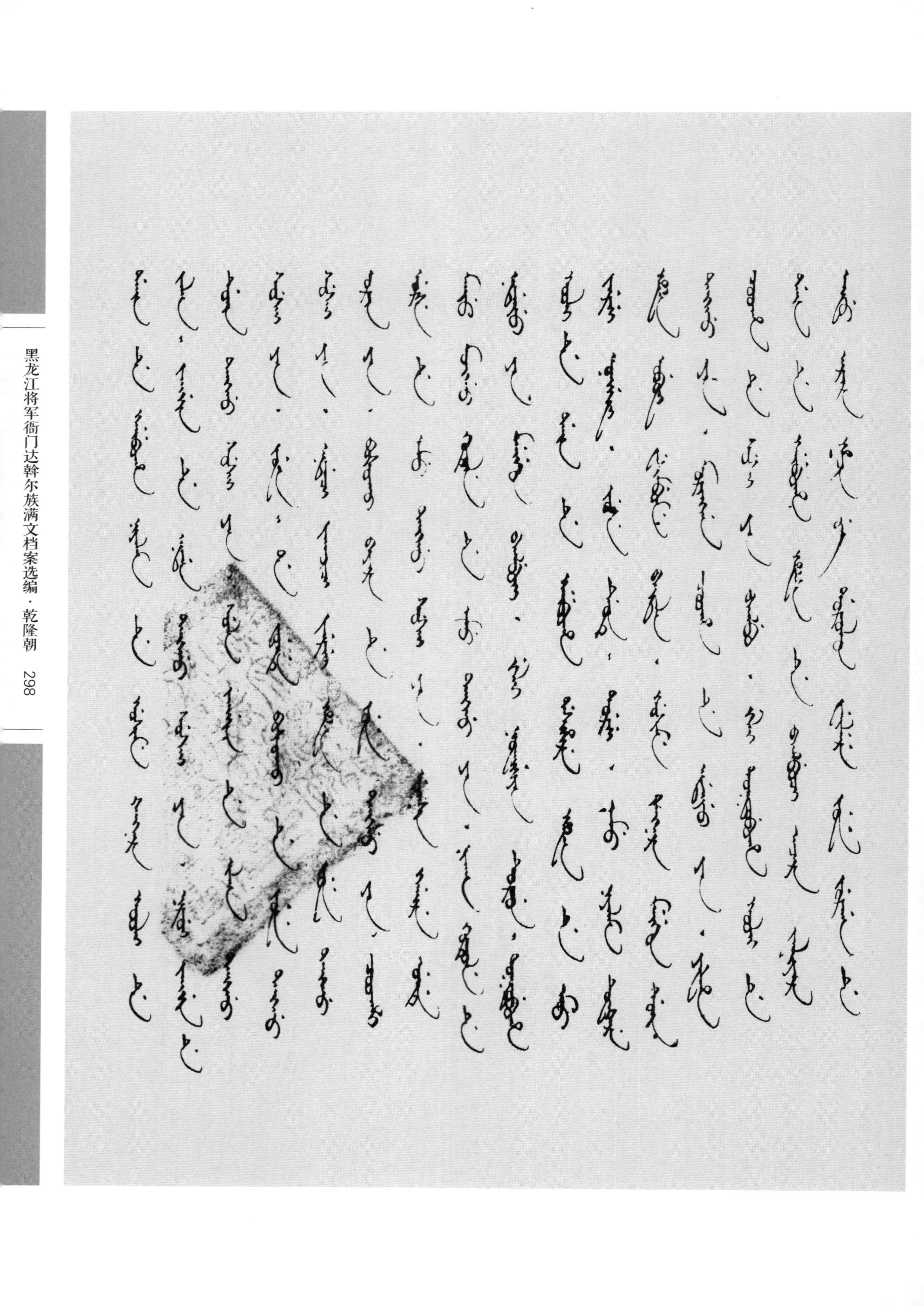

[illegible]

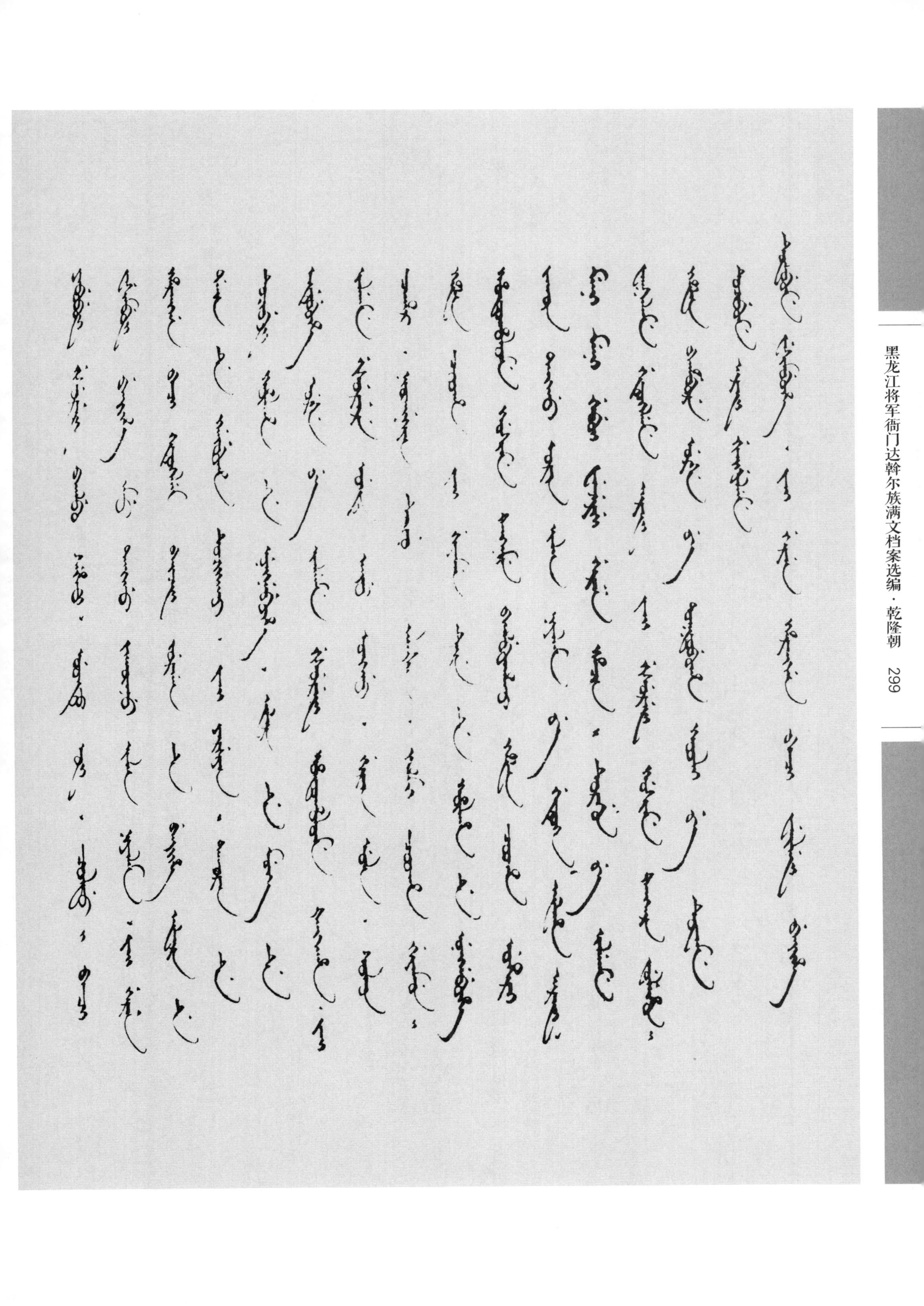

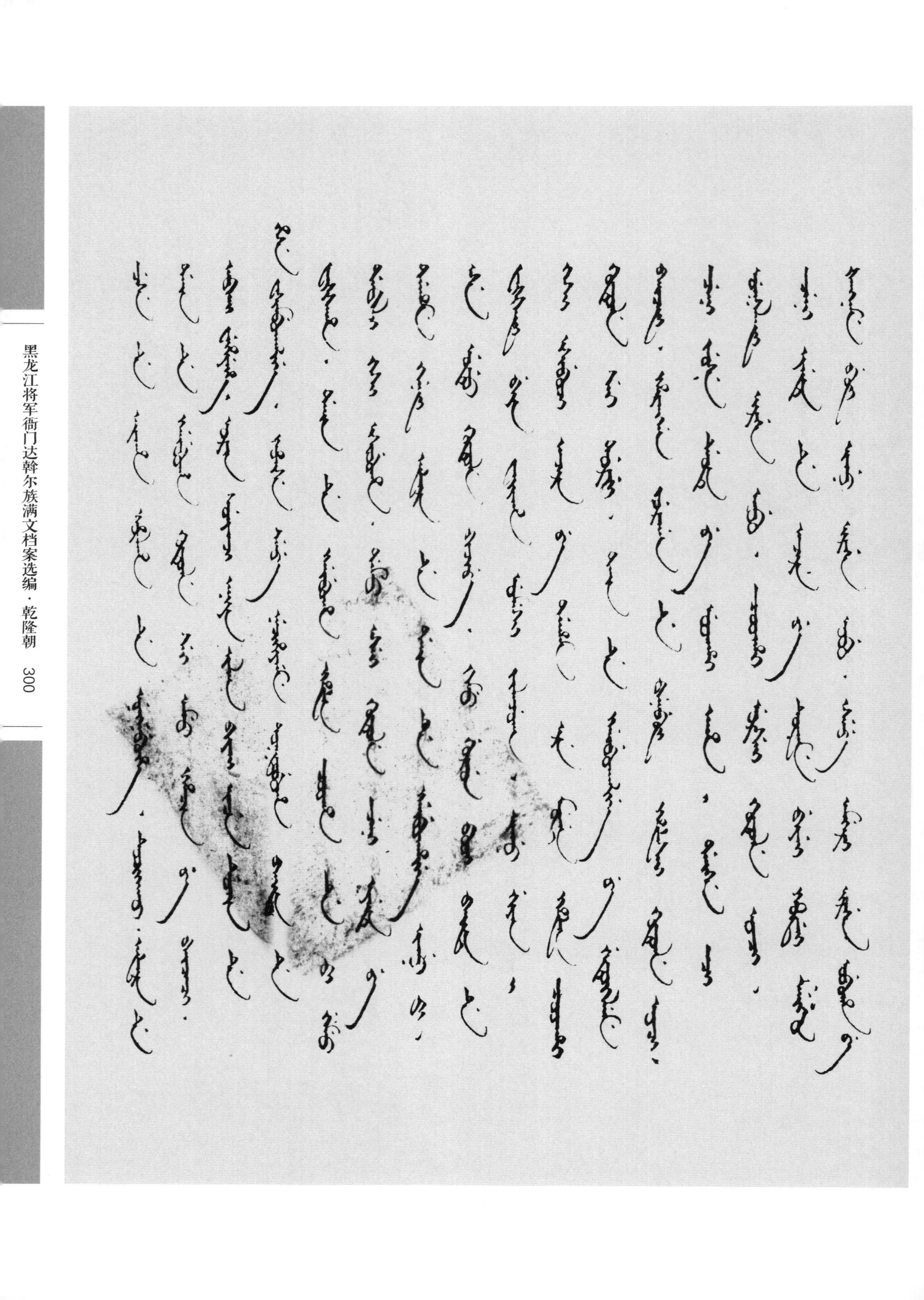

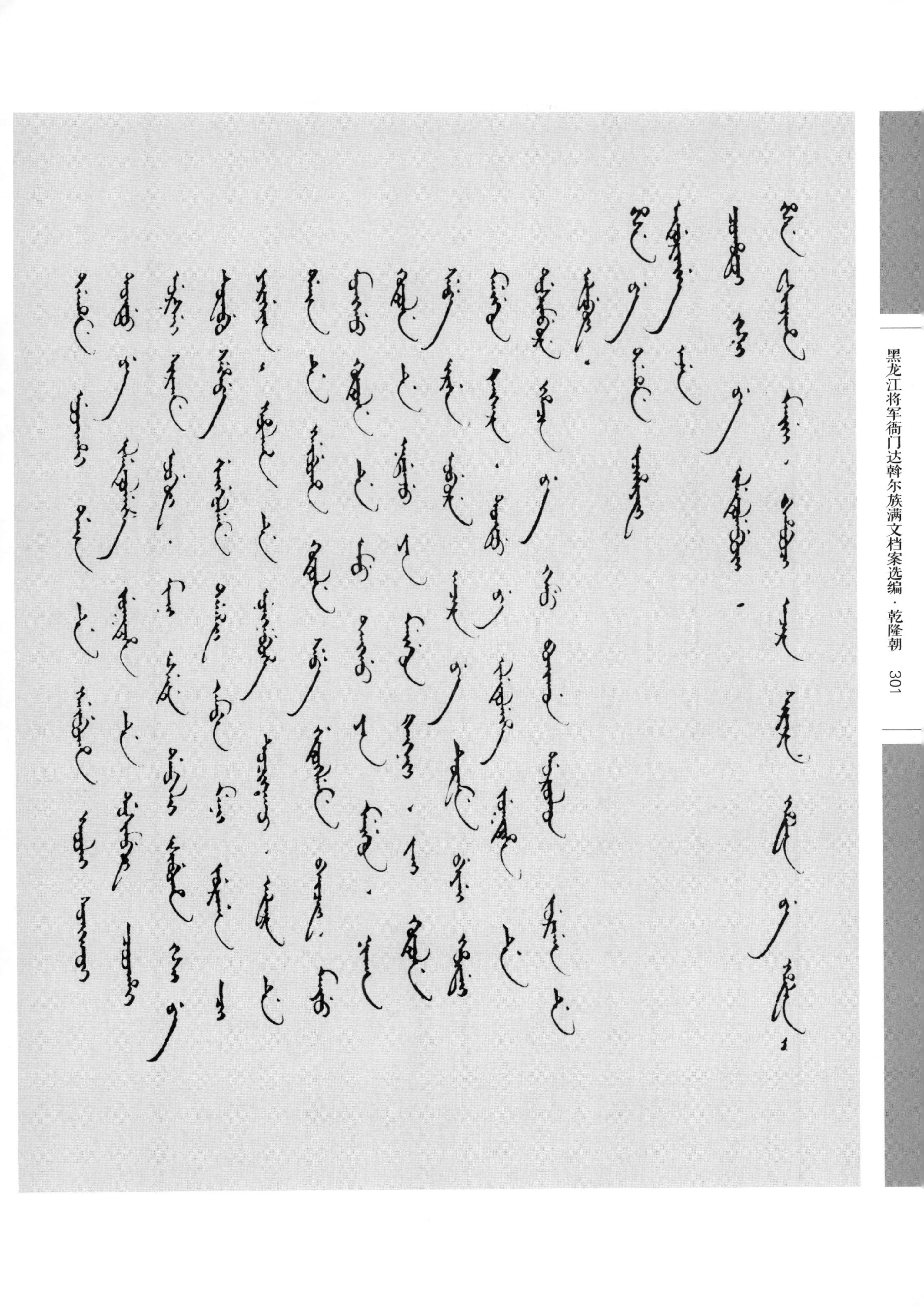

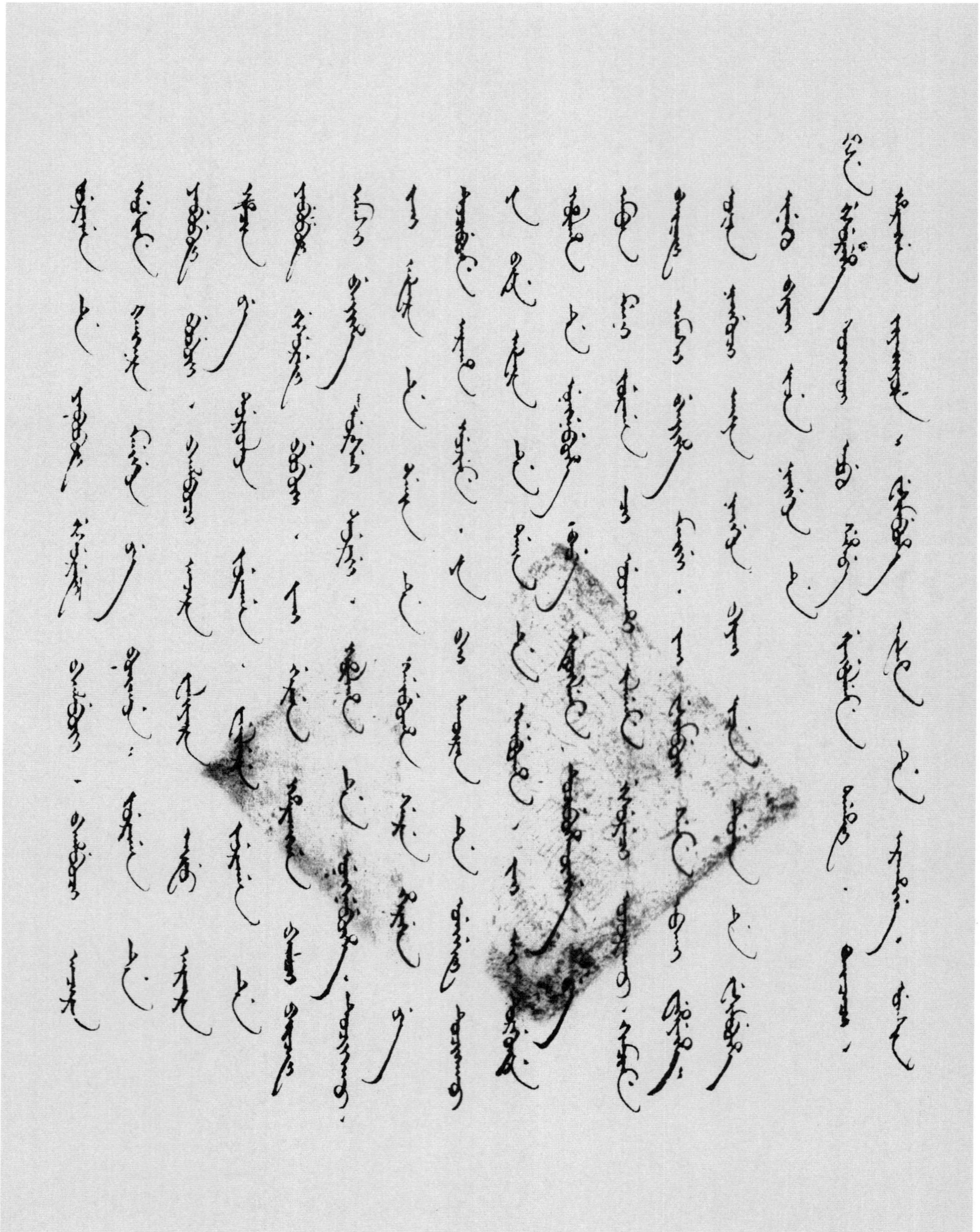

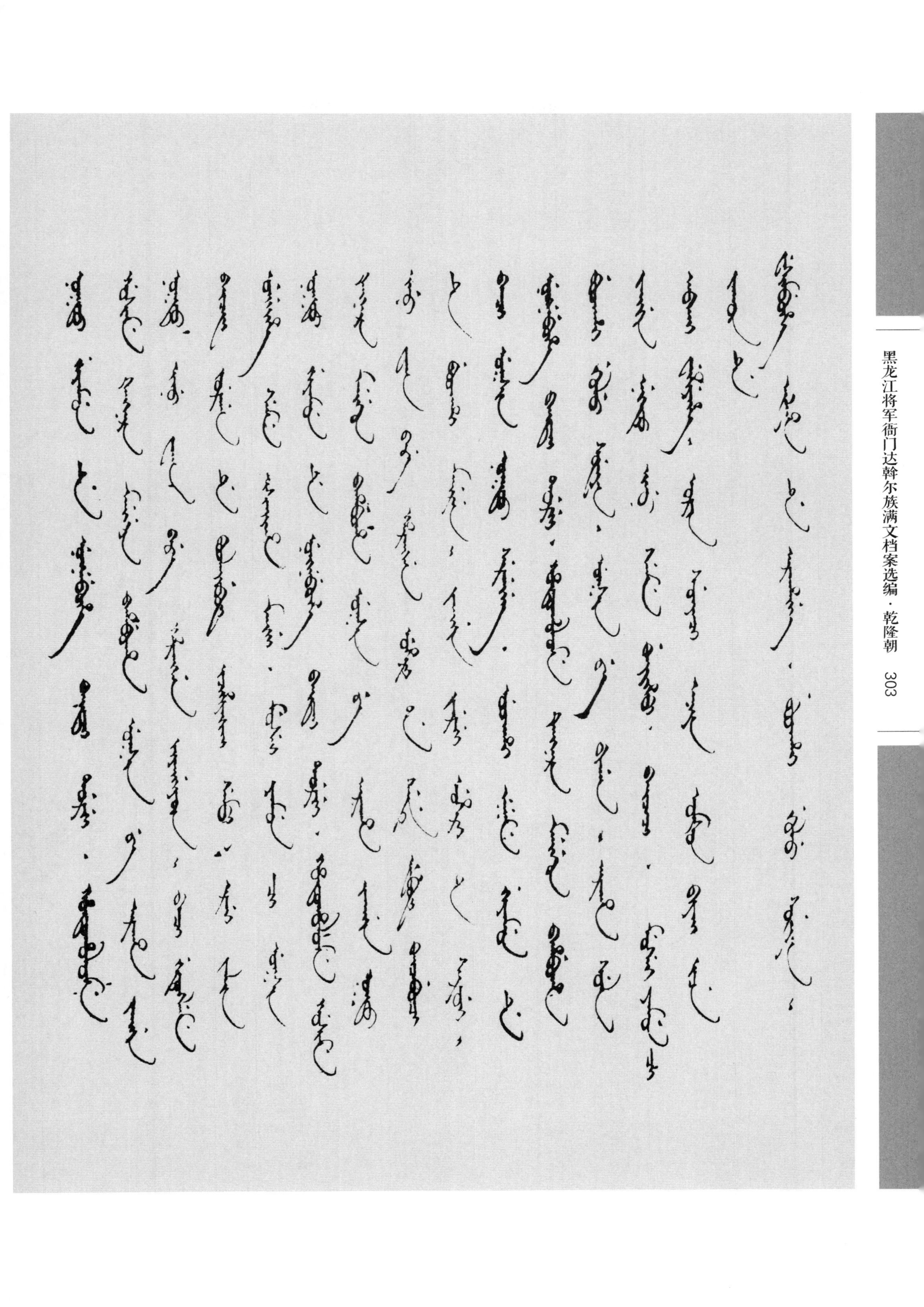

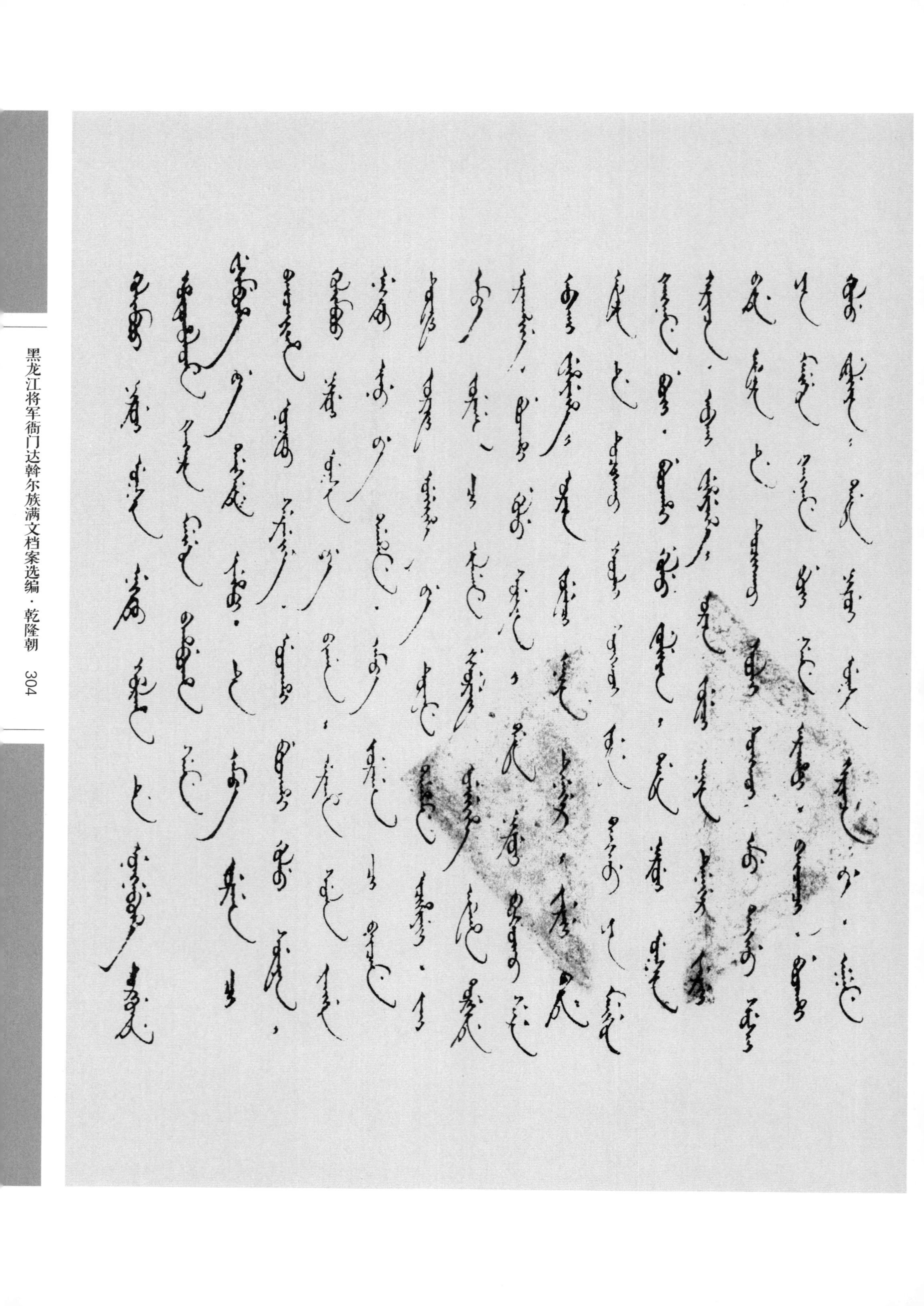

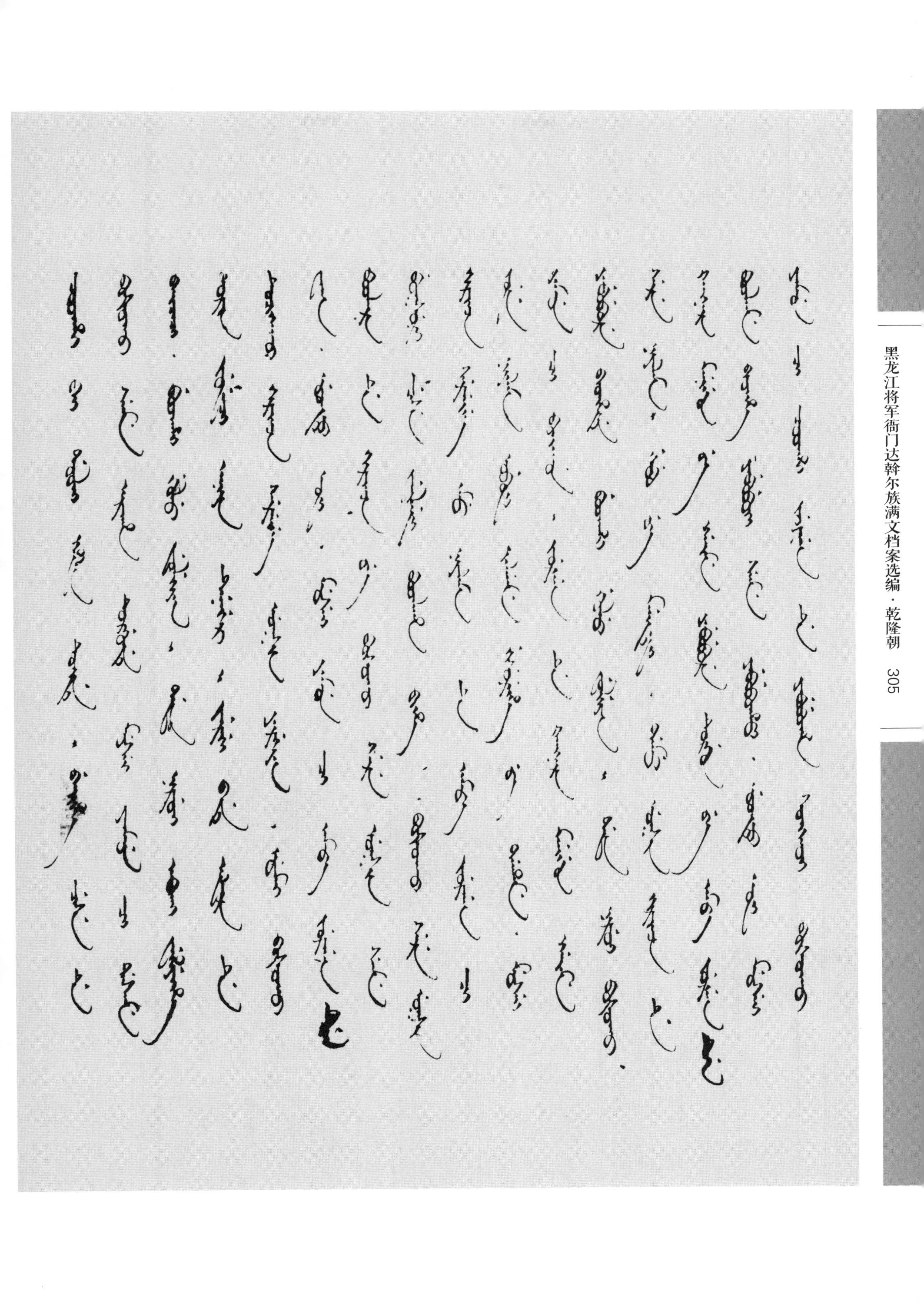

ᡤᡳᠰᡠᠨ ᠪᡝ ᠰᡝᠮᡝ ᠪᡝ ᡥᠠᡶᠠᠨ ᡤᡳᠰᡠᠨ ᡳᠴᡳ ᡥᠠᡵᠠᠩᡤᠠ ᡩᡝ
ᠪᠣᡤᠣ ᠰᡝᠮᡝ ᡠᠪᠠ ᡩᡝ ᡠᡥᡝᡵᡳ ᡥᠠᠯᡳ ᡳ ᡩᡝ ᠪᠠᡳᠴᠠᠮᡝ
ᠰᡝᠮᡝ ᡤᡳᠰᡠᠨ ᡳᠰᡳᠨᠵᡳᡶᡳ ᠰᡝᠮᡝ ᡤᡳᠰᡠᠨ ᡳ ᡠᡥᡝᡵᡳ ᡩᡝ
ᠪᡳ ᡥᠠᡶᠠᠨ ᠪᡝᡳᡩᡝᠮᡝ ᡩᡝ ᠪᠣᡳᡤᠣᠨ ᠪᡝ ᠪᡳᡥᡝ ᡳ ᠠᠮᠪᠠ ᠪᠠᡳᠴᠠᠮᡝ
ᡤᡳᠰᡠᠨ ᠠᠮᠪᠠ ᡳᠰᡳᠨᠵᡳᡶᡳ ᡩᡝ ᠰᡝᠮᡝ ᠠᠮᠪᠠ ᡳᠰᡳᠮᡝ ᠪᡝ
ᠰᡝᠮᡝ ᠪᠣᡳᡤᠣᠨ ᡩᡝ ᠰᡝᠮᡝ ᠪᡝ ᡤᡳᠰᡠᠨ ᡳ ᠰᡝᠮᡝ ᡩᡝ
ᡠᡥᡝᡵᡳ ᠪᠠᡳᠴᠠᠮᡝ ᠰᡝᠮᡝ ᠪᡝ ᠰᡝᠮᡝ ᠠᠮᠪᠠ ᡳᠰᡳᠮᡝ ᡥᠠᡶᠠᠨ
ᠰᡝᠮᡝ ᡩᡝ ᠪᡝ

ᡤᡳᠰᡠᠨ ᡤᡳᠰᡳᠮᡝ ᠰᡝᠮᡝ ᡳᠴᡳ ᠪᠣᡳᡤᠣᠨ ᡠᡥᡝᡵᡳ ᠠᠮᠪᠠ
ᠰᡝᠮᡝ ᡩᡝ ᠪᠣᡳᡤᠣᠨ ᡠᡥᡝᡵᡳ ᠪᡝ ᠪᠣᡳᡤᠣᠨ ᠪᡝ ᠰᡝᠮᡝ ᡥᠠᡶᠠᠨ ᠪᠣᡳᡤᠣᠨ ᠪᠣᡳᡤᠣᠨ ᡠᡥᡝᡵᡳ
ᠪᡝ ᠪᠠᡳᠴᠠᠮᡝ ᠪᠣᡳᡤᠣᠨ ᠪᡝ ᠰᡝᠮᡝ ᡩᡝ ᠪᠣᡳᡤᠣᠨ ᠪᡝ ᠰᡝᠮᡝ
ᠰᡝᠮᡝ ᠪᡝ ᡠᡥᡝᡵᡳ ᠪᡝ ᠰᡝᠮᡝ ᡳᠴᡳ ᡩᡝ ᠰᡝᠮᡝ
ᠪᠣᡳᡤᠣᠨ ᡤᡳᠰᡠᠨ ᠠᠮᠪᠠ ᠪᠣᡳᡤᠣᠨ ᠪᡝ ᠰᡝᠮᡝ ᡩᡝ ᠰᡝᠮᡝ
ᠰᡝᠮᡝ ᡩᡝ ᠪᠣᡳᡤᠣᠨ ᠪᡝ ᡠᡥᡝᡵᡳ ᠪᡝ ᠰᡝᠮᡝ ᠪᠣᡳᡤᠣᠨ ᠪᡝ ᠰᡝᠮᡝ
ᠰᡝᠮᡝ ᡩᡝ ᠪᠠᡳᠴᠠᠮᡝ ᠪᠣᡳᡤᠣᠨ ᡩᡝ ᠰᡝᠮᡝ ᠪᠣᡳᡤᠣᠨ ᡳᠴᡳ
ᠰᡝᠮᡝ ᡩᡝ ᠪᠣᡳᡤᠣᠨ ᠰᡝᠮᡝ ᠪᠣᡳᡤᠣᠨ ᠪᡝ ᠪᠣᡳᡤᠣᠨ ᠪᡝ

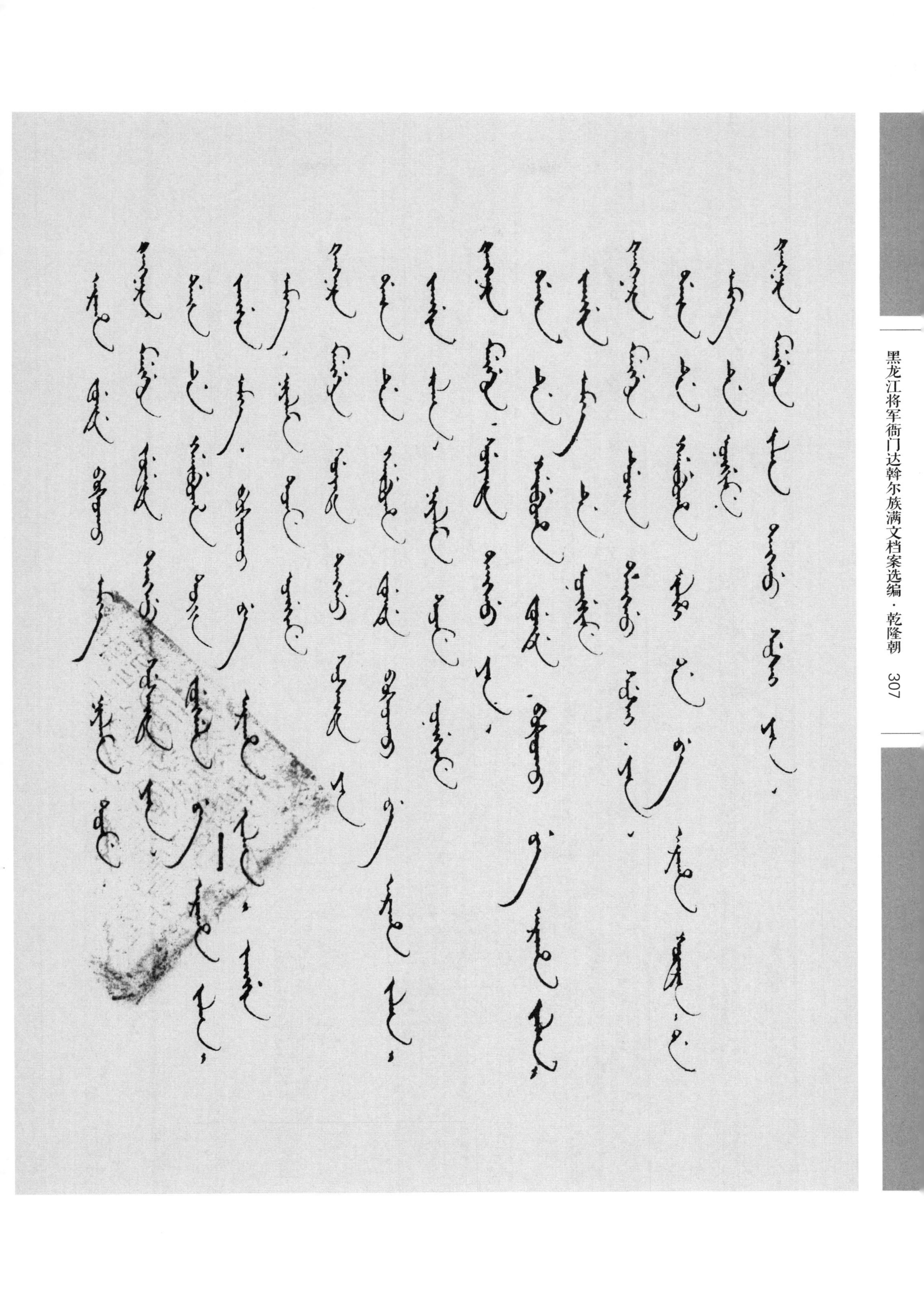

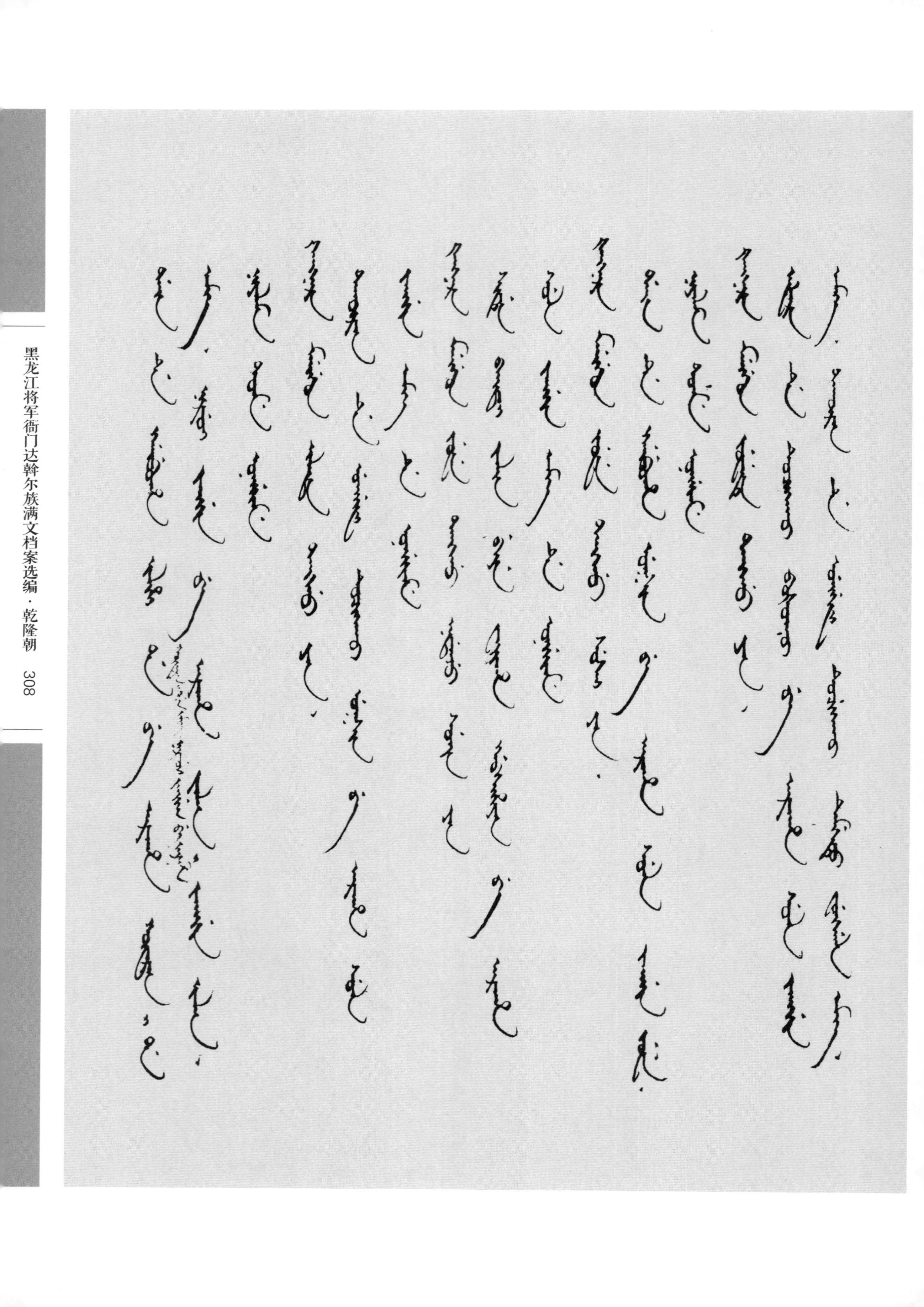

[illegible]

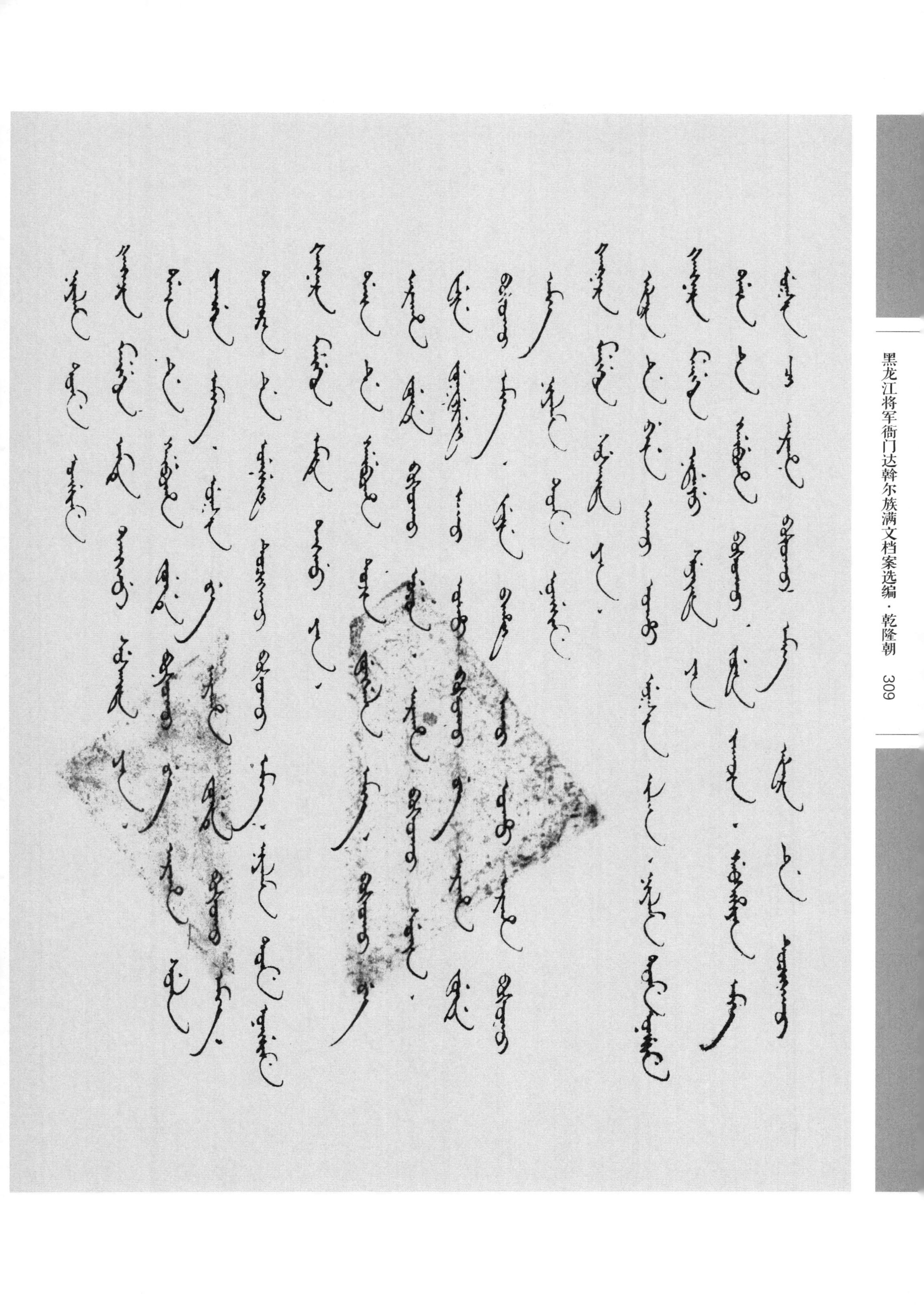

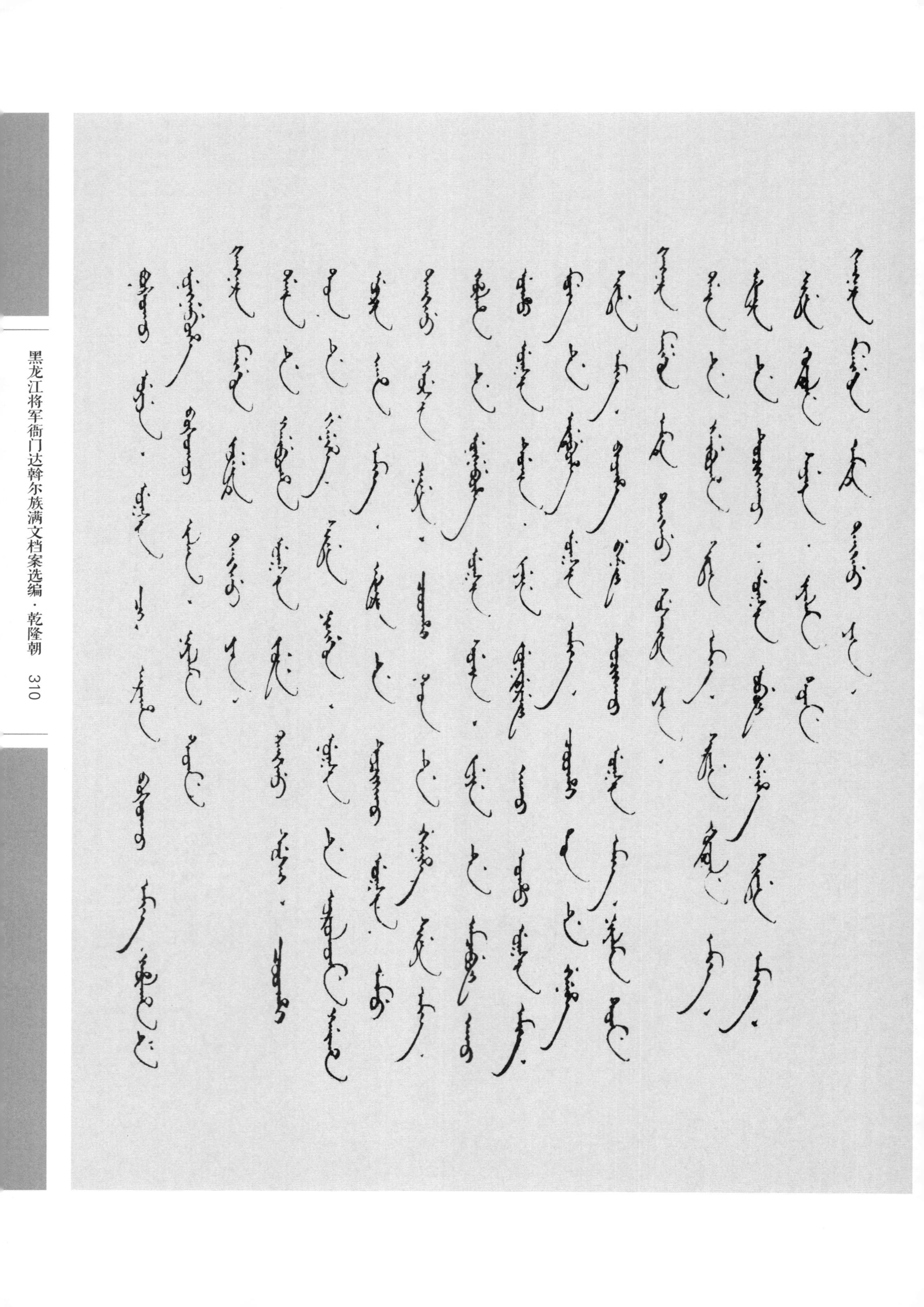

[illegible]

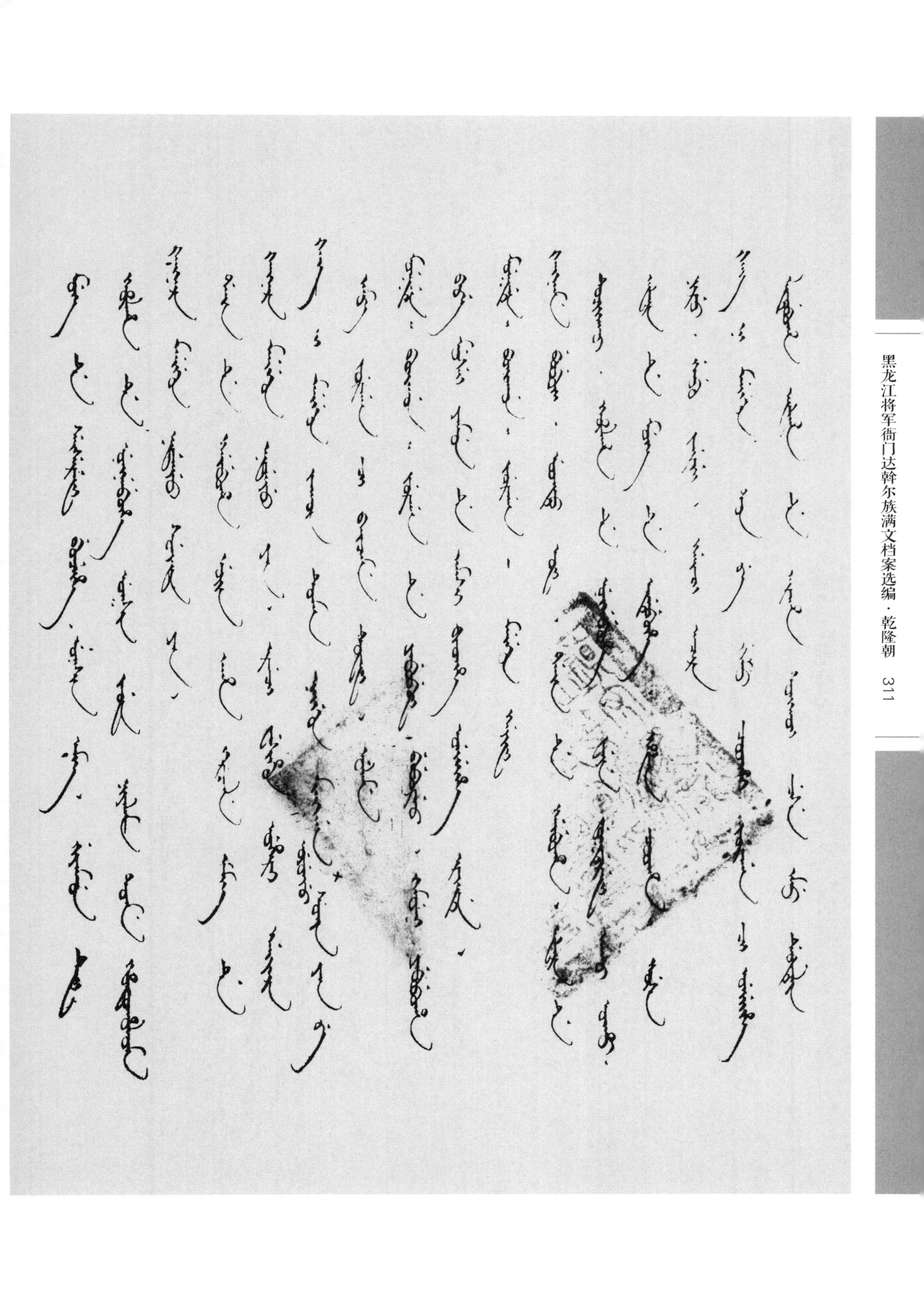

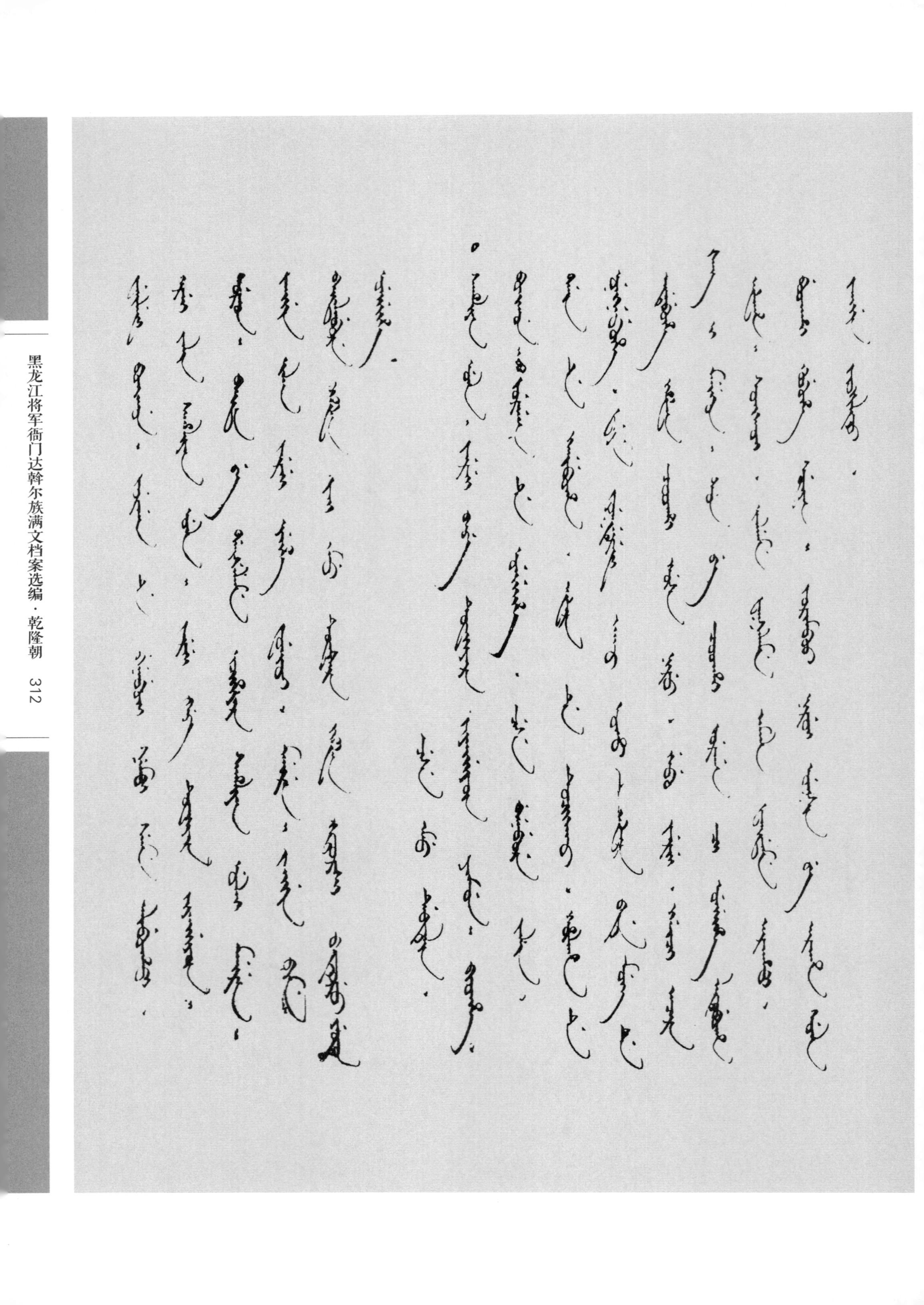

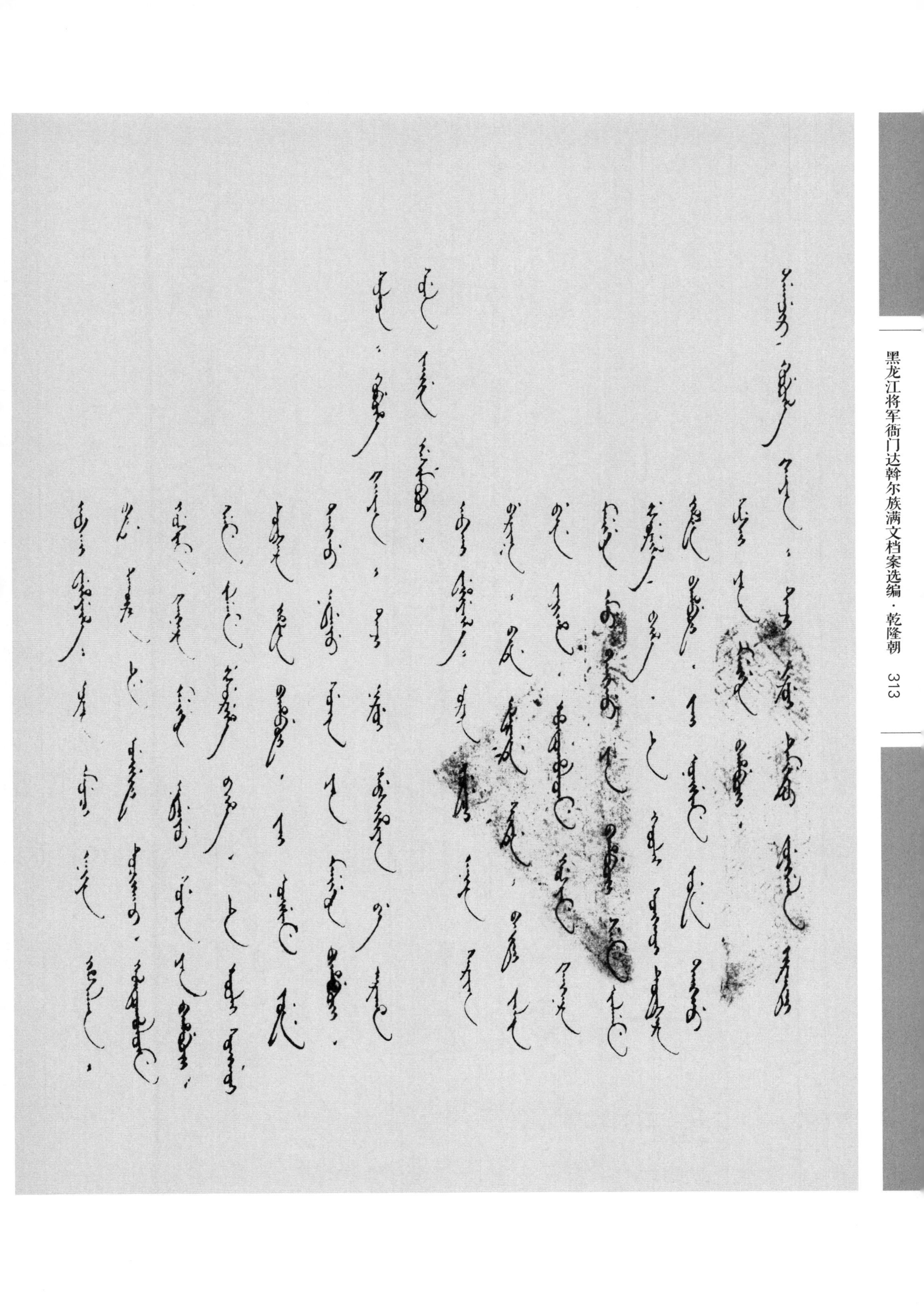

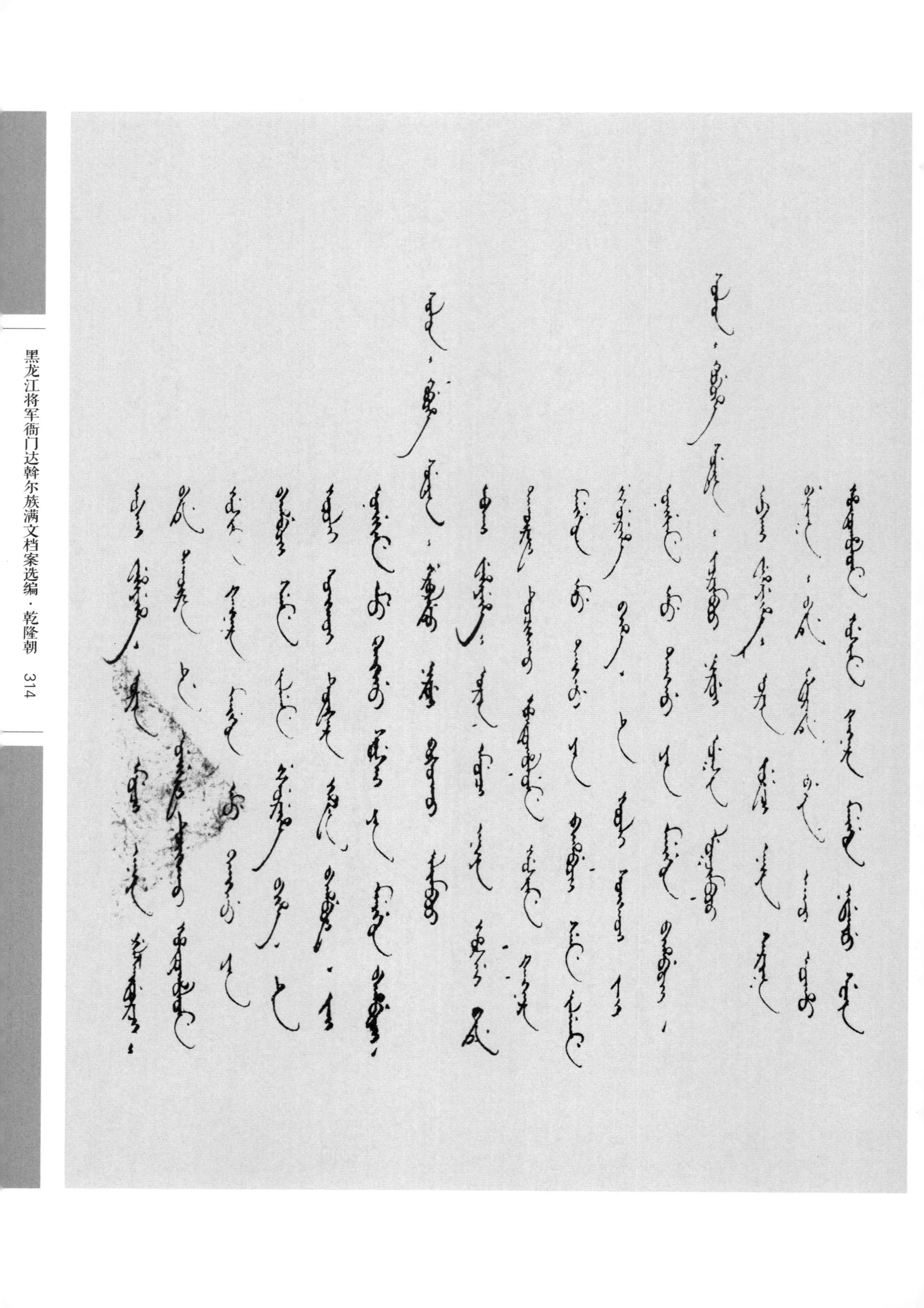

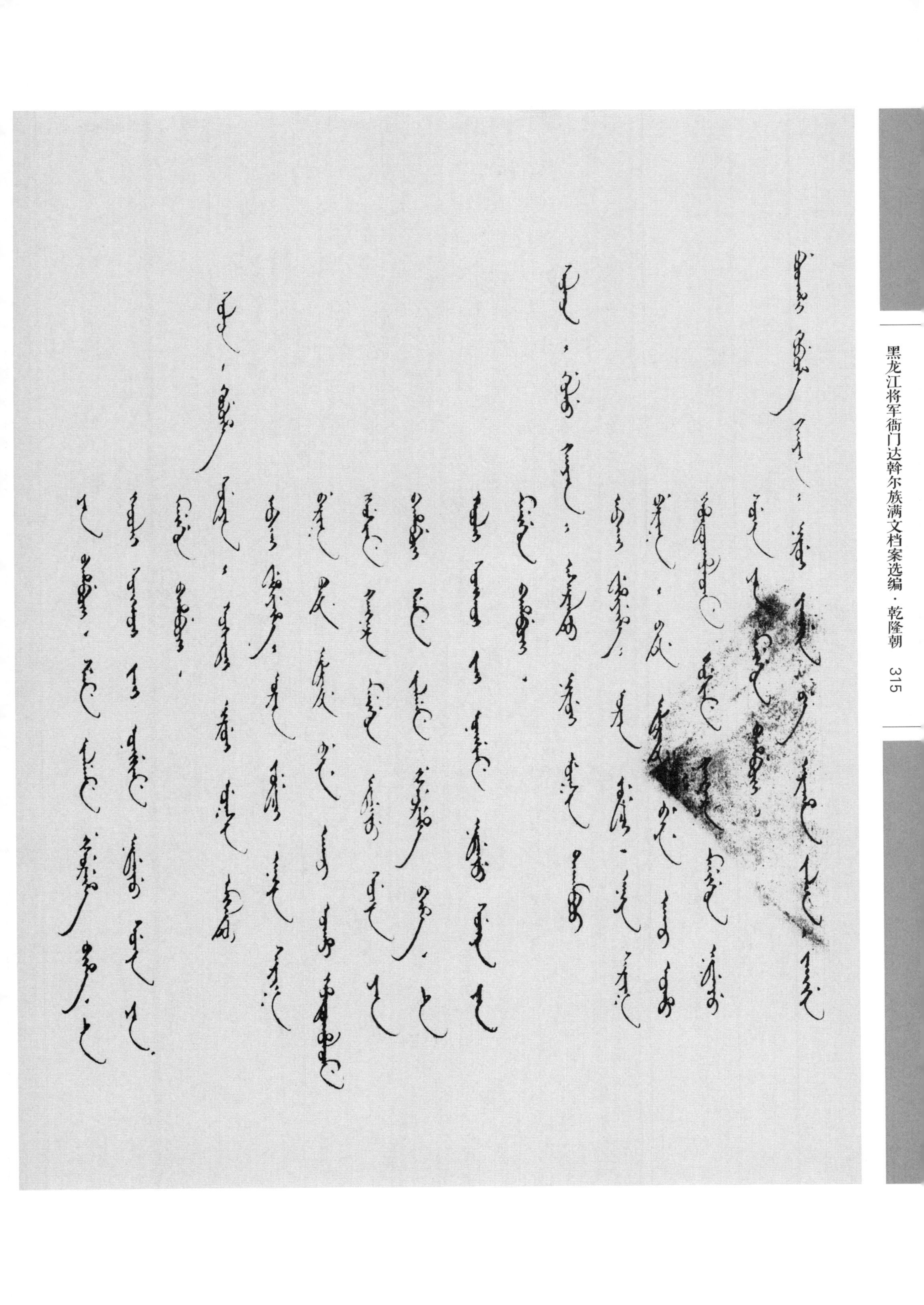

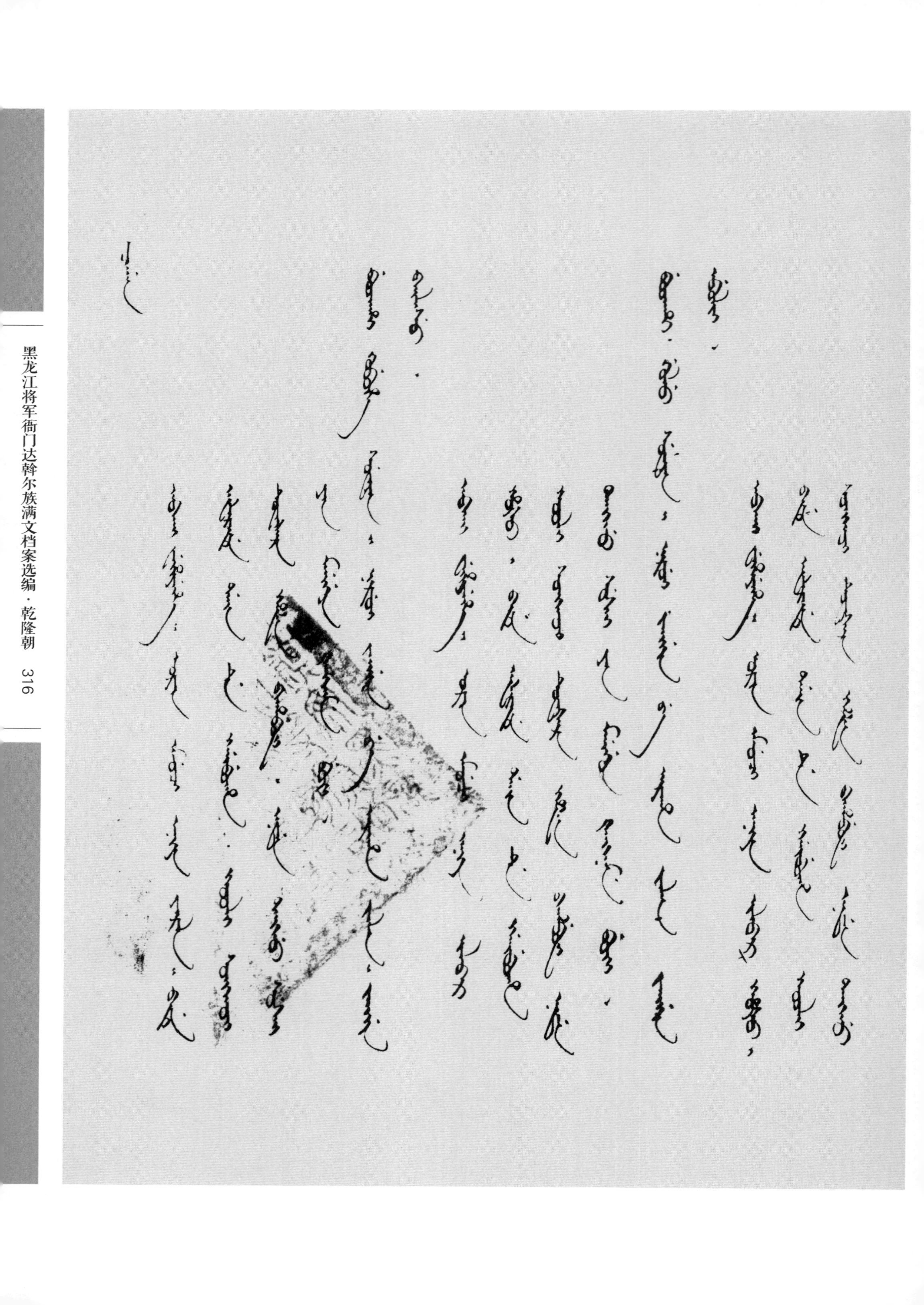

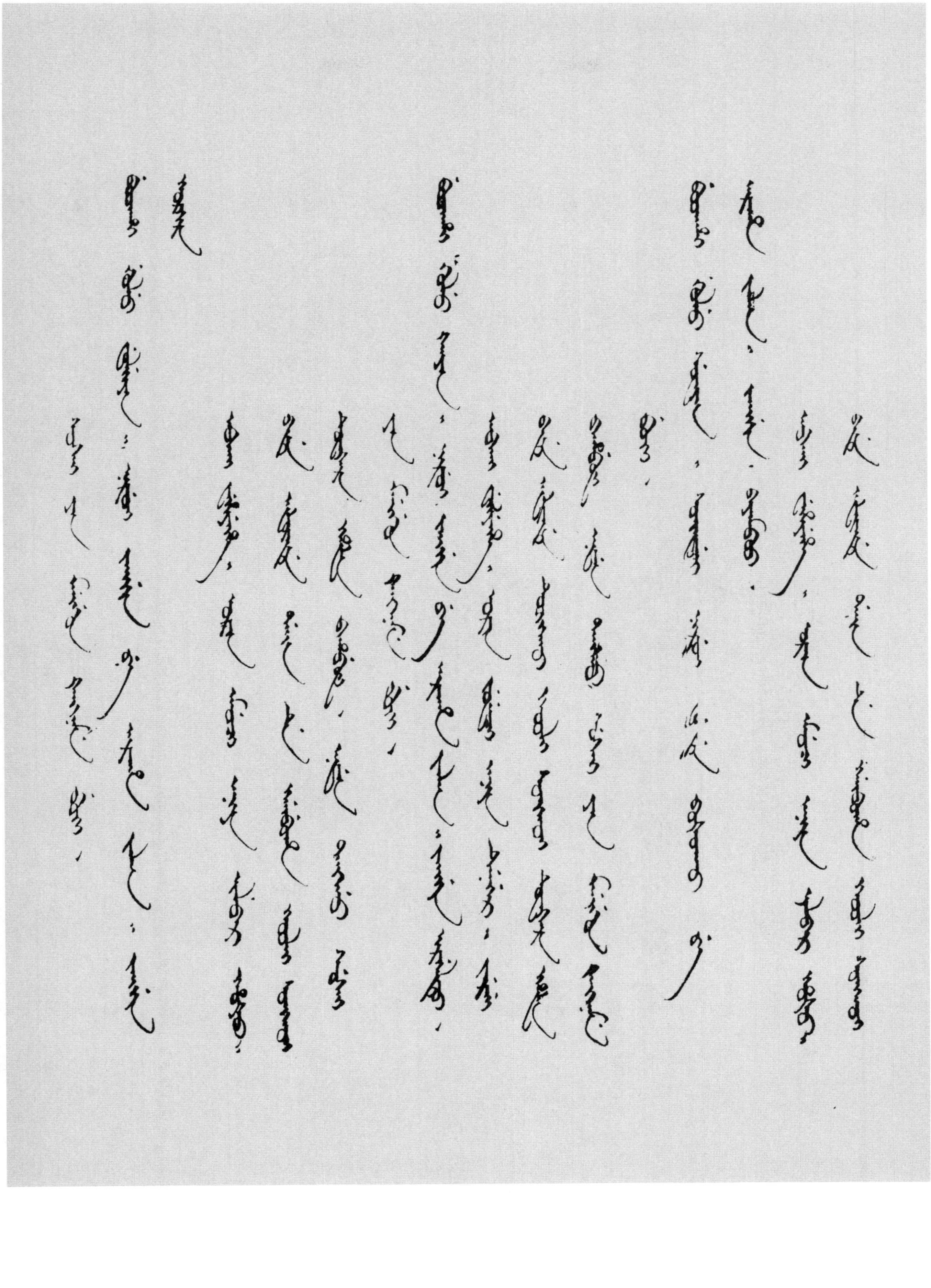

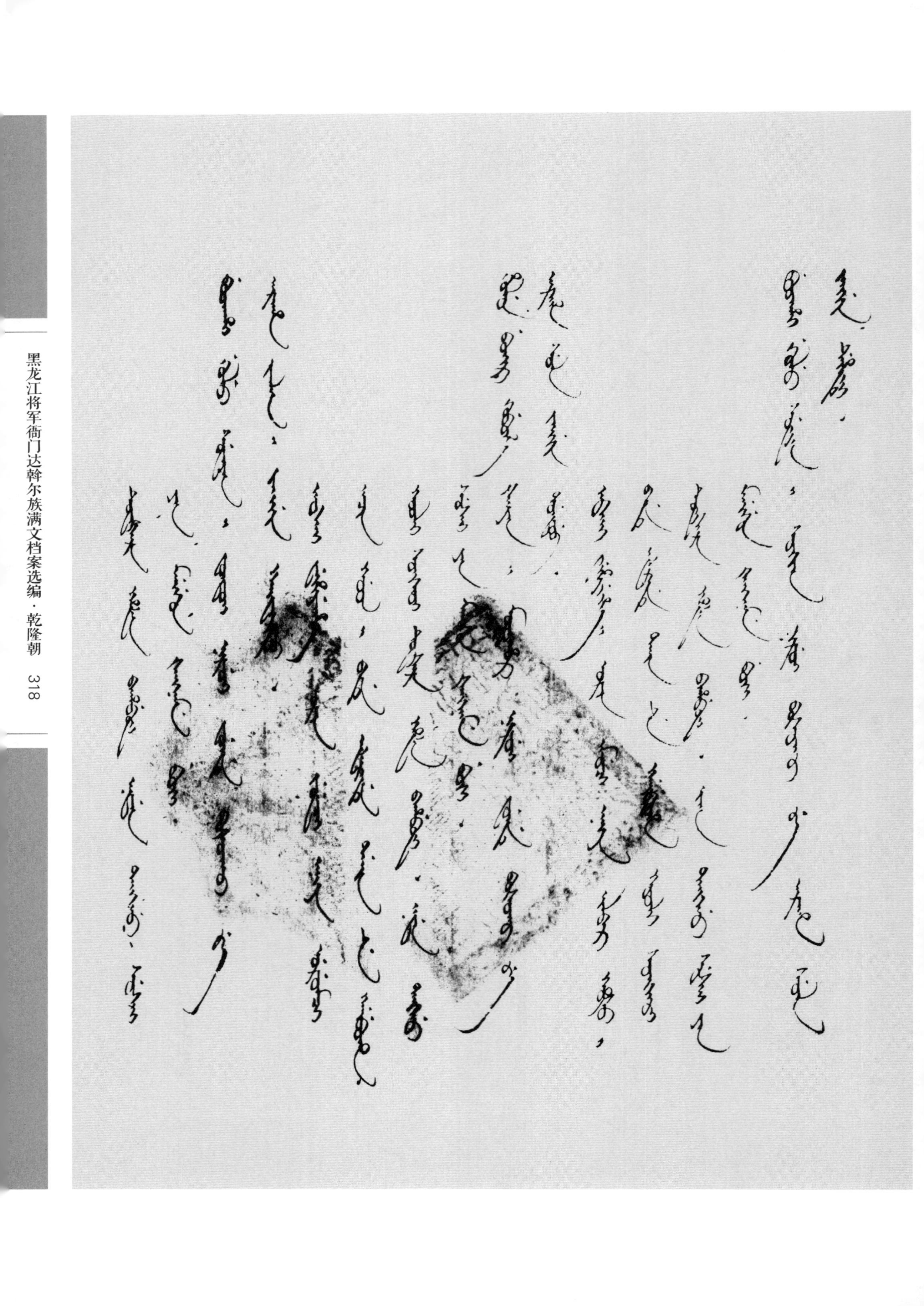

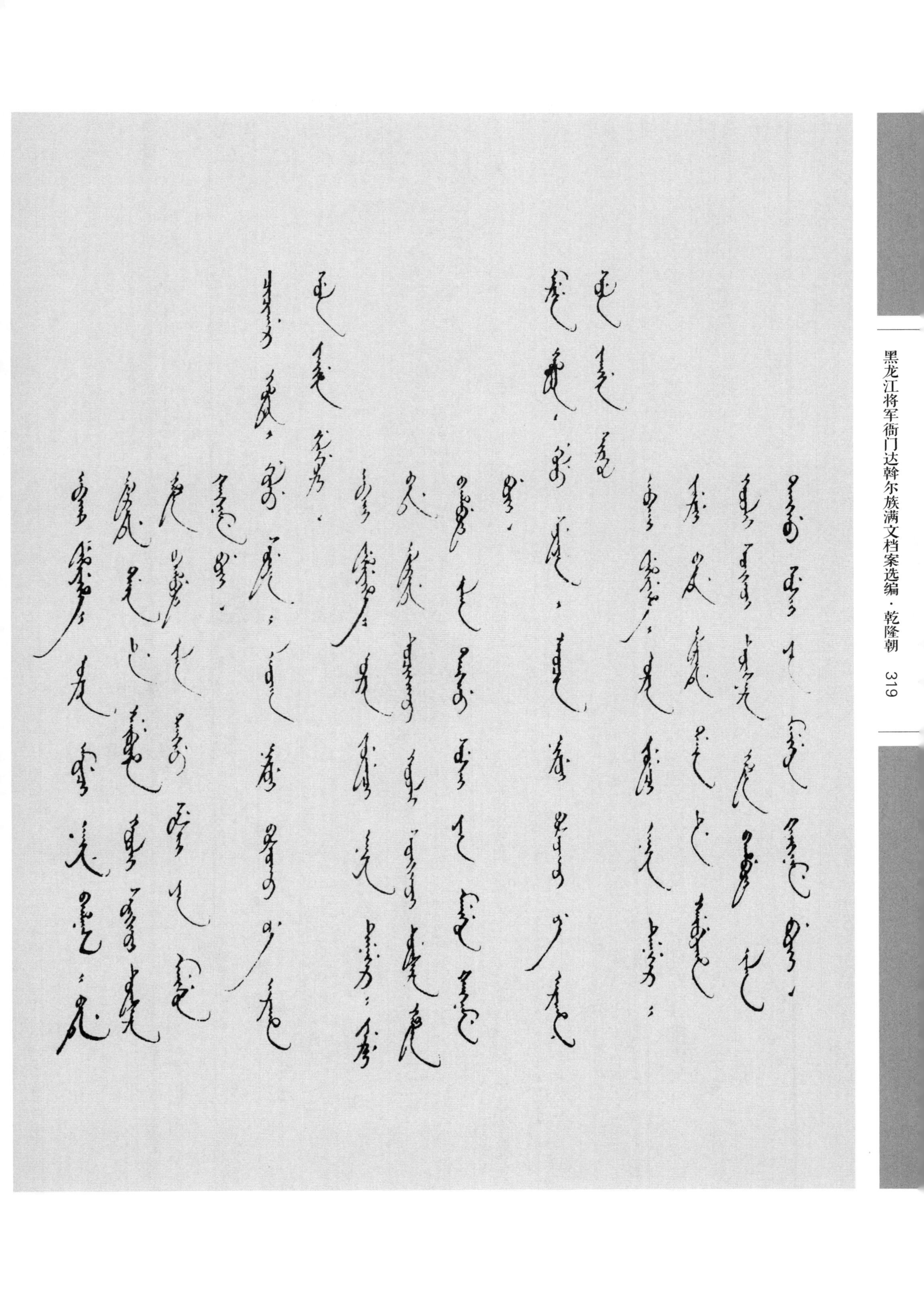

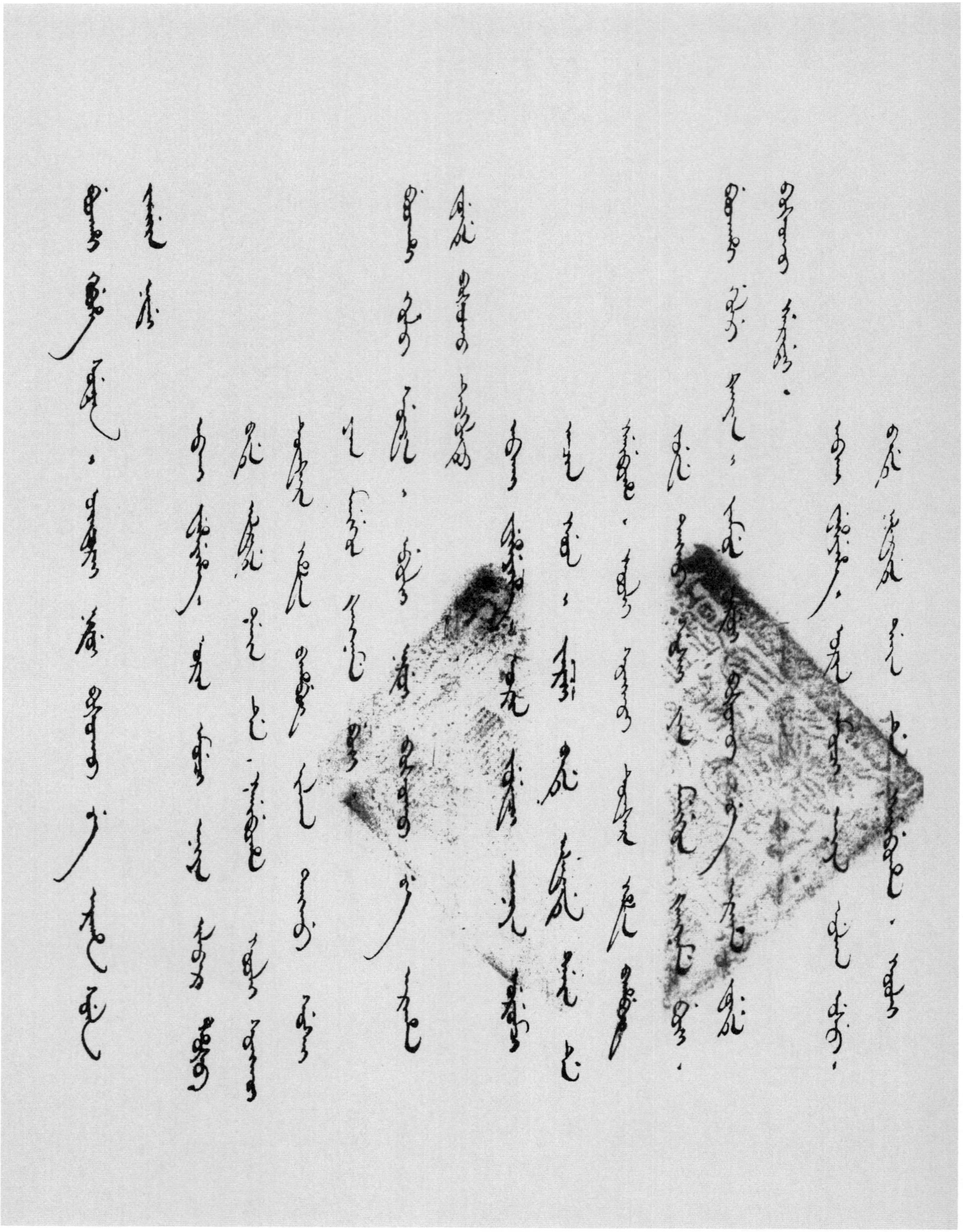

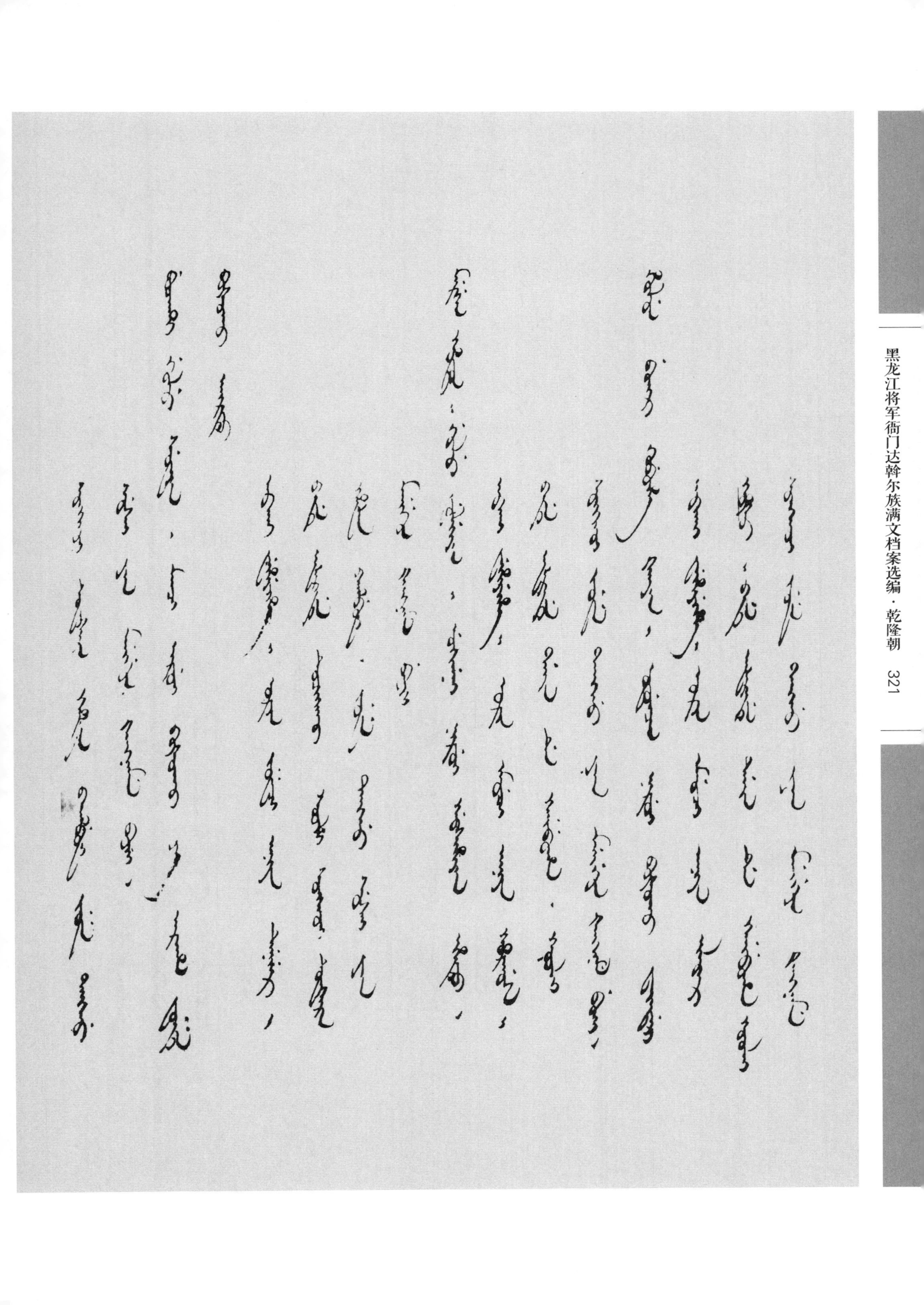

[illegible]

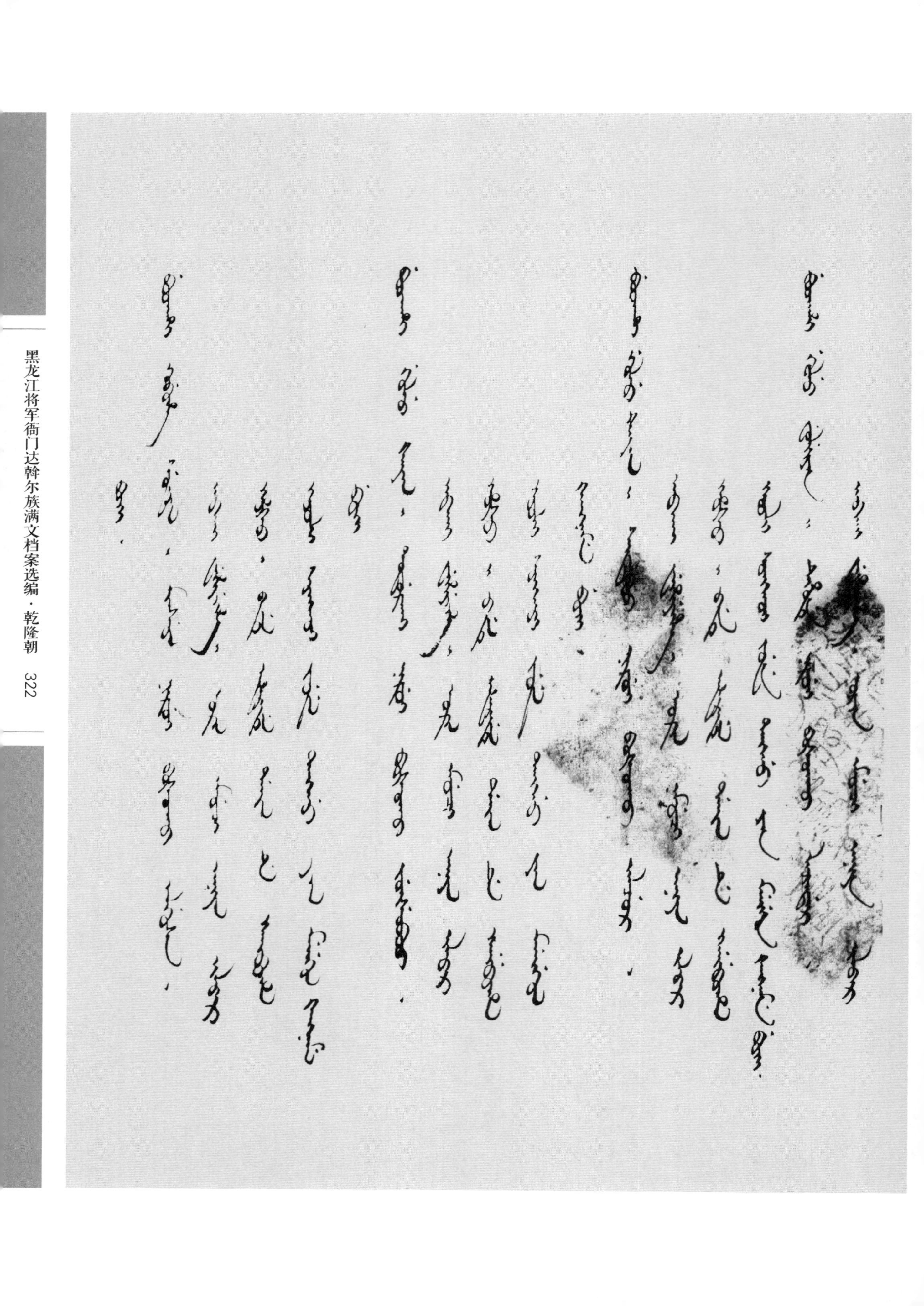

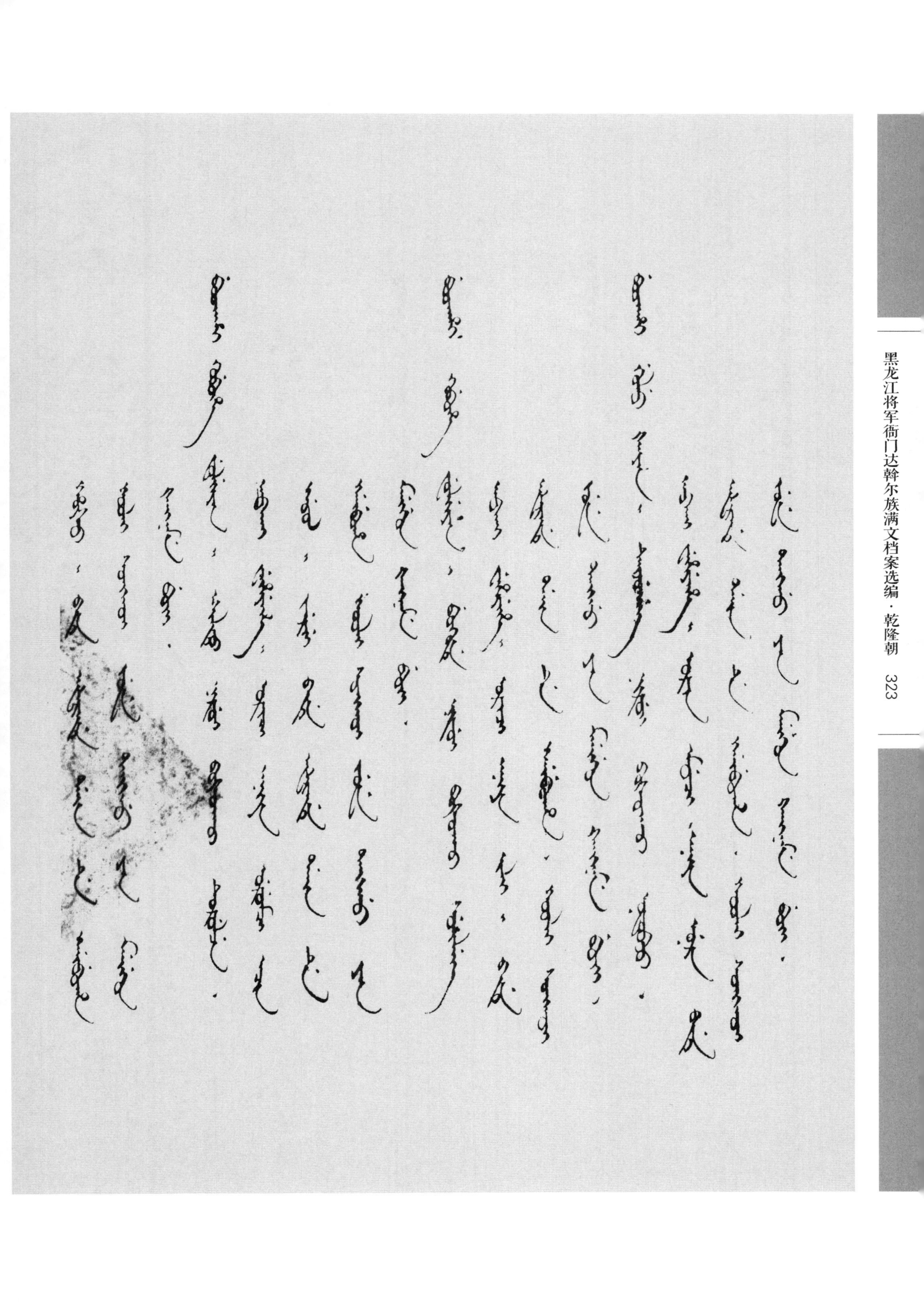

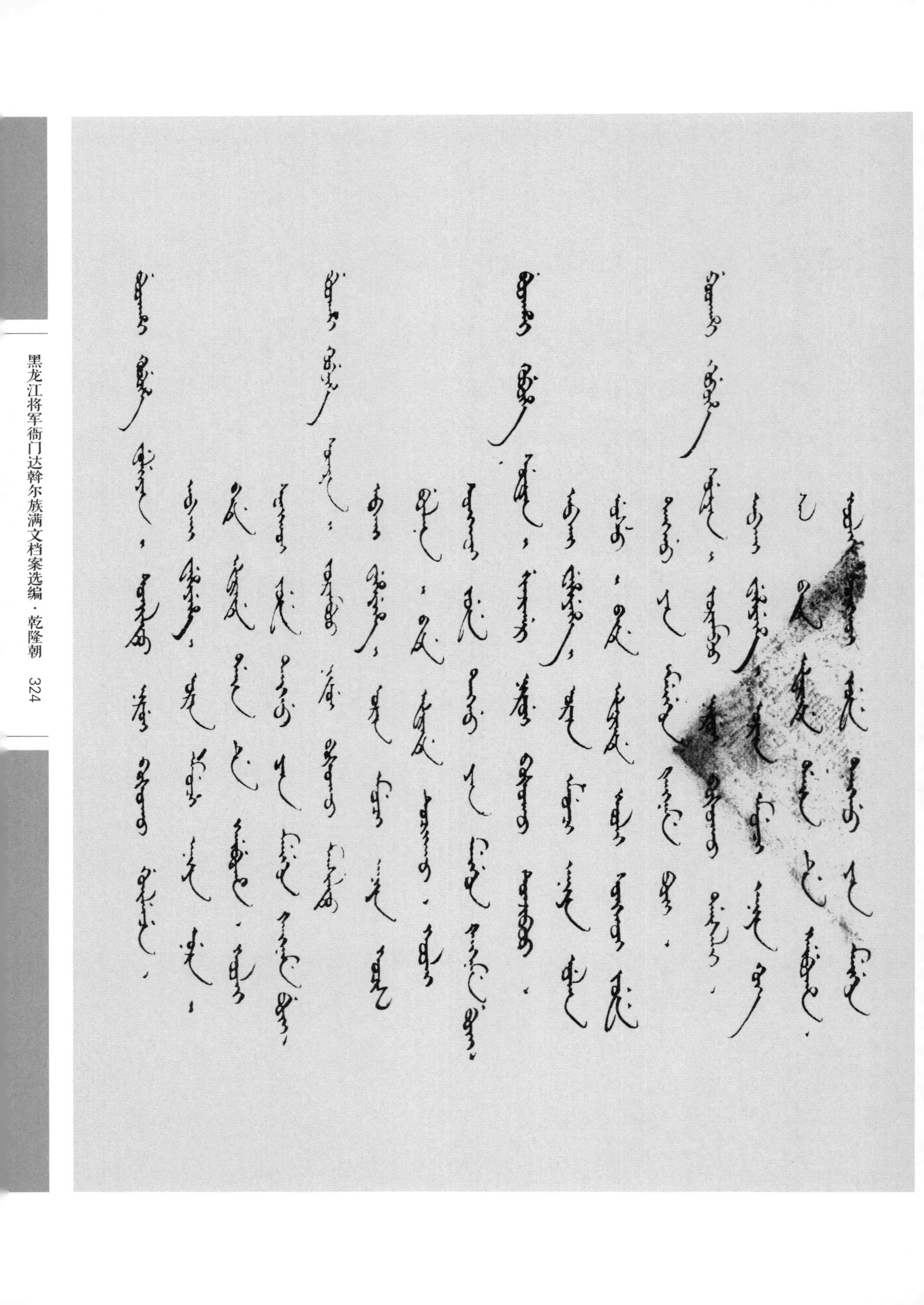

[illegible]

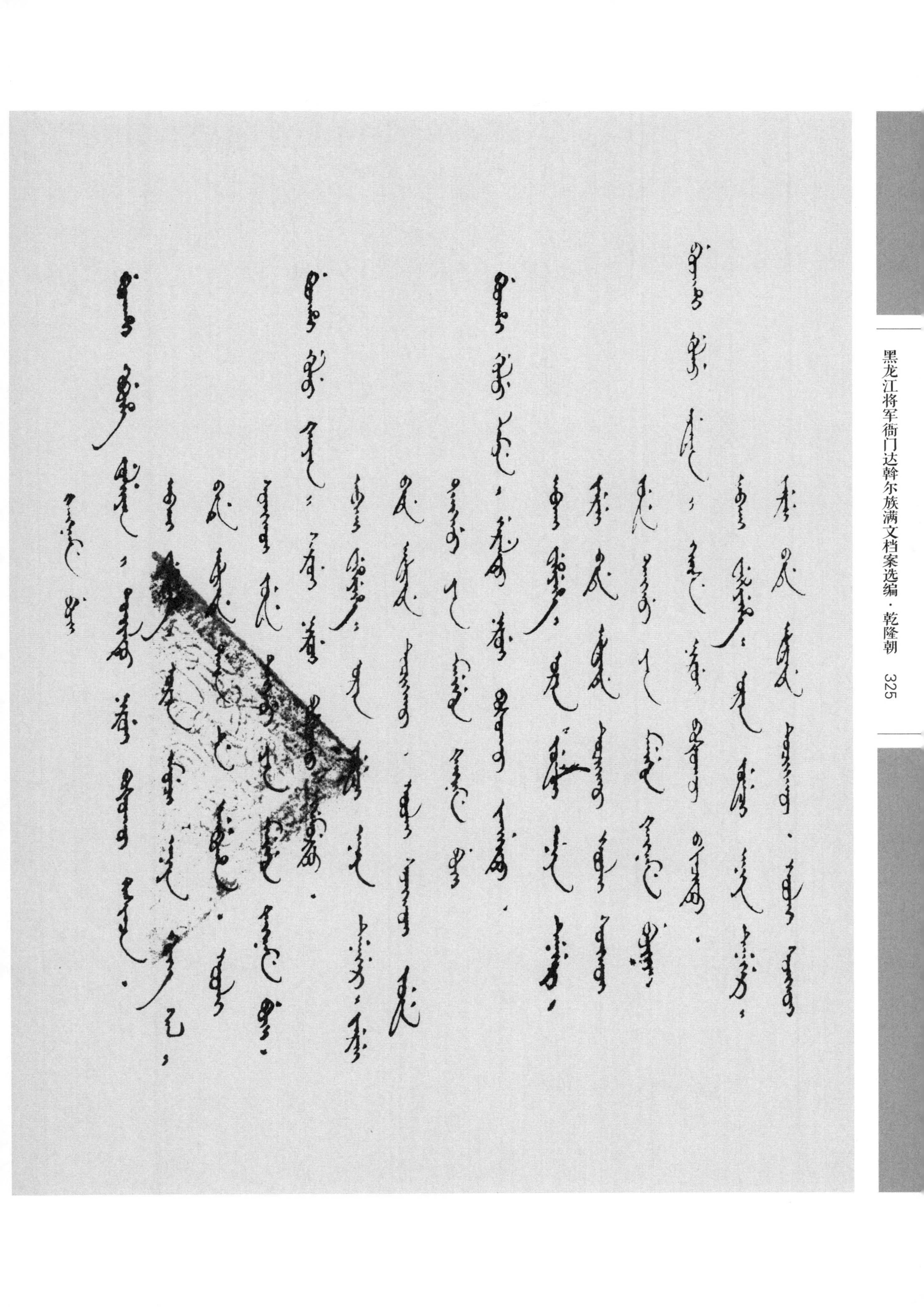

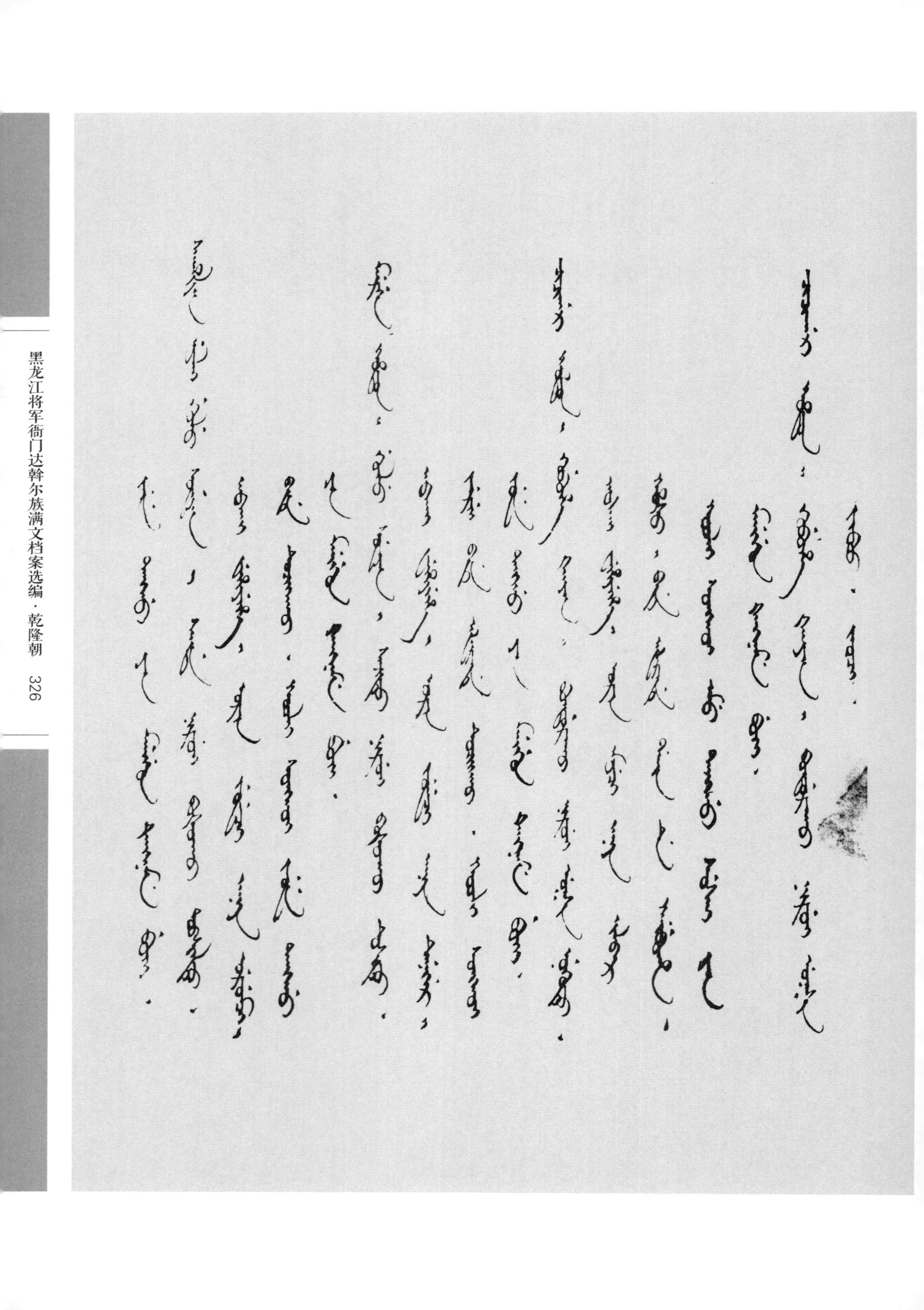

[illegible]

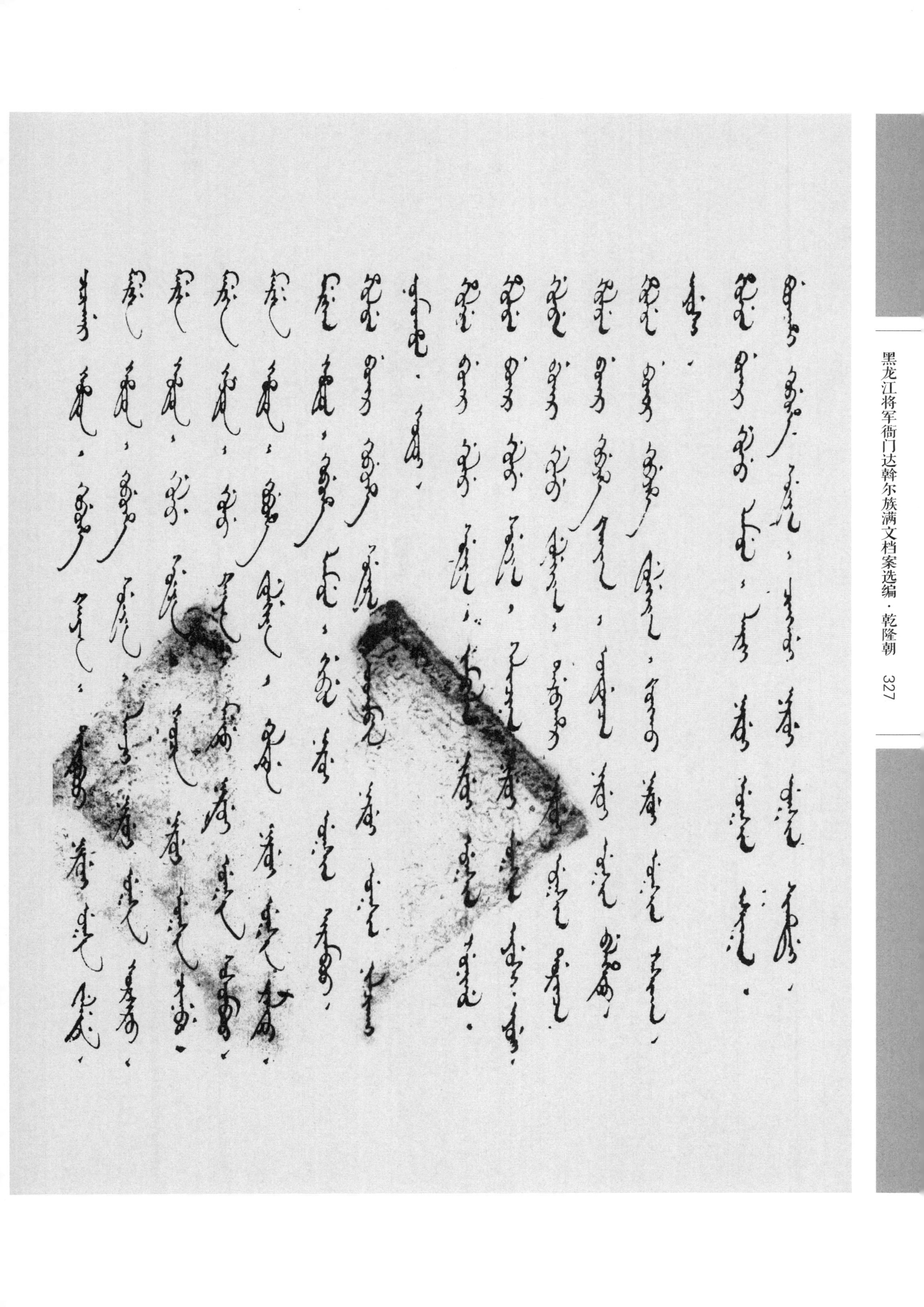

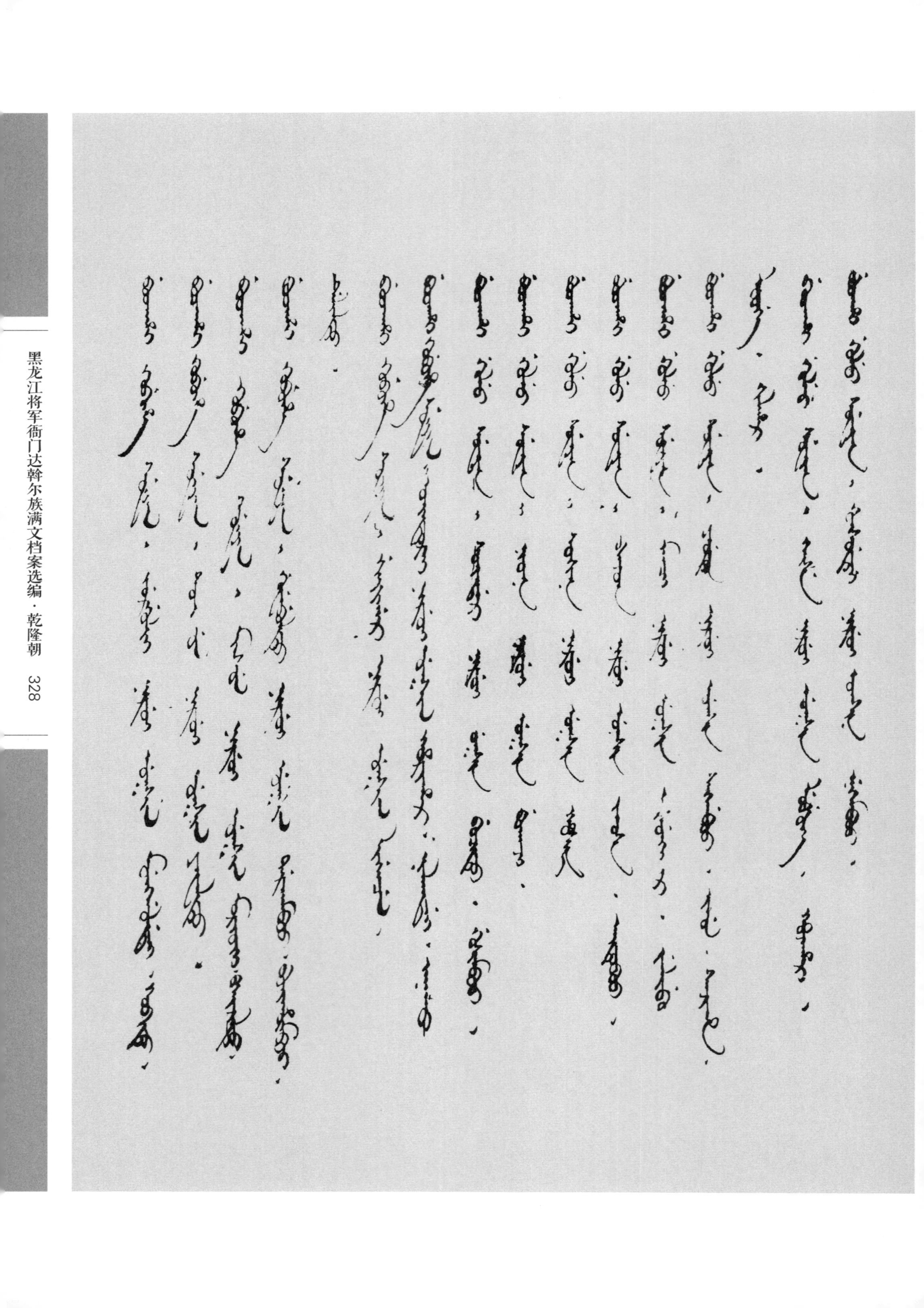

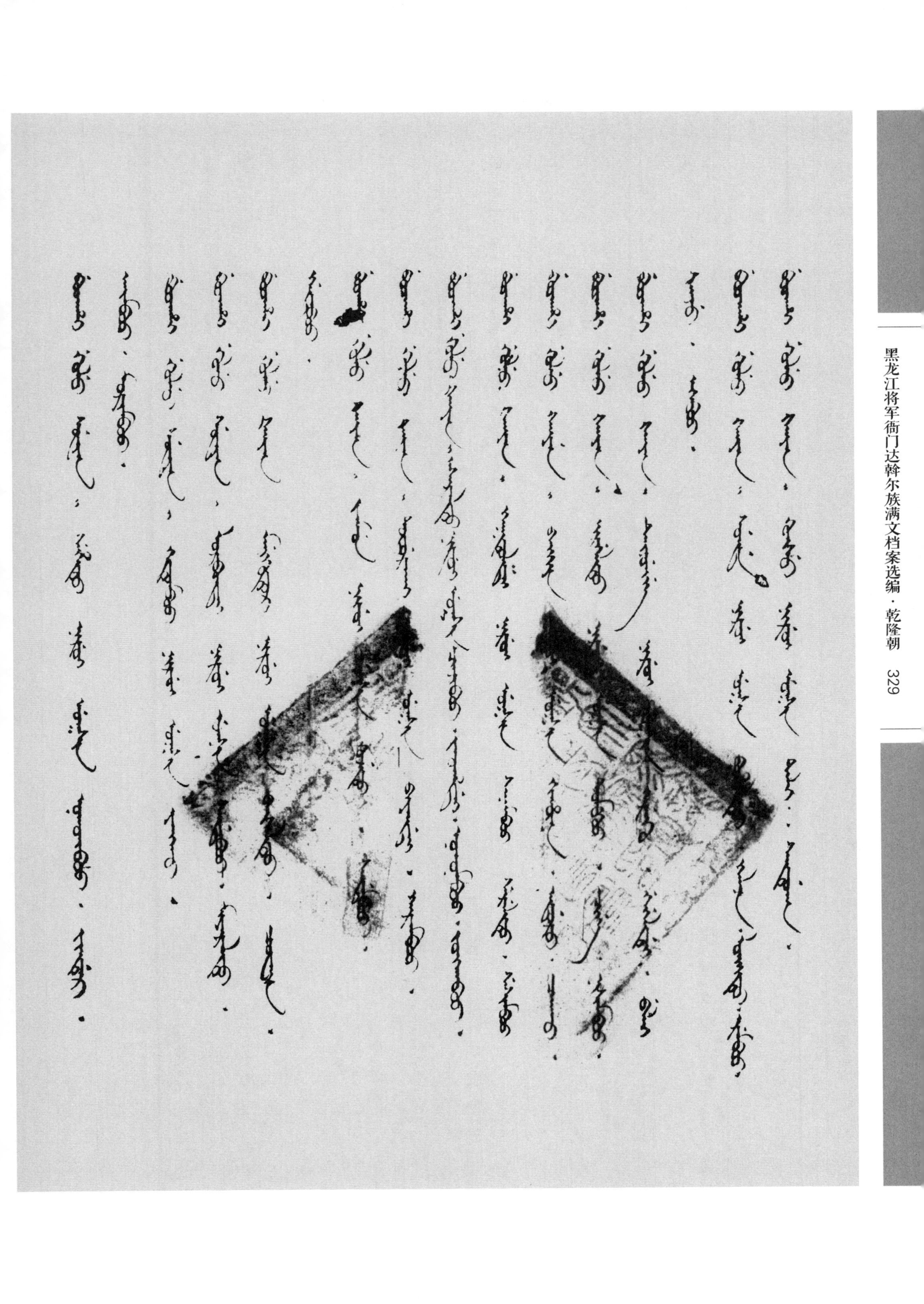

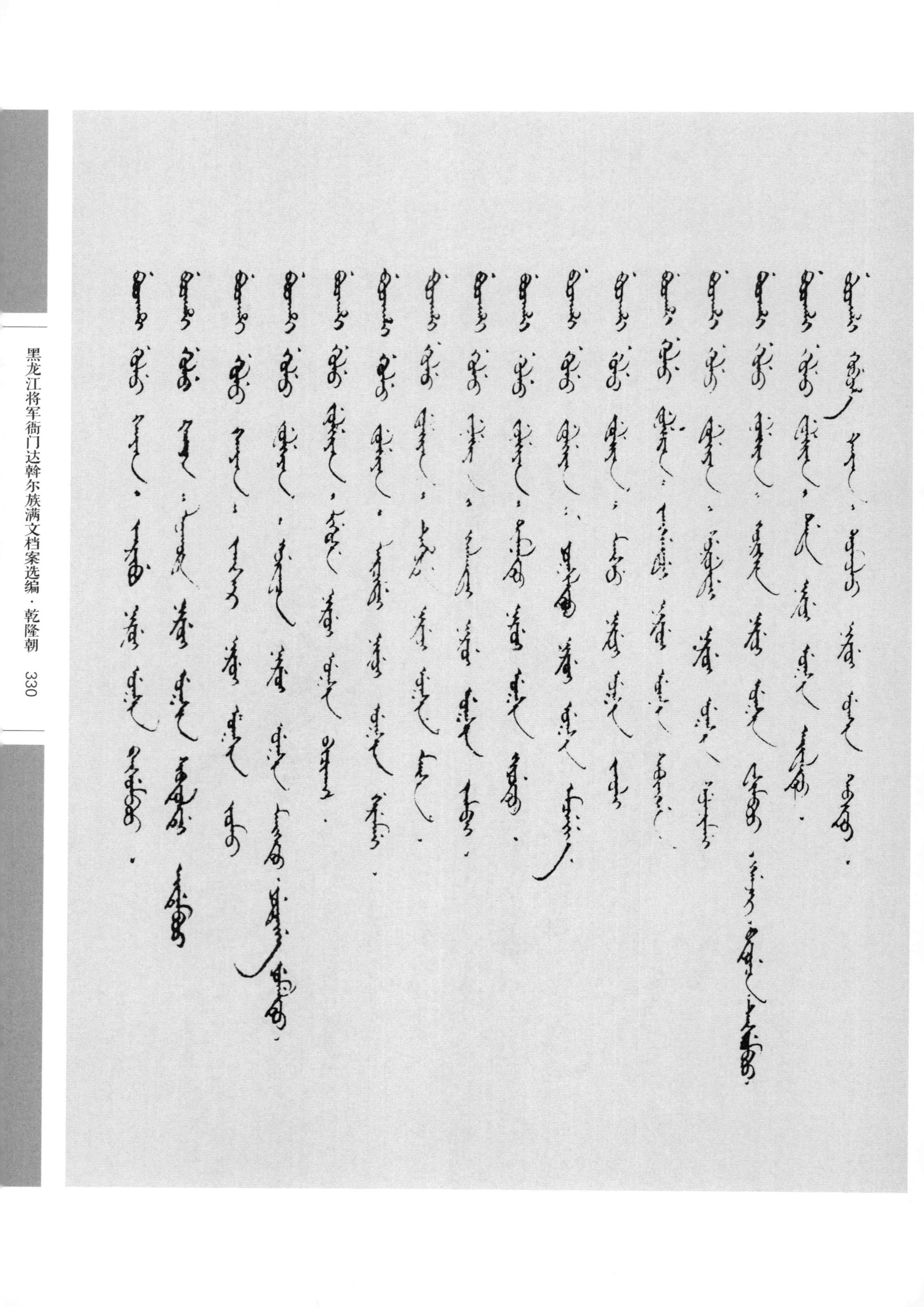

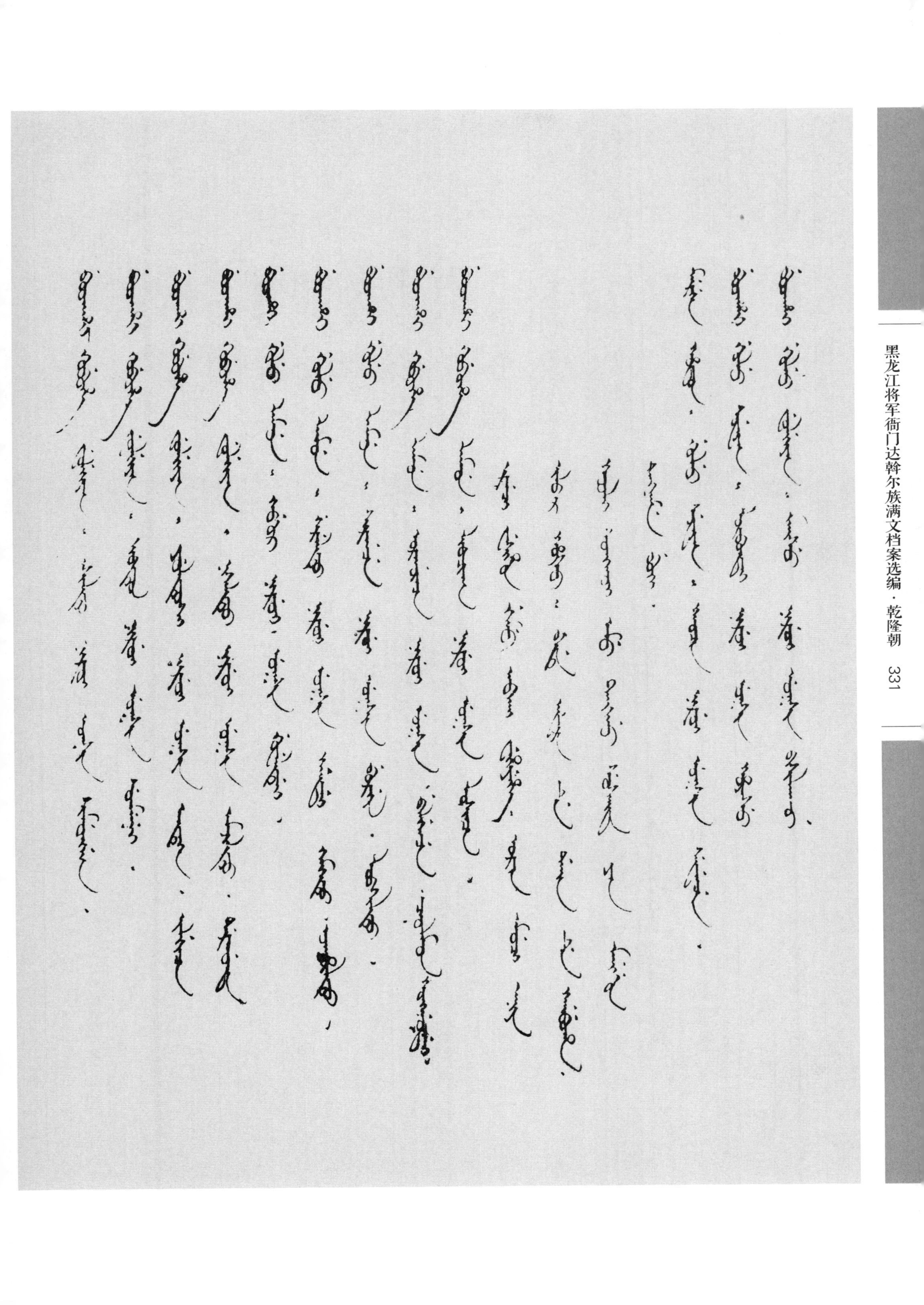

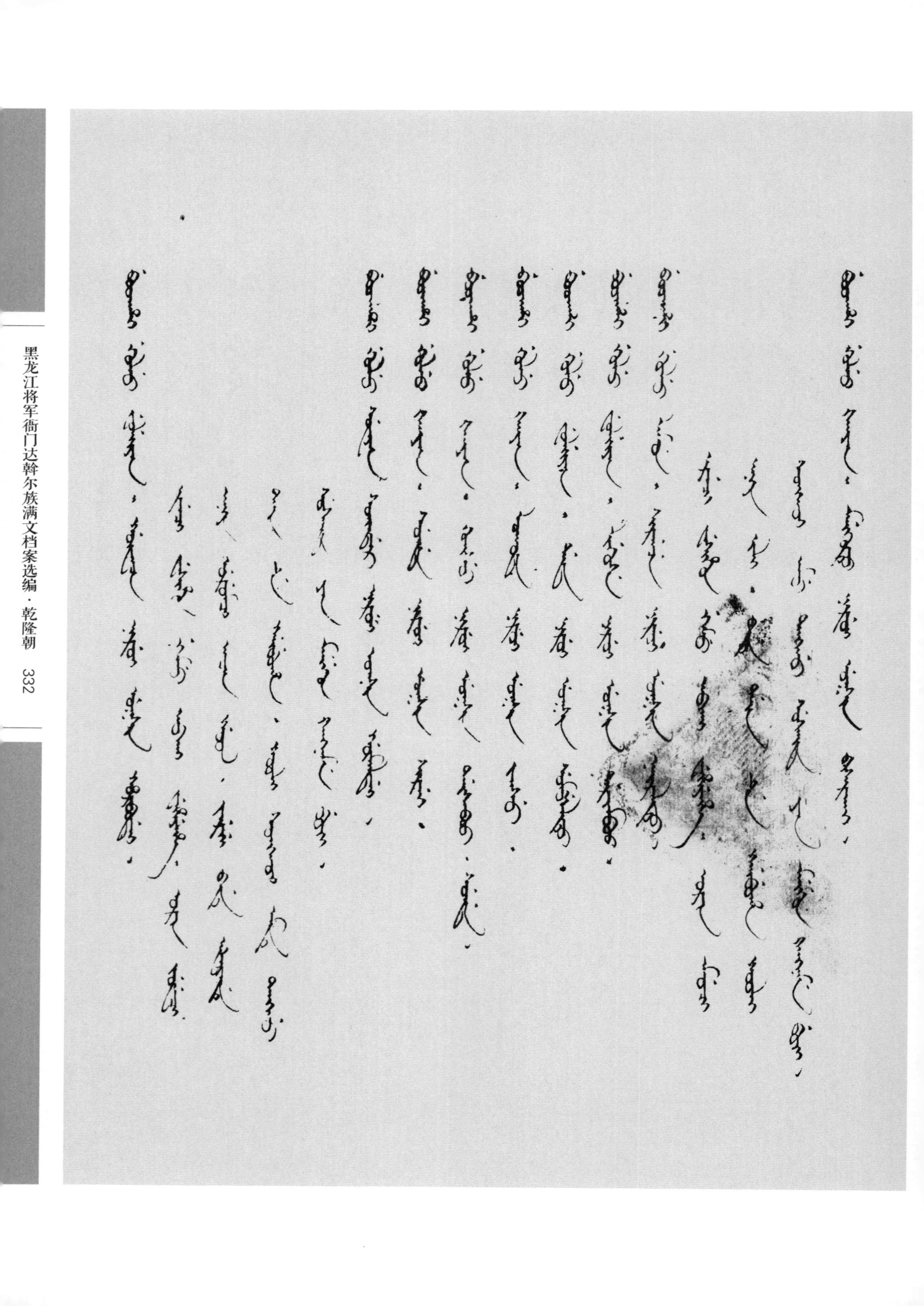

[illegible]

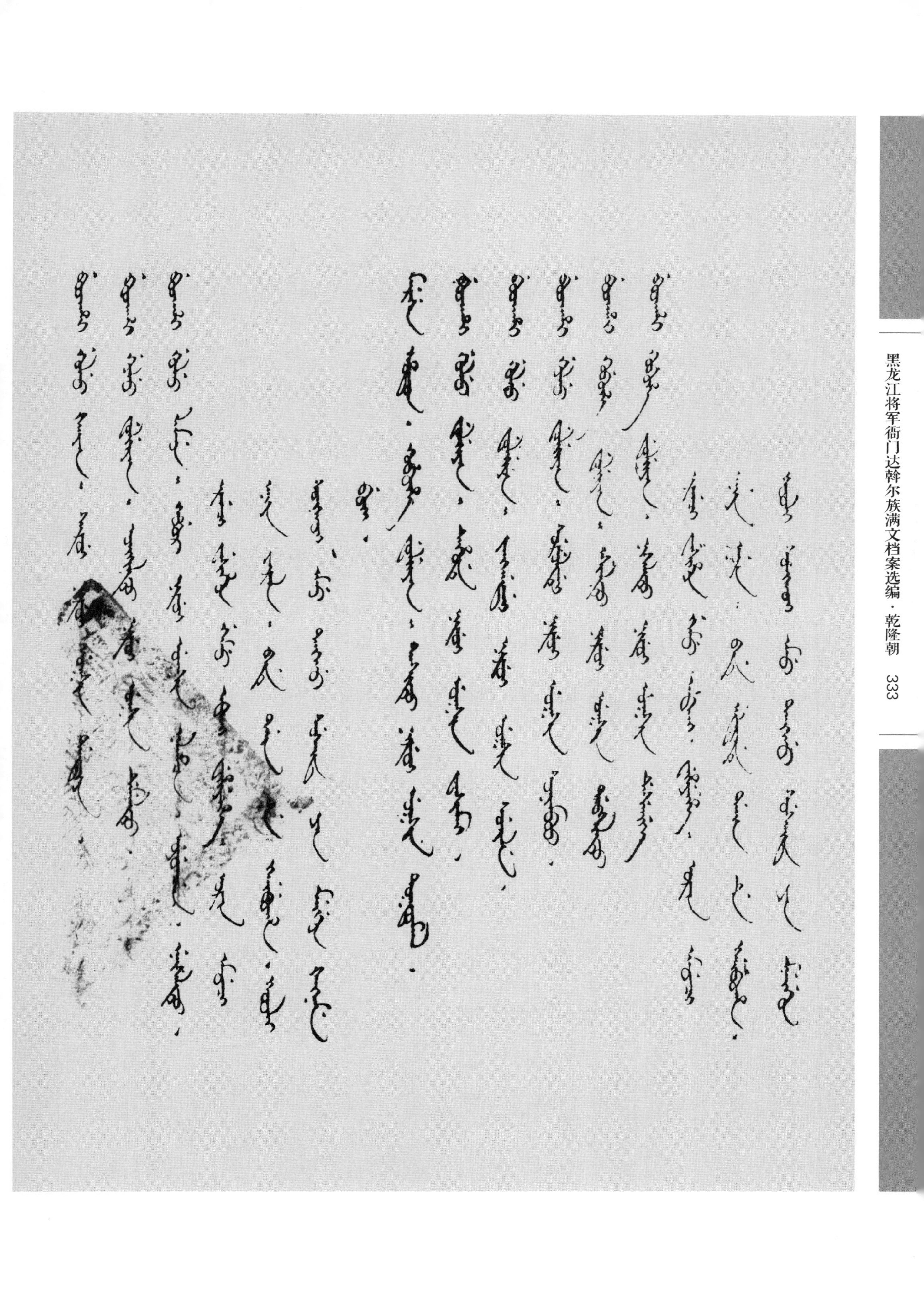

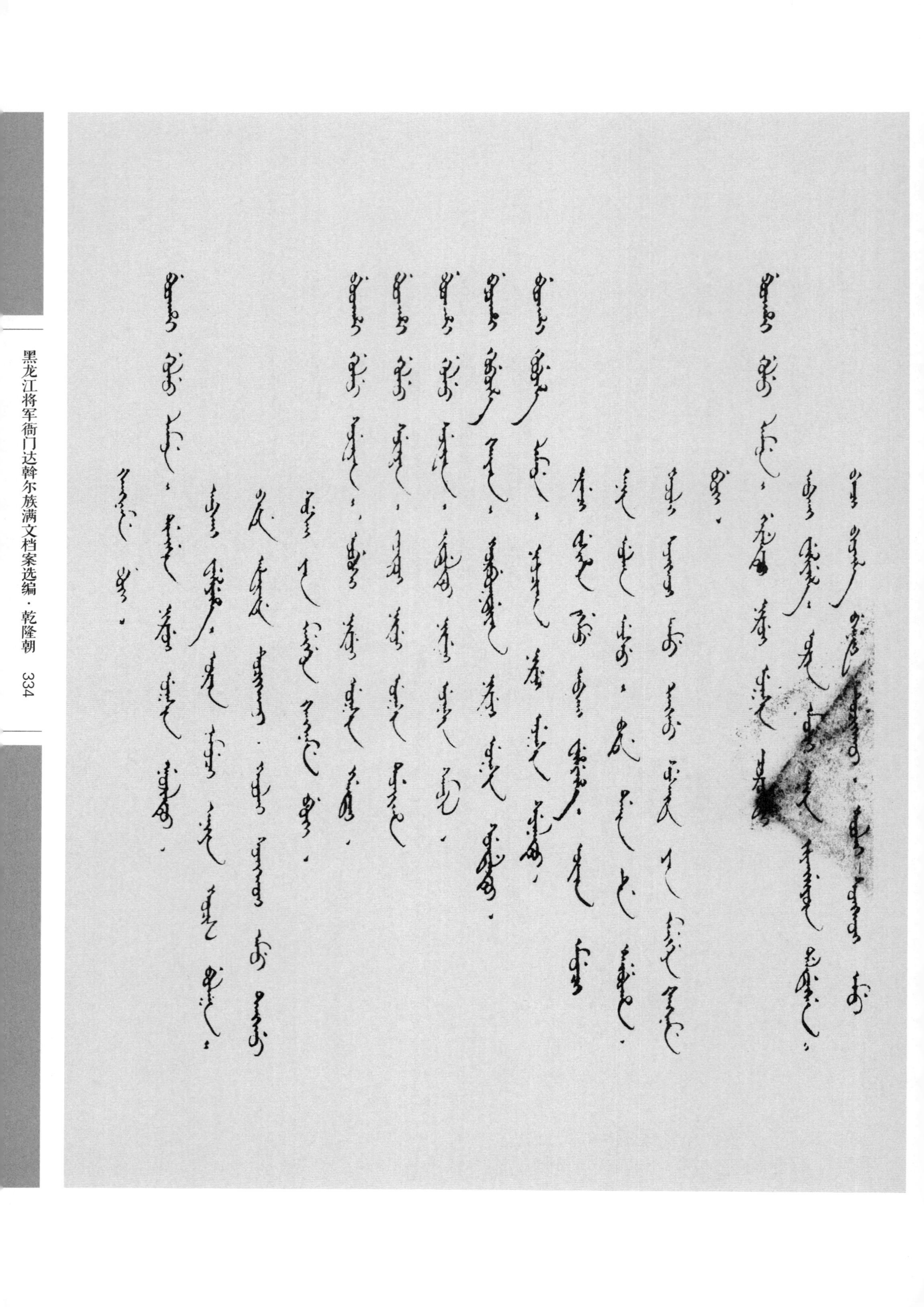

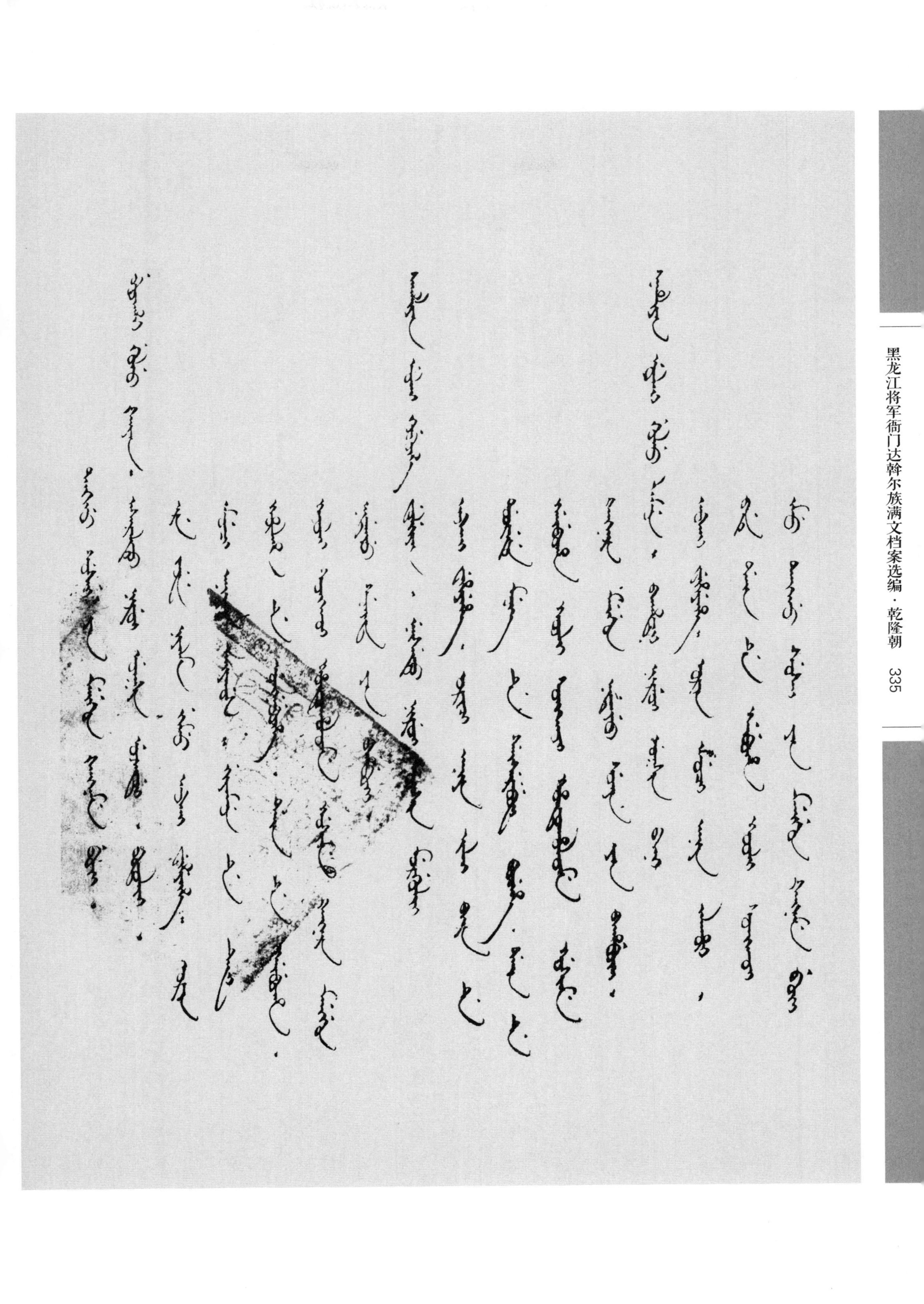

[illegible]

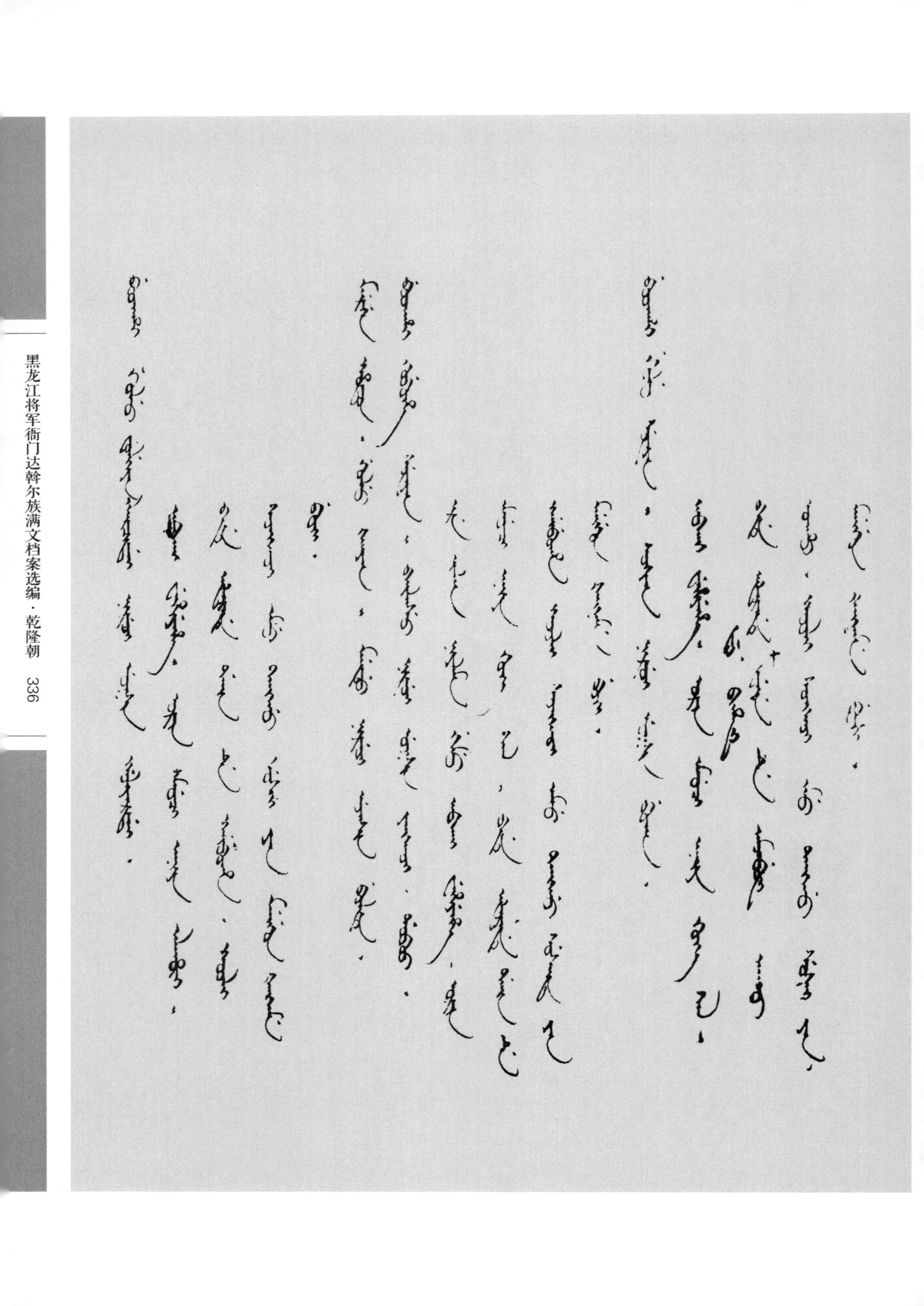

[illegible]

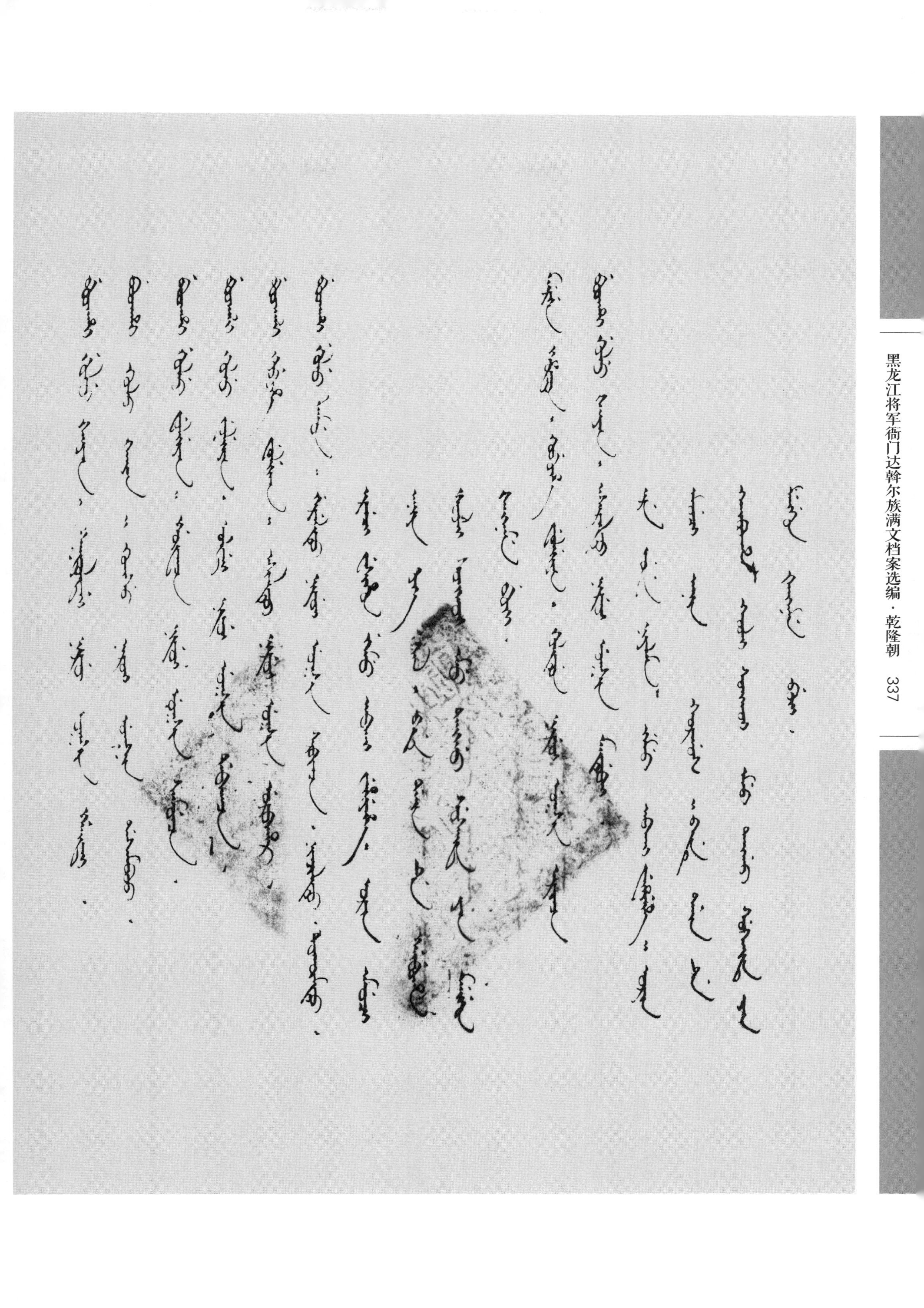

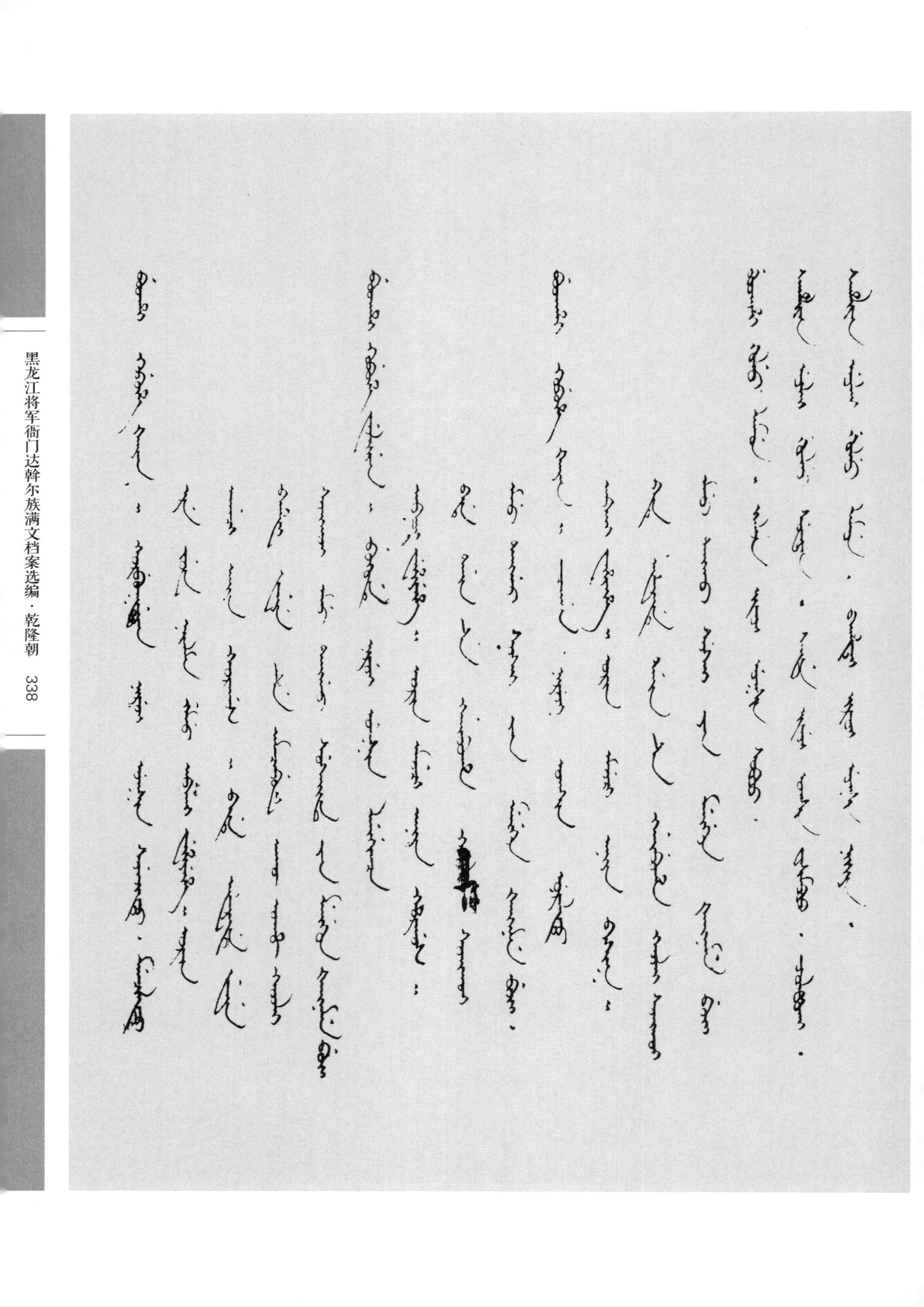

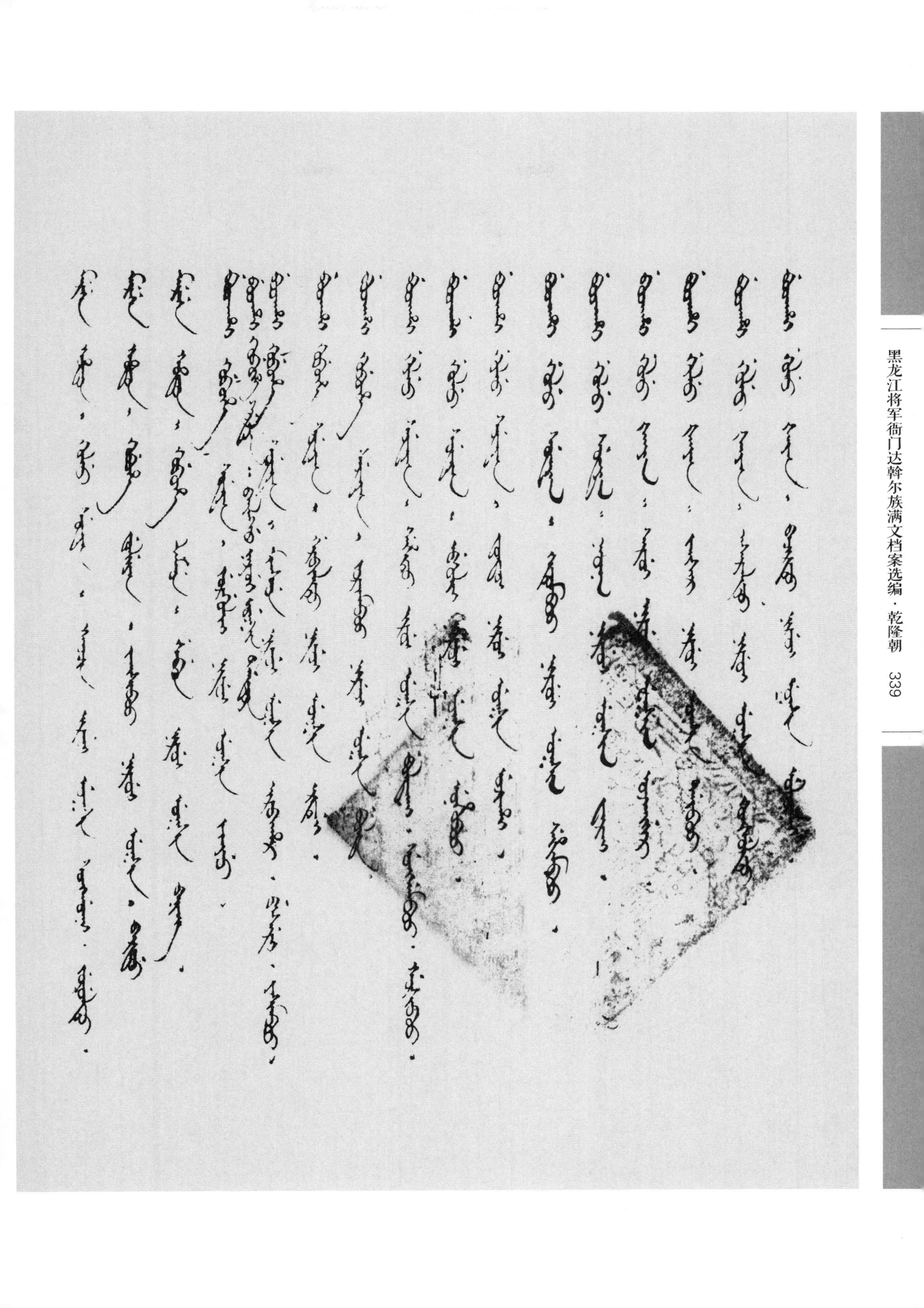

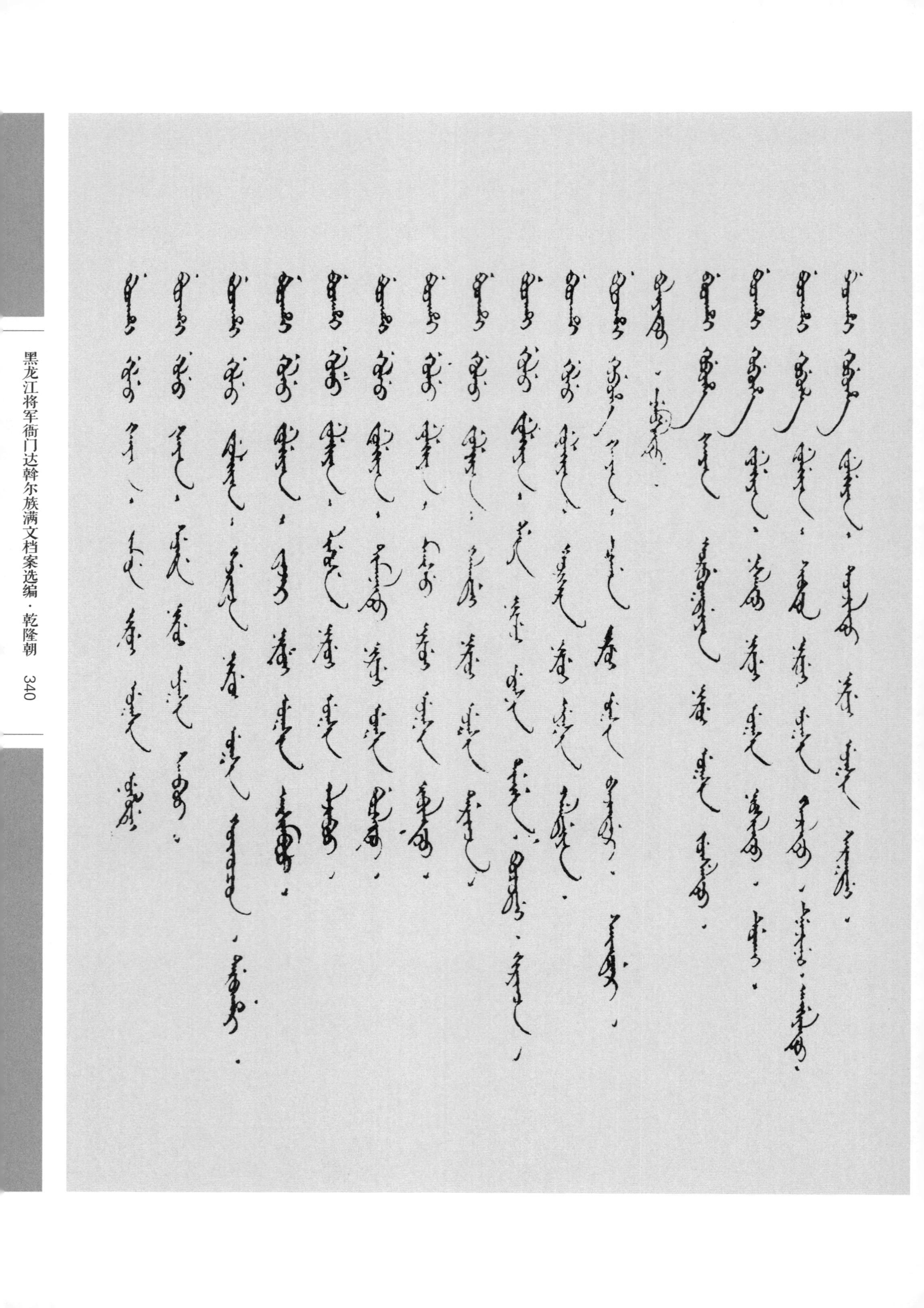

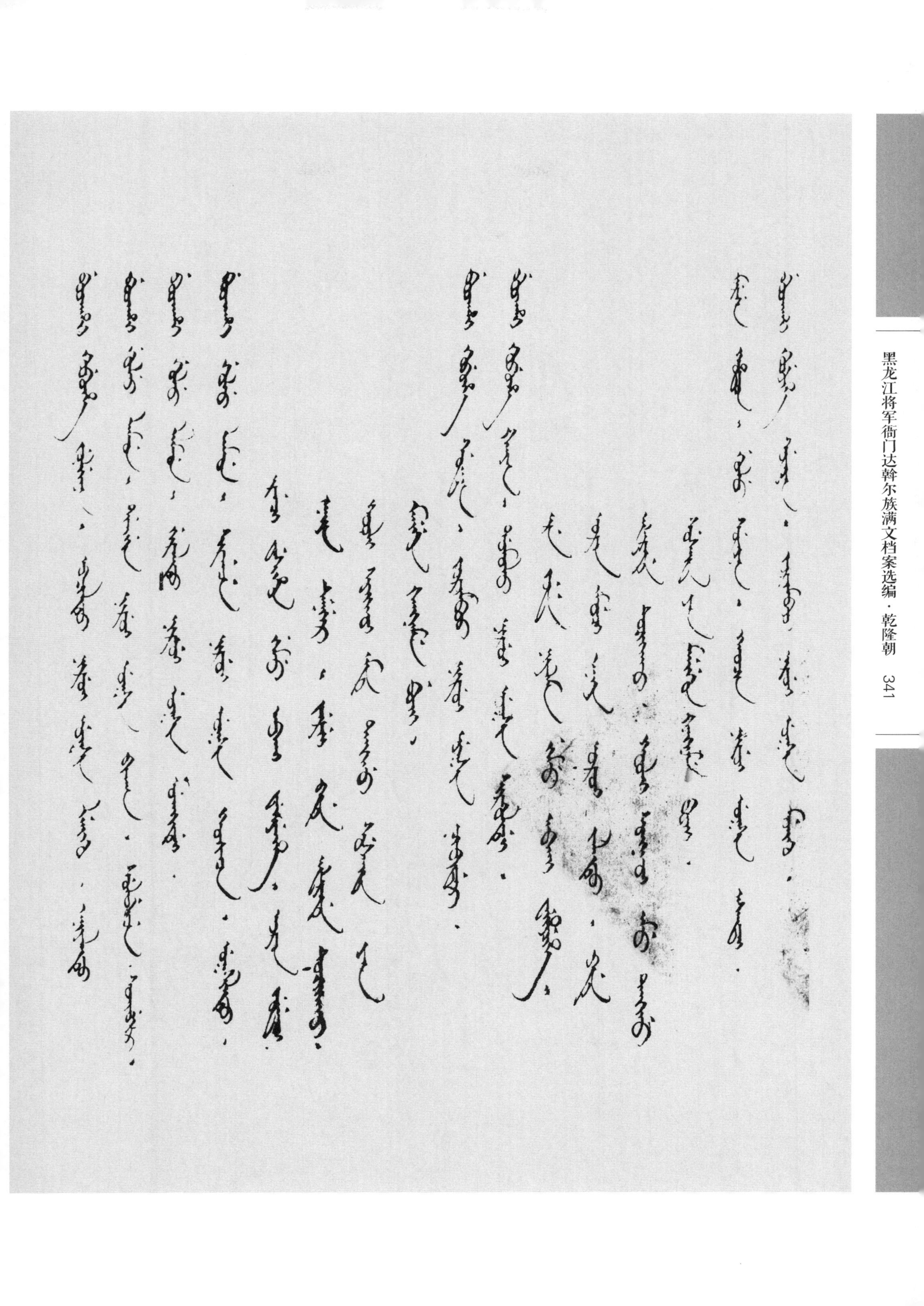

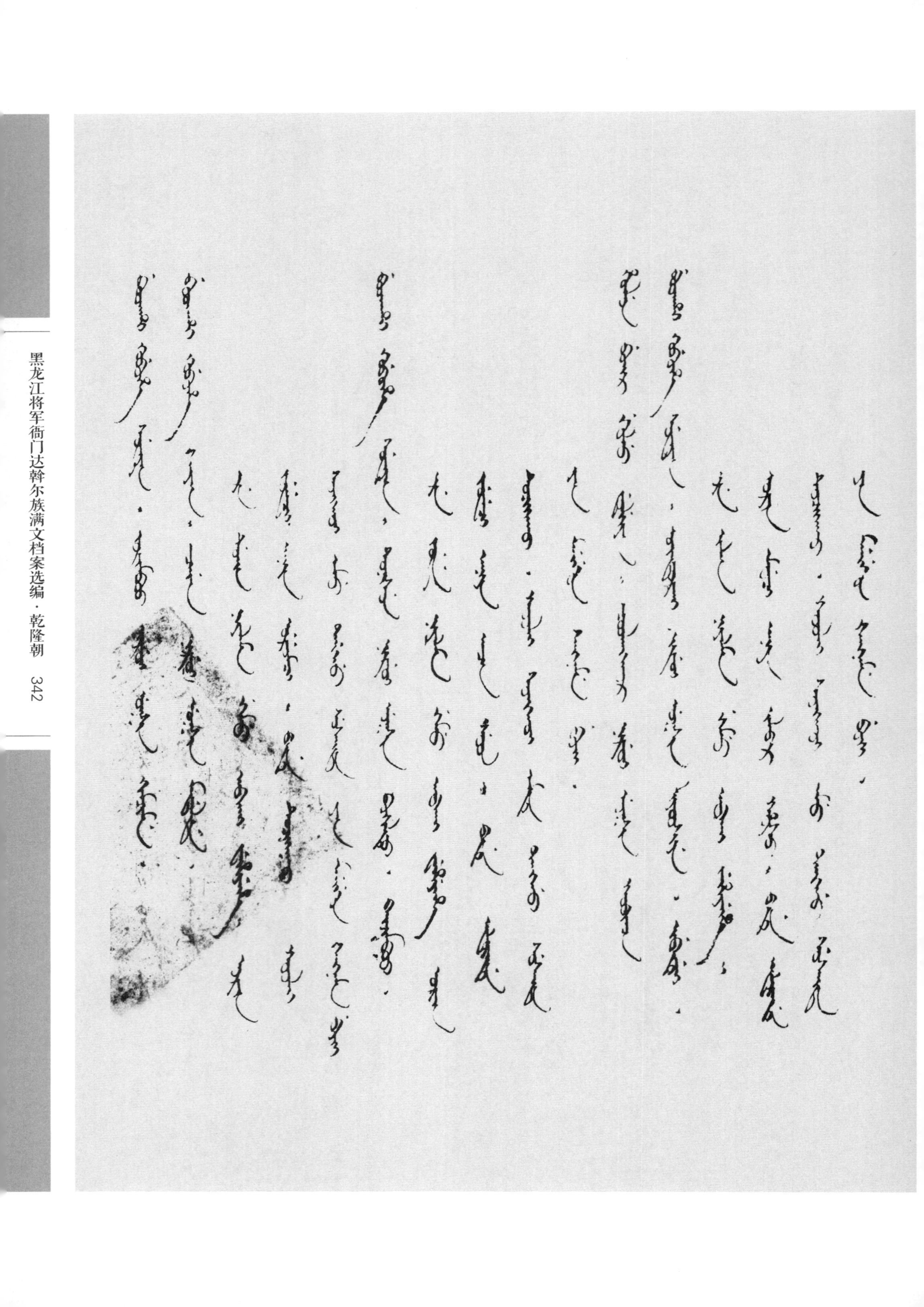

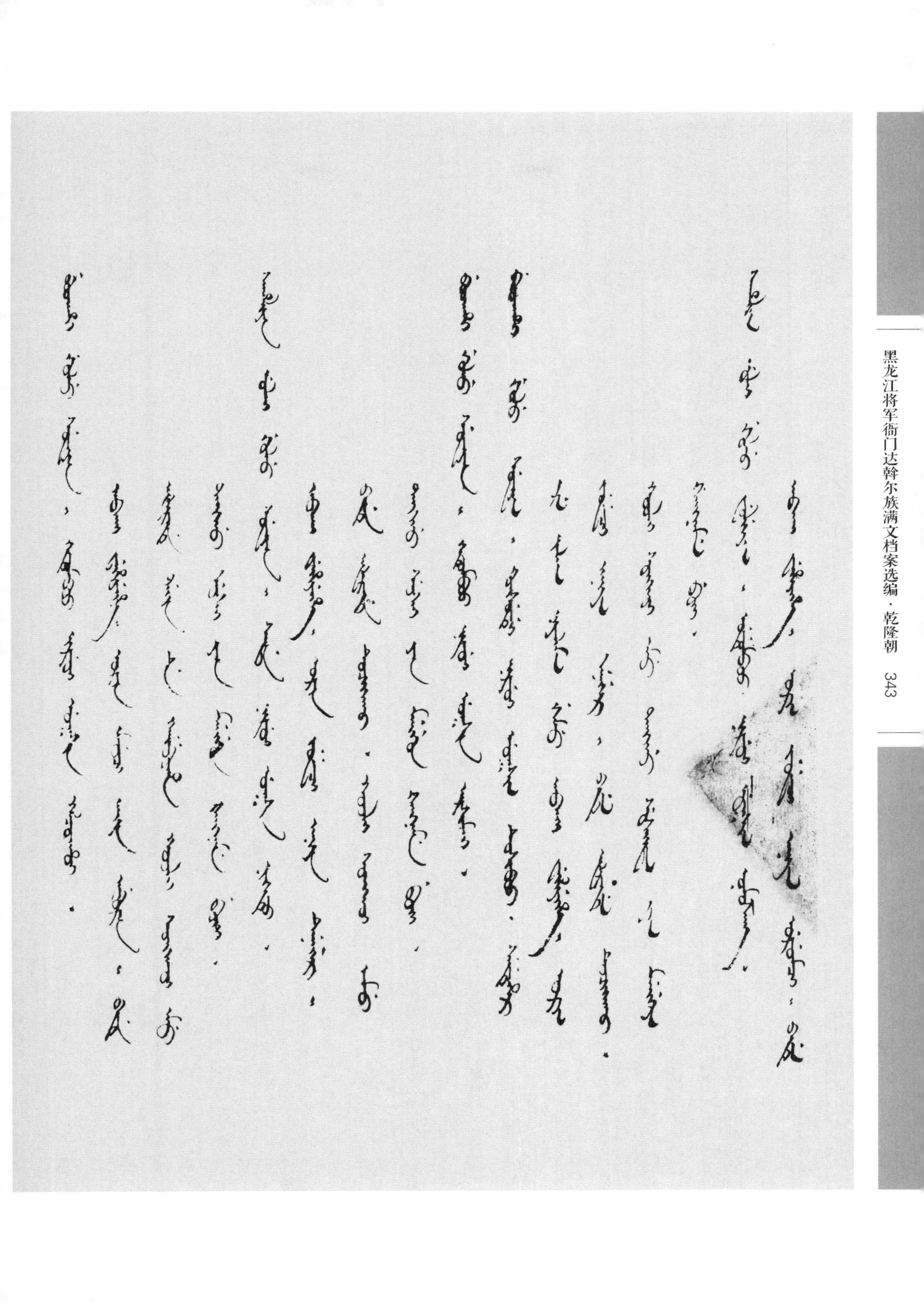

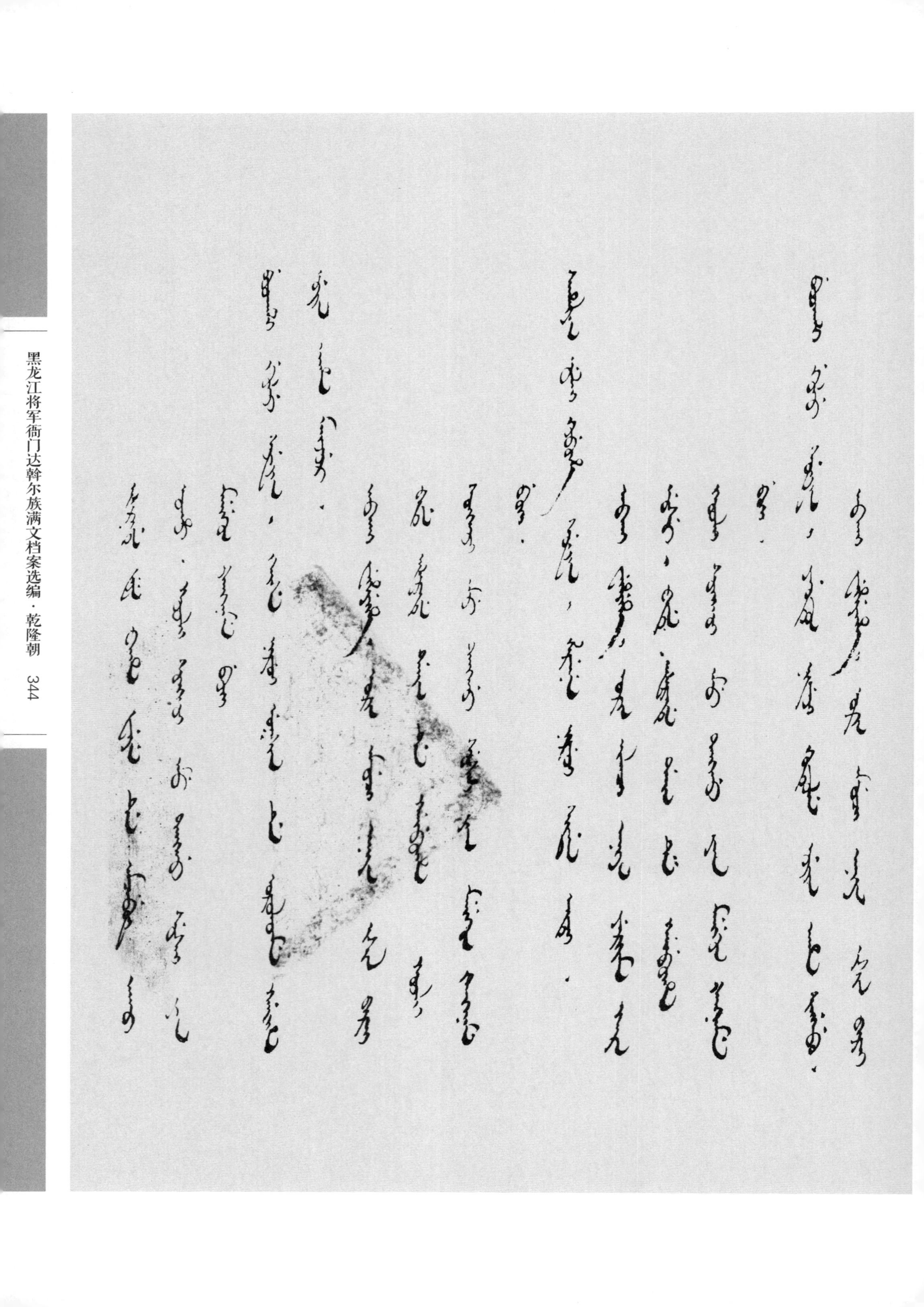

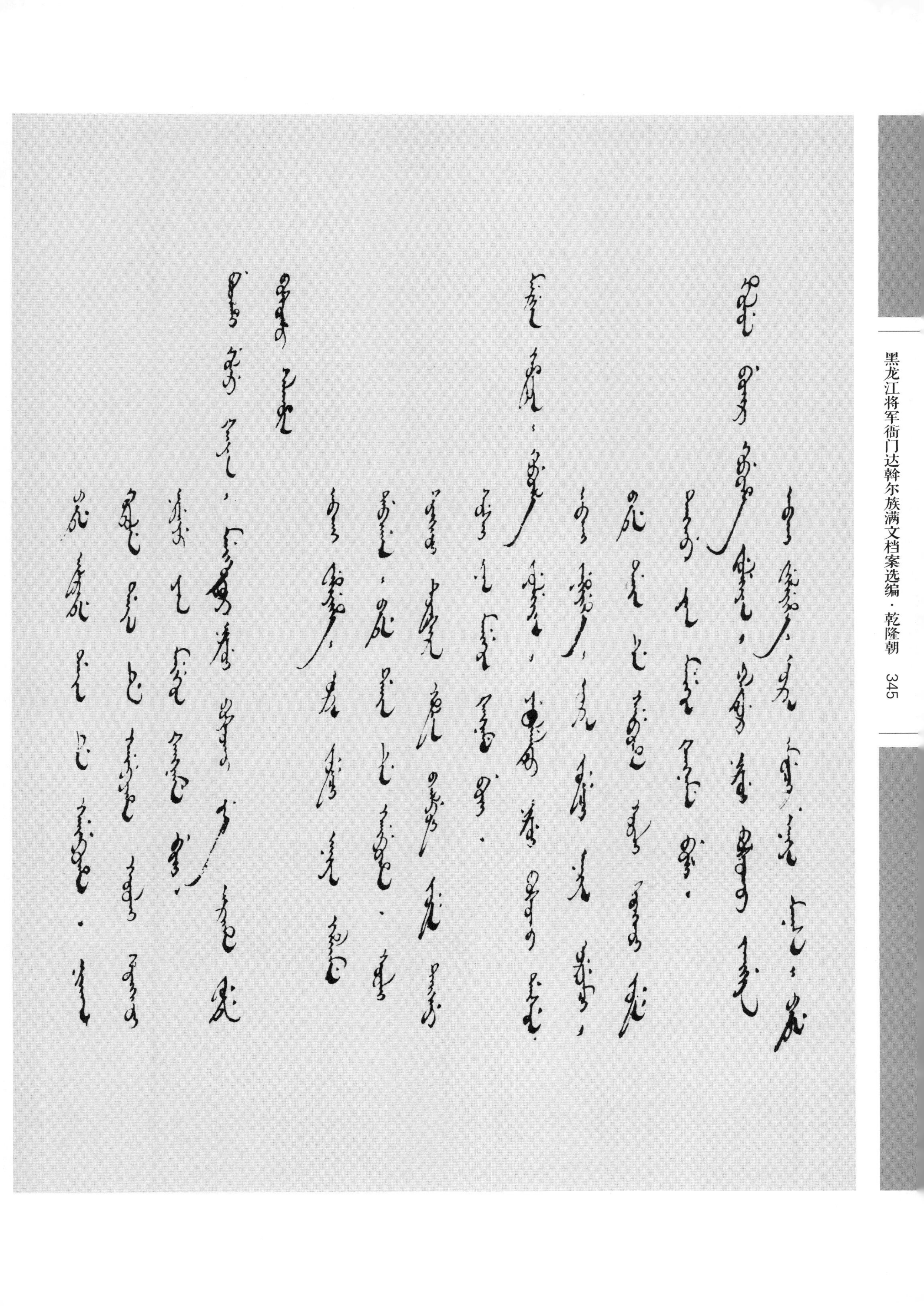

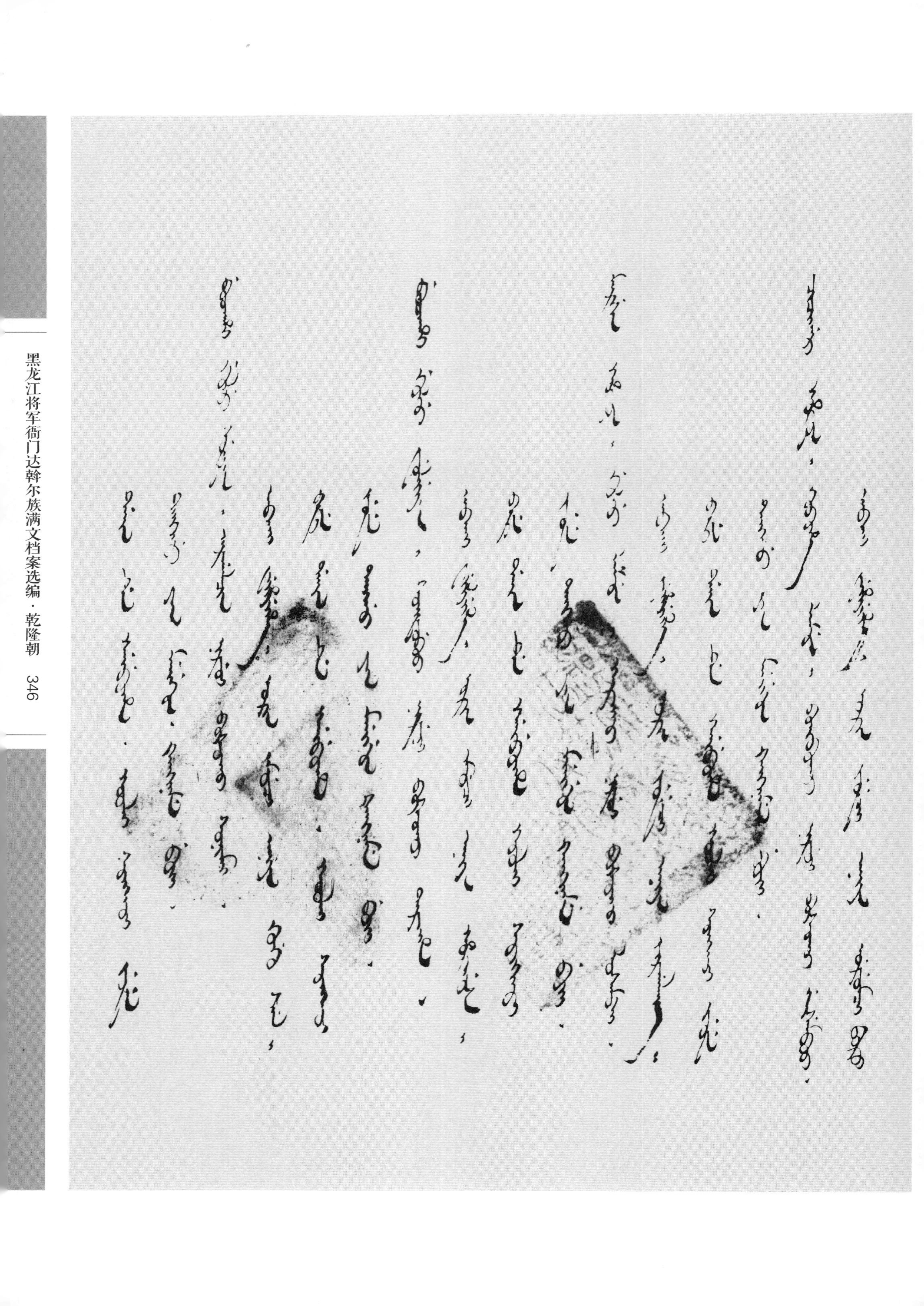

[illegible]

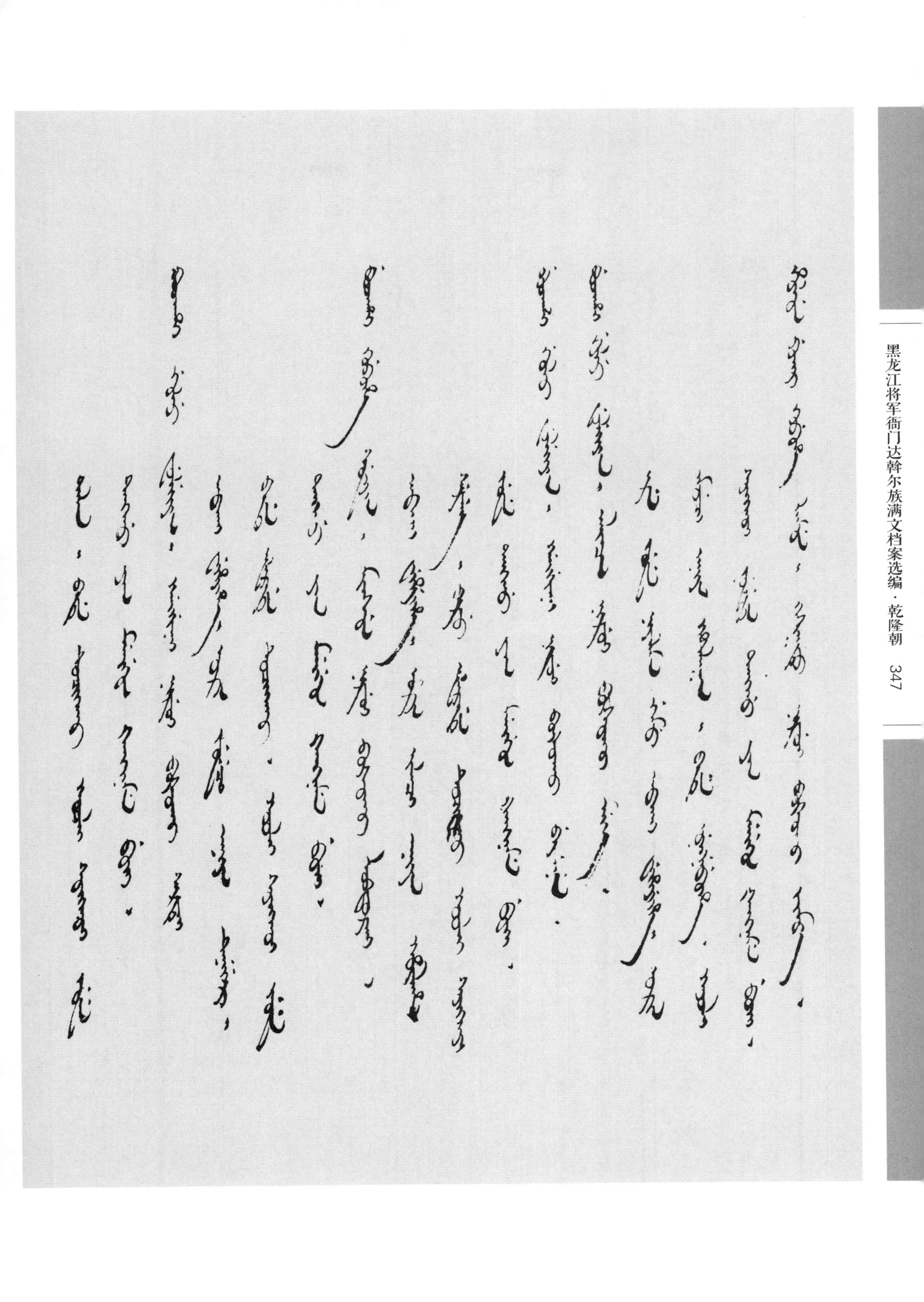

[illegible]

[illegible]

[illegible]

[illegible]

[illegible]

[illegible]

[illegible]

[illegible]

[illegible]

[illegible]

[illegible]

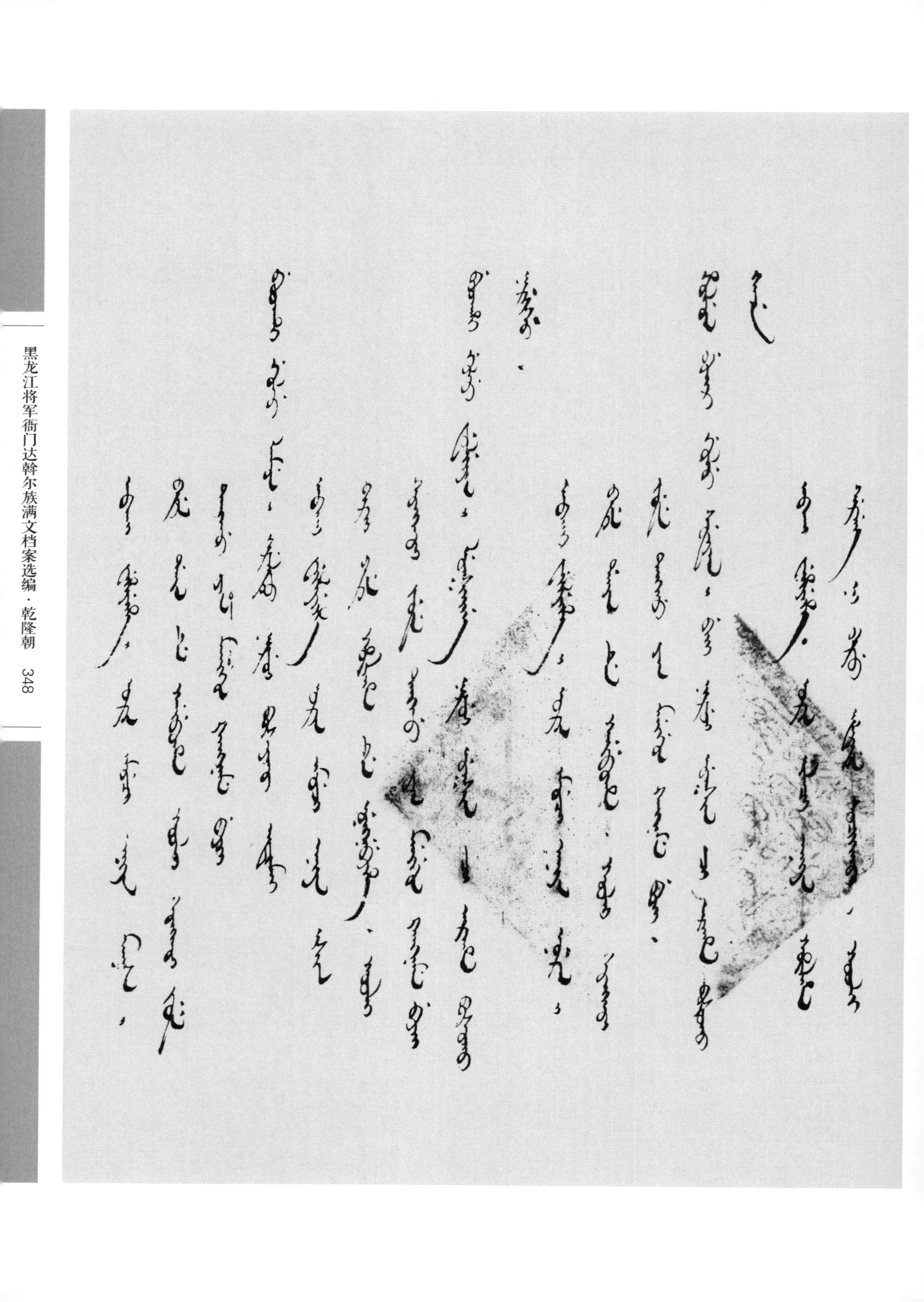

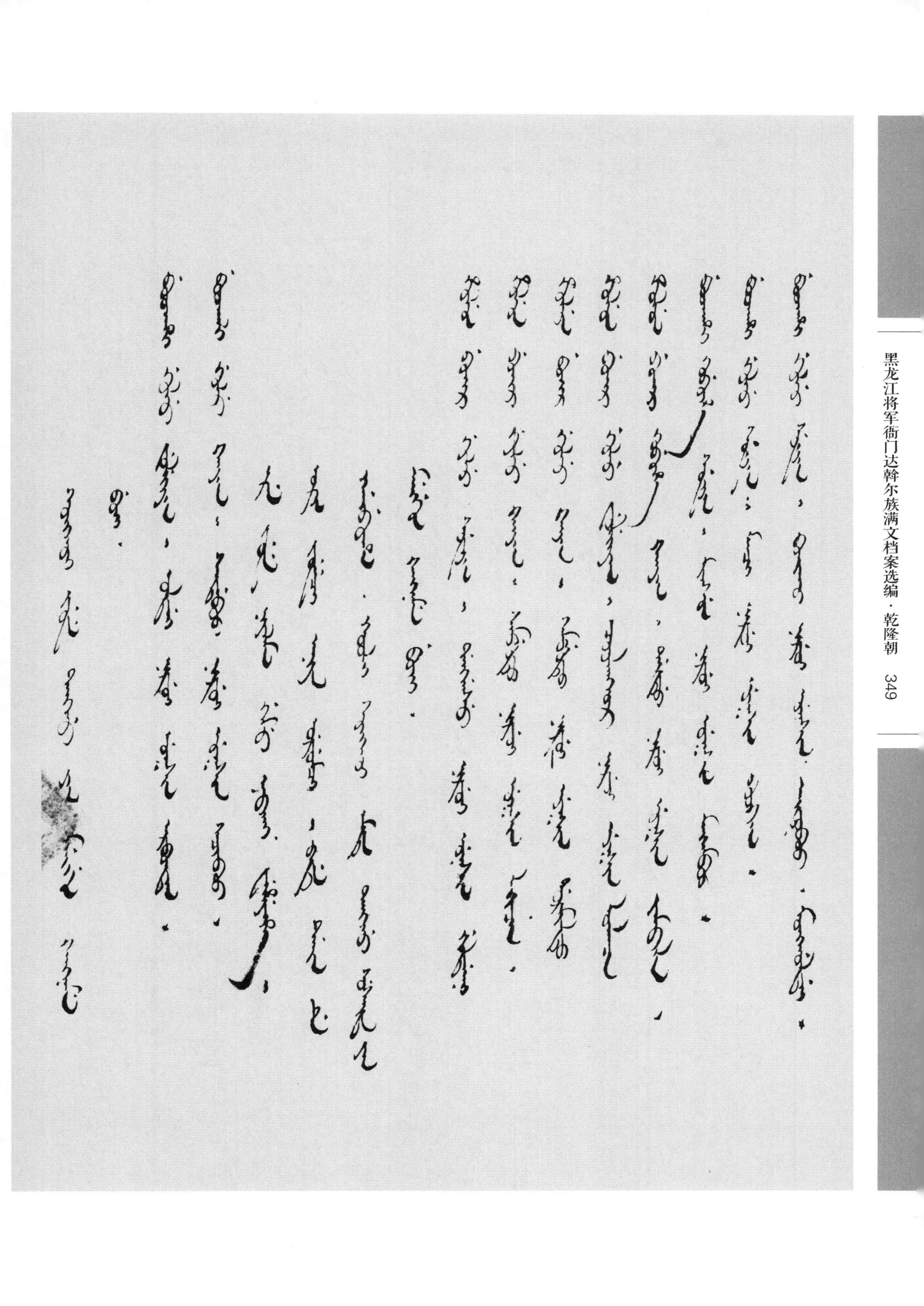

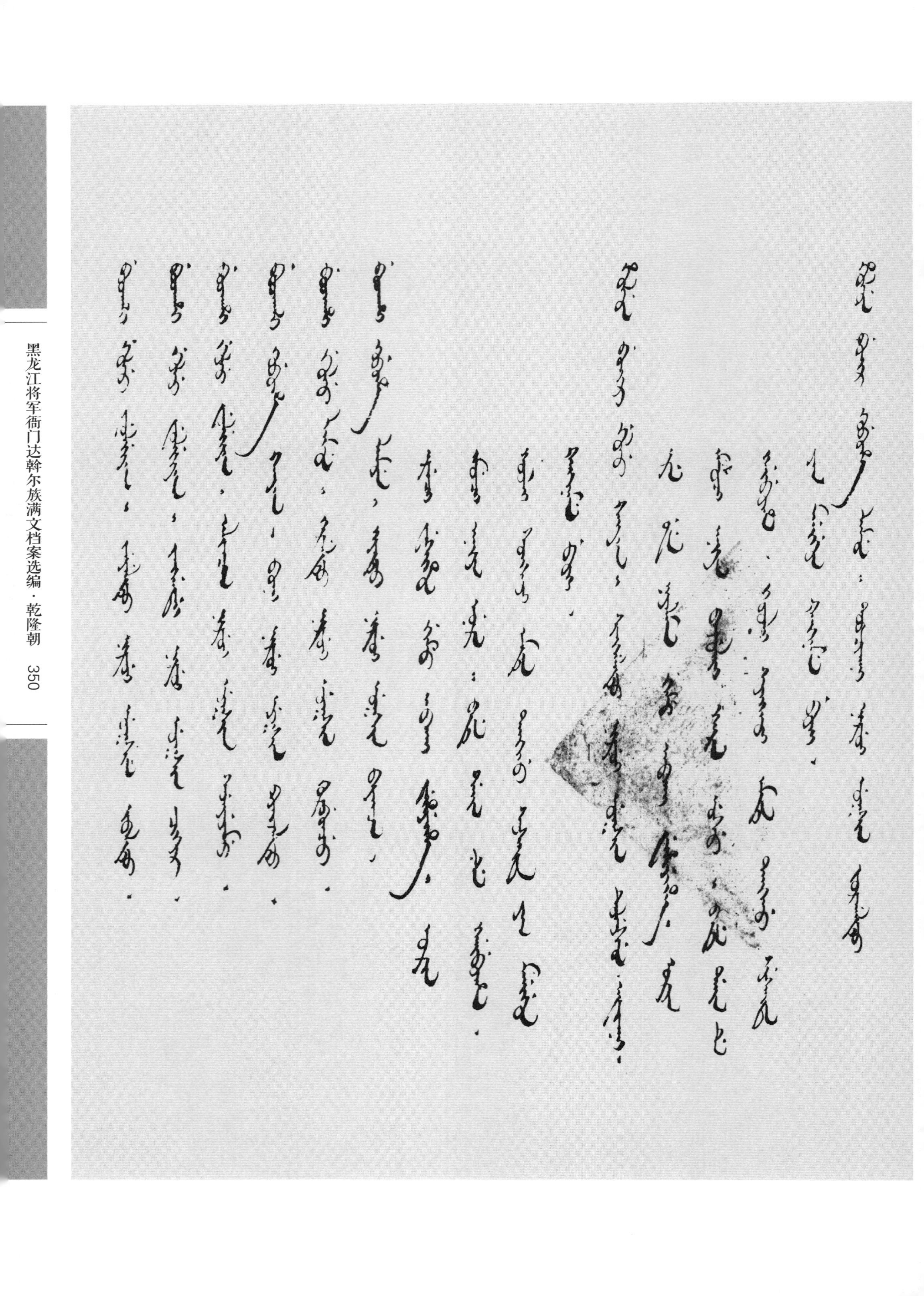

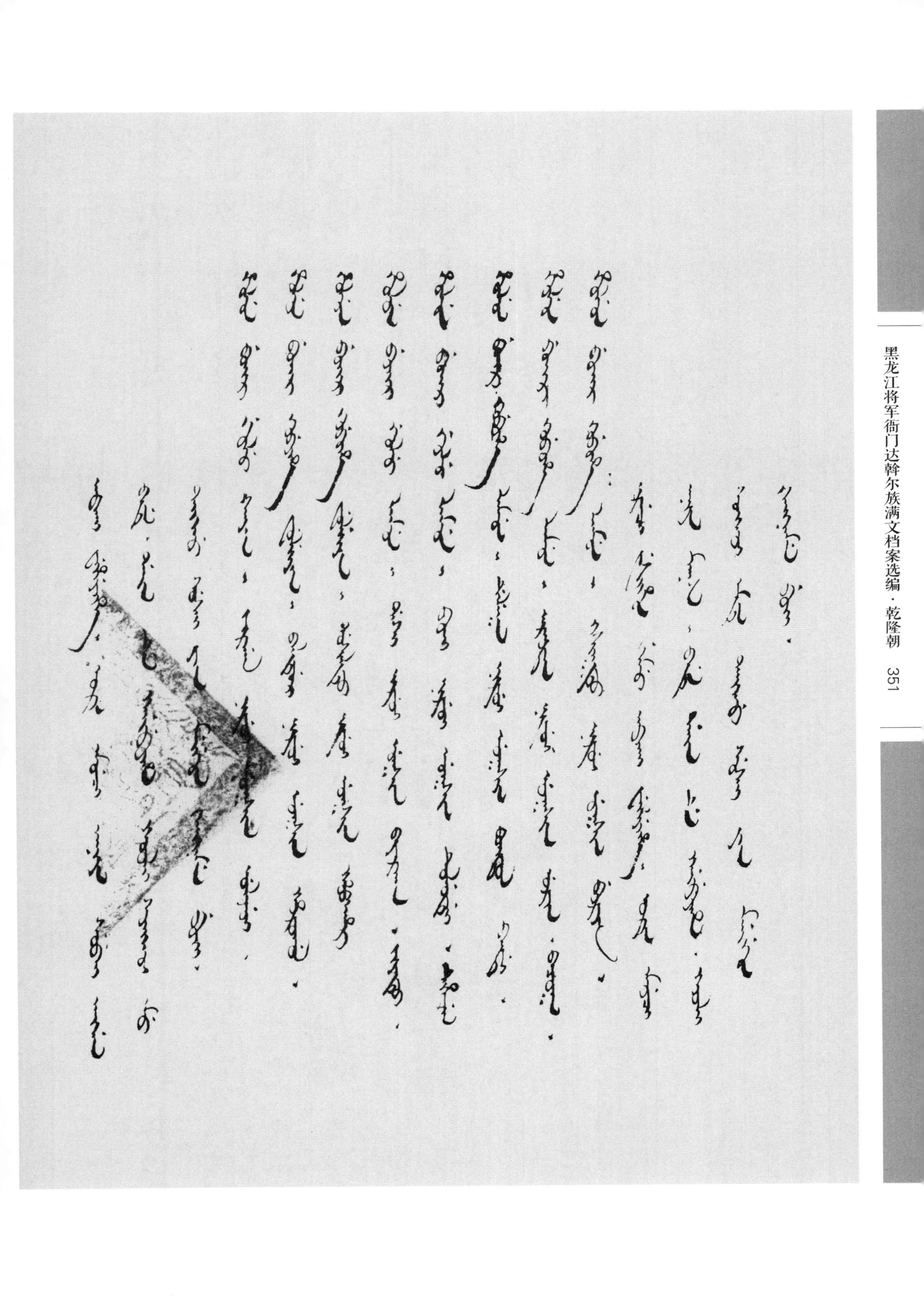

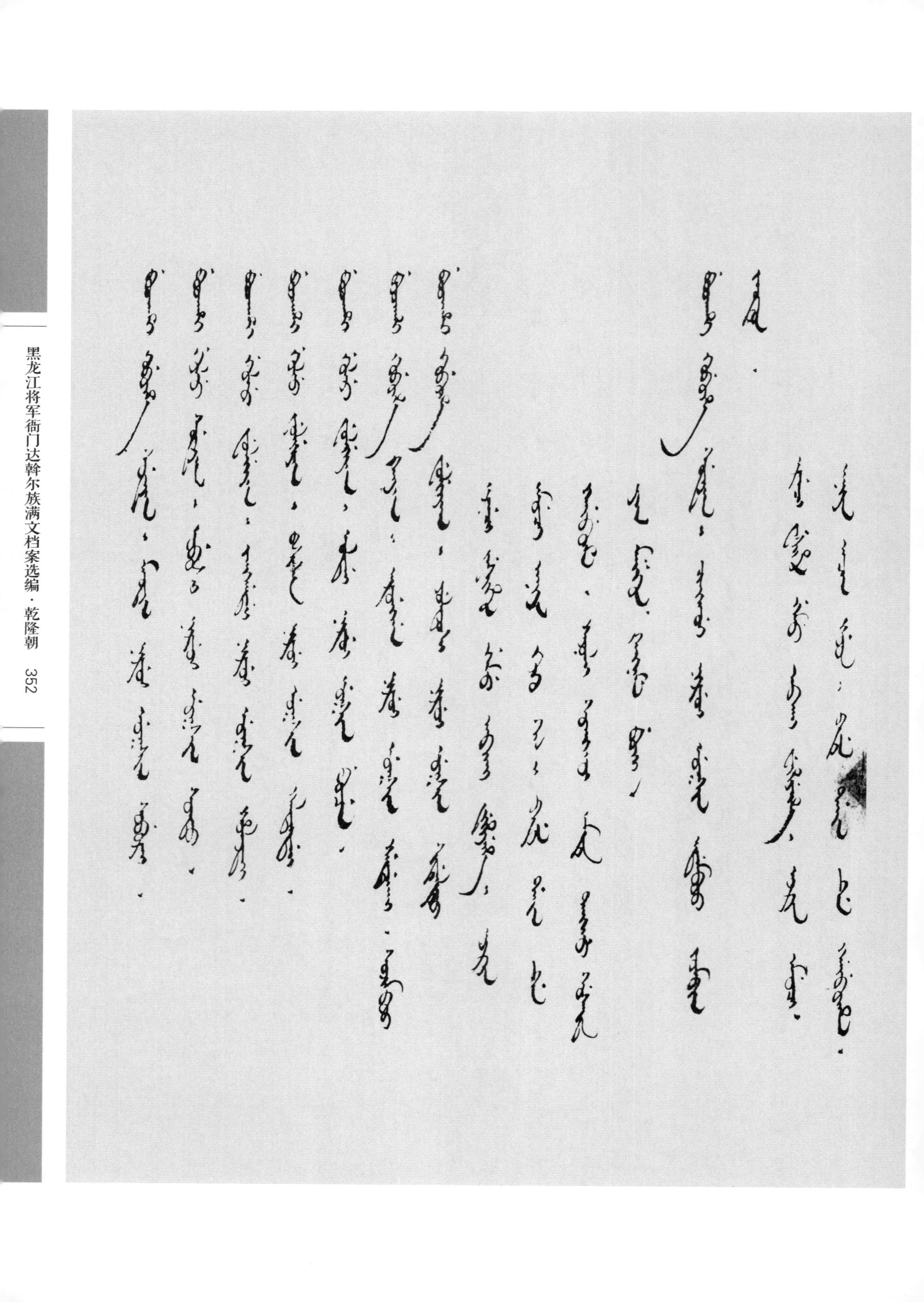

[illegible]

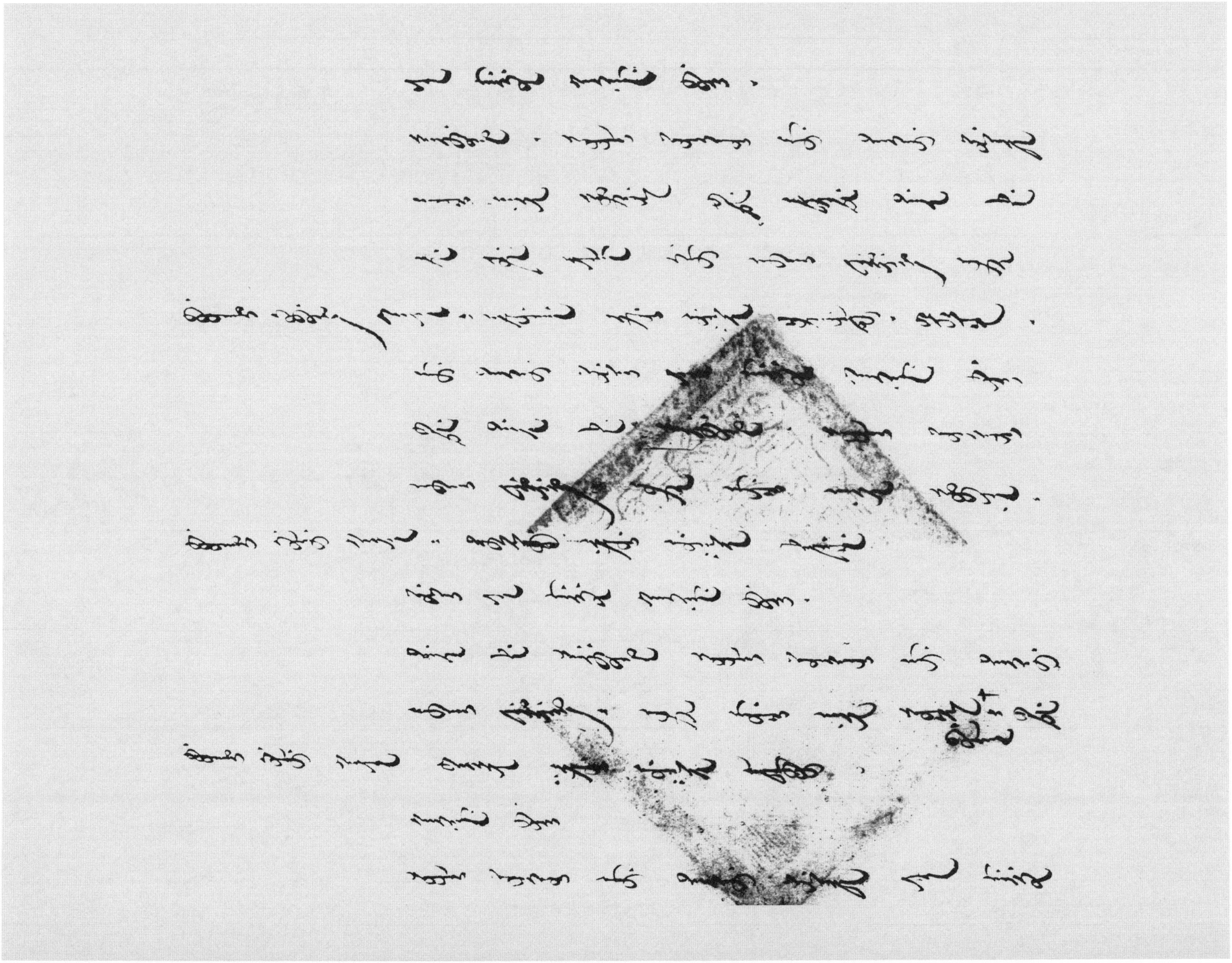

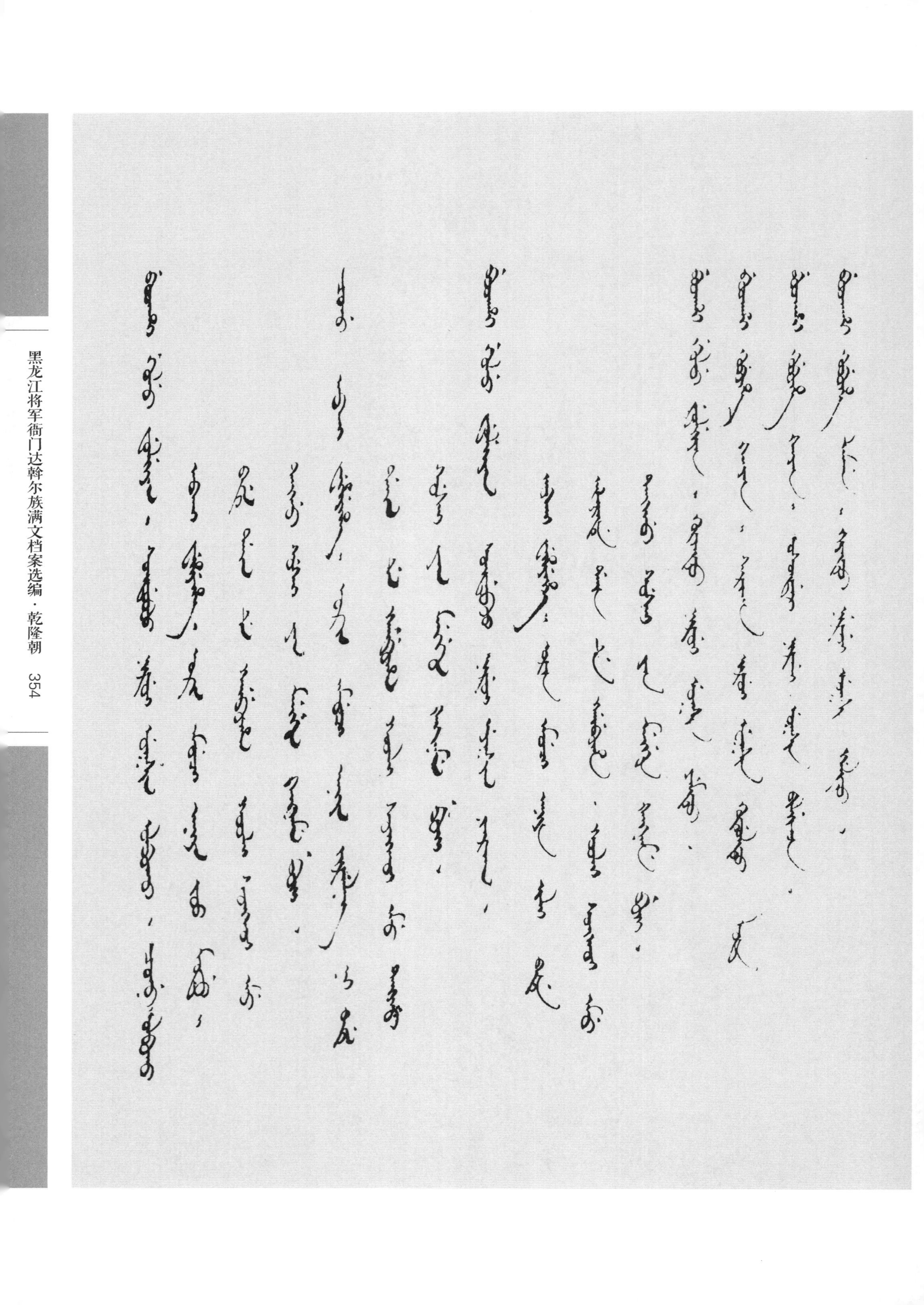

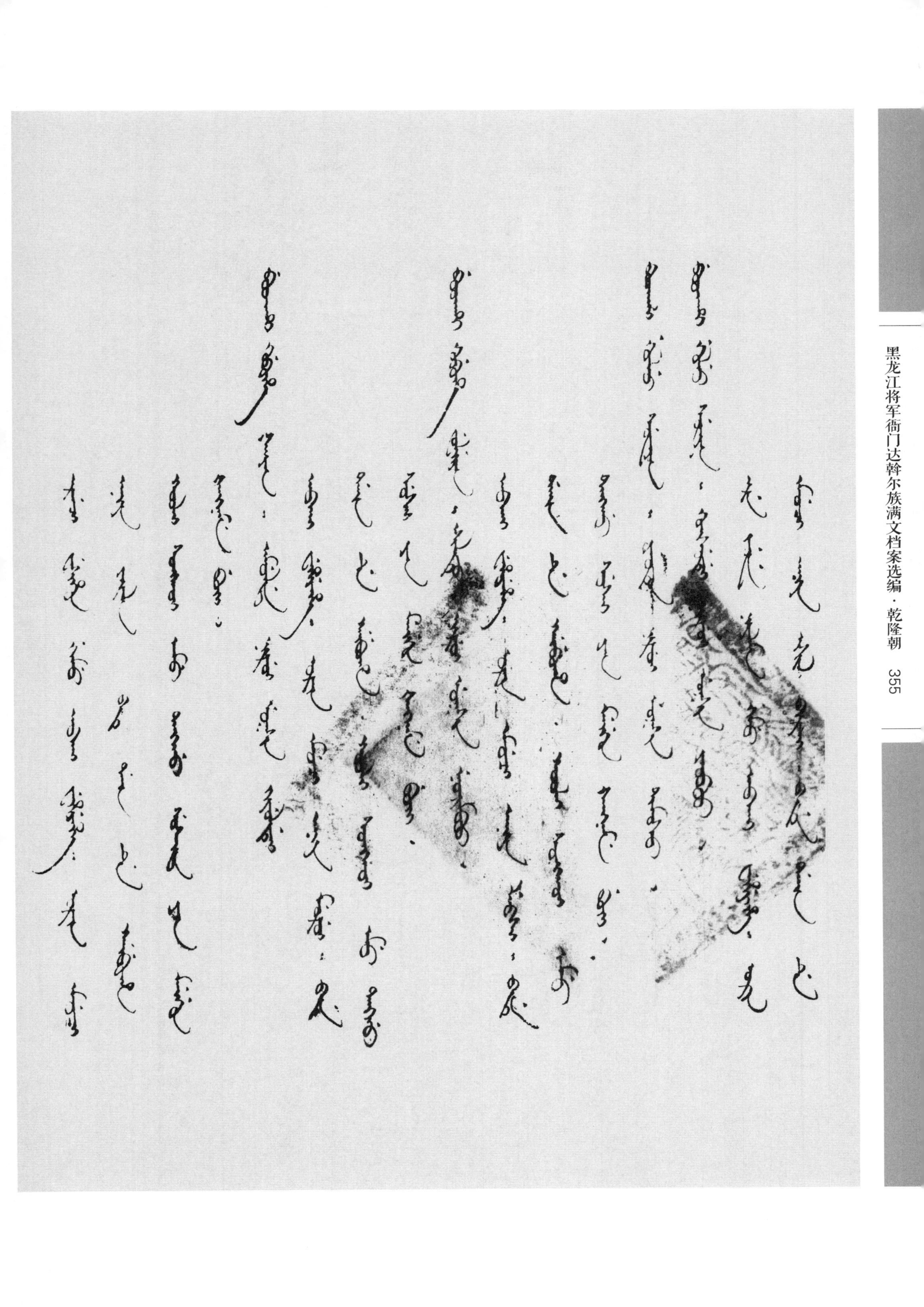

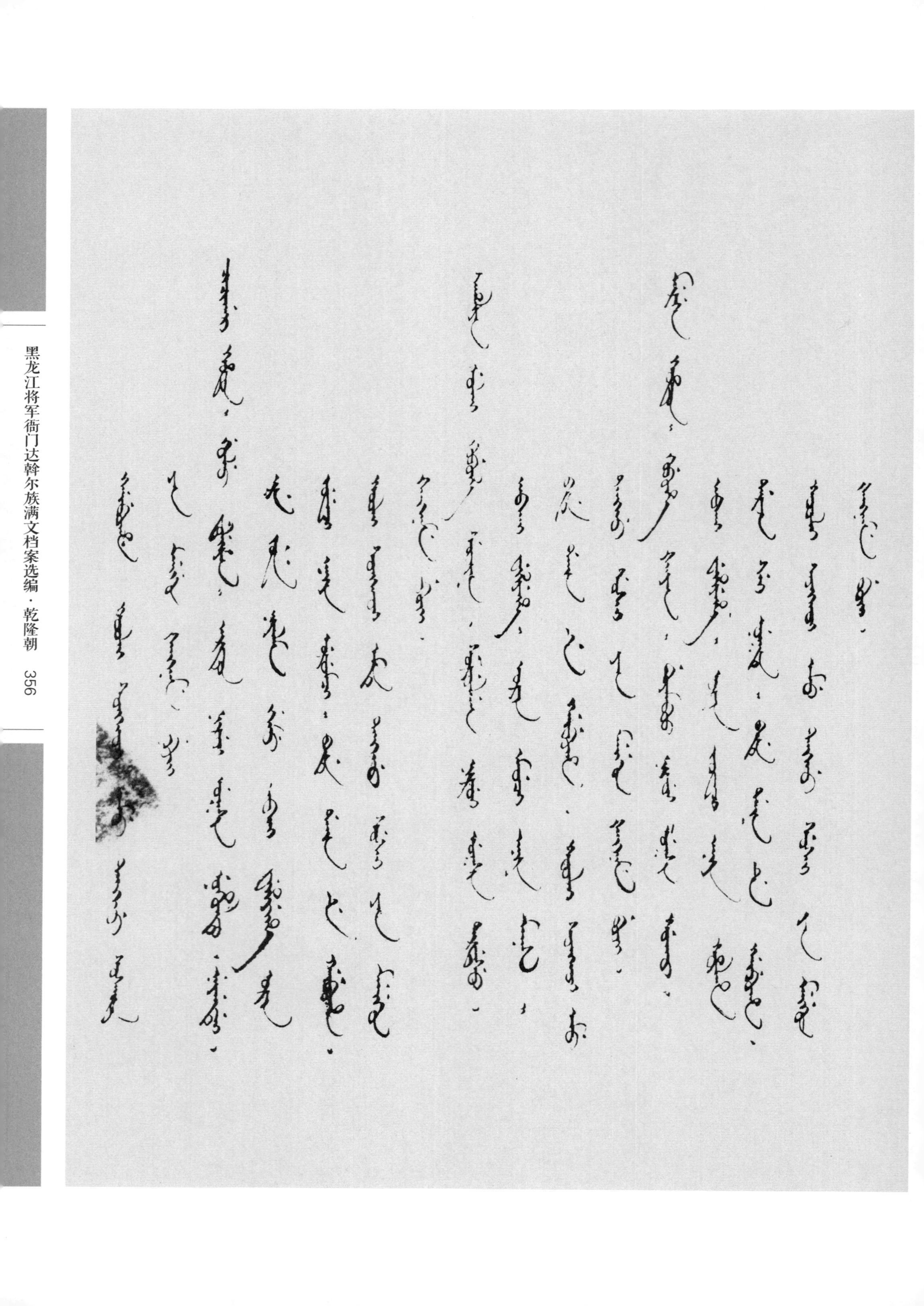

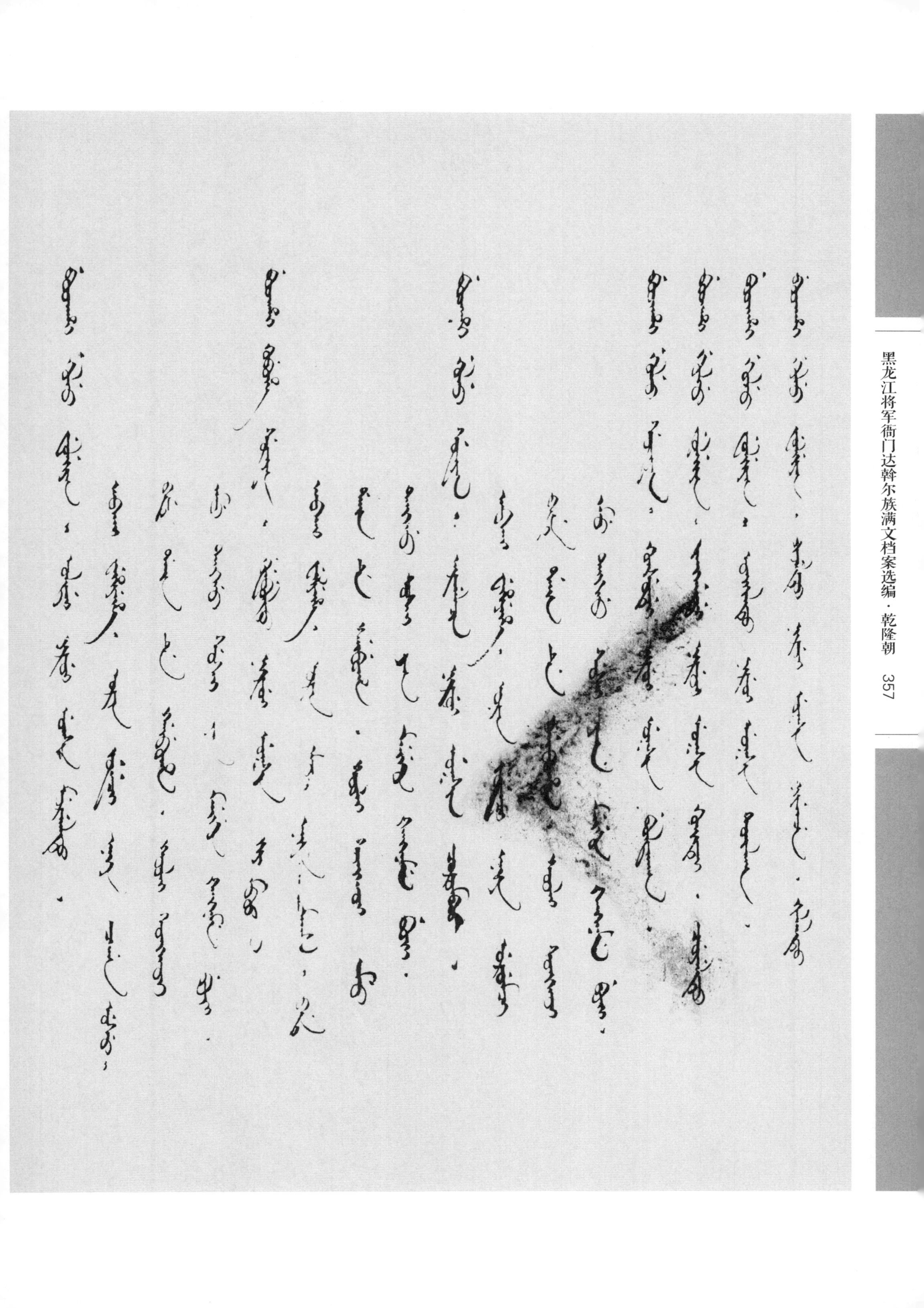

[illegible]

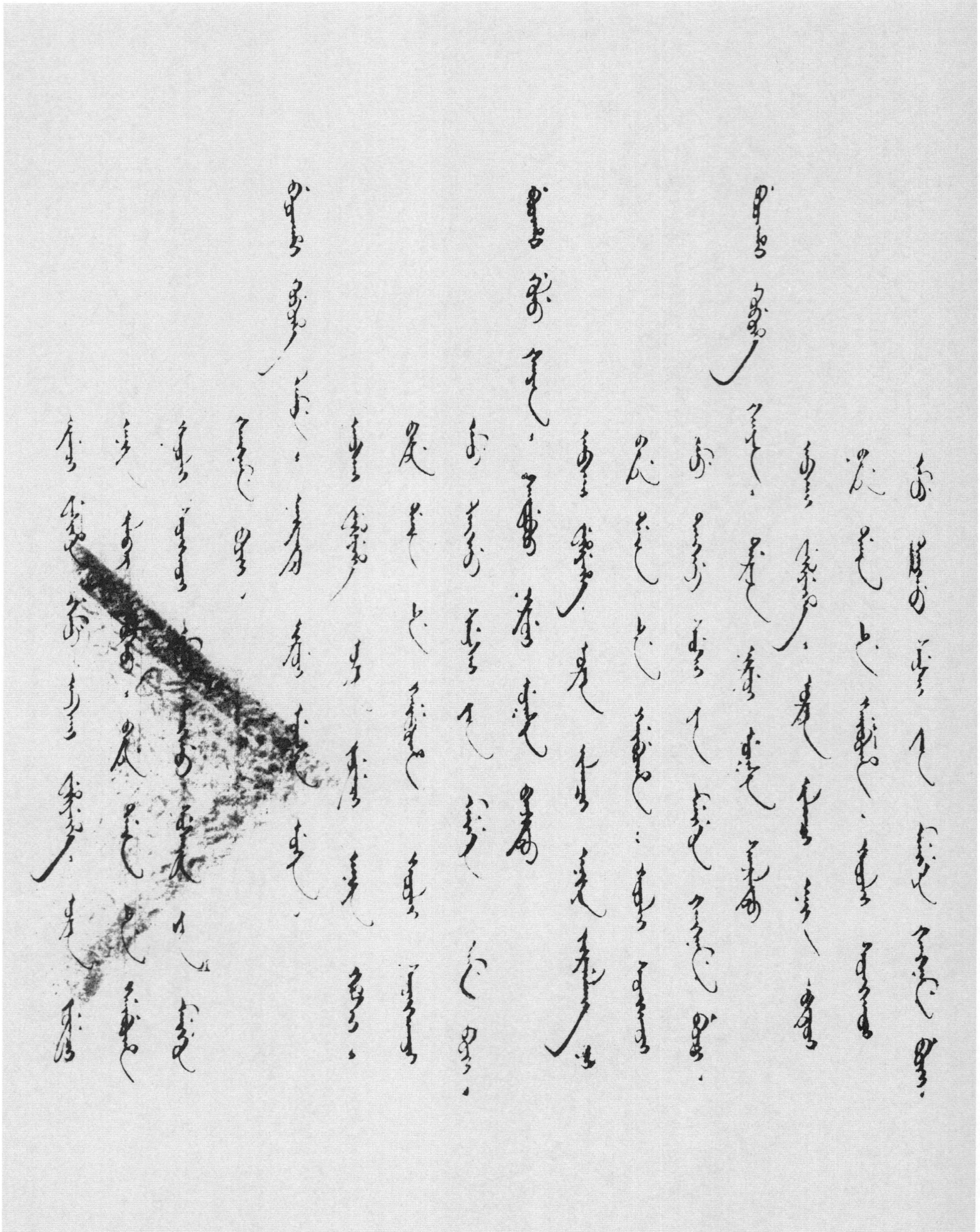

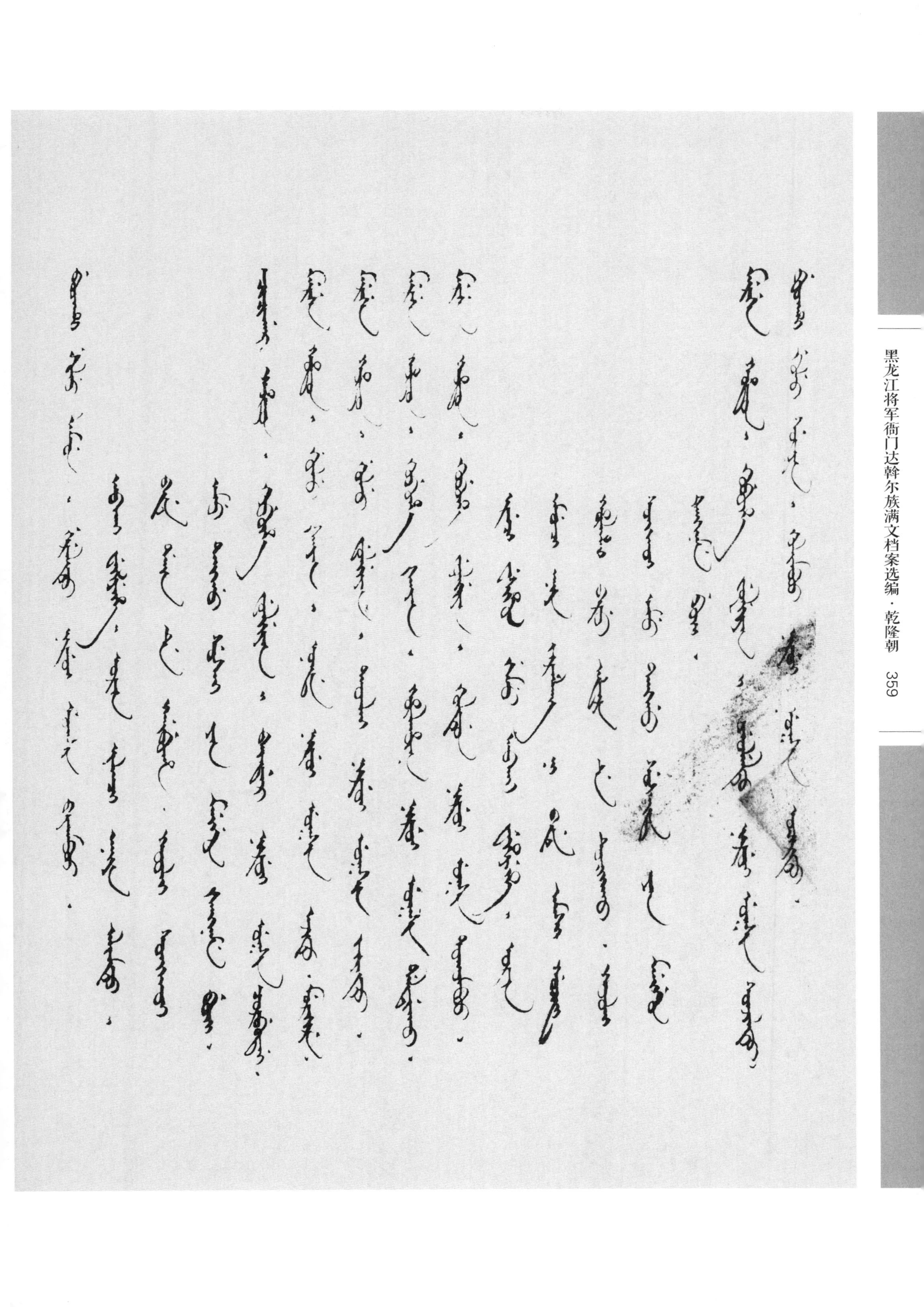

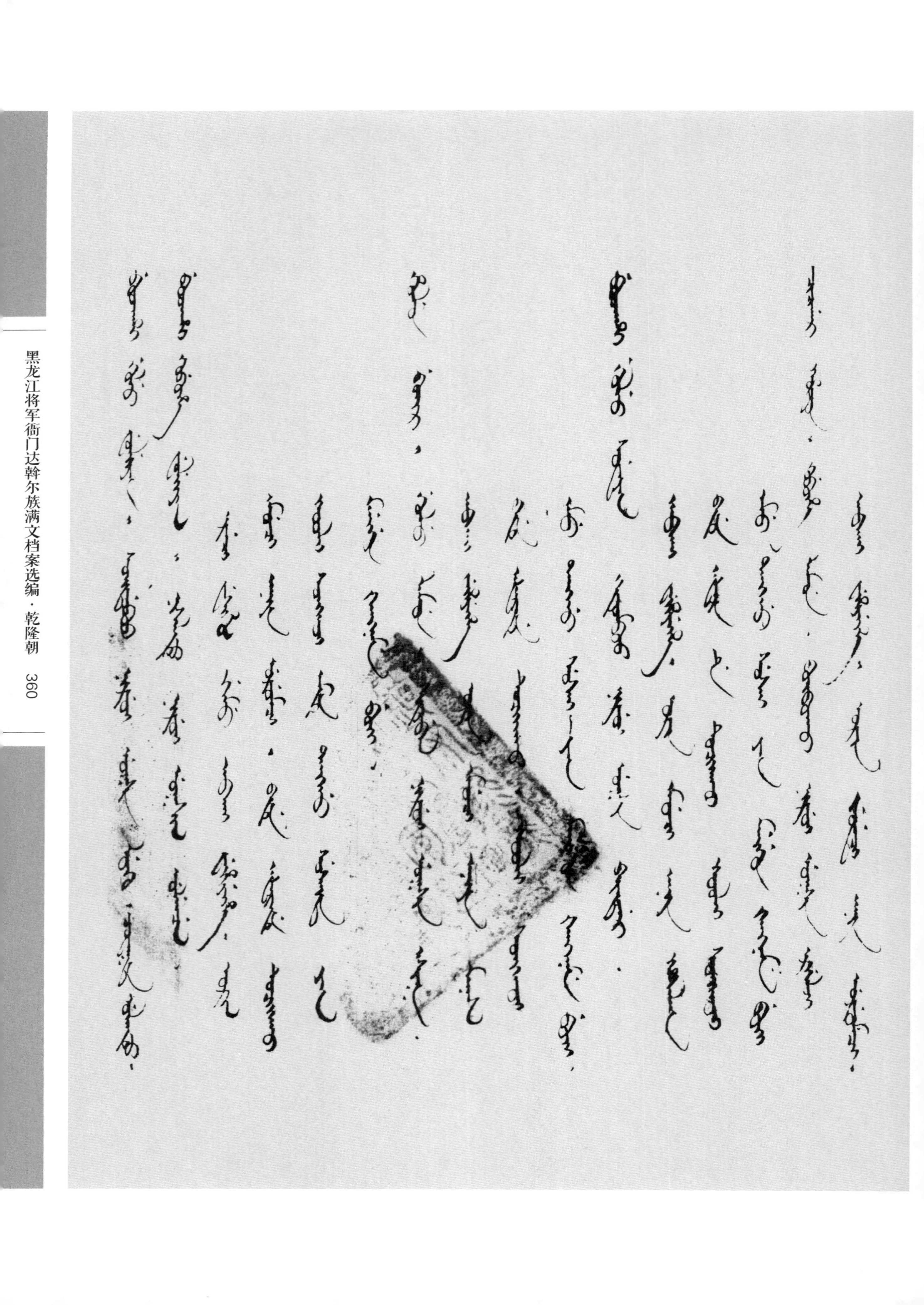

[illegible]

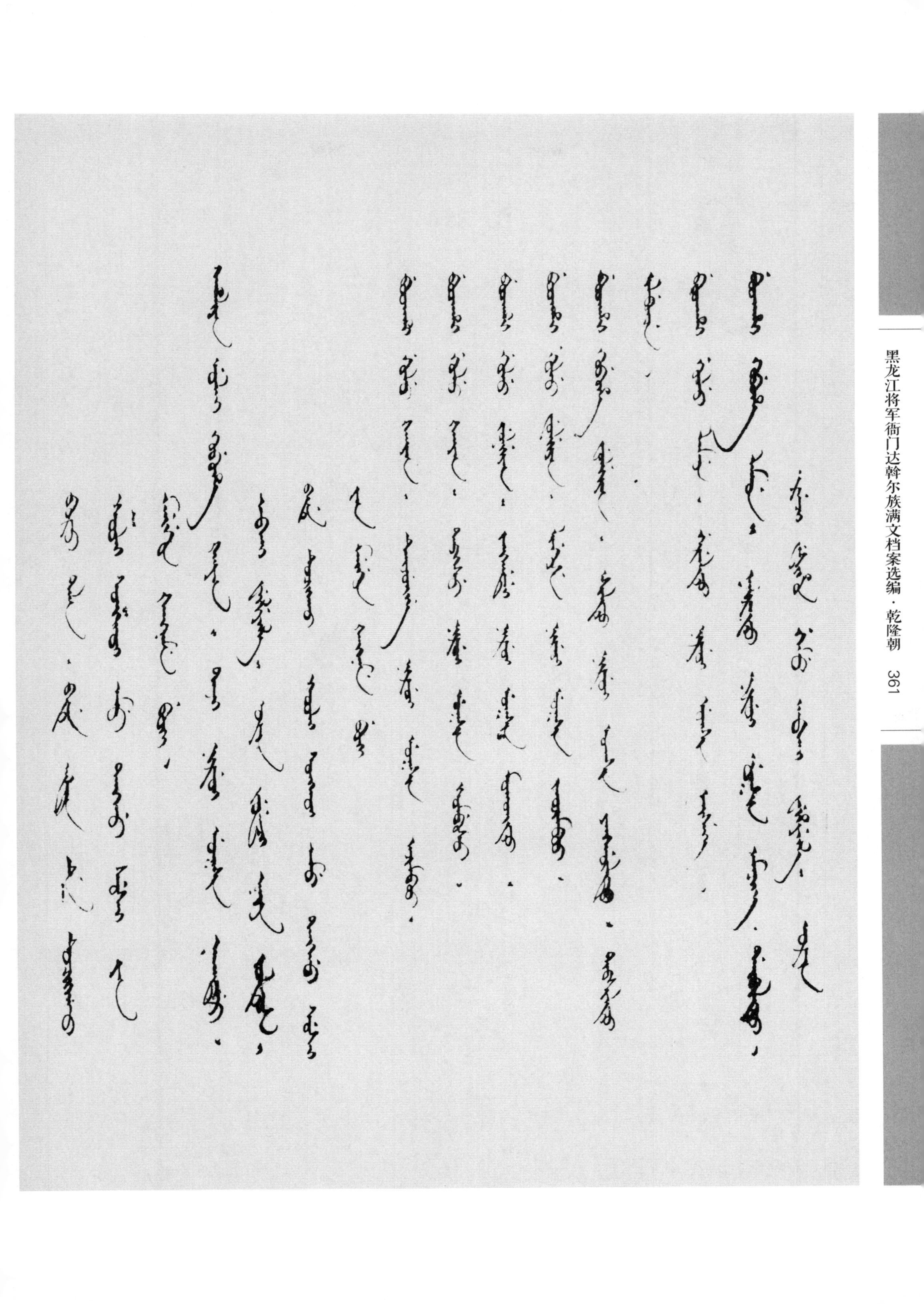

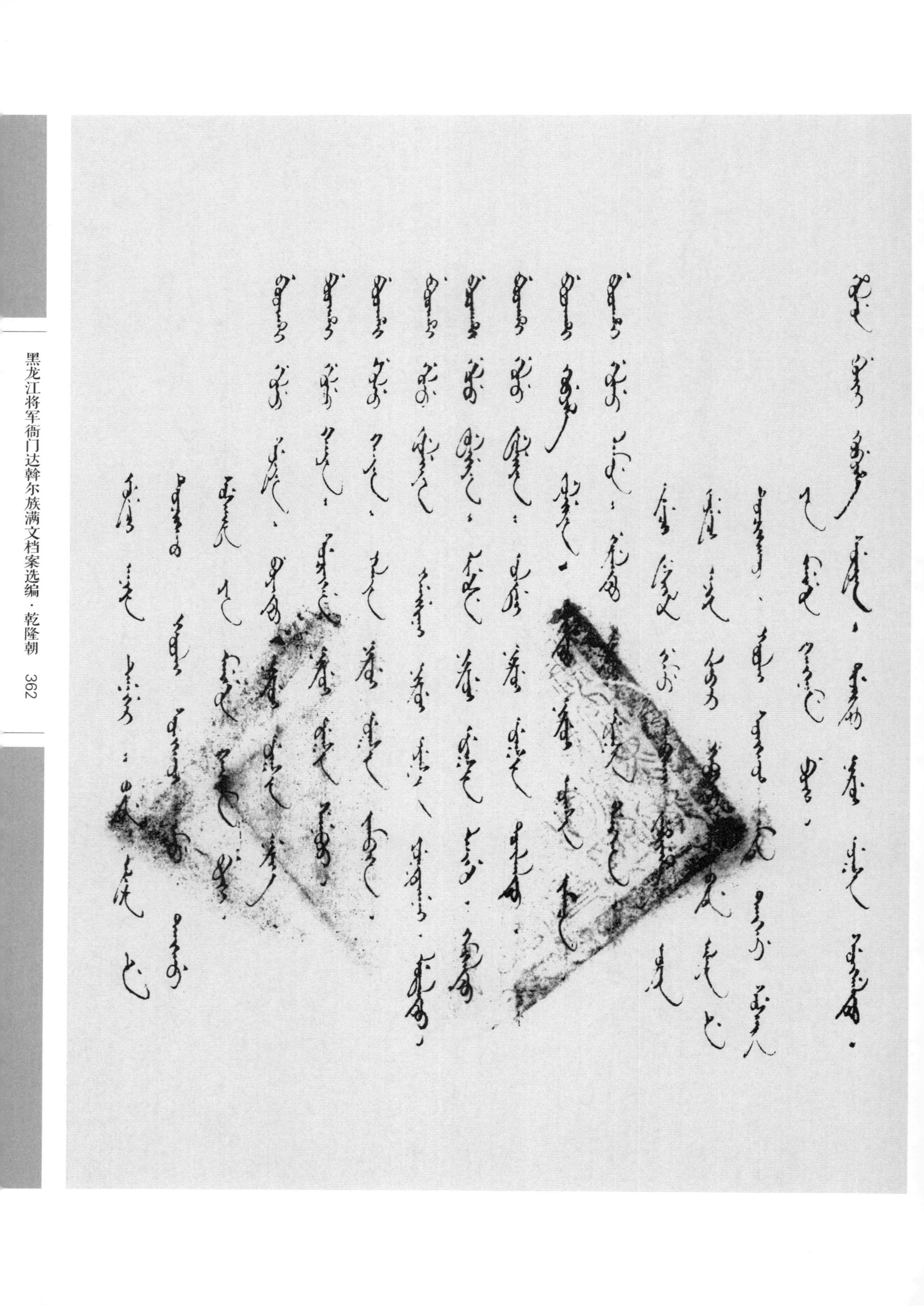

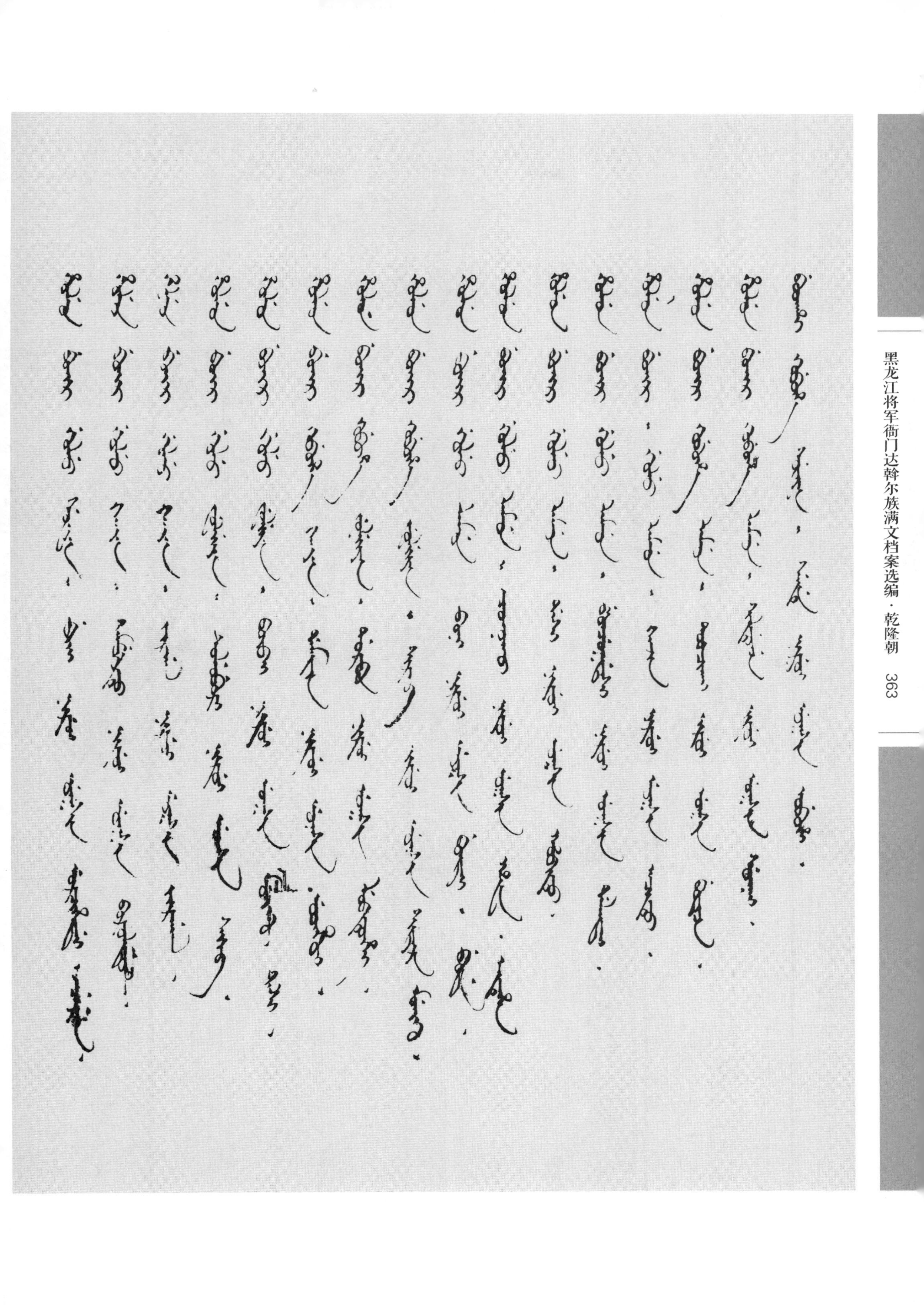

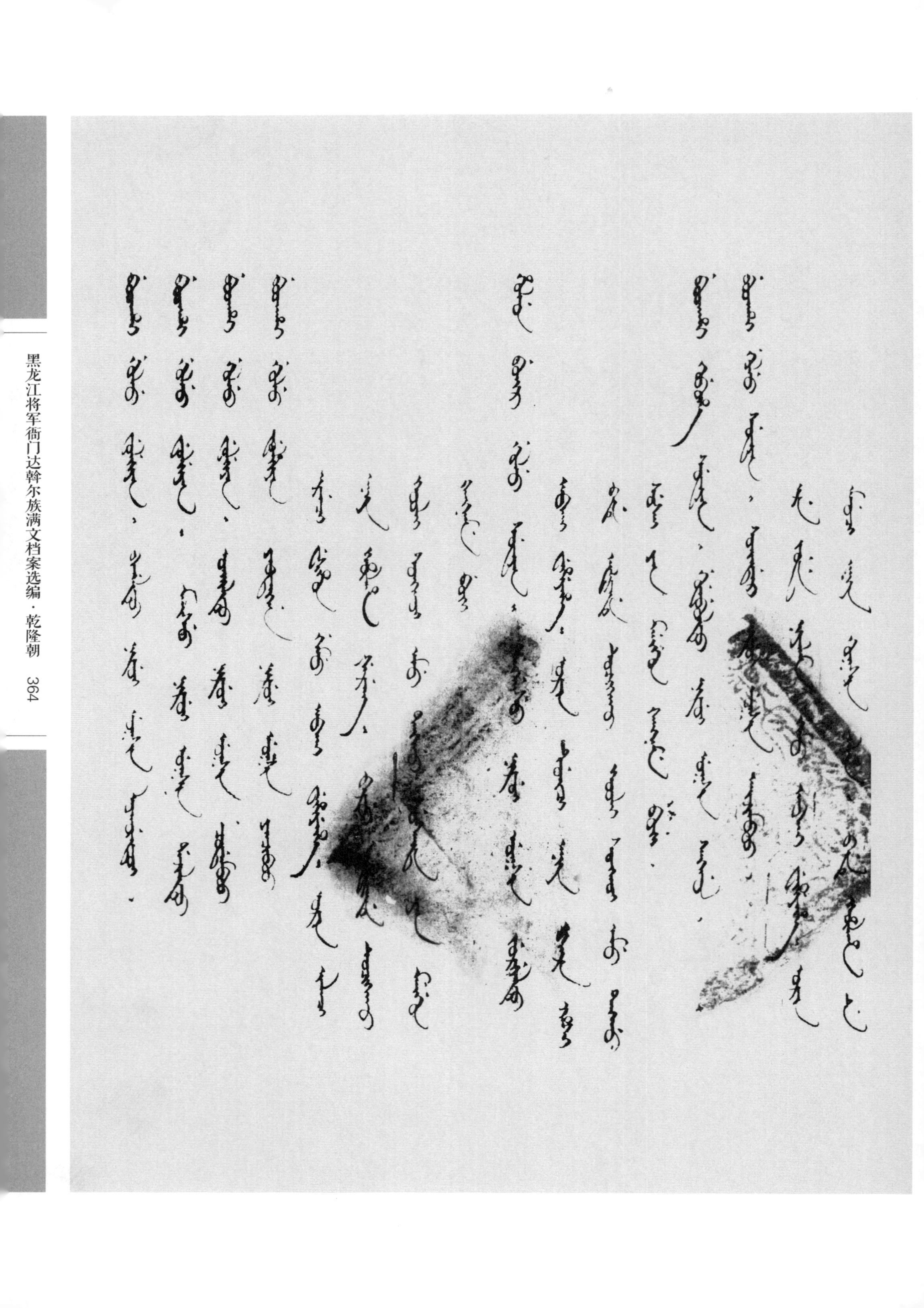

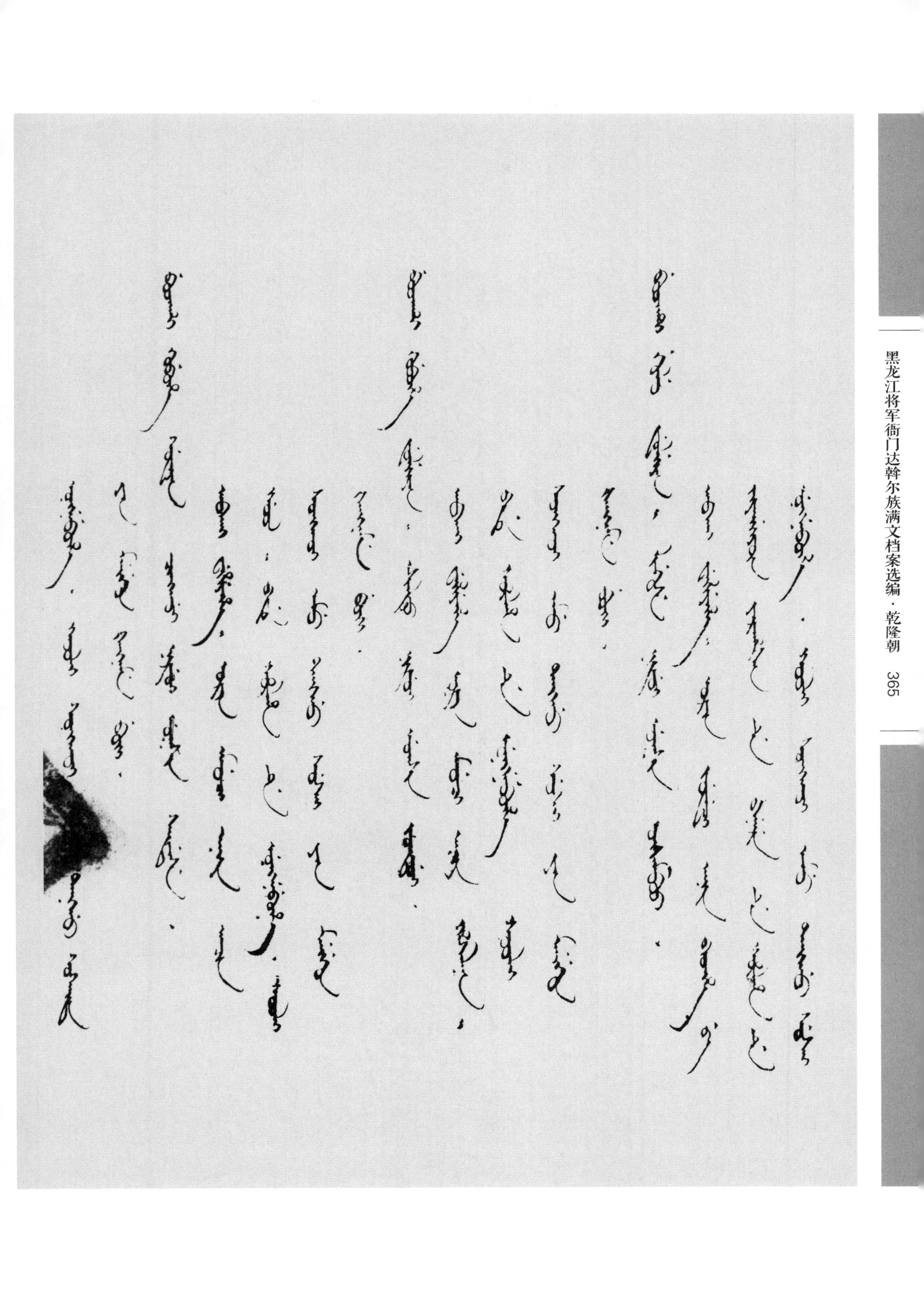

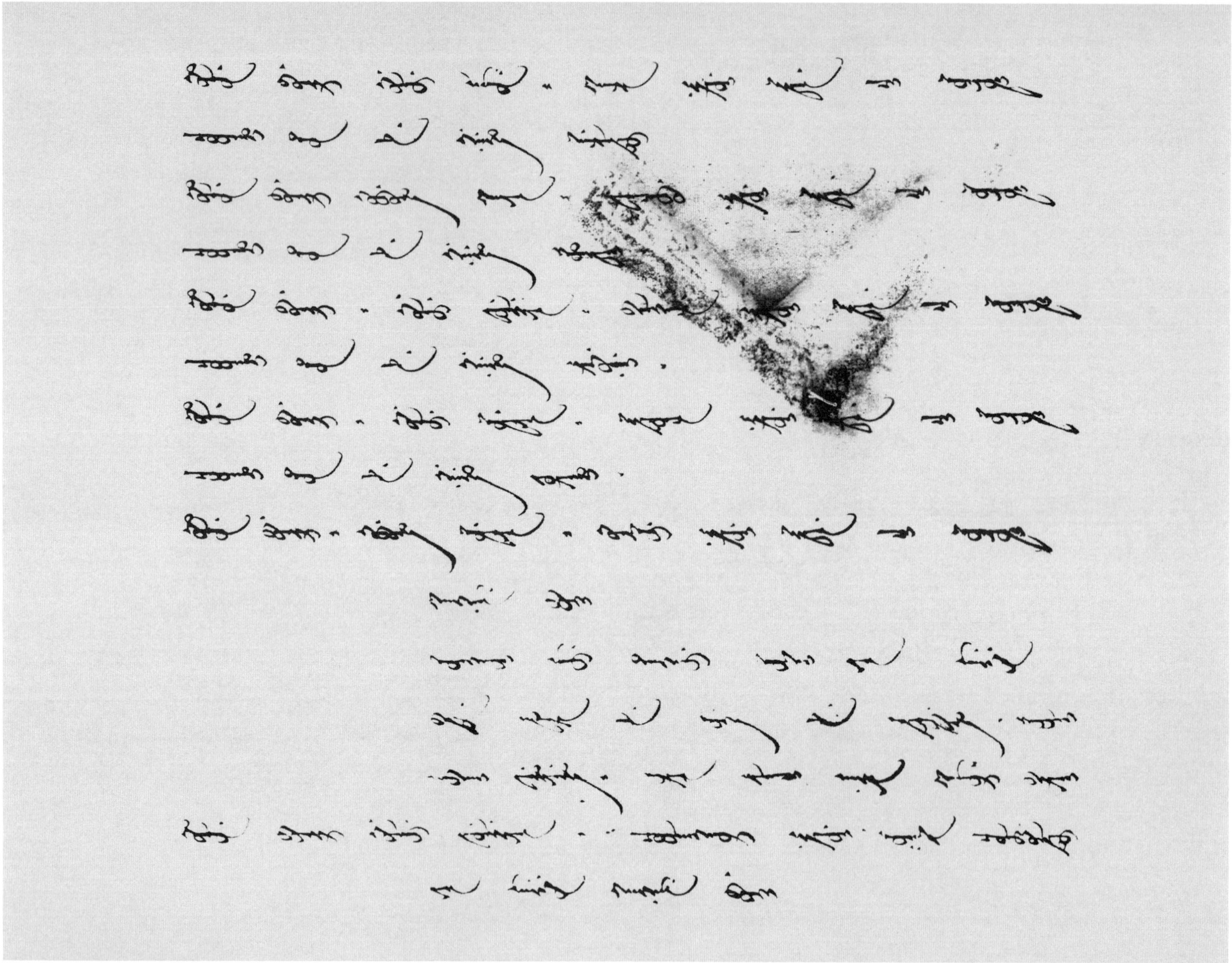

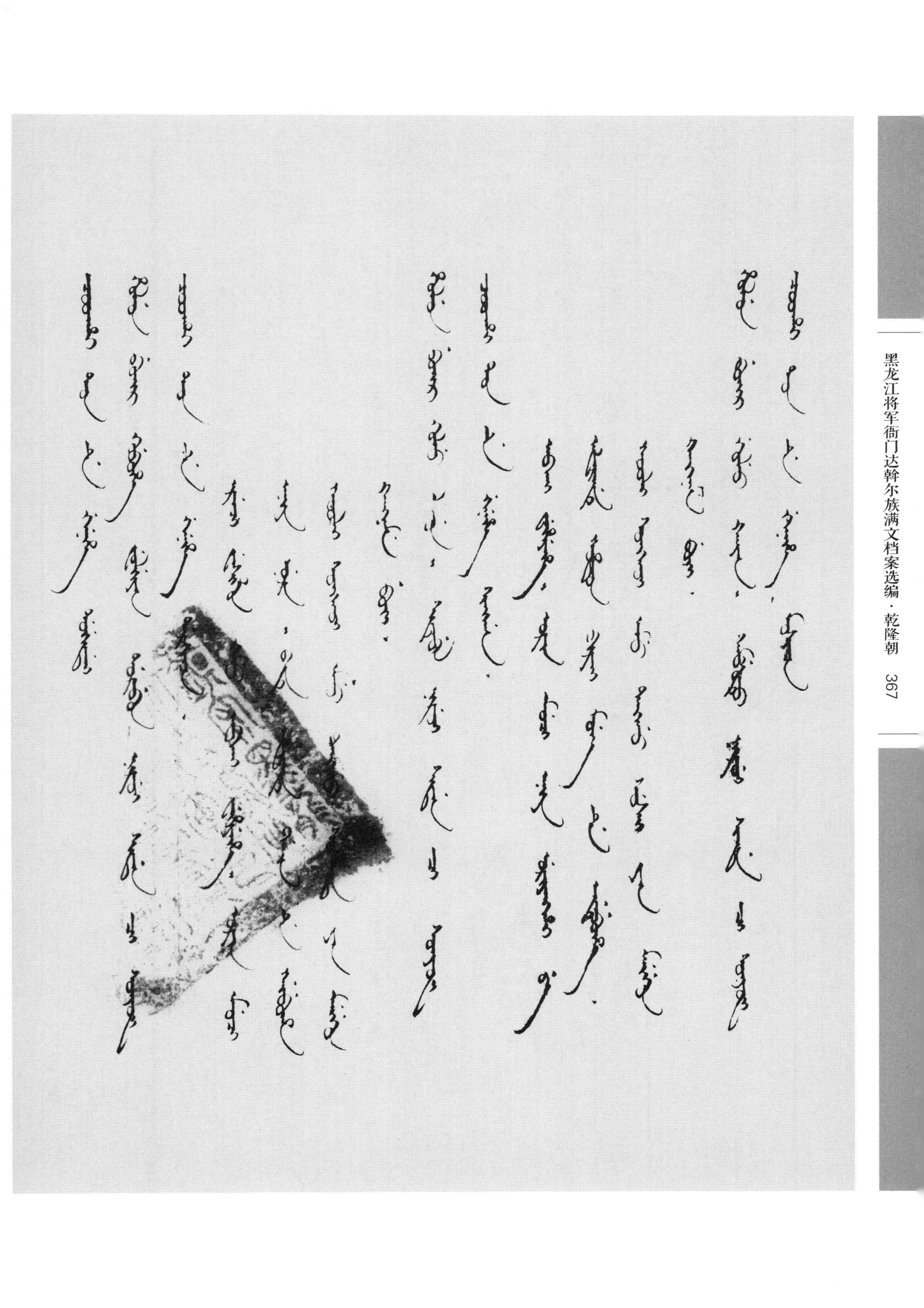

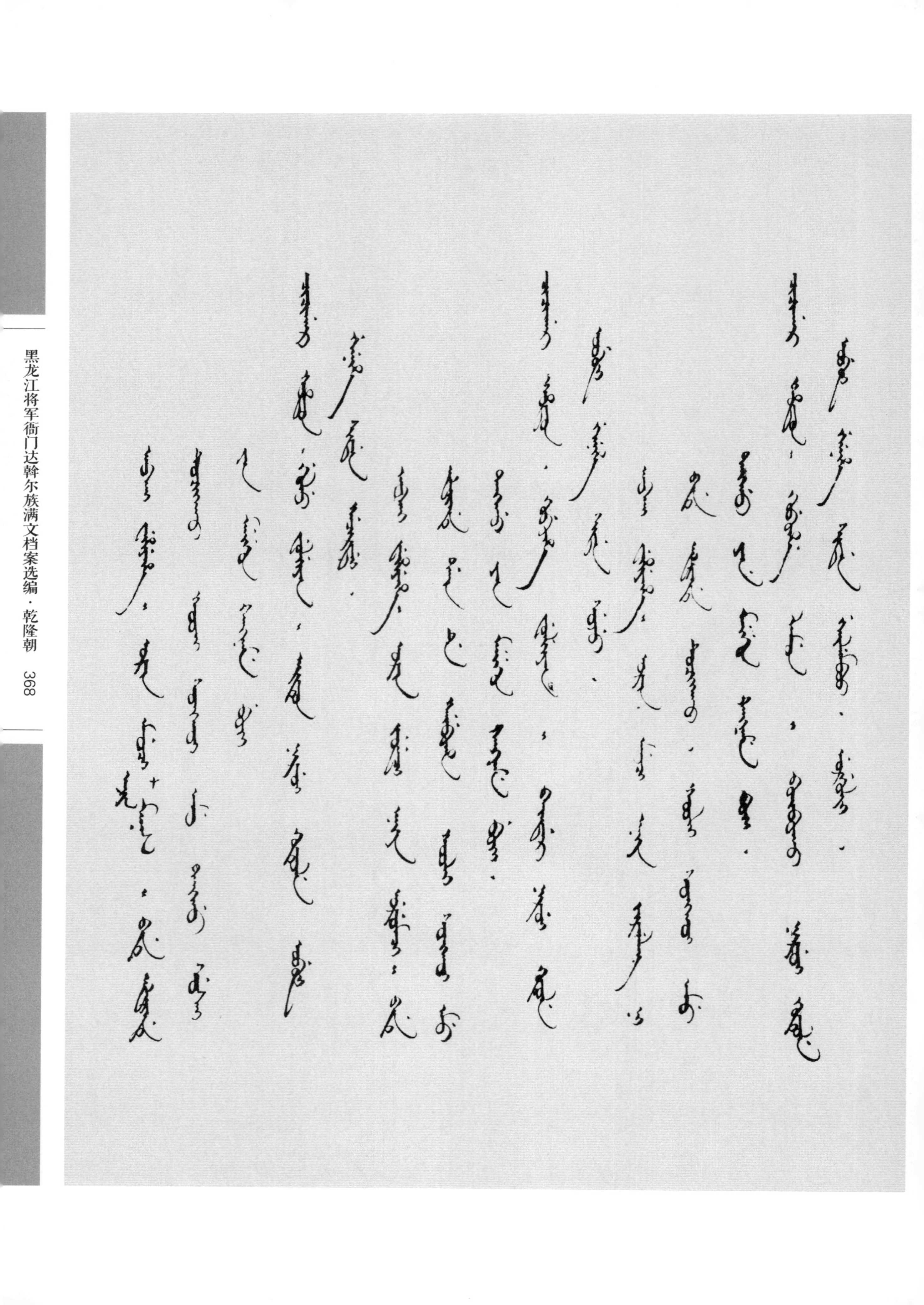

[illegible]

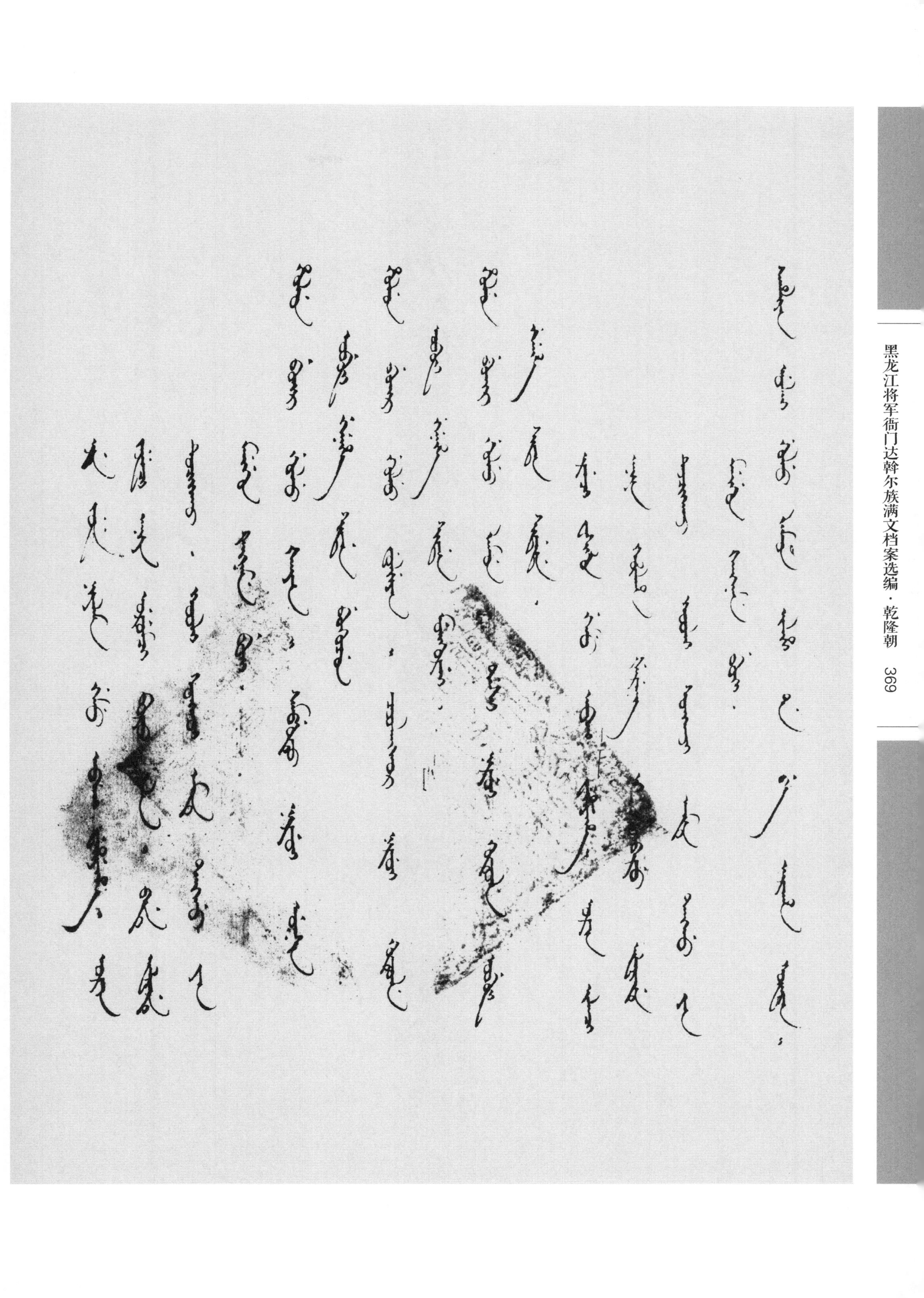

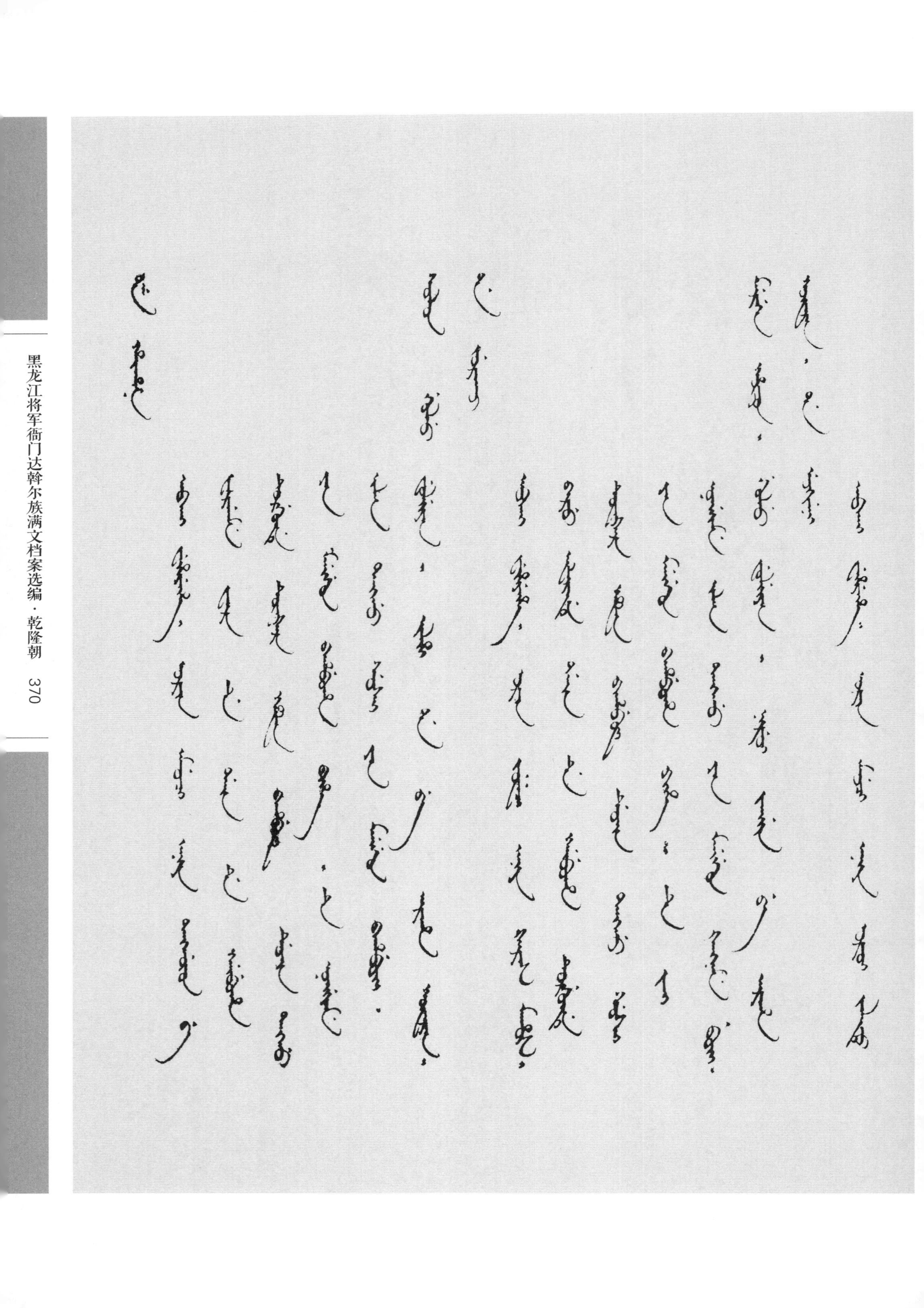

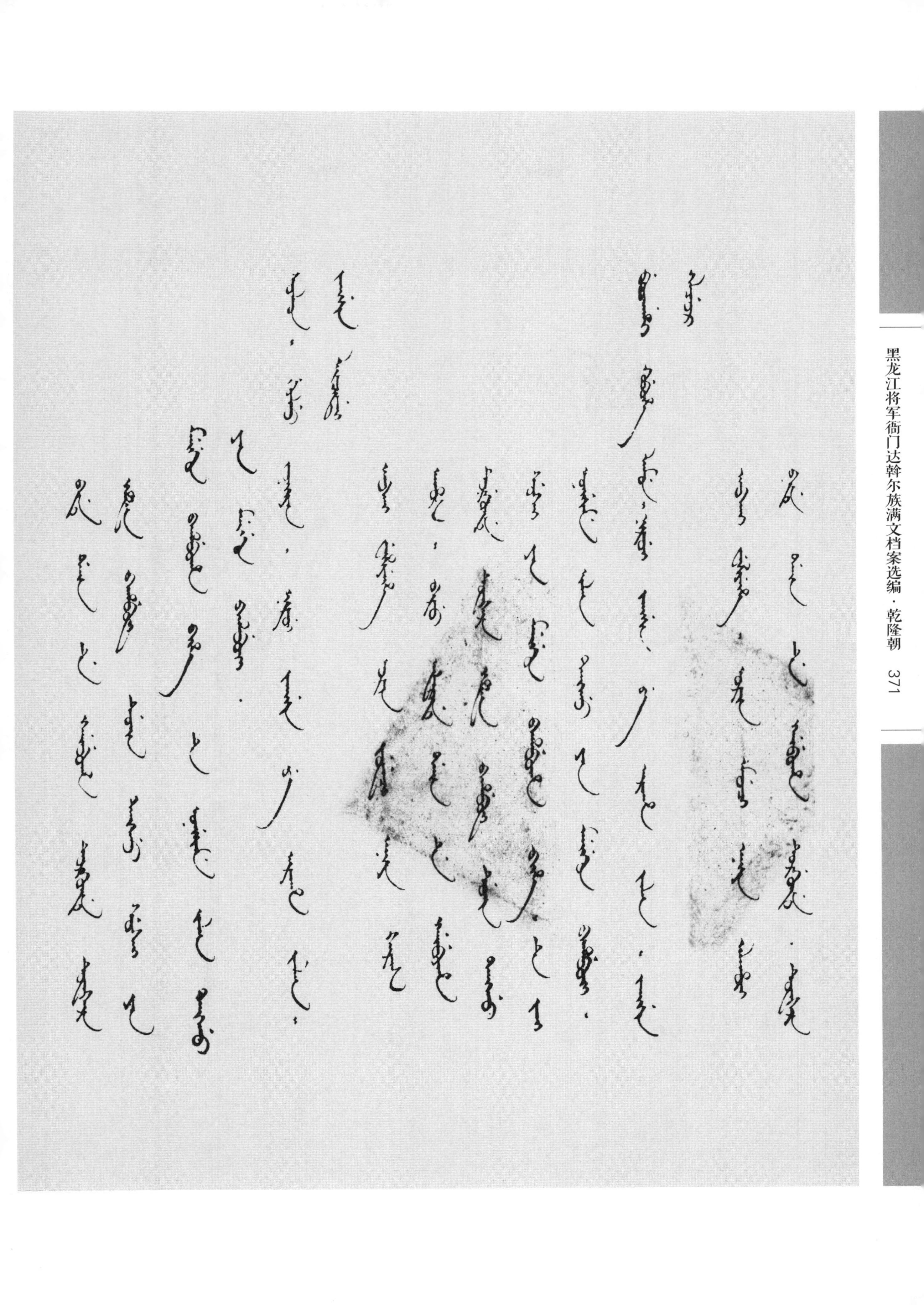

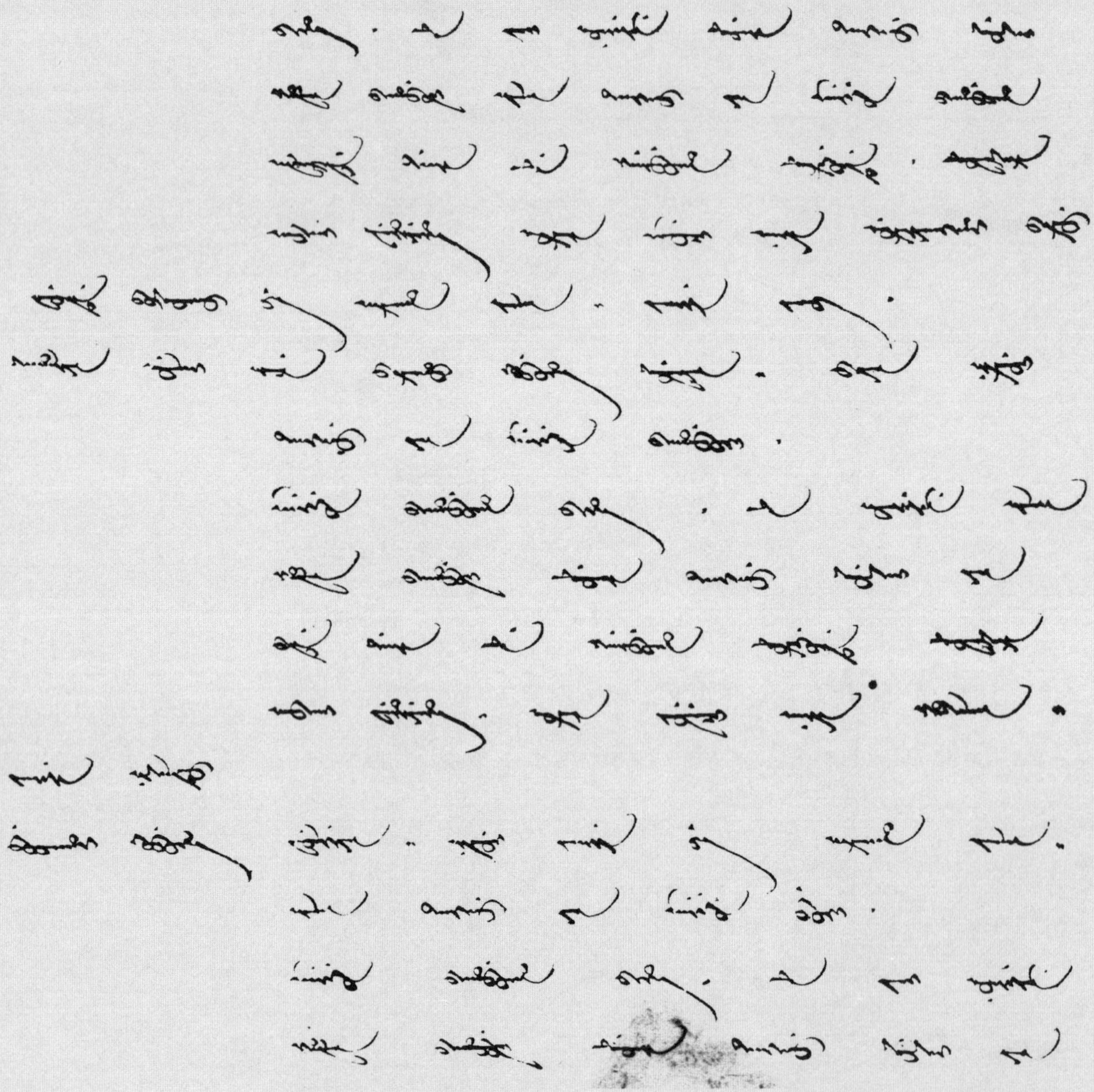

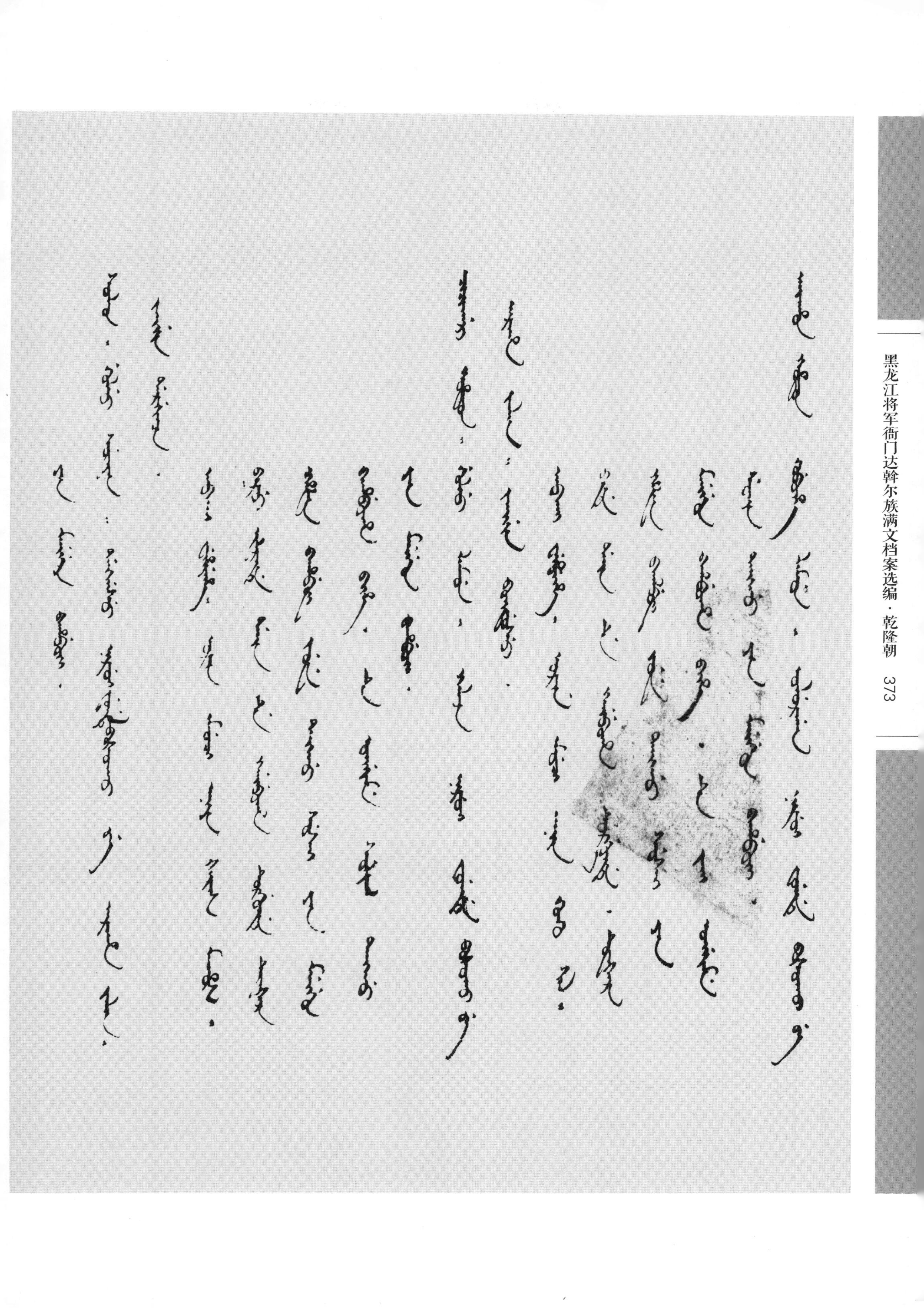

[illegible]

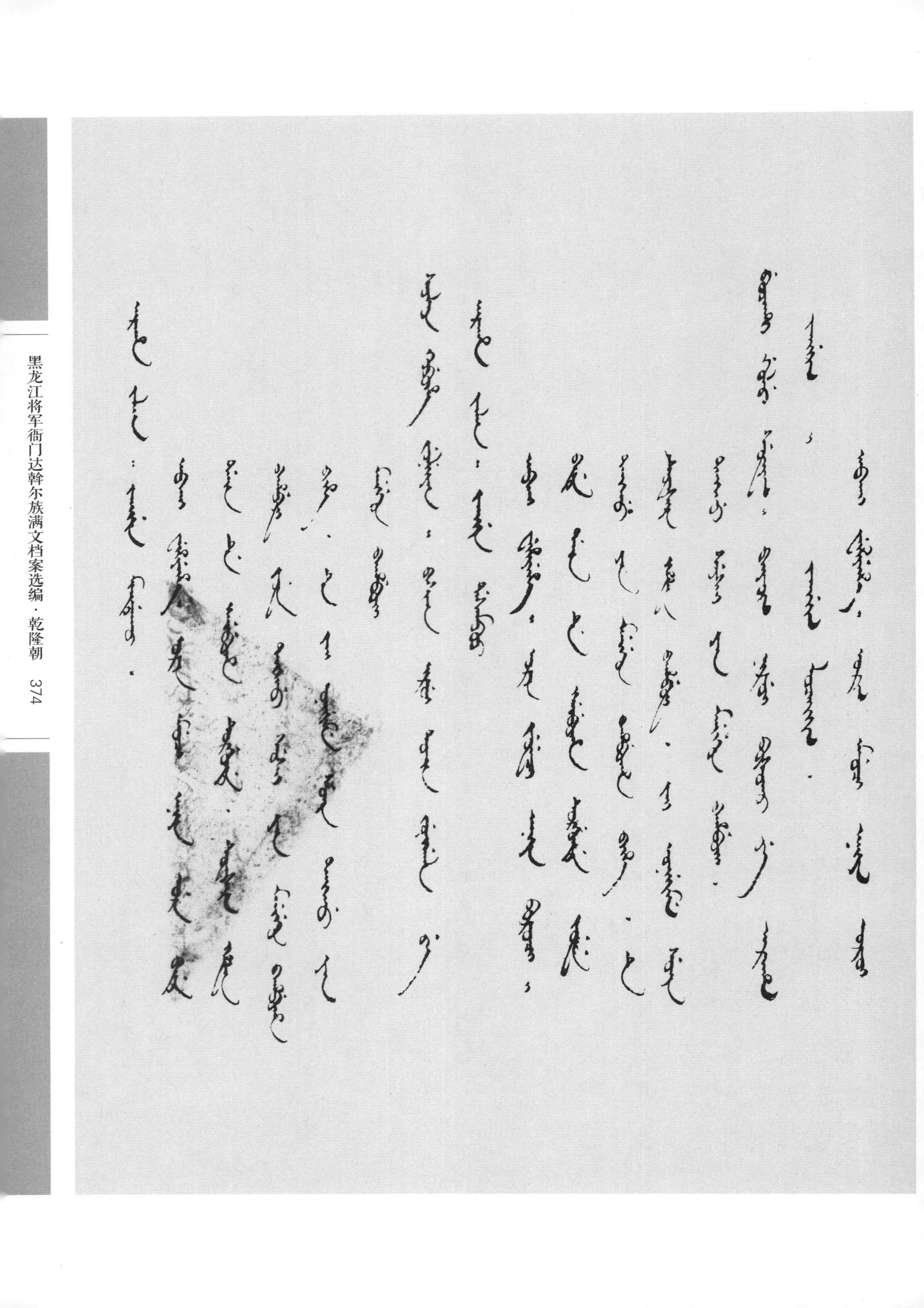

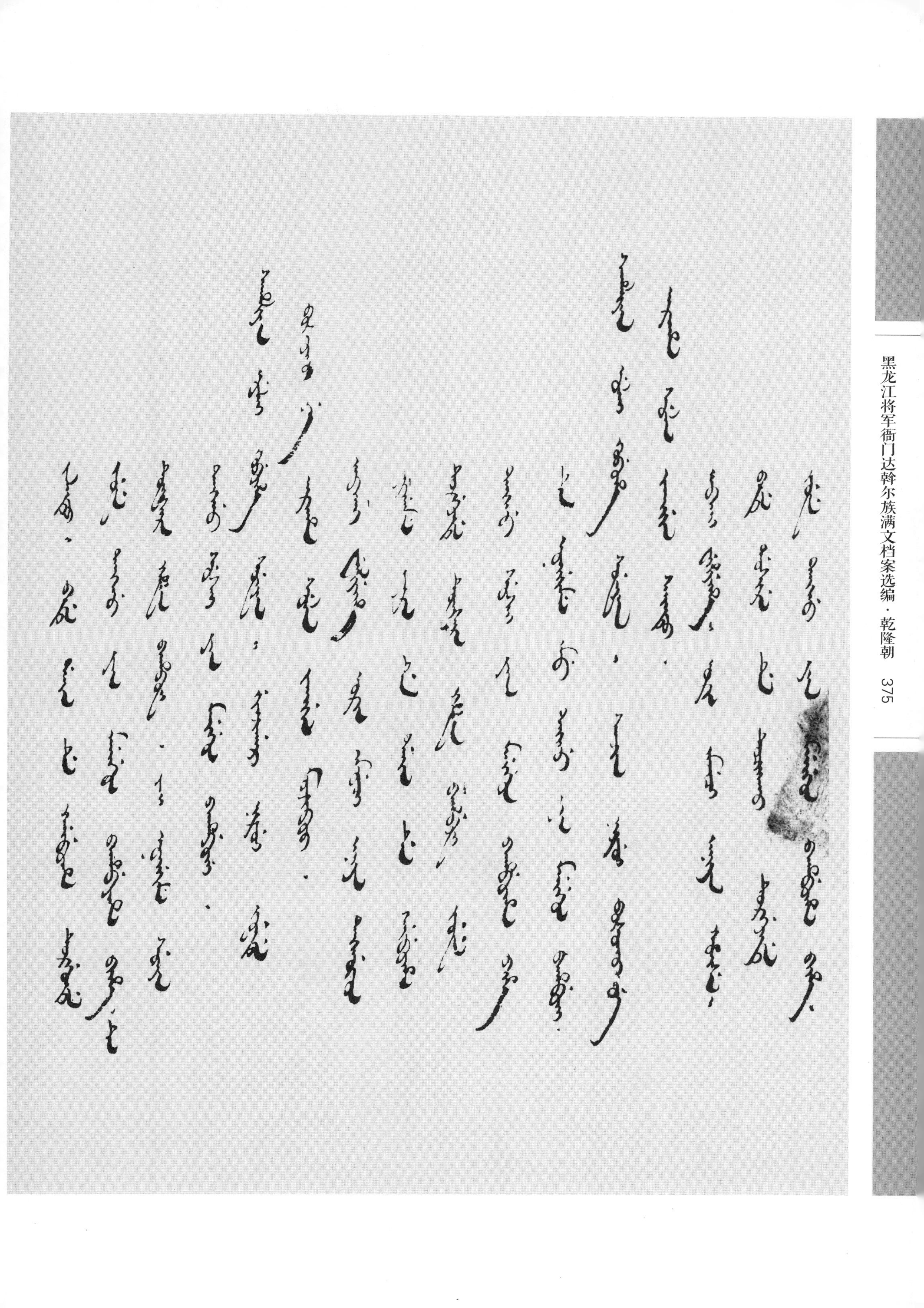

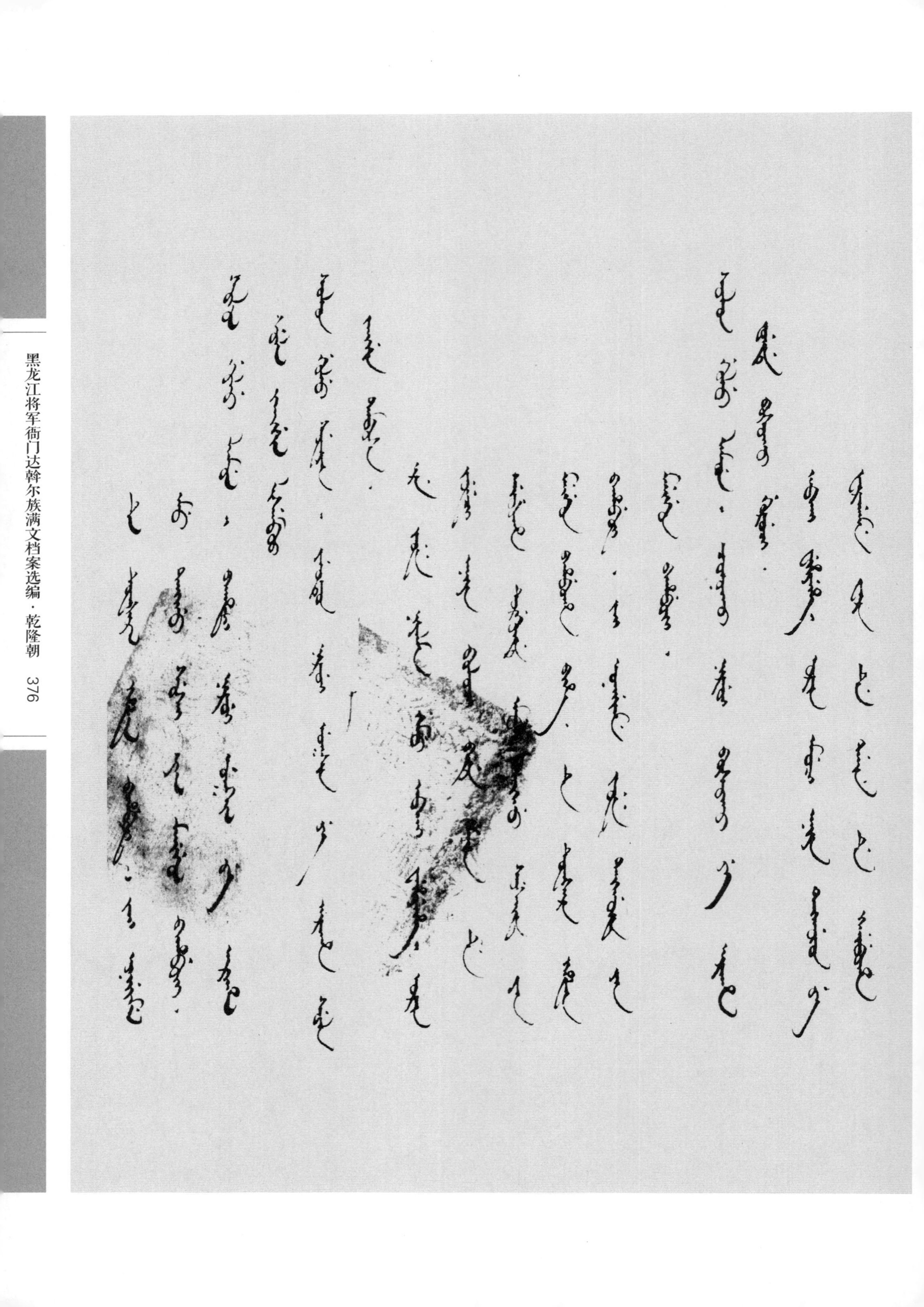

[illegible]

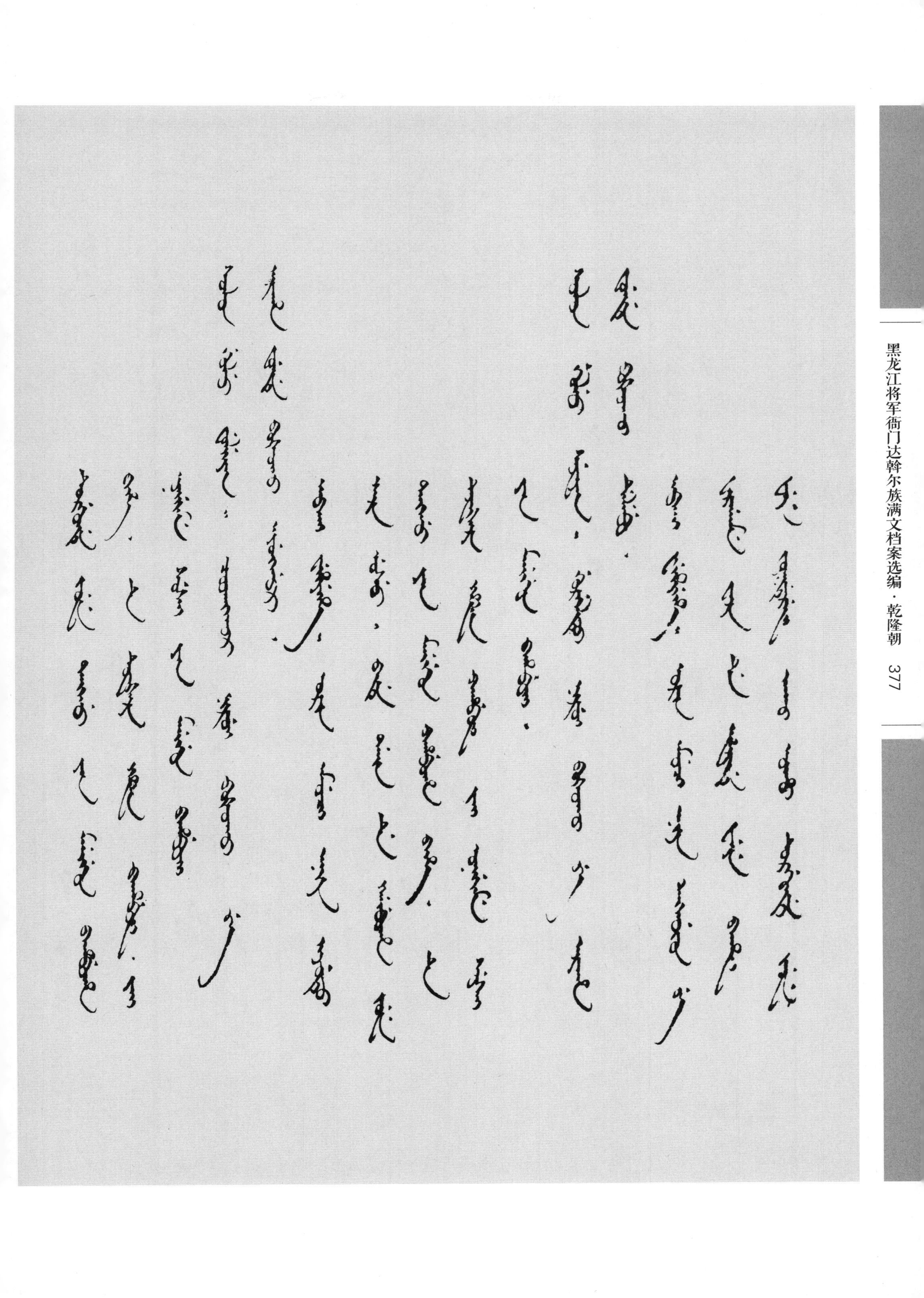

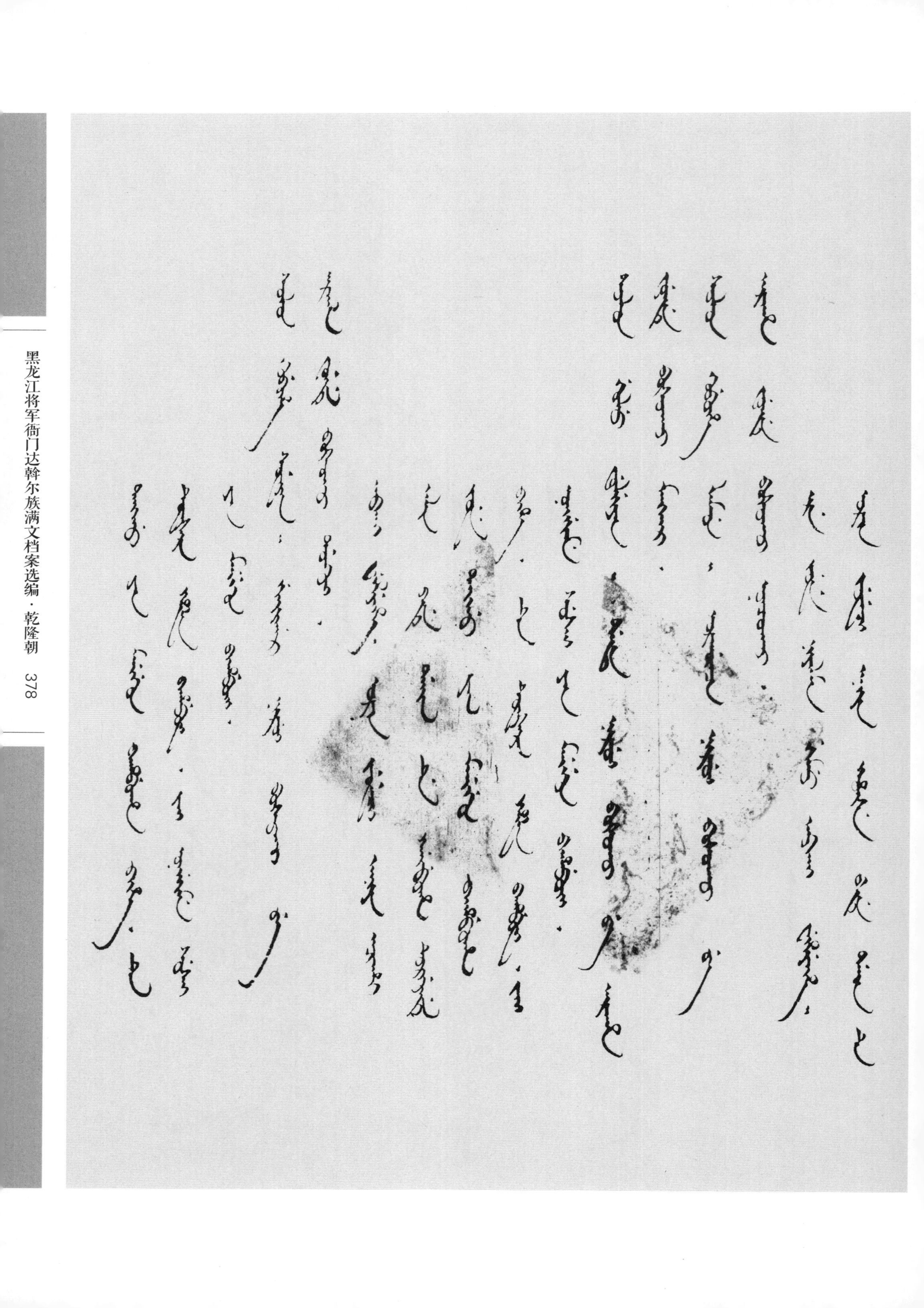

[illegible]

[illegible]

[illegible]

[illegible]

[illegible]

[illegible]

[illegible]

[illegible]

[illegible]

[illegible]

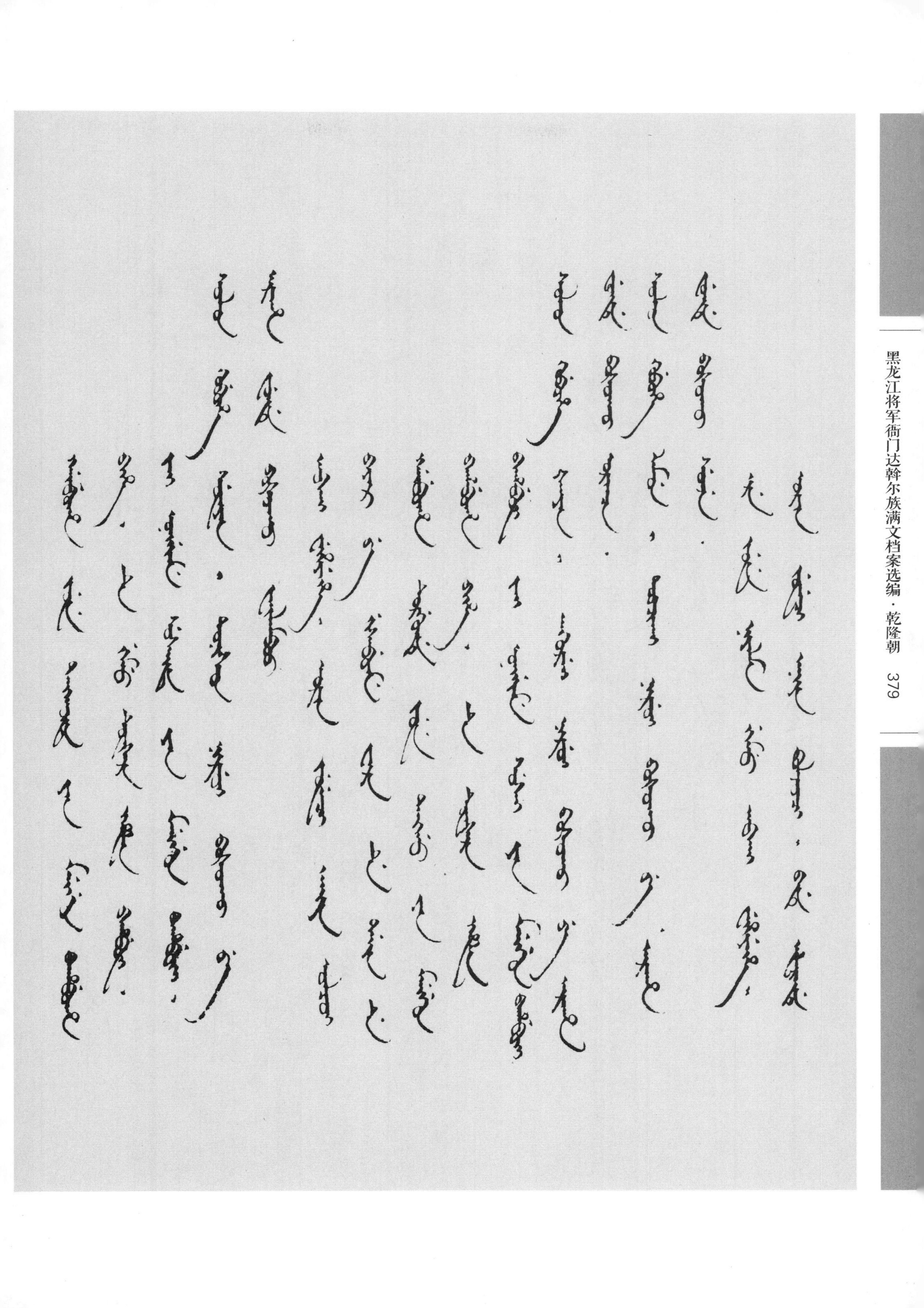

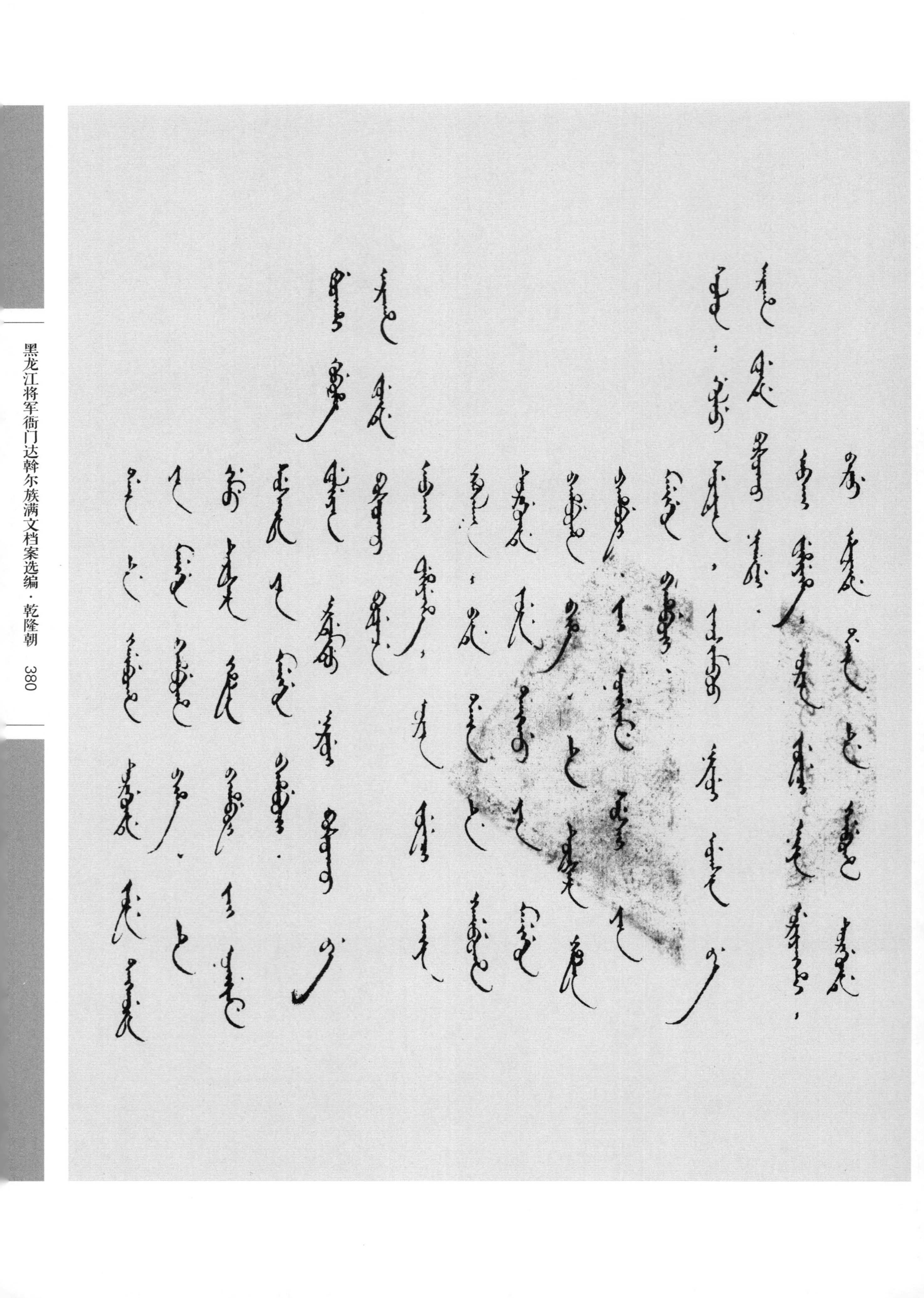

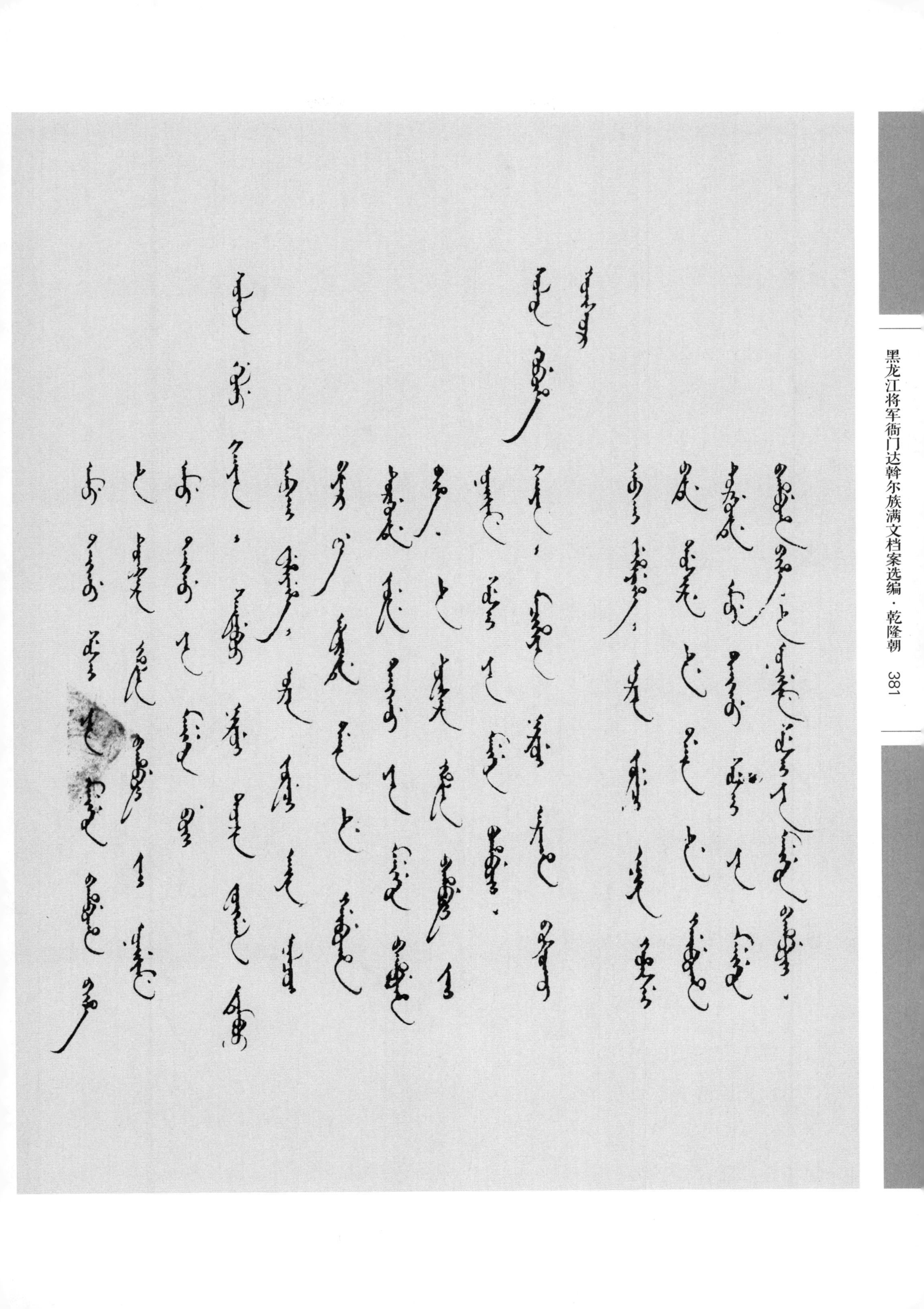

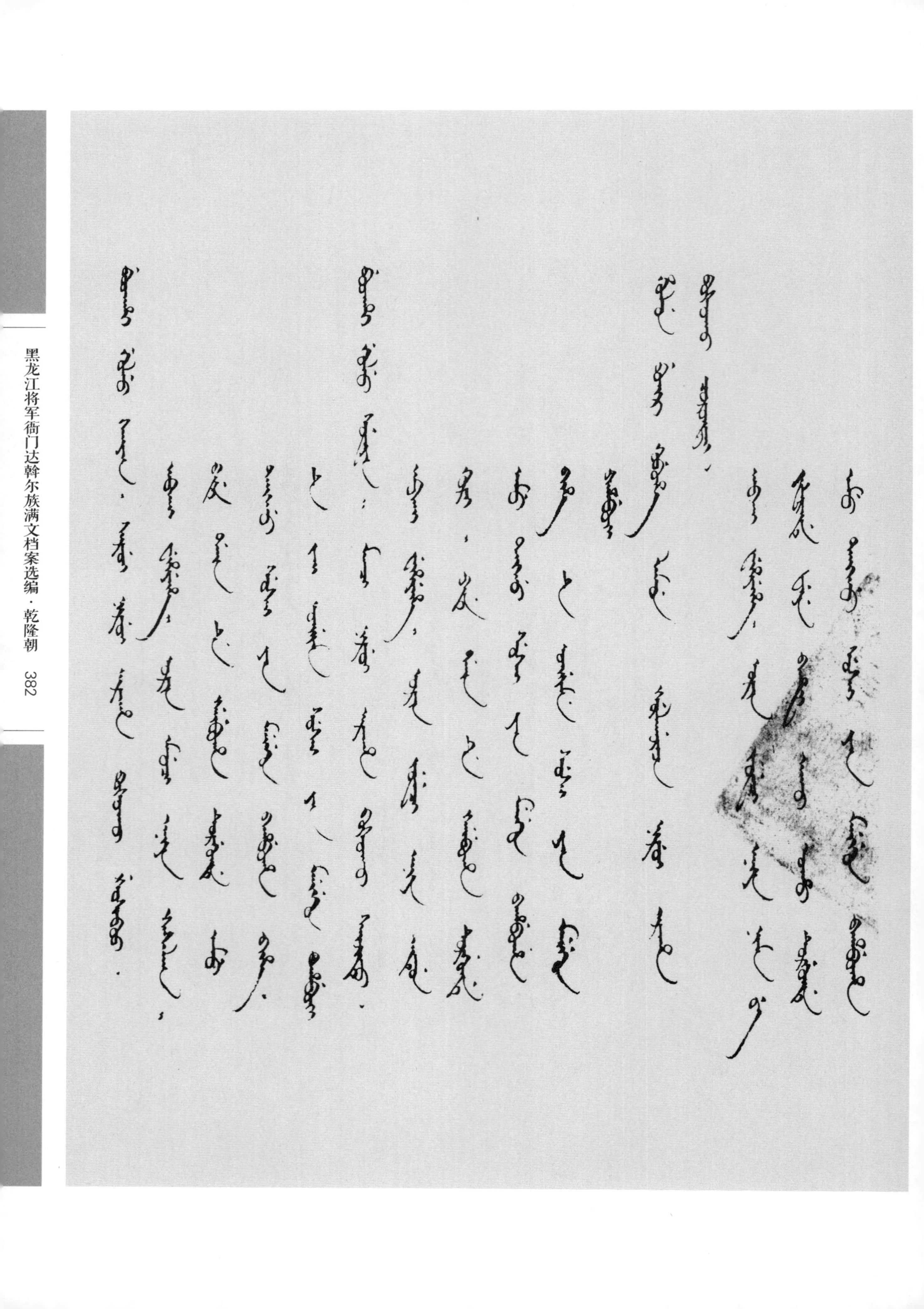

[illegible]

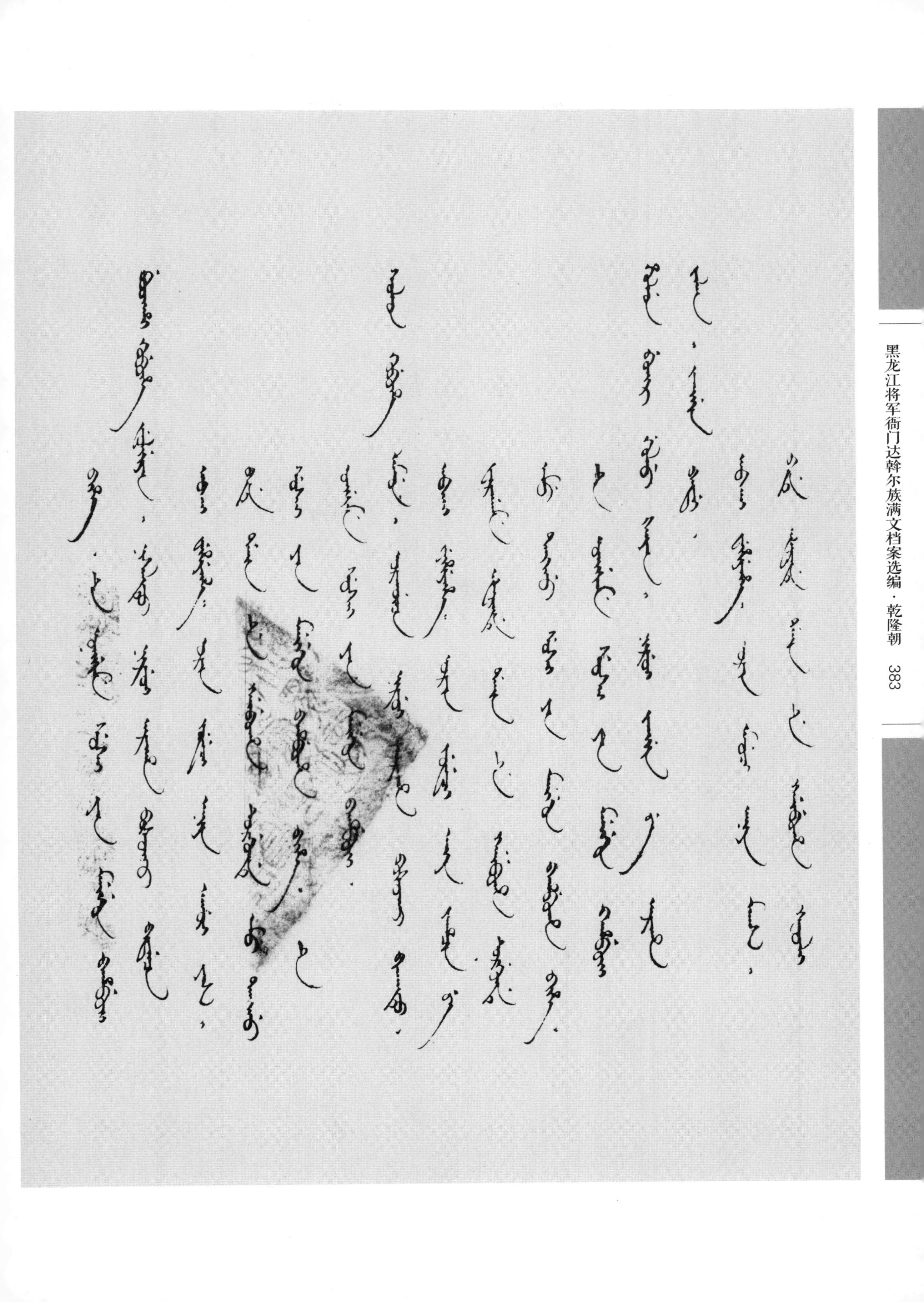

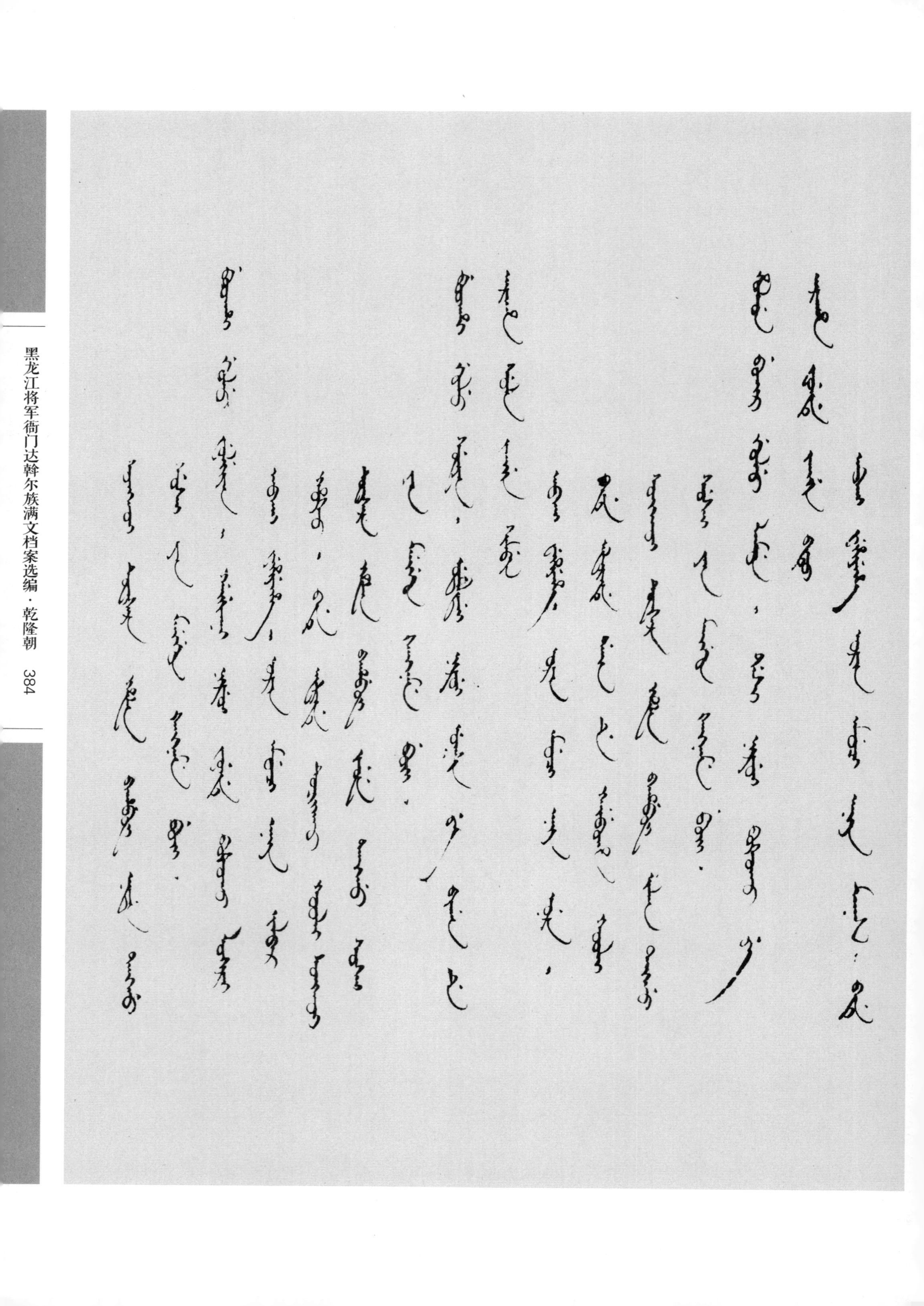

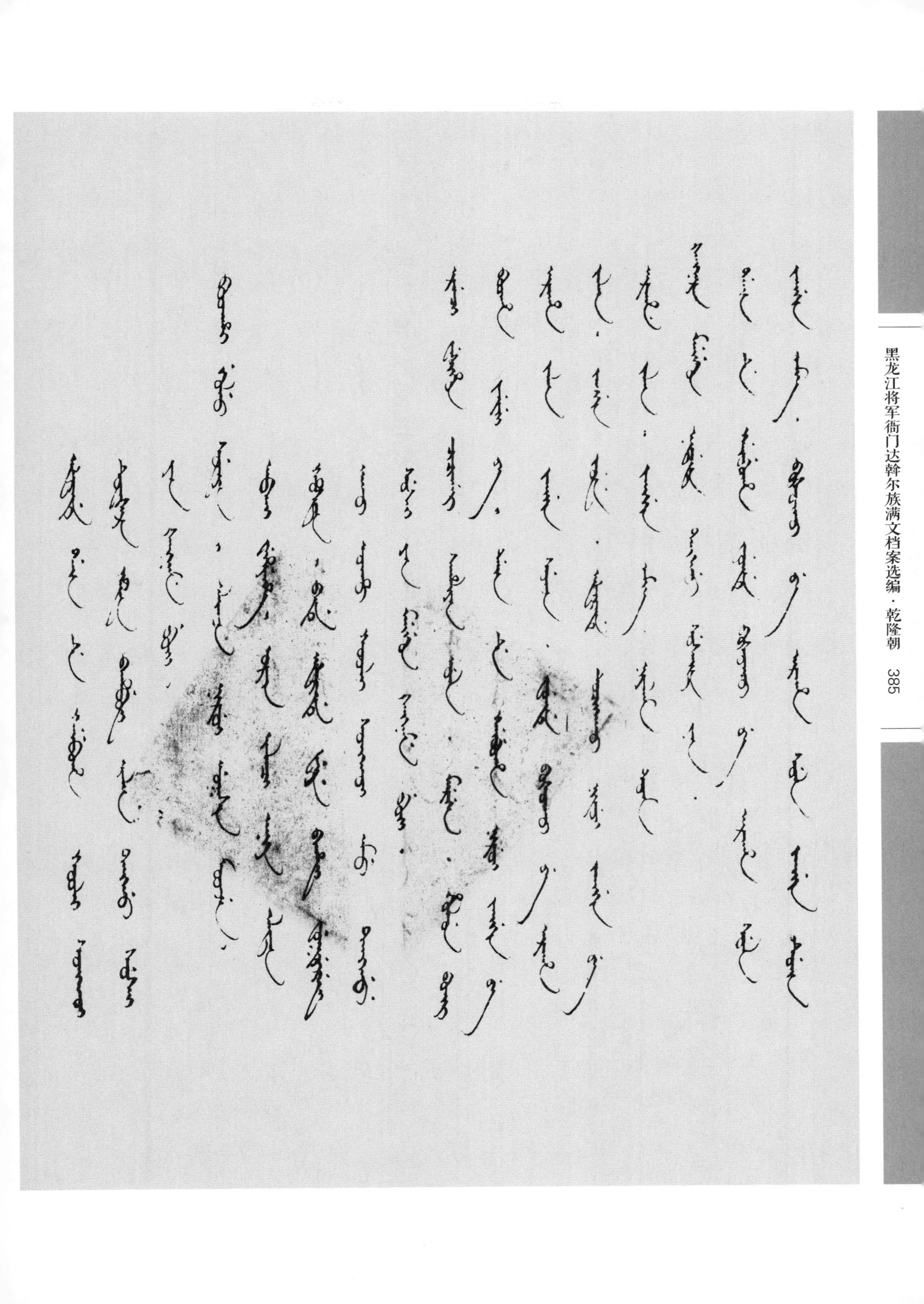

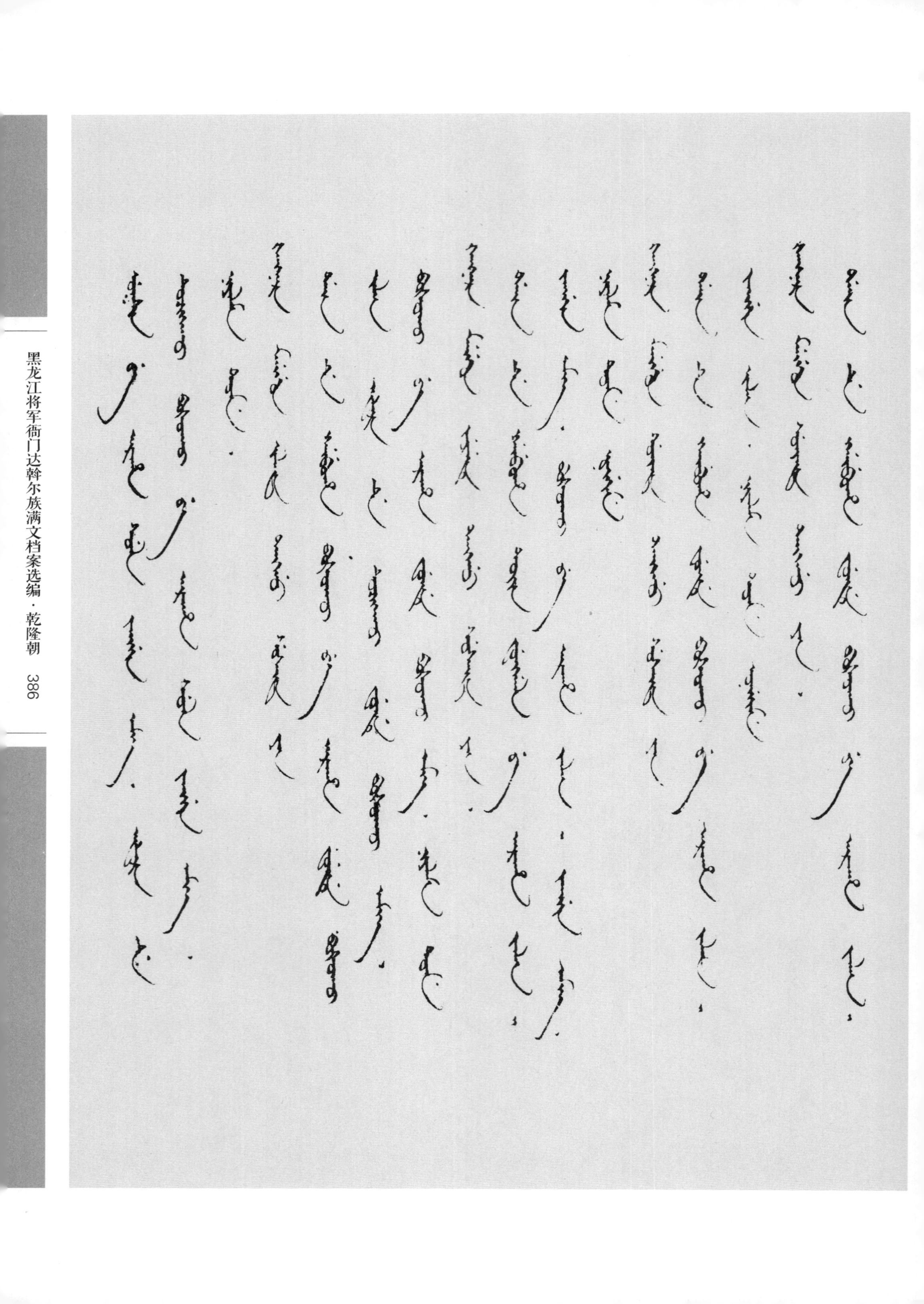

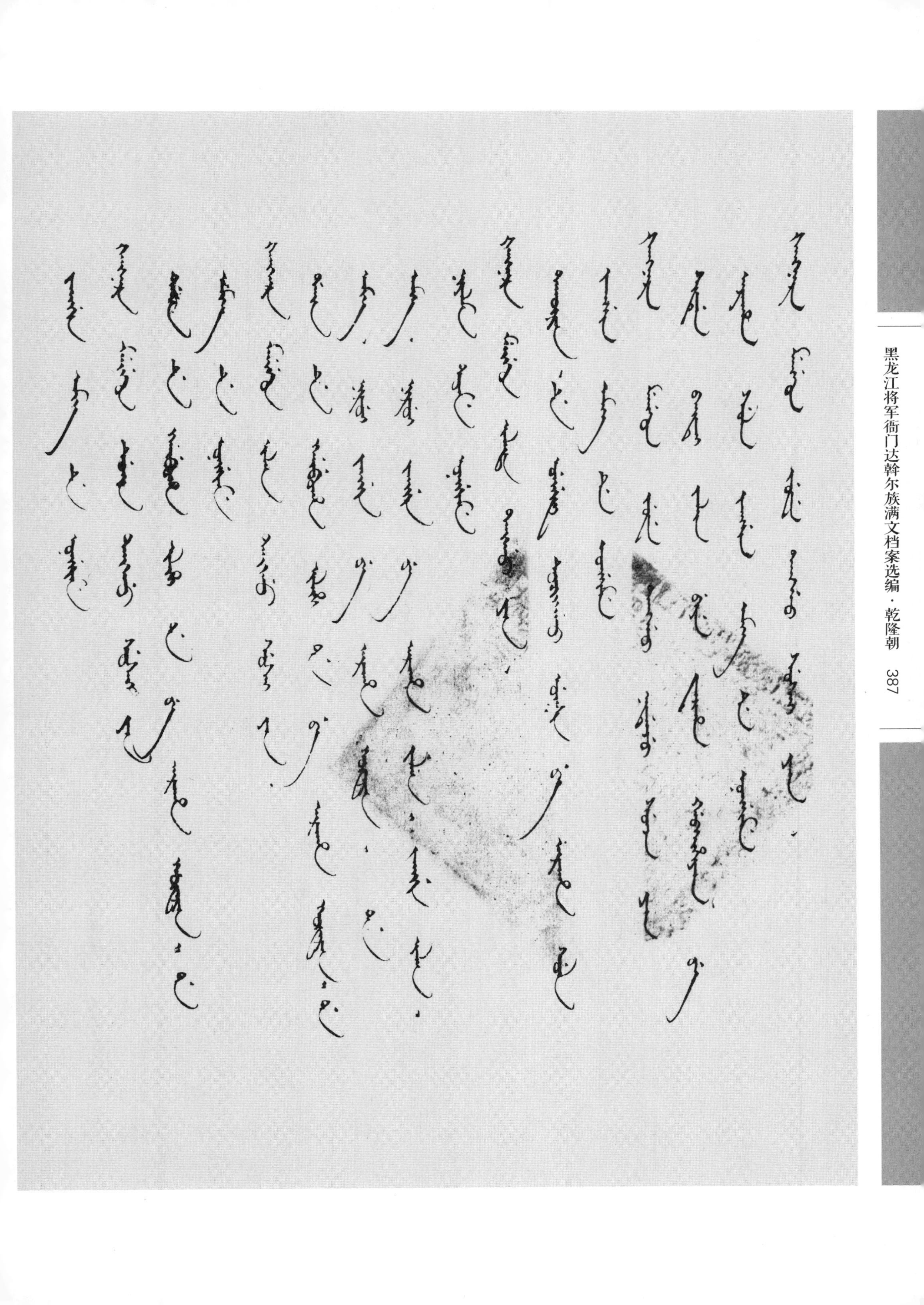

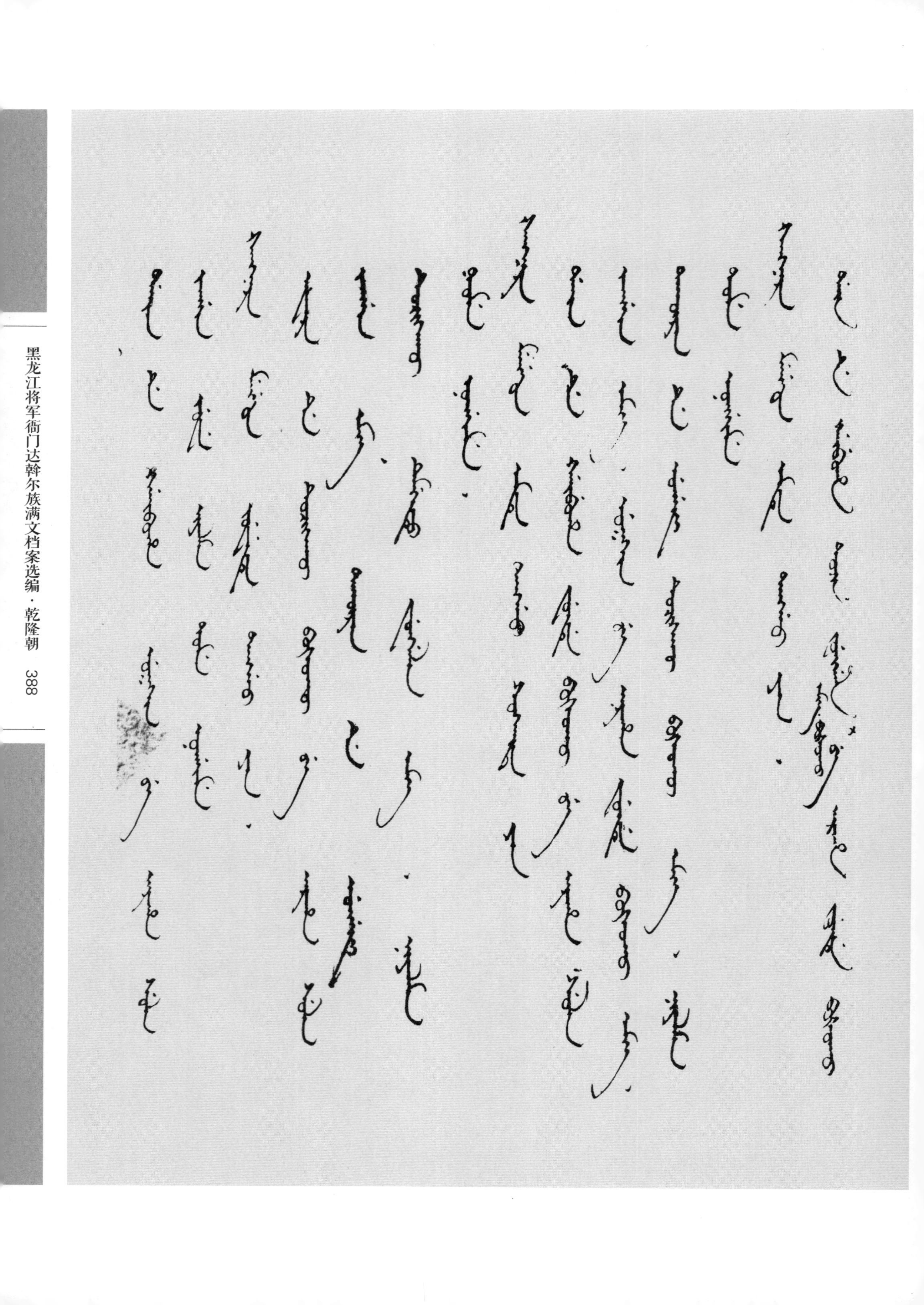

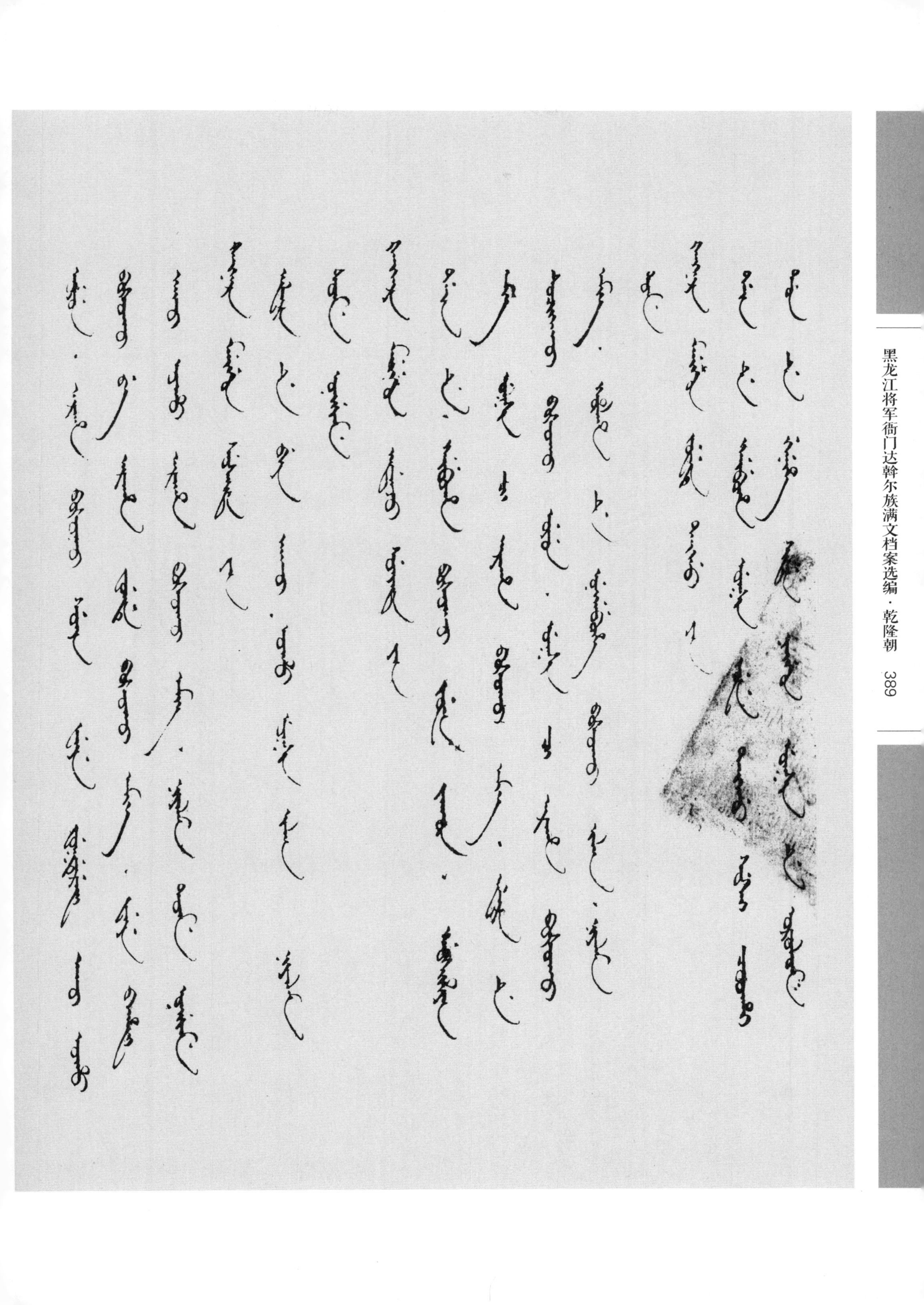

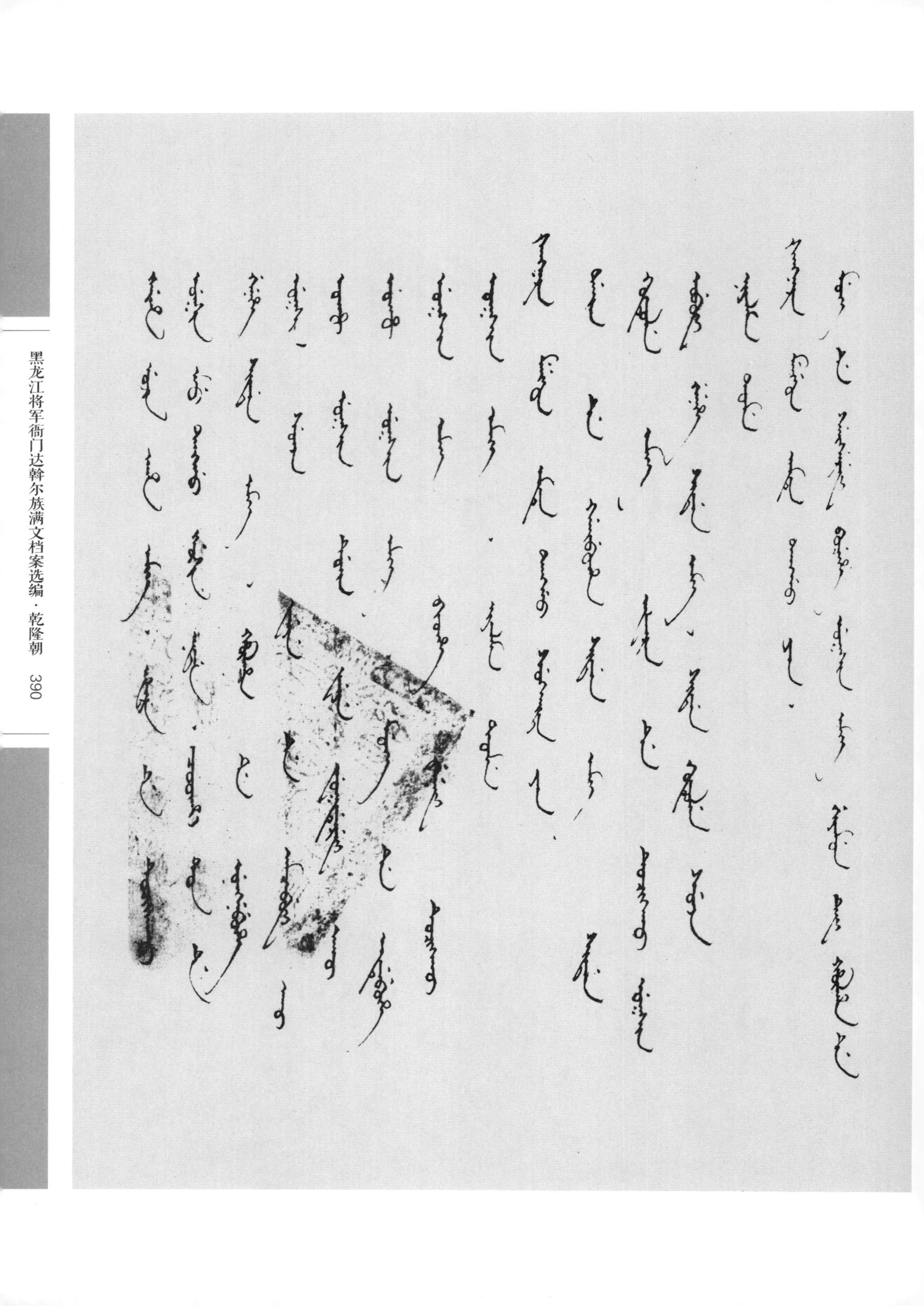

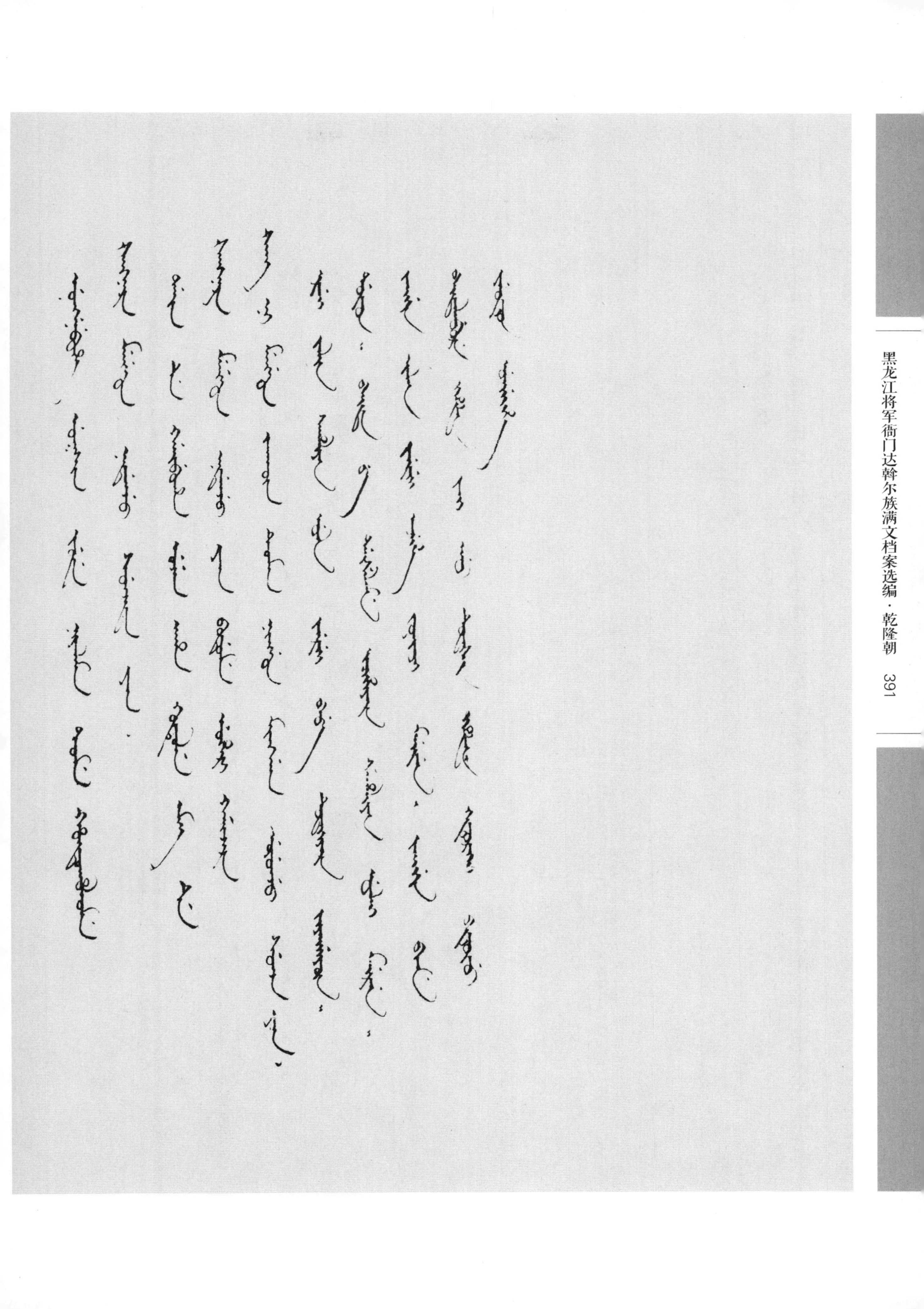

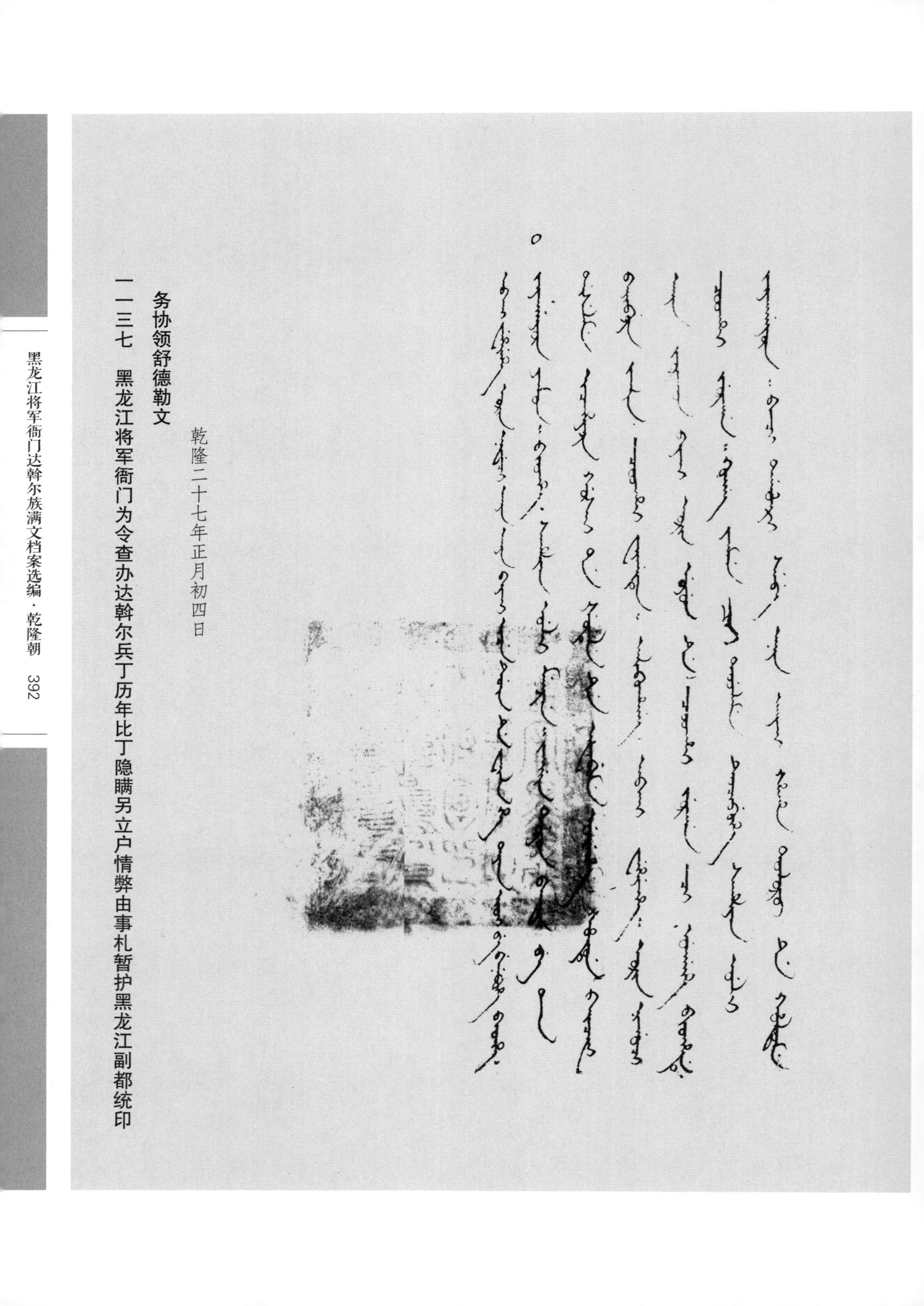

一一三七　黑龙江将军衙门为令查办达斡尔兵丁历年比丁隐瞒另立户情弊由事札暂护黑龙江副都统印务协领舒德勒文

乾隆二十七年正月初四日

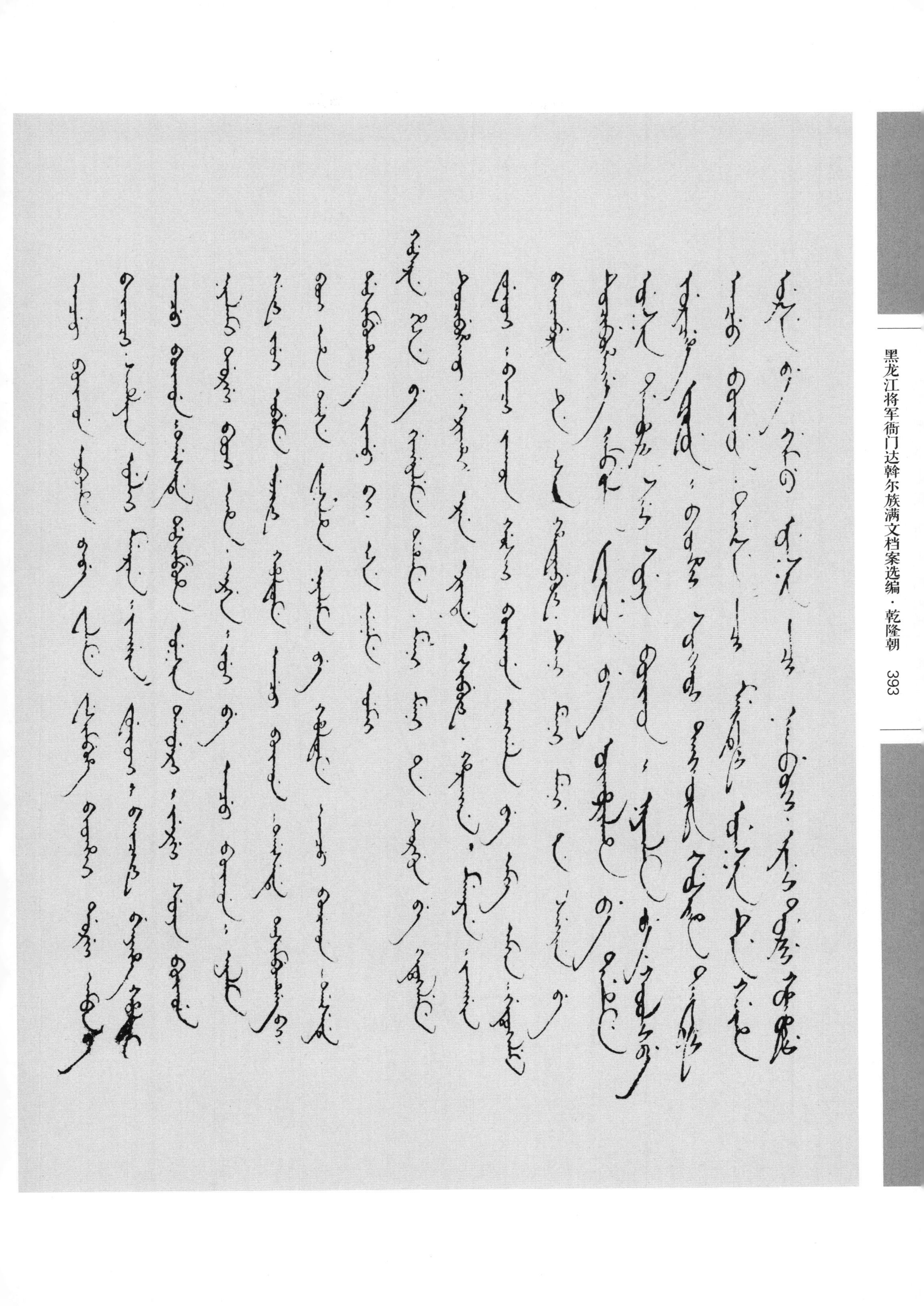

[illegible]

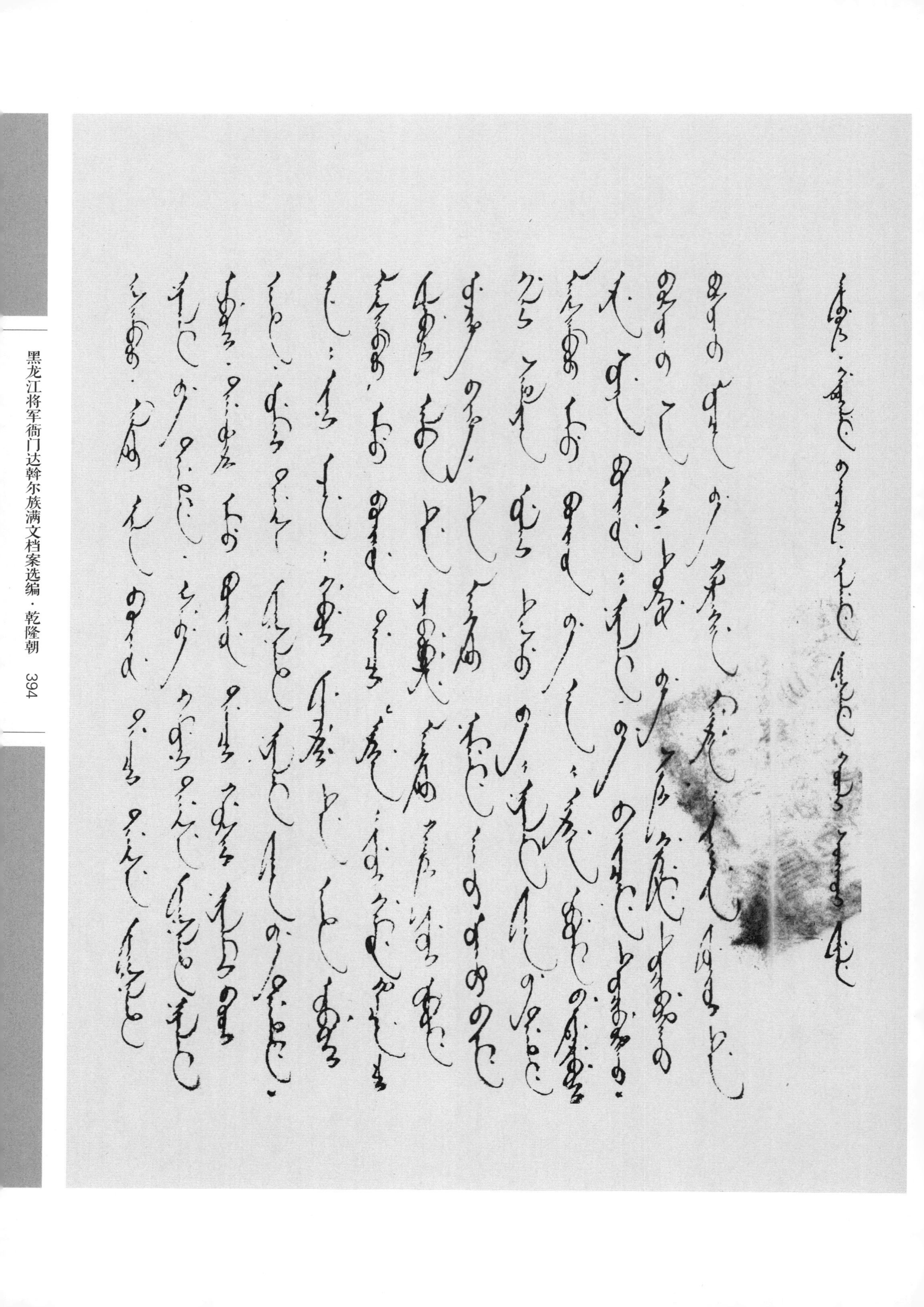

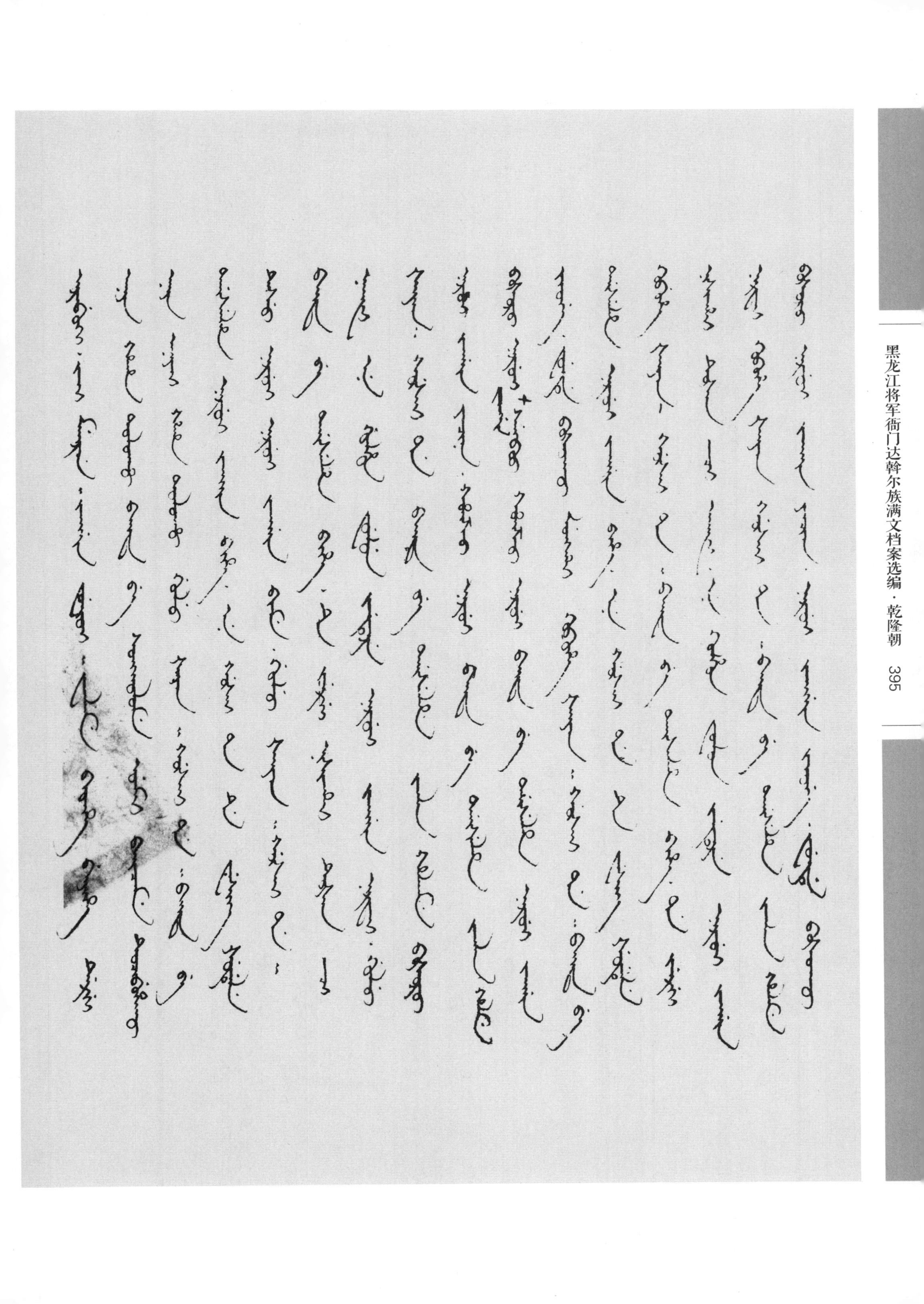

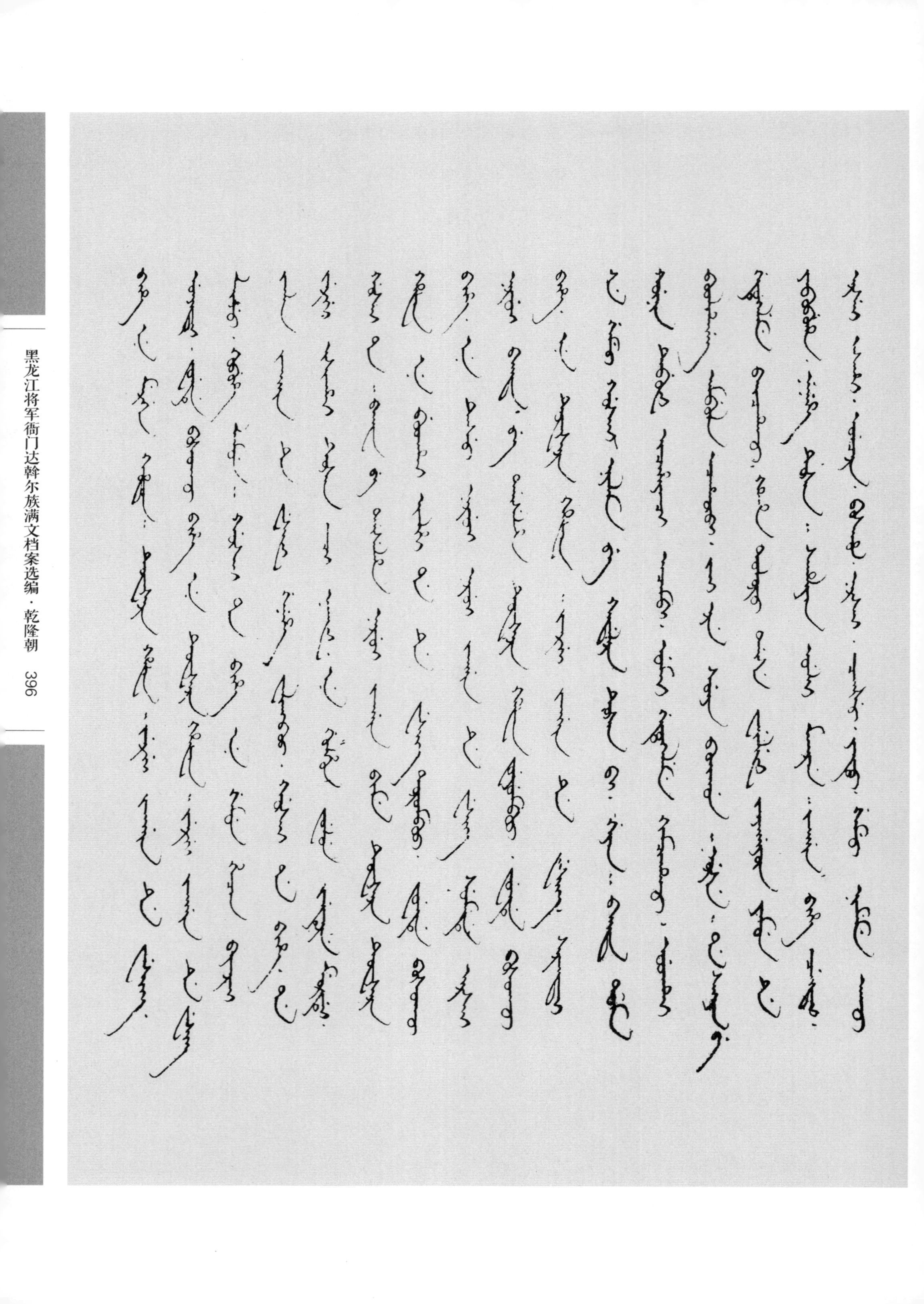

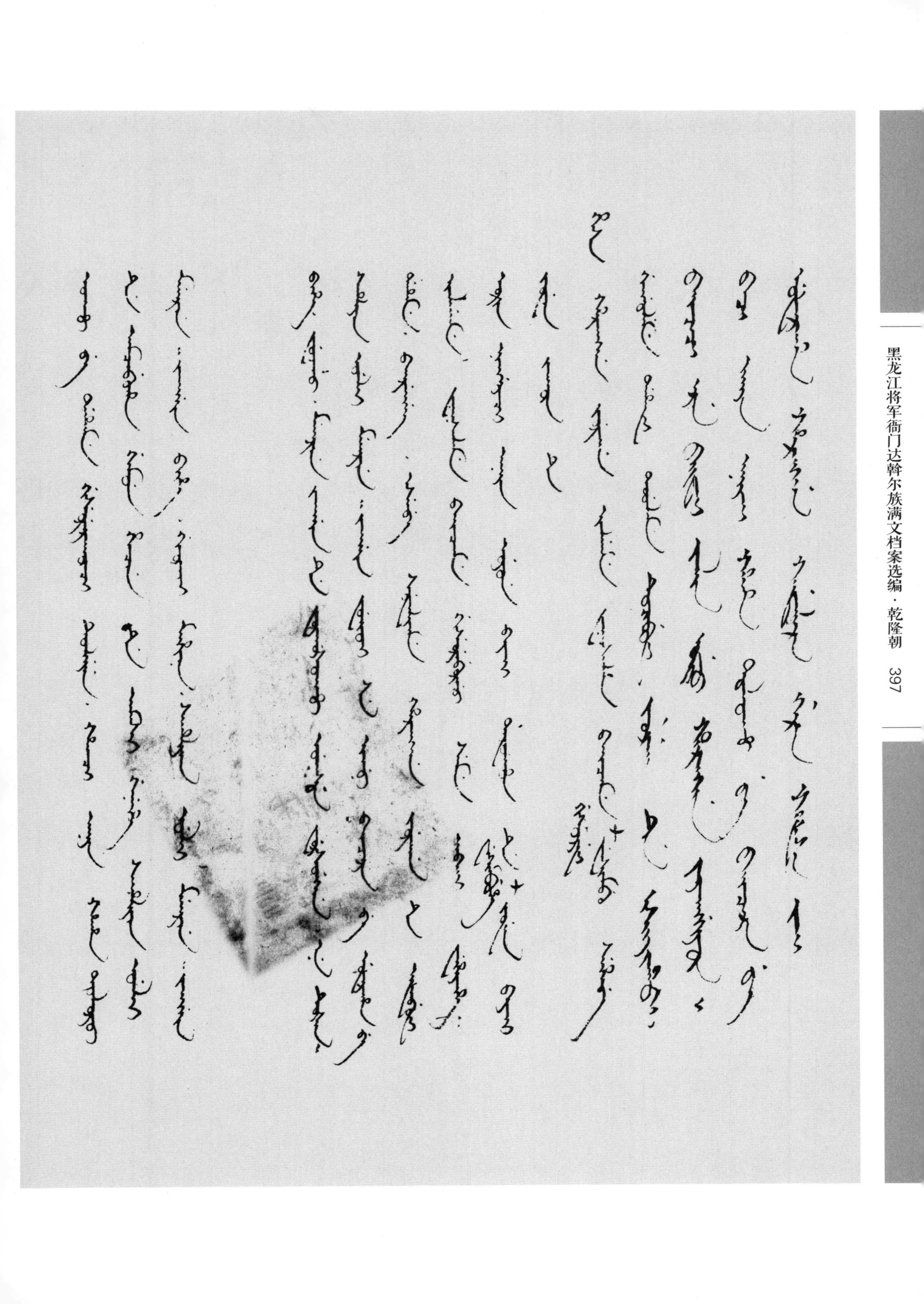

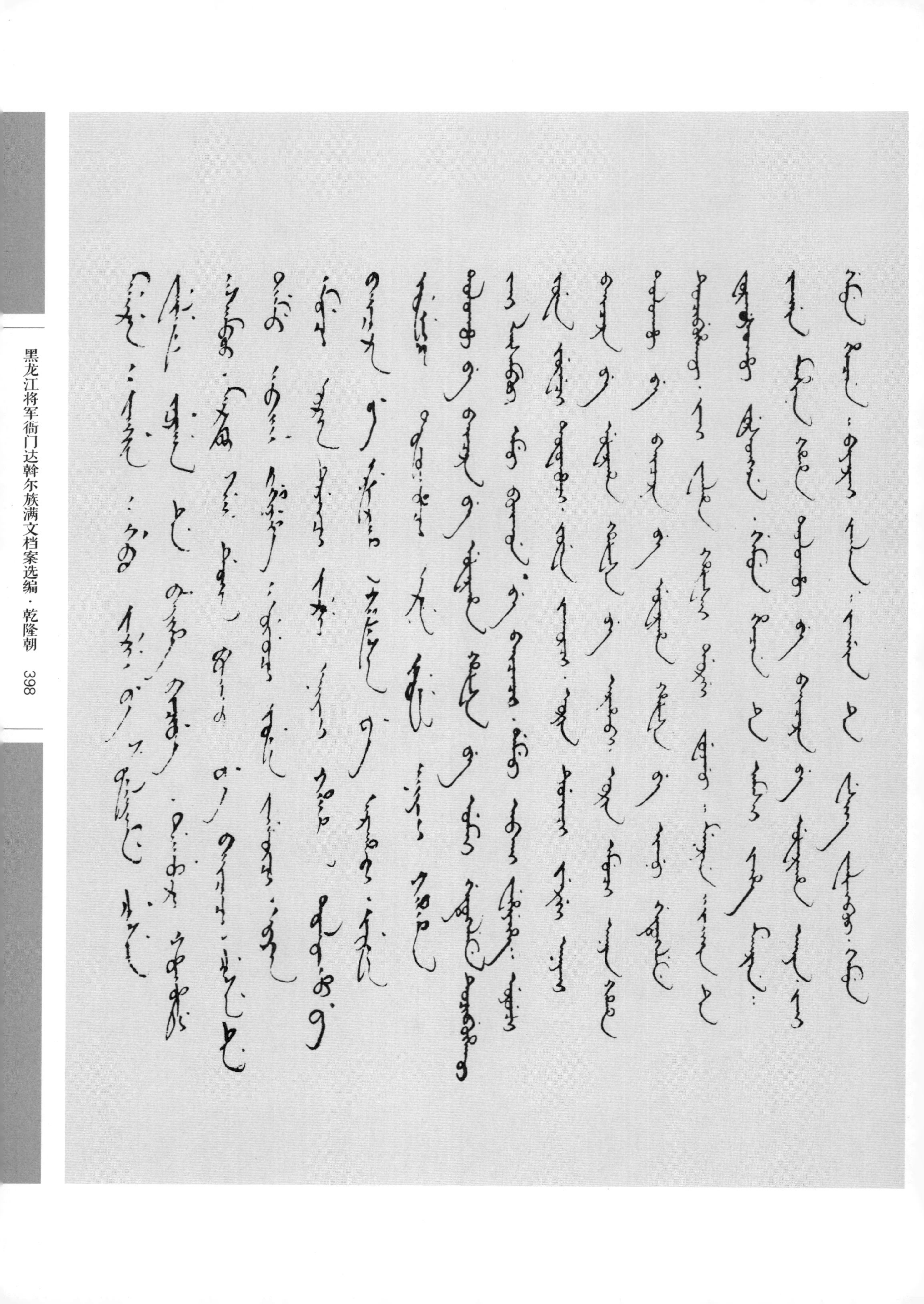

[illegible]

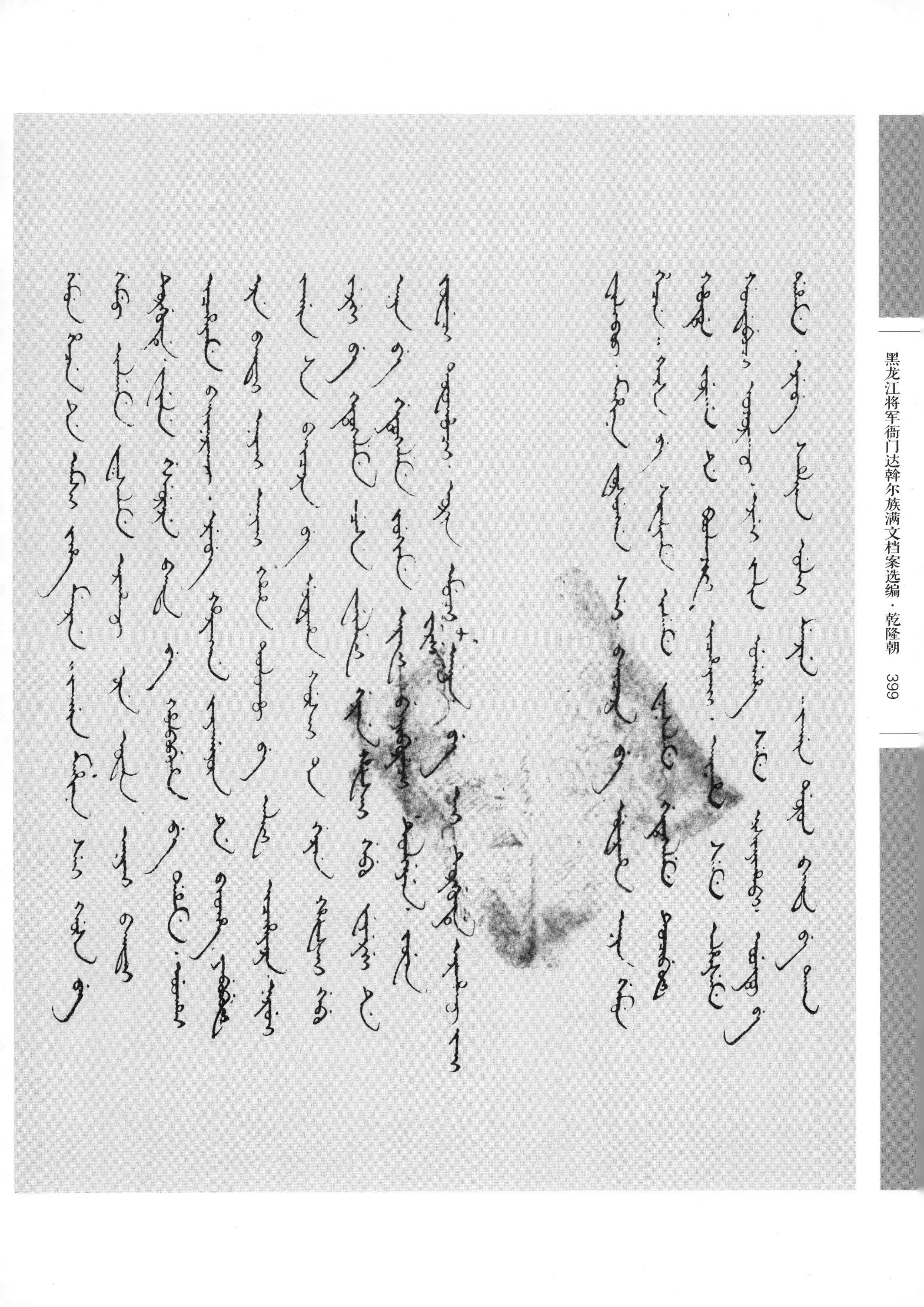

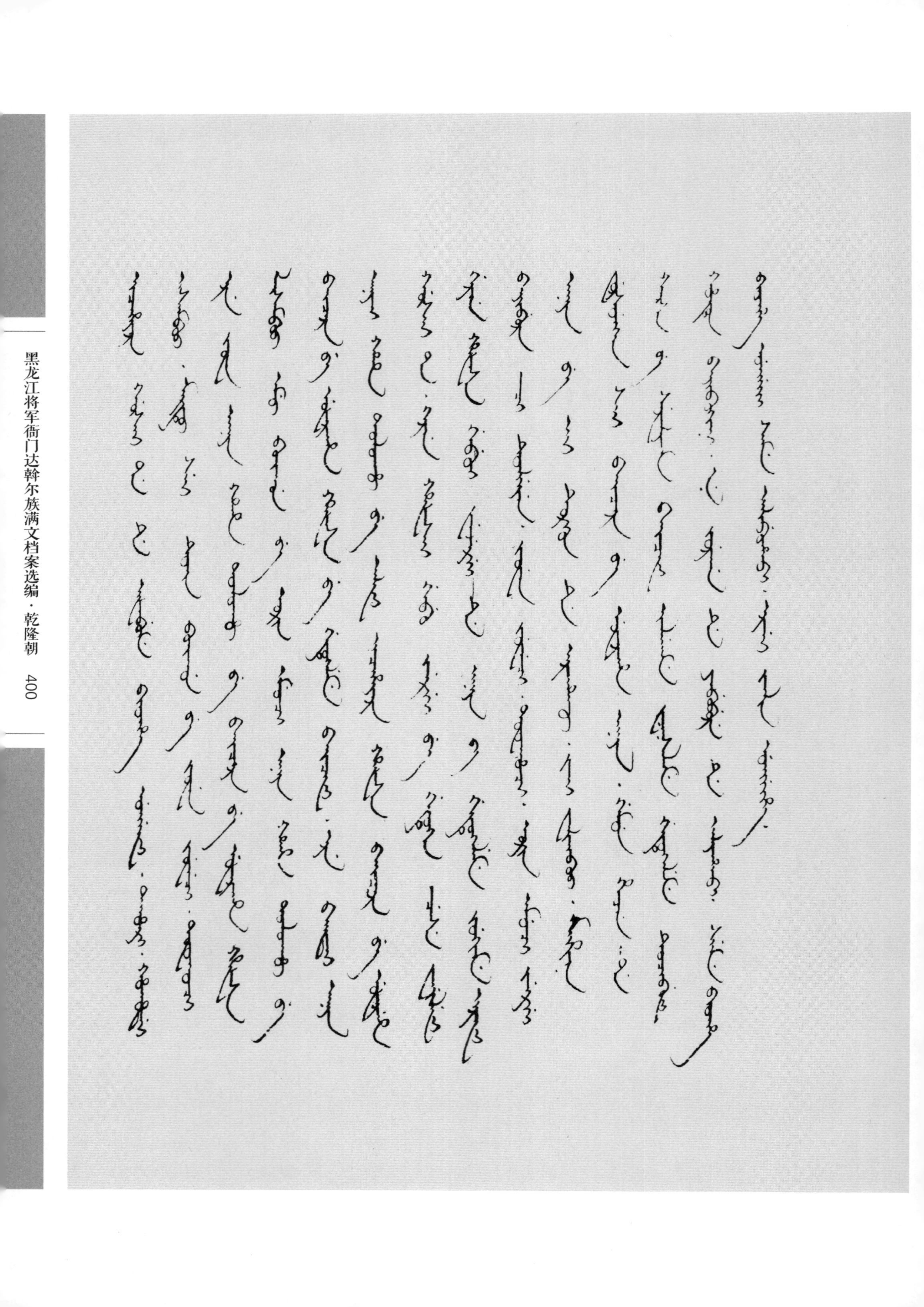

一一三八　兵部为准令索伦总管达斡尔阿尔噶勒沁调补墨尔根正红旗协领事咨黑龙江将军文

乾隆二十七年正月十一日

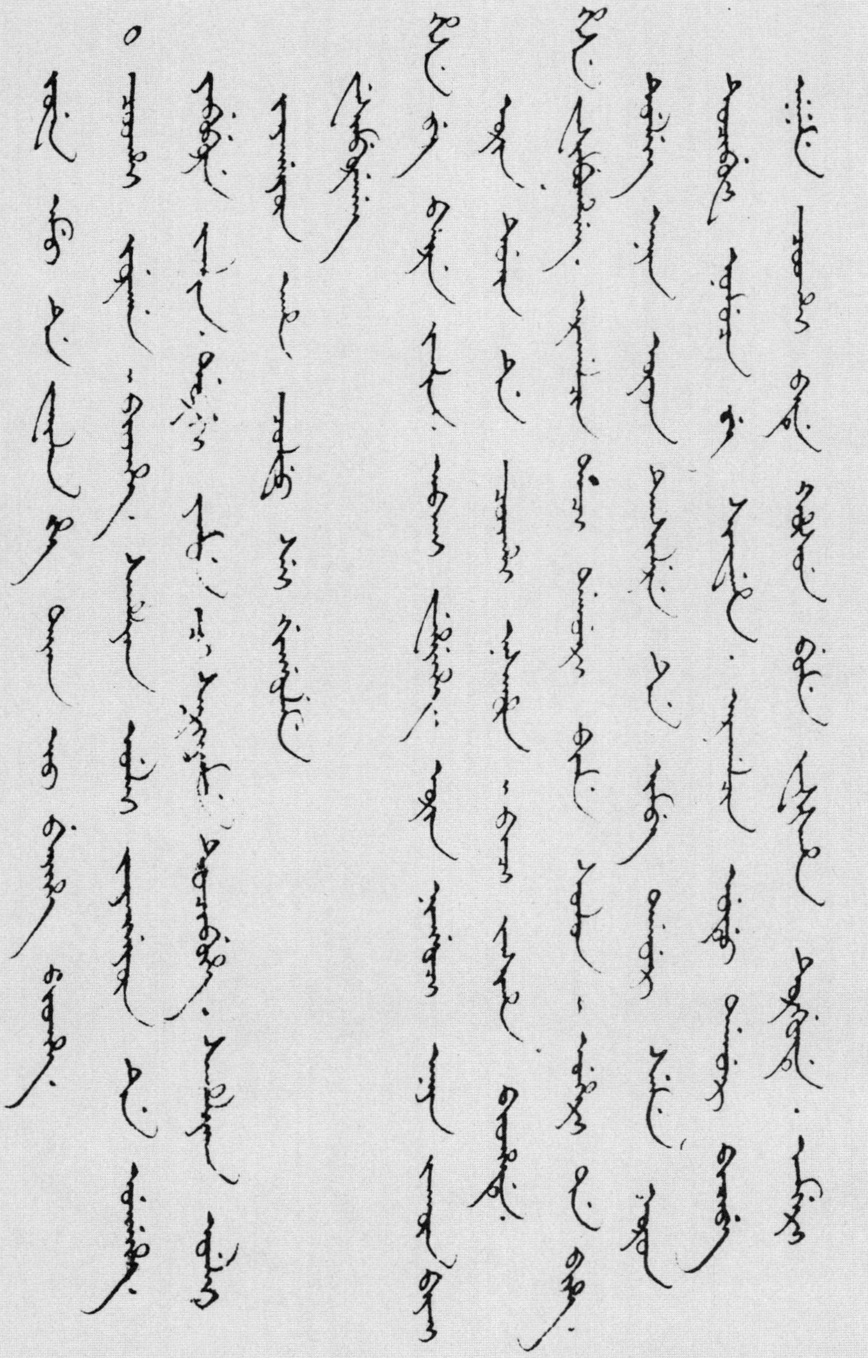

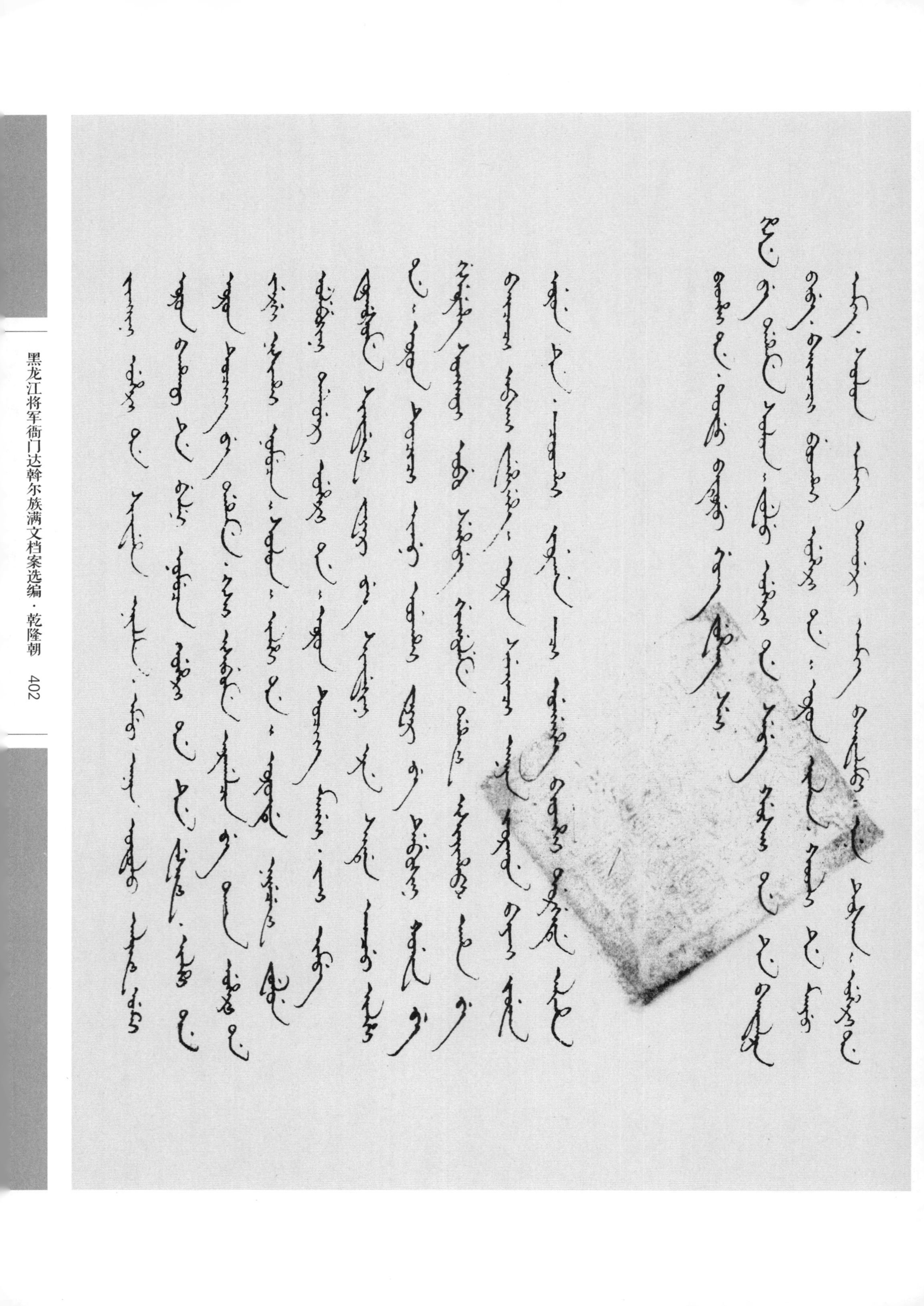

[illegible]

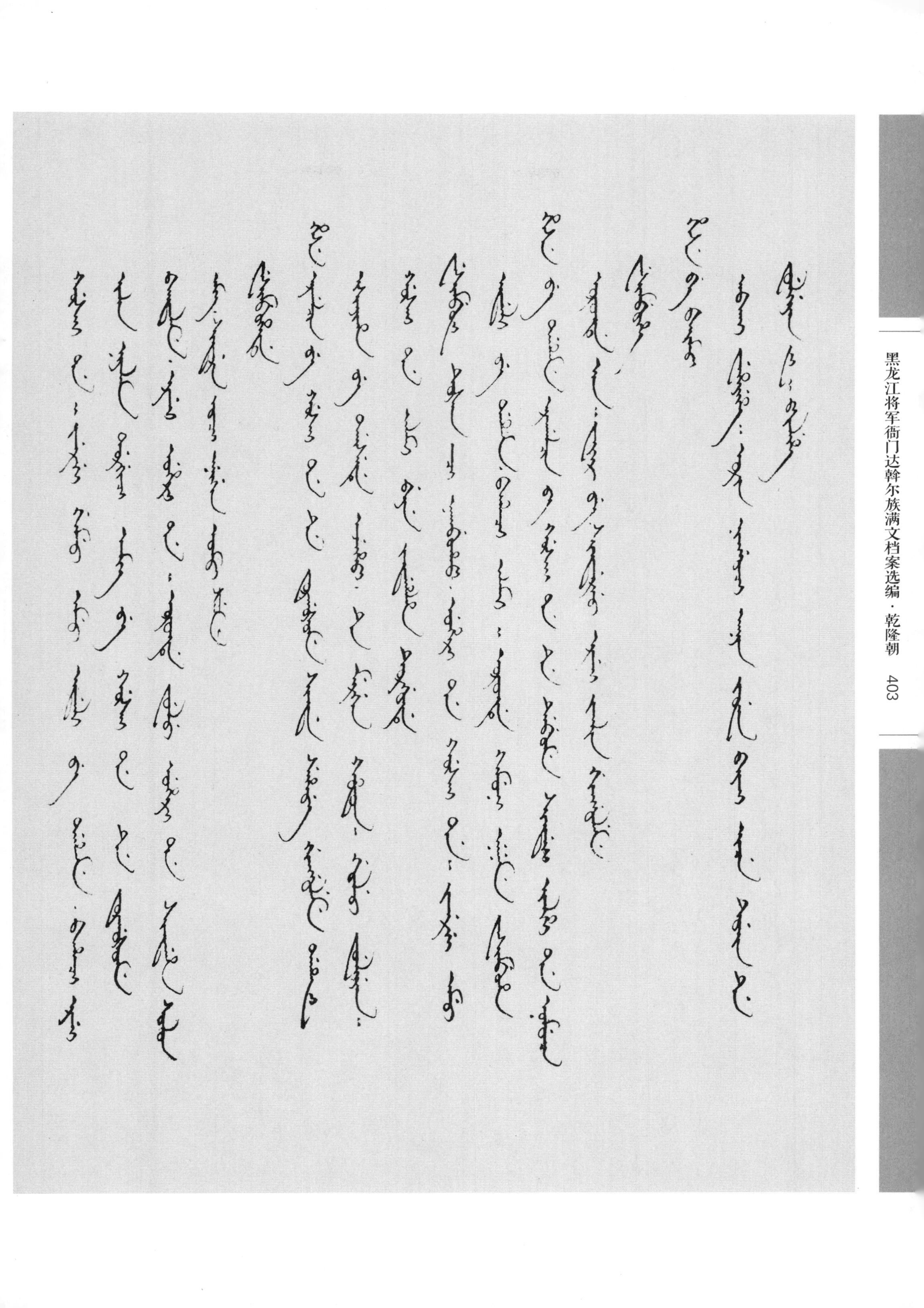

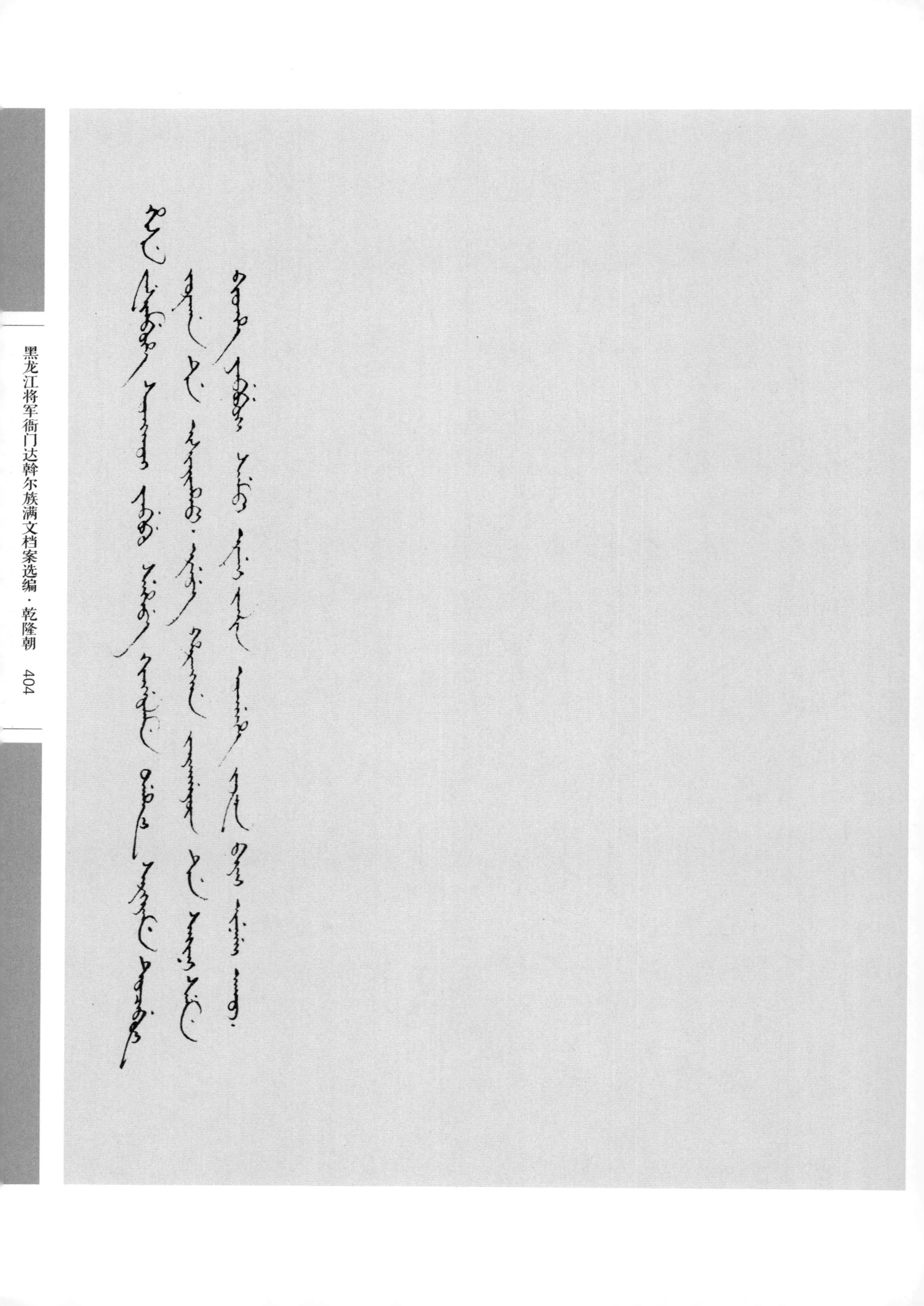

一一三九　理藩院为布特哈正白旗达斡尔佐领散达保出缺准以拟定人员补授事咨黑龙江将军文

乾隆二十七年正月十一日

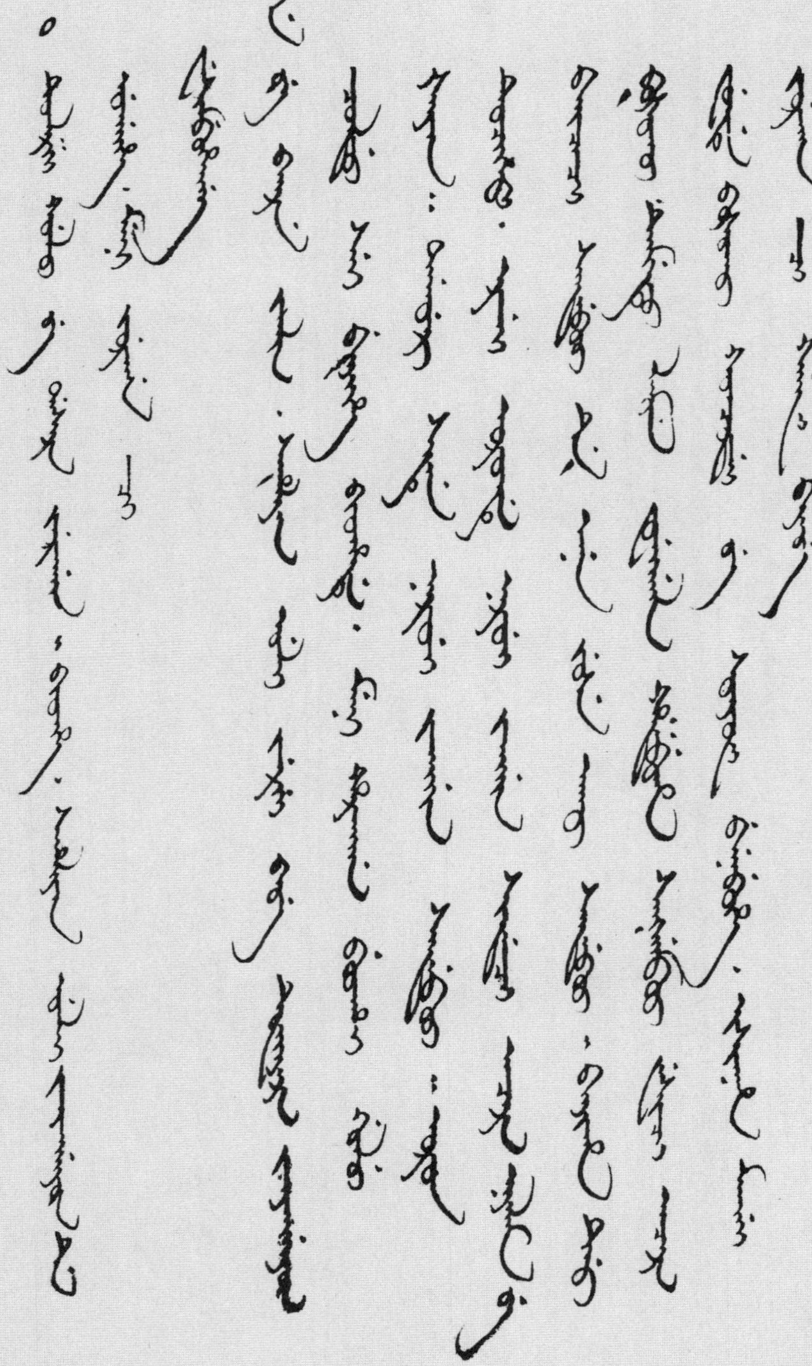

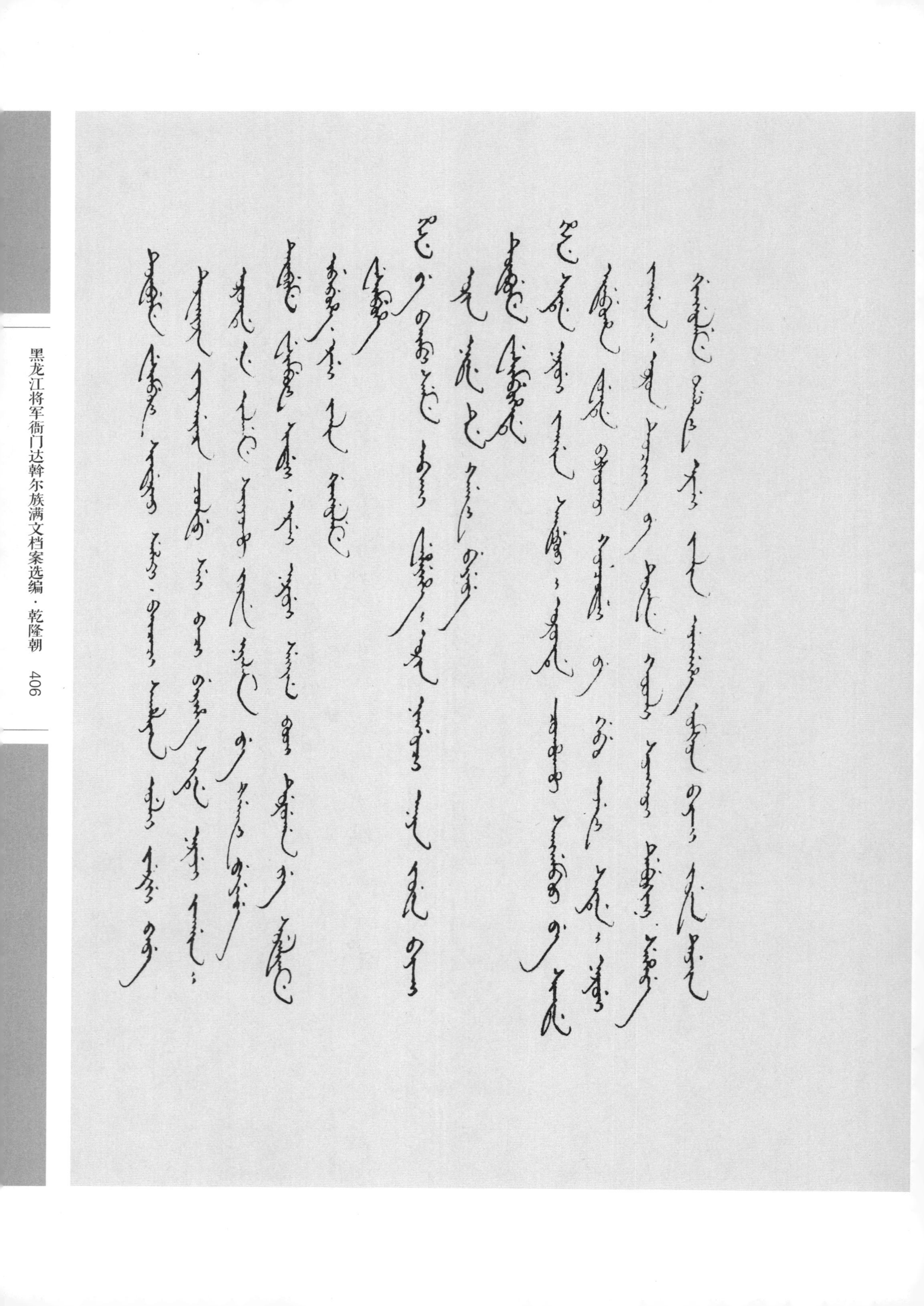

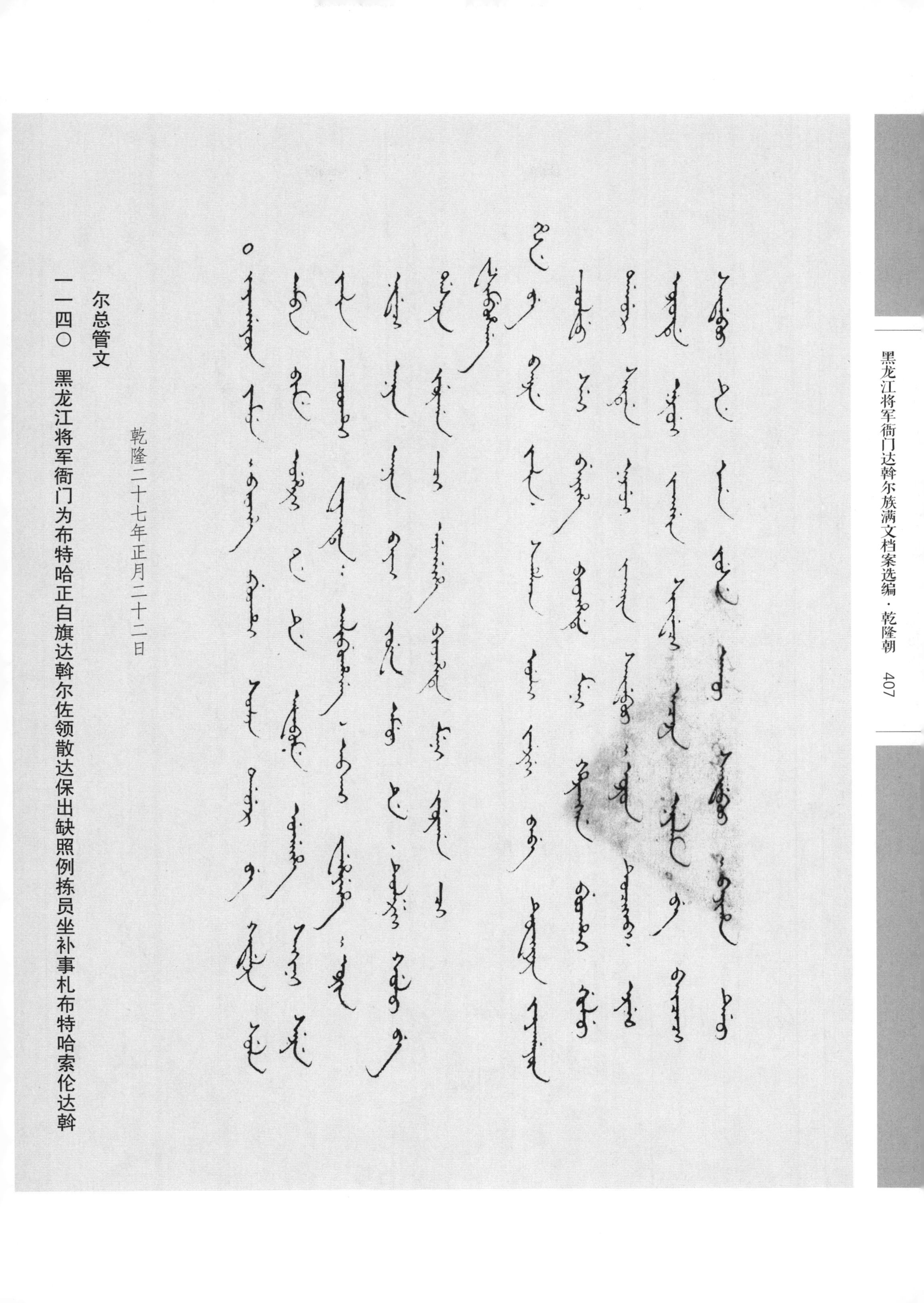

乾隆二十七年正月二十二日

一一四〇　黑龙江将军衙门为布特哈正白旗达斡尔佐领散达保出缺照例拣员坐补事札布特哈索伦达斡尔总管文

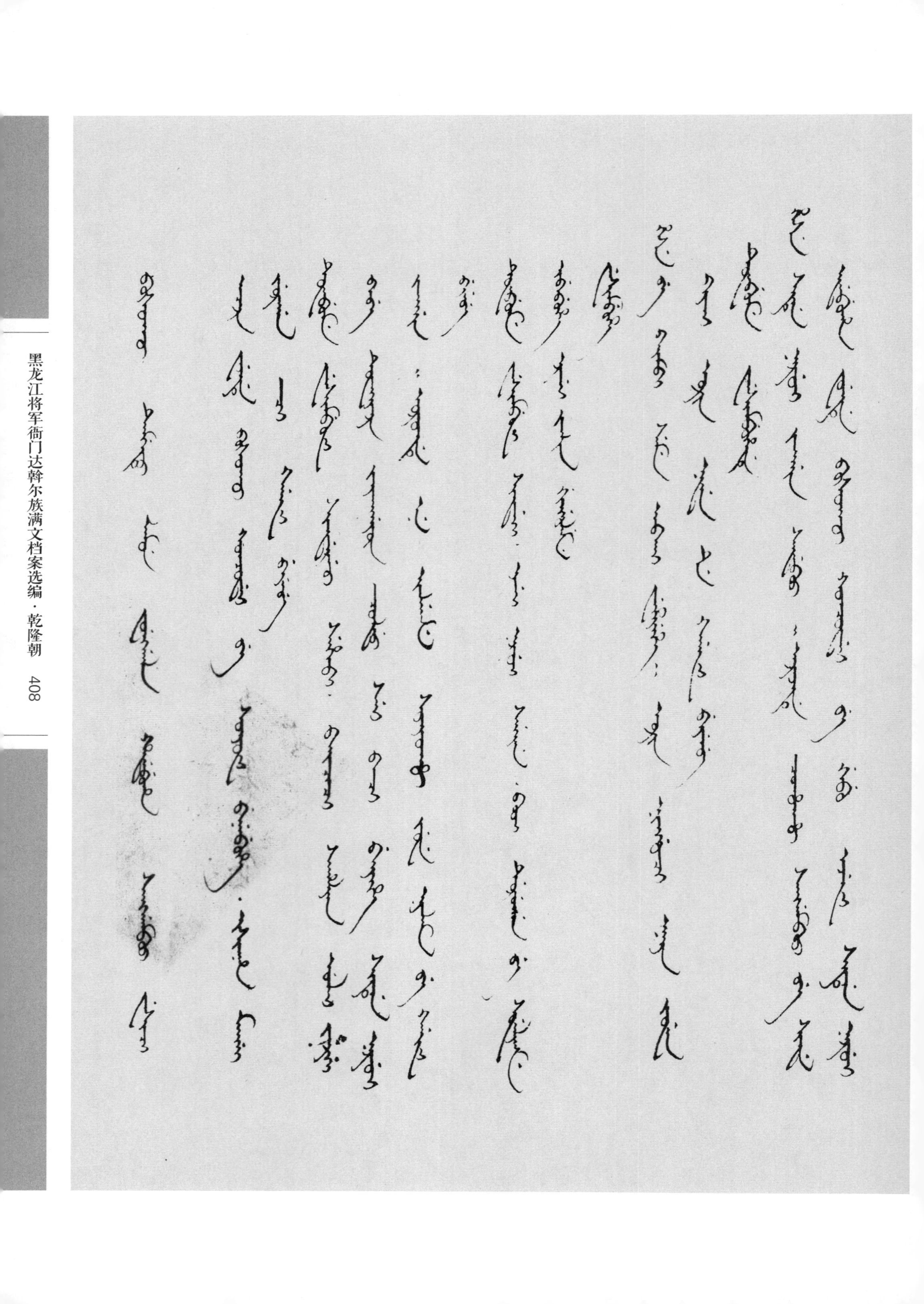

[illegible]

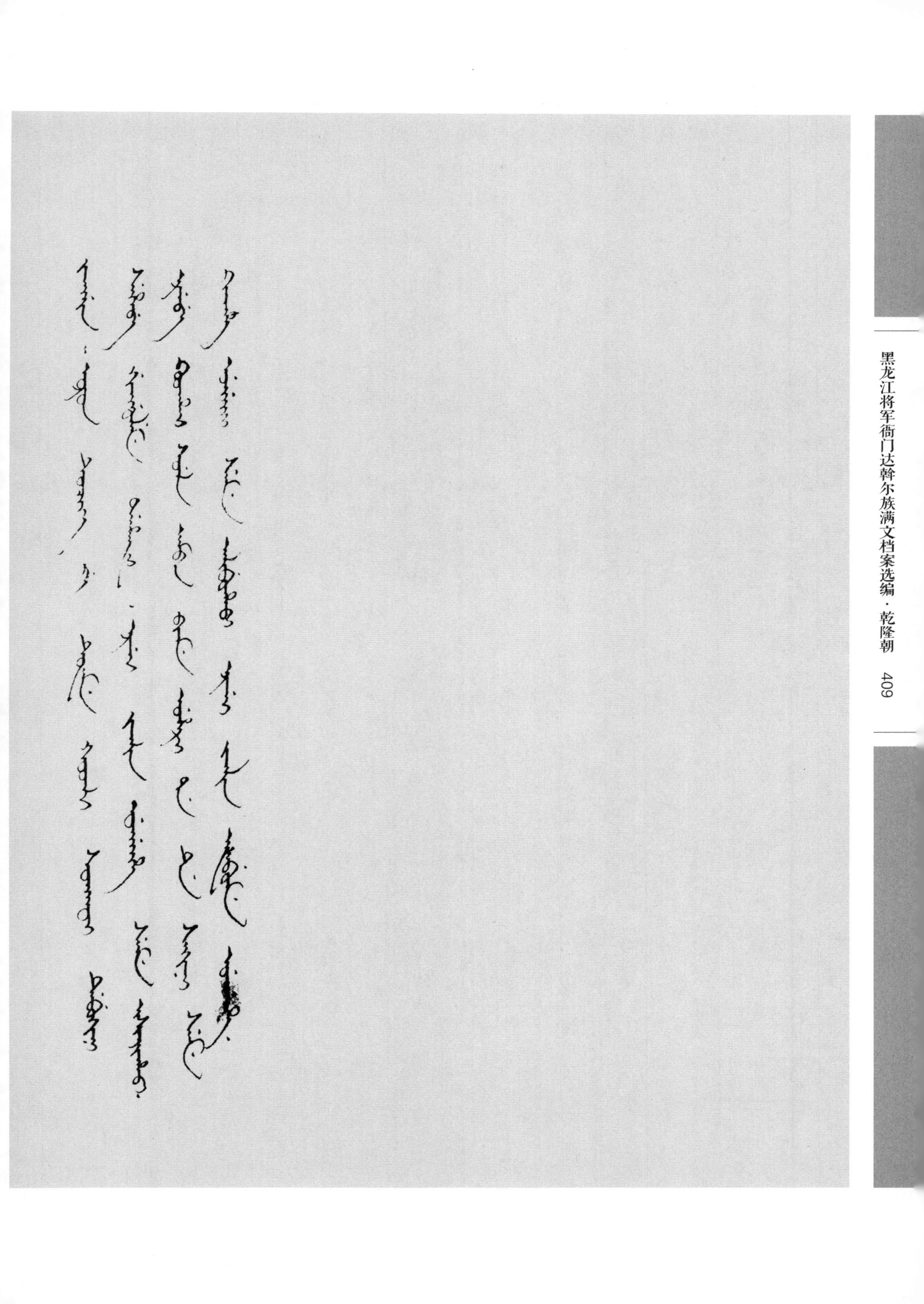

[illegible]

一一四一 黑龙江将军衙门为报送防御佐领等员缺应选满洲达斡尔等官员履历考语事札暂护黑龙江副都统印务协领舒德勒文（附单一件）

乾隆二十七年二月初五日

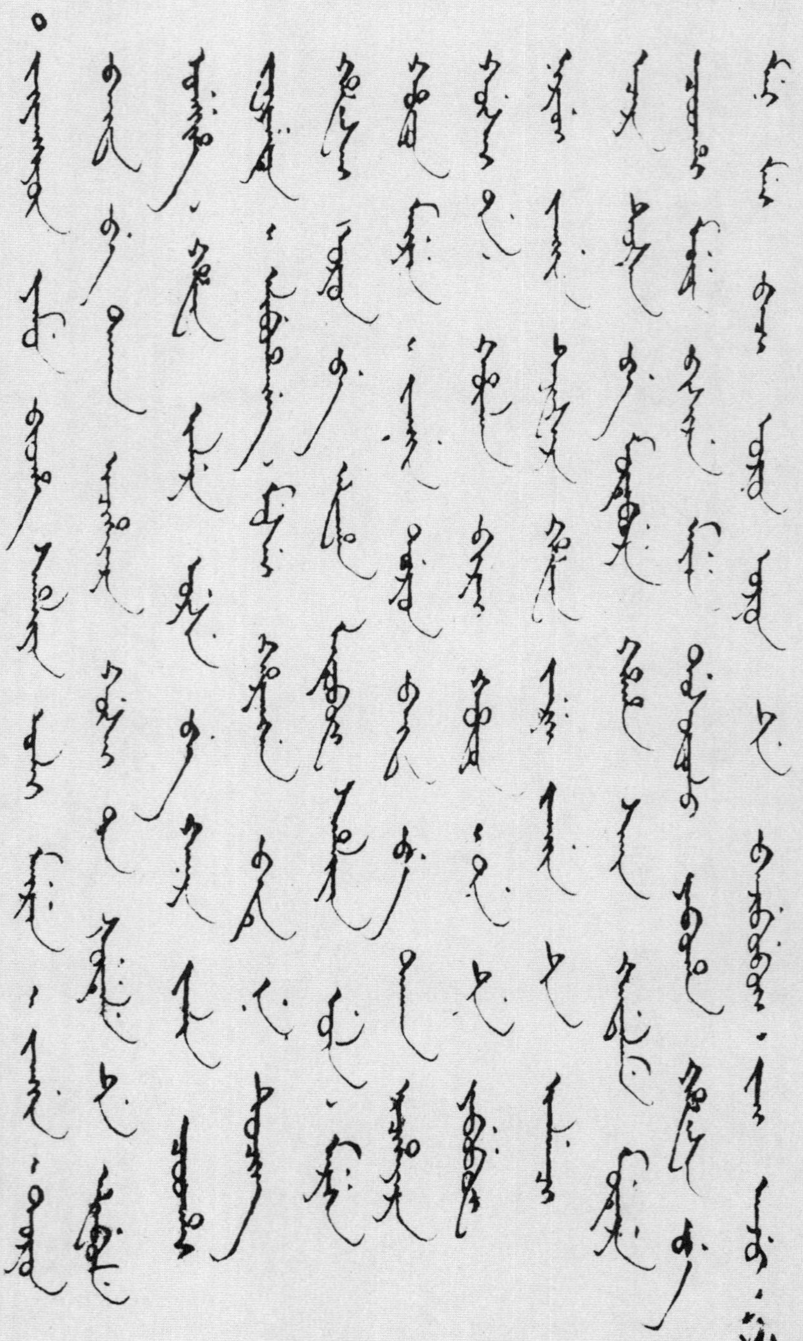

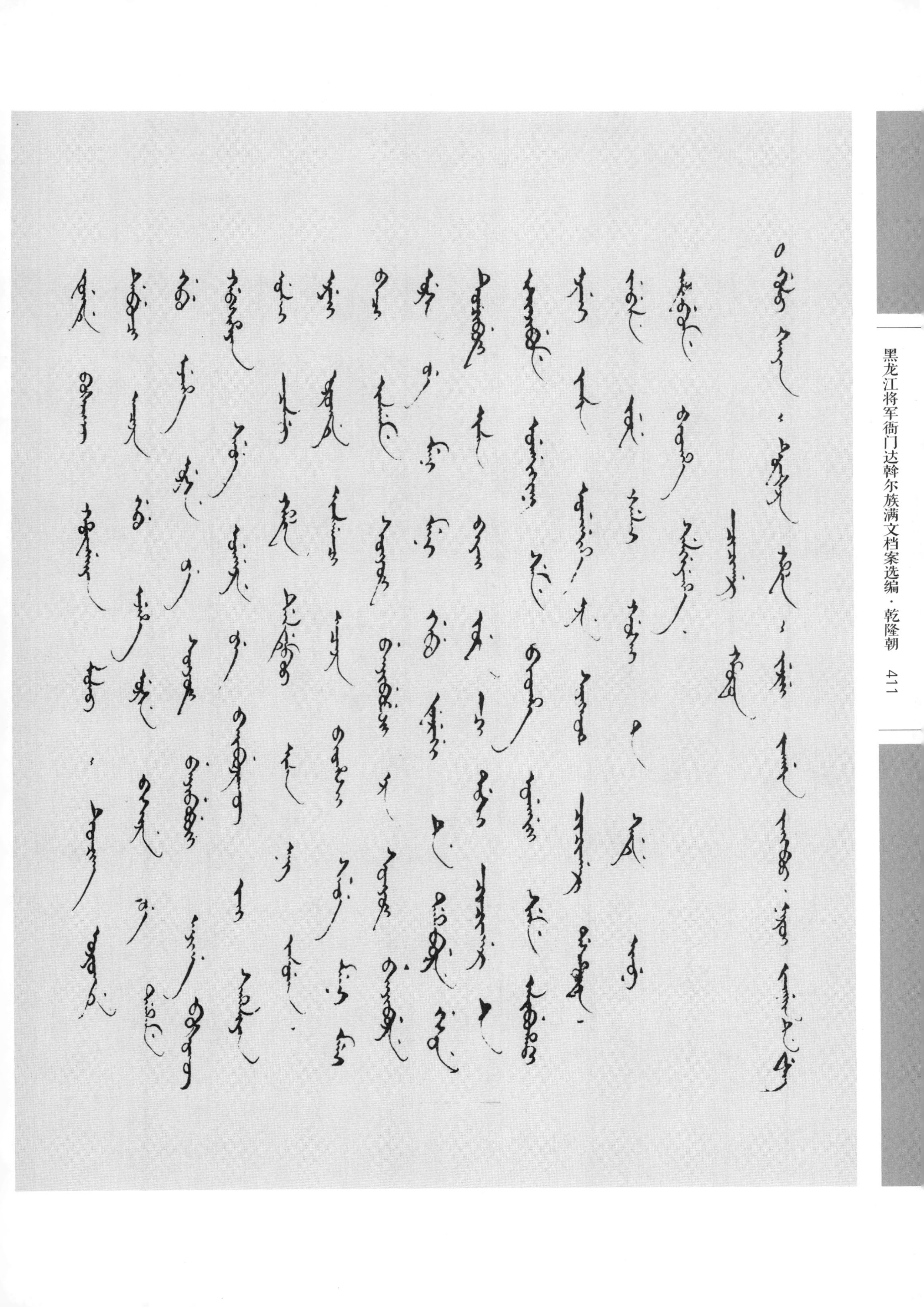

[illegible]

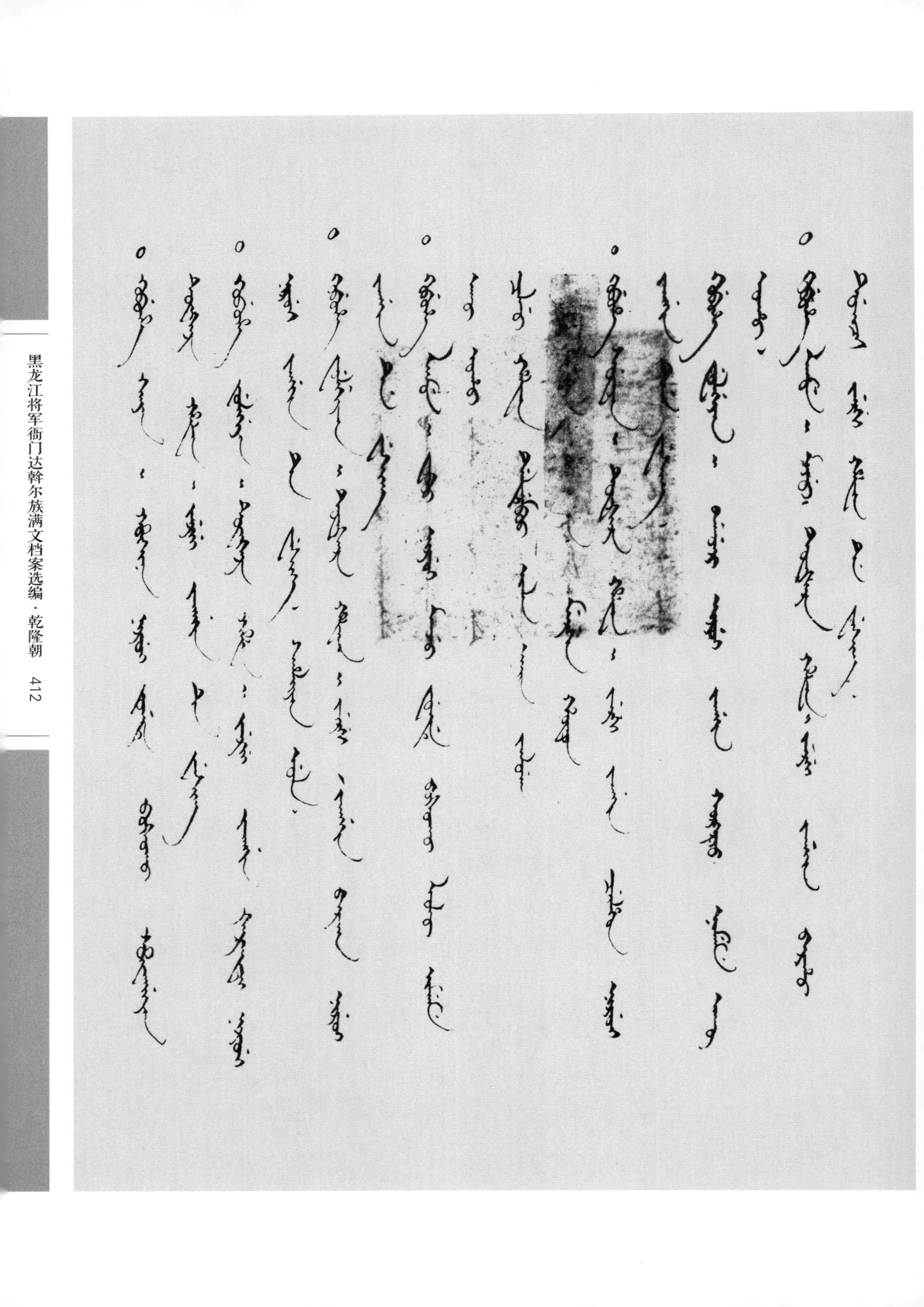

[illegible]

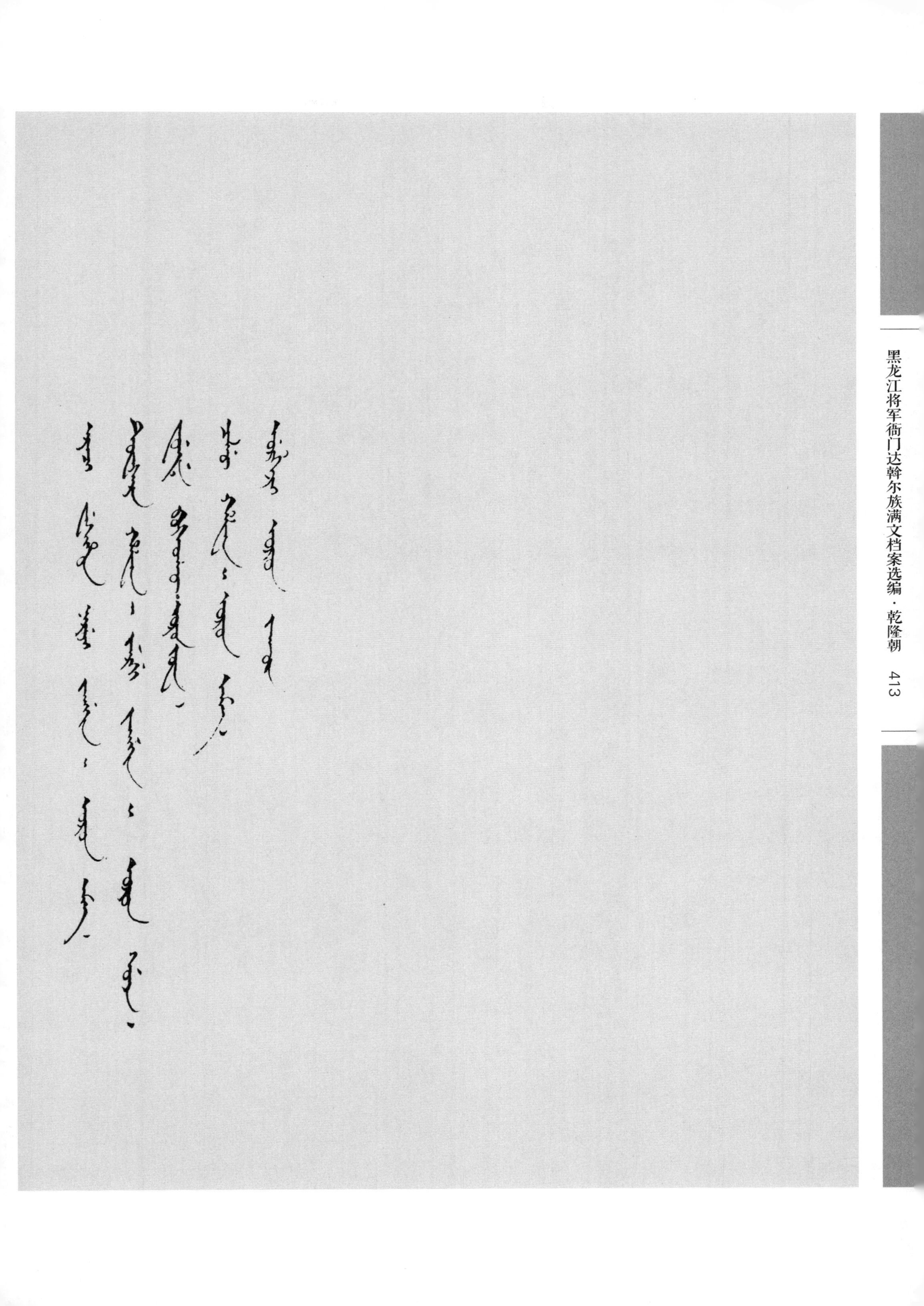

[illegible]

[illegible]

[illegible]

[illegible]

[illegible]

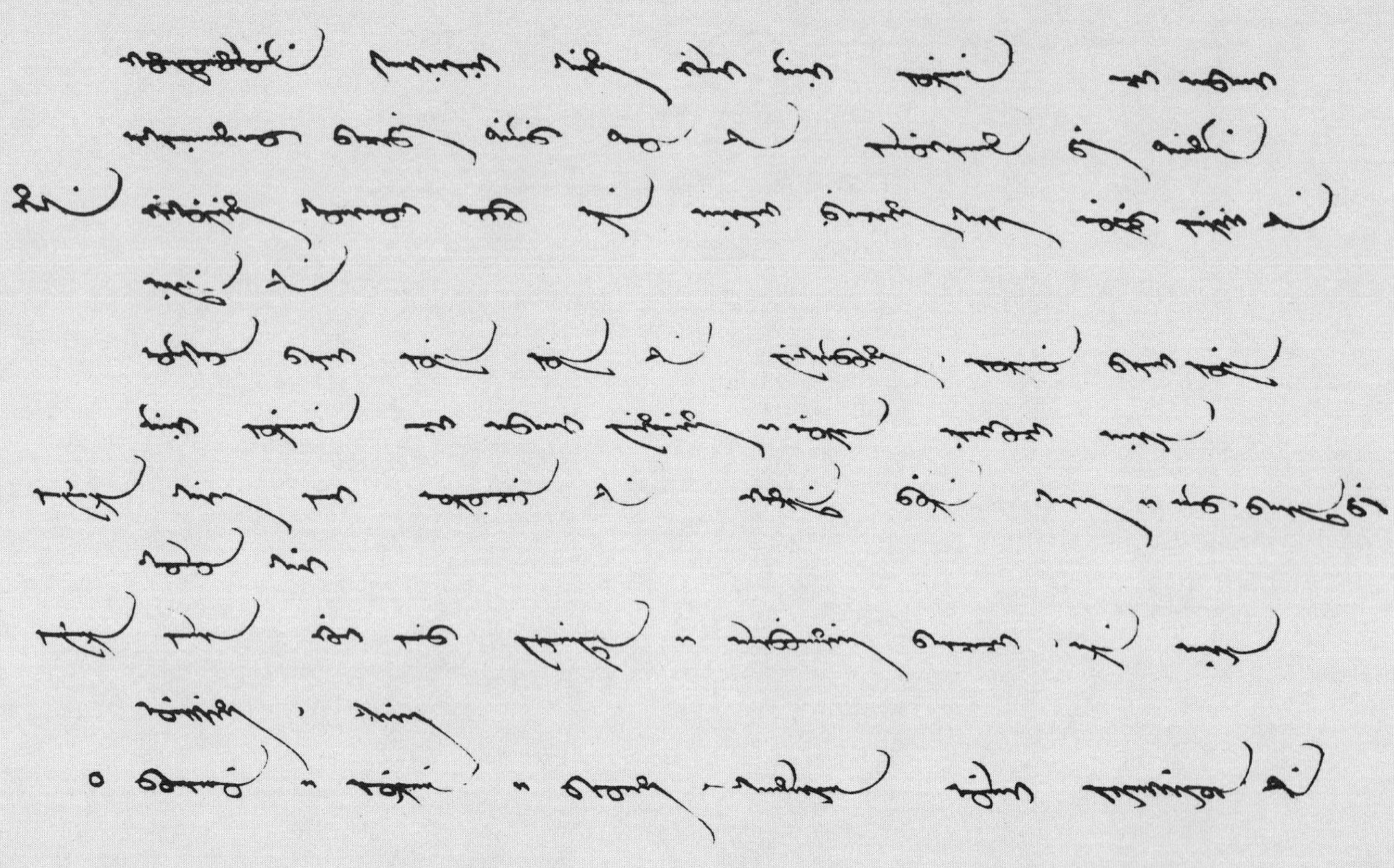

乾隆二十七年二月十七日

一一四二　户部为本年布特哈索伦达斡尔等所贡貂皮足数不及等第仍照例赏赐事咨黑龙江将军文（附来文一件）

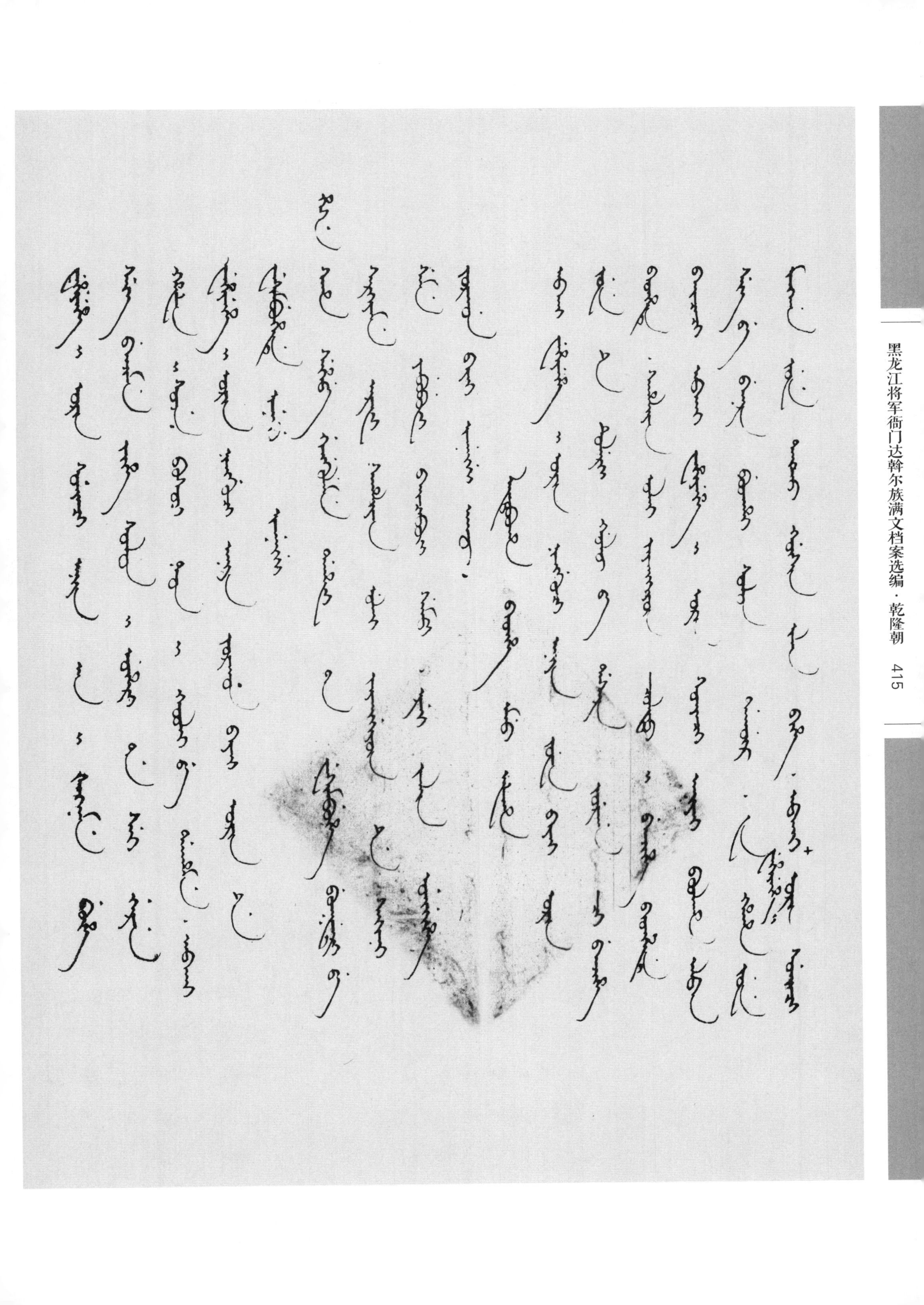

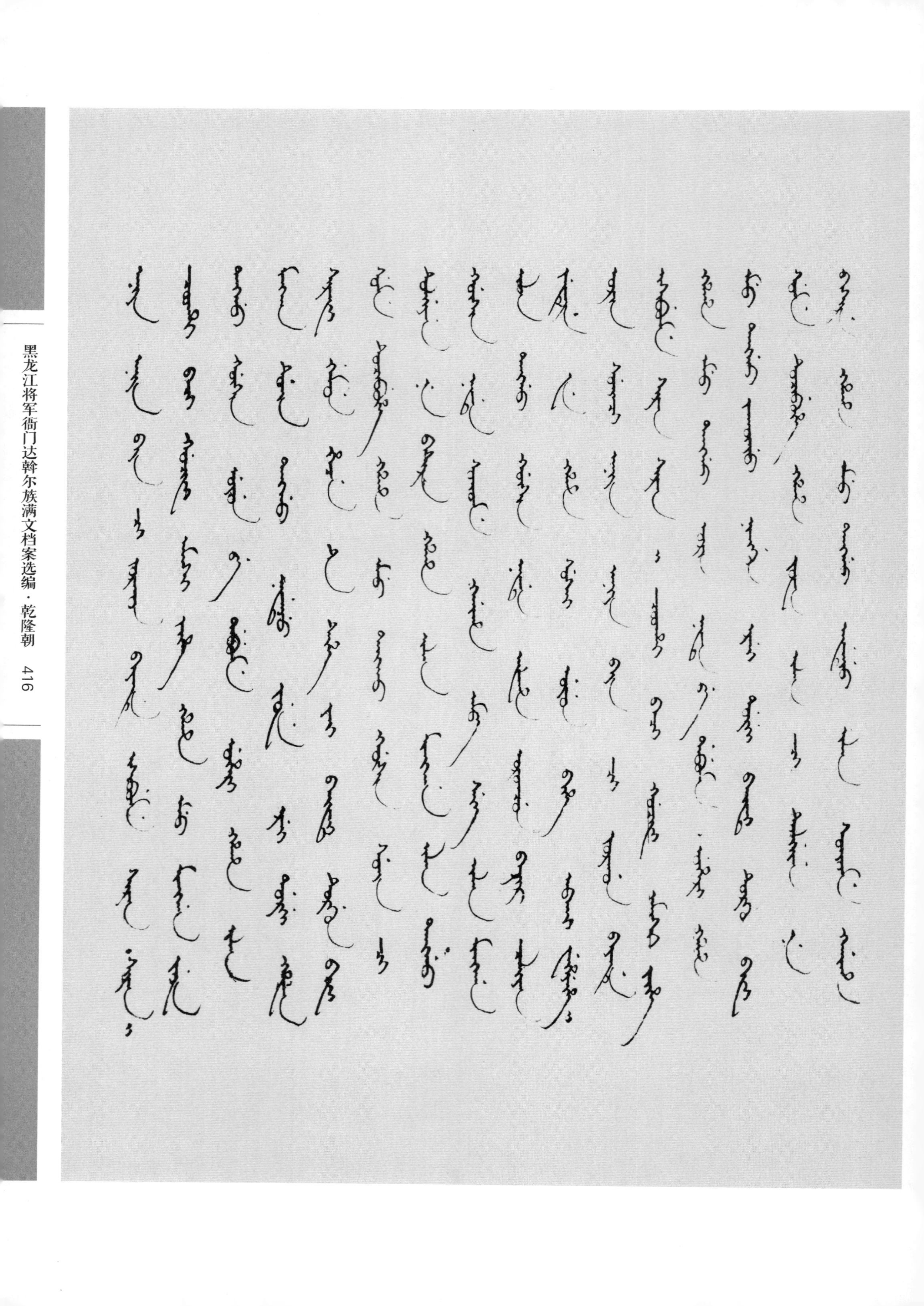

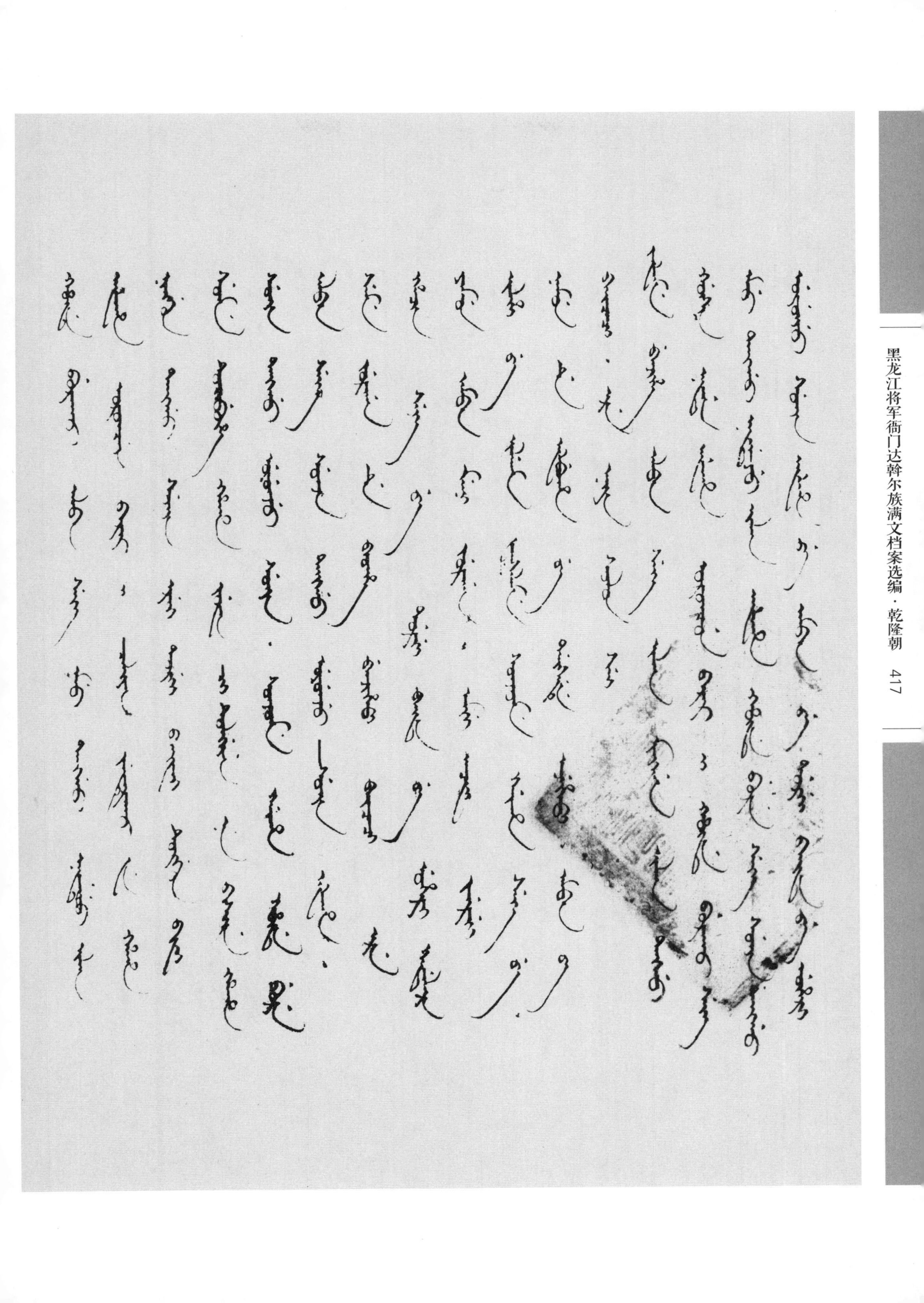

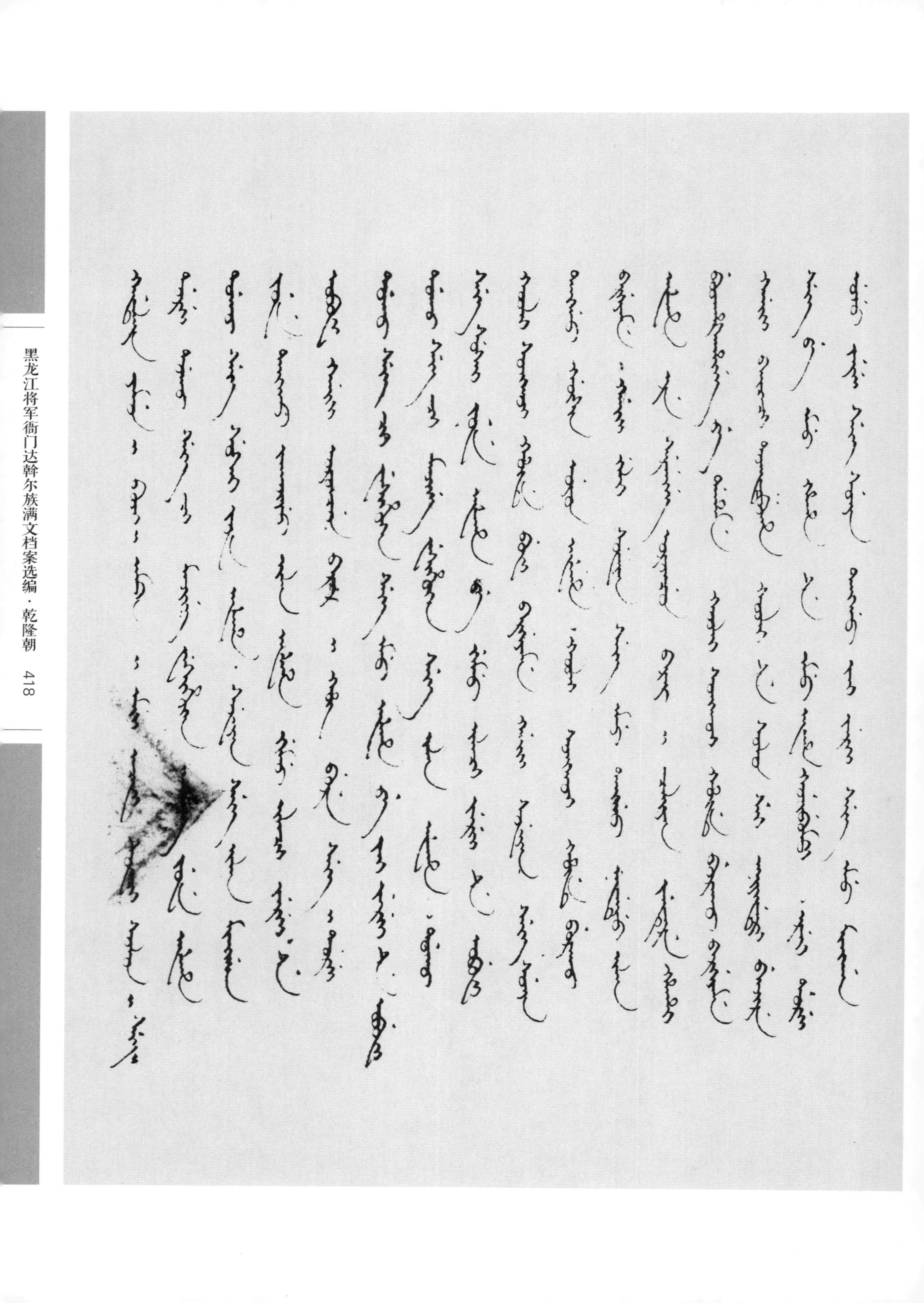

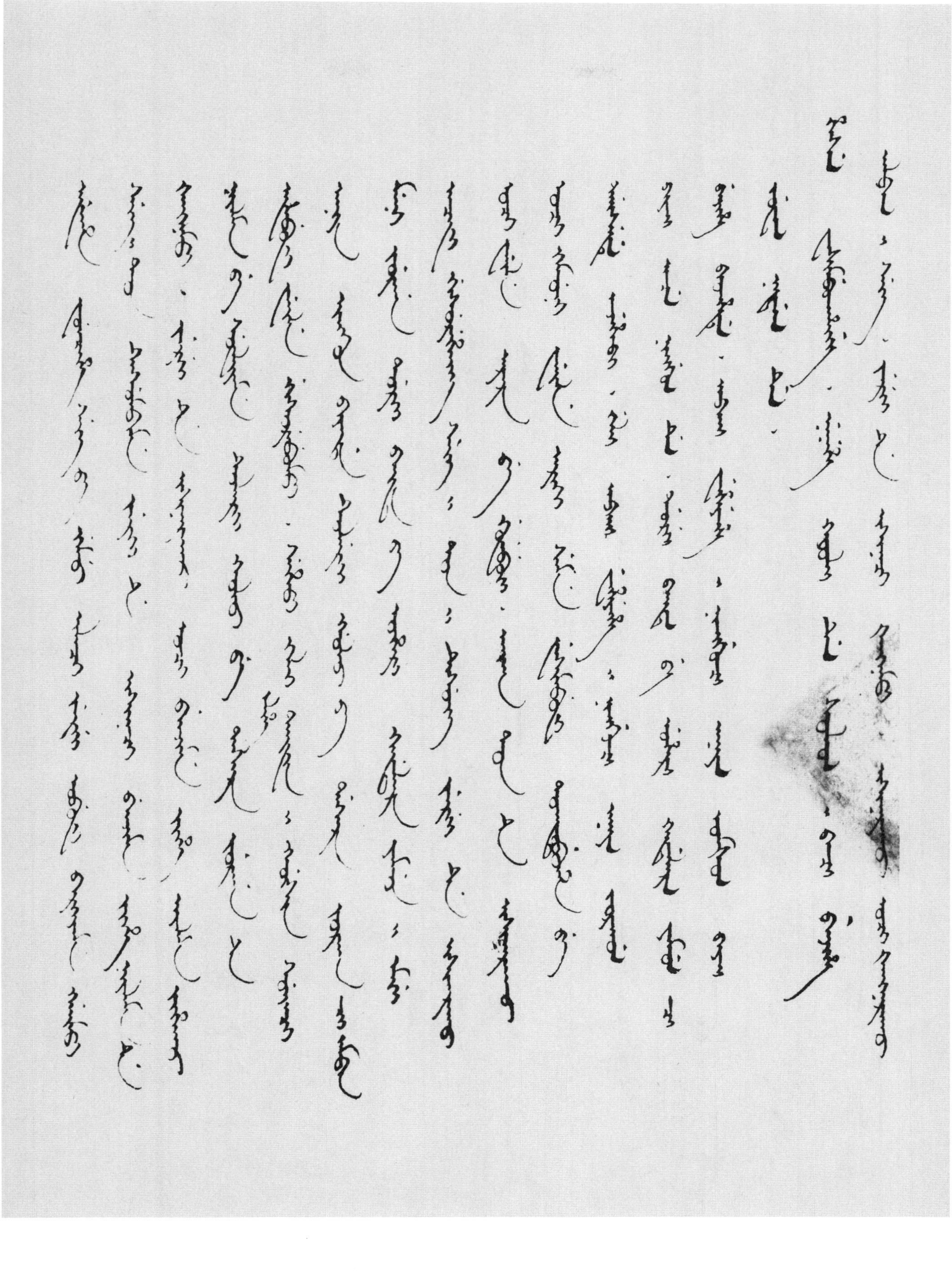

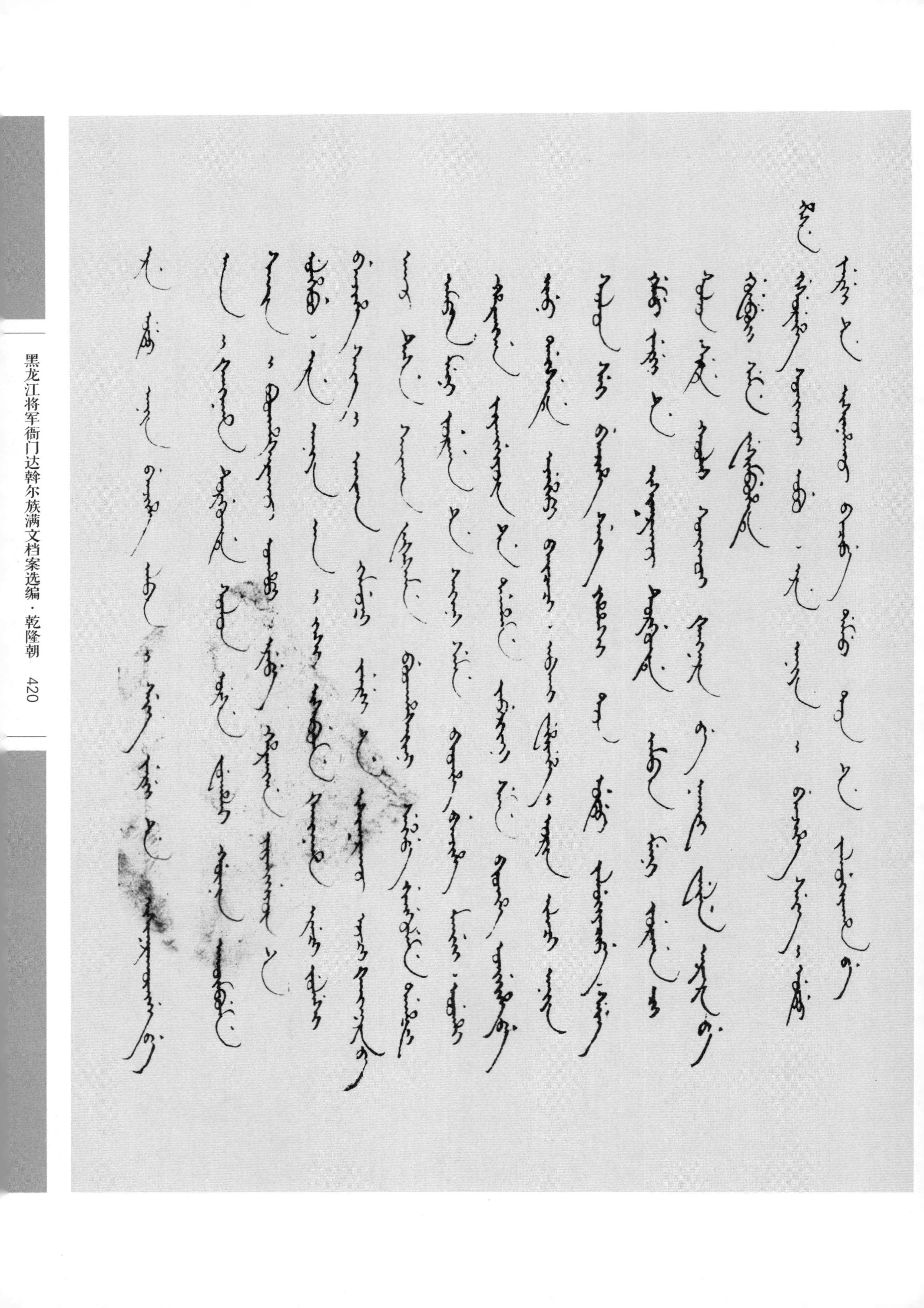

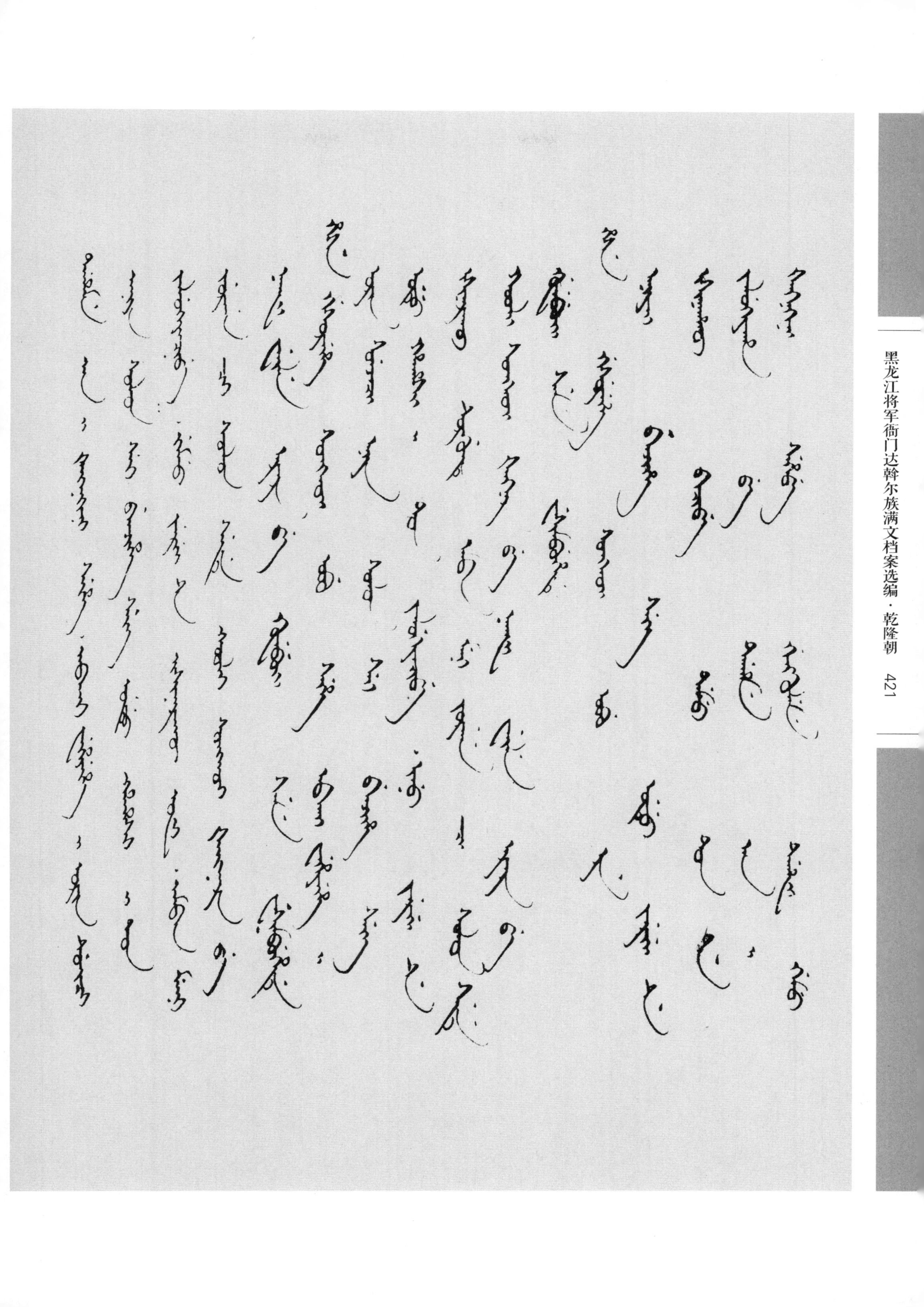

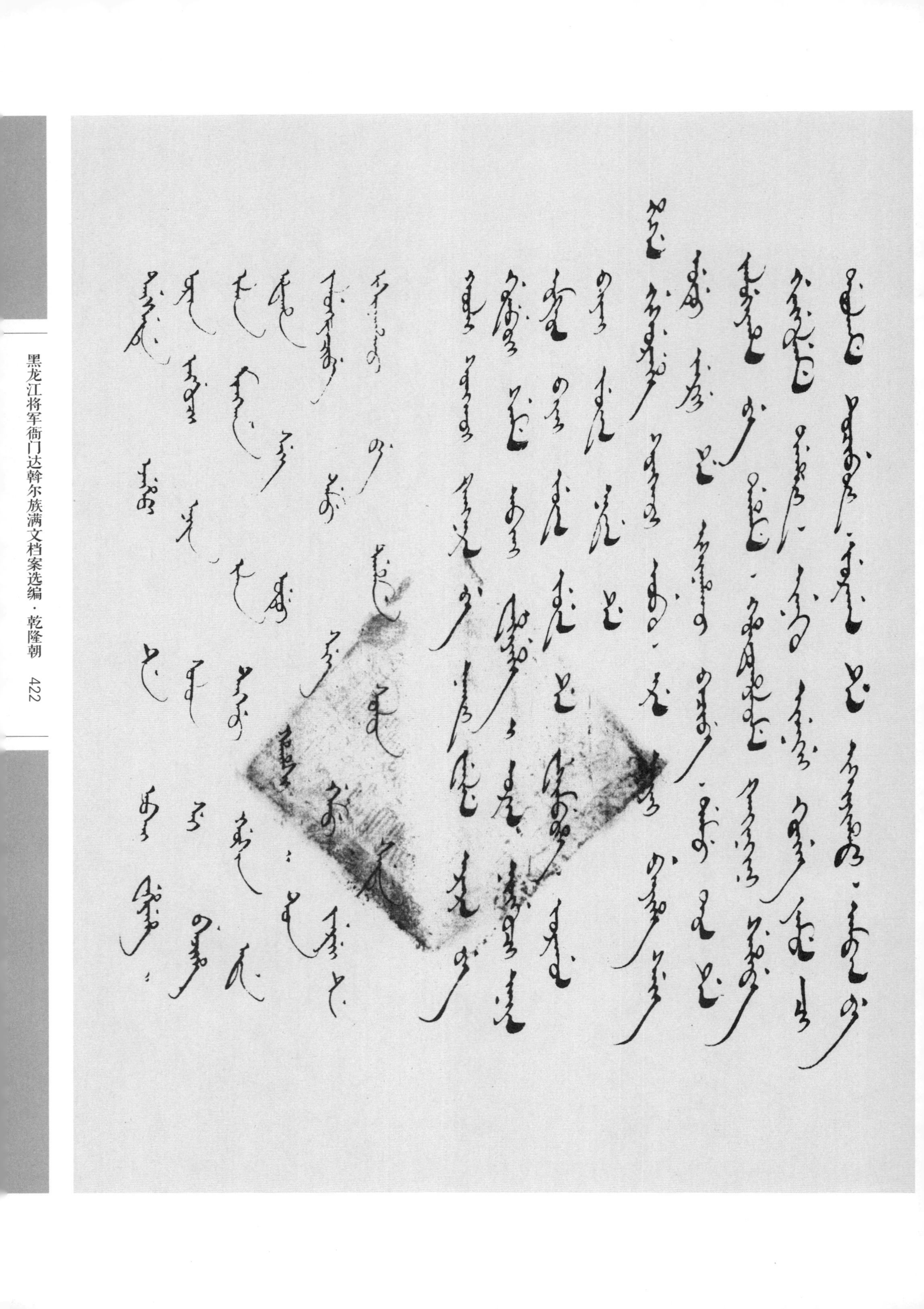

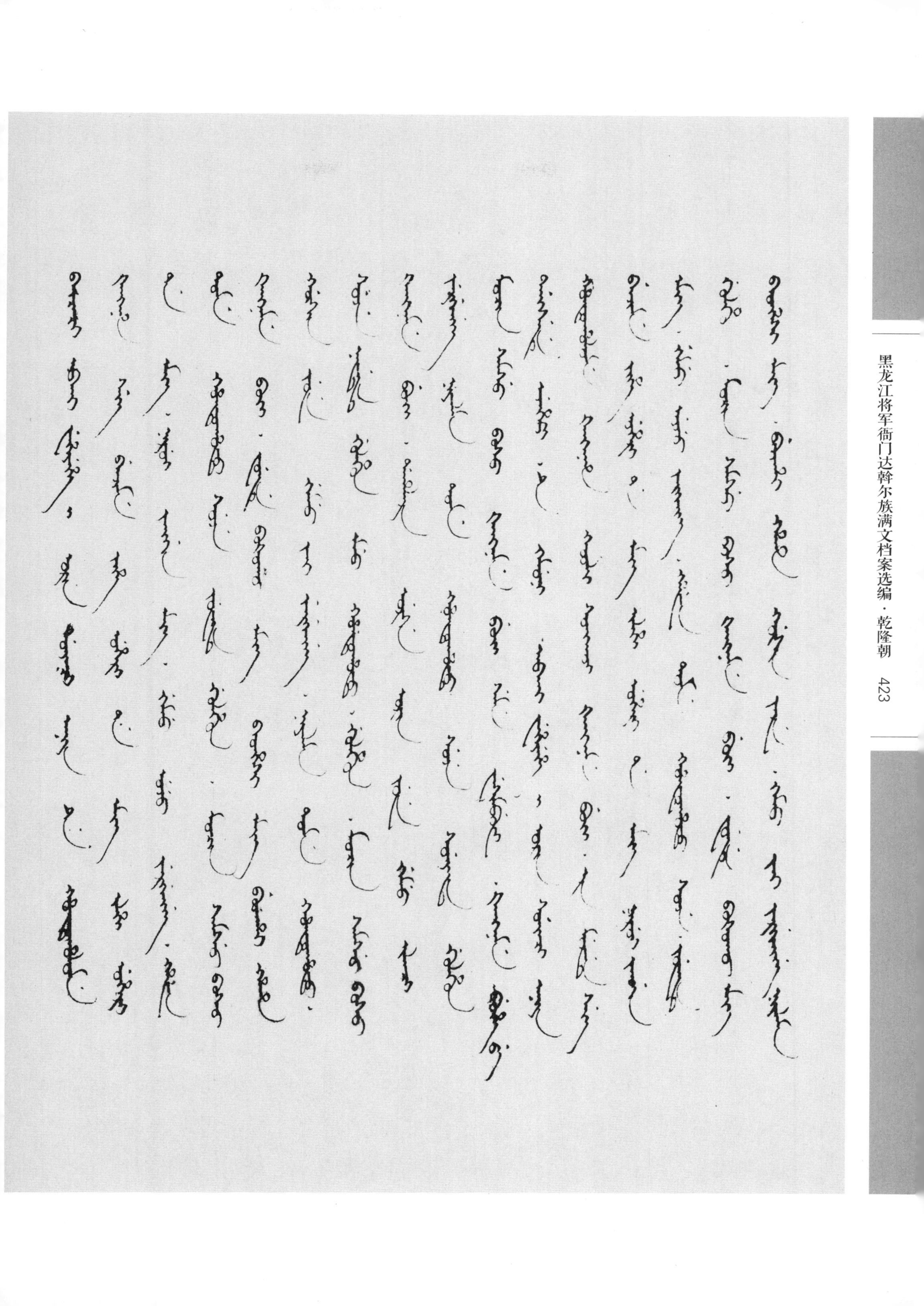

[illegible]

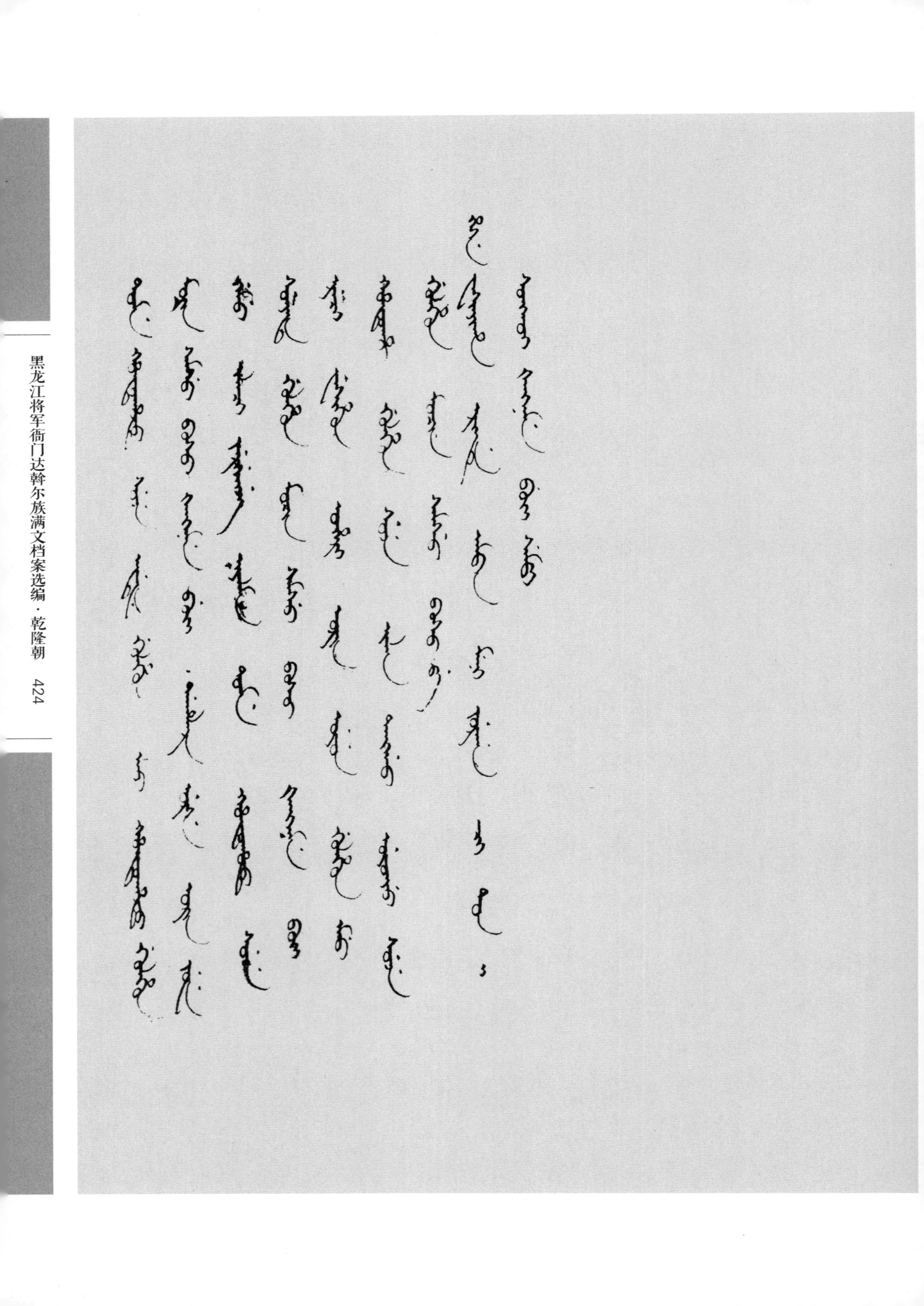

[illegible]

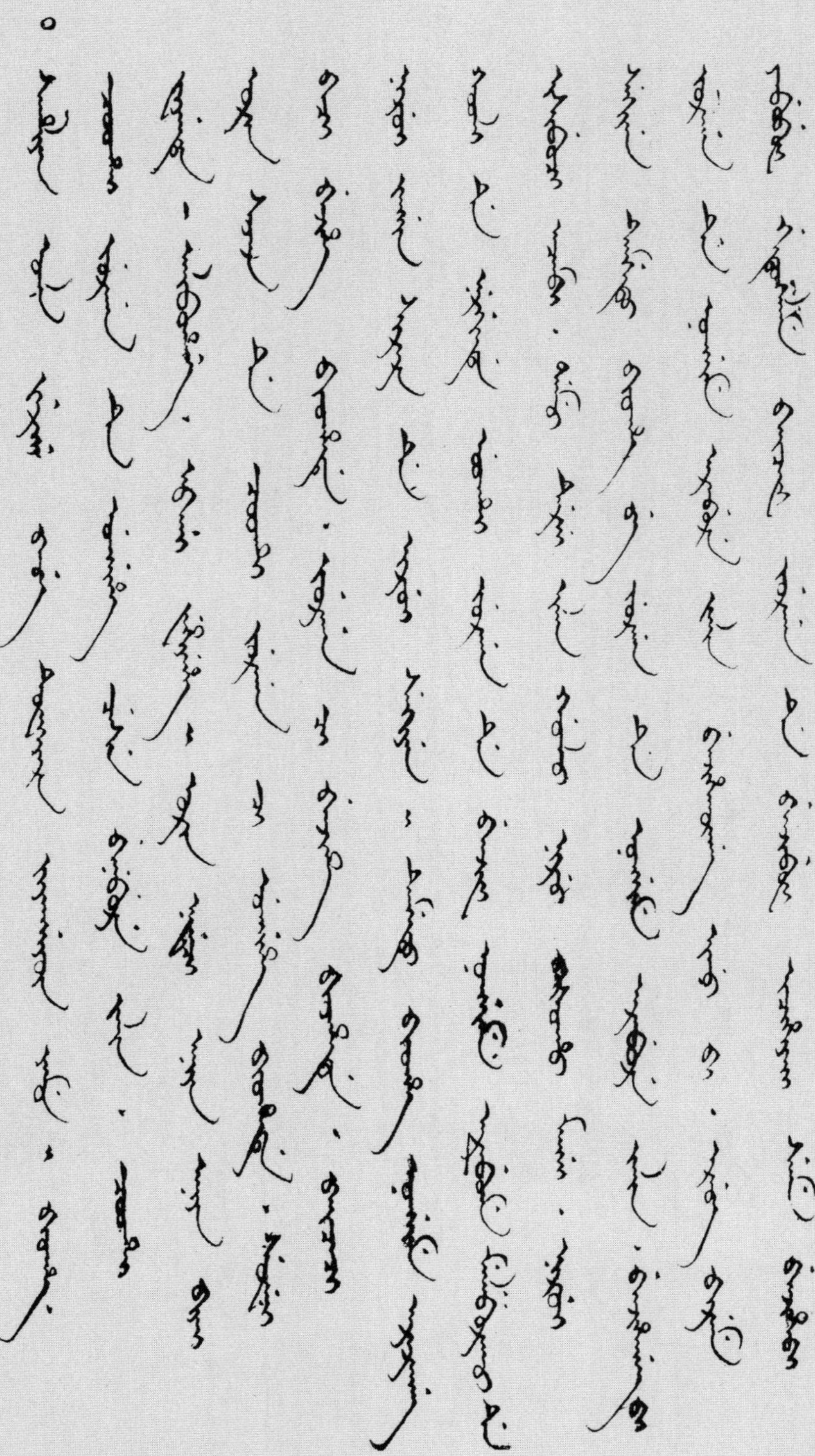

乾隆二十七年四月初五日

一一四三 黑龙江将军衙门为查明布特哈索伦达斡尔鄂伦春佐领源流执照并造册送部事咨兵部文（附册一件）

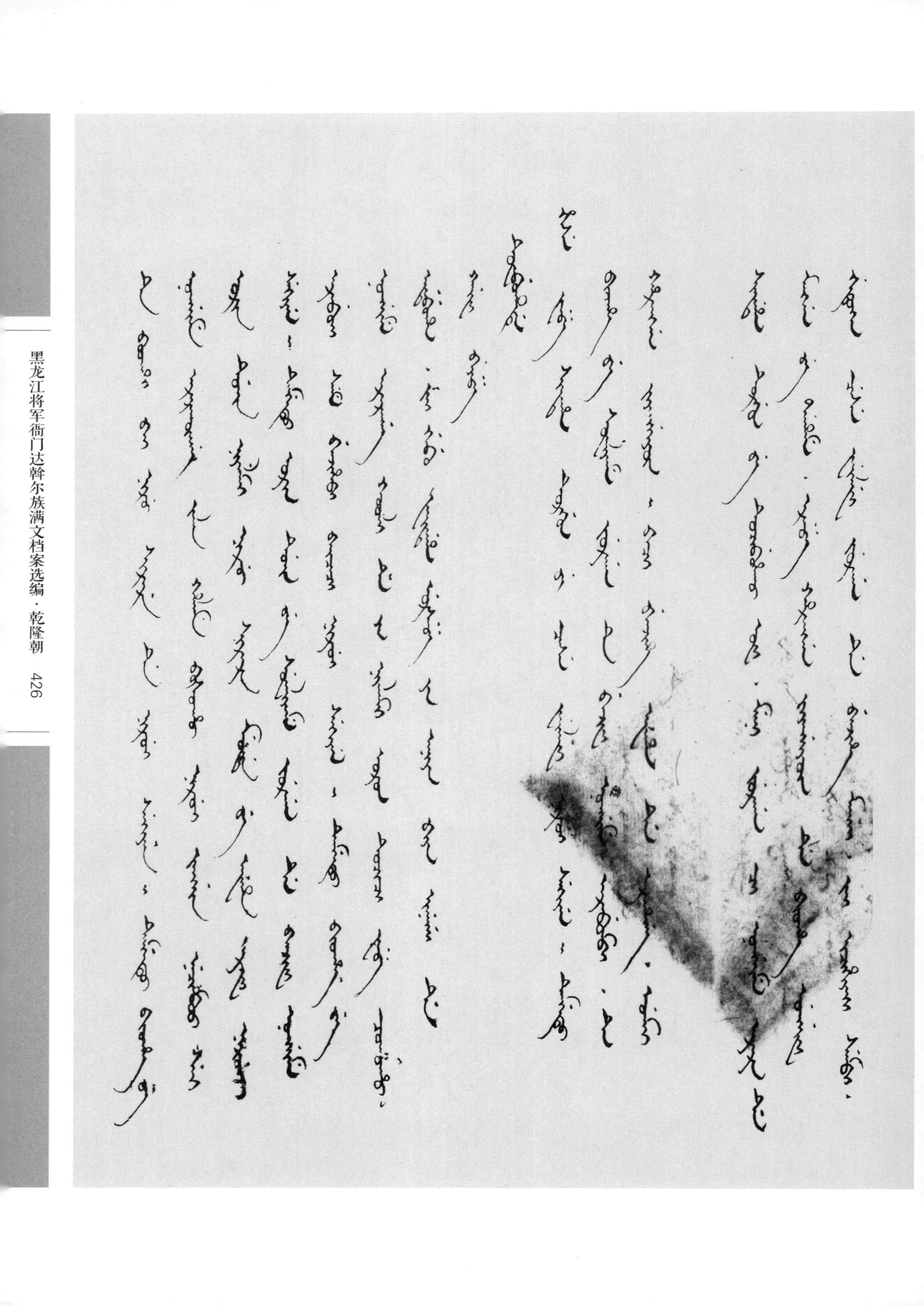

[illegible]

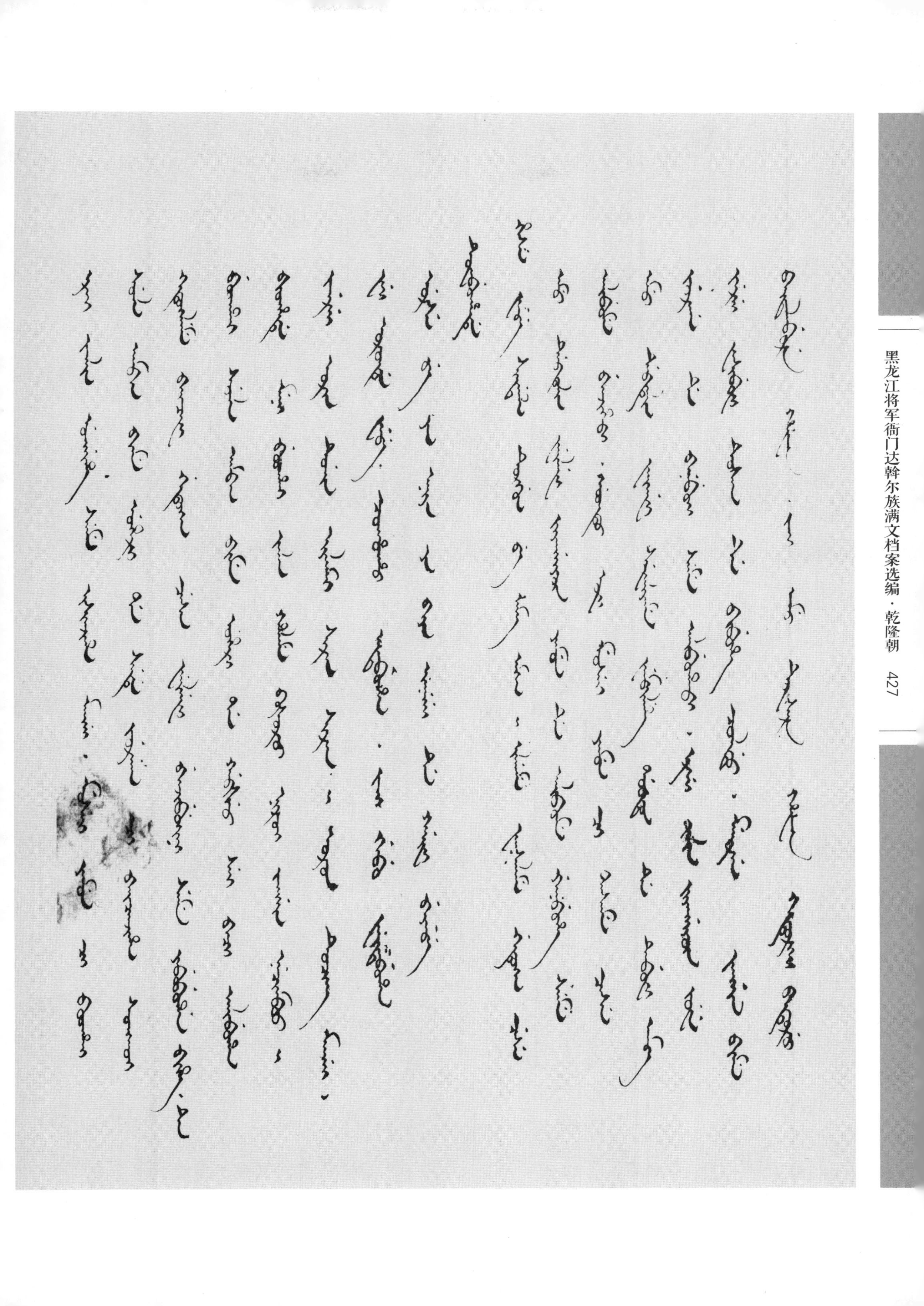

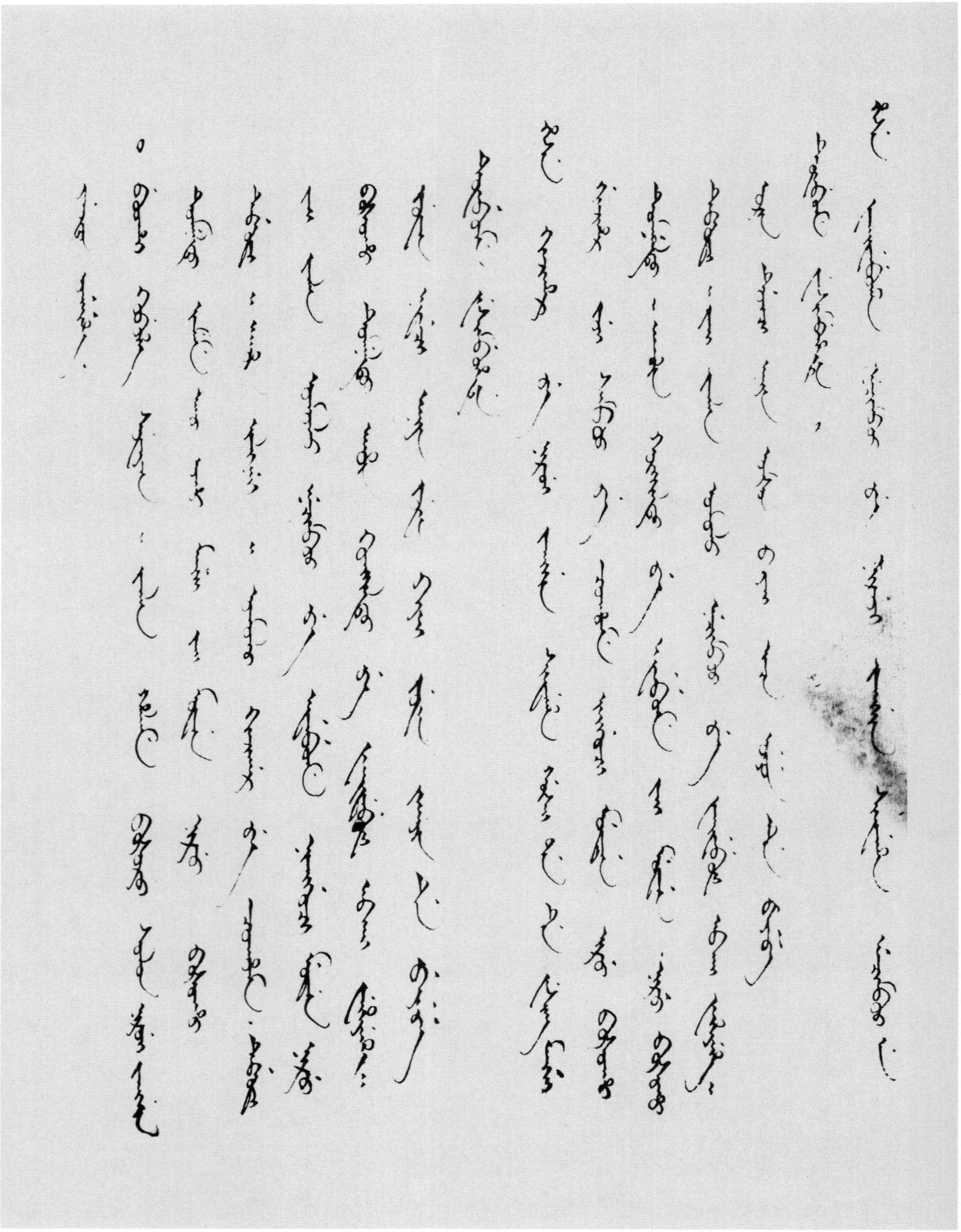

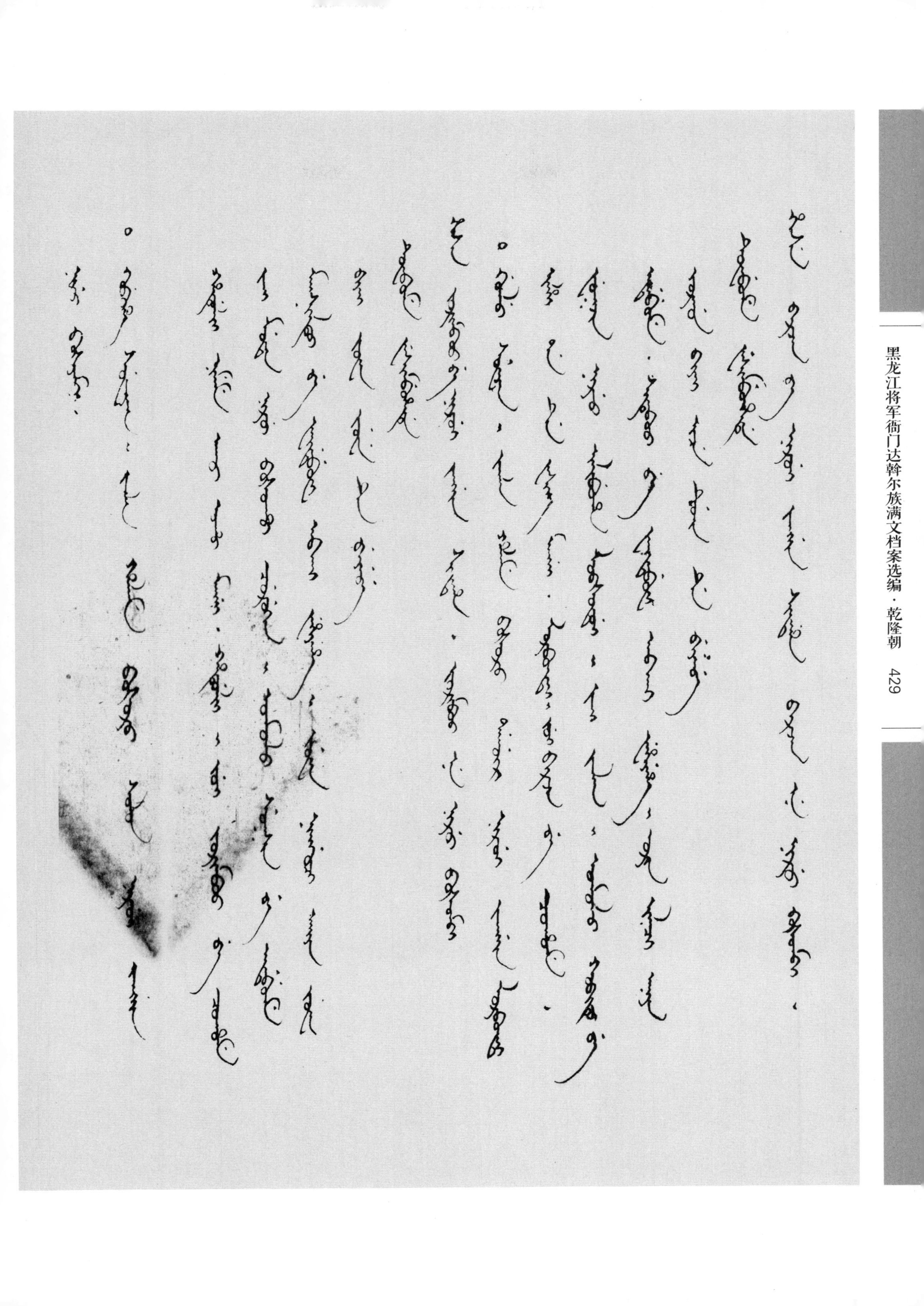

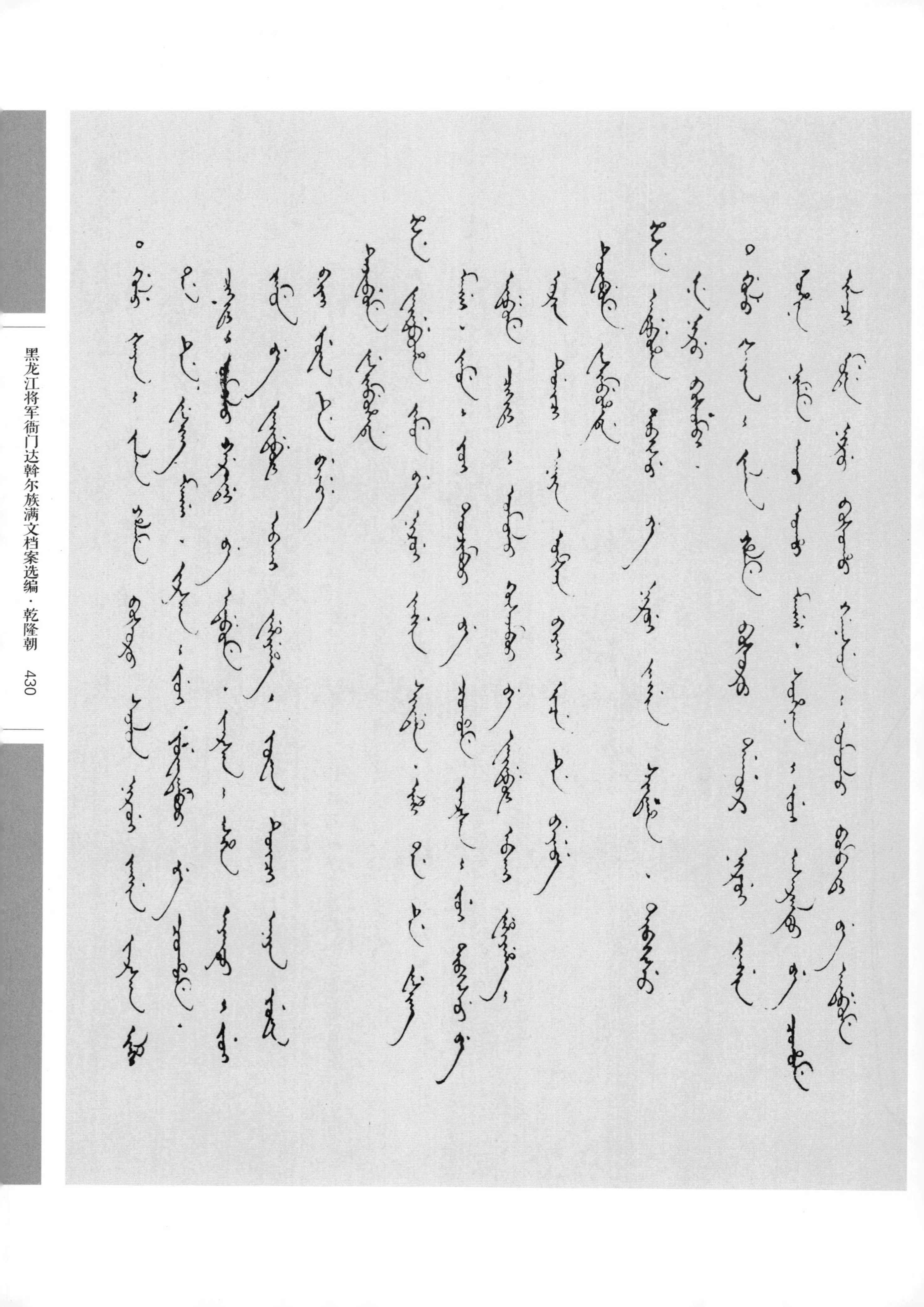

[illegible]

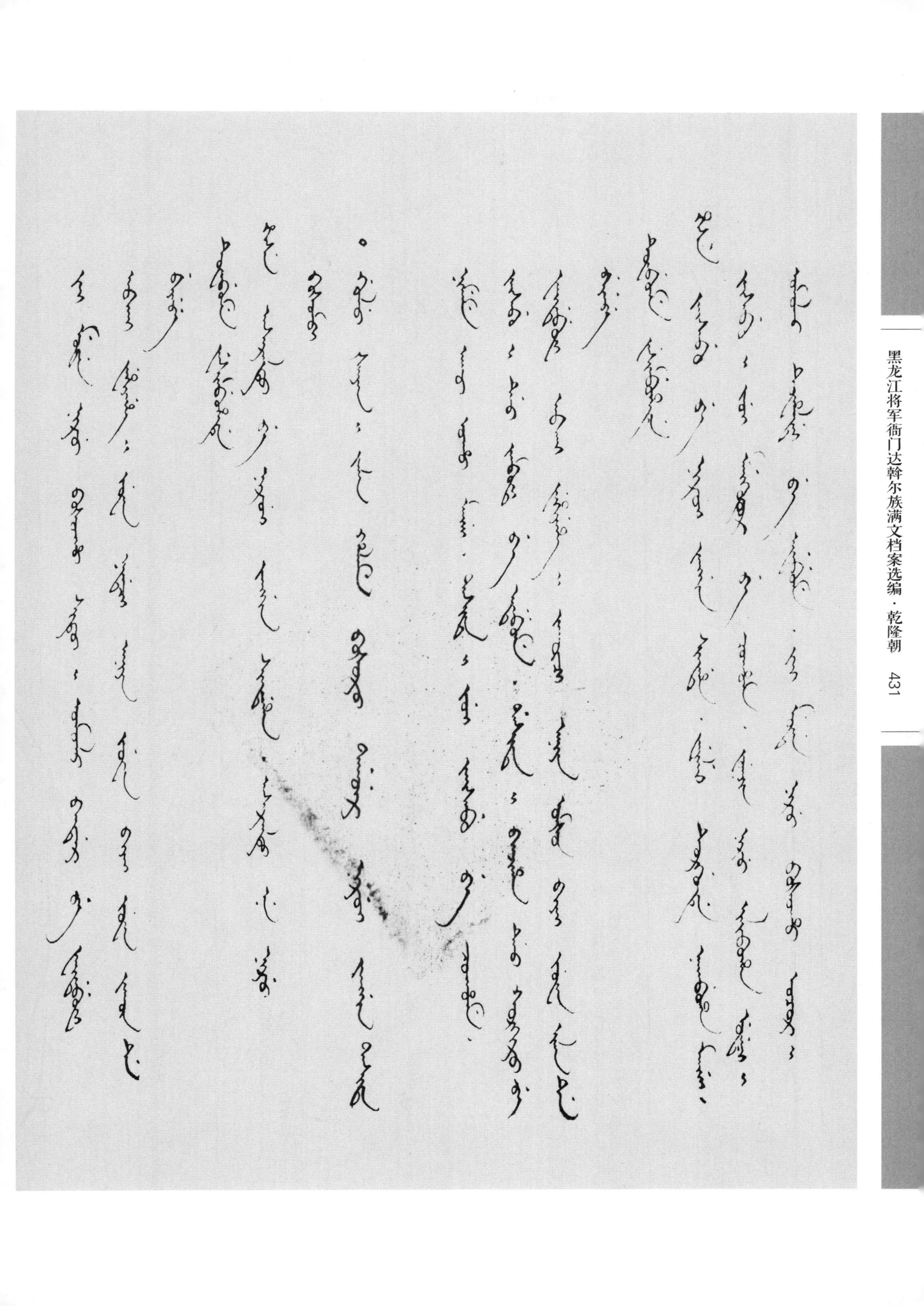

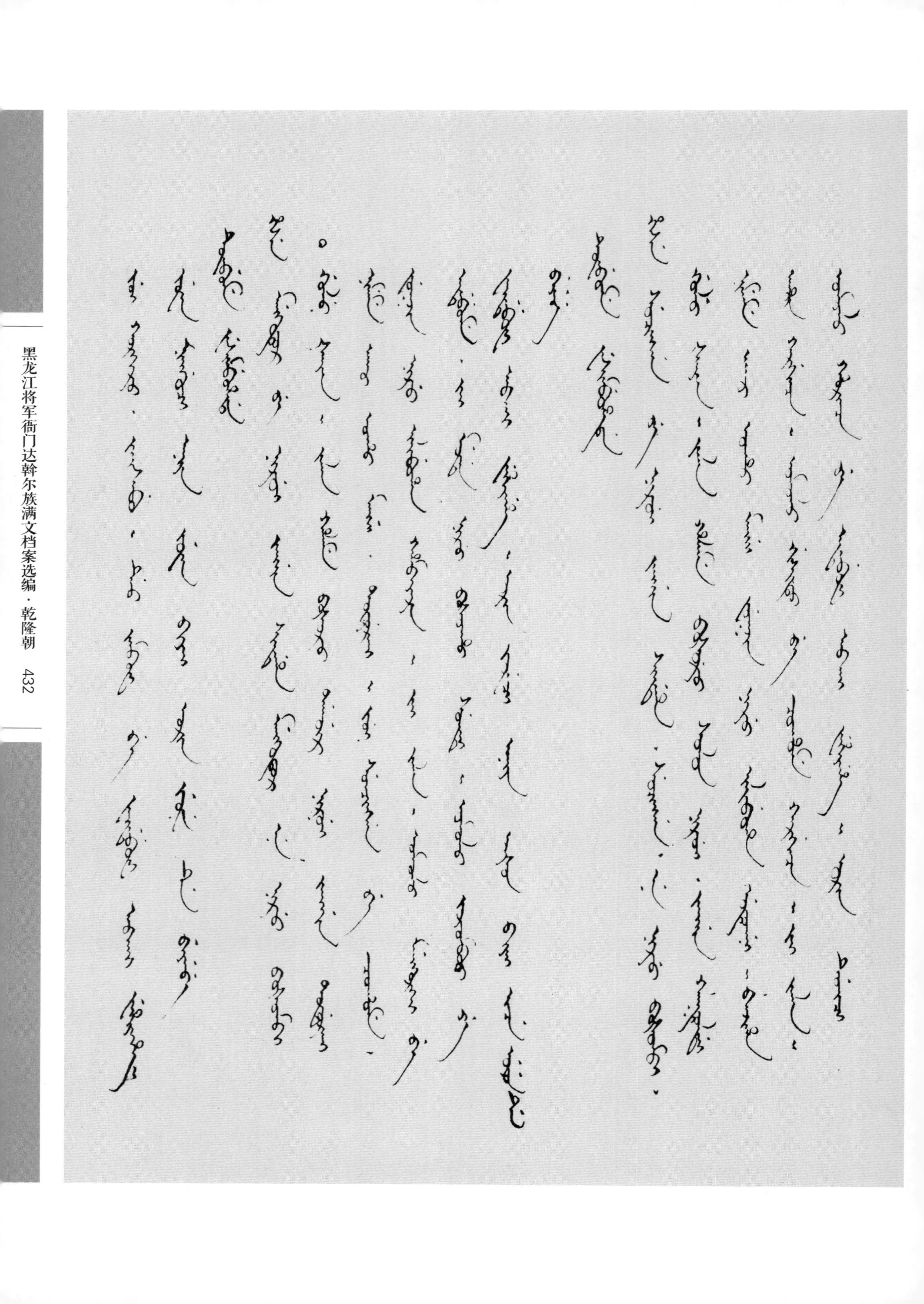

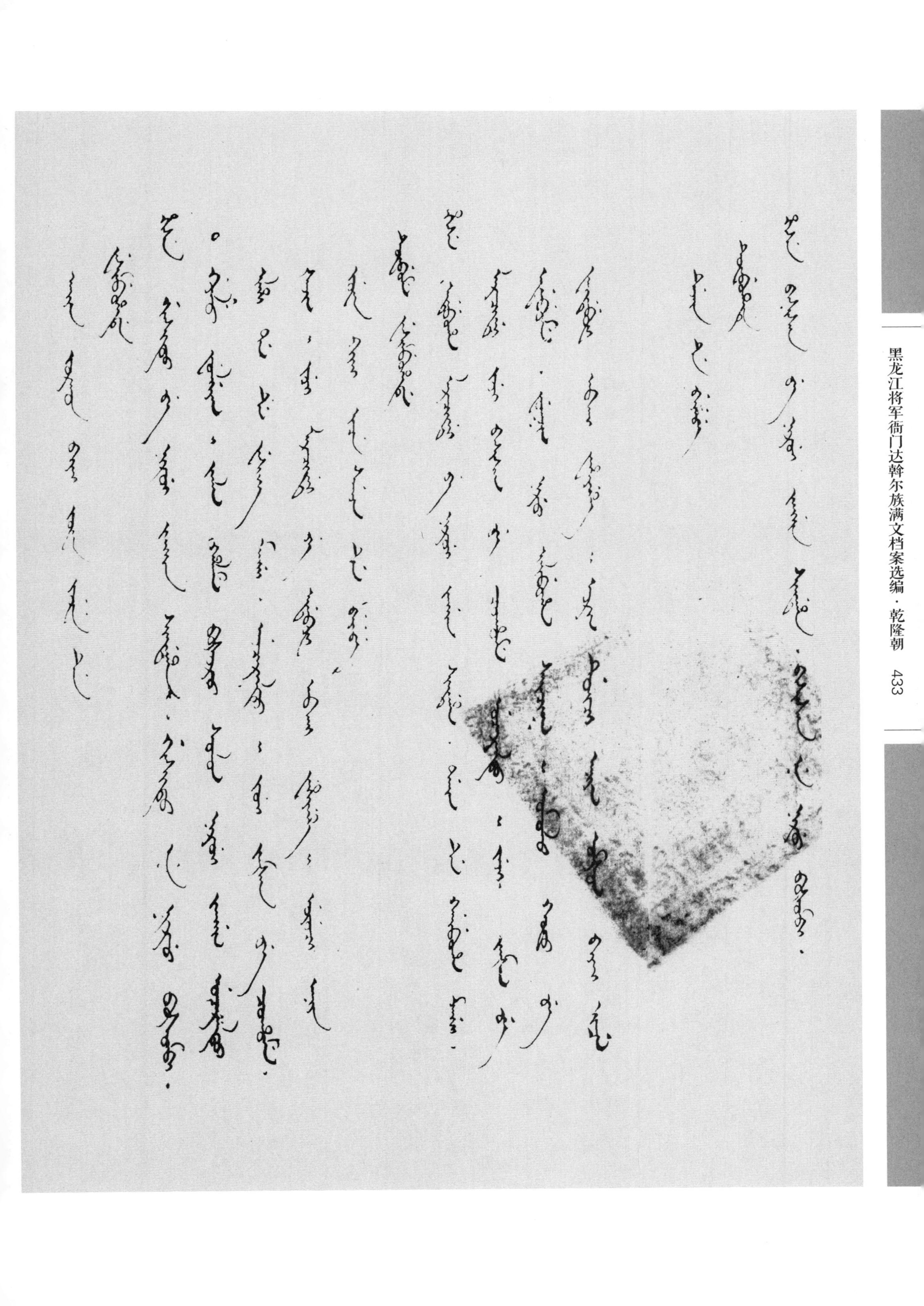

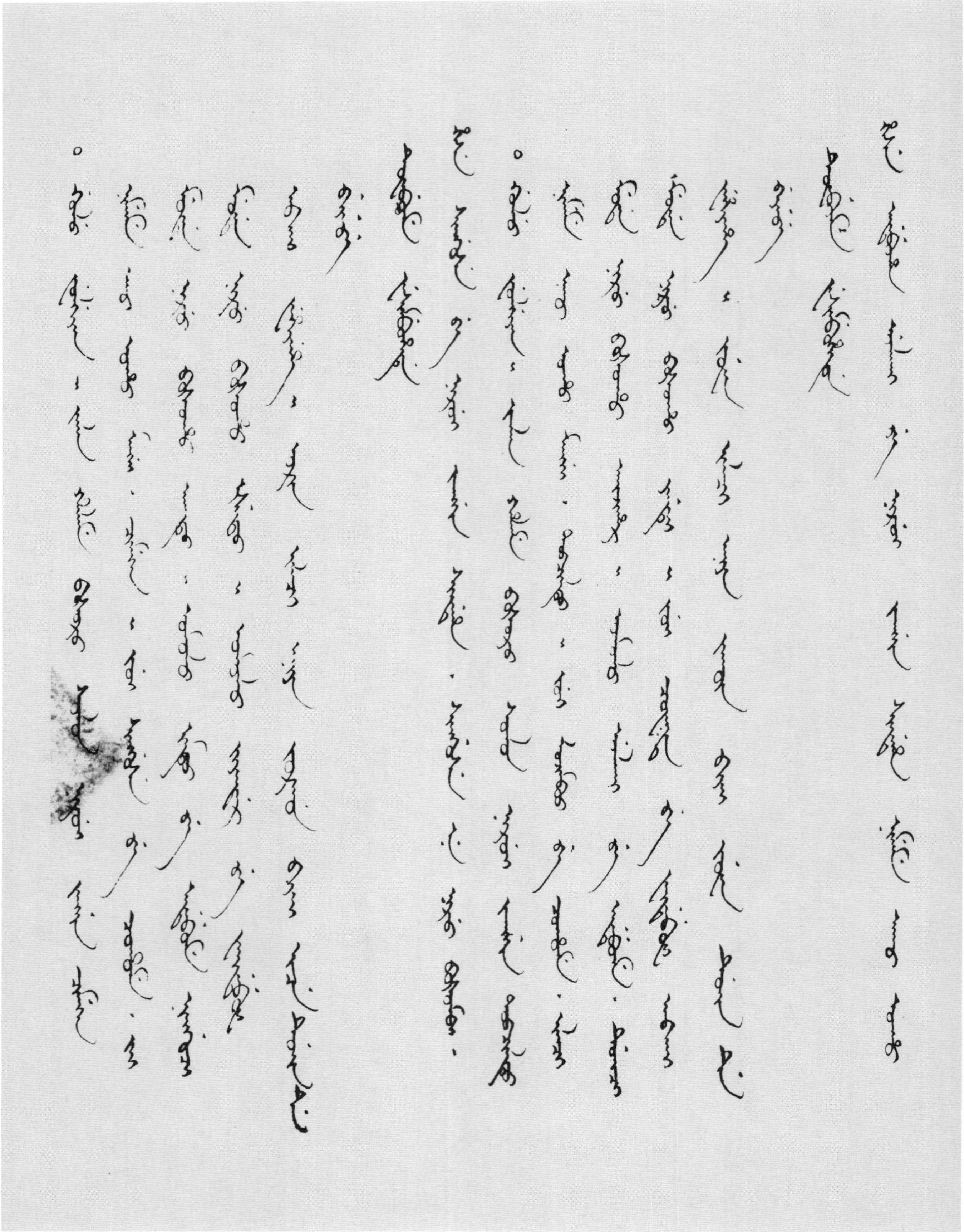

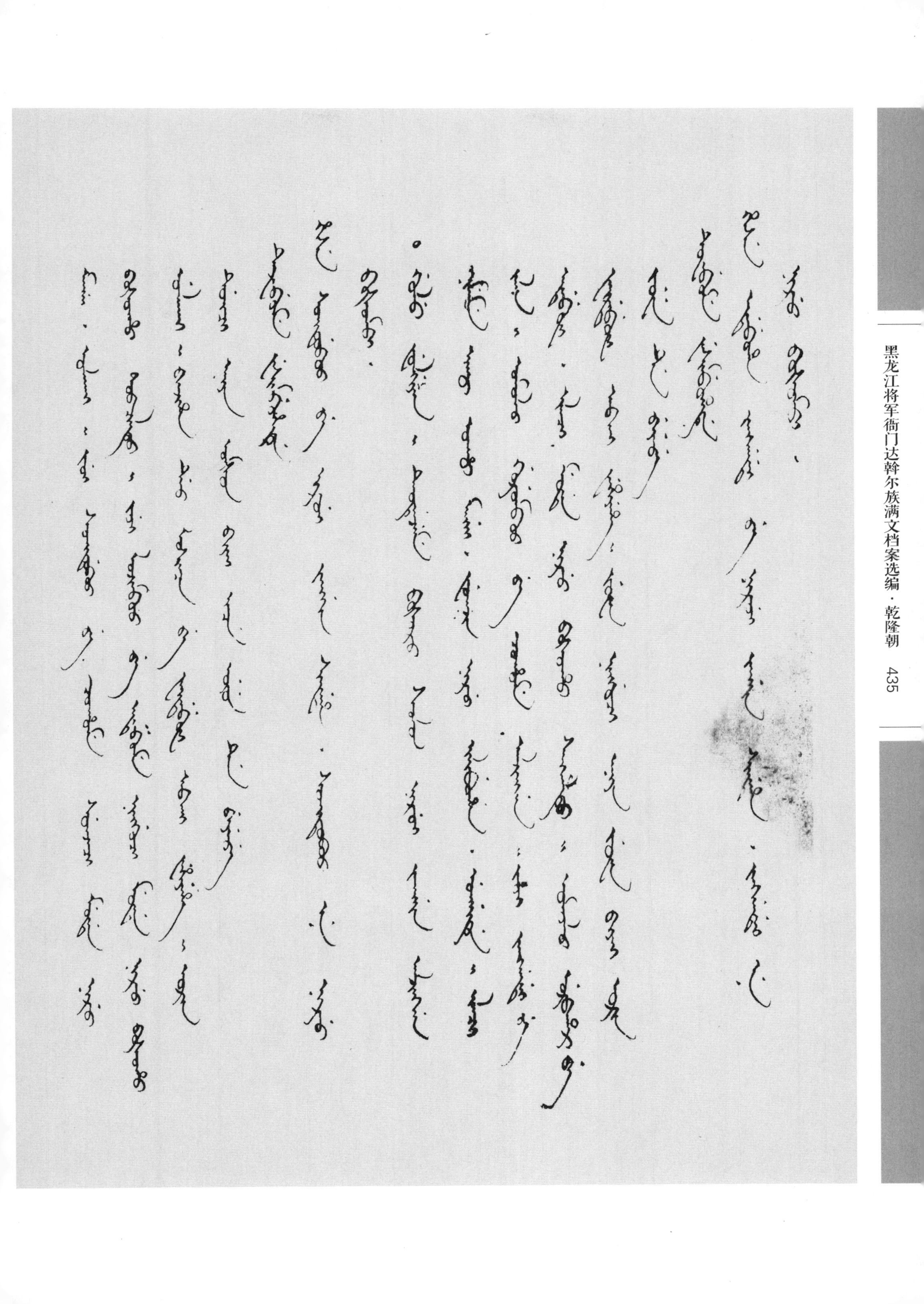

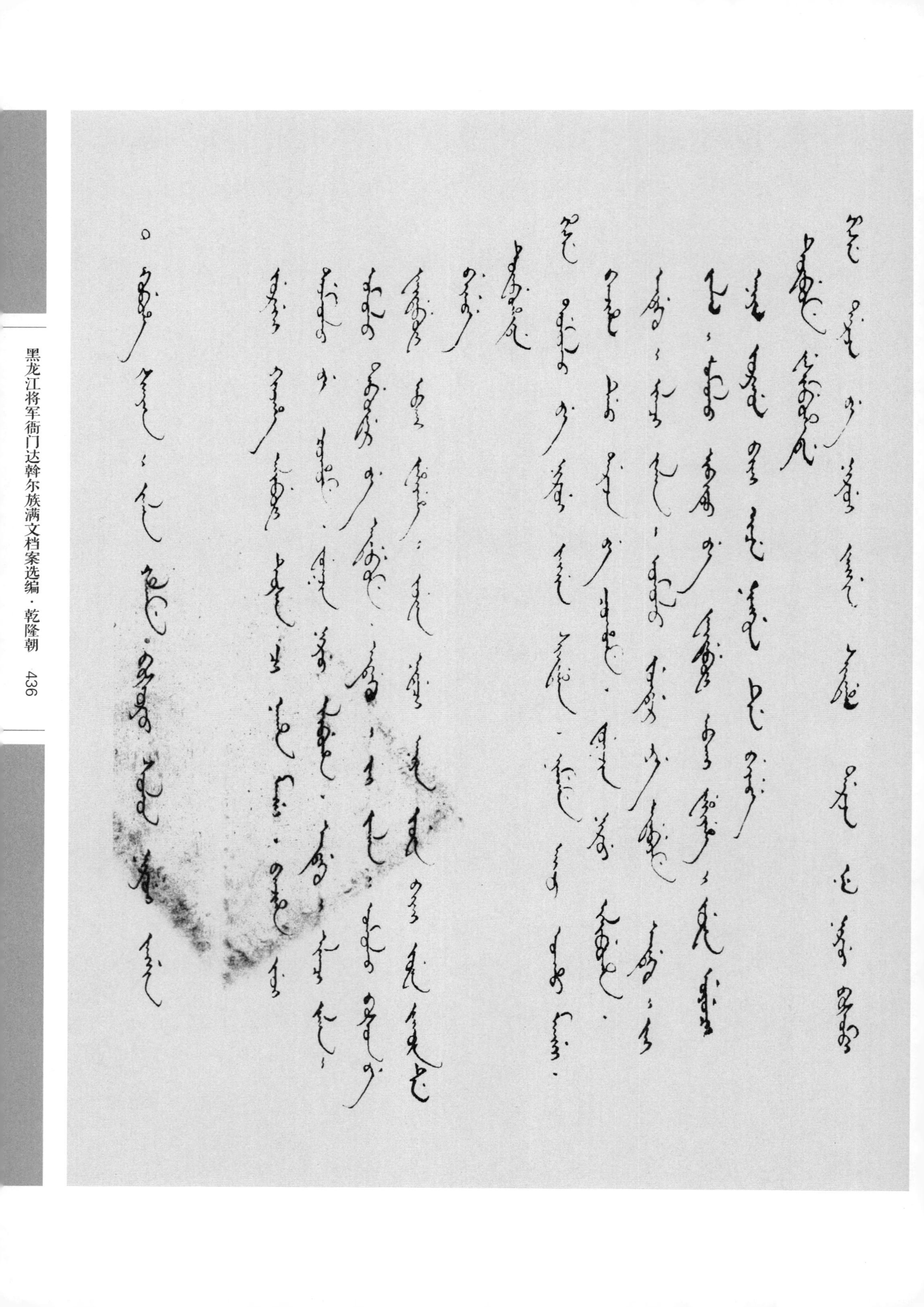

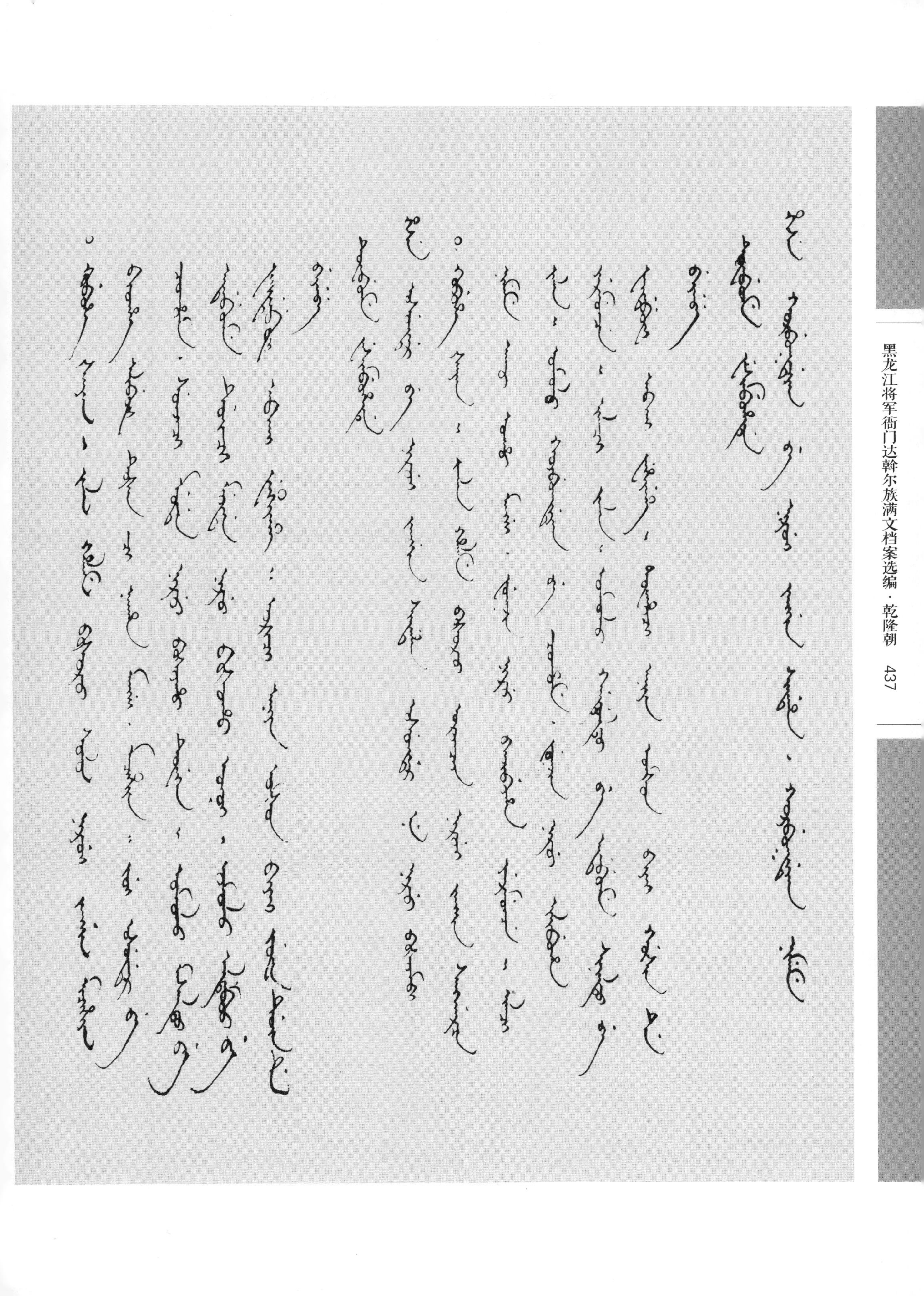

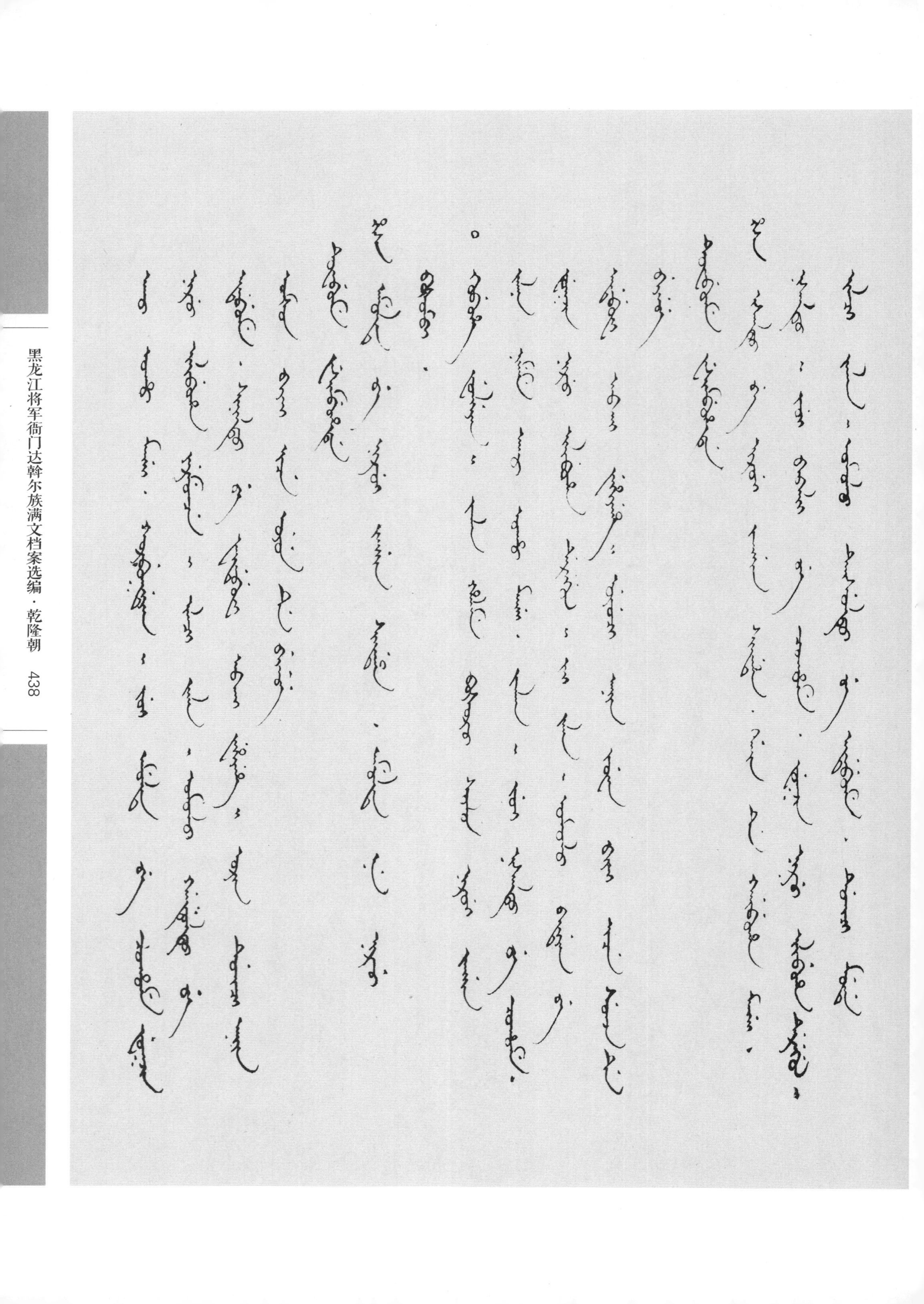

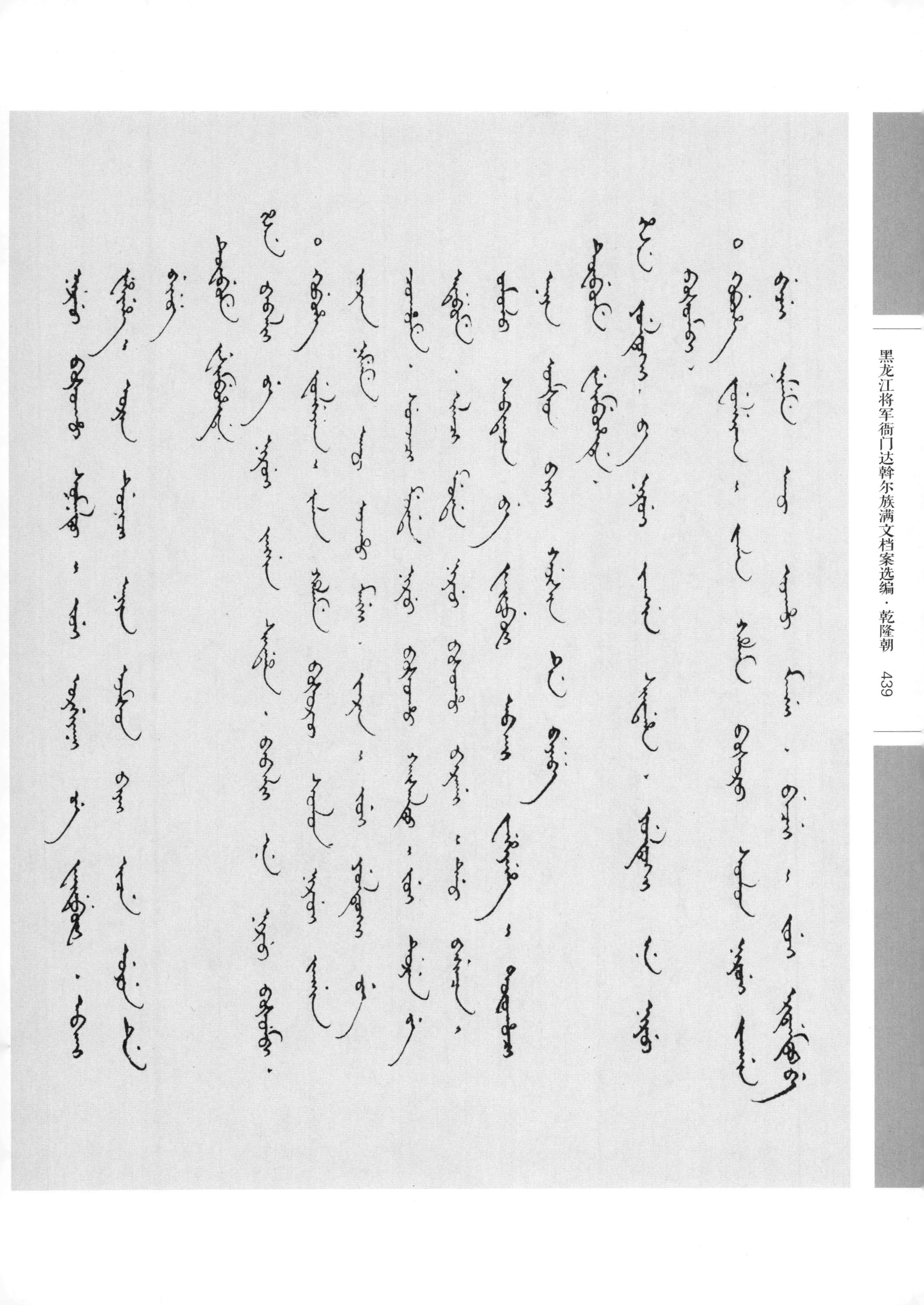

[illegible]

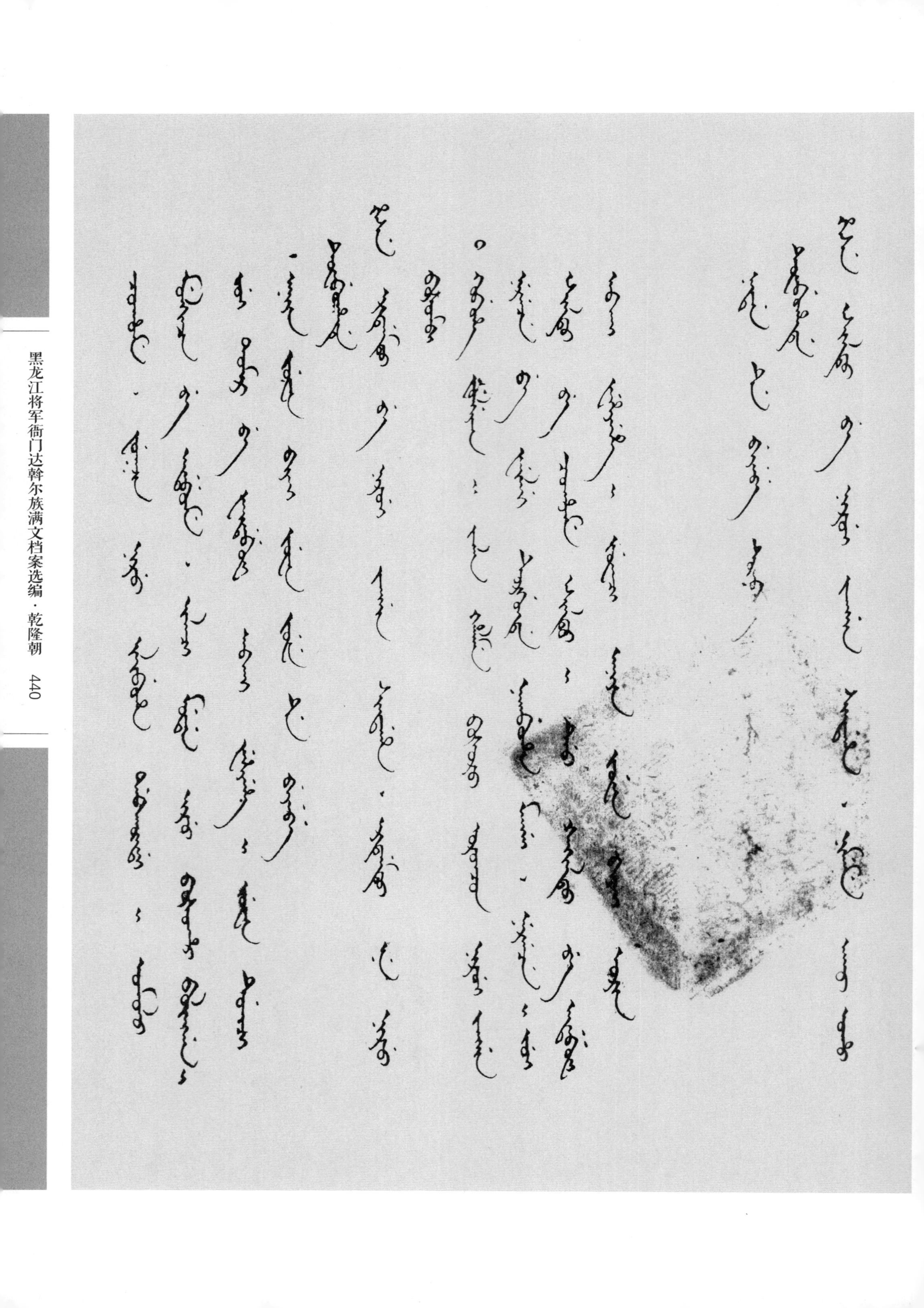

[illegible]

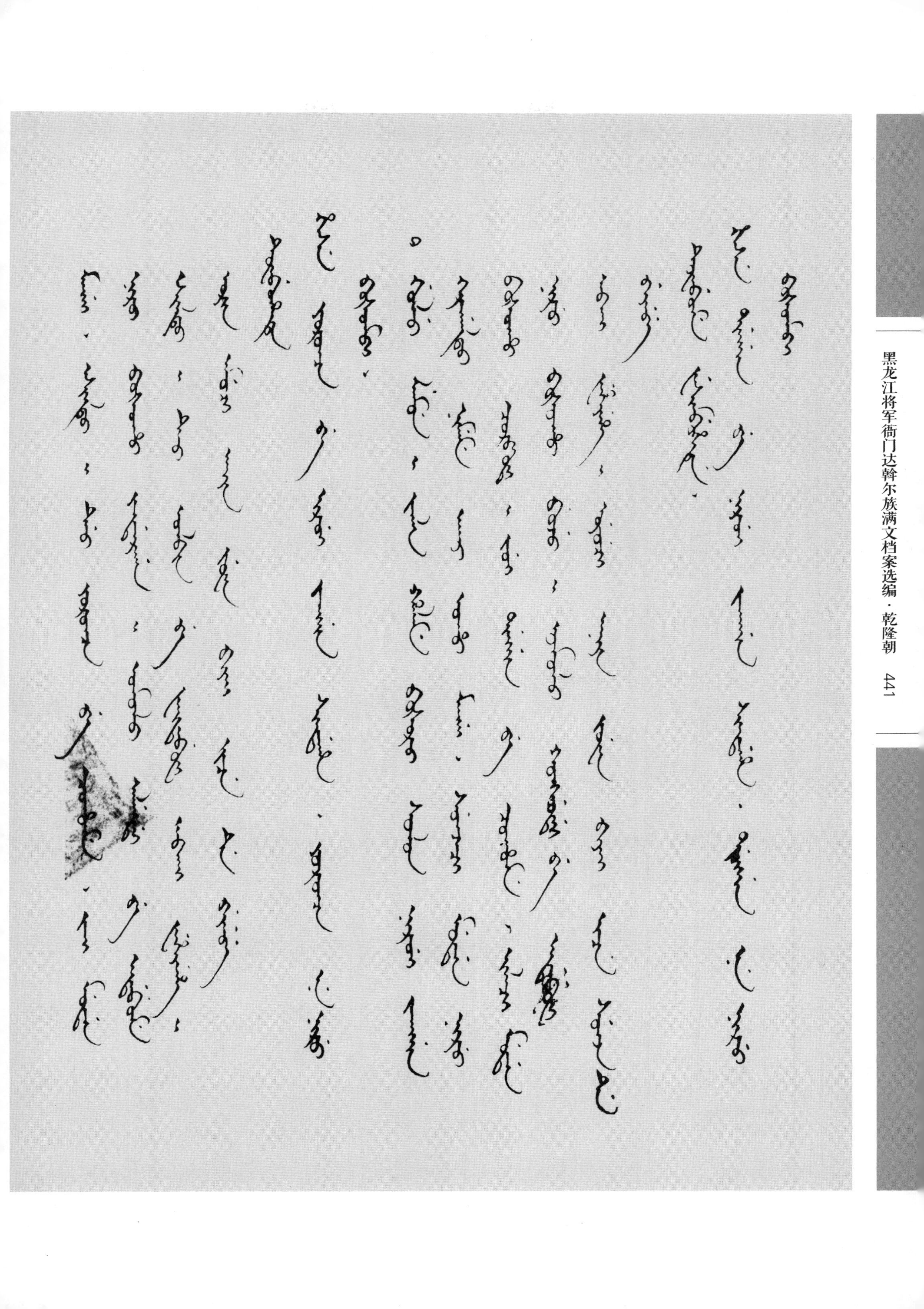

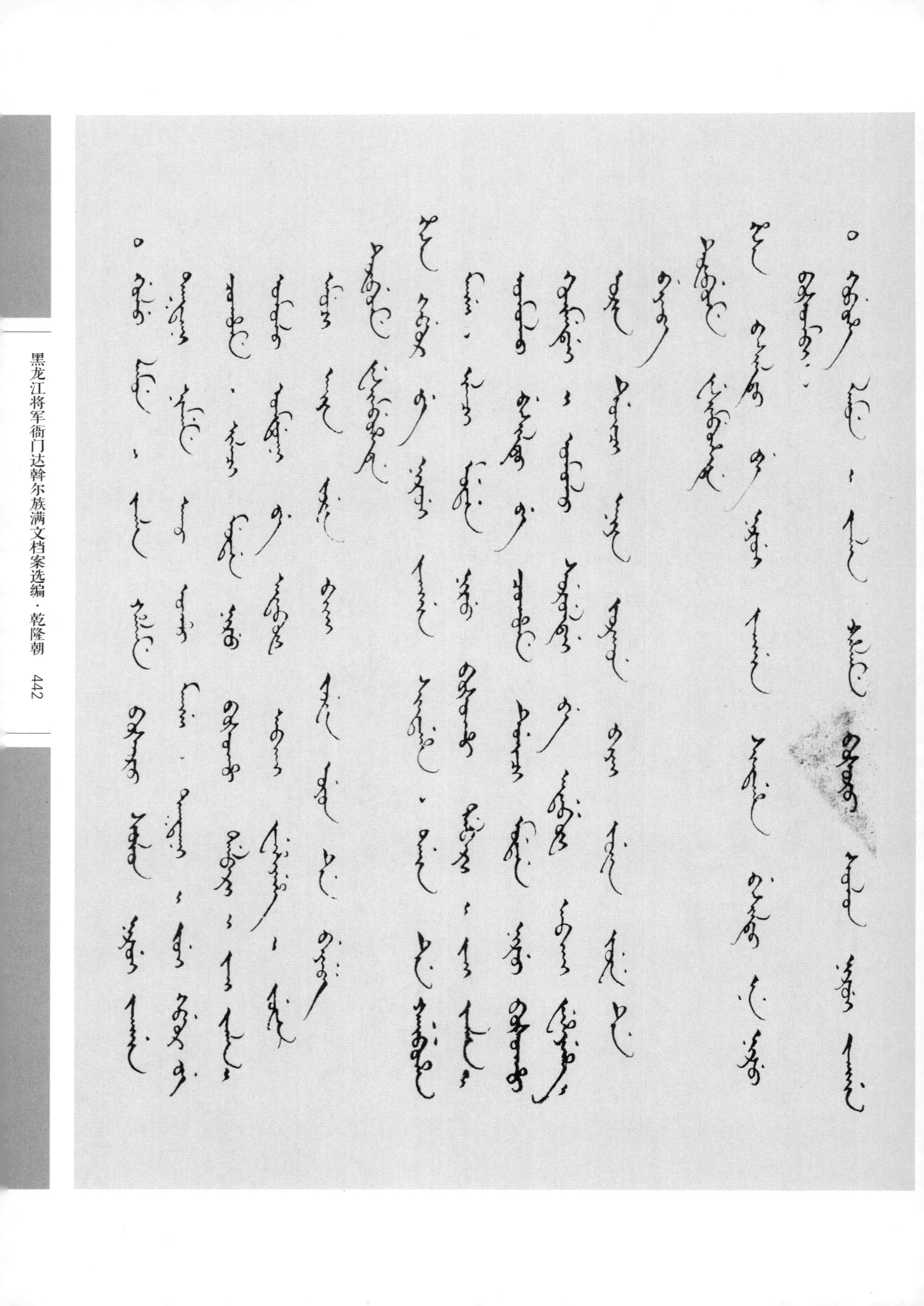

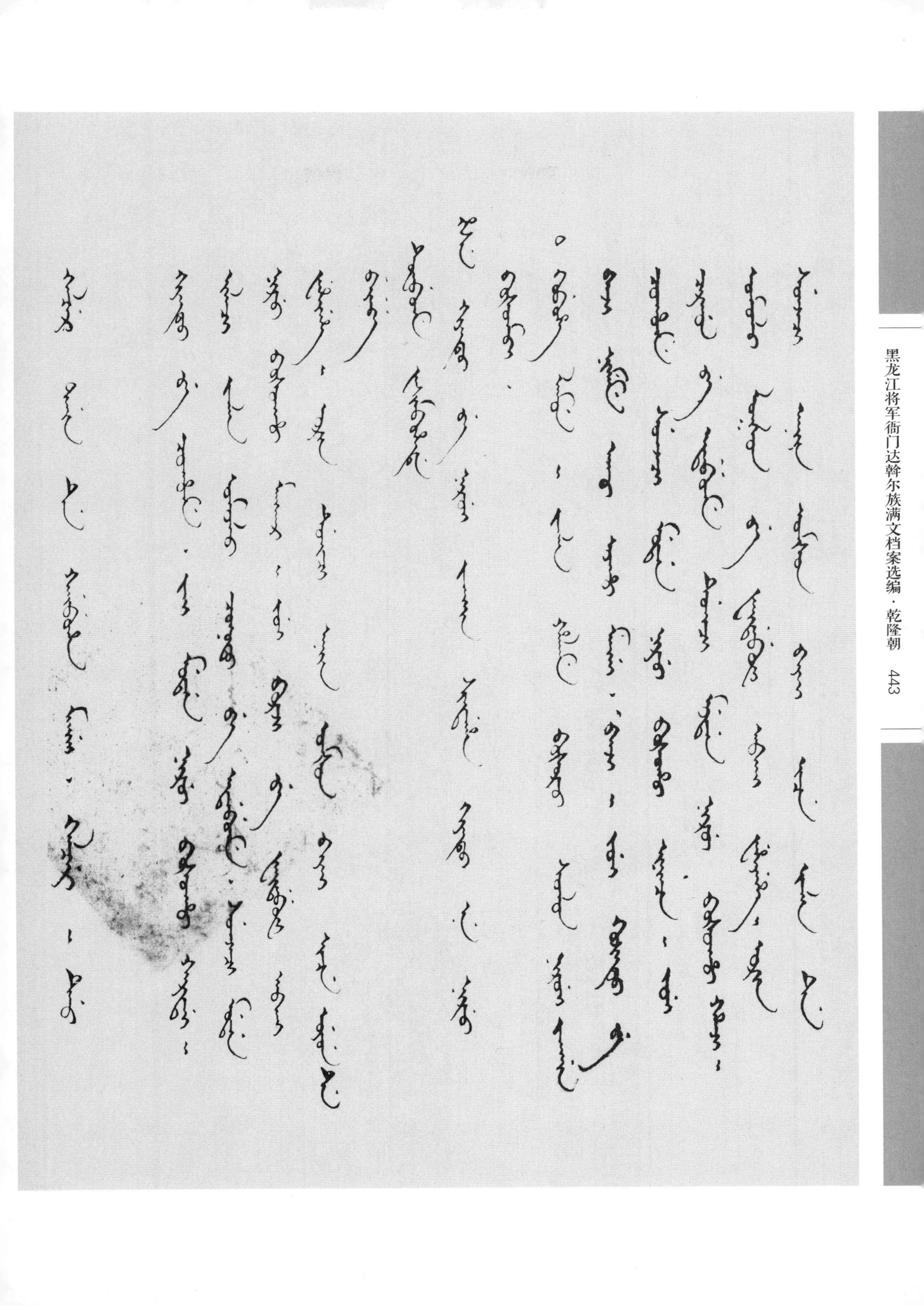

[illegible]

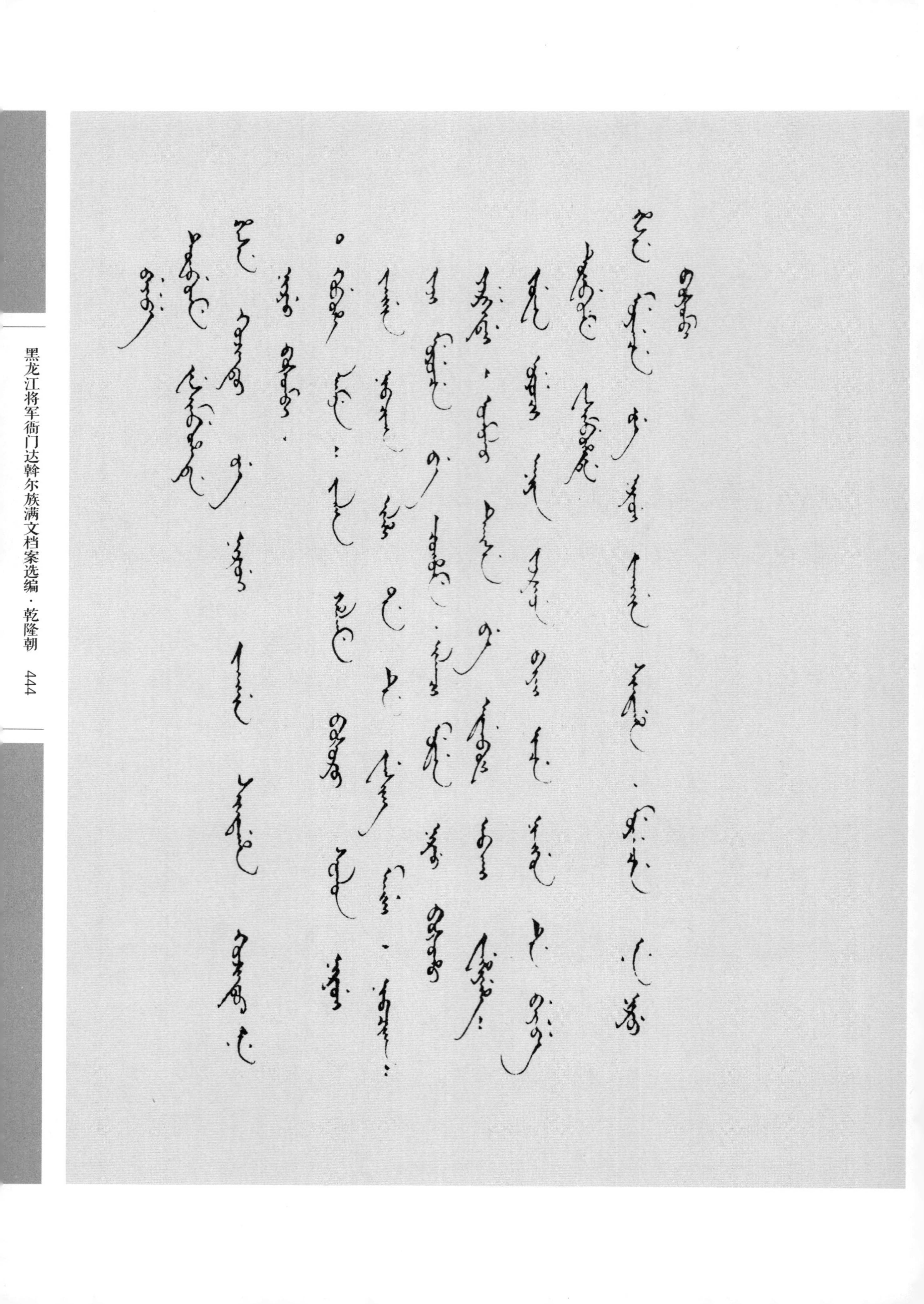

[illegible]

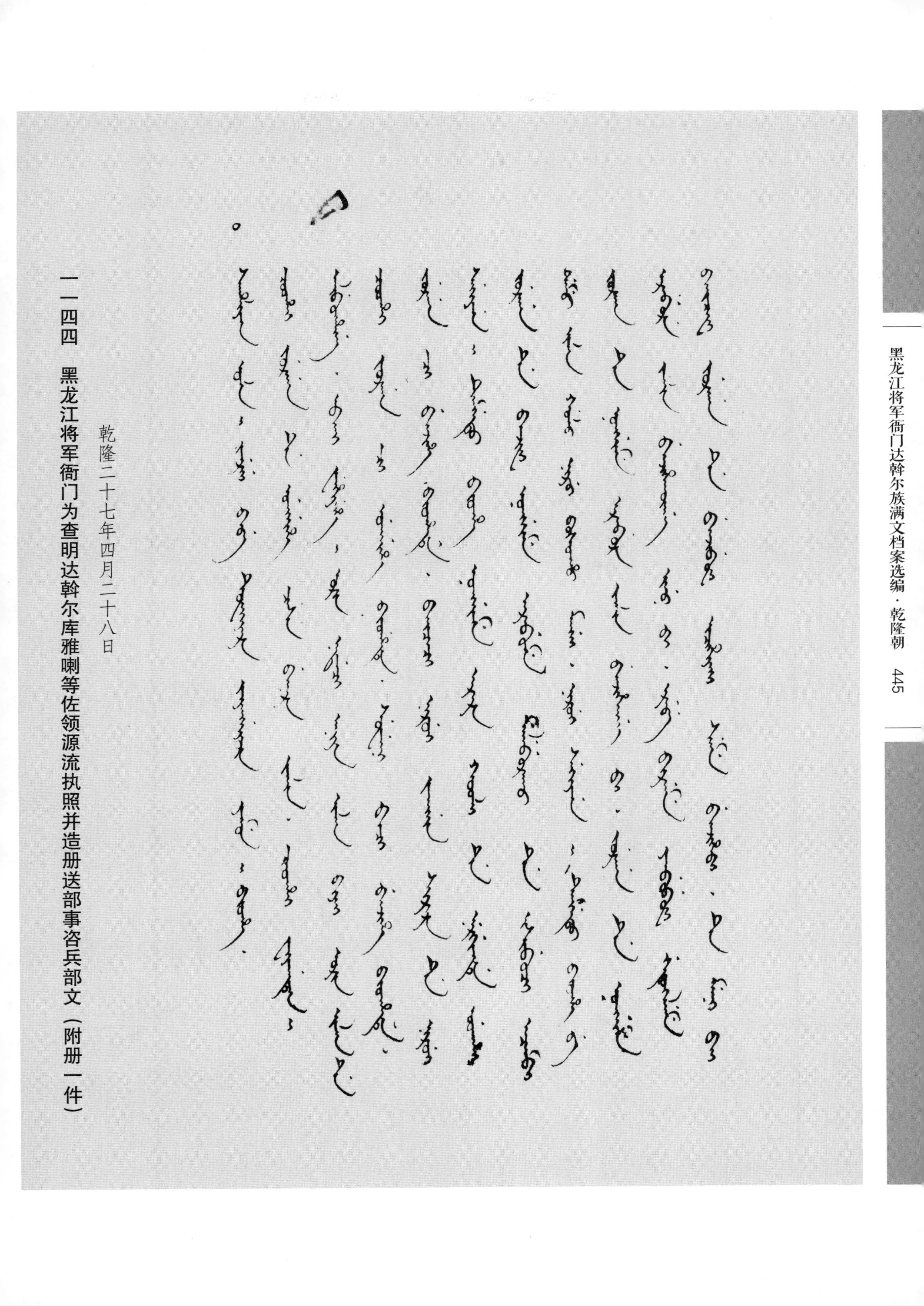

一一四四 黑龙江将军衙门为查明达斡尔库雅喇等佐领源流执照并造册送部事咨兵部文（附册一件）

乾隆二十七年四月二十八日

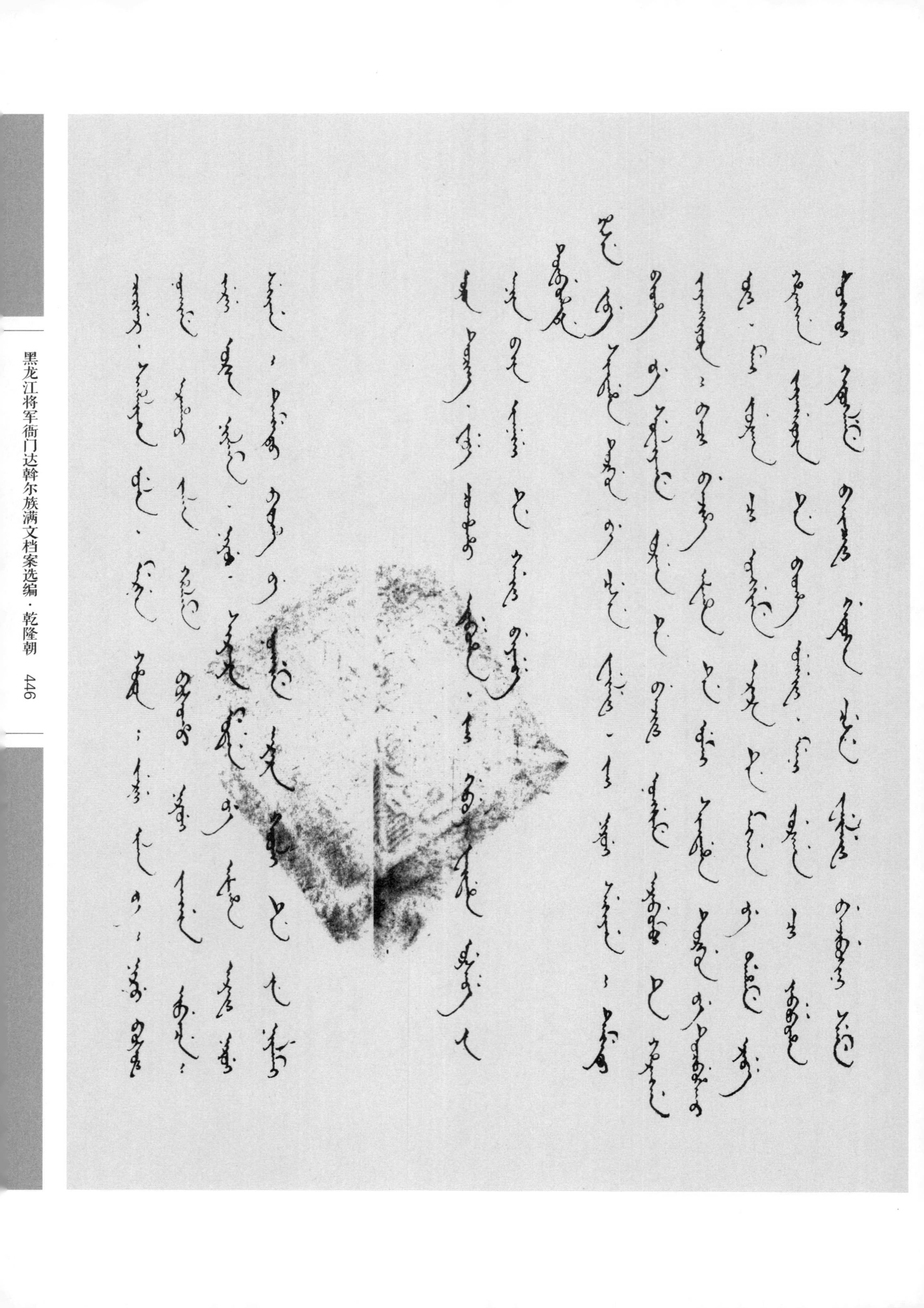

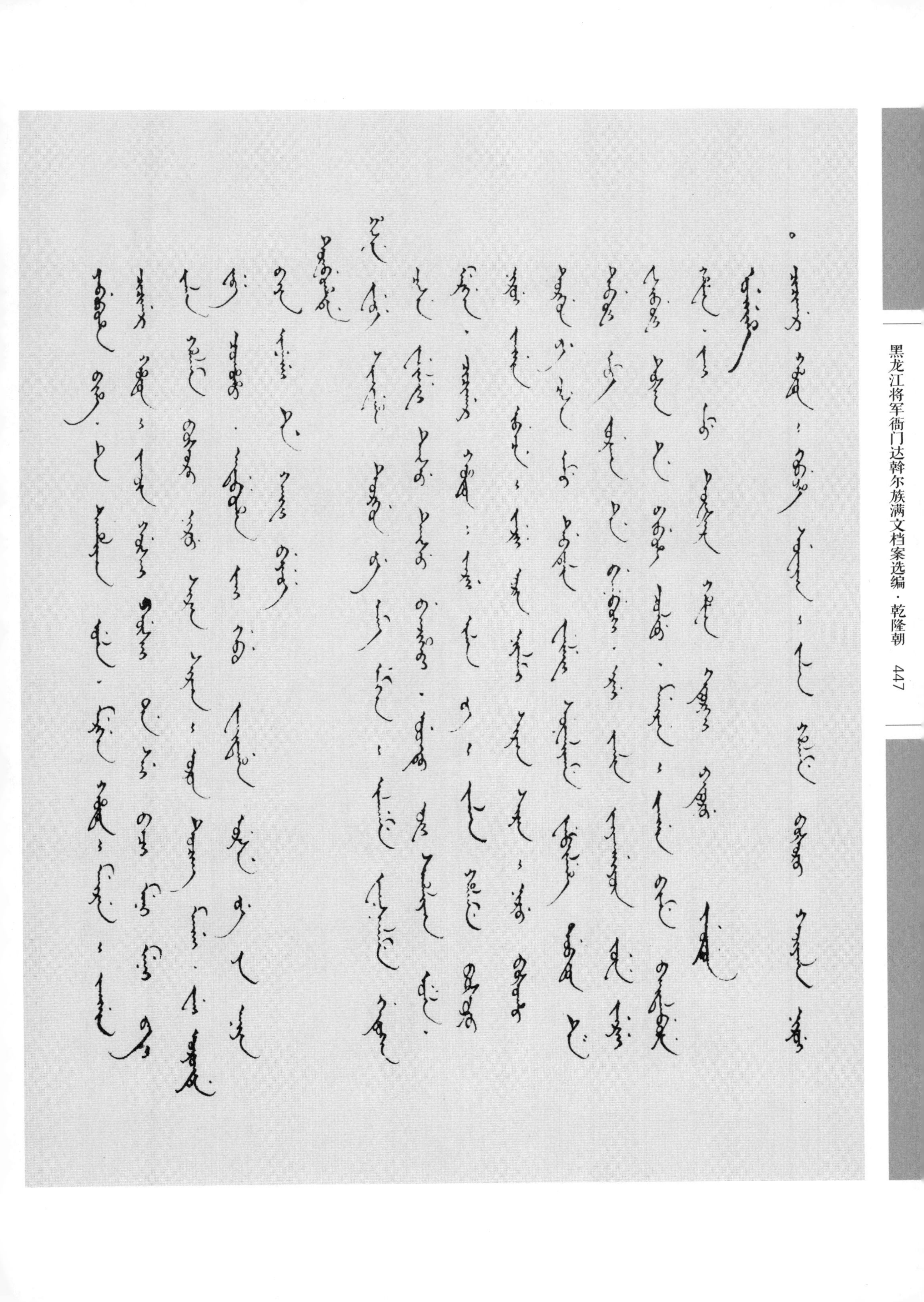

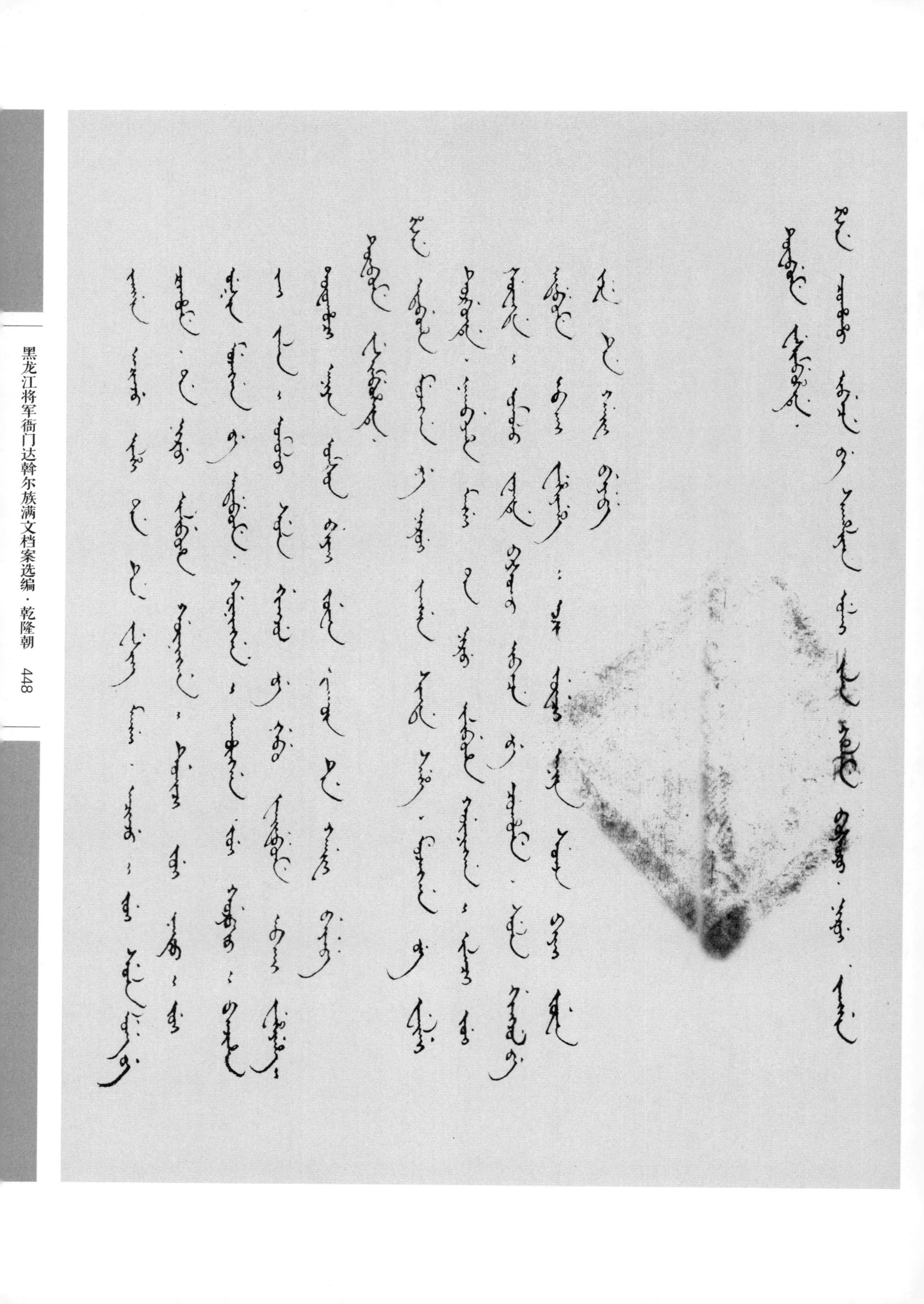

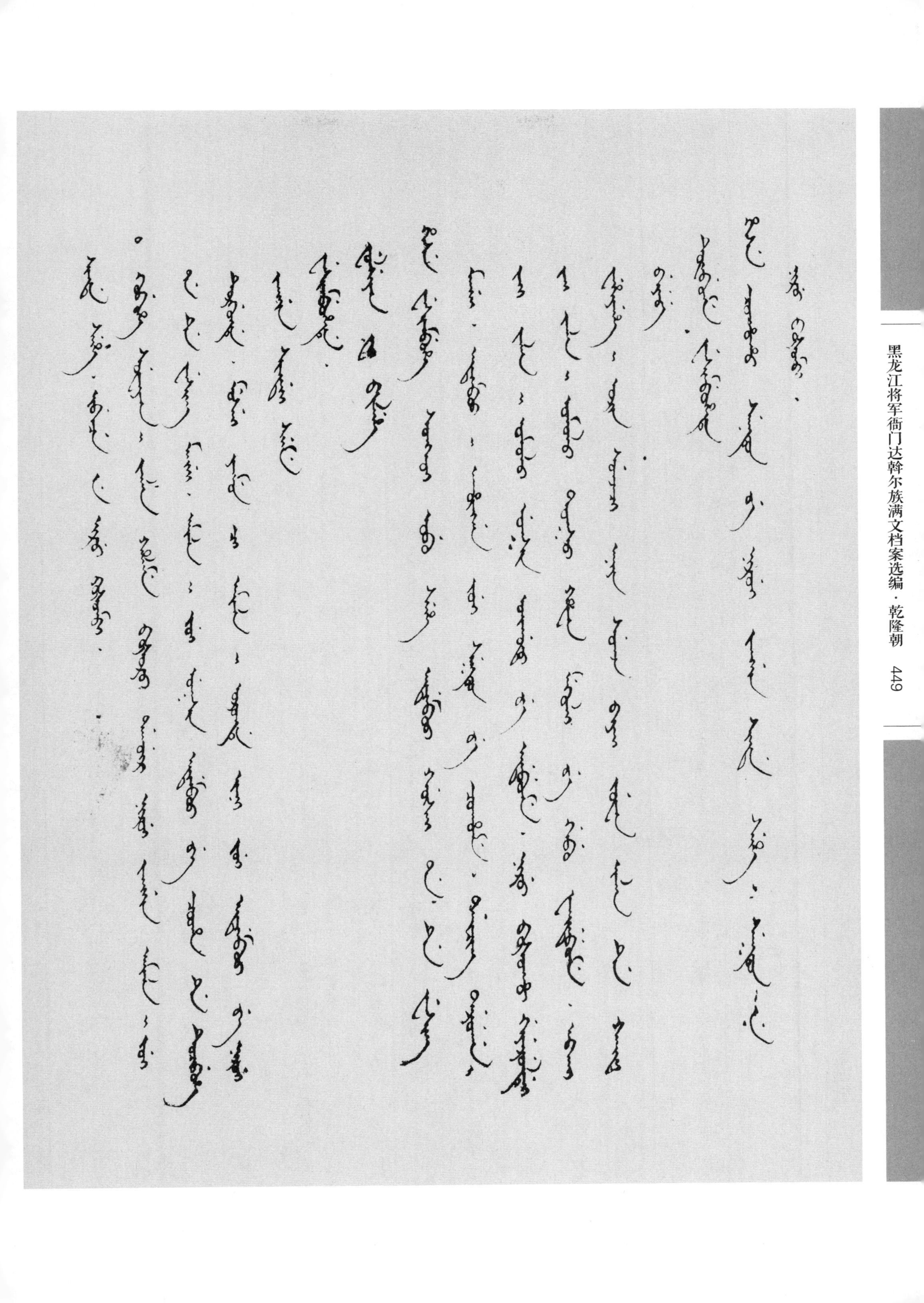

[illegible]

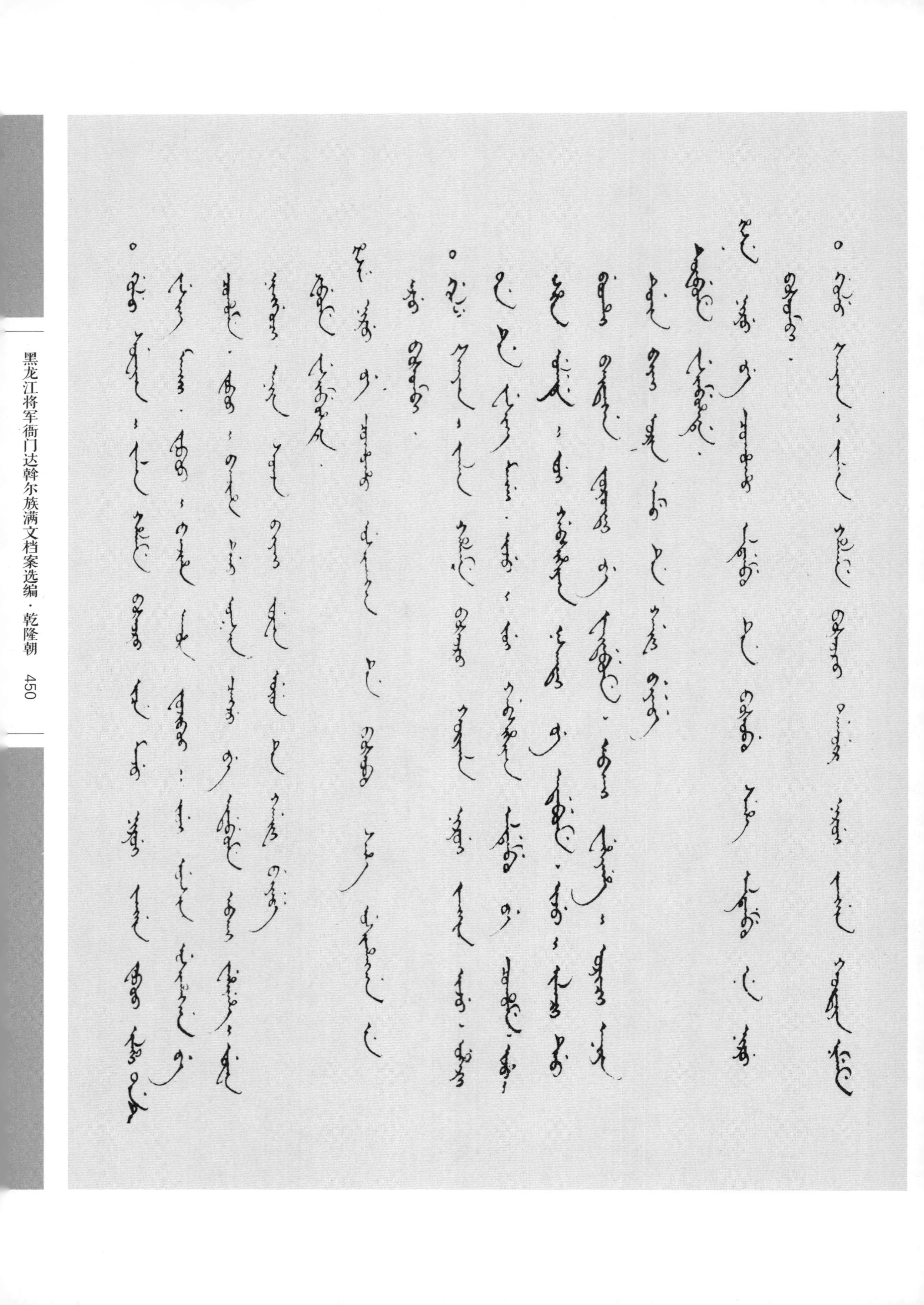

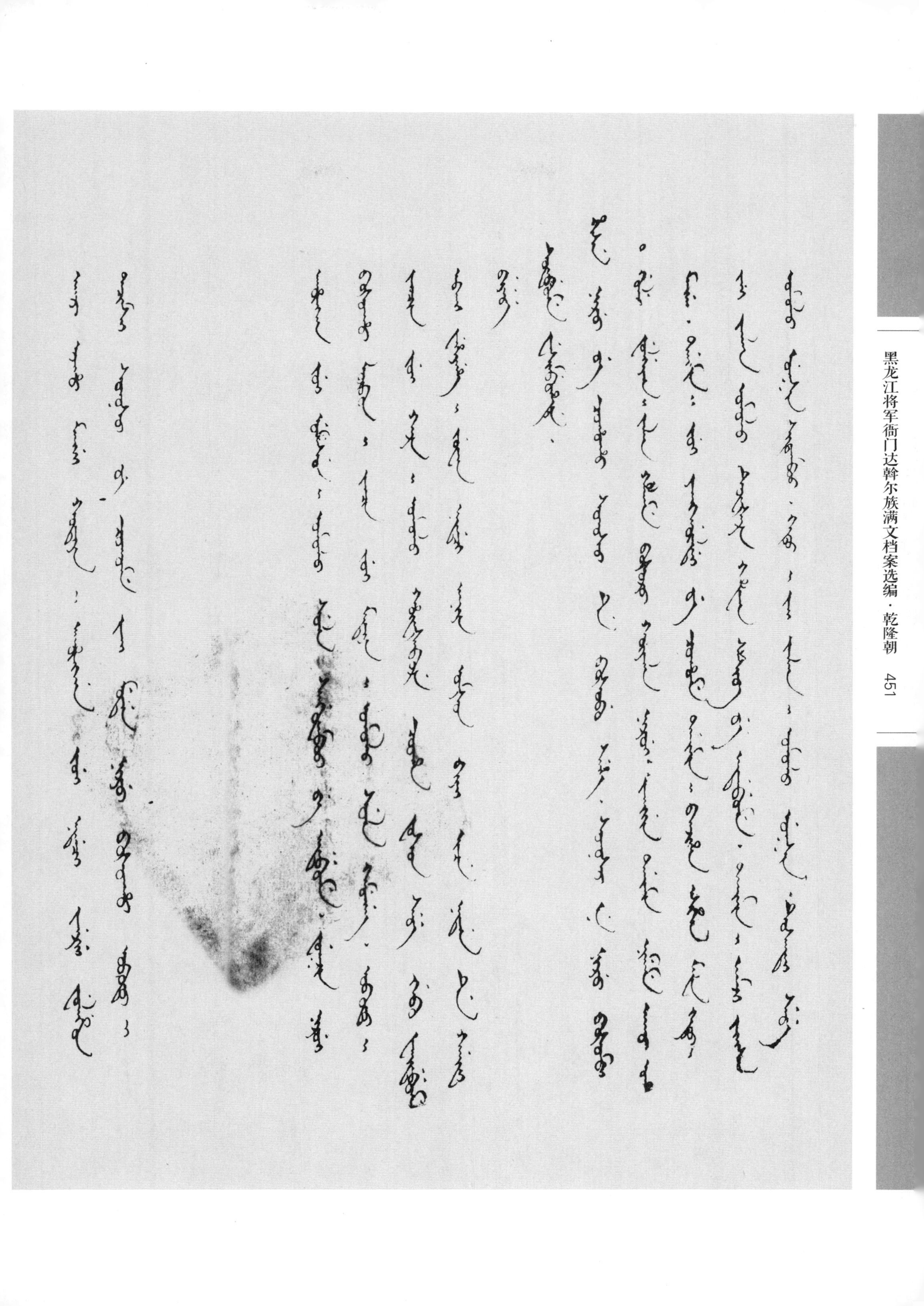

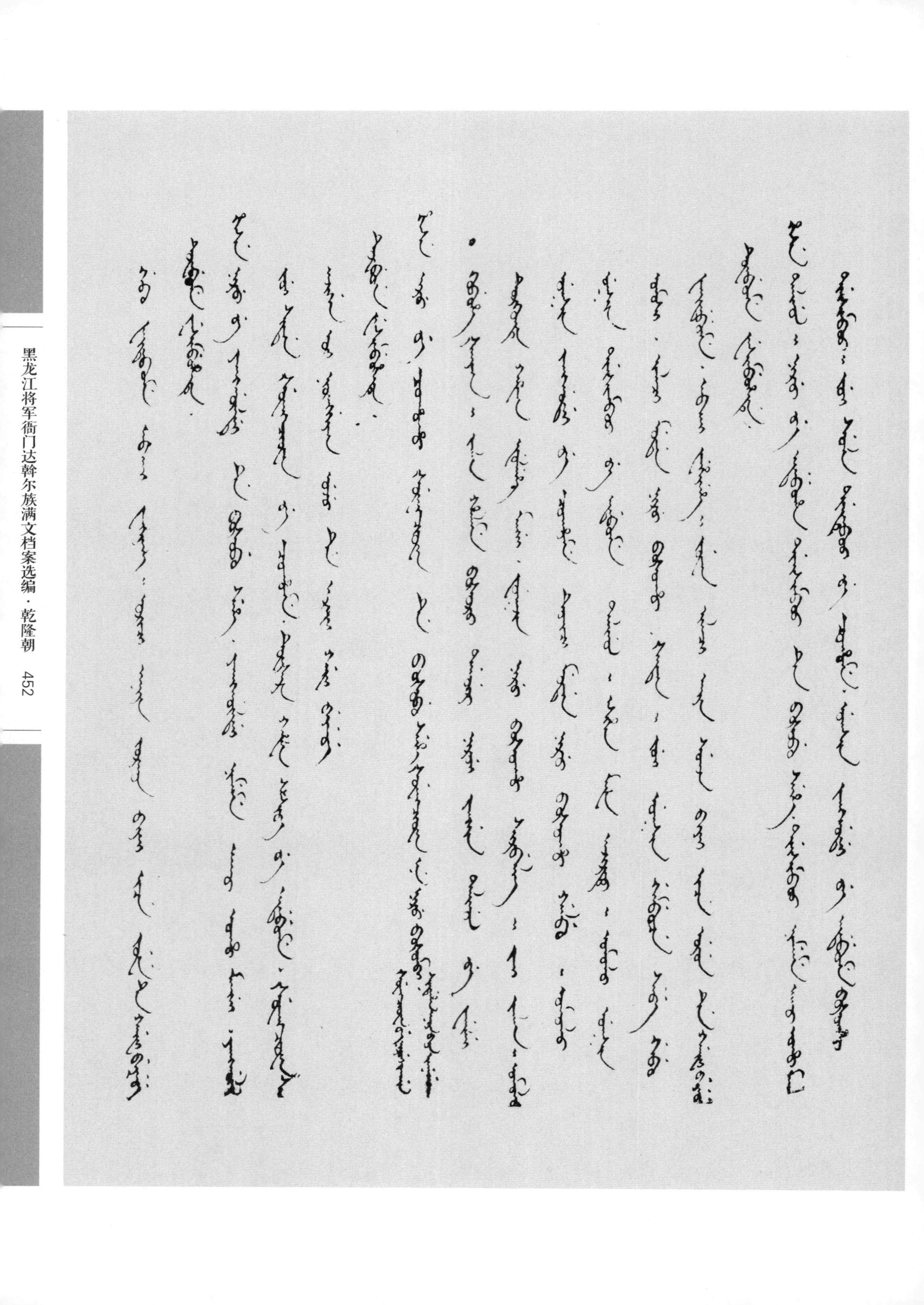

[illegible]

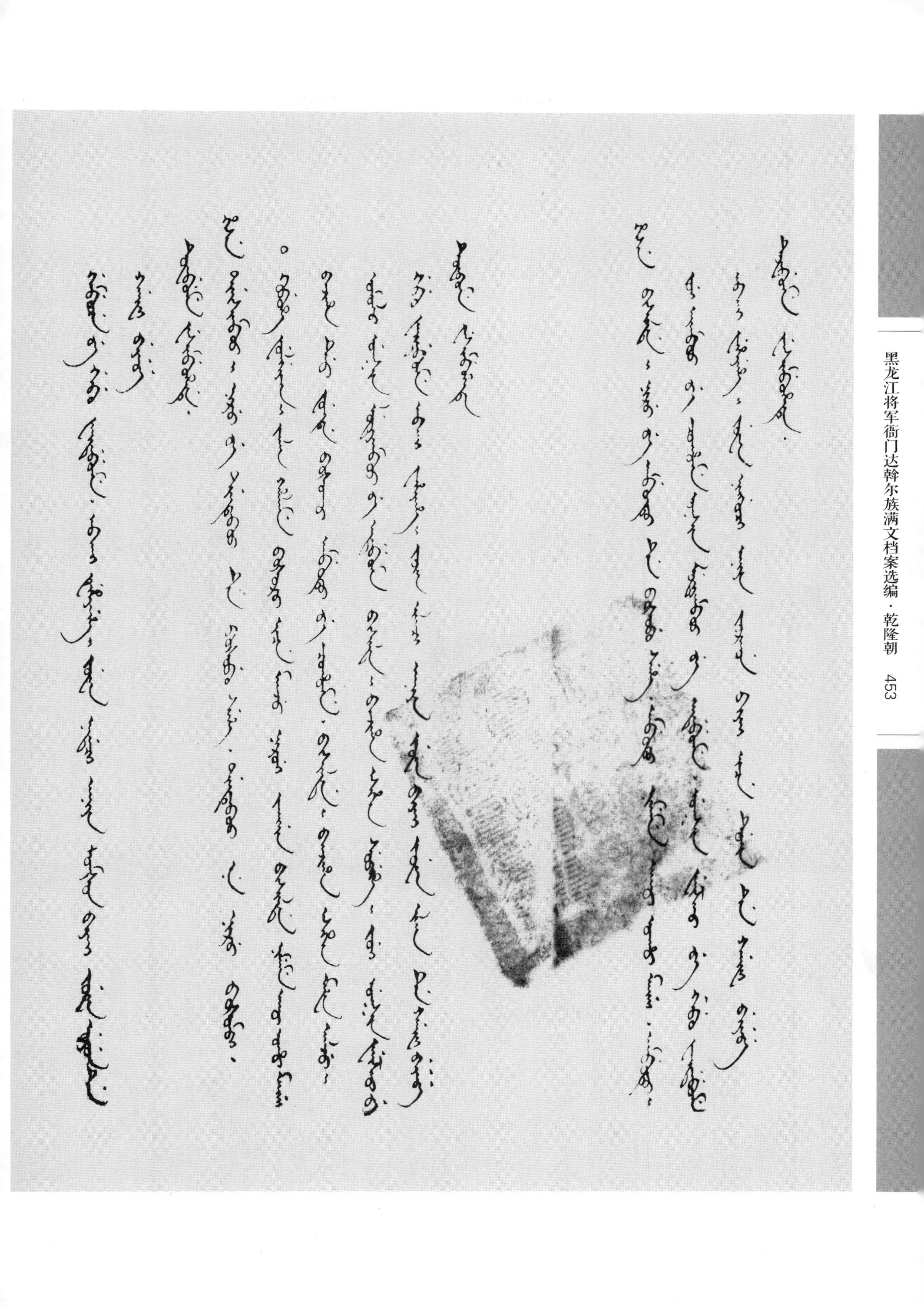

[illegible]

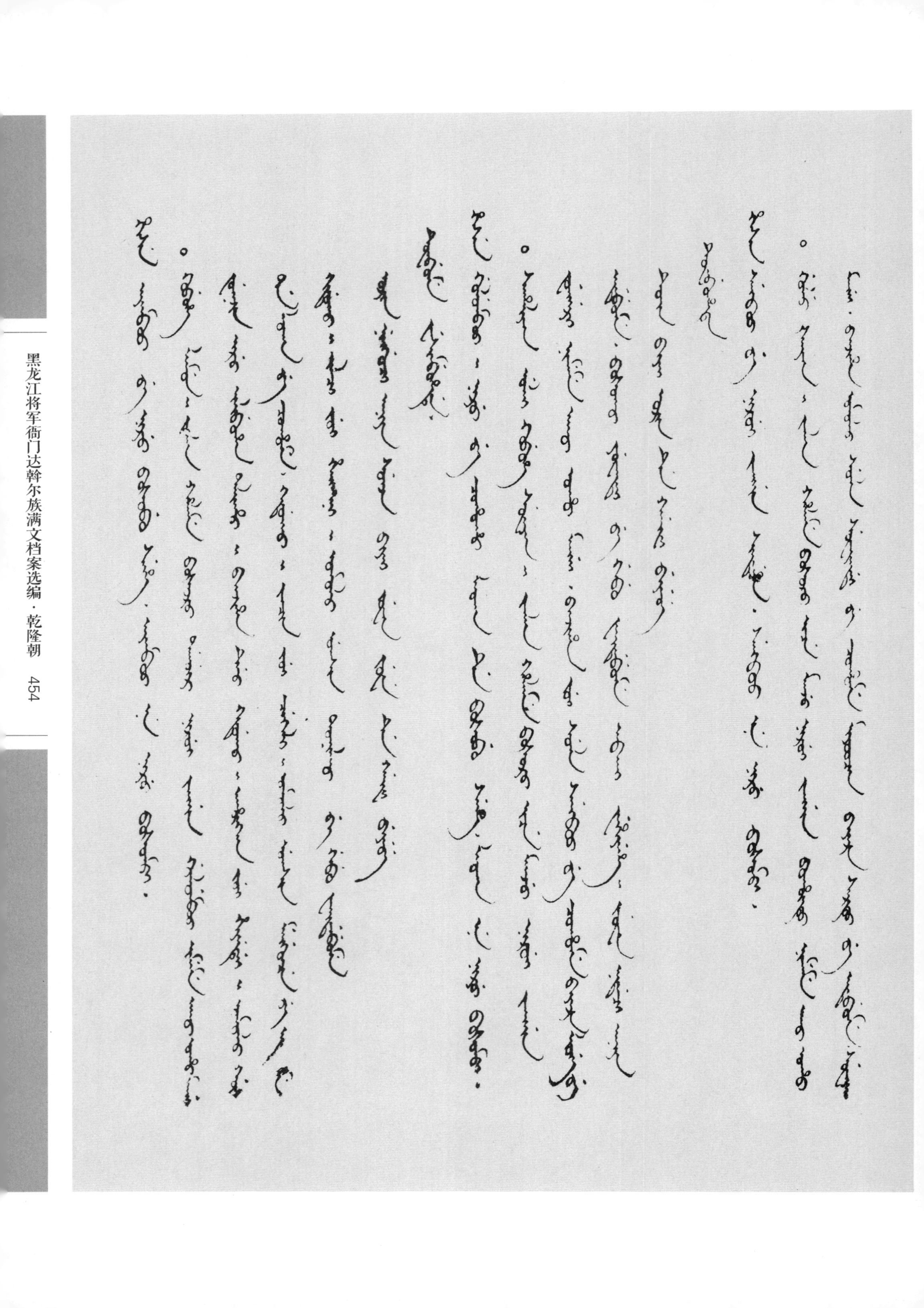

[illegible]

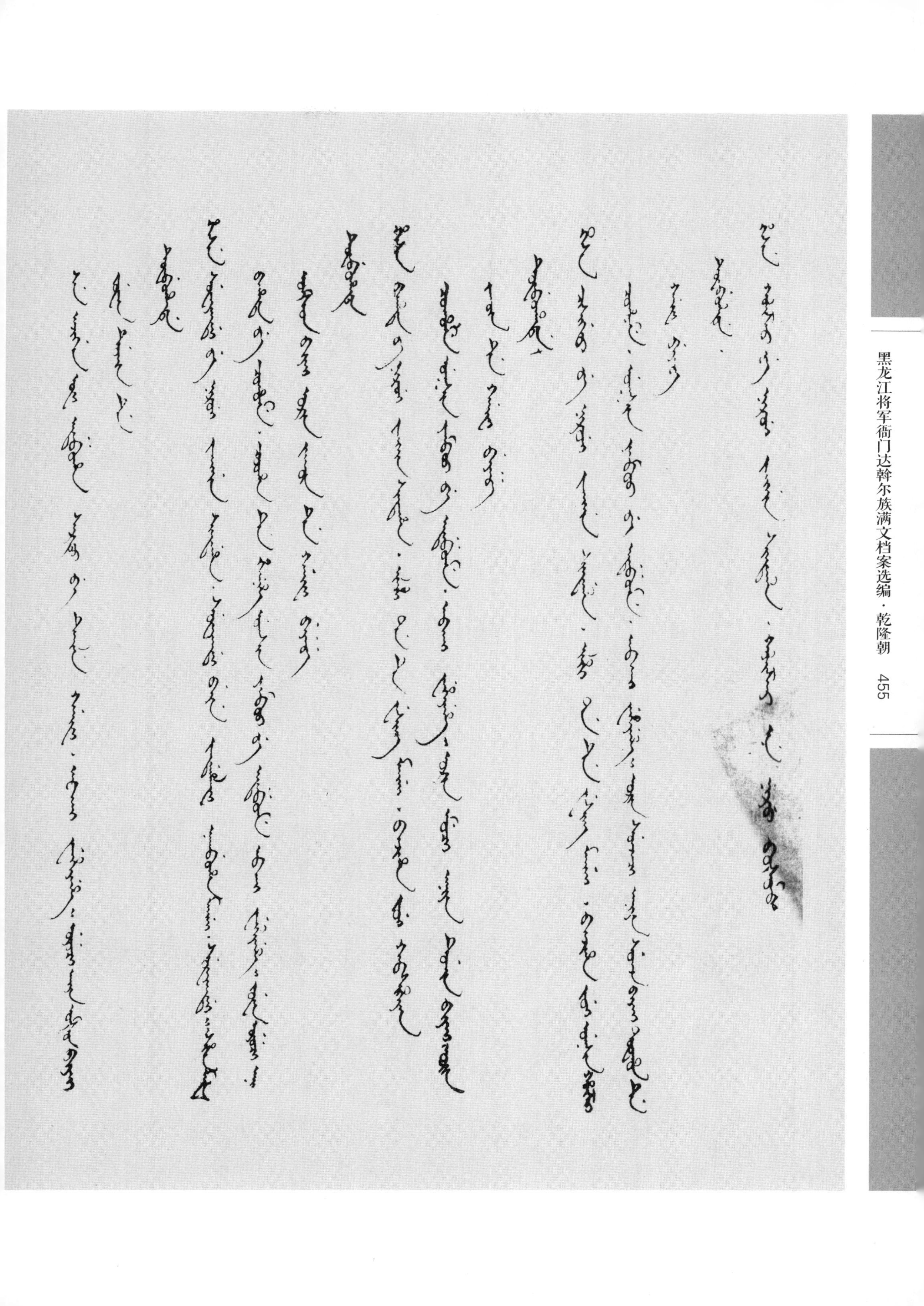

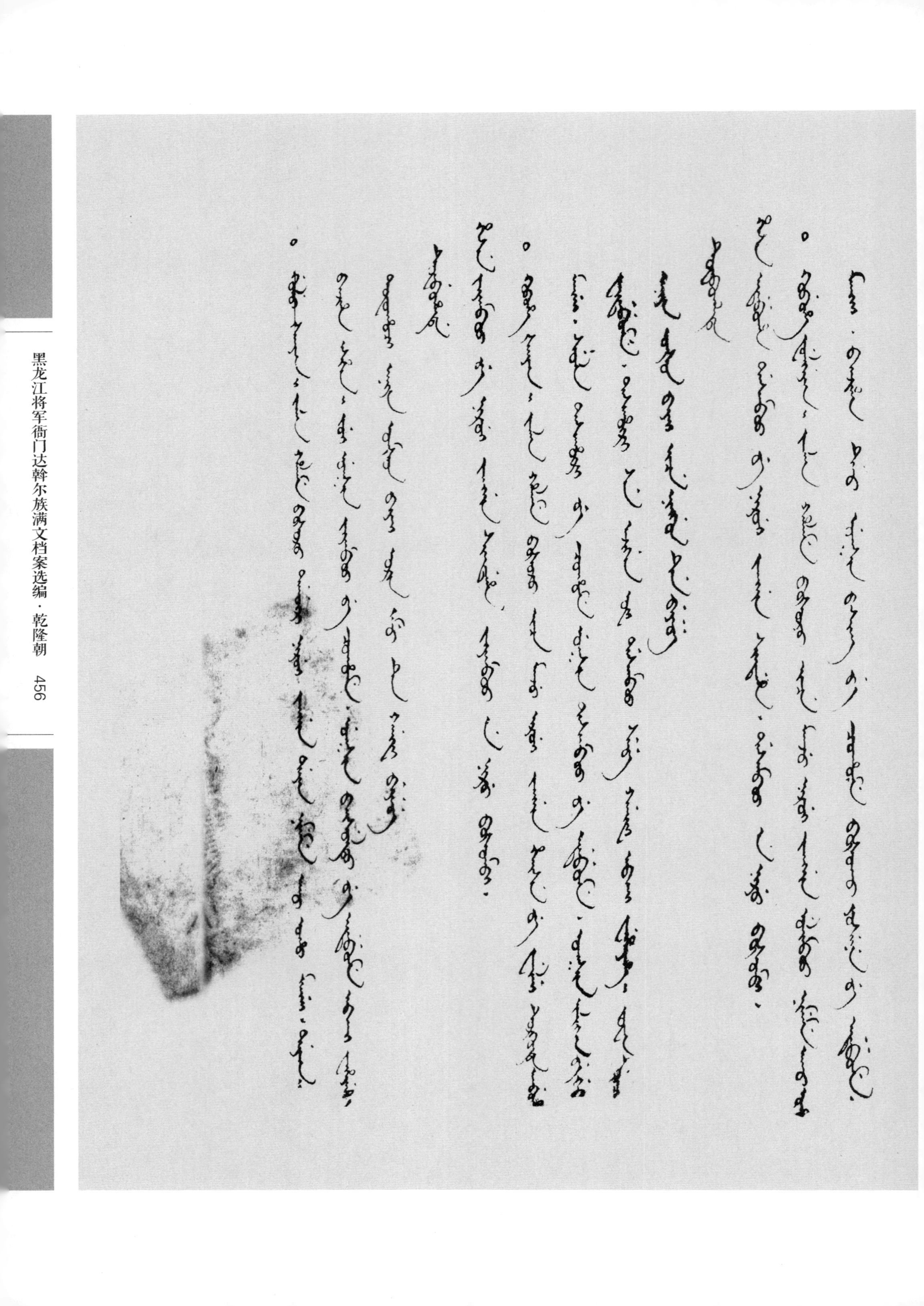

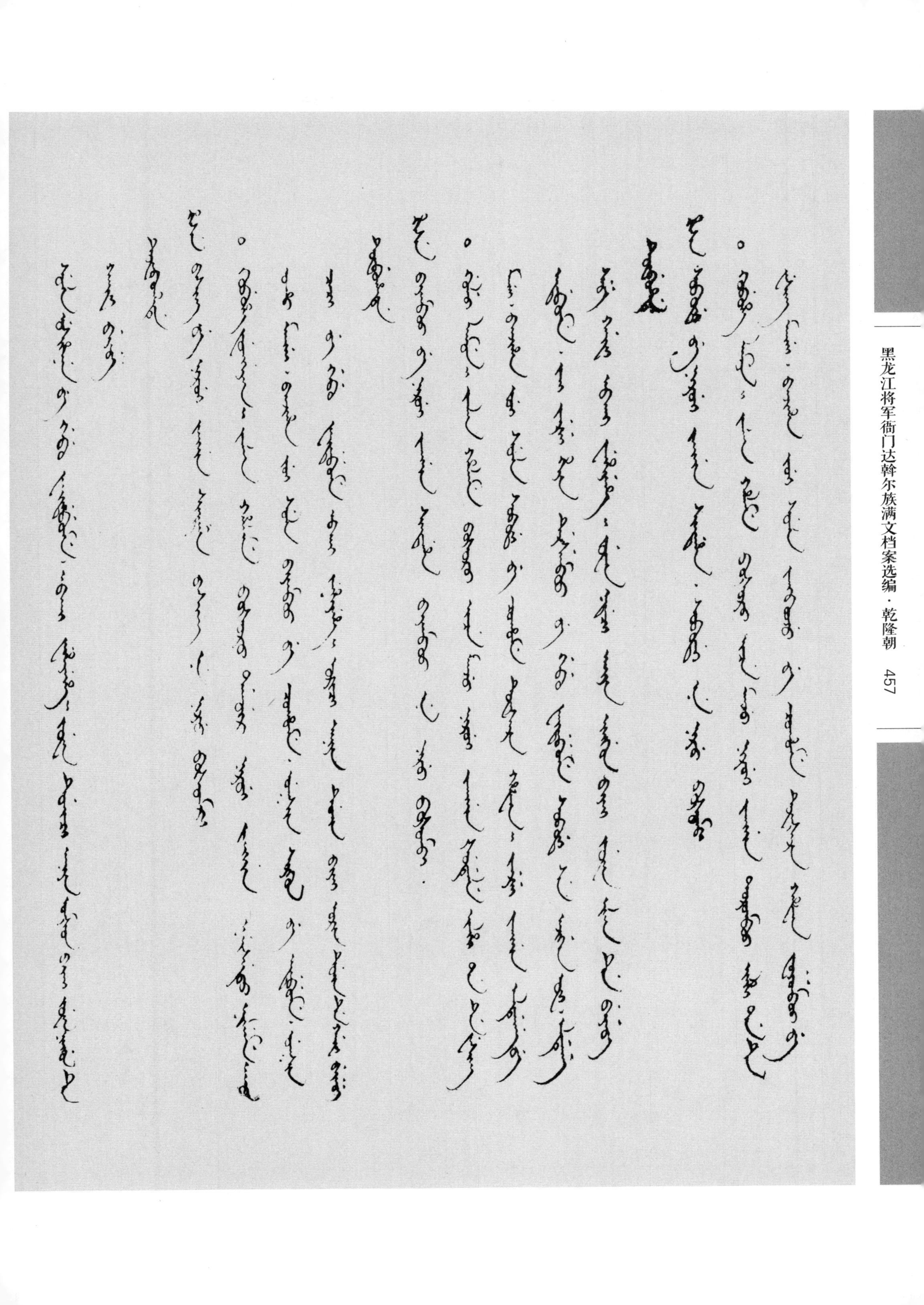

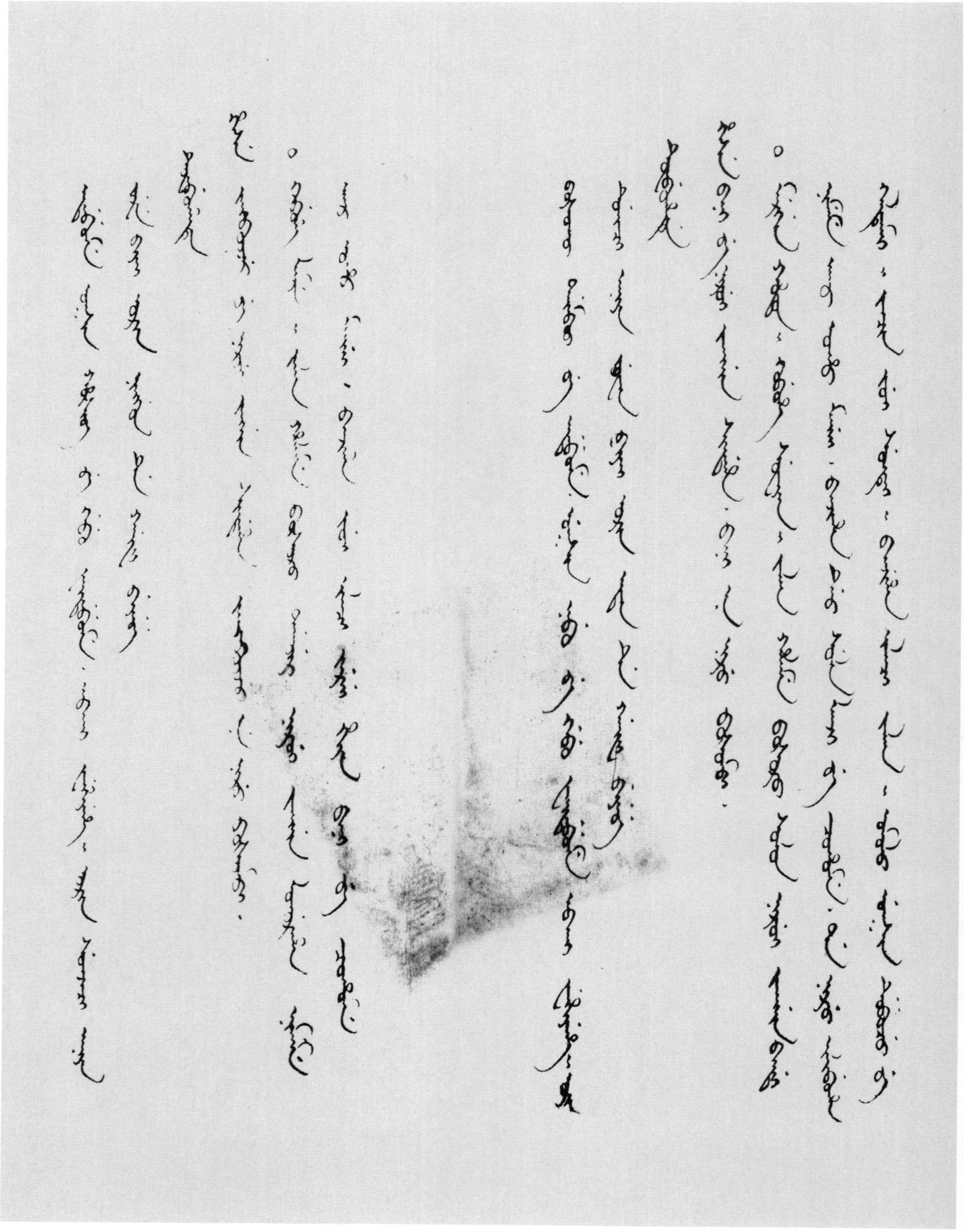

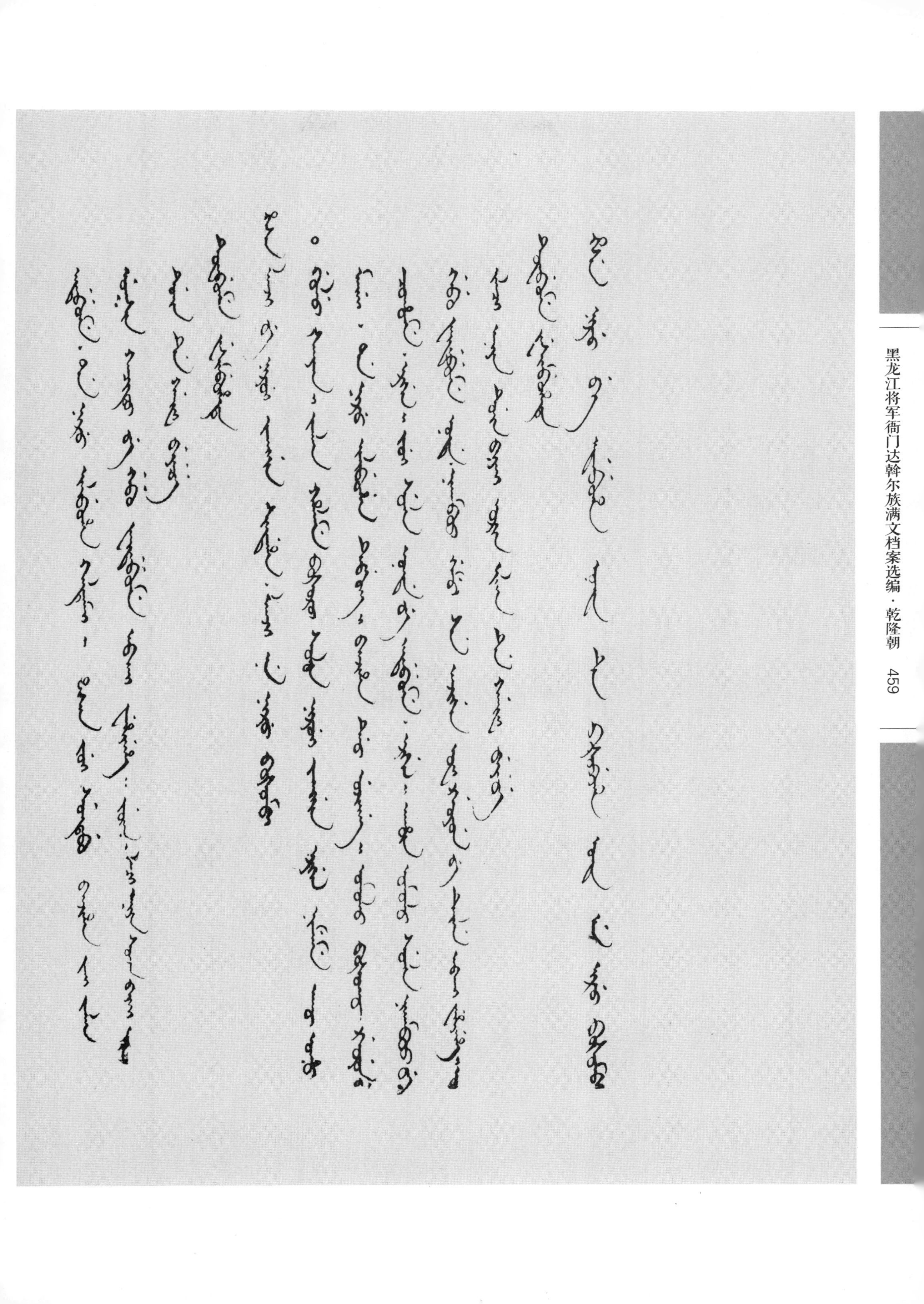

一一四五 黑龙江副都统衙门为请每月拨给年迈无法当差另户达斡尔苏锡图等银两事咨黑龙江将军衙门文

乾隆二十七年五月初三日

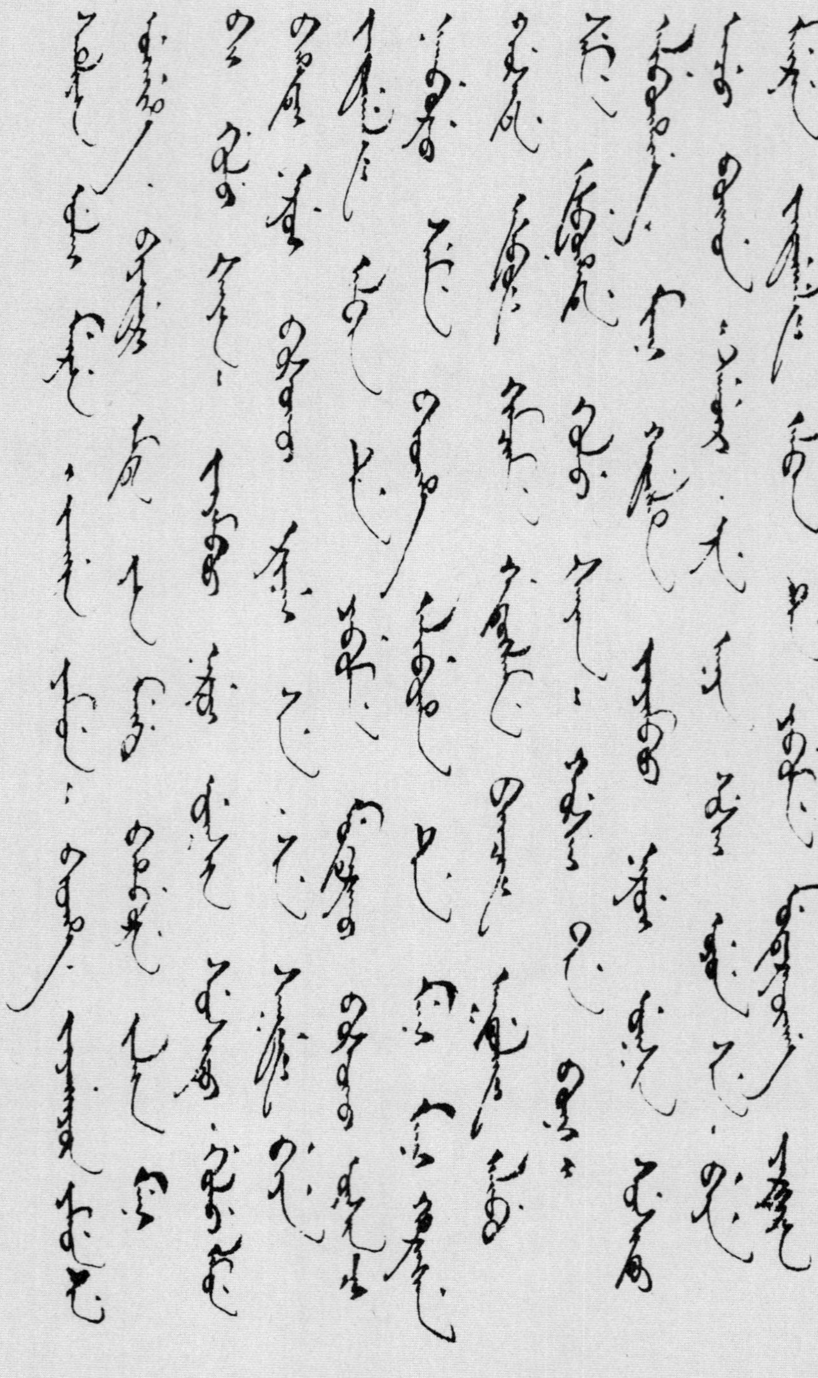

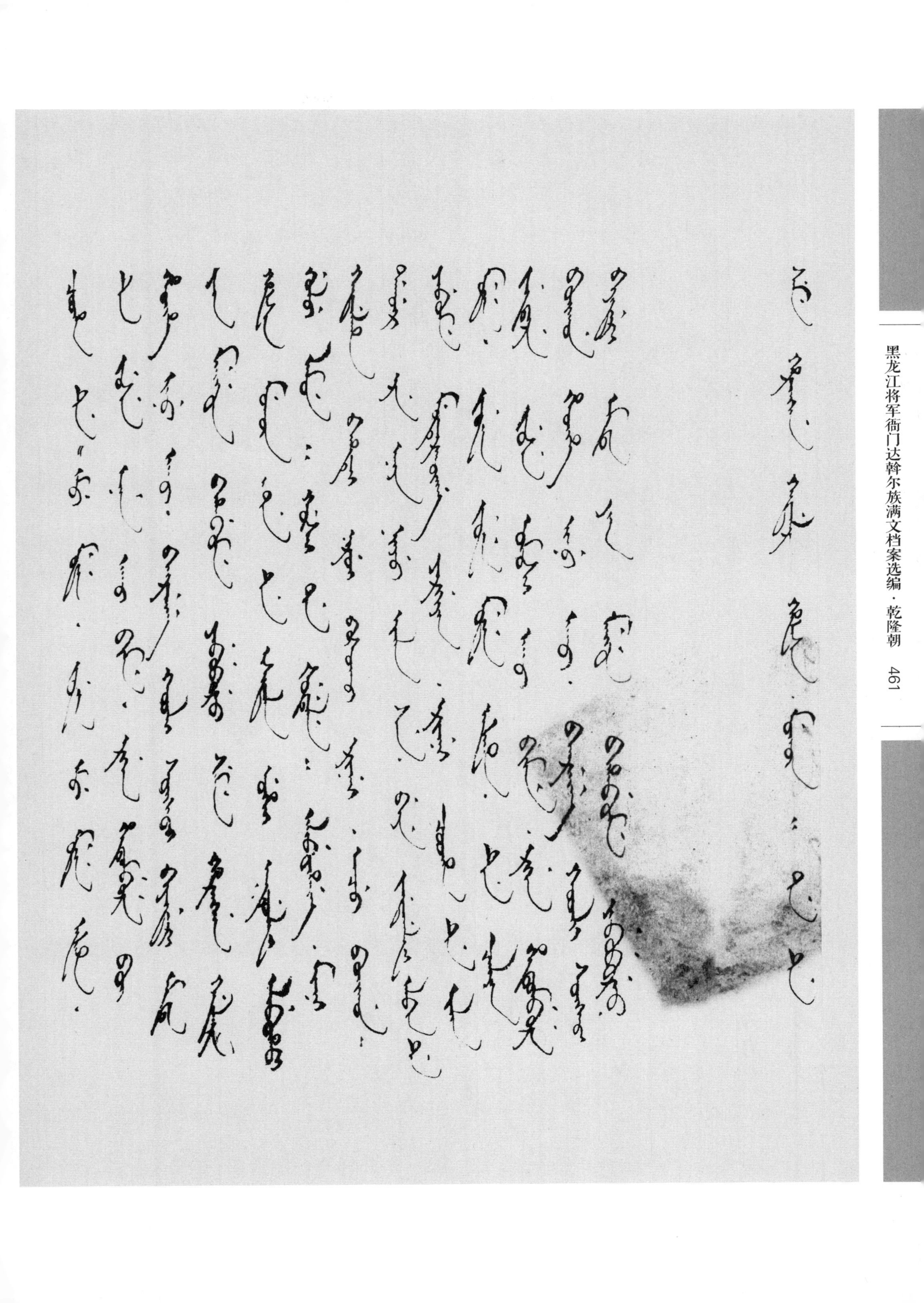

[illegible]

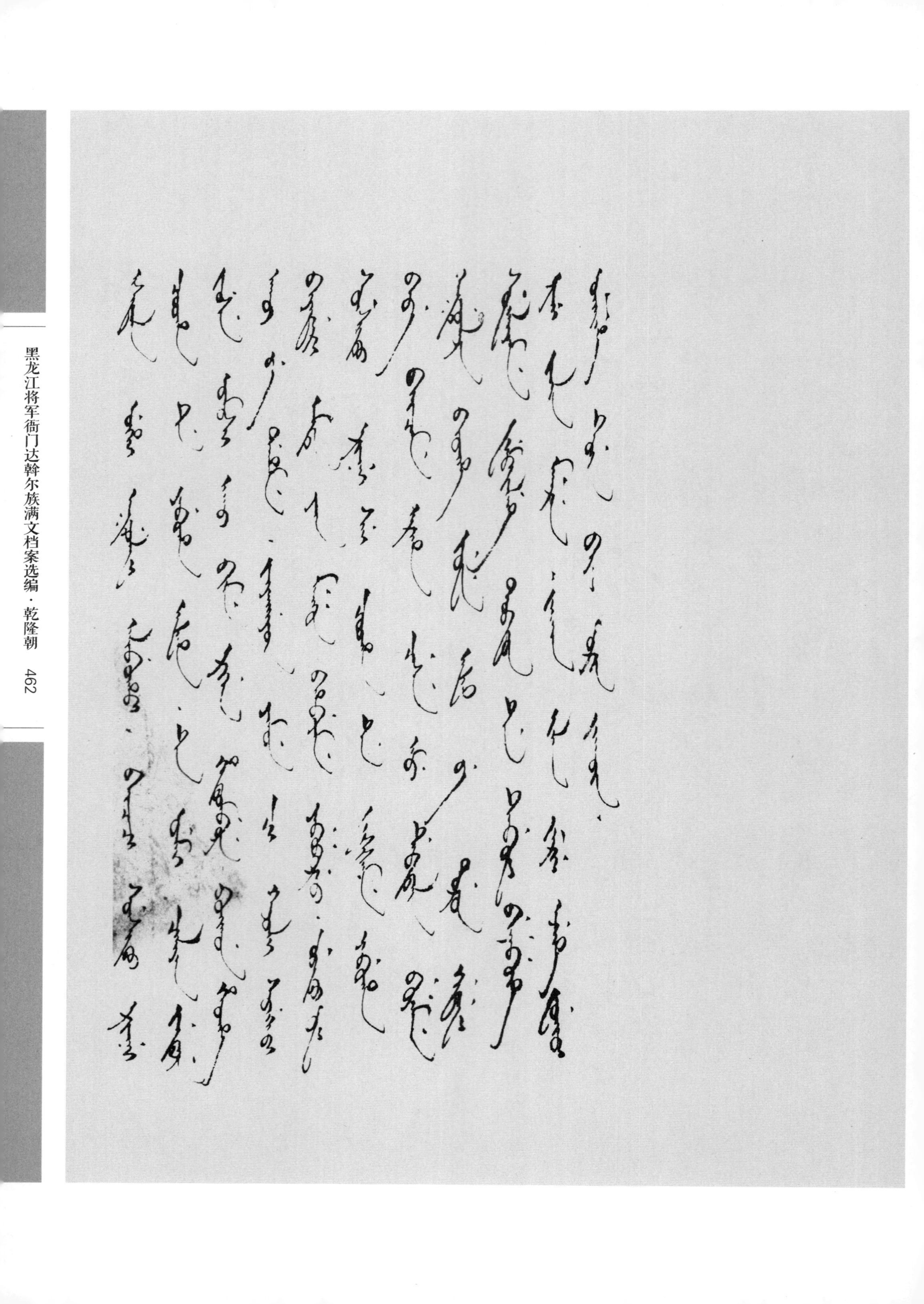

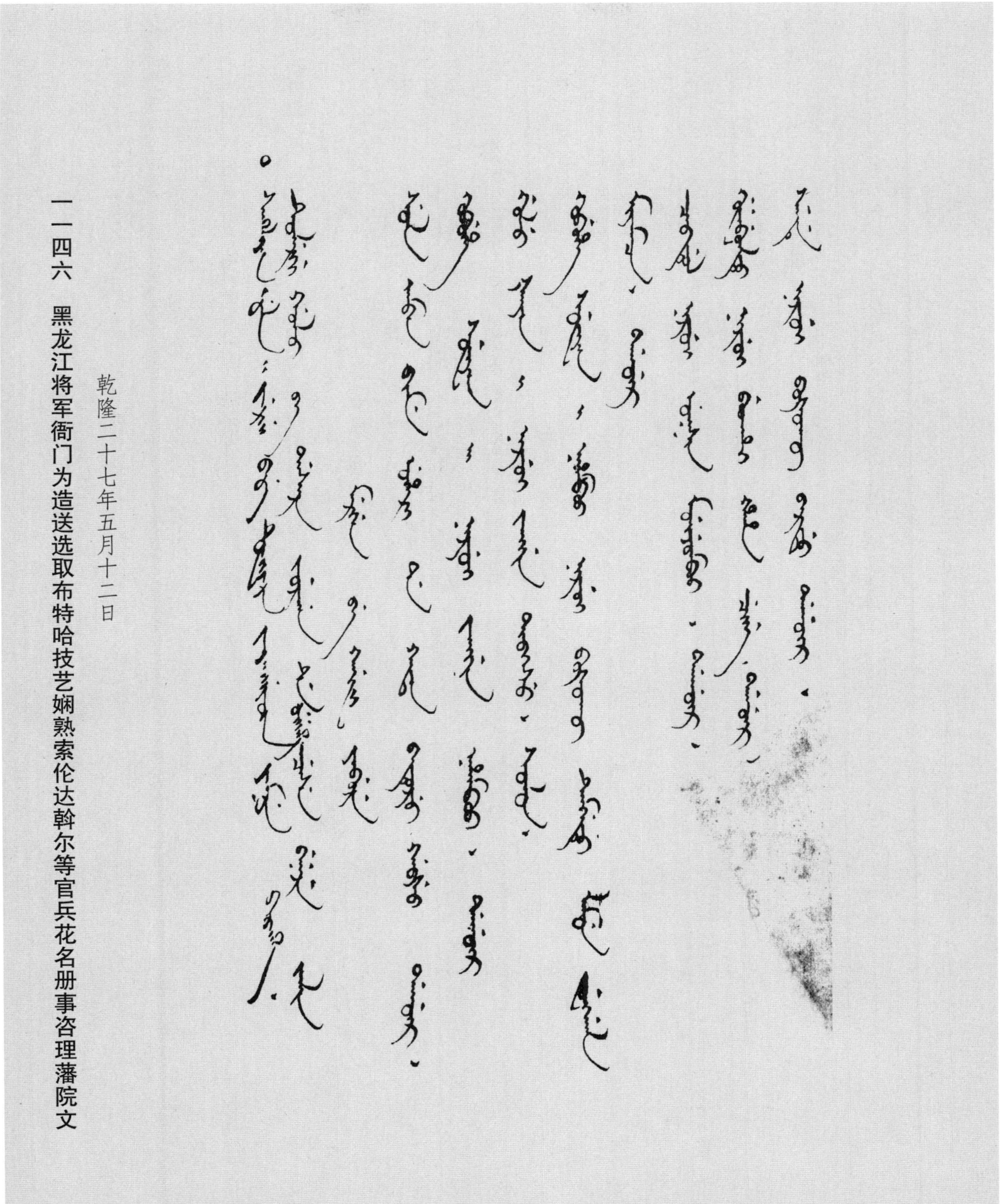

一一四六 黑龙江将军衙门为造送选取布特哈技艺娴熟索伦达斡尔等官兵花名册事咨理藩院文

乾隆二十七年五月十二日

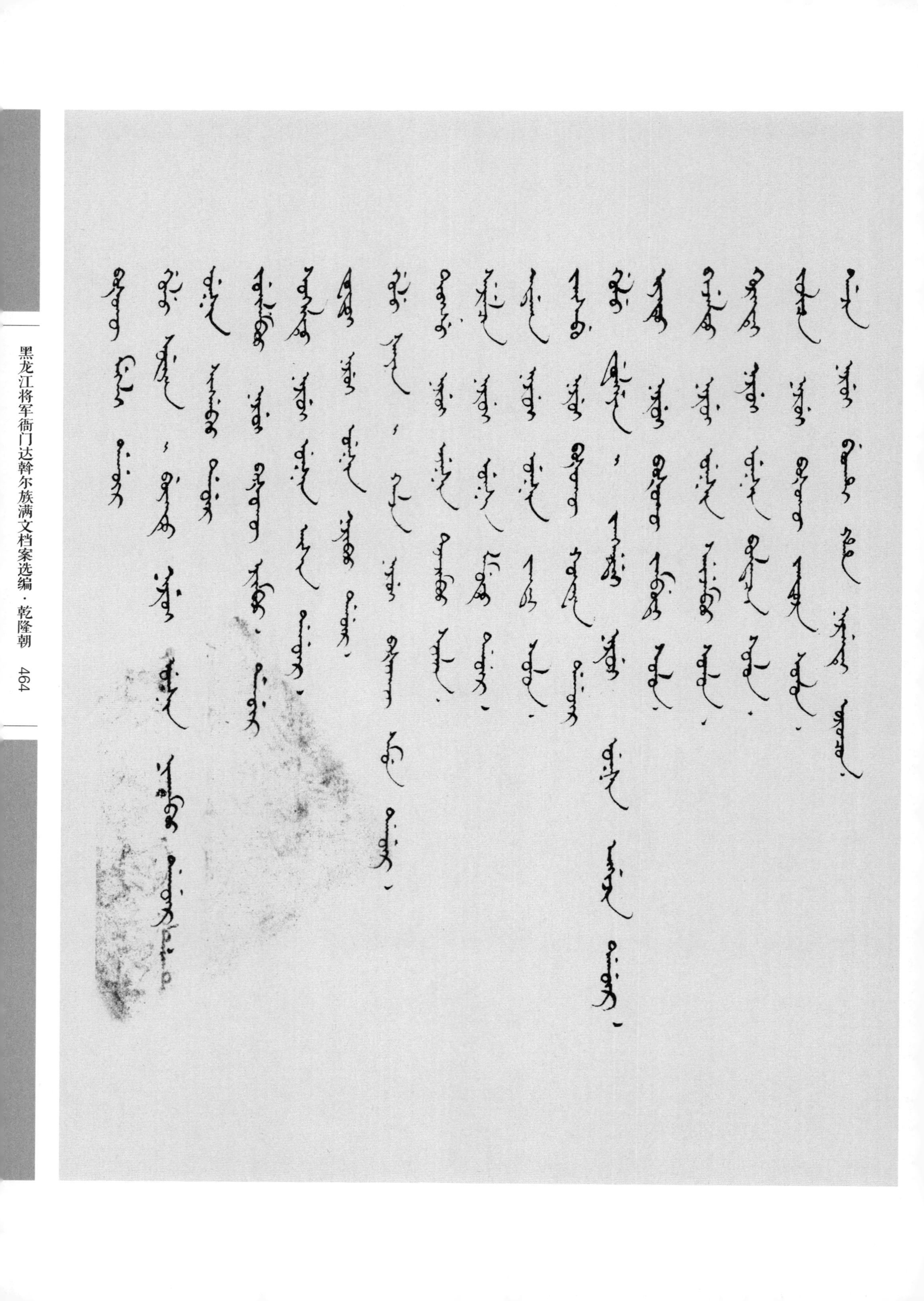

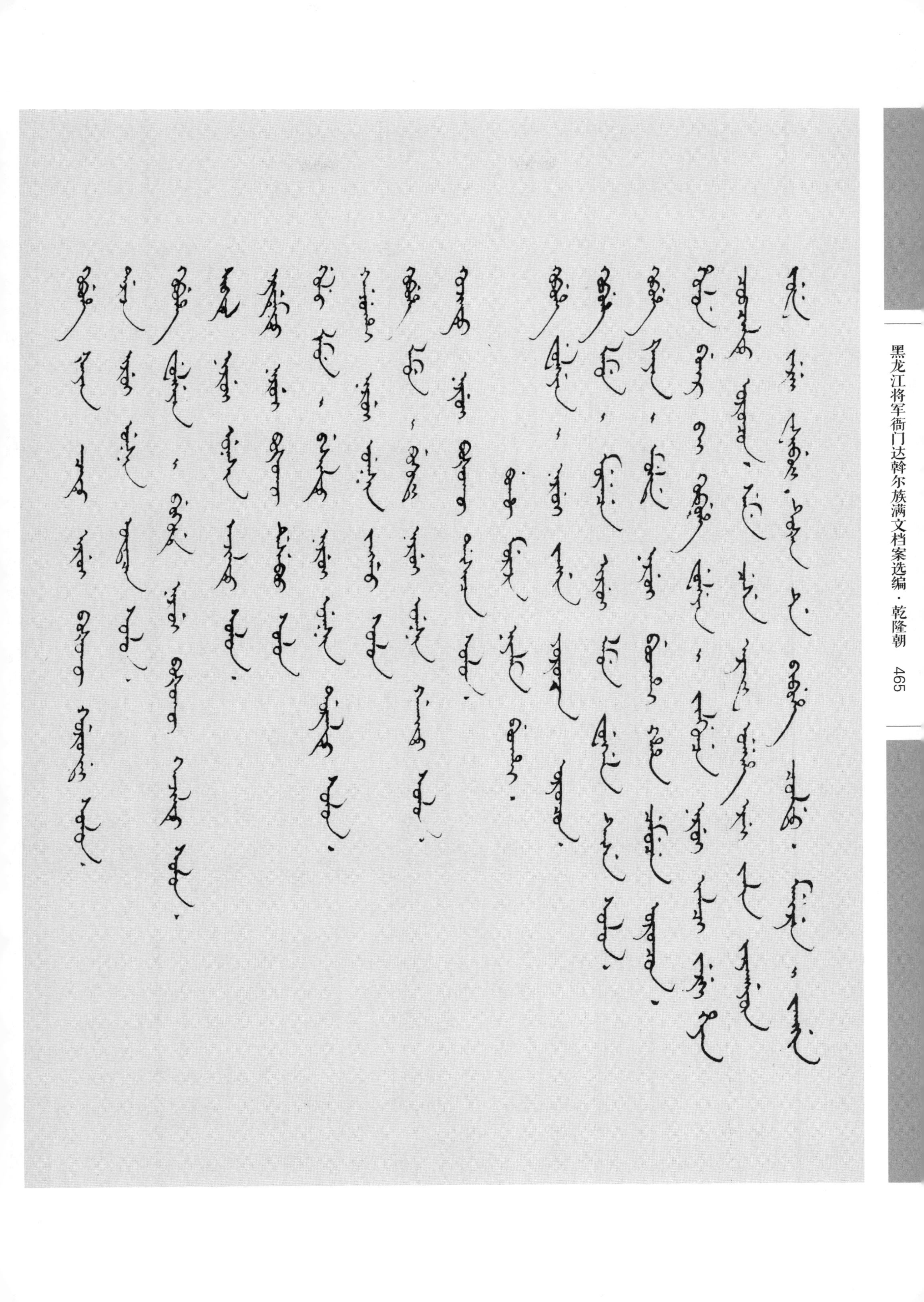

[illegible]

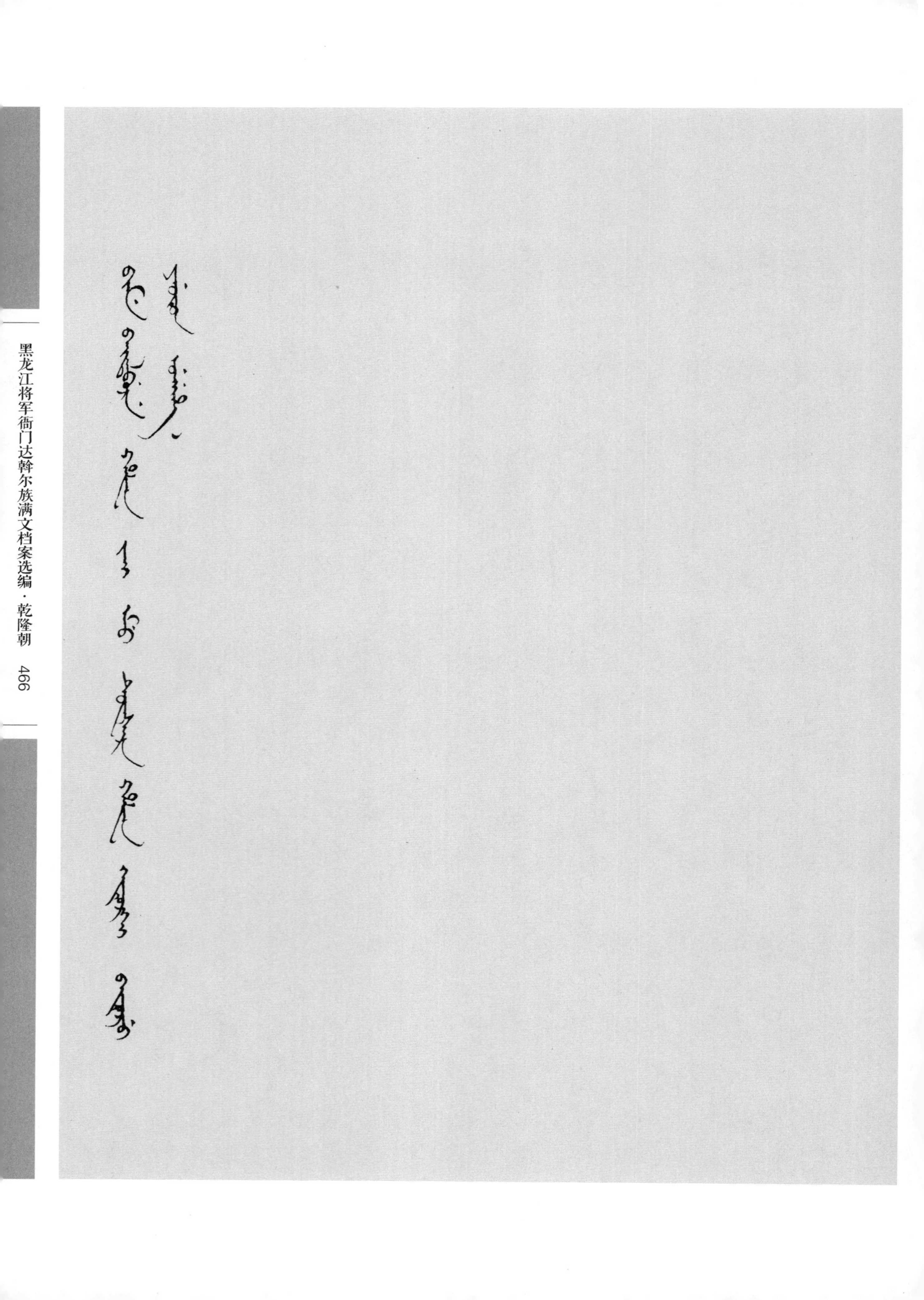

[illegible]

[illegible]

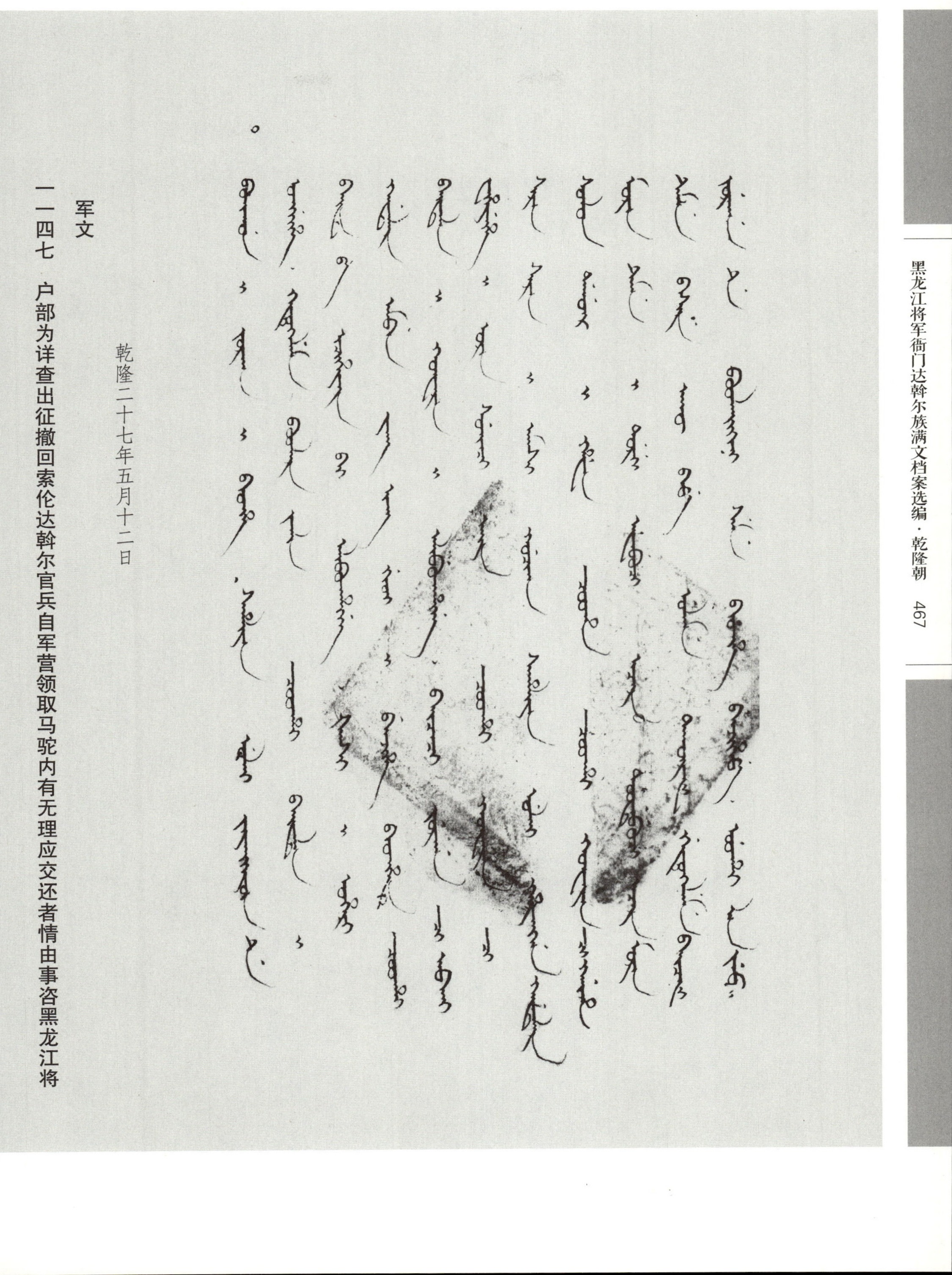

一一四七 户部为详查出征撤回索伦达斡尔官兵自军营领取马驼内有无理应交还者情由事咨黑龙江将军文

乾隆二十七年五月十二日

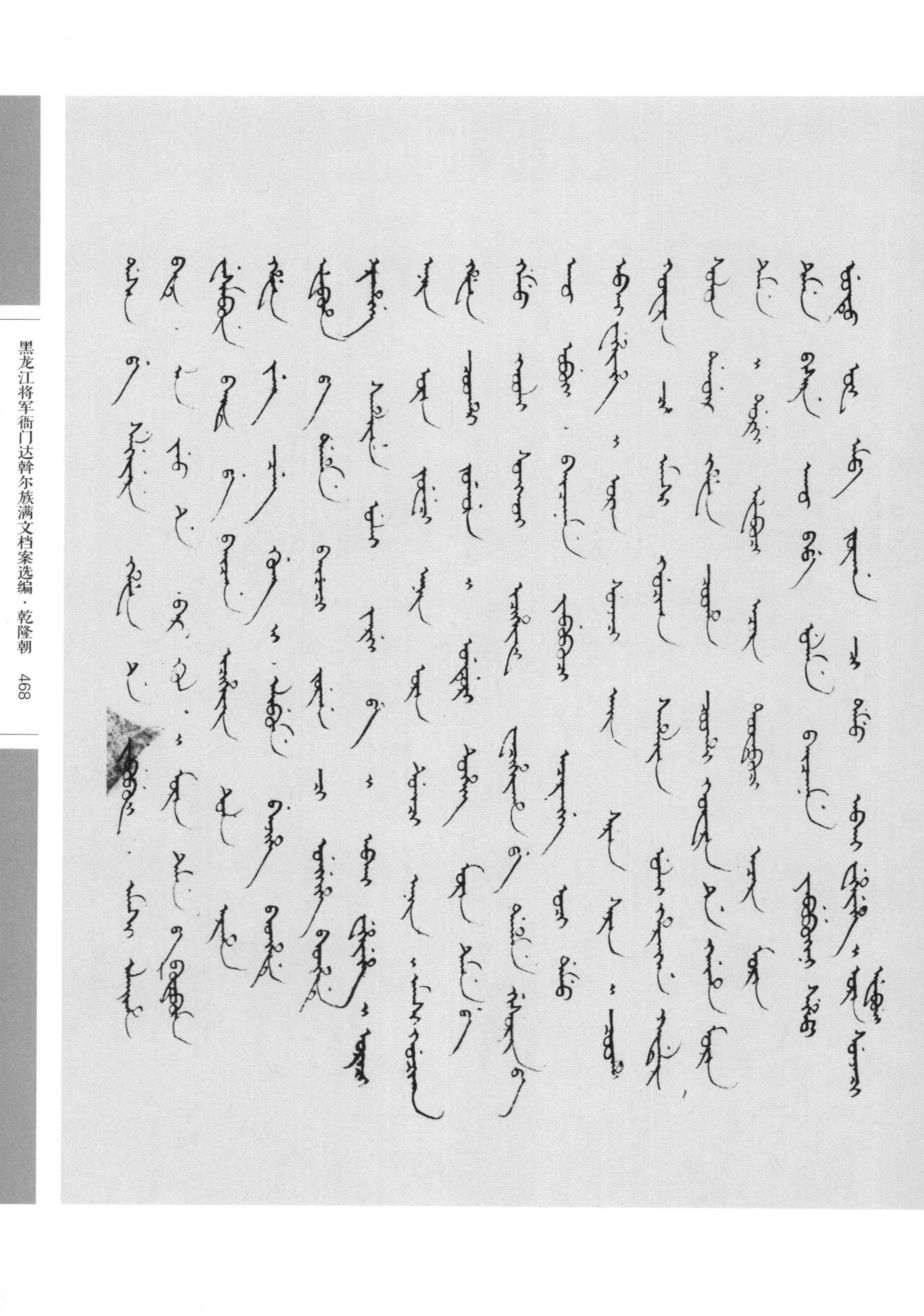

[illegible]

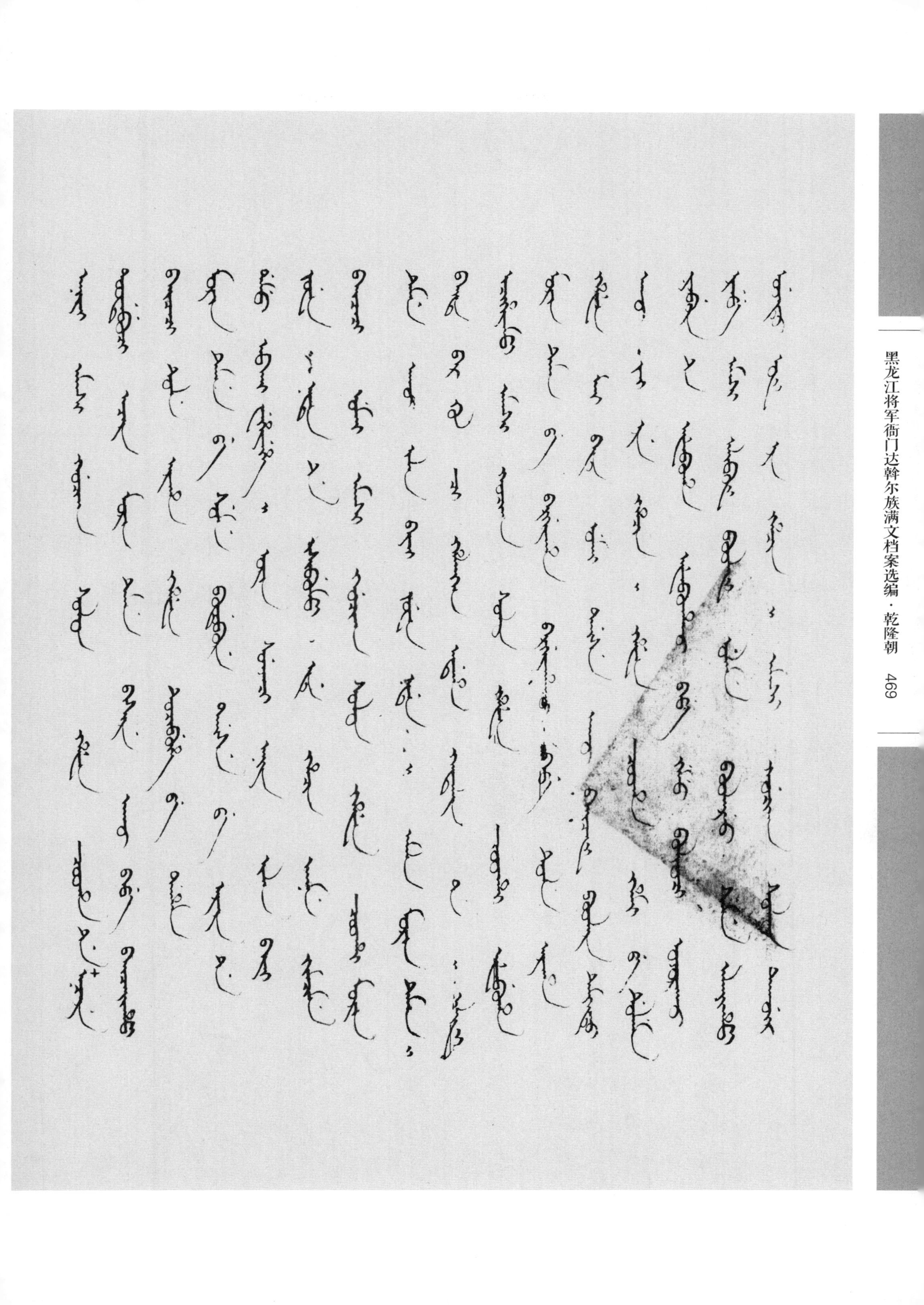

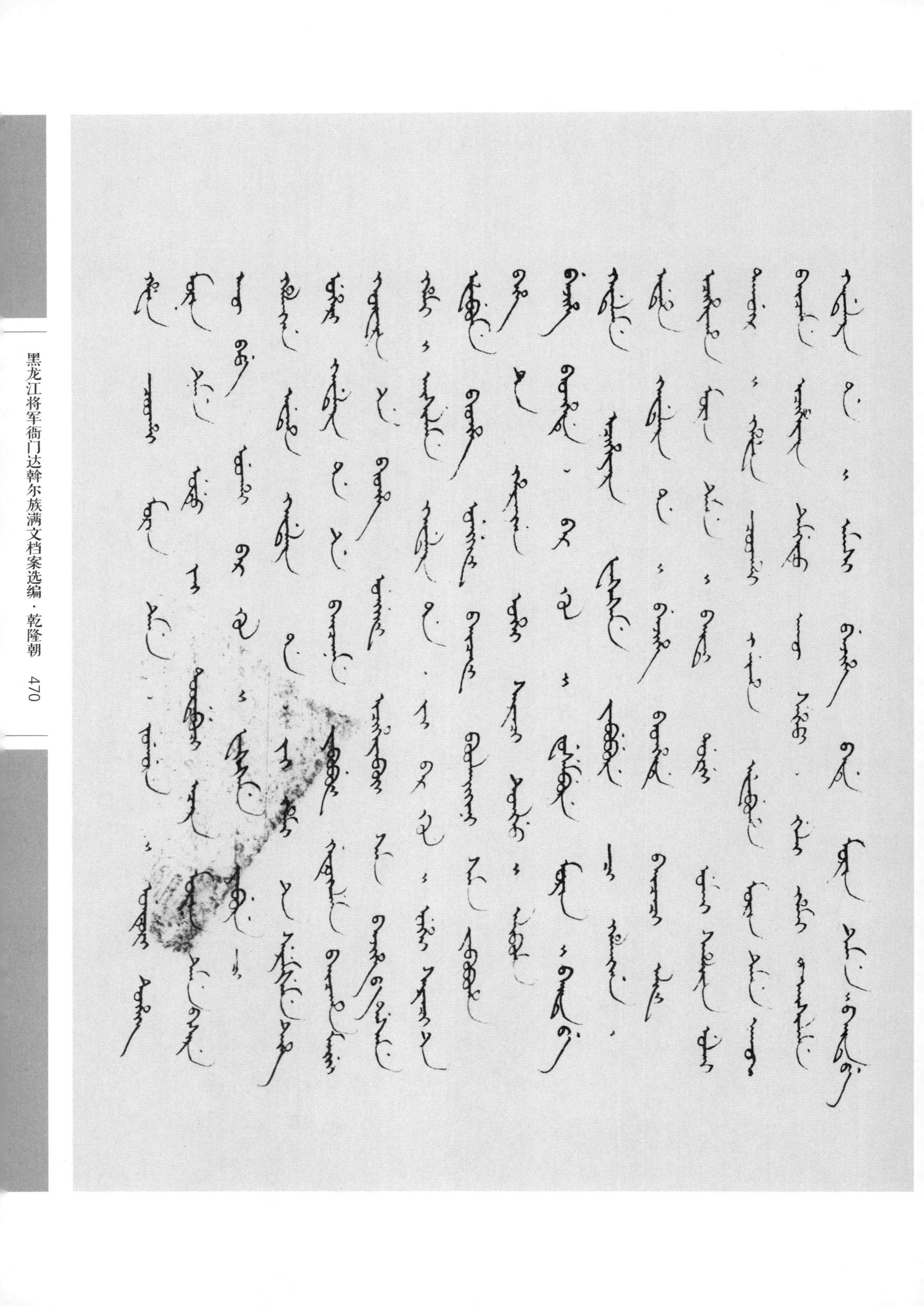

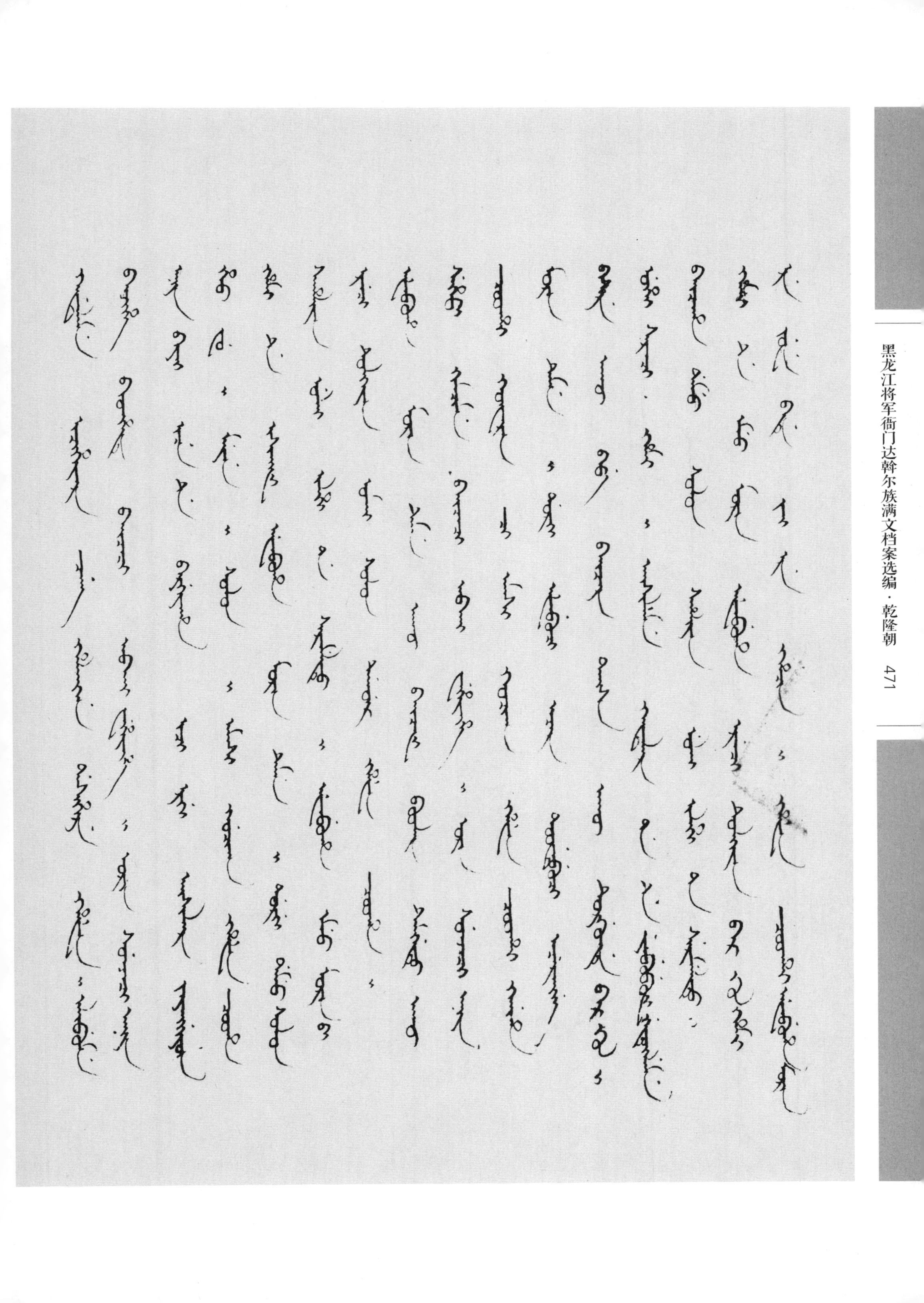

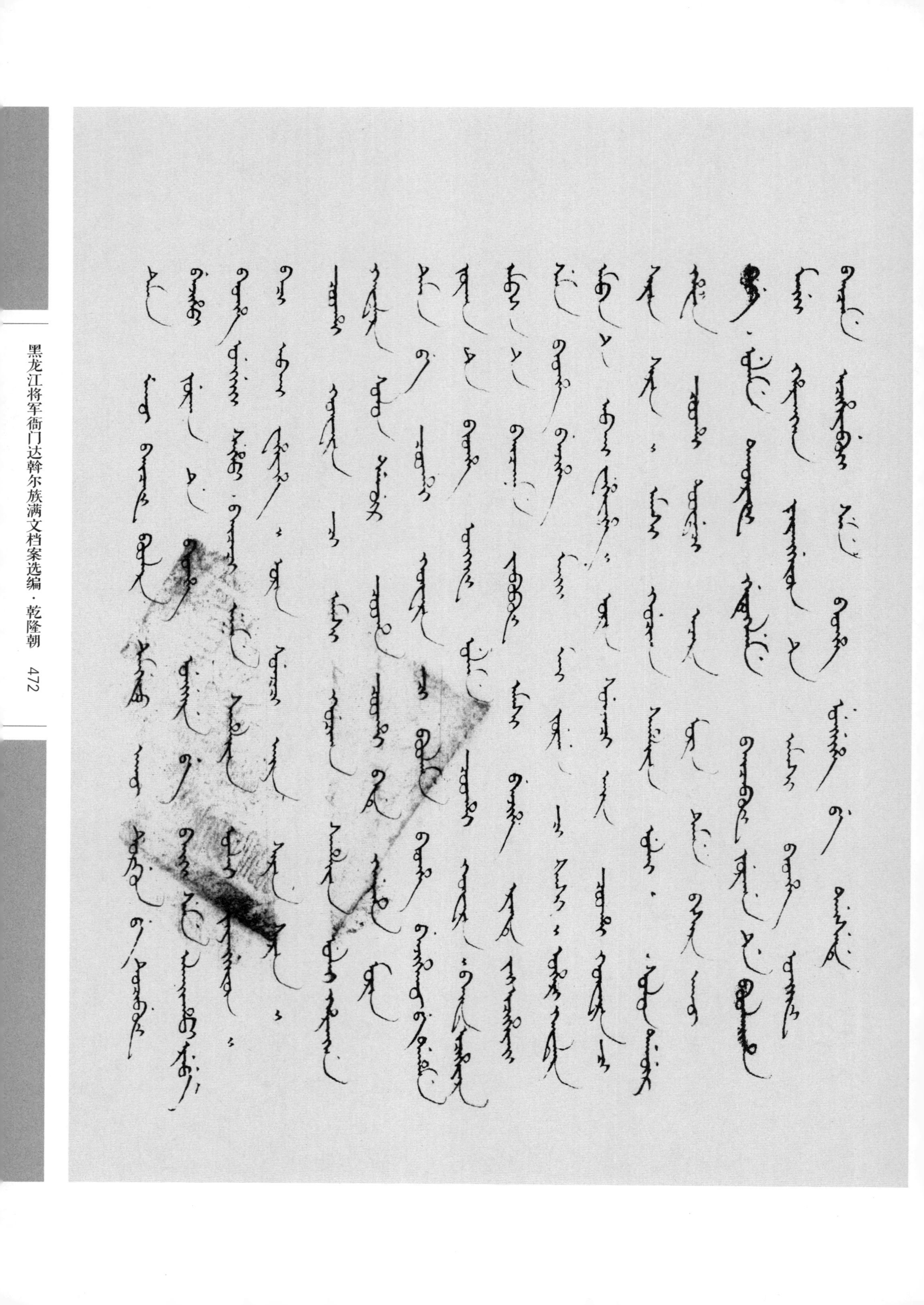

[illegible]

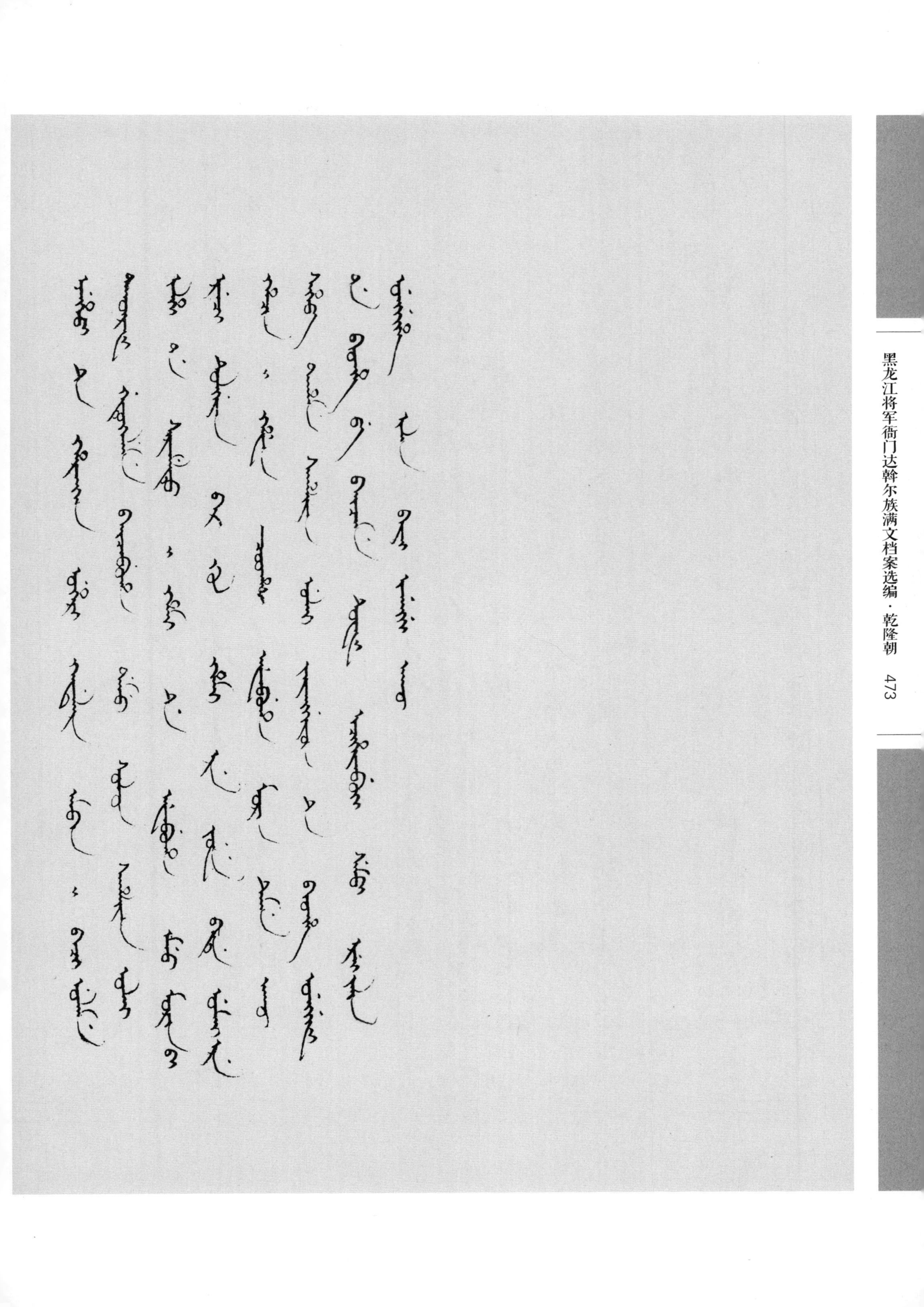

一一四八 黑龙江将军衙门为令拣选满洲索伦达斡尔官兵随进木兰围并造送花名册事咨黑龙江副都统

衙门文

乾隆二十七年闰五月初四日

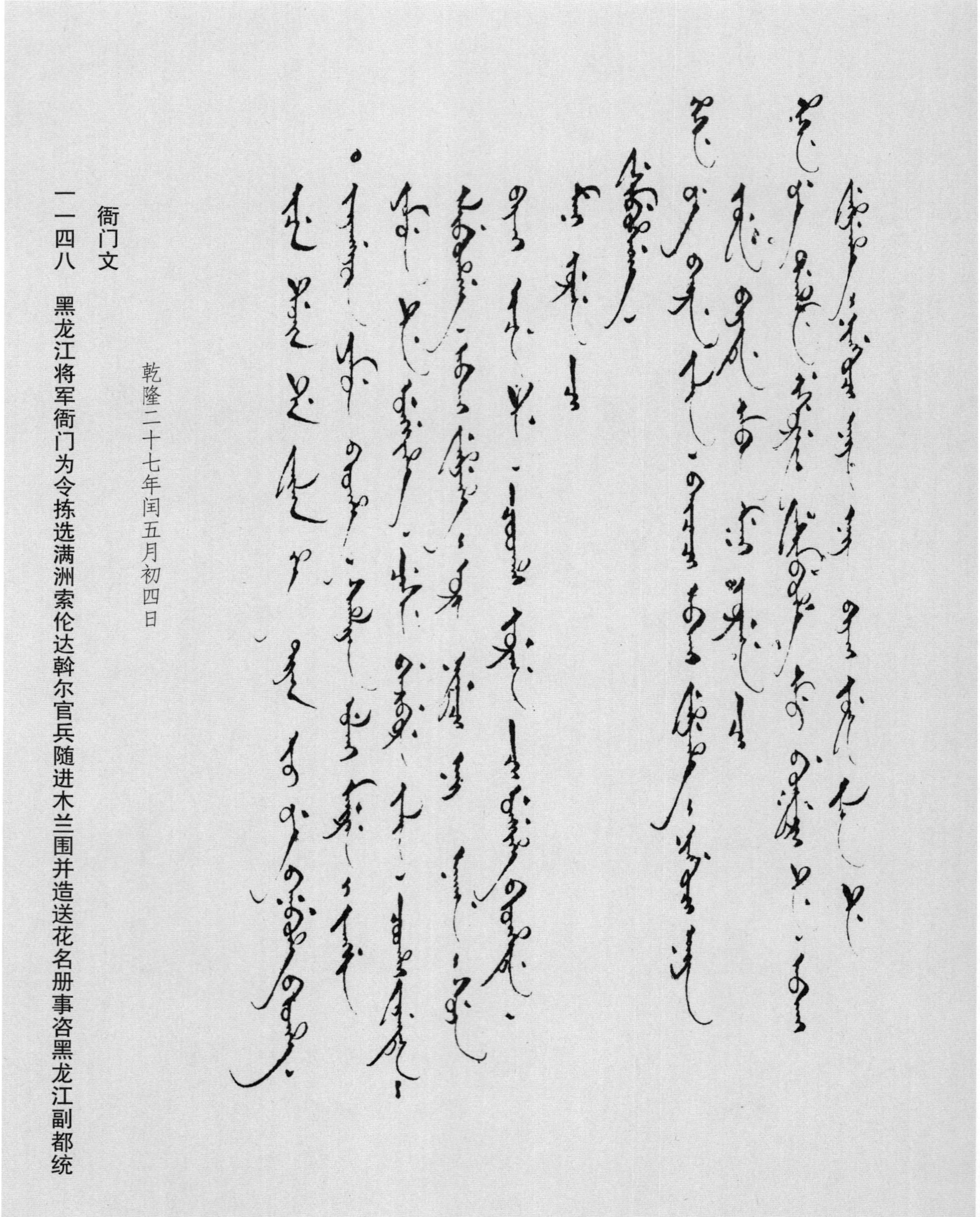

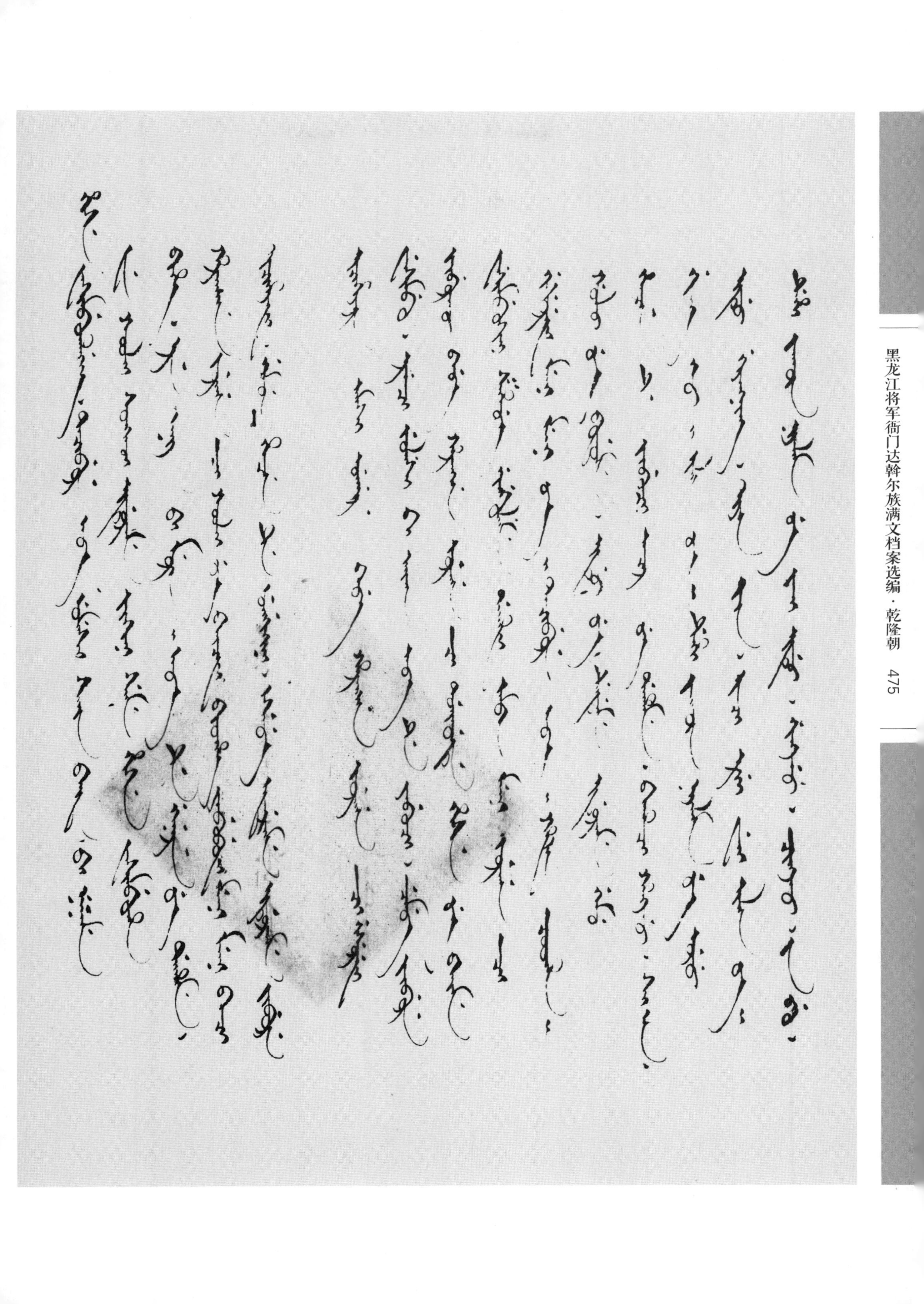

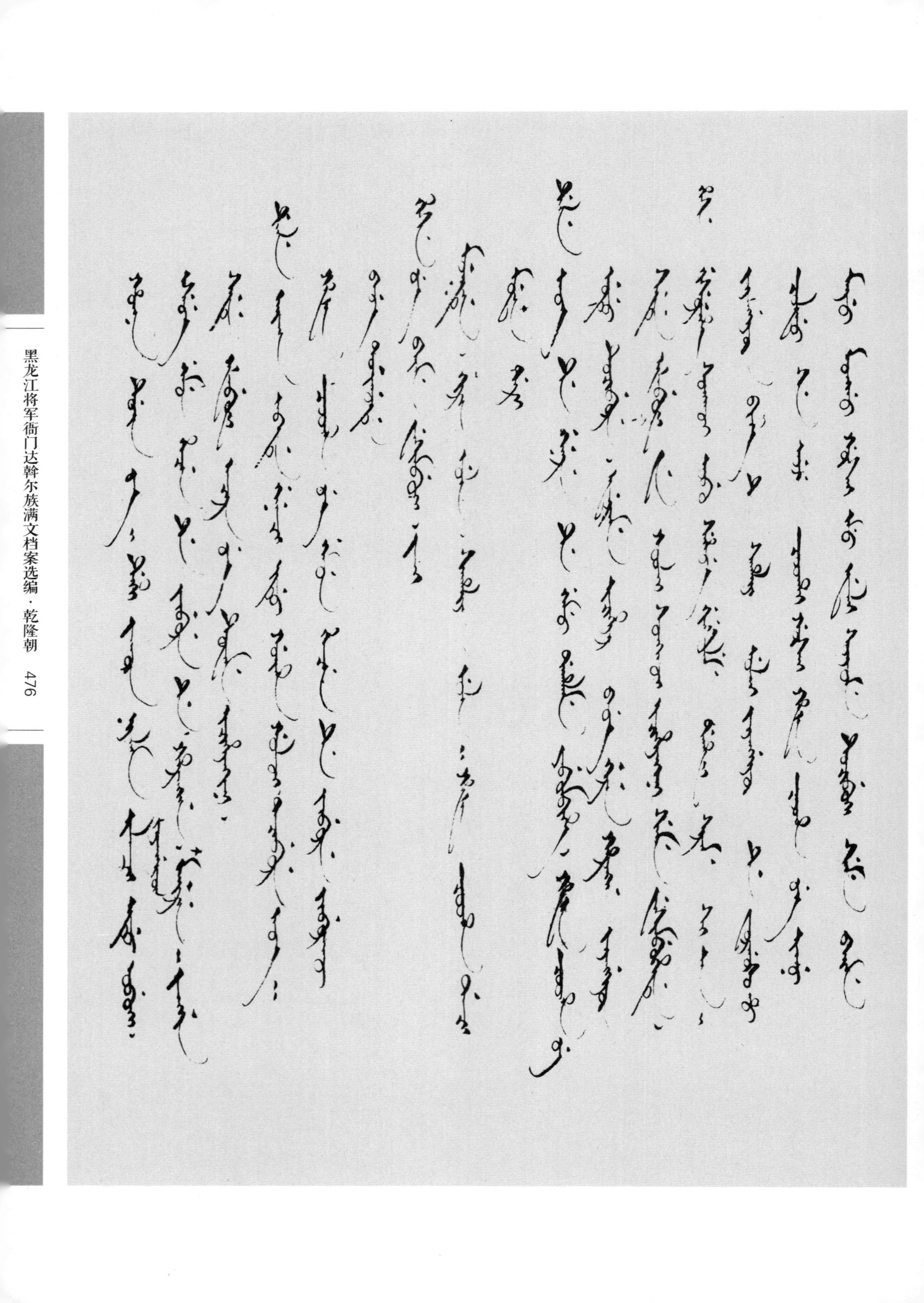

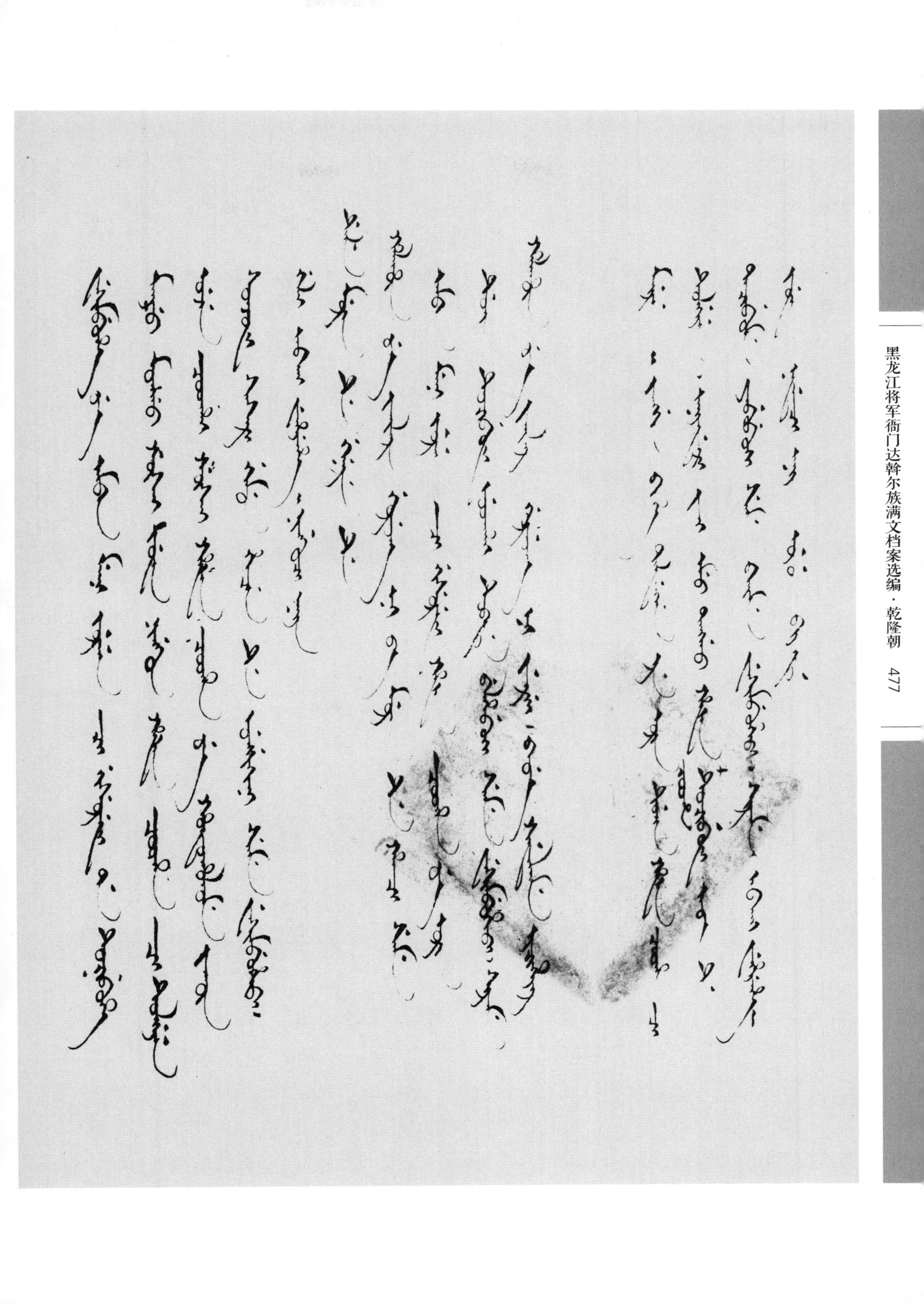

[illegible]

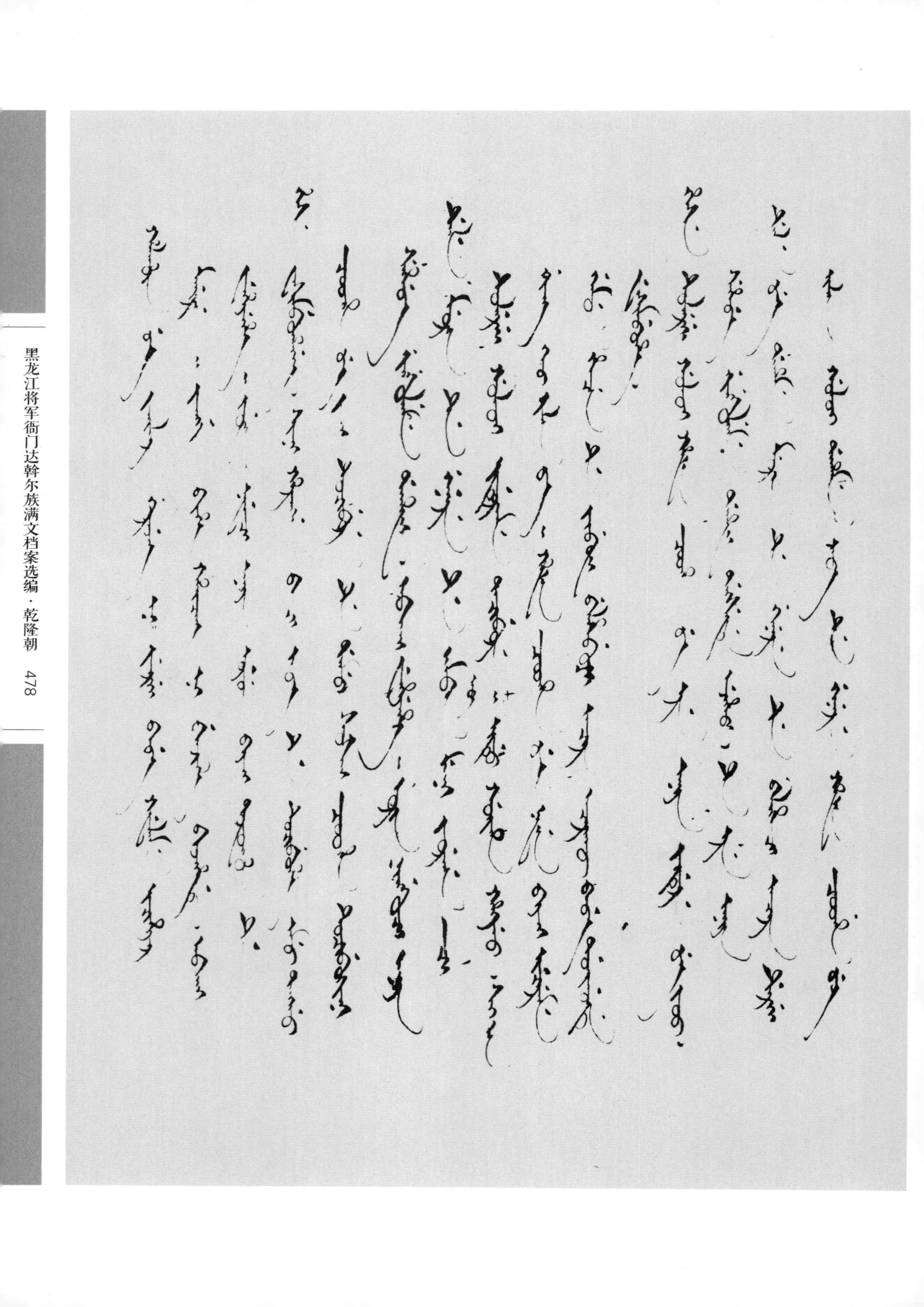

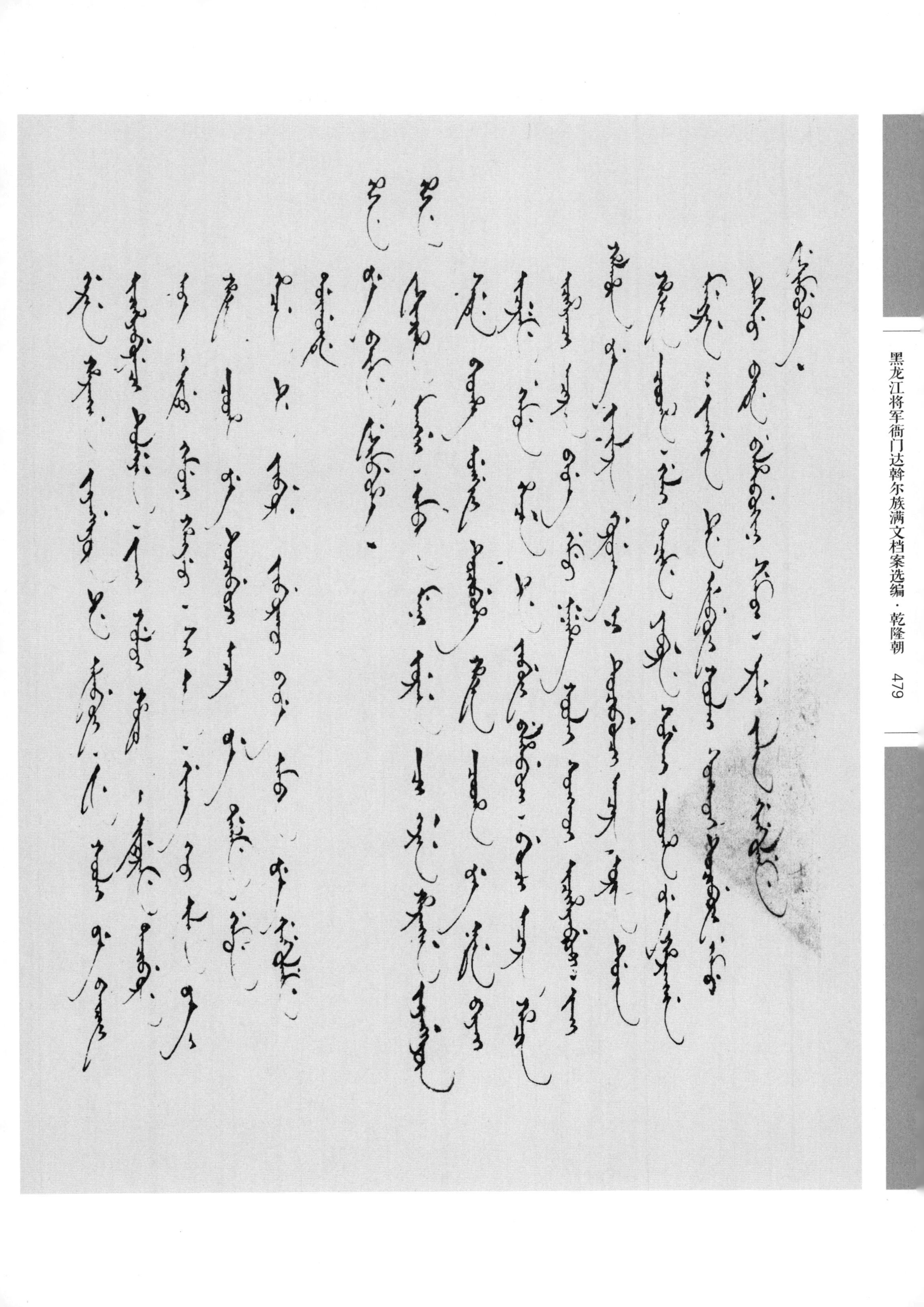

[illegible]

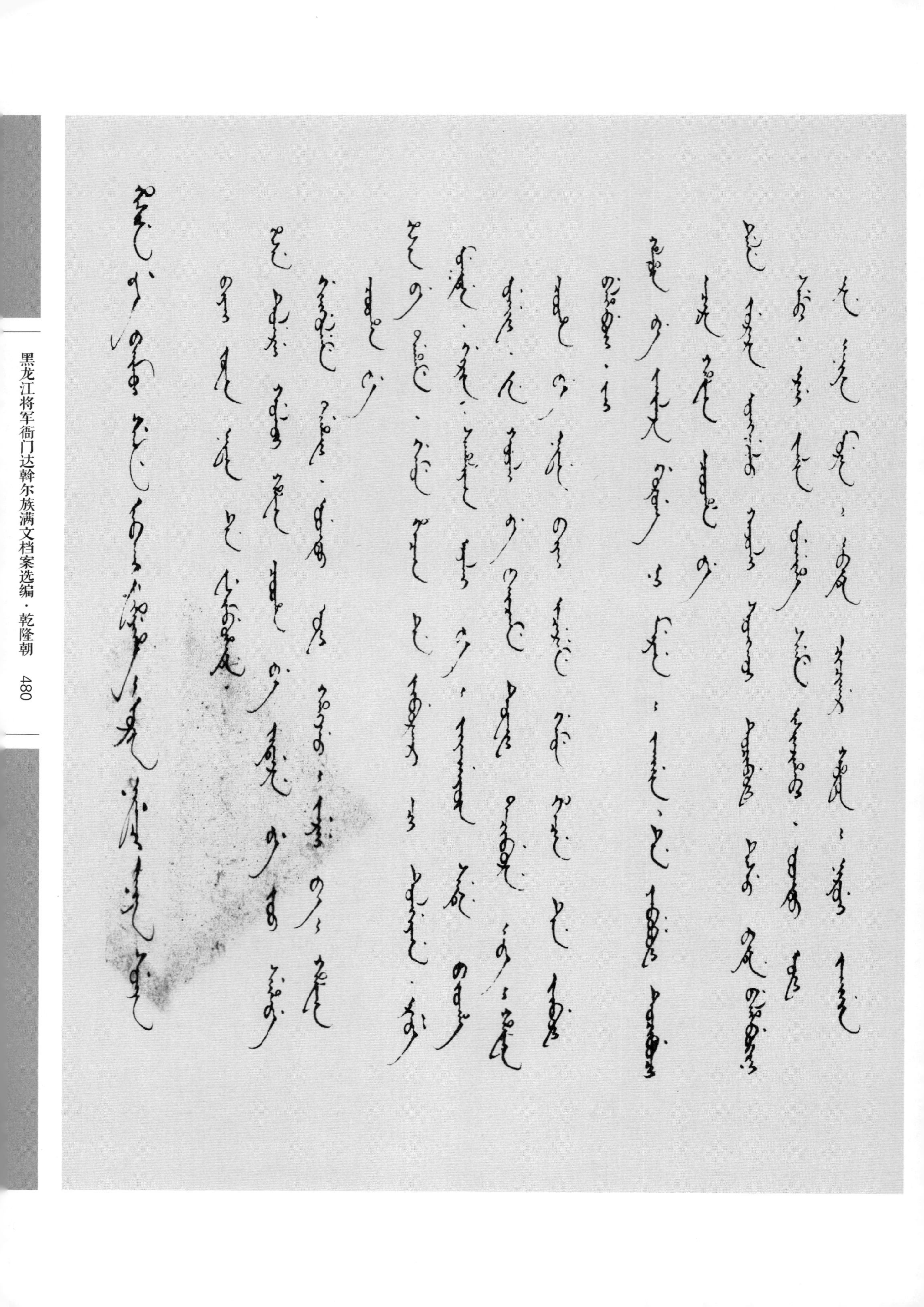

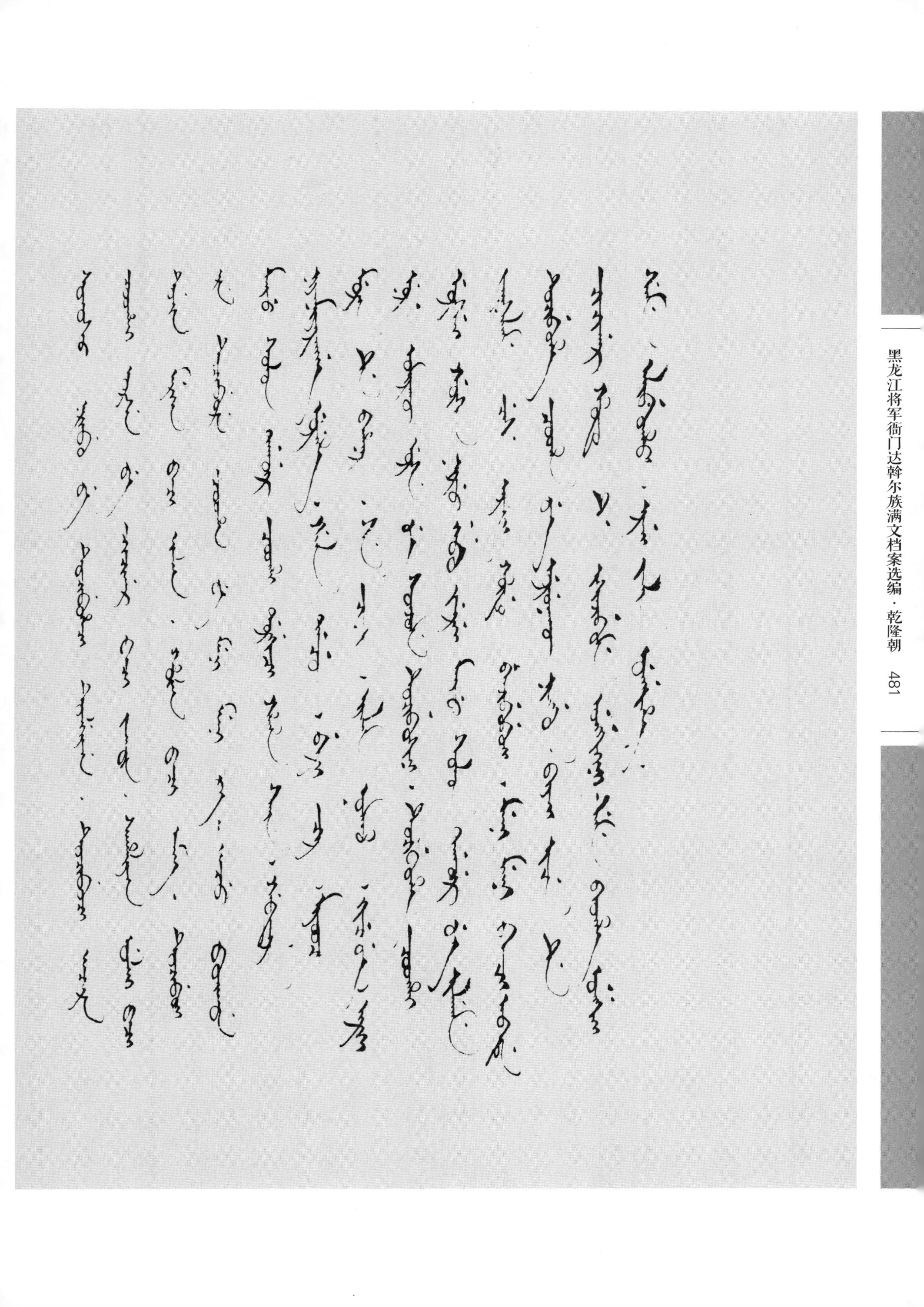

[illegible]

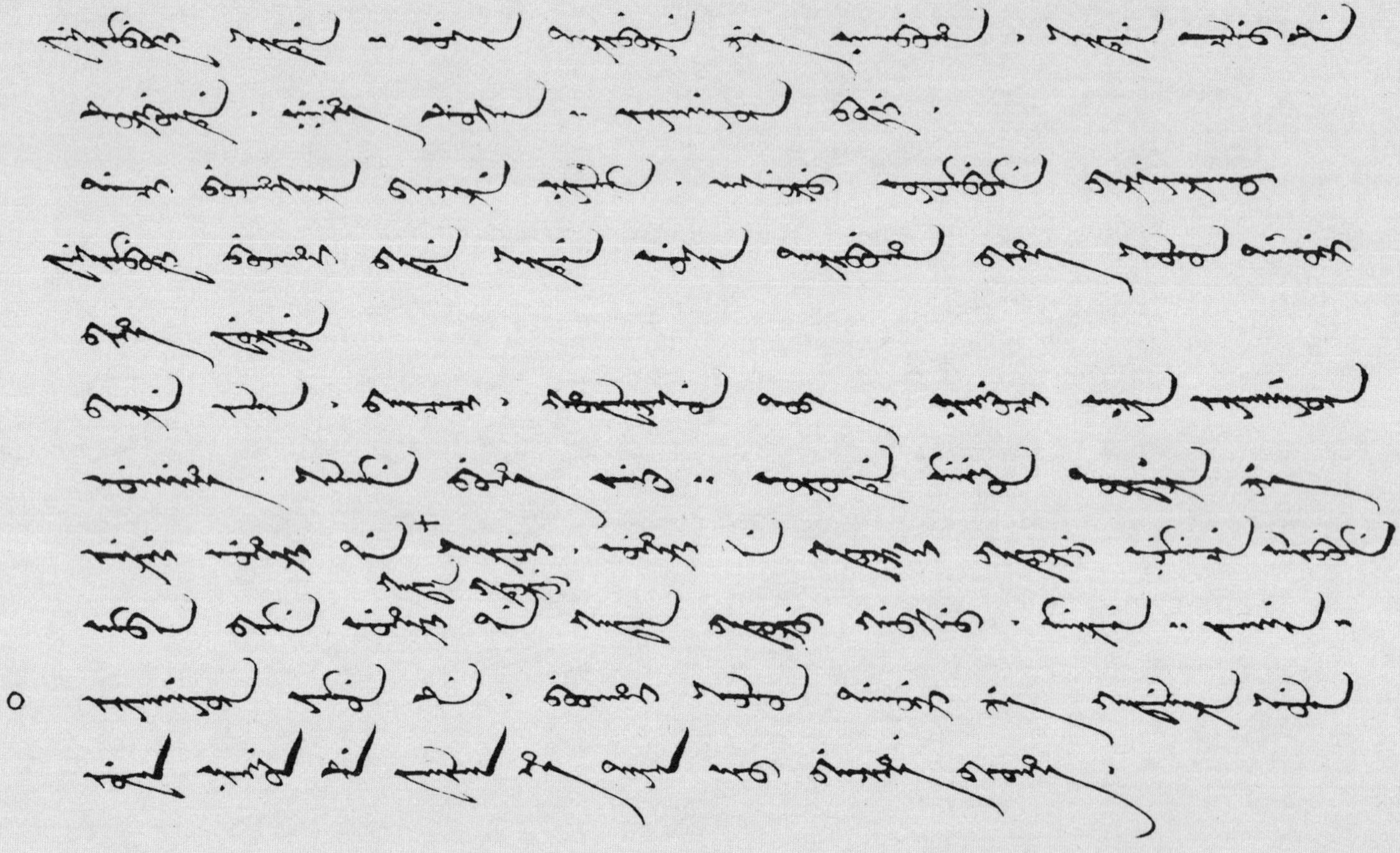

乾隆二十七年闰五月十六日

一一四九 布特哈索伦达斡尔总管噶布舒等为赈济索伦达斡尔粮石请照官价偿还银两事咨呈黑龙江将军衙门文

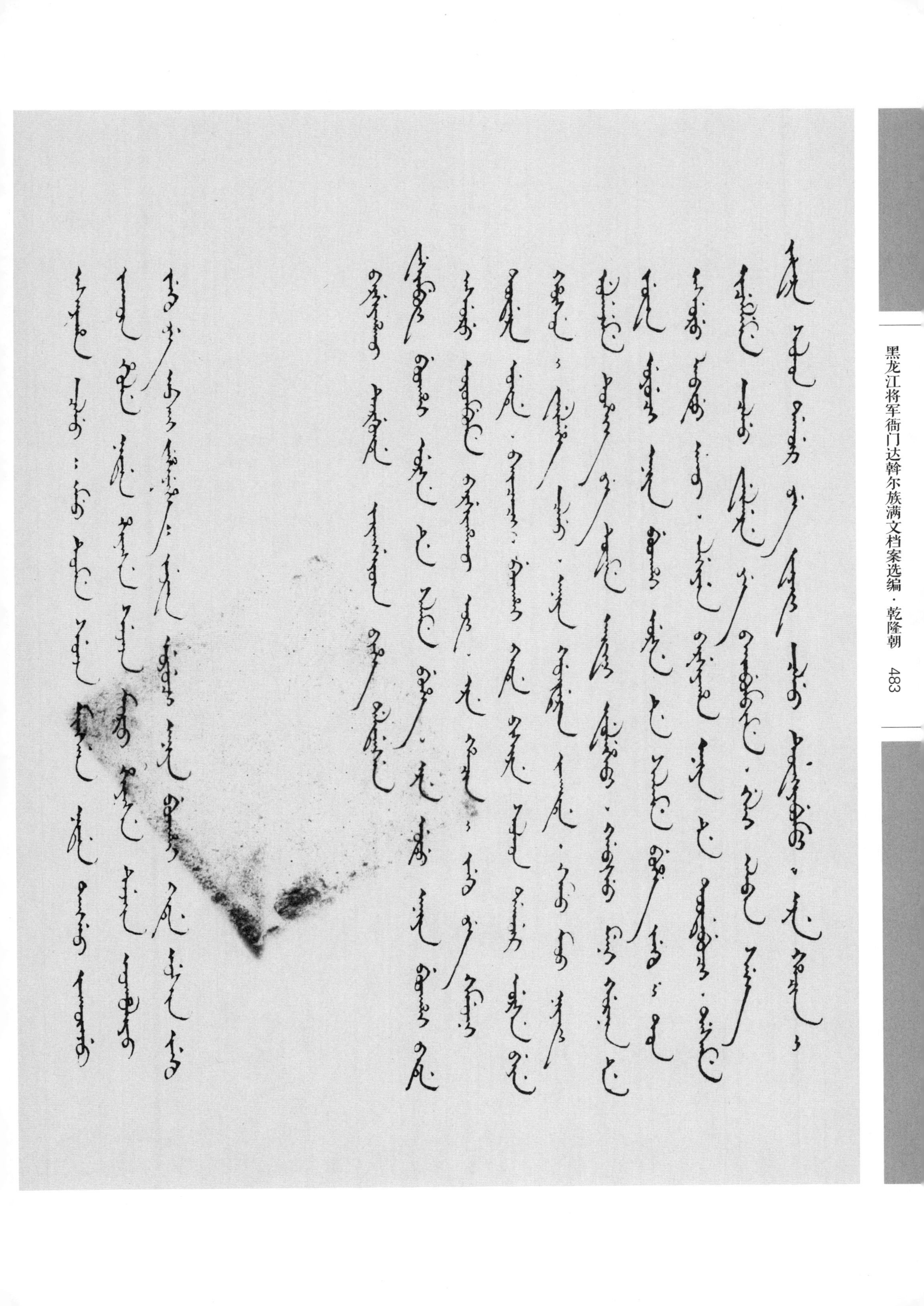

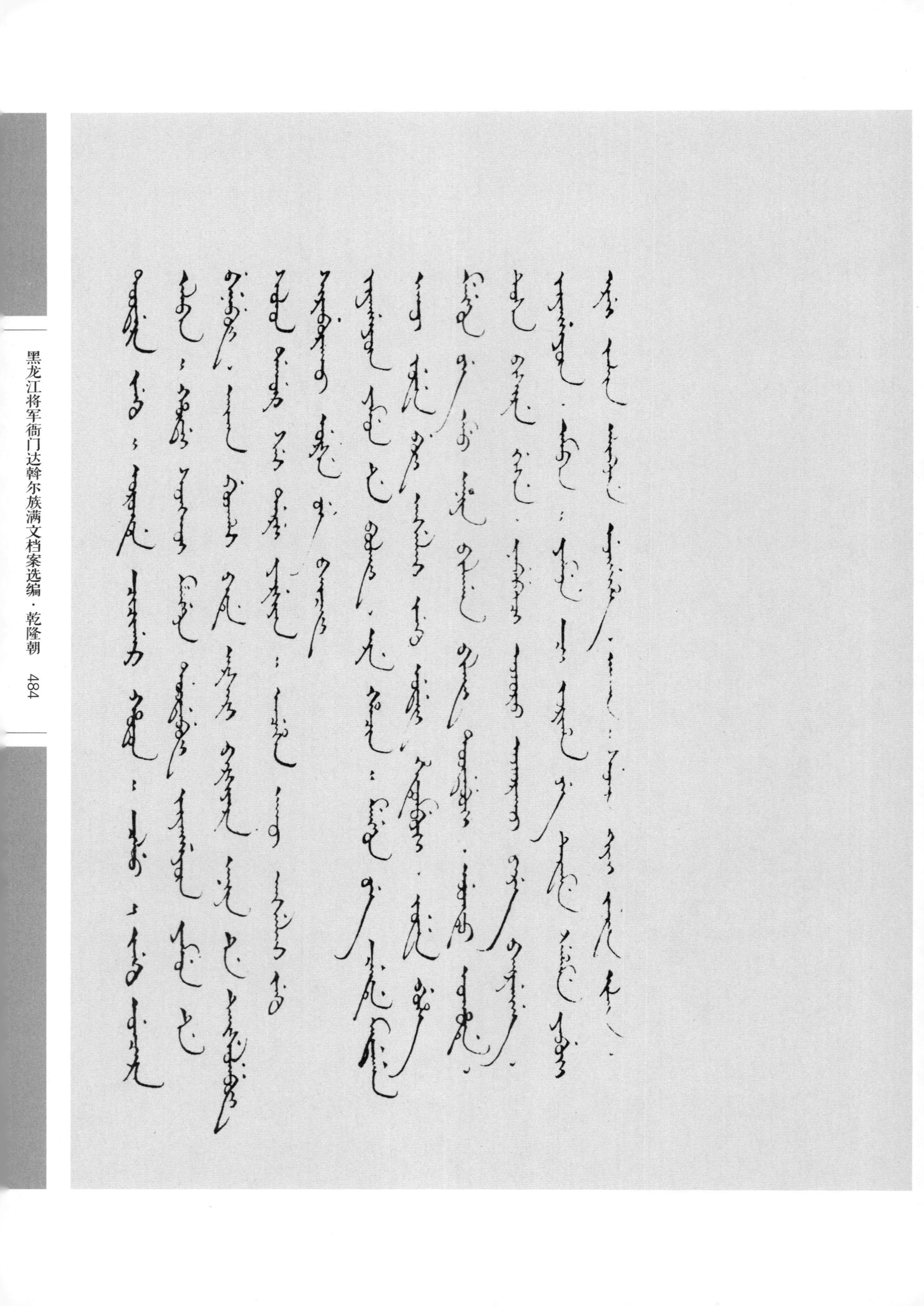

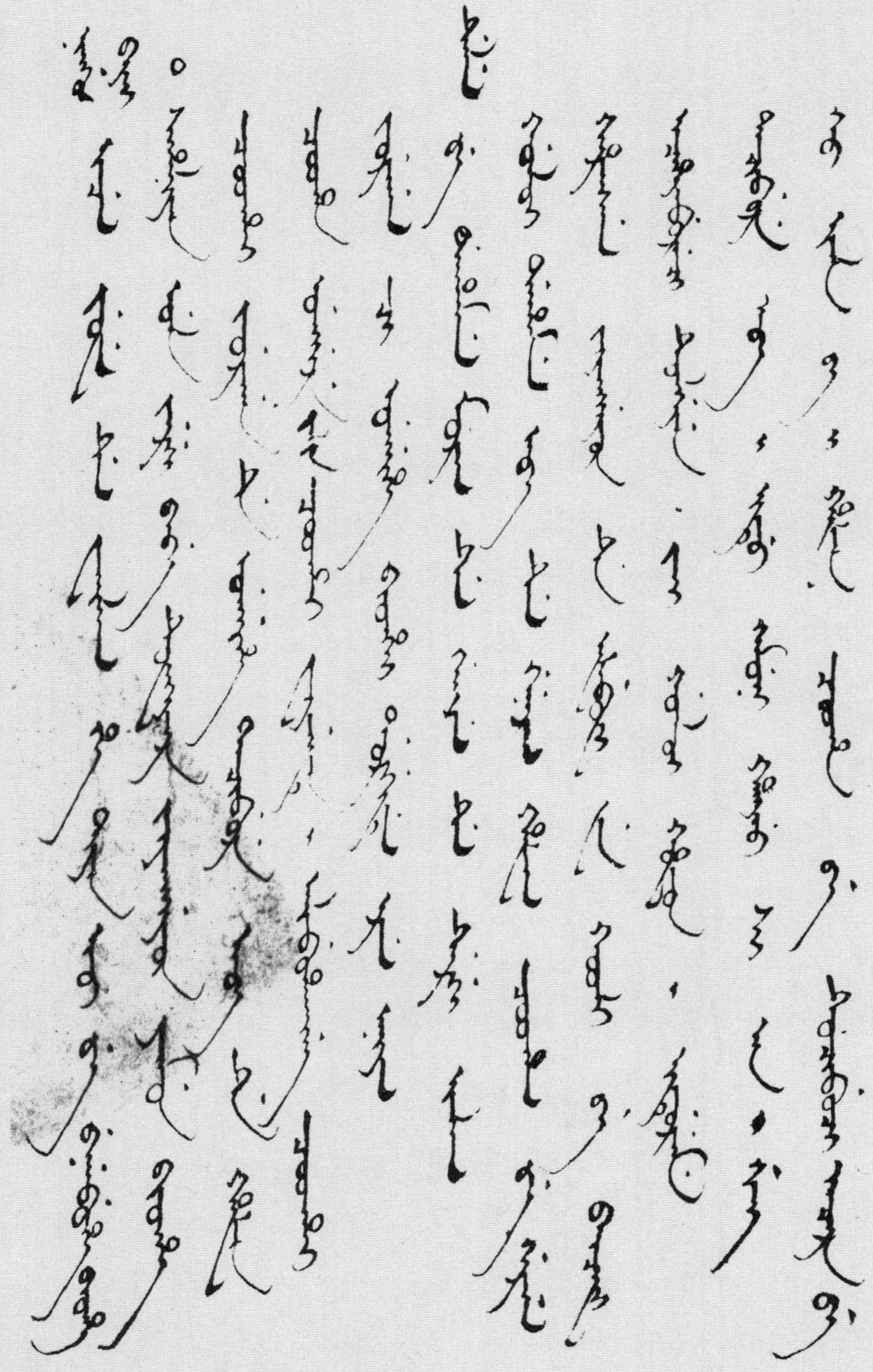

一一五〇 黑龙江将军衙门为选派黑龙江满洲索伦达斡尔等官兵随进木兰围事咨兵部文

乾隆二十七年六月初二日

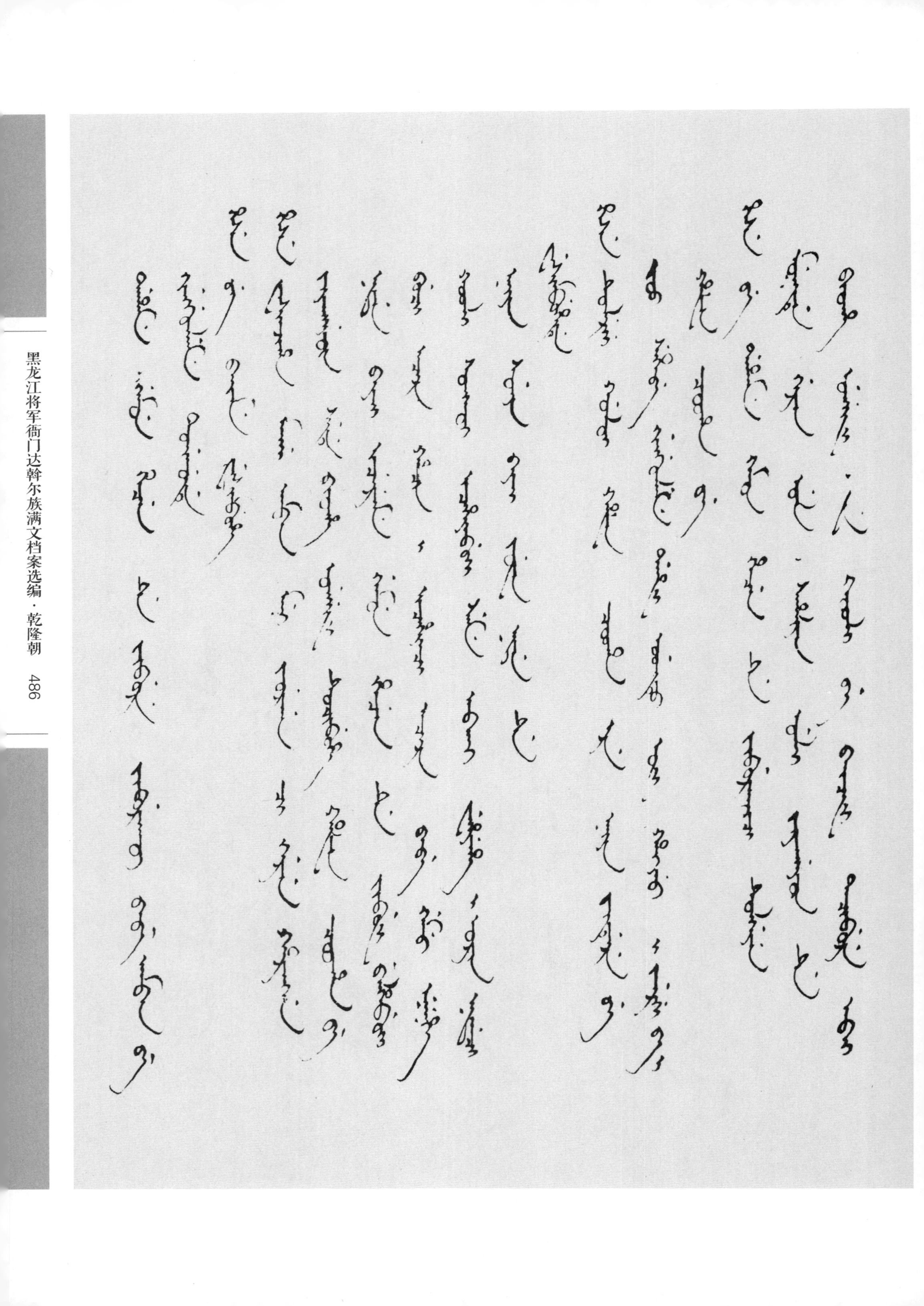

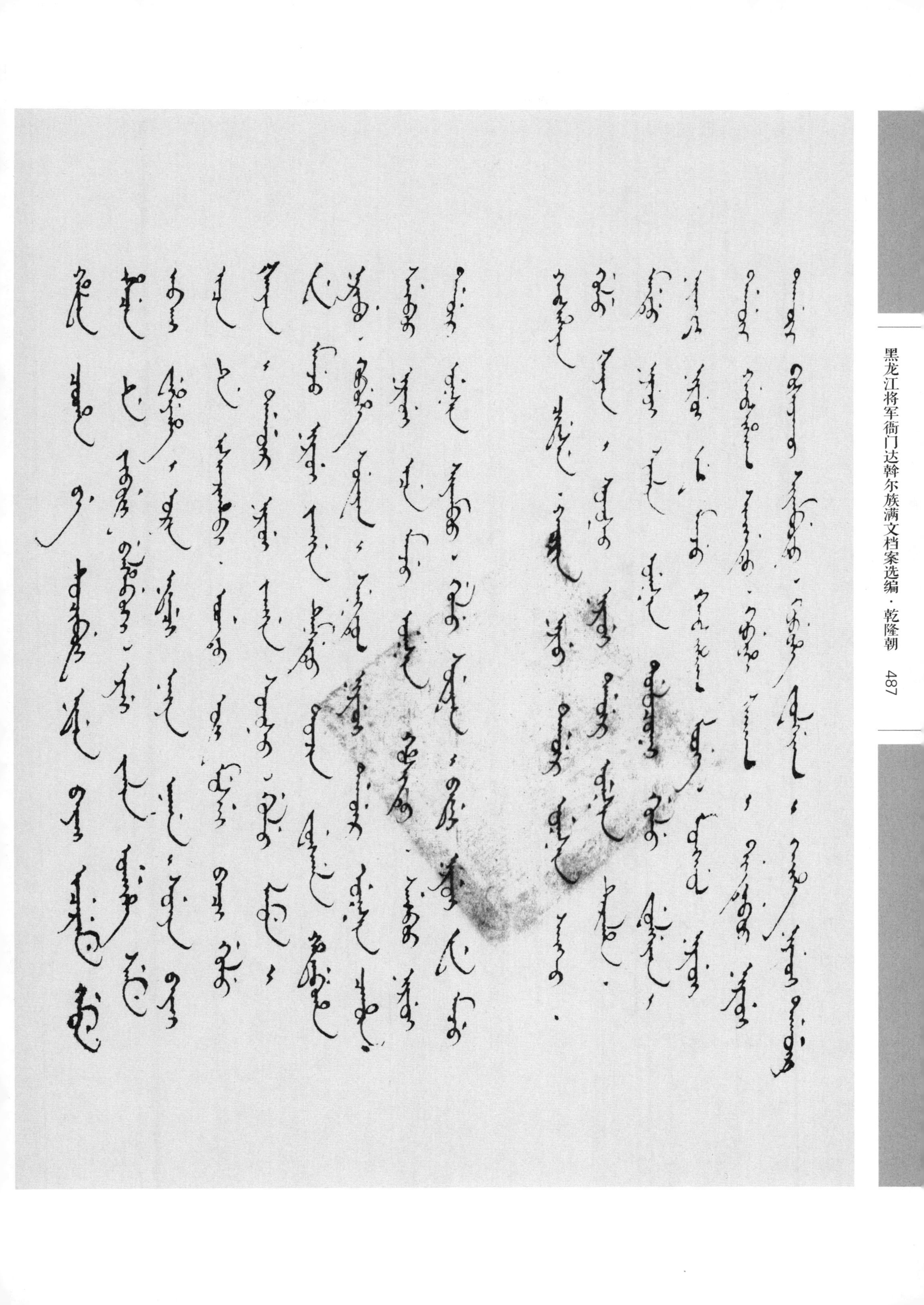

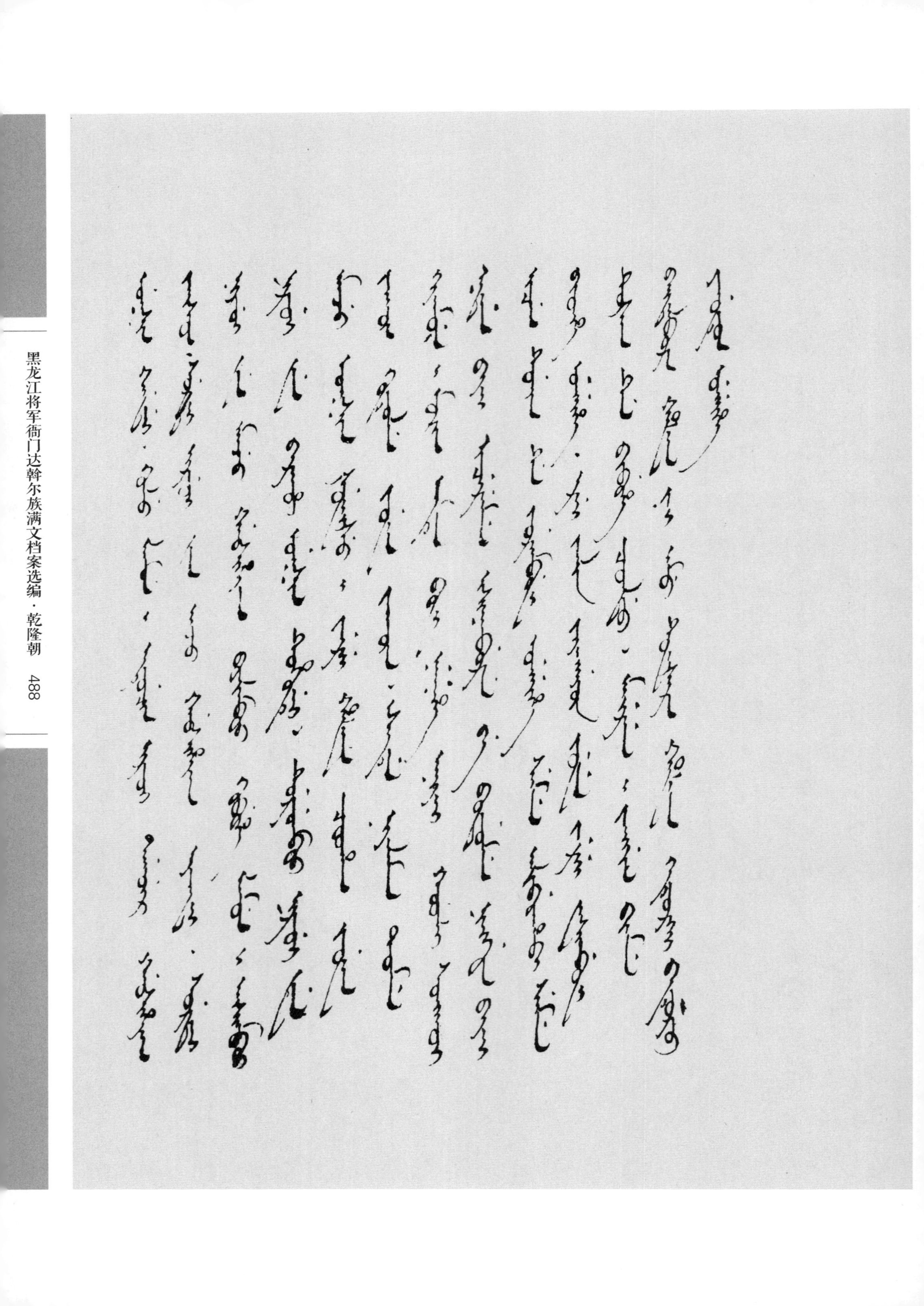

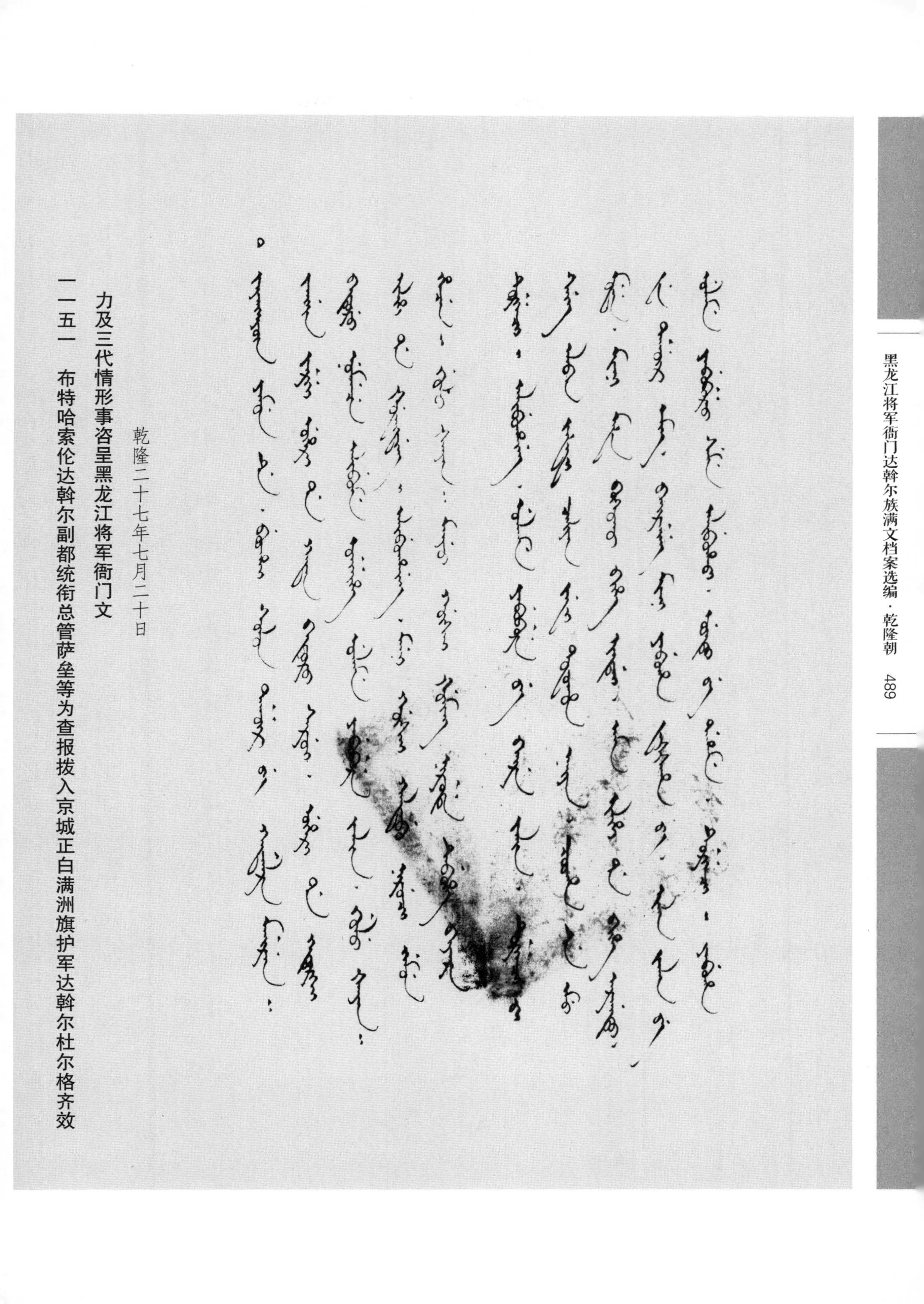

一一五一 布特哈索伦达斡尔副都统衔总管萨垒等为查报拔入京城正白满洲旗护军达斡尔杜尔格齐效力及三代情形事咨呈黑龙江将军衙门文

乾隆二十七年七月二十日

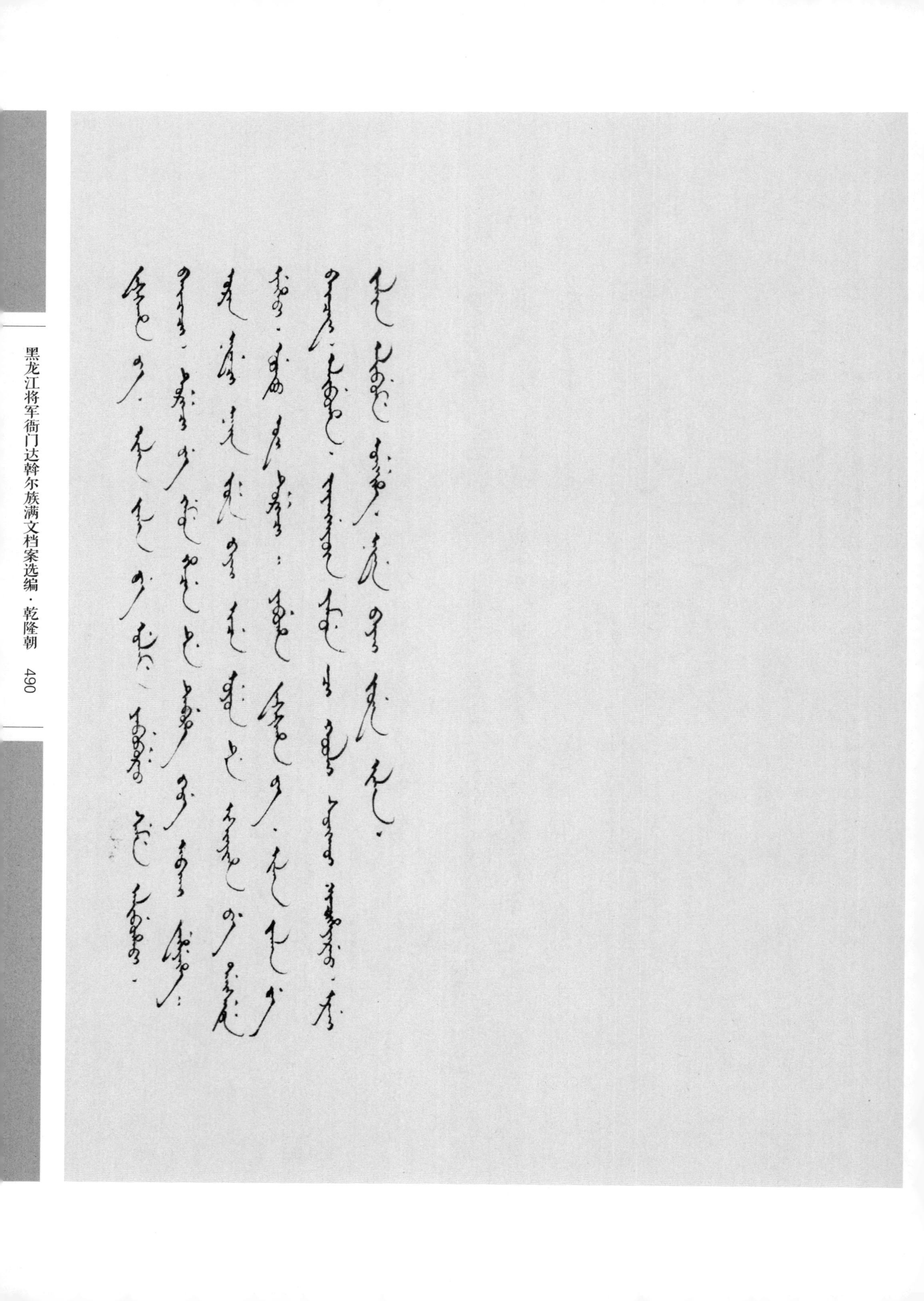

[illegible]

[illegible]

[illegible]

[illegible]

[illegible]

[illegible]

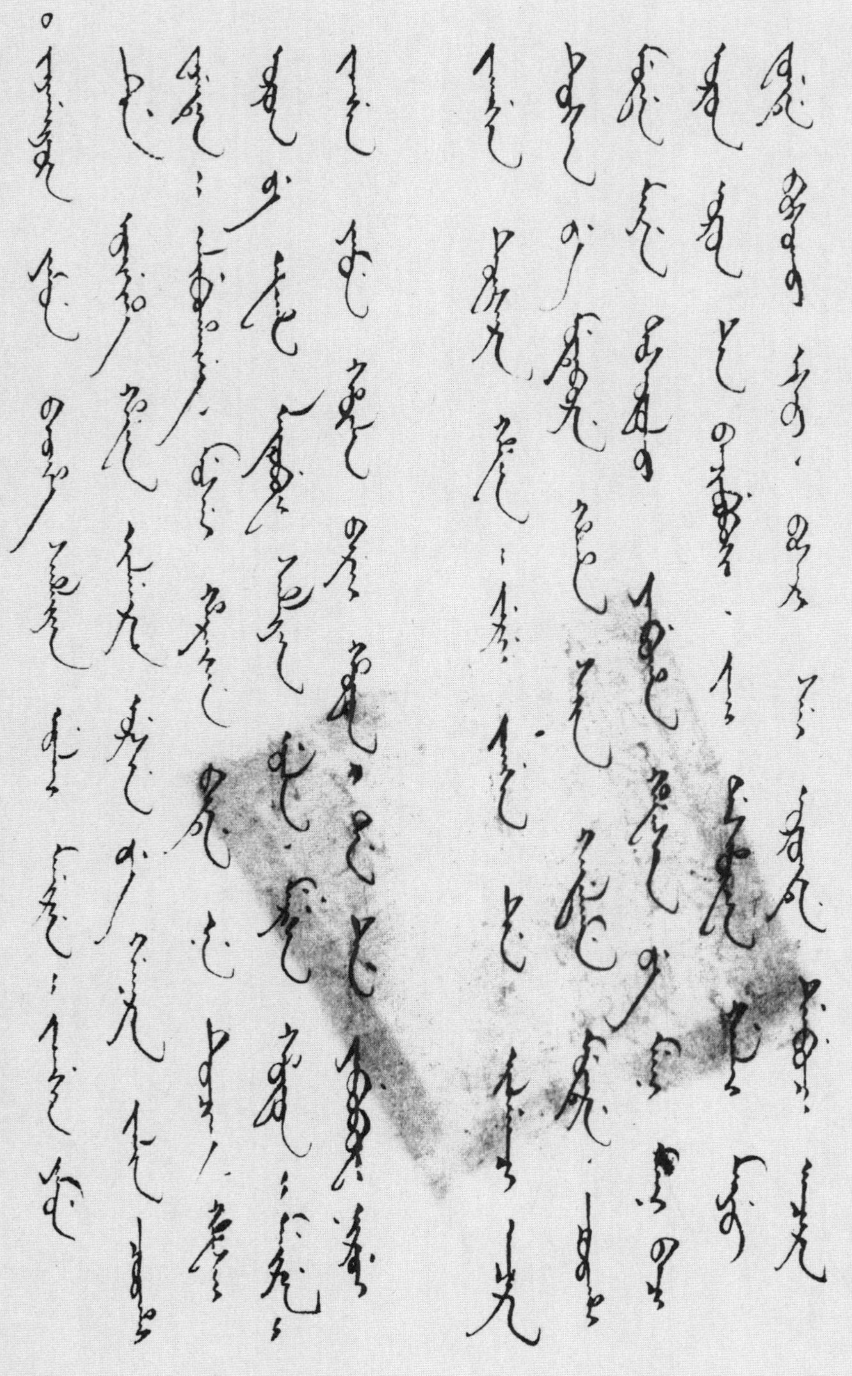

一一五二 黑龙江将军衙门为令报送佐领骁骑校等缺应选满洲达斡尔等员履历考语事咨黑龙江副都统文（附单一件）

乾隆二十七年七月二十一日

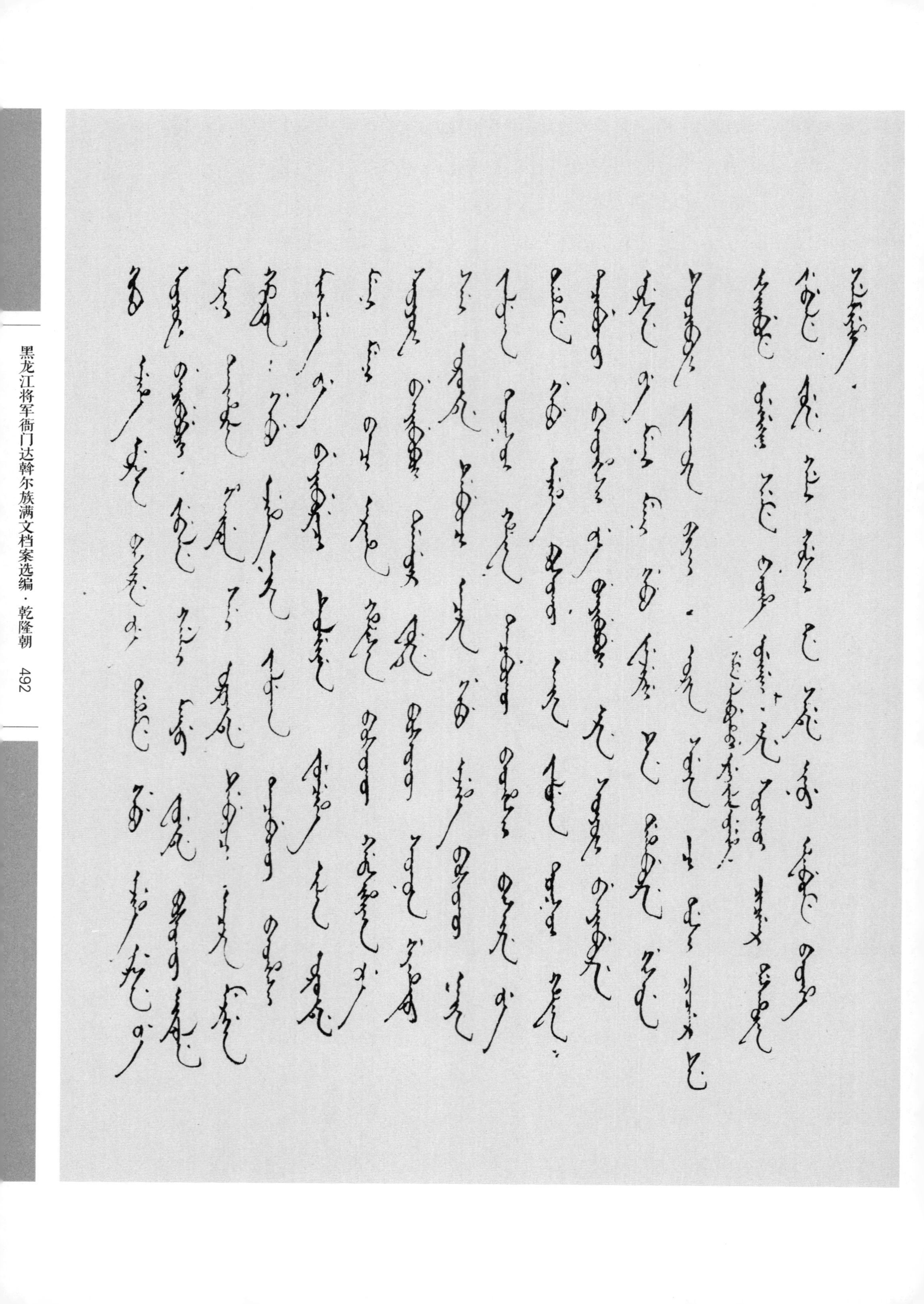

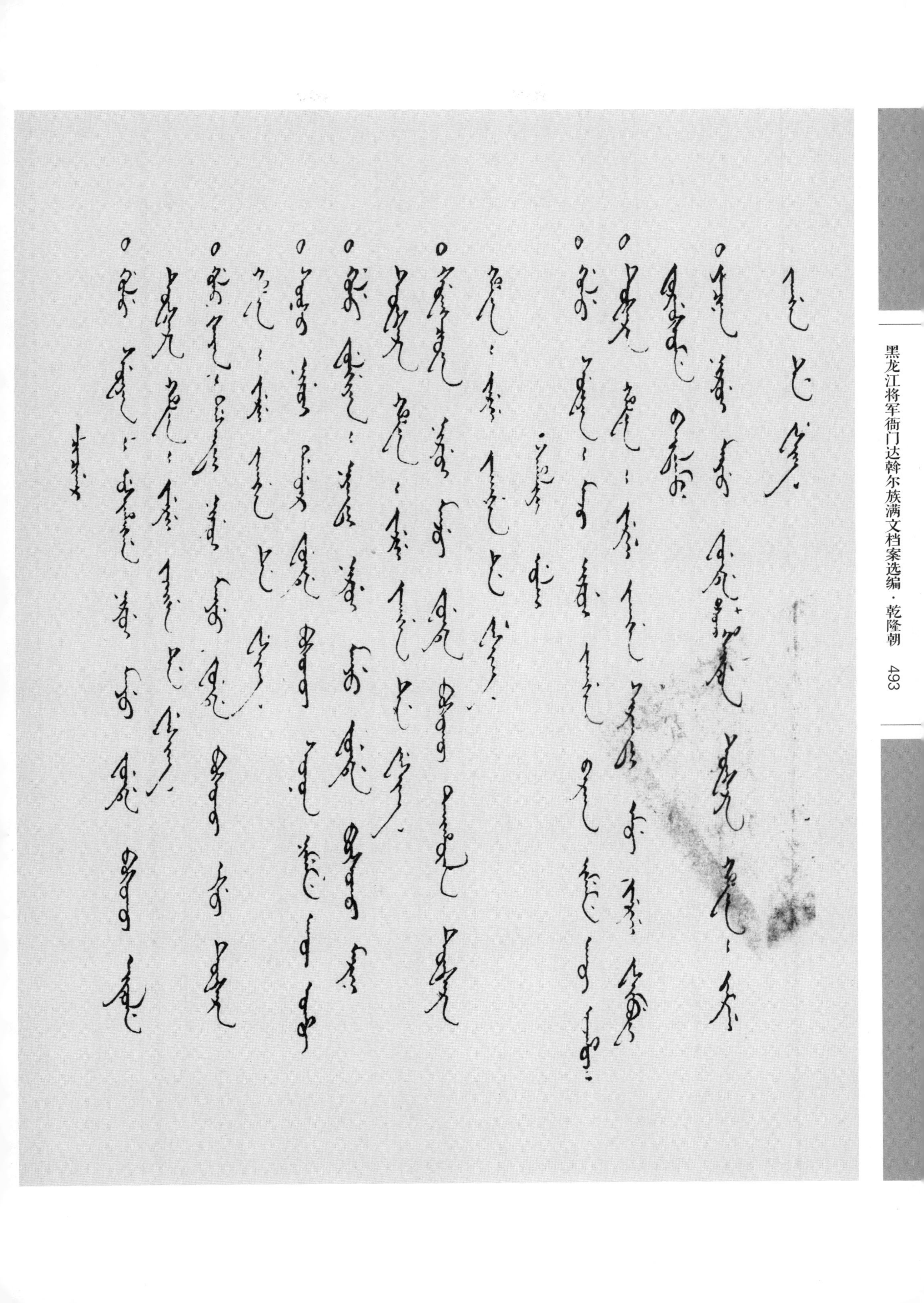

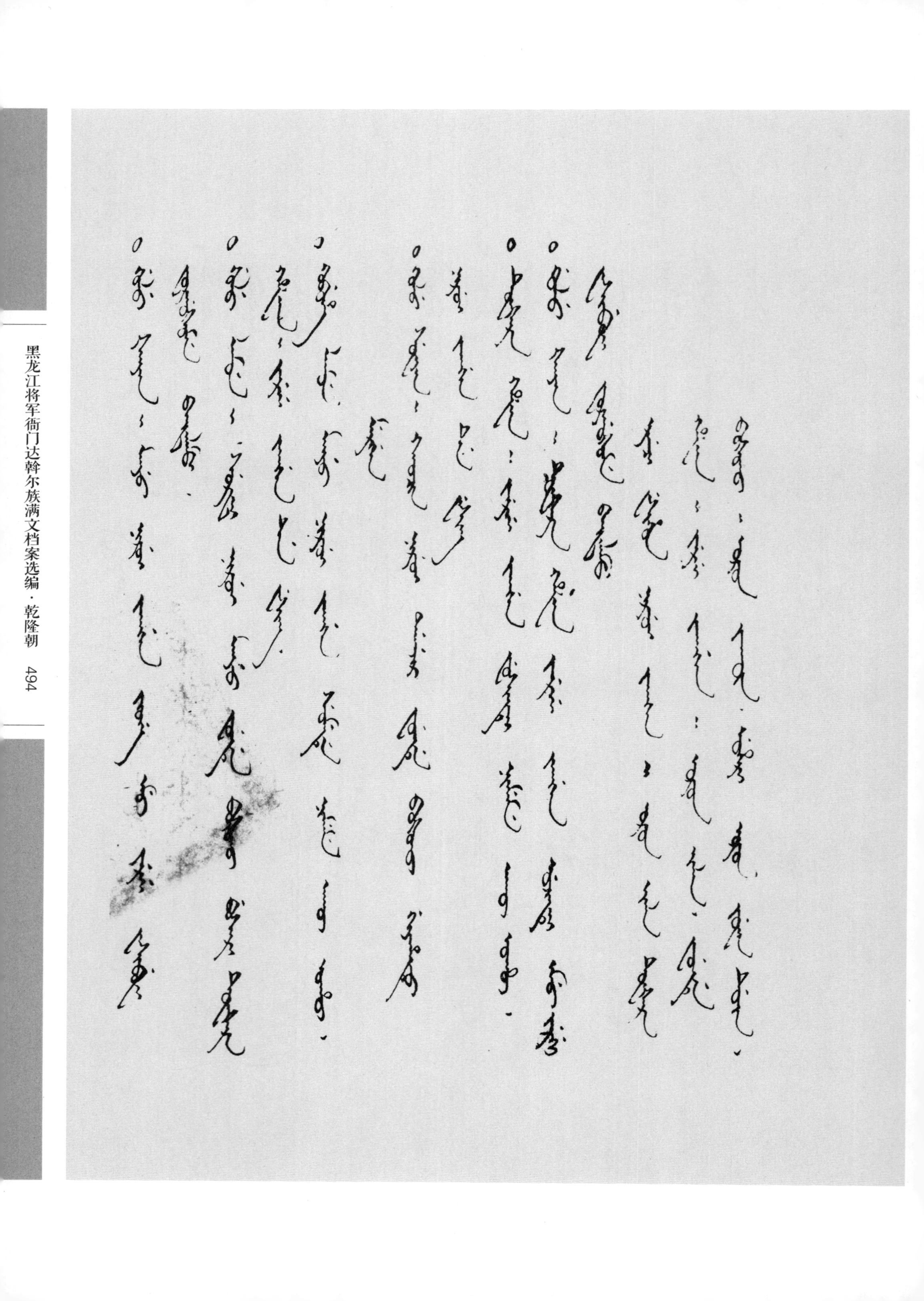

一一五三 呼兰城守尉车尔库为查明本处无应补黑龙江镶黄旗达斡尔佐领缺人员事呈黑龙江将军衙门文

乾隆二十七年八月二十二日

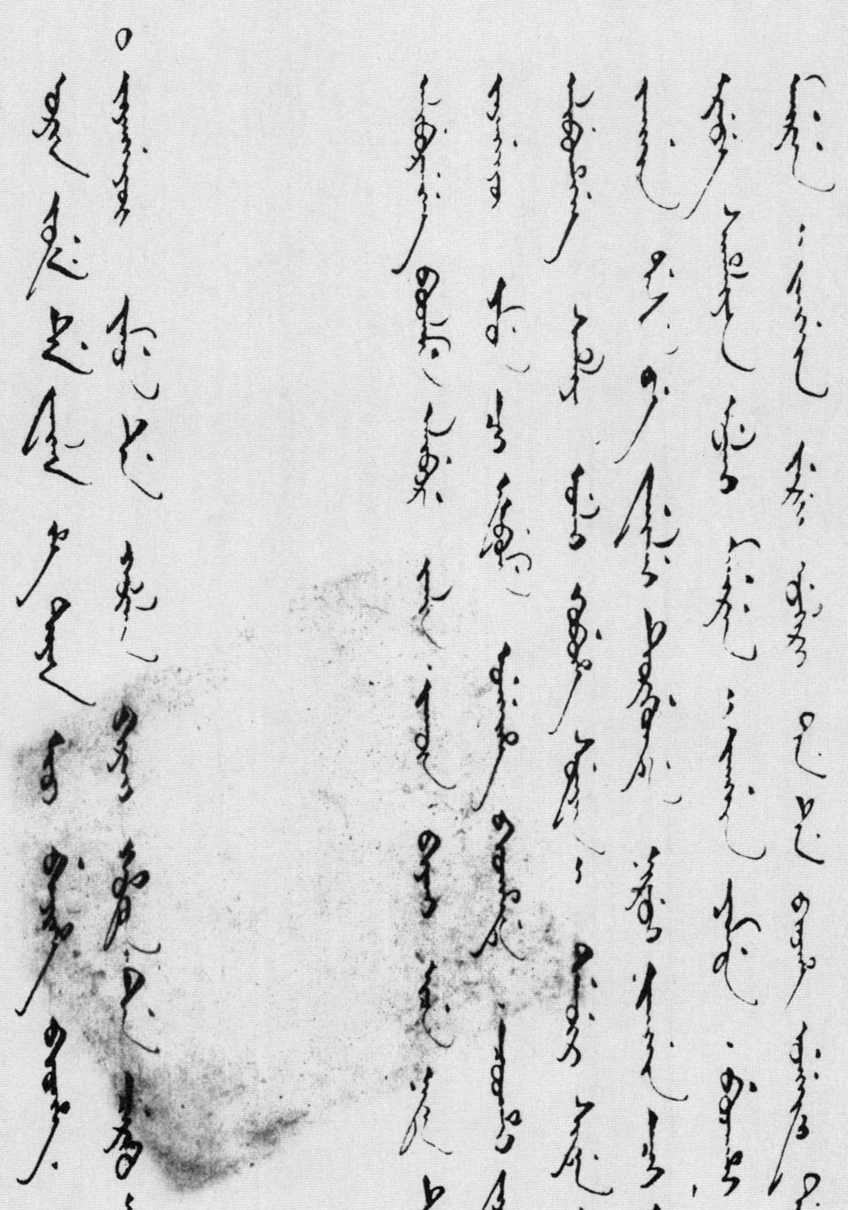

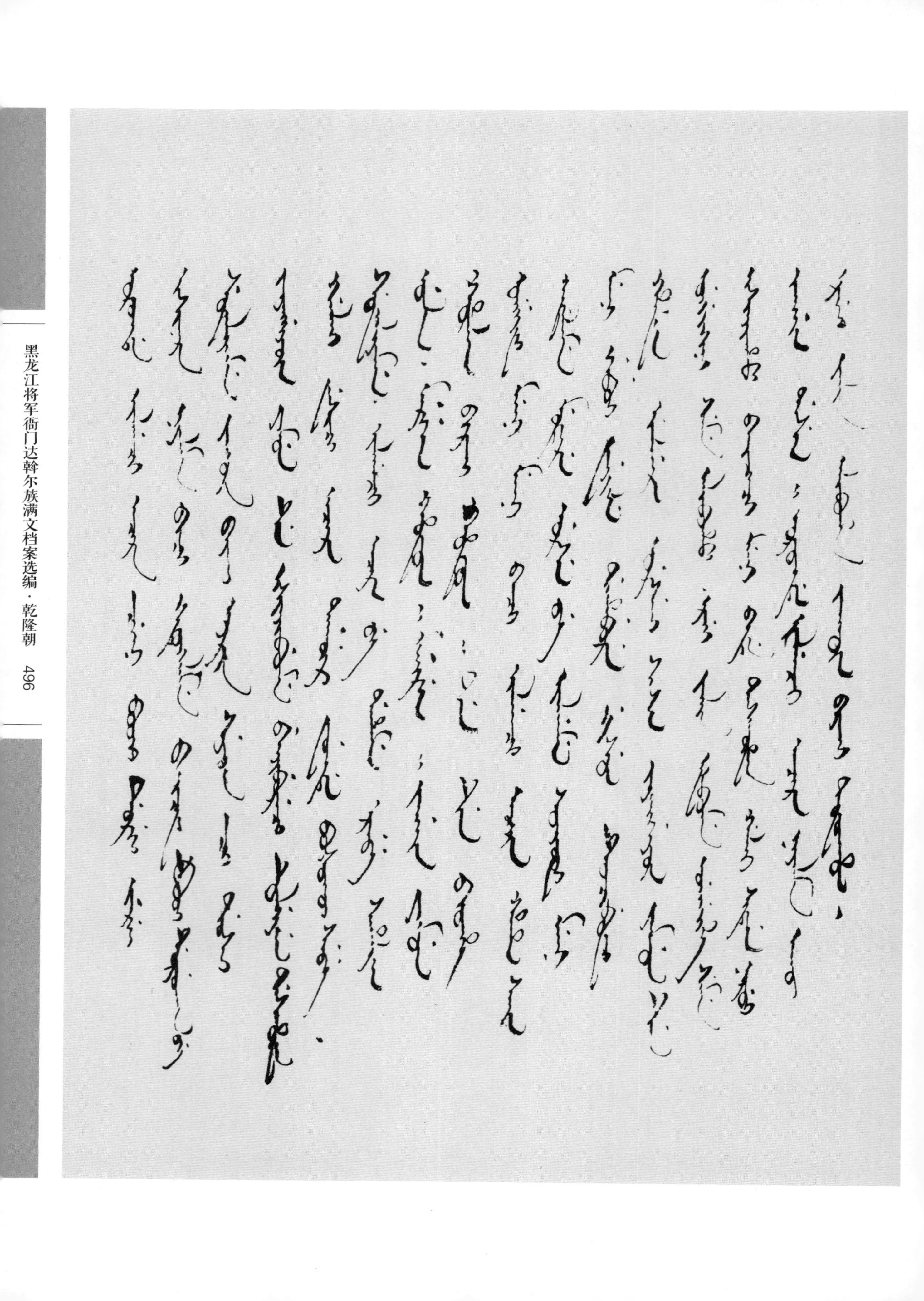

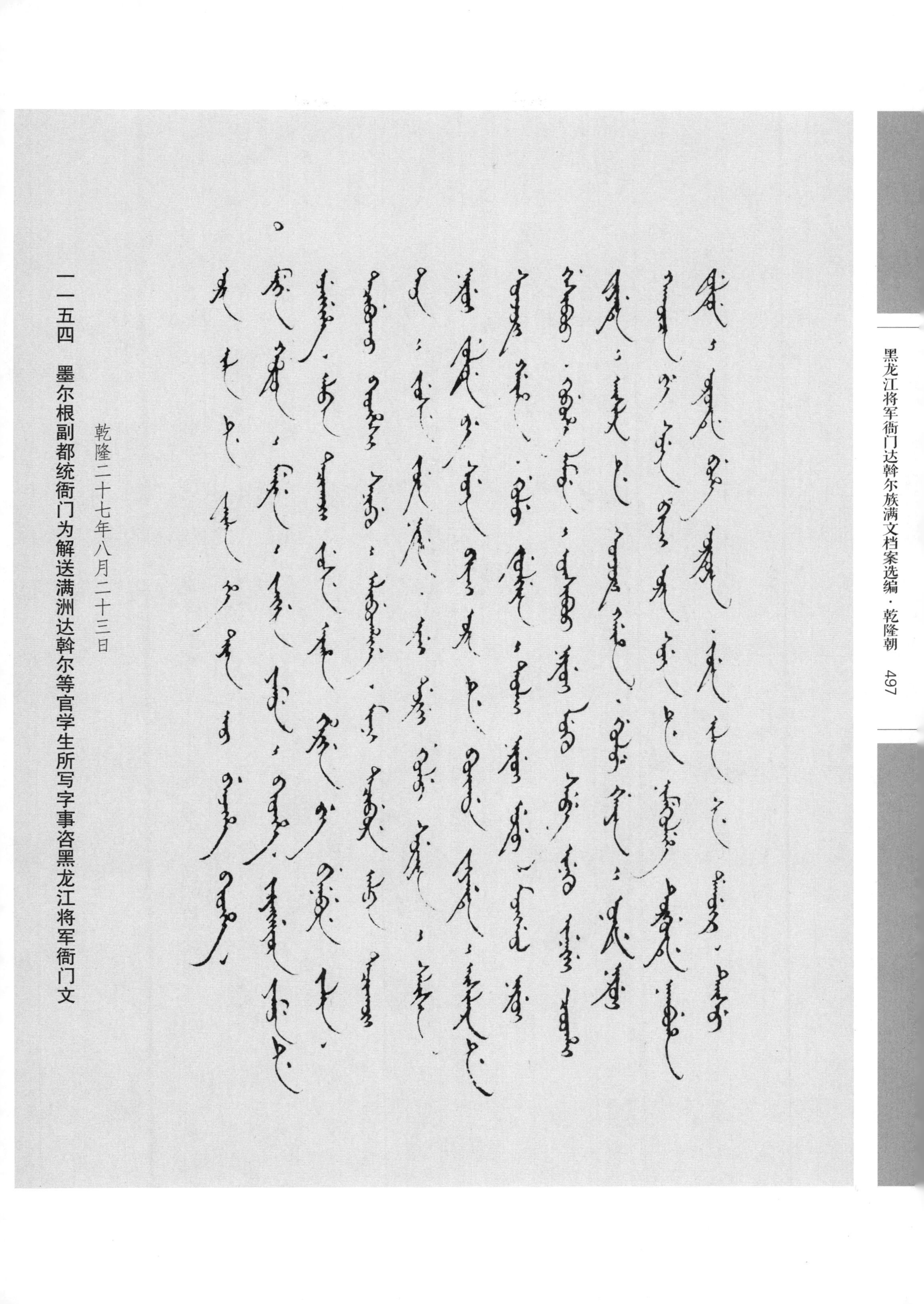

一一五四 墨尔根副都统衙门为解送满洲达斡尔等官学生所写字事咨黑龙江将军衙门文

乾隆二十七年八月二十三日

[illegible]

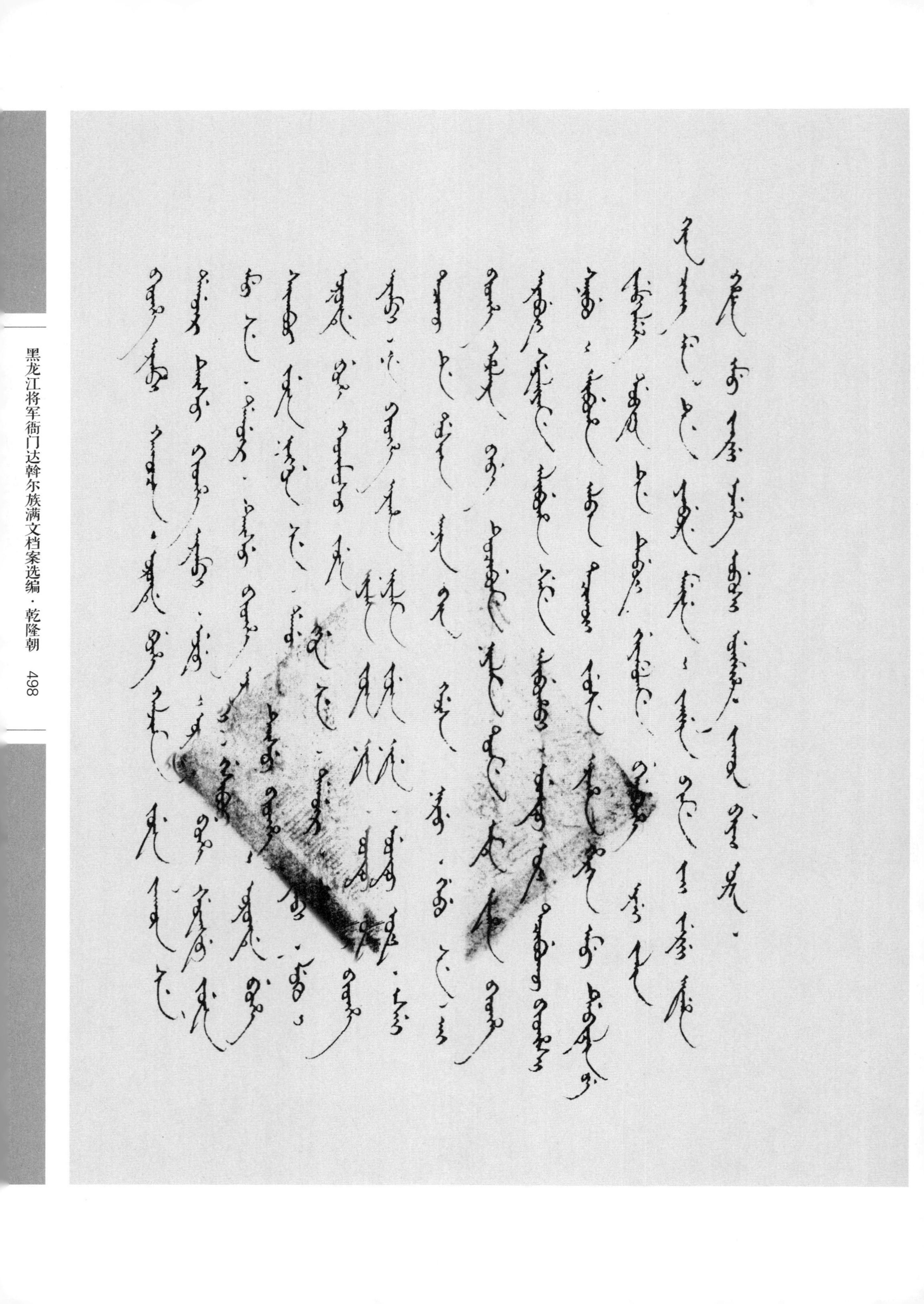

一一五五 黑龙江将军衙门为报布特哈索伦达斡尔等捕貂丁数并派员解送貂皮事咨理藩院文

乾隆二十七年八月二十四日

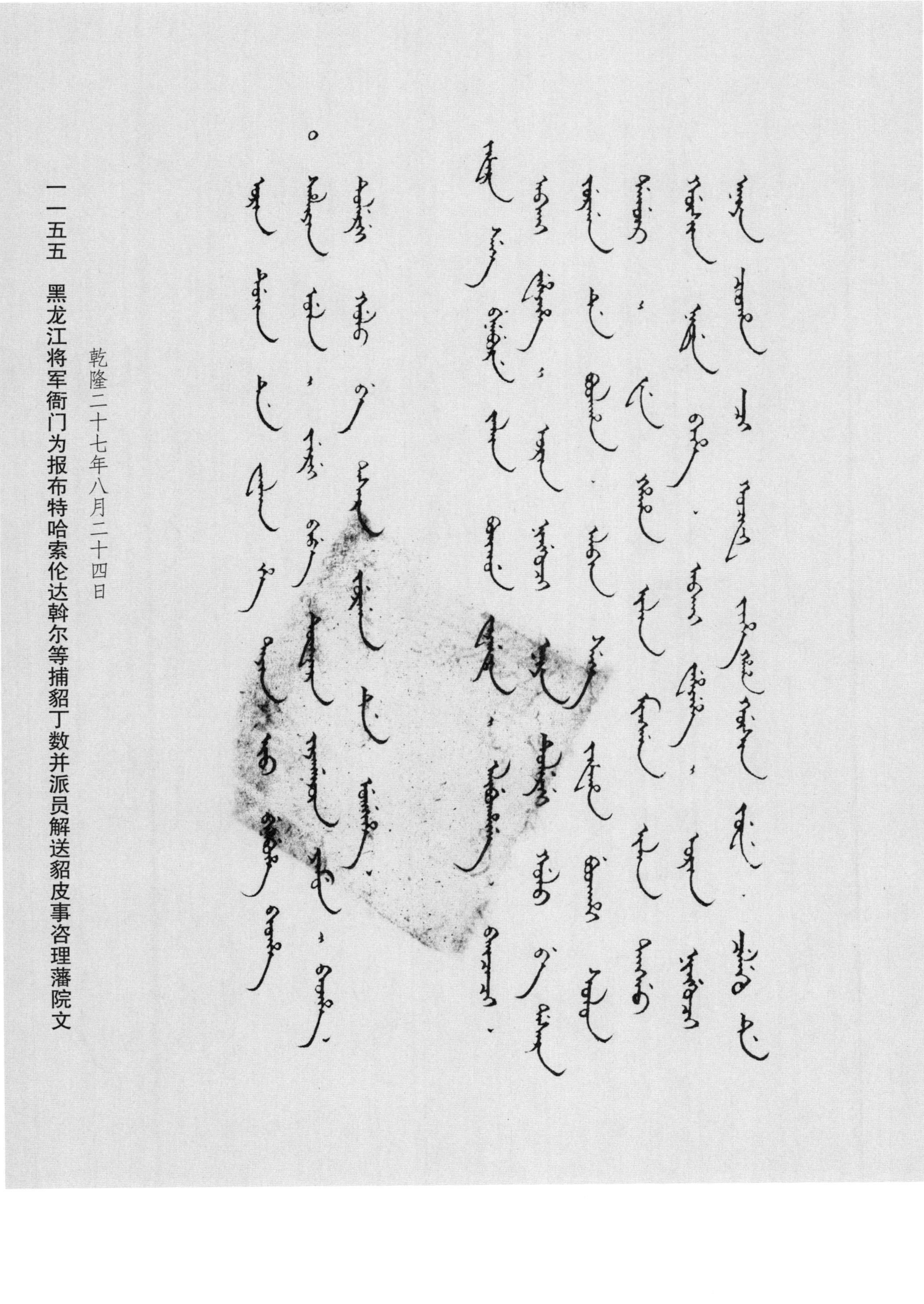

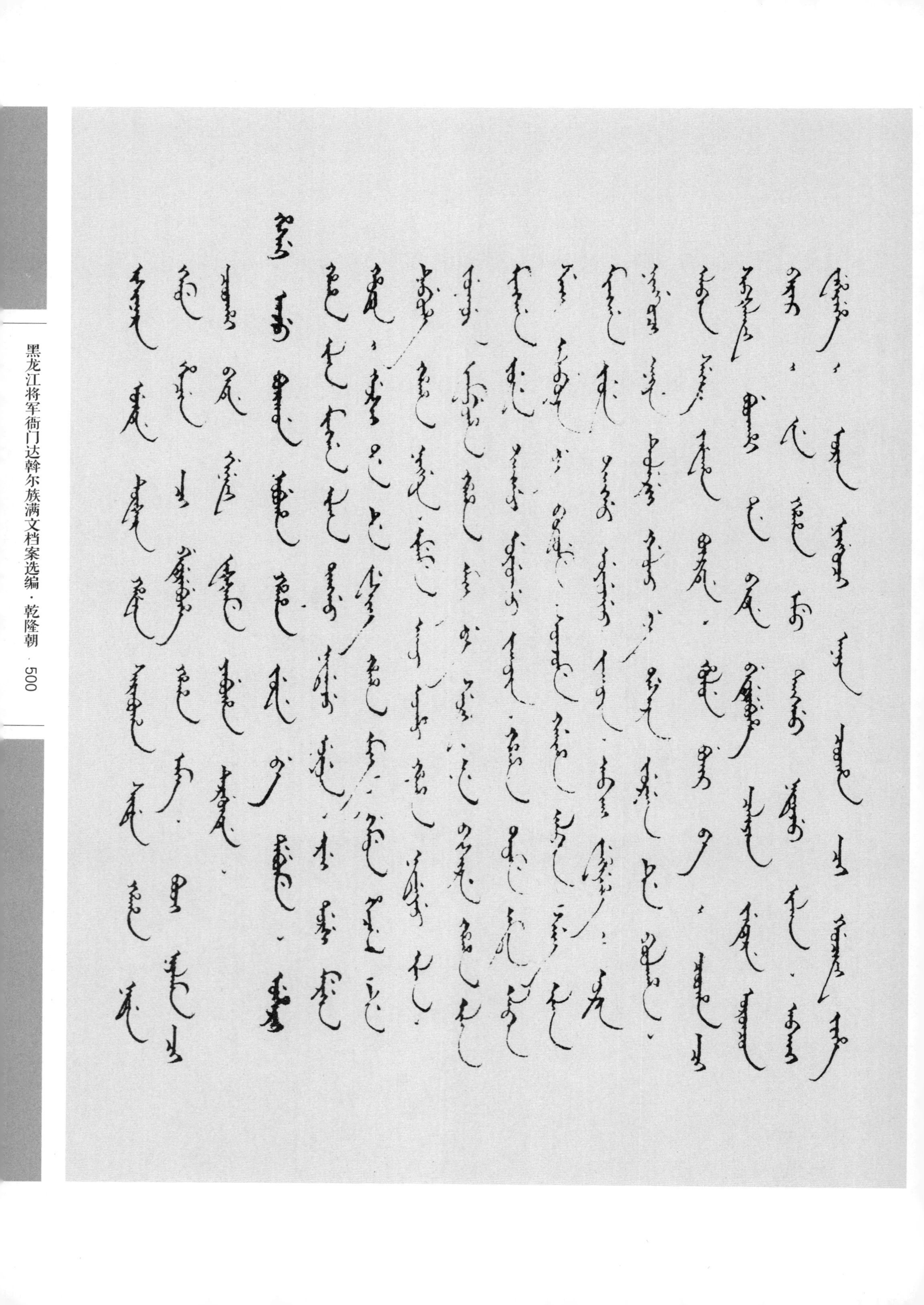

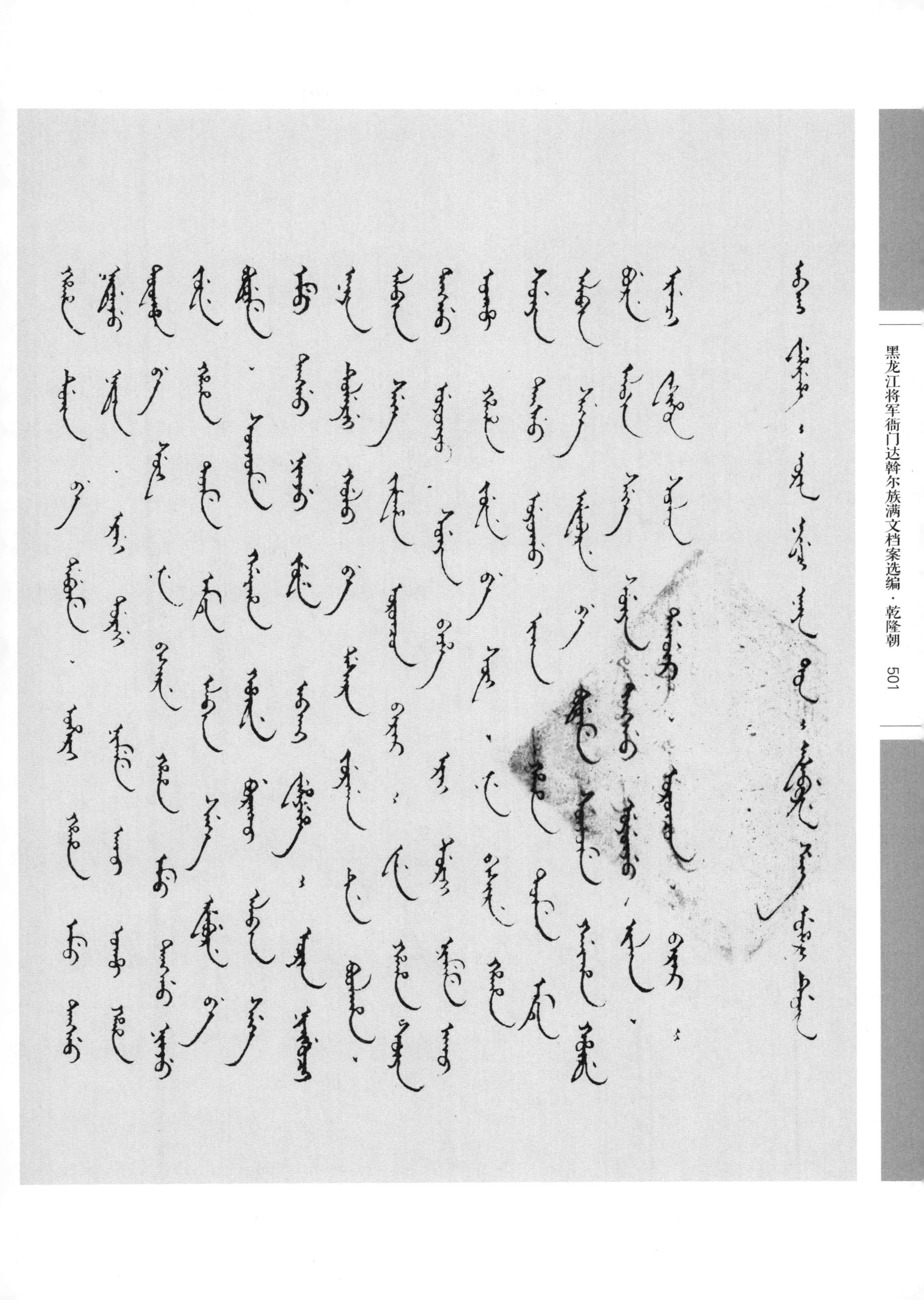

[illegible]

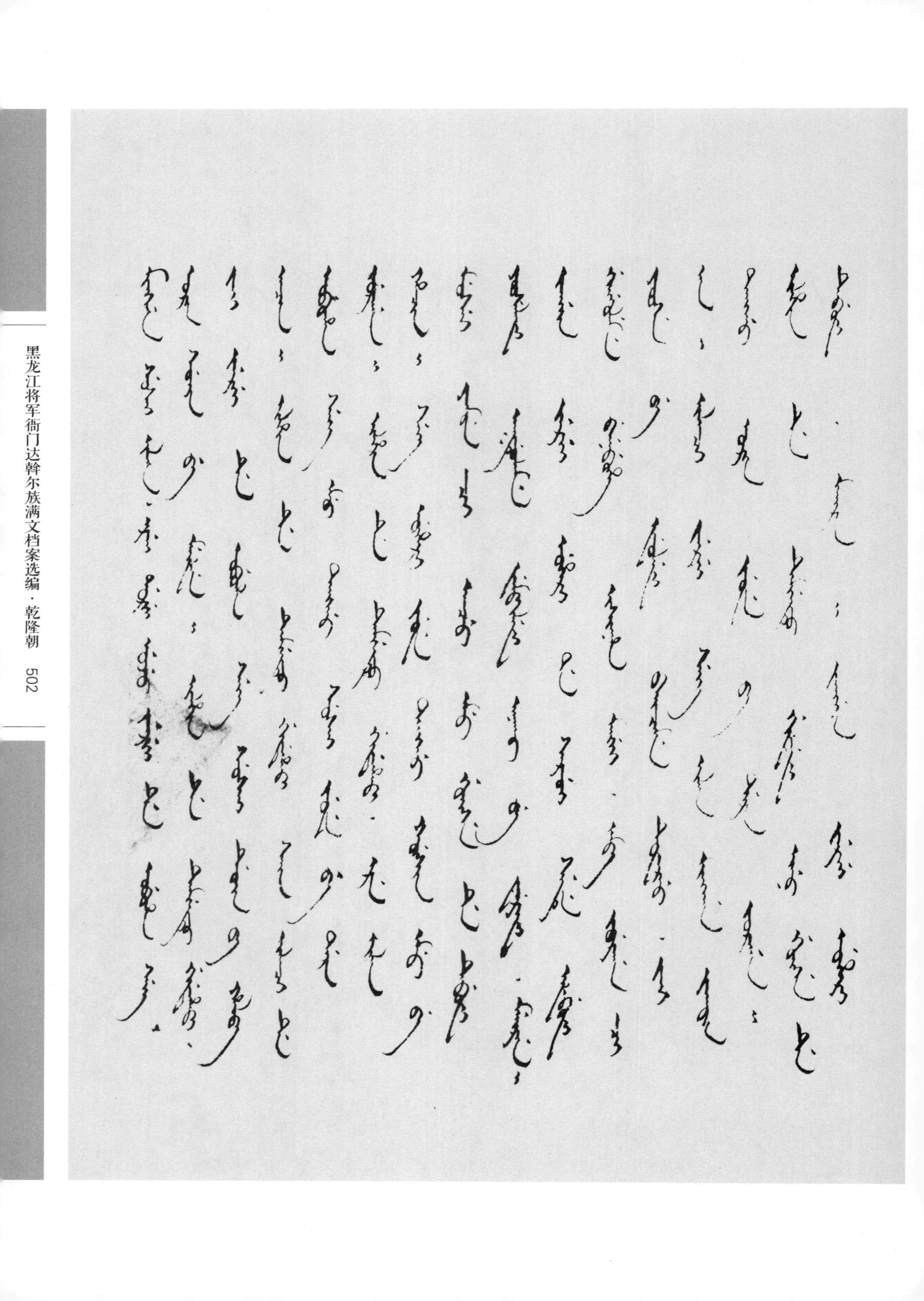

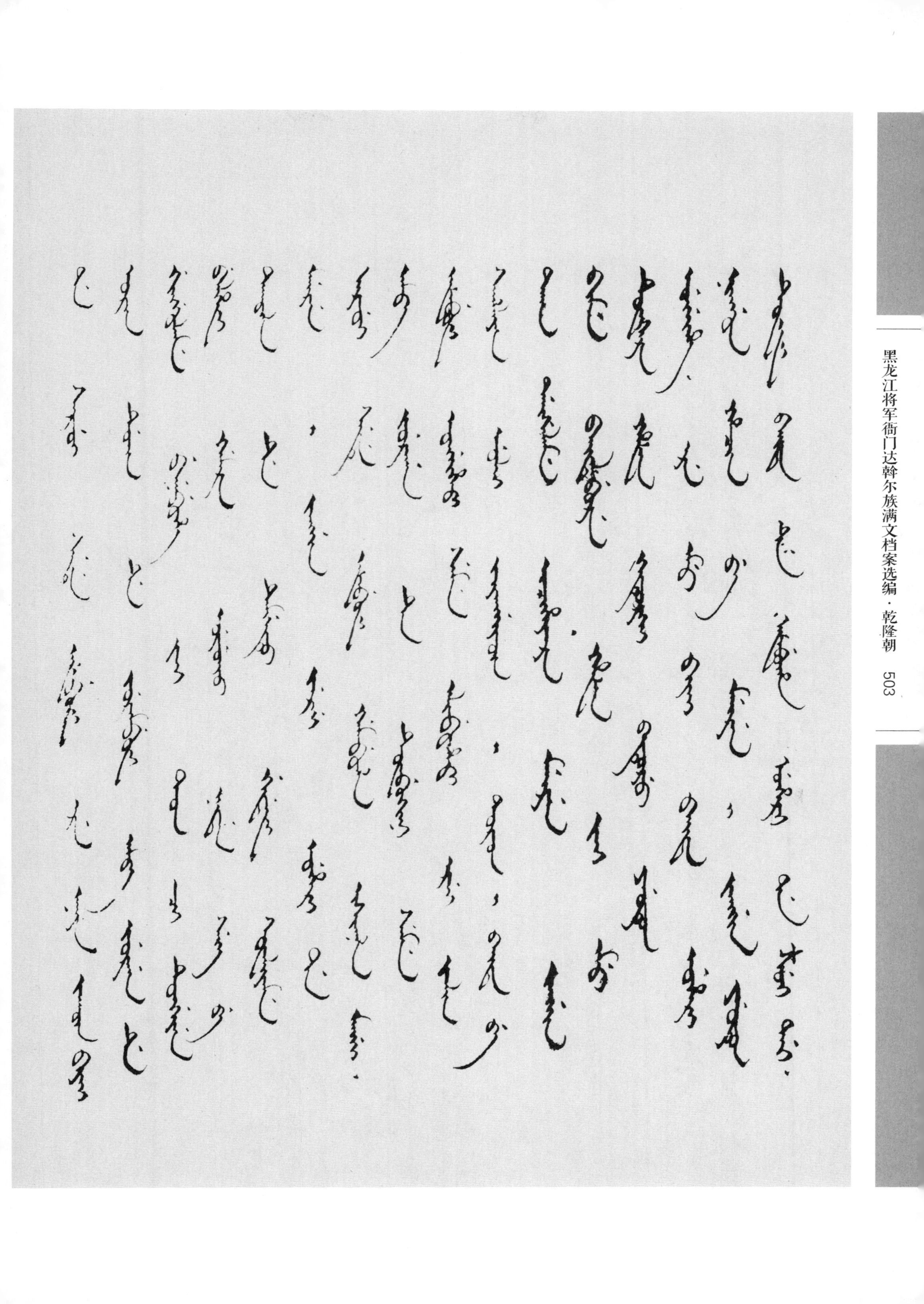

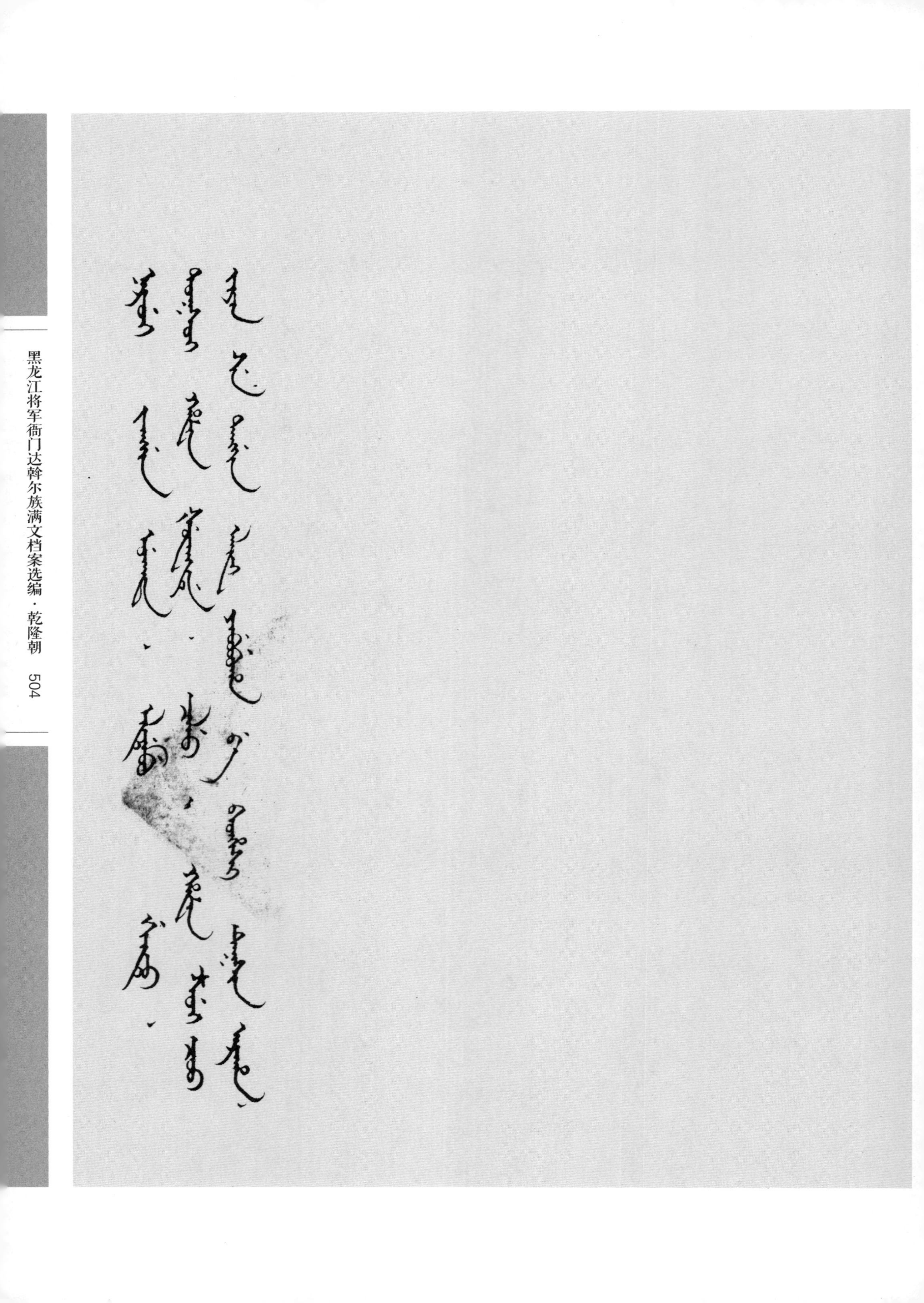

[illegible]

一一五六 黑龙江副都统衙门为黑龙江镶红旗达斡尔佐领达色革职出缺报送拟选骁骑校克尼图事咨黑龙江将军衙门文

乾隆二十七年八月二十九日

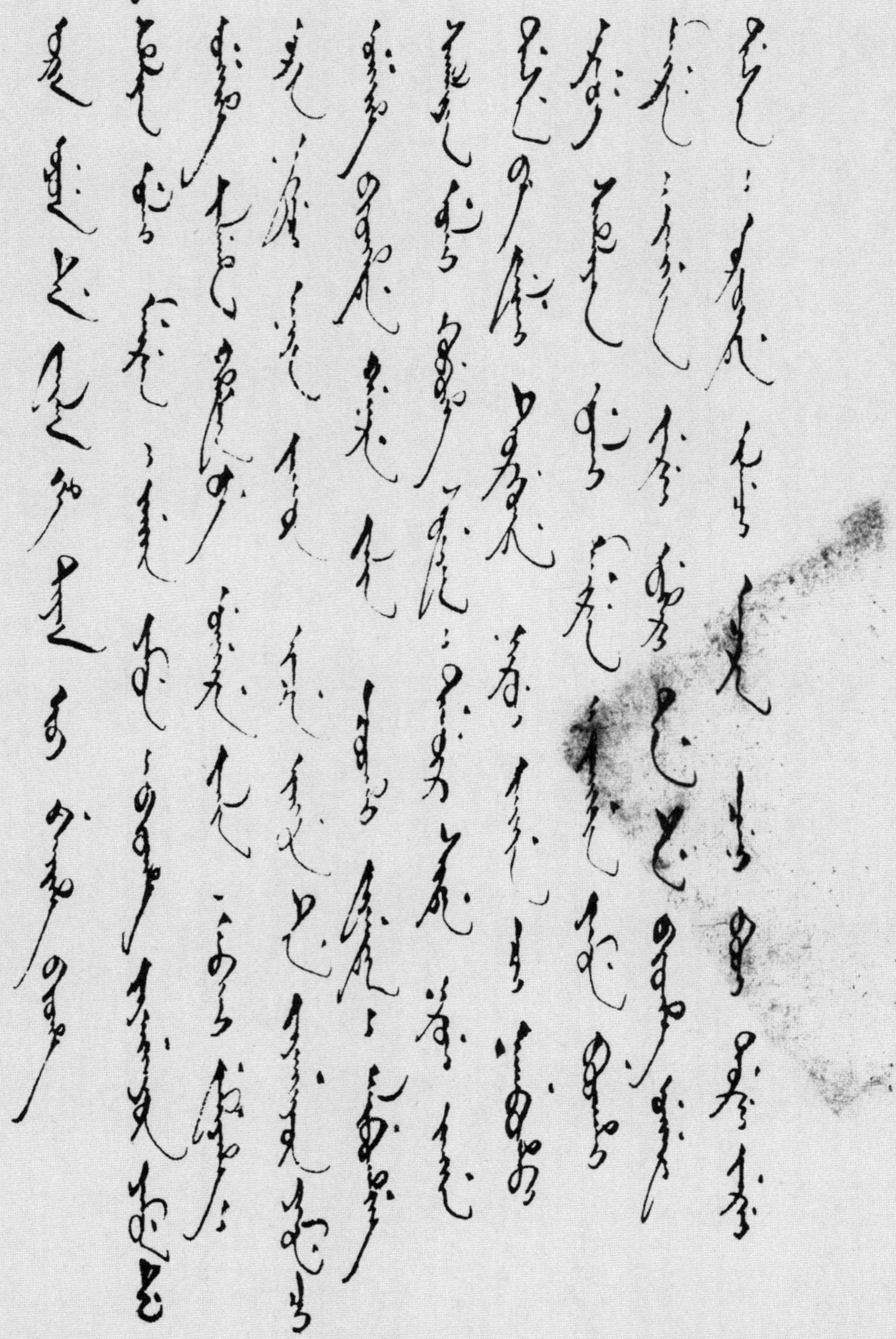

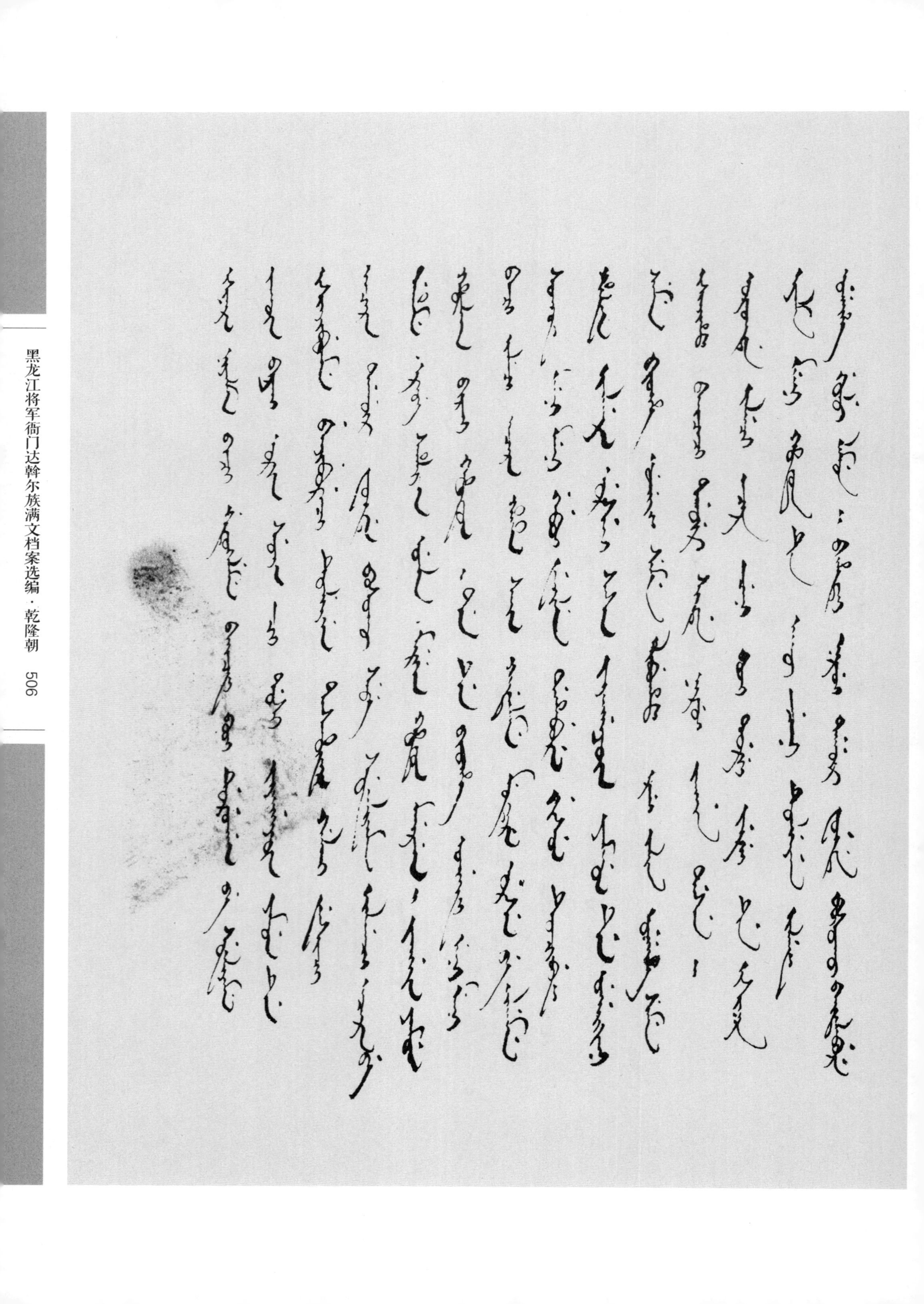

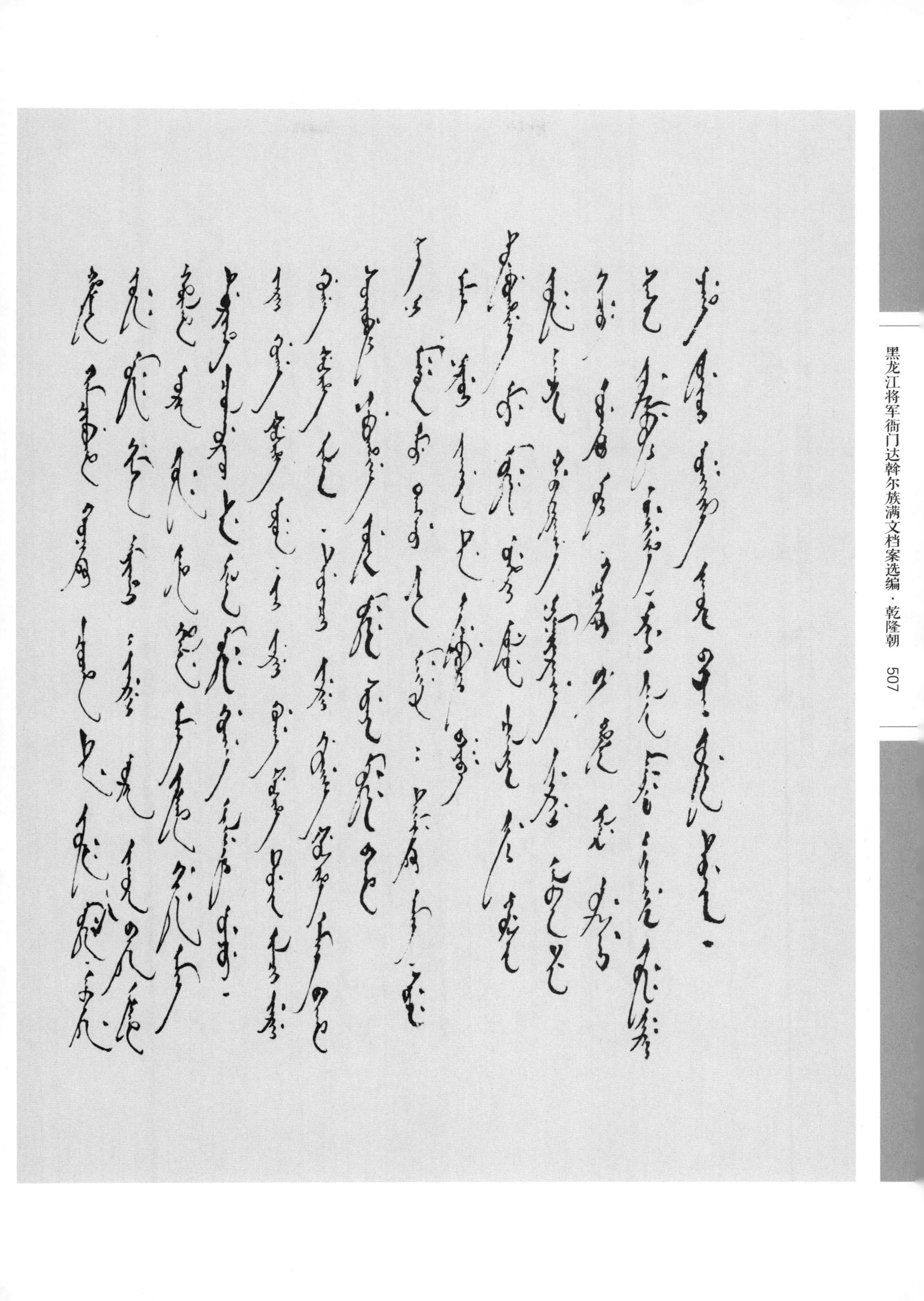

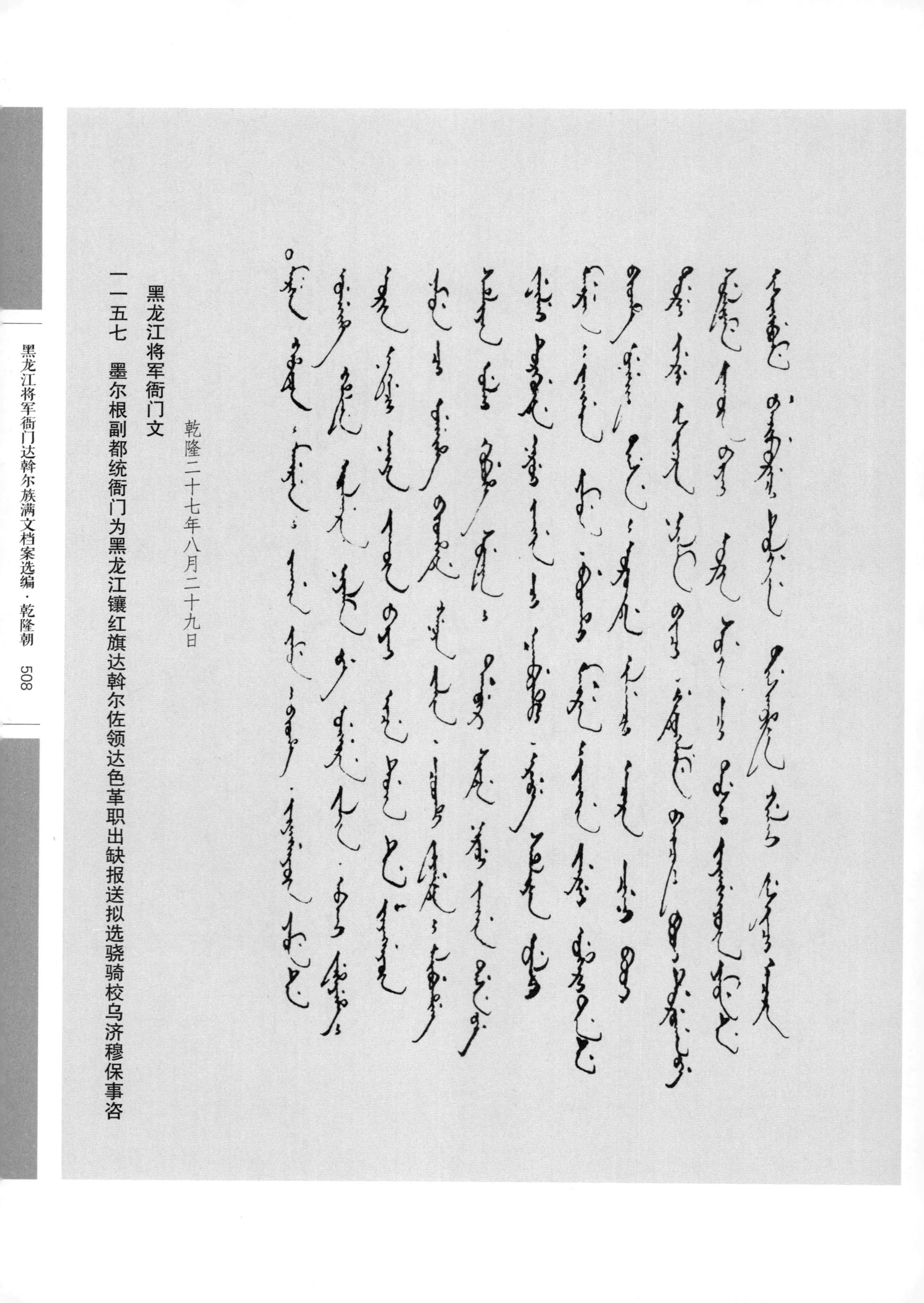

一一五七 墨尔根副都统衙门为黑龙江镶红旗达斡尔佐领达色革职出缺报送拟选骁骑校乌济穆保事咨

黑龙江将军衙门文

乾隆二十七年八月二十九日

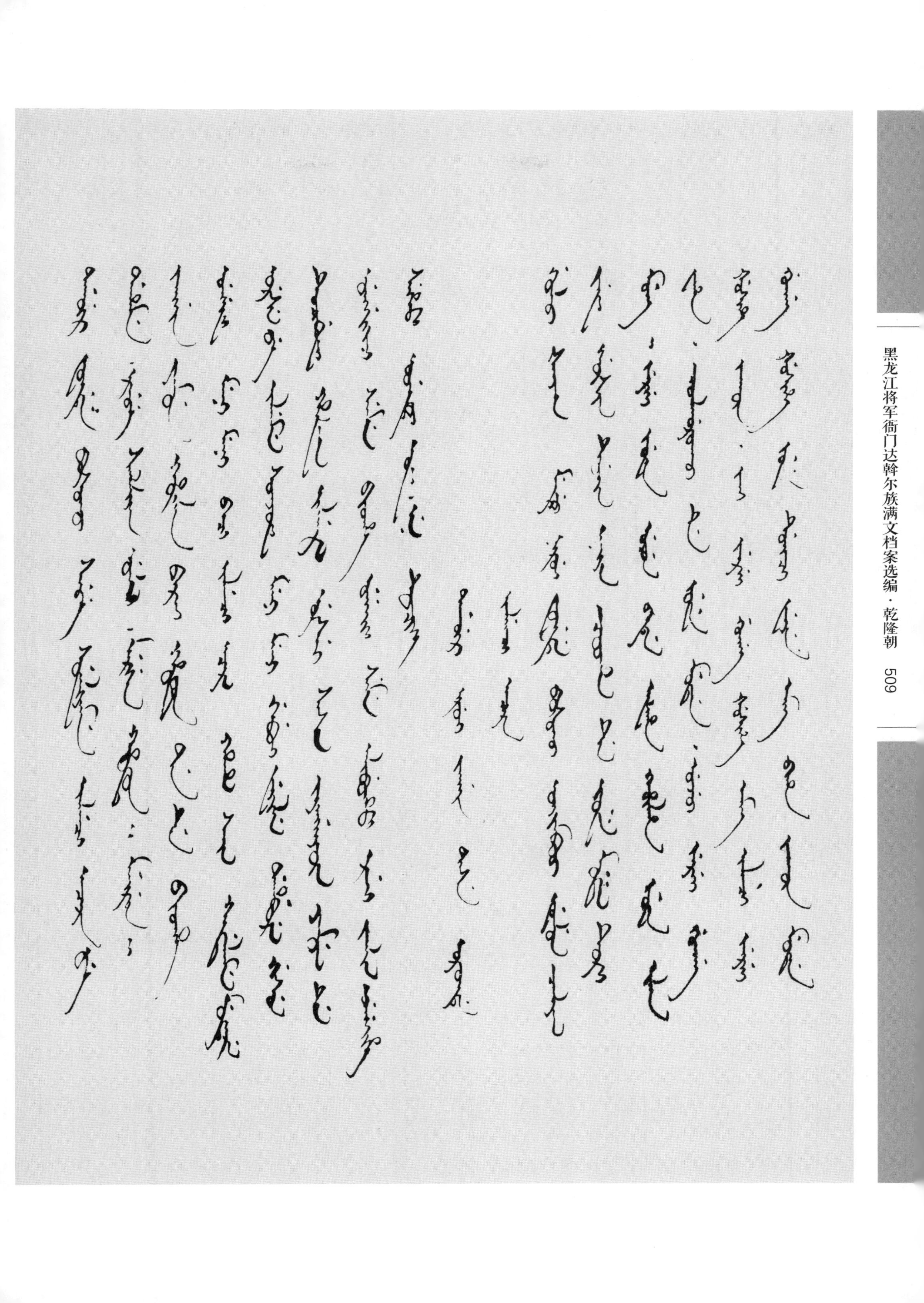

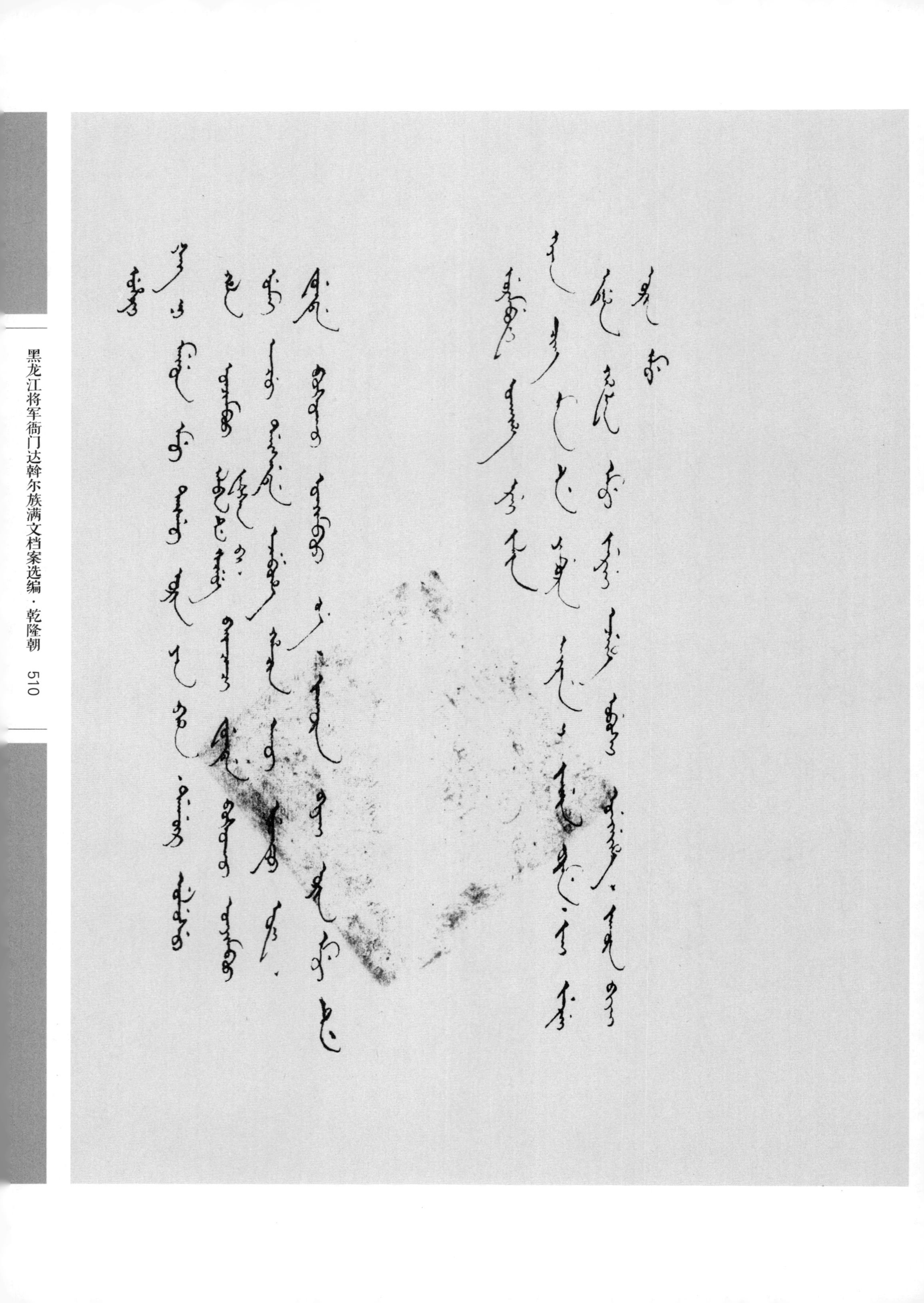

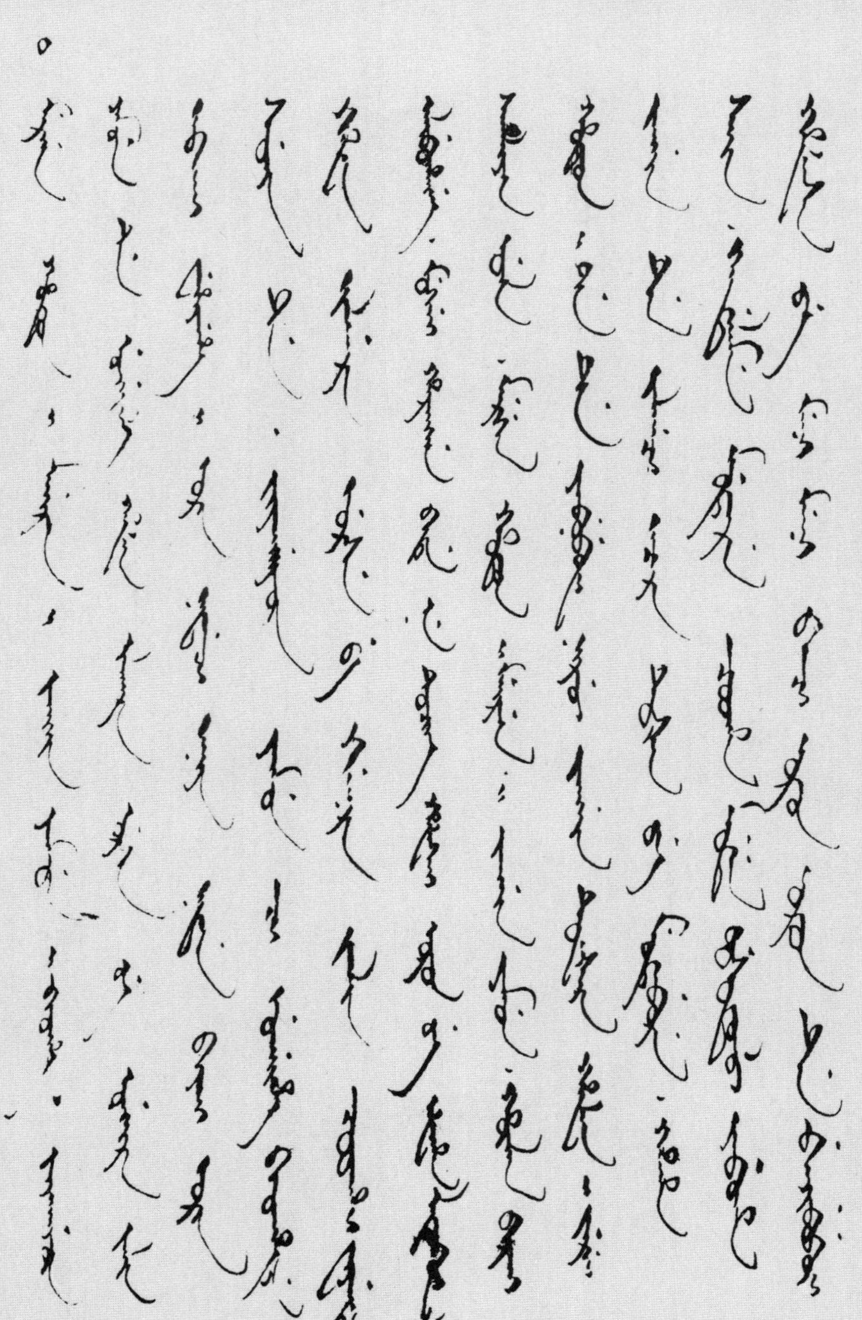

一一五八　墨尔根副都统衙门为报送佐领骁骑校缺应选满洲达斡尔等员履历考语事咨黑龙江将军衙门文

乾隆二十七年八月二十九日

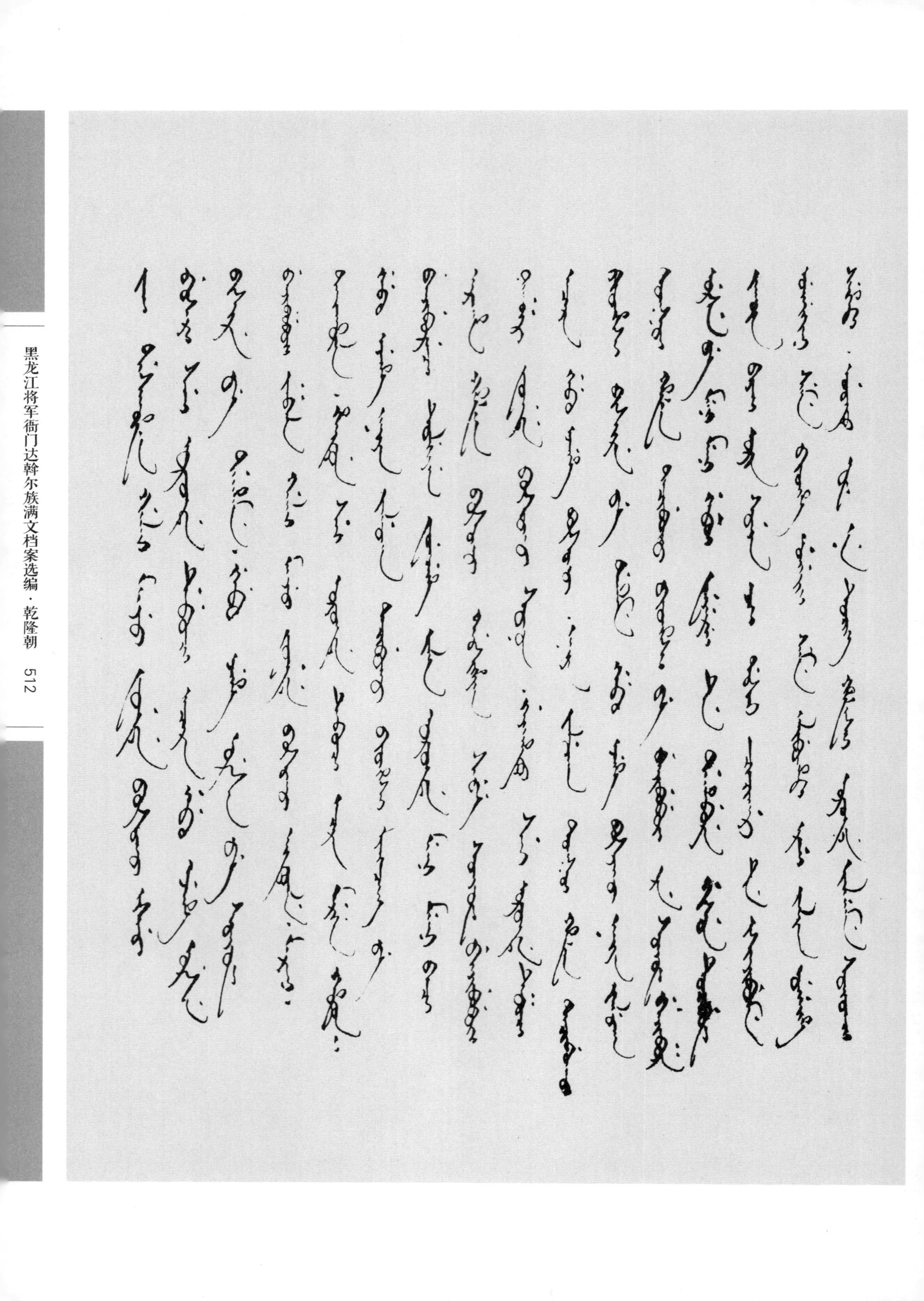

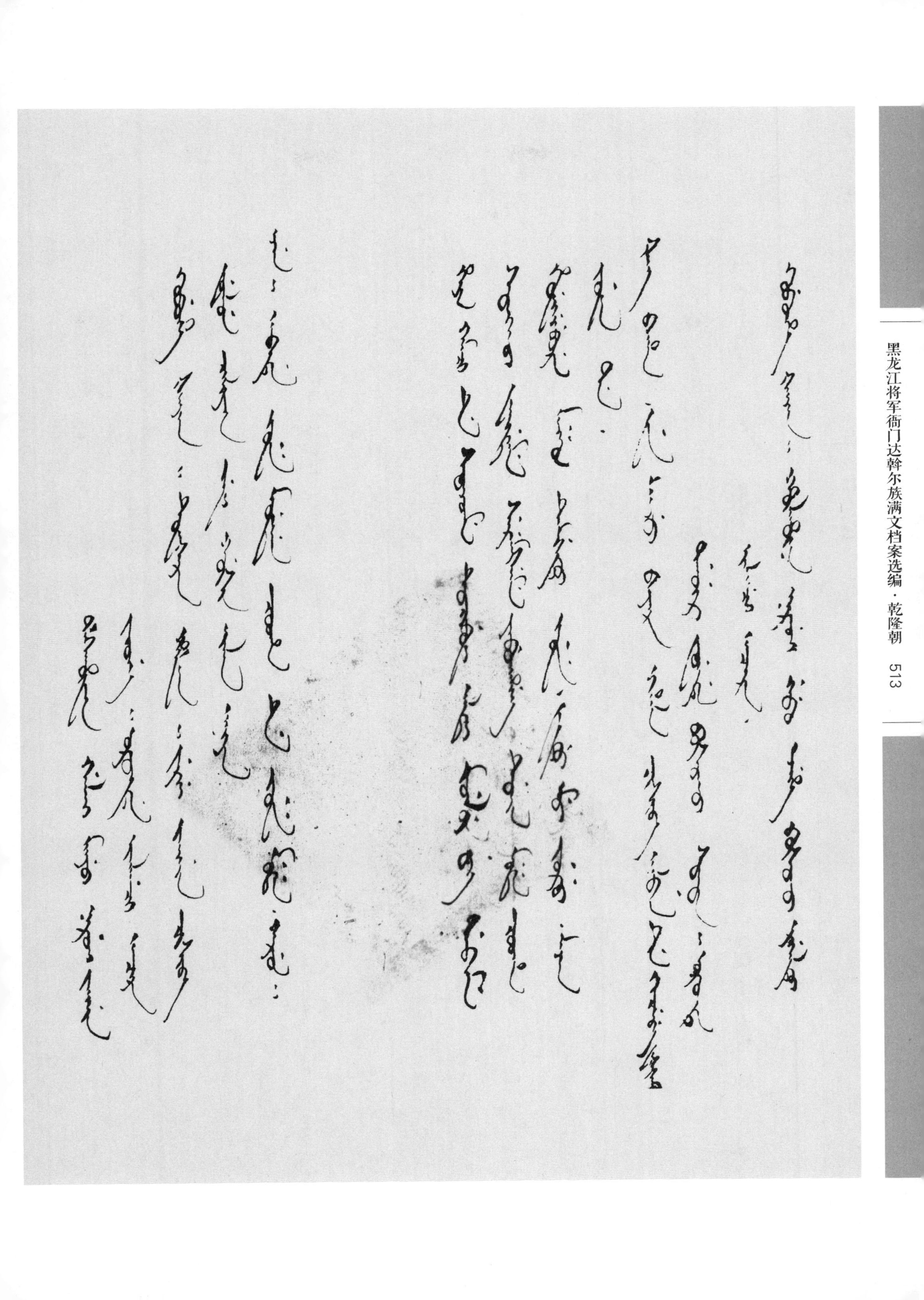

[illegible]

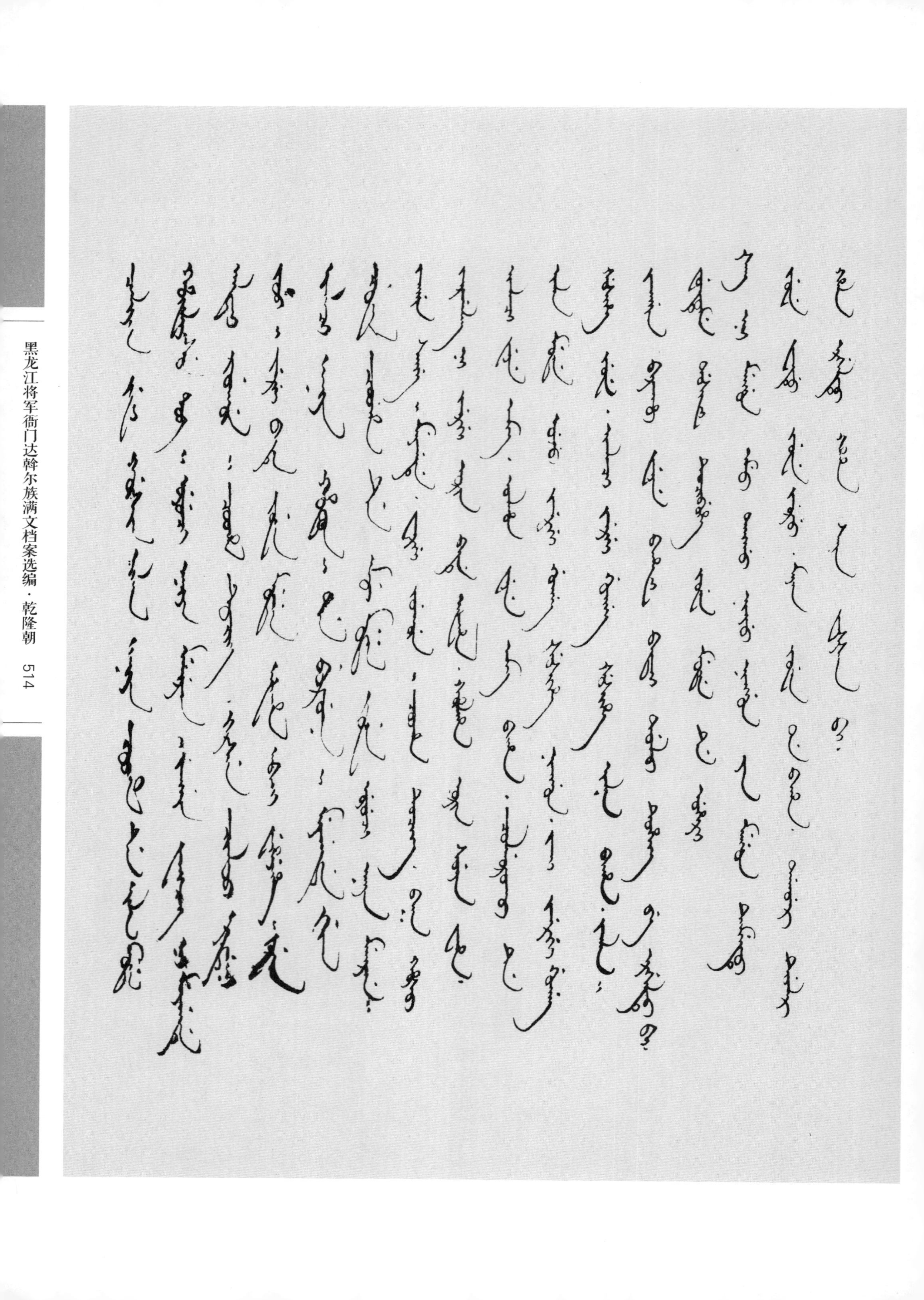

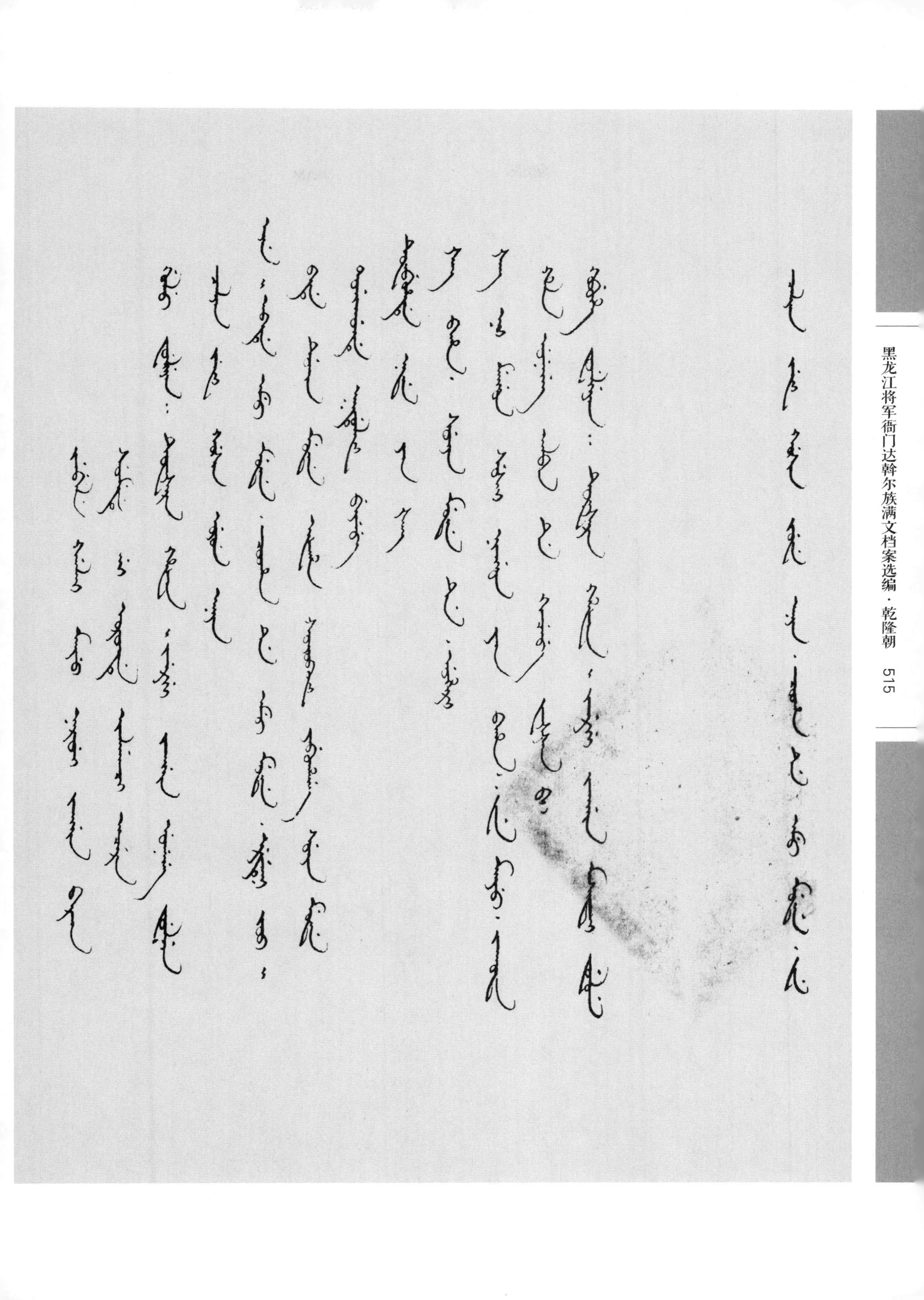

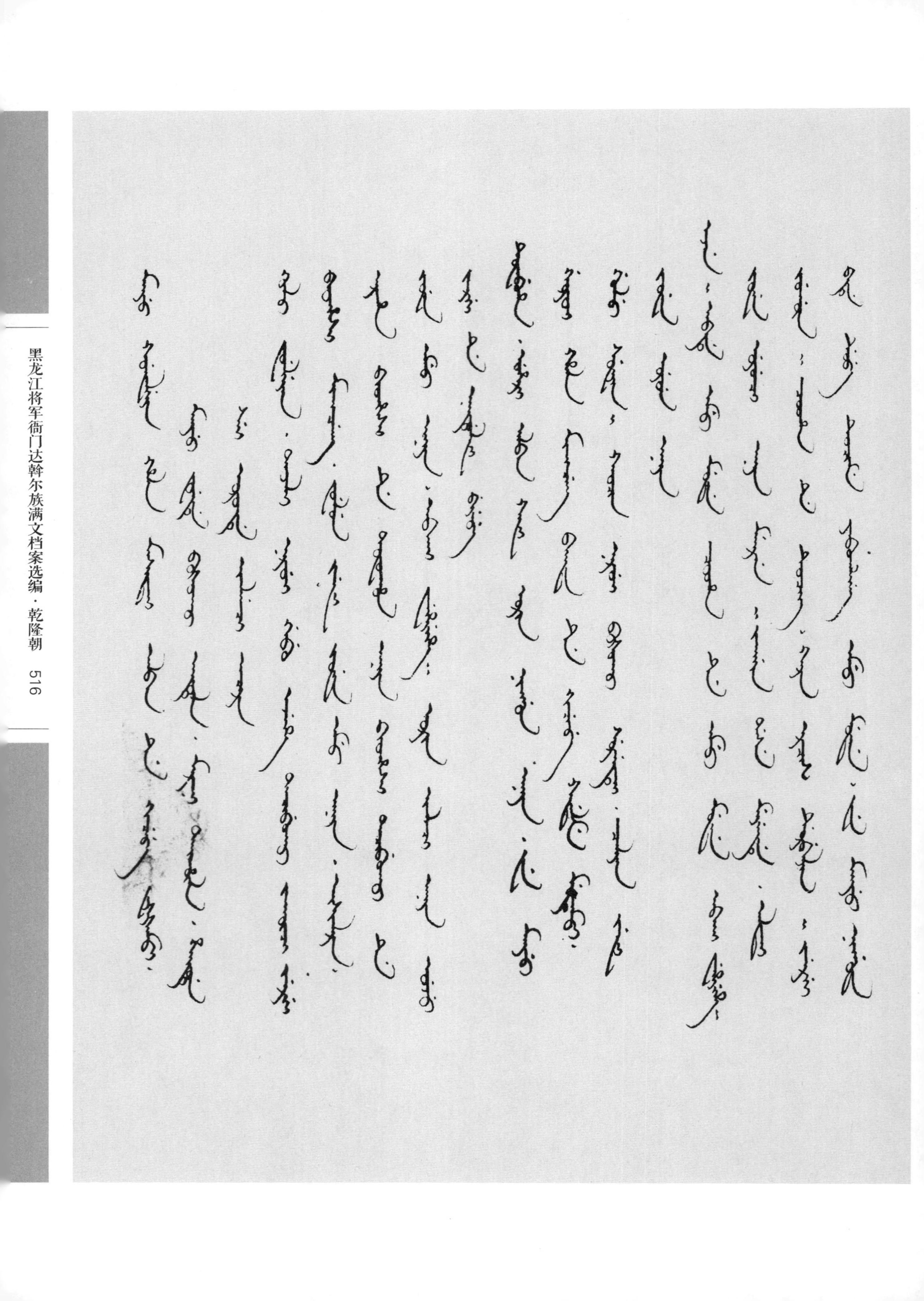

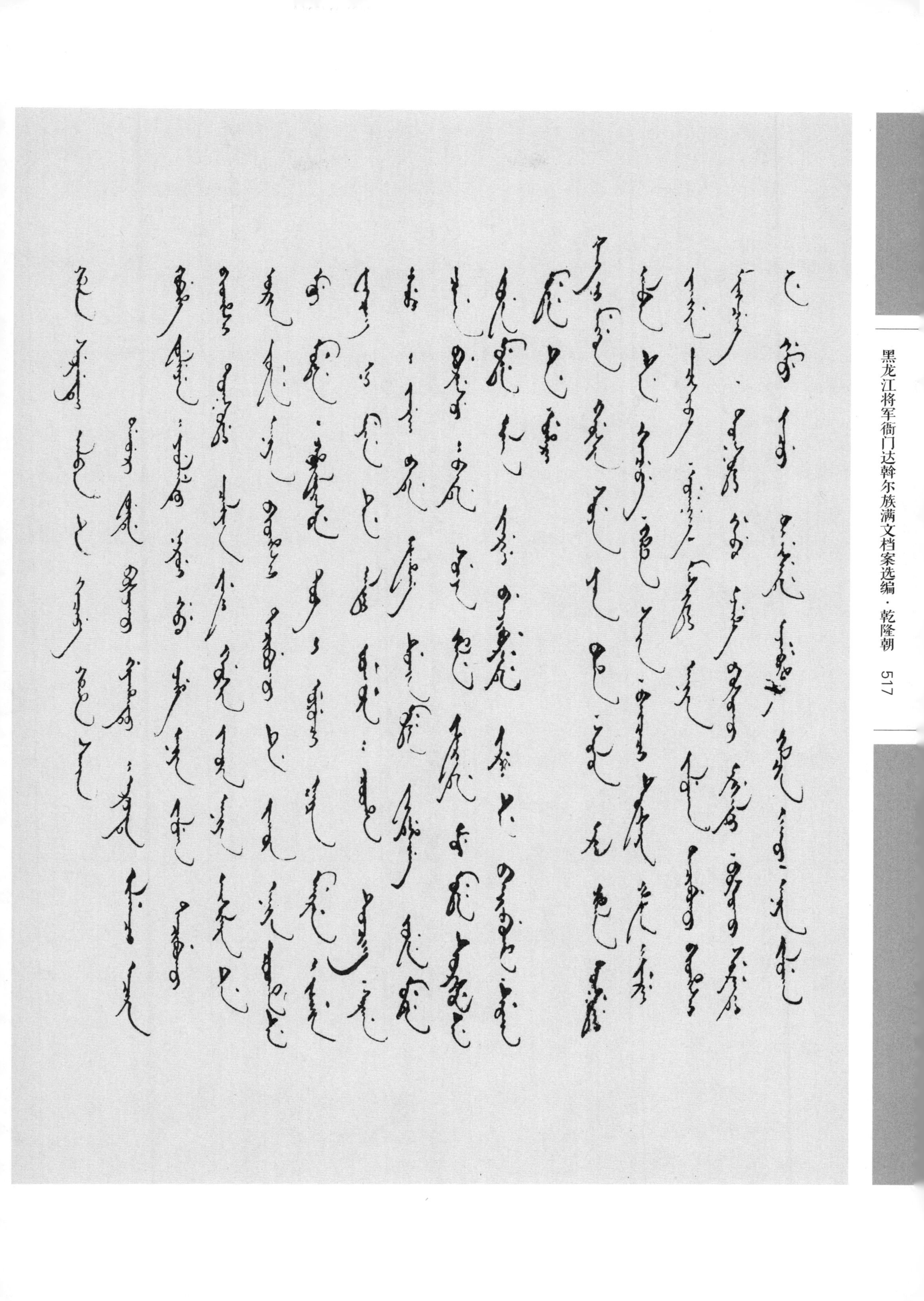

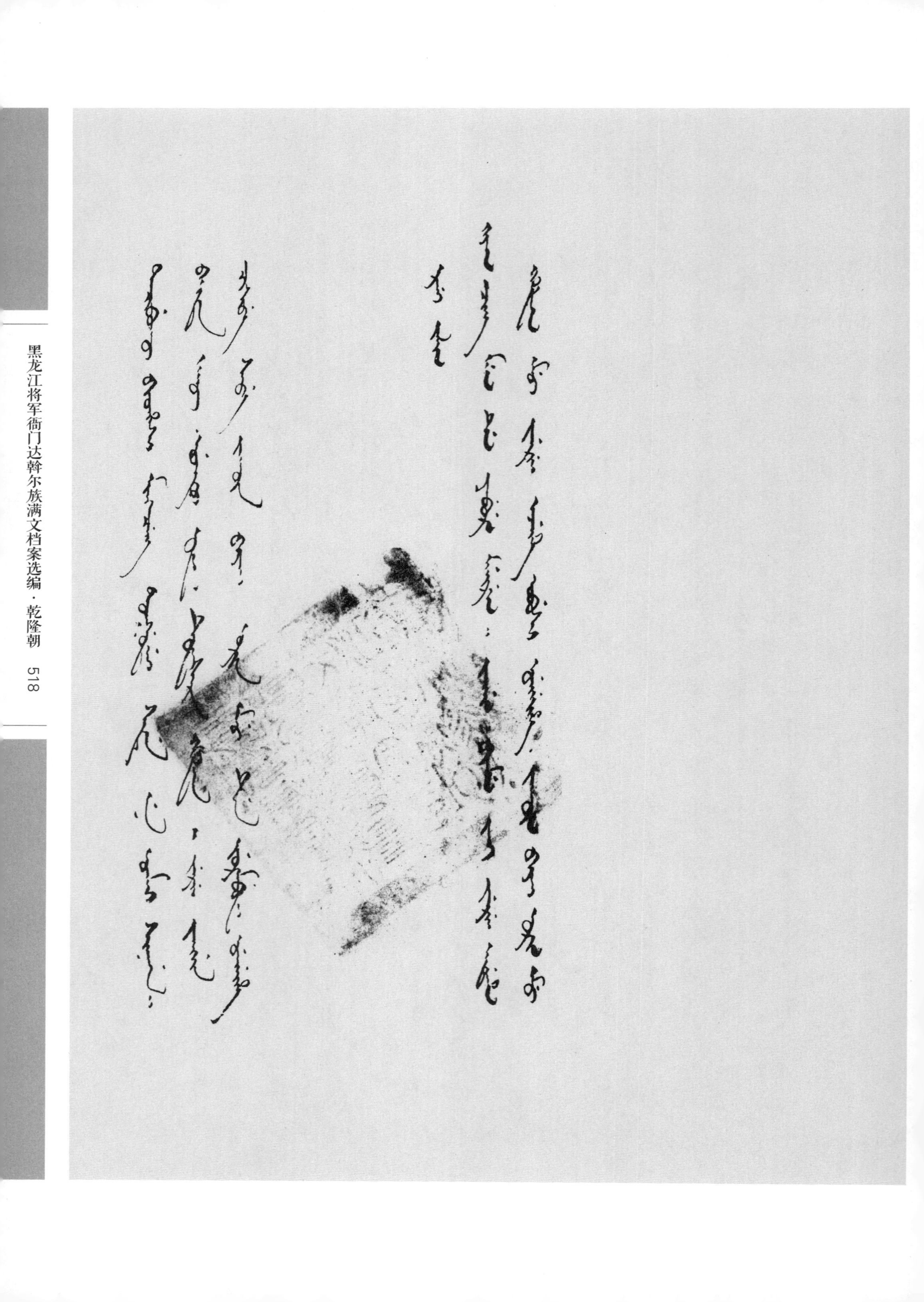

一一五九 墨尔根副都统衙门为支取新授满洲达斡尔等官员俸饷银事咨黑龙江将军衙门文

乾隆二十七年九月十三日

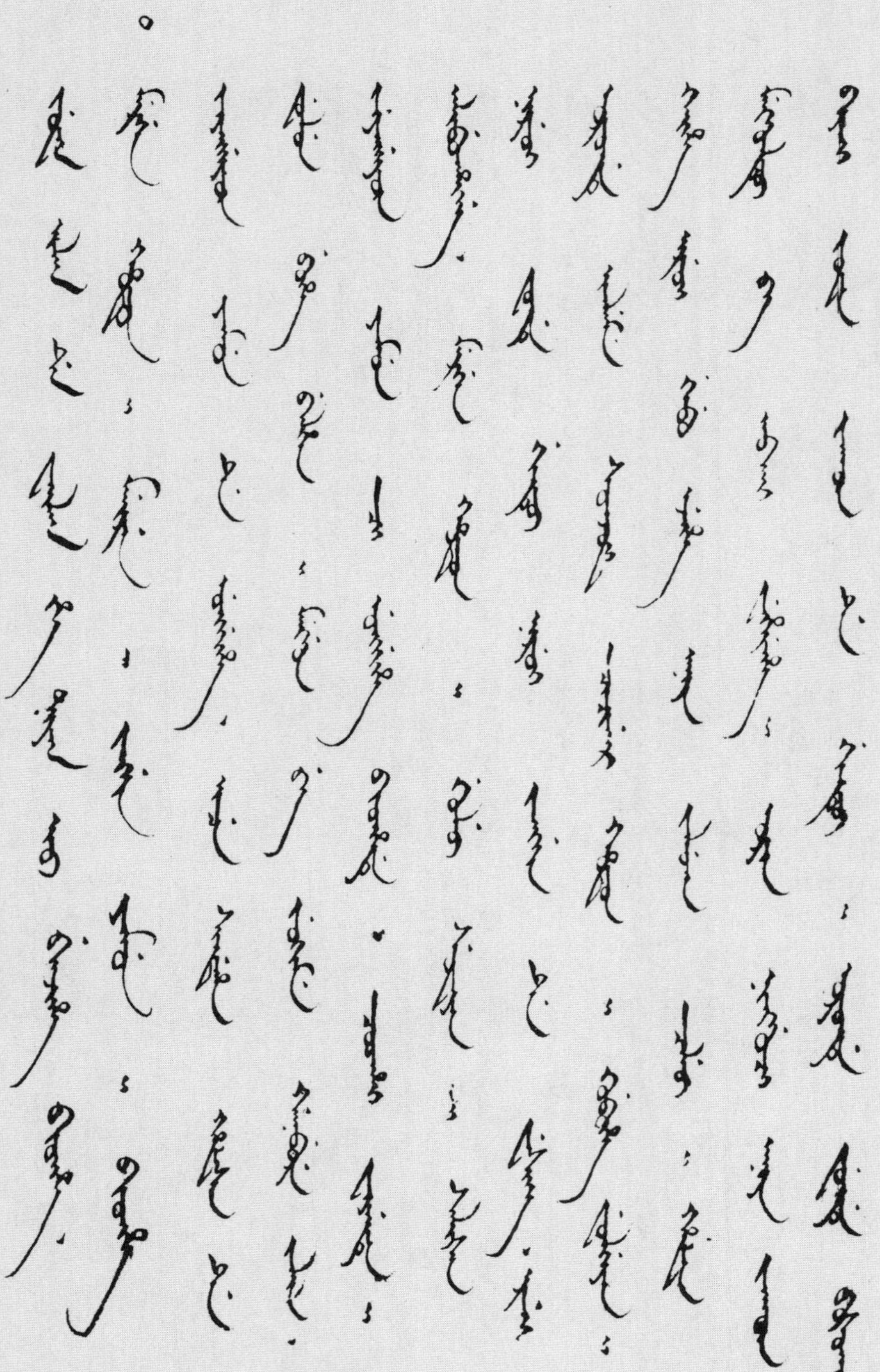

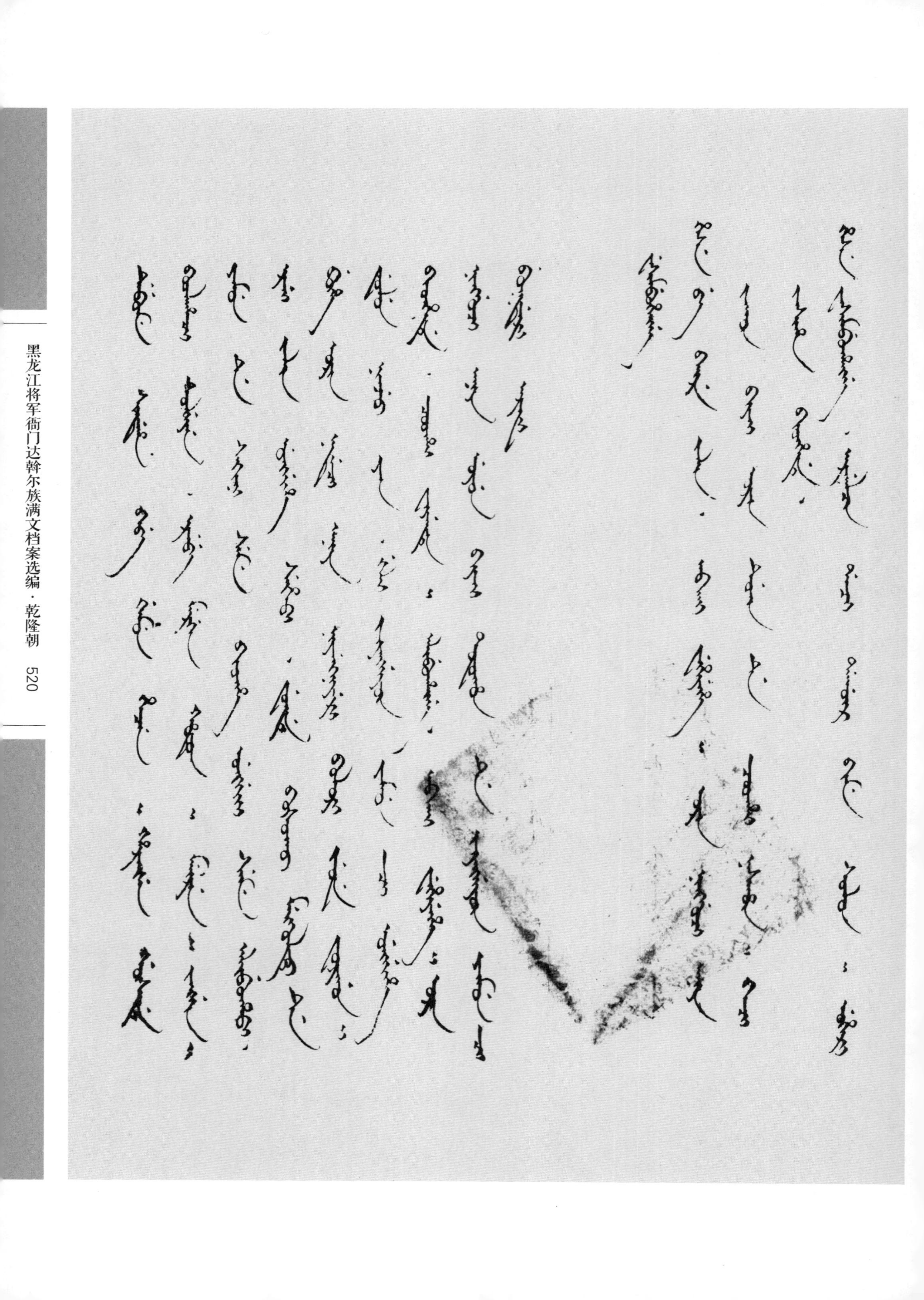

[illegible]

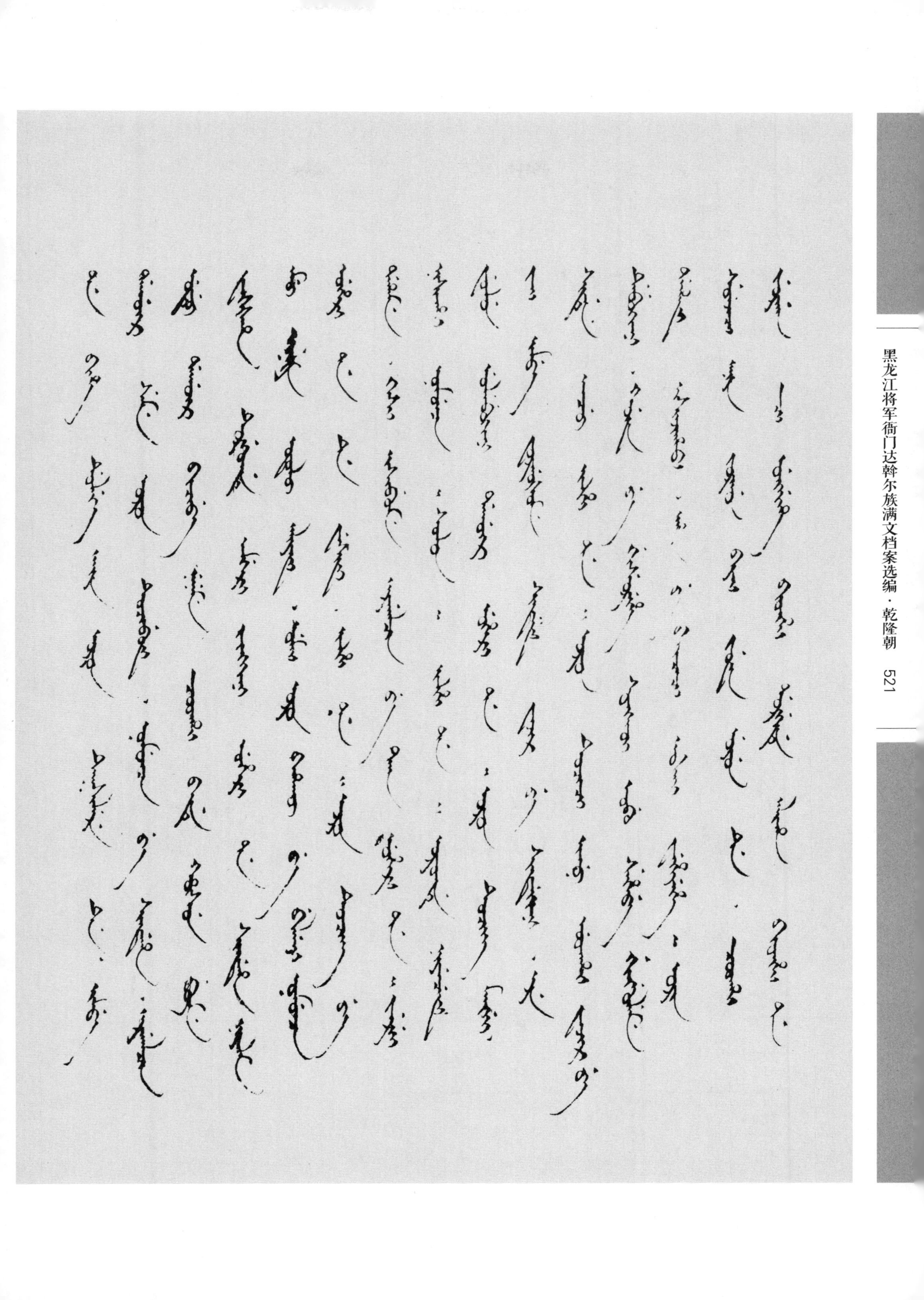

[illegible]

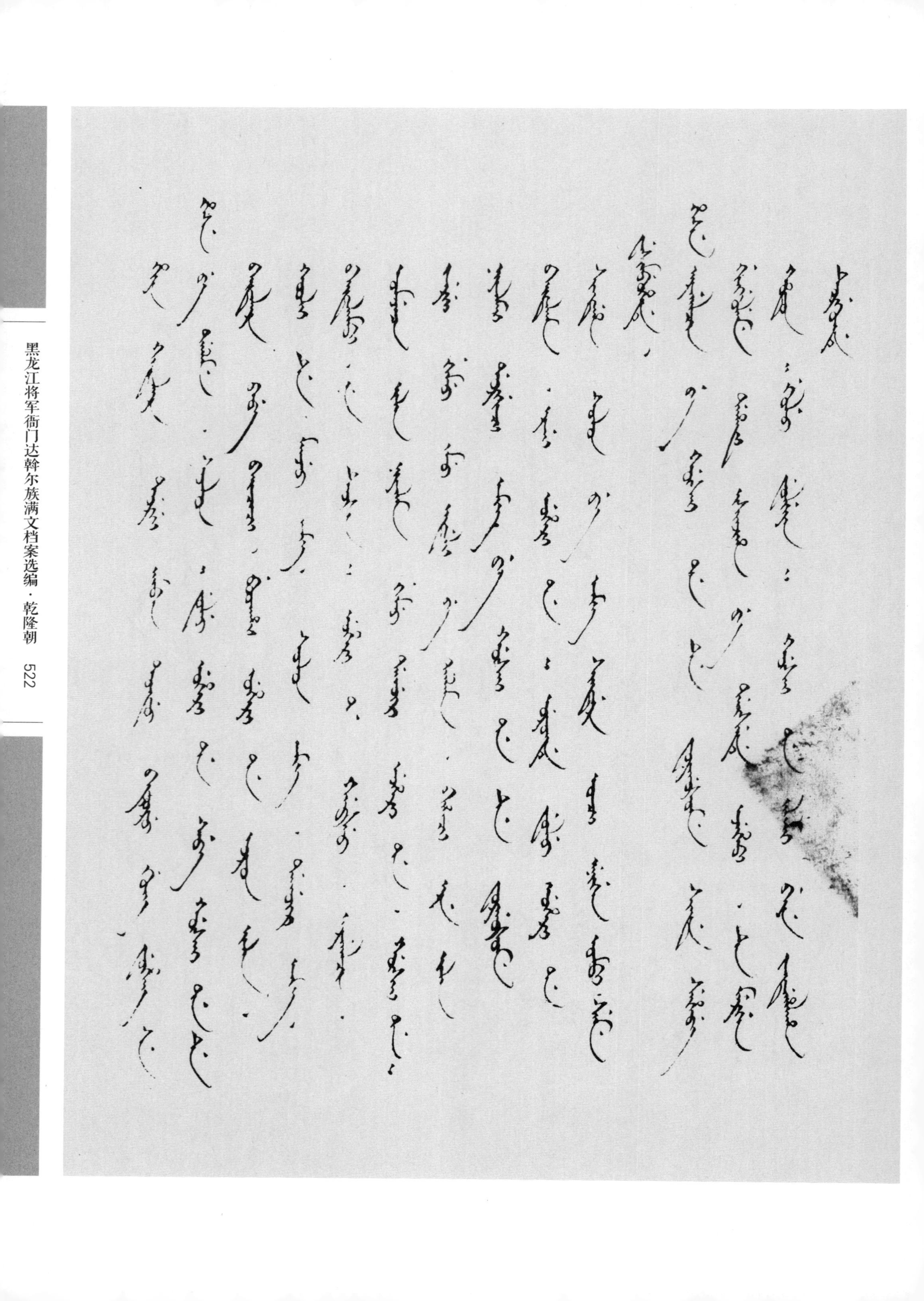

[illegible]

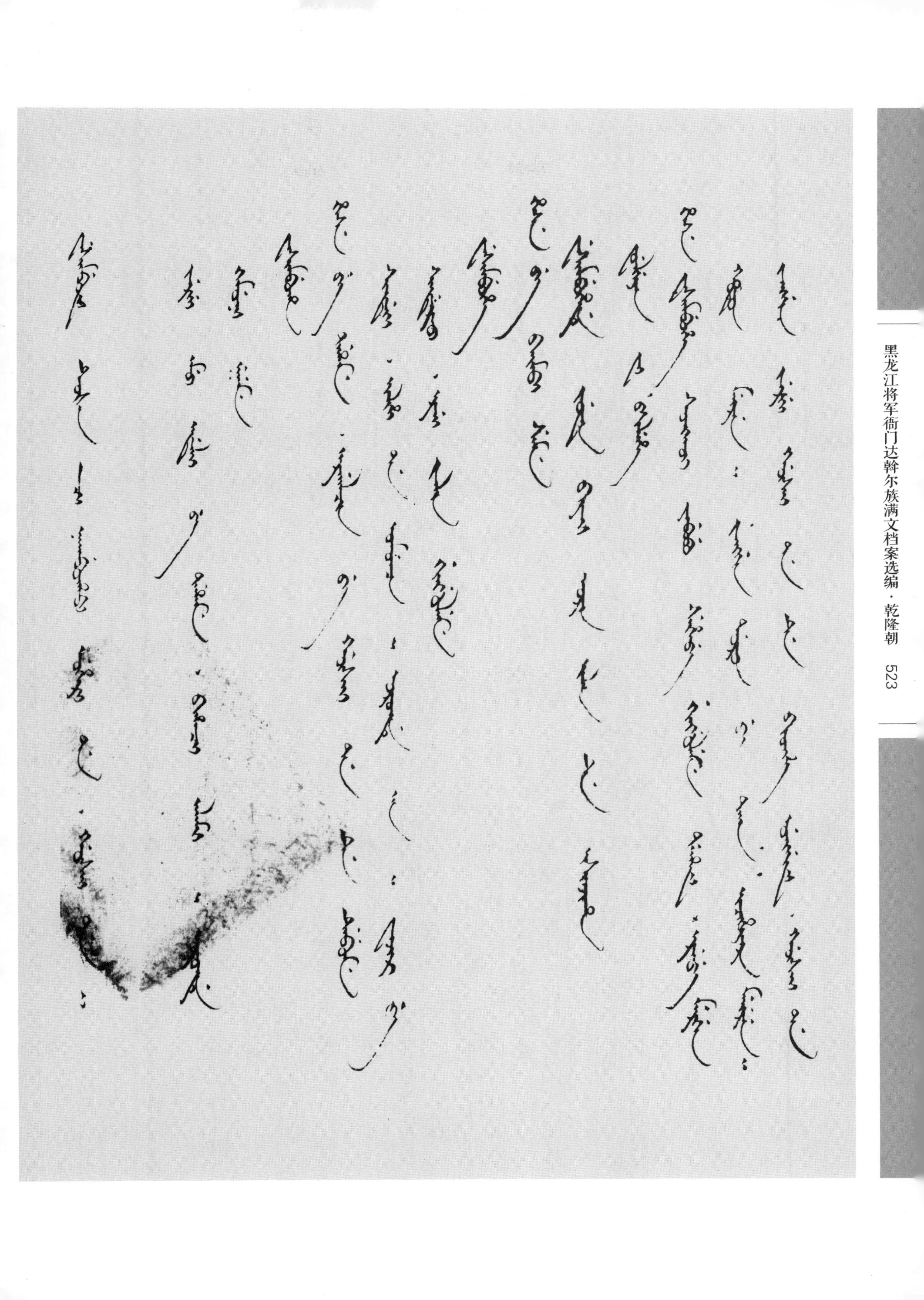

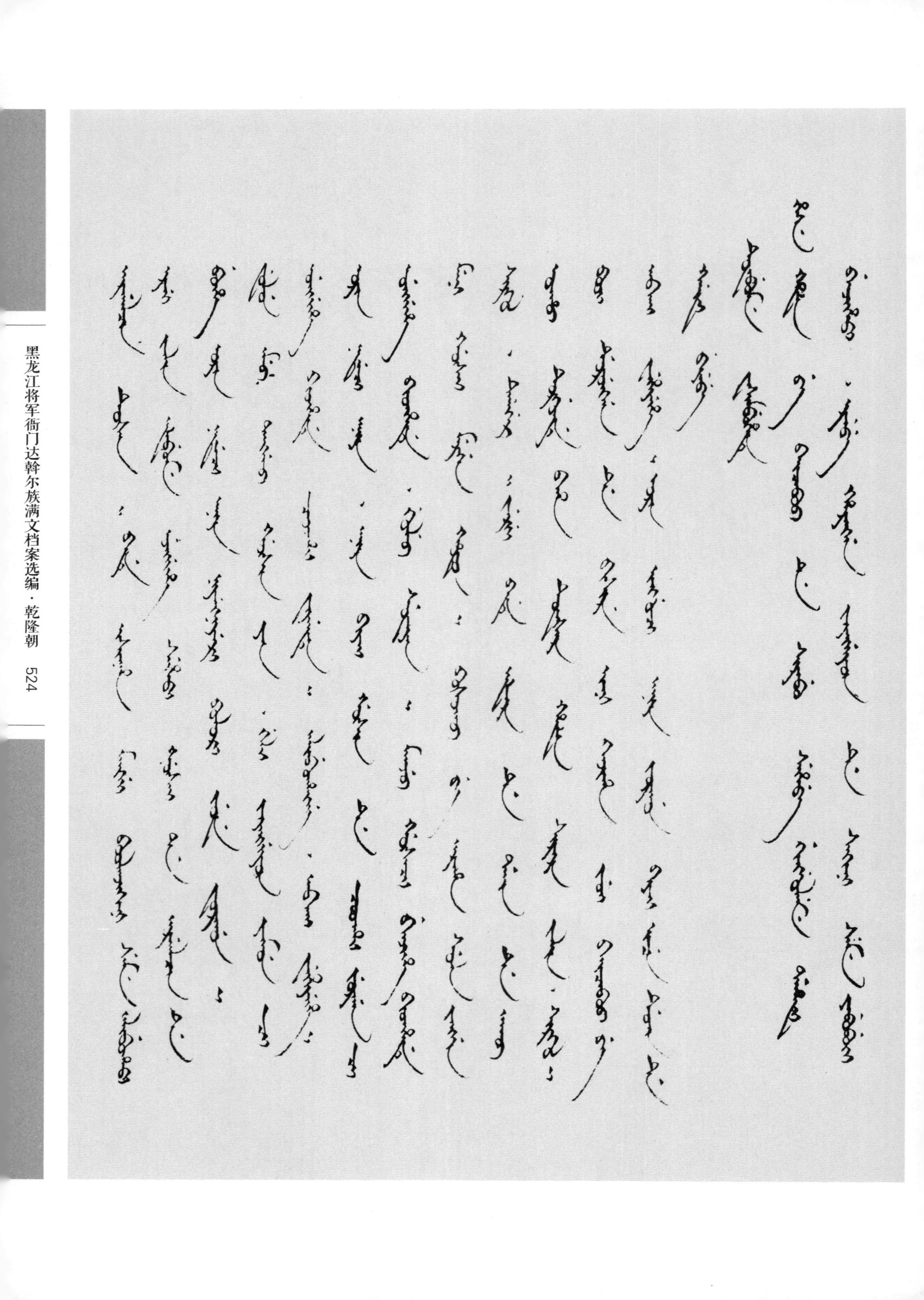

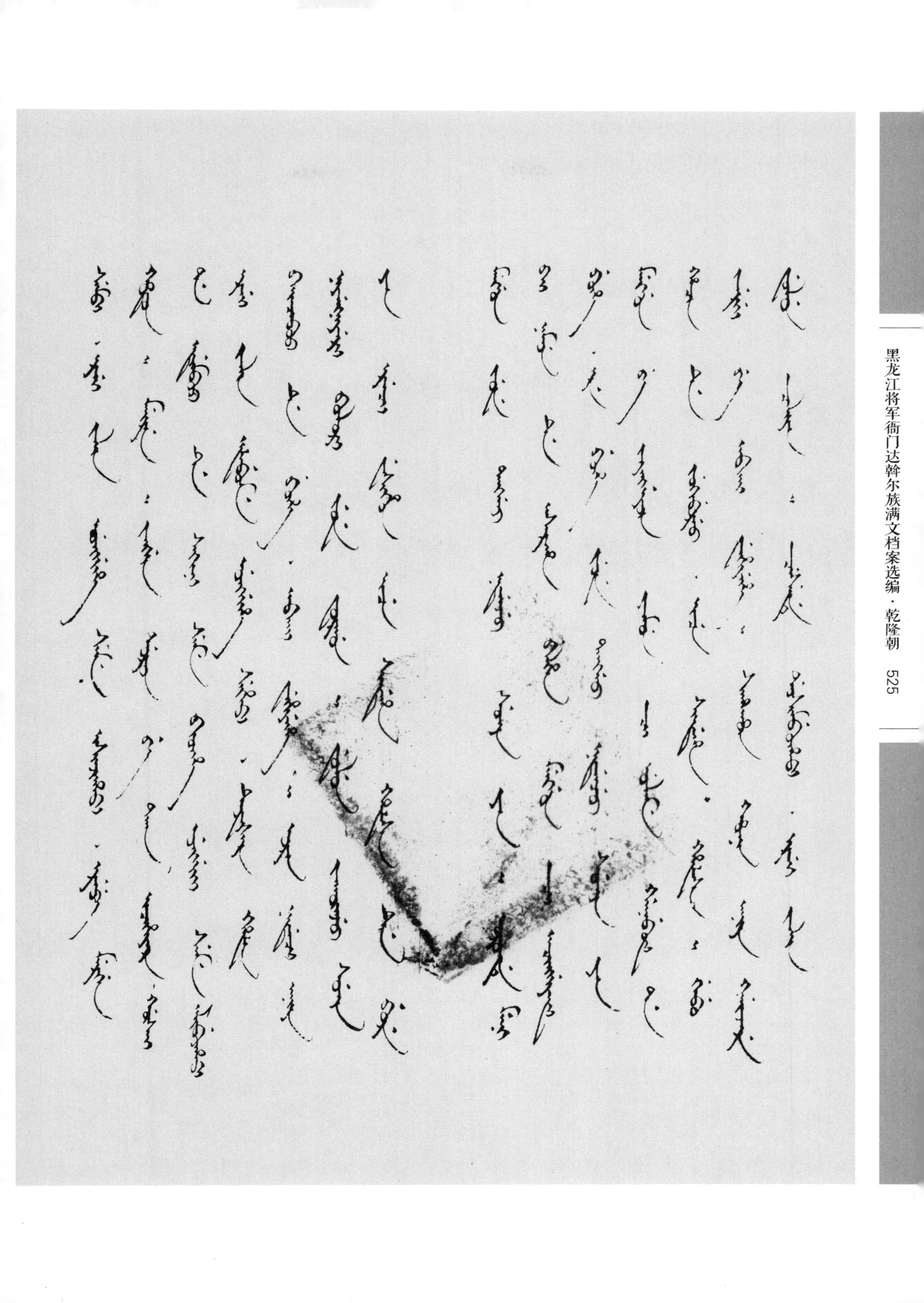

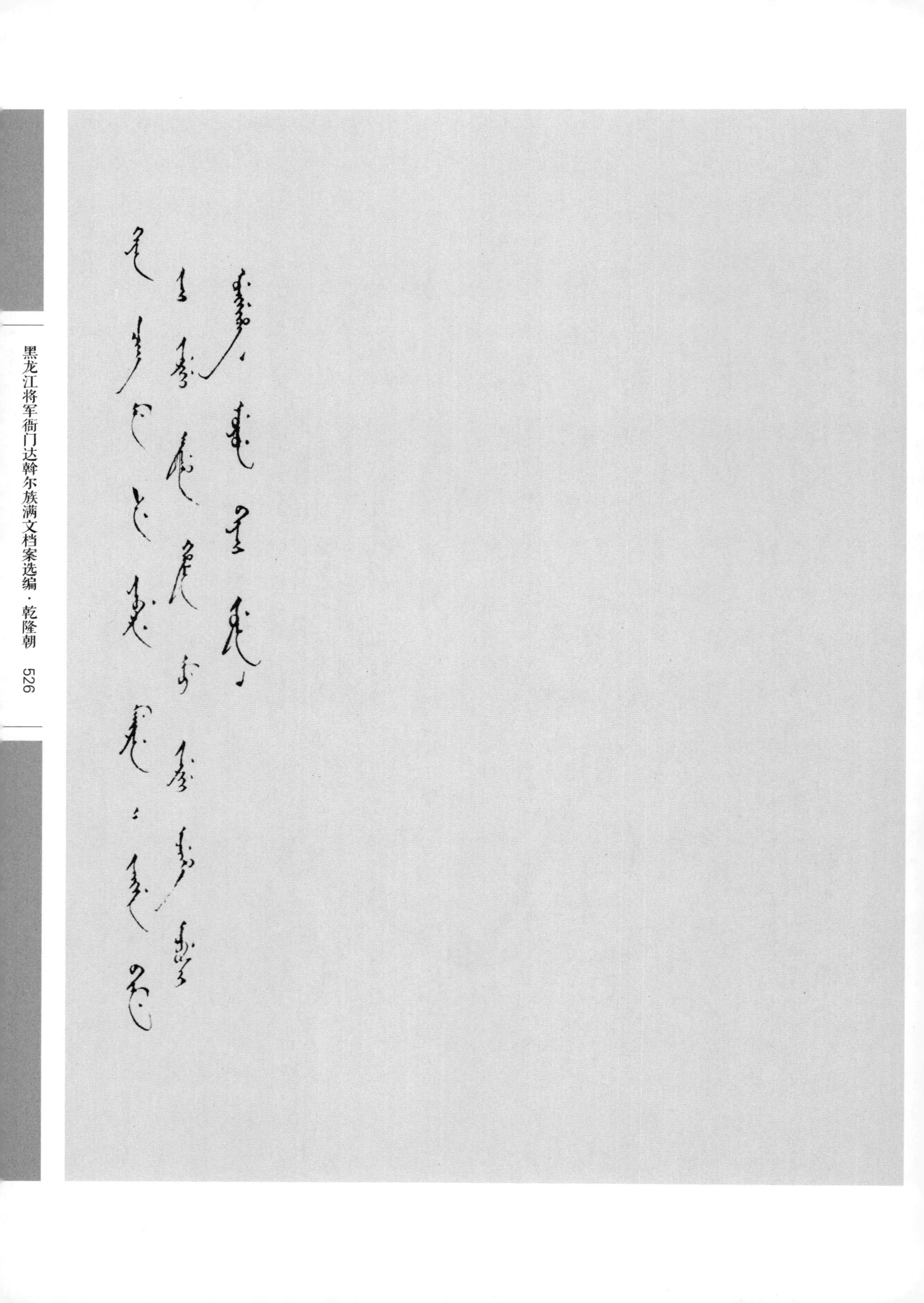

[illegible]

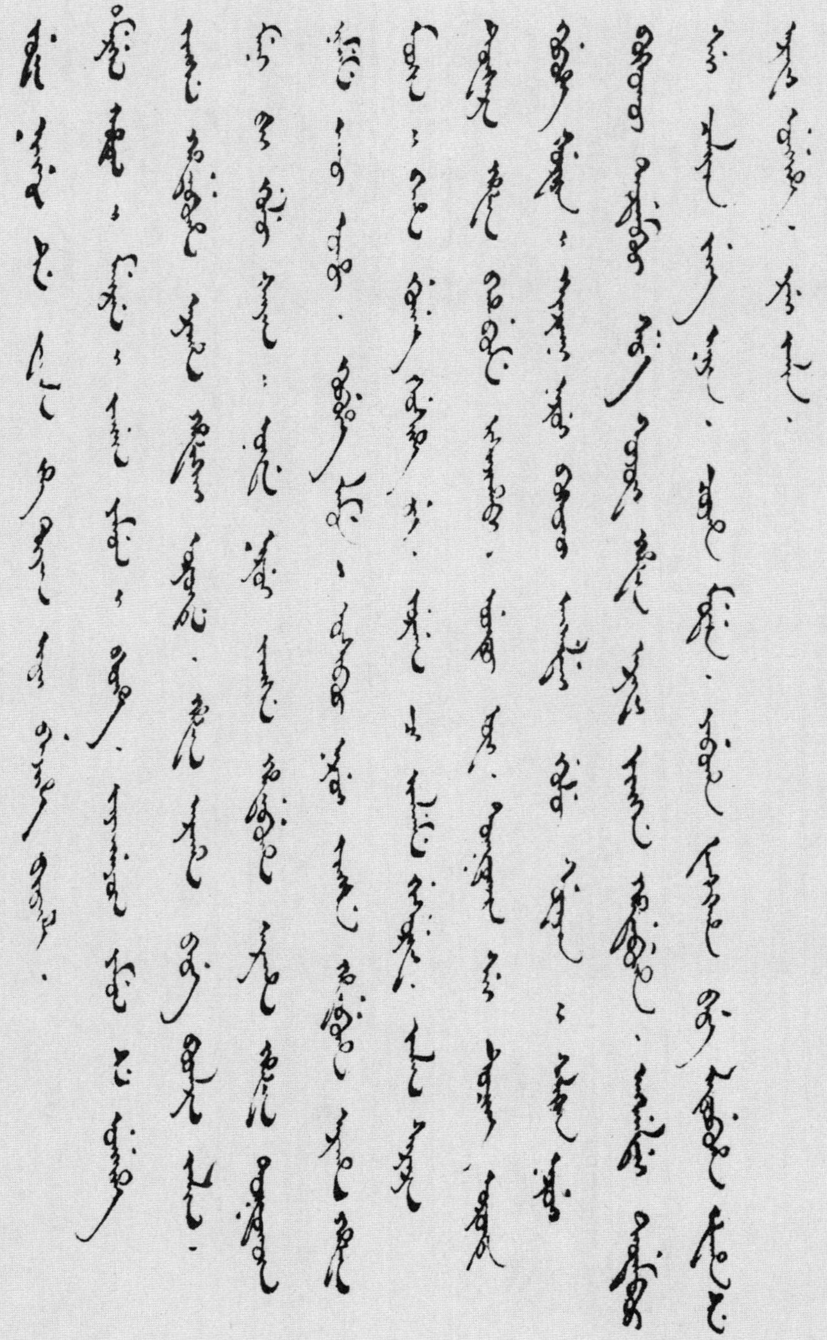

乾隆二十七年九月十六日

一一六〇 墨尔根副都统衙门为挑选达斡尔领催委任顶戴官员事咨黑龙江将军衙门文（附履历单一件）

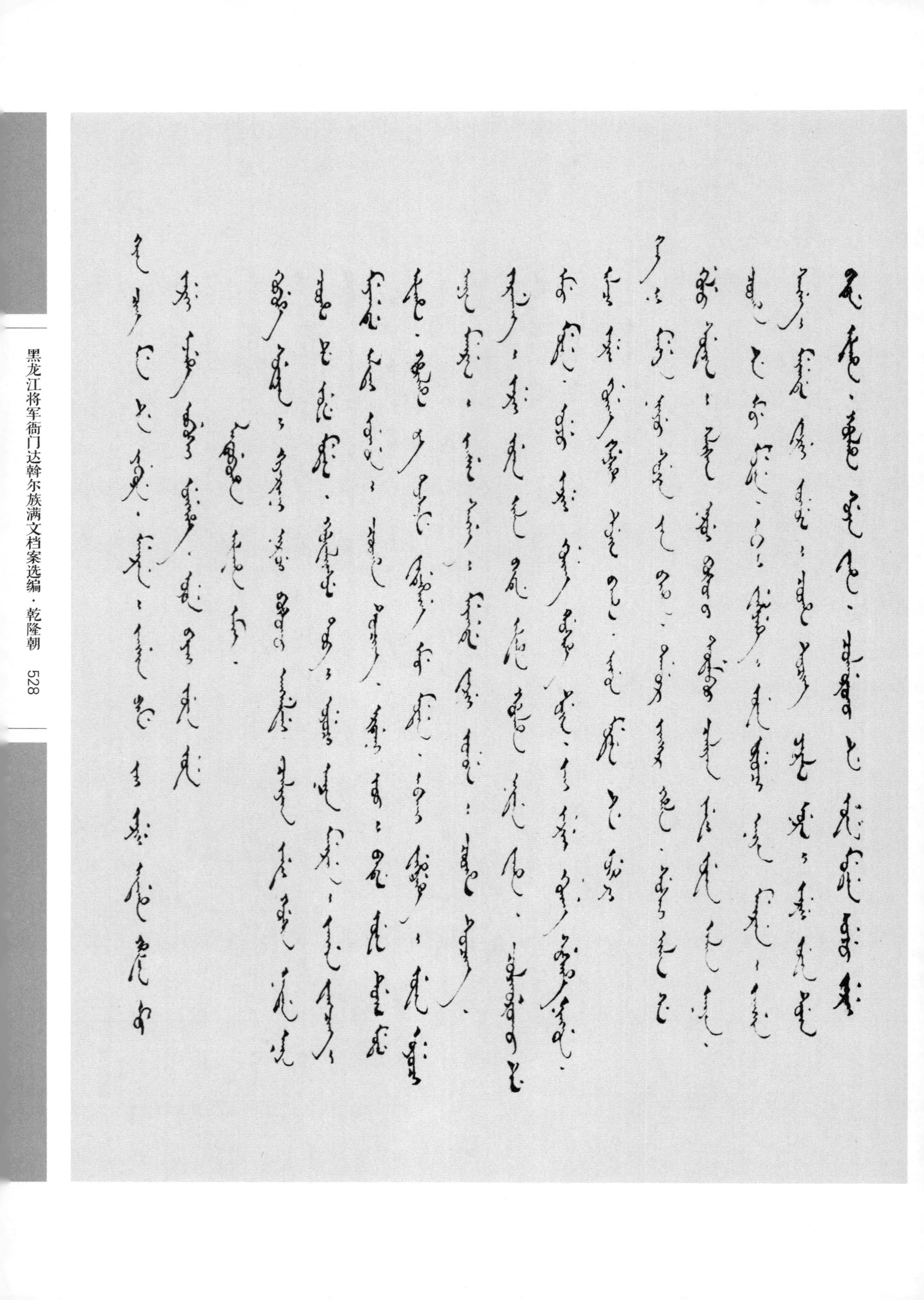

[illegible]

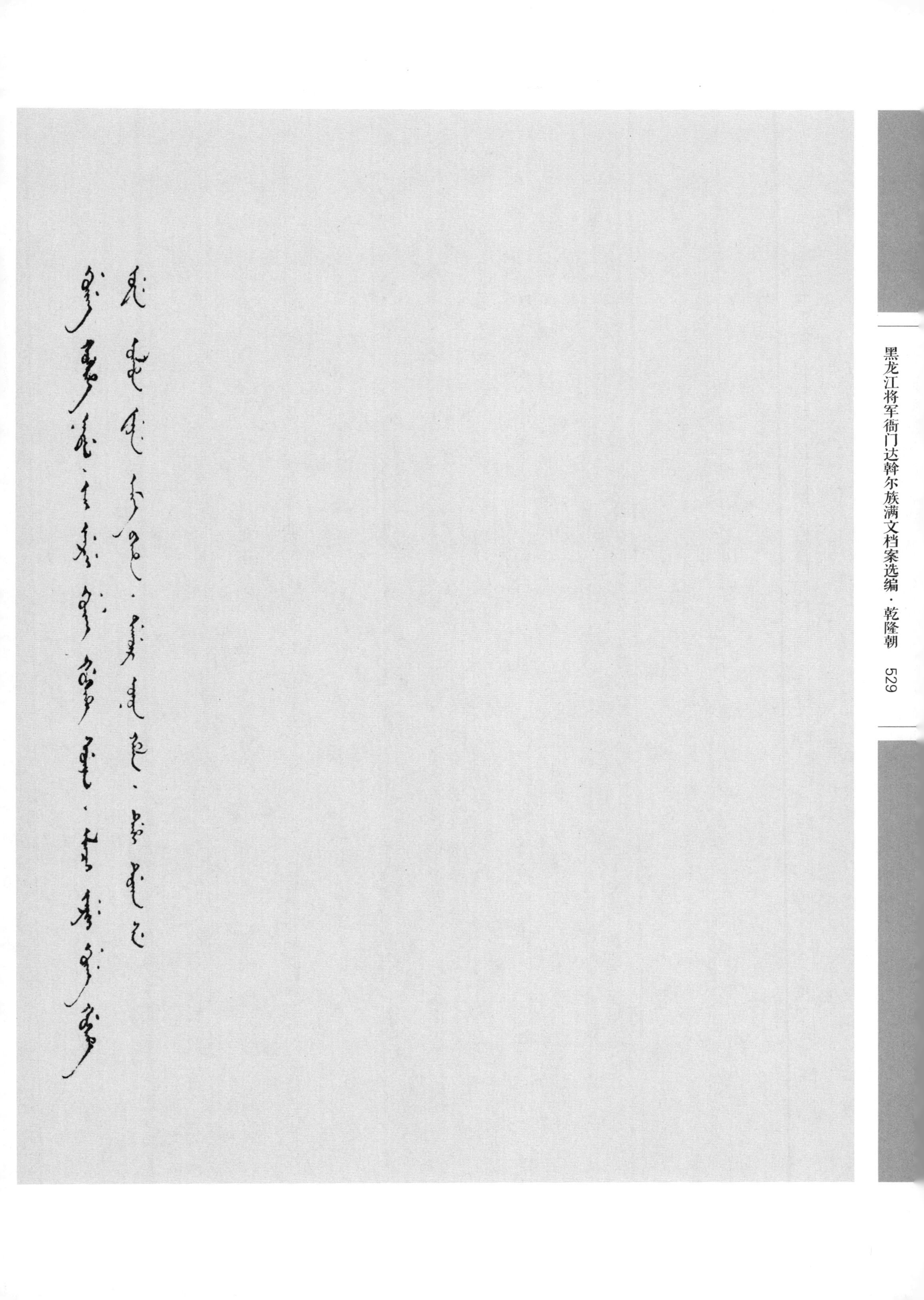

乾隆二十七年九月二十一日

一一六一　布特哈索伦达斡尔总管噶布舒等为黑龙江佐领达色出缺拟选达斡尔云骑尉席尔库勒等员事

咨呈黑龙江将军衙门文

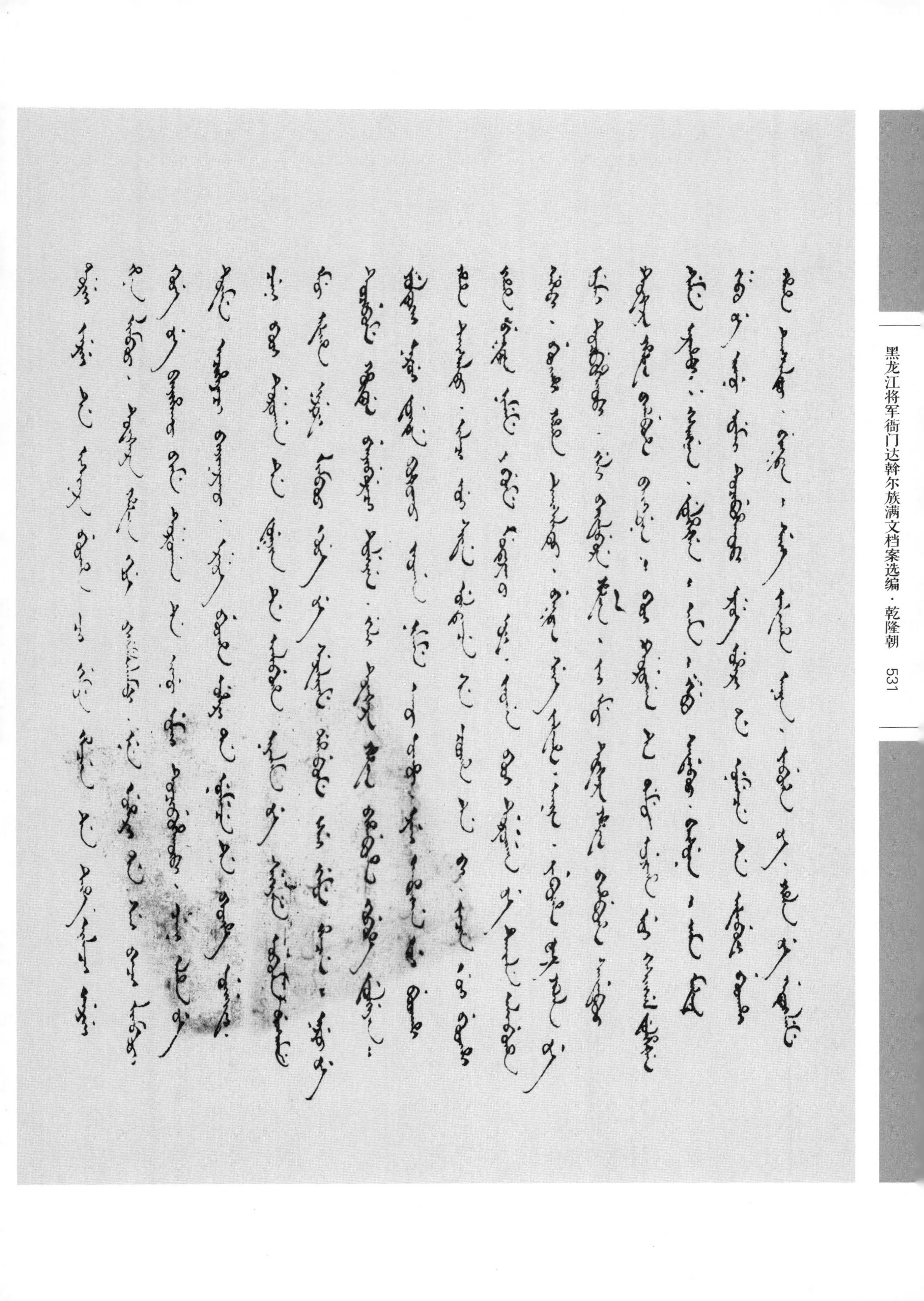

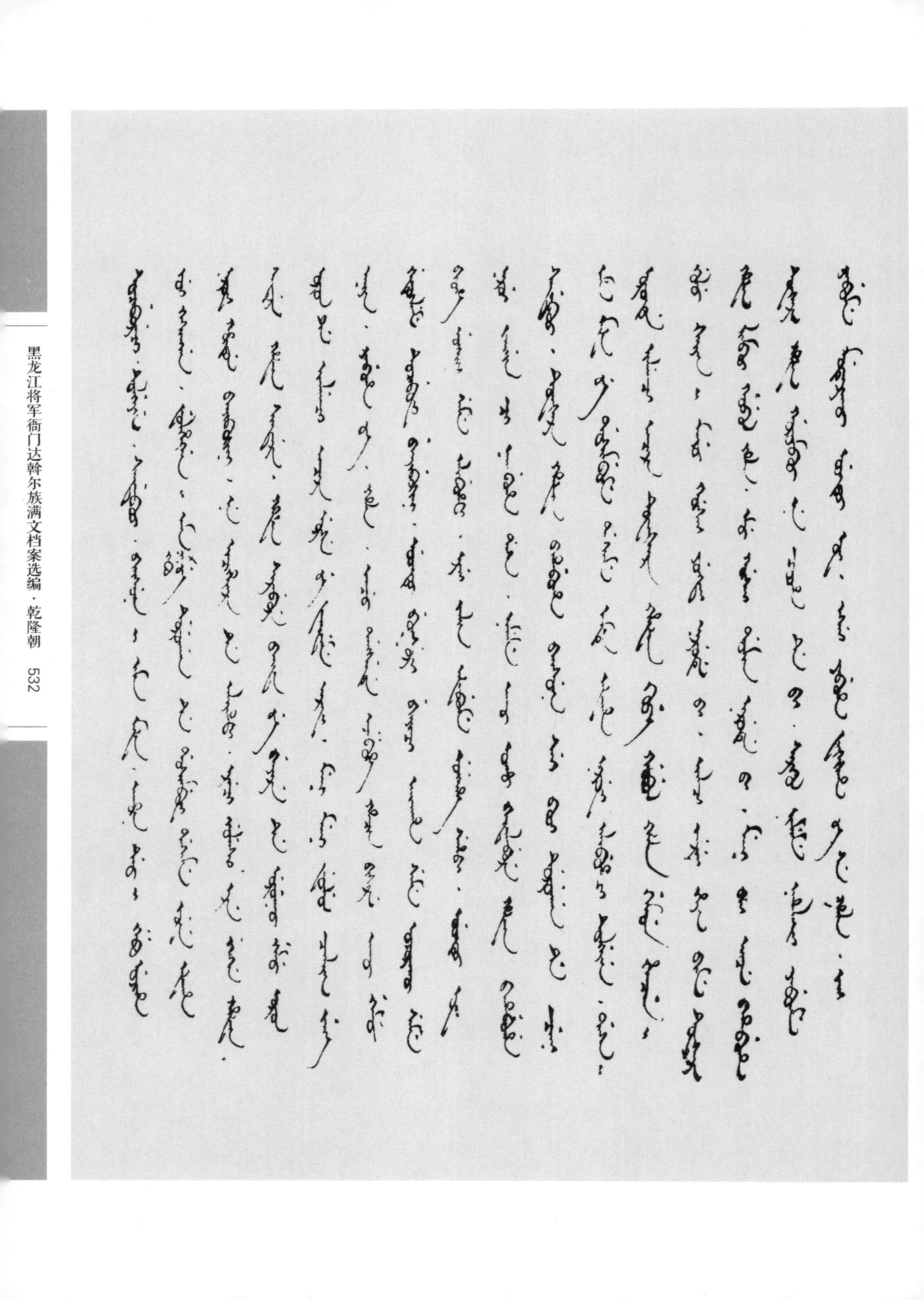

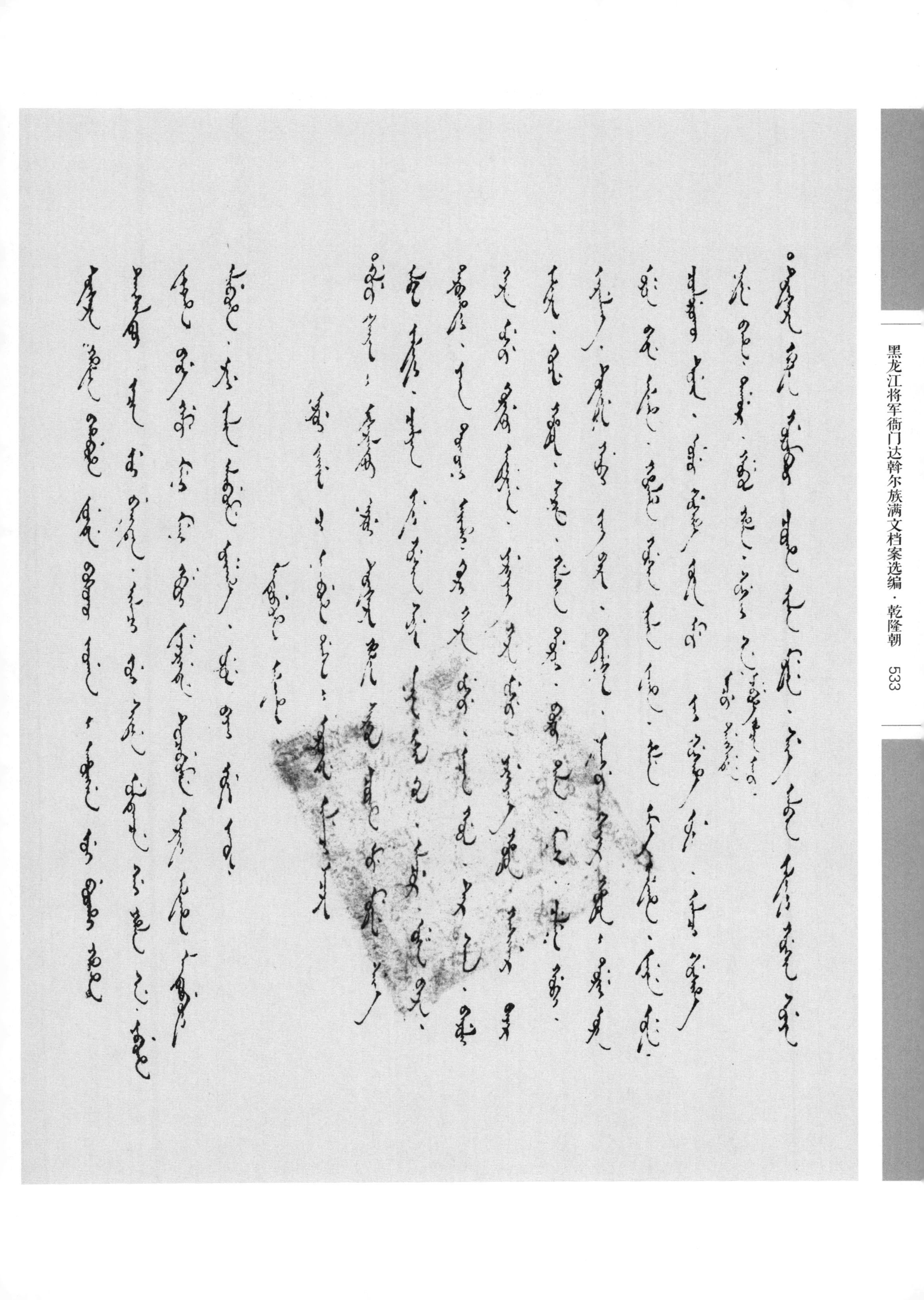

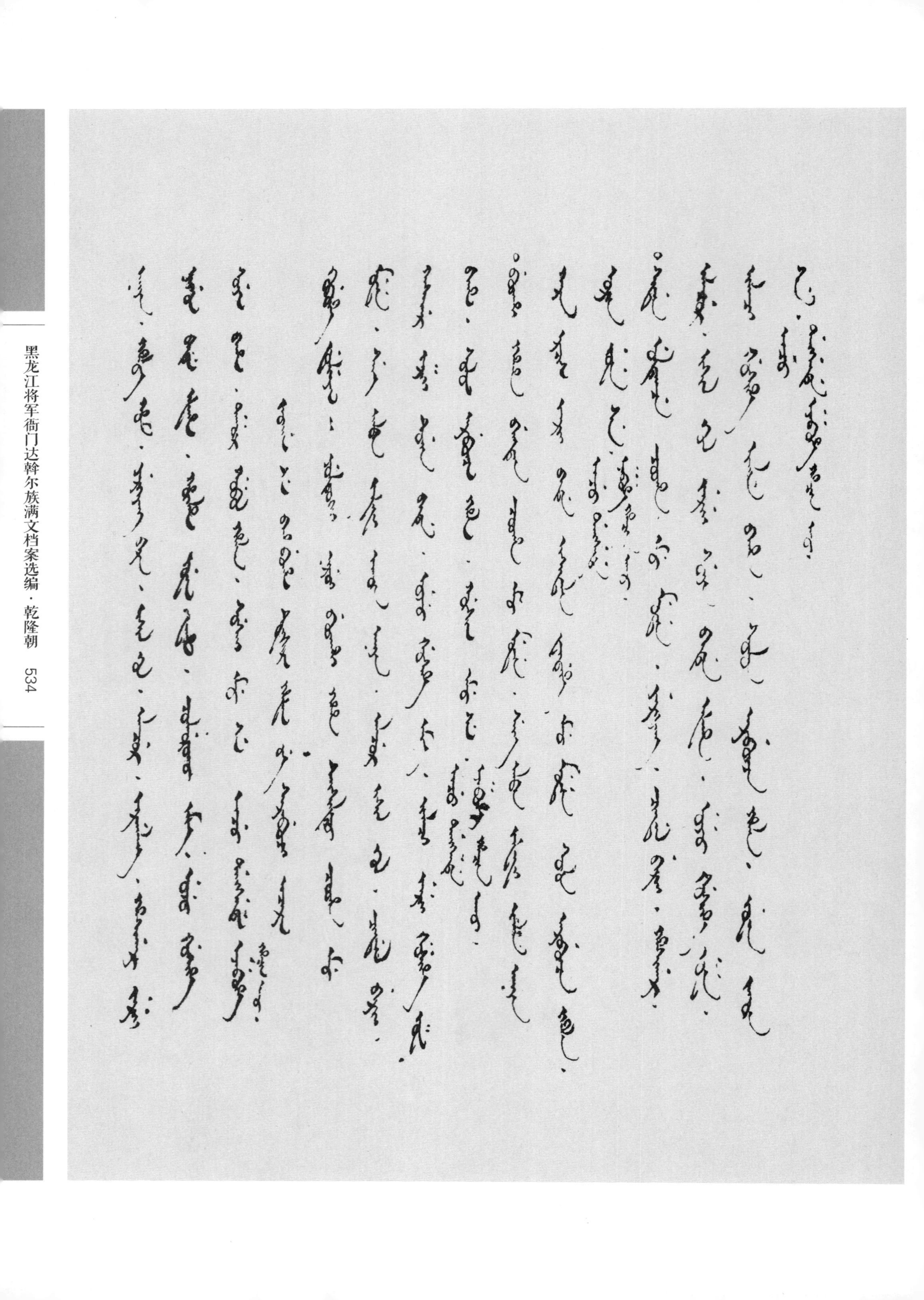

一一六二 黑龙江将军衙门为齐齐哈尔墨尔根等处满洲达斡尔等员军政考核并造册报送事咨兵部文

（附册一件）

乾隆二十七年九月二十二日

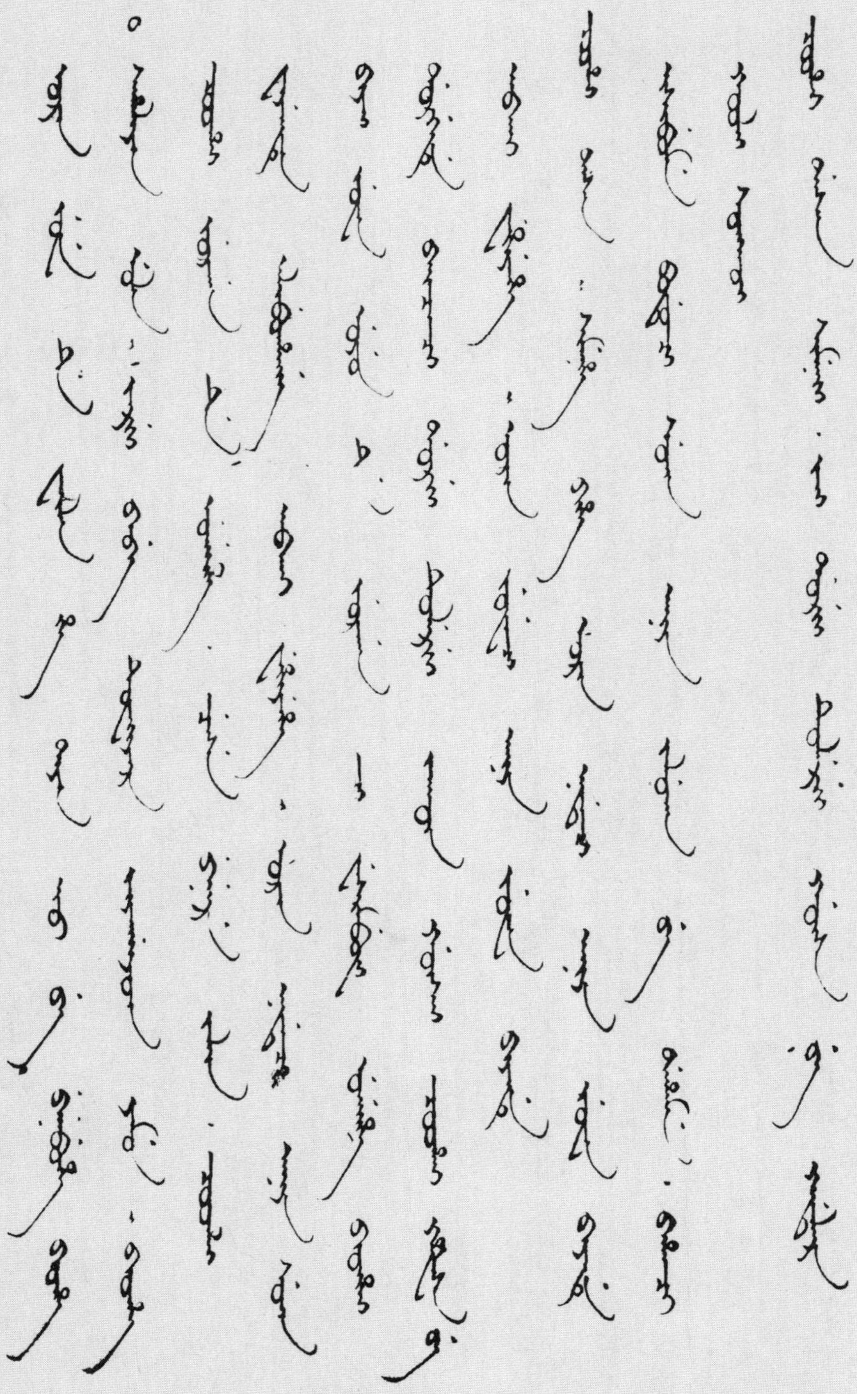

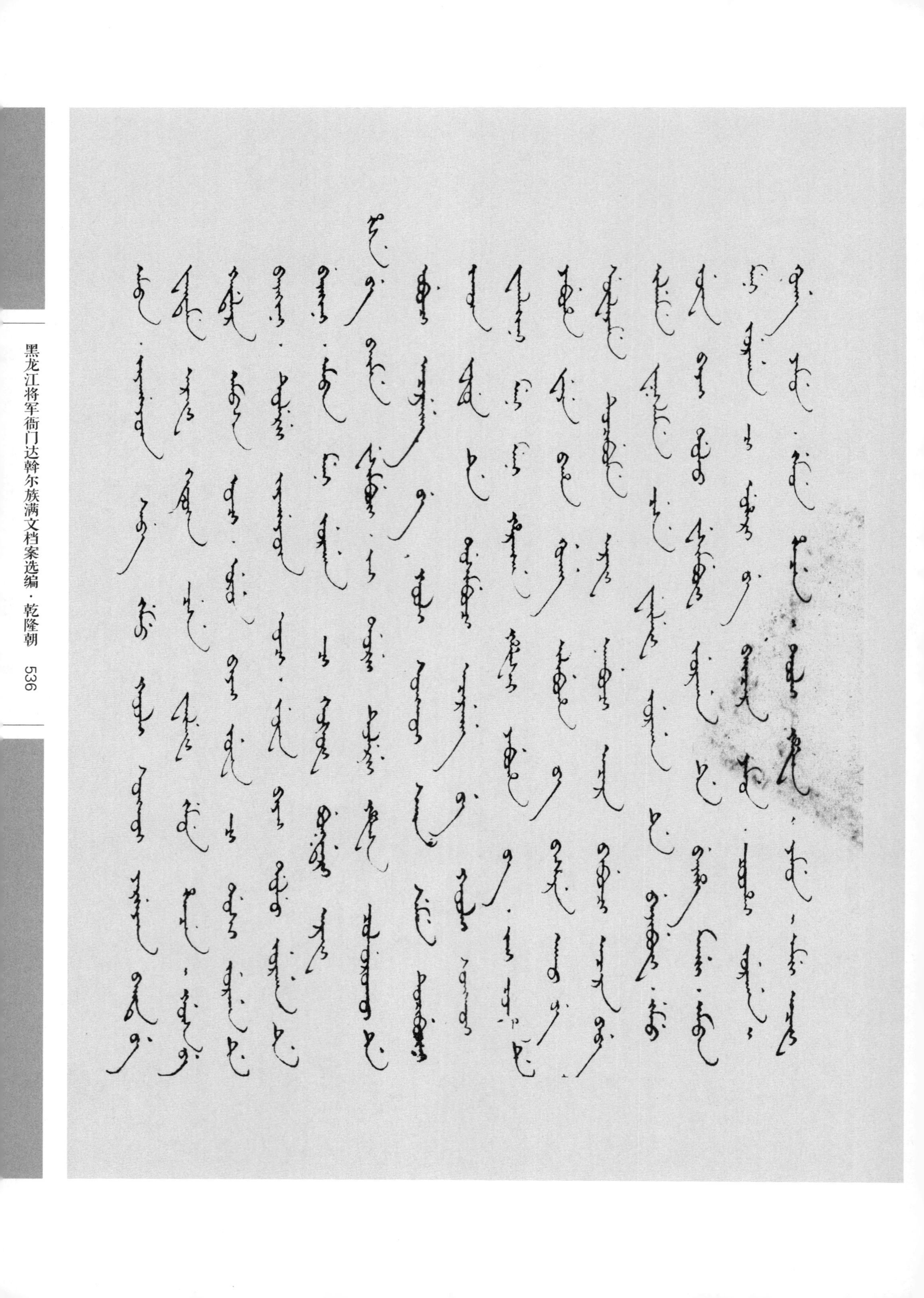

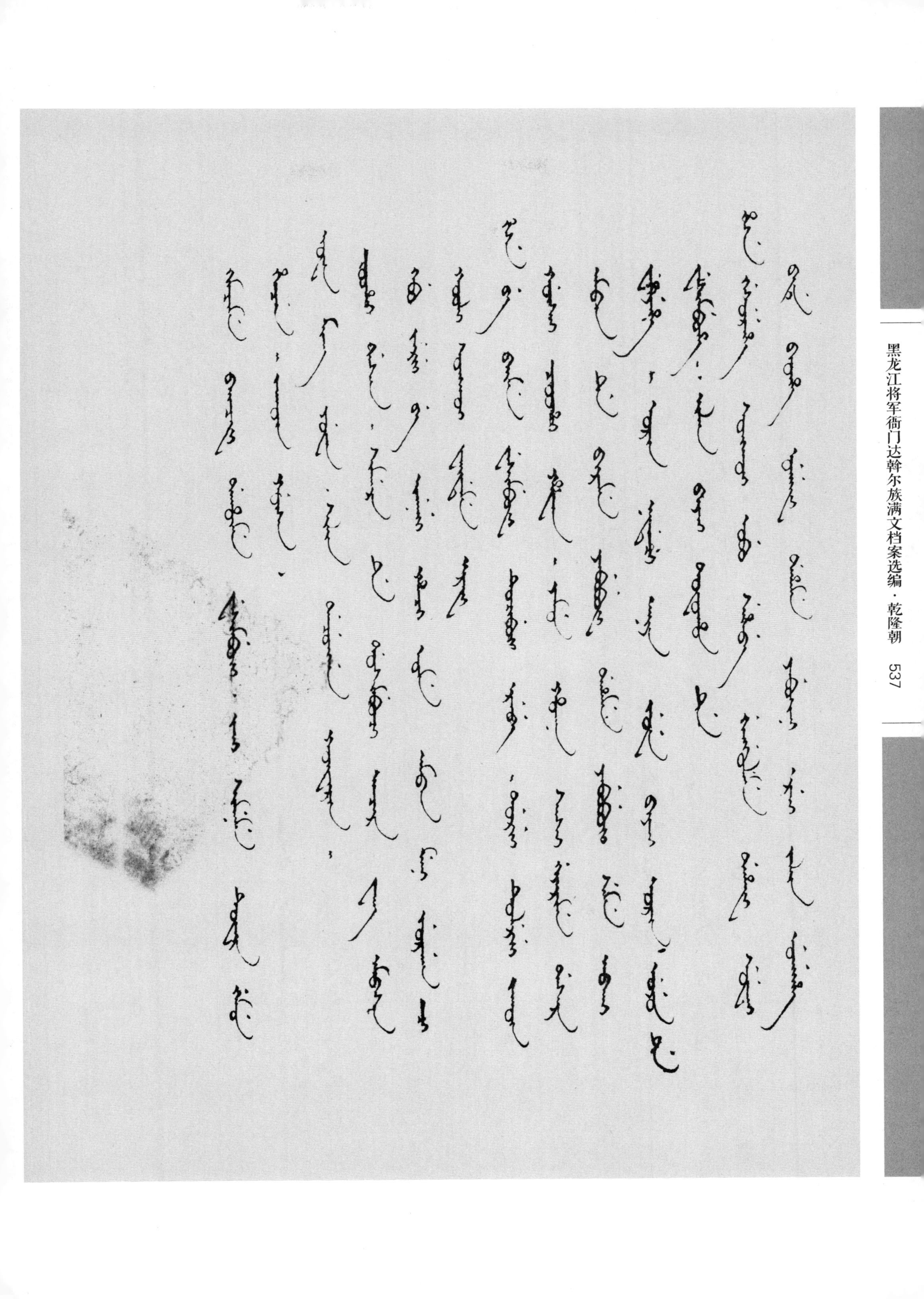

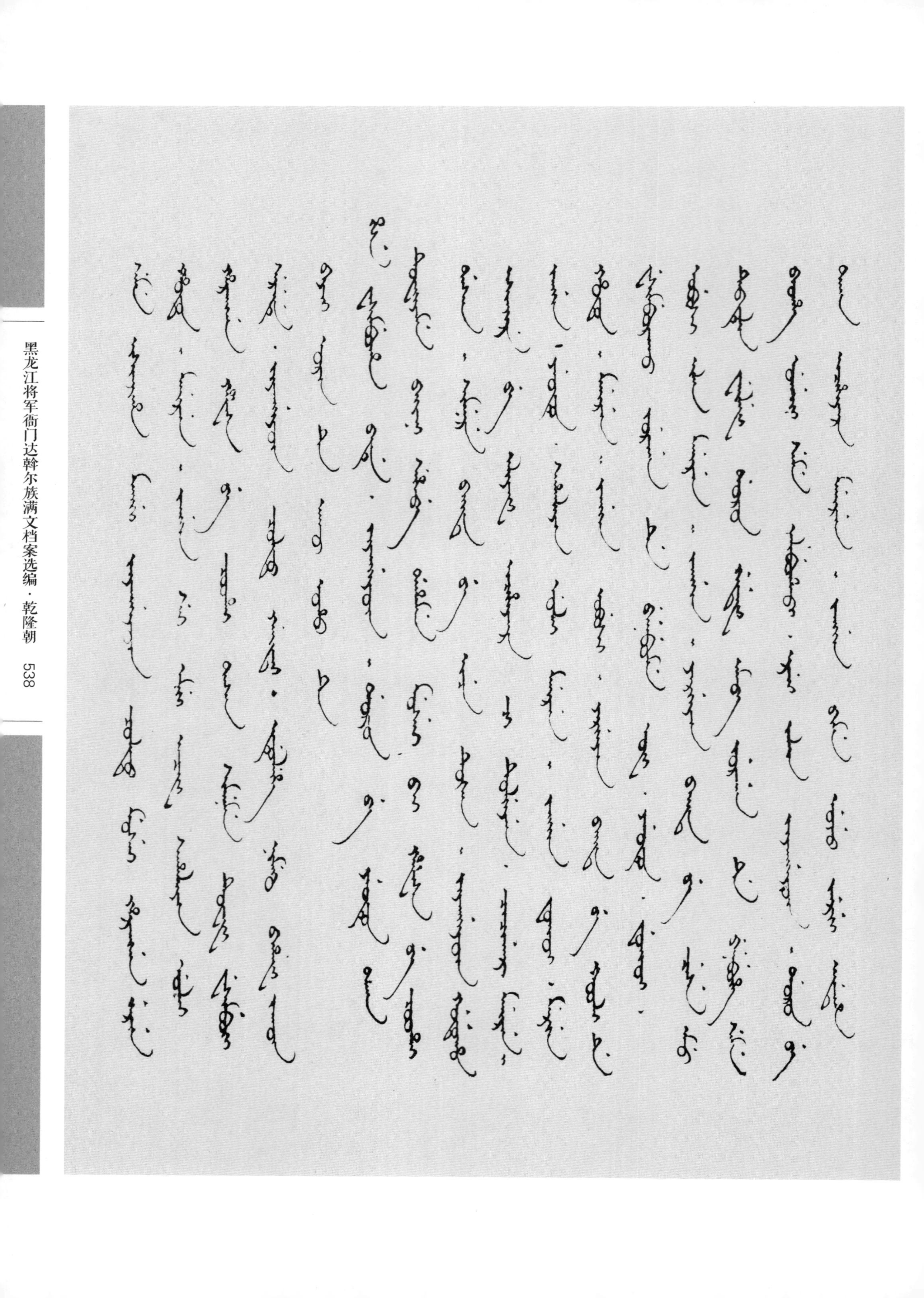

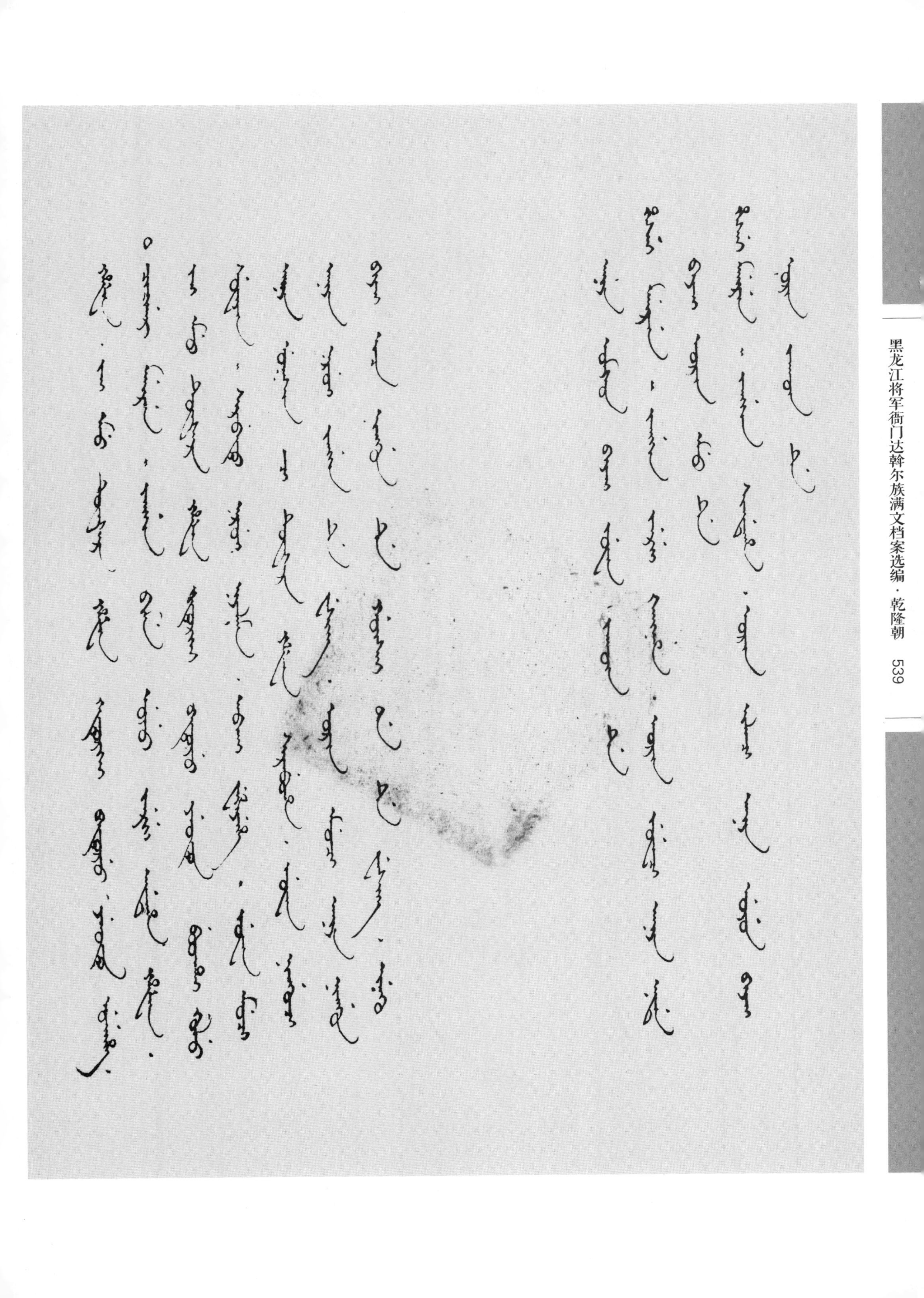

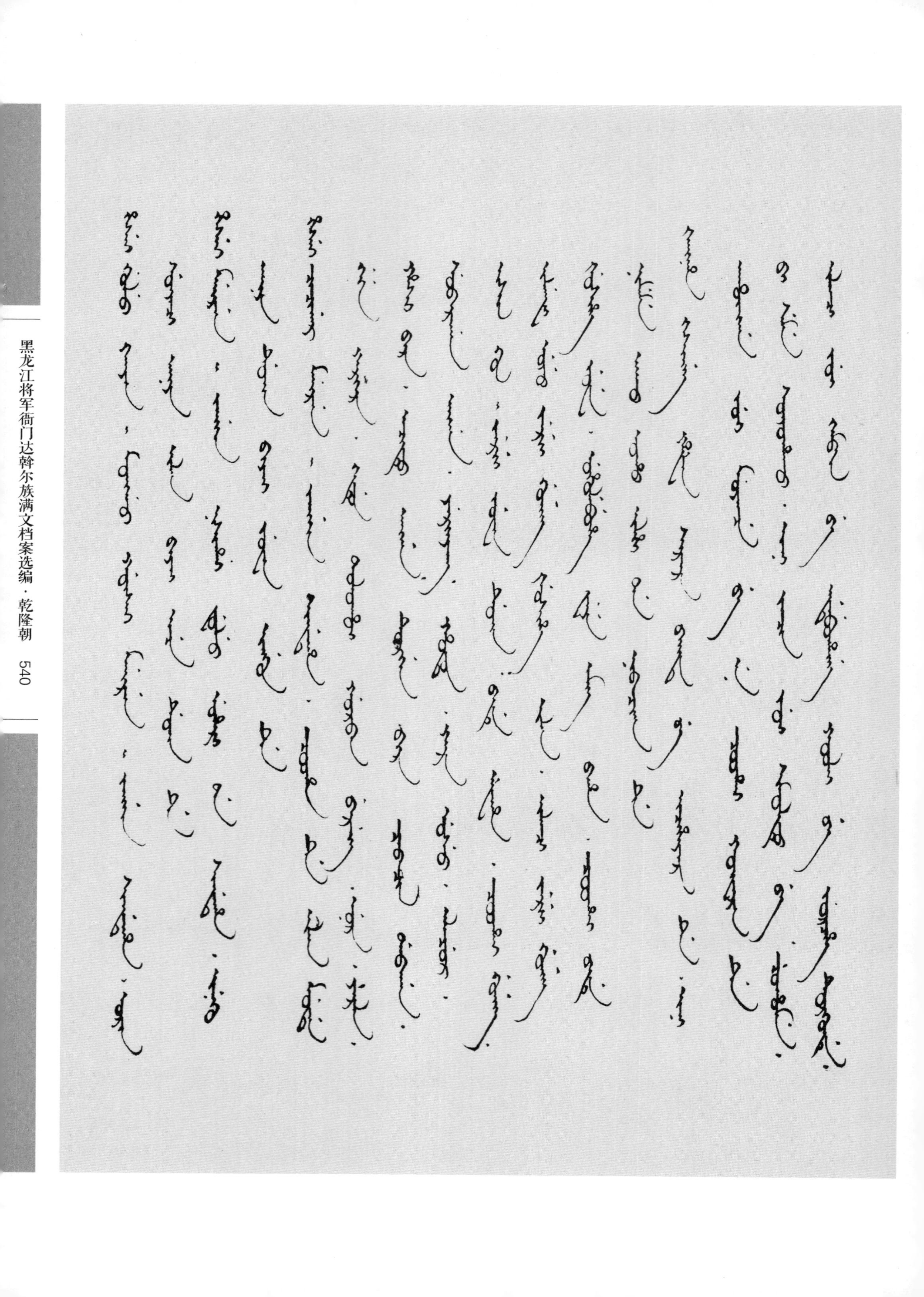

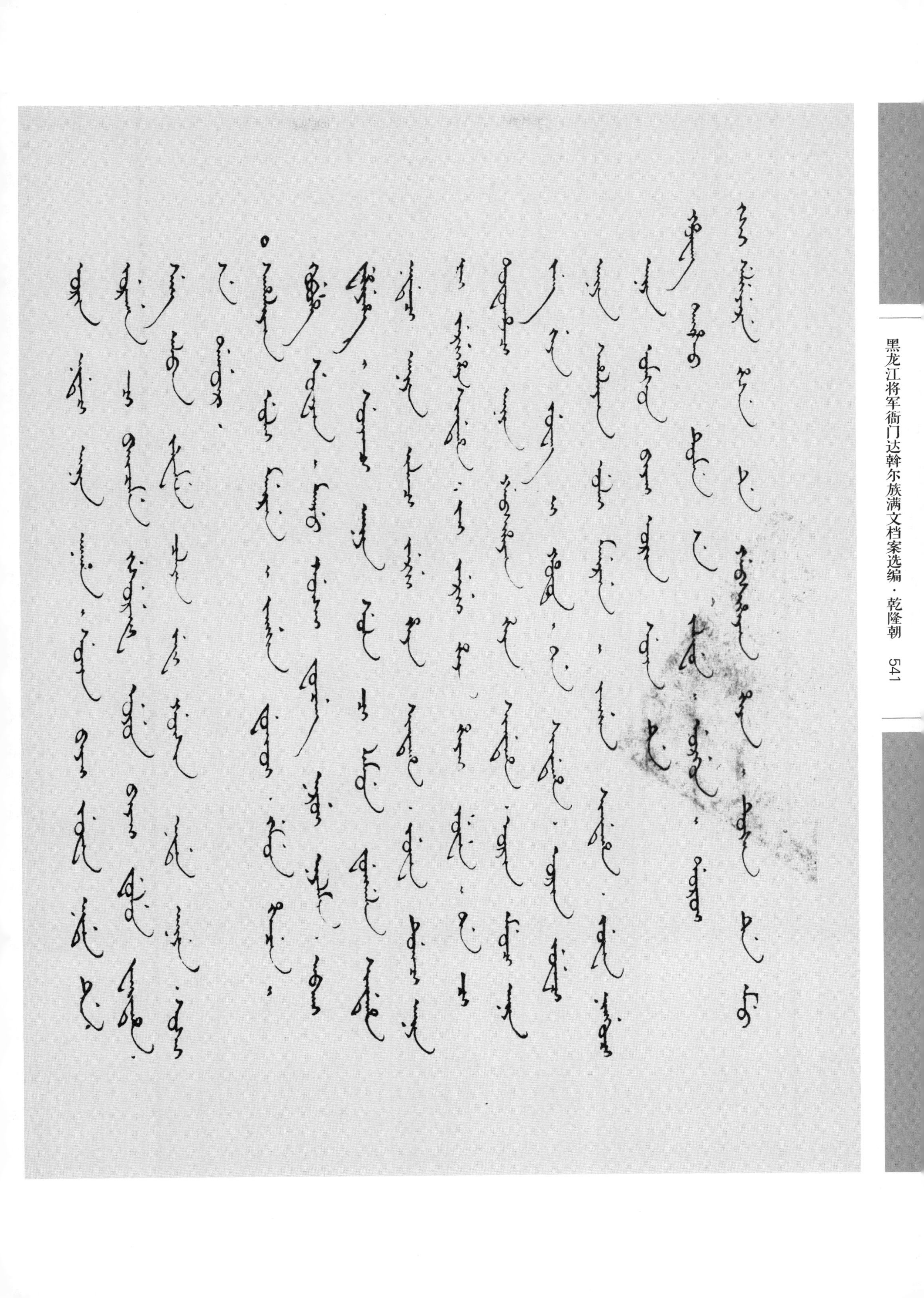

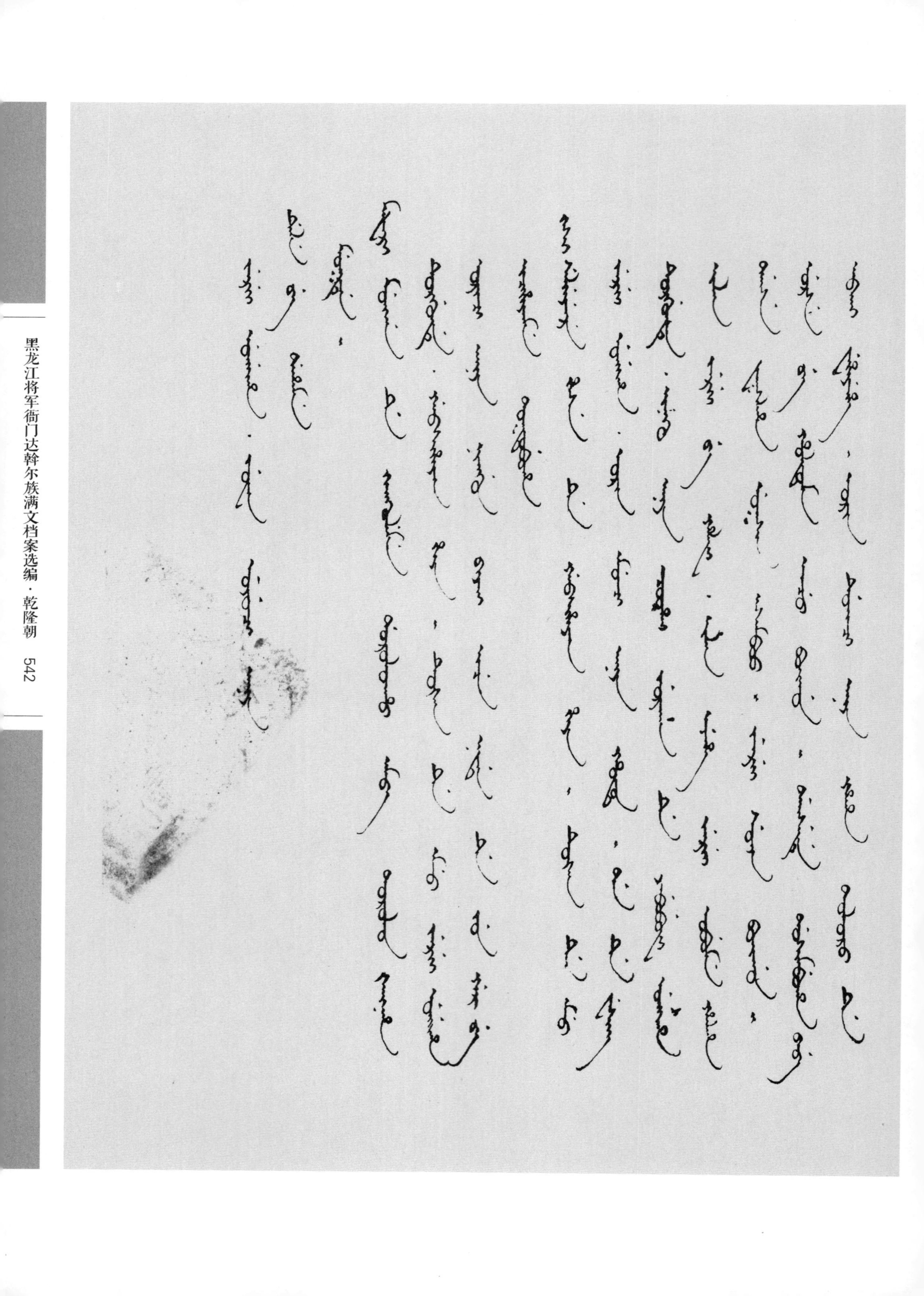

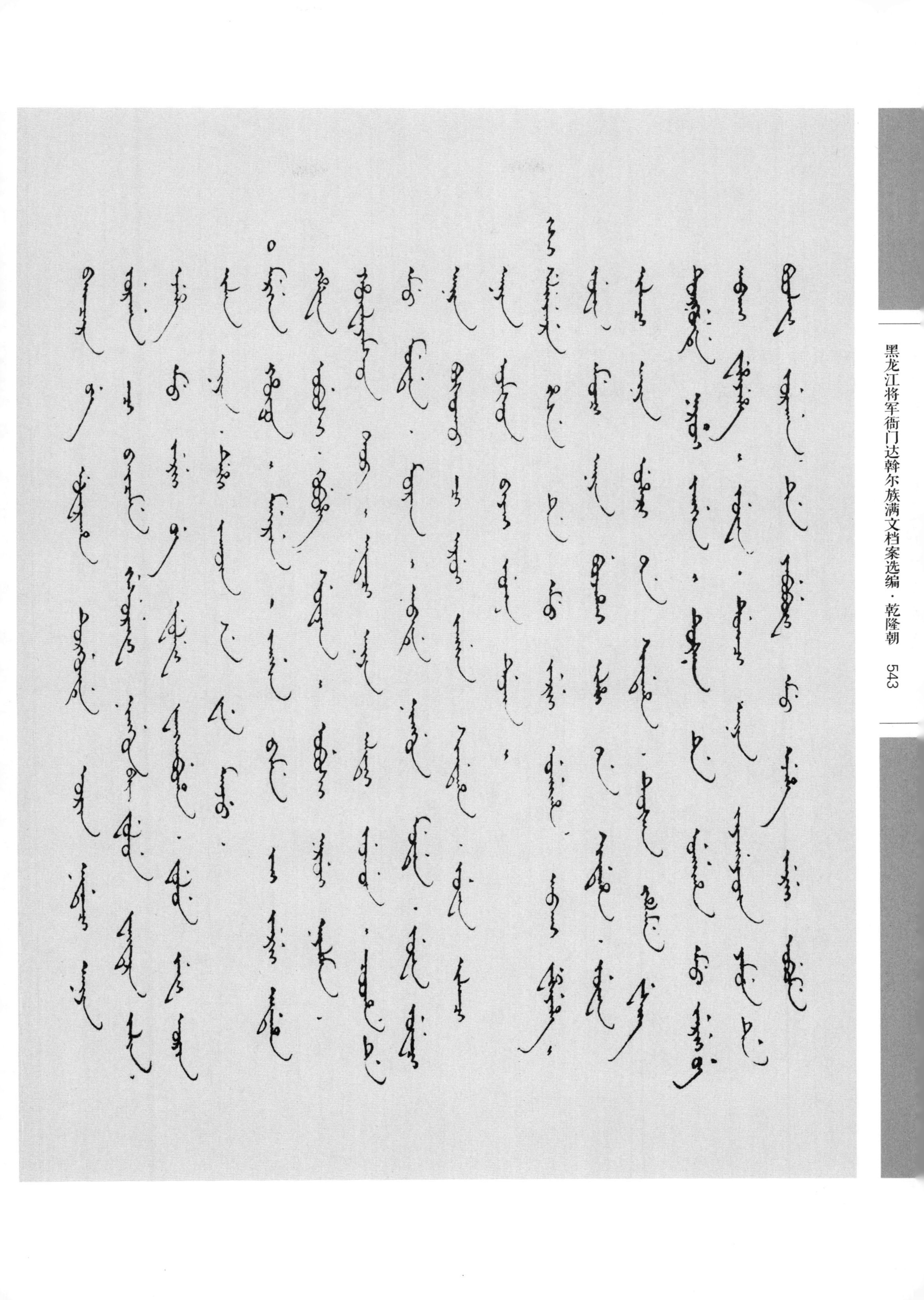

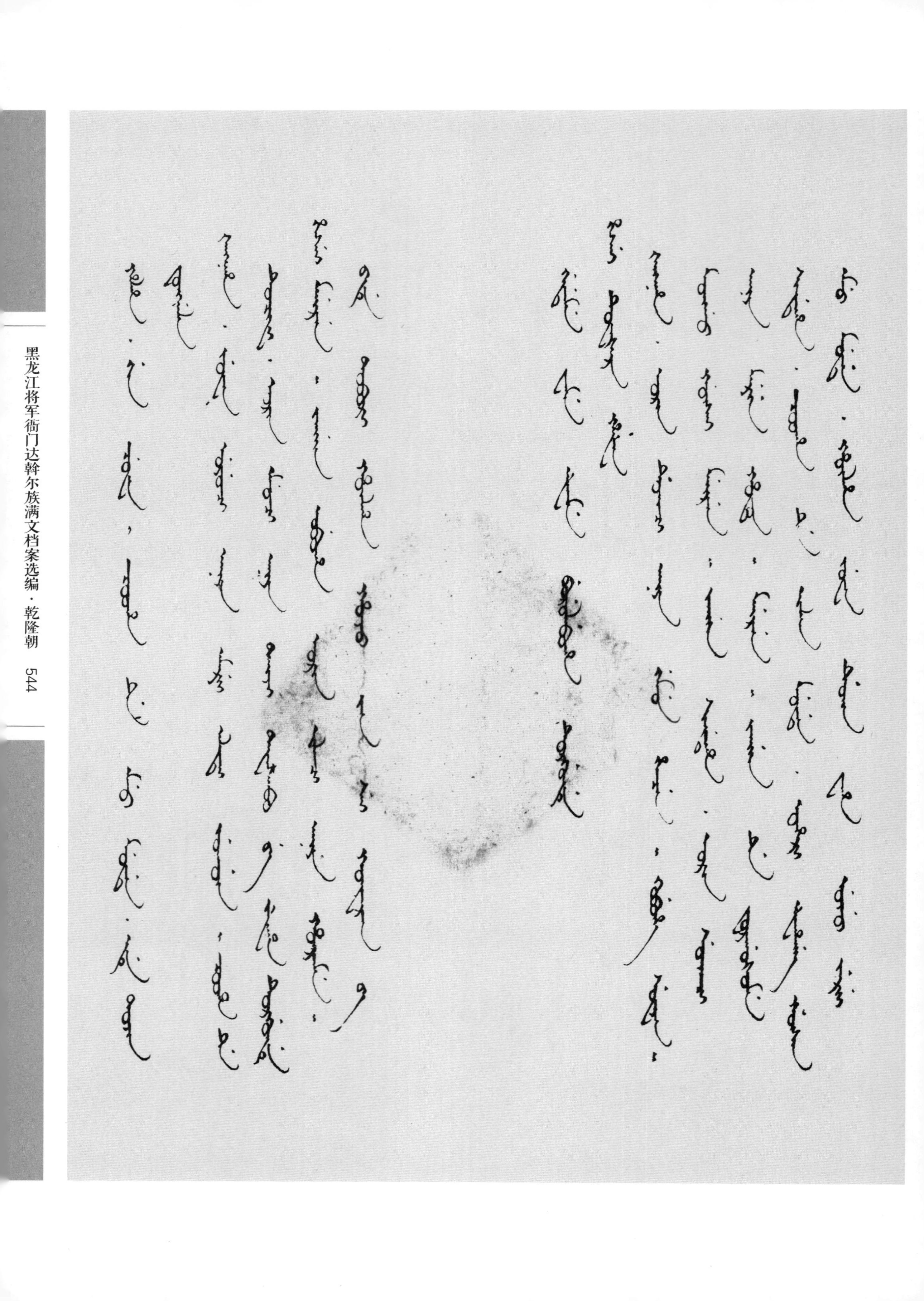

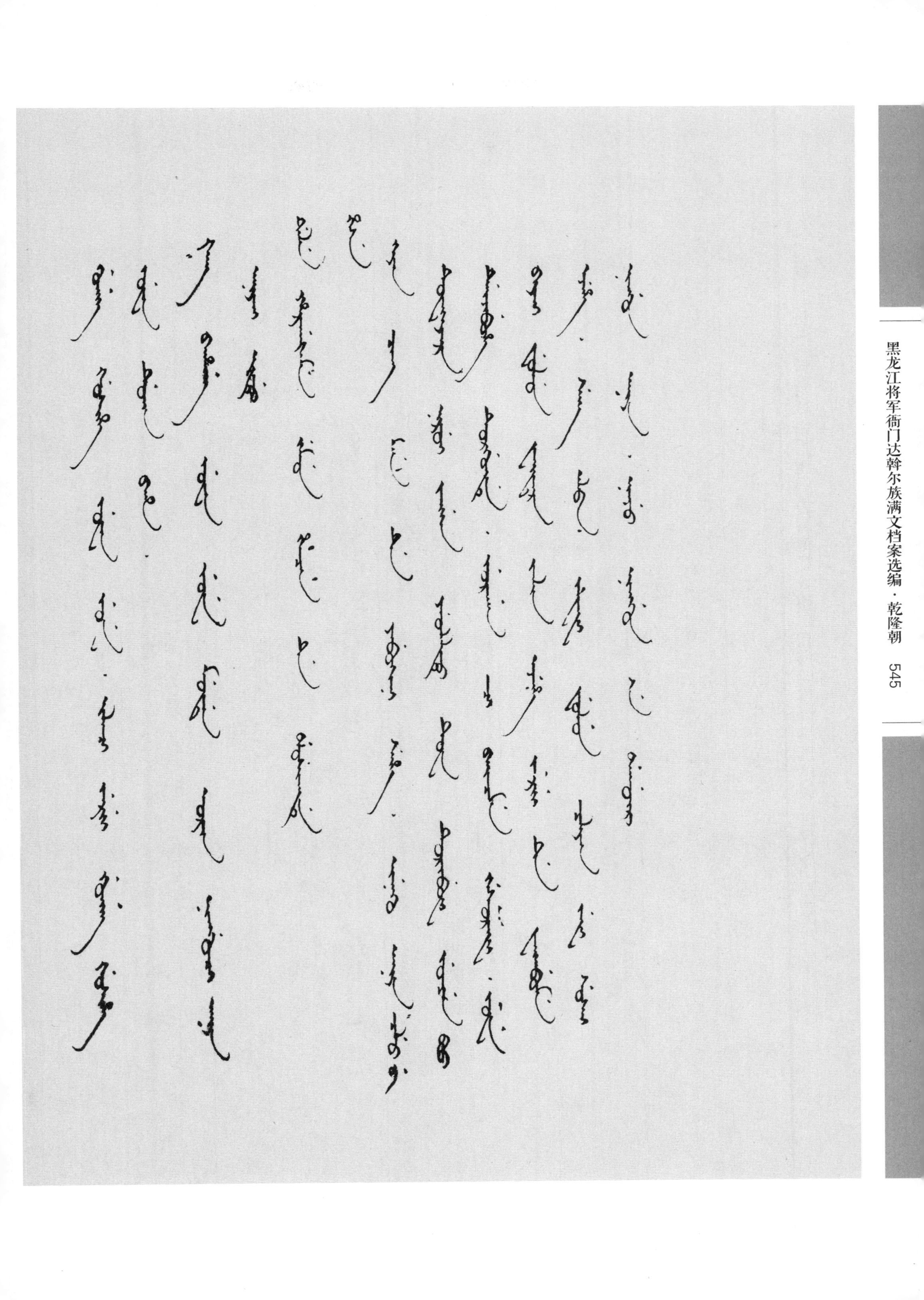

[illegible]

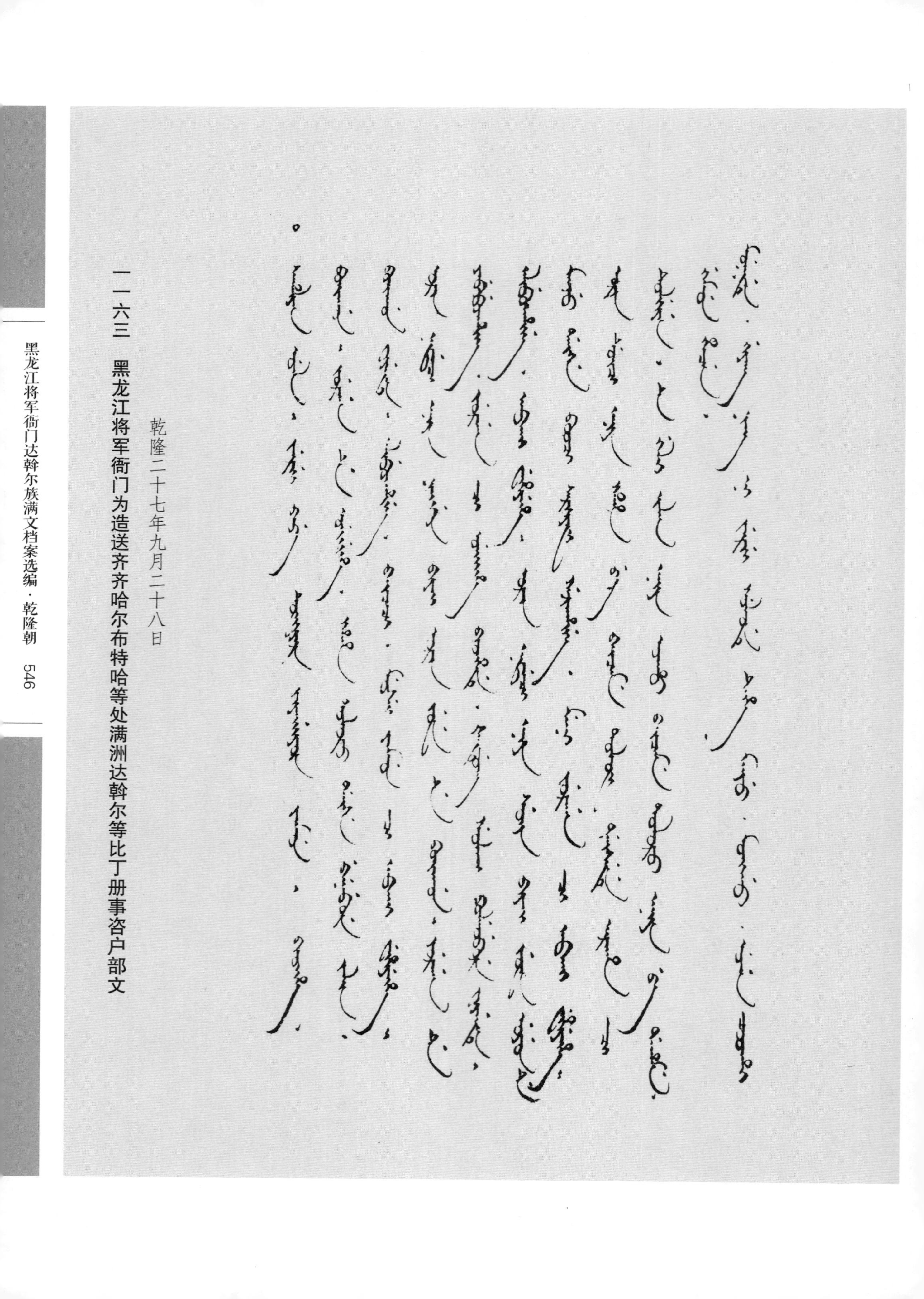

一一六三 黑龙江将军衙门为造送齐齐哈尔布特哈等处满洲达斡尔等比丁册事咨户部文

乾隆二十七年九月二十八日

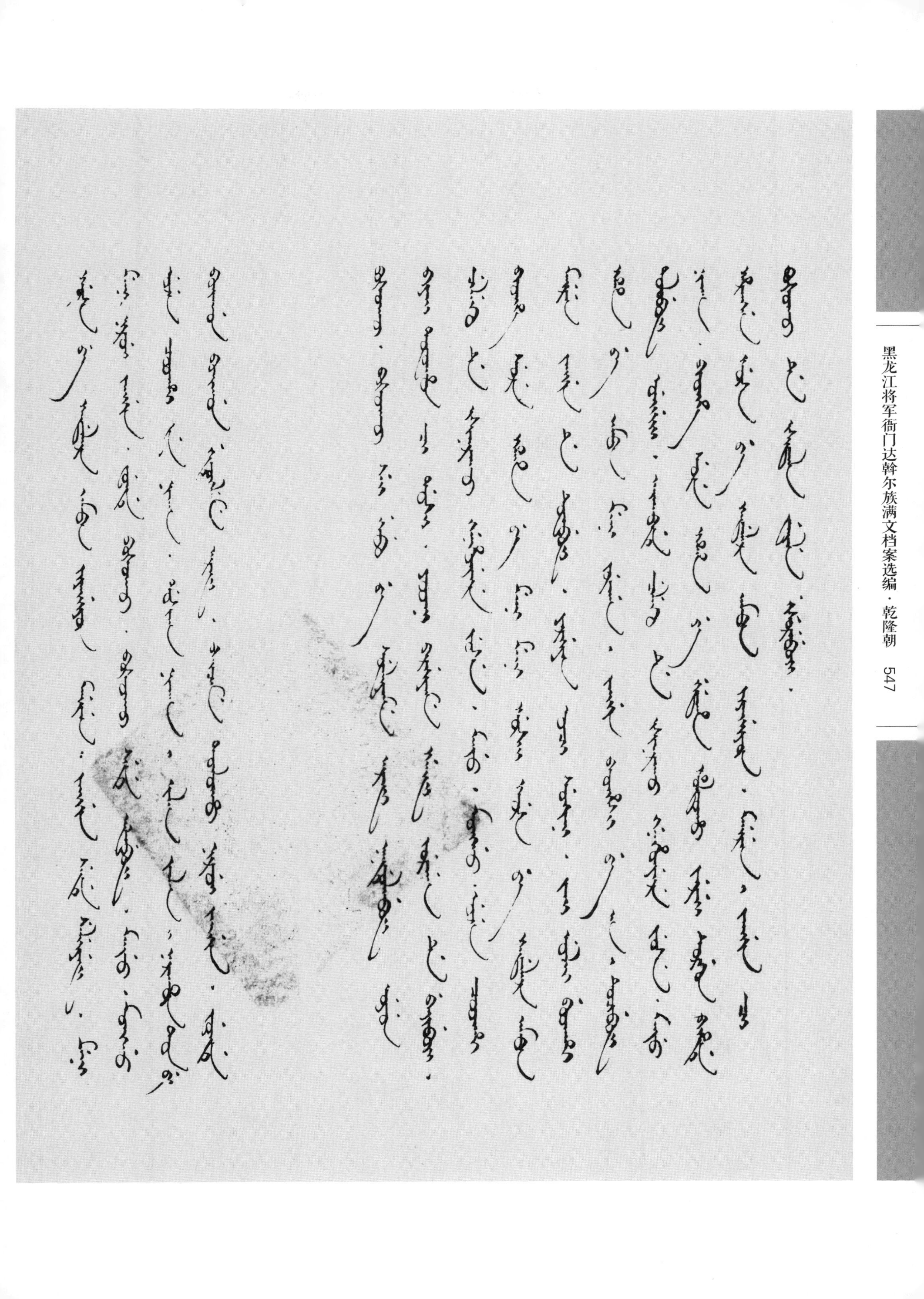

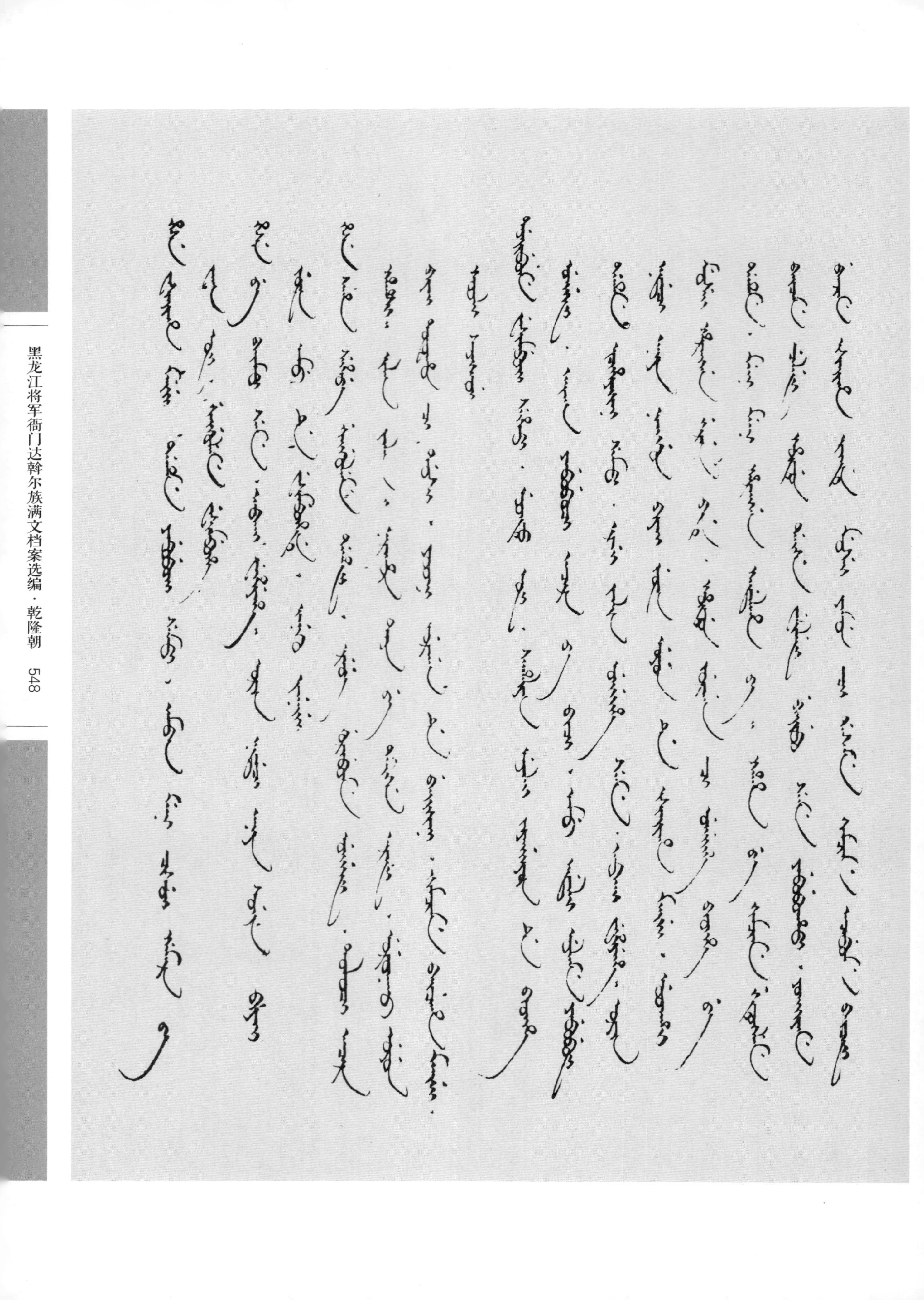

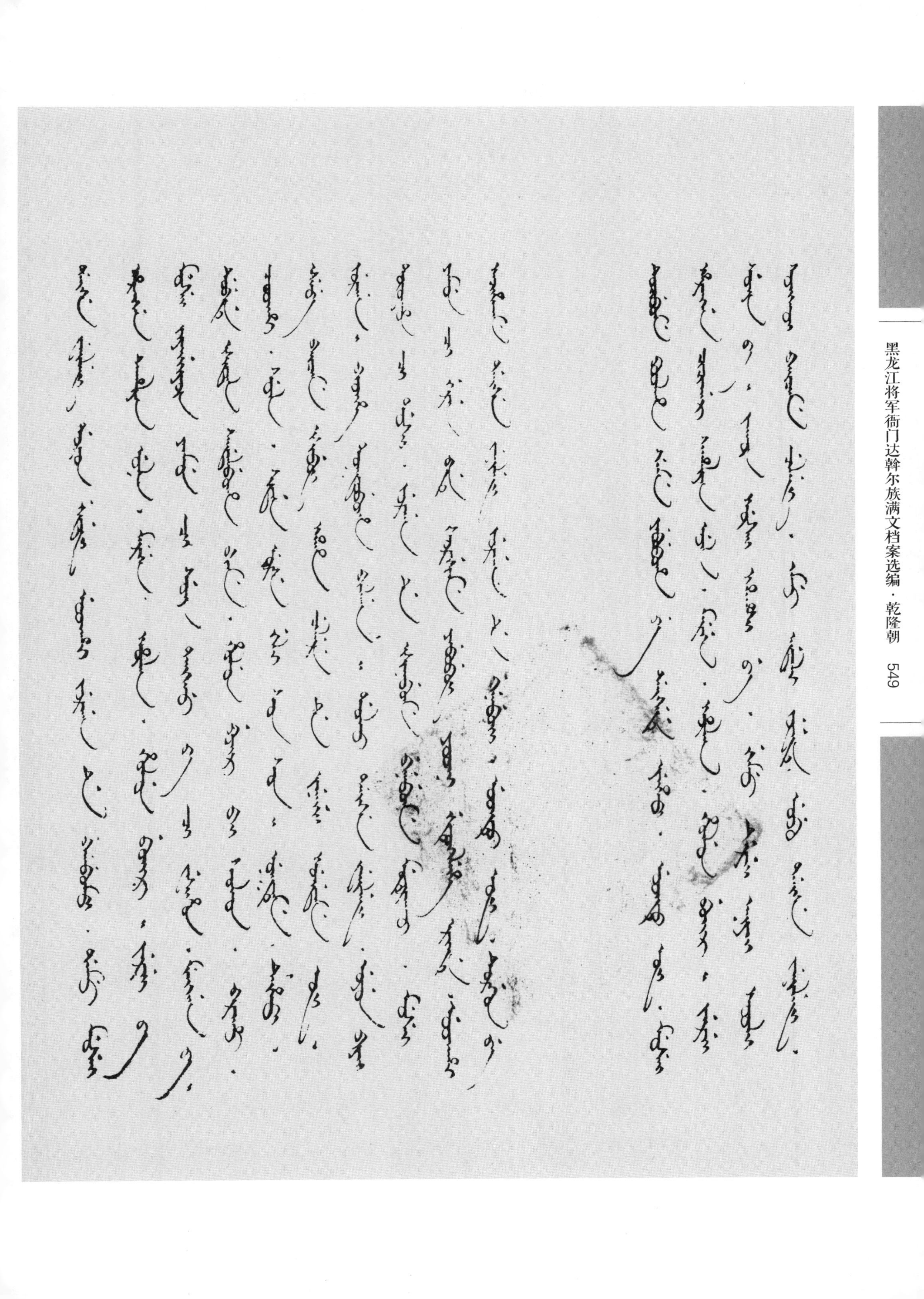

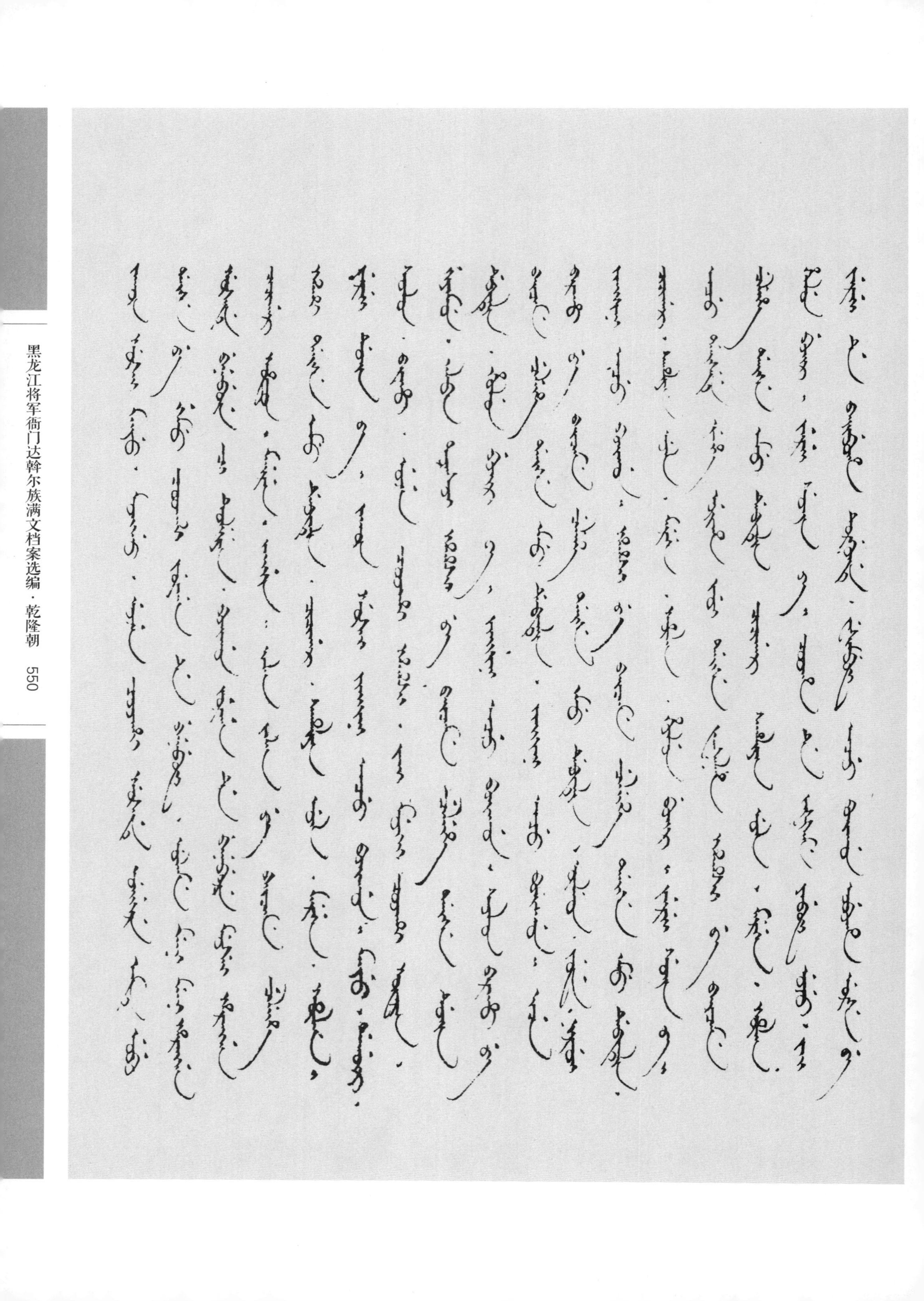

[illegible]

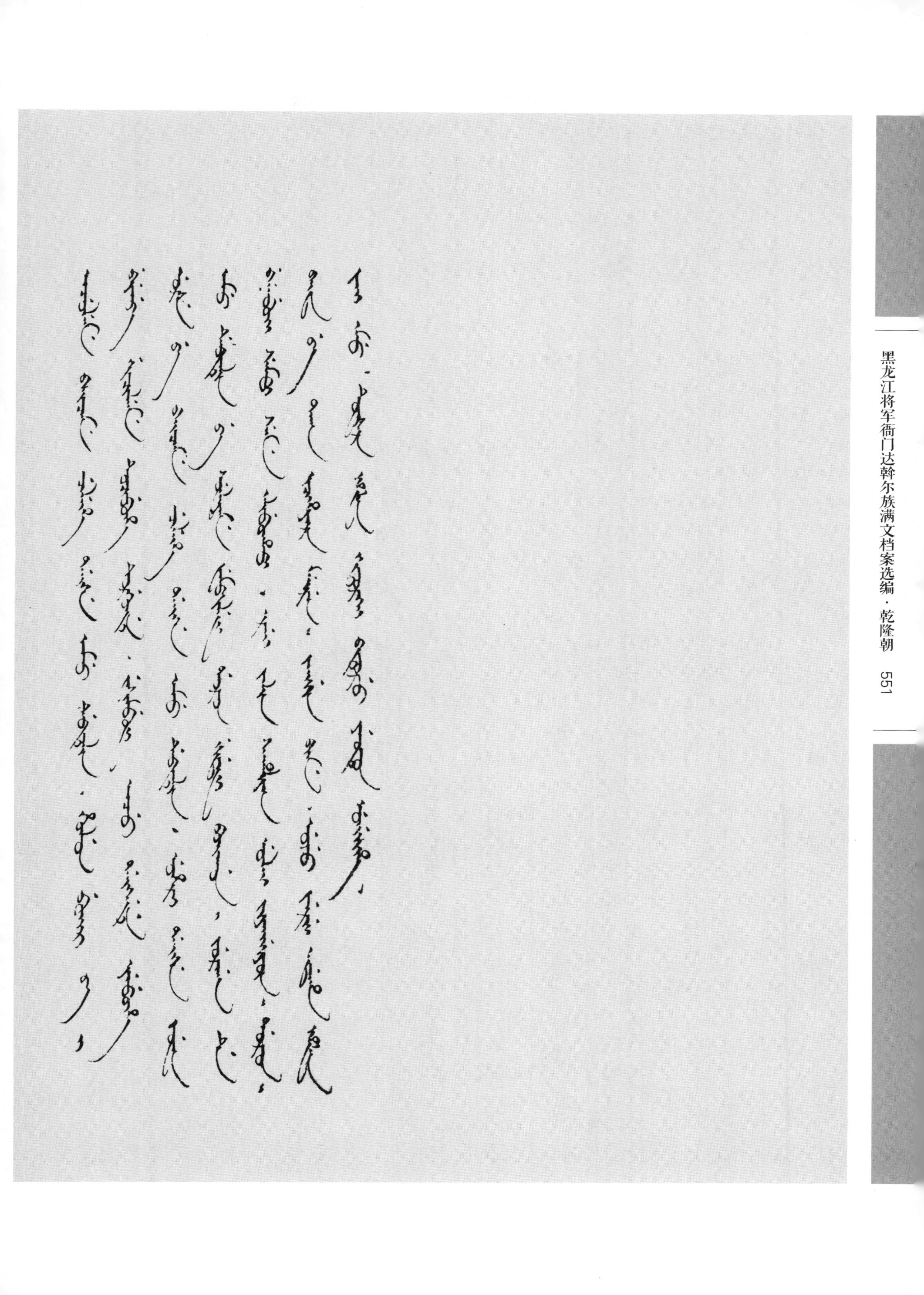

[illegible]

一一六四 黑龙江将军衙门为造送造送黑龙江各处镶黄旗满洲达斡尔等比丁册事咨镶黄旗满洲都统衙门文

乾隆二十七年九月二十八日

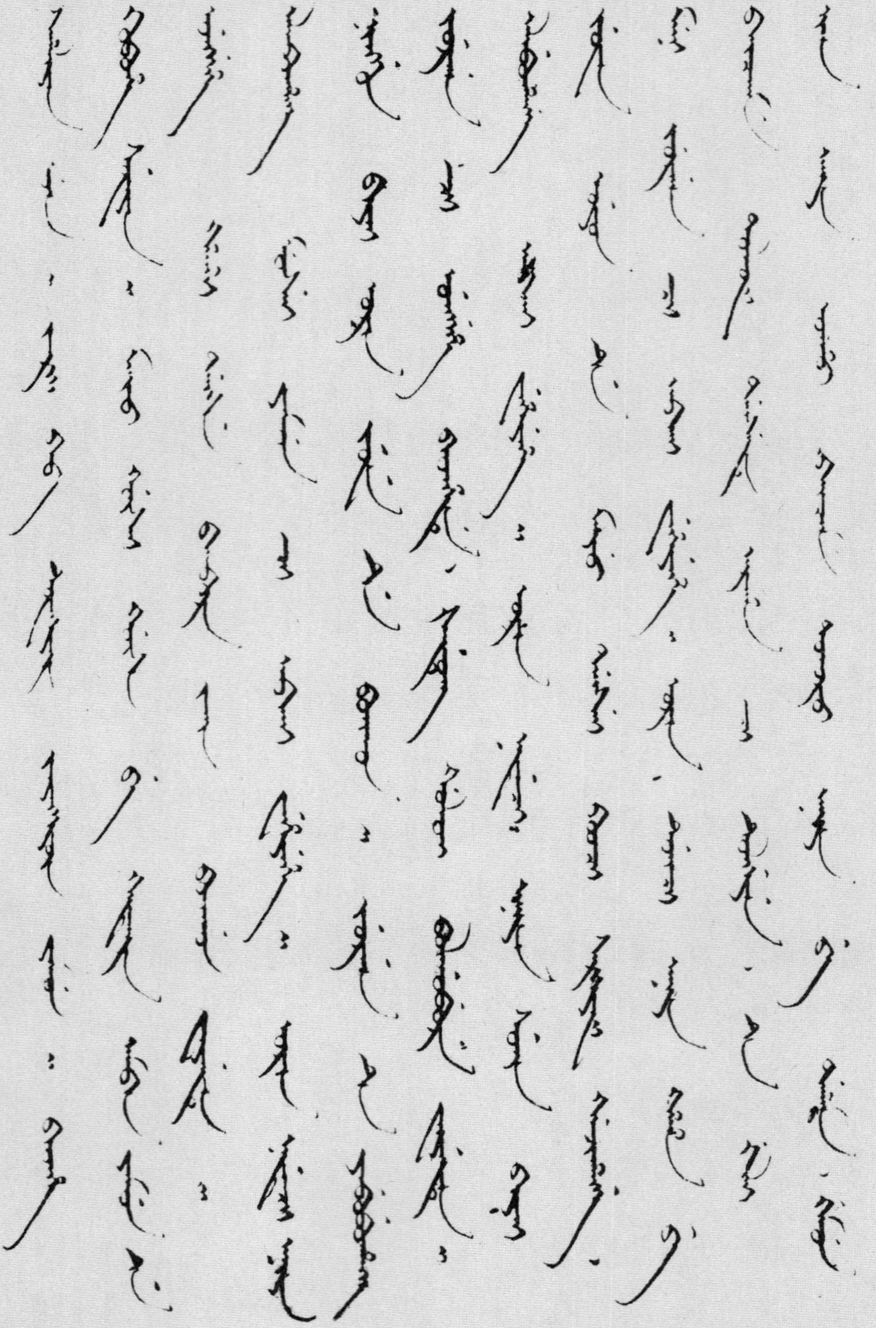

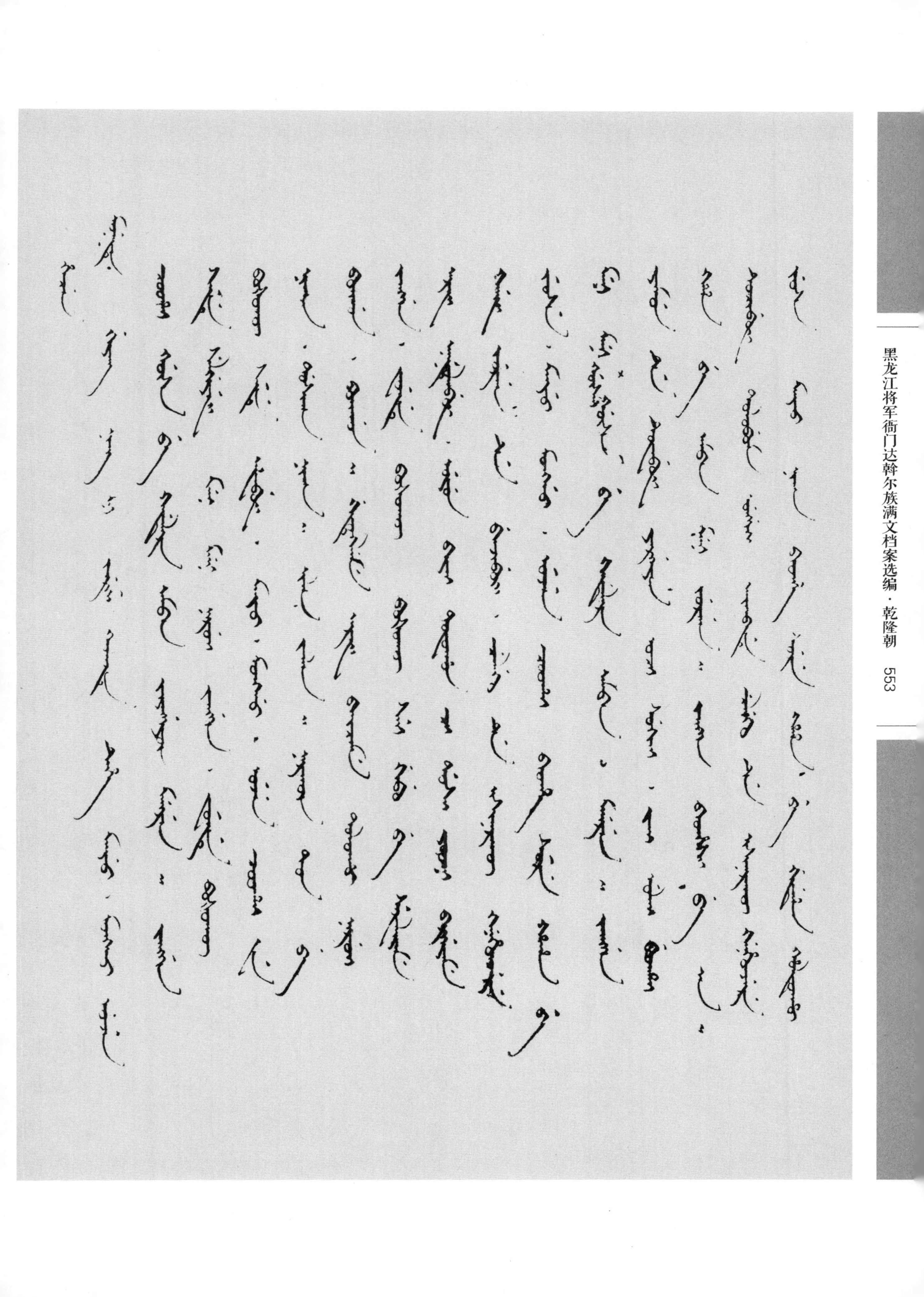

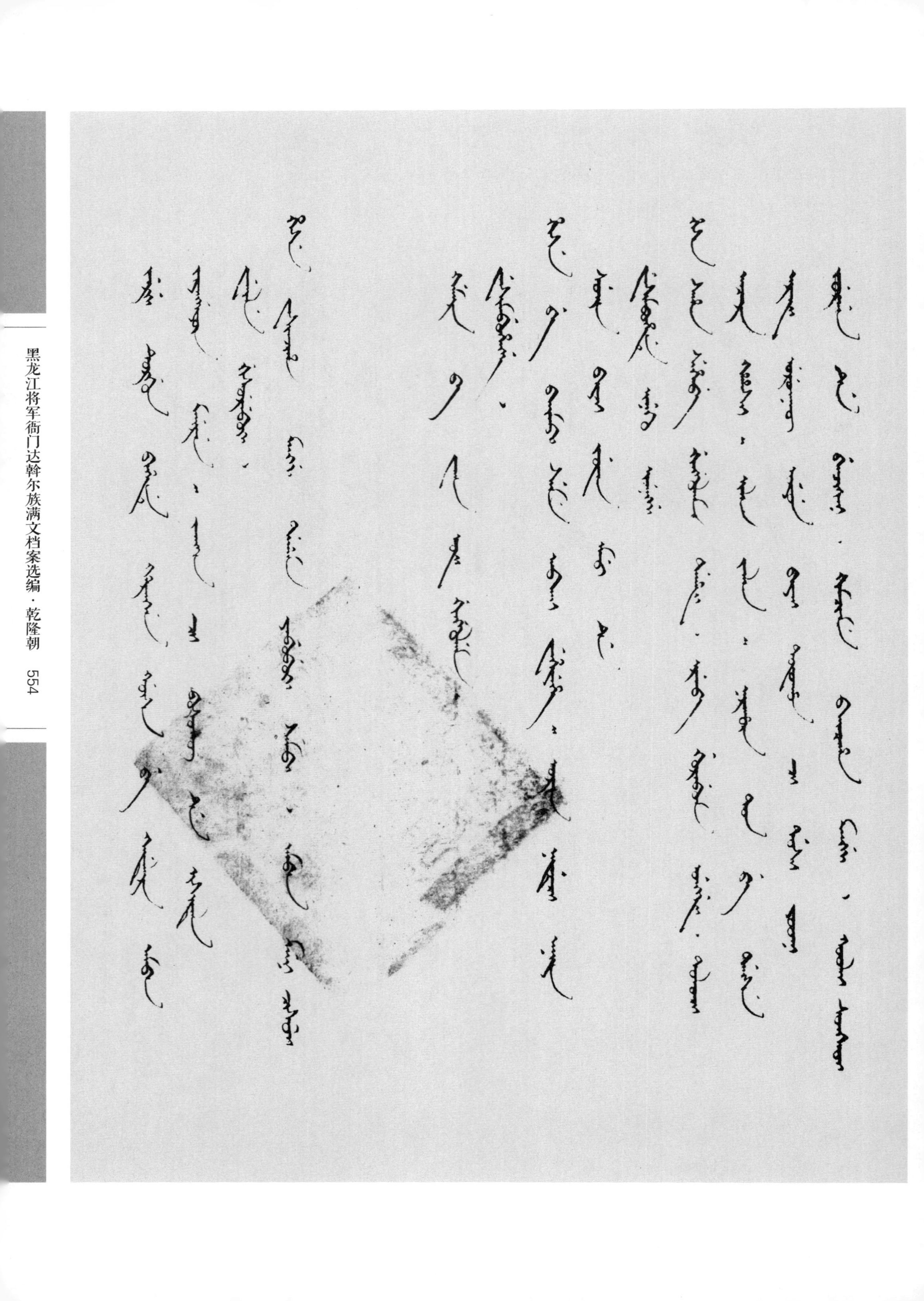

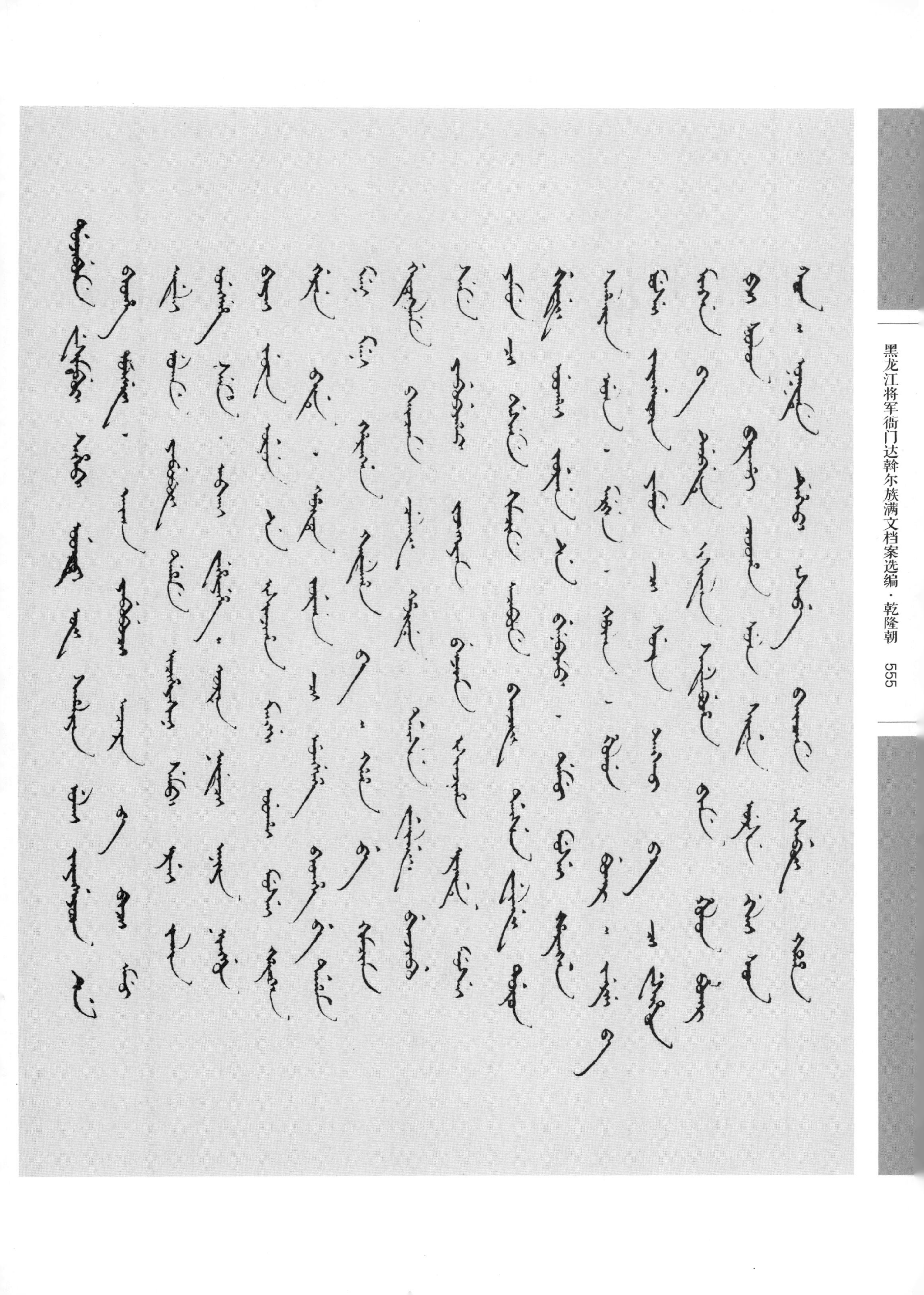

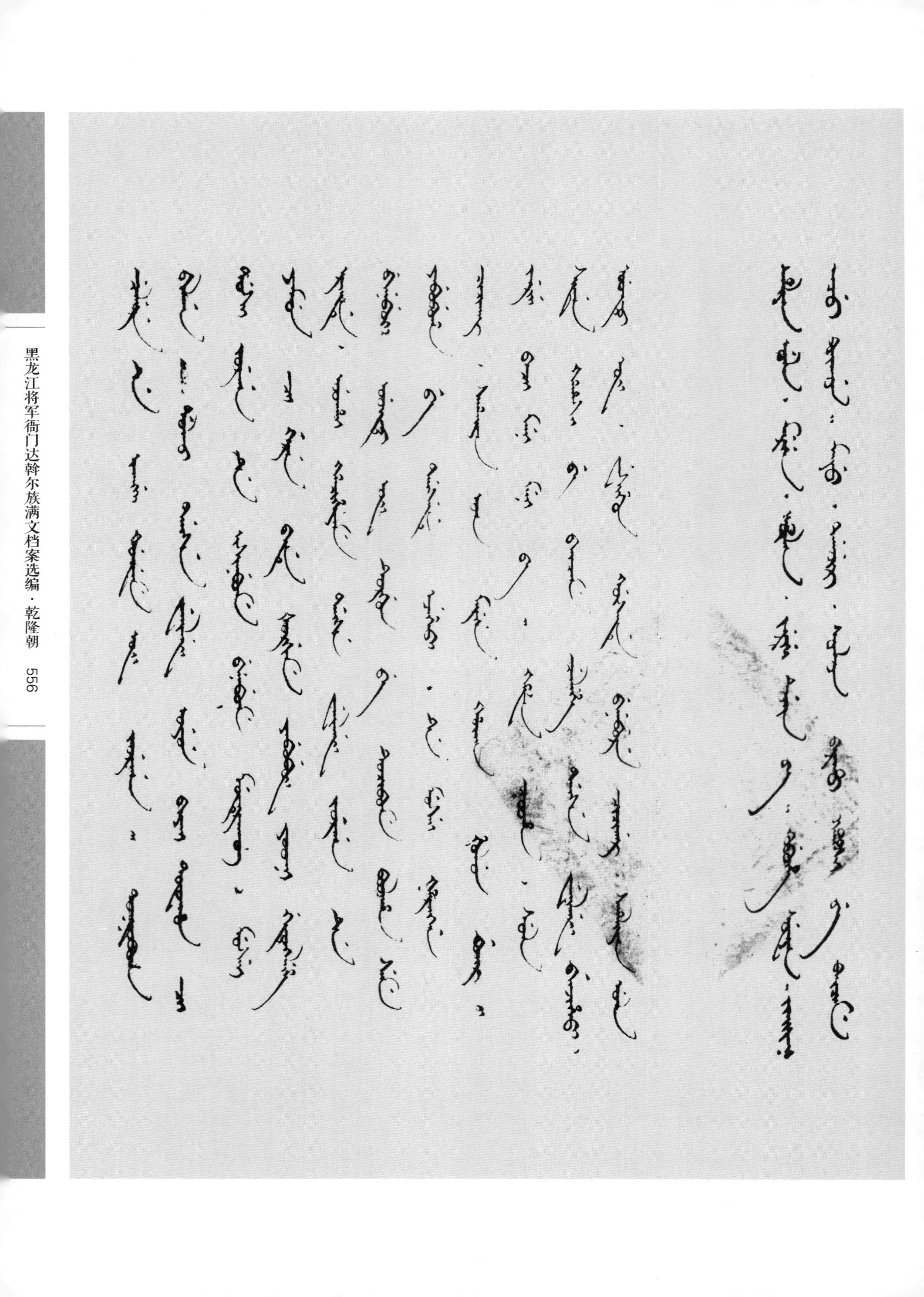

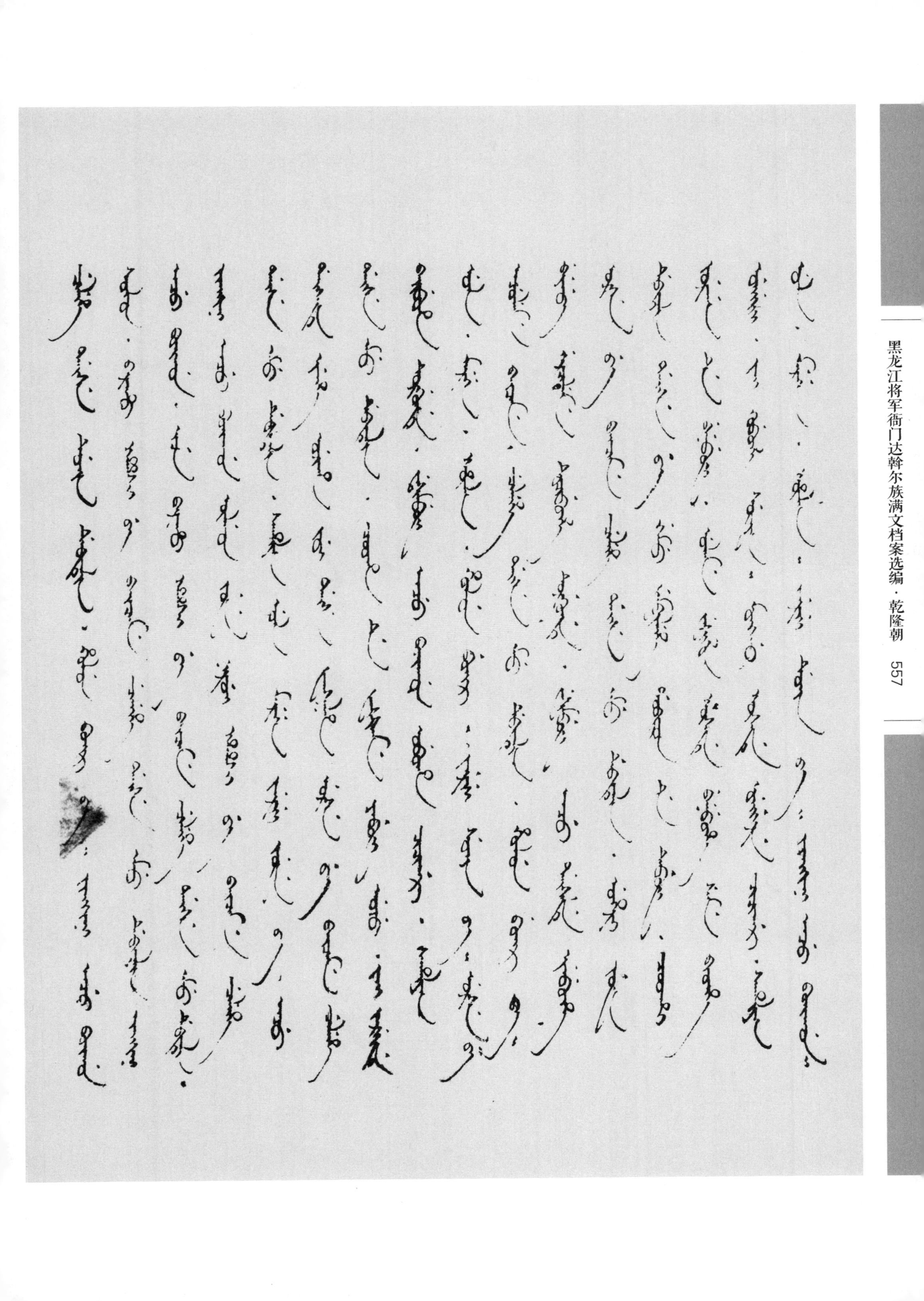

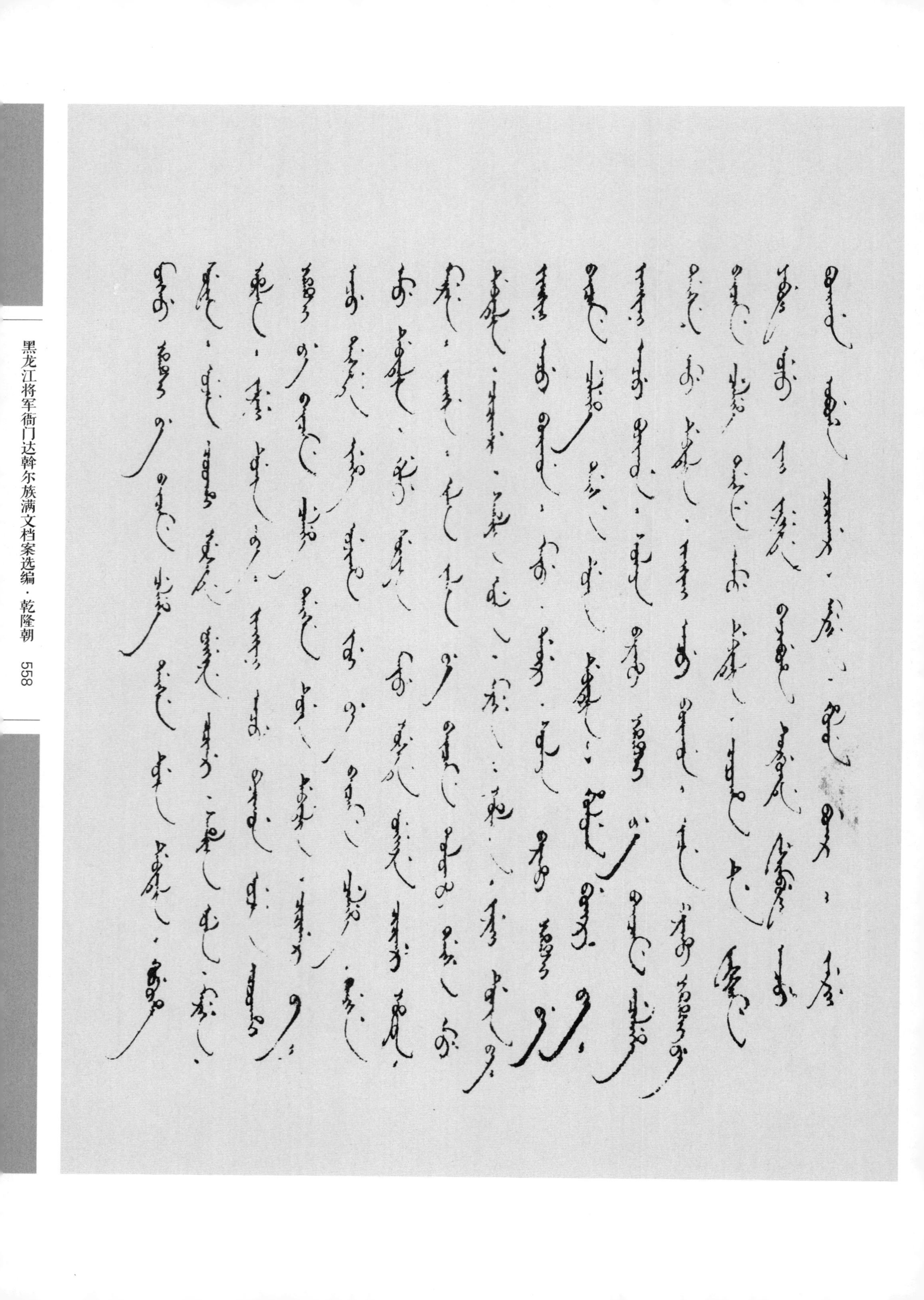

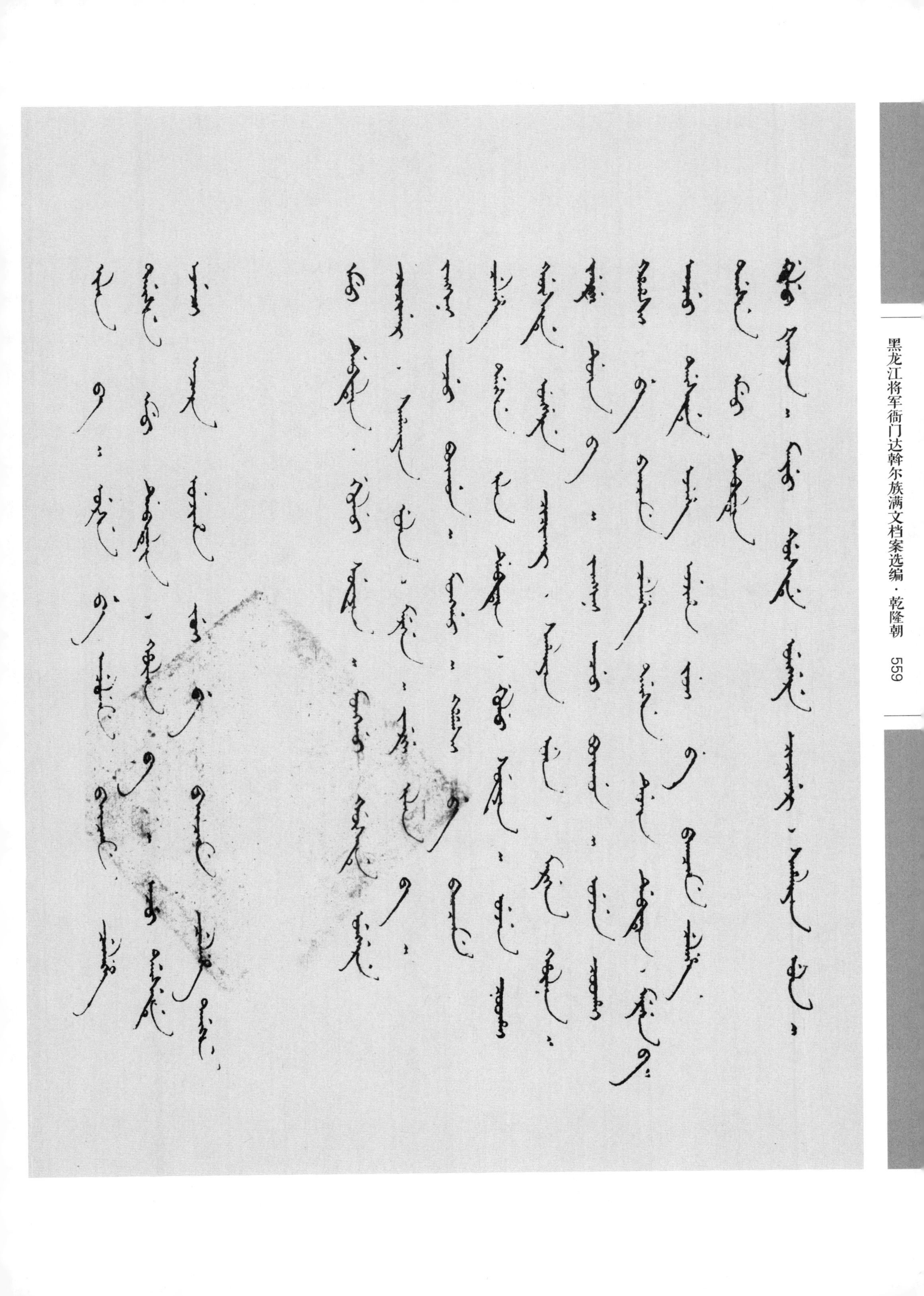

[illegible]

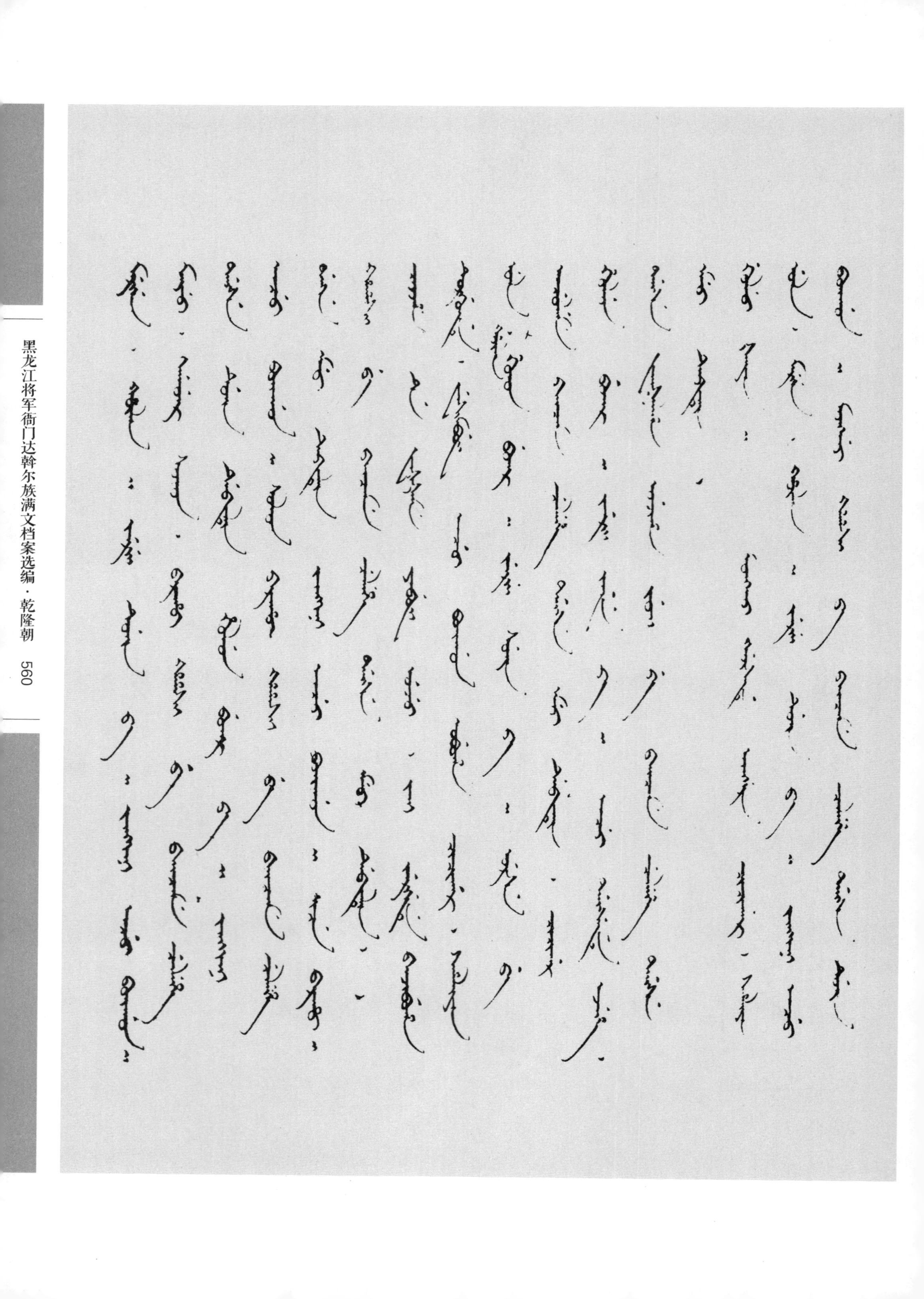

[illegible]

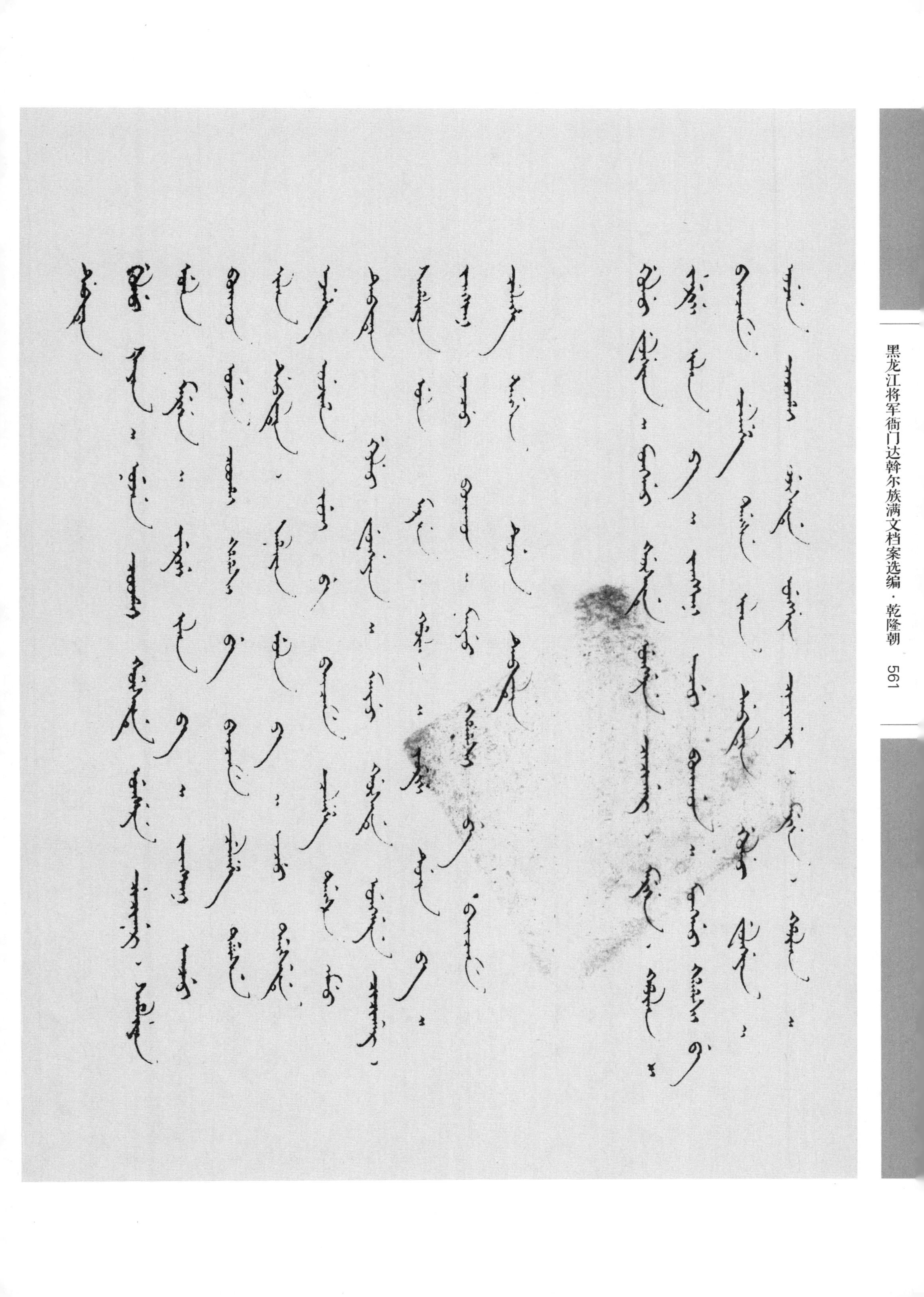

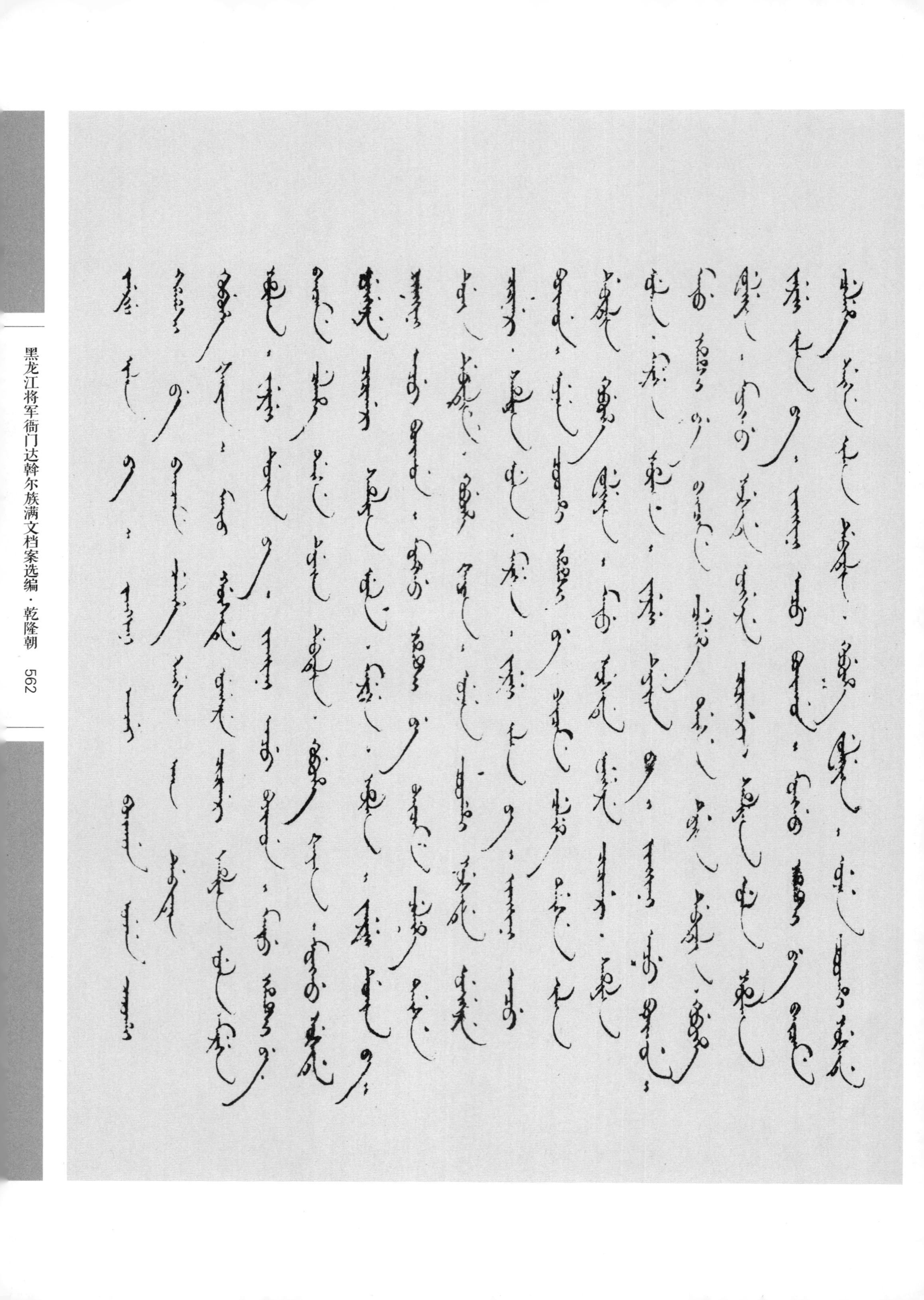

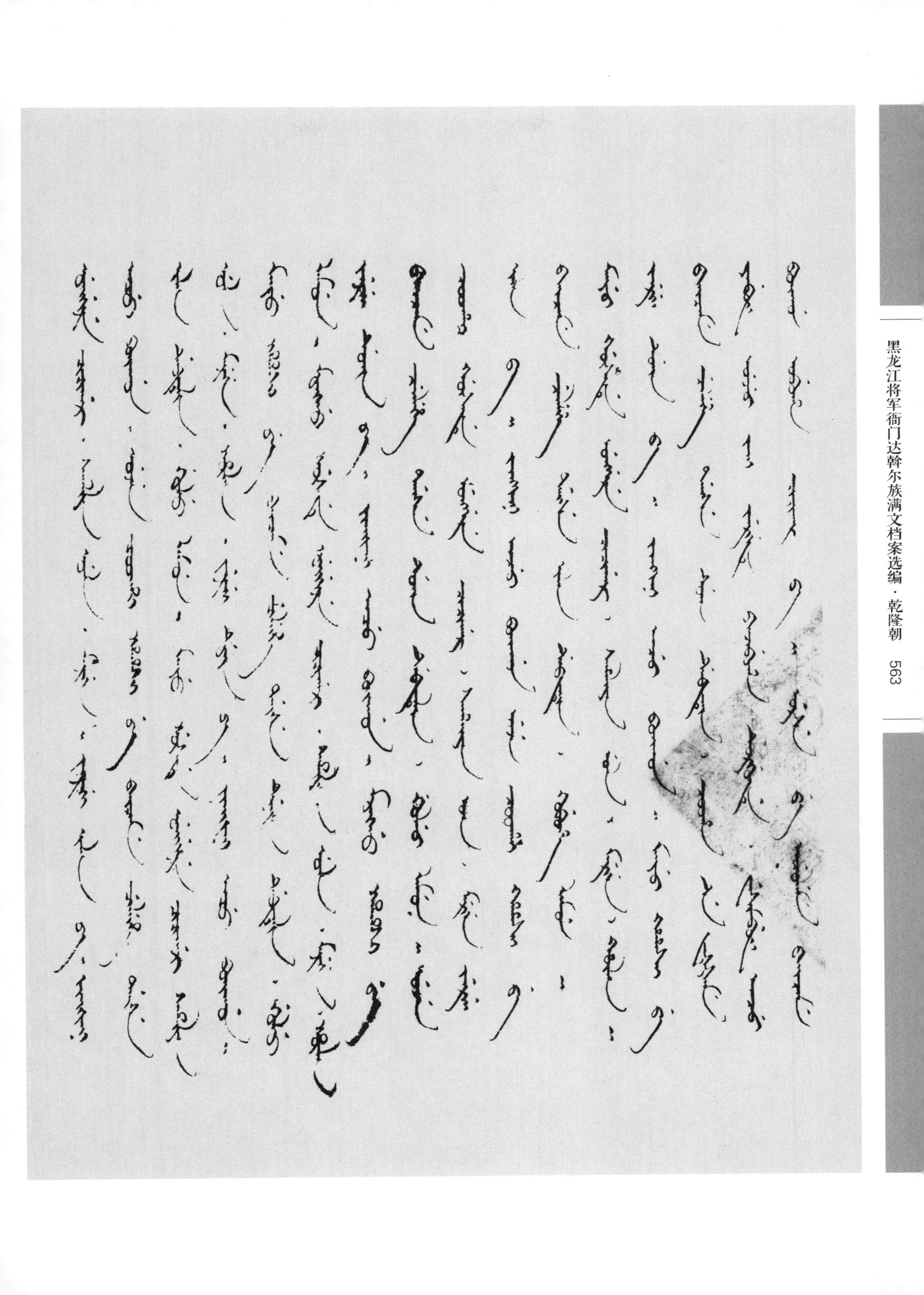

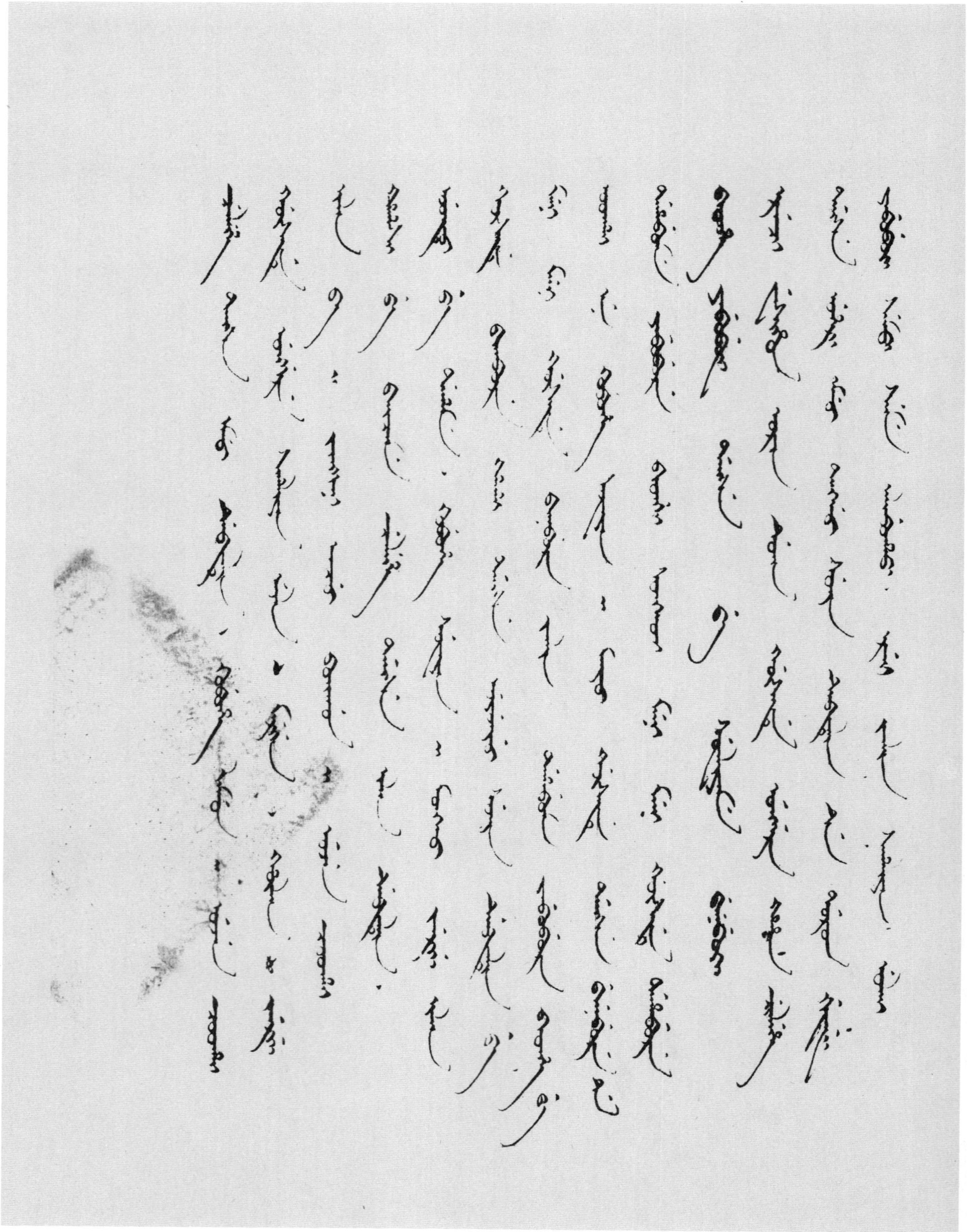

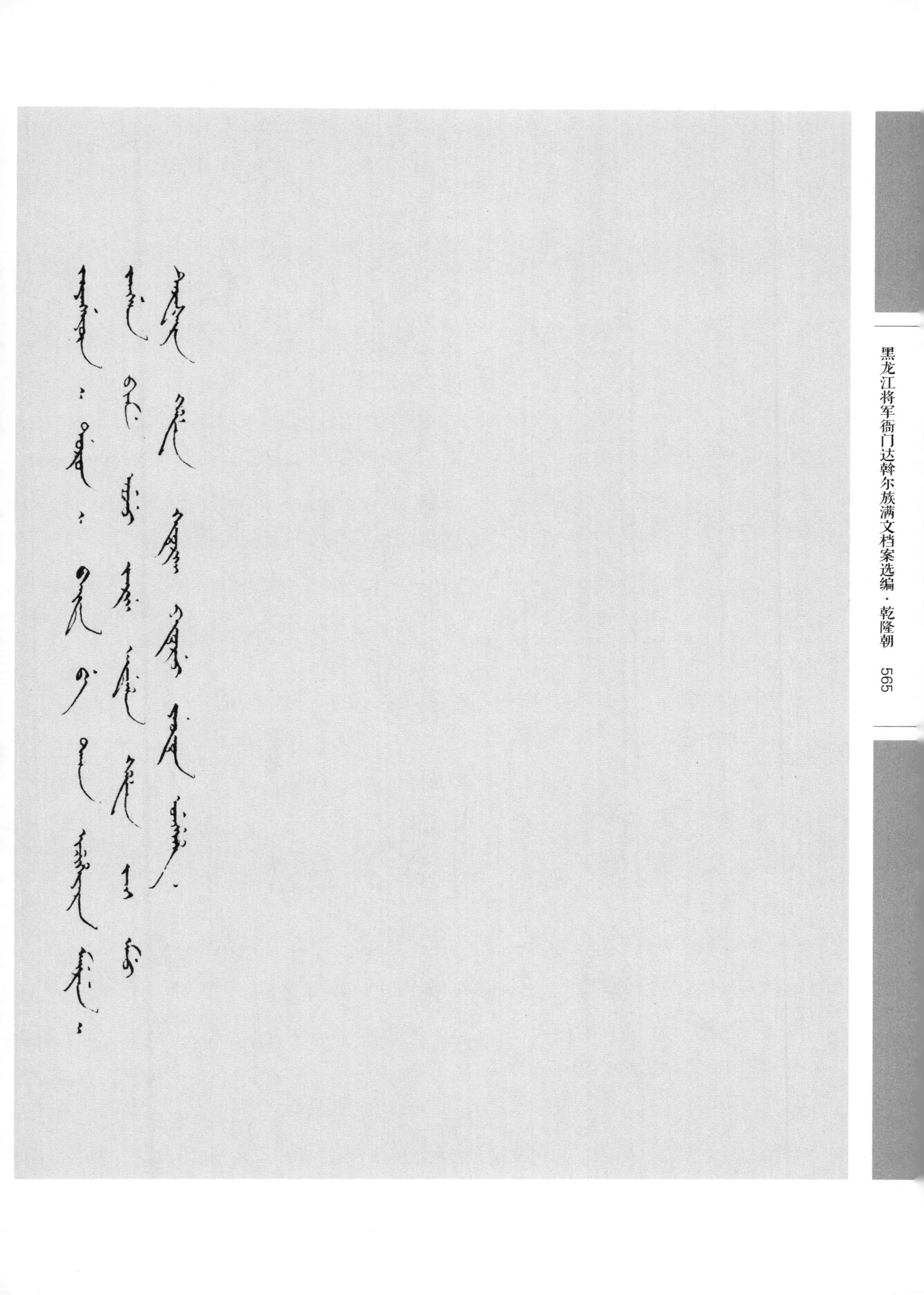

一一六五 黑龙江将军衙门为领催乌杜穆保补授达斡尔骁骑校索煖所遗员缺事咨正白旗满洲都统衙门文

乾隆二十七年十月二十四日

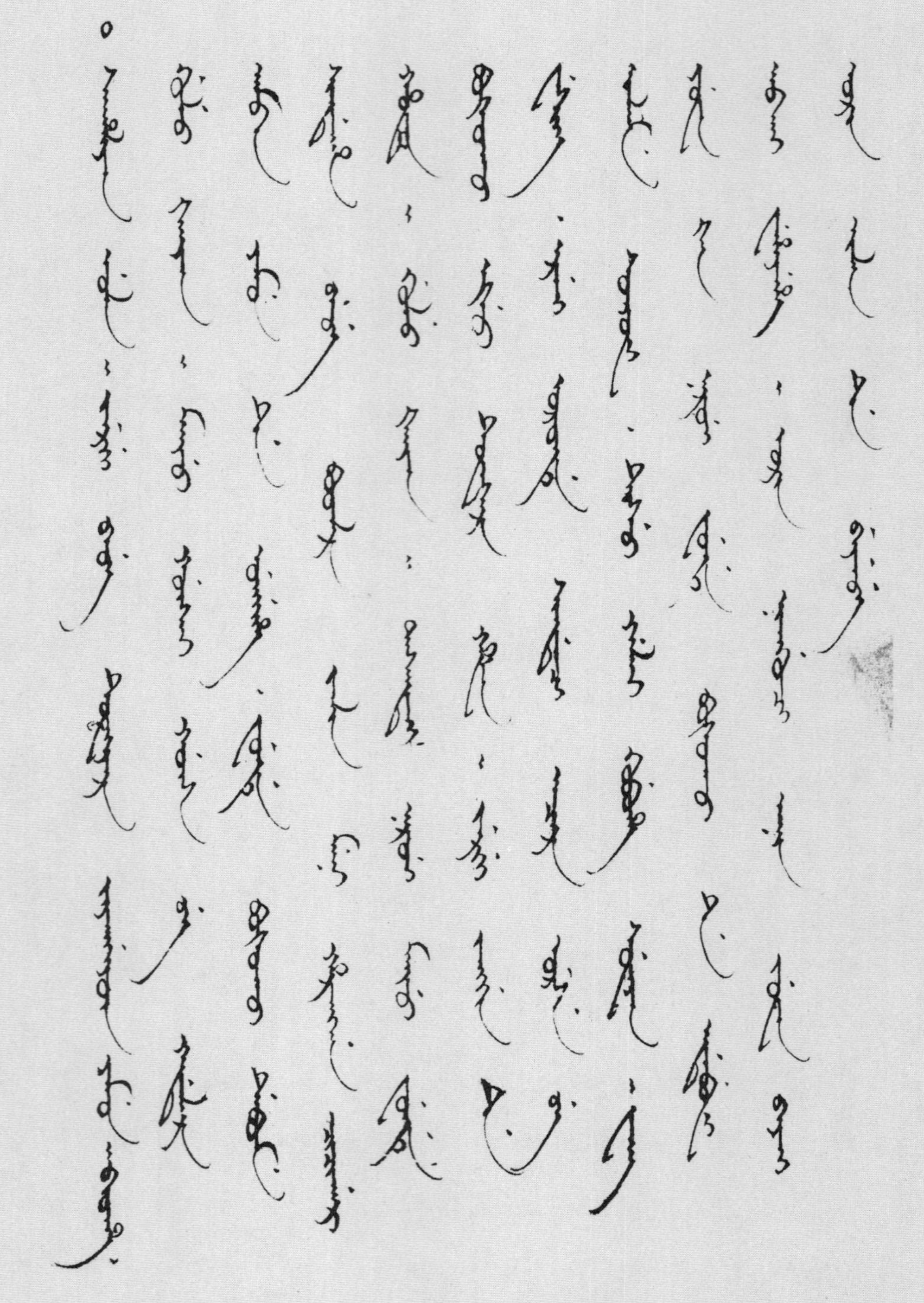

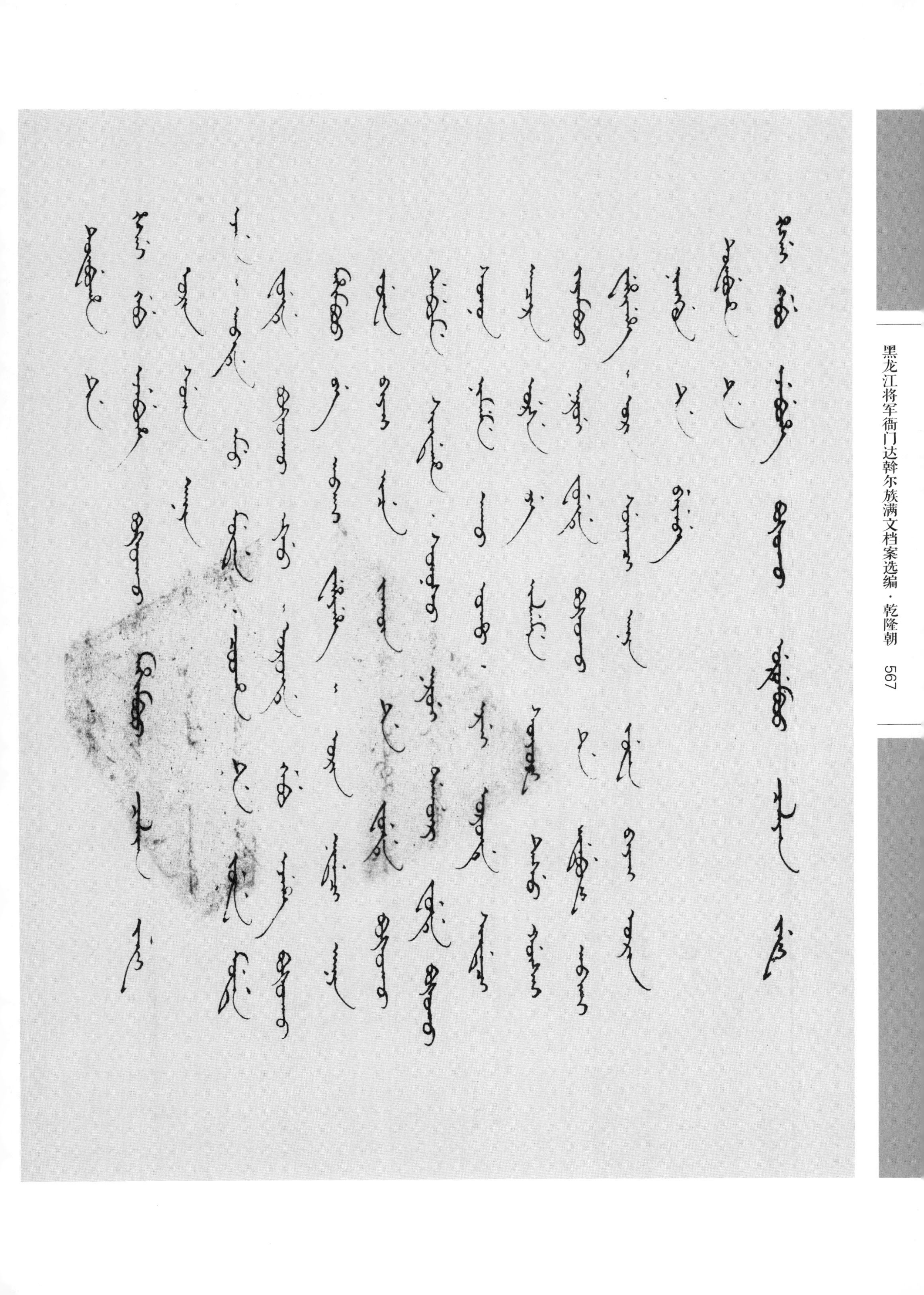

[illegible]

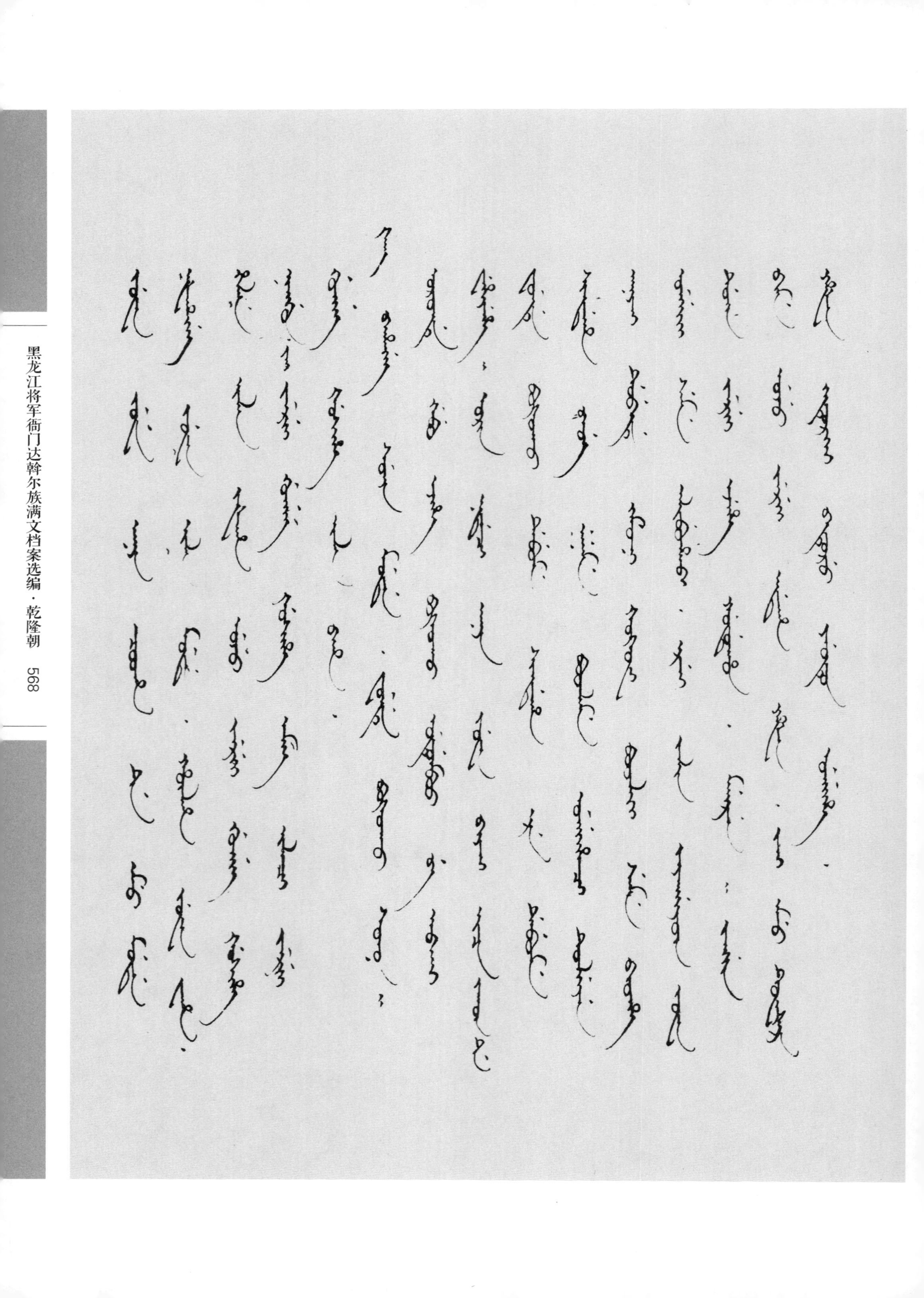

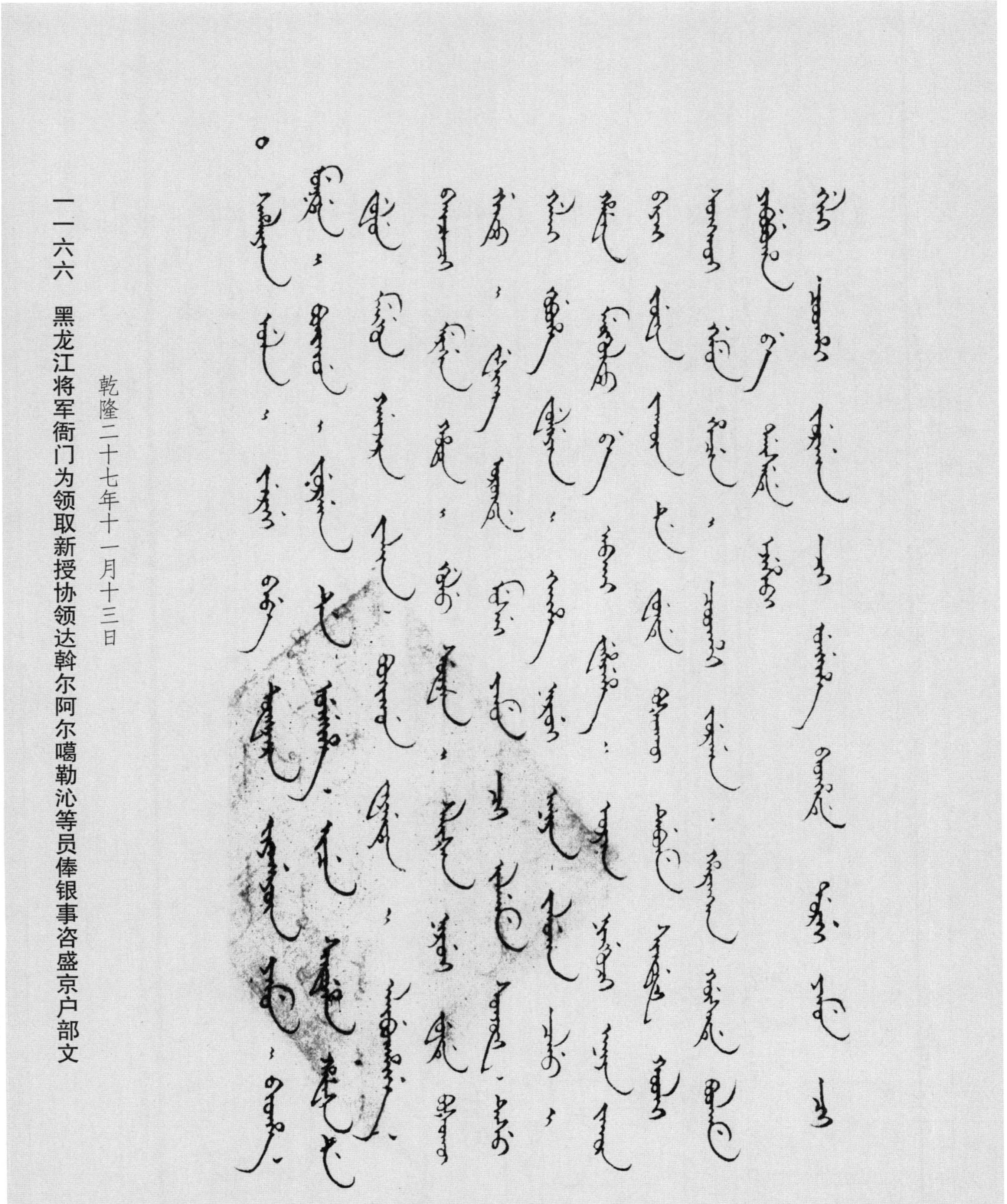

一一六六 黑龙江将军衙门为领取新授协领达斡尔阿尔噶勒沁等员俸银事咨盛京户部文

乾隆二十七年十一月十三日

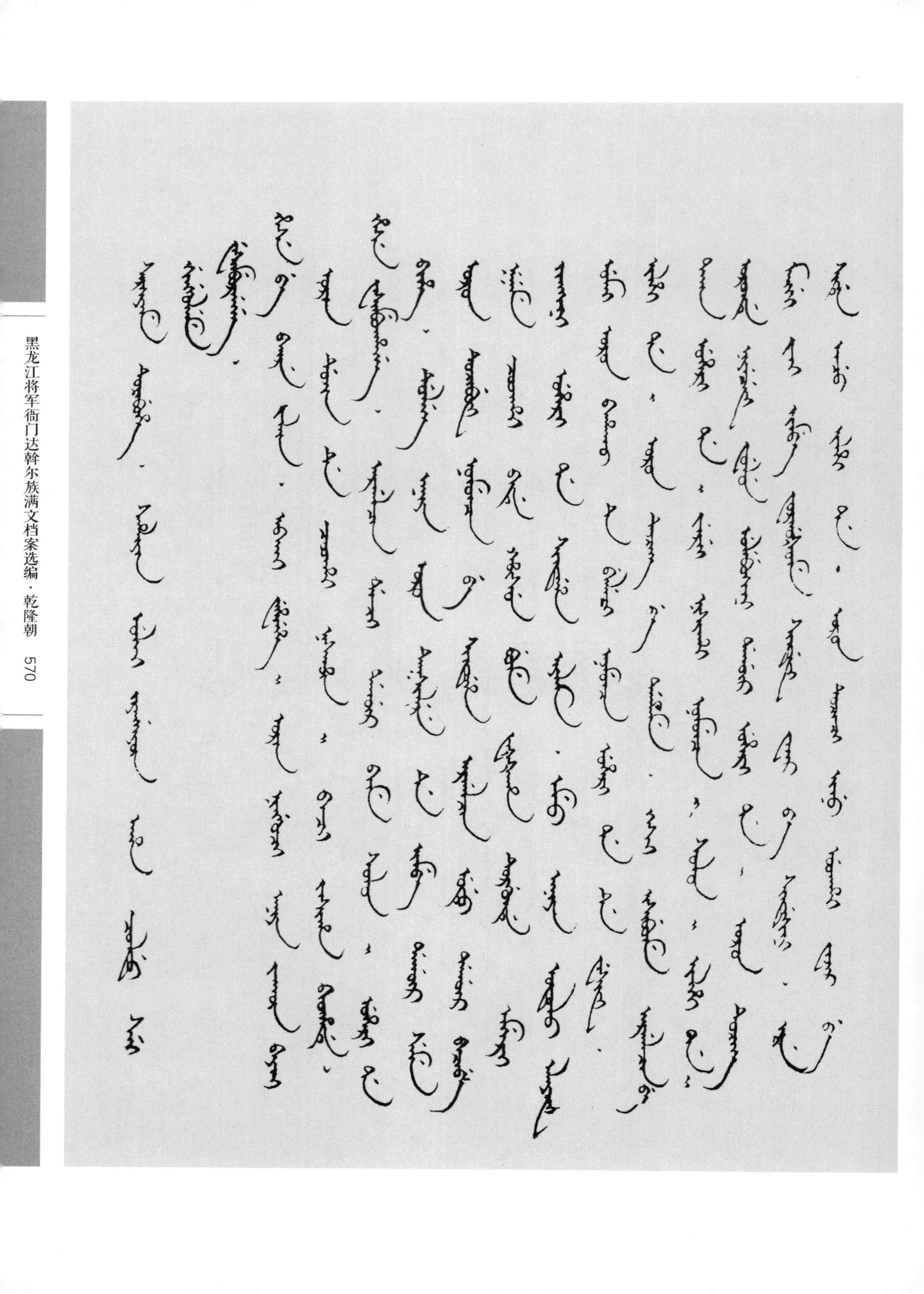

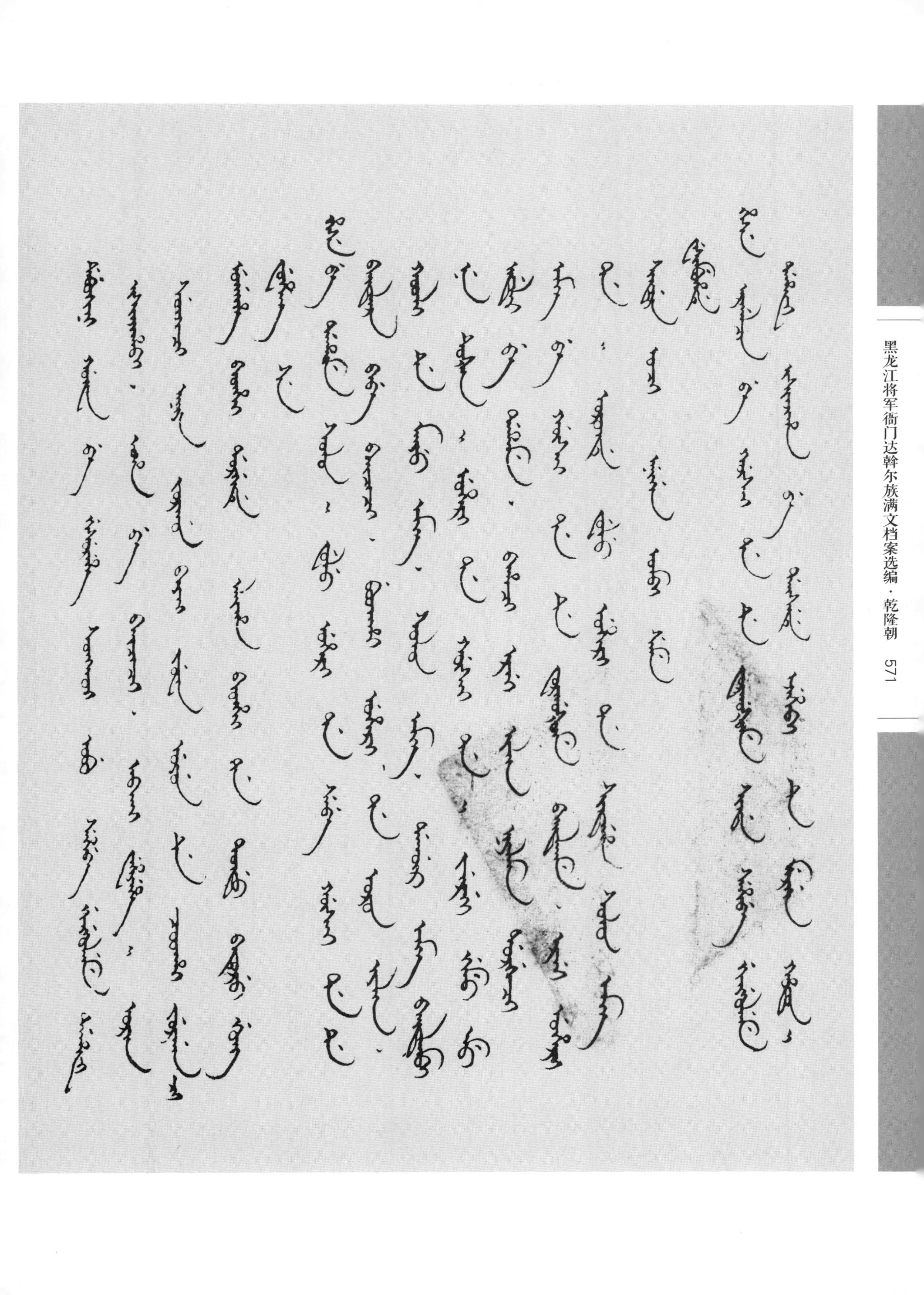

[illegible]

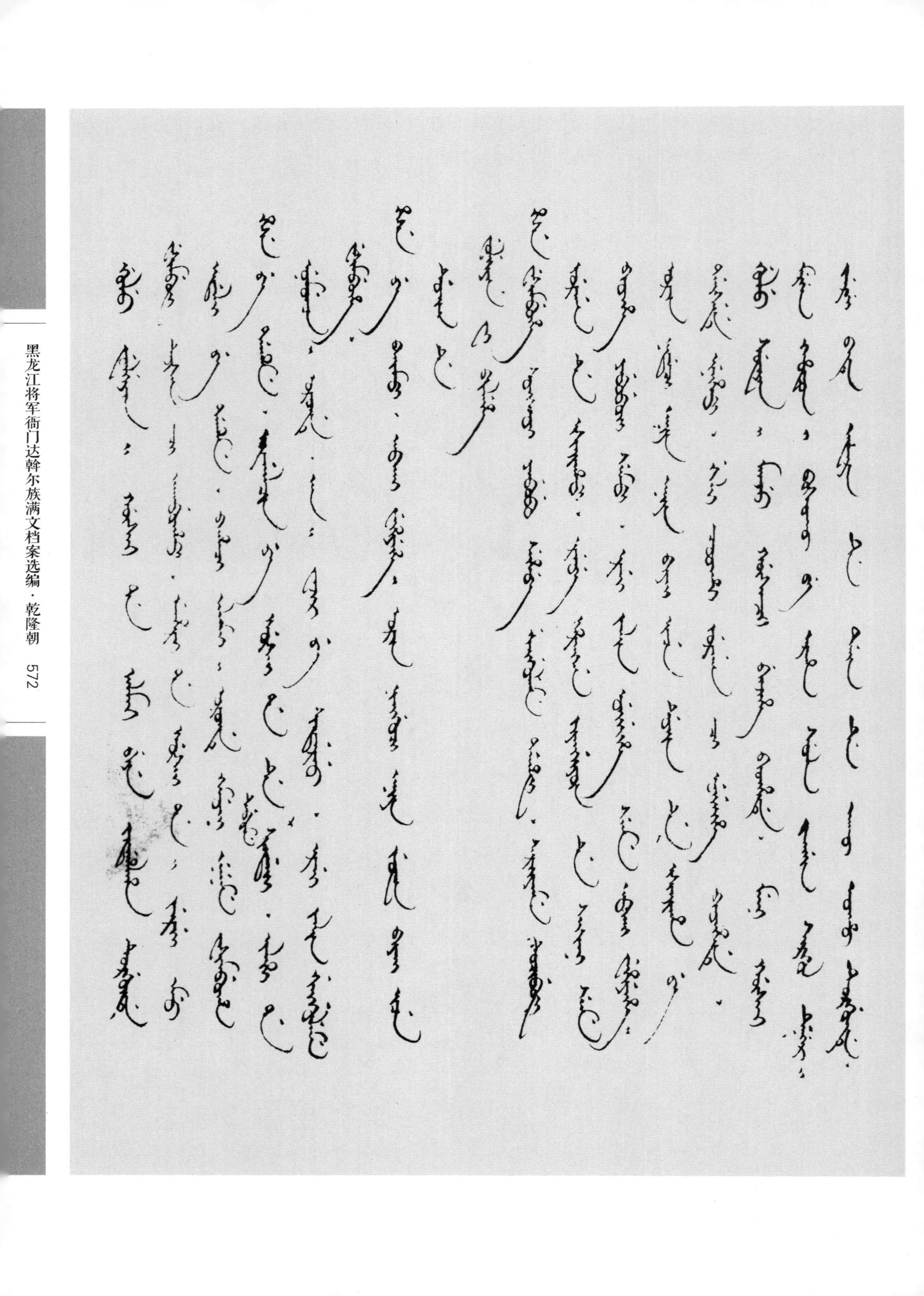

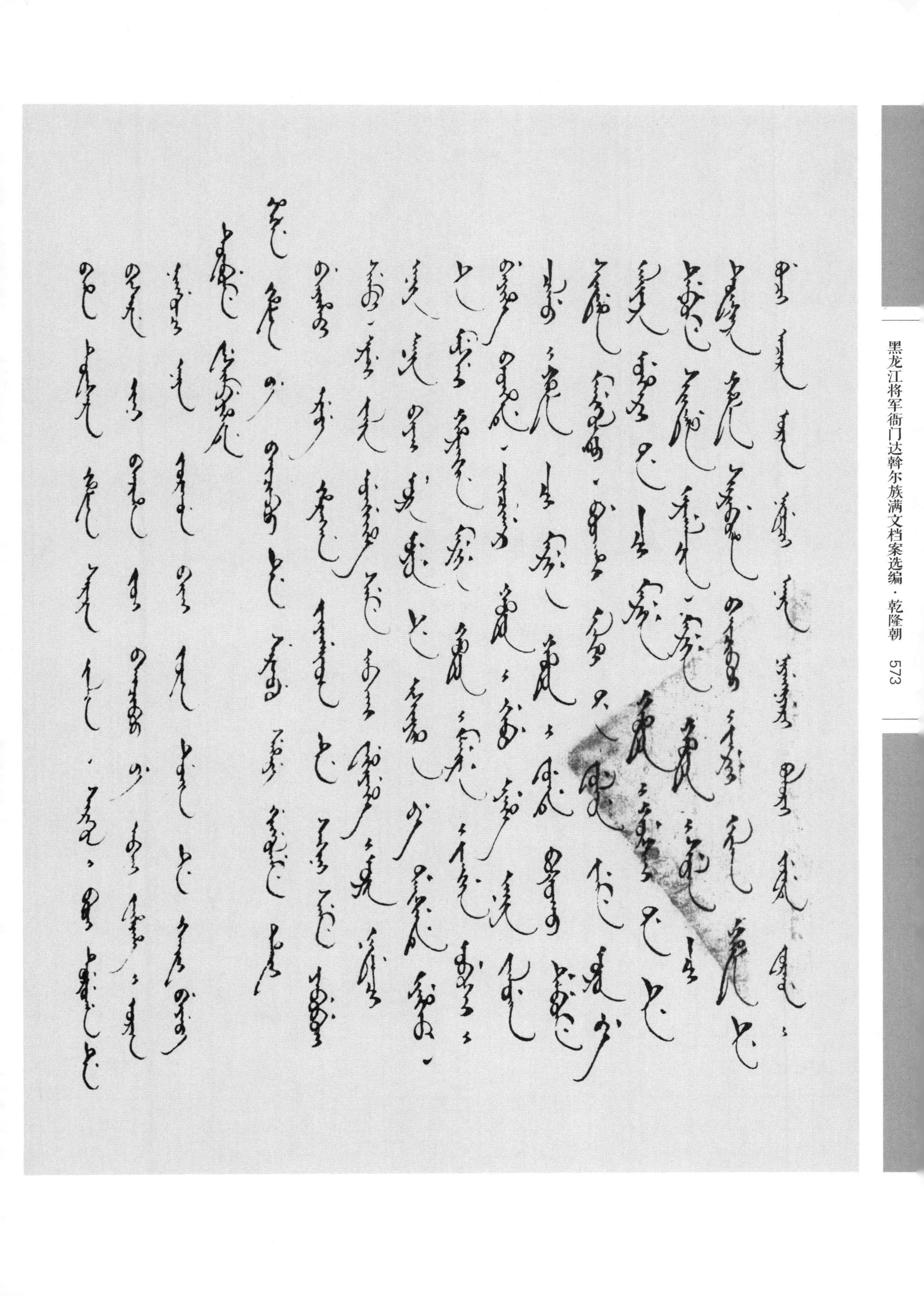

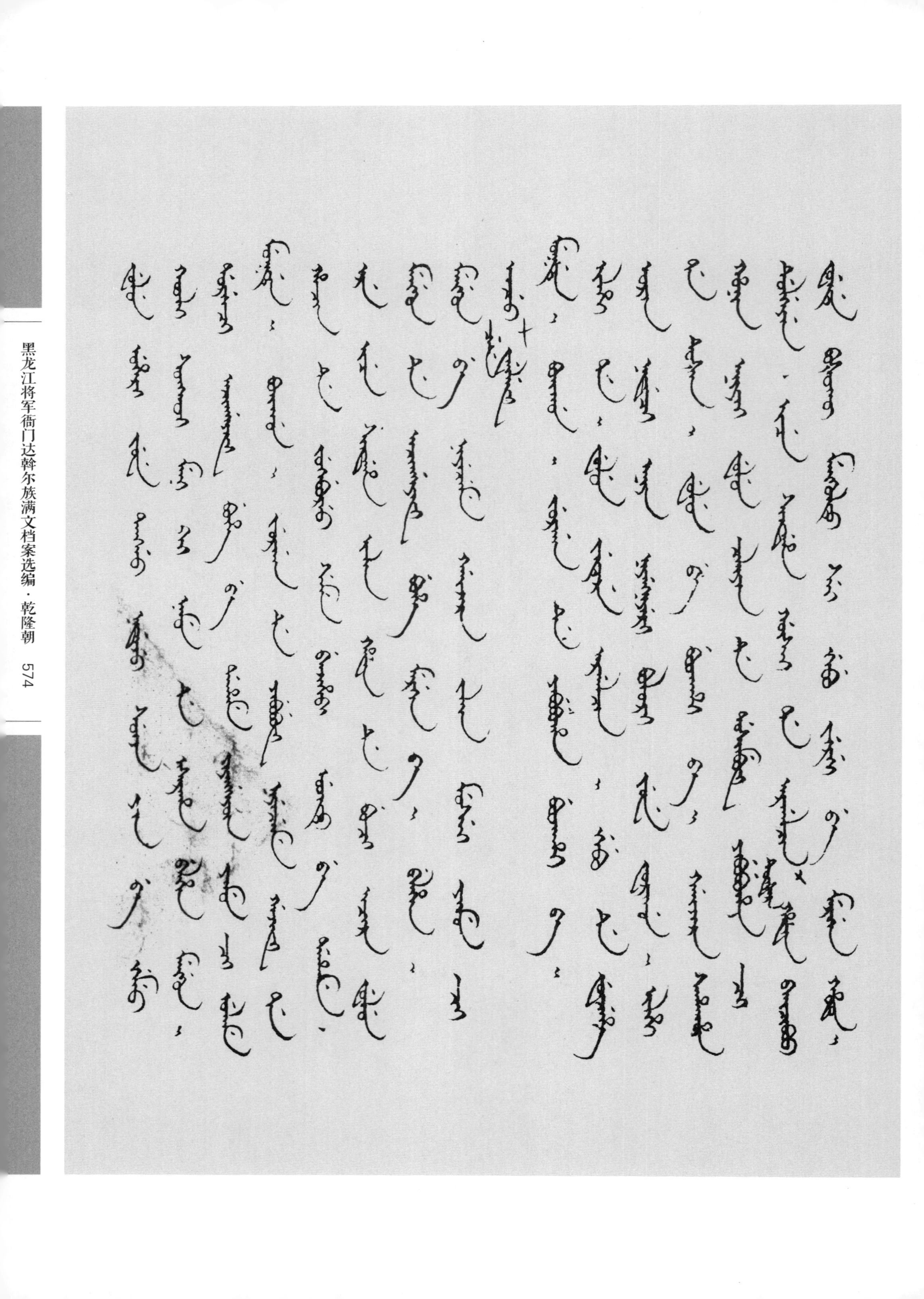

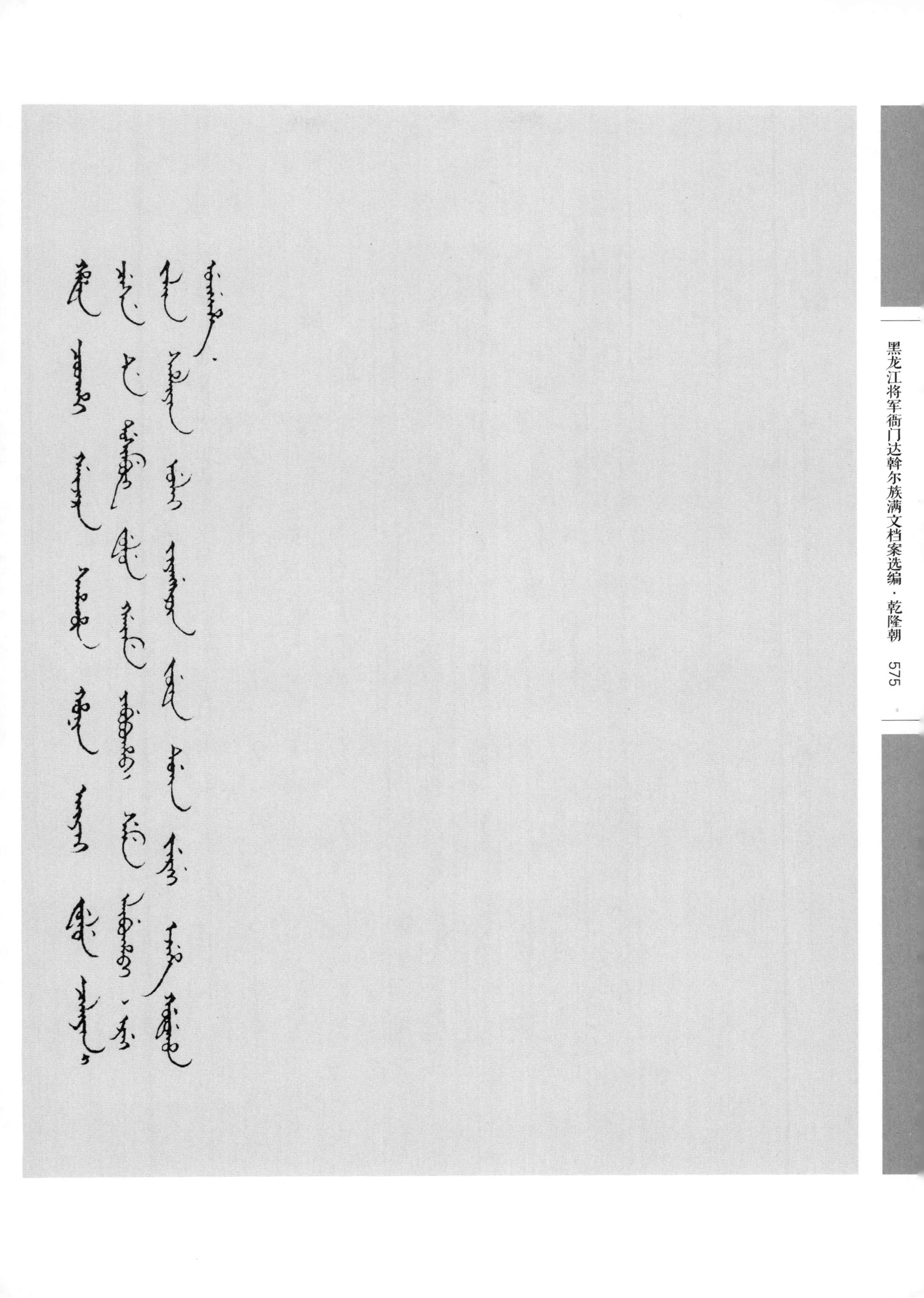

一一六七　黑龙江将军衙门为领取新授满洲达斡尔等官员俸银事咨盛京户部文

乾隆二十七年十一月十三日

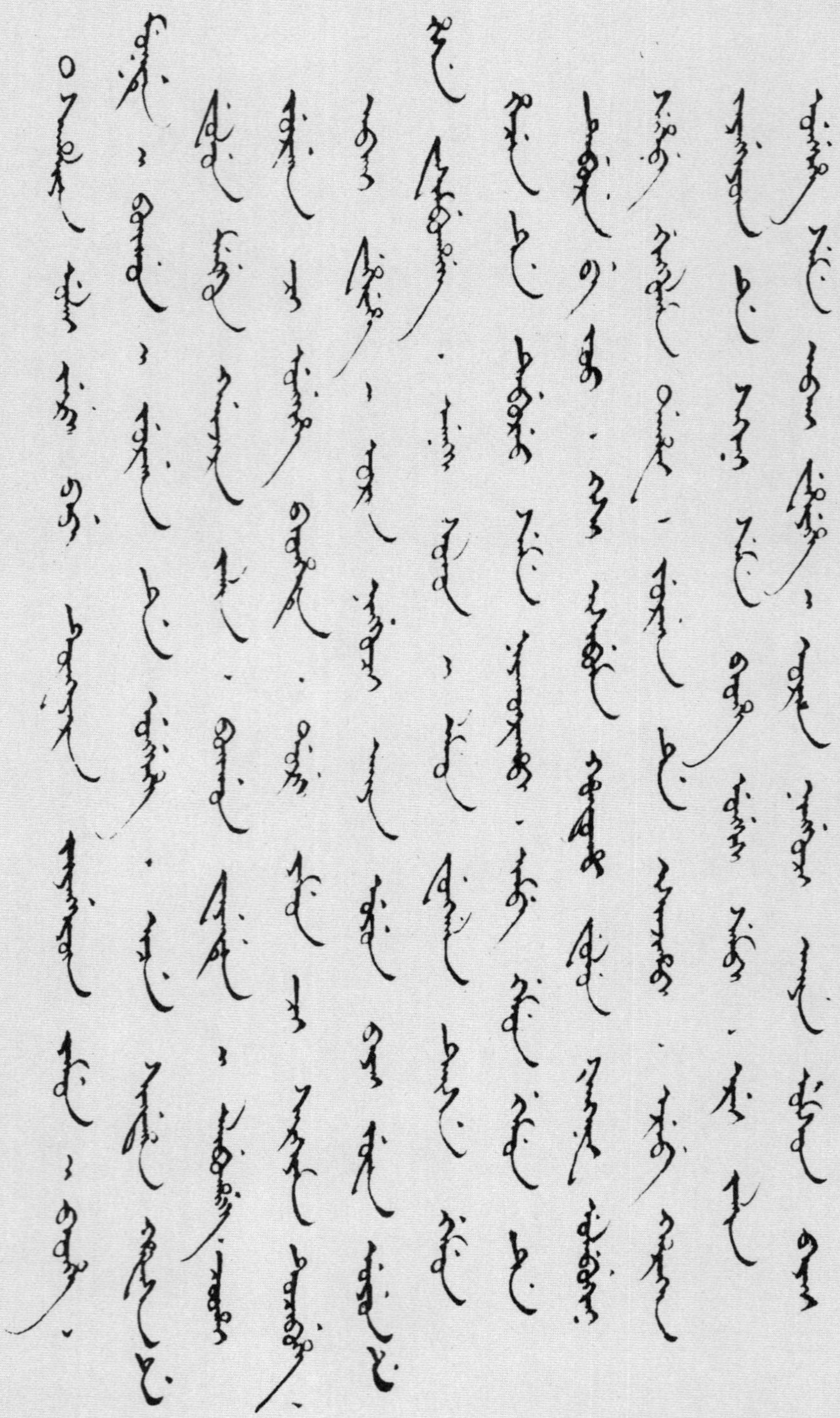

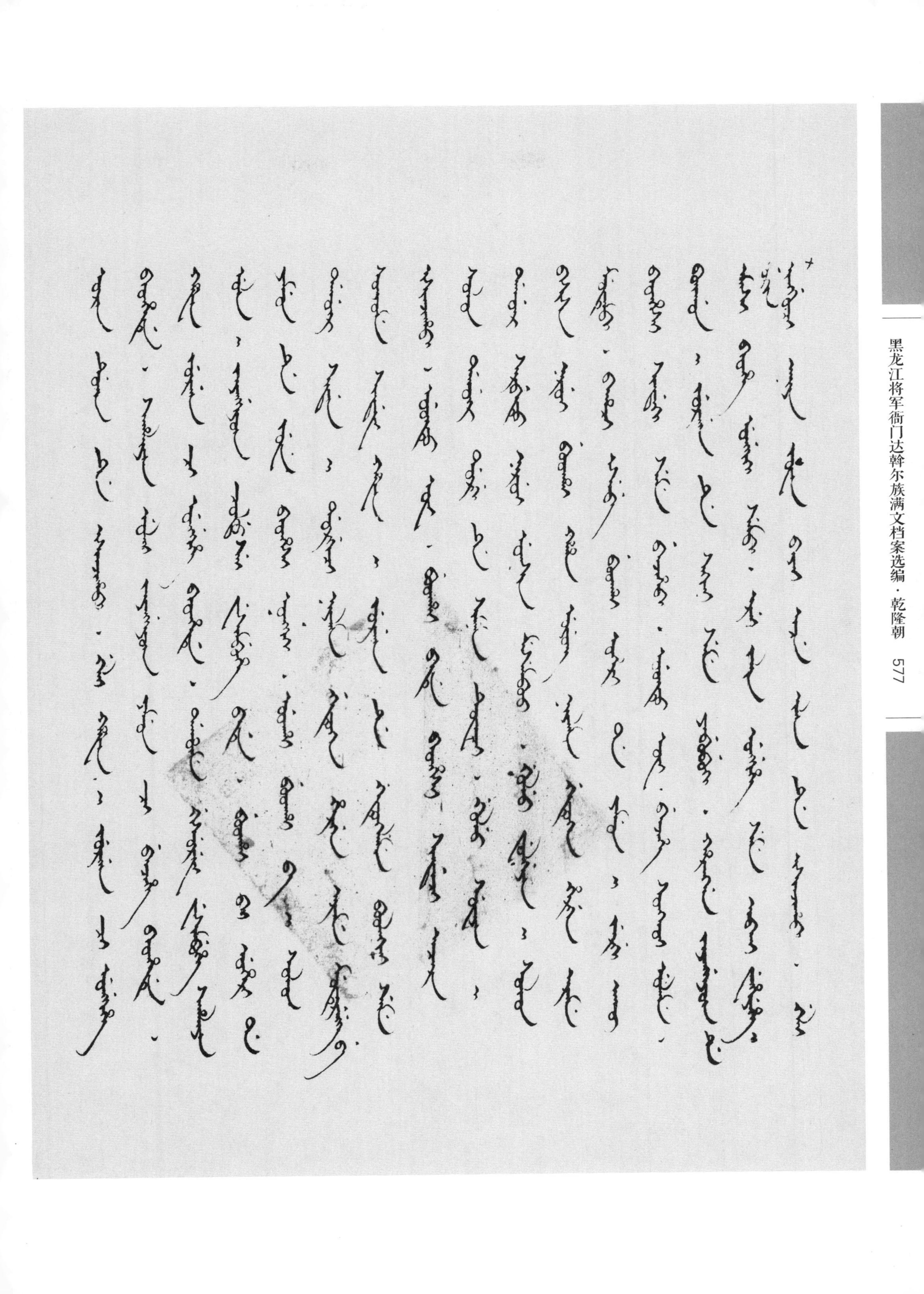

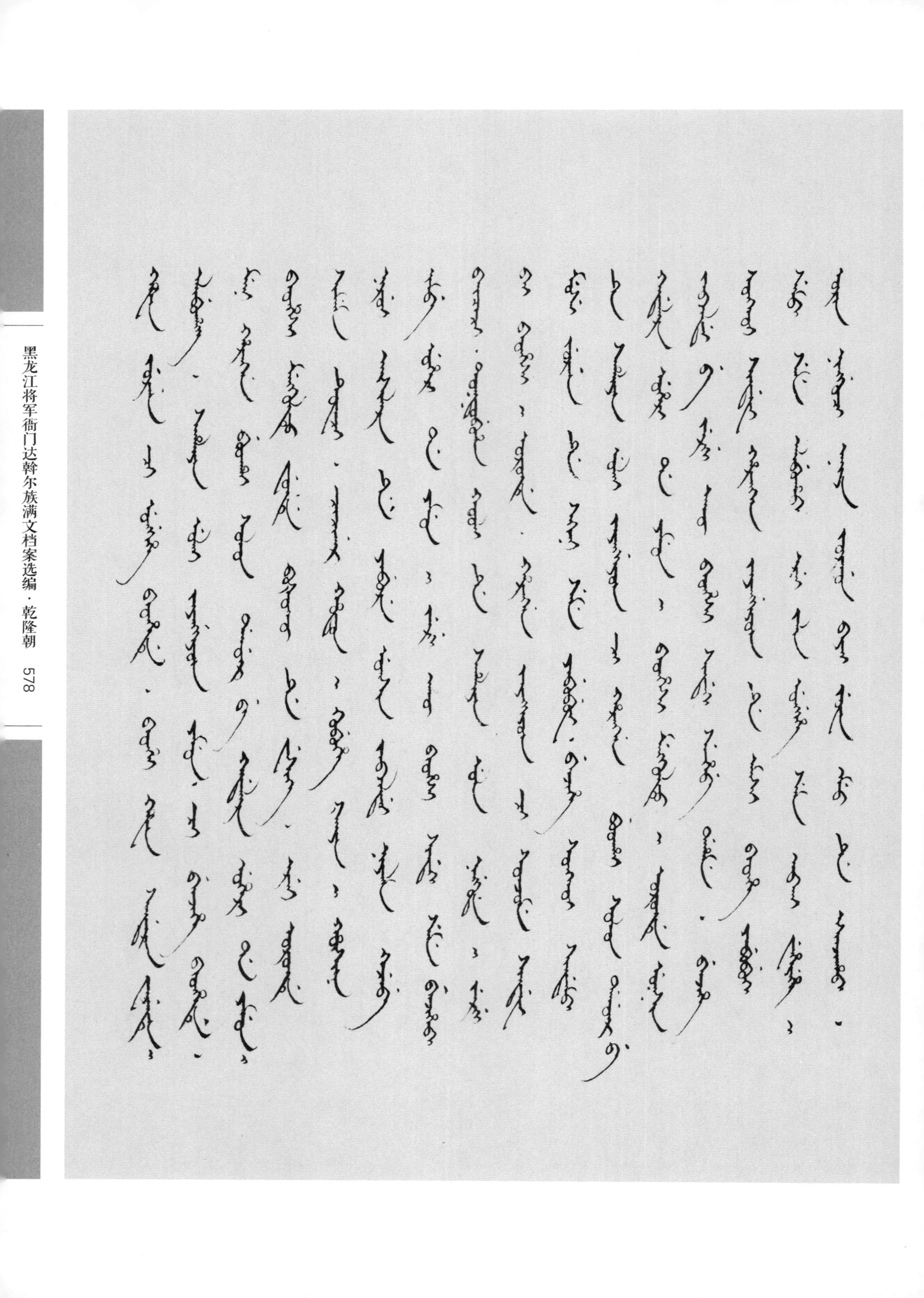

[illegible]

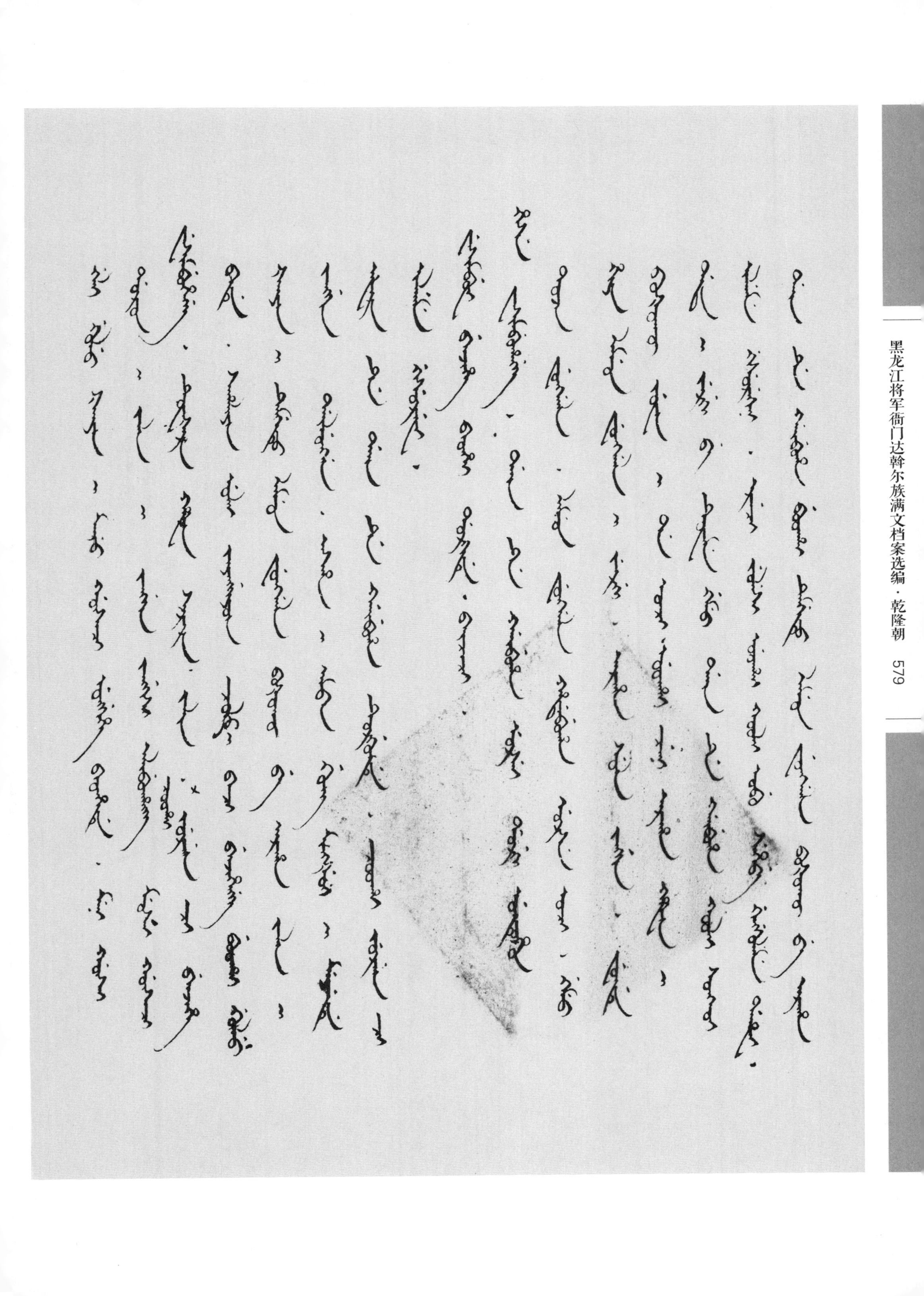

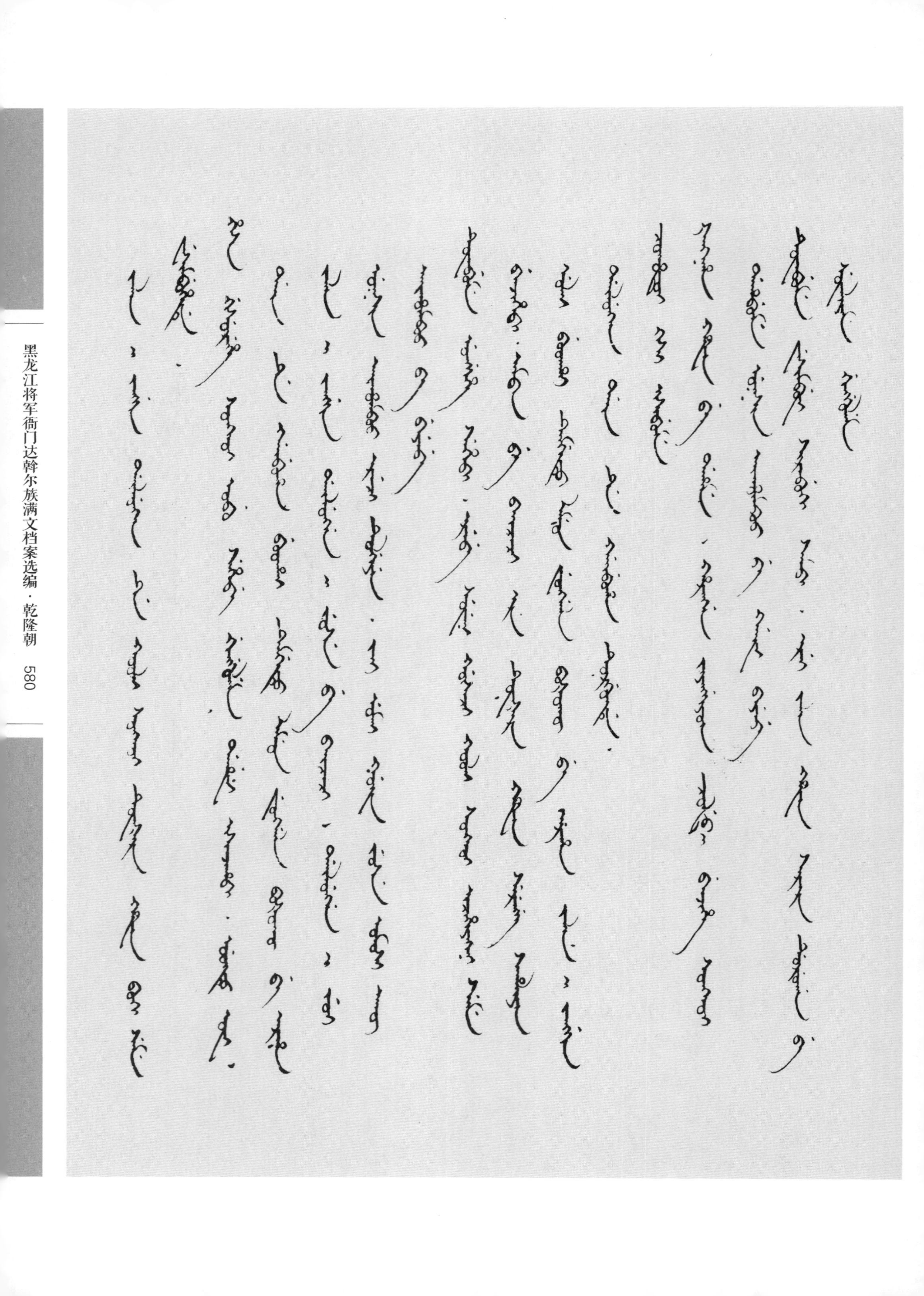

[illegible]

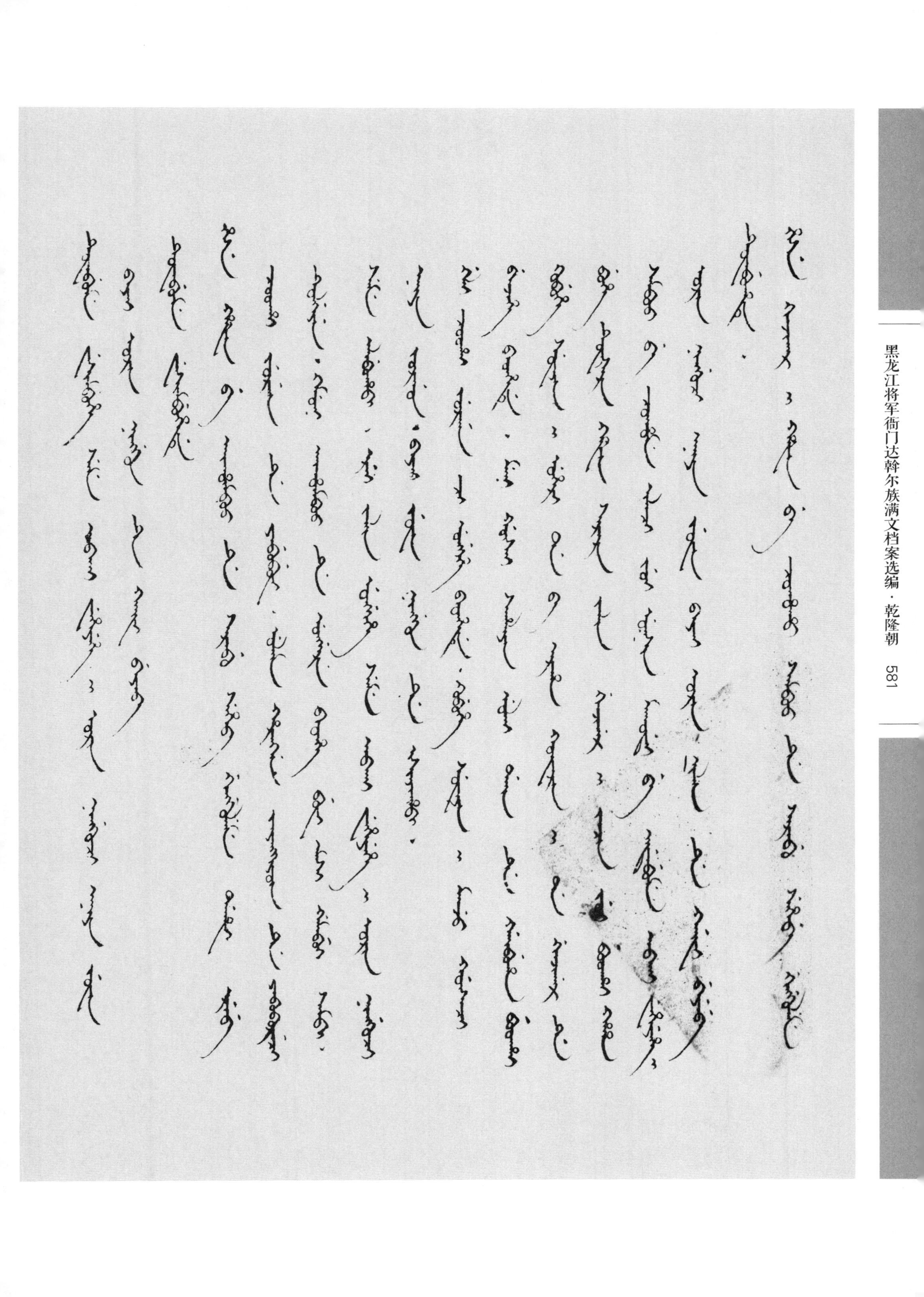

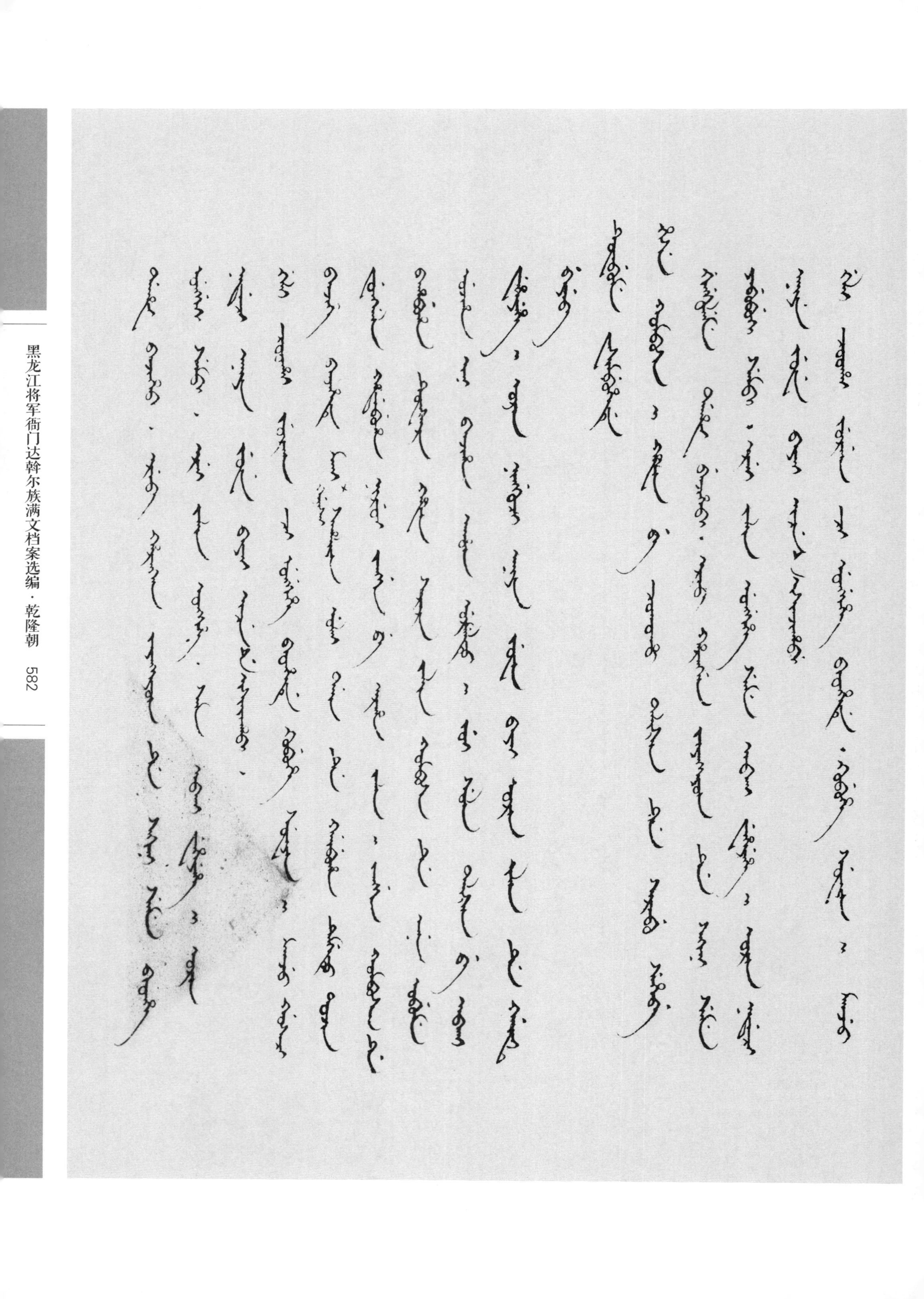

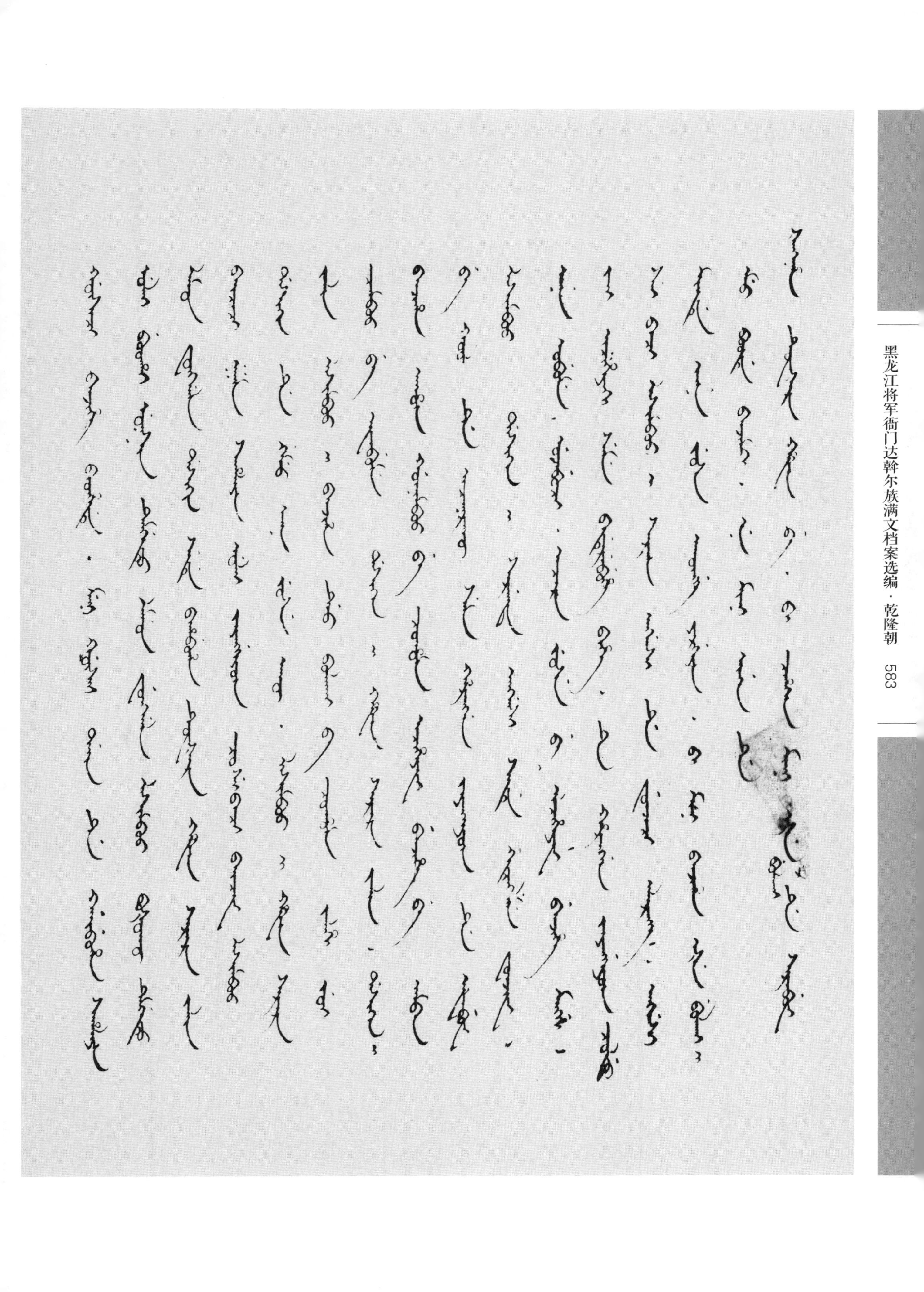

[illegible]

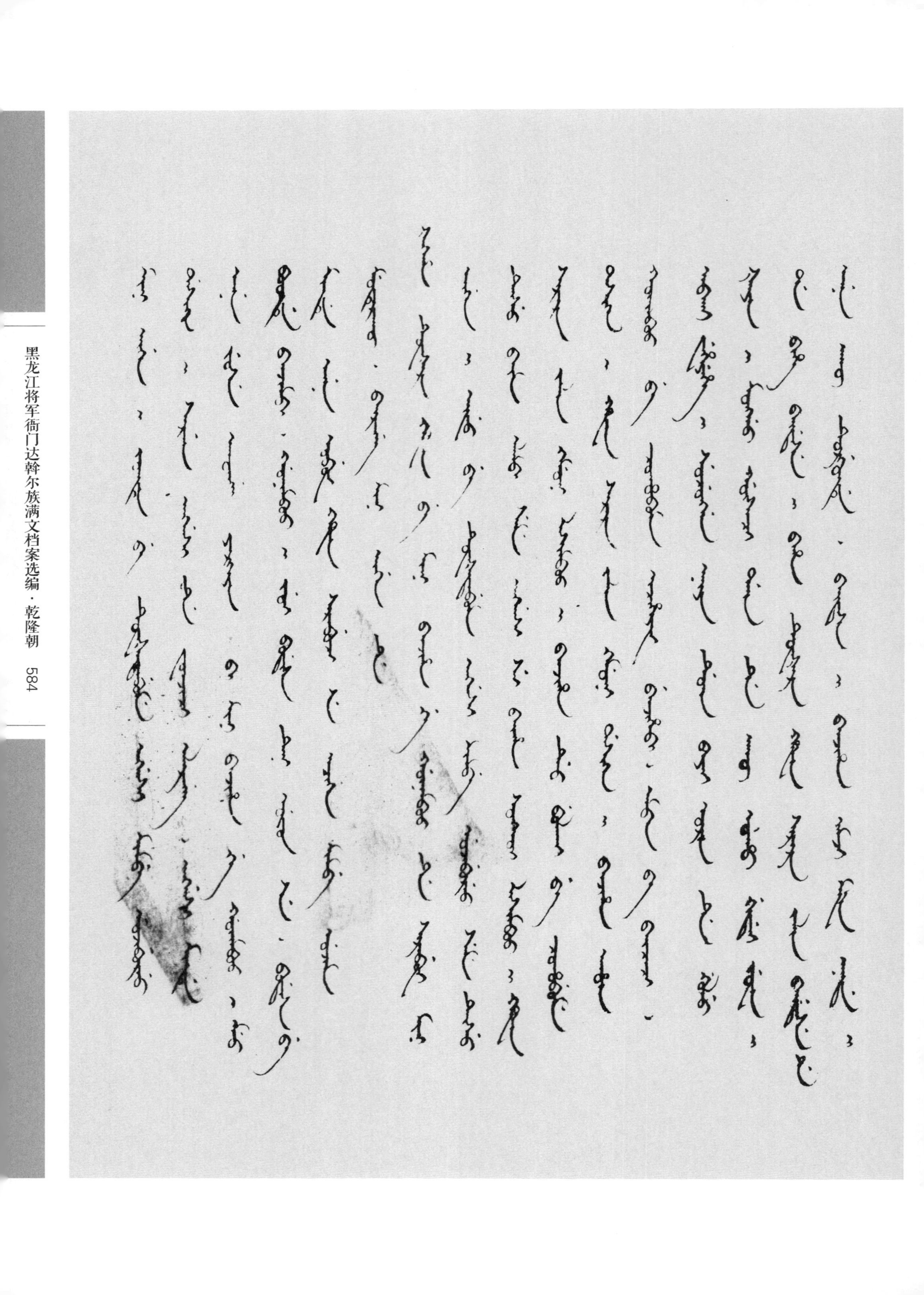

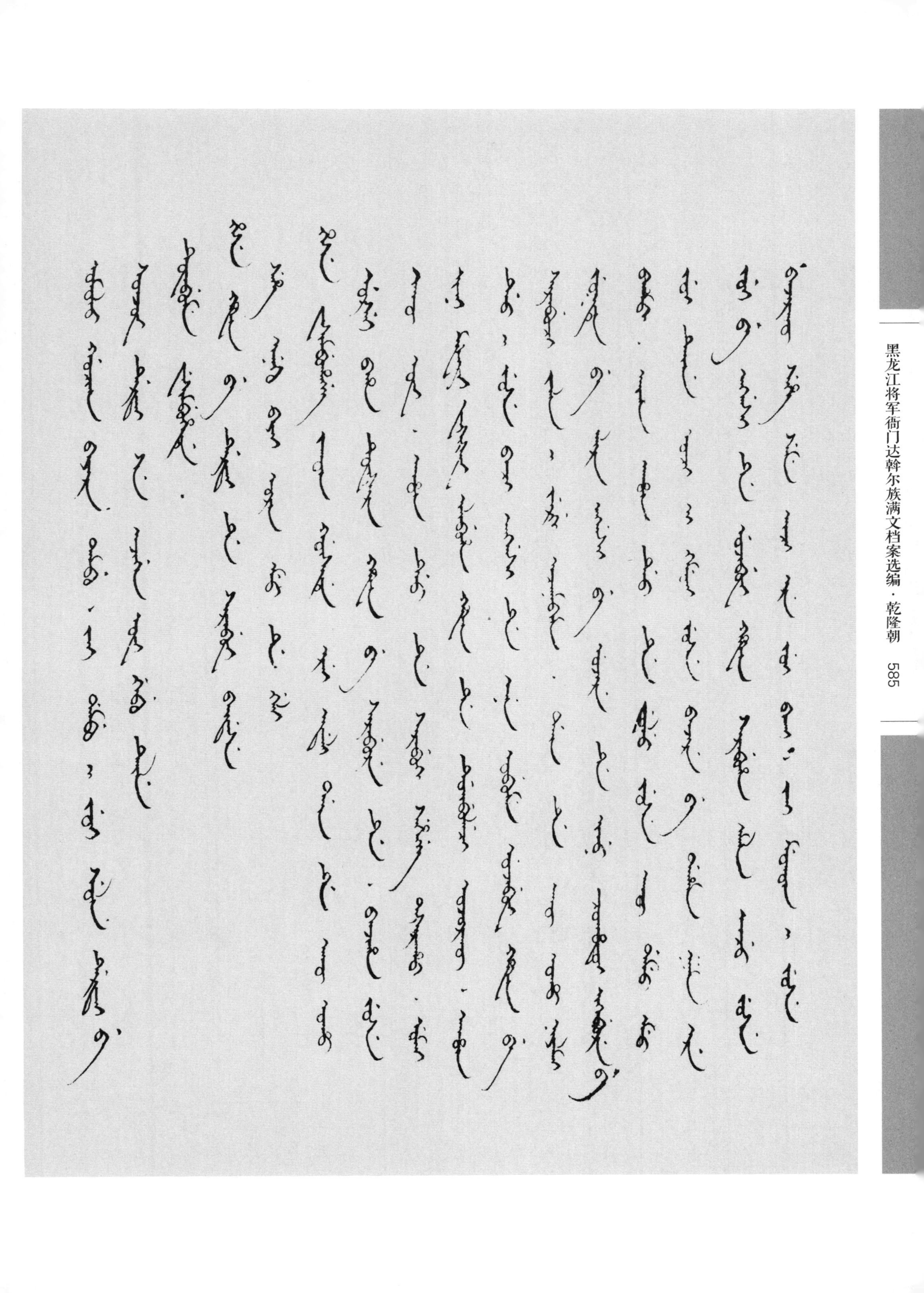

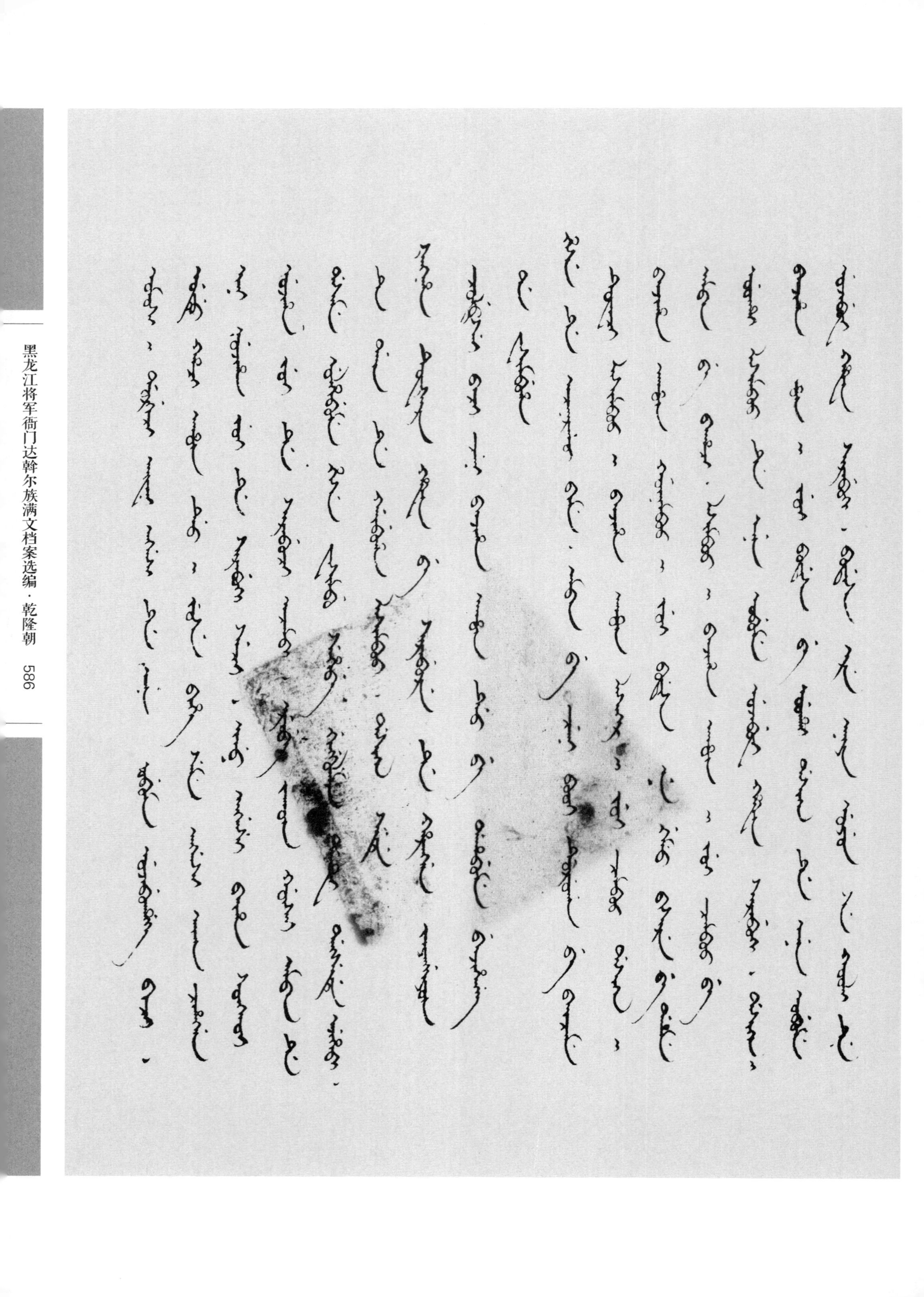

[illegible]

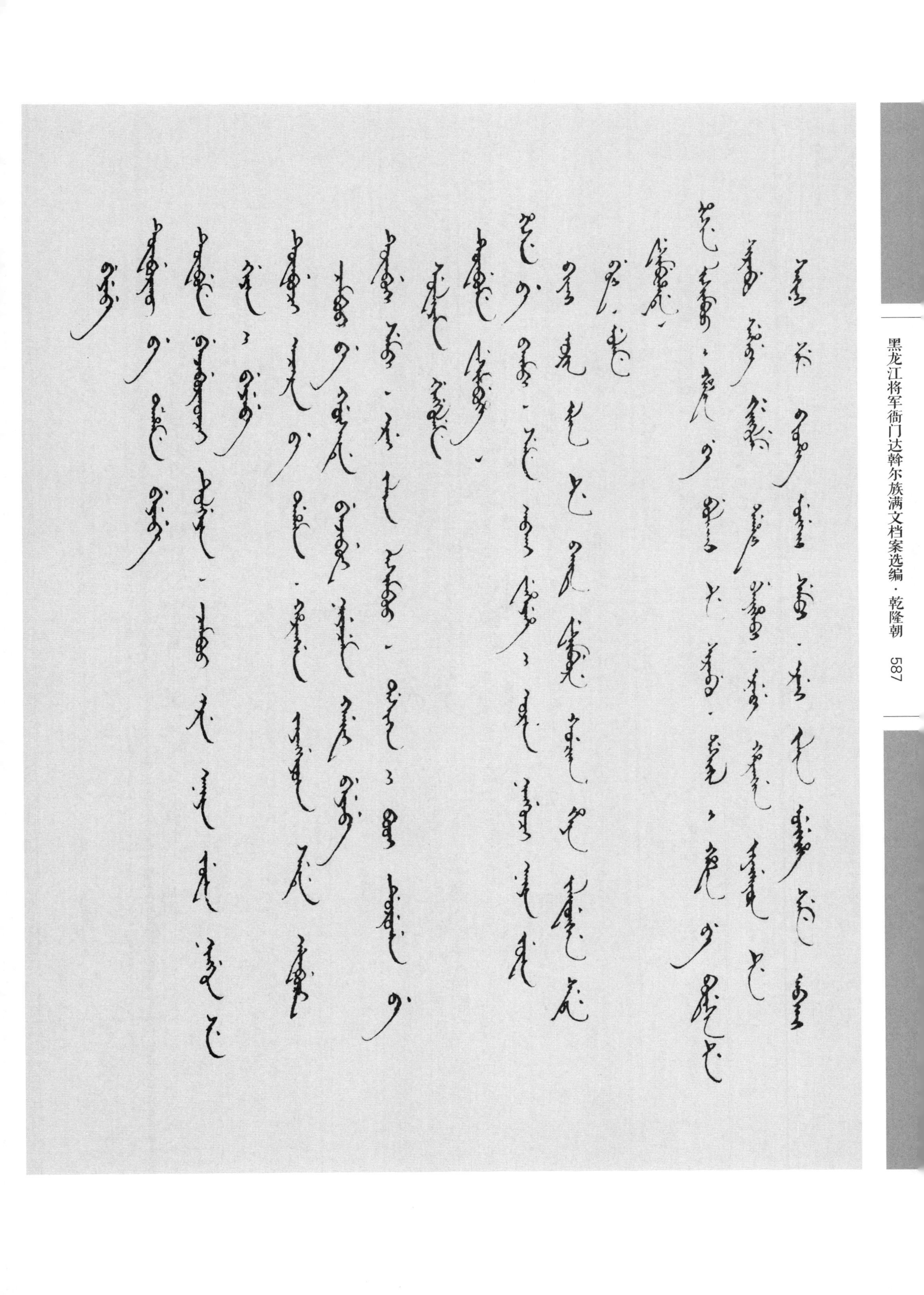

[illegible]
[illegible]
[illegible]
[illegible]
[illegible]
[illegible]
[illegible]
[illegible]
[illegible]
[illegible]
[illegible]
[illegible]
[illegible]
[illegible]
[illegible]
[illegible]

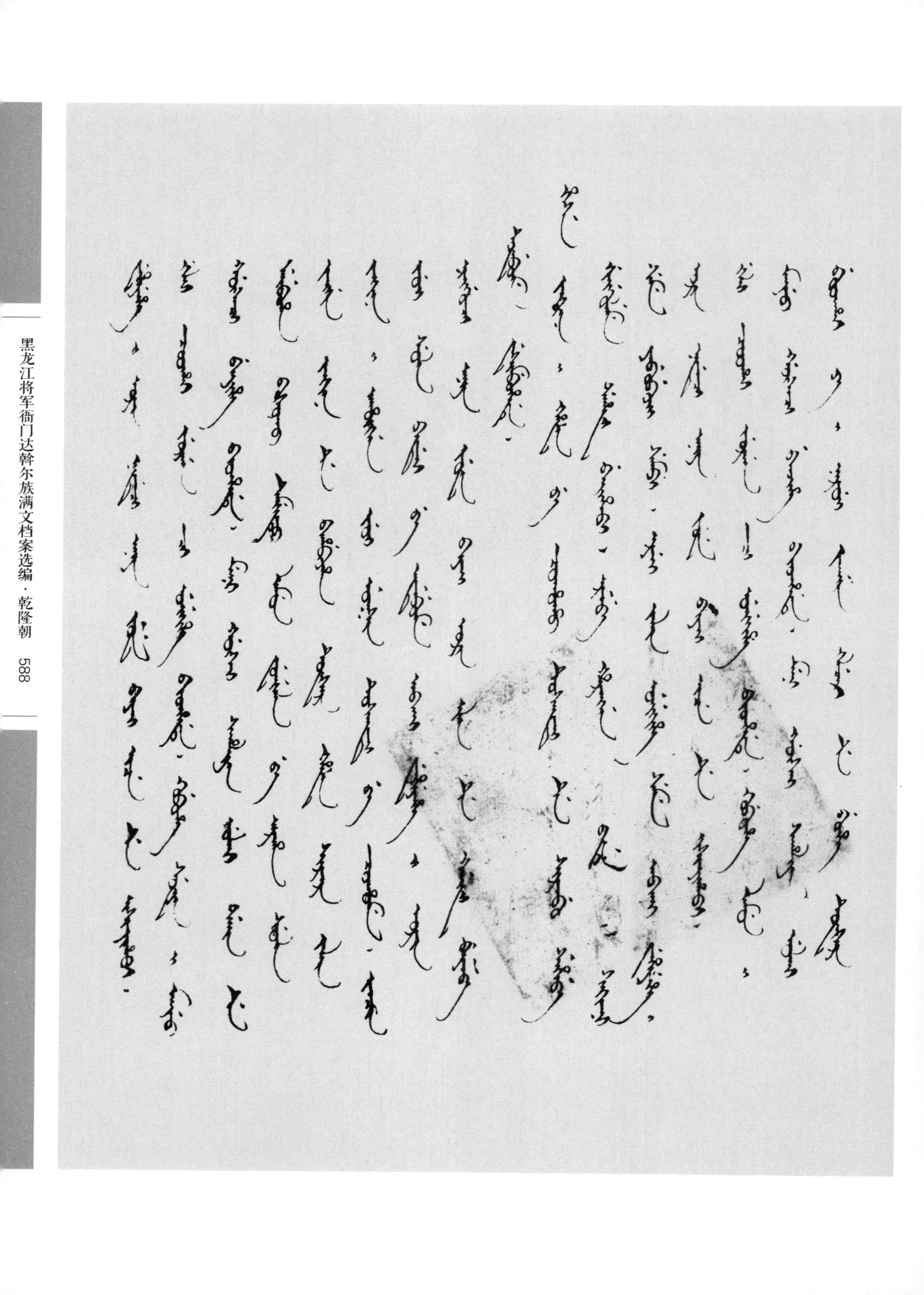

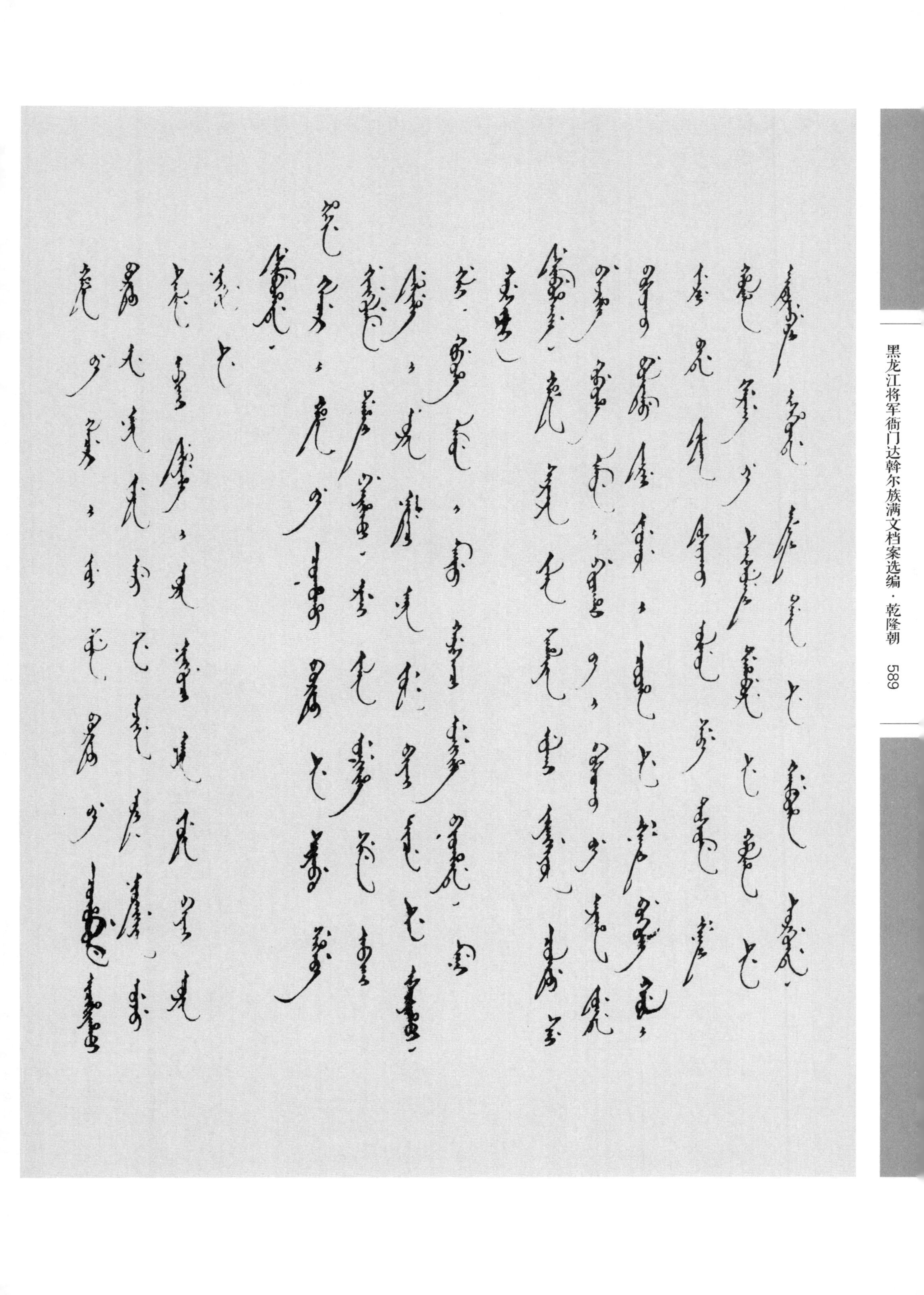

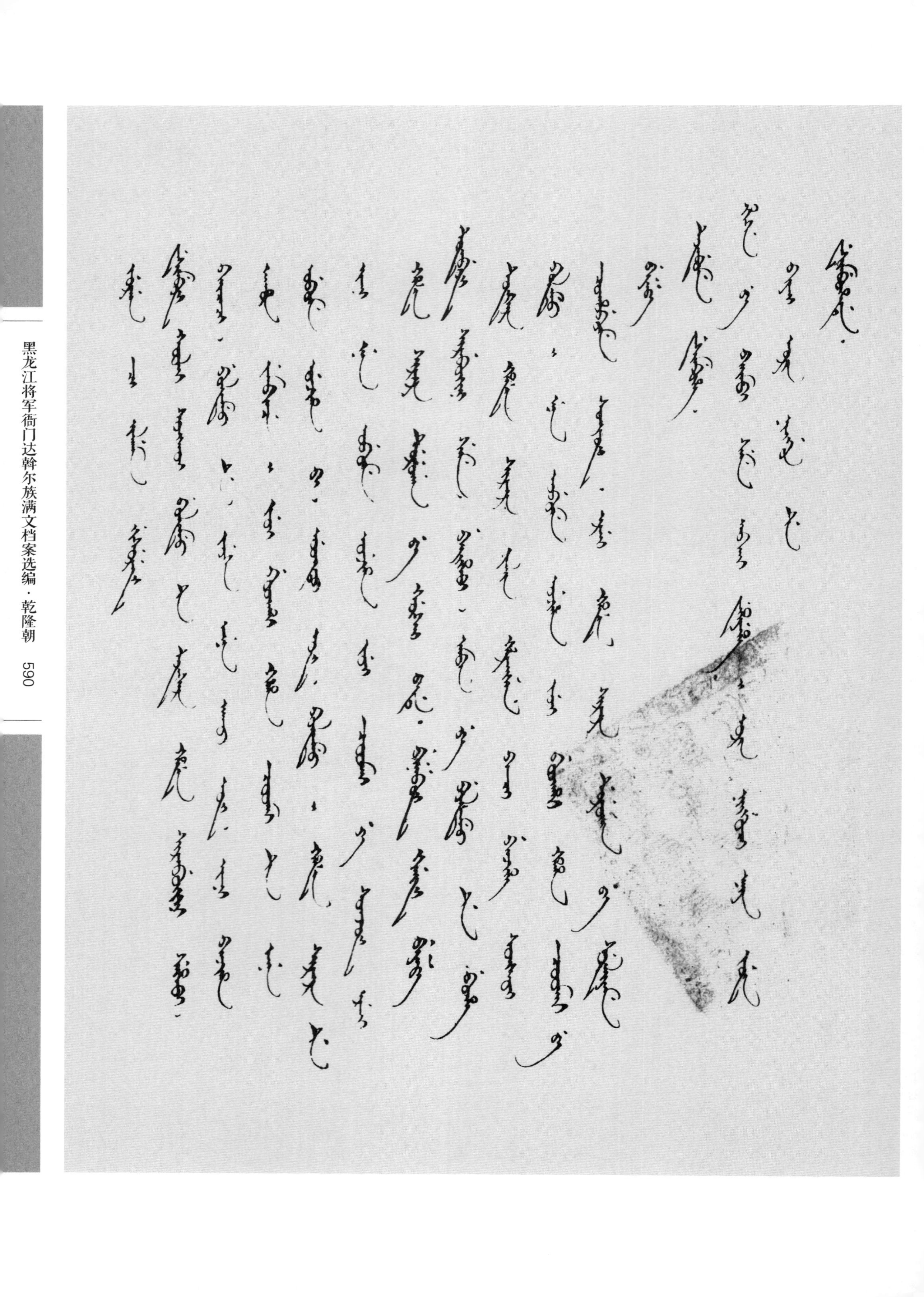

[illegible]

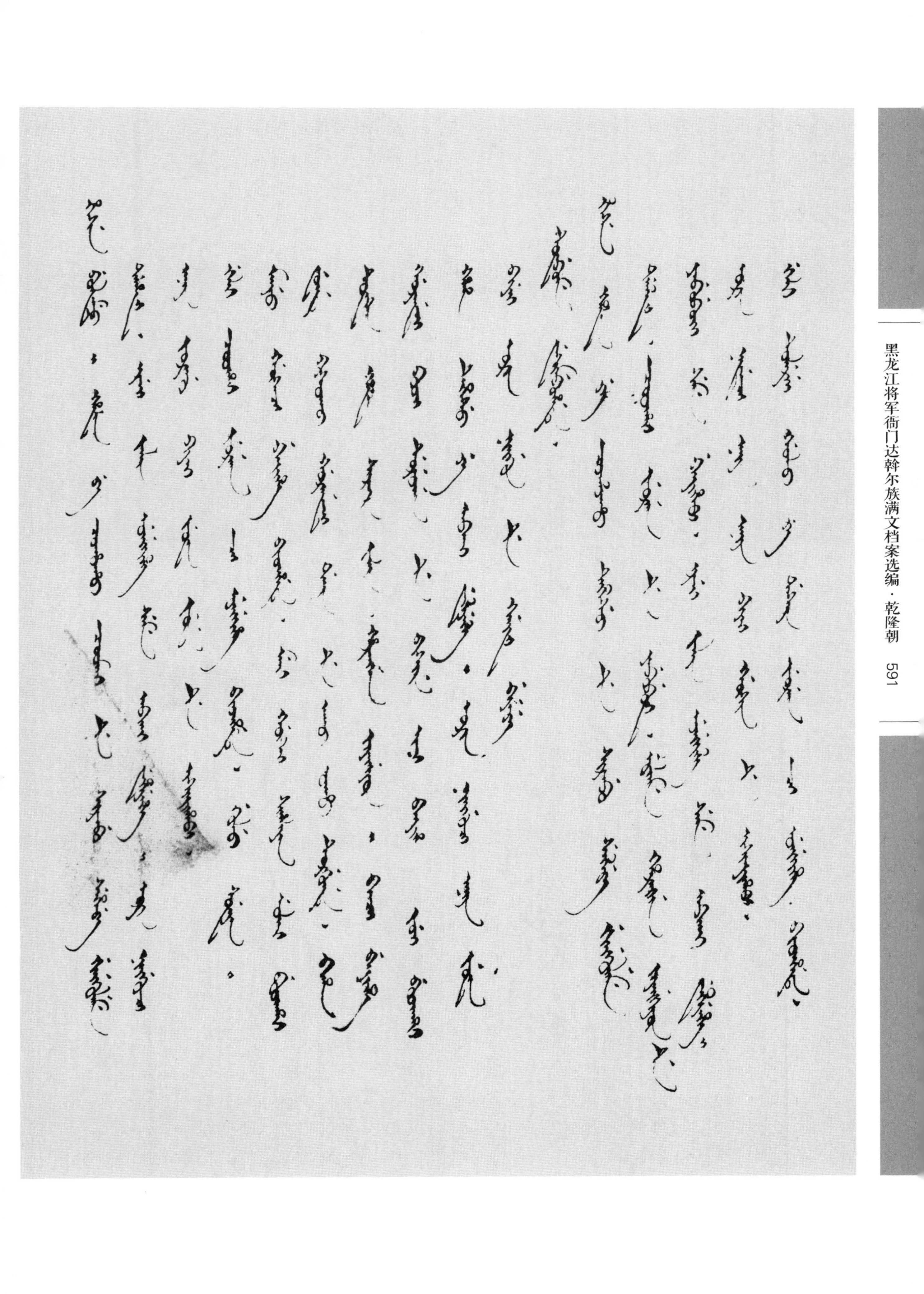

[illegible]

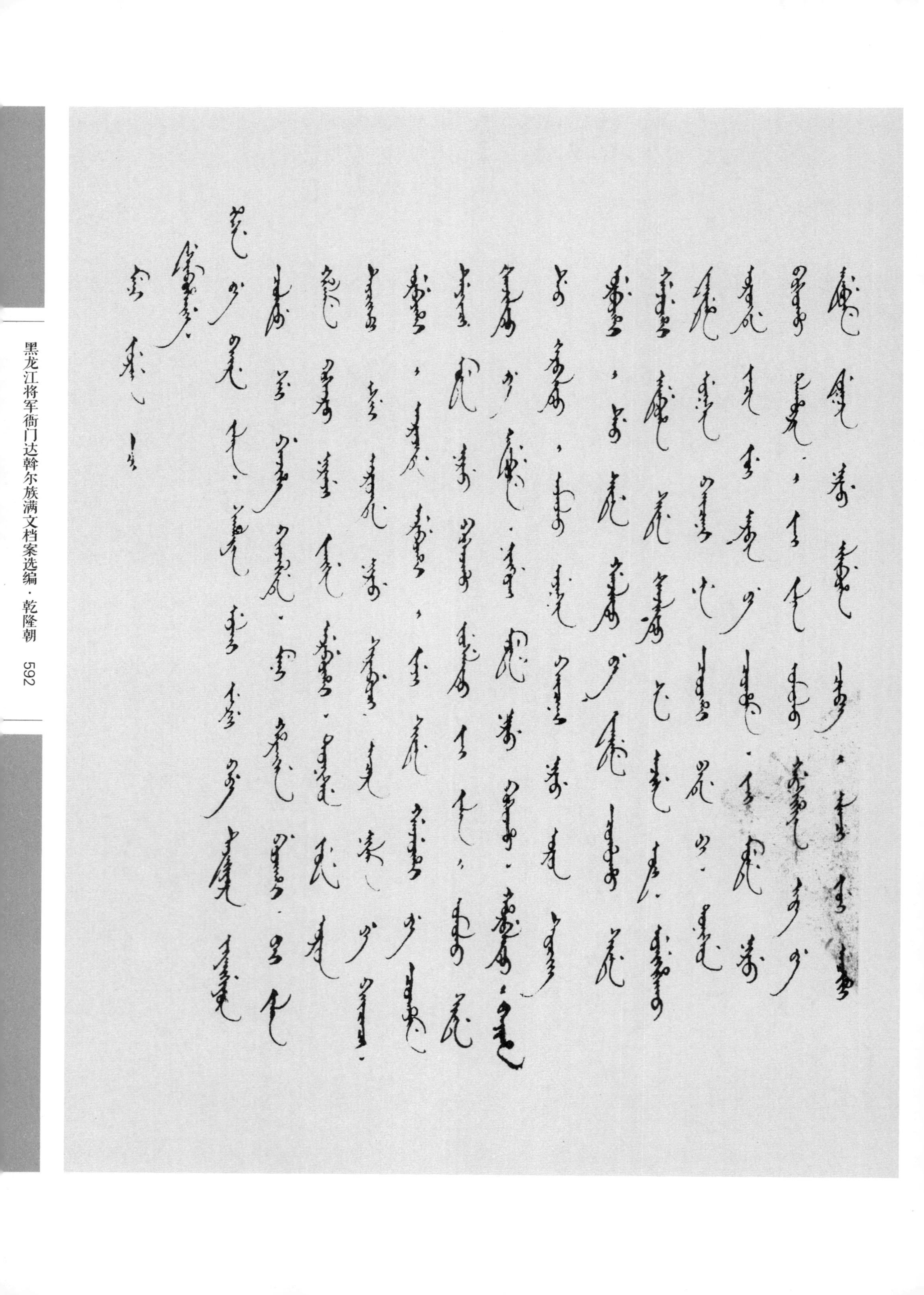

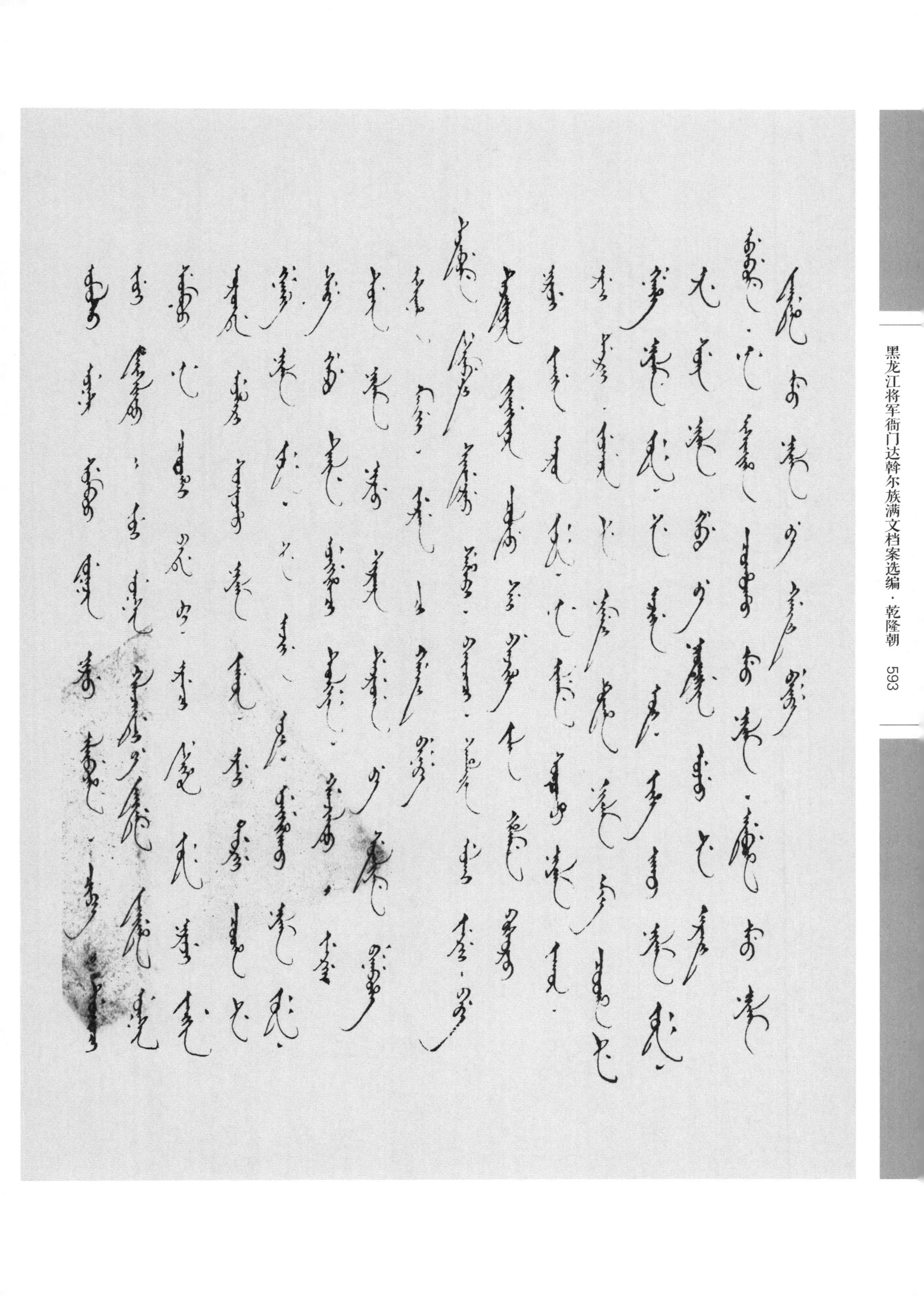

[illegible]

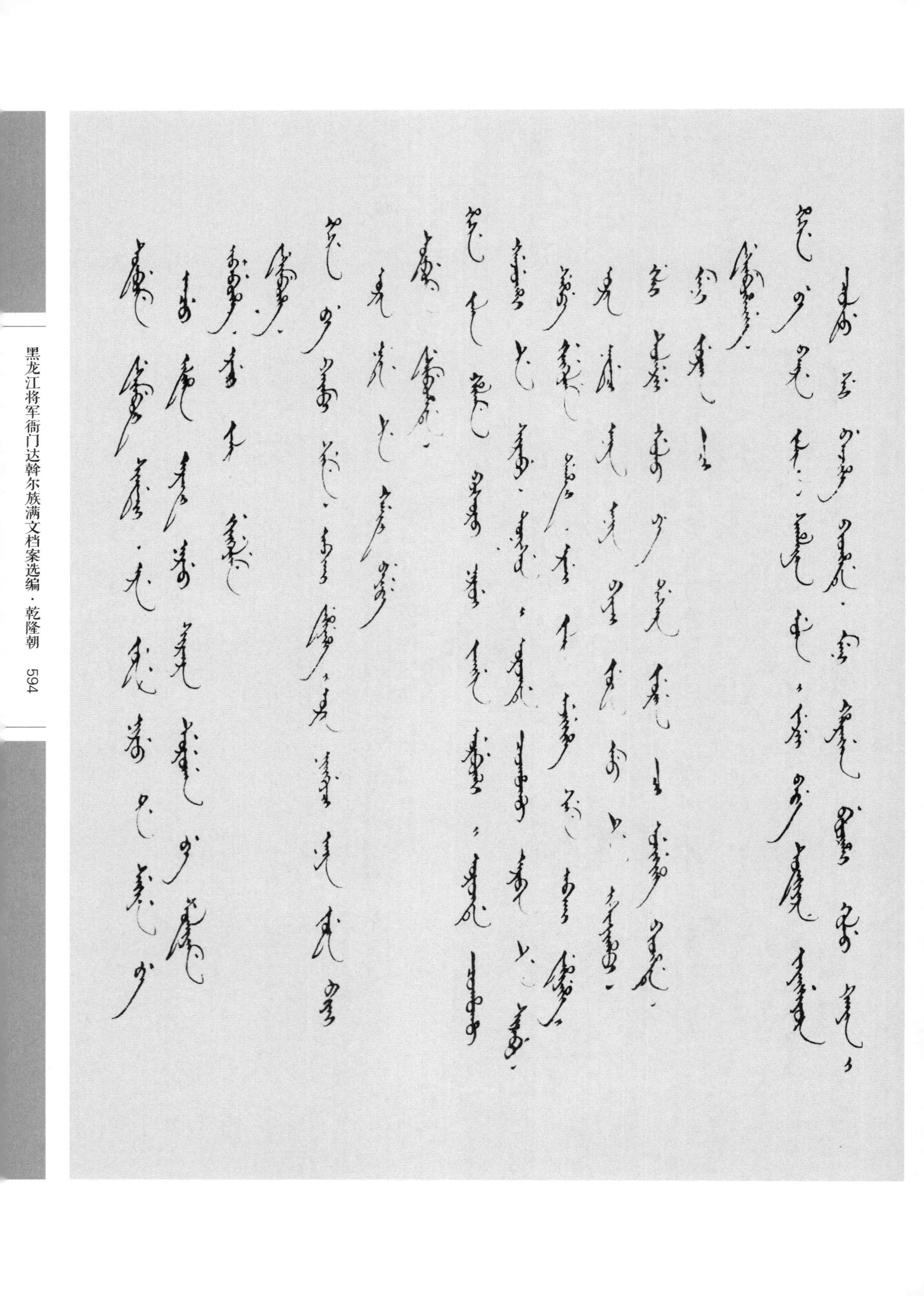

[illegible]

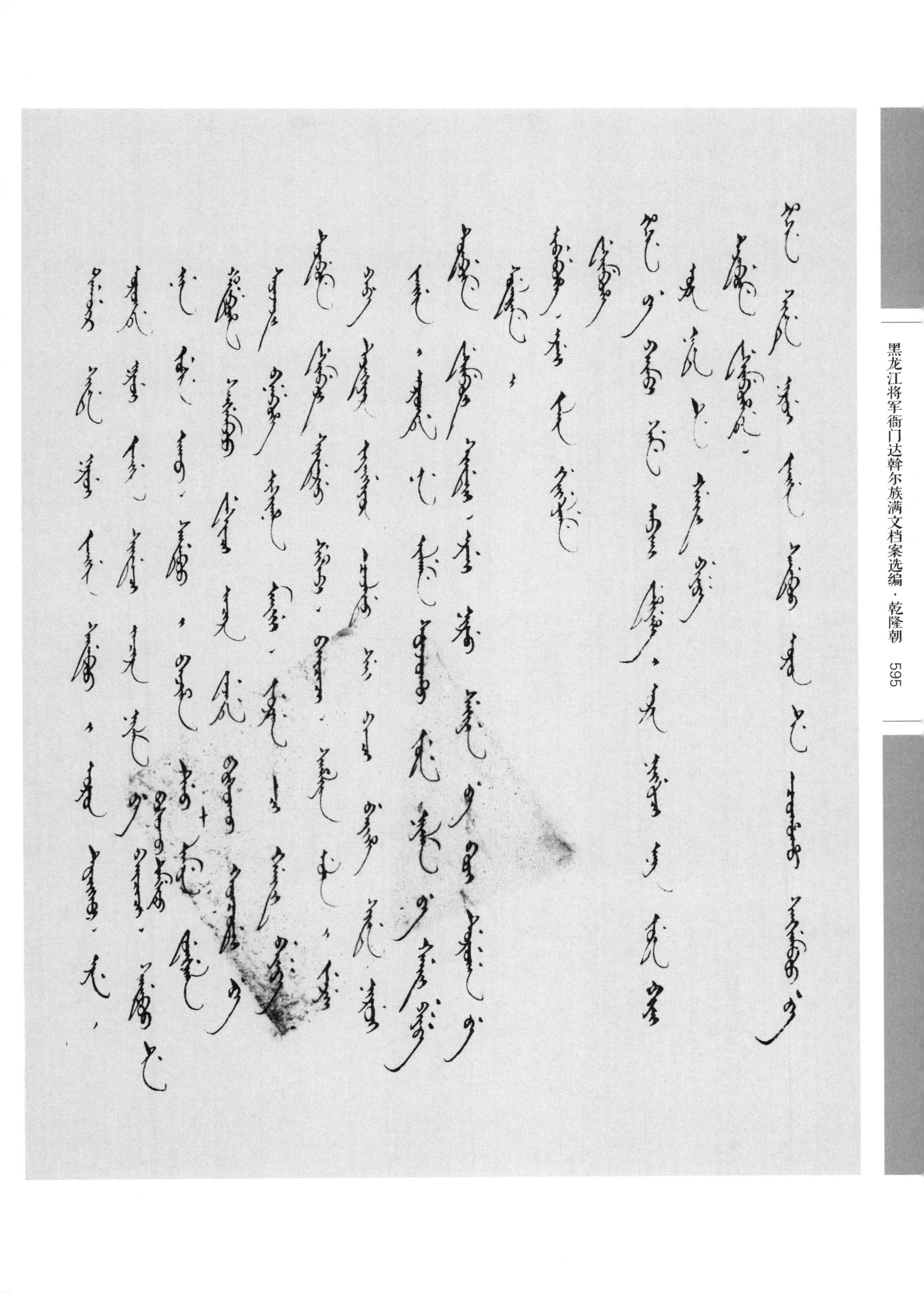

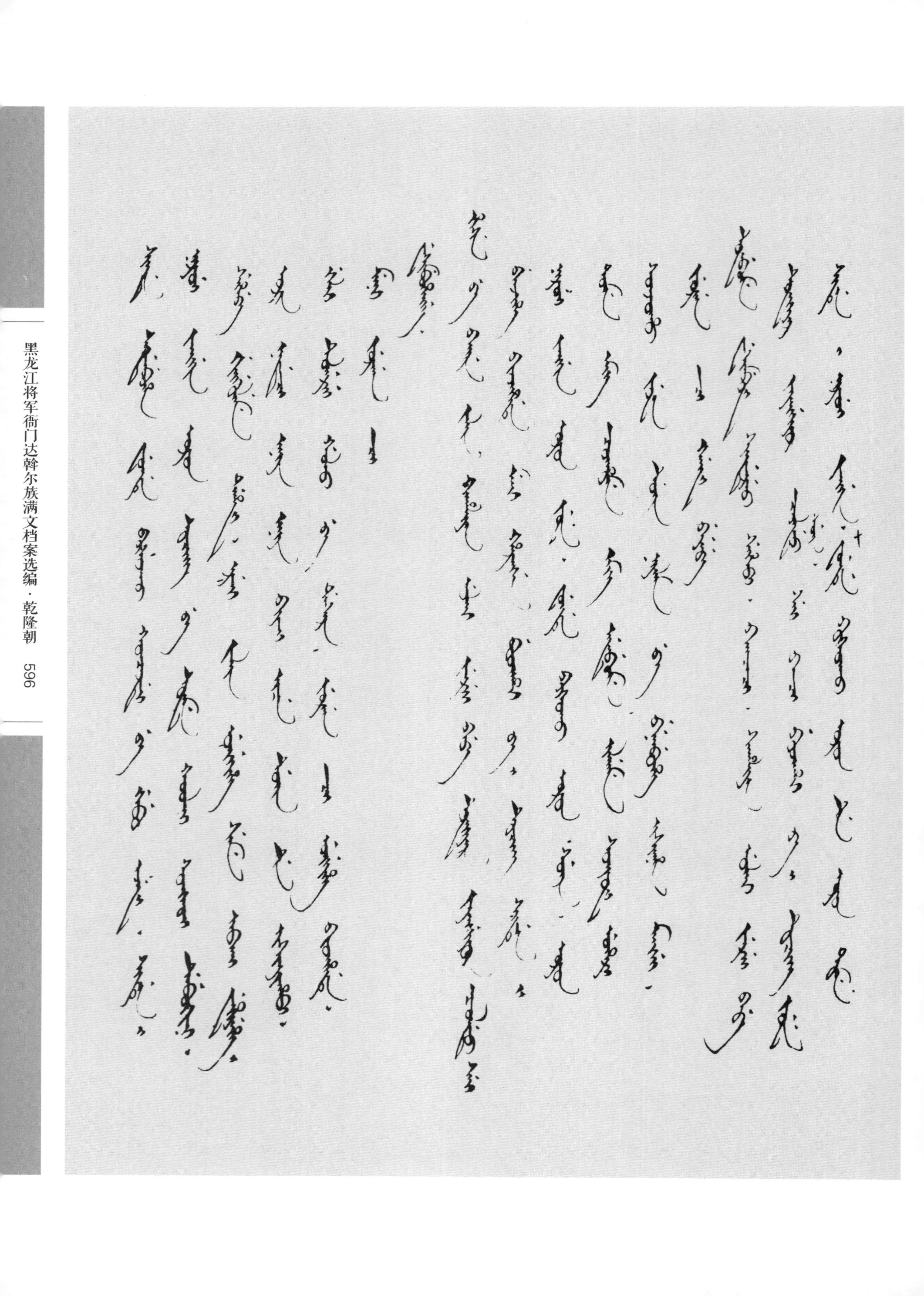

[illegible]

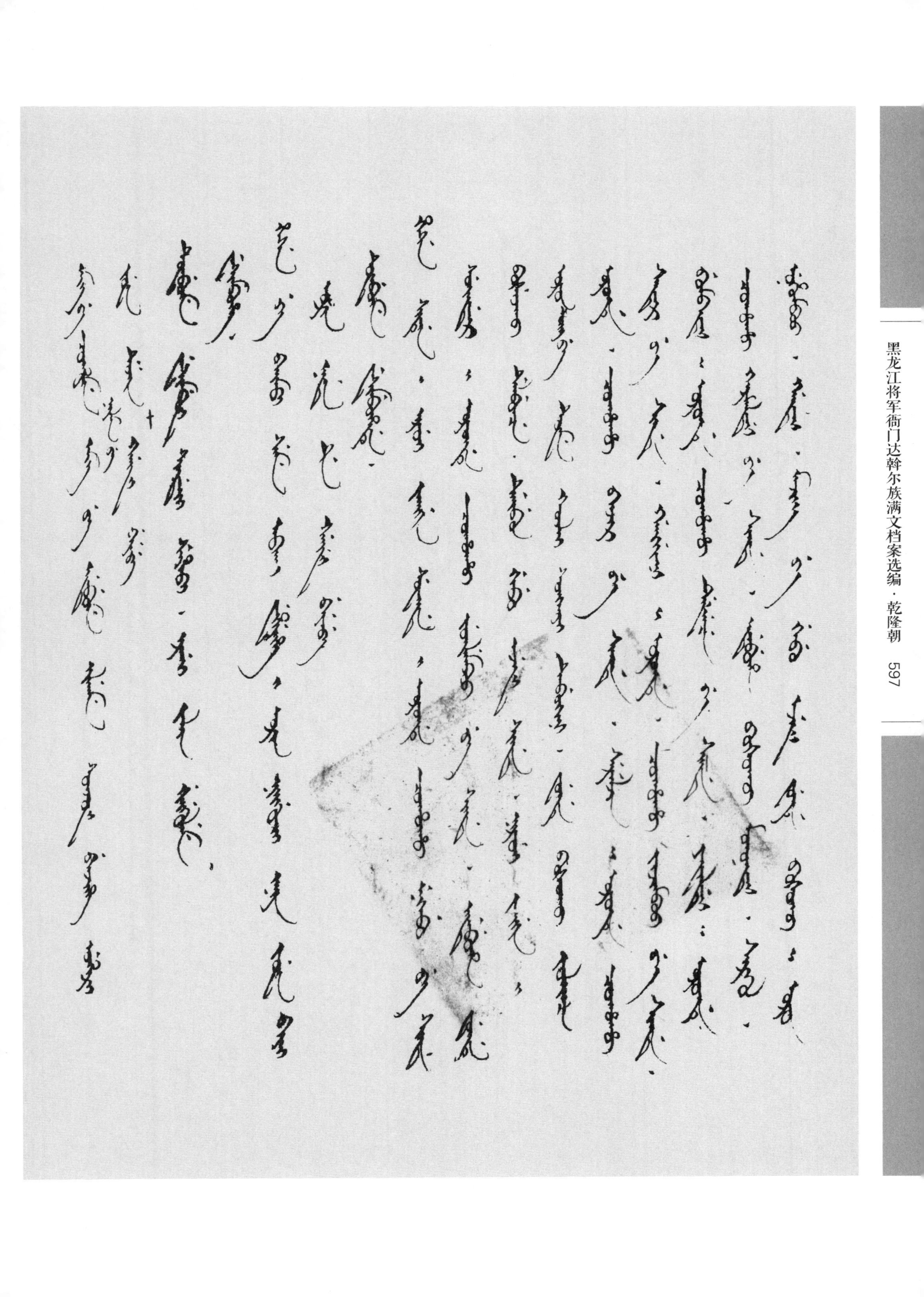

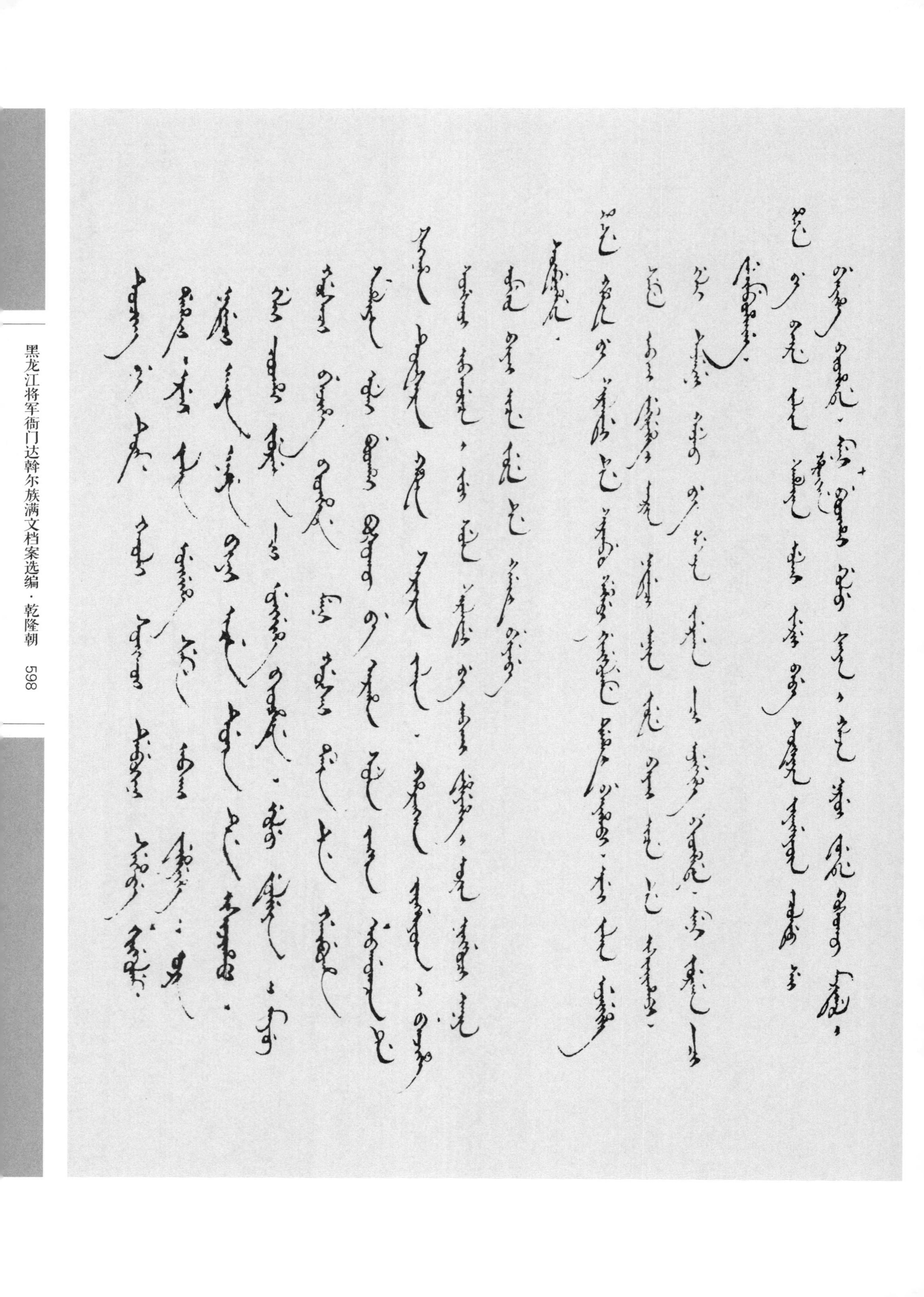

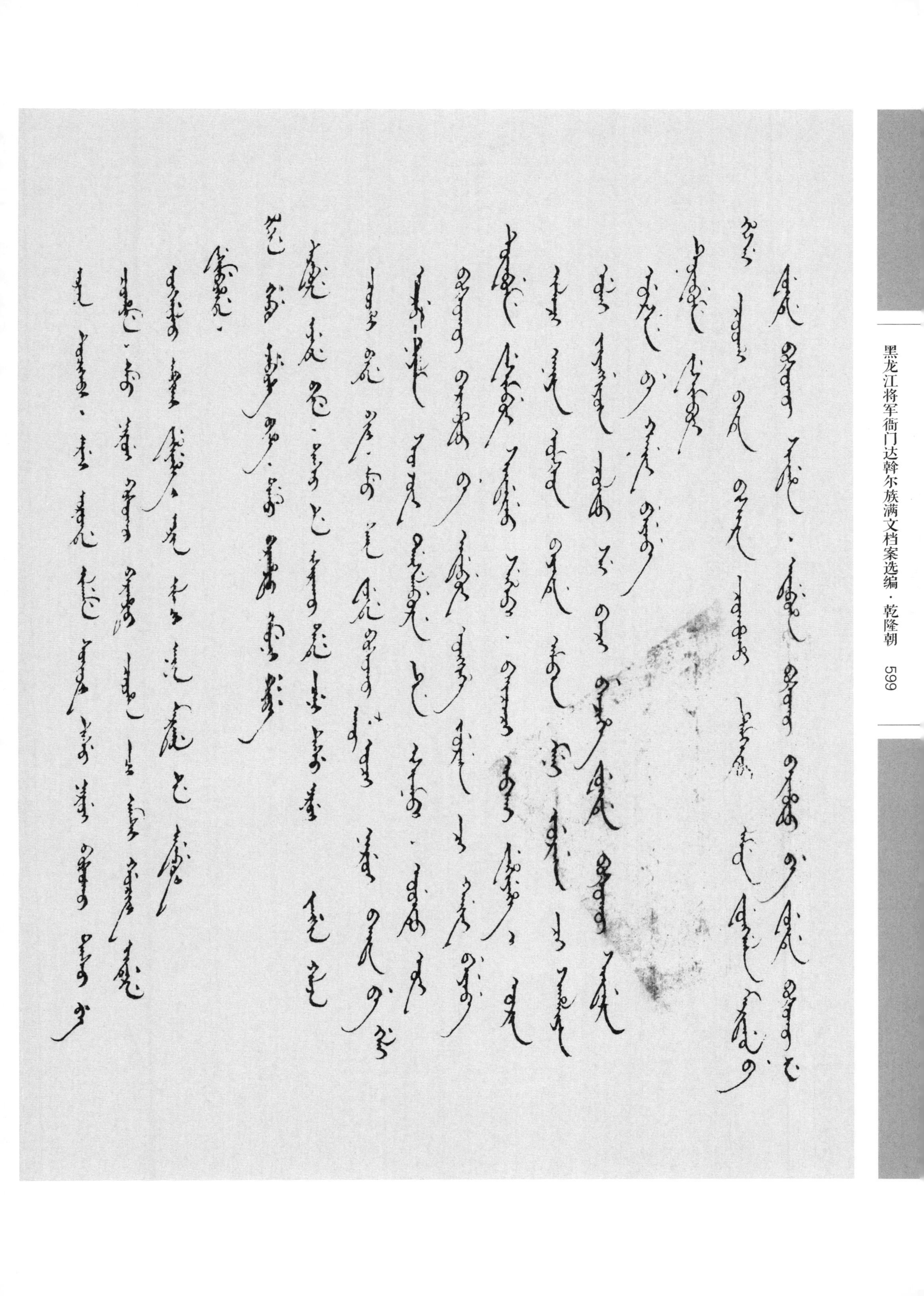

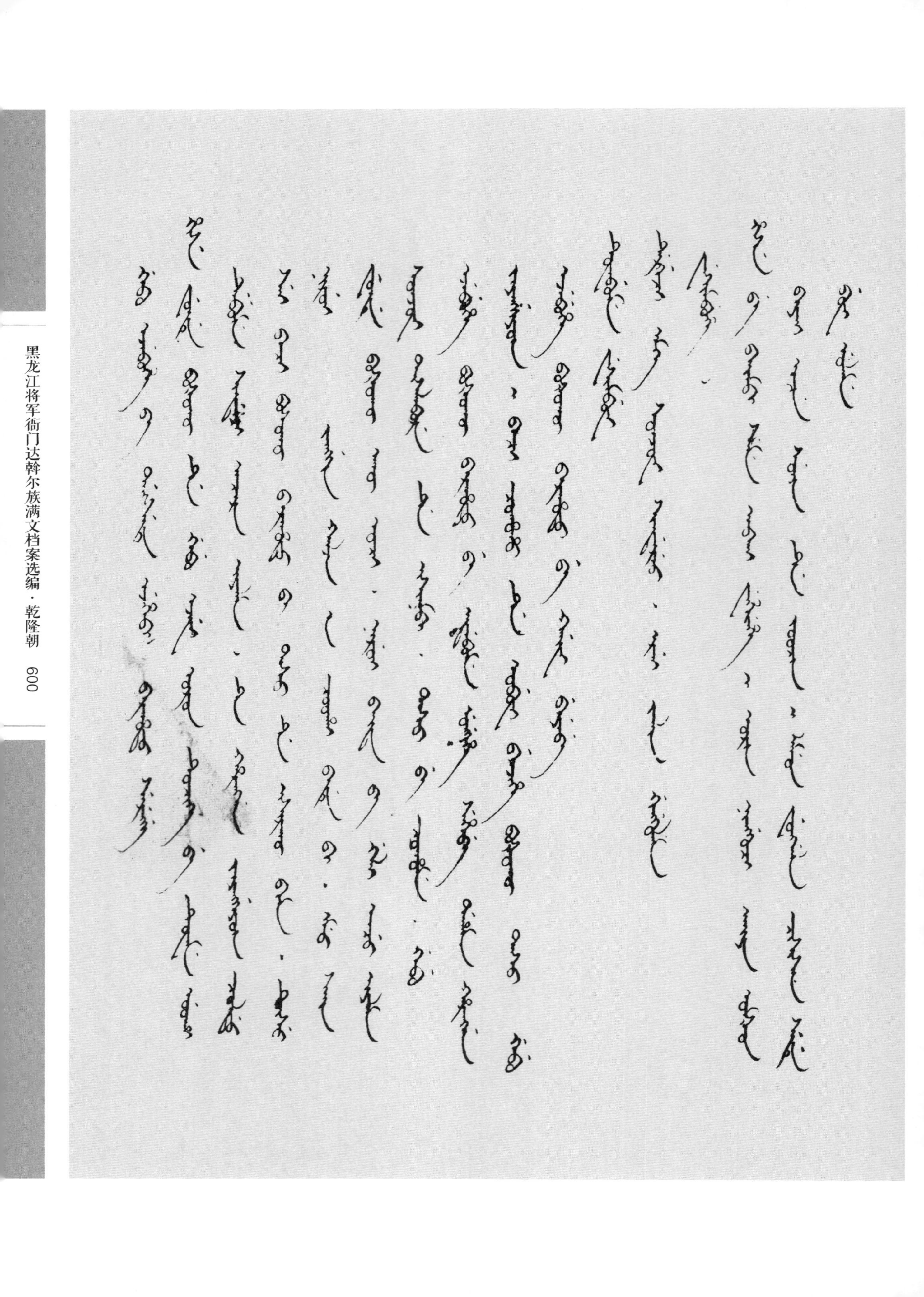

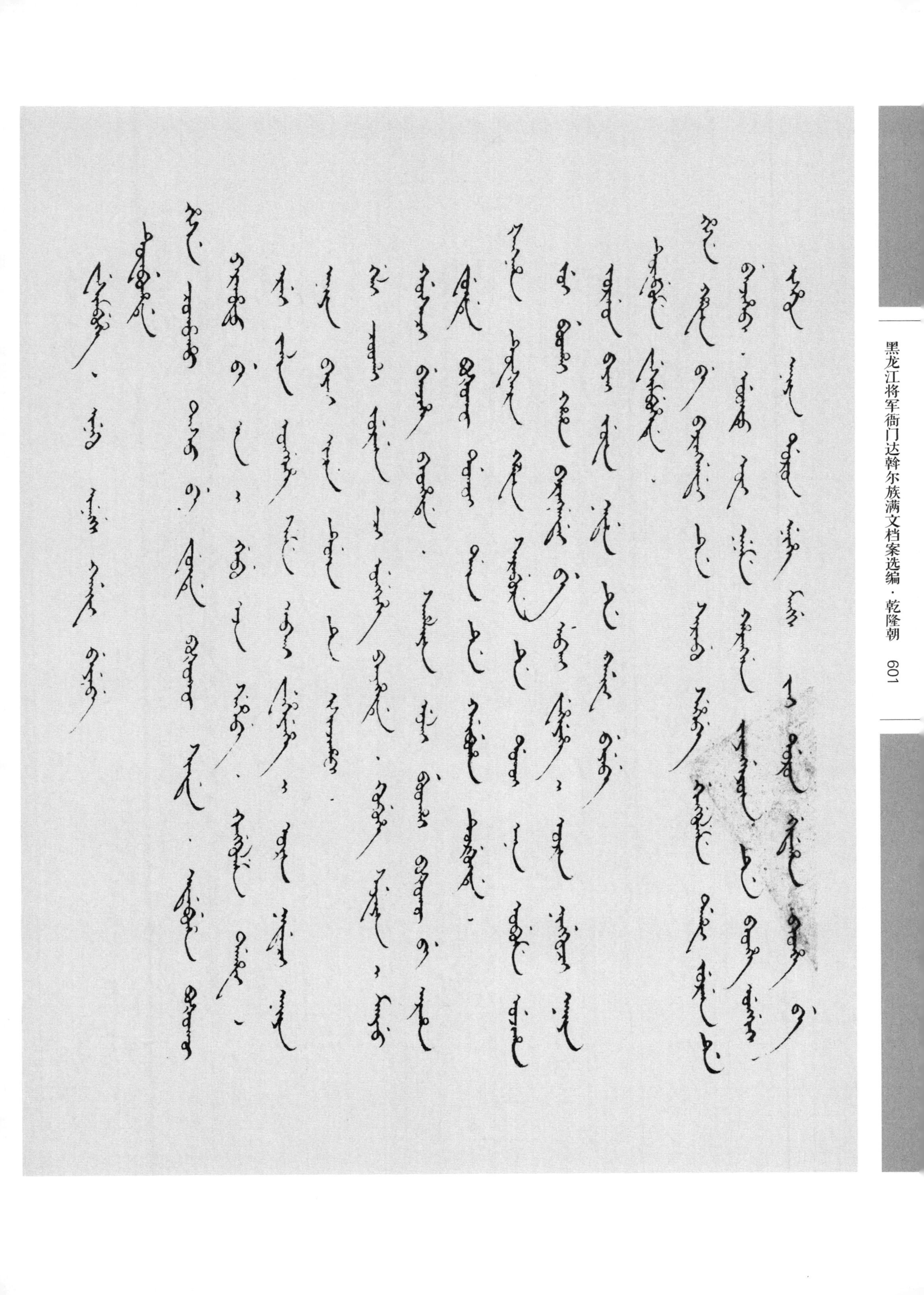

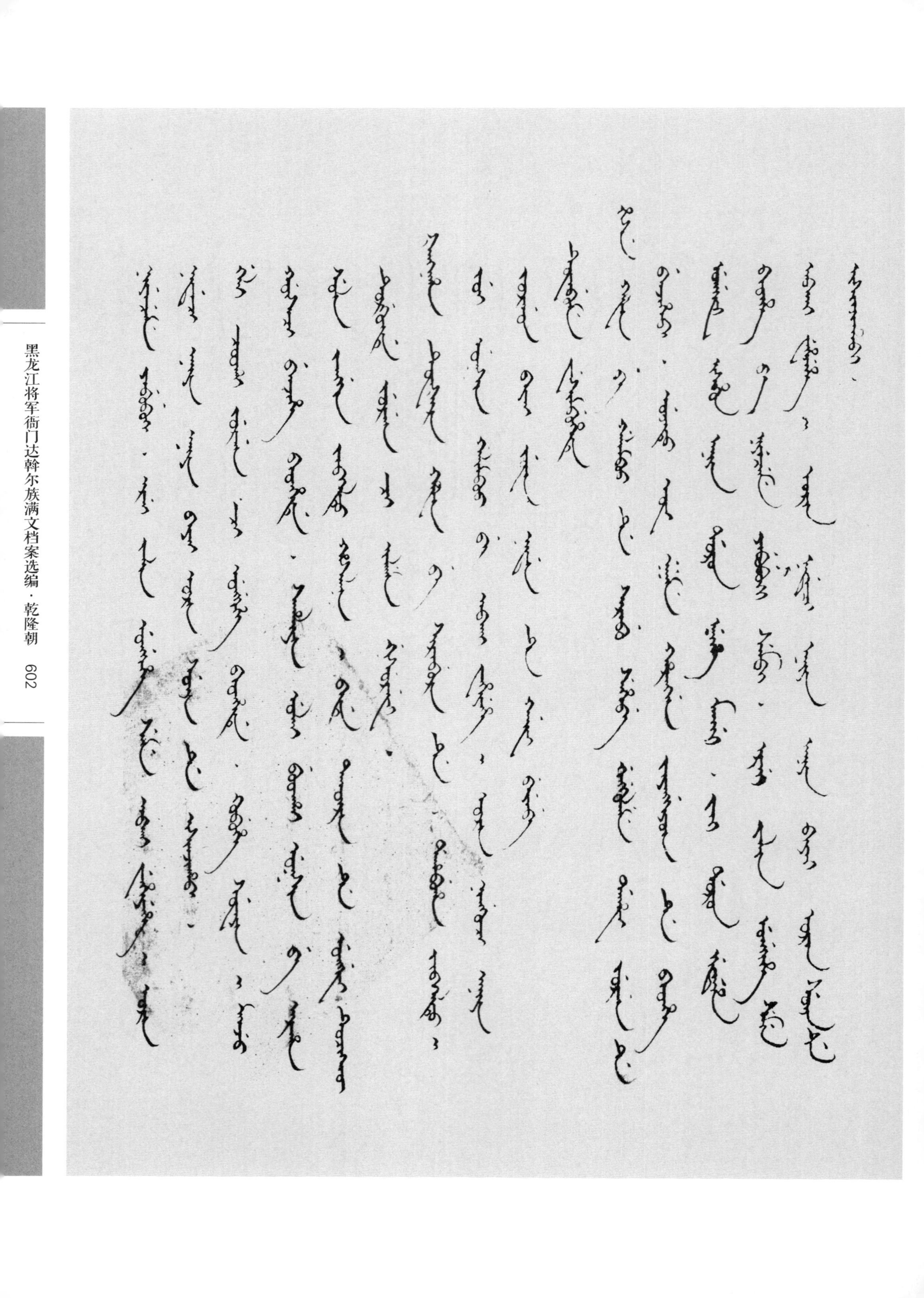

[illegible]

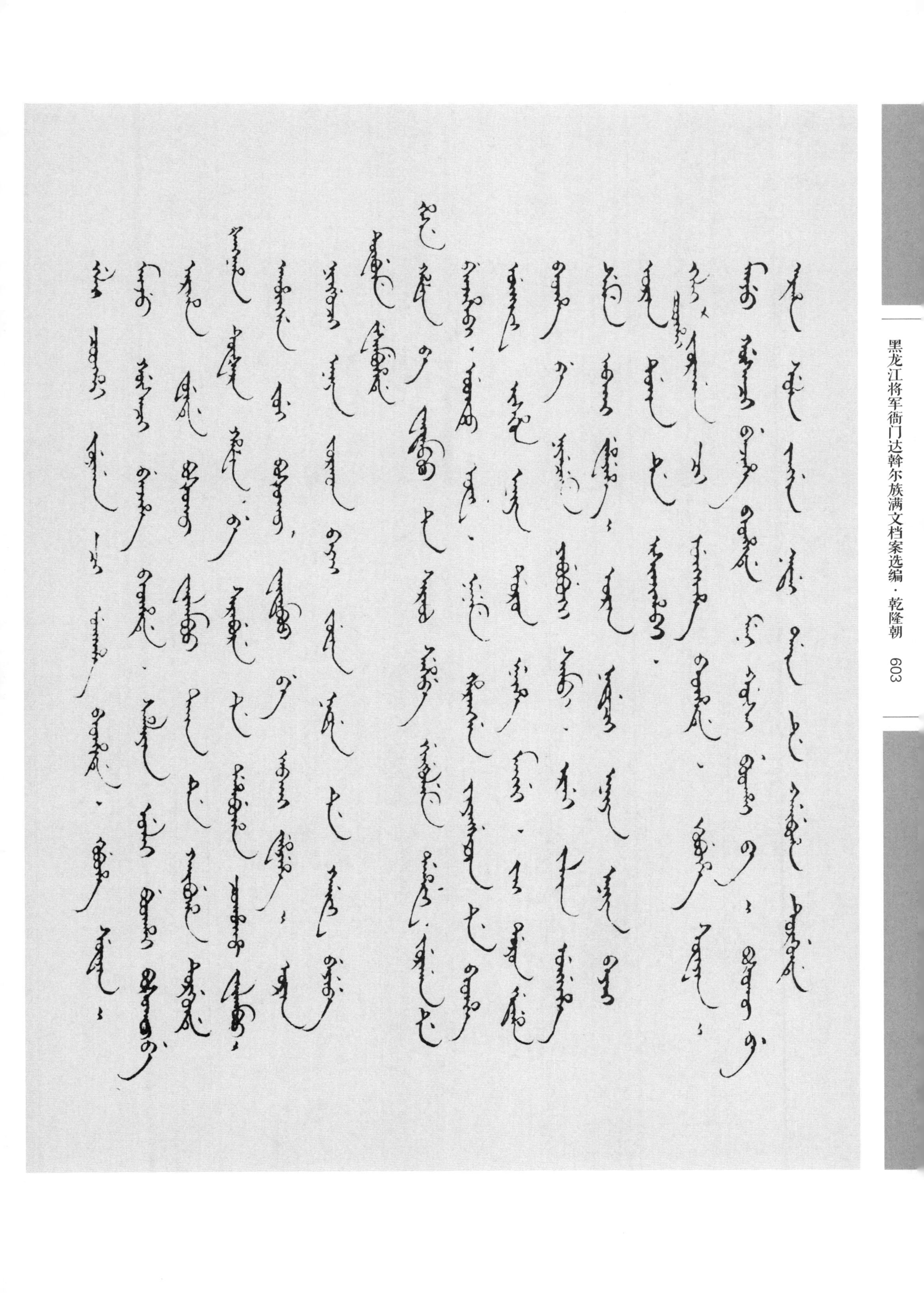

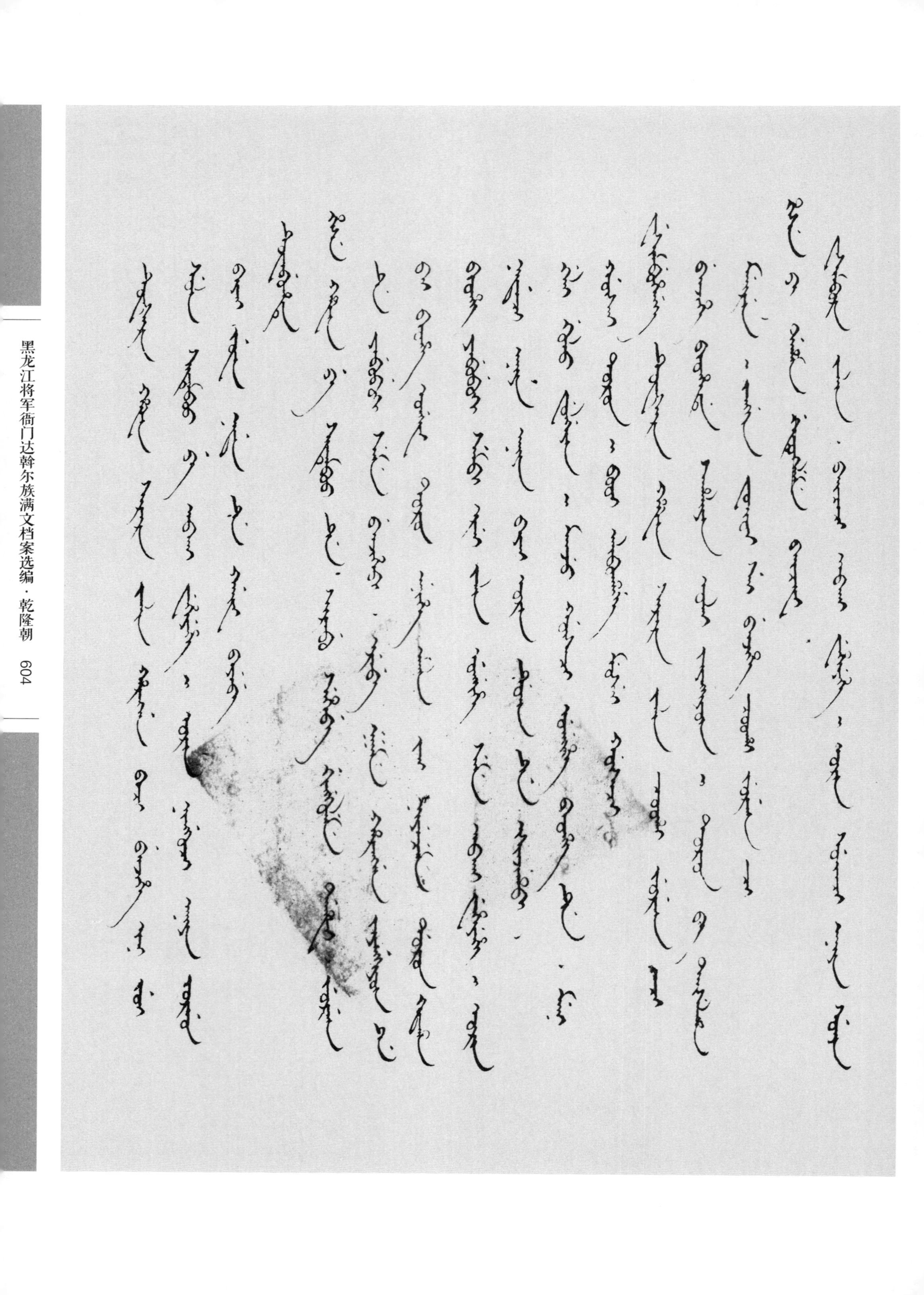

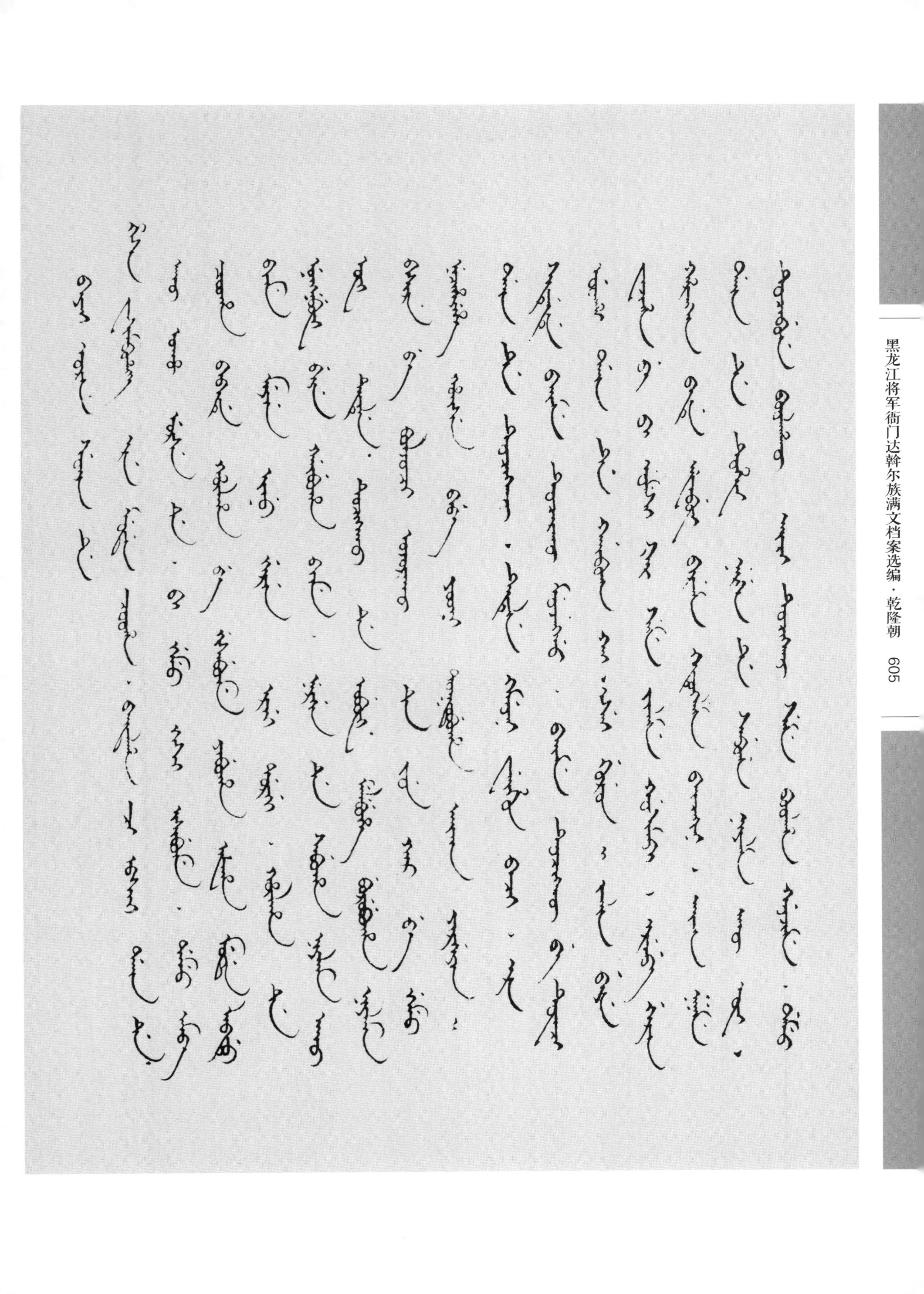

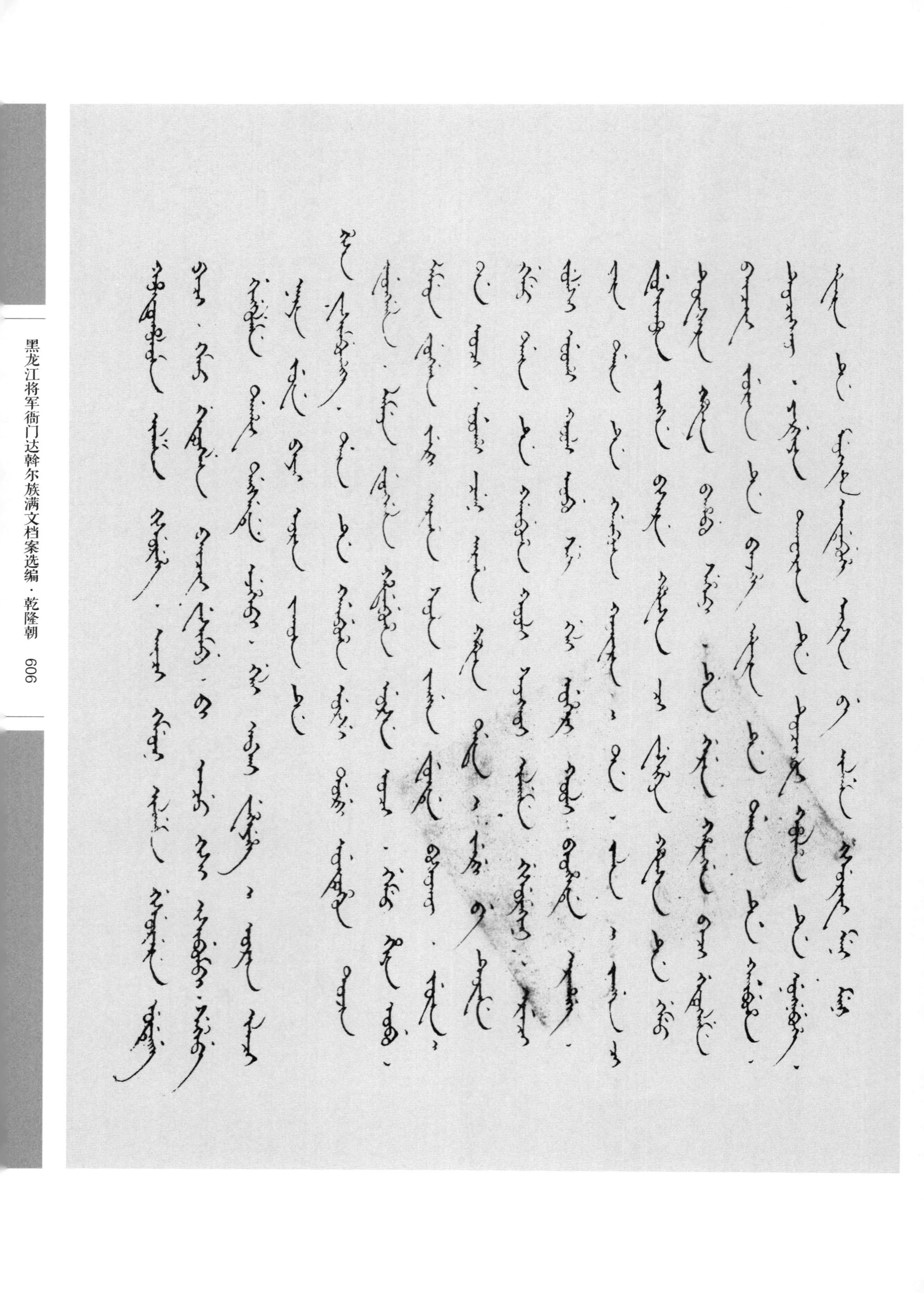

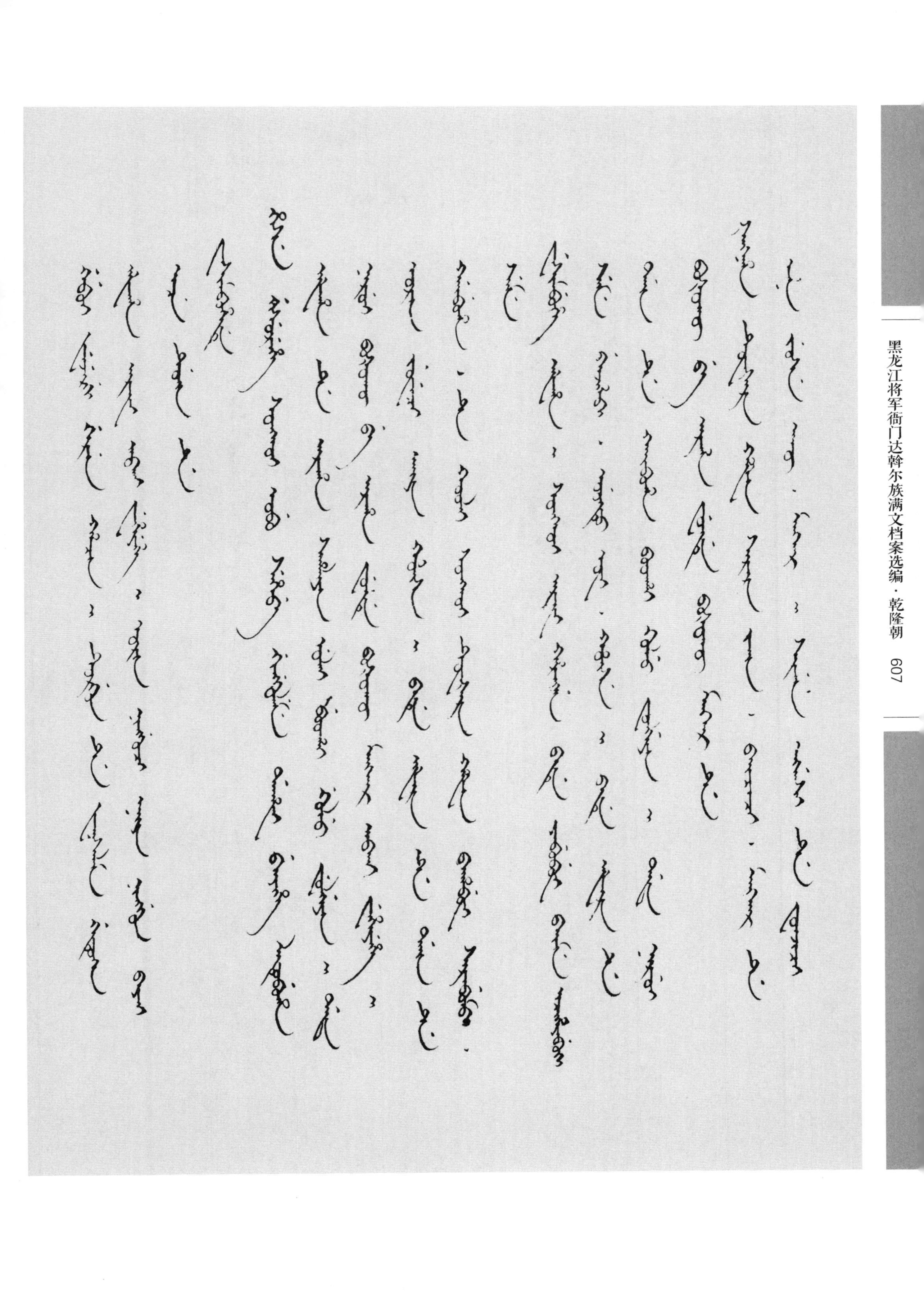

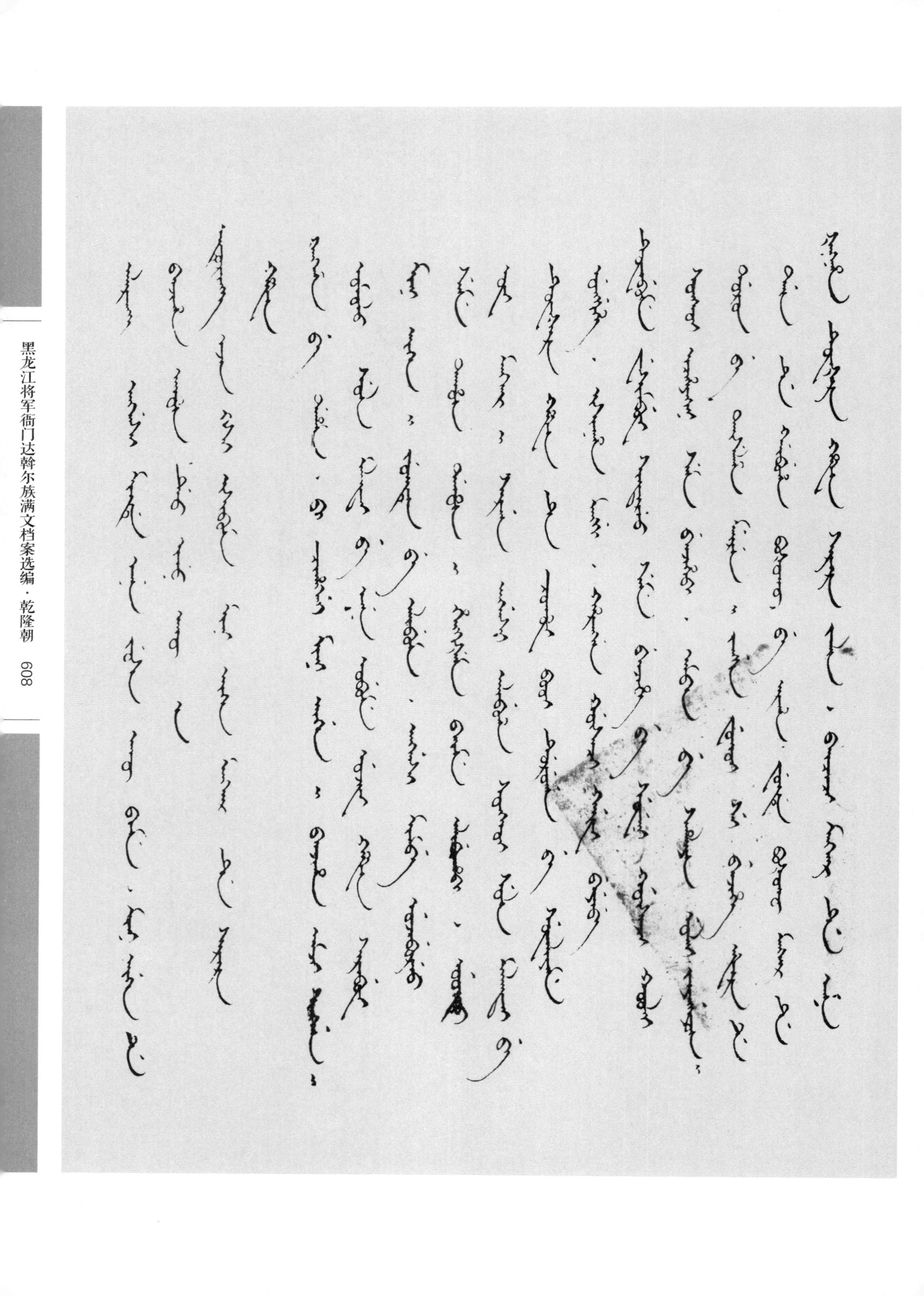

[illegible]

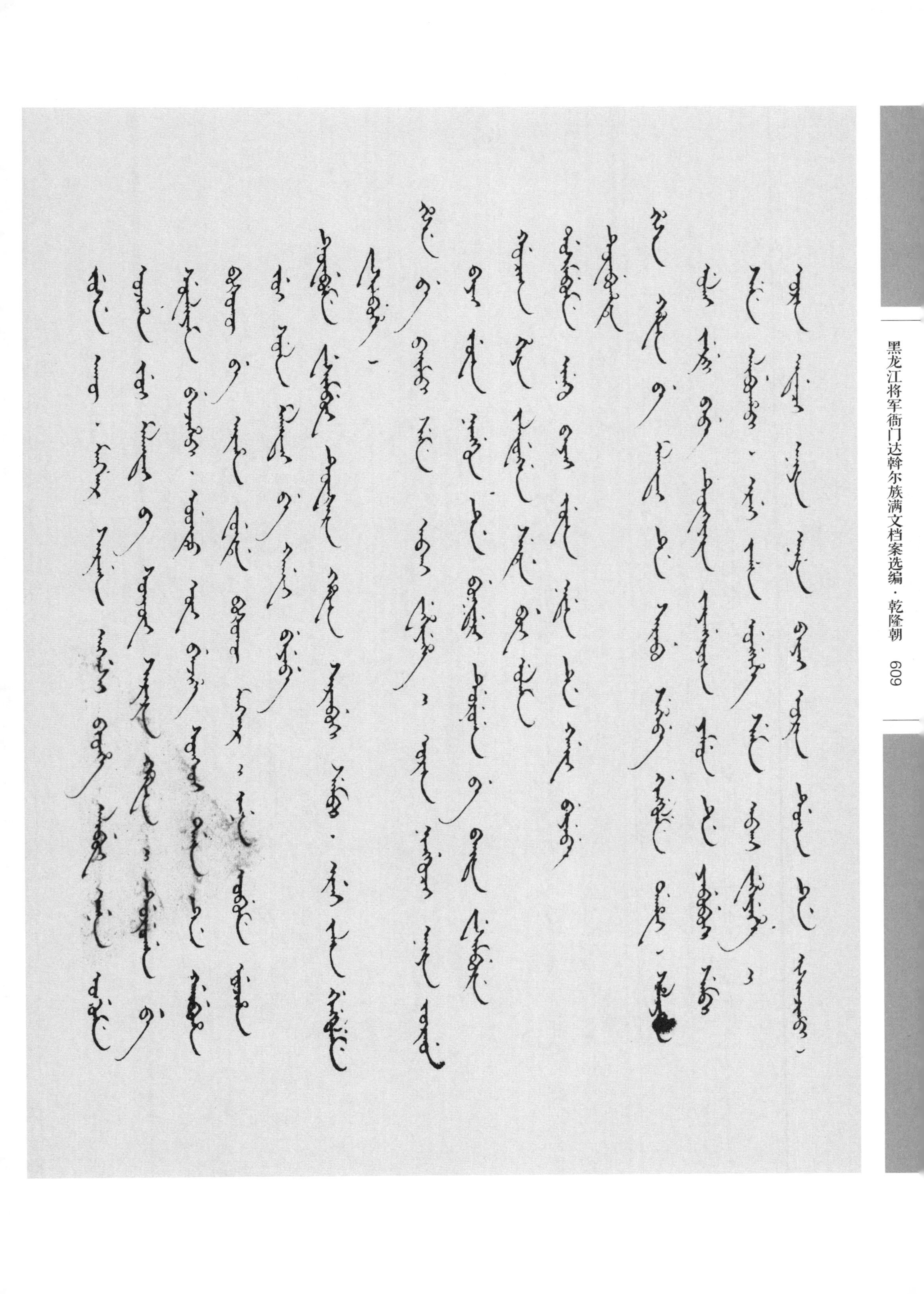

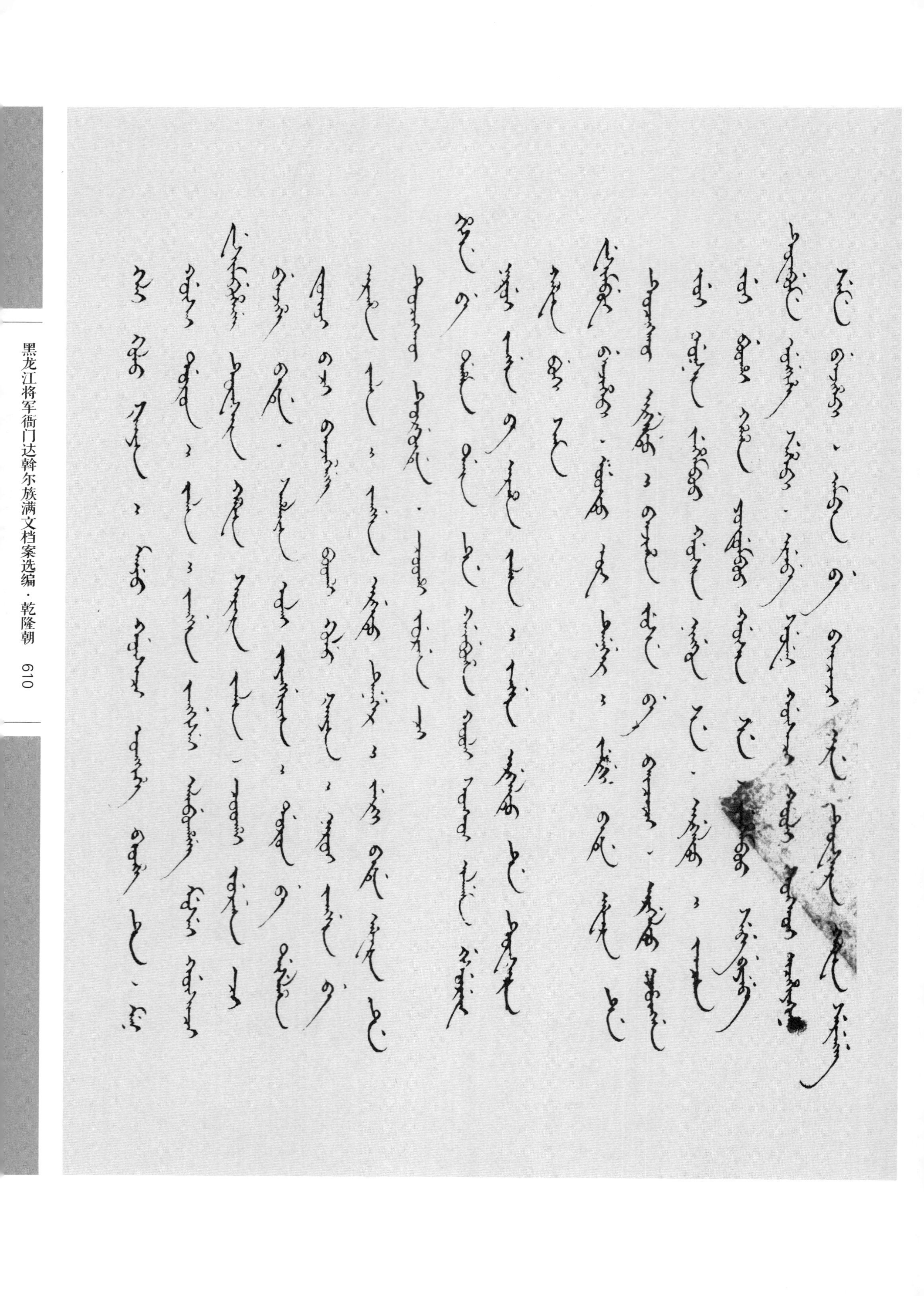

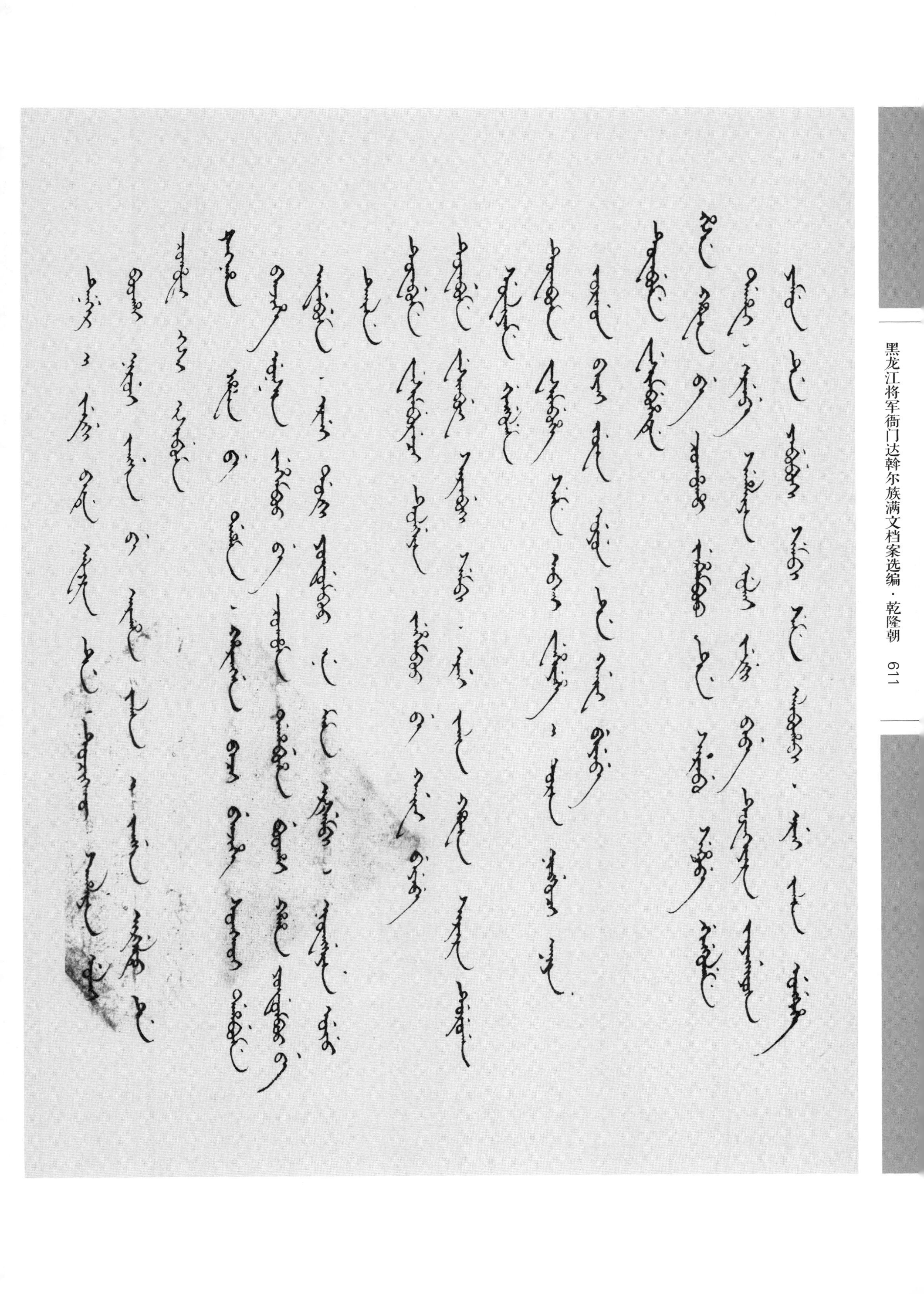

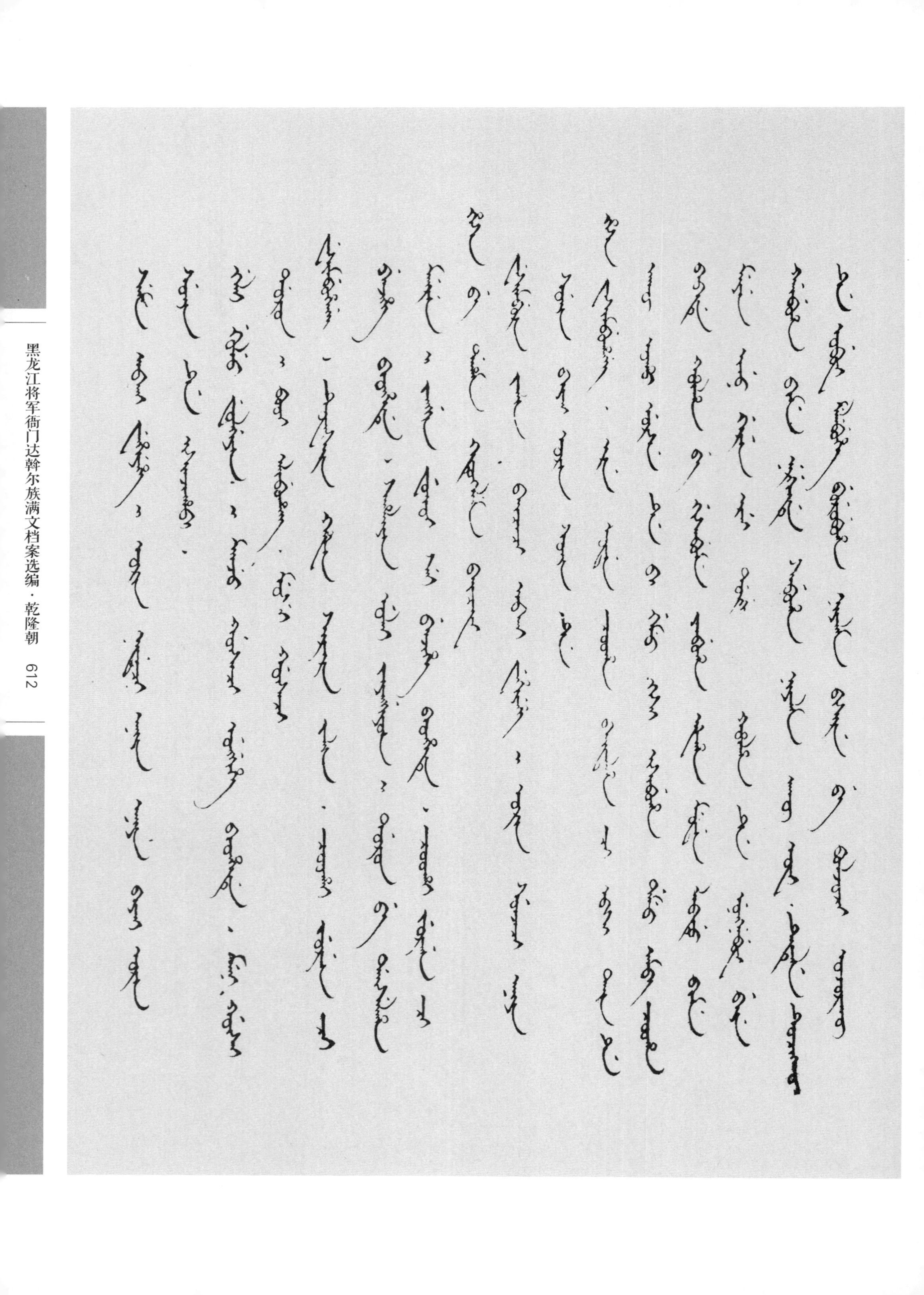

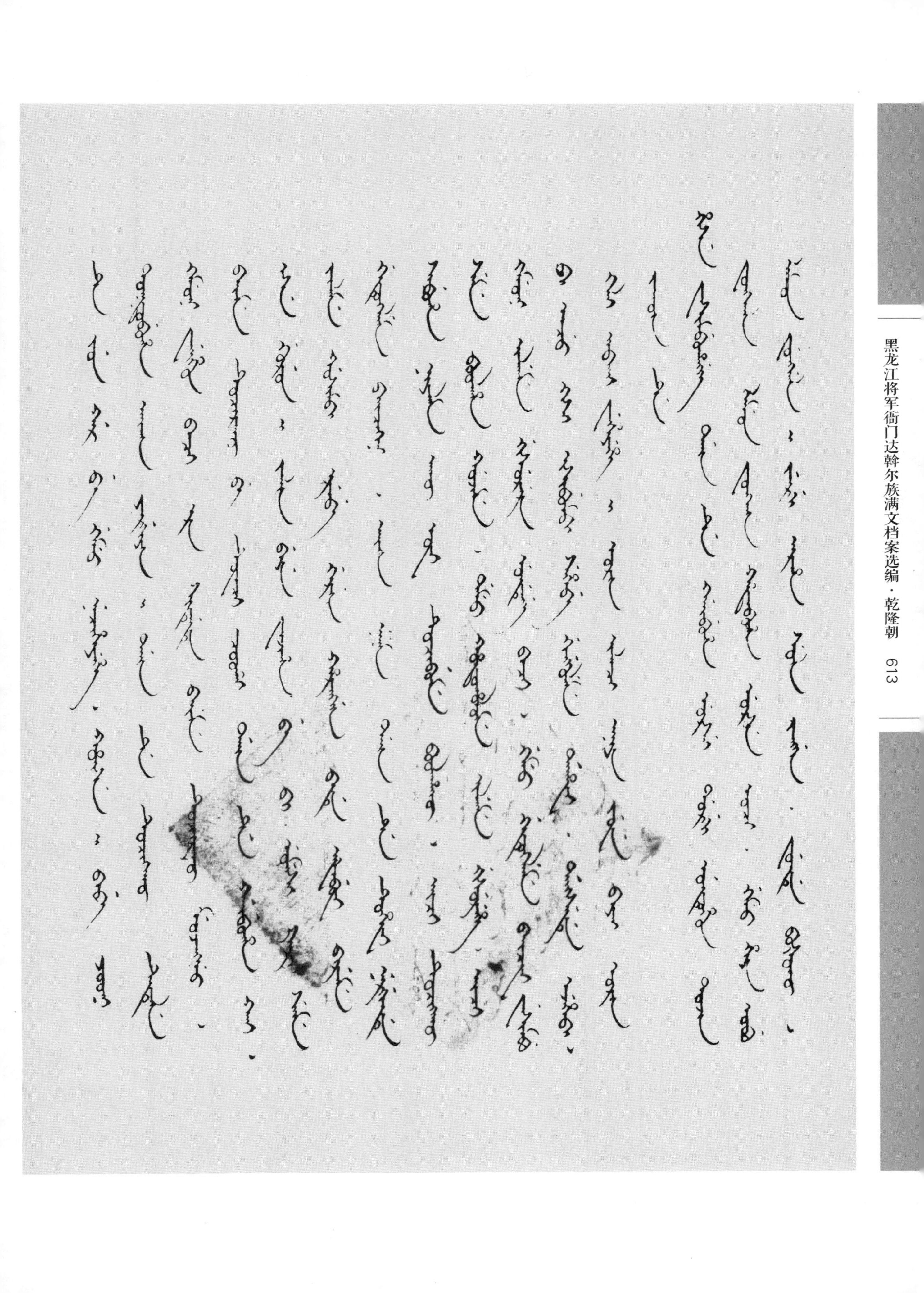

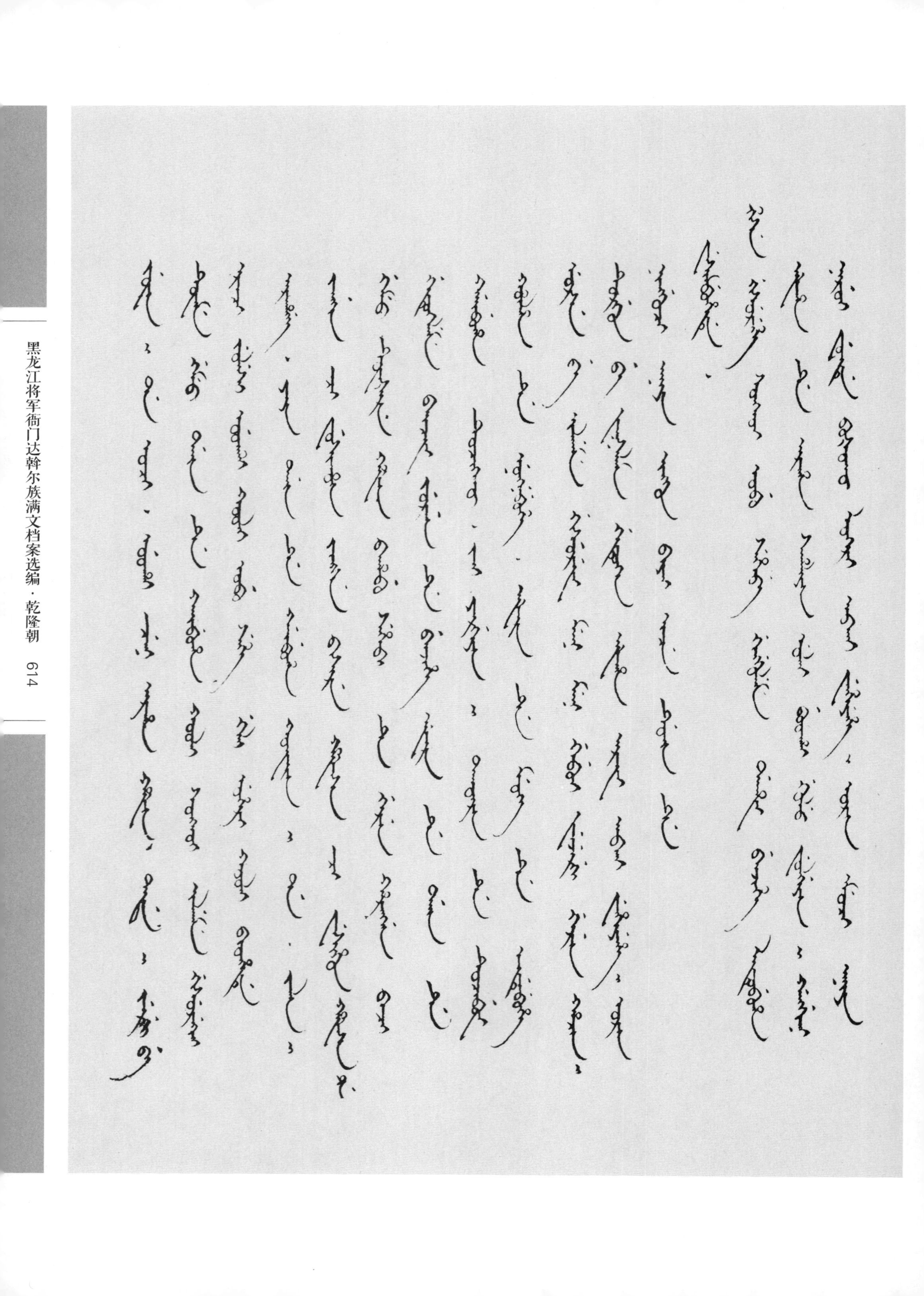

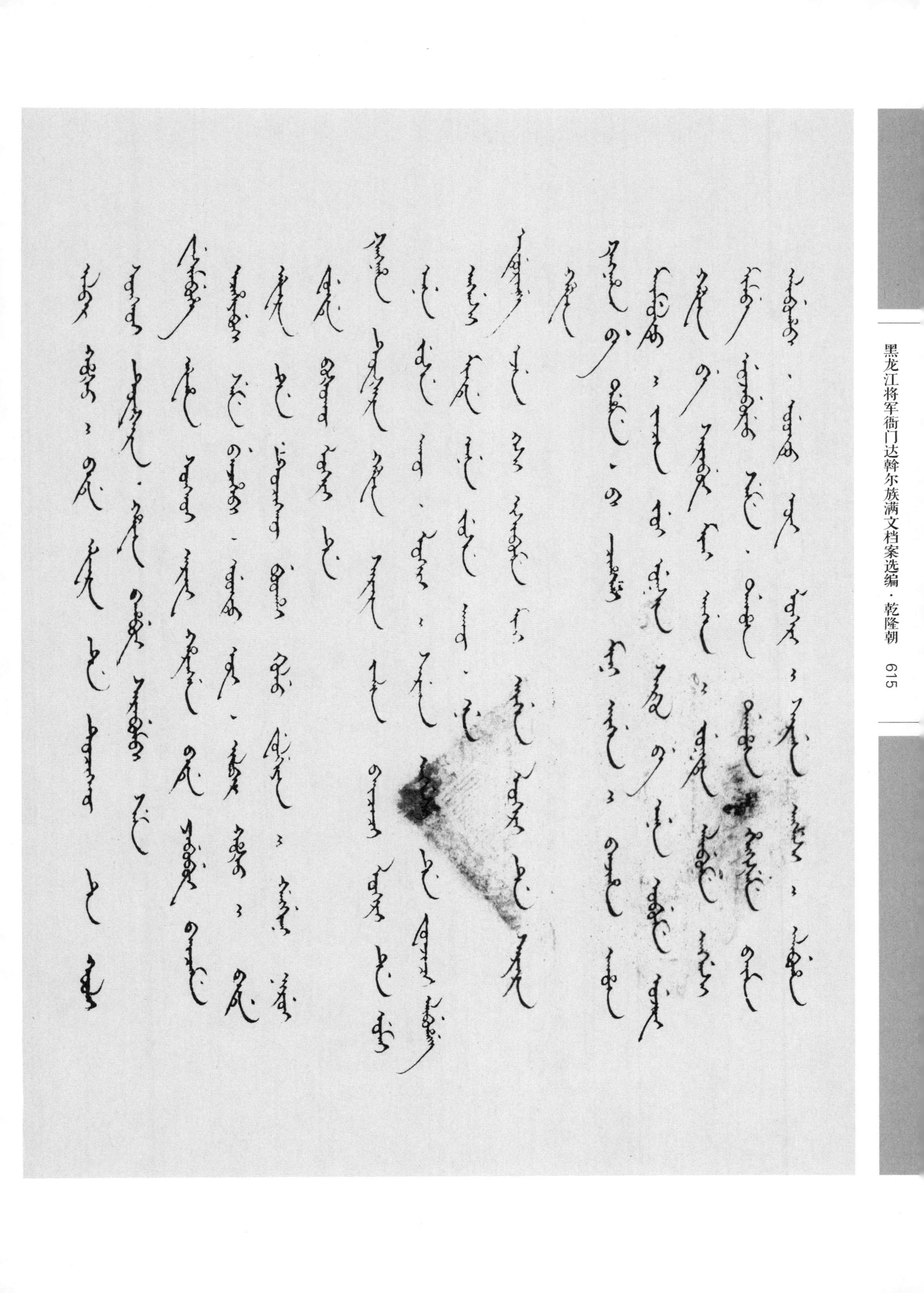

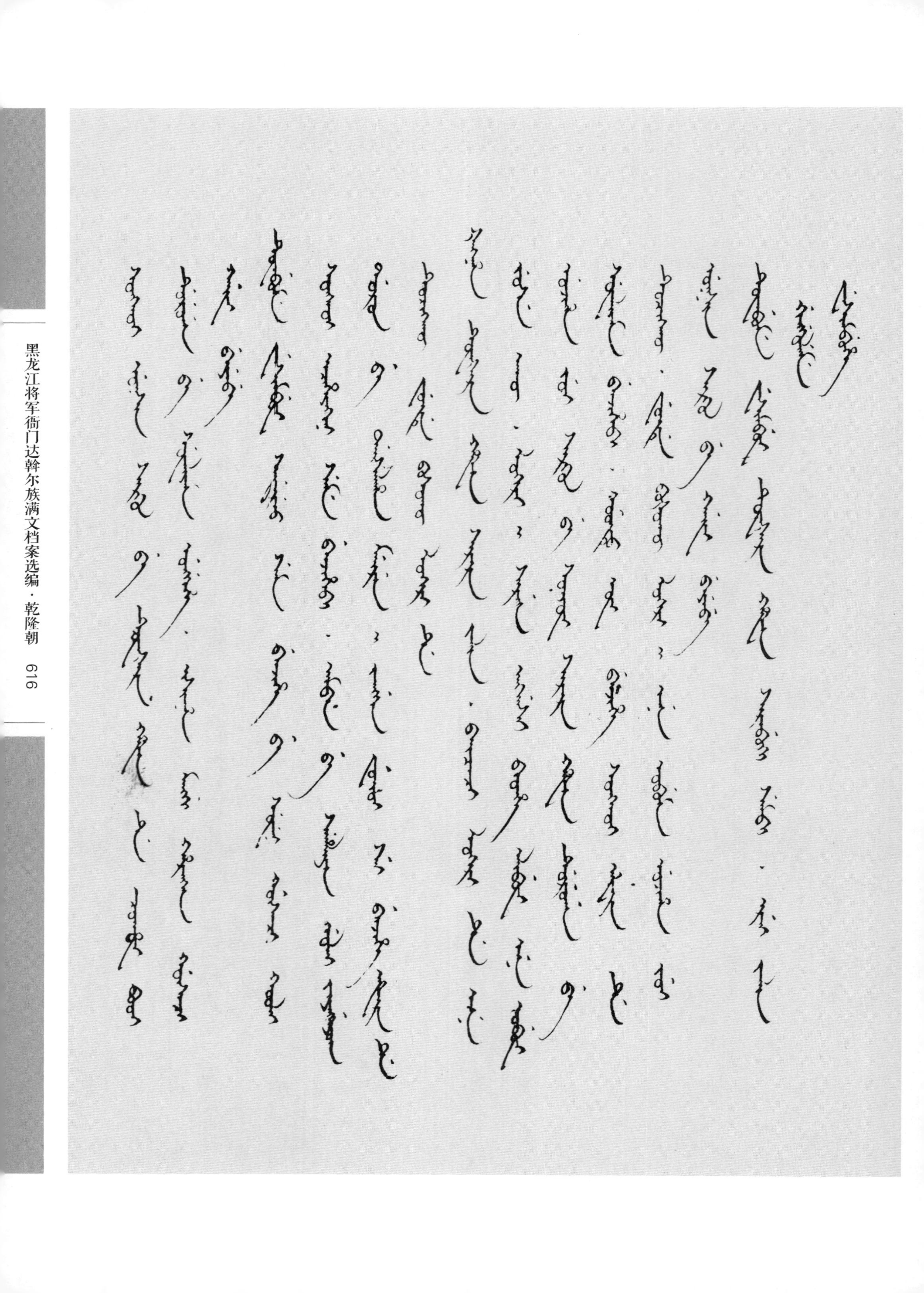

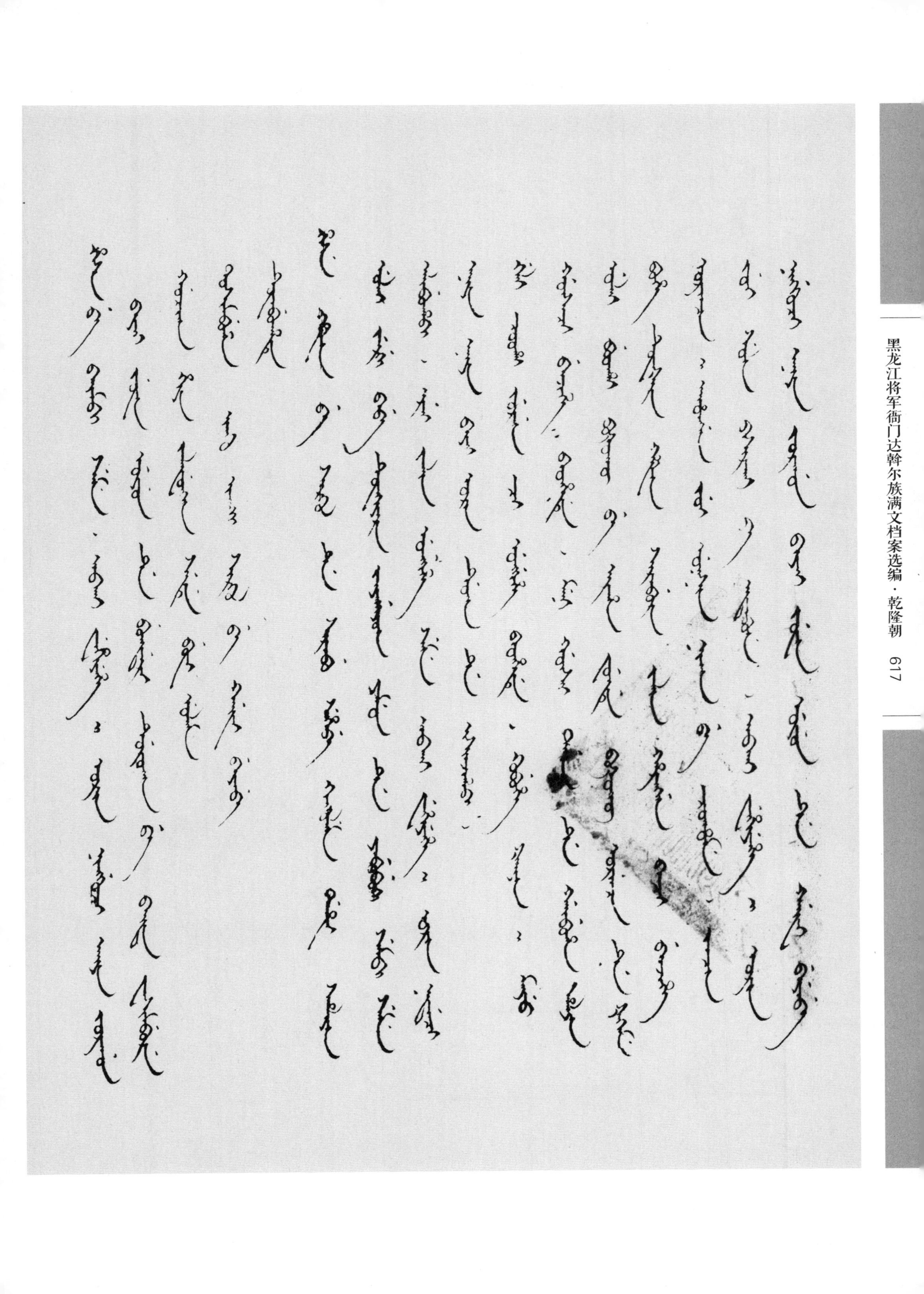

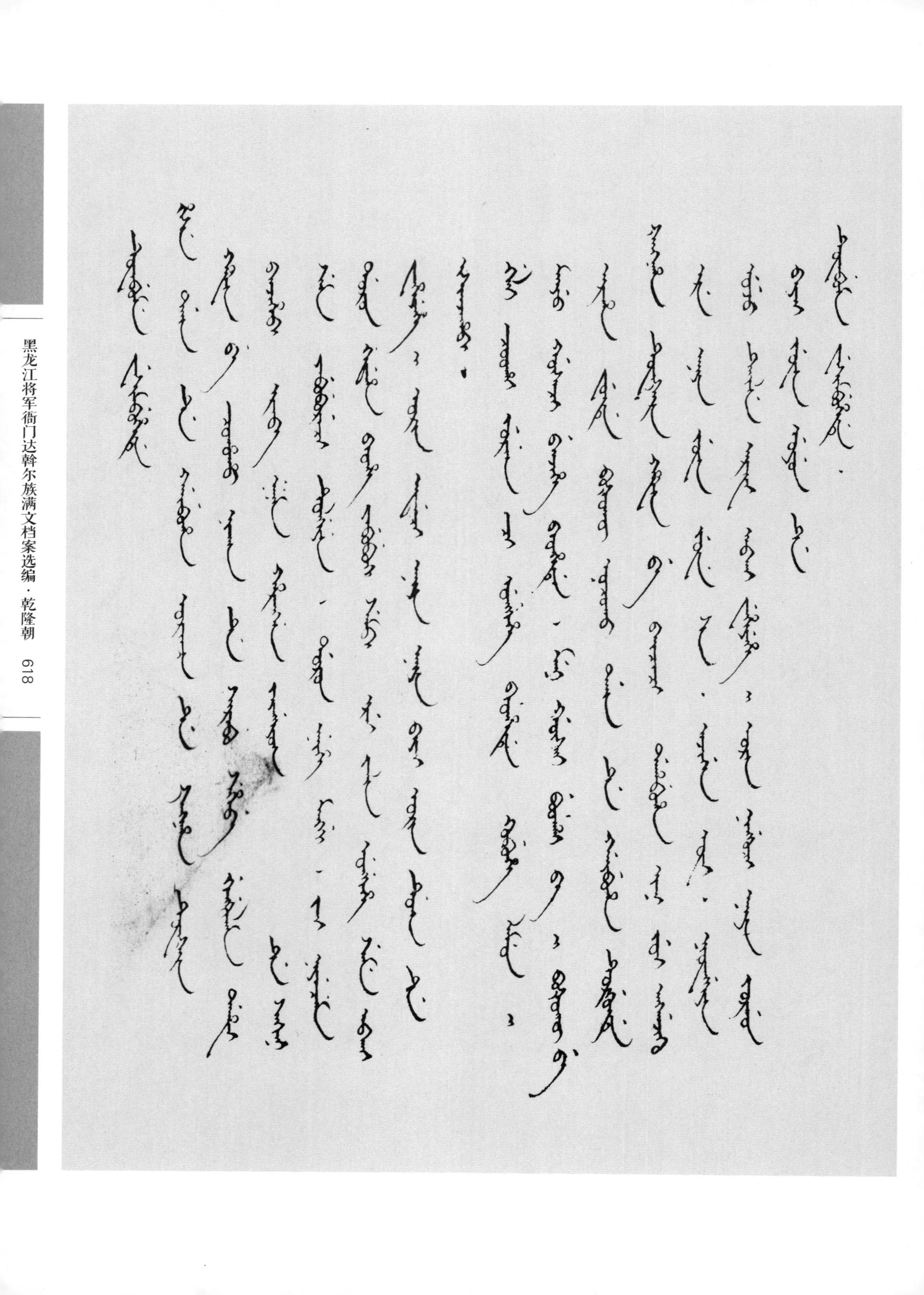

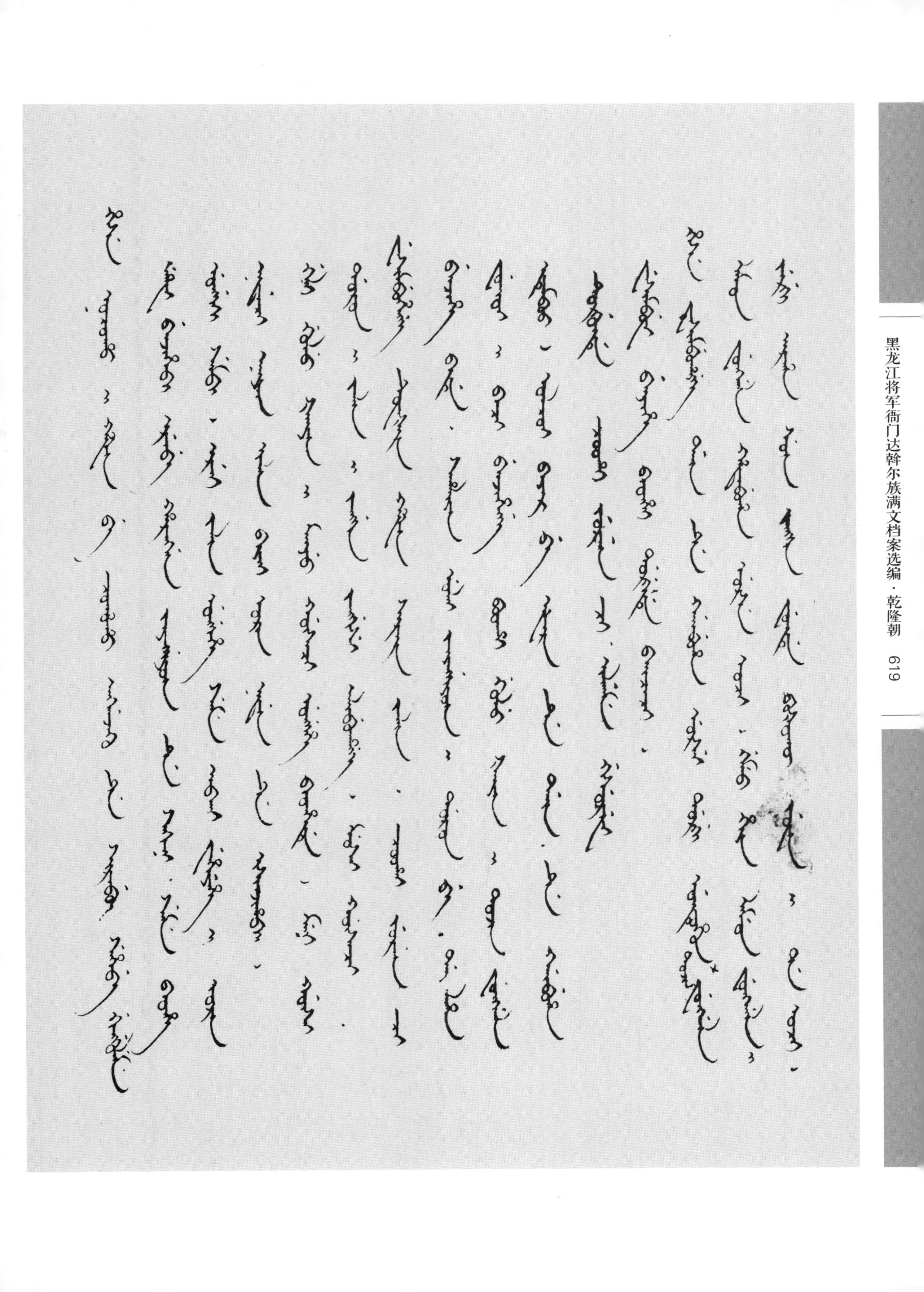

[illegible]

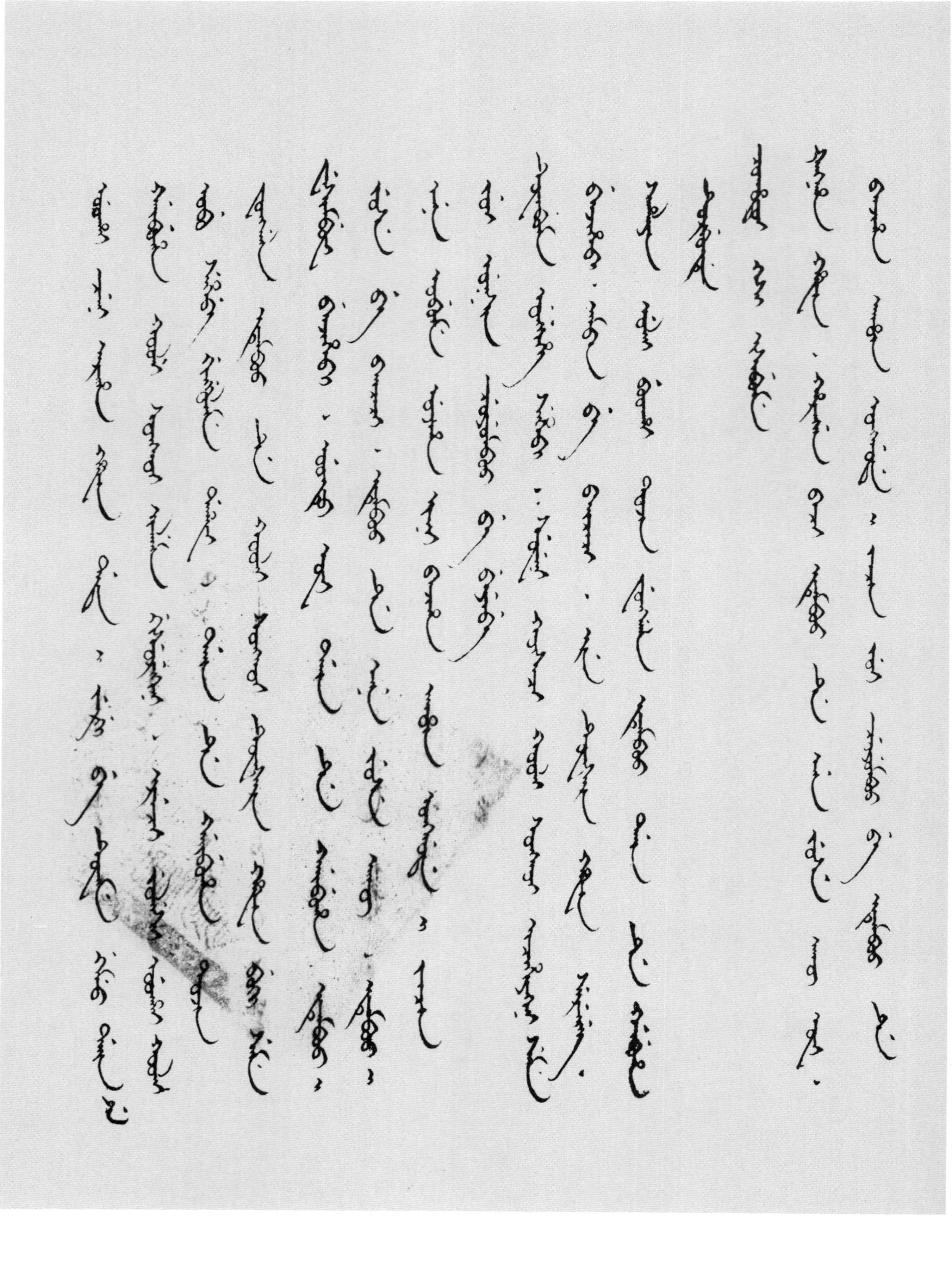

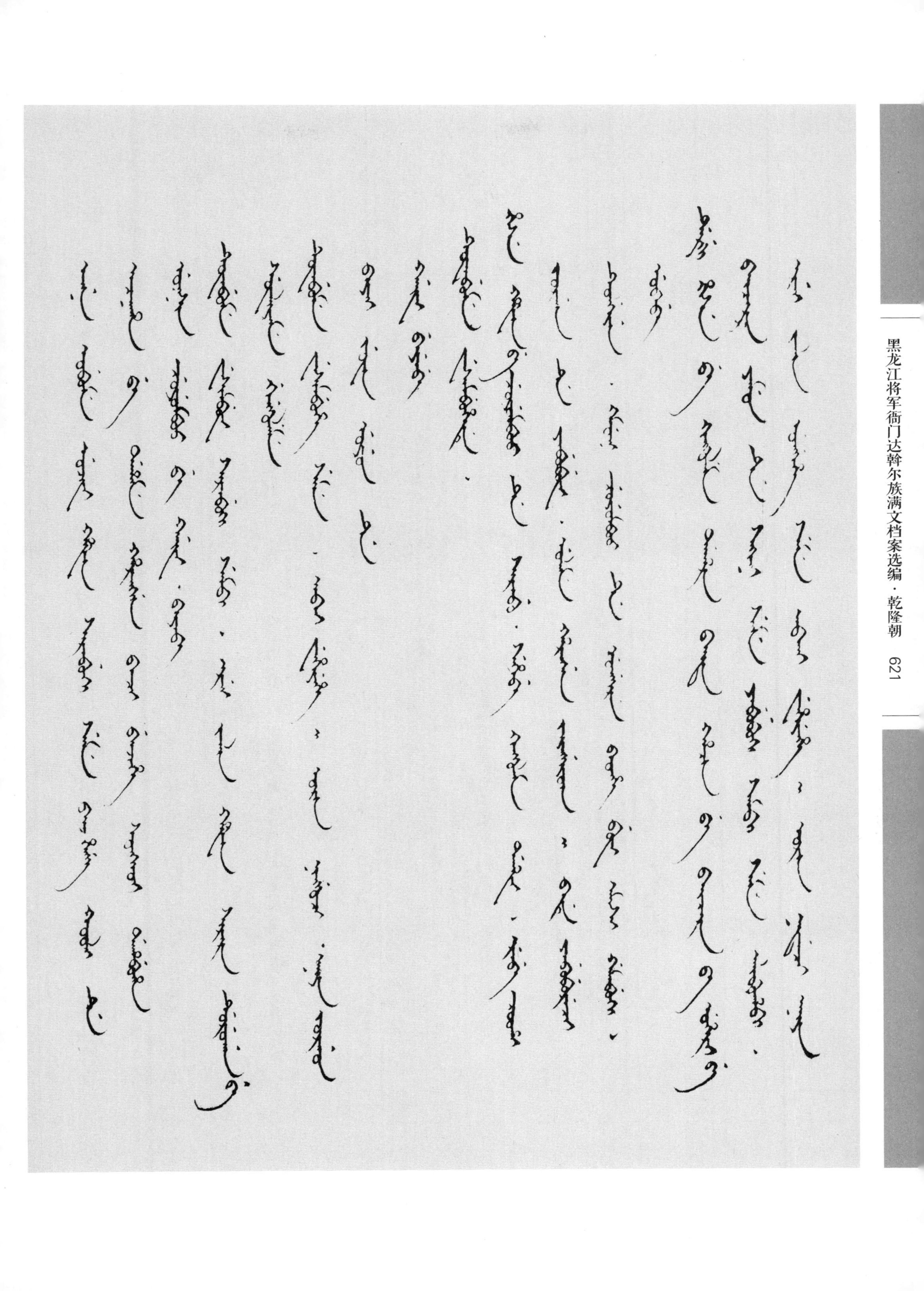

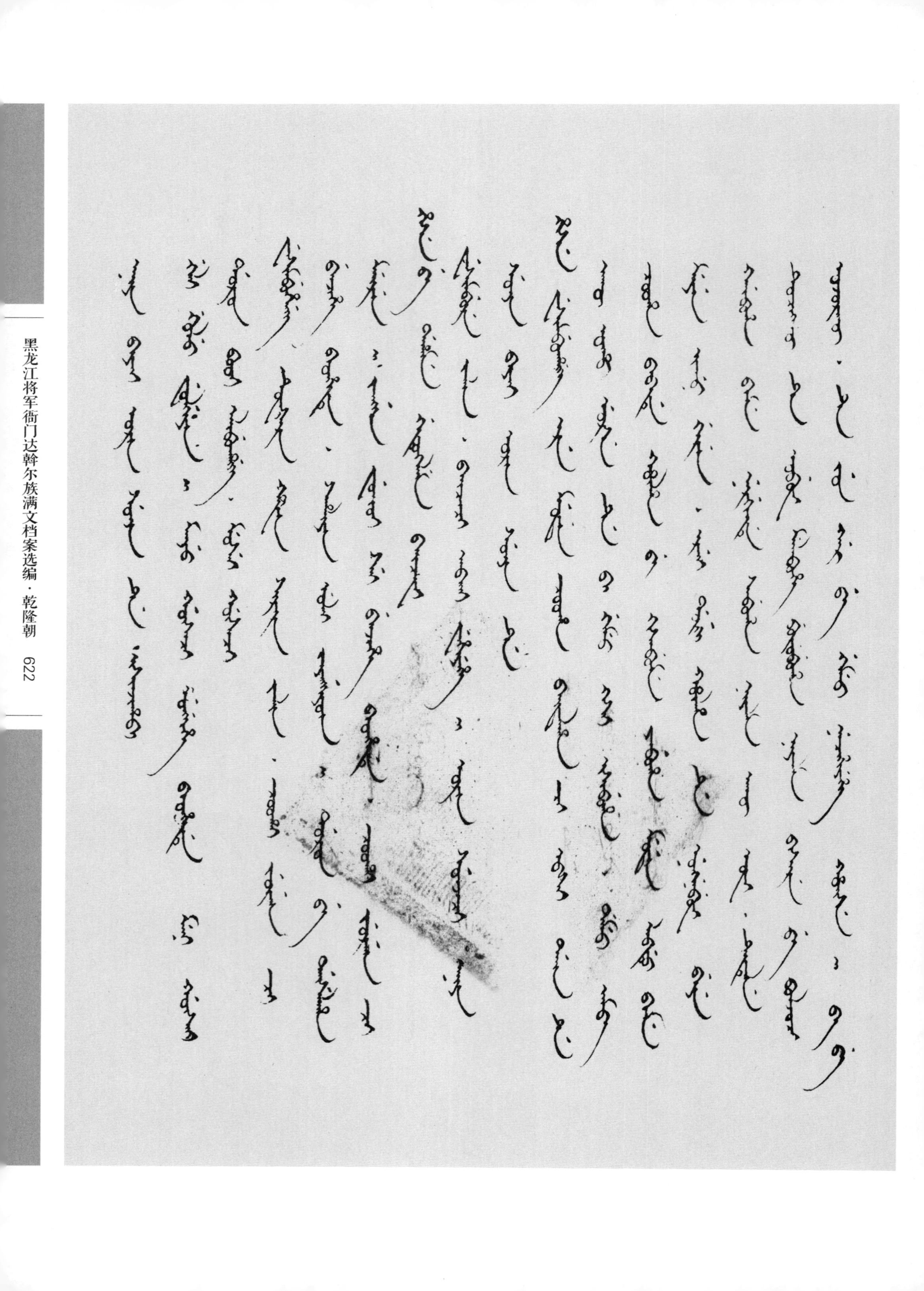

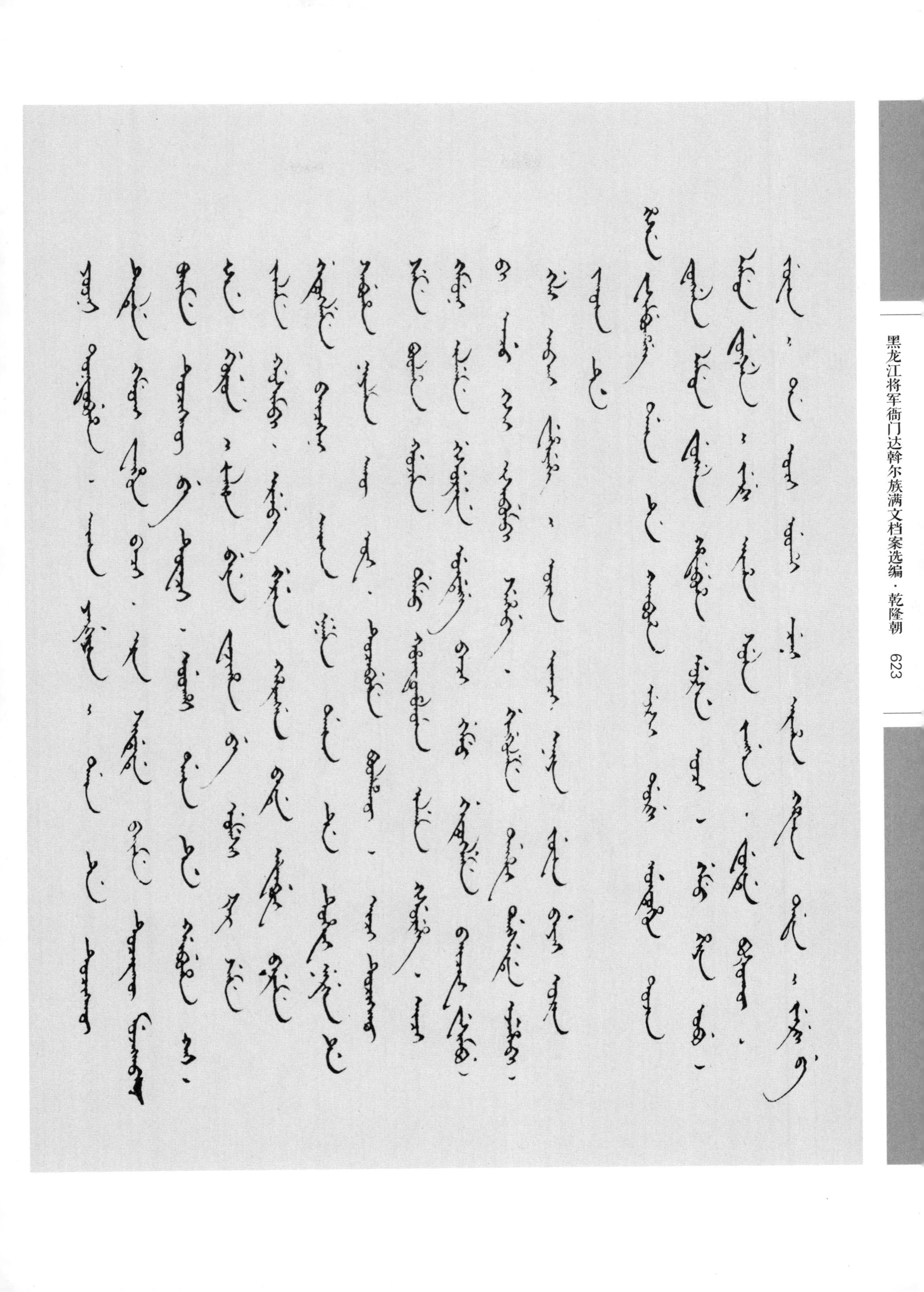

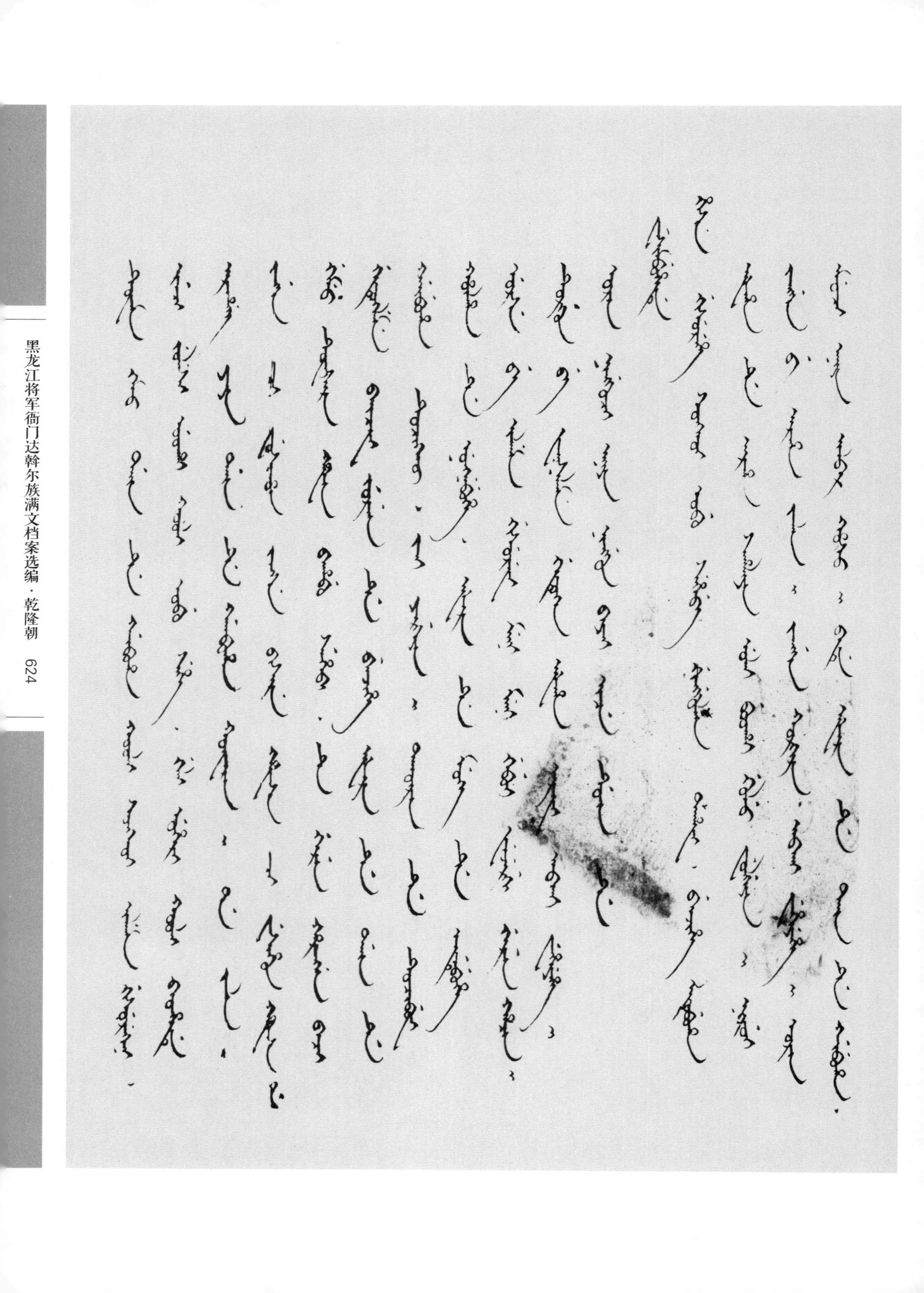

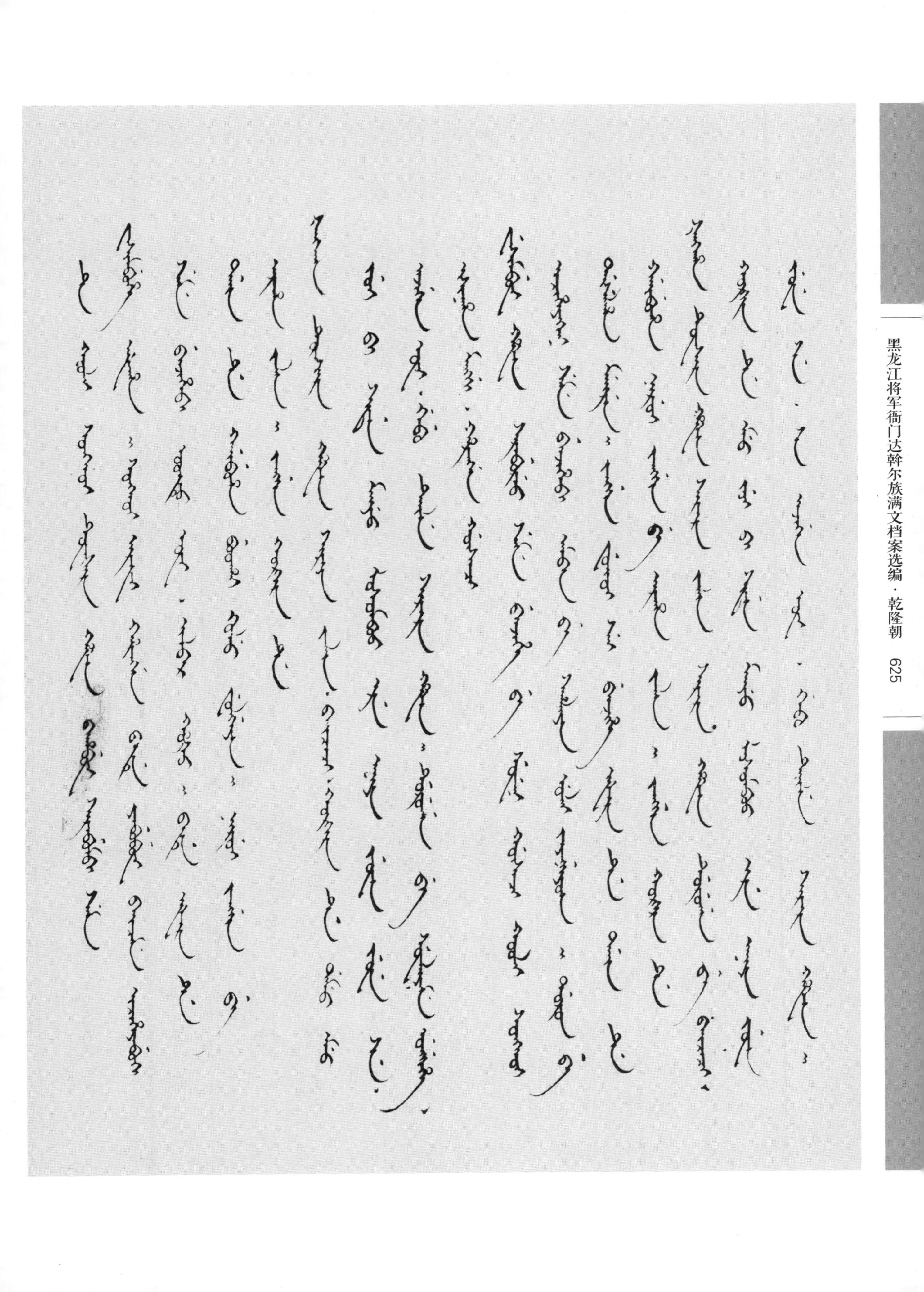

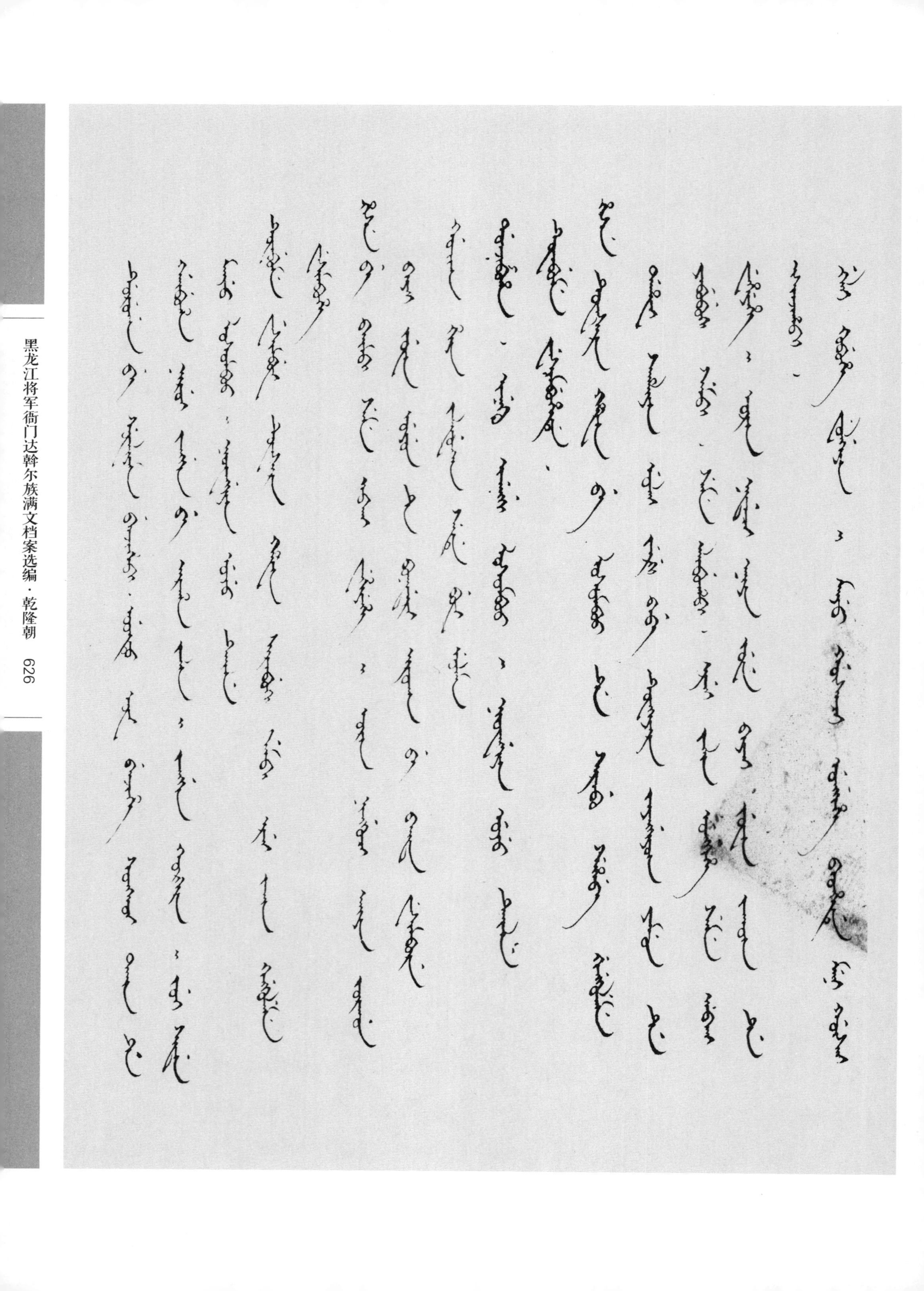

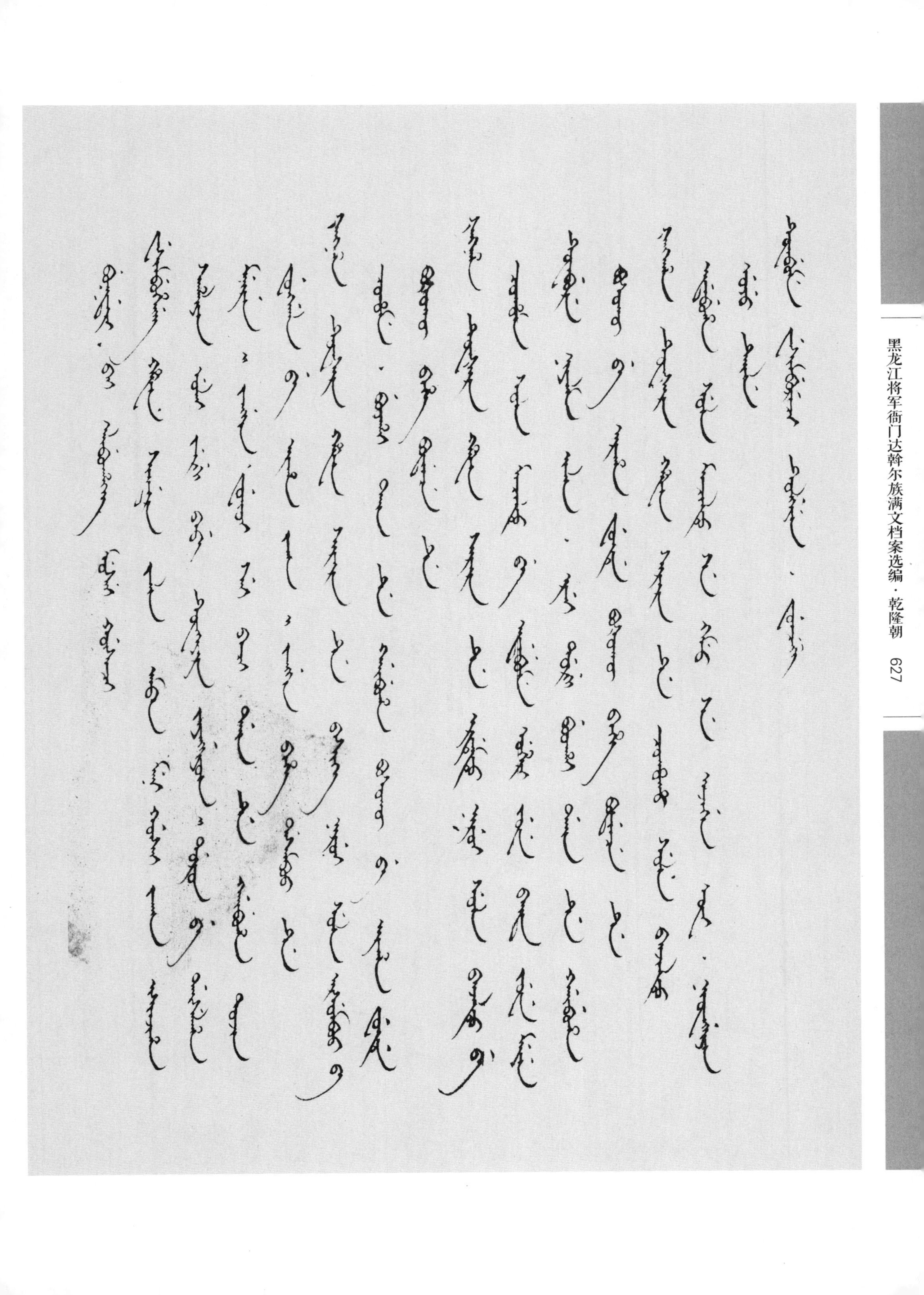

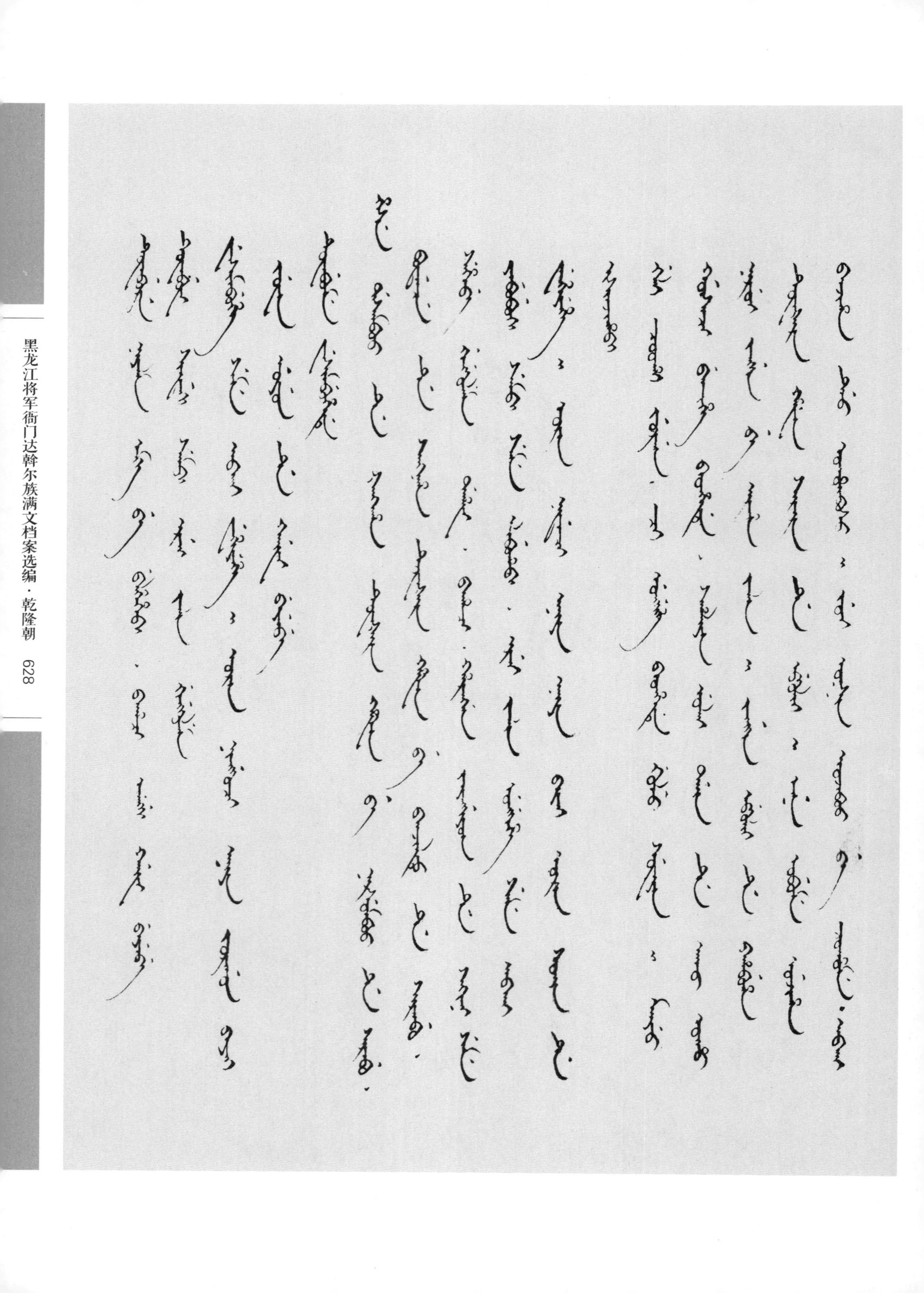

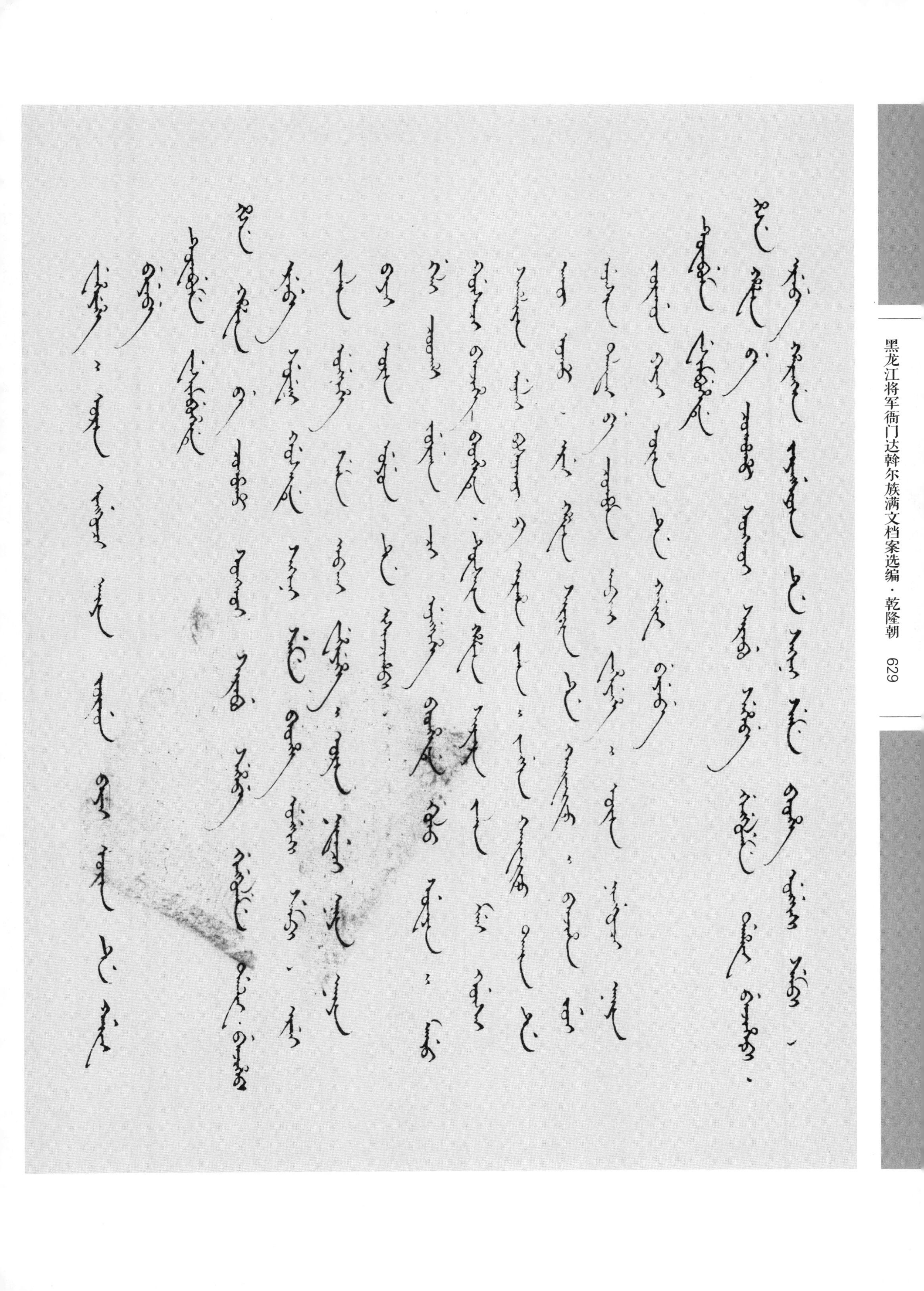

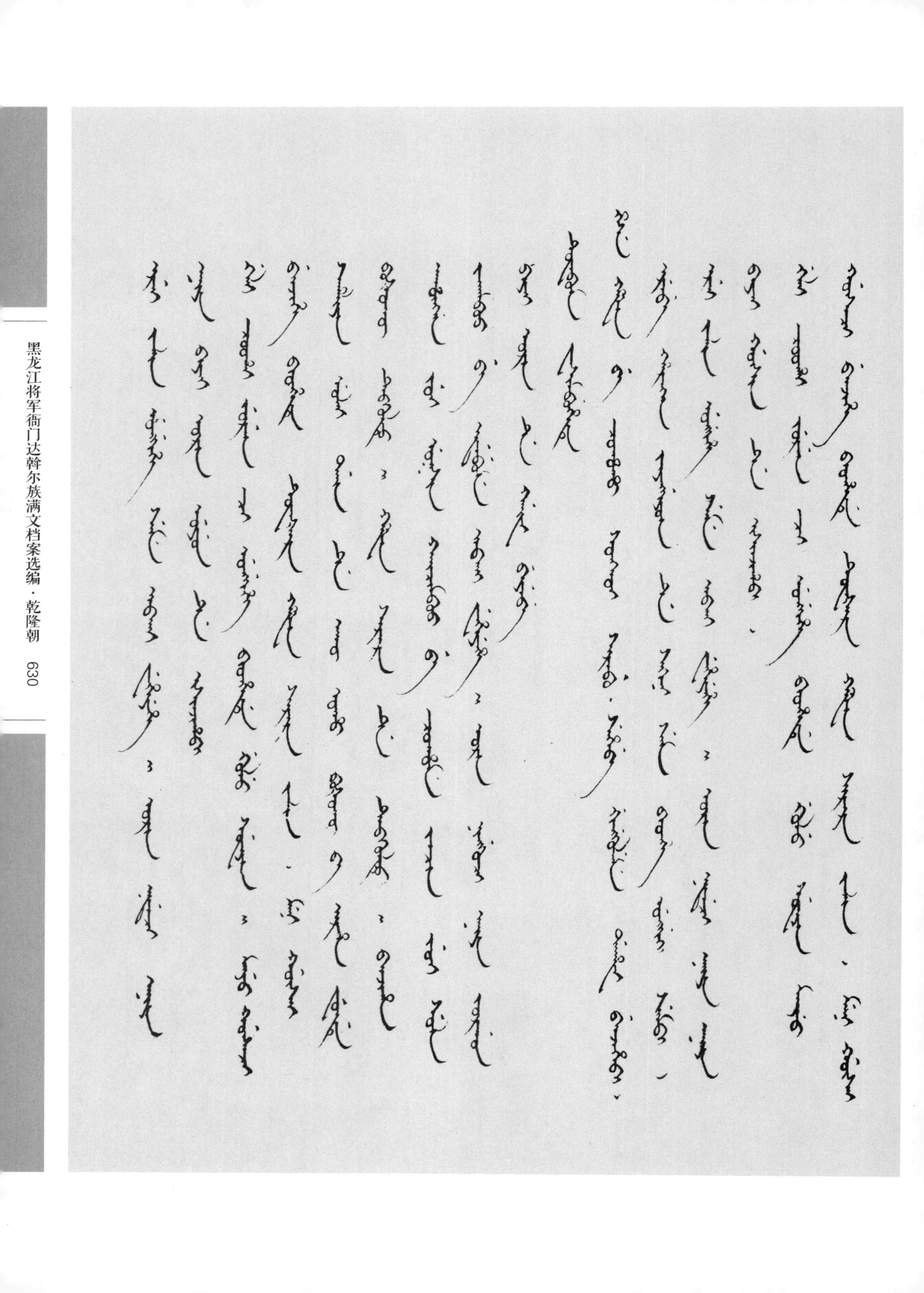

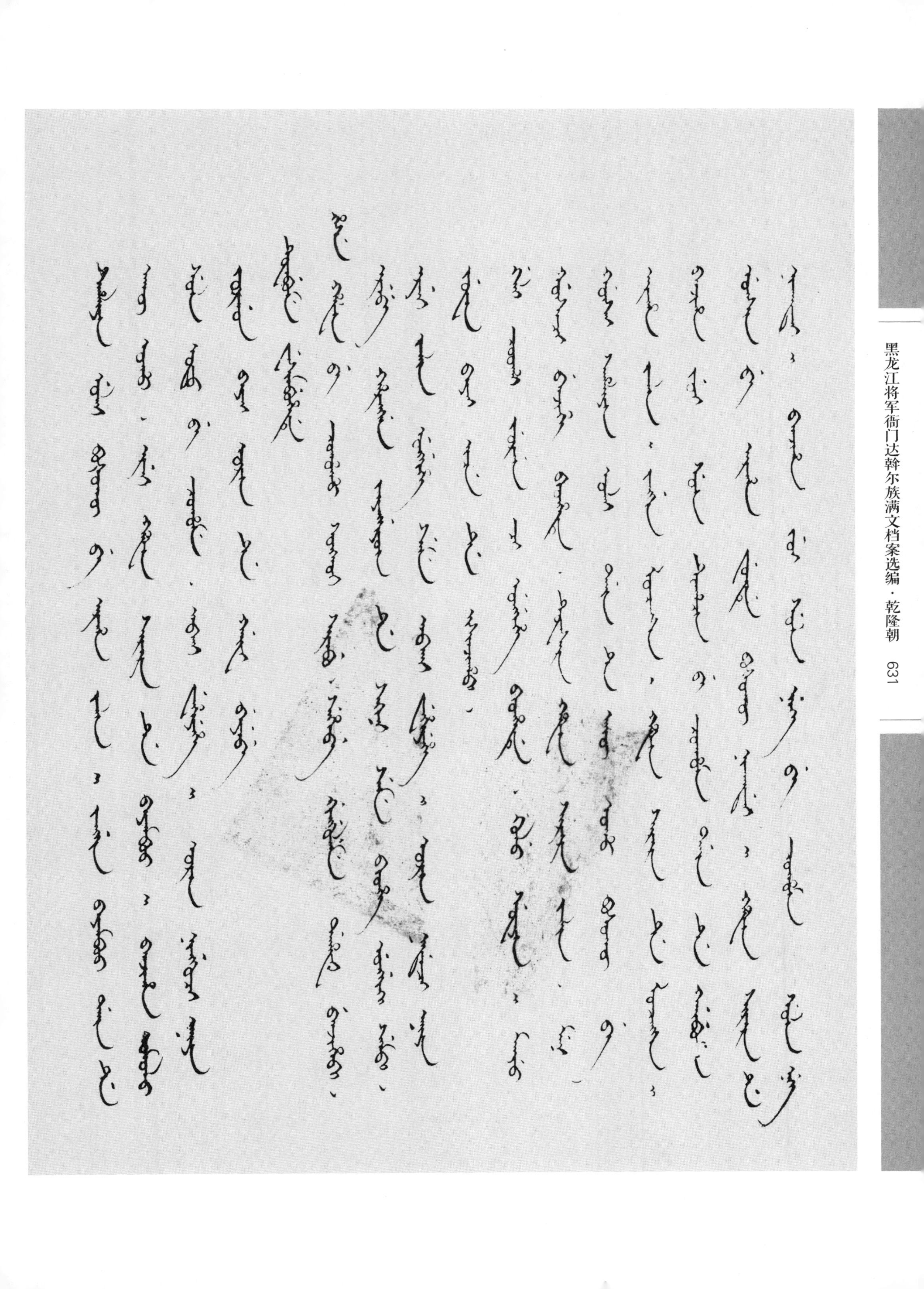

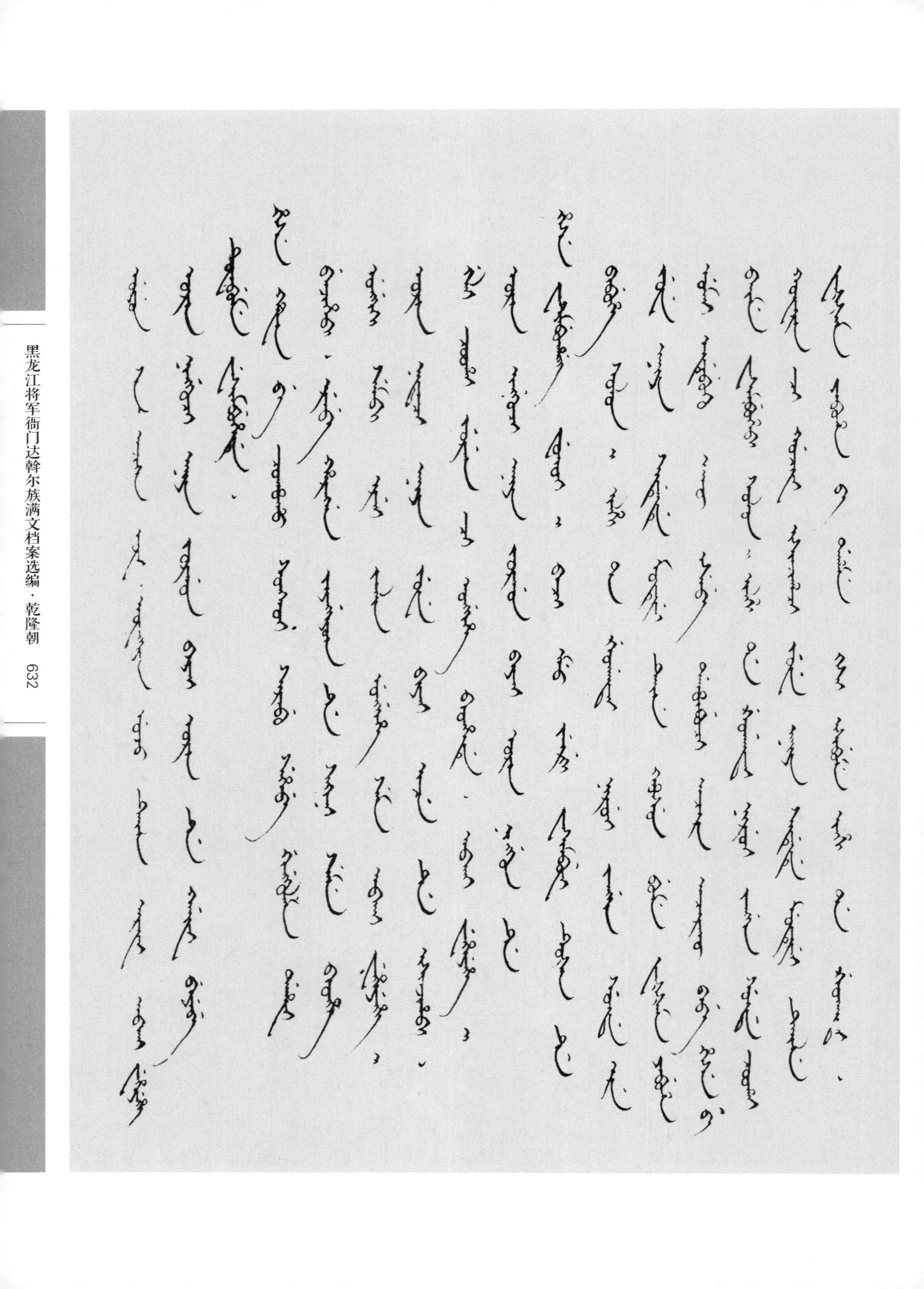

[illegible]

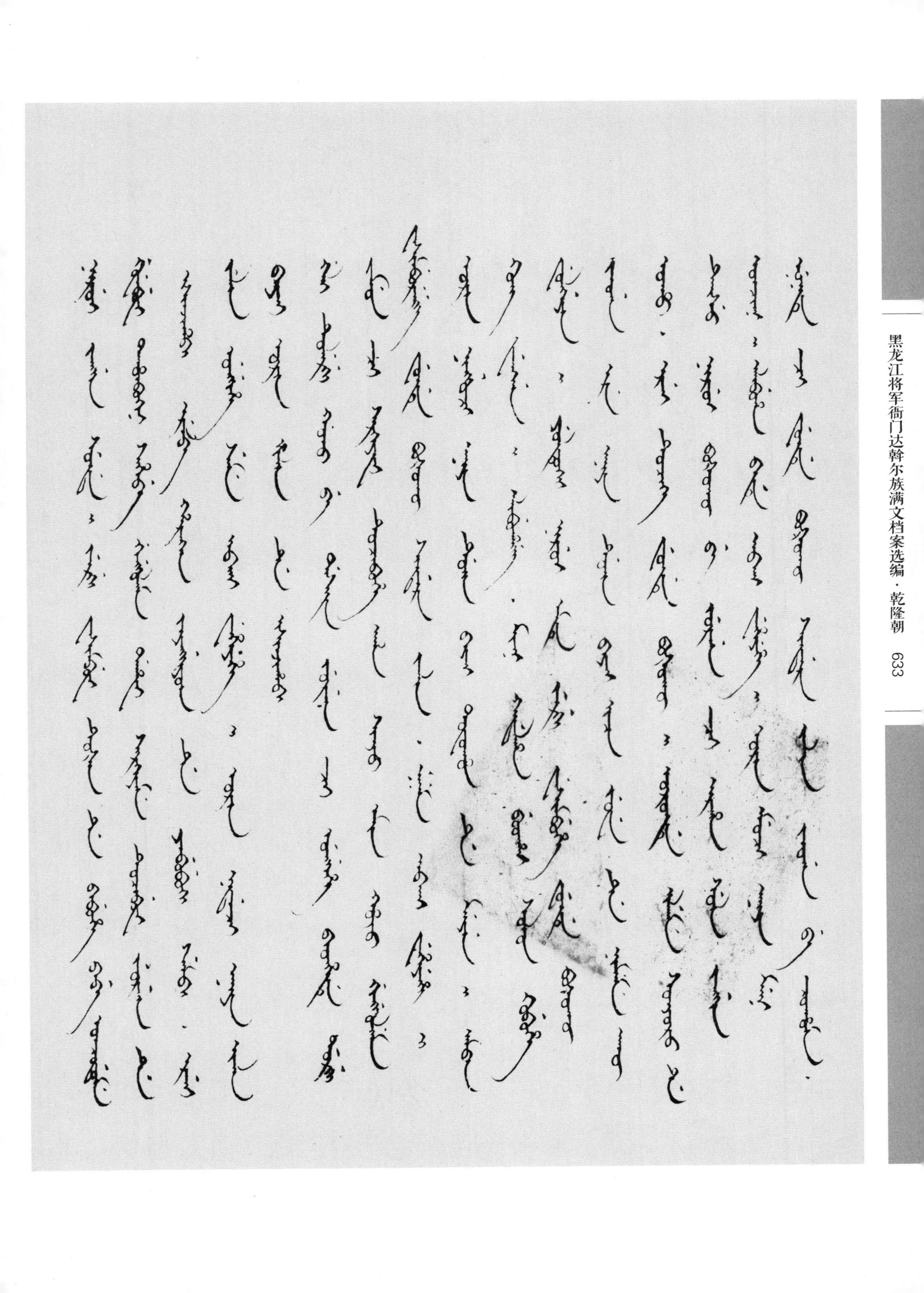

[illegible]

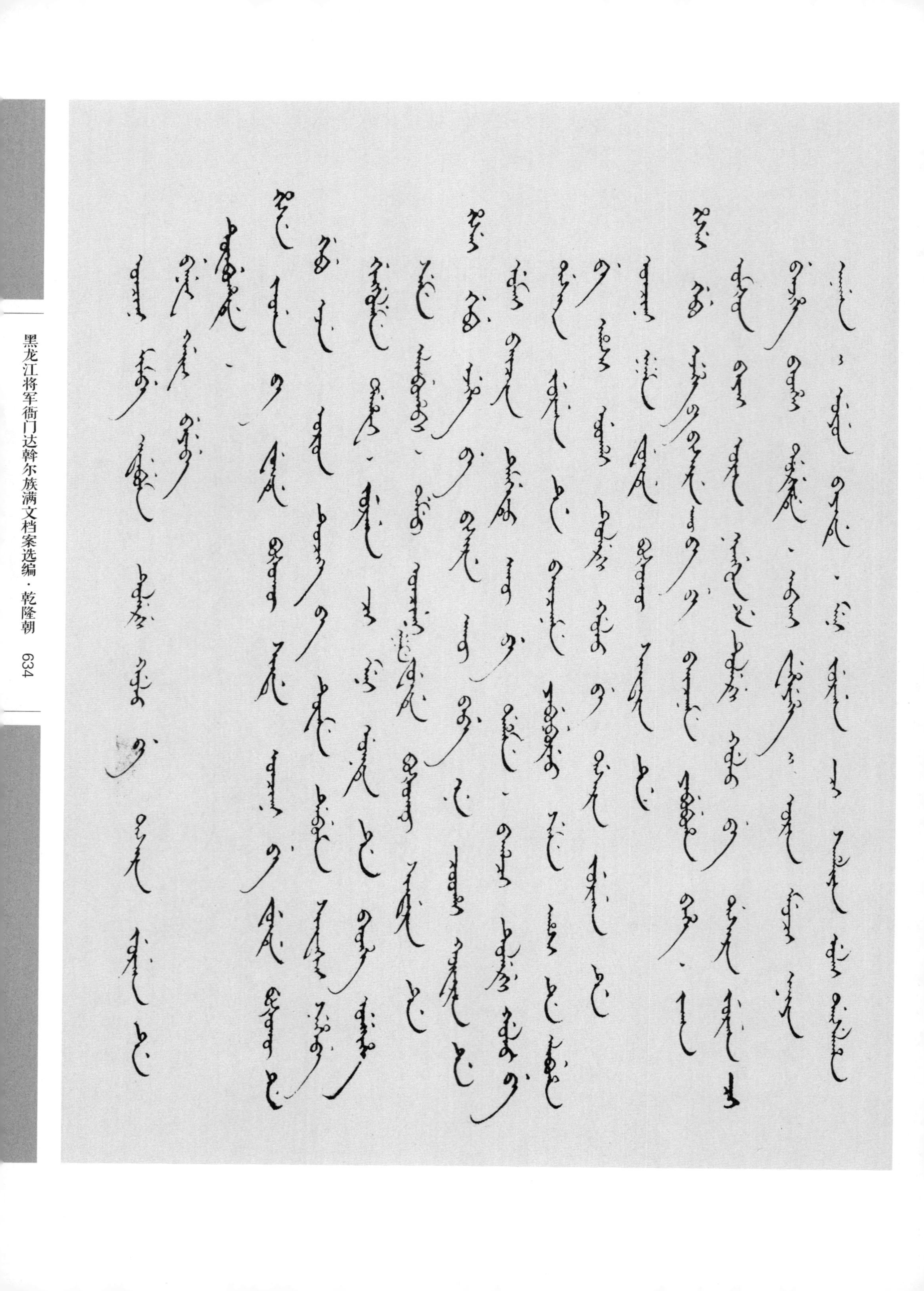

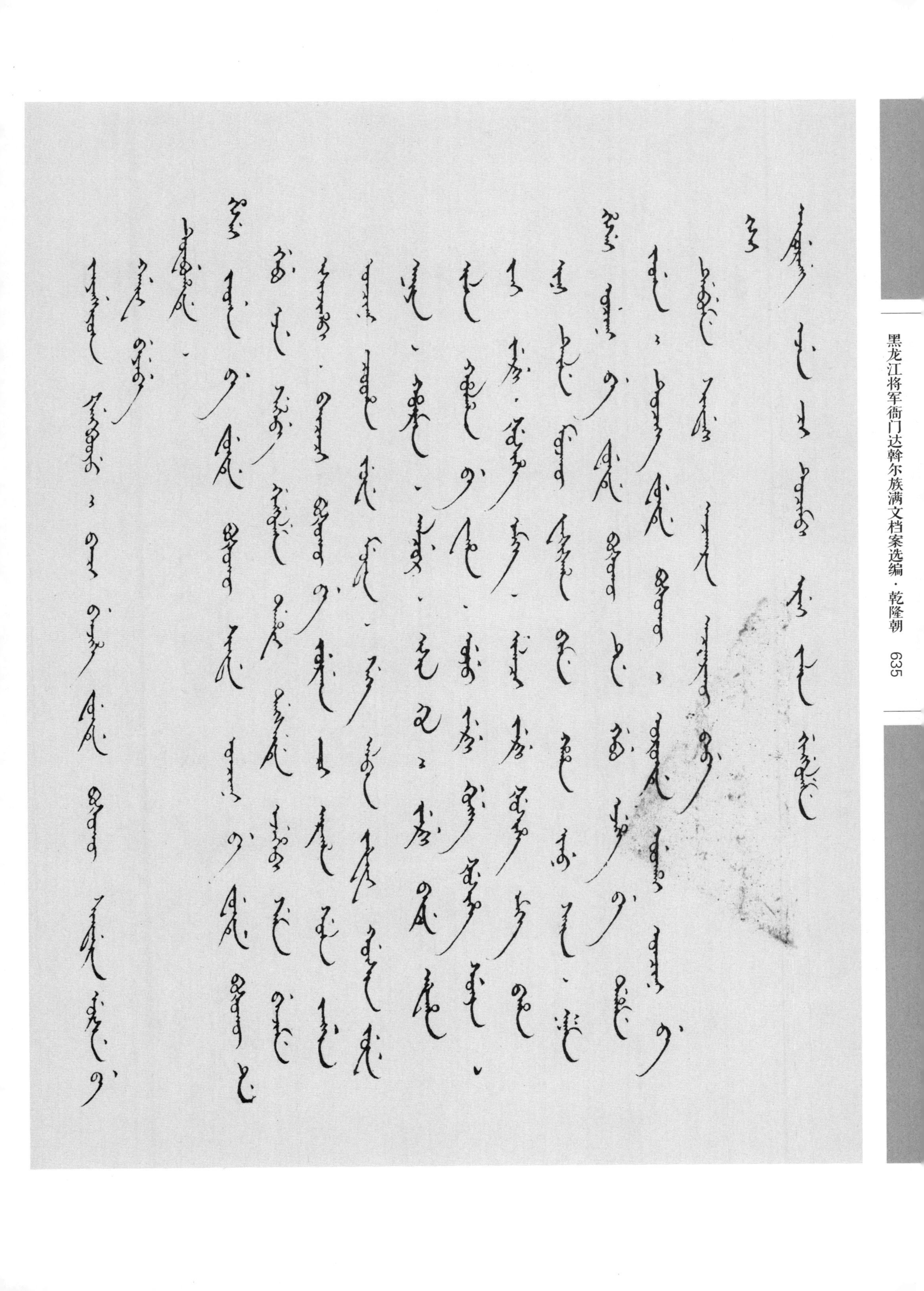

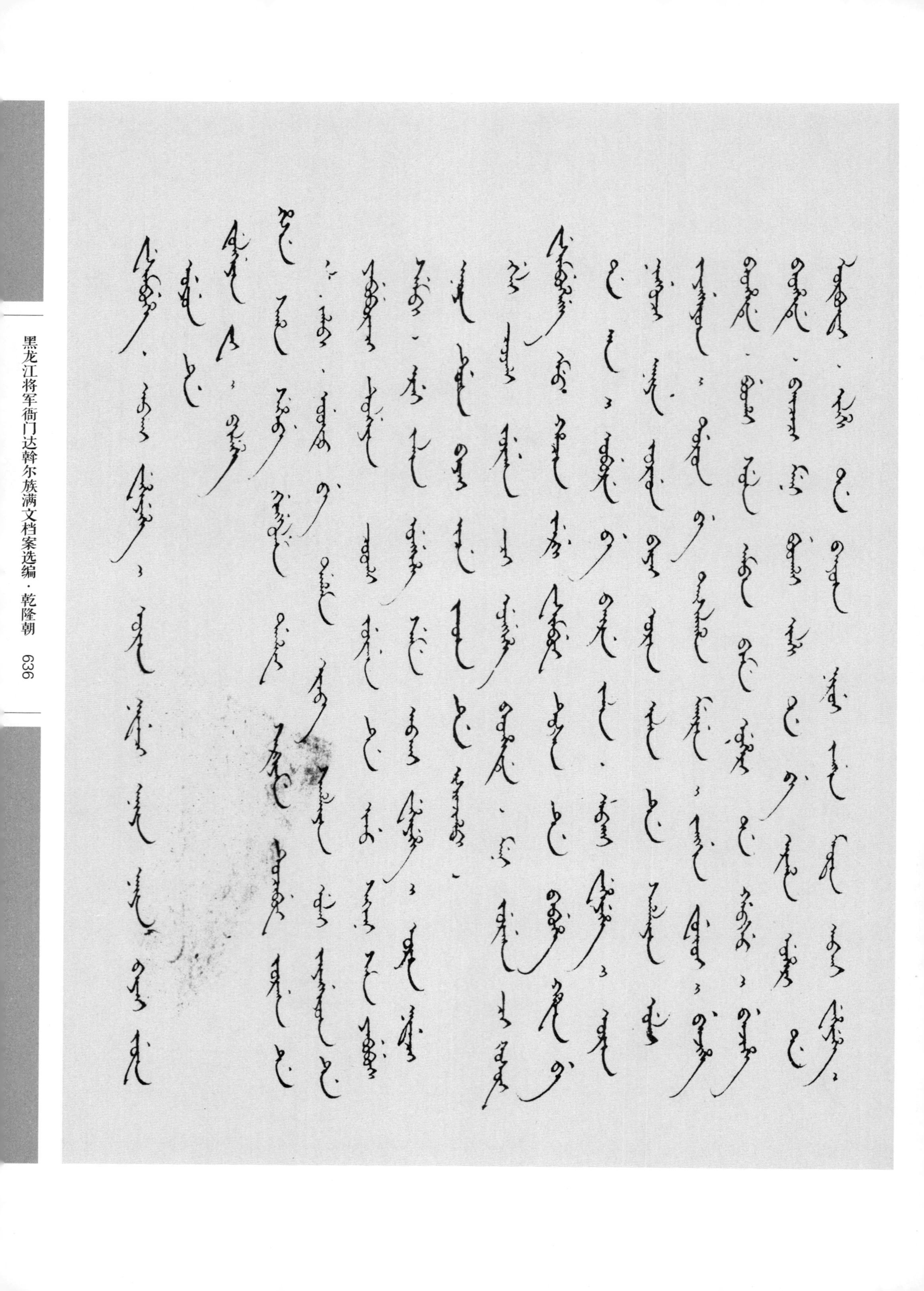

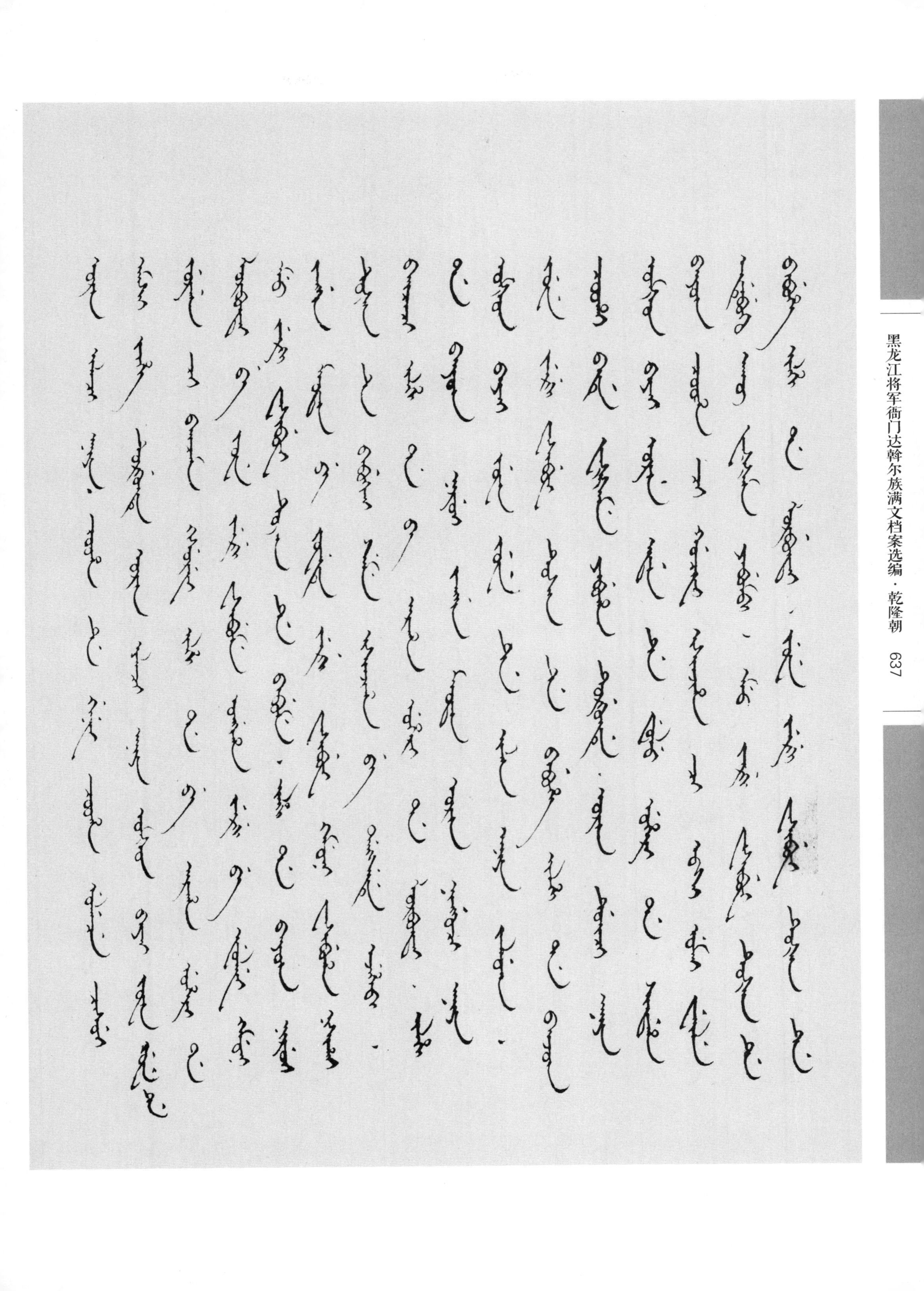

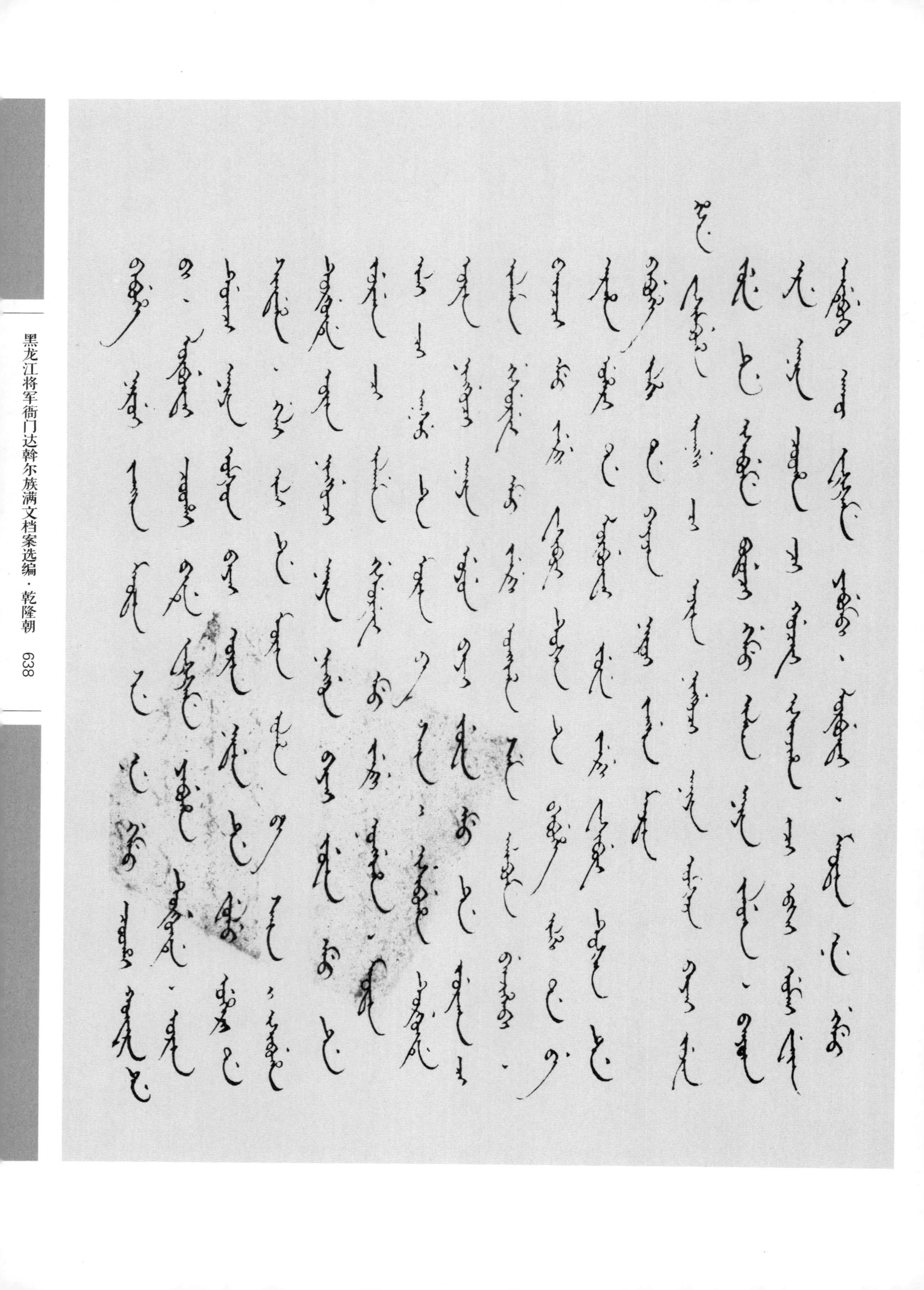

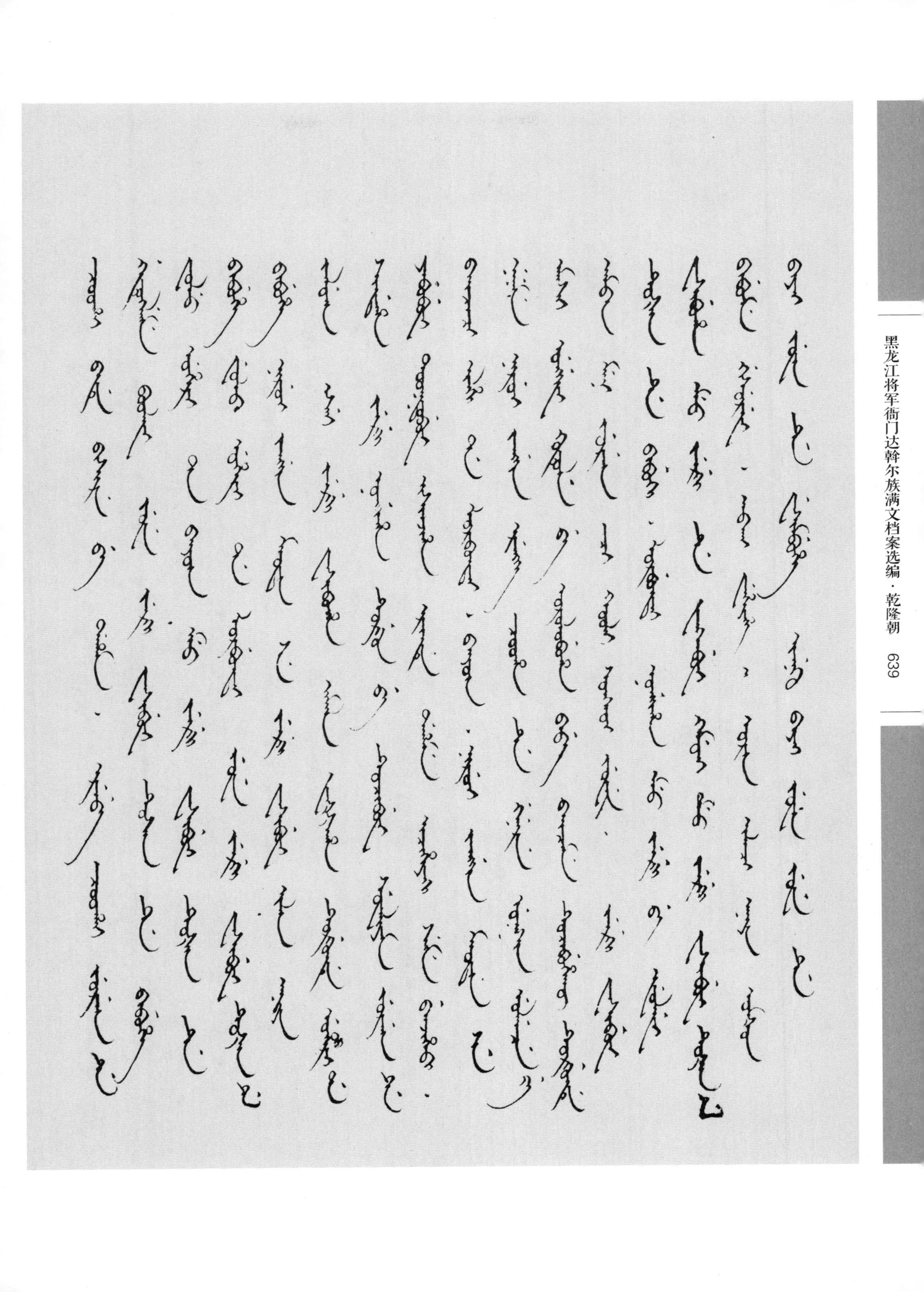

[illegible]

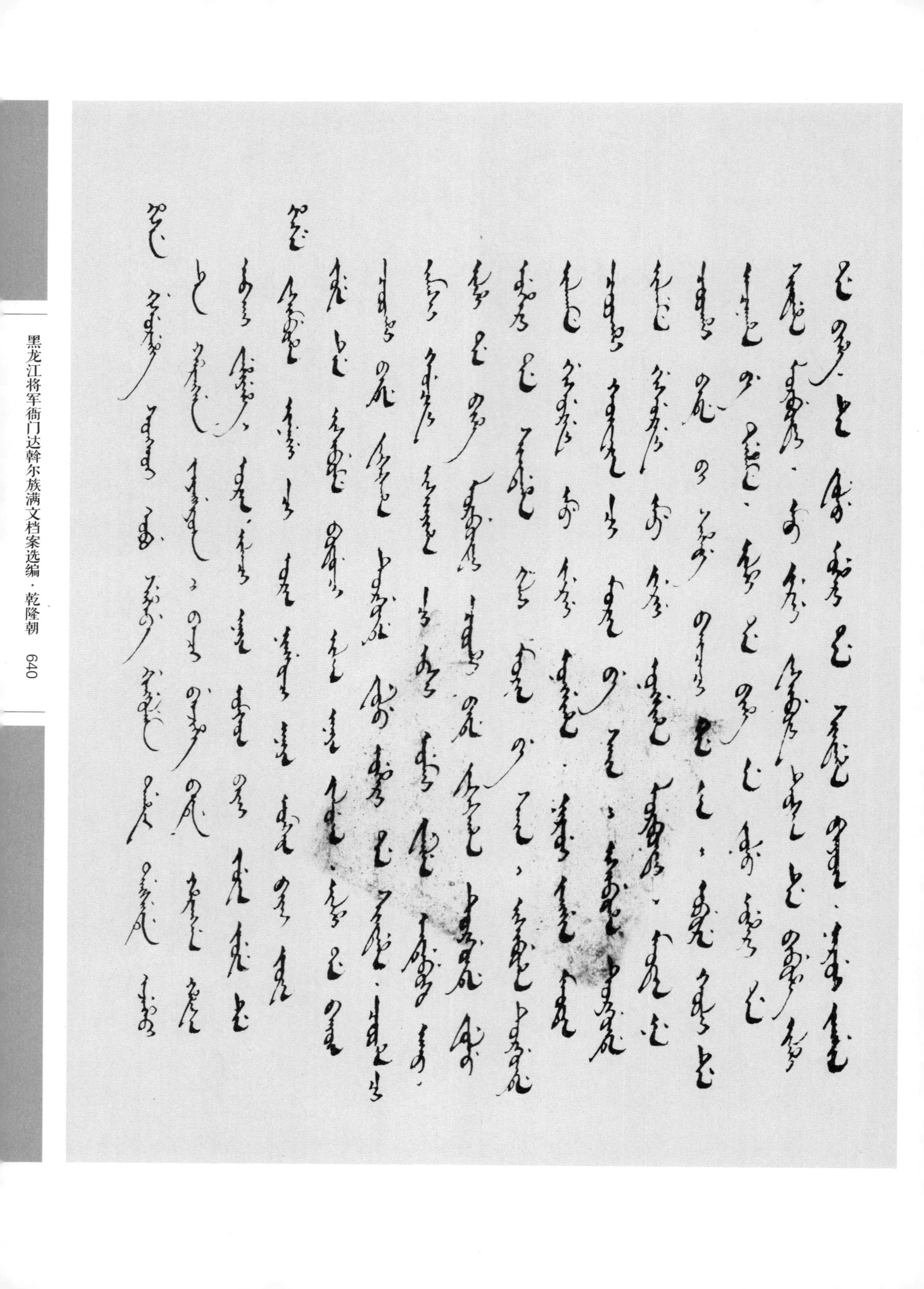

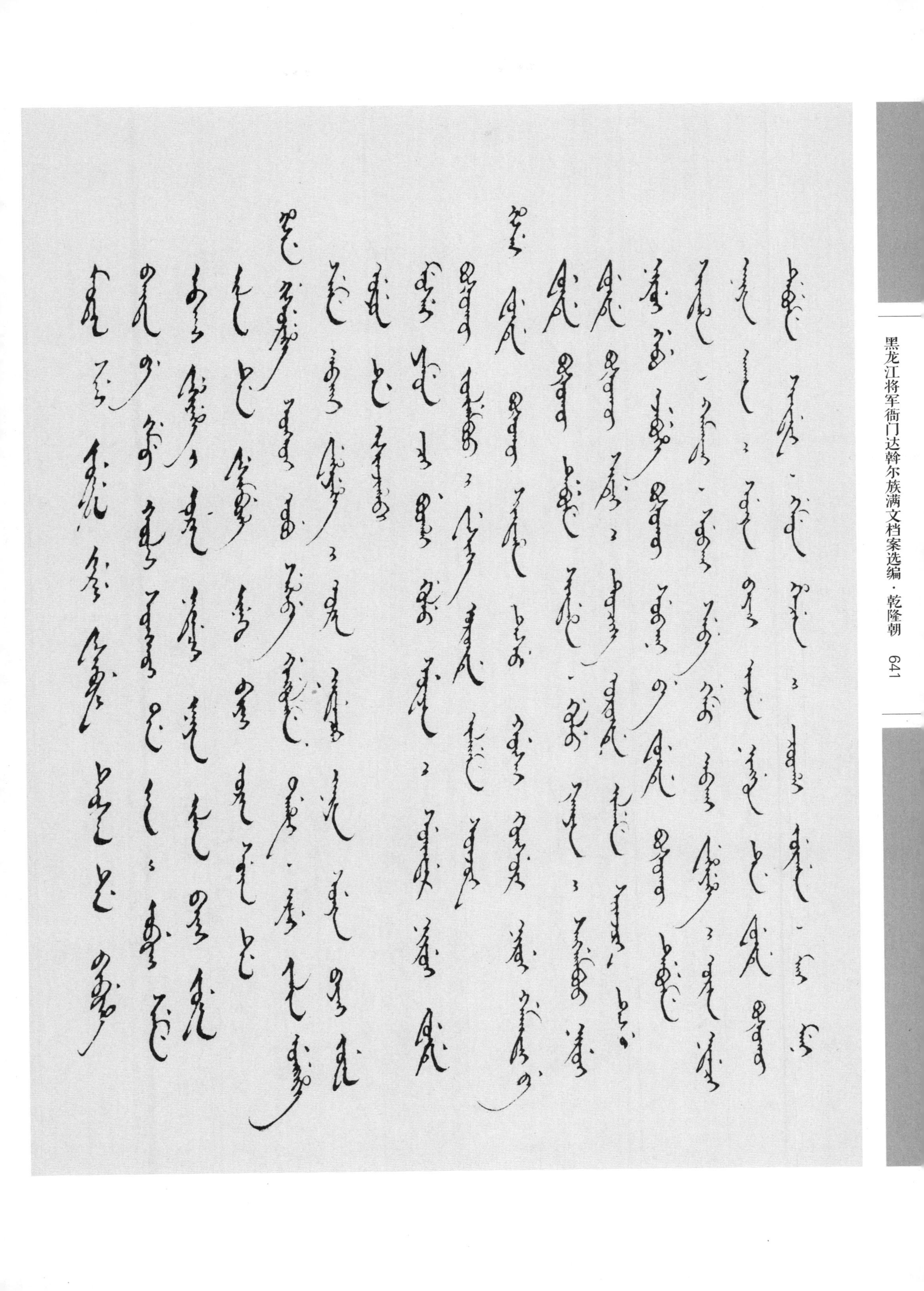

[illegible]

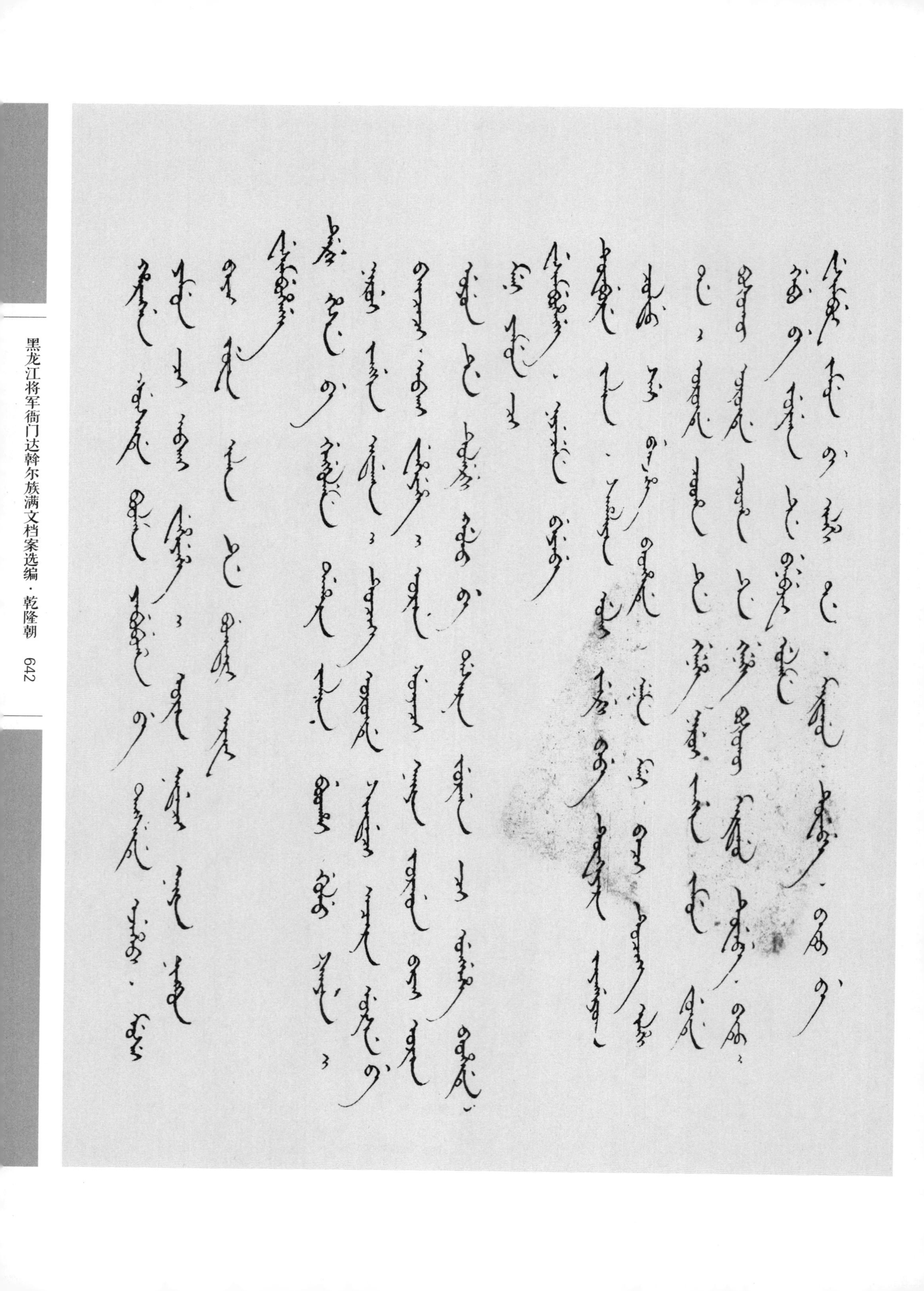

ᠰᡝᠮᡝ ᠪᠣᡧᠣᡴᡡ [illegible] ᡩᡝ [illegible] [illegible] ᠵᠠᠯᡳᠨ

[illegible] [illegible] [illegible] ᠪᡝ [illegible] [illegible] [illegible]

[illegible] ᠪᡝ [illegible]

[illegible] [illegible] [illegible] ᠰᡝᠮᡝ [illegible]

[illegible] [illegible] ᠪᡝ [illegible] [illegible] ᠪᡝ [illegible]

[illegible] [illegible] [illegible] [illegible] [illegible] ᡩᡝ [illegible]

[illegible] ᠪᠣᡧᠣᡴᡡ [illegible] [illegible] [illegible] ᠪᡝ [illegible] [illegible]

[illegible] [illegible] [illegible] ᠪᡝ [illegible] ᠪᠣᡧᠣᡴᡡ [illegible]

ᠰᡝᠮᡝ [illegible] [illegible] ᠪᡝ [illegible] ᠪᠣᡧᠣᡴᡡ [illegible]

ᠰᡝᠮᡝ ᠪᠣᡧᠣᡴᡡ [illegible] ᠪᡝ [illegible] [illegible] ᠪᡝ [illegible]

[illegible] ᠪᠣᡧᠣᡴᡡ [illegible] ᠪᡝ [illegible] [illegible] ᠪᡝ [illegible]

ᠰᡝᠮᡝ ᠪᠣᡧᠣᡴᡡ [illegible] [illegible] ᠪᡝ [illegible] ᠪᡝ [illegible]

[illegible] [illegible] [illegible] [illegible] [illegible] ᠪᡝ

[illegible] [illegible] ᠪᡝ [illegible] [illegible] [illegible] [illegible] ᠪᡝ

ᠰᡝᠮᡝ ᠪᠣᡧᠣᡴᡡ [illegible] ᠪᡝ [illegible] [illegible] [illegible] [illegible]

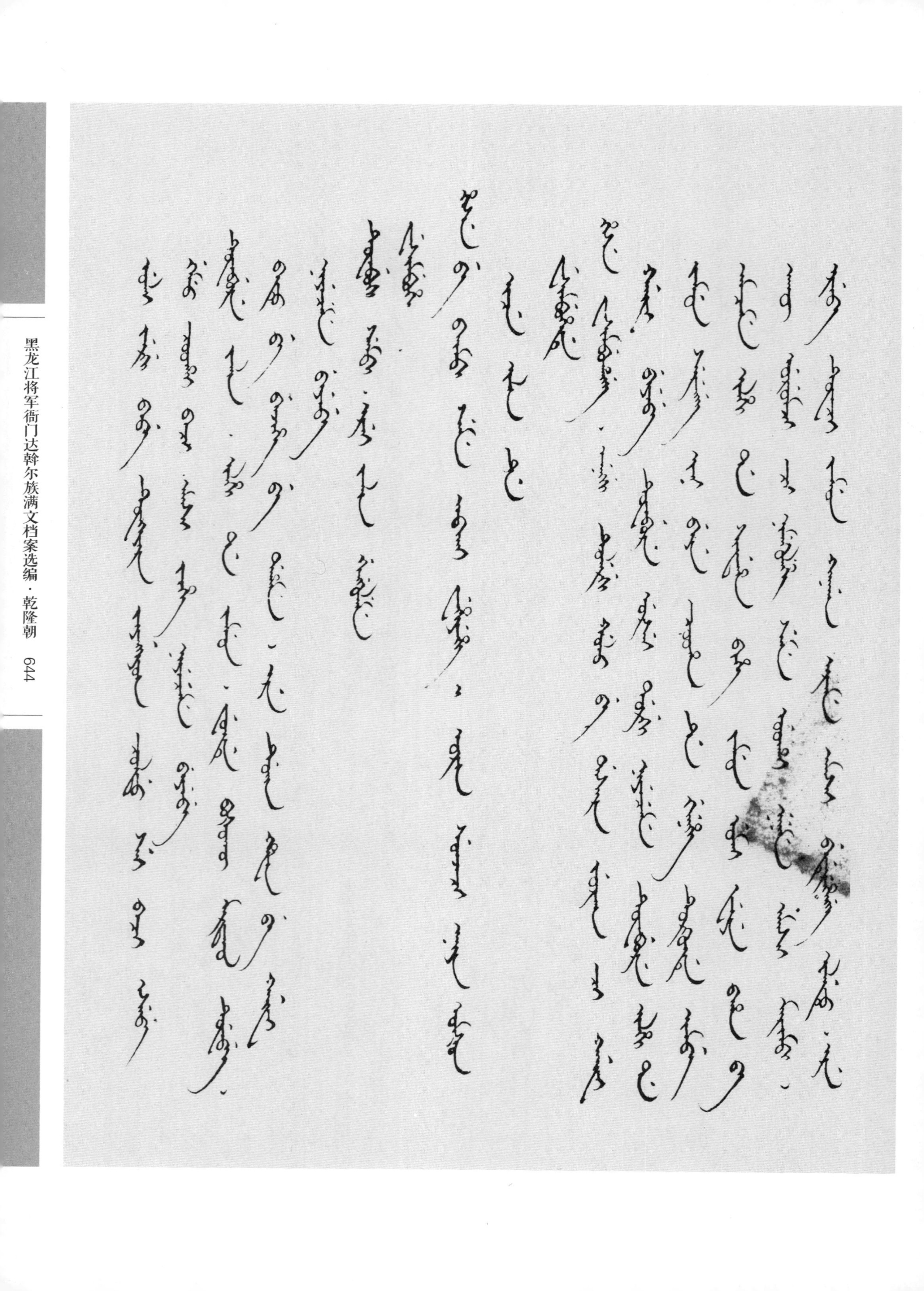

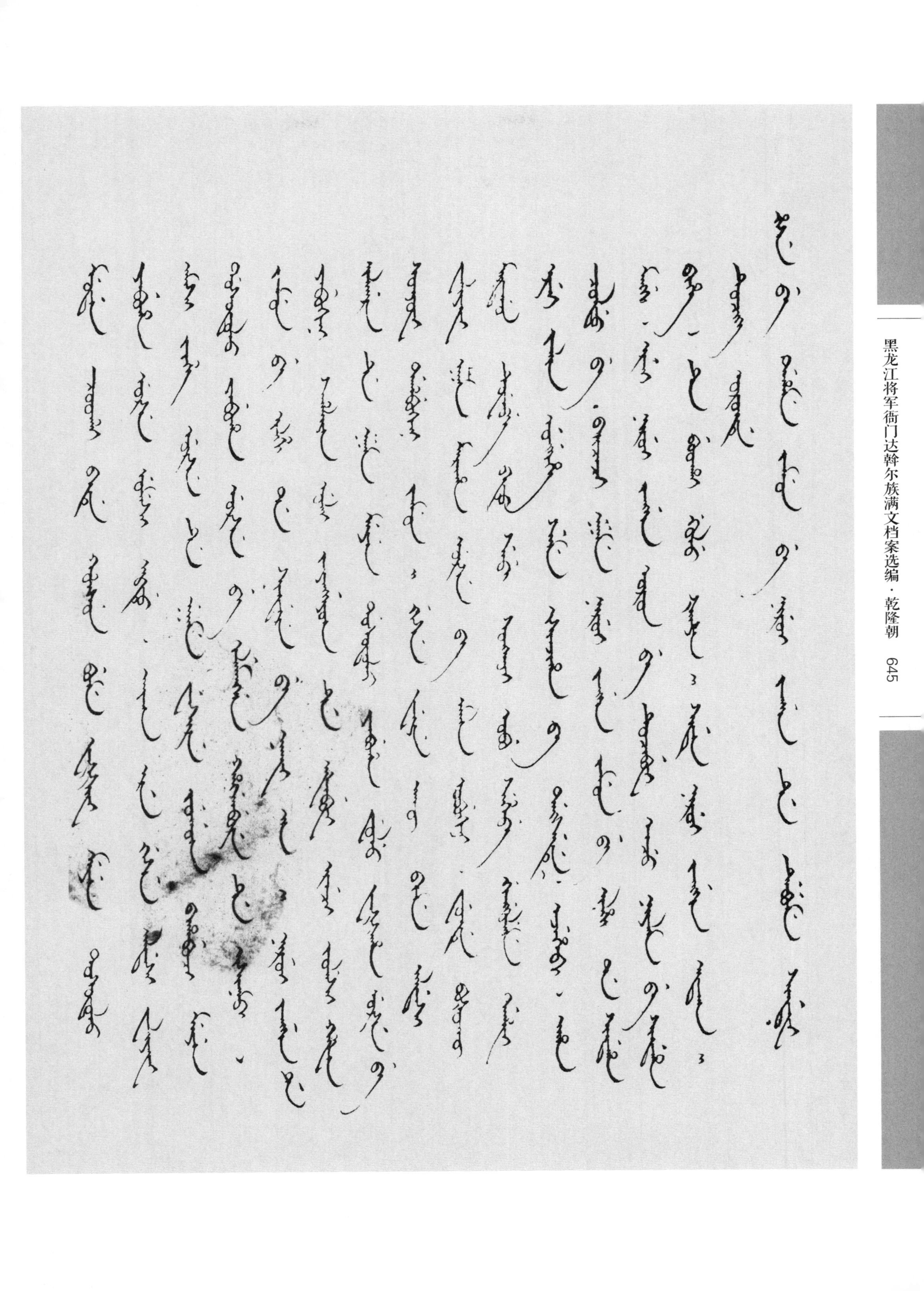

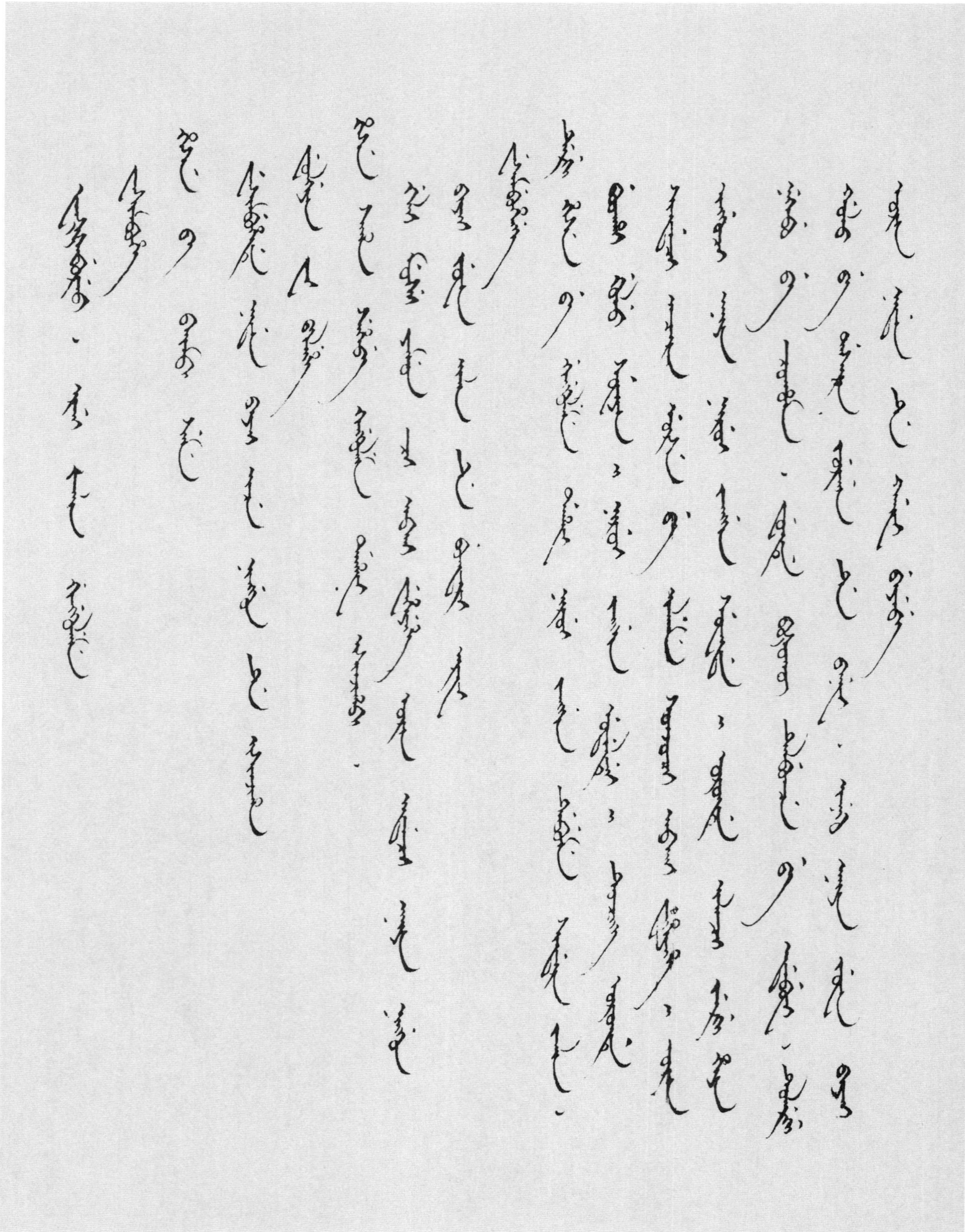

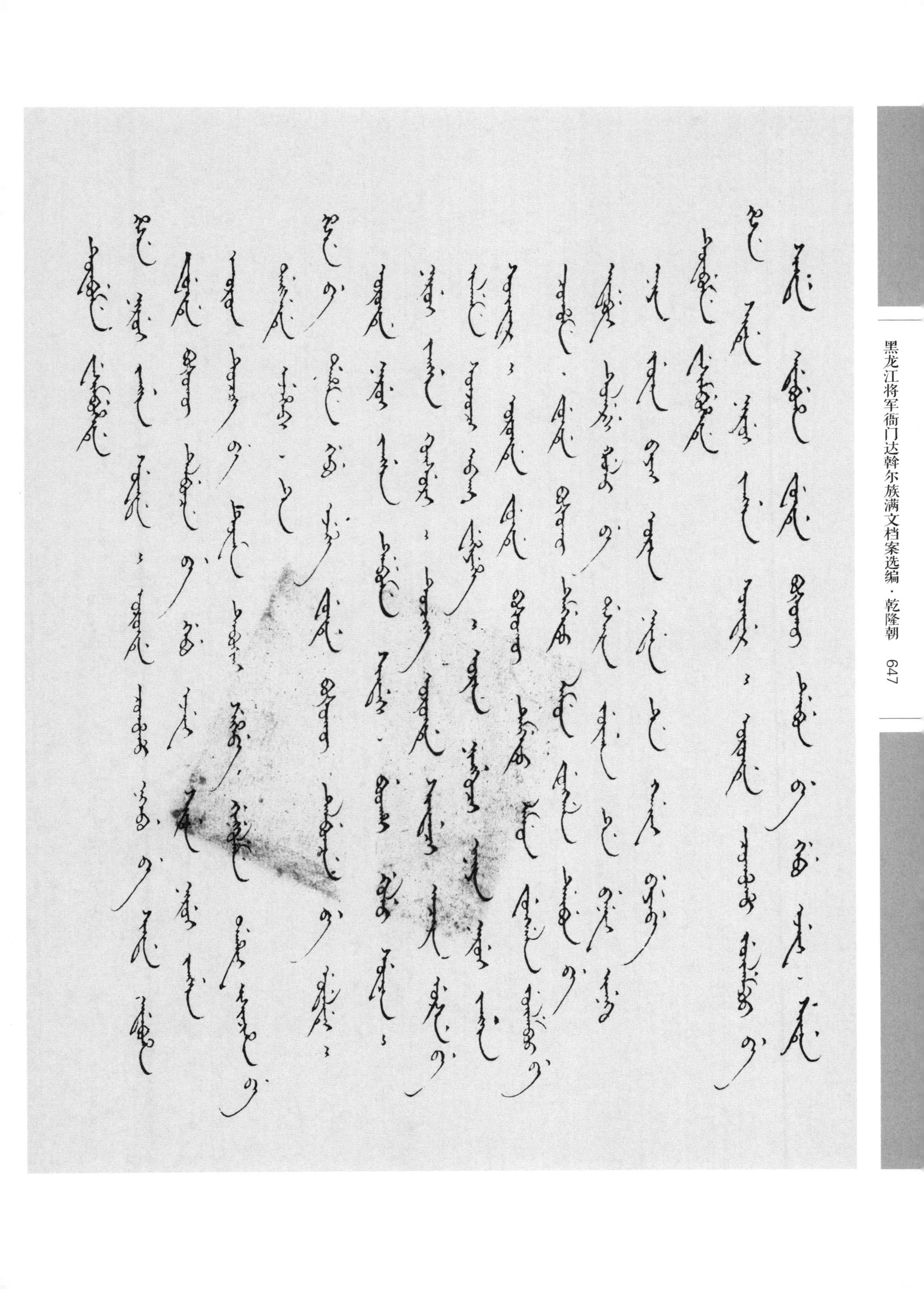

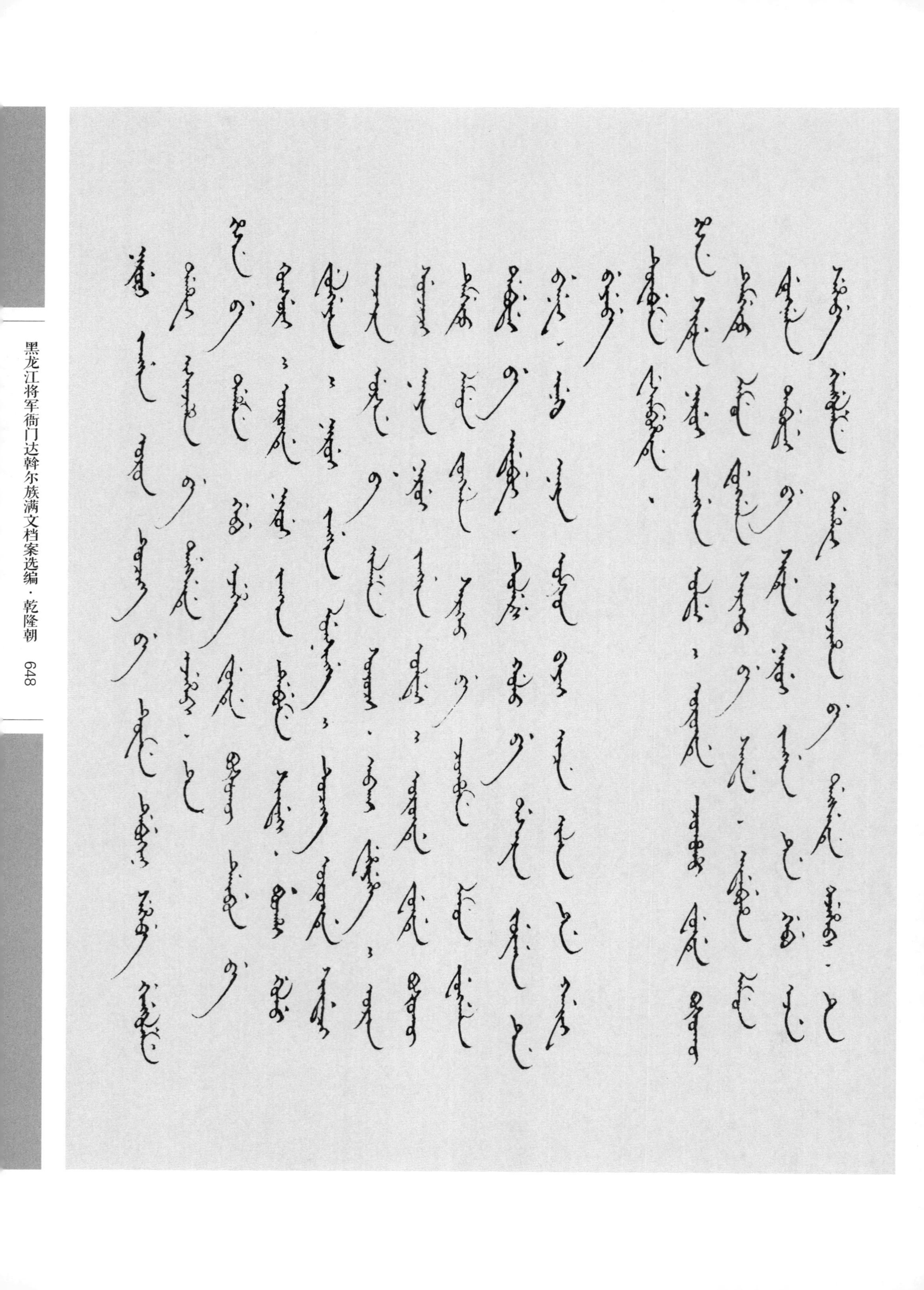

[illegible]

ᡤᡝᠯᡳ ᠪᡝ ᡠᠯᡳᠨ · ᡤᡠ ᡥᡡᡩᡠᠨ ᠰᡳᠯᡳᠨ ᠰᡳᠯᡳᠨ ᠪᠣᠣᡨᠣ ᡩᡝ

ᠰᡠᡵᡝ ᠪᡝ ᡠᠯᡳᠨ ᠪᡝ · ᡨᡝᡵᡝ ᠪᡝ ᠵᡠᠸᠠᠨ · ᡳᠰᡳᠨᠵᡳᡶᡳ ᡩᡝ

ᡥᠣᡨᠣ ᠮᡝᡳᡥᡝᡵᡝ ᠪᠠᠨᠵᡳᡥᠠ ᠪᡝ ᠰᡳᠯᡳᠨ · ᡨᡠᠸᠠᠴᡳ ᠵᡠᠸᡝ ᡳᠰᡳᠨᠵᡳᡶᡳ

ᡨᡠᠴᡳᠪᡠᡥᡝ ᡨᡠᠴᡳᠪᡠᡥᡝ ᡨᠠᠴᡳᠪᡠᡥᡝ ᠪᡝ ᠰᡝᡵᡝ ᡳᠰᡳᠨᠵᡳᡶᡳ ᡨᡠᠸᠠᠴᡳ

ᠰᡠᡵᡝ ᠮᡠ ᡳᠯᡳᠨ ᡨᡠᠴᡳᠪᡠᡥᡝ ᠪᠠᡳᡨᠠ ᠪᡝ ᠪᠣᠣ ᡩᠠ ᠪᠠᡳᡨᠠ

ᠰᡝᡵᡝ ᡨᡠᠴᡳᠪᡠᡥᡝ ᠪᡳ ᠪᡝ ᠮᡠᡩᠠᠨ ᡤᡝᠮᡠ · ᡨᡠᠴᡳᠪᡠᡥᡝ ᠪᡝ ᡤᡠᠸᠠᠯᡳᠶᠠᠨ ᡳᠰᡳᠨᠵᡳᡶᡳ

ᡨᡠᠸᠠᠨ ᠮᡝᡳᡥᡝᡵᡝ ᡨᡝᡵᡝ ᡥᡠᠸᠠᠯᡳᠶᠠᠰᡠᠨ ᠪᡝ ᠰᡳᠯᡳᠨ ᡤᡳᠰᡠᠨ ᠮᡠᠰᡝ ᡳᠰᡳᠨᠵᡳᡶᡳ

ᡨᠣᡴᡨᠣᠪᡠᡥᠠ ᡥᡠᠸᠠᠯᡳᠶᠠᠰᡠᠨ ᠮᡠᡩᠠᠨ ᠮᡠᡩᠠᠨ ᡨᡝᡵᡝ ᠪᡝᠶᡝ ᡨᡠᠸᠠᠴᡳ ᡩᡝ ᡥᡠᠸᠠᠯᡳᠶᠠᠰᡠᠨ ᠮᡠᠰᡝ

ᡨᡠᠴᡳᠪᡠᡥᡝ ᠮᡠᡩᠠᠨ ᡥᡡᡩᡠᠨ ᠮᡠᡩᠠᠨ · ᡨᡠᠸᠠᠨ ᡨᡠᠸᠠᠨ ᡨᡝᡵᡝ · ᡳᠰᡳᠨᠵᡳᡶᡳ

ᠪᡝ ᠰᡠᠴᡳ ᠪᡝ · ᡤᡝᠮᡠ ᠰᡝᠮᡝ ᠰᡳᠯᡳᠨ ᡥᠣᡵᡳᠮᡝ ᠪᡝᠶᡝ ᡩᡝ

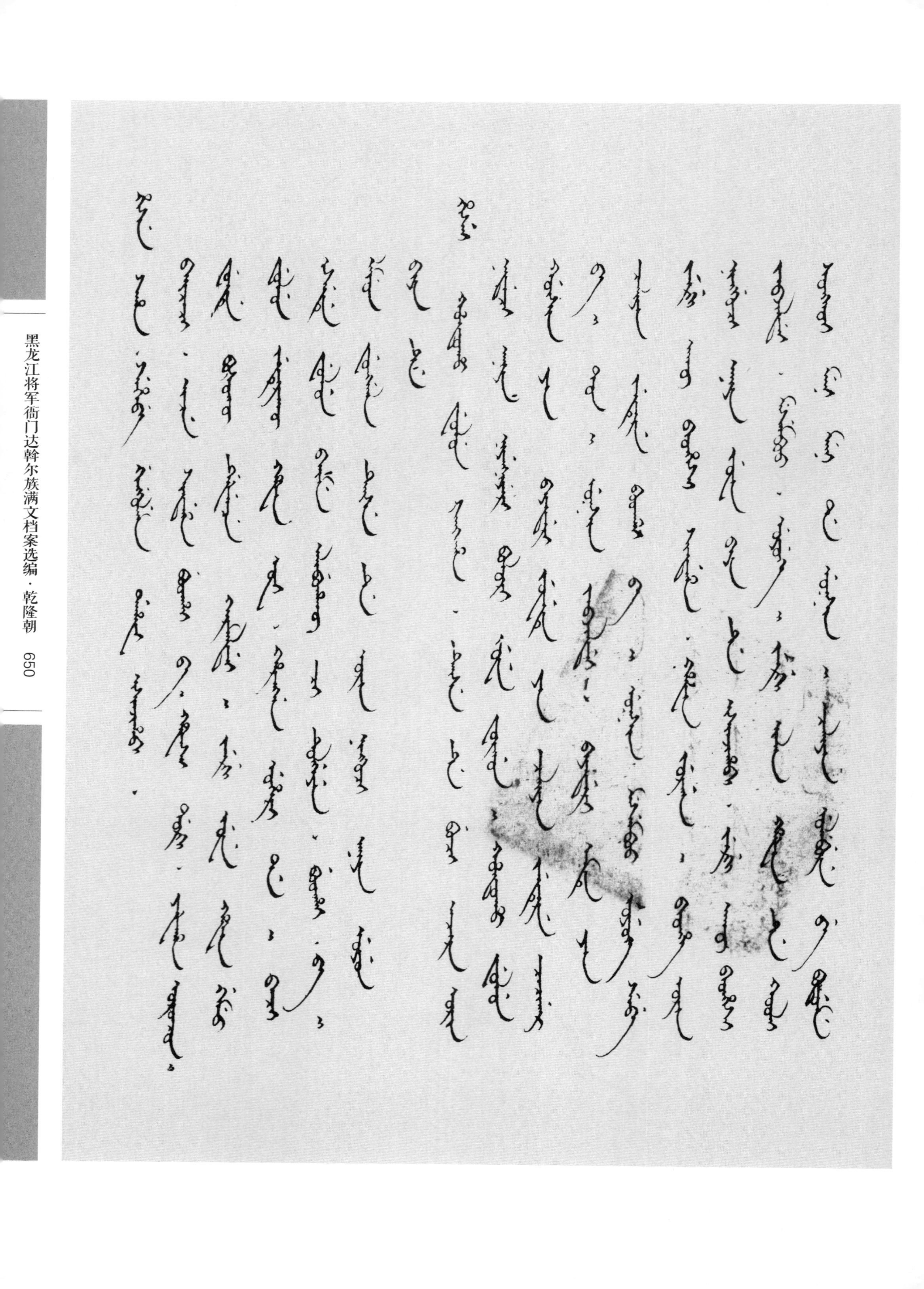

[illegible]

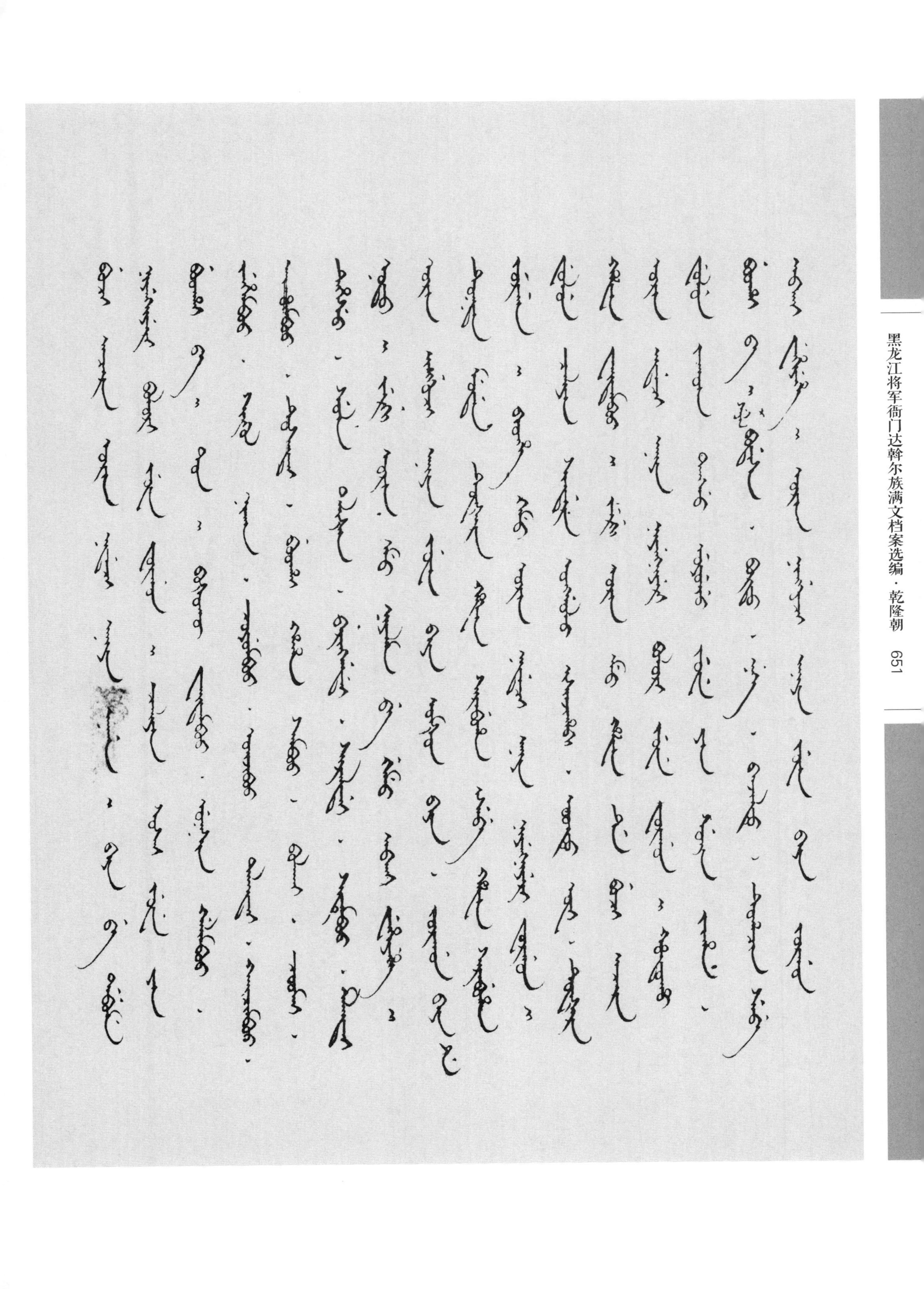

[illegible]

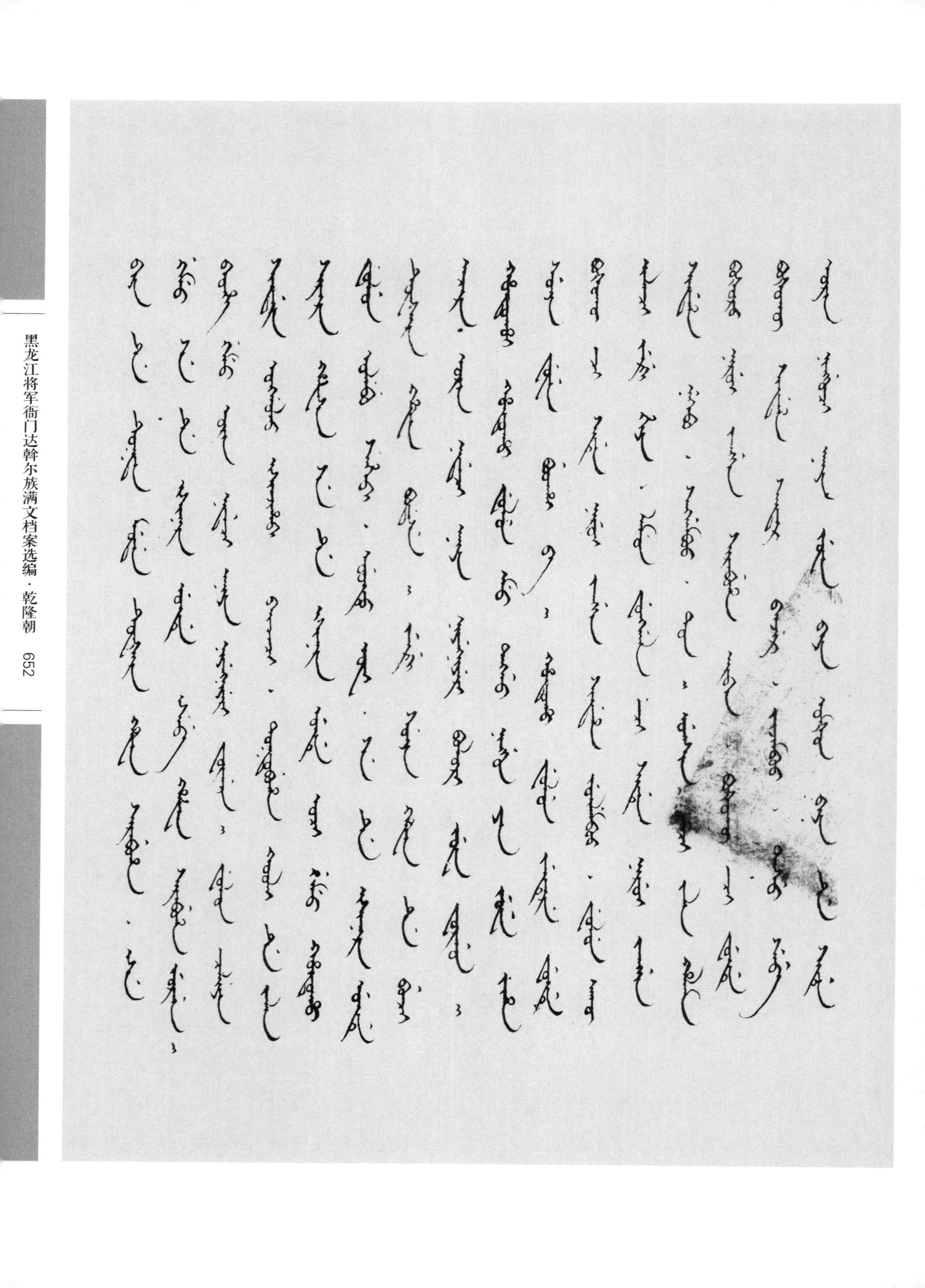

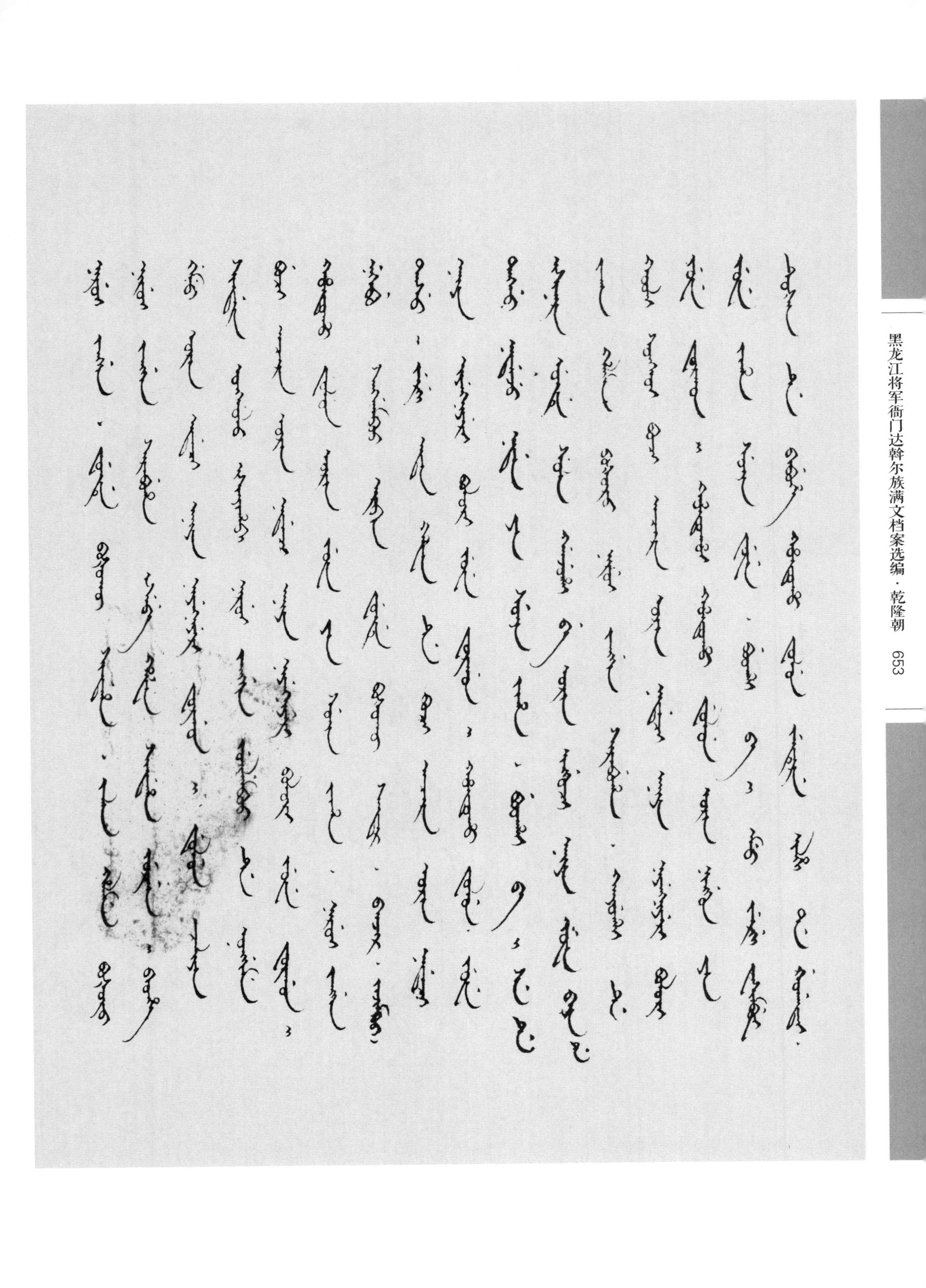

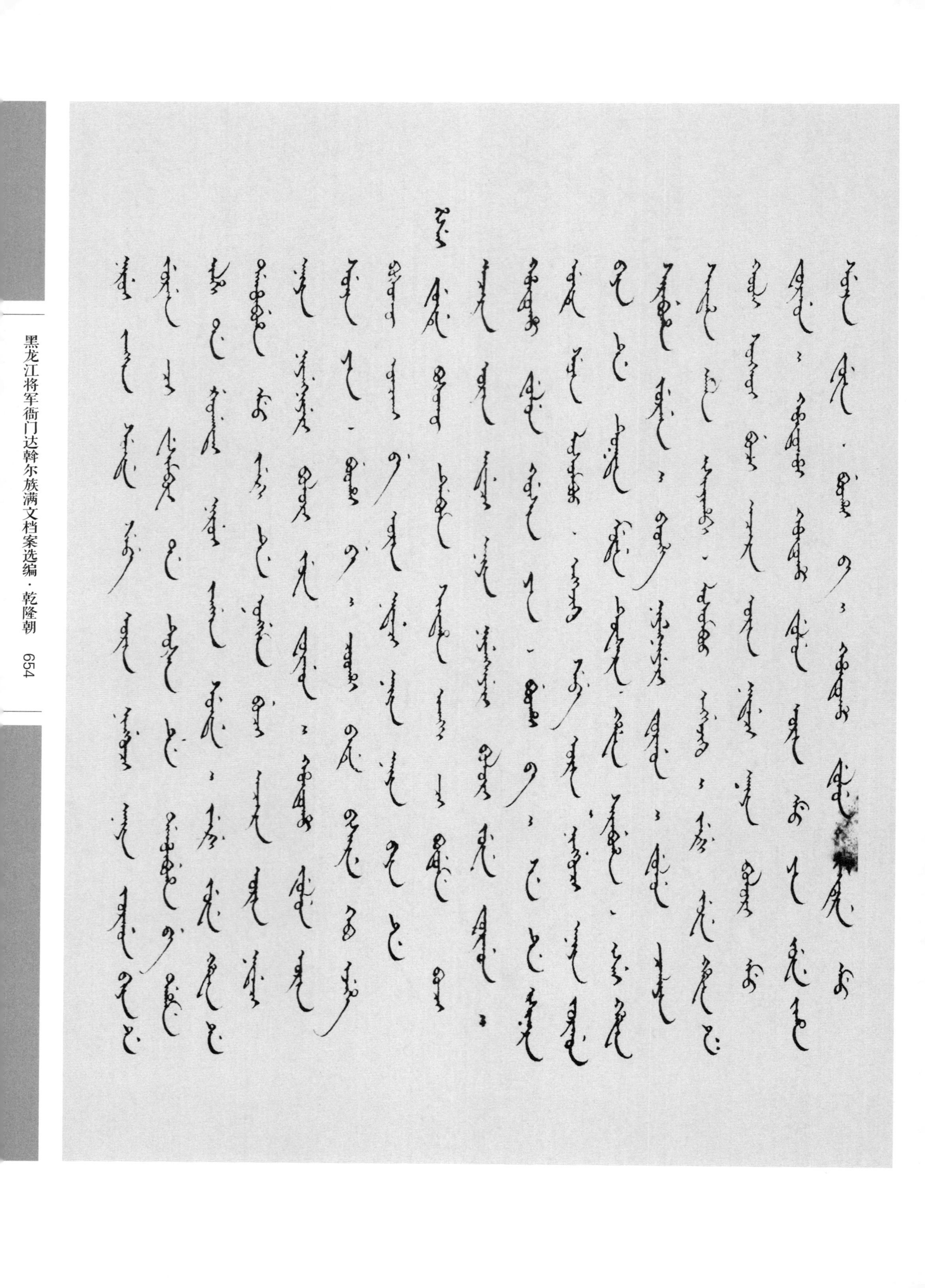

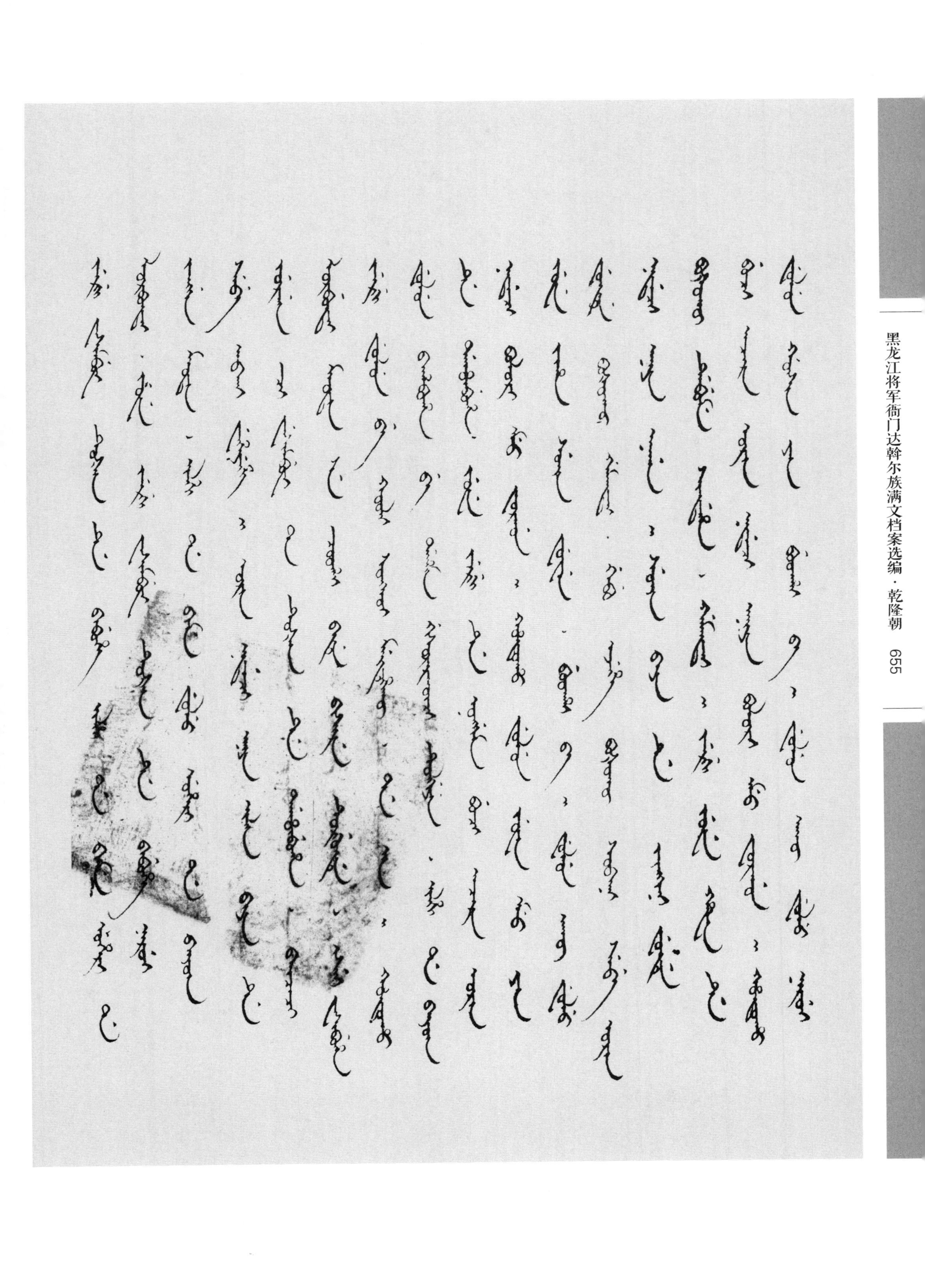

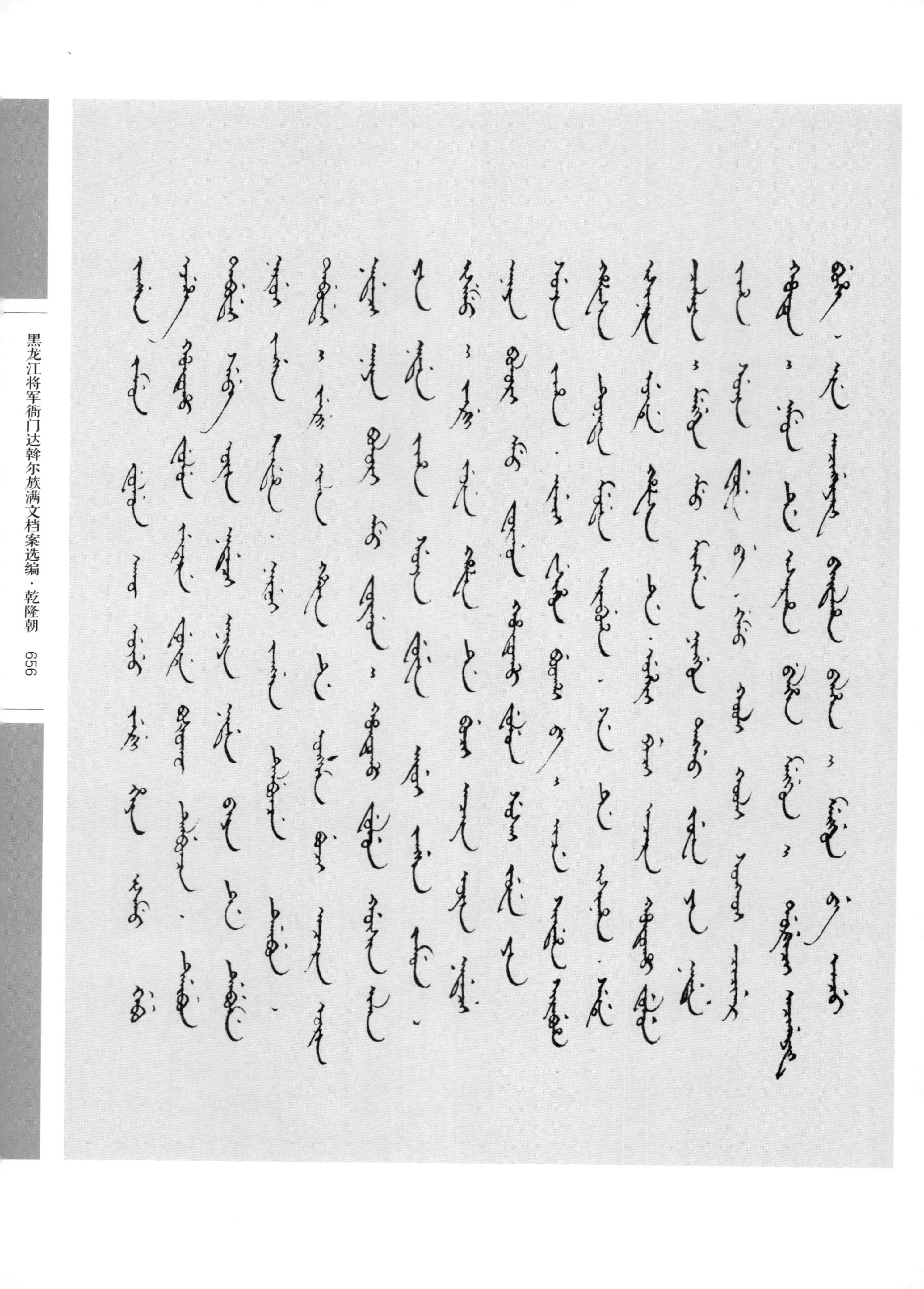

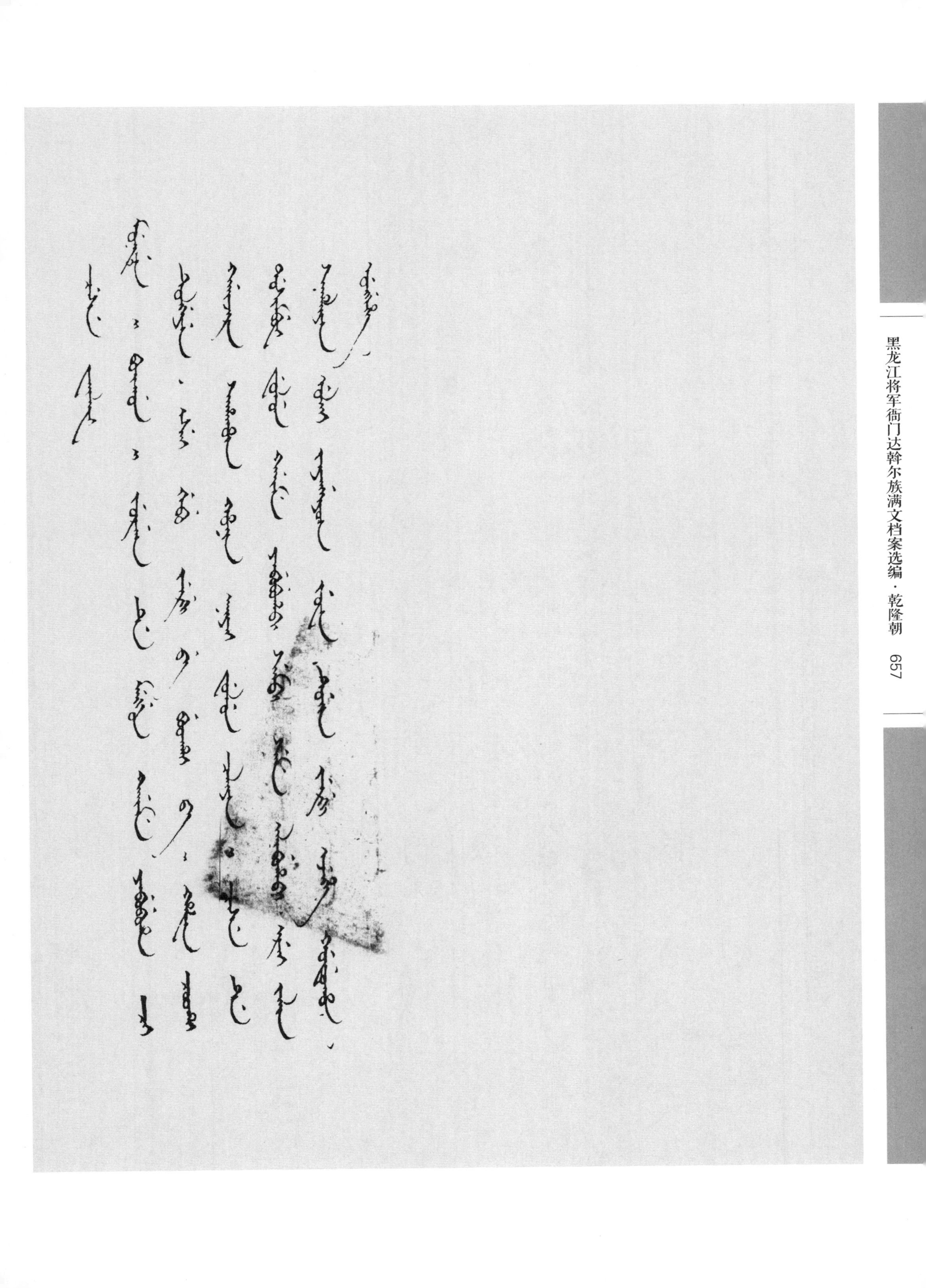

一一六八　黑龙江将军国多欢题镶红旗达斡尔世管佐领巴颜穆保当差懒散不守本分拟请革退本

乾隆二十七年十二月初九日

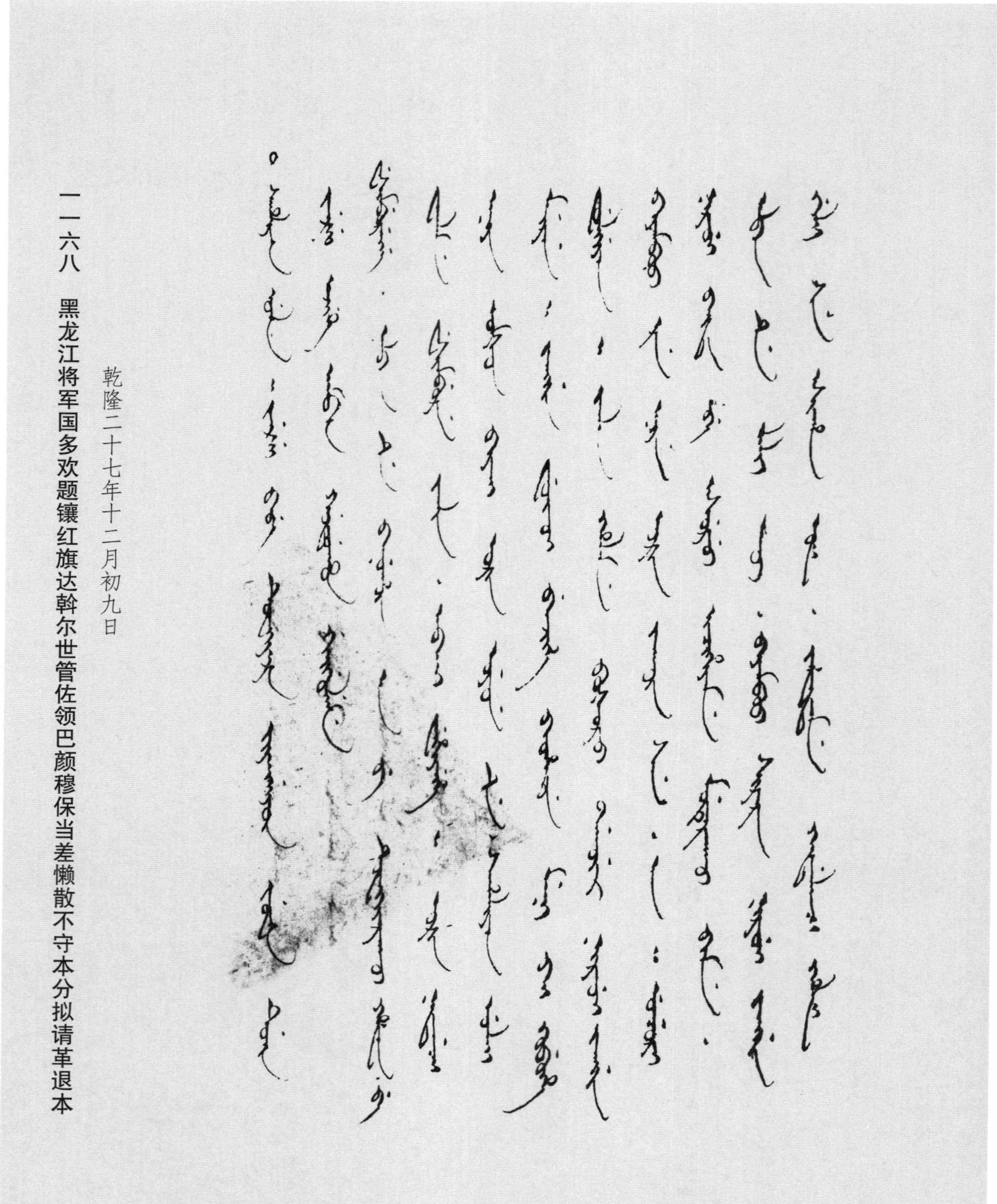

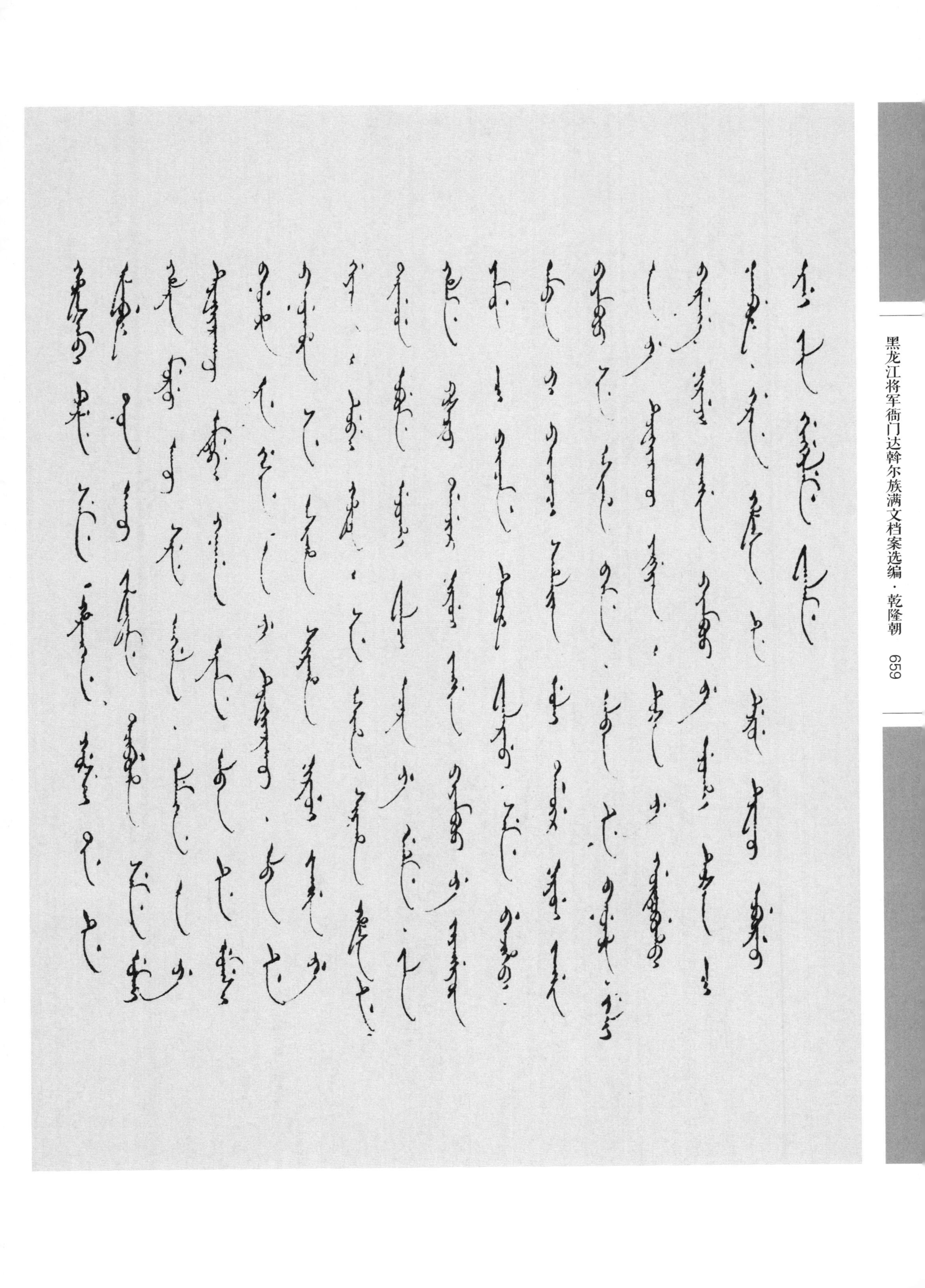

[illegible]

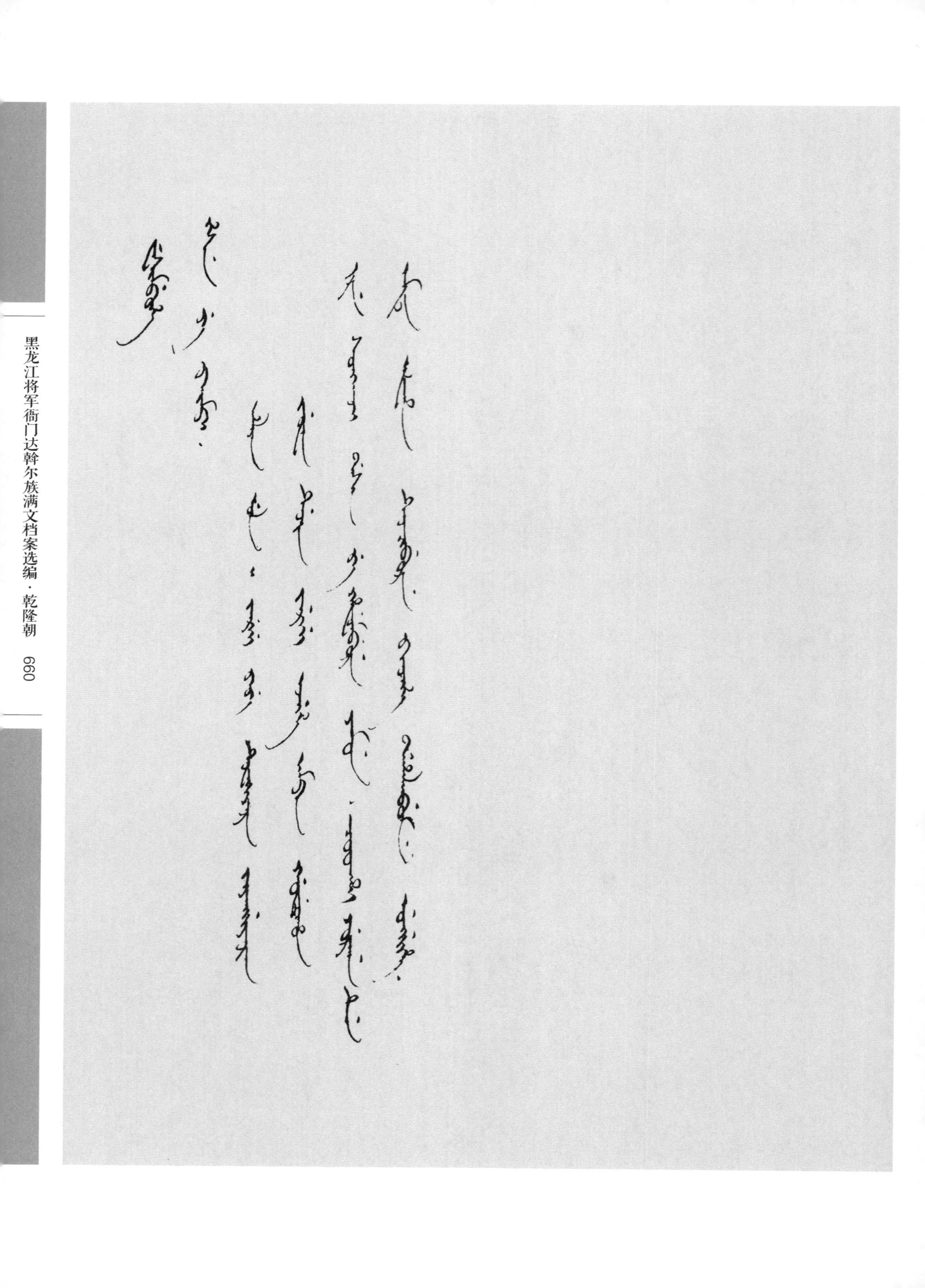

一一六九　黑龙江将军衙门为造送各城满洲索伦达斡尔等兵丁数目清册事咨兵部文（附清册一件）

乾隆二十七年十二月十五日

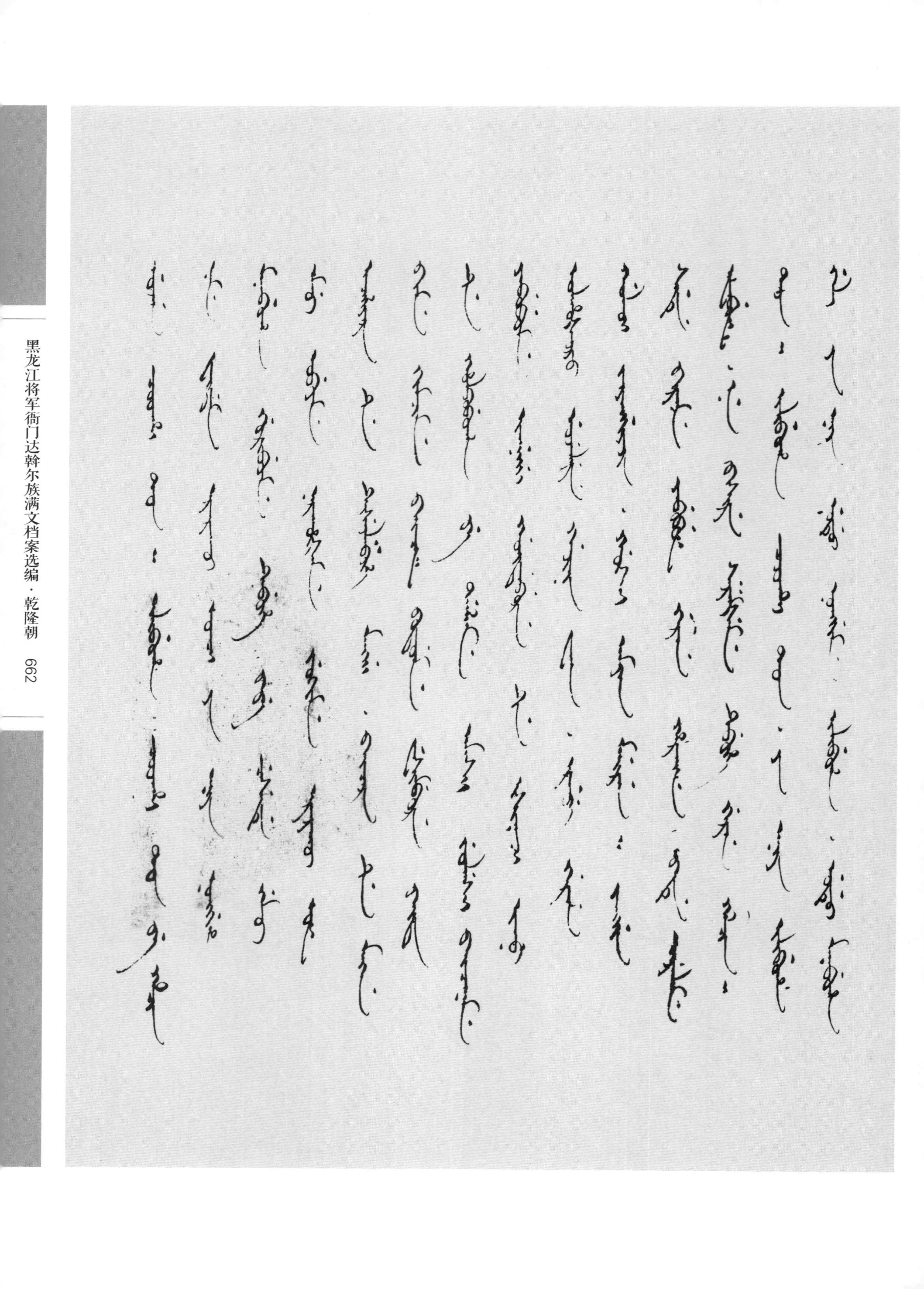

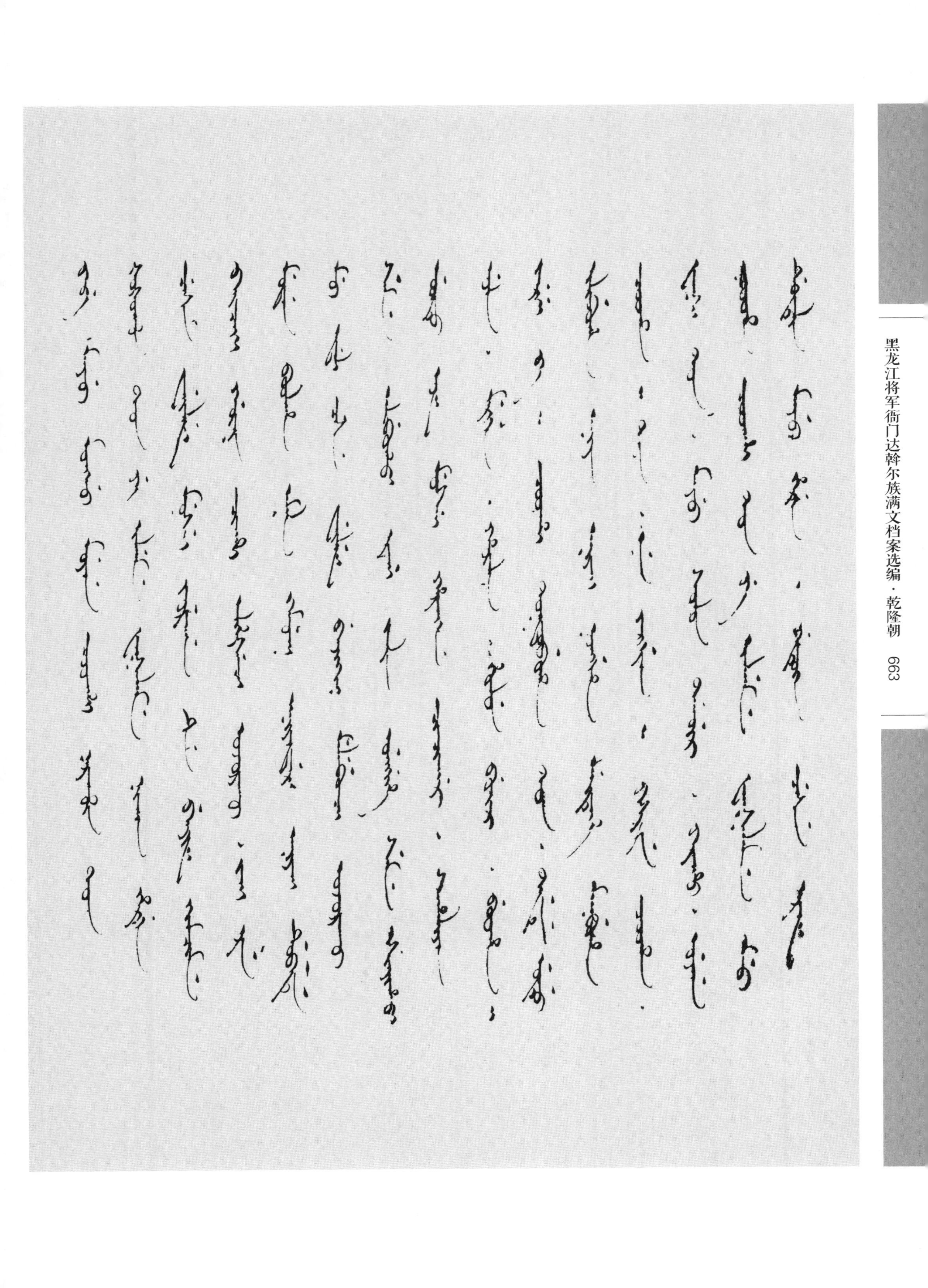

[illegible]

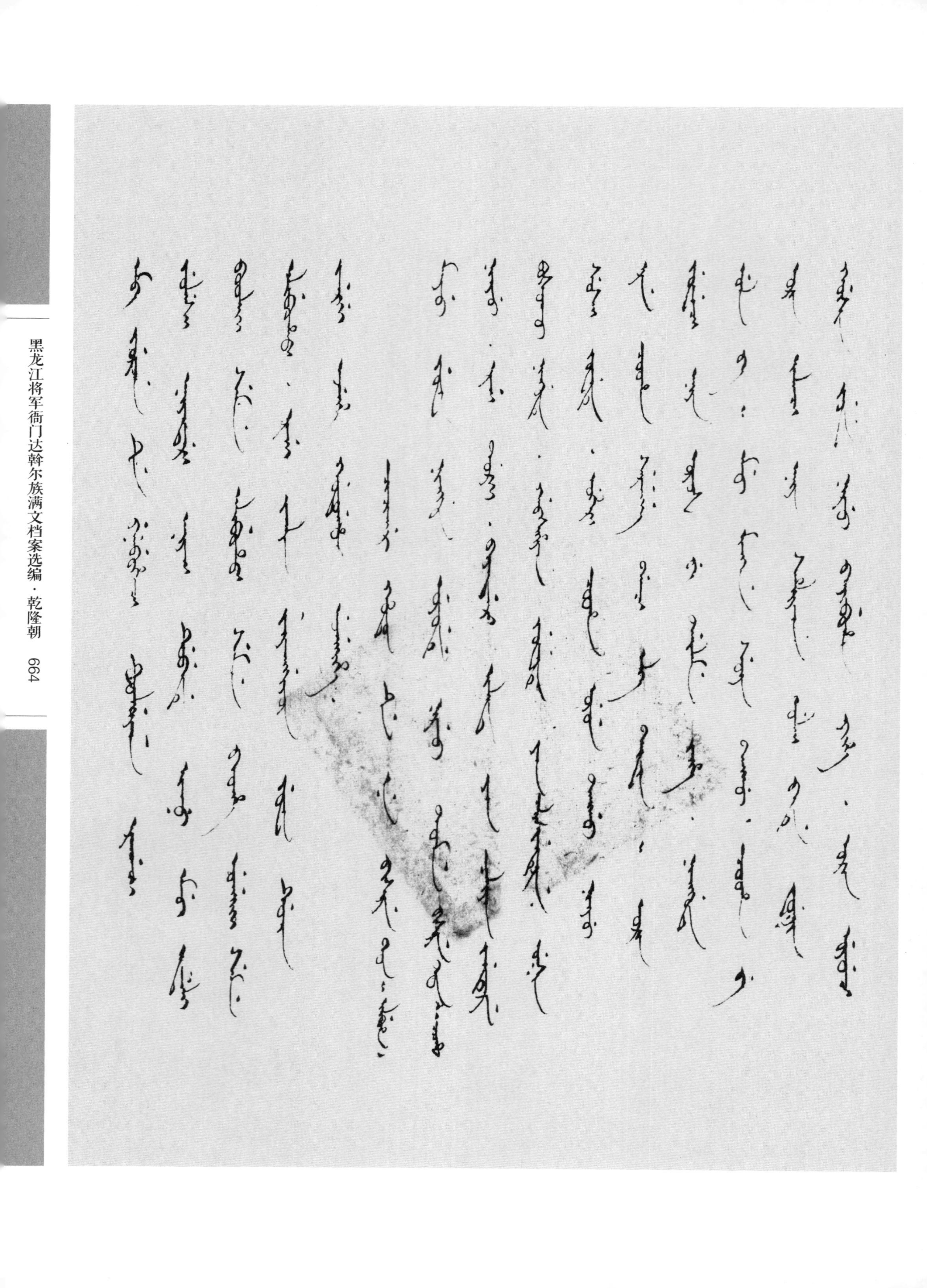

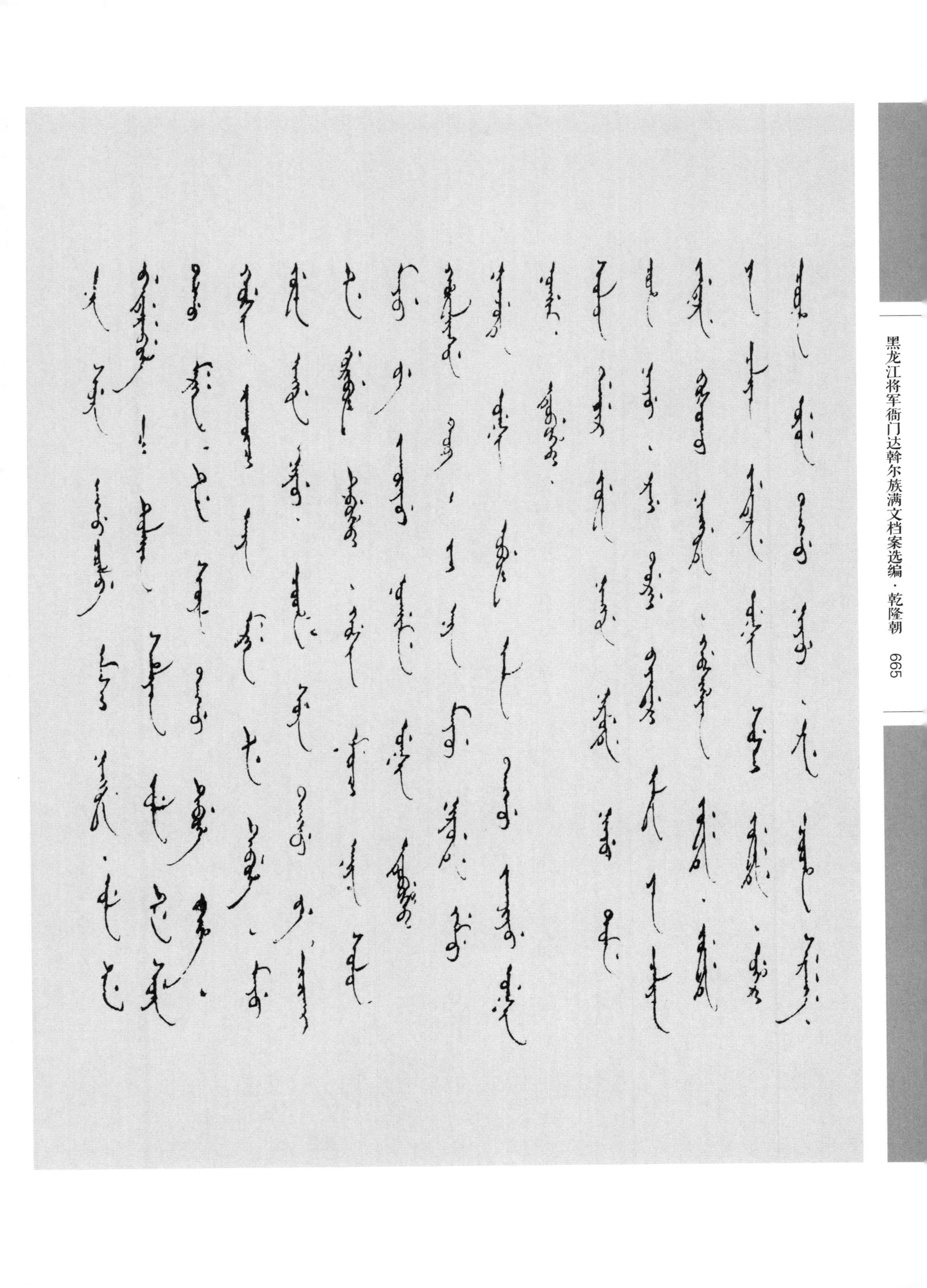

[illegible]

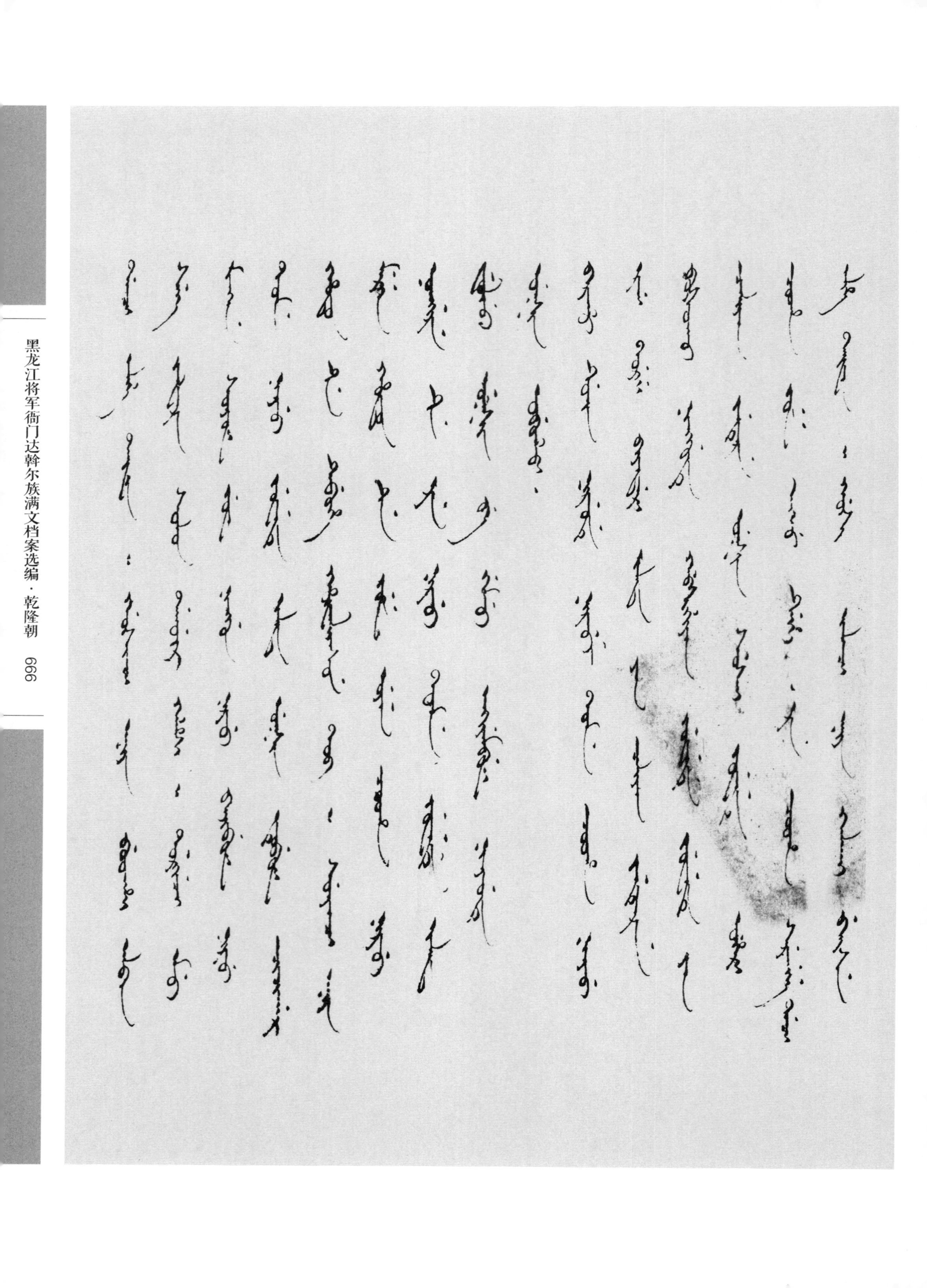

[illegible]

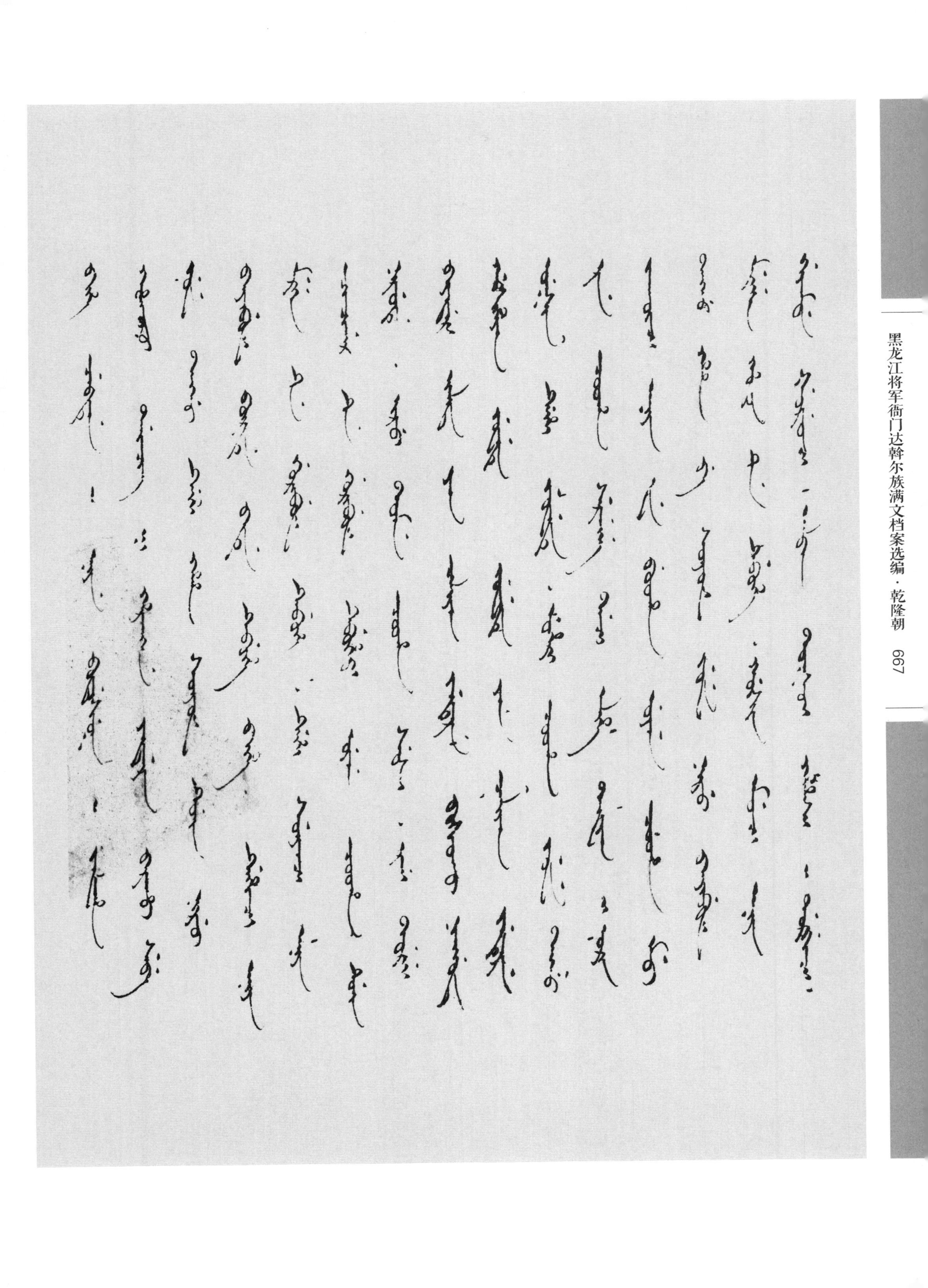

[illegible]

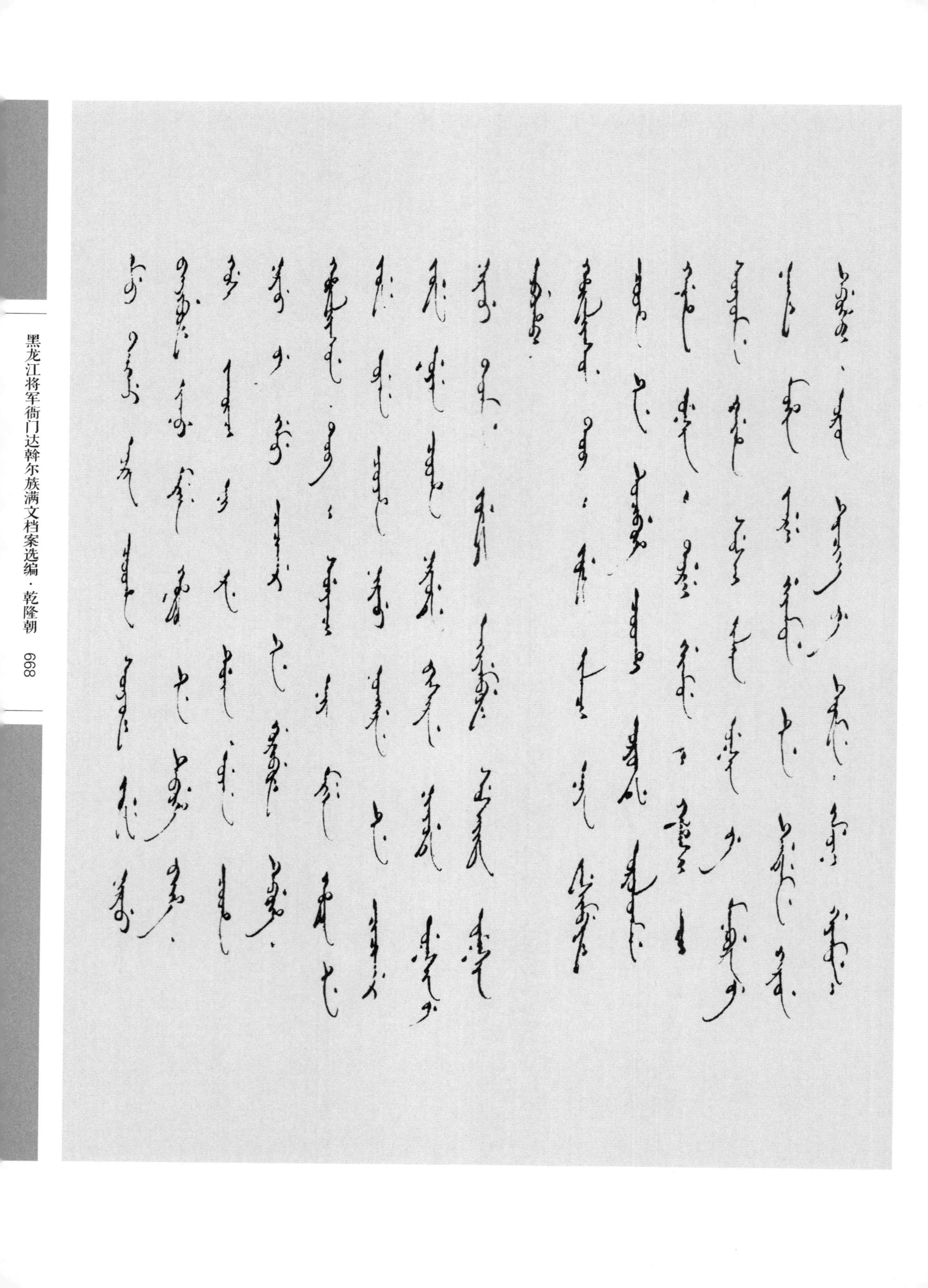

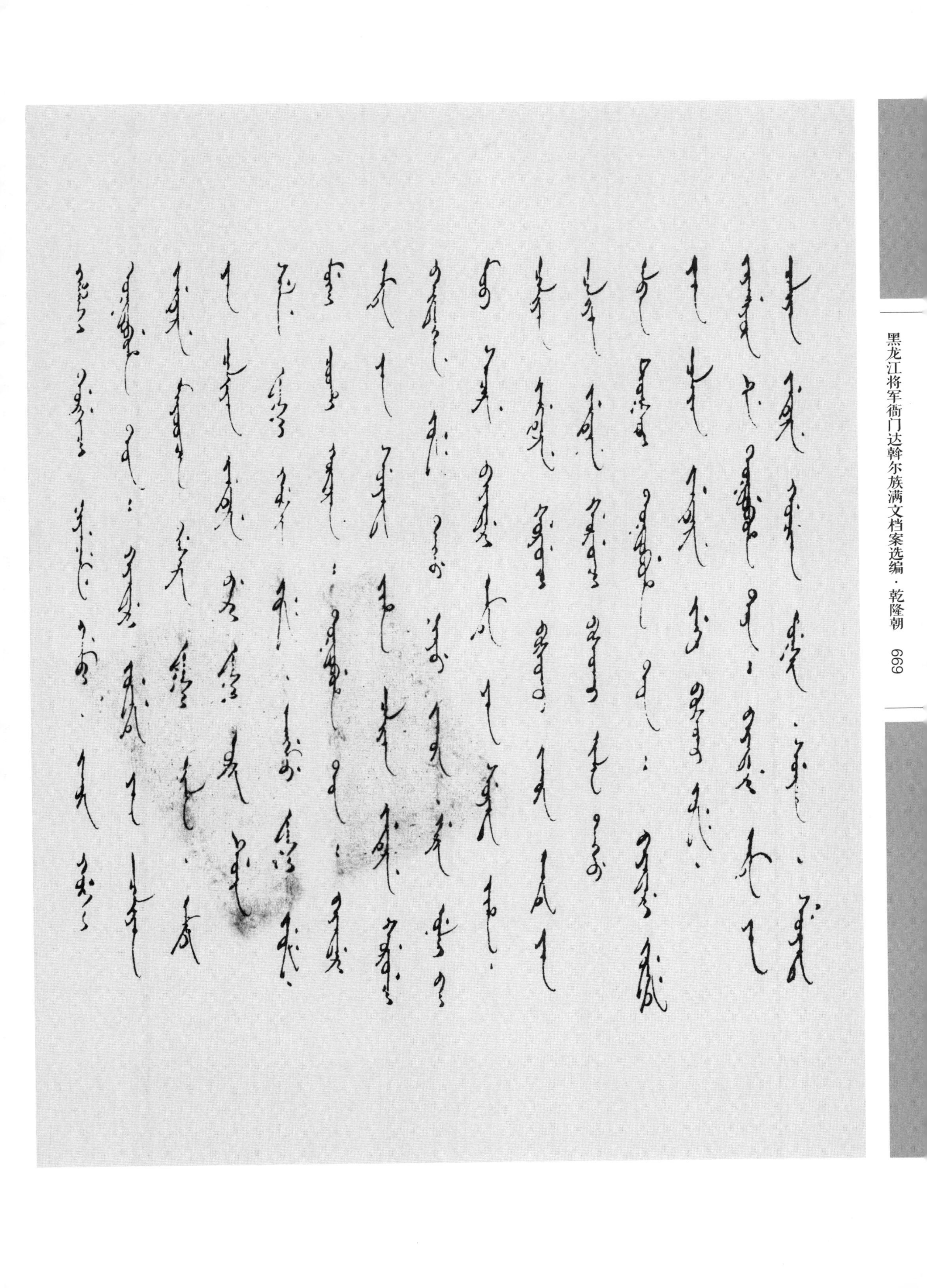

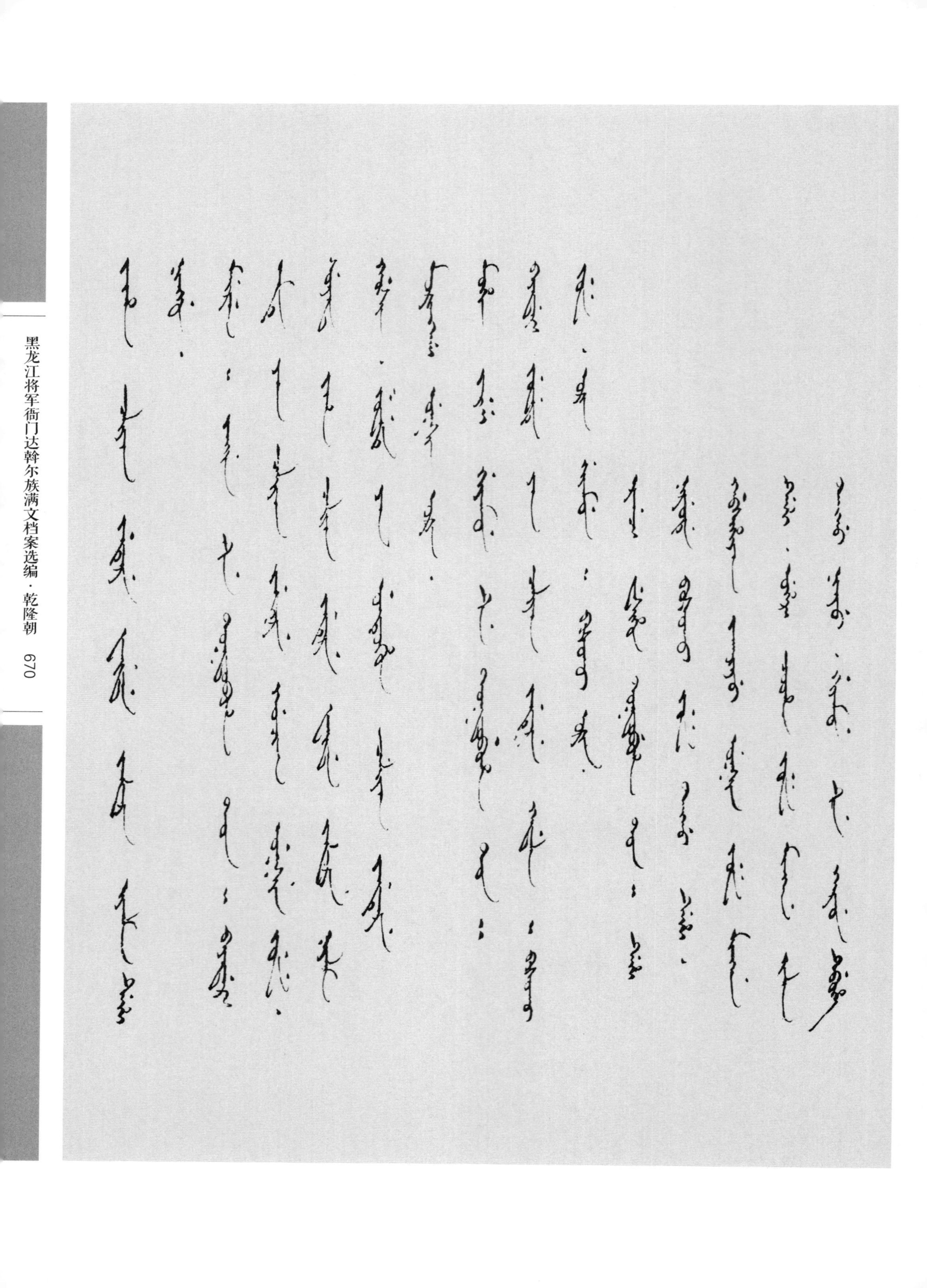

[illegible]

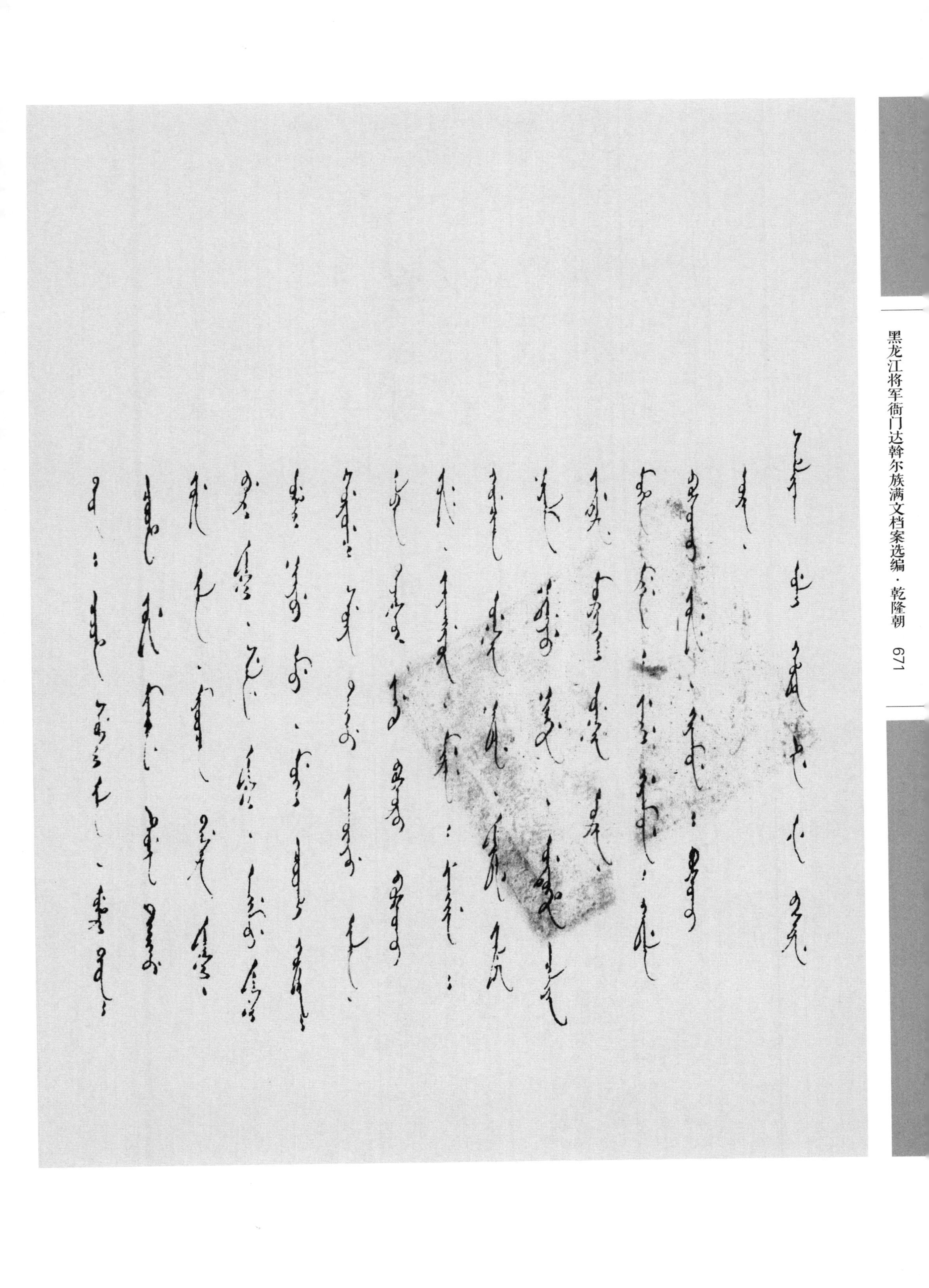

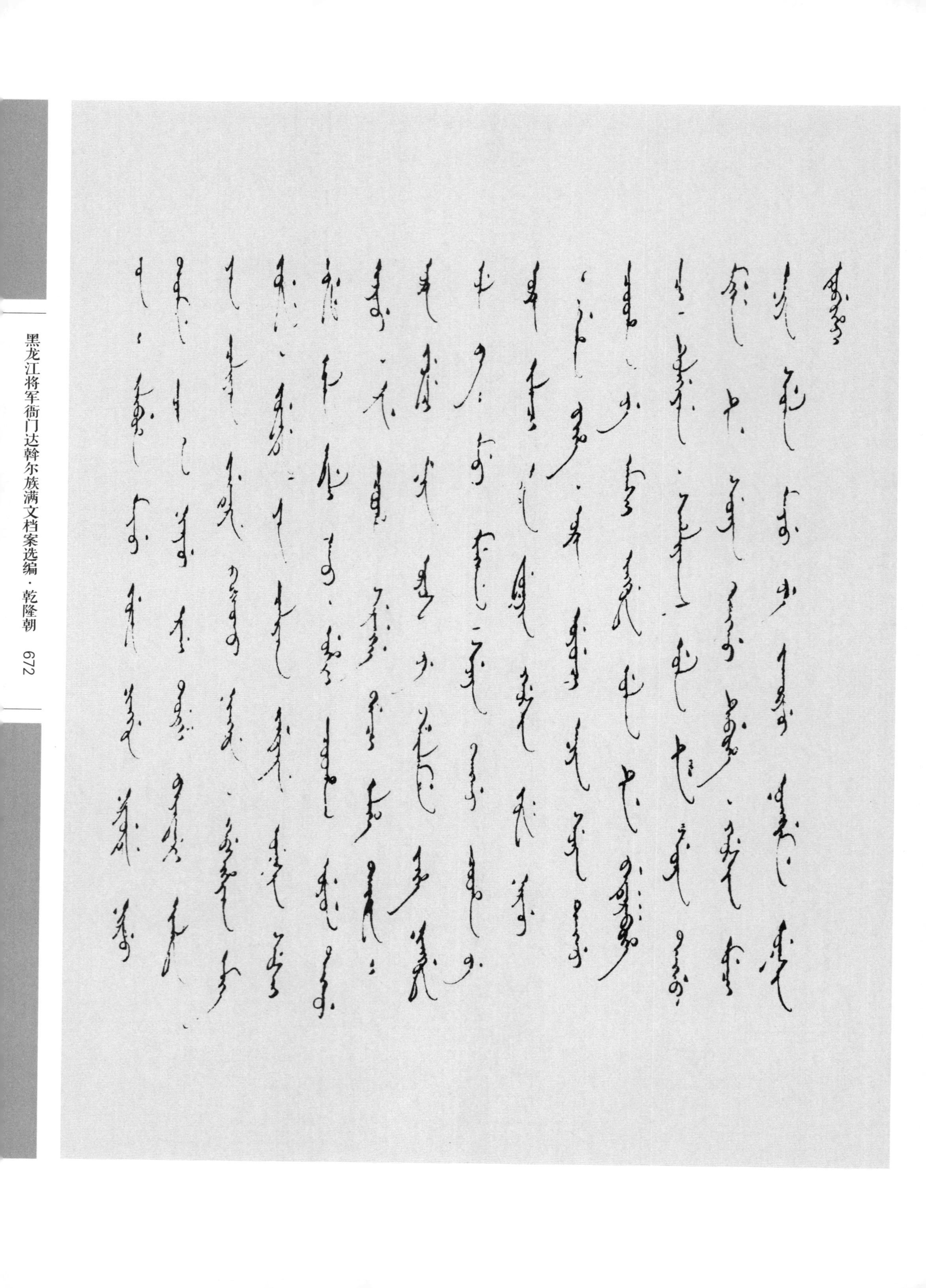

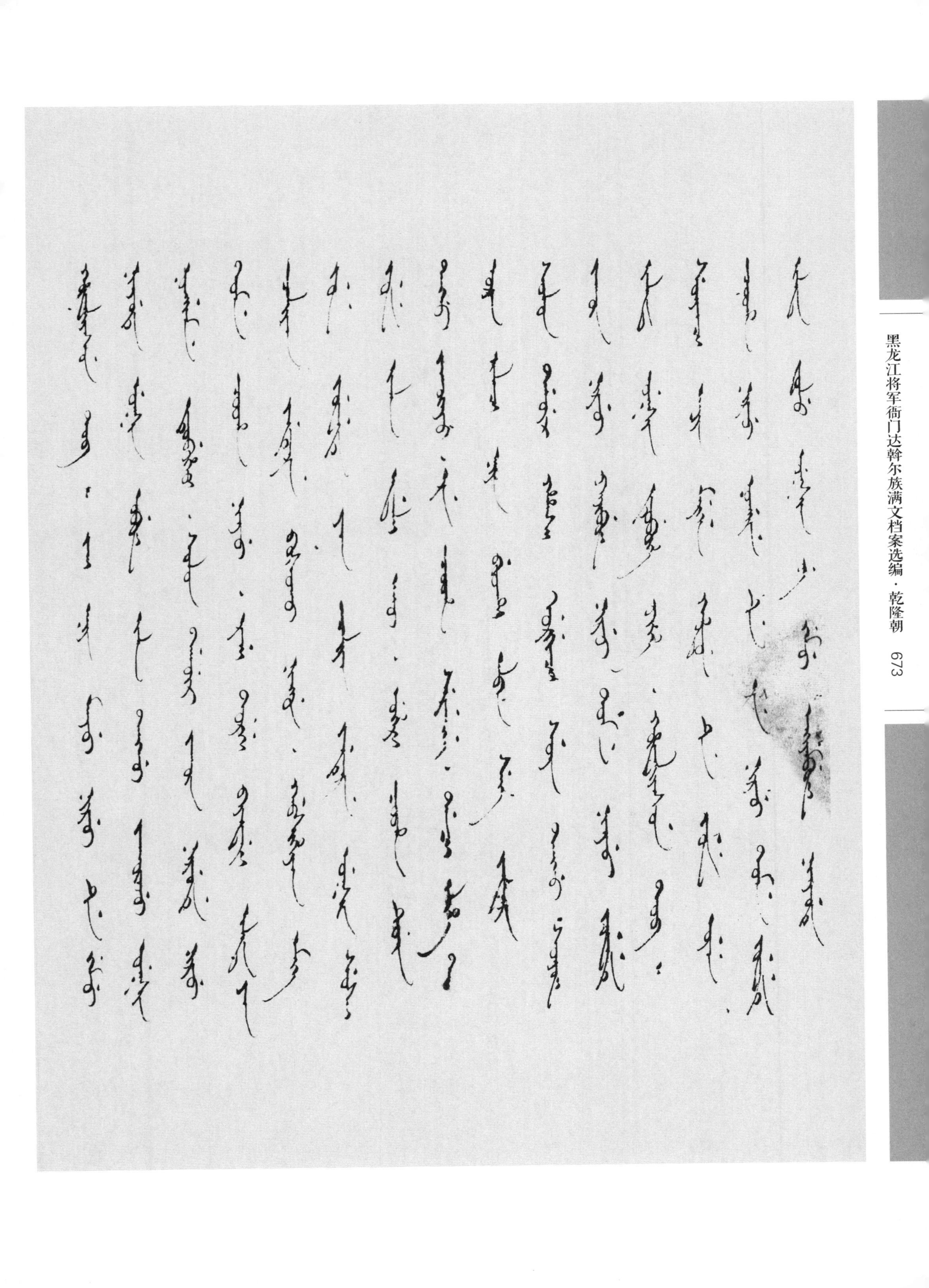

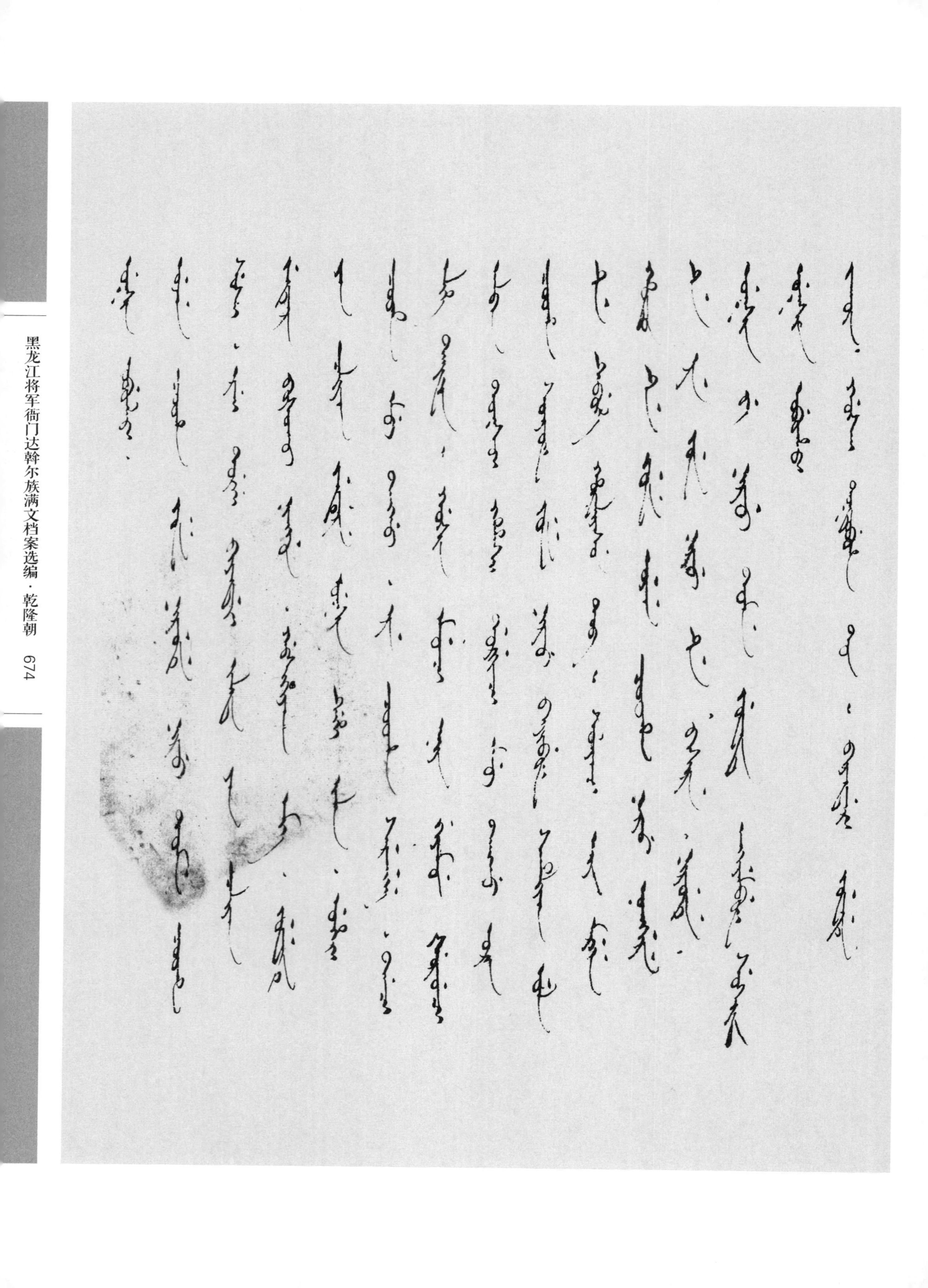

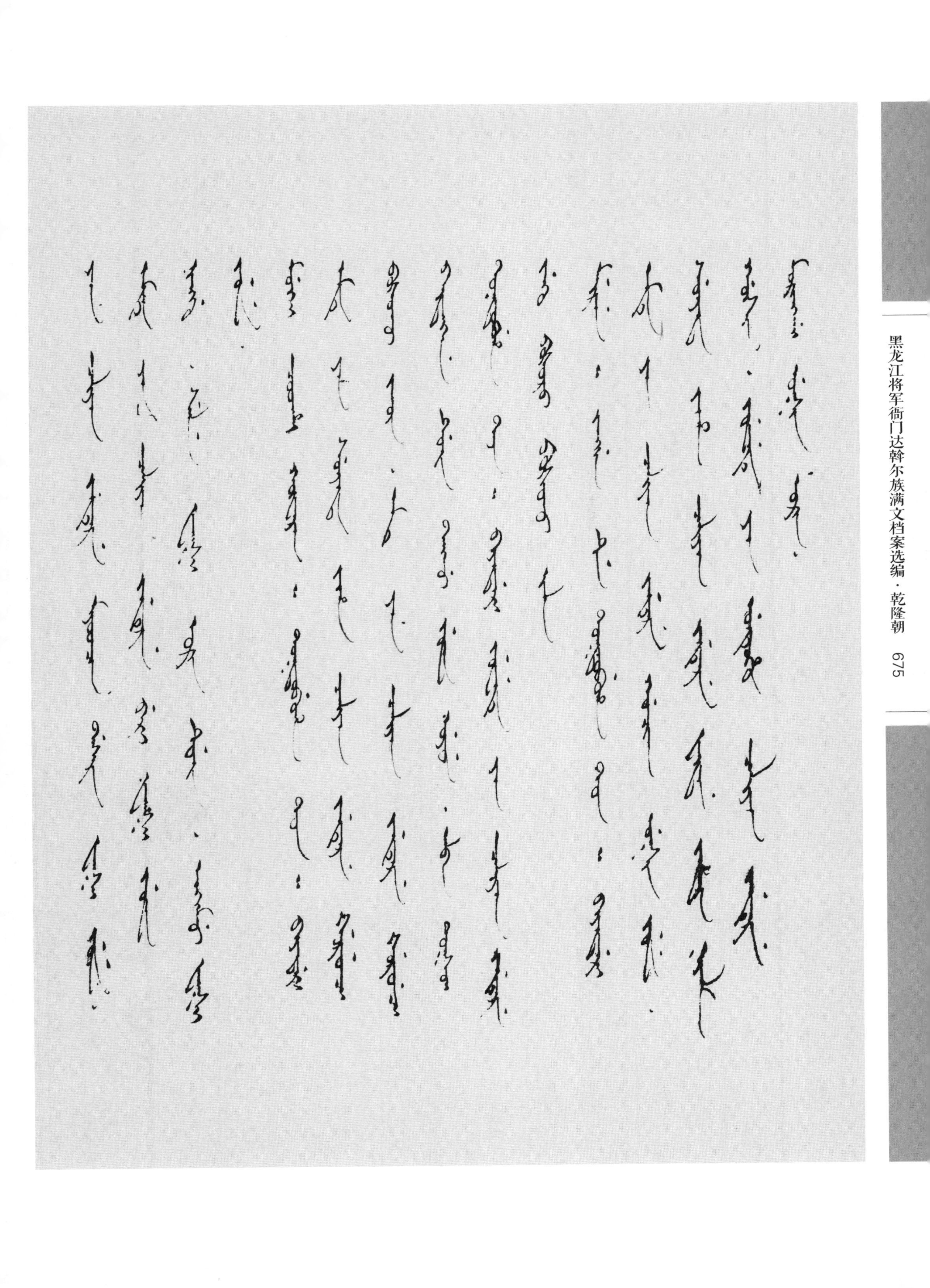

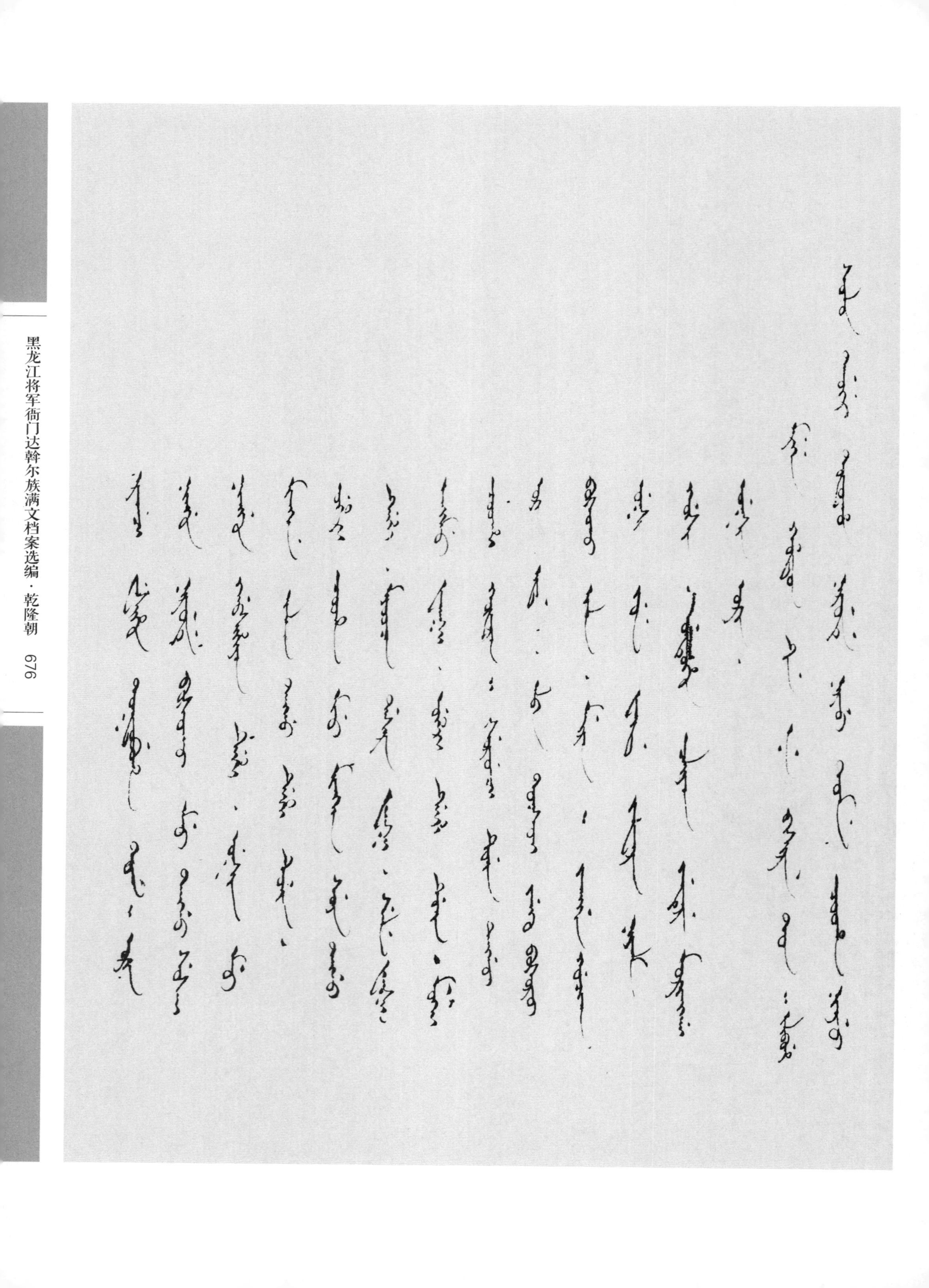

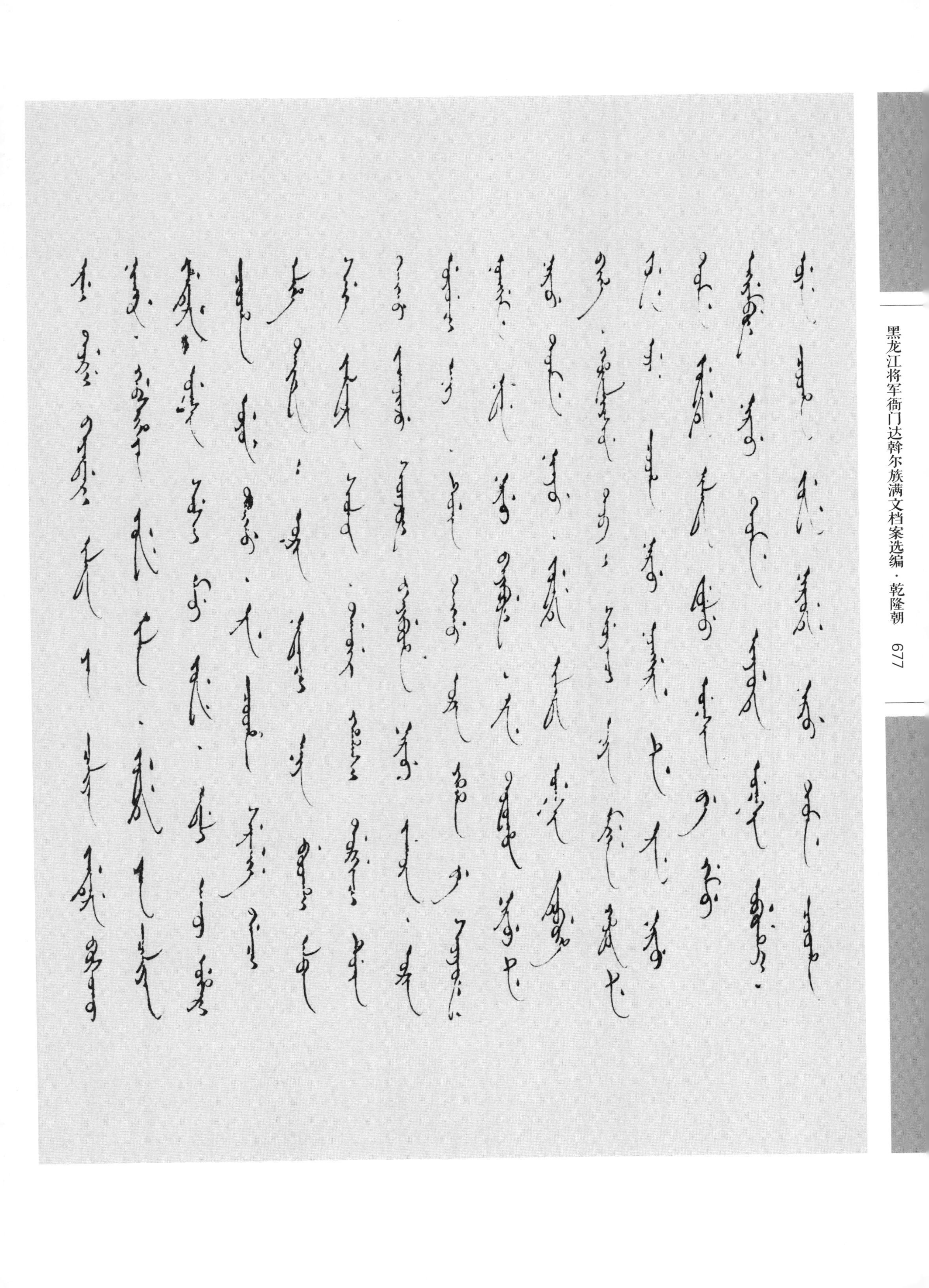

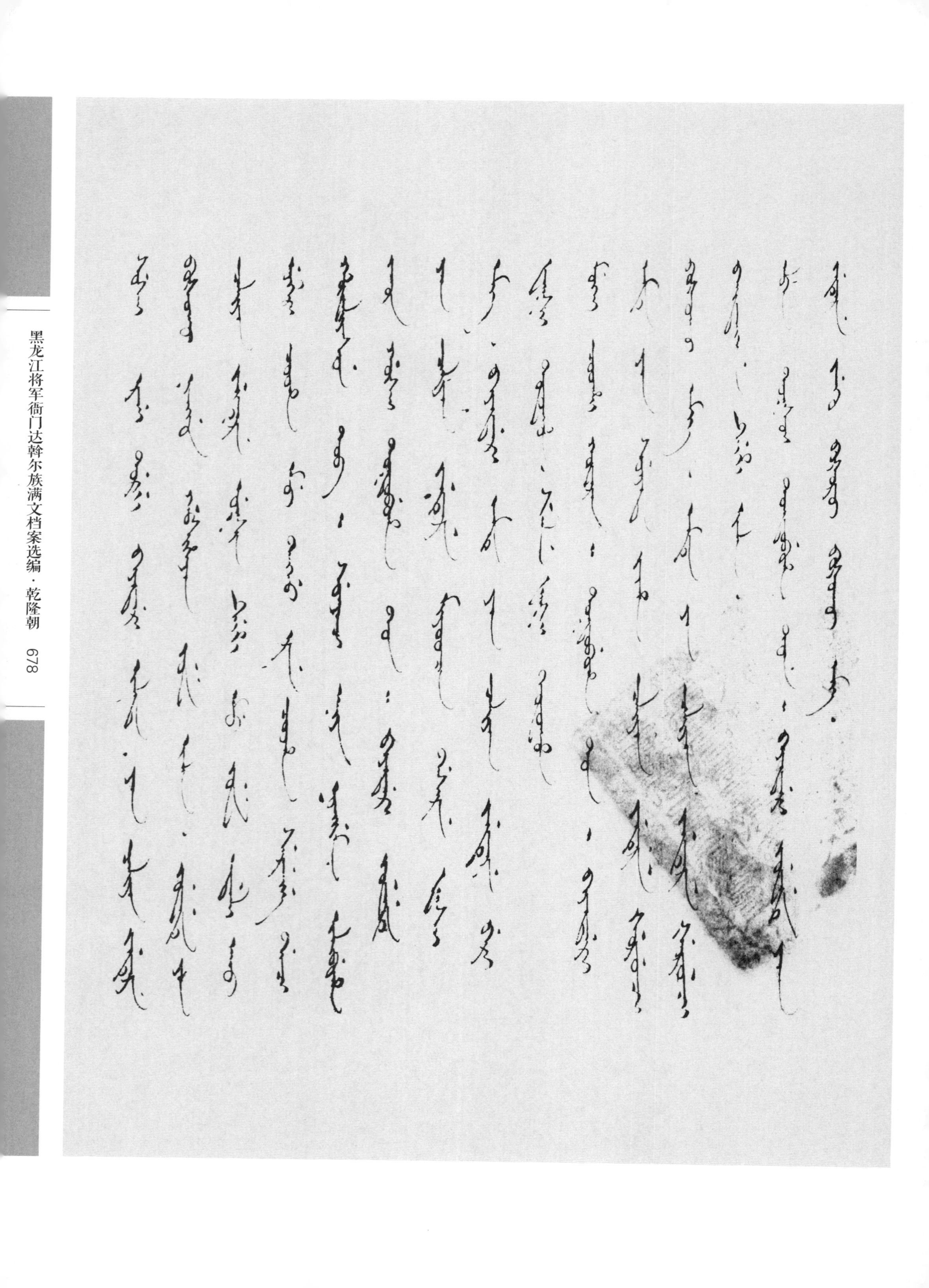

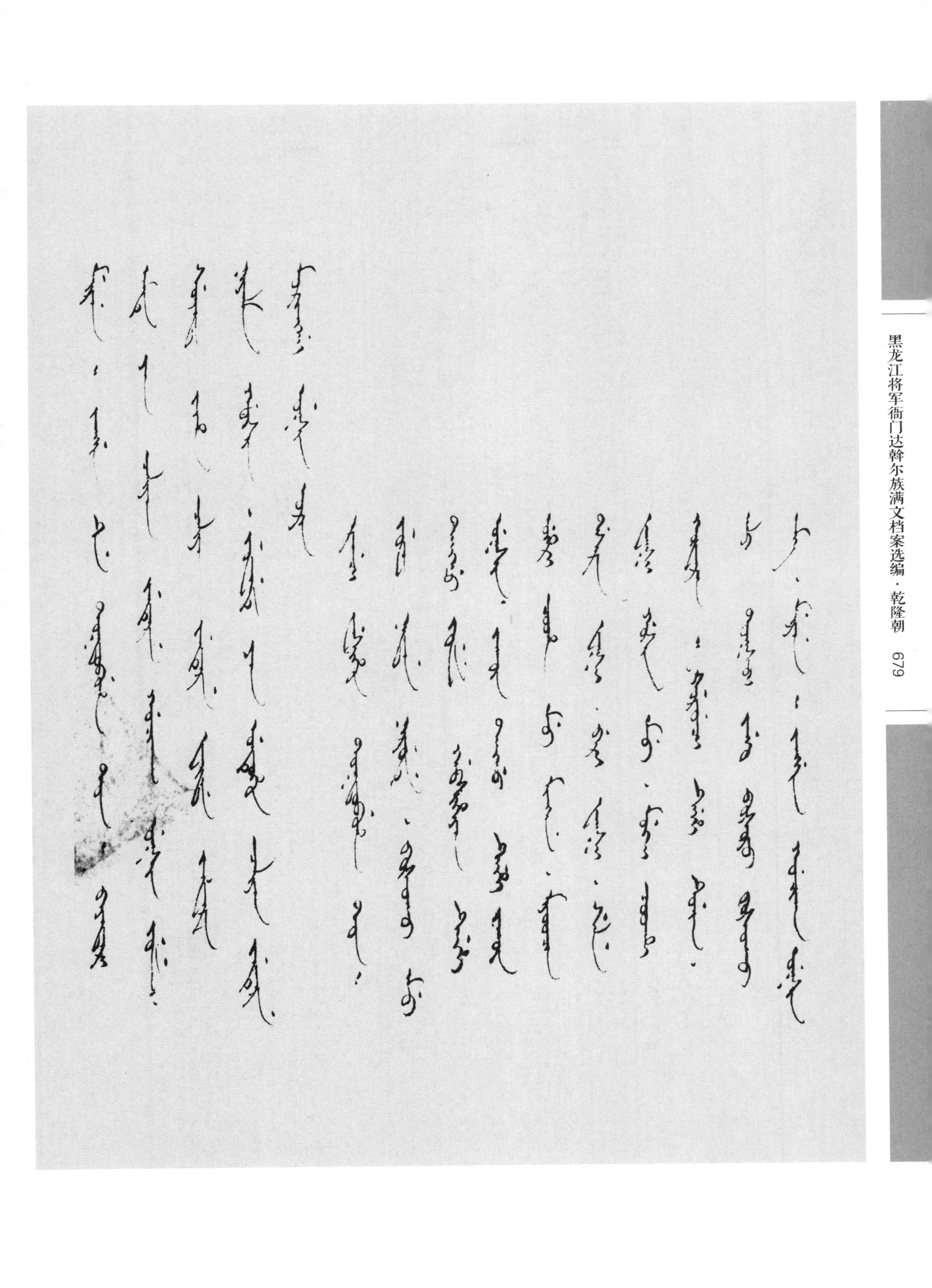

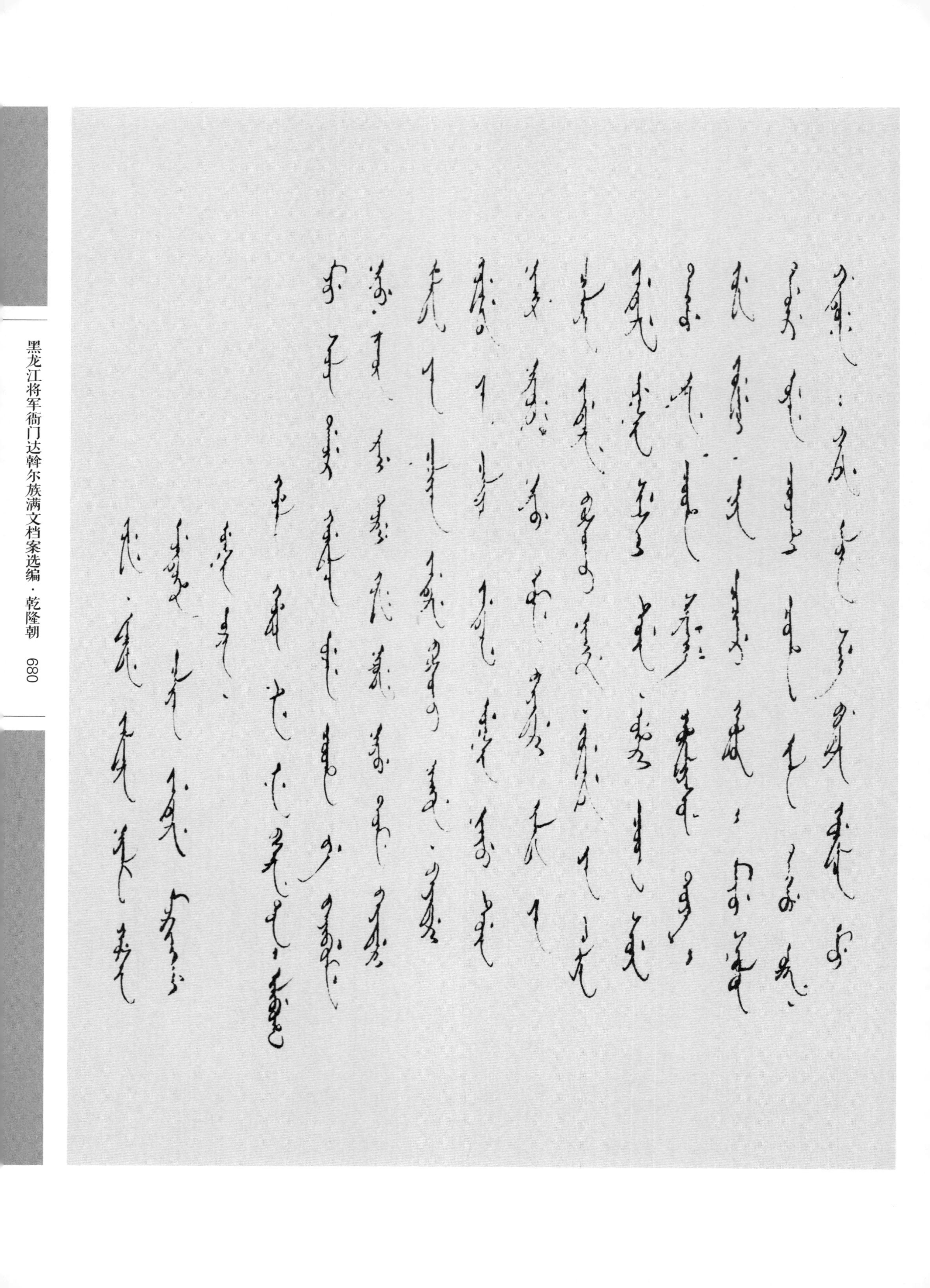

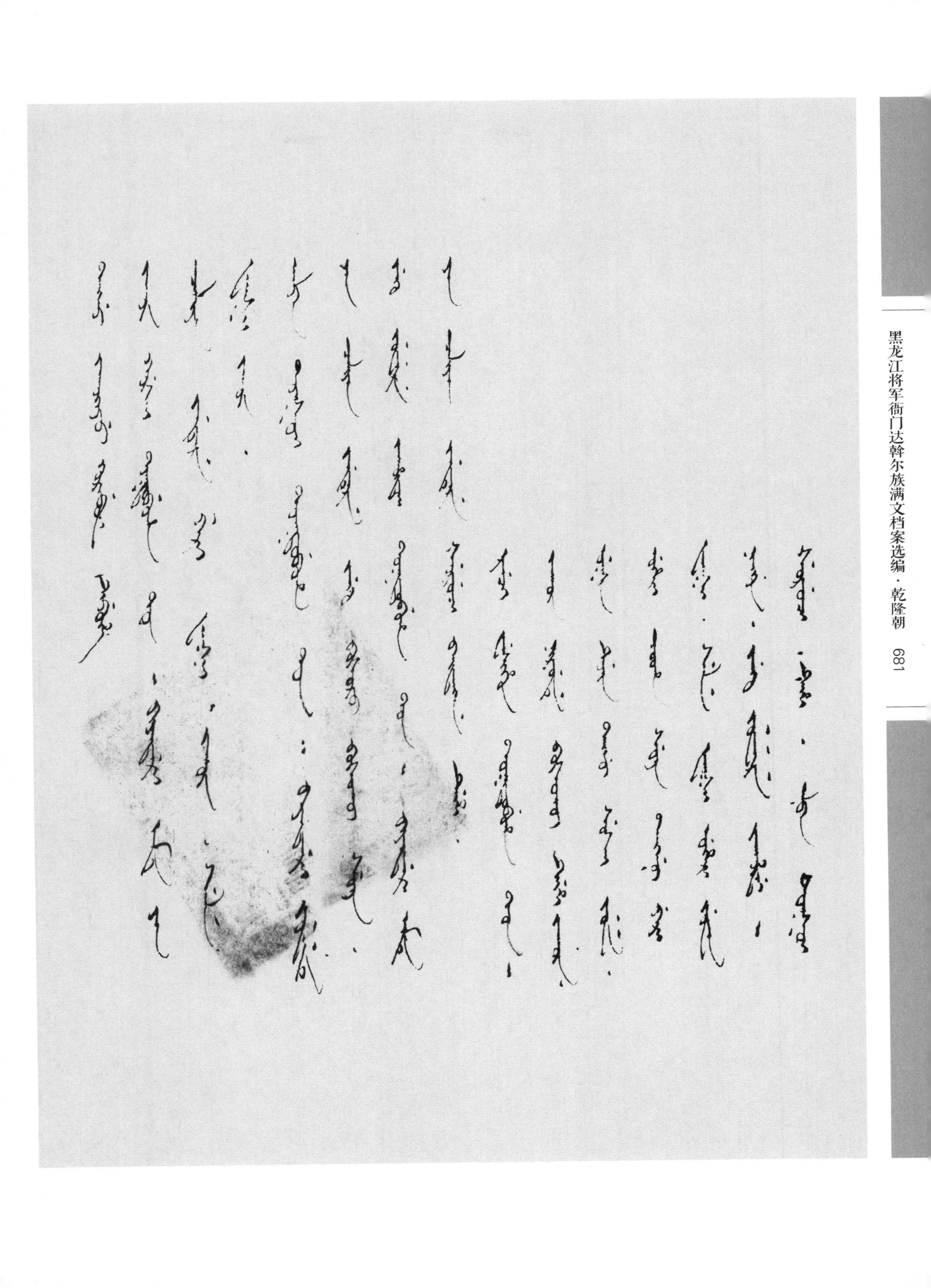

[illegible]

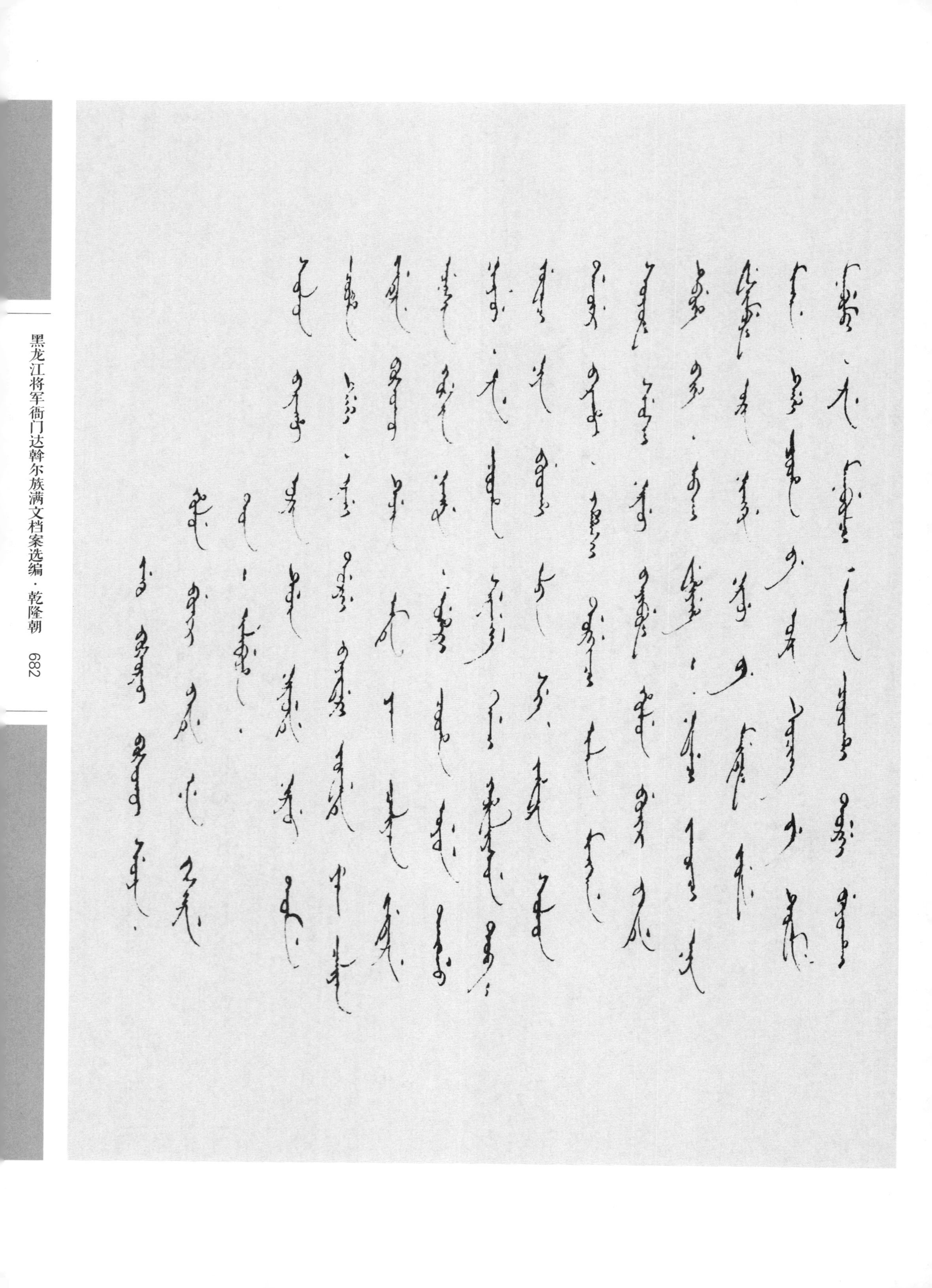

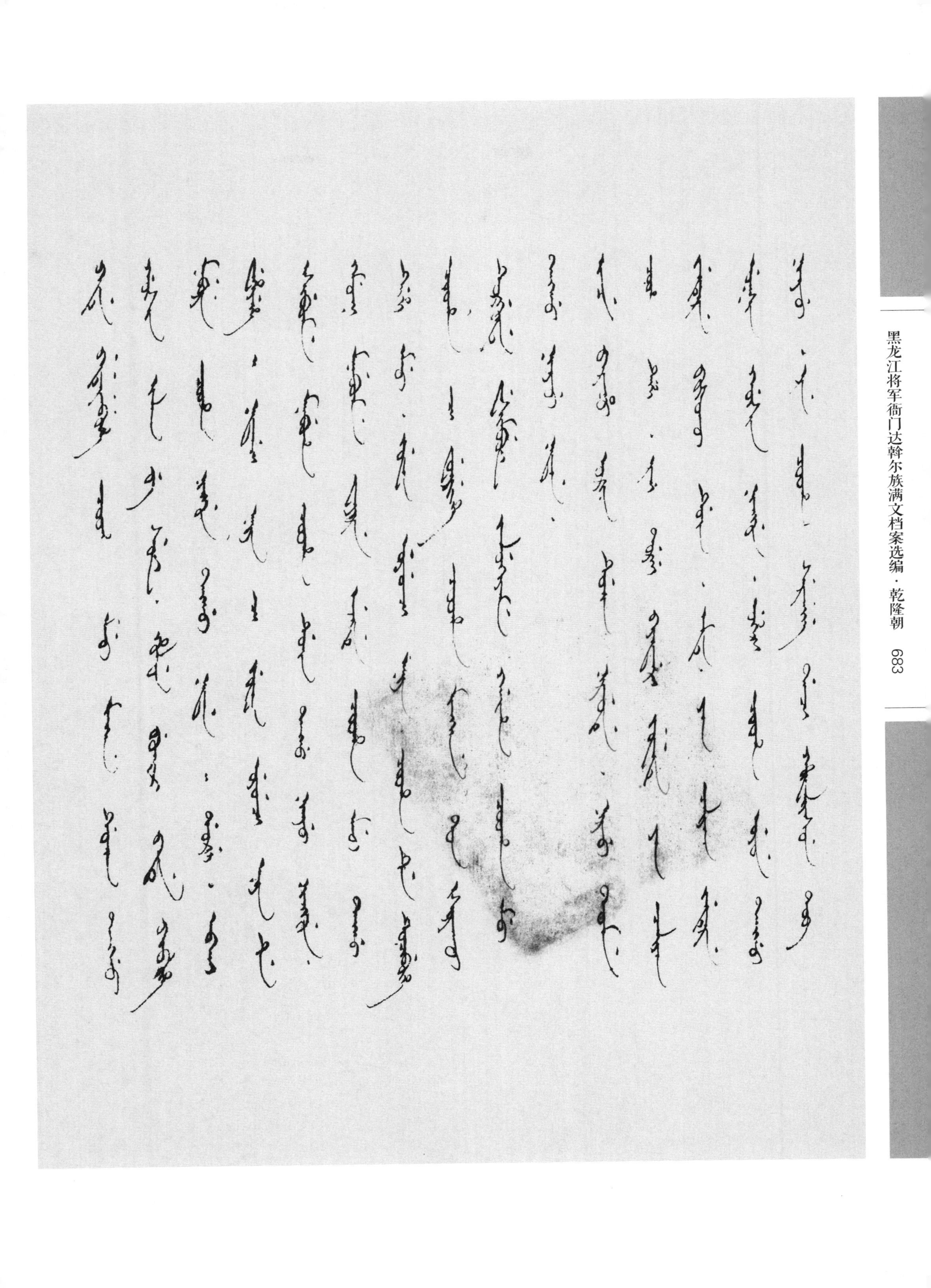

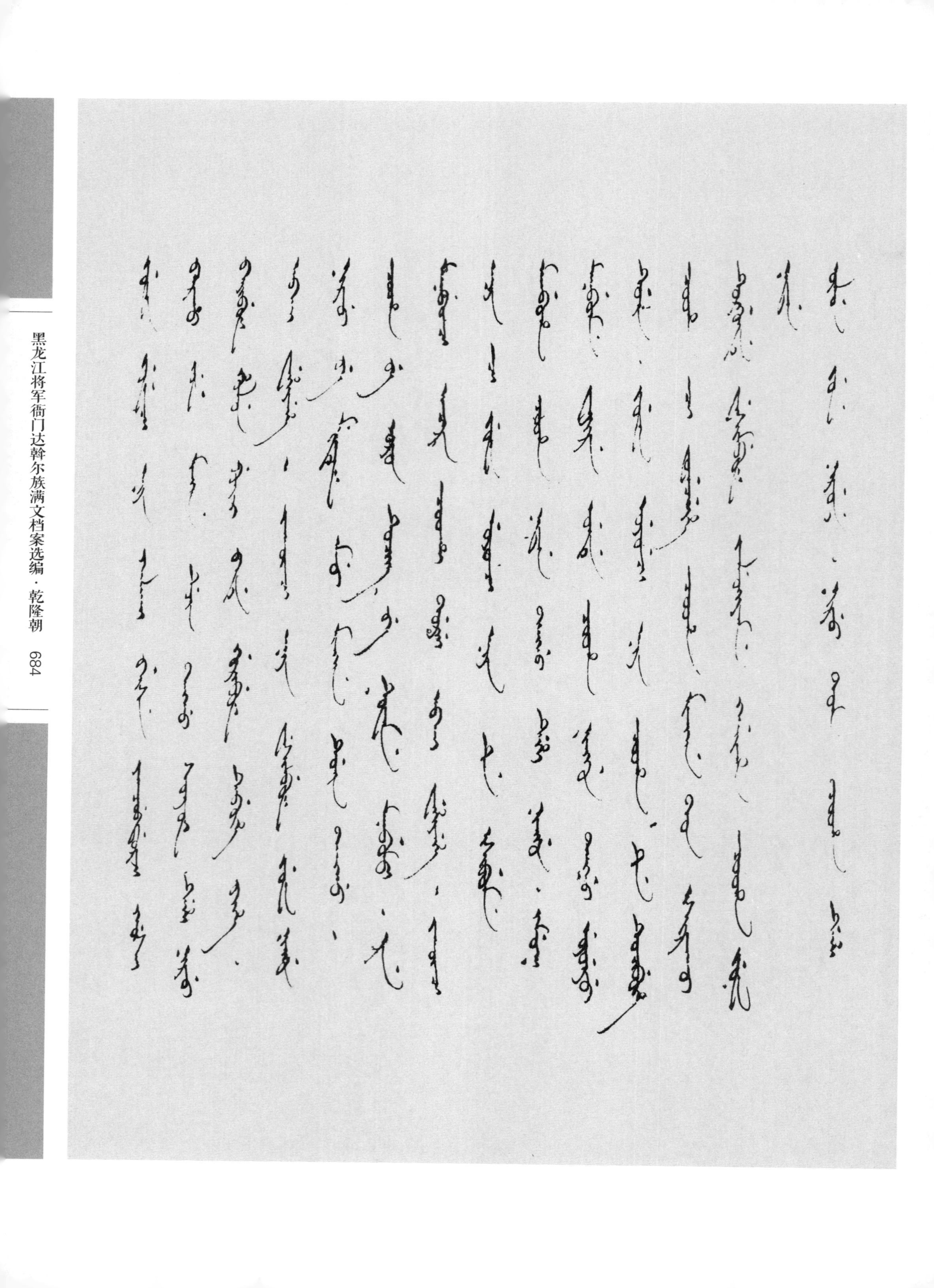

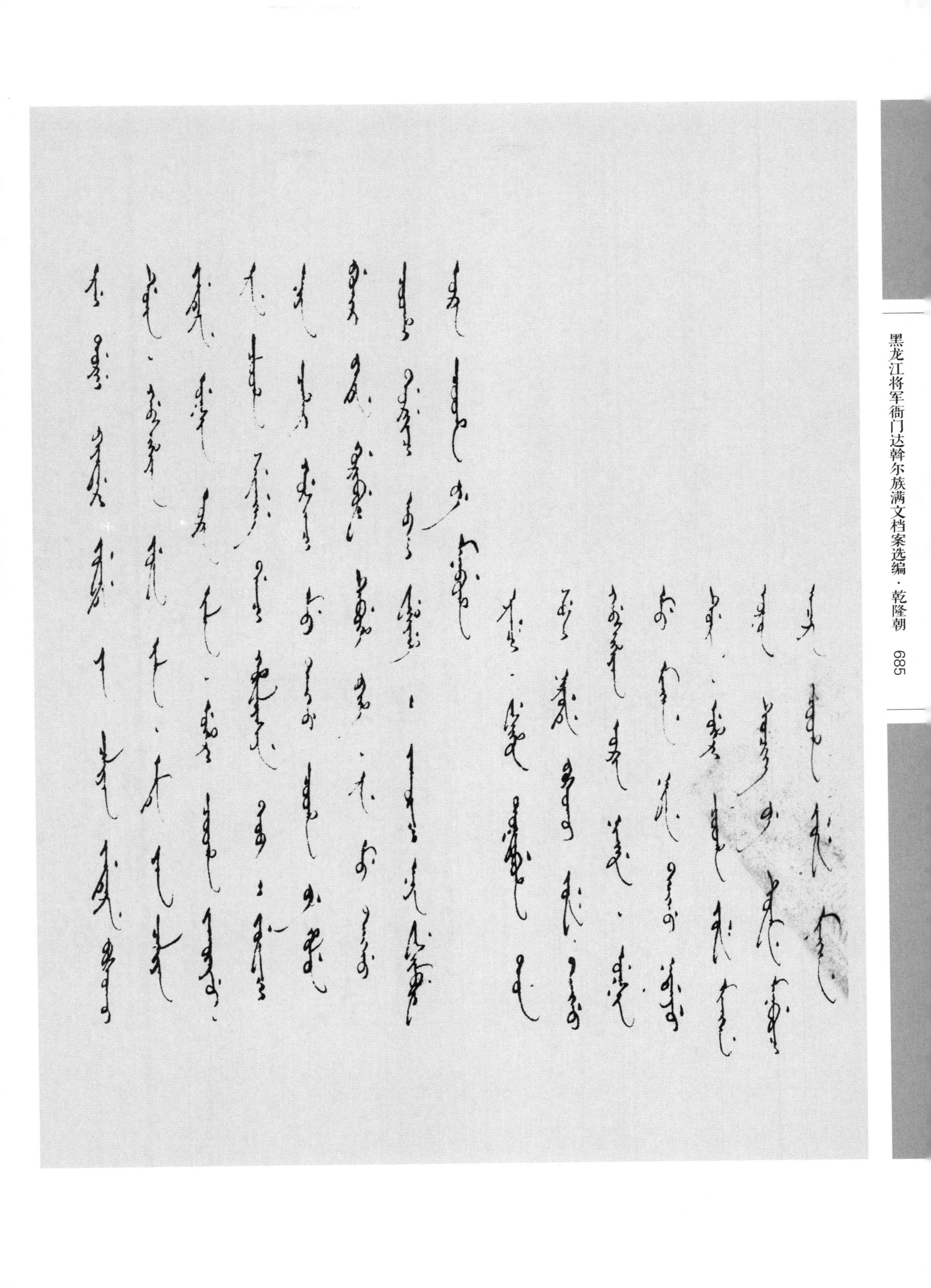

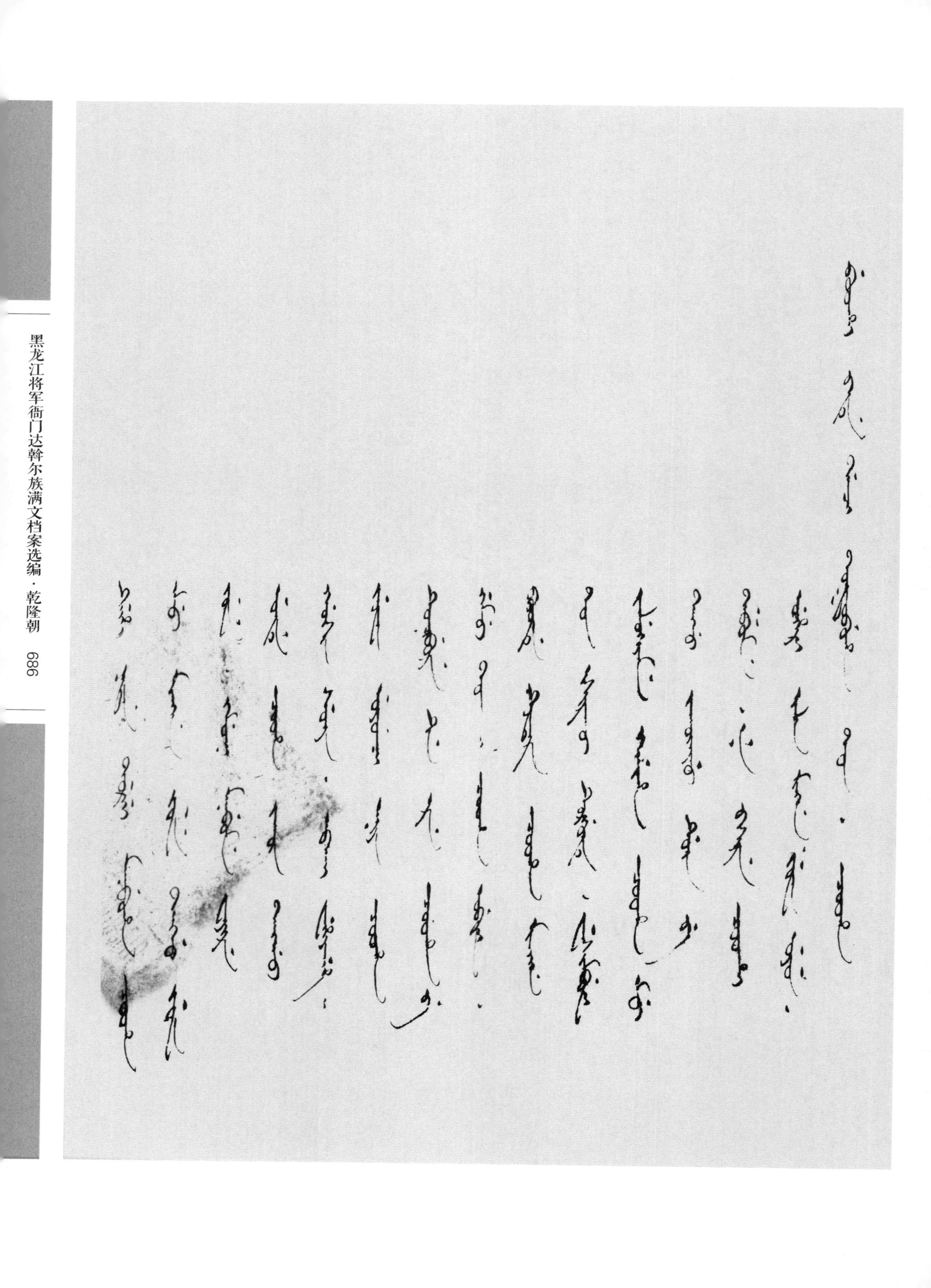

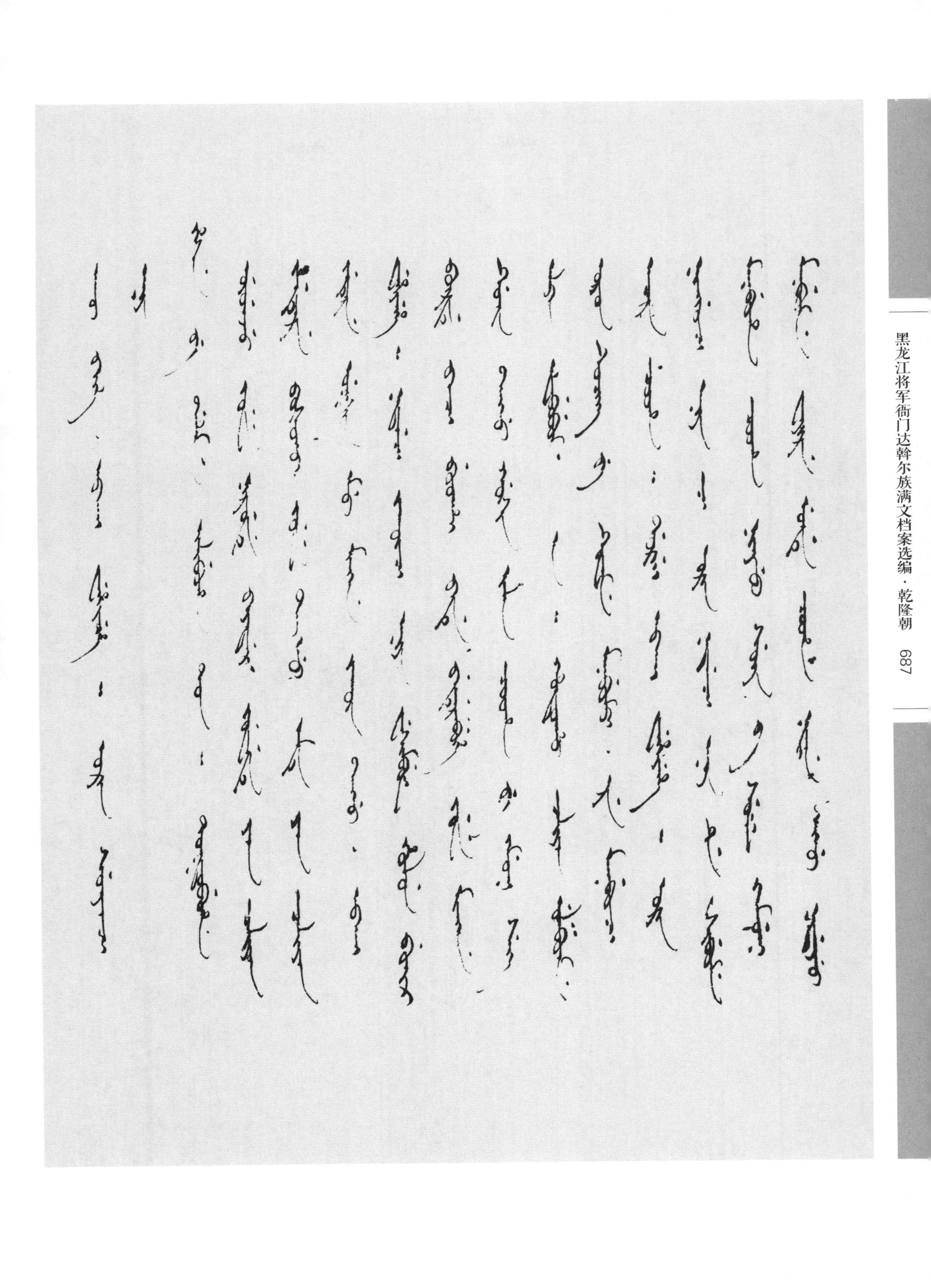

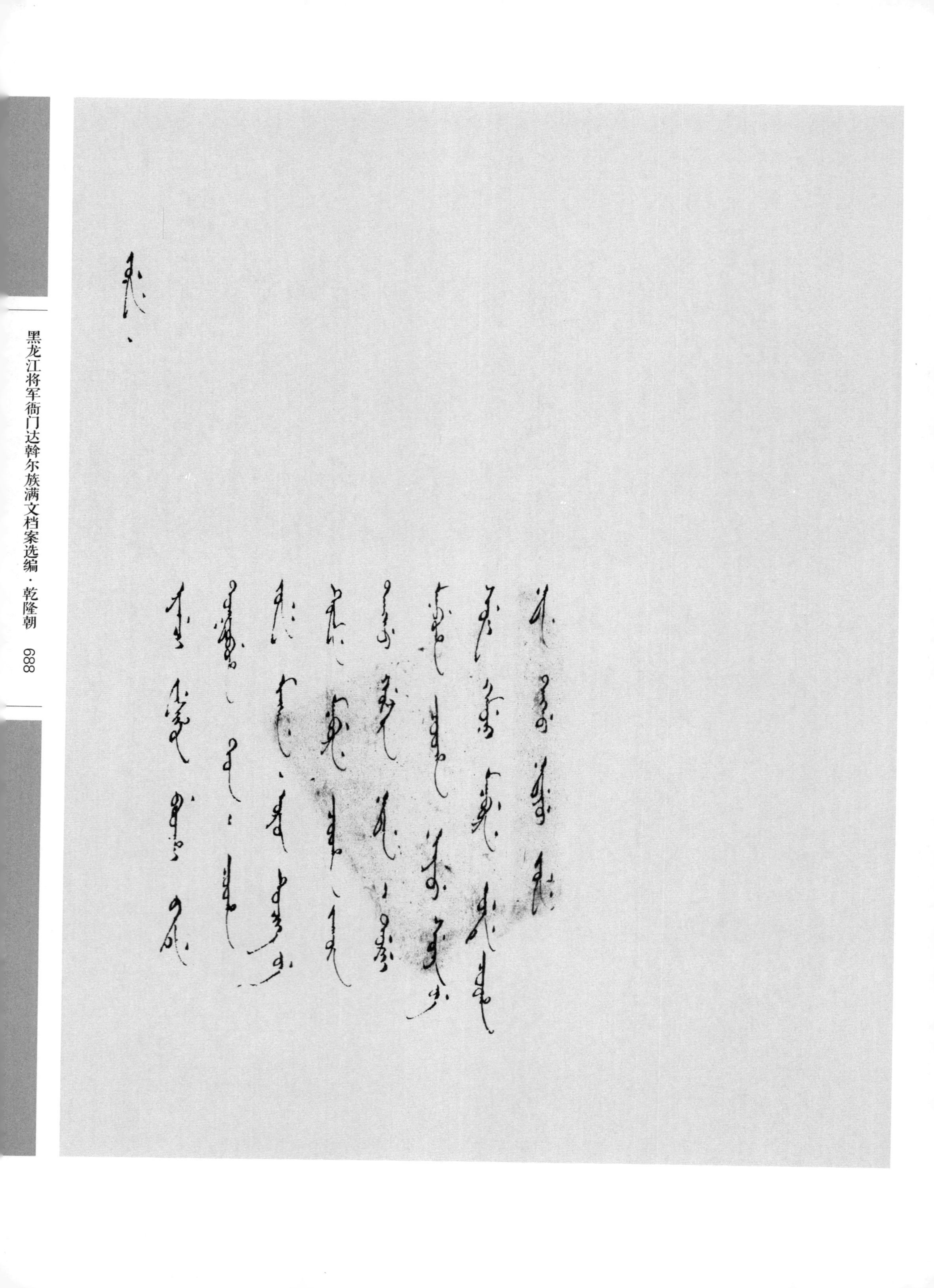

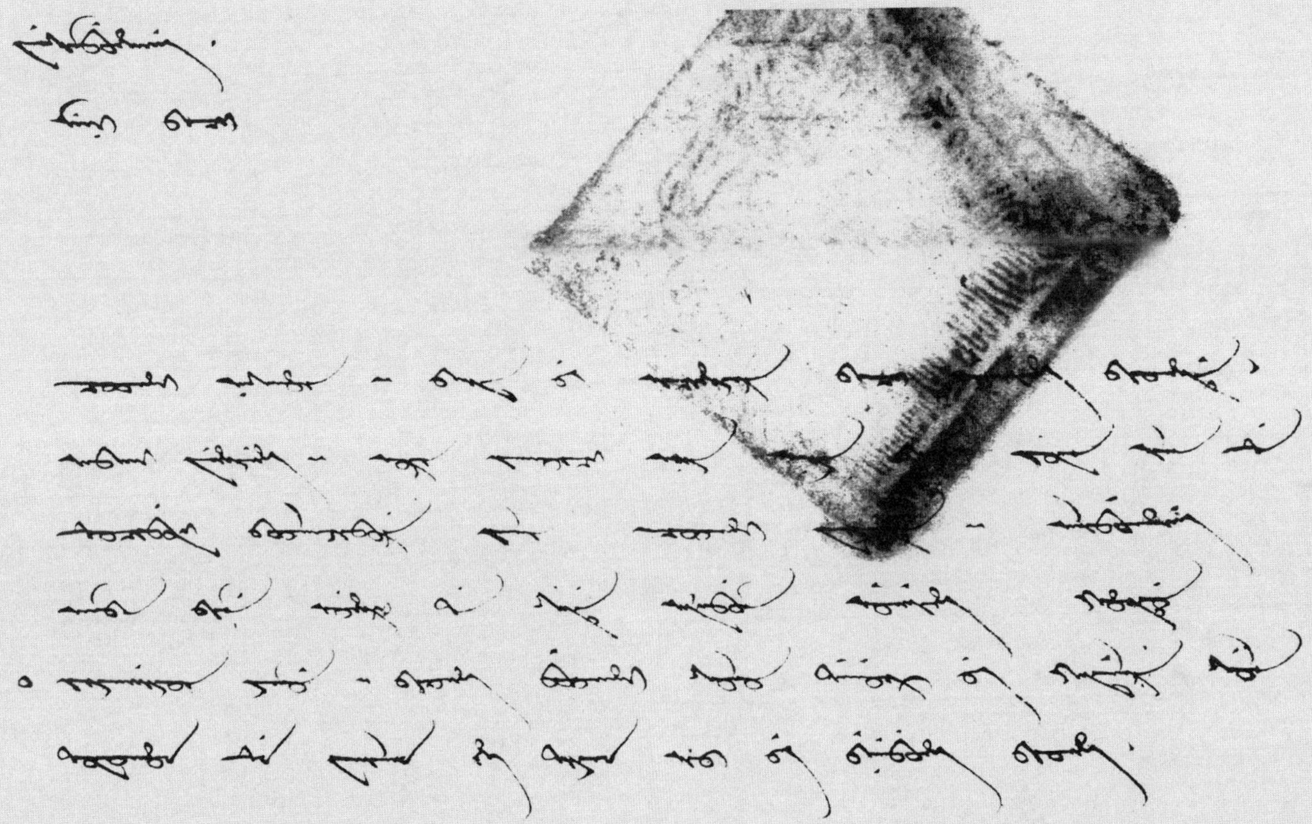

乾隆二十八年正月十五日

一一七〇 黑龙江将军衙门为令挑选索伦达斡尔官兵携眷移驻伊犁并查报花名年龄事札布特哈索伦达斡尔总管等文

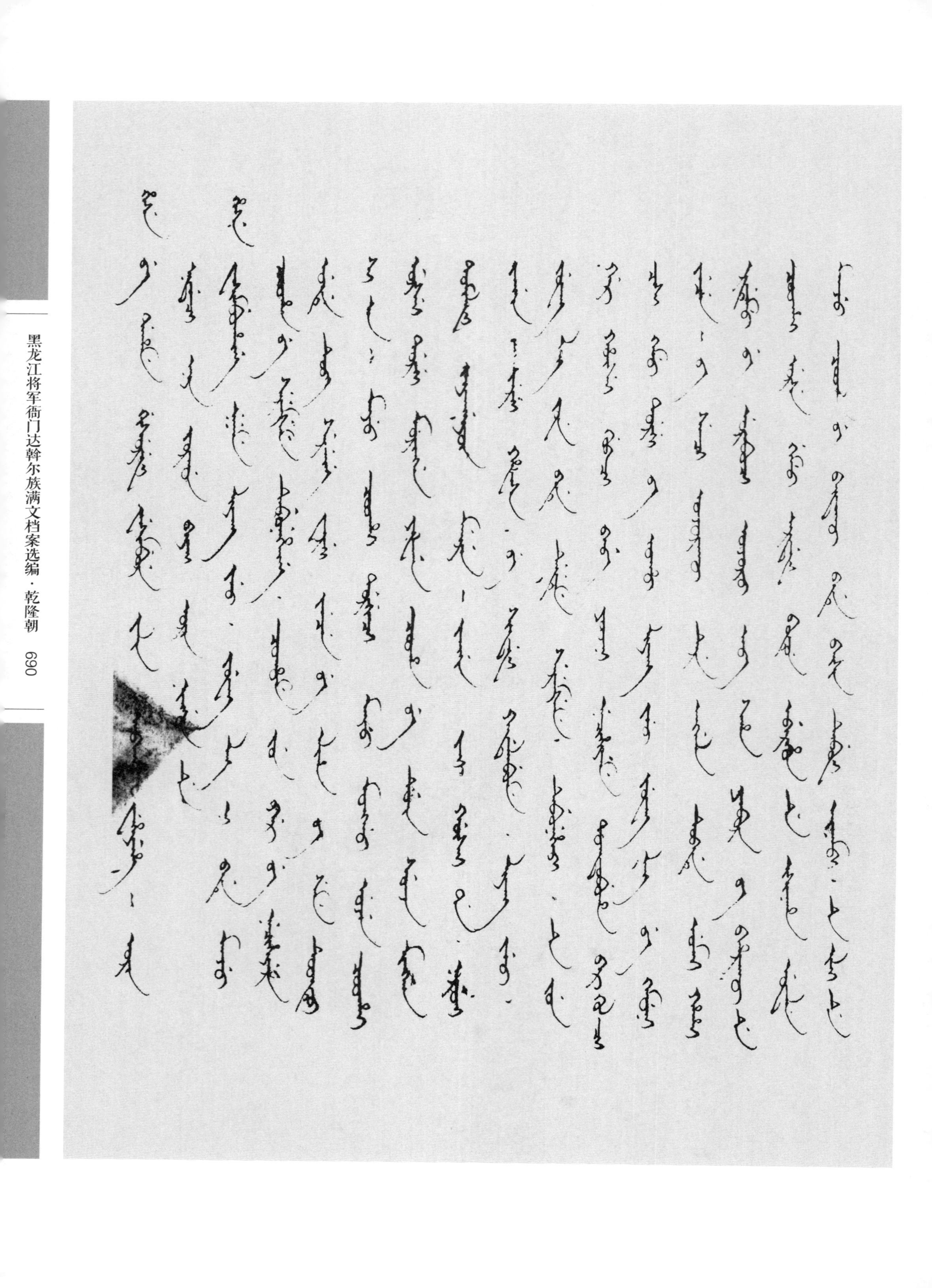

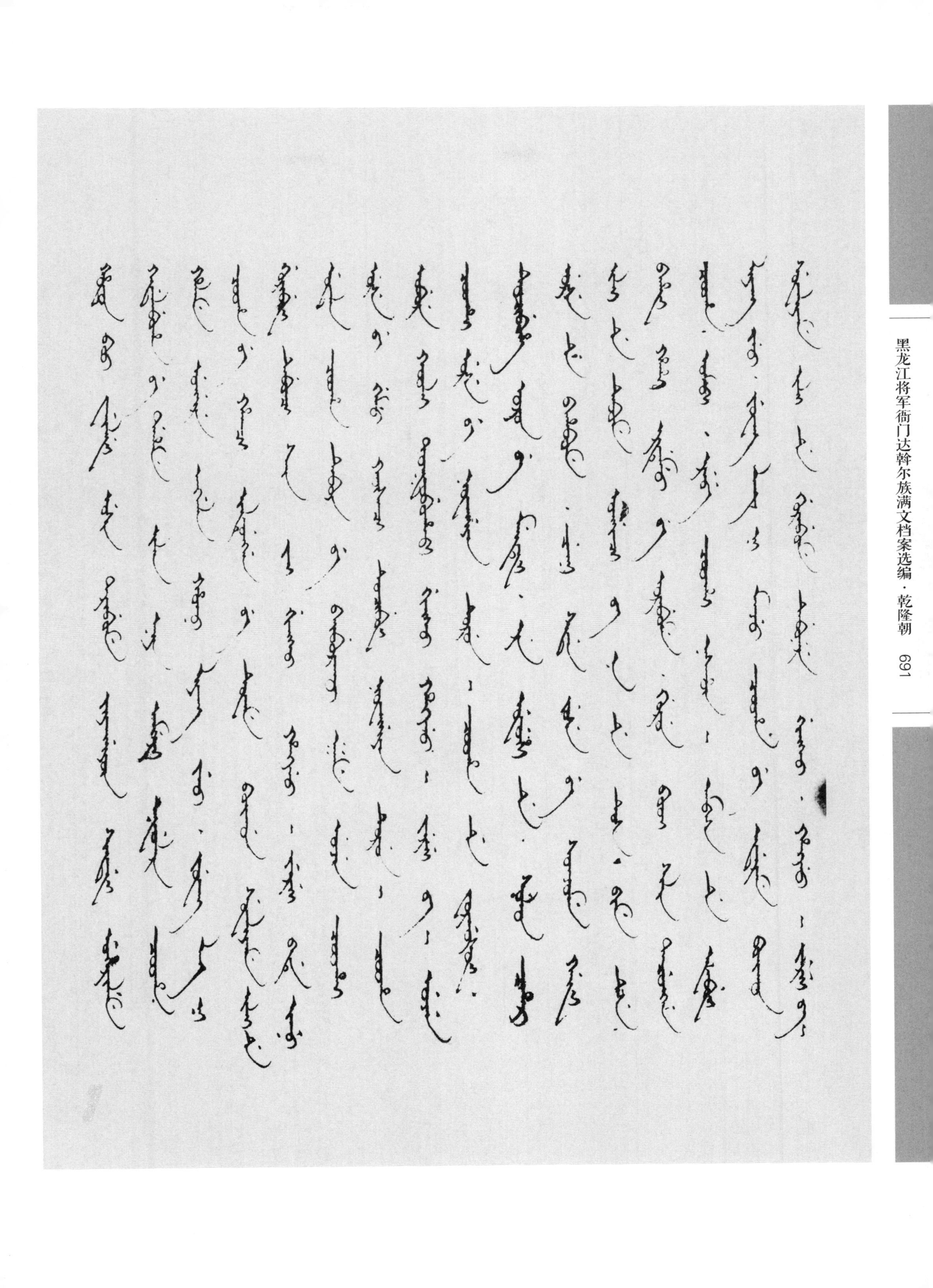

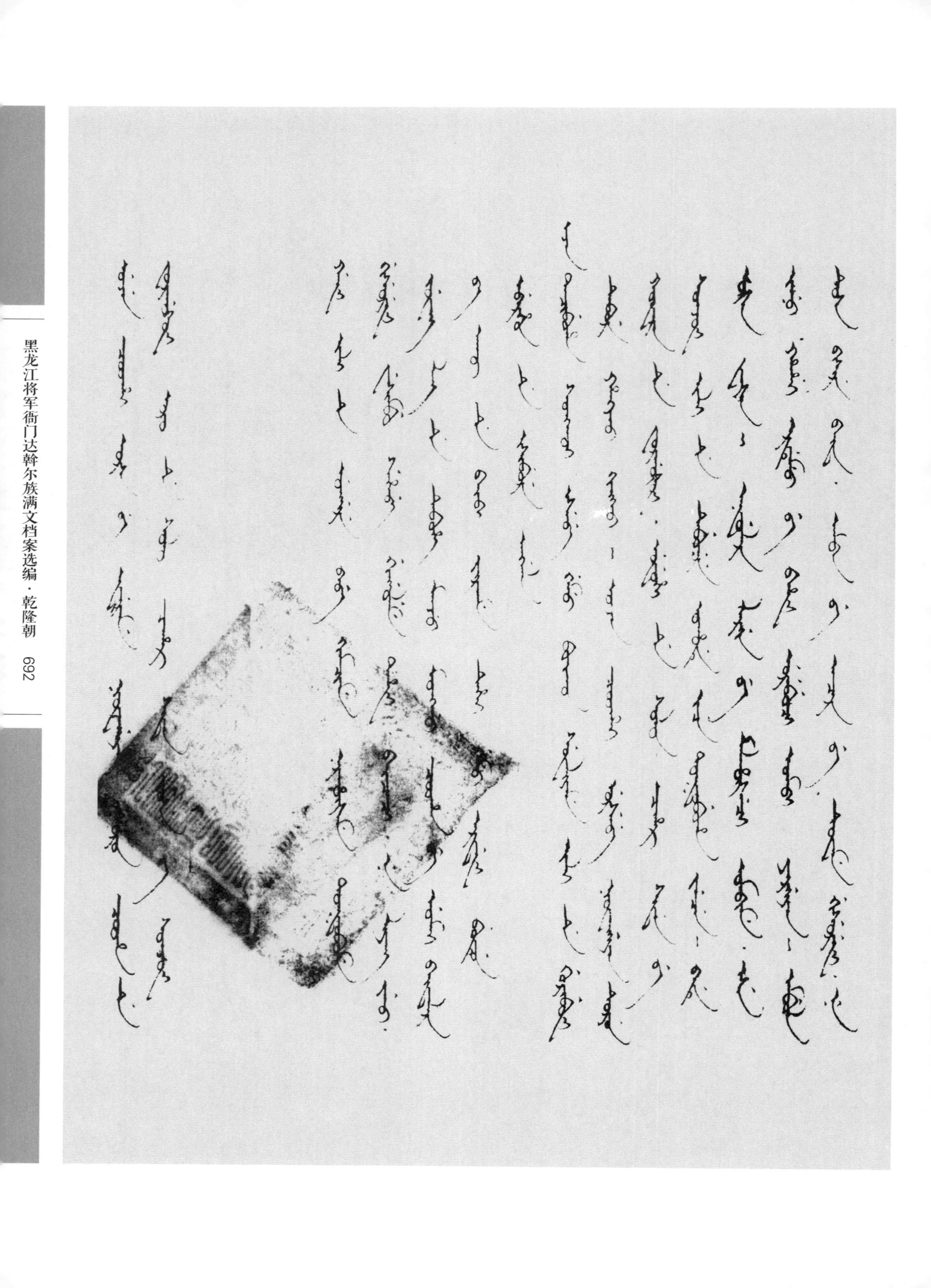

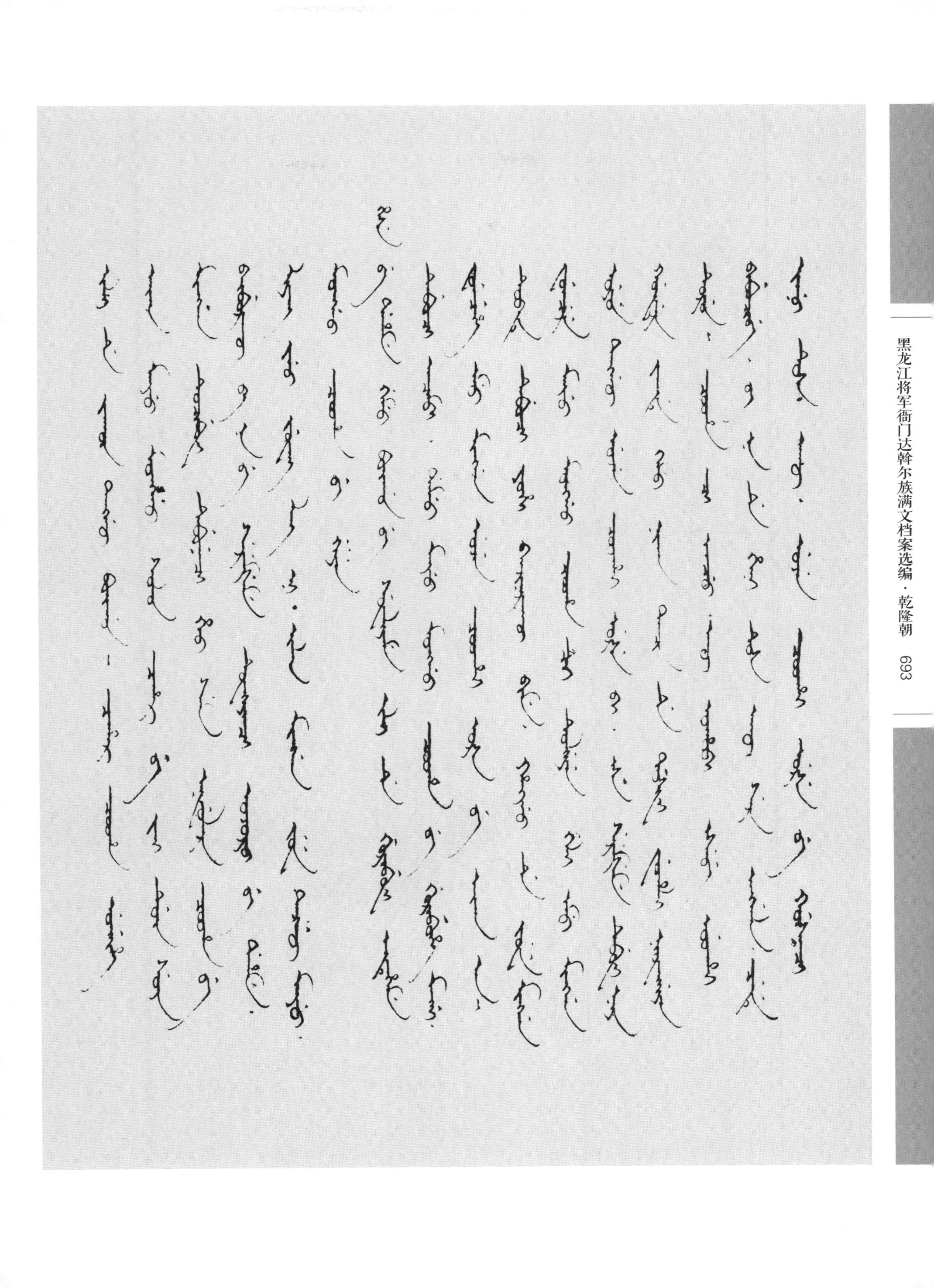

[illegible]

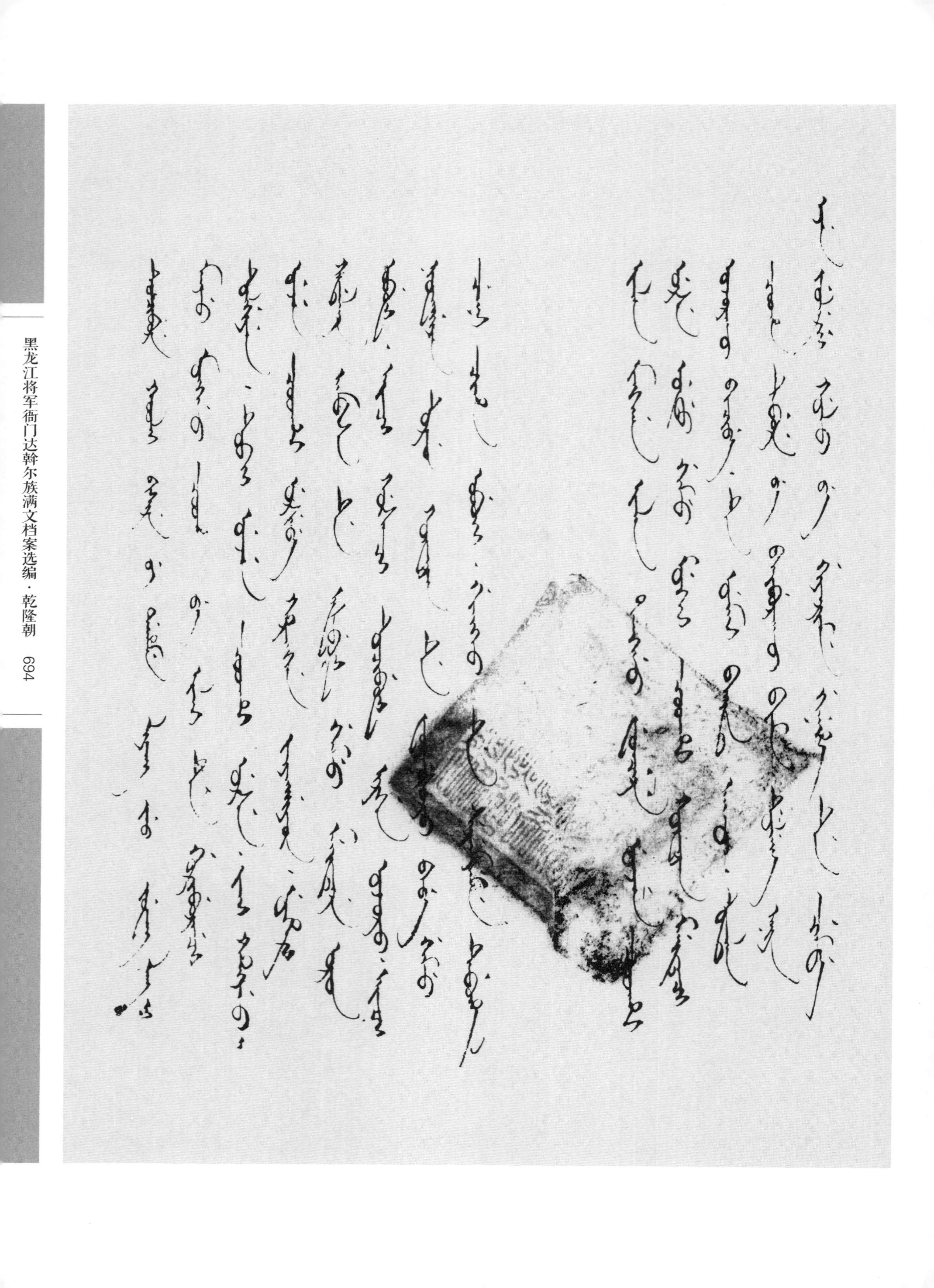

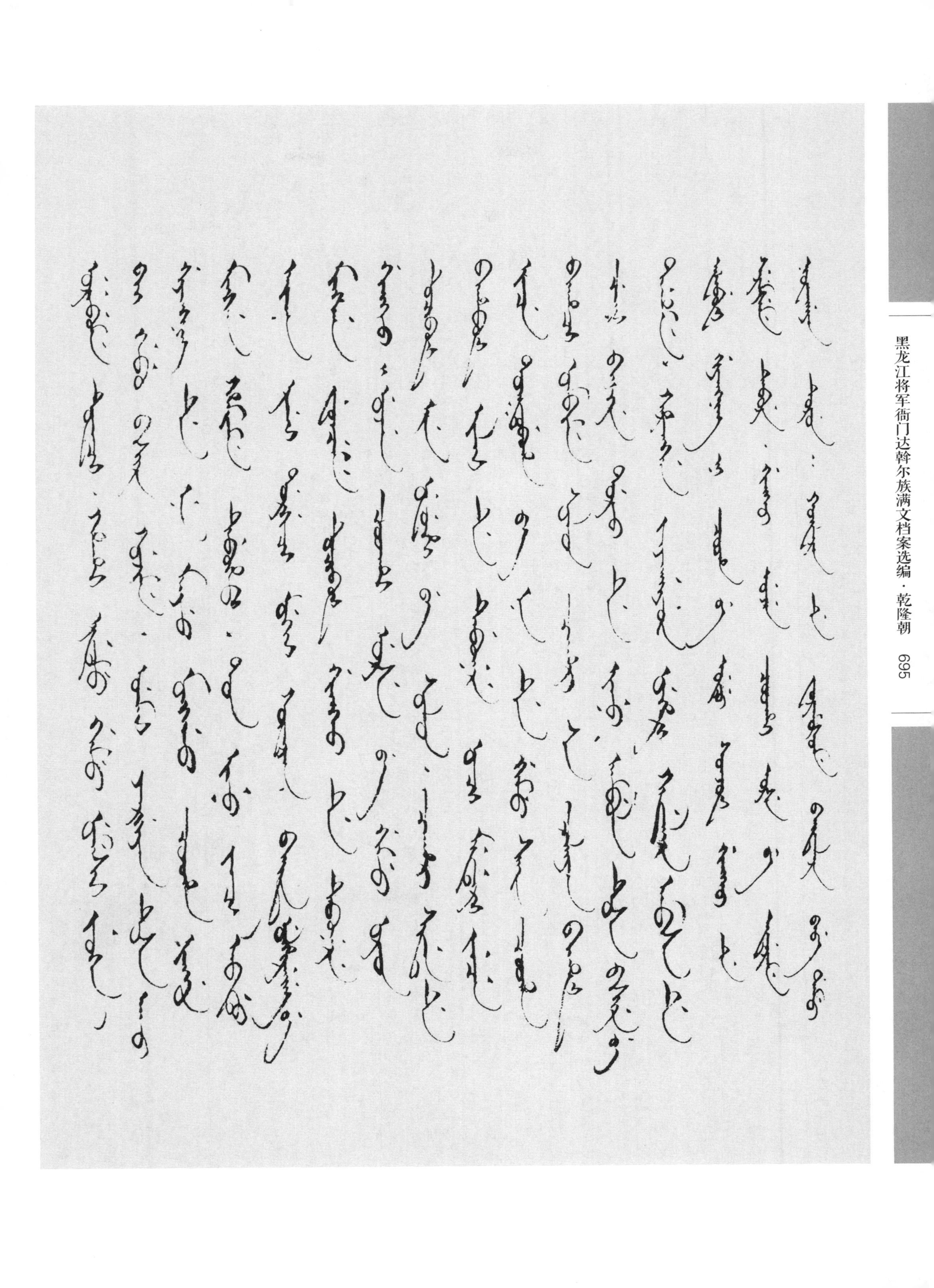

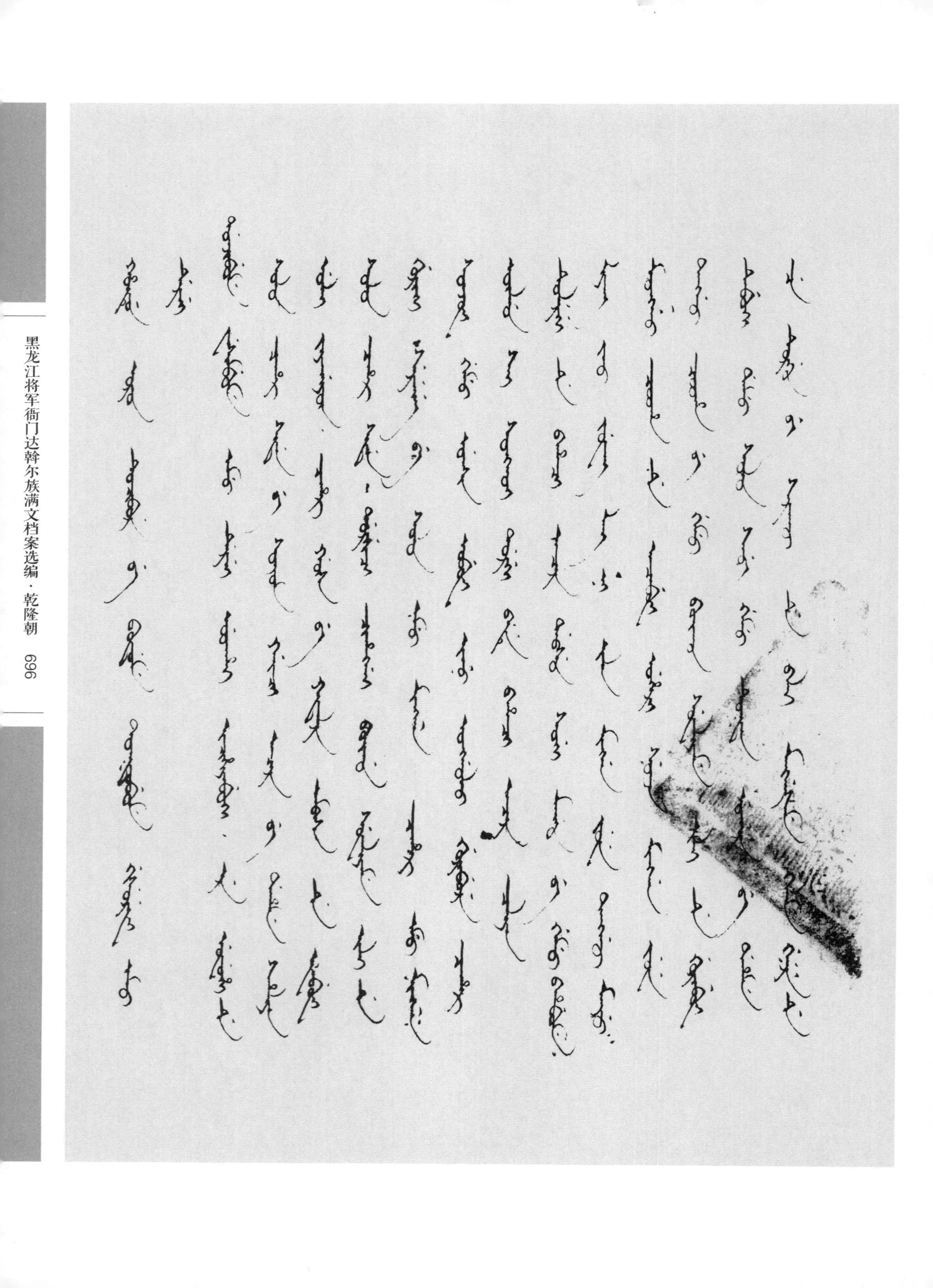

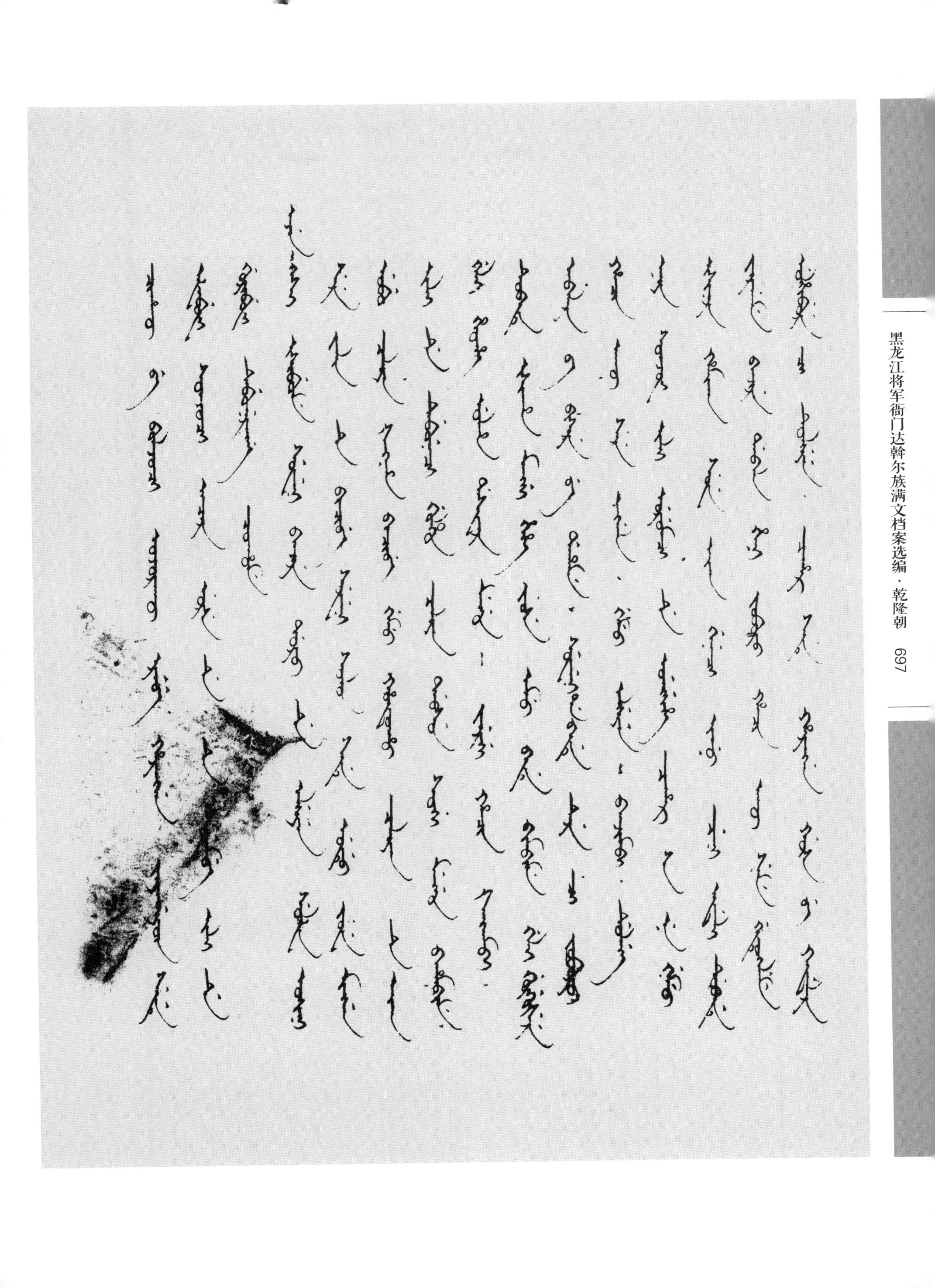

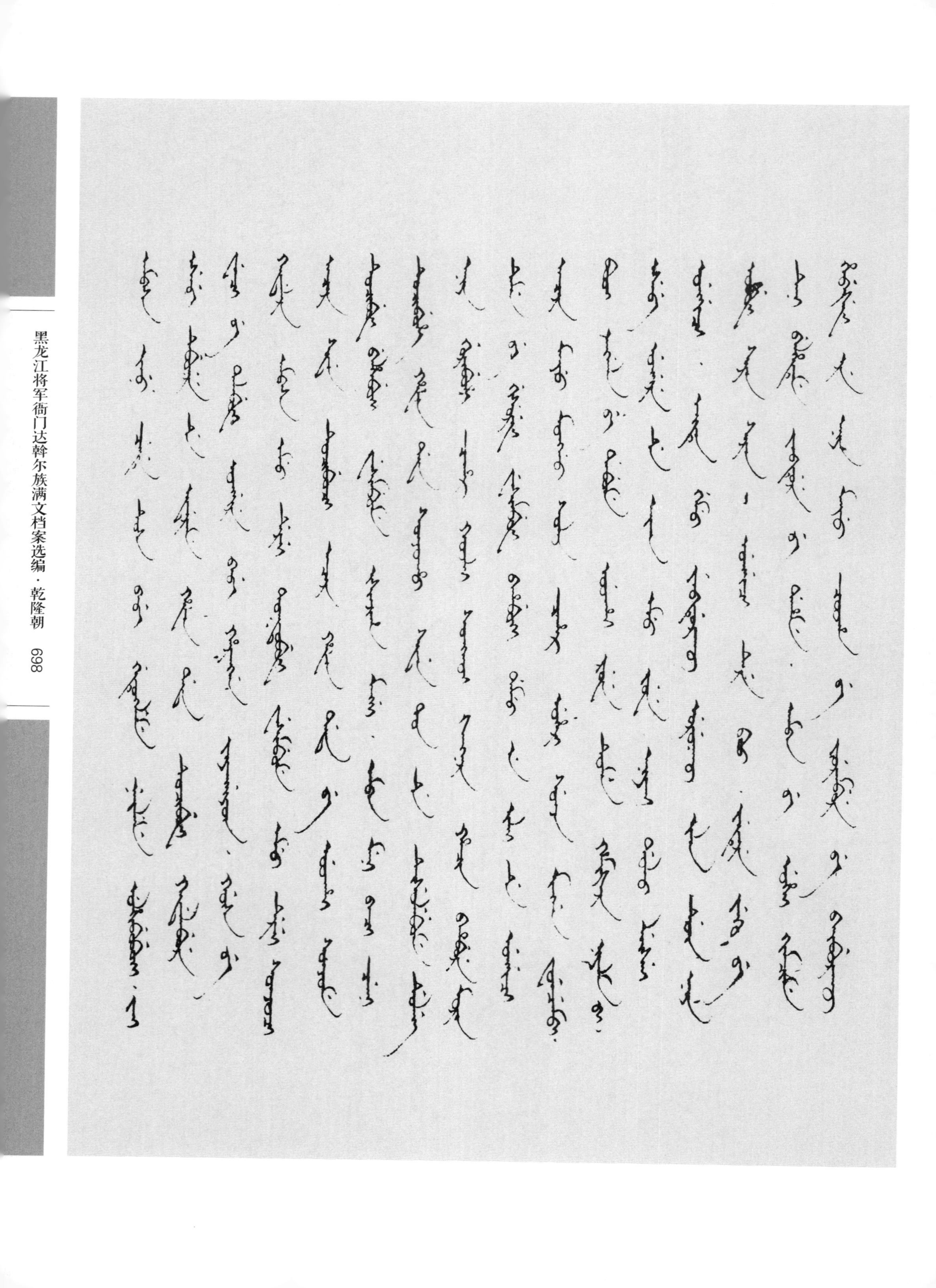

[illegible]

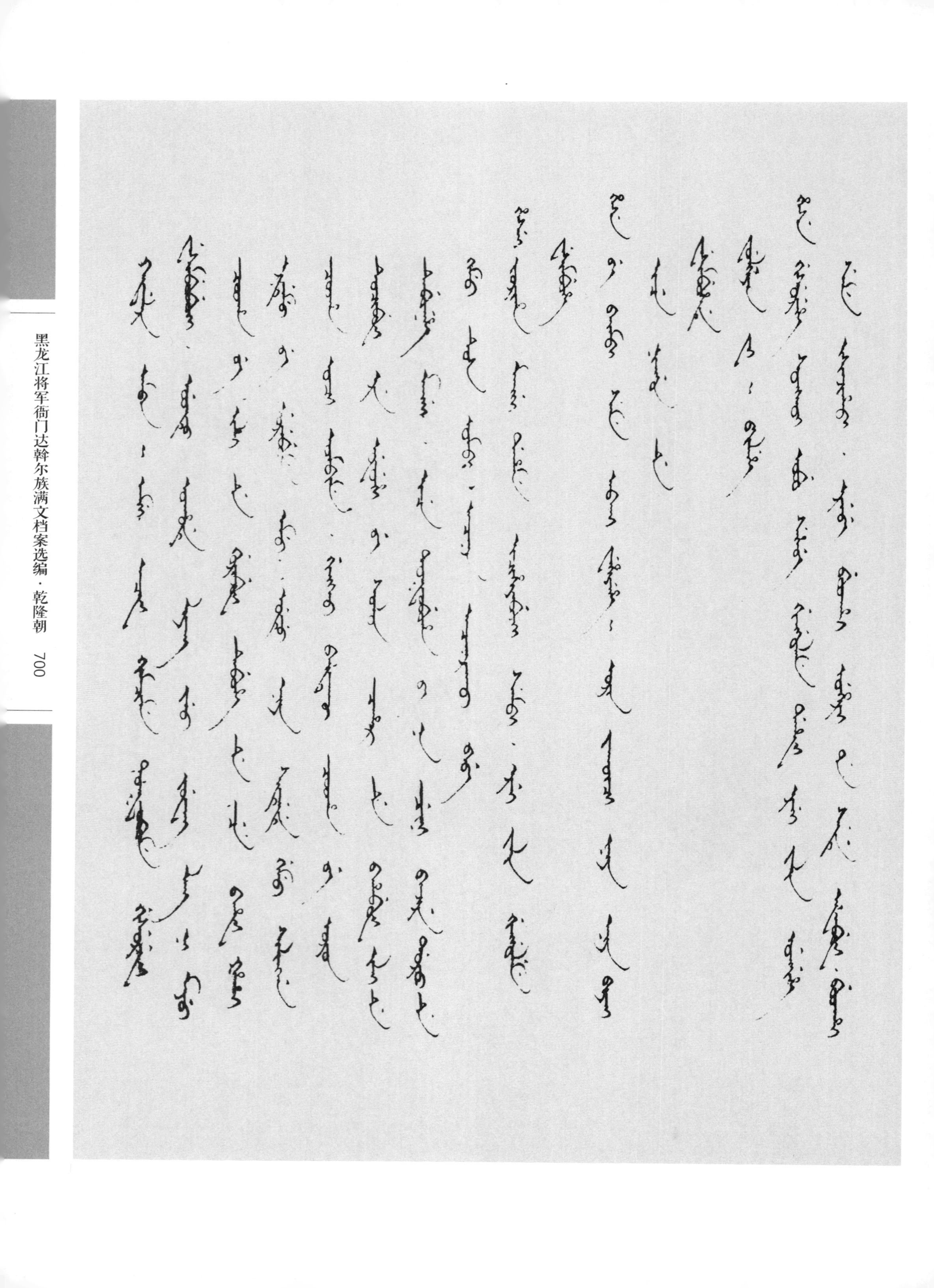

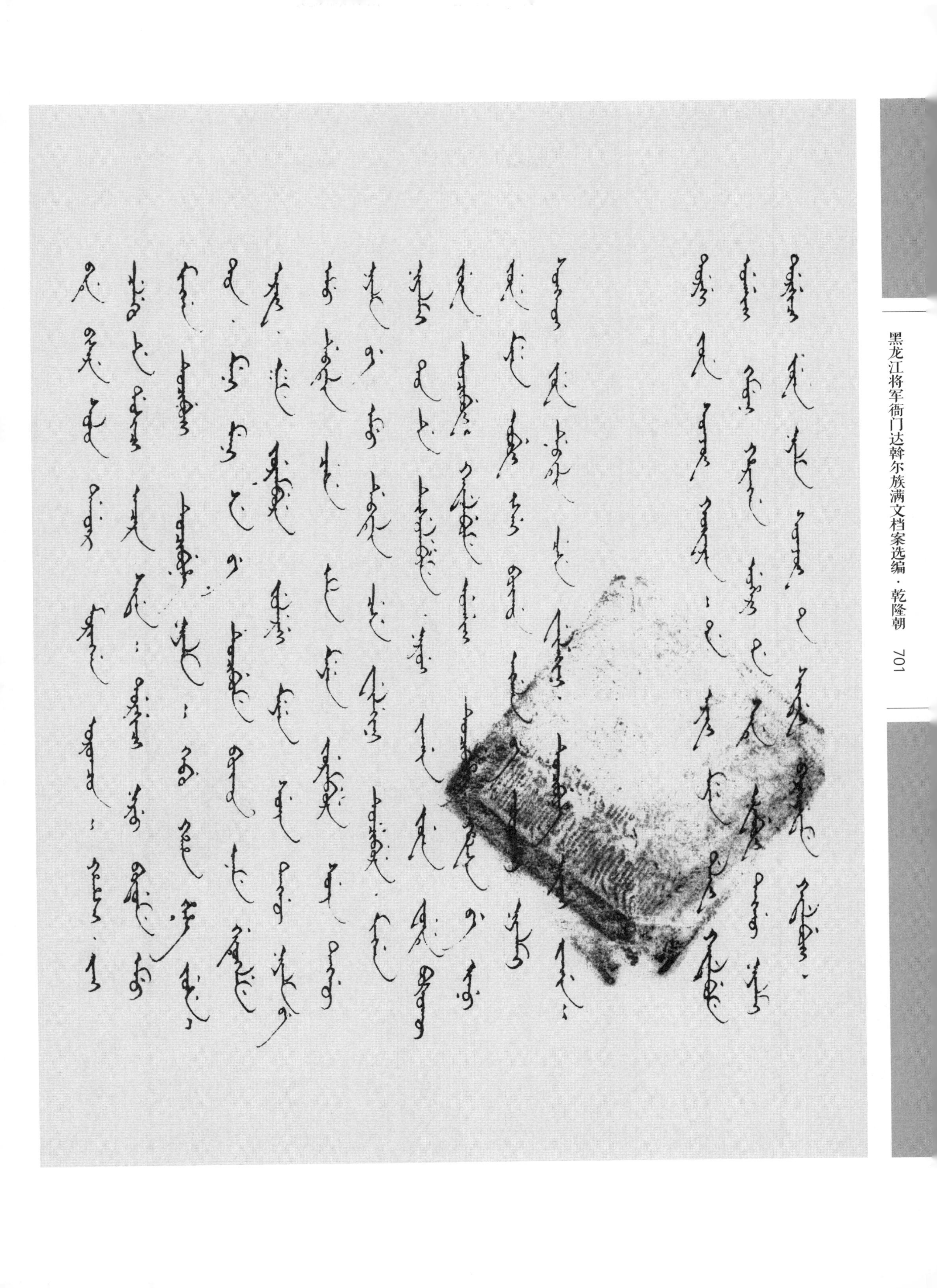

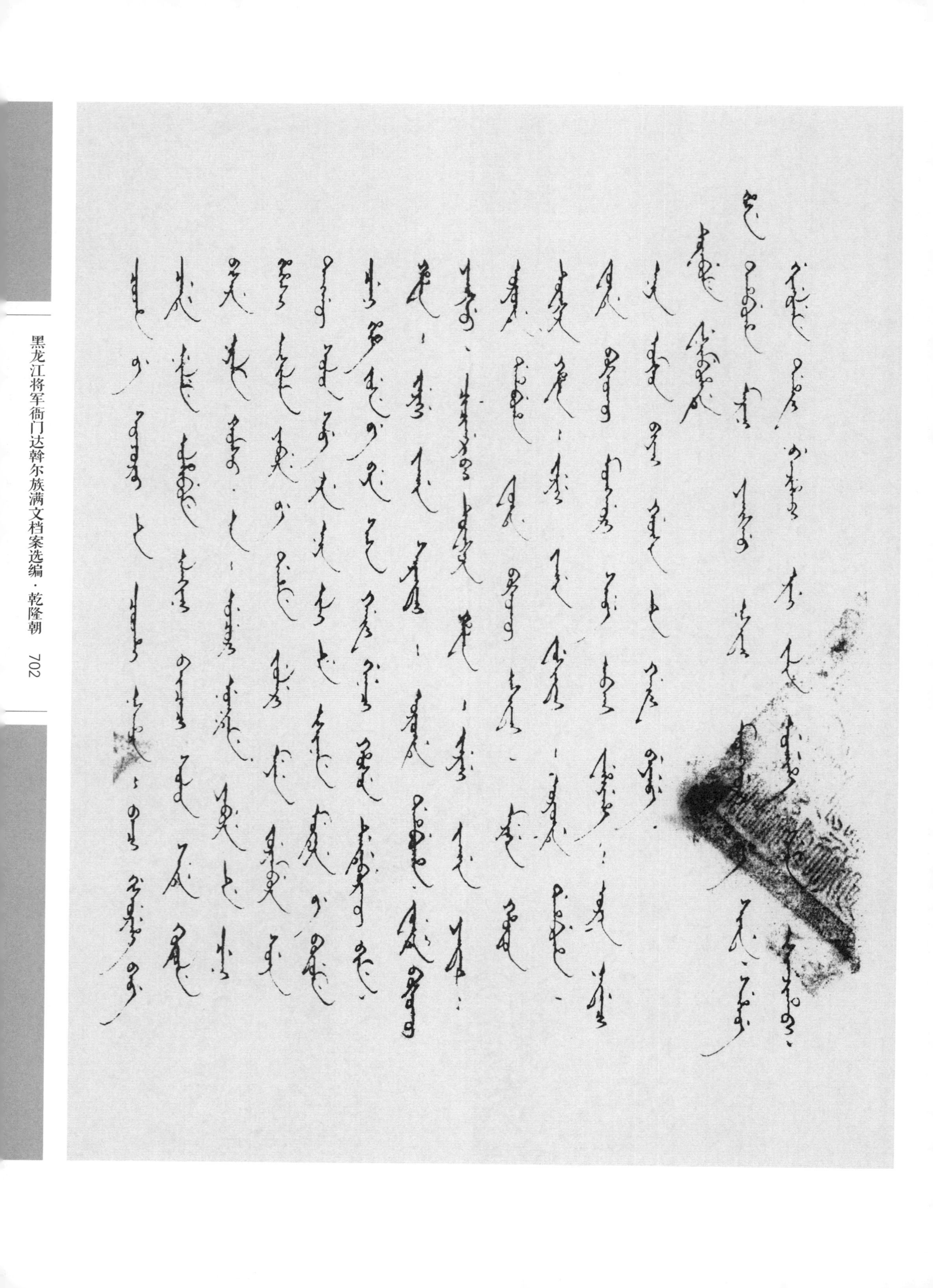

一一七一 黑龙江将军衙门为令查明移驻京城达斡尔杜尔格齐等人家口数目并造册送报事咨管带呼伦贝尔索伦巴尔虎官兵副都统衔总管文

乾隆二十八年正月二十八日

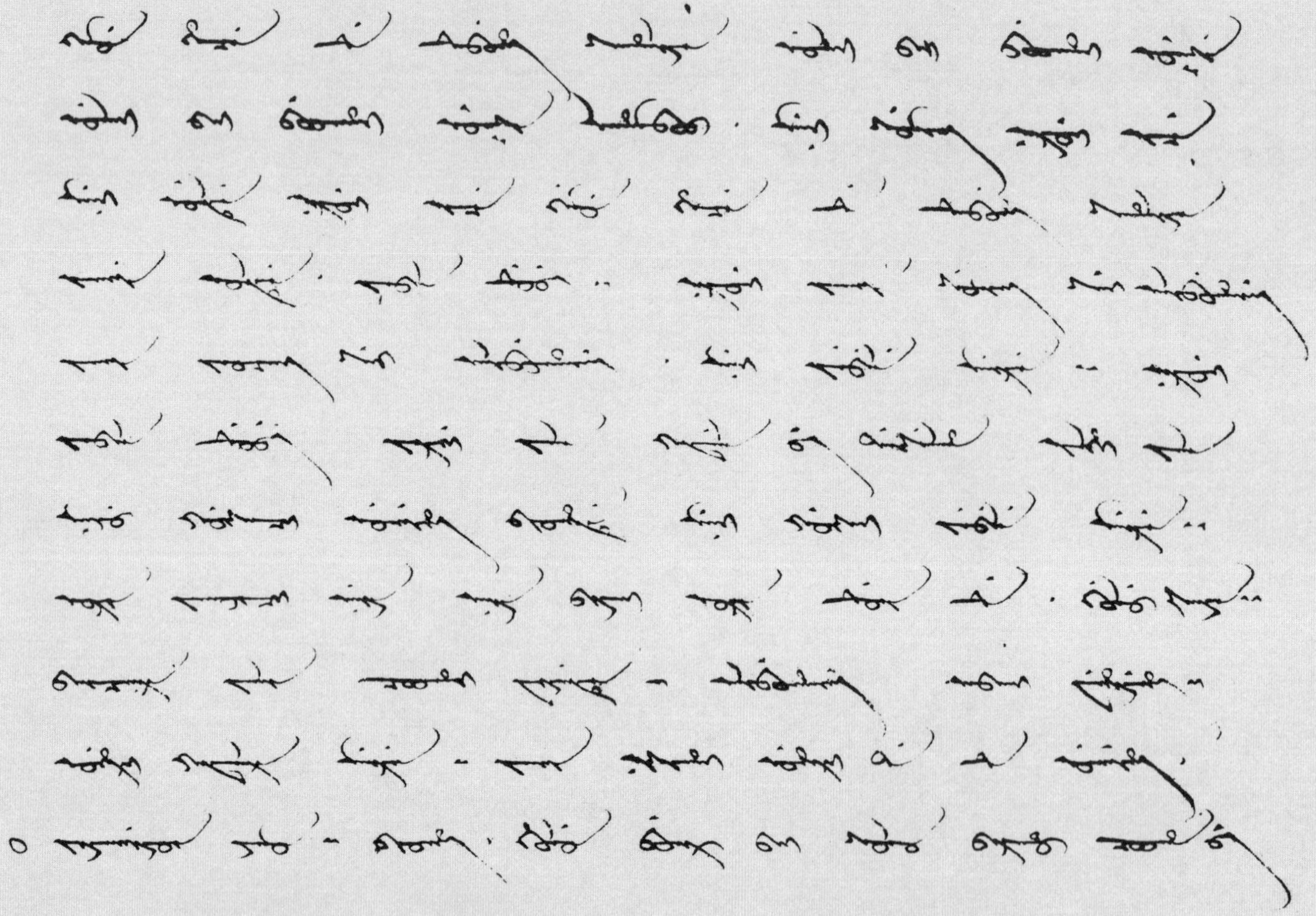

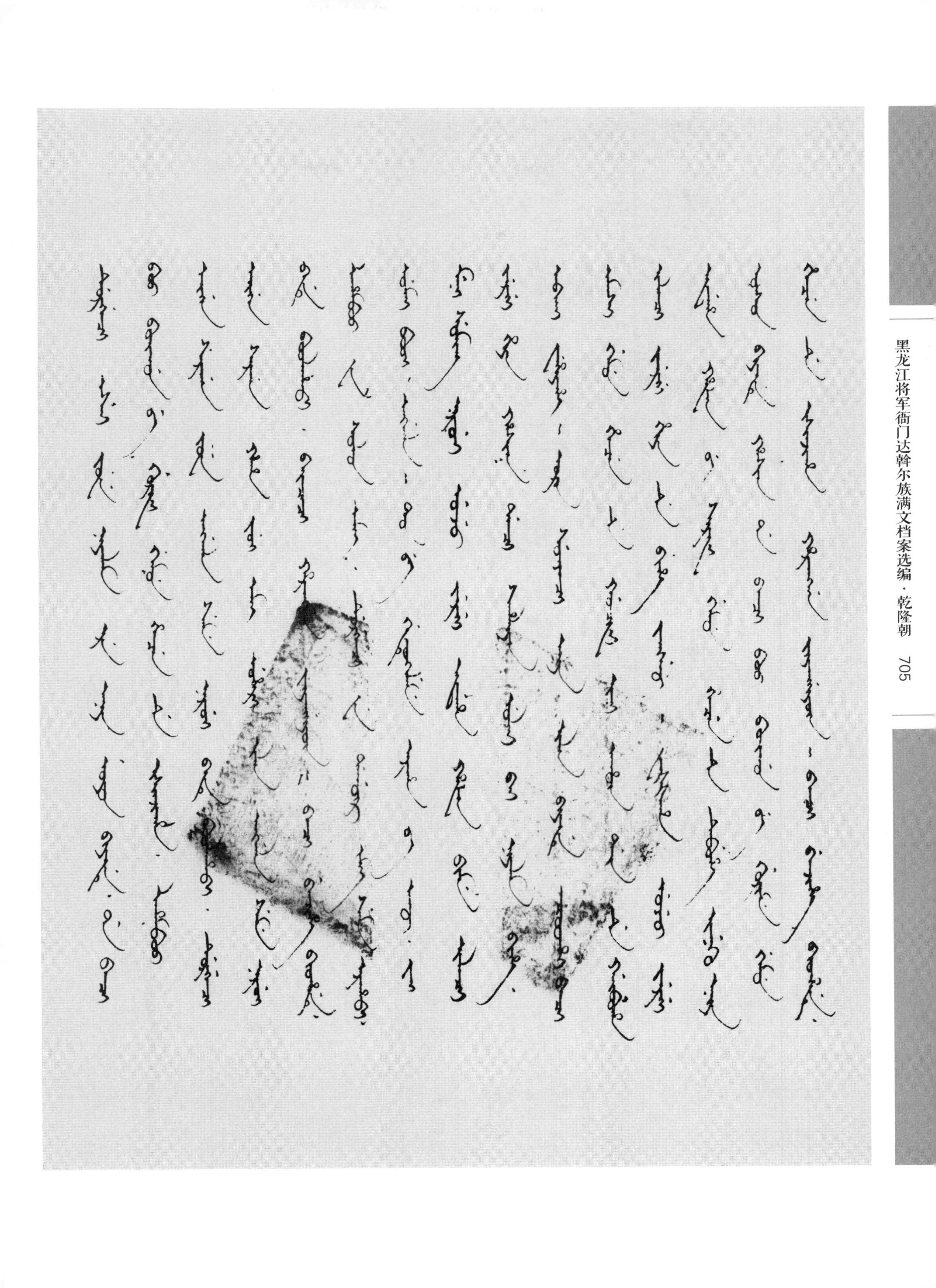

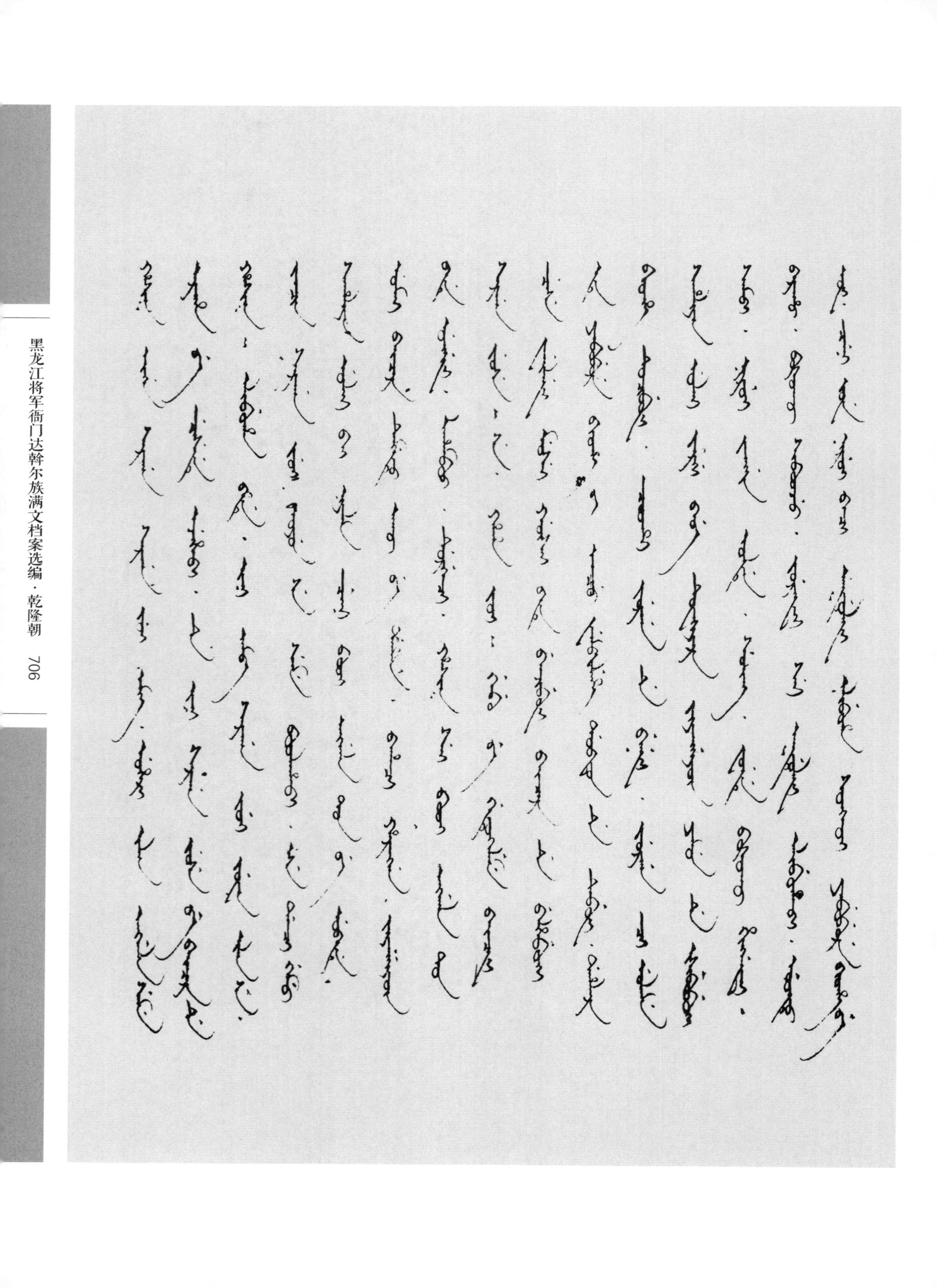

ᡠᠮᡝ ᠰᡠᠩᡤᡳᠮᡝ ᡤᡠᠰᡳᠮᡝ ᠪᡝ ᡩᡝ ᠪᡝᡳᡩᡝᠮᡝ ᠮᡠᠰᡝ ᡳᠨᡳ ᠮᡠᠰᡝᡳ

ᠮᡝᠨᡳ ᠪᡝᠶᡝ ᠪᠣ ᡤᡳᠰᡠᡵᡝᡥᡝ ᠪᡝ ᡩᡝ ᡳᠰᡳᠨᠵᡳᡥᠠ ᡨᡝ ᡨᡝᡵᡝ

ᠮᡠᠰᡝ ᠪᡝ ᡳᠴᡳᡥᡳᠶᠠᡥᠠ ᠠᡴᡡ ᠪᠣᡩᠣᡥᠣ ᡩᡝ ᡳᠯᡳᠪᡠᡥᠠ ᡳᠰᡳᠨᠵᡳᡥᡝ

ᠮᡠᡴᡩᡝᡥᡝ ᠮᡠᠰᡝᡳ ᡩᡝ ᠪᠣᡳᡤᠣᠨ ᡤᡝᠯᡝᡥᡝ ᠪᡝ ᡩᡝ ᠮᡠᡴᡩᡝᡥᡝ ᠪᡝ ᡤᡠᡵᡠᠨ

ᠪᠣᡩᠣᡥᠣ ᠮᡠᠰᡝᡳ᠈ ᠯᠠᠪᡩᡠ᠈ ᡥᡝᡵᡝᡥᡝ ᠪᠣᡩᠣᡵᡳ ᠠᠮᠪᠠ ᠪᠣᡥᠣᡨᠣ ᠪᡠᡵᡝ ᡩᡝ

ᡤᡡᠨᡳᡥᠠ ᠪᡝ ᡩᡝ ᡤᡝᠯᡝᡥᡝ ᡠᠰᡳᠨ᠈ ᡳᠨᡳ ᠪᠣᡩᠣ ᠮᡠᠰᡝ ᠵᠠᡴᡡ

ᡝ ᠪᠣ ᡤᡡᠰᠠᡳ ᠪᠣᡳᡤᠣᠨ ᡤᡝᠯᡝᡥᡝ ᡳᠨᡳ ᡤᡠᠰᡳᡵᡝ ᡳᡴᡩᡝᠮᡝ ᠪᡝᡳᡩᡝ

ᠪᠣᡩᠣᡥᠣ ᡩᡝ ᠪᠣᡩᠣ ᠮᡠᠰᡝ ᡩᡝ ᠪᠣᡩᠣᠪᠣᠣ᠈ ᡨᡝᡵᡝ ᡝᠰᡝ ᠮᡠᠰᡝᠮᡝ᠉

一一七二 黑龙江将军衙门为查明布特哈索伦达斡尔折银偿还借债欠粮事札布特哈总管等文

乾隆二十八年二月初二日

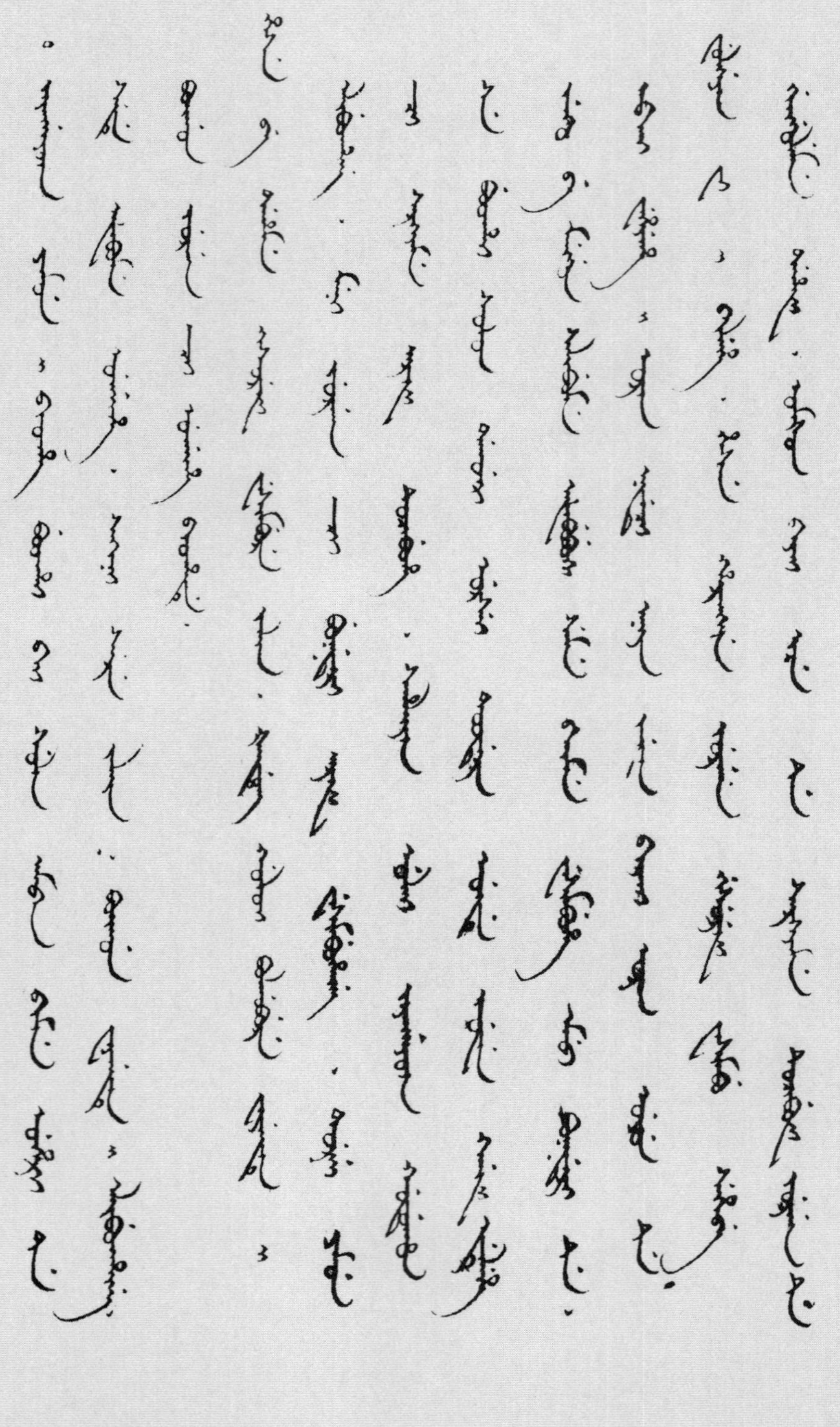

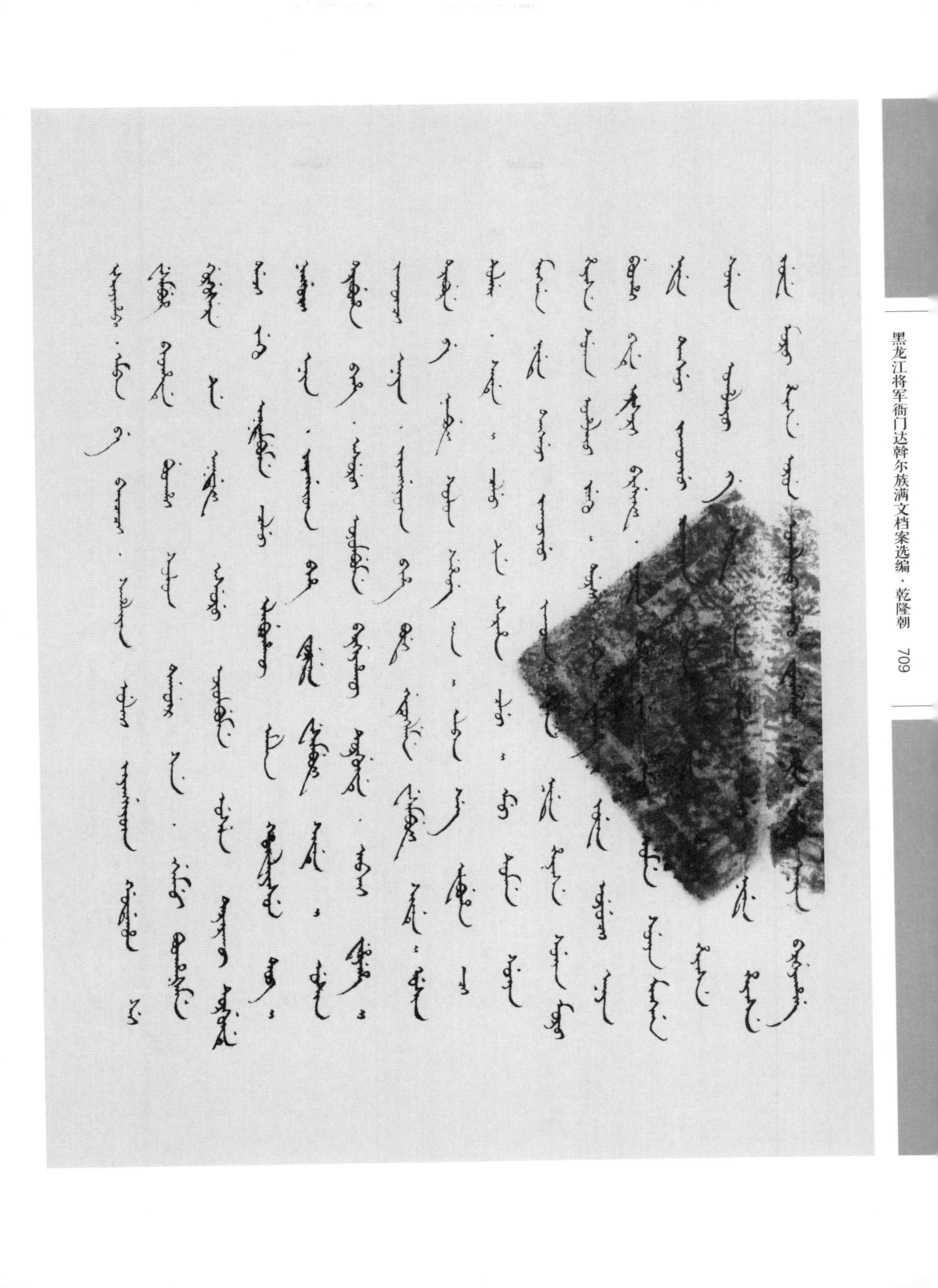

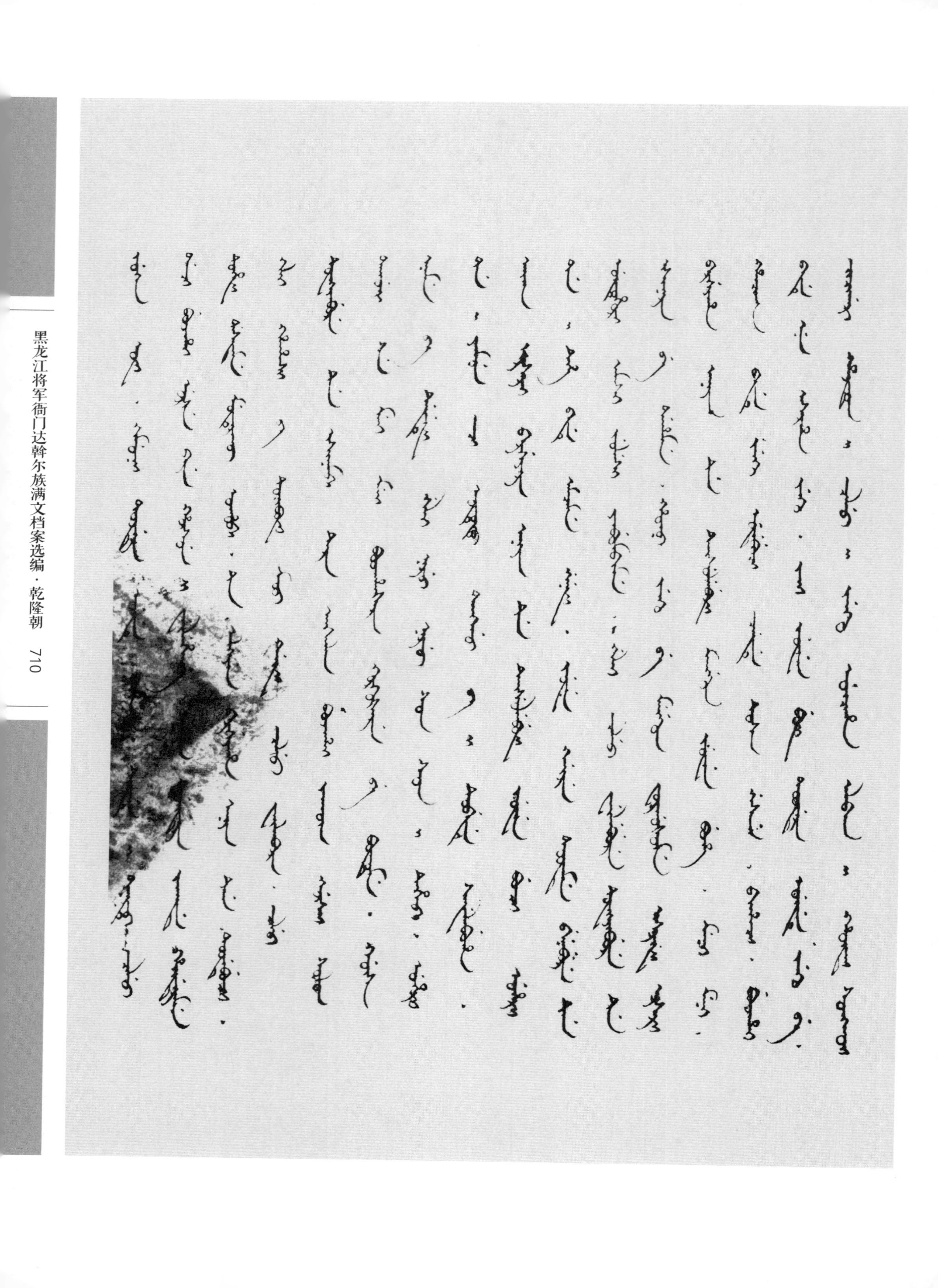

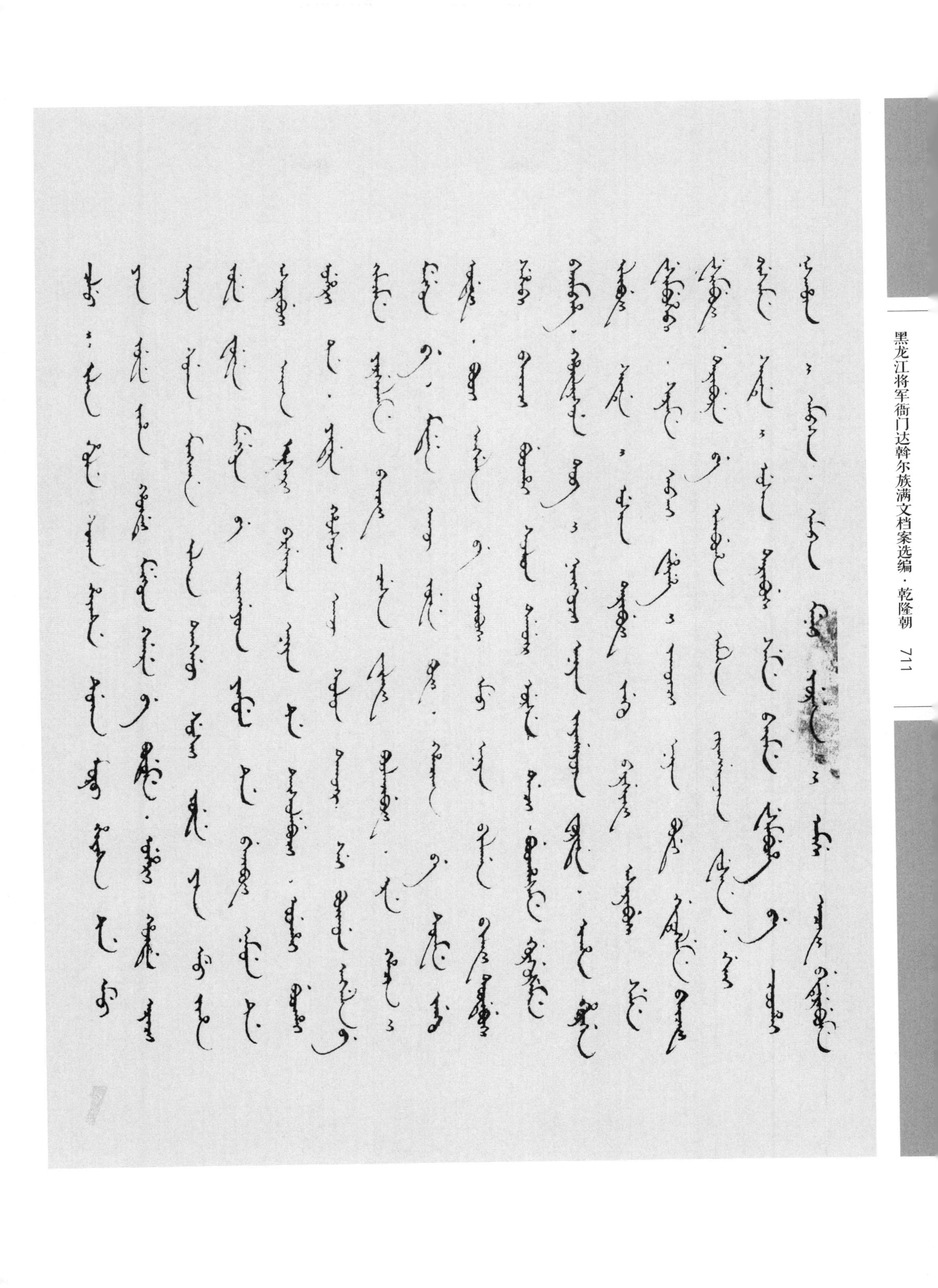

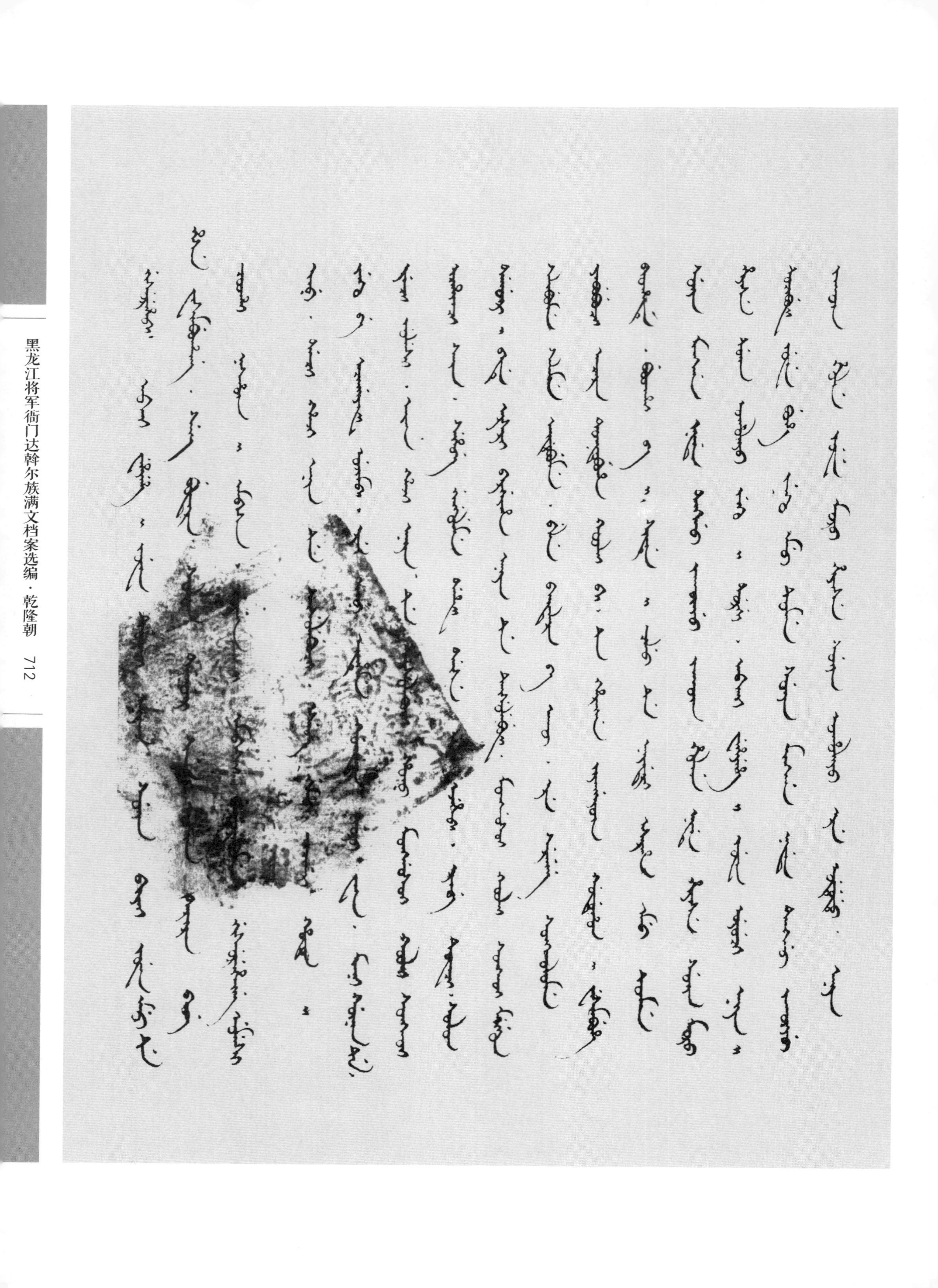

[illegible]

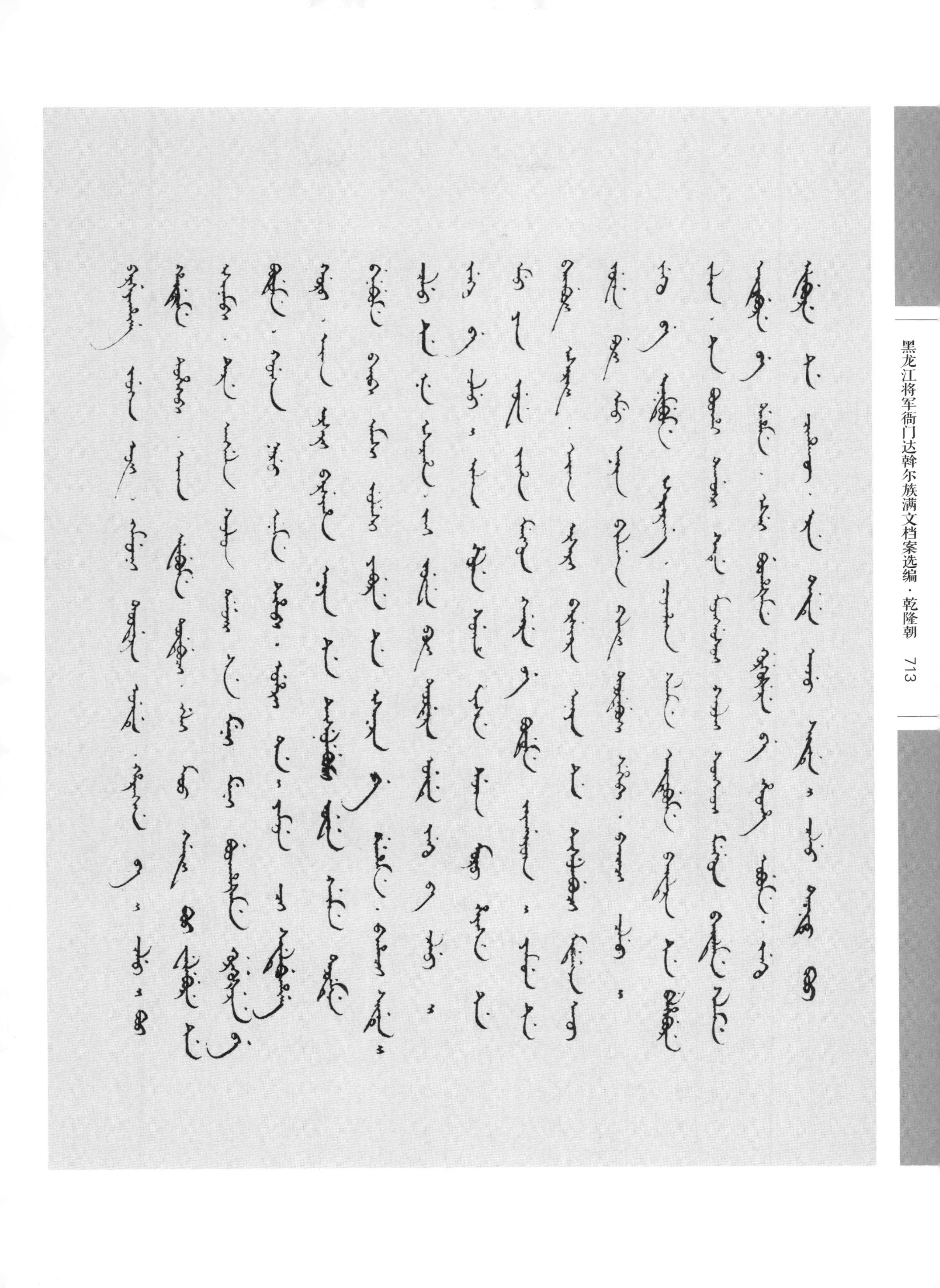

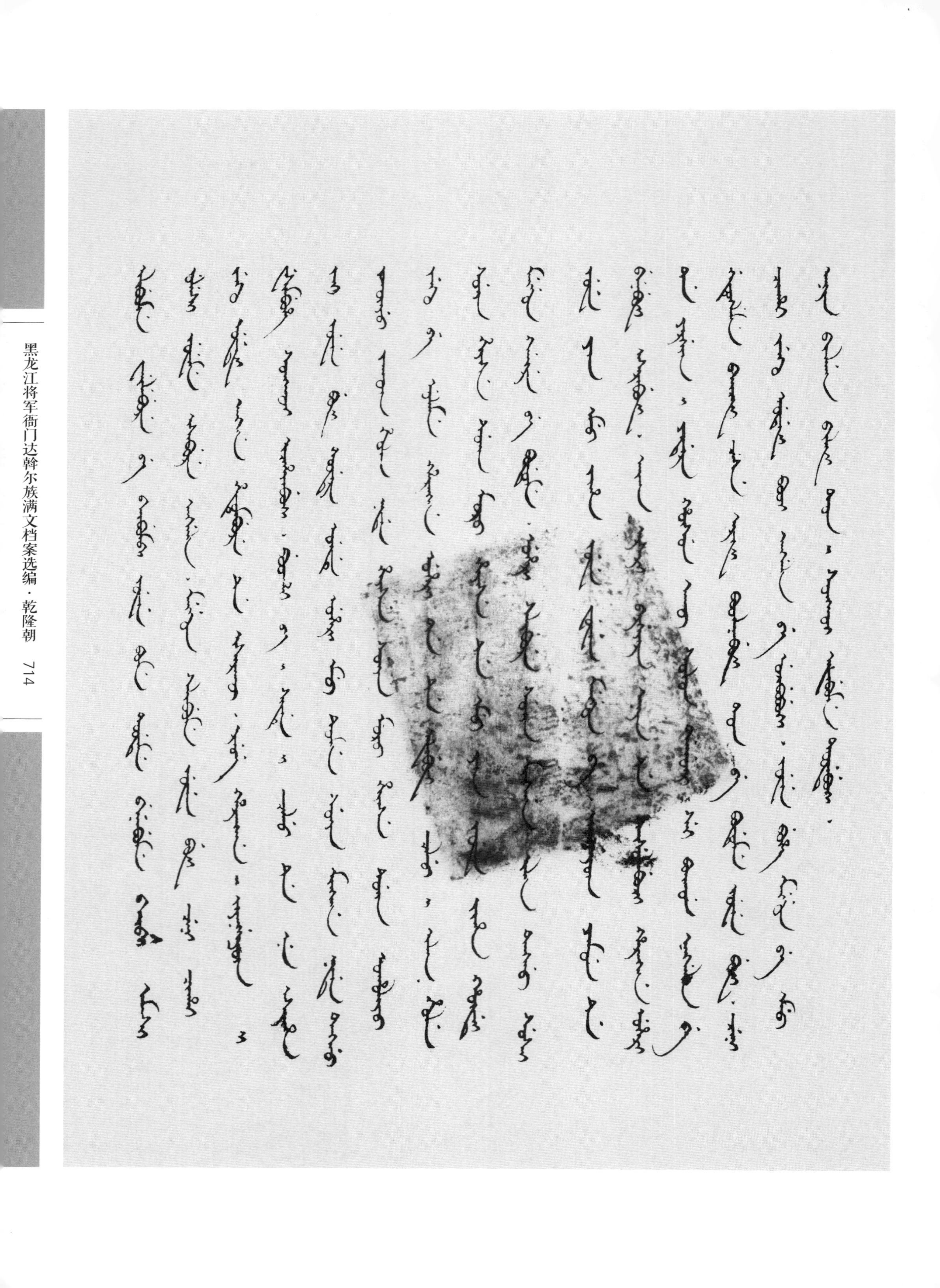

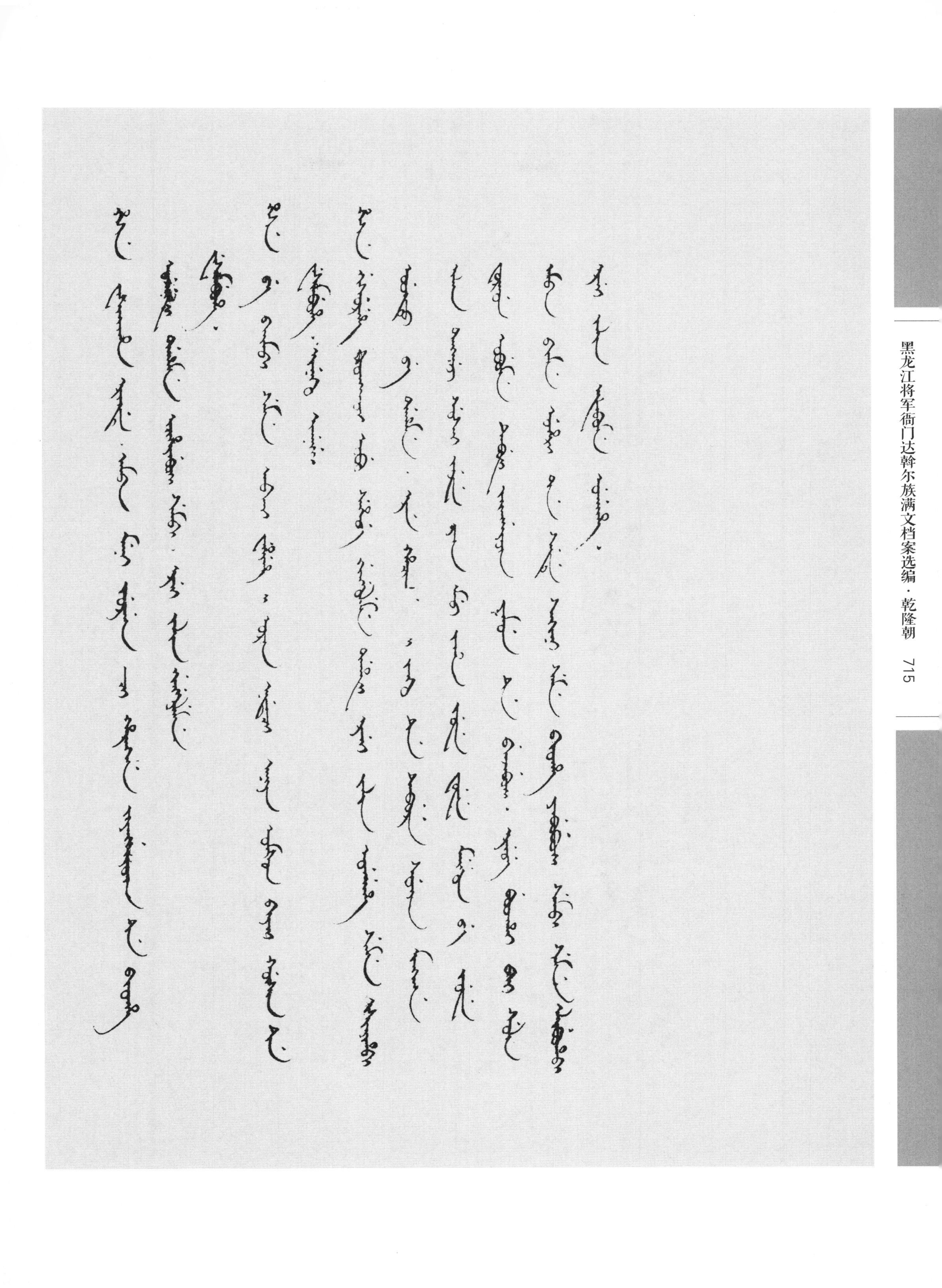